Enzyklopädie
Erziehungswissenschaft

Handbuch und Lexikon der Erziehung
in 11 Bänden und einem Registerband

Herausgegeben von
Dieter Lenzen

unter Mitarbeit von
Agi Schründer-Lenzen

Klett-Cotta

Enzyklopädie Erziehungswissenschaft

Band 1: Theorien und Grundbegriffe der Erziehung und Bildung
hg. von Dieter Lenzen und Klaus Mollenhauer

Band 2: Methoden der Erziehungs- und Bildungsforschung
hg. von Henning Haft und Hagen Kordes

Band 3: Ziele und Inhalte der Erziehung und des Unterrichts
hg. von Hans-Dieter Haller und Hilbert Meyer unter Mitarbeit von Thomas Hanisch

Band 4: Methoden und Medien der Erziehung und des Unterrichts
hg. von Gunter Otto und Wolfgang Schulz

Band 5: Organisation, Recht und Ökonomie des Bildungswesens
hg. von Martin Baethge und Knut Nevermann

Band 6: Erziehung in früher Kindheit
hg. von Jürgen Zimmer unter Mitarbeit von Angelika Krüger

Band 7: Erziehung im Primarschulalter
hg. von Klaus Peter Hemmer und Hubert Wudtke

Band 8: Erziehung im Jugendalter – Sekundarstufe I
hg. von Ernst-Günther Skiba, Christoph Wulf und Konrad Wünsche

Band 9: Teil 1 und 2: Sekundarstufe II – Jugendbildung zwischen Schule und Beruf
hg. von Herwig Blankertz †, Josef Derbolav, Adolf Kell und Günter Kutscha

Band 10: Ausbildung und Sozialisation in der Hochschule
hg. von Ludwig Huber

Band 11: Erwachsenenbildung
hg. von Enno Schmitz und Hans Tietgens

Band 12: Gesamtregister

Enzyklopädie Erziehungswissenschaft

Band 7

Erziehung im Primarschulalter

Herausgegeben von
Klaus Peter Hemmer
Hubert Wudtke

Klett-Cotta

CIP-Kurztitelaufnahme der Deutschen Bibliothek

Enzyklopädie Erziehungswissenschaft: Handbuch u. Lexikon d. Erziehung in 11 Bd. u. e. Reg.-Bd. / hrsg. von Dieter Lenzen. Unter Mitarb. von Agi Schründer-Lenzen. – Stuttgart: Klett-Cotta

NE: Lenzen, Dieter [Hrsg.]

Bd. 7. Erziehung im Primarschulalter. – 1985

Erziehung im Primarschulalter / hrsg. von Klaus Peter Hemmer; Hubert Wudtke. – Stuttgart: Klett-Cotta, 1985.
(Enzyklopädie Erziehungswissenschaft; Bd. 7) ISBN 3-12-932270-1

NE: Hemmer, Klaus Peter [Hrsg.]

Alle Rechte vorbehalten
Fotomechanische Wiedergabe nur mit Genehmigung des Verlages
Verlagsgemeinschaft Ernst Klett Verlag KG/J. G. Cotta'sche Buchhandlung
Nachf. GmbH, Stuttgart
© Ernst Klett Verlage GmbH u. Co. KG, Stuttgart 1985 · Printed in Germany
Umschlag: Heinz Edelmann
Satz: Ernst Klett, Stuttgart
Druck: Gutmann + Co., Heilbronn

Inhalt

Benutzungshinweise 9

Vorwort des Herausgebers der
Enzyklopädie Erziehungswissenschaft 11

Vorwort der Herausgeber von Band 7 13

Handbuch 17

A Primarschule

Der Elementarunterricht in anthropologischer Sicht 21
Klaus Giel

Unterricht als Darstellung und Inszenierung 51
Hans Rauschenberger

Die Konstruktion des Primarschülers 75
Ulrich Fiedler/Hubert Wudtke

Ausbildungskonzepte für den Primarstufenlehrer 126
Jürgen Oelkers/Dieter Neumann

Zur Verrechtlichung unterrichtlicher Interaktion 138
Rainer Kokemohr

B Aufgaben der Primarschule

Der Grundschullehrplan 175
Klaus Peter Hemmer

Schriftspracherwerb und Elementarunterricht 189
Mechthild Dehn

Kompensatorische Erziehung 227
Wulf Rauer/Renate Valtin

C Erziehung und Sozialisation im Primarschulalter

Die Erziehungsfamilie 261
Hubert Wudtke

Elternhaus und Schule 279
Beate Grabbe/Hans Josef Tymister

Der Kinderhort 289
Klaus Peter Hemmer

Primarschule und Kommune 301
Harm Prior

Lexikon 325

Abkürzungsverzeichnis der zitierten Zeitschriften 471

Namenregister 475

Sachregister 489

Autorenverzeichnis 499

Benutzungshinweise

Aufbau
Jeder Band der Enzyklopädie Erziehungswissenschaft umfaßt zwei Teile, das *Handbuch* und das *Lexikon*.
- Die Beiträge des *Handbuchteils* stellen in ihrer *systematischen* Anordnung eine Gesamtdarstellung des Bereiches dar, dem der ganze Band gewidmet ist. Einzelne Beiträge des Handbuchteils können als umfassende Einführung in das jeweilige Gebiet gelesen werden, dem sich der Beitrag zuwendet. Die Zusammenfassung in drei Sprachen und die Gliederung am Anfang des Beitrags ermöglichen eine schnelle Orientierung über den Inhalt des Textes.
- Der *Lexikonteil* ist *alphabetisch* geordnet. Er enthält kürzere Artikel, die Informationen über ausgewählte Sachverhalte des in dem Band behandelten Bereichs geben.

Informationssuche
- Der *Zugang zum Handbuchteil* kann über das Inhaltsverzeichnis (S. 7) oder über das Sachregister (S. 489) erfolgen.
- Die Suche nach einem bestimmten *Stichwort* beginnt in der Regel im *Sachregister*. Es enthält Verweise auf die Titel im Lexikon und auf alle Textstellen des Handbuch- *und* des Lexikonteils, die Auskünfte über das betreffende Stichwort geben.
- Alle Namen von *Personen* und *Institutionen,* die in den Texten oder Literaturverzeichnissen vorkommen, sind im *Namenregister* (S. 475) mit entsprechenden Verweisen zu finden.

Nur die Benutzung beider Register erschließt alle Informationen des Bandes.

Bei der alphabetischen Anordnung der lexikalischen Artikel, des Sach- und des Personenregisters, des Abkürzungsverzeichnisses der zitierten Zeitschriften, des Autorenverzeichnisses und aller Literaturverzeichnisse werden Umlaute wie Selbstlaute behandelt und die Buchstaben „I" und „J" getrennt aufgeführt.

Literaturverzeichnisse
Jedem Artikel ist ein Literaturverzeichnis beigegeben, das die zitierte und weiterführende Literatur enthält. Die mit KAPITÄLCHEN gedruckten Namen (MEYER 1913, S. 24) verweisen grundsätzlich auf das Literaturverzeichnis. Die Angaben im Literaturverzeichnis sind alphabetisch geordnet. Publikationen, die keinen Verfasser nennen, werden nach dem ersten Wort ihres Titels zugeordnet. Gesetze von Bund und Ländern sind in der Regel nicht gesondert im Literaturverzeichnis der Einzelbeiträge ausgewiesen. Sie werden bei Inkrafttreten im Bundesgesetzblatt oder in den Gesetz- und Verordnungsblättern der Bundesländer veröffentlicht und sind dort zu finden.

Abkürzungen
Aus Umfangsgründen werden deutsch-, englisch- und französischsprachige Zeitschriftentitel abgekürzt. Um identische Abkürzungen für verschiedene Zeitschriften auszuschließen, wurde ein an der DIN-Vorschrift für Zeitschriftenabkürzungen orientiertes System entwickelt, das die Rekonstruktion des vollständigen Titels in der Regel mühelos ermöglicht. Dabei konnten eingeführte Abkürzungen für Zeitschriften nicht berücksichtigt werden. Die Groß- und Kleinschreibung in den Abkürzungen folgt den Titeln der Zeitschriften. Alle Zeitschriftenabkürzungen sind in einem Abkürzungsverzeichnis enthalten (S. 471).

Vorwort des Herausgebers der Enzyklopädie Erziehungswissenschaft*

Die Enzyklopädie Erziehungswissenschaft ist ein auf insgesamt zwölf Bände mit etwa 8 000 Druckseiten angelegtes Nachschlagewerk der Erziehungswissenschaft.
Der Band „Erziehung im Primarschulalter" gehört zur *zweiten Abteilung* der Enzyklopädie Erziehungswissenschaft; die einzelnen Bände dieses Teils beziehen sich auf *eine bestimmte Phase des Erziehungsprozesses* (Band 6: Erziehung in früher Kindheit, Band 8: Erziehung im Jugendalter – Sekundarstufe I, Band 9: Sekundarstufe II – Jugendbildung zwischen Schule und Beruf, Band 10: Ausbildung und Sozialisation in der Hochschule, Band 11: Erwachsenenbildung). Die Bände der *ersten Abteilung* stellen demgegenüber *Probleme dar, die die Erziehungswissenschaft und den Prozeß der Erziehung generell betreffen* (Band 1: Theorien und Grundbegriffe der Erziehung und Bildung, Band 2: Methoden der Erziehungs- und Bildungsforschung, Band 3: Ziele und Inhalte der Erziehung und des Unterrichts, Band 4: Methoden und Medien der Erziehung und des Unterrichts, Band 5: Organisation, Recht und Ökonomie des Bildungswesens).
Mit diesem Aufbau erweist sich die Enzyklopädie Erziehungswissenschaft als *problemorientiert*. Auf eine Gliederung, die einer Struktur der Disziplin „Erziehungswissenschaft" folgt, wurde bewußt verzichtet, zum einen, weil unter den Vertretern der Erziehungswissenschaft eine verbürgte Auffassung über *die* Struktur einer so jungen Disziplin nicht existiert, und zum anderen deshalb, weil ein problemorientierter Aufbau dem Leser das Auffinden *seiner* Probleme erleichtert. Um die volle Informationskapazität der Enzyklopädie Erziehungswissenschaft auszuschöpfen, genügt nicht die Suche in einem einzelnen Band. Zu diesem Zweck ist vielmehr der *Registerband* heranzuziehen, in dem die Begriffe aufgenommen sind, die in der Enzyklopädie Erziehungswissenschaft erfaßt werden.
Beiträge und Ergebnisse der *Nachbarwissenschaften* zu erziehungswissenschaftlichen Problemen, etwa der Psychologie, Soziologie, Ökonomie oder Philosophie, werden in die einzelnen Beiträge integriert, ebenso *historische Sachverhalte* und *internationale Entwicklungen,* die besonders dann Berücksichtigung erfahren, wenn Strukturen und Entwicklungen des Bildungswesens im Ausland Perspektiven vermitteln, die aus der Sicht der Herausgeber als Alternativen zur Diskussion über das Bildungssystem in der Bundesrepublik Deutschland anregen können.
Die Enzyklopädie Erziehungswissenschaft ist ein *integriertes Handbuch und Lexikon*. Jeder Band enthält einen Handbuchteil mit systematischen Beiträgen, die Auskünfte über den Gegenstand eines größeren Bereichs geben, und einen Lexikonteil mit alphabetisch geordneten Artikeln zu einzelnen Stichwörtern.
Die Herausgeber dieses Bandes unternehmen mehr als eine archivarische Arbeit. In einem Bereich, dessen Struktur nur allzu bekannt zu sein scheint, dem Primarschulalter, versuchen sie mit einer Art Verfremdung die Aufmerksamkeit auf eine wichtige Dimension nicht nur dieses Sektors zu legen. In einiger Nähe zu den Optionen des französischen Strukturalismus zeigen sie den Konstruktcharakter des Primarschülers und seiner Bildungsumwelt. Diese Perspektive ist ungewohnt, zeigt aber auf

---

* Eine ausführliche Einleitung in die Enzyklopädie Erziehungswissenschaft enthält Band 1.

Vorwort des Herausgebers der Enzyklopädie Erziehungswissenschaft

spezifische Weise, welche Möglichkeiten des Enzyklopädischen eine solche, letztlich semiotische Distanz bietet.

Die redaktionelle Betreuung und Bearbeitung dieses Bandes übernahmen als Leiterin der Arbeitsstelle meine Frau, Agi Schründer-Lenzen, und mit ihr Christa Kersting und Friedrich Rost, wofür allen mein Dank und meine Anerkennung gilt.

Berlin, im April 1985   Dieter Lenzen

Vorwort der Herausgeber von Band 7

Mit der *einen Grundschule für alle* wies die Gesellschaft sich selbst und den Pädagogen eine Problemstellung mit Hintersinn (Gleichheit) zu, deren Lösungstechniken und Wirkungen sie nicht kannten. Mit der Durchsetzung der Schulpflicht und der Integration aller Kinder in einer Schule wurden die Lebensläufe der vielen Ungleichen synchronisiert und nach der Kalenderzeit in öffentlichen Wachstumskonzepten (Entwicklungsstufen) interpretiert. Jedermann muß nun außerhalb des Rahmens sozial unmittelbar bedeutungsvoller Handlungen im Nacheinander und Nebeneinander von Familie und Schule lernen und sich individuieren.
Mit der Durchsetzung der Schulpflicht stellt sich das ausdifferenzierte Schulsystem auf Dauer, die institutionellen Strukturen und Lehrpläne gewinnen ihre Eigendynamik wie dies in dem Beitrag von Klewitz und Leschinsky „Institutionalisierung des Volksschulwesens" im Band 5 der Enzyklopädie Erziehungswissenschaft verdeutlicht wird. Der stetigen Verlängerung der Beschulungsdauer korreliert die Zurüstung der vor- und außerschulischen Umwelten – von der Vorschulerziehung bis zur Erwachsenenbildung – wie die schulische und damit lehrbare Kodierung der Wissens-, Reflexions- und Kommunikationsmuster.
An schulischen Kriterien gemessen – Schulerfolg, weiterführende Schulkarrieren – wird man Steigerungen in den gesellschaftlichen Grundqualifikationen aller als institutionell bewirkten Fortschritt notieren können, zugleich aber begünstigt das allgemeine *Geschicktwerden zu Beliebigem* die Temposteigerung sozialen Wandels. Die Reflexion auf die Grundschule – nunmehr entlassen aus einer Konzeption der Volksbildung in Absonderung von der Gelehrtenbildung *(Beitrag Giel)* – schärft heute das Bewußtsein für die Diskontinuitäten zwischen schulischem Lernen und den außerschulischen Lebenswelten und kindlichen Weltbildern und entwirft Konzepte grundlegender Bildung in Erwartung ungewisser Zukünfte jenseits lang andauernder Lernkarrieren. Grundlegende Bildung wird abstrakter und kognitiver interpretiert, wird teils auf das Lernen des Lernens, das nur noch an den Rändern zu den Kundigkeiten in Lebenswelten Kontakt hält, teils auf epistemische Ordnungen des Wissens bezogen, in denen sich geschichtliche und neuzeitliche Schematisierungen verschränken *(Beitrag Hemmer* „Der Grundschullehrplan" sowie die Lexikonartikel zu den Lernbereichen).
Die Umwelten verändern sich ohne Rücksicht auf das Erziehungs- und Bildungssystem. Die Schule hat erkennbar Schwierigkeiten nachzuweisen, daß in ihr die sozialen Heuristiken, Techniken und Haltungen erzeugt werden, in denen die kognitive Mobilität und gesellschaftliche Urteilsfähigkeit ausgeformt wird, so daß die Schülerkinder umsichtiger werden und ihre persönliche Ausdrückbarkeit steigern und aufheben können *(Beiträge: Kokemohr; Rauschenberger; Oelkers/Neumann; Fiedler/Wudtke)*. Können die Schüler Schule als einen Ort der Aneignung und Ausarbeitung dialogischer Haltungen und persönlich bindender Text-, Argumentations- und Spielfiguren identifizieren? Schule kann auch als Fehlspezialisierung gelesen werden, zumal bei jenen, denen die aufgenötigten Lernkarrieren weder zu sozialen Anschlüssen im Weiterlernsystem verhelfen noch als Erweiterung individueller Interpretationshorizonte erlebbar werden.

Klaus Peter Hemmer/ Hubert Wudtke

Es ist bemerkenswert, daß in der Phase struktureller Bildungsreformen im Anschluß an den „Strukturplan für das Bildungswesen" die Grundschule nicht ausdrücklich zum Thema gemacht worden ist. Der Deutsche Bildungsrat, der das gesamte Bildungswesen nach Stufen gliederte und neu zu vermessen suchte, setzte keine Kommission zur Definition der Primarschule ein. Zwischen Vorschul-, Eingangsstufenerziehung und der Orientierungsstufe blieb die Grundschule unthematisiert.
Die Handbuchartikel der Teile A und B leuchten aus, ob die institutionalisierten Bildungsprozesse wert- und normbildende Lernprozesse eröffnen und sichern, in denen die Edukandi so ins Spiel kommen, daß sie die Nötigung zu Sinnes- und Haltungsänderungen als Steigerung ihrer Interpretationsfähigkeit erfahren und die lang andauernde Sekundär- und Tertiärbildung als lohnende Zukunft erwarten können. Die Beiträge versuchen, die Schulkünste, didaktischen Inszenierungen und kulturellen Technologien im Horizont neuzeitlicher Kommunikationserfordernisse zu reformulieren. Das Einfädeln in die Schriftkultur nötigt zur Umstellung auf textbezogene kategoriale Haltungen *(Beiträge: Giel; Dehn; Fiedler/Wudtke)*. Der Schüler muß im Fluß der Texte und Fremdperspektiven erst herausfinden, was diese und seine besonderen Erfahrungen ihm und anderen in Lernsituationen noch bedeuten.
Die Grundschule weist die Kinder in die Schülerrolle ein. Es zeigt sich, daß das konventionalisierte Wissen stets nur in besonderen Perspektiven *Sinn* macht *(Beiträge: Rauschenberger; Kokemohr);* zum Perspektivenwechsel muß die Schule die Kinder nötigen, die Perspektiveneinnahme aber kann sie nur ermöglichen, wenn sie die besonderen Hinsichten auch der Kinder zur Ausdrückbarkeit führt *(Beiträge: Kokemohr; Fiedler/Wudtke)*.
Der Beitrag „Kompensatorische Erziehung" *(Rauer/Valtin)* zeigt im Spiegel empirischer Forschung, wie schwer es der professionellen Pädagogik fällt, die Umstellung auf schulisches Lernen auch bei jenen zu bewirken, die die Schulkultur nicht als Teil ihrer Lebenswelt interpretieren. Wirkungen sind bewirkbar, aber sie können nicht kompensieren, wenn der soziale Wandel strukturell die Lebenswelten pauperisiert (strukturelle Arbeitslosigkeit, neue Armut).
Im Teil C wird gefragt, was die Schule werden muß, wenn sich die relevanten Umwelten Familie *(Beitrag Wudtke)* und Kommune *(Beitrag Prior)* ändern. Die Beiträge „Der Kinderhort" *(Hemmer)* und „Elternhaus und Schule" *(Grabbe/Tymister)* verweisen auf einen Bedarf an Verständigung zwischen den pädagogischen Laien und Experten.
Der vorliegende Band spiegelt in seinen Beiträgen die der äußeren Bildungsreform nachfolgende pädagogische Interpretation der Situation der Grundschule. Die Herausgeber haben es vorgezogen, die Problemstellungen in längeren Handbuchartikeln durchzuspielen und abzuklären. Der Lexikonteil ist vor dem Hintergrund der vielen Stichwortartikel in den anderen Bänden der Enzyklopädie hoch selektiv, er ergänzt und spezifiziert einige Handbuchartikel.
So wird der Beitrag über den Grundschullehrplan im Lexikonteil durch die Darstellung der einzelnen Lernbereiche der Grundschule, der „Kinderliteratur – Erzählkultur", aber auch durch das Aufgreifen zentraler Probleme wie der „Legasthenie" erweitert. Eine ebenfalls ergänzende Korrespondenz läßt sich zwischen dem Handbuchartikel „Die Konstruktion des Primarschülers" und den Lexikonbeiträgen „Anschauung", „Intelligenz, operative", „Nachahmung", „Spiel – Kinderspiel", „Schulfähigkeit" und „Verhaltensstörung" herstellen. Ferner werden Alternativen zur Normalschule, wie „Montessori-Pädagogik" und „Primarschulwesen (England)", vorgeführt sowie bedeutsame Institute des schulbezogenen Alltags, wie „Hausaufgaben" oder „Schülerbeurteilung", in die Aufmerksamkeit des Lesers gerückt.

Vorwort der Herausgeber von Band 7

Im Unsicheren der vielen Perspektiven ist klar erkennbar, daß nach einer republikanischen Interaktionskultur und ihrem Äquivalent im Verkehr mit Kindern und zwischen diesen gesucht wird, ohne herunterzuspielen, daß wir zum Lernen genötigt sind, und daß der Erwachsene Kindern gegenüber zur Für- und Vorsorge verpflichtet ist.

Hamburg, im April 1985
Klaus Peter Hemmer
Hubert Wudtke

Handbuch

A Primarschule

Klaus Giel

Der Elementarunterricht in anthropologischer Sicht

1 Schultheoretische Problemstellung
1.1 Das Verschwinden des Elementarunterrichts
1.2 Die Reform der 60er Jahre
1.3 Die Aufgabenstellung
2 Die anthropologische Eigenständigkeit der Schrift und das Problem einer „Grammatologie"
2.1 Einführende Bemerkungen
2.2 Grundphänomene der Schriftkultur
2.3 Sprache und Schrift
3 Philosophie der Schrift als Medium der Wissenschaftstheorie
3.1 Problemstellung
3.2 Grundzüge der „Grammatologie"
4 Die Elementarmethode
4.1 Noch einmal: Die Herausforderung durch die Schrift
4.2 Die Fragestellung Pestalozzis
4.3 Die „Anschauungskunst"
5 Zur pädagogischen Konzeption des Elementarunterrichts
5.1 Das Abc der Empfindungen – heute
5.2 Die Geschichte als Elementarform des Textes
5.3 Das Gedächtnis in anthropologischer Sicht
5.4 Schulfächer in der Funktion des Gedächtnisses im Erkenntnisprozeß
5.5 Die Ausgestaltung des Elementarunterrichts und das Problem der Künste
5.5.1 Disponibilität
5.5.2 Übung
5.5.3 Zur äußeren Organisation des Unterrichts
5.6 Die Ordnung der Künste des Elementarunterrichts
5.6.1 Rhythmik
5.6.2 Sinnesschulung
5.6.3 Formenlehre
6 Abschluß

Zusammenfassung: Der Grundschule als Fundament des Schulsystems ist die kulturpädagogische Aufgabe einer Vergesellschaftung der Schrift- und Gelehrtenkultur mit ihrem spezifischen Wahrnehmungs-, Denk-, Sprach- und Kommunikationsmuster gestellt. Die didaktischen und schulpädagogischen Kategorien und Instrumente der Reformpädagogik sind aufgrund ihrer Orientierung an kindgemäß-direkten, erlebnis- und erfahrungsbezogenen Lernformen nicht eben besonders geeignet für den Aufbau nichtostentativer Beziehungen, wie sie in der Schriftkultur gepflegt werden. Der Grundschule ist es daher nicht gelungen, die Kindheit auch in der Rolle des Schülers zu erschließen, Kind- und Schülersein zu vermitteln, wie es Pestalozzi mit der Elementarmethode angestrebt hatte. Es ist allerdings die Frage, wie an die abgerissene Tradition der Elementarmethode angeknüpft werden kann. In dem Beitrag soll versucht werden, dieses Problem in einem philosophisch-an-

Klaus Giel

thropologischen Diskurs, der sich an den Entwürfen der „Strukturalen Anthropologie" orientiert, zu erörtern.

Summary: The cultural-pedagogical task of the primary school as the foundation of the educational system is the socialization of the written and academic language with its specific patterns of perception, thought, language and communication. The didactical and pedagogical categories and instruments of reformed educationalism, oriented as they are towards types of learning that make a direct approach on the child's own level and that are based on discovery and experience are, of course, not exactly ideal for building up non-ostentative associations as mirrored in written culture. The primary school has thus not succeeded in reconciling the nature of the child with the role of the pupil, to put across the essentials of being a child and a pupil, as Pestalozzi had attempted to do via his elementary method. The question is, however, whether it is possible to continue be broken tradition of the elementary method. This contribution represents an attempt to consider this problem in a philosophical-anthropological discourse based on the plans of "structural anthropology".

Résumé: A l'école élémentaire, comme fondement du système scolaire, se pose la tâche culturo-pédagogique d'une socialisation de la culture de l'écrit et des savants avec ses modèles spécifiques de perception, de pensée, de langue et de communication. Les catégories et instruments didactiques, et de pédagogie scolaire, de la pédagogie de réforme sont, étant donné leur orientation aux formes d'apprentissage directes et conformes à l'enfant, axées sur le vécu et l'expérience, peu adaptés à la construction de relations non ostentatives, telles qu'on les entretient dans la culture de l'écrit. Aussi, l'école élémentaire n'est pas parvenue à atteindre également l'enfance dans le rôle de l'élève, à transmettre l'être-enfant et l'être-élève, tel que Pestalozzi en avait l'intention par la méthode élémentaire. La question se pose toutefois de savoir comment se relier à la tradition rompue de la méthode élémentaire. Dans cette contribution, on essaie de commenter ce problème en faisant appel à la philosophie et à l'anthropologie et en s'en tanant aux esquisses de l'«anthropologie structurale».

1   Schultheoretische Problemstellung

1.1   Das Verschwinden des Elementarunterrichts

Die Grundschule wurde 1920 als Kernstück der Volksschule konzipiert. Diese sollte ihrem inneren Anspruch zufolge den institutionellen Rahmen einer alle „Stände" und Klassen – die Arbeiterschaft zumal – umfassenden Nationalpädagogik bilden. Unter dem Leitmotiv der Nationalerziehung wurde die Integrationsfunktion der Schule nach dem Ersten Weltkrieg neu interpretiert. Als Instrument der Aufhebung aller partikularen Interessen in ein vernünftiges, dem Aufbau eines gerechten Gemeinwesens verpflichteten Zusammenlebens stieg die Schule in die ersten Ränge der Gesellschaftspolitik auf. In diesem volksschulpädagogischen Rahmen wurde der Grundschule die Aufgabe einer Grundlegung der Nationalerziehung zugedacht (vgl. FISCHER 1950a, S. 344 ff.; vgl. FLITNER 1958).
Die Wurzeln der Nationalpädagogik liegen in einer Gesellschaftslehre, die die integrierenden Kräfte der funktionsteiligen, nicht mehr in Sozialbeziehungen (Sippschaft, Gruppen) verankerten Gesellschaften in den Werken der nationalen Kultur

und in der Nationalsprache suchte. Im Werkcharakter der kulturellen Leistungen werde, nach dieser Kulturtheorie, der überindividuelle Zusammenhang einer alle Glieder der Gesellschaft umfassenden Vernunft offenbar. Die schöpferischen, objektivierenden Leistungen, in denen eine verbindliche Wirklichkeit geschaffen wird, seien in diesem Gemeingeist begründet (vgl. LITT 1926, SPRANGER 1950). Daher könne der einzelne auch nur in der Auseinandersetzung mit den Werken der nationalen Kultur die eigenen produktiven Möglichkeiten entfalten und eine vernünftige Identität aufbauen. In ganz besonderer Weise aber sei der Gemeingeist in der Sprache wirksam. Nach dieser Auffassung gilt die Sprache nicht nur als die Realisierung der menschlichen Sprachfähigkeit (langage), sondern als Medium, in dem sich die gemeinsamen Denk- und Wahrnehmungsmuster einer Gesellschaft entfalten. In der Nationalsprache seien daher Denk-, Sprach- und Wahrnehmungsmuster eng aufeinander bezogen: So bilde die Sprache den Horizont der kollektiven Erfahrung. Zwar könne die Sprache sich in verschiedenen Mundarten realisieren, diese spiegelten die Nationalsprache jedoch nur in besonderen Brechungen. Daher sei jeder, der nur Deutsch könne, in welcher Mundart er es auch immer sprechen mag, fähig und in der Lage, die Erfahrungshorizonte seines kulturellen Milieus zu überschreiten und in einen lediglich durch die Nationalsprache selber begrenzten Erfahrungsaustausch einzutreten. In der sprachlichen Weltbewältigung lassen sich primitive (elementare) und differenziertere Formen unterscheiden; die differenzierteren Formen entfalten aber nur, was in diffus-ganzheitlicher Weise in den elementaren Formen vorweggenommen sei. So erweise die Sprache sich als Organismus, in dem Volks- und Bildungs-(Gelehrten-)Sprache Stadien einer organischen Entwicklung darstellten.

Gestützt auf diese sprach- und kulturphilosophischen Voraussetzungen, konnte die Grundschule unter den Anspruch gestellt werden, Schule der Kindheit zu sein. Schien doch die Muttersprache die Organe bereitzustellen, die schon den Kindern den Erfahrungsaustausch über die Grenzen ihrer sozialen Herkunft hinweg ermöglicht. In diesem Erfahrungsaustausch werde der volle Realitätsgehalt der kindlichen Erlebnisse entwickelt. So rückten der Gesamt- und Heimatkundeunterricht in den Mittelpunkt der Grundschule. In der darin initiierten kindgemäßen Durchdringung der Erlebnisse konstituiere sich eine eigene Kinderwelt: Vorschein und Verheißung einer vernünftigen Welt jenseits aller sozialen Differenzen. Die Formen, in denen Kinder ihre Erfahrungen verarbeiten und austauschen, seien im wesentlichen Erscheinungsformen des Genius, in dem die produktiven Kräfte des Gemeingeistes in volksnaher, naiver und unpersönlich-kollektiver Weise wirkten. Die Teilnahme an den Schöpfungen der nationalen Kultur setze diese kollektiven Formen des Sehens und Denkens, die in „elementaren Formen" der Sprache, des Gestaltens und Handelns ihren Ausdruck finden, voraus (vgl. HARTLAUB 1922, JOLLES 1958). Die fundamentale Bildung muß daher als volkstümliche Bildung begriffen werden, die ihre Wurzeln in die magischen Tiefen des Wirklichkeitsbewußtseins vortreibt.

Mit diesen theoretischen Vorannahmen konnte es der Grundschule nicht gelingen, die Integrationsaufgabe, unter der sie doch angetreten war, zu erfüllen. Der Glaube an die innere, organische Einheit von Volks- und Bildungssprache hat sie von vornherein blind gemacht für die tatsächlichen Unterschiede.

Die Bildungssprache konnte vom größeren Teil der Kinder nicht als Denksprache angenommen werden; dem anderen Teil und den Lehrern aber hat sie Erfahrungen vorenthalten (vgl. BOURDIEU/PASSERON 1971, S. 109 ff.). So ist die Bildungssprache eine Standessprache und der darin aktualisierte kulturelle Habitus auf eine Schicht beschränkt geblieben. Die pädagogische Durchdringung der Schrift- und Gelehrtenkultur, ihre Befreiung aus den Schranken einer bloßen Standeskultur und ihre „Vergesellschaftung" zum allgemeinen Medium des Aufbaus der Erfahrungswirklichkeit, konnte in den Ausmessungen der Nationalpädagogik nicht gelingen. Die Grundschulpädagogik hat es nicht vermocht, an Pestalozzi anzuknüpfen, der die – gesellschaftspolitische – Problematik des Auseinanderdriftens von Gelehrten- und Volkskultur in ihrer ganzen Tragweite erkannte und in den Entwürfen zur Elementarmethode theoretisch und praktisch zu bewältigen versuchte. In diesen Schriften entwirft Pestalozzi eine Anthropologie der Schriftkultur, die den Strukturen nachgeht, in denen sich die Wirklichkeit in einer spezifischen, nicht situations- und handlungsbezogenen Weise konstituiert. Die Künste des Elementarunterrichts, Lesen, Schreiben, Rechnen, Zeichnen, Singen, werden als Konkretionen der organisierenden Tätigkeiten begriffen, aus denen sich die Strukturen der Schriftkultur aufbauen. Fröbel hat die Versuche einer anthropologischen Begründung der Elementarmethode vertieft und ihr mit seiner Spieltheorie einen systematischen Rahmen gegeben.

Sosehr die Grundschulpädagogik das Spiel als ursprüngliche Lebensäußerung der Kinder geschätzt haben mag und sosehr sie sich auf das „Anschauungsprinzip" berufen hat, so peinlich war sie von der Systematik der Spielgaben und dem „Formalismus" der Elementarmethode berührt. Die Begrifflichkeit ihrer didaktischen Konzeptionen hat es jedenfalls nicht erlaubt, die elementaren Künste (Kulturtechniken) in den Zusammenhang der fundamentalen Bildung zu integrieren. Der Sinn des Lesens erfüllte sich für sie in der Aufnahme gehaltvoller Texte: Die Lesefertigkeit konnte nicht im Zusammenhang der Konstitution von Texten gesehen und didaktisch aufbereitet werden (vgl. DOMIN 1984, ISER 1976). Die Texte erscheinen als arbiträre Verpackung von Inhalten, zu denen es auch andere, direktere und erlebnisnähere Zugänge gibt.

Das Verständnis des Lesens als eines Verhaltens, das sich aus isolierbaren Faktoren aufbaut, die einzeln erworben werden können, wird nicht nur von der Textlinguistik in Frage gestellt. Neuere Untersuchungen haben ergeben, daß „die Fähigkeit, Schriftzeichen zu erkennen und zu unterscheiden [...] nicht durch die Präzisierung der Detailwahrnehmung an sich gefördert [wird]. Sie ist angewiesen auf die gedankliche Einsicht in die Bedeutung von Zeichenunterschieden innerhalb des Schriftsystems" (BRÜGELMANN 1984, S. 71).

Auch daraus scheint hervorzugehen, daß das Problem des Elementarunterrichts im Aufbau der Denk-, Wahrnehmungs- und Bewegungsmuster liegt, in denen sich die Wirklichkeit als eine – in welchen Lettern auch immer verfaßte – lesbare Welt erscheint.

1.2 Die Reform der 60er Jahre

Die Grundschulreform der 60er Jahre hat sich vorwiegend gegen den naiven didaktischen Realismus des Heimat- und Gesamtunterrichts gerichtet. Unter der Protektion der Wissenschaften wurden die formalen kognitiven und methodischen Aspekte des Erkennens und der entdeckenden Auseinandersetzung mit der Wirklichkeit stärker zur Geltung gebracht. Durch die Orientierung des Lernens am wissenschaftlichen Erkennen sollten die Schüler zu einer traditionsentbundenen, eigenständigen und kritischen Auseinandersetzung angehalten werden. Die Grundschule wurde als Lernschule und damit als vollgültige Schule ausgelegt: als Institution, in der es darauf ankommt, das Lernen aus den Verstrickungen der Lebensverhältnisse zu lösen und als Verhalten zu inszenieren, auf dem eine freie, authentische und

selbstbewußte Lebensführung aufbauen kann. Die Wissenschaftsorientierung des Lernens markiert das Ende der Volksschule und der nationalpädagogischen Konzeption der Grundschule.
Die Wissenschaftsorientierung hat sich in allen Lernbereichen durchgesetzt: Der Rechenunterricht wurde durch die „New Math" ersetzt, der Sprachunterricht auf linguistische Fundamente gestellt. Allerdings sind in jedem Lernbereich der Grundschule Randzonen übriggeblieben, die nicht oder – angesichts des Alters der Schüler – noch nicht wissenschaftlich durchdrungen werden konnten. So konnte weder der gesamte Rechenunterricht in Mathematik aufgelöst noch die Rechtschreibung linguistisch verankert werden. Die Welle der Wissenschaftsorientierung ist inzwischen zurückgeschwappt: In manchen Bundesländern sind die Verfechter der Wissenschaftsorientierung in der Defensive (so zum Beispiel in Baden-Württemberg). So scheint sich das schultheoretisch-didaktische Problem der Wissenschaftsorientierung als die Frage nach den vernünftigen Grenzen, innerhalb deren in den einzelnen Gebieten „wissenschaftlich" gearbeitet werden kann, zu stellen. Die Didaktik des Elementarunterrichts wäre dann mit der Frage befaßt, wie die Fähigkeiten und Fertigkeiten, die dem wissenschaftsorientierten Lernen unzugänglich sind, so aufgeschlossen werden können, daß ihre Vermittlung nicht zur schieren Schinderei gerät. Ihre Legitimation beziehen diese Fertigkeiten allerdings allein aus der Tatsache, daß sie in unserer Gesellschaft gebraucht werden. Durch die Rechtschreibung werden, wie genauere Analysen zeigen, Kinder weder in ihrer kognitiven noch in ihrer kommunikativen Kompetenz weitergebracht (vgl. KEMMLER 1968). Diese angedeutete Grenzziehung und die damit zusammenhängende Aufgabe der Kultivierung der vom wissenschaftsorientierten Unterricht nicht erfaßten Lernbereiche ist ganz gewiß eine wichtige Aufgabe. Die Problematik des Elementarunterrichts erschöpft sich allerdings nicht darin. Sie entsteht vielmehr im Zentrum des wissenschaftsorientierten Unterrichts selbst.

1.3 Die Aufgabenstellung

Die Wissenschaftsorientierung ist von der Voraussetzung durchdrungen, daß die Formen und Dispositionen der wissenschaftlichen Forschung die Kognition schlechthin repräsentieren und somit nicht nur universell in ihrer Geltung, sondern auch so allgemein sind, daß der Erkenntnis- und Forschungsprozeß in den Modellen einer allgemeinen genetischen Theorie beschrieben werden kann (vgl. PIAGET 1973a). Dies ist so wahrscheinlich nicht haltbar: Vermutlich ist auch das Erkennen durch und durch geschichtlich bestimmt, so daß es in rationalen oder genetischen Theorien nicht vollkommen erfaßt werden kann (vgl. KUHN 1978, 1979). Damit hängt es wohl auch zusammen, daß die im wissenschaftsorientierten Unterricht elaborierten formalen Verhaltensweisen (wie Beobachten, Experimentieren) nicht ohne weiteres und überall „sinnvoll", das heißt sachangemessen angewandt werden können. Es fragt sich daher, ob nicht gerade der wissenschaftsorientierte Unterricht den Aufbau von Sachstrukturen voraussetzt, der die Anwendung von wissenschaftlichen Verfahren allererst ermöglicht. Der wissenschaftsorientierte Unterricht setzte dann als Bedingung seiner Möglichkeit eine eigentümliche Kultiviertheit im Umgang mit Sachen voraus, die, vorläufig ex negativo, mit der Herauslösung der Sachen aus den alltäglichen Handlungsfeldern und Sprachspielen umschrieben werden kann (vgl. TENBRUCK 1977). Das Problem des Elementarunterrichts stellte sich dann als die Frage des Aufbaus von Sachstrukturen und der Konstitution von situationsentbundenen Erfahrungen.

Klaus Giel

2 Die anthropologische Eigenständigkeit der Schrift und das Problem einer „Grammatologie"

2.1 Einführende Bemerkungen

Wie tief die Alphabetisierung in das Gefüge von Kulturen und in die anthropologischen Dispositionen eingreift, ist uns im Grunde genommen erst über die Pädagogik der „Dritten Welt" bewußt geworden (vgl. FREIRE 1973, 1977, 1981). Die Alphabetisierung stellt ein kulturanthropologisches Problem erster Ordnung dar und kann infolgedessen nur im Rahmen anthropologischer Theorien angemessen behandelt werden. Wir versuchen die anstehenden Fragen im Rahmen eines philosophischen Diskurses zu erörtern, der sich an den Entwürfen zu einer „Strukturalen Anthropologie" orientiert, die im Umkreis des sogenannten Französischen Strukturalismus entstanden sind und diskutiert wurden. Die Option für den philosophischen Diskurs ist in der Tatsache begründet, daß die kulturellen Traditionen und die darin vermittelten historischen Erfahrungen in der philosophischen Auseinandersetzung lebendig geblieben sind. Nichts ist aber so sehr in kulturellen Traditionen verankert wie der Unterricht. Unterrichtstheorien greifen daher immer zu kurz, wo sie, technologisch ansetzend, ab ovo zu beginnen versuchen.

2.2 Grundphänomene der Schriftkultur

Die Erfindung und Verbreitung der Schrift habe „das Kommunikationspotential der Gesellschaft über die Interaktion unter Anwesenden hinaus immens erweitert und es damit der Kontrolle durch konkrete Interaktionssysteme entzogen" (LUHMANN 1975, S. 6).
Mit der Ablösung der gesellschaftlichen Kommunikation von sozialen Situationen stellt sich das Problem der Komplexität: In den Kommunikationsprozessen, die der Kontrolle der Interagierenden entzogen sind, ist immer „mehr" „Sinn" enthalten, als vom Bewußtsein einzelner realisiert werden kann. Unter der Perspektive der Reduzierbarkeit kann die Komplexität als ein quantitatives Problem gestellt und, wie es die Medientheorie von LUHMANN (vgl. 1971, 1975) versucht, auf Möglichkeiten einer technologischen Bewältigung hin untersucht werden. Unter Komplexität kann aber auch das Charakteristikum von Phänomenbereichen verstanden werden, denen mit Reduktionen prinzipiell nicht beizukommen ist, es sei denn um den Preis ihrer Verdrängung (vgl. v. HAYEK 1972, WIMMEL 1981). So liegt die Komplexität, die die Kommunikation unter den Bedingungen der Schriftkultur zu belasten scheint, auch darin begründet, daß die Sinngehalte der Kommunikate in einen neuen Horizont gerückt werden. Das qualitativ Neue, andere der Sinnkonstitution ist darin zu sehen, daß die Wirklichkeit nicht mehr als Umwelt begriffen, das heißt systematisch auf einen Innenbereich zentriert wird. Mit der Komplexität der Sinngehalte ist - zumindest - der Anspruch der Auflösung der Umwelten, der zentrierten Situationen und der der Ausweitung der Wirklichkeit zur Welt gesetzt (vgl. RICOEUR 1972, S. 258 f.). Von komplexen Sinngehalten ist also nur da die Rede, wo Bedeutungen und Intentionen sich von den Subjekten lösen und gewissermaßen objektiv werden. Die Form, in der die Intentionen objektiv werden, in geschlossene Zusammenhänge eintreten, die sich dem Willen und den Absichten der Sprechenden entziehen, ist der Text. Texte treten auch dem Autor gegenüber und beginnen ein Eigenleben zu führen. Es scheint sie nur als Inbegriff aller möglichen lesenden Rekonstruktionen zu geben. „Genauso wie sich der Text in seiner Bedeutung von

der Vormundschaft der Intention seines Urhebers loslöst, so löst sich sein Bezug von den Grenzen des ostentativen Bezuges. Für uns ist die Welt das Ensemble der durch Texte eröffneten Bezüge [...] Für mich ist das der entscheidende Bezugspunkt aller Literatur; nicht die Umwelt der ostentativen Bezüge des Dialogs, sondern die Welt, die durch die indirekten und nicht-ostentativen Verweisungen jeden Textes, den wir gelesen, verstanden und geliebt haben, entworfen wird" (RICOEUR 1972, S. 258 f.). Das Problem der Bedeutungen löst sich hier auf in eine unendliche Kette von Texten, in der jeder Text selber schon eine zu rekonstruierende Rekonstruktion von Texten ist (vgl. DERRIDA 1976, S. 272). Der Autor ist gerade nicht Subjekt seiner Texte: Seine eigene Produktivität trägt keineswegs den Charakter der Ursprünglichkeit und Originalität. Die Art und Weise, wie er sich in der Kette von Texten bewegt, zitierend, in Anspielungen, kombinierend und komponierend, ist seinem eigenen Bewußtsein nur ansatzweise zugänglich. Wo vor dem Hintergrund dieses Ansatzes überhaupt noch nach der Produktivität gefragt wird, also nach der Art, in der aus Texten Texte entstehen, findet man sich auf das kollektive Unbewußte zurückverwiesen, in dem historische Ereignisse unter Mitwirkung einer archaischen Bildersprache zu Erfahrungen verdichtet werden (vgl. CURTIUS 1965, WIMMEL 1981).

Als weiteres Charakteristikum der Schriftkultur ist das Aufbrechen der zyklischen, als Wiederkehr des Vergangenen sich erfüllenden Zeitstruktur zu nennen. In der Schriftkultur vollzieht sich der Wechsel der Generationen nicht mehr als Einschwörung auf die Deutungsmuster, in deren Repräsentations- und Ordnungszusammenhängen die Anwesenheit der Ahnen verbürgt ist. Die nachfolgende Generation gewinnt ihre Identität nicht mehr in der Identifizierung mit den Ahnen. Dadurch kommt sie in die Lage, die Tradition an den eigenen Erfahrungen zu messen. Gleichzeitig aber stellt die Tradition eine permanente Herausforderung dar, an der die nachfolgende Generation sich zu messen gezwungen ist. In der darin zum Ausdruck kommenden Komparativität sieht WIMMEL (1981, S. 12, S. 14) ein wichtiges Kennzeichen der Schriftkultur: „Folgenreicher als das Befestigen, Verbinden, Bewahren und Weitergeben an sich ist jenes andere Merkmal der auf Schriftlichkeit beruhenden Kultur geworden, das man ihre Komparativität nennen könnte [...] Als vergleichendes Abrücken von Vor-Gestalten läßt der komparativische Gang zwei grundsätzliche Verhaltensweisen zu: Fortsteigern und Vermeiden."

2.3 Sprache und Schrift

Die Schrift im Sinne des Korpus der Schriftzeichen gilt im allgemeinen als ein sprachliches Phänomen. Für v. HUMBOLDT (vgl. 1963, S. 82 ff.) war die Art der Schrift abhängig von der Struktur der Sprache. Es sei kein Zufall, daß bestimmte Sprachen die Buchstabenschrift ausgebildet hätten, während andere sich mit Ideogrammen begnügten. Die in manchen Sprachen kraftvollere Tendenz zur Ausbildung „grammatischer Formen" dränge zur Buchstabenschrift, die dann ihrerseits die Hervorbringung grammatischer Formen fördere. Dieser Zusammenhang erkläre sich durch die Artikulation. Die Ausbildung grammatischer Formen setze eine gute Artikuliertheit der Sprache voraus, die ihren Ausdruck in reinen Sprachzeichen, die weder Ausdrucks- noch Nachahmungswert besitzen, finde. Die reinen Zeichen können dann auch zu Trägern von grammatischen Bedeutungen werden. Die durch die Artikulation bestimmten Lautzeichen werden, nach dieser Auffassung, durch Buchstaben vermittelt.

Dagegen sieht die neuere Linguistik in den Buchstaben zunächst einmal Realisierungen von graphischen Strukturen. Es gäbe keine direkte Beziehung von

Buchstabe und Laut. Vielmehr ist die Beziehung an die Bedingung geknüpft, daß die Laute auf einer höheren Abstraktionsstufe als der phonetischen repräsentiert werden können, auf der sie dann systematisch in Phonem-Allophon-Differenzen zu erfassen sind. Was das Verhältnis von Buchstaben und Lauten angehe, können nur Beziehungen zwischen Phonemen und Graphemen systematisch erfaßt werden (vgl. BIERWISCH 1976). Man könnte schon diese Befunde als Anzeichen dafür nehmen, daß die Schrift ursprünglich gar nicht sprachlich motiviert ist, sondern in tiefere Schichten zurückreicht. In der Gestalt von Mythogrammen hatten die Schriftzeichen ursprünglich wohl auch keine rein sprachliche Funktion: Sie stellten bestenfalls „Stützpunkte eines mündlichen Kontextes" dar (LEROI-GOURHAN 1984, S. 240), in denen Mythen sozusagen begangen wurden, oder aber die Artikulation des Rhythmus von Beschwörungsformeln; das Problem ihrer Entzifferung ist das der Rekonstruktion von Riten (vgl. LEROI-GOURHAN 1984, S. 237 ff.). Die Kabbala hat die Buchstaben als Mittel behandelt, mit deren Hilfe alle natürliche Bedeutung außer Kraft gesetzt und die Seele zur mystischen Versenkung in den Namen Gottes vorbereitet werde. Diese Versenkung wiederum realisierte sich als Kombinatorik der Buchstaben, bei der es nicht auf die sprachliche Bedeutung ankam, sondern auf die Musik und die Rhythmik des reinen (gegenstandslosen) Denkens (vgl. SCHOLEM 1973, S. 64 ff.; vgl. SCHOLEM 1980, S. 142 ff.). Das Problem einer möglicherweise getrennten Entwicklung von Sprache und Schrift wird in der „Strukturalen Anthropologie" radikalisiert. Die Schrift könne nicht als sprachliches oder kulturelles Organon verstanden werden. Sie sei vielmehr die Manifestation eines von der kulturellen Selbstinterpretation des Menschen unabhängigen anthropologischen Prinzips (vgl. DERRIDA 1983, S. 144 ff.). LÉVI-STRAUSS (vgl. 1981, S. 290 ff.) sieht in der Schrift ein kulturfremdes und entfremdendes Prinzip. Es sei gerade nicht so, daß die Schrift den Menschen geholfen habe, Wissen und Erfahrung zu bewahren, um neue Fähigkeiten zu entwickeln. Die wahrhaft großen kulturellen Revolutionen seien nicht durch die Erfindung der Schrift ausgelöst worden; die Schrift tauge lediglich dazu, eine große Anzahl von Menschen einem politischen System zu integrieren und in hierarchischen Ordnungen verfügbar zu halten. Schrift und Schulen seien lediglich die Instrumente einer unmerklichen Machtausübung: „Die systematischen Bemühungen der europäischen Staaten um die Einführung der Schulpflicht, die sich im Lauf des 19. Jahrhunderts durchgesetzt hat, gehen mit der Erweiterung des Militärdienstes und der Proletarisierung einher. Der Kampf gegen das Analphabetentum brachte eine verstärkte Kontrolle der Bürger durch die Staatsgewalt mit sich" (LÉVI-STRAUSS 1981, S. 295; vgl. LESCHINSKY/ROEDER 1976, S. 427 ff.). Die Unmerklichkeit der Machtausübung durch die Schrift liegt darin begründet, daß die Schrift in die einzelnen sozusagen eindringt und ihre Körper und ihre Sinnlichkeit nach Maßgabe bestimmter Figurationen verwaltet. Die Fraktionierung und Uniformierung ursprünglich rhythmisch gegliederter Abläufe in der Arbeit, dem Militär und in der Schule, die Auflösung des Wahrnehmungsfeldes in Zeilen, die Linearisierung der Bewegung, die temporale Gliederung und Programmierung des Denkens sind originäre, nicht vermittelte Leistungen der Schrift (vgl. LEROI-GOURHAN 1984, S. 263 ff.; vgl. POSTMAN 1983, S. 41 ff.).

3 Philosophie der Schrift als Medium der Wissenschaftstheorie

3.1 Problemstellung

In seinen Entwürfen zu einer Grammatologie hat DERRIDA (vgl. 1983) die Entfremdungsfunktion der Schrift als eine Erscheinung zu erklären versucht, die nicht auf die Sache selbst zurückzuführen sei, sondern auf die in der abendländischen Metaphysik entwickelten Denkgewohnheiten. Diese habe ihre bewegenden Kräfte aus zwei Grundannahmen bezogen. Sie sei zum einen durch die Frage nach dem Ursprung der Welt motiviert, der als einheitlicher Bezugspunkt und als ein permanent anwesendes Zentrum des Universums gedacht werde. Zum anderen aber sei sie von der Überzeugung der sprachlichen Verfaßtheit des Denkens durchdrungen, wonach es nur im Medium der Sprache möglich sei, die Wirklichkeit auf das „Wesen" der Dinge hin zu überschreiten: Nur in sprachlich vermittelten Evidenzerlebnissen sei die reine, nicht perspektivisch verzerrte Anwesenheit der Dinge gegeben, nicht in den standpunkt- und situationsbezogenen Sinneswahrnehmungen.

3.2 Grundzüge der „Grammatologie"

Die Essays von Derrida kreisen um die Möglichkeit der Befreiung des Denkens aus den Fesseln der Sprache. Diese Fesseln seien zwar faktisch von der Mathematik aufgesprengt worden; die innere Möglichkeit des sprachfreien Denkens, seine Eigendynamik, sei aber nach wie vor verborgen, so daß auch die Frage nach der inneren Möglichkeit der Mathematik nicht mit der angemessenen Schärfe ausgearbeitet werden konnte.

Ihre wichtigsten Anregungen verdanken die Arbeiten Derridas der Auseinandersetzung mit Husserl. Dieser habe das Problem der Grammatologie bereits in seiner Arbeit über den „Ursprung der Geometrie" erkannt, wo er daran erinnere, daß die Schrift nicht nur ein Hilfsmittel im Dienste der Wissenschaft sei, sondern daß sie „allererst die Möglichkeitsbedingung für ideale Gegenstände und damit für wissenschaftliche Objektivität" schaffe (DERRIDA 1983, S. 49 f.). Die Schrift sei die „Bedingung der *episteme*, ehe sie ihr Gegenstand sein kann" (DERRIDA 1983, S. 50). Daher, so folgert Derrida, müsse im Medium der Wissenschaft von der Schrift die Frage nach der Möglichkeit von Wissenschaft überhaupt gestellt werden. Nicht mehr die aus dem Geist der Sprache entwickelte Logik, sondern die Grammatologie wird von DERRIDA (vgl. 1983, S. 50) als grundlegende Disziplin gefordert. Da die Grammatologie etwas prinzipiell anderes sein will als die Wissenschaft von der Entstehung und der Geschichte der Schrift, muß sie ihren Ansatz gründlich bedenken. Üblicherweise wird schon das Problem der Schrift ethnozentrisch gestellt. Man geht von der Buchstabenschrift und der Buchkultur aus, in der man dann ohne weiteres die Erfüllung und Vollendung der Schrift sieht. Schon in diesem Ansatz sieht Derrida eine gefährliche Verengung des Problems. Durch die Bindung der Schrift an die Sprache werde von vornherein eine Klassifikation in schriftlose Gesellschaften und Schriftkulturen vorgenommen, wobei dann die Schrift den Übergang in die Hochkultur markiere. Dem steht jedoch die Tatsache entgegen, daß es keine schriftlosen Völker und Kulturen gibt. In den vermeintlich schriftlosen Kulturen habe die Schrift nur andere Funktionen erfüllt, die wir, aufgrund der Versprachlichung der Schrift, nicht mehr wahrzunehmen imstande seien. Wir haben ein einziges Modell der Schrift, die Zeile und den linearen Duktus, verabsolutiert und die Möglichkeiten einer mehrdimensionalen Realisierung der Schrift verdrängt (vgl.

LEROI-GOURHAN 1984, S. 249 ff.). Durch die Linearität erst wurde es möglich, die Schrift an die Lautsprache zu binden und als Hilfsmittel der Artikulation zu verwenden. Daß dies ein Irrweg sei, zeige sich zum einen an der Tatsache, daß die Mathematik Schriftzeichen ohne jede Zuordnung zu Phonemsegmenten in kognitiven Funktionen verwende (vgl. DERRIDA 1983, S. 49, S. 147). Zum anderen aber habe die Einengung des Blicks auf die phonetische Schrift zur Unlösbarkeit der Grundfrage einer allgemeinen Zeichenlehre geführt. Es sei bisher nicht möglich gewesen, die Beziehung der beiden konstitutiven Momente des Zeichens – Signifikat und Signifikant – in einem kohärenten theoretischen Zusammenhang zu thematisieren. Der Signifikant ist zweifellos arbiträr und nicht motiviert; aber gerade in der Arbitrarität des Signifikanten liege das Schlüsselproblem der Zeichentheorie überhaupt (vgl. DERRIDA 1983, S. 77 ff.).
Die Vernachlässigung des Signifikanten ergebe sich aus der prinzipiellen Orientierung der abendländischen Metaphysik am „Sein", das sich selber „gibt", das heißt in Evidenzerlebnissen zur originären Gegebenheit kommt. Daher müsse alles Denken auf die Formen der originär gebenden Anschauung zurückgeführt werden, in denen die unaufhebbare Präsenz des Seins verbürgt sei. Die Zeichen haben dabei bestenfalls eine erinnernde, aktualisierende Funktion. Das Medium aber, in dem sich die Anschauung realisiert, ist die Lautsprache. In der Artikulation der Lautsprache schaffe sich der Geist, wie es eine lange Tradition der Sprachphilosophie überliefert, einen eigenen Körper. Die Zeichen aber sind nur der Ausdruck des nicht mehr erklärbaren Aktes, in dem die Vernunft sich ihre Wirklichkeit entgegensetzt, um sich als Subjekt begreifen zu können. Worauf es daher ankomme, sei die Rückgewinnung einer Struktur des Denkens, in dem es sich nicht als Akt der Weltsetzung, sondern als Vollzug einer Differenzierungsbewegung begreift. Dabei müßte von einer Prävalenz des Signifikanten ausgegangen werden, durch die die Zeichen als Abdrücke einer Spur hervortreten. Spuren verweisen zwar auf einen Ursprung, der jedoch nicht mehr als gegenwärtiger wahrgenommen wird. Spuren sind immer schon hinterlassene Zeichen. Gleichwohl bleibt der Ursprung in der Spur enthalten, allerdings nur als Aufforderung zur Rekonstruktion einer Bewegung, die in ihrer Originalität nicht mehr faßbar ist. Die Metapher der Spur unterbricht die Transzendenzbewegung ganz radikal. „Es gilt, die Spur vor dem Seienden zu denken" (DERRIDA 1983, S. 82). Die Spur kann nur im Begriff des Verschwindens des Ursprungs gedacht werden (vgl. DERRIDA 1983, S. 107).
Auf die Auseinandersetzung mit der Metaphysik braucht hier nicht weiter eingegangen zu werden. Immerhin wird hier unter der Leitung der Metapher der Spur ein Denkmodell entwickelt, das die Wirklichkeit von vornherein in die Perspektive von lesbaren Chiffren rückt, von Zeichen, die nicht sprachlich vermittelt sind. Spuren ermöglichen die Rekonstruktion der Bewegtheit von Ereignissen: Das intentionale Bewußtsein ist für Derrida deshalb auch nur eine bloße Emergenz der Spur. Der Mensch wird endgültig und radikal aus dem Zentrum gerissen. „Mensch", das ist der Name für den Schauplatz von Ereignissen, die in den üblichen Unterscheidungen Natur/Kultur, Tradition/Ratio nicht mehr zu fassen sind. In diesem Sinne heißt es in einem gewagten Ausdruck, daß „die Spur – Urphänomen des ‚Gedächtnisses' [...] vor dem Gegensatz zwischen Natur und Kultur, Animalität und Humanität usw. gedacht werden muß" (DERRIDA 1983, S. 123; vgl. auch S. 149 f.).
Derrida hat uns durch die Radikalität der Auseinandersetzung mit der Metaphysik ganz zweifellos den Blick für eine Reihe von Phänomenen geöffnet, die im anthropologischen Diskurs zuwenig beachtet wurden. So hat er die Erkenntnisfunktion des Gedächtnisses wiederentdeckt. Ob jedoch die zweifellos richtige Befreiung

des Gedächtnisses aus den individuellen Lebenszusammenhängen als Exteriorisierung begriffen werden kann, durch die es als die Spur erscheint, die Natur und Geschichte durchzieht und die Differenz zwischen Animalität und Humanität, Physis und Technik überwindet, sei dahingestellt.

4 Die Elementarmethode

4.1 Noch einmal: Die Herausforderung durch die Schrift

Für Derrida stellt sich die Entfremdung durch die Schrift dar als der geschichtliche Prozeß der Entfernung von einer ursprünglichen Ordnung. Mit dieser Auffassung bleibt er im metaphysischen Diskurs befangen. Der geschichtliche Prozeß der Verdrängung und Verleugnung der Schrift realisiert sich in den Formen der menschlichen Selbstinterpretation und des darin begründeten Aufbaus einer menschlichen, auf den Menschen zentrierten Scheinwelt, die in ihrer Scheinhaftigkeit auf Gewalt angewiesen ist, um sich behaupten zu können. Die Geschichte selbst konstituiert sich als der sich selber ständig verfehlende Rückbezug auf einen ursprünglichen Schöpfungsakt. Vor diesem Hintergrund ist bereits die Entlarvung des humanistischen Scheins der Vorgang der Wiederentdeckung der von der Geschichte verdeckten Wirklichkeit.
Die Grammatologie wird daher von ihrem Schöpfer als die Überwindung der Geschichte durch die Wissenschaft verstanden. Für die Frage nach Möglichkeiten einer produktiven Überwindung und Auseinandersetzung mit den Wirkungen der Alphabetisierung läßt die dialektische Denkbewegung Derridas allerdings keinen Raum.

4.2 Die Fragestellung Pestalozzis

Genau dieser Frage ist Pestalozzi in seinen Schriften zur Elementarmethode nachgegangen. Auch er geht davon aus, daß die Schrift eine Form der Kommunikation ermöglicht, die nicht mehr in den sozialen Situationen mit ihren lebensgeschichtlichen Horizonten verankert ist. So entstehen frei flottierende Kommunikate, die für niemand verbindlich sind, keine wirkliche Bedeutung haben und daher nur für den Umschlag an den Börsen der Geschwätzigkeit taugen. Diesem Umschlag liegt allerdings ein „natürliches" Bedürfnis zugrunde: die Neugierde. Die Neugierde ist zwar eine „physische" Wurzel der Erfahrung, vermag aber aufgrund ihres flatterhaften Wesens noch keine Erfahrung zu begründen (vgl. PESTALOZZI 1932, S. 251). Die Neugierde ist in sich selber widersprüchlich; auf Neuigkeiten erpicht, vermag sie doch nichts Neues zu entdecken, weil ihr jede Sensation augenblicklich veraltet. Sie ist ein natürliches Bedürfnis, das doch gleichwohl, wie das Laster, prinzipiell unersättlich ist. Die Erkundung der Wirklichkeit vollzieht sich daher immer in den Lebenswelten, in die der Mensch hineingeboren wird. Der Einbindung der Erfahrung in die sozialen Lebenswelten liegt ebenfalls eine „physische" Wurzel zugrunde: die menschliche Trägheit.
Das in den sozialen Lebenswelten sich einstellende Gleichgewicht zwischen Neugierde und Trägheit wurde jedoch, wie PESTALOZZI (vgl. 1943, S. 139 ff.) in der Schrift „Über Volksbildung und Industrie" ausgeführt hat, radikal aufgehoben. Die auf mechanische Verrichtungen reduzierte Arbeit umreißt nicht mehr den Raum der Erkenntnis und der Erfahrung. In dem Maße, in dem die Sinnlichkeit ihre Lenkungs- und Kontrollfunktionen bei der Arbeit einbüßt, entfesselt die neue Produk-

tionsweise ungebundene, ungesättigte Wahrnehmungsbedürfnisse, die sich in der Gestalt der Sensationsgier realisieren. Dies bedeutet aber, daß die Einbindung der neugierig entfesselten Sinnlichkeit nicht mehr als gesellschaftliches Problem und als gesellschaftliche Aufgabe formuliert werden kann. Daher muß nach den in der menschlichen Natur (Gattung) selber liegenden Formen und Kräften des Erkennens, das heißt der Bändigung der Neugierde gefragt werden. „Ungewohnt und ungeübt, die Wirtschaft des Landes im Zusammenhang mit der Tugend des Volks und der Weisheit und Kraft zu sehen, an die Mittel seiner diesfälligen Bildung zu denken, ist man noch und noch jetzt gewöhnt, an der Ansicht des Korn-, Wiesen- und Rebenbau, an der Seiden-, Wollen- und Baumwollenspinnerey und Weberey, in Verbindung mit den möglichen Mitteln, einige Kreuzer mehr aus ihrer Bearbeitung zu ziehen, stehen zu bleiben, ohne das Menschenleben in seinem Umfange und in allen seinen Beziehungen und sogar ohne die Kunstkraft, wie diese unabhängig von Korn- und Rebenbau [...] in der Menschennatur selbst liegt, ins Auge zu fassen" (PESTALOZZI 1943, S. 147).
Die Forderung einer allgemeinen, nicht standes- und schichtspezifischen Menschenbildung ist somit Ausdruck eines realen Gesellschaftsprozesses. Das Problem der Menschenbildung stellt sich mit dem verarmten Industriearbeiter, der nichts mehr hat als seine Natur. (In diesem Sinne glaubte PESTALOZZI [vgl. 1943, S. 150], worauf hier nicht näher eingegangen werden kann, daß die körperliche Arbeit aus den Gesetzen der menschlichen Motorik und aus der Eigendynamik der Leiblichkeit entwickelt werden müßte: Die Maschinen müßten der Natur des menschlichen Körpers angepaßt werden, nicht umgekehrt.)

4.3 Die „Anschauungskunst"

Bezüglich der Erfahrung ist also nach Kunstformen gefragt, in denen das Neue, Unvertraute, das nicht schon im Erwartungshorizont der Lebenswelten liegt, als Neues angeeignet werden kann. Nur in diesen Formen könnte dann auch die Neugierde wirklich, und nicht nur vorübergehend, gestillt werden. In dieser Fragestellung sind zwei Komponenten zu unterscheiden. Zum einen kann es wirklich Neues nur dort geben, wo die Sinnlichkeit aus allen vorgezeichneten Funktionen und allen Beanspruchungen unter externen Bedingungen gelöst wird. In den Lebenswelten ist unsere Sinnlichkeit immer in vorgeordneten Bahnen in Dienst genommen, auf Wahrnehmungen eingestellt, die in den pragmatischen oder begrifflichen Zusammenhängen wichtig sind, in denen sich unser Verhalten orientiert. Neues gibt es daher nur, wo die Sinnlichkeit frei geworden ist für das noch nicht Gedeutete, für die ästhetische Sensation. Die Neugier sucht den starken ästhetischen Reiz, wenn es sein muß auch im Schrecken.
Für sich genommen, enthält der ästhetische Reiz noch keine Erkenntnis. Wenn aber, auf welche Weise auch immer, aus den Sensationen Neues herauszuschälen ist, kann es nur mit dem Charakter der Belehrung hervortreten. So liegt das Problem also darin, Formen der Verarbeitung der Sinnlichkeit zu finden, in denen diese nicht ausgebeutet wird, sondern in ihrer belehrenden, Neues darbietenden Funktion zur Entfaltung kommt. Es geht somit weder um eine pragmatische noch um eine begriffliche Erschließung der Sinnlichkeit. Mit „Belehrung" ist nun wiederum keine Instruktion oder Information gemeint. Worum es Pestalozzi vielmehr geht, ist die mit der sinnlichen Natur des Menschen gegebene Fähigkeit, die belehrenden Gehalte aus den ästhetischen Sensationen herauszuschälen. Man könnte auch sagen, es gehe ihm um die Belehrbarkeit als einer anthropologischen Grundstruktur.

Der Elementarunterricht in anthropologischer Sicht

Mit dem Versuch, die Belehrbarkeit aus der sinnlichen Natur des Menschen zu entwickeln, löst Pestalozzi die Lehre aus den gesellschaftlichen Verhältnissen und ihren Hierarchien. Die Belehrbarkeit ist gerade nicht in irgendwelchen gesellschaftlichen Unterschieden, dem Informationsvorsprung der Erwachsenen zum Beispiel, begründet. Daher stellt sich das Problem des Unterrichts für ihn auch nicht in den Begriffen und Modellen des Lernens (und des Curriculums), sondern in der Frage nach Formen der Disziplinierung und Potenzierung der Sinnlichkeit, der Anschauungskraft.

Mit dem Begriff der Anschauungskraft führt Pestalozzi keine metaphysische Größe ein, sondern einen nüchtern zu beschreibenden Sachverhalt. Was in Frage steht, ist der Aufbau der Vorstellung, in der sich jede Wahrnehmung vollendet. In den Vorstellungen baut sich die gegenständliche Wirklichkeit für uns auf. Die spezielle Leistung der Vorstellung liegt darin, daß sie die Gegenstände so repräsentiert, wie sie überall und jederzeit angetroffen werden können. Die Vorstellungen lösen die Dinge aus den realen Kontexten, in denen sie immer nur in perspektivischer Verkürzung angetroffen werden, und führen sie klar umrissen, ohne jede spezifizierende Beziehung, vor. Das Vorgestellte wird so, gerade weil es nicht durch Beziehungen spezifiziert wird, als austauschbares Exemplar einer Art vorgeführt. Das bedeutet aber, es wird als Repräsentant erfaßt. Die Repräsentationsfunktion der in der Form des Exemplars erfaßten Sache kann in Bildern expliziert werden.

Was Pestalozzi also im Konzept der Anschauung thematisiert, sind die psychischen Mechanismen, in denen sich die Vorstellungen aufbauen. Diese Fragestellung teilt er mit dem Idealismus einerseits und mit den auf E. B. Condillac zurückgehenden Ideologen (A. L. C. Destutt de Tracy) andererseits. Der Idealismus behandelt die Vorstellung allerdings ohne weiteres als Begriff, das heißt als Leistung des Verstandes, der aufgrund seiner Spontaneität allein in der Lage ist, Sinnesdaten gegenständlich zu verarbeiten. Die französischen Ideologen sehen in der Vorstellung zwar auch eine Erkenntnisleistung, die sie jedoch, im Unterschied zum Idealismus, als biologische Funktion (im Dienste der Bedürfnisbefriedigung) begreifen. Dagegen sieht Pestalozzi in der Vorstellung eine originäre, weder auf den Verstand noch auf die Selbsterhaltung des Organismus zurückführbare Fähigkeit, die er Anschauungskraft nennt. Pestalozzi findet die Originalität und Produktivität der Vorstellung darin, daß sie das Vorgestellte aus allen Kontexten und Bezüglichkeiten löst und als reinen Repräsentanten (Exemplar) vorführt. Die Analyse der Wahrnehmung stößt auf drei Komponenten (Teilfunktionen): die Funktion der Zeichnung (Form), der Benennung (Wort) und des Zählens (Erfassung der prinzipiell austauschbaren Exemplare in Anzahlen). Nur im Zusammenspiel dieser drei Funktionen entstehen Vorstellungen. Die Anschauungskraft, die man auch als die Innenführung der Wahrnehmung bezeichnen könnte, ist weder in der Sprache noch in der Zeichenkunst oder Geometrie, noch in der Mathematik begründet, sie verfügt vielmehr völlig souverän über Elemente aus diesen Bereichen und stellt sich somit als nicht begründete, nicht bedingte, sich selbst anheimgestellte Möglichkeit dar.

Es „gibt" sie nur in der Form der Selbstbeanspruchung, also in der Form des Könnens, das weder teleologisch determiniert ist noch durch die organischen oder psychischen Ressourcen, über die es souverän verfügt, verursacht wird. Die Anschauungskraft ist so gesehen ein sittliches Vermögen im ganz strengen Sinne. Darauf müssen wir noch zurückkommen. Als Können, in dem sich die Kraft und Dynamik einer Möglichkeit entfaltet, ist die Anschauungskraft auf Übung angewiesen, die sich die Substrate, über die das Können als seiner Mittel verfügt, gefügig macht und zur Disposition stellt (oft gegen deren eigene „Natur").

In diesem Sinne hat Pestalozzi dann die auf Wort, Zahl und Form zurückgehenden Anschauungs-(= Unterrichts-)Künste in einer Fülle von Etüden auszulegen versucht. Sprache, Zeichenkunst (Geometrie) und Mathematik werden zum Zwecke der Entfaltung der Eigendynamik der Sinnlichkeit sozusagen ausgebeutet. So wird unter dem Leitgedanken der Entfaltung der Anschauungskraft die Idee der „freien", das heißt an keiner Spezialausbildung orientierten Schulkünste wiederaufgenommen. Rechnen, Sprachlehre, Messen werden nicht wissenschaftlich fundiert, sondern als Teilmomente der Anschauungskunst, also des Elementarunterrichtes ausgelegt. Der Elementarunterricht aber ist ein Unterricht ohne Curriculum, der sein Ziel in der Steigerung der Empfänglichkeit der Schüler für die Belehrungen durch die mit voller sinnlicher Kraft erfaßten Erscheinungen findet.

Die Einzelheiten der Elementarmethode, so interessant sie sein mögen, müssen hier übergangen werden. Wichtig sind jedoch die Verfahren und Prinzipien, nach denen die Schulkünste aufgebaut werden.

Die Aufgabe der Anschauungskunst wird in der Befähigung der Kinder zur Vergegenwärtigung der Wirklichkeit gesehen. Darin sollen die Dinge nicht so zum Vorschein gebracht werden, wie sie zufällig aus den Perspektiven der Lebenswirklichkeit angetroffen werden, sondern in ihrer unverkürzten Gegenwärtigkeit. So wie den Porträtmaler nicht das zufällige Mienenspiel seines Modells interessiert, sondern die Art, in der es jederzeit und überall gegenwärtig sein kann, geht es auch dem Unterricht um den *phänomenalen Gehalt*, nicht um die Abschattierungen der Erscheinung. So verstanden ist die Vergegenwärtigung eine produktive Leistung, obzwar eine solche, die die Wirklichkeit nicht mit Absichten, Intentionen, Konzeptionen und Konstruktionen überzieht, sondern den Eindruck fassen möchte, mit dem sie auf den Menschen wirken. Die Vergegenwärtigung ist somit auf die Erfassung der Empfindungsgehalte angewiesen. Infolgedessen liegt die Hauptaufgabe des Unterrichtes in der Artikulation, der Alphabetisierung der Empfindungen. Damit ist zum einen die Unterscheidbarkeit der Empfindungen gemeint durch Formen, in denen sie als diskrete Einheiten aus dem Strom des Empfindens gelöst werden. Dies ist andererseits nur möglich durch eine gewisse Systematisierung, durch die sie unterschieden und zur Verfügung gehalten werden. Das berühmte „gleichseitige Viereck" stellt eine solche Systematisierung der optischen Empfindungen dar, die als Formelemente zur Disposition gestellt werden. Aus diesen Elementen werden nicht nur die Konturen aller Dinge geschöpft, sondern auch die Buchstaben. Im Rahmen des gleichseitigen Vierecks erscheinen die Buchstaben als die einfachsten Kombinationen der Formelemente. Insofern hier eine kleine Anzahl von Elementen und einfachen Verbindungen zur Verfügung gehalten werden, aus denen in einem unendlichen Gebrauch alle Konturen aufgebaut werden können, könnte man auch von einer Grammatikalisierung der Empfindungen sprechen. Interessant ist, daß Pestalozzi und seine Mitarbeiter die Buchstaben als graphische Grundstrukturen behandeln, aus denen, über den Schriftgebrauch hinaus, die gesamte Welt der Formen aufgebaut werden kann. Auf diese Weise gelingt dann die Alphabetisierung der Formen in dem ganz wörtlichen Sinne, daß alle Formen buchstabiert werden können. Damit knüpft Pestalozzi in einer vernünftigen, nachvollziehbaren Form an die pythagoräische Tradition an, in der überliefert ist, „Pythagoras habe sich mit ihrer [der Buchstaben, K.G.] Schönheit befaßt, indem er sie von geometrischen Linien aus regelte mit Winkeln, Bogen und Geraden" (DORNSEIFF 1925, S. 20). Die Pythagoräer hatten in den Buchstaben rein quantifizierbare Beziehungen gesehen, in denen die Wirklichkeit als Kosmos geordnet ist. Diese Beziehungen können in Klängen, die ja auch nichts anderes als Maßverhältnisse sind, realisiert werden. So sind

die Buchstaben die wahren στοιχεία (Elemente) des Kosmos. Sie begründen die innere Einheit von Grammatik und Musik, wie sie – äußerlich – sowohl Zahl- als auch Ton- und Lautbeziehungen repräsentieren und als Ziffern, Noten und Buchstaben im engeren Sinn fungieren können (vgl. DORNSEIFF 1925, S. 11 ff.).
Zwar hat Pestalozzi die Schreibkunst von diesem spekulativ-kosmologischen Nährboden abgelöst, indem er die Buchstaben als Kristallisationskerne einer umfassenden Formenlehre anthropologisch-didaktisch deutete. Gleichzeitig versieht er aber die Kunst des Sehens mit einem philosophisch-theologischen Geltungsanspruch: In der Anschauungskunst entfaltet sich das menschliche Sehen, das, an keine biologischen oder gesellschaftlichen Zwecke gebunden, zum Gesicht der Schöpfung wird. Das sind Gedanken, die Pestalozzi auch bei J. K. Lavater hätte finden oder gefunden haben können.

5 Zur pädagogischen Konzeption des Elementarunterrichts

5.1 Das Abc der Empfindungen – heute

Eine angemessene Rezeption Pestalozzis, die über die bloß problemgeschichtliche Interpretation hinausgeht, scheint nur im Rahmen einer Theorie möglich zu sein, die es erlaubte, den pädagogischen Sinn des Elementarunterrichts als Konstitution einer – in welchen Lettern oder Chiffren auch immer verfaßten – lesbaren Welt auszulegen (vgl. BLUMENBERG 1981). Die praktische Aufgabe des Elementarunterrichts bestünde dann in der entsprechenden Kultivierung des Wahrnehmens und Denkens, in die eine sinngemäße Vermittlung der sogenannten Kulturtechniken einbezogen werden müßte.
So angesetzt, könnte der Elementarunterricht nicht kontinuierlich fortführen wollen, was in den sozialen und kulturellen Milieus der Kinder angebahnt wurde. Die im engeren Sinn pädagogische Aufgabe bestünde in der produktiven Bewältigung des den Kindern zugemuteten relativen Neubeginns. Die mit diesem Neubeginn, wie er schon durch die äußere Organisation des Unterrichts gegeben ist, zusammenhängenden Entfremdungserlebnisse und Ängste würden durch verkrampftes Bemühen um die Wiederherstellung familienähnlicher Verhältnisse mit ihrer emotionalen Dichte nur verdrängt werden. Pestalozzi hatte in dieser Entfremdung die Chance zur vollen Entfaltung der Sinnlichkeit und der darin begründeten neuen Selbsterfahrung gesehen. In der Anschauungskraft sollte der Mensch zu sich selber befreit werden: Das darin immer auch zutage geförderte Wissen ist an ihm selbst wissenswert. Es ist nun allerdings einzuräumen, daß Pestalozzi noch keine Schwierigkeiten mit dem „an sich selber Wissenswerten" hatte. Für uns ist es zu einem kaum lösbaren Problem geworden (vgl. TENBRUCK 1977, S. 173 ff., S. 217). Pestalozzi stellte sich die Natur noch selber vor, in Gestalt von Exemplaren, mit charakteristischen Merkmalen und in typischen Erscheinungsformen. Dies entbindet zwar nicht von der Aufgabe der Vergegenwärtigung, die sich jedoch für Pestalozzi im Hervorbringen der unverzerrten Bildhaftigkeit des Gemeinten erschöpfte. Die Vergegenwärtigung erscheint vor diesem Hintergrund nicht als Rekonstruktion des Abwesenden aus Elementen, sondern als das Herausschälen der Gegenwärtigkeit aus den Verkürzungen und Abschattierungen der zufälligen Perspektiven. Die artikulierten Empfindungen waren daher bei Pestalozzi immer schon auf die Bildhaftigkeit des Gegebenen überschritten. So erscheint die Grammatikalisierung der Empfindungen von Pestalozzi einerseits zu weit getrieben, denn strenggenommen hatte er gar nicht auf ein wohlsortiertes Repertoire zurückzugreifen brauchen; anderer-

seits aber nicht weit genug, denn die Frage nach den Konstruktionsregeln, nach denen aus isolierten Elementen etwas Sinnvolles aufzubauen ist, hat sich ihm gar nicht gestellt.

Die Idee eines Abc der Empfindungen scheint jedenfalls nur sinnvoll zu sein, wo Sachen als prinzipiell abwesende rekonstruiert werden müssen, wo also das Verhältnis zur Wirklichkeit durch eine Zeitverschiebung (die DERRIDA [vgl. 1976] „différence" nannte) gekennzeichnet ist. Diese Zeitverschiebung scheint das wichtigste Kennzeichen des Unterrichtes zu sein, der, nicht als Vorhaben oder Projekt ausgelegt, in der traditionellen Form der Lektion erteilt wird.

Der Ausarbeitung des Problems einer Alphabetisierung der Empfindungen liegt weder eine willkürliche Option für Modernismen zugrunde noch der Versuch, ein großes Vorbild anmaßend zu mißbrauchen. Angesichts der zunehmenden Auflösung der Wirklichkeit in ästhetische Reize stellt sich das Problem eines Abc der Empfindungen und ihrer Bereitstellung als Elemente der Rekonstruktion in verstärktem Maß. Für Kinder zumal wird die Wirklichkeit, in der sie aufwachsen, zunehmend unverständlicher und zugleich faszinierender. Faszinierend deshalb, weil Empfindungen aus ihrer sachlichen Bedeutung gelöst und nicht mehr zum Aufbau einer gegenständlichen Welt in Dienst genommen werden. Gegen die Reize und Verlockungen, die gerade von der unverstandenen Wirklichkeit ausgehen, müssen Schutzzäune in Form rigider Verhaltensnormierungen errichtet werden. Die Dinge werden nicht mehr sachlich vermittelt, sondern durch Maßregeln, Gebrauchsanweisungen, die, nach dem ökonomischen Wert der Dinge, mit Sanktionen belegt werden. So wachsen unsere Kinder, im ganzen gesehen, in einer ungemein widersprüchlichen Wirklichkeit zwischen Faszination und rigider Beschränkung des Verhaltens auf.

5.2 Die Geschichte als Elementarform des Textes

Die in ästhetische Reize aufgelöste Wirklichkeit setzt sich aus heterogenen Ereignissen zusammen. Von Ereignissen wird man ergriffen und mitgerissen; man kann sie zwar auslösen und unter Umständen sogar steuern. Aber sofern Ereignisse überhaupt faßbar sind, sind sie durch eine eigene Verlaufsstruktur bestimmt, kraft deren sie sich über die Köpfe der Beteiligten hinweg und durch ihre Körper hindurch realisieren.

Durch solche immanenten Verlaufsformen unterscheiden sie sich von den regelmäßig wiederkehrenden, alltäglichen Abläufen, die sozusagen den szenischen Hintergrund bilden, vor dem sich etwas Ungewöhnliches ereignen kann. Faßlich sind Ereignisse als in sich geschlossene Geschehenseinheiten. Solche Geschehenseinheiten und -zusammenhänge „gibt" es nicht schlichtweg: Was sich wirklich zugetragen hat, kann man nicht schlicht wahrnehmen, schon gar nicht aus der Perspektive des Beteiligten -, man muß es als Geschichte - üblicherweise erzählend - rekonstruieren. In Geschichten wird ans Licht gebracht und aufbewahrt, was einem widerfahren ist. Sie bringen allerdings das wirkliche Ereignis auf epische Distanz, in der es sich als etwas Vergangenes und Abgeschlossenes konstituiert. Die Geschichte fängt immer am Ende an. In dieser Zeitverschiebung und Rückgewandtheit konstituiert sich die Geschichte selbst als Deutung einer Spur, die das Ereignis in Form heterogener Daten, die als Abdrücke aufgefaßt werden, zurückgelassen hat. Das bedeutet aber, daß die Spuren immer schon gelesene, gedeutete sind, da ja die Abdrücke, aus denen sie sich zusammensetzen, interpretierte, in einen Zusammenhang gebrachte Daten sind. Spuren sind der Leitfaden der Rekonstruktion, der „rote Faden" von Geschichten, also immanente Bestandteile der Geschichten. Im Auslegen einer Spur konstituiert sich die Geschichte als Modell oder „simulacrum" des „tatsächlichen" Geschehens und darin wieder als Inbegriff ihrer möglichen Erzählungen. In ihrer Spur überdauert die Geschichte: Sie bildet ihr Gedächtnis, in dem sie zur möglichen Aktualisierung in Erzählungen bewahrt bleibt. Darin liegt auch begründet, daß die Geschichte alle ihre möglichen Erzählungen überholt: nicht nur in dem Sinne, daß die Spur das Programm aller möglichen Erzählungen darstellt, die Erzählungen werden auch in dem Sinne überholt, daß sie vergessen werden können. So muß die Geschichte dem Vergessen, das sie selber ermöglicht, immer wieder entrissen werden.

5.3 Das Gedächtnis in anthropologischer Sicht

Die Interpretierbarkeit von Empfindungen als Eindrücke, die als Elemente einer hinterlassenen Spur im Zusammenhang einer Geschichte gedeutet werden, hat zur Voraussetzung, daß Empfindungen entaktualisiert festgehalten werden können – gegen den ästhetischen Hang zum Genuß ihrer momentanen Intensität. Sie müssen vor dem Absinken in den Strom der Zeit bewahrt werden und als noch nicht gedeutete Daten des „inneren Sinnes" gemerkt werden können. So gesehen stellt sich das Problem der Grammatikalisierung der Empfindung nicht mehr im Zusammenhang mit der Anschauung, sondern in dem des Gedächtnisses. Aus anthropologischer Perspektive muß das Gedächtnis im Problemzusammenhang der epischen Differenz interpretiert werden, in der sich allererst etwas als Abgeschlossenes, Perfektes konstituieren kann. Die Leistung des Gedächtnisses liegt dann im Herauslösen von Ereignissen aus der je eigenen Lebensgeschichte und in der Konstitution eines Geschehensraumes, in dem es Perfektes in dem Maße geben kann, als er im Überschreiten der erinnerten Lebensgeschichte gewonnen wird. Normalerweise haben wir die Vergangenheit nur als die „unsere". Die lebensgeschichtliche Vergangenheit ist in unseren Erinnerungen lebendig, die das Vergangene im Zusammenhang aktueller Selbsterfahrungen und Selbstentwürfe deuten. Die erinnerte Vergangenheit ist niemals abgeschlossen, sie modifiziert sich im Wandel der eigenen Lebensgeschichte. Daher sind Erinnerungen auch niemals objektiv verläßlich. Nicht, was sich „tatsächlich" zugetragen hat, wird erinnert, sondern was es im Rahmen einer konkreten Lebensgeschichte bedeutet. Die Erinnerung ist die Deutung des Vergangenen, nicht seine Rekonstruktion (vgl. DILTHEY 1961, S. 232 ff.). Was ein Ereignis in einem konkreten Leben wirklich bedeutet, kann erst am Ende dieses Lebens beurteilt werden. So ist die erinnerte Vergangenheit imperfekt, sie bleibt stets einbezogen in die Zukunftsperspektiven der Lebensgeschichte. Was war, entscheidet sich hier durch das, was daraus wird. Im Gedächtnis dagegen wird die Lebensgeschichte sozusagen durchstoßen: Seine Leistung bemißt sich an der Treue der Reproduktion. Im Überschreiten der Lebensgeschichte konstituiert sich im Gedächtnis eine vollkommen entaktualisierte, vom Strom der Zeit nicht mehr mitgetragene Vergangenheit, die in der Kalenderzeit lokalisiert werden kann. Darin werden Geschehnisse gleichsam erstarrt vorgefunden. Weil die geschehenen Ereignisse nicht mehr in der Lebensgeschichte ständig aktualisiert werden, erweist sich die Kraft des Gedächtnisses im Finden und Auffinden der erstarrten Ereignisse. Die Gedächtniskunst ist eine Findekunst. Als Kunst des Findens operiert das Gedächtnis in einer Ordnung von „Örtern", an denen das Vergangene plaziert und gefunden werden kann. „Örter" sind ausdehnungslose Punkte, gleichsam erstarrte Momente, in räumlichen Formen erfaßte Zeit, deren Räumlichkeit jedoch auch wiederum zeitlich bestimmt ist, da Örter durchlaufen werden müssen. Immerhin scheint das Gedächtnis die Zeit zu verräumlichen; AUGUSTINUS (vgl. 1950, S. 254 ff.) hat es als Ensemble von Gemächern vorgestellt. Man merkt sich und behält also vornehmlich Stellen, Örter, an denen etwas gefunden werden kann. Auch Erlebnisse werden im Gedächtnis wie Stellen bewahrt (vgl. PIAGET/INHELDER 1974, S. 18 f.). Daher konnte das Gedächtnis immer auch in den Bildern des Buches oder einer Bibliothek vorgestellt werden.

Die Örter und Stellen des Gedächtnisses tragen nichts zur Bedeutung dessen bei, was sich dort befindet. So scheint das Gedächtnis Inhalte zwar verfügbar zu halten, selber jedoch nichts zur Konstitution der Inhalte beizutragen. Daher scheint auch umgekehrt das Merken und Behalten nicht schon durch die Sache selber motiviert und insofern abhängig zu sein von der Ordnung der Örter. Die Topik bleibt jedoch eine sekundäre, aufgesetzte Ordnung, die, obgleich sie Sachen verfügbar macht, doch in keiner Weise in der sachlichen Bedeutung des in ihr Sortierten begründet ist. In topischen Ordnungen werden auch Eindrücke und Empfindungen festgehalten und durch Lokalisierungen identifiziert. Auf diese Weise können Gerüche und Geschmacksempfindungen, aber auch Gesichter, die „man doch schon einmal gesehen hat" „und von irgendwoher kennt", festgehalten, das heißt wiedererkannt werden. Aber immer ist die Ordnung des Merkens und Behaltens eine den Erlebnissen und den Inhalten aufgesetzte, fremde Ordnung. Gleichwohl ermöglicht die Topik eine entlastete Orientierung in einem nicht durch Inhalte und Erlebnisse begründeten, sozusagen exteriorisierten Rahmen, in dem wir mit bekannten (wenn auch nicht erkannten und begriffenen) Dingen und mit identifizierbaren, nicht in die geheimnisvollen Tiefen des Innenlebens hineinziehenden Empfindungen leben können. So wird das Gedächtnis zum Ort, an dem wir unser Leben auf exteriorisierte, nicht motivierte, auf bloßer Konvention beruhende, aber außerordentlich hilfreiche Ordnungen hin überschreiten: Das Gedächtnis ist, wie HALBWACHS (vgl. 1966) es dargestellt hat, ein gesellschaftliches Phänomen.

Durch die bloße Identifikation werden Empfindungen in keiner Weise begriffen: weder als Eigenschaften von Dingen noch in ihrem vollen sinnlichen Gehalt. So konstituieren sich die Empfindungen in der gedächtnismäßigen Erinnerung als Merkmale, die überall und jederzeit vorkommen können. Nun sind Merkmale selber schon Beziehungen, durch die an den Empfindungen Inhalt und Form unterschieden werden. „Inhalte" werden darin als die in einem bestimmten Umfang relativ beliebige Erfüllung und Konkretion der Beziehung ins Blickfeld gerückt. Die „Inhalte" erscheinen im Rahmen von Ausgrenzungen, in denen sie „vorkommen" und gefaßt werden. In jedem Fall ist der in der Merkmalsbeziehung gefaßte Inhalt ein bezeichneter. HUSSERL (vgl. 1980, S. 171 ff.) hat die Beziehungen, in denen „sinnliche Daten" unterscheidbar werden, als die „Hyle-morphé-Struktur" des Erlebens zu fassen versucht.

Die Bezeichnung, der Name scheint jedenfalls die spezifisch gedächtnismäßige Beziehung zu Inhalten zu sein. Man merkt sich, ganz allgemein, eine Sache, indem man sich den Namen merkt, mit dem man sie identifiziert. So wird die „Welt" des Gedächtnisses zu einem Tableau von benannten und identifizierbaren, in Merkmalen repräsentierbaren Inhalten. Vor allem aber ist die Res-verba-Beziehung durch das Gedächtnis konstituiert. Diese Beziehung wurde zuerst im Rahmen der rhetorischen Behandlung der „memoria" thematisiert. Die Theorie des Anschauungsunterrichts hat mit ihrem Ruf „res et verba" nur eine rhetorische Tradition fortgeführt: Der Orbis pictus ist ein Werk der „memoria", ein objektiviertes Gedächtnis. Merkmale, so versuchten wir auszuführen, haben keine sachliche Bedeutung.

Daher können sie auch auf die verschiedensten Dinge bezogen werden. Darin liegt es begründet, daß Merkmale frei kombinierbar sind. So können Merkmalsordnungen entworfen werden, die, noch ohne jeden Erfahrungsbezug, ein System von Leerstellen formulieren, in dem Inhalte, ohne Rücksicht auf ihren begrifflich-sachlichen Gehalt, wohlsortiert verfügbar werden. Kant hat die Fähigkeit zur Ausbildung solcher topischen Ordnungen unter dem Titel „judiziöses Memorieren" abgehandelt, als das „einer Tafel der Einteilung eines Systems (z. B. des Linnäus) in Gedanken; wo, wenn man irgend etwas sollte vergessen haben, man sich durch die Aufzählung der Glieder, die man behalten hat, wieder zurecht finden kann; oder auch der Abteilungen eines sichtbar gemachten Ganzen (z. B. der Provinzen eines Landes auf einer Karte, welche nach Norden, Westen usw. liegen), weil man auch dazu Verstand braucht und dieser wechselseitig der Einbildungskraft zu Hilfe kommt. Am meisten die Topik, d. i. ein Fachwerk für allgemeine Begriffe, Gemeinplätze genannt, welches durch Klasseneinteilung, wie wenn man in einer Bibliothek die Bücher in Schränke mit verschiedenen Aufschriften verteilt, die Erinnerung erleichtert" (KANT 1922, S. 89). Eine besondere Möglichkeit topischer Systeme ist, wie das Beispiel Linnés zeigt, unter dessen Bild nicht zufällig steht: „deus creavit, Linneus disposuit", die Schaffung einheitlicher Nomenklaturen.

Herbart hatte versucht, Systeme von Leerstellen mit den Grundoperationen der Kombinatorik aufzubauen (vgl. BLASS 1969). An seinem Beispiel könnte allerdings auch gezeigt werden, daß die Topik zwar durch die Kombinatorik wissenschaftlich fundiert, nicht aber als Kunst (ars inveniendi) begründet werden kann. Im Rahmen und mit den Operationen der Kombinatorik können keine Kriterien entwickelt werden, die eine Entscheidung über den praktischen Wert der in großer Anzahl konstruierbaren Stellen ermöglichten.

Allerdings können Merkmalsordnungen so weit systematisiert werden, daß die Merkmale selber systematisch, durch ihre Stelle im System, das sich dann als System von Differenzen aufbaut, definiert werden – ohne jeden ostentativen Bezug auf „gegebene" Inhalte. Solche Ordnungen haben sich besonders zur Analyse von sprachlichen Beziehungen auf einer bestimmten – systematischen oder paradigmatischen – Ebene bewährt. Darin werden Beziehungen zwischen sprachlichen Gliedern außerhalb des gesprochenen Satzes – sozusagen in absentia – dargestellt. Diese Beziehungen repräsentieren und objektivieren die Gedächtnisstruktur der Sprache. Paradigmen sind „virtuelle Gedächtnisreihen", „ein Gedächtnisschatz" (BARTHES 1979, S. 49 f.).

5.4 Schulfächer in der Funktion des Gedächtnisses im Erkenntnisprozeß

Mit der Bemerkung zu Herbarts Topik sollte darauf aufmerksam gemacht werden, daß die wissenschaftliche Konstruktion der Topik nicht zugleich deren praktische Tauglichkeit begründet oder gar steigert. Ähnliches ließe sich selbst noch in bezug auf die linguistische Objektivierung der Gedächtnisstruktur der Sprache (paradigmatische Beziehungen) zeigen. Die Objektivierung des Gedächtnisses hilft nicht, den „Gedächtnisschatz" zu aktivieren, und sie ist nicht schon per se eine Hilfe beim Aufsuchen treffender Ausdrücke oder Formen. Daher kann, im ganzen gesehen, die Schulgrammatik nicht durch die Linguistik ersetzt werden.

Nun liegt aber doch allen Versuchen zur wissenschaftlichen Begründung der Topik offensichtlich die Auffassung zugrunde, daß die Ordnung, in der über die Sachen verfügt wird, eine wichtige Rolle für das Zustandekommen des Erkennens spielt. (Man muß Gesichtspunkte finden können, unter denen Themen anzugehen sind,

Klaus Giel

und Argumente zur Stützung von Thesen.) Wenn sich aber, wie es doch scheint, die Kunst des Findens nicht wissenschaftlich begründen läßt, könnte das auch bedeuten, daß das Erkennen nicht gänzlich rational begründet und nicht ausschließlich auf kognitive Strukturen und Operationen zurückgeführt werden kann. Nicht, daß das Erkennen ohne solche Strukturen auskommt, soll damit behauptet werden, das wäre töricht, wohl aber, daß es sich durch eine Art des Verfügenkönnens über Operationen und Strukturen entfaltet.
Nun läßt sich allerdings auch – gleichsam von der anderen Seite her – zeigen, daß auch die Versuche, die das Erkennen ganz auf der Lehre der Disposition begründen wollten, zu keinen überzeugenden Ergebnissen geführt haben. Die Erörterungskunst konnte nicht als Erkenntnismethode ausgebaut werden, wie es vornehmlich von den Methodikern des Elementar- und Volksschulunterrichtes unter der Bezeichnung der sokratischen Methode angestrebt wurde. Dem Sokratisieren liegt die Annahme zugrunde, daß Erkennen Urteilen sei und daß es in der Form wahrheitsfähiger Sätze hervorgebracht werde. Daraus wurde dann der Schluß gezogen, daß das Sinnesmaterial den Bedingungen der Prädikation unterworfen und im Hinblick auf seine Verwendbarkeit in Urteilen durchgemustert werden müsse. Da die Kriterien und Gesichtspunkte der Prädikation nicht schon im Sinnesmaterial enthalten seien, müsse angenommen werden, daß sie mit dem Verstand selber in der Form von Prädikatsklassen (Prädikamenten) gegeben sind. Die konkrete Durchmusterung des Sinnesmaterials unter den Bedingungen der Prädikation müsse aber durch wohlgeordnete Fragen evoziert werden. Die Ordnung des Fragekataloges (die hier als die Ordnung der „ars inveniendi" gilt) habe der der Prädikationsklassen zu entsprechen. Der sokratische, fragend entwickelnde Unterricht ist mit einer Reihe von problematischen Vorannahmen belastet, auf die hier nicht eingegangen werden kann. In der Praxis verkommt dieser Unterricht jedoch häufig zur quälenden, trostlosen Heurese.
So darf weiter angenommen werden, daß die Ordnung des Findens weder in der sachlichen Ordnung begründet noch in der lebensgeschichtlichen Ordnung des Erlebens motiviert ist. Es ist daher, wie es bei Pestalozzi heißt, nicht der Wald und die Wiese, wohin man Kinder führen muß, um Bäume und Kräuter kennenzulernen.
Wenn auch, wie es scheint, das Erkennen nicht ausschließlich in kognitiven Strukturen begründet ist, übersteigt die Erkenntnisleistung doch gleichwohl, wie es die Pestalozzi-Stelle andeutet, das individuelle Erleben, zumindest in dem Sinne, daß der Erkenntnisgehalt mehr enthält, als in konkreten Erlebnissen in konkreten Situationen ausgeschöpft werden kann. Darin liegt begründet, daß es das Erkennen nur in „Handlungen" gibt, die, weil sie einerseits das Erleben übersteigen und andererseits auch nicht auf den Vollzug rationaler Operationen reduziert werden können, als Handlungen im Sinne des Inhalts von Geschichten rekonstruiert werden müssen. Erkenntnisakte sind immer irgendwie aufbewahrte, entaktualisierte Handlungen, wie Dramen, die der Vergessenheit entrissen und sozusagen aufgeführt, rekonstruiert werden müssen. Es scheint somit, daß das Erkennen immer auch, obzwar nicht ausschließlich, wie die Idealisten lehrten, ein Akt des Wiedererinnerns ist. In entaktualisiertem Zustand werden Erkenntnisakte in gesellschaftlichen Einrichtungen bewahrt. Wenn es aber zutrifft, daß Erkenntnisakte Inhalte von Geschichten sind, müssen sie von den Institutionen als die abgeschlossene, rekonstruierbare Vergangenheit von einzelnen bewahrt bleiben (als Historien). Erlebnisse, Formen des Umgangs mit Sachen und anderen Menschen dürften dann durch die Institutionen nicht nur inszeniert werden, sie müßten vielmehr in abgeschlossenen Epochen, die man zwar durchlebt, die aber gleichwohl Exteriorisierungen des Erlebens

darstellen, aufeinander bezogen und miteinander verbunden werden. Die Institution der Gesellschaft, in der Erkenntnisakte als rekonstruktionsbedürftige Geschichten, in Spuren also, die ja immer auch Programme sind, bewahrt werden, sind die Schulfächer.
Im Rahmen der Unterrichtsfächer exteriorisieren wir sozusagen unser Erleben und laden es mit etwas auf, was nicht aus dem Erleben selber stammt: Schulfächer sind daher Etappen in den beiden Bedeutungen des Wortes. Sie sind einmal Gliederungen des Lebens (in relativ geschlossenen Abschnitten), aber dann auch Bereitstellung und Aufstapelung von Reserven. Im Rahmen von Schulfächern werden wir als Mitspieler von Handlungen beansprucht, für die wir weder als Autor noch als Subjekte aufkommen können. Die Handlungen und ihr Zusammenhang sind uns zunächst nur in der entaktualisierten Form von Szenen, Requisiten, Dialogen (und Monologen) gegenwärtig, in Spuren, die uns zu der Sache führen, die sie hinterlassen hat.
Wie dem auch sei, wird in den Schulfächern doch in jedem Fall so etwas wie das Gedächtnis des Erkennens als einer gesellschaftlichen Erscheinung eingerichtet. Darin wird dann zugleich der Erkenntnisprozeß als gesellschaftlicher, geschichtlicher Prozeß abgebildet. Das kollektive Gedächtnis, das einen konstitutiven Bestandteil des Erkennens ausmacht, sofern dieses weder auf rationale Strukturen zu reduzieren noch auf ewige Wahrheiten zu begründen ist, erweist sich als ein wesentlicher Faktor der wissenschaftlichen Paradigmen (vgl. HALBWACHS 1966, S. 361 ff.; vgl. KUHN 1979, S. 57 ff.).
Immerhin disponiert die Gesellschaft durch Schulfächer über unsere Wahrnehmungen und über die Formen, in denen Wahrnehmungen zu Erkenntnissen verarbeitet werden. So gesehen sind die Unterrichtsfächer Formen der Entfremdung. (Daher wurde das Fächerprinzip in beinahe allen Spielarten der Schulreform in Frage gestellt.) Andererseits aber liegt die Erkenntnisfunktion des kollektiven Gedächtnisses, als das Schulfächer fungieren, gerade darin, daß sie durch sinnentleerte Merkstoffe, Erinnerungen an Szenen und Apparaturen die „Sachen" der Begrifflichkeit des pragmatischen Umgangs entziehen und in „exteriorisierter" Form verfügbar halten. In diesem Sinne sind die Schulfächer topische Ordnungen von Leerstellen, die nicht an die Stelle der wissenschaftlichen Systematik treten können. In ihnen werden Erkenntnisakte in der Form rekonstruierbarer Geschichten bewahrt, nicht jedoch das Wissen, wenn damit etwas anderes gemeint ist als der Inbegriff der Merkstoffe. Daher sollten die Schulfächer auch nicht als gesellschaftliche Einrichtungen der Wissensspeicherung mißbraucht werden. Die Speicherung des Wissens und die Zugriffsmöglichkeiten auf die Speicher können heute technisch realisiert werden. Das Gedächtnis kann von der Speicherfunktion entlastet werden. Was dies für die konkrete Ausformulierung der Fächer und des Fachunterrichts bedeutet, kann hier nicht weiter verfolgt werden.

5.5 Die Ausgestaltung des Elementarunterrichts und das Problem der Künste

5.5.1 Disponibilität

Nach unserem Verständnis sind die Fächer Einrichtungen, mit denen die Gesellschaft – allein schon durch die Einteilung in Sparten – über unser Wahrnehmen und Denken disponiert. Insofern die Unterrichtsfächer jedoch den Umgang mit Sachen aus den Schranken des sozialen und kulturellen Milieus befreien, treten sie in dieselbe Funktion, in der MARX (vgl. 1962, S. 570) die industrielle Produktion gesehen hatte: Die Maschinen haben die Schleier, mit denen das Handwerk die Arbeit verhüllt hatte, zerrissen. Die pädagogische Aufgabe besteht darin, diejenigen Formen, in denen die Gesellschaft den einzelnen (in Fächern oder in Arbeitszweigen) disponibel hält, „zu ersetzen durch die absolute Disponibilität des Menschen für wechselnde Arbeitserfordernisse; das Teilindividuum, den bloßen Träger einer gesellschaftlichen Detailfunktion, durch das total entwickelte Individuum, für welches verschiedene gesellschaftliche Funktionen einander ablösende Betätigungsweisen sind" (MARX 1962, S. 573). Die absolute Disponibilität sollte bei Marx, darin war ihm besonders Blonskji gefolgt, über die polytechnische Bildung in der Arbeitsschule elaboriert werden, in deren Rahmen die Idee der Elementarbildung im Pestalozzischen Geiste weitergedacht wurde. Obwohl gewisse Grundannahmen der polytechnischen Bildung nicht mehr nachvollzogen werden können, läßt sich das Problem der Ausgestaltung des Elementarunterrichts am zweckmäßigsten mit dem Konzept der „absoluten Disponibilität" erörtern. Unter dem Postulat der Disponibilität müßte die Schule als der gesellschaftliche Ort ausgelegt werden, an dem Mathematik, Kunst und Literatur sich ergänzende Betätigungen sind. So stellt sich das Problem des Elementarunterrichtes als Frage nach den elementaren, die Unterrichtsfähigkeit, durch die Kinder nicht nur Lerner, sondern in einem pädagogisch vertretbaren Sinne Schüler werden können, erschließenden Disziplinen (oder Künste). Mit der Frage nach den elementaren Schulkünsten versuchen wir an die Tradition anzuknüpfen, die mit Pestalozzi und Fröbel abgebrochen ist. Dies mußte auch deshalb vorausgeschickt werden, weil das Konzept der absoluten Disponibilität in der Geschichte der Rhetorik die Stelle zu markieren scheint, wo die Gebrauchsrhetorik in die Kunst der allgemeinen, philosophischen Behandlung von Sachen übergeführt wurde, bei der sich das Problem der Sache im Medium der Frage nach der angemessenen sprachlichen Darstellung stellt (vgl. BORNSCHEUER 1976, S. 61 ff.; vgl. CICERO 1976, S. 299; vgl. KÖNIG 1937a, S. 132). Dabei kommt es dann nicht auf die Förderung verwertbaren Wissens an, sondern auf das Erkennen als eine Form der Elaboration von noch nicht verwerteten, in Leistungen gemessenen Kräften. Um sich selber ohne Vermittlung durch externe Leistungsanforderungen erfahren zu können, wird offensichtlich die Fähigkeit der Ausblendung aller äußeren Verhältnisse vorausgesetzt; eine Fähigkeit, die an Formen der Askese gebunden scheint. Im Bereich der Arbeitsschule hat A. Fischer den Gedanken der Übung als das Kernstück des Unterrichts am entschiedensten vertreten: „Die Arbeit als Formprinzip der bildenden Tätigkeiten [...] scheint mir in den weiteren Zusammenhang der zwischen Spiel und [...] Ernsttätigkeit in der Mitte stehenden Formen [...] der Übung, der ἄσκησις zu gehören [...] Askese [...] erstrebt Ichumwandlung [...] eine Wesensänderung, Wesenssteigerung" (FISCHER 1950b, S. 209f.; vgl. BOLLNOW 1977).

5.5.2 Übung

Alle Formen der Askese sind mit einer eigenartigen Rückwendung auf den eigenen Körper verbunden: Man findet sich in einer ausdrücklichen und spezifischen Weise in seiner Körperlichkeit (vgl. BOLLNOW 1977, KÜMMEL 1983). Durch die Unterbrechung der ostentativen Beziehungen wird der Körper dabei aus allen Formen gelöst, in denen er unter externen Bedingungen beansprucht ist: Dies gilt besonders für die Motorik und die Wahrnehmung. Dabei wird die Inanspruchnahme der Wahrnehmung durch Begriffe und die Funktionalisierung der Motorik in zweckdienlichen Handlungen außer Kraft gesetzt; ebenso die erworbenen Schemata der Selbstwahrnehmung. Ohne Bezug zur gegenständlichen Welt, konstituiert sich der Kör-

Der Elementarunterricht in anthropologischer Sicht

per dann als Organ und Instrument (im Sinne des Musikinstruments) der nicht gegenständlich gedeuteten Eindrücke. Der Körper ist nicht einfach aufgrund seiner physiologischen oder anatomischen Beschaffenheit Eindrucksorgan: Eindrücke zu empfangen und als solche – ungegenständlich zumal – rein ästhetisch zu entfalten ist eine Fähigkeit, die kunstmäßig aufgebaut werden muß und den Charakter des Könnens hat (vgl. KÖNIG 1937 b). Fähigkeiten mit dem Charakter des Könnens sind weder auf Organfunktionen zurückzuführen, noch sind sie durch systematisch definierte Funktionen bedingt. Mit dem Können ist vielmehr die souveräne Verfügbarkeit über den eigenen Körper gemeint, durch die allererst Fähigkeiten hervorgebracht und in ihrem Potential erkundet werden. Es gibt keine natürliche Fähigkeit des Klavierspiels oder des Zeichnens; die „natürliche" Voraussetzung des Könnens ist das Nichtkönnen (vgl. BOLLNOW 1977): Das Können muß der natürlichen Widerständigkeit und Plumpheit geradezu abgerungen werden. Auf diese Weise erschlossene Fähigkeiten erschöpfen sich nicht in der Erfüllung von Zwecken: Sie sind vielmehr bestimmt durch einen gewissen inneren Zwang zur Vervollkommnung und durch die in der Steigerung selber liegende innere Gratifikation. Es liegt ihm, wie CHÂTEAU (vgl. 1976) in bezug auf das Spiel erläutert hat, eine moralische Lust zugrunde, und es unterliegt dem Gesetz des Sollens. Mit dem Gesetz des Sollens ist keine Bedingung formuliert, sondern die Selbstbeanspruchung, mit der Fähigkeiten in der Form des Könnens erfahren werden. In dem so verstandenen Gesetz des Sollens wird etwas von der Unergründlichkeit der eigenen Individualität enthüllt (vgl. SIMMEL 1968a, b). Die Praxis, in der Fähigkeiten in der Form des Könnens beansprucht und hervorgebracht werden, ist die Übung. Eine produktive Praxis würde die darin erschlossenen Fähigkeiten von vornherein unter die Bedingungen von Werken und ihren Traditionen stellen. Es könnte dabei nur eine technische Vervollkommnung des Produktes oder der Produktion geben. Als Praxis ist die Übung allerdings auch auf Mittel und Organe, vor allem aber auf die Ausbildung von Formen angewiesen, in denen sich die Übung als ein Gefüge von Handlungen aufbaut, mit einer eigenen Verbindlichkeit, die sie gegen Willkür abschirmt. Der Aufbau und die Organe der Übung sind jedoch allein durch die Funktion der Hervorbringung noch nicht zweckgebundener Kräfte und Fähigkeiten bestimmt. Beim Aufbau der Übungen sind zwei Hauptfunktionen zu berücksichtigen: eine analytische – zerlegende – und eine messende. In ihrer analytischen Funktion definiert die Übung unterscheidbare Elemente (Paradigmen), die durch keine Funktion und keinen Zusammenhang bestimmt sind. Daß die Elemente eine Funktion haben können, ist nur wichtig für die Auffindung und Identifizierung von „Elementen"; welche Rolle sie (real) spielen, ist unerheblich. So gesehen rationalisiert die Analyse keinen vorgegebenen Vorgang, etwa einen Arbeitsprozeß, sondern sie stellt ein wohlsortiertes Repertoire von Elementen bereit, einen „Gedächtnisschatz". (Die nicht organisch [„natürlich"] verbürgten und gesicherten Fähigkeiten müssen auf einen Dispositionsfonds gegründet werden.)

In ihrer messenden Funktion müssen Übungen Schwierigkeitsgrade definieren, zum Beispiel durch die Art der Kombinationen und die Anzahl der darin verknüpften Elemente; allgemein: durch die Skalierung der Anforderungen an die Aktualisierung der Fähigkeit. Dabei werden jedoch keine Leistungen unter Wertgesichtspunkten gemessen; das Maß der Übung hat eine reflektierende Bedeutung, in der das Können, das noch nichts leistet, sich an seinem Selbstanspruch mißt.

Klaus Giel

5.5.3 Zur äußeren Organisation des Unterrichts

Die Forderung, die Unterrichtskünste aus dem „Geist" der Askese zu entwickeln, ergibt sich zwingend aus der Schulwirklichkeit, wie sie von den Kindern angetroffen wird. Mit dem Schuleintritt wird den Kindern eine Fülle von Entfremdungserlebnissen zugemutet. Sie werden zunächst einem künstlich geschaffenen Sozialgebilde inkorporiert, das, im großen und ganzen, nach rein numerischen Gesichtspunkten zusammengesetzt wird. Der Schuleintritt markiert für die Kinder den keineswegs kontinuierlichen Übergang in gesellschaftliche Formen, in denen das „Ganze" den einzelnen Kindern als eine selbständige, unpersönliche Einheit fordernd gegenübertritt (vgl. SIMMEL 1983, S. 250f.). An die Stelle emotionaler Bindungen treten Normierungen, Regeln, Satzungen in ihrer abstrakten, die Kinder als Mitglieder definierenden Form. Diese Regelungen sind wiederum nur unter bestimmten strukturellen Prämissen möglich, so zum Beispiel der Unterwerfung aller unter die allgemeine, von Langeveld so bezeichnete „Meßzeit", das universelle „Intermedium" der Regulierung des sozialen Lebens (vgl. LANGEVELD 1968, S. 46; vgl. LUHMANN 1975, S. 18f.). Mit der Meßzeit treten irritierende Erscheinungen in das Leben der Kinder: die Unterbrechung und die Verschiebung. Es muß, nur weil es Zeit ist zu..., etwas, woran es mit Lust ist, abbrechen und seine Fortsetzung bis nach... den Schulaufgaben verschieben. Mit der gelebten Zeit verläßt das Kind zugleich die mit den Eltern und Geschwistern geteilte gemeinsame Geschichte. Damit gehen immer auch Erinnerungen verloren, weil sie nicht mehr in der vertrauten Umgebung ständig aktualisiert werden (vgl. HALBWACHS 1966, S. 20). So kann auch die Kommunikation nicht mehr im selbstverständlichen Rahmen einer gemeinsamen Lebensgeschichte stattfinden, als Artikulation und Erinnerung der darin vorgezeichneten und in ihrem Erwartungshorizont liegenden Möglichkeiten. In der Schulklasse ist infolgedessen immer mehr Kommunikationspotential vorhanden, als im Erwartungshorizont des einzelnen Kindes liegt; gleichzeitig, weil Erinnerungen verlorengehen, auch immer weniger. Daher „funktioniert" die Kommunikation im großen und ganzen auch nur unter der strukturellen Voraussetzung einer sozialen Dreierkonstellation: Die Schüler sind miteinander durch das gemeinsame Verhältnis zu einem Dritten, Fremden, verbunden. In dieser Konstellation übernimmt der Lehrer die Rolle des Fremden, wie SIMMEL (vgl. 1968a, S. 63ff.) sie beschrieben hat. Er hebt aus den Äußerungen das hervor, worin sich die Partner, über die Besonderheit ihrer Herkunft hinweg, treffen und finden können. Die Funktion des Fremden liegt in der Exteriorisierung der Äußerungen, durch die sie, auch für den Sprecher selbst, eine neue Bedeutung erhalten. Aufgrund dieser Dreierkonstellation gewinnt die unterrichtliche Kommunikation den Charakter von Texten: Alle Äußerungen erhalten sozusagen eine doppelte Bedeutung; diejenige, die sie für den Sprecher selber im Rahmen seiner Lebensgeschichte haben, und die neue, allgemeine, in der sie von einem beliebig anderen aufgenommen und gedeutet wird (vgl. RICOEUR 1972, S. 258f.).

So gesehen stellt der Unterricht eine Art Urtext dar, der sich durch die Interagierenden hindurch gestaltet. Das im engeren Sinn erzieherische Problem des Elementarunterrichts besteht jedoch in der produktiven Verarbeitung der Entfremdungserlebnisse und Ängste. Es kann nur durch den Aufbau des Selbstvertrauens, das an die Stelle des bloß atmosphärischen Vertrauens des Elternhauses und seines Milieus treten muß, bewältigt werden. Aus dem Selbstvertrauen erst kann sich ein exploratives Verhältnis zur Wirklichkeit entwickeln. Die produktive Überwindung der Angst fordert eine Pädagogik der Ermutigung (vgl. LOCH 1969). Im Selbstver-

trauen bleibt die Angst freilich als ständige Herausforderung des Mutes - als „thrill" - virulent.
Die Pädagogik des Mutes hätte Formen zu finden, die die Kinder zu ihren eigenen Möglichkeiten befreit und zur Wahrnehmung ihrer Kräfte ermuntert, Formen also, die es den Kindern ermöglichen, ihre eigene, unverbrauchte, nicht in Fremdbeanspruchungen verschlissene Vitalität auszuleben. Die pädagogische Kunst, in deren Ausmessung den Kindern der Aufbau eines unverkrampften, freien Verhältnisses zu sich selber möglich wird, scheint die Rhythmik zu sein.

5.6 Die Ordnung der Künste des Elementarunterrichts

Es ist, wie aus unseren Überlegungen hervorgeht, immerhin erwägenswert, den Aufbau des Elementarunterrichts unter das pädagogische Leitmotiv der Disponibilität zu stellen. Damit ist die Aufgabe verbunden, eine Form der Askese zu finden, die den Körper als Instrument (im Sinne des Musikinstrumentes) der ästhetischen Erschließung nicht gedeuteter und funktionalisierter Eindrücke verfügbar macht. Die gesuchte Askese dürfte infolgedessen weder weltanschaulich-religiös noch moralisch motiviert (und entsprechend ausgelegt) sein; eine Art körpereigener Askese, in der sich die Eigendynamik des Körpers zu entfalten vermöchte. Eine solche Art der Askese wurde in der Kunstform der Rhythmik entwickelt. Zum wirklichen Instrument wird der Körper jedoch, um im Bilde zu bleiben, nur dem, der darauf zu spielen vermag. Zur Disponibilität gehört es, in diszipliniertem Können, also durch Übungen im konkreten Sinne, erschlossen zu sein.
Bezüglich der Auslegung von Übungen in Etüden haben wir bereits auf zwei Grundfunktionen hingewiesen: die der Analyse, in der Elemente gewonnen und klassifiziert werden („Gedächtnisschatz"), und auf die Meßfunktion, die in Kombinationen, Kompositionen, Zusammenstellungen und Reihungen realisiert wird. Beim Aufbau der Übungen wäre ferner zu berücksichtigen, was man die Ökonomie der Grammatik nennen könnte; wie Übungen so einzurichten sind, daß aus relativ wenigen Elementen ein vielseitiger Gebrauch möglich wird.
Die Übungen, um die es hier geht, sind auf die ästhetische Erschließung der Eindrücke, das heißt darauf gerichtet, den Körper zum Instrument des Empfindens zu „bilden", ihn zu befähigen, Empfindungsgehalte zu entfalten. Darin liegen zwei Aufgaben beschlossen. Einerseits muß die Flüchtigkeit der Eindrücke aufgehoben werden, ohne daß sie doch andererseits, wie es alltäglich geschieht, auf Gegenstände hin überschritten werden (so daß man Motorräder und Mäuse, nicht aber wirkliche Geräusche hört). Das bedeutet aber, daß Eindrücke als Ereignisse, als in sich geschlossene, perfekte Geschehenseinheiten erfaßt und herausgestellt werden müssen. Dieses Herausstellen der Eindrücke sowohl aus der fließenden Zeit, in der sie sich verflüchtigen, als auch aus der gelebten Zeit, durch die die jeweilige Befindlichkeit in Situationen mitbestimmt ist, vollzieht sich in zwei Schritten. In dem einen wird das Perfekte als das Wiederkehrende, sich Wiederholende herausgestellt. Sodann muß das so Herausgestellte als Wirkung erfaßt werden, als etwas Nachwirkendes, was Spuren hinterlassen hat. Die Widerrufung der Zeit erfolgt hier in der Form des ausdrücklichen Nachgehens, der Rekonstruktion. Auf der ersten Stufe, der Wiederholung, erhält die Übung den Charakter der Sinnesschulung, auf der zweiten den der Formenlehre.

Klaus Giel

5.6.1 Rhythmik

Wie die Rhythmik sich in der kunstgemäßen Form, in der sie an Musikhochschulen und anderen Institutionen gepflegt wird, darstellt, eignet sie sich vorzüglich als asketische Kunst der Erschließung der Disponibilität und Eigendynamik des Körpers. Der Rhythmus ist ein schwer zugängliches Phänomen. Wer sich damit befaßt, setzt sich mancherlei Verdächtigungen aus. Nicht, um zu einer Definition, sondern lediglich zu einer brauchbaren Beschreibung zu kommen, könnte man sagen: Rhythmen sind Formen, in denen Erscheinungen als dynamisch bewegt erfahren werden. Dabei handelt es sich, wie das Beispiel der Musik lehrt, keineswegs um Bewegungen im Sinne der bedingten, verursachten oder funktionalisierten Ortsveränderung, deren Geschwindigkeit gemessen werden kann. Auf die Ortsveränderung als solche kommt es auch beim Tanz nicht an. Humboldt suchte in einer geistreichen Wendung im „Rhythmus des Charakters" so etwas wie das innere Maß eines Menschen, seine Lebensformel, die in allen Äußerungen wirksam ist (vgl. v. HUMBOLDT 1960, S. 445; vgl. NOHL 1949, S. 104 ff.). Natürlich kann auch eine Bewegung „rhythmisch" sein, dann kommt es aber nicht auf die Ursache oder auf die Wirkung an, auf nichts, was an der Bewegung bedingt ist und was infolgedessen daran gemessen werden kann; sondern lediglich auf die „innere Form", mit der diese Bewegung als gegliederte Gestalt hervorgebracht wird. Die rhythmische Artikulation ist, wie der Ausdruck „innere Form" andeutet, keine Form, in der über etwas, über die Bewegung zum Beispiel, disponiert wird; es scheint vielmehr so zu sein, daß die Form die bewegende Kraft selber ist. Was dabei bewegt wird, scheint die Zeit zu sein: Rhythmen sind als Zeitgestalten faßbar, in denen der Fluß der Zeit – durch Metren – zwar betont, aber gleichzeitig durch das Überspringen des Metrums, in Beschleunigungen, Verzögerungen und Verschleppungen widerrufen wird (vgl. LÉVI-STRAUSS 1976, S. 32). So erscheint die rhythmisch gegliederte Zeit nicht als leere Form, die von allem möglichen erfüllt werden kann, sondern die zeitliche Gliederung ist hier der Vorgang selber. Die Zeit des Herzschlages, der Wellenbewegung ist die durch den Herzschlag und die Wellenbewegung hervorgebrachte und gemessene Zeit (vgl. GEORGIADES 1974, S. 6). Darin liegt nun auch begründet, daß man Rhythmen nur wahrnehmen kann, indem man sie hervorbringt, dadurch, daß man von ihrer Bewegtheit mitgerissen wird: Rhythmen realisieren sich durch den menschlichen Körper hindurch, man vernimmt sich durch sie (vgl. LÉVI-STRAUSS 1976, S. 33). Insofern rhythmische Formen nur wahrgenommen werden, indem man sie mitvollziehend hervorbringt, stellen die den tiefsten Einklang von Wahrnehmung und Wahrgenommenem, Mensch und äußerer Wirklichkeit dar. Darin ist zum einen enthalten, daß Rhythmen Formen der Verarbeitung von Eindrücken sind. PIAGET (vgl. 1973 b, S. 18) hat den Rhythmus zu den Verfahrensweisen der Selbstregelung und Selbsterhaltung von Strukturen gerechnet. Ähnlich hatte schon BÜCHER (vgl. 1924) den Rhythmus als Ökonomie des Körpers herausgestellt. In diesem Sinne sind Rhythmen nicht Eigenschaften körperlicher Abläufe, sondern Formen, in denen „körpergemäße" Bewegungsabläufe erst gefunden werden (vgl. BÜCHER 1924, S. 25 f.). Zum anderen ermöglicht die rhythmische Gliederung die Teilnahme anderer an solchermaßen objektivierten Verrichtungen und Abläufen: Der Rhythmus ist daher immer auch eine Form der Vergemeinschaftung des menschlichen Körpers. (Damit ist eine gewisse, nicht ungefährliche Preisgabe des Körpers verbunden.) Vor allem in der „Vergemeinschaftung" von Abläufen durch die rhythmische Gliederung werden Handlungen in Szene gesetzt, erhalten einen dramatischen Charakter. So wird gerade im Rhythmus etwas von der szenischen Gesetzmäßigkeit sichtbar, der die Vi-

talität im ganzen zu unterliegen scheint. „Jede biologische Verrichtung hat ihre eigene Dynamik. Sie folgt [...] einem szenischen Gesetz. Eine Handlungsphase folgt der anderen, und erst wenn alle Phasen nacheinander durchlaufen sind, ist dem Gesetz Genüge geschehen. Sie können keine Phase überspringen oder ausschalten, ohne die szenische Dynamik zu stören" (v. UEXKÜLL 1949, S. 262).
Rhythmen, um dies auch wieder zu erinnern, sind immer auch Formen der - körpergemäßen - Wahrnehmung, in denen Eindrücke eine Ordnung finden. Diese Ordnungen können jedoch nicht auf die physikalistische Struktur von Reizquellen zurückgeführt werden. Die rhythmische Ordnung der Zeichnung einer Walzenschnecke ist nicht durch Meßdaten zu erklären: Man muß sie durch sich selber hindurch wahrnehmen.
In der Rhythmik, wie sie als Kunstform an Musikhochschulen gelehrt und kultiviert wird, wurde eine Fülle von Etüden und Ausdrucksformen entwickelt, die ohne weiteres in die Grundschule übernommen werden könnten. Hier tut sich ein breites Feld der Zusammenarbeit zwischen Rhythmikern und Lehrern auf; einer Zusammenarbeit, die insofern mit keinen großen Schwierigkeiten verbunden sein dürfte, als die Rhythmik von Anfang an pädagogisch motiviert war (vgl. BÜNNER/RÖTHIG 1971, KONRAD 1984). Die Erkundung der szenischen Gesetzmäßigkeit der Dynamik und Vitalität wurde im Rahmen der Rhythmik und in direkter Anknüpfung an die Elementarmethode in vielversprechender Weise in Angriff genommen (vgl. BANNMÜLLER 1979). Hier liegen Ansätze zur Praxis einer Pädagogik der Ermutigung vor.
Wie sich aus solchen rhythmischen Etüden die Motorik des Formens entwickeln läßt, das nicht die Abbildung von Gegenständen sucht, sondern den Ausdruck der inneren Gespanntheit des Formens selber, müßte an praktischen Beispielen verdeutlicht und systematisch weiterentwickelt werden. Ebenso wären über die Rhythmik neue Zugänge zu der Idee einer „ganzheitlichen Mathematik" zu gewinnen. Daß alle sprachlichen Äußerungen, Texte zumal, noch vor jeder Logik rhythmisch geordnete Gebilde sind und als solche wahrgenommen werden, kann auch nur eben angemerkt werden. Für v. Humboldt war die Sprache vor allem auch eine rhythmisch-melodische Äußerungsform des Menschen, in der besonders die gemeinschaftstiftende Wirkung der Sprache beschlossen liegt. Sinnphänomene scheinen überhaupt rhythmisch fundiert zu sein (vgl. v. HUMBOLDT 1963, S. 448f.; vgl. STENZEL 1958, S. 32ff.).

5.6.2 Sinnesschulung

Ihre klassische Form hat die Sinnesschulung in der Montessori-Pädagogik gefunden. Diese Ansätze wurden - vielfach auch unter anderen Zielsetzungen und Problemstellungen, solchen der „ästhetischen Erziehung" zum Beispiel - aufgenommen und weitergeführt (vgl. LÖSCHER 1982, 1983; vgl. SEITZ 1982, 1983; vgl. STAUDTE 1980). In der Sinnesschulung geht es zunächst um die Fähigkeiten der optischen, akustischen und taktilen Diskrimination. Pestalozzi hatte die Notwendigkeit der sprachlichen und rechnerischen Analyse der Wahrnehmung herausgestellt und begründet. Die Sprach- und Rechenübungen sind jedoch nicht durch ihre propädeutische Funktion begründet, sondern durch ihren Beitrag zur elementaren Sinnesschulung. Im Rahmen der Didaktik des „neuen Mathematikunterrichts" und der unterrichtsmethodischen Aufbereitung seiner mengentheoretischen Elemente wurde eine Reihe von Spiel- und Übungsformen entwickelt, in denen Sinnesdaten als Merkmale gewonnen und verarbeitet werden. Die sprachliche Analyse der Wahrnehmung wäre, ganz im Sinne Pestalozzis, mit der Artikulation und der Bezeichnung (Benennung) zu befassen.

Klaus Giel

Unsere Beispiele waren bis jetzt nur auf die analytische Funktion der Übung bezogen. Unter dem Gesichtspunkt der Meßfunktion wäre die Sinnesschulung als Ästhetik im engeren Sinne auszulegen: mit dem Ziel der Entfaltung von Empfindungsqualitäten. Während die Diskrimination mehr auf Reduktion angelegt ist, ginge es hier um die Amplifikation, also der Realisierung von Nuancen und Facetten, die durch die bloße Unterscheidung ausgeblendet werden. Hierher gehören vor allem die Formen, die das Spiel der Assoziationen und Einfälle fördern und den Sinn für kontinuierliche Übergänge wecken. Die sprachliche Durchdringung der Wahrnehmung wäre hier mit Synonymen, Metaphern und der Evokation von Synästhesien befaßt.
Alle diese Bemerkungen können nur den Sinn der Andeutung von Leitlinien zur praktischen Ausgestaltung der Sinnesschule haben, für die ein eigenes Organon zu schaffen wäre. Die wirkliche Ausgestaltung kann aber nur von ingeniösen Praktikern geleistet werden.

5.6.3 Formenlehre

In ihrer analytischen Funktion müßte die Formenlehre generative Schemata und Ordnungsformen bereitstellen, in deren Gefüge Sinnesdaten als Variable von Werten auftreten. Hierher gehören Merkmalssysteme, Codes, Raster, Metren, aber auch die leserelevanten Elemente der Textlinguistik (vgl. WEINRICH 1984).
Die Meßfunktion der Formenlehre wäre durch Etüden der Fügung von Heterogenem unter dem Kriterium der Kompossibilität auszulegen. Hierher gehören Übungen des Collagierens und Kombinierens (etwa Bildgeschichten, Puzzles, Rebusse).

6 Abschluß

Die schultheoretische Frage der Stellung und Funktion der Grundschule im Bildungssystem muß neu gestellt werden. Paradoxerweise auch deshalb, weil die Erschütterung der Grundschulpädagogik durch den Zerfall der nationalpädagogischen Konzepte gar nicht richtig wahrgenommen werden konnte. Die Lehr- und Lernforschung und die Curriculumdiskussion haben Hoffnungen auf ein ideologiefreies, effizientes, an den Forderungen der wissenschaftlichen Zivilisation orientiertes Schulsystem geweckt und die tatsächliche Krise durch Reformeuphorie verdrängt. Der Schulunterricht im ganzen sollte in die Perspektive der rational durchdrungenen, an den Wissenschaften orientierten, wissenschaftlich fundierten Lernorganisation gerückt werden. Als die spezifische Aufgabe der Grundschulpädagogik wurde die sozialpädagogische Förderung des Lernens herausgestellt. Im Gewande der Sozialpädagogik konnte dann an die Reformpädagogik angeknüpft und die Schularbeit unter das Leitmotiv der Lebensnähe, des Lernens durch tätige Erfahrung in einem anregungsreichen Milieu gestellt werden. Von alldem darf nichts widerrufen werden.
Es zeigt sich jedoch, daß alle genannten Leitmotive sowohl als Prinzipien der Schulpädagogik reklamiert als auch als Argumente verwendet werden, mit denen die Abschaffung der Schule gefordert wird. Dieser Widerspruch darf als Hinweis dafür gelten, daß der Unterricht nicht gänzlich in Lernorganisation übergeführt werden kann. Worauf es im Unterricht in erster Linie ankommt, ist die Kultivierung der Lernfähigkeit unter den Beanspruchungen und den Bedingungen der Konstitutionsproblematik der Schriftkultur. Der Gedanke, daß das Problem des Unterrichts als das des Aufbaus von Unterrichtskünsten gestellt und im Rahmen der Tradition der

Der Elementarunterricht in anthropologischer Sicht

Unterrichtskünste erörtert werden muß, sollte in Erinnerung gerufen werden. Es muß allerdings auch daran erinnert werden, daß die Aufgabe der Grundschule nicht auf das Unterrichten reduziert werden darf auf Kosten der pädagogischen Errungenschaften der Reformpädagogik.

AUGUSTINUS, A.: Bekenntnisse. Vollständige Ausgabe, eingeleitet und übertragen v. W.Thimme, Zürich 1950. BANNMÜLLER, E.: Neuorientierung der Bewegungserziehung in der Grundschule, Stuttgart 1979. BARTHES, R.: Elemente der Semiologie, Frankfurt/M. 1979. BIERWISCH, M.: Schriftstruktur und Phonologie. In: HOFER, A. (Hg.): Lesenlernen: Theorie und Unterricht, Düsseldorf 1976, S. 50 ff. BLASS, J.L.: Herbarts pädagogische Denkform oder Allgemeine Pädagogik und Topik, Wuppertal/Ratingen/Düsseldorf 1969. BLUMENBERG, H.: Die Lesbarkeit der Welt, Frankfurt/M. 1981. BOLLNOW, O.F.: Vom Geist des Übens. Eine Rückbesinnung auf elementare didaktische Erfahrungen, Freiburg 1977. BORNSCHEUER, L.: Topik. Zur Struktur der gesellschaftlichen Einbildungskraft, Frankfurt/M. 1976. BOURDIEU, P./PASSERON, J.-C.: Die Illusion der Chancengleichheit. Untersuchungen zur Soziologie des Bildungswesens am Beispiel Frankreichs, Stuttgart 1971. BRÜGELMANN, H.: Lesen- und Schreibenlernen als Denkentwicklung. Voraussetzungen eines erfolgreichen Schrifterwerbs. In: Z. f. P. 30 (1984), S. 69 ff. BÜCHER, K.: Arbeit und Rhythmus, Leipzig [6]1924. BÜNNER, G./RÖTHIG, P.: Grundlagen und Methoden rhythmischer Erziehung, Stuttgart 1971. CHÂTEAU, J.: Spiele des Kindes, Stuttgart 1976. CICERO, M.T.: De oratore/Über den Redner. Lateinisch/Deutsch, übersetzt und hg. v. H. Merklin, Stuttgart [2]1976. CURTIUS, E.R.: Europäische Literatur und lateinisches Mittelalter, Bern [5]1965. DERRIDA, J.: Die Schrift und die Differenz, Frankfurt/M. 1976. DERRIDA, J.: Grammatologie, Frankfurt/M. 1983. DILTHEY, W.: Der Aufbau der geschichtlichen Welt in den Geisteswissenschaften. Gesammelte Schriften, Bd. 7, hg. v. B. Groethuysen, Stuttgart/Göttingen [3]1961. DOMIN, H.: Autor und Leser als Zeitgenossen. In: N. Rsch. 95 (1984), 3, S. 172 ff. DORNSEIFF, F.: Das Alphabet in Mystik und Magie, Leipzig/Berlin [2]1925. FISCHER, A.: Werdegang und Geist der Grundschule. Leben und Werk, hg. v. K. Kreitmair, Bd. 1, München 1950a. FISCHER, A.: Psychologie der Arbeit. Leben und Werk, hg. v. K. Kreitmair, Bd. 2, München 1950b. FLITNER, W.: Die vier Quellen des Volksschulgedankens, Stuttgart [4]1958. FREIRE, P.: Pädagogik der Unterdrückten. Bildung als Praxis der Freiheit, Reinbek 1973. FREIRE, P.: Erziehung als Praxis der Freiheit. Beispiele zur Pädagogik der Unterdrückten, Reinbek 1977. FREIRE, P.: Der Lehrer ist Politiker und Künstler. Neue Texte zur befreienden Bildungsarbeit, Reinbek 1981. GEORGIADES, TH.: Musik und Sprache. Das Werden der abendländischen Musik, dargestellt an der Vertonung der Messe, Berlin/Heidelberg/New York [2]1974. HALBWACHS, M.: Das Gedächtnis und seine sozialen Bedingungen, Berlin/Neuwied 1966. HARTLAUB, G.F.: Der Genius im Kinde, Breslau 1922. HAYEK, F.A.v.: Die Theorie komplexer Phänomene. Walter Eucken Institut: Vorträge und Aufsätze, Bd. 36, Tübingen 1972. HUMBOLDT, W.v.: Schriften zur Anthropologie und Geschichte. Werke in fünf Bänden, hg. v. A. Flitner u. K. Giel, Bd. 1, Stuttgart 1960. HUMBOLDT, W.v.: Schriften zur Sprachphilosophie. Werke in fünf Bänden, hg. v. A. Flitner u. K. Giel, Bd. 3, Stuttgart 1963. HUSSERL, E.: Ideen zu einer reinen Phänomenologie und phänomenologischen Philosophie. Allgemeine Einführung in die reine Phänomenologie, Tübingen [4]1980. ISER, W.: Der Akt des Lesens. Theorie ästhetischer Wirkung, München 1976. JOLLES, A.: Einfache Formen. Legende, Sage, Mythe, Rätsel, Spruch, Kasus, Memorabile, Märchen, Witz, Darmstadt [2]1958. KANT, I.: Anthropologie in pragmatischer Hinsicht, hg. v. K. Vorländer, Leipzig [6]1922. KEMMLER, L.: Zur psychologischen Problematik von Erfolg und Versagen bei Sechs- bis Zwölfjährigen. In: SPECK, J. (Hg.): Leistung, Erfolg und Erfolgskontrolle in der Pädagogik und ihren Nachbarwissenschaften. Bericht über den 4. Kongreß (7.-10. 4. 1968) des Deutschen Instituts für wissenschaftliche Pädagogik Münster, Münster 1968, S. 69 ff. KÖNIG, J.: Das spezifische Können der Philosophie als ευ λεγειν. In: Bl. f. Dt. Phil. 10 (1937), 2, S. 129 ff. (1937a). KÖNIG, J.: Sein und Denken. Studien im Grenzgebiet von Logik, Ontologie und Sprachphilosophie, Halle 1937b. KONRAD, R.: Erziehungsbereich Rhythmik. Entwurf einer Theorie. Perspektiven zur Musikpädagogik und Musikwissenschaft, Bd. 8, Regensburg 1984. KUHN, TH.S.: Die Entstehung des Neuen. Studien zur Struktur der Wissenschaftsgeschichte, Frankfurt/M. 1978. KUHN, TH.S.: Die Struktur wissenschaftlicher Revolutionen, Frankfurt/M. ⁴1979. Kümmel, F.: Leiblichkeit und menschliche Lebensform. In: Loch, W. (Hg.): Lebensform und Erziehung. Besinnungen zur pädagogischen Anthropologie, Essen 1983, S. 9ff. Langeveld, M. J.: Die Schule als Weg des Kindes. Versuch einer Anthropologie der Schule, Braunschweig ⁴1968. Leroi-Gourhan, A.: Hand und Wort. Die Evolution von Technik, Sprache und Kunst, Frankfurt/M. ²1984. Leschinsky, A./Roeder, P. M.: Schule im historischen Prozeß. Zum Wechselverhältnis von institutioneller Erziehung und gesellschaftlicher Entwicklung, Stuttgart 1976. Lévi-Strauss, C.: Mythologica 1. Das Rohe und das Gekochte, Frankfurt/M. 1976. Lévi-Strauss, C.: Traurige Tropen, Frankfurt/M. 1981. Litt, Th.: Individuum und Gemeinschaft. Grundlegung der Kulturphilosophie, Leipzig ³1926. Loch, W.: Pädagogik des Mutes. In: Bollnow, O. F. (Hg.): Erziehung in anthropologischer Sicht, Zürich 1969, S. 141 ff. Löscher, W.: HÖR-Spiele. Sinn-volle Frühpädagogik, München 1982. Löscher, W.: RIECH- und SCHMECK-Spiele. Sinn-volle Frühpädagogik, München 1983. Luhmann, N.: Systemtheoretische Argumentationen. Eine Entgegnung auf Jürgen Habermas. In: Habermas, J./Luhmann, N.: Theorie der Gesellschaft oder Sozialtechnologie, Frankfurt/M. 1971, S. 291 ff. Luhmann, N.: Macht, Stuttgart 1975. Marx, K.: Ökonomische Schriften. Werke in sieben Bänden, Bd. 4, hg. v. H. J. Lieber, Darmstadt 1962. Nohl, H.: Charakter und Schicksal. Eine pädagogische Menschenkunde, Frankfurt/M. ⁴1949. Pestalozzi, J. H.: Wie Gertrud ihre Kinder lehrt. Sämtliche Werke, hg. v. A. Buchenau u. a., Bd. 13, Berlin/Leipzig 1932. Pestalozzi, J. H.: Über Volksbildung und Industrie. Sämtliche Werke, hg. v. A. Buchenau u. a., Bd. 18, Berlin/Leipzig 1943. Piaget, J.: Einführung in die genetische Erkenntnistheorie, Frankfurt/M. 1973a. Piaget, J.: Der Strukturalismus, Olten/Freiburg 1973b. Piaget, J./Inhelder, B.: Gedächtnis und Intelligenz, Olten/Freiburg 1974. Postman, N.: Das Verschwinden der Kindheit, Frankfurt/M. 1983. Ricoeur, P.: Der Text als Modell: hermeneutisches Verstehen. In: Bühl, W. L. (Hg.): Verstehende Soziologie. Grundzüge und Entwicklungstendenzen, München 1972, S. 252 ff. Scholem, G.: Zur Kabbala und ihrer Symbolik, Frankfurt/M. 1973. Scholem, G.: Die jüdische Mystik in ihren Hauptströmungen, Frankfurt/M. 1980. Seitz, R.: SEH-Spiele. Sinnvolle Frühpädagogik, München 1982. Seitz, R. (Hg.): TAST-Spiele. Sinnvolle Frühpädagogik, München 1983. Simmel, G.: Der Fremde. In: Simmel, G.: Das individuelle Gesetz. Philosophische Exkurse, hg. v. M. Landmann, Frankfurt/M. 1968, S. 63 ff. (1968a). Simmel, G.: Das individuelle Gesetz. In: Simmel, G.: Das individuelle Gesetz, Frankfurt/M. 1968, S. 174 ff. (1968b). Simmel, G.: Die quantitative Bestimmtheit der Gruppe. In: Simmel, G.: Schriften zur Soziologie. Eine Auswahl, hg. u. eingel. v. H.-J. Dahme u. O. Rammstedt, Frankfurt/M. 1983, S. 243 ff. Spranger, E.: Lebensformen. Geisteswissenschaftliche Psychologie und Ethik der Persönlichkeit, Tübingen ⁸1950. Staudte, A.: Ästhetische Erziehung 1–4, München/Wien/Baltimore 1980. Stenzel, J.: Sinn, Bedeutung, Begriff, Definition. Ein Beitrag zur Frage der Sprachmelodie, Darmstadt 1958. Tenbruck, F. H.: Fortschritt der Wissenschaft? In: Neumann, J. (Hg.): 500 Jahre Eberhard-Karl-Universität Tübingen. Wissenschaft an der Universität heute, Tübingen 1977, S. 155 ff. Uexküll, Th. v.: Die Seele des Bauches. Ein biologisches Gespräch. In: Merkur 3 (1949), S. 252 ff. Weinrich, H.: Lesen – schneller lesen – langsamer lesen. In: N. Rsch. 95 (1984), 3, S. 80 ff. Wimmel, W.: Die Kultur holt uns ein. Die Bedeutung der Textualität für das geschichtliche Werden, Würzburg 1981.

Hans Rauschenberger

Unterricht als Darstellung und Inszenierung

1 Zur Fragestellung
2 Erscheinungsformen des Darstellens im Unterricht
2.1 Der Hinweis
2.2 Die Information
2.3 Das Interpretieren
3 Über das Inszenieren im Schulunterricht
3.1 Entdecken
3.2 Zergliedern und Aufbauen
3.3 Gesprächsführung
3.4 Spielen
3.5 Projekt

Zusammenfassung: In diesem Beitrag wird die Auffassung vertreten, daß Darstellen und Inszenieren zu den unverzichtbaren Wesensmerkmalen des Lehrens gehören. Im Darstellen repräsentiert der Lehrer die Sache, um die es geht, und sich selbst, weil er seinen eigenen Zugang zur Sache ebenfalls vorstellt. Im Inszenieren versucht er, Arrangements zu treffen, die den Schülern die bestmöglichen Voraussetzungen des Lernens ermöglichen. Es wäre eine Verkürzung, wenn man Darstellen und Inszenieren nur als methodische Formen ansähe; denn sie haben es sowohl mit dem Gegenstand als auch mit dem Verfahren zu tun. Das eher deiktische Prinzip des Darstellens und das eher dramaturgische Prinzip des Inszenierens sind also zwei zentrale Funktionen des Lehrens, die in den bisherigen didaktischen Kategorien nicht aufgehen. Geläufige Begriffe können, in diesen Zusammenhang gerückt, neues Licht auf die Praxis des Lehrens werfen. Unter dieser Voraussetzung wird kurz eingegangen auf Hinweis, Information, Interpretation, Entdecken, Zergliedern und Aufbauen, Gespräch, Spiel und Projekt. Alle diese Begriffe haben mit den Erscheinungsformen des Darstellens und Inszenierens zu tun.

Summary: This contribution presents the opinion that depiction and production are among the indispensible characteristics of teaching. When depicting something the teacher represents the object being dealt with and himself, as he simultaneously presents his own approach to the matter. When producing he attempts to arrange things so as the provide pupils with the best possible preconditions for learning. It would be an over-simplification to regard depiction and production as aspects of teaching method only, for they are concerned both with the subject and with the teaching process. The deictic principle of depiction and the dramaturgical principle of acting are thus two central functions of teaching which do not fit into existing didactical categories. When brought to bear on this matter, well-known concepts can throw new light on teaching practice. Taking this as a starting point, the contribution deals briefly with indication, information, interpretation, discovering, dissecting and putting together, discussions, games and project work. All these concepts deal with features of depiction and production.

Hans Rauschenberger

Résumé: Dans cette contribution, on développe l'idée que la présentation et la mise en scène comptent parmi les caractéristiques indispensables de l'enseignement. Dans la présentation, le maître représente la chose dont il retourne et se représente lui-même, parce qu'il présente également son propre accès à la chose. Dans la mise en scène, il essaie de faire des arrangements qui ouvrent aux élèves les meilleures conditions d'apprentissage. Ce serait une altération, si l'on ne considérait la présentation et la mise en scène que comme formes méthodologiques; car elles ont rapport tant à l'objet qu'au procédé. Le principe plutôt déictique de la présentation et le principe plutôt dramaturgique de la mise en scène sont donc deux fonctions centrales de l'enseignement, qui, jusqu'à présent, n'apparaissent pas dans les catégories didactiques. Des concepts courants peuvent, dans ce contexte, jeter une lumiére nouvelle sur la pratique de l'enseignement. Sous cette condition, on traite brièvement de l'indication, de l'information, de l'interprétation, de la découverte, de l'analyse et de la reconstruction, du dialogue, du jeu et du projet. Tous ces concepts ont rapport avec les formes d'apparition de la présentation et de la mise en scène.

1 Zur Fragestellung

Der Schulunterricht hat nach verbreiteter Auffassung die Aufgabe, Menschen auf planvolle Weise in den Umgang mit der Kultur ihrer Gesellschaft einzuführen. Er besteht in der Regel aus systematischen Lehrgängen über diejenigen rationalen Voraussetzungen unserer Lebenswelt, die sich vom einzelnen nicht mehr unmittelbar erfahren lassen (vgl. SCHWAGER o.J.). Diese Bestimmung des Schulunterrichts setzt in unserer Zeit der Realisierung zunehmende Schwierigkeiten entgegen. Es ist nicht mehr unumstritten, welches die rationalen Voraussetzungen seien, die der Aufwachsende braucht, um die Welt zu verstehen, an deren Gestaltung er als Erwachsener mitwirken soll. Die rasche Zunahme an daseinsverändernden Einwirkungen und der damit verbundene Wandel des öffentlichen Bewußtseins haben in den letzten Jahrzehnten die Frage nach der Auswahl des Lehrstoffes immer dringlicher werden lassen (vgl. BLANKERTZ 1969, KLAFKI 1963, ROBINSOHN 1969). Auch die Beantwortung der Frage, wie die Systematik eines Unterrichtslehrgangs aussehen soll, ist heute schwieriger geworden; denn die Schüler kommen bereits mit einer Fülle von Eindrücken und fragmentarischen Kenntnissen in den Unterricht, die das systematische Vorgehen innerhalb eines Lehrgangs oft eher behindern als befruchten.
Zu diesen schwierigen Fragen nach der Auswahl des Lehrstoffes und nach der Ausgangslage der Schüler stellt sich mit zunehmender Schärfe das Problem, wie in den Unterrichtsprozeß persönliche Beziehungen eingehen, ohne daß sie zur bloßen Konvention verkümmern. Dies ist eine Herausforderung, die sich besonders deutlich in einer Zeit ergibt, in der die Schüler dem Lehrer vom ersten Tag an ihre individuelle Situation vor Augen führen: als Ablenkbarkeit oder Langeweile, als Verstörung oder Aggression, als Ausdruck ihrer Wünsche oder ihrer Verweigerungen. Unterricht kann unter diesen Voraussetzungen nur dann den Schülern seinen Sinn zeigen, wenn er selbst zur konkreten kulturellen Veranstaltung wird, die die Gegenwart nicht nur in der Gestalt von Lehrplanbestimmungen repräsentiert, sondern sie in den Kindern wiederfindet; denn sie bringen in ihren Köpfen bereits Vergangenheit mit, aber auch manche Vorstellungen, aus denen sie ihre Zukunft bauen möchten.
An der allgemeinen Definition des Unterrichts ist also in gewisser Hinsicht festzuhalten: Er soll in den Umgang mit der Kultur einführen, soll Wirklichkeit in

kultureller Bearbeitung sichtbar machen, soll für die Präsentation von Wirklichkeit anhand kulturell gegebener Verständnismuster sorgen. Dies heißt, daß er nicht bei den unmittelbaren Einzelerfahrungen stehenbleiben kann; er muß ihnen den orientierenden Kontext hinzufügen. Sosehr er sich bemüht, das Lehren und Lernen an Erfahrungen anzubinden, sowenig kann er sich damit begnügen; er muß über sie hinausgehen, sie in neuen Verständnismöglichkeiten sichtbar machen. Nur so kommen Erfahrungen in Bewegung, nur so entsteht aus ihnen Umgang, Diskurs, Handeln.

Dies läßt sich an einem einfachen Beispiel weiter verdeutlichen. Häufig findet man – besonders im Grundschulunterricht – den Versuch von Lehrern, die Dinge des Lernens als sichtbare und anfaßbare zu zeigen. Ein Kieselstein etwa wird nicht nur beschrieben und an die Tafel gezeichnet; jedes Kind bekommt solch einen Stein in die Hand, kann ihn betrachten, befühlen und sein Gewicht spüren. Die Erfahrung, daß alle Kieselsteine rund sind und keiner kantig, wird den Lehrer veranlassen zu erklären, wie diese Steine ihre runde Form bekommen haben. Mit dieser Erklärung geht er bereits über das unmittelbar Erfahrbare hinaus; sie bringt Bewegung in die Anschauung, indem sie das Zusammenspiel der Sinne und des Denkens nach beiden Richtungen ausdehnt. Vielleicht wird der Lehrer bei seinem nächsten Unterrichtsgang an einem Fluß haltmachen und die Kinder nach Kieselsteinen suchen lassen, um ihnen die Erfahrung zu ermöglichen, wie häufig man an Gewässern abgerundete Steine finden kann. Wirklichkeit und ihre Präsentation als gedankliche – das heißt: kulturelle – Bearbeitung konstituieren ein Erfahrungslernen, aus dem erst neue Erfahrungen hervorgehen können; denn ohne die Erklärung, wie die Kieselsteine rund geworden sind, wäre die Tatsache, daß man sie an Gewässern finden kann, nichts weiter als ein gehäuft auftretender Zufall.

Nun setzt aber der traditionelle Aufbau des Unterrichtslehrgangs keine Kenntnisse voraus. Er setzt bei „Null" ein und macht die hypothetische Voraussetzung, die Schüler brächten keine Deutungen mit, oder ihre mitgebrachten Deutungen könnten vernachlässigt werden. Kinder, die die Erklärung des Lehrers bereits vorher wissen und dies äußern, verhalten sich sozusagen als latente Konkurrenten des Unterrichtenden. Er kann ihren Beitrag bestätigen oder übergehen, auf jeden Fall muß er selbst zu erkennen geben, mit welcher Erklärung der vorgesehene Weg des Lehrgangs beschritten wird. Mitteilungen von Schülern, die Informationen des Lehrers vorwegnehmen, sind denn auch für den aufbauenden Lehrgang von unterschiedlichem Wert: Sie können sprunghaft und für andere unverständlich dem Sachaufbau vorgreifen; sie können unklar, schlecht ausgedrückt oder verworren sein; sie können rein assoziativ sein, indem sie scheinbare Ähnlichkeiten nominieren, aber dem Aufbau des Lehrganges wenig nützen. Manche dieser Äußerungen möchte der Lehrer am liebsten zurückweisen; häufig bemerkt er aber, daß sie von einer besonderen Bereitschaft zum „Mitmachen" getragen sind; denn diese Kinder teilen nicht nur Sachverhalte mit, sondern sich selbst; sie wollen dem Lehrer zu erkennen geben, was sie schon wissen, und sie erhoffen sich dafür seine Anerkennung. Dadurch gerät er in eine ambivalente Situation: Der Sache nach kann er manche ihrer Beiträge nicht gebrauchen, aber das Motiv dieser Schüler, möglichst viel beizusteuern zum Unterricht, möchte er nicht abwehren. Oft hilft er sich dadurch, daß er die Schüleräußerungen kommentarlos entgegennimmt und nur die passenden in seinem eigenen Vortrag bekräftigt. So spielt er die Rolle des zurückhaltenden, nur auf die Sache beschränkten Unterrichters, der sich allem versagt, was vom Thema wegführen könnte. Dabei weiß er sehr wohl, daß die Kinder, deren Mitteilungen nicht honoriert worden sind, sich möglicherweise zurückziehen; denn sie können nicht

einschätzen, ob es der Inhalt ihrer Beiträge war, der dem Lehrer nicht gefallen hat, oder gar die Tatsache, daß sie sich so eifrig beteiligt hatten.
Die beschriebene Erscheinung tritt besonders häufig in einem gesprächsbetonten kooperativen Unterricht auf, in dem die Schüler möglichst oft zu Wort kommen. Sie wird verstärkt durch die Mitteilsamkeit besonders der Grundschulkinder. Sie hat in den letzten Jahren eher zugenommen. Damit stellt sich aber eine Prinzipienfrage, ob nämlich die lehrgangsähnlichen Partien des Unterrichtens noch in der gleichen Form durchgeführt werden können wie seither, ob es andere Formen gibt, die heute stärker den Unterrichtsstil bestimmen sollten, und schließlich, falls dem so wäre, ob es eine Idealkonkurrenz gäbe zwischen dem Lehrgang und dem Nichtlehrgang, etwa derart, daß jede dieser Formen von einer anderen Kooperationserwartung ausgehe und die eine zur Belastung der je anderen werden könne.

2 Erscheinungsformen des Darstellens im Unterricht

Die allgemeinste Bestimmung des Unterrichts besteht in der prägnanten Darstellung von Wirklichkeit. Nicht das bloße „Dies da" des Wirklichen ist Unterrichtsgegenstand, sondern seine Rekonstruktion durch das Denken, Anschauen, Sagen und Machen. Nicht alles Wirkliche taugt zum Unterricht, sondern nur dasjenige, was in seiner Bedeutung dahin verdichtet ist, Schlüssel zu sein für vieles, was vordem verschlossen blieb. Dadurch, daß Wirklichkeit produzierbar, argumentierbar, reflektierbar wird, wird sie in thematischer Wiederholung dem Lernen verfügbar; sie kann verstanden und zugleich als prinzipiell verstehbare begriffen werden. Dies aber bedeutet, daß sie in der kulturellen Erscheinung des Unterrichts bearbeitbar wird, und solche Präsentation ist Darstellung. Ob ein Lehrer eine Geschichte über einen Unglücksfall erzählt oder eine Saugpumpe zeichnet oder die Schüler fragt, wie viele Zahlen es geben mag – jedesmal versucht er, Wirklichkeit auf eine Bedeutung hin zu verdichten und das Ergebnis für andere mitteilbar zu machen, damit sie es ihrerseits bearbeiten können; er greift Wirklichkeit auf, muß sie für die Mitteilung gestalten und stellt sie auf diese Weise dar.
Bereits diese allgemeine Bestimmung gibt einen Orientierungsrahmen für den Lehrer. Nicht alles, was in den Schulstunden geschieht, ist zu kultureller Bearbeitung freigegebene Darstellung von Wirklichkeit; es gibt genug Abwege, Unterricht im Unterricht zu verfehlen. Wenn der Lehrer etwa meint, die bloße Realität könne gelehrt und gelernt werden, so wird er versuchen, die Virtualität seines vermeintlichen Gegenstandes zur Wirklichkeit zu stilisieren. Der Satz „Am nächsten Dienstag ist Äquator" stammt nach Tucholsky von einem Lehrer, der wohl meinte, das Benennen der Sache bringe die Sache selbst in die Schulstube. Oder man hört etwa sagen: „Wir haben heute die Völkerschlacht von Leipzig." Wir haben sie eben nicht, glücklicherweise, aber wir haben eine Menge Mitteilungen über sie; wir können versuchen, sie uns vorzustellen; wir haben Überlegungen und Fragen im Hinblick auf diese Mitteilungen. – Nun wäre ein solch irrtümlicher Sprachgebrauch weiter nicht schlimm, wenn nur nicht der Unterrichtsprozeß ihm oftmals haargenau entspräche. Da werden keine Vorstellungen gebildet, es kommen keine Fragen auf; am Ende vergessen die Schüler, daß da von höchst drastischen Begebenheiten die Rede ist, und sie meinen gar, die Ereignisse selbst seien so langweilig gewesen wie die zähflüssigen Unterrichtsstunden über sie. – Andere Lehrer machen erst gar nicht den Versuch, bearbeitungsfähige Wirklichkeit zur Darstellung zu bringen, und beschränken sich darauf, Begriffe hin und her zu schieben. Erkenntnistheoretische Fehler macht man im Unterricht immer um den Preis der Erkenntnis von

Lehrern und Schülern. Darstellen, wie es im Unterricht notwendig ist, läßt sich bis zu einem gewissen Grad mit der Tätigkeit des Schauspielers vergleichen. Beide bedienen sich der Sprache, der Gestik und Mimik, und beide nutzen den dramatischen Prozeß, den sie durch ihr Handeln in Gang setzen, um dem Beschauer eine innere Teilnahme zu ermöglichen. Aber der Schauspieler ist nur ein Element innerhalb eines arbeitsteilig gegliederten Darstellungszusammenhangs; er hat weder Einfluß auf das Stück, das er spielt, noch auf das dramaturgische Konzept, innerhalb dessen es dargestellt werden soll. Anders der Lehrer. Er ist zugleich Autor und Interpret. Die Wirklichkeit, die er auswählt und vorstellt, ist *seine* Wirklichkeit. Mit ihr teilt er sich selber mit, nicht nur einen Text, den ein anderer verfaßt hat (vgl. v. HENTIG 1982, RAUSCHENBERGER 1967).

Diese Feststellung entspricht, genauer besehen, keineswegs der schulischen Realität. Immer stärker macht sich der Trend bemerkbar, dem Lehrer seine Wirklichkeit vorzugeben und ihn zum bloßen Interpreten zu machen. Immer ähnlicher wird seine Tätigkeit derjenigen eines Händlers, dem die Ziele und Inhalte zugeteilt sind. Wenn er diesem Trend folgt, so wird er allmählich den Bezug zu den Gegenständen seiner Darstellung verlieren und ihn durch das Lehrbuch ersetzen, bis ihm auffällt, daß er obendrein die Beziehung zu den Schülern verloren hat. Lehren als soziales Ereignis wird auf diese Weise schal und nichtssagend, auch wenn es durch die administrativen Bestimmungen gedeckt ist. Ist aber das Lehren nicht mehr sozial, so findet die Fachwelt flink ein Gegenmittel und verkündet das Desiderat des sozialen Lernens. Besser wäre es vielleicht, man propagierte erst einmal das soziale Lehren, dann würde man vielleicht finden, daß es damit so lange seine Schwierigkeiten hat, wie die Lehrer, veranlaßt durch eine kaum noch überschaubare Arbeitsteilung, weder die Zeit noch die Fähigkeit haben, ungezwungen mit ihren Kollegen über die Unterrichtsthemen zu reden und darüber, wie die Schüler damit umgehen und wie sie dabei miteinander umgehen.

Darstellen heißt demgegenüber den Bezug des Lehrers zum Thema für die Schüler bearbeitbar vorführen, heißt Beziehungen entfalten und also eine Einheit herstellen zwischen dem Sachbezug und der personalen Beziehung. Es wird konkretisiert in einer Reihe von sehr verschiedenartigen Erscheinungsweisen, deren einige im folgenden beschrieben werden.

2.1 Der Hinweis

Die einfachste Darstellungsform ist der Hinweis (vgl. die anthropologische Studie über das Zeigen: GIEL 1965). Deutet ein Lehrer kommentarlos auf ein falsch geschriebenes Wort an der Tafel oder auf ein Stück Papier auf dem Schulhof, so wissen die Schüler meist sofort, was er damit sagen will. Hier zeigt sich, daß der Hinweis nur in seiner Anwendung einfach ist, nicht als Darstellungsweise; denn er setzt bereits einen von allen Beteiligten vollzogenen Verständniskontext voraus. In unseren Beispielen bestand dieser Kontext in einem vom Lehrer vorgegebenen Regelverständnis: Wenn ich auf ein Wort zeige, dann soll das für die Schüler heißen: Da stimmt etwas nicht. Und: Papier gehört nicht auf den Schulhof; die Schüler sollen es unaufgefordert entfernen. Es gibt indessen auch andere Hinweismaßnahmen als das Zeigen. So kann der Lehrer seine Kritik allein dadurch anzeigen, daß er die Augenbrauen hebt; oder er kann Schülerbeiträge, die ihm unpassend erscheinen, durch Schweigen übergehen. Alle diese regelvoraussetzenden Hinweise haben zugleich regelinternalisierenden und regeltrainierenden Charakter; sie sind, strenggenommen, Erziehungsmaßnahmen. Denn wenn der Lehrer die Regel, deren Einhaltung er wünscht, nicht wiederholt, zwingt er die Schüler, den Regelinhalt zu reproduzieren und dann die Regel zu befolgen. Es ist, als würde er sagen: „Muß ich wirklich ständig betonen, daß...?" Durch das bloße Hinzeigen wird die Regel zum Ritual. Neulinge in der Klasse oder Schüler, die den Druck, den das Signal auslösen soll, nicht erkennen, sehen bisweilen den Lehrer fragend an, bis ihnen auf einmal einfällt, was sie tun sollen. Dann lachen die anderen und geben dadurch zu verstehen, daß sie das Spiel längst begriffen haben. Es soll hier nicht darüber diskutiert werden, ob diese Form des Hinweisens prinzipiell sinnvoll ist, sicherlich wird kaum ein Lehrer ohne Konventionen auskommen. Allerdings kann man dieses Mittel bis zu einer sublimen Isolierungstaktik treiben, bei der immer dieselben Schüler hereinfallen.

Didaktisch interessanter sind Hinweisformen, durch die der Lehrer explizit einen Gegenstand oder ein Problem ins Blickfeld bringt, etwa so: „Seht euch die Sache noch einmal genau an. Was fällt euch auf?" Oder: „Überlegt einmal, was X eben gesagt hat!" - Hier macht der Lehrer deutlich, daß es nicht darum geht, ein Ritual zu beherzigen, sondern darum, daß sich die Angesprochenen ohne Deutungsvorgabe mit dem Gegenstand befassen. Man kann auf diese Weise erkennen, welche Bearbeitungszugänge vorhanden sind. Wir können diese Form den Befassungshinweis nennen. Mit ihm werden die Schüler aufgefordert, Art und Inhalt ihrer Auseinandersetzung mit dem Gegenstand zu erkennen zu geben. Gleichzeitig wird das Thema sozusagen freigegeben, weil sich der Lehrer nicht auf seinen eigenen Aspekt beschränkt, sondern mit den Rückmeldungen aus der Klasse umzugehen beginnt.

Es ist klar, daß auch der Befassungshinweis seine Gefahren hat. Wenn nämlich der Lehrer das Thema dem Denken der Schüler überläßt und dies durch einen besonderen Hinweis andeutet, so fällt ihm die Beweislast zu, auch etwas mit den Beiträgen anzufangen, die nun erfolgen. Dies ist im Einzelfall oft schwierig; denn die Schüleräußerungen sind gerade dann, wenn sie sozusagen frisch aus dem Denken formuliert worden sind, noch unklar, widersprüchlich oder falsch. Hier wird es darauf ankommen, daß der Lehrer sich in der Kunst übt, herauszuinterpretieren, was der Schüler mit seiner noch so kruden Äußerung gemeint hat. Dies kann dadurch geschehen, daß er unklare Beiträge mit seinen eigenen Worten zu wiederholen versucht und dann den Schüler fragt, ob er es so gemeint habe. In jedem Fall wird er zur Aufarbeitung der Rückmeldungen aus einem einzigen geglückten Befassungshinweis viel Zeit brauchen. Es ist deshalb nicht verwunderlich, daß viele Unterrichtsstunden an ihren Kulminationspunkten zwar Befassungshinweise enthalten, daß aber die Reaktionen der Schüler nur eben zur Kenntnis genommen werden und dann keine weitere Rolle mehr spielen. Die Schülerantworten werden sozusagen eingesammelt und abgelegt.

Für den Lehrer wären einige praktische Fragen anzuschließen, deren Beantwortung ihm im Unterricht von Nutzen sein können: Welche Funktionen haben meine Hinweise? Dienen sie dazu, Regeln in Erinnerung zu rufen, oder dazu, auf einen bereits geläufigen Kontext abzuheben? Wenn dies der Fall ist: Worin besteht das bereits vorausgesetzte Verständnis, und woran liegt es, wenn einige Schüler dies nicht realisieren? Dienen meine Hinweise dazu, Verständniskontexte erst zu öffnen, und - wenn dies der Fall ist - was kann ich tun, damit die so gewonnenen Zugänge aufgenommen und weiterverfolgt werden? Was erkenne ich aus den Schüleräußerungen über den vorausgegangenen Unterricht? War meine Erwartung, wie die Schüler meinen Hinweis aufnehmen würden, angemessen oder nicht? - Aus derartigen Überlegungen gewinnt der Lehrer Rückschlüsse, inwiefern sein Unterricht in der Weise Darstellung ist, daß er den Schülern etwas zeigt, womit sie umgehen können.

2.2 Die Information

Die meisten verstehen unter informieren so etwas wie Neuigkeiten mitteilen, den Schülern etwas sagen, was sie bis dahin nicht gewußt haben. Mit dieser Version ist allerdings bereits ein erkenntnistheoretischer Rahmen gesetzt. Man geht davon aus, der Schüler habe seine mitgebrachten Kenntnisse und Fähigkeiten zu einer Art Aggregat kombiniert, das es ihm erlaubt, jede neue Mitteilung sinngemäß einzuordnen und zu verarbeiten.

Das Wort „informatio" hat eine ganz andere Geschichte. Es spielte in der mittelalterlichen Philosophie eine Rolle, wo unter der Form das Prinzip verstanden wurde, das den Dingen ihre Eigentümlichkeit verleiht. Informieren war damals soviel wie formen, und das heißt bilden oder gestalten. Von da aus erklärt sich der Sprachgebrauch, wonach man Menschen zu etwas bilden könne, was sie vorher nicht waren, und man verwendete die Vokabel „informare" im Sinne des Wortes „unterrichten". Ohne Zweifel hat man darunter mehr verstanden als das bloße Mitteilen von Fakten. Der mittelalterliche Lehrprozeß war getragen vom Vorsagen und Nachsprechen. Die Inhalte des Mitgeteilten hatten ihre Formen, mit denen das Denken geprägt wurde, damit es zur Gestaltung von Wahrnehmungen fähig würde. So ist es zu verstehen, daß dasselbe Wort „informare" neben gestalten, bilden und unterrichten auch darstellen bedeuten konnte. Wer einen Sachverhalt darstellte, machte einen Inhalt als geistig geformten sichtbar; dadurch wurde er mitteilbar, bildete die Denkform des Zuhörers und brauchte nun nur noch in der unterrichtlichen Memorierpraxis geübt zu werden, damit er in den Lernenden weiterwirken konnte. Niemand wäre damals auf den Gedanken gekommen, es gehe beim Lehren und Lernen vorzugsweise um die Inhalte; zwar waren sie durchaus wichtig, aber das wichtigste an ihnen war, daß sie ungetrennt von den Formen, in denen sie dargestellt wurden, übermittelt werden mußten. Es gibt für unsere Zeit einiges nachzudenken über diese erkenntnistheoretische Frühform des Lehrens und darüber, ob wir heute wirklich mit unserem technischen Informationsbegriff, der sich bis zu den kleinsten Informationseinheiten durchdeklinieren läßt, einen umfassenderen Gebrauch des Informierens gewonnen haben.

Die Erinnerung an die mittelalterliche Verwendung des Wortes dient uns dazu, den didaktischen Sinn der Information auf die Gegenwart der Schule zu beziehen. Wir finden drei Elemente der informierenden Darstellungsfunktion: die Kenntnisvermittlung, die Kenntnisorganisation und die Kenntnisstruktur. Sie gehören zusammen. Kenntnisse als solche stellen keinen Wert dar; erst im Zusammenhang mit anderen Fakten gewinnt ein Fakt Bedeutung. Mit dem Erwerb des Wissens wird die Struktur des Wissens aufgenommen, was dem Lernenden ermöglicht, Wissen von ähnlicher Form sich hernach schneller anzueignen. Wir prägen mit der Wissensaufnahme unsere Denkweise; nur darum können wir es uns leisten, vieles wieder zu vergessen.

Weil diese drei Elemente der Information nur als Einheit einen Sinn ergeben, ist das Informieren und Informiertwerden kein Geben und Nehmen. Es ist vielmehr ein Darstellen und Sich-bestimmen-Lassen vom Dargestellten. Informierendes Darstellen zeigt mehrere Inhalte in ihrem Zusammenhang und vermittelt zugleich die Form der Inhalte und ihres Zusammenhangs. Es vollzieht sich in einem Prozeß, der im Fall des Gelingens den Hörer hineinzieht in die Vorstellungsstruktur des Dargebotenen. Es berücksichtigt den formalen und inhaltlichen Entwicklungsstand des Lernenden. Heckhausen hat dies den sachstrukturellen Entwicklungsstand genannt (vgl. HECKHAUSEN 1969, S. 208). Dabei baut es nicht auf den vorhandenen Kenntnissen und Fähigkeiten auf – die Vorstellung des Bauens dürfte wohl eines der Grundmißverständnisse gegenwärtiger Didaktik sein –; es ruft in Erinnerung, regt an, spricht zu, fordert heraus, kurz: Es richtet sich an Menschen und nicht an Material. Und vor allem: Es stellt den Bezug zur Wirklichkeit der Schüler her, zu dem also, was sie bewegt oder was sie in Bewegung bringen möchten.

Die Fehler, die dabei geschehen, sind in ihrer Trivialität hinlänglich bekannt. Da kommt ein Neunjähriger nach Hause und will seine Aufgaben machen. Er weiß nur noch, daß er Sätze schreiben soll mit „das" und mit „daß", aber er hat vergessen, wie man sie unterscheidet. Warum? Weil es keinen Sinn dafür gibt, Sätze nur deshalb zusammenzustellen, weil man die Konjunktion leicht verwechseln kann. Die einzelnen Elemente der geforderten Kenntnis haben keine innere Beziehung zueinander; folglich wird die Verwechslung, die man vermeiden wollte, gerade begünstigt. – In einem anderen Fall will ein Lehrer im vierten Schuljahr anknüpfen an eine Unterrichtseinheit, die sein Kollege im vergangenen Schuljahr behandelt hat. Er sagt zu den Kindern: „Ich habe gehört, daß ihr über den Winterschlaf der Tiere gesprochen habt." Die Kinder antworten ihm, dies sei nicht der Fall. Verzagt macht er sich daran, den Stoff durchzunehmen, auf dem er eigentlich aufbauen wollte, und erzählt vom Igel, bis er merkt, daß die Kinder darüber gut Bescheid wissen. Schließlich sagt er: „Warum habt ihr mir nicht gleich gesagt, daß ihr das schon wißt? Ich habe euch doch danach gefragt!" Einige sagen, sie hätten es bloß vergessen; andere meinen, über den Igel wüßten sie eine Menge, auch daß er einen Winterschlaf abhält, nur über den Winterschlaf selbst hätten sie nichts gelernt. Hier zeigt sich, was Information ist und was nicht. Sie besteht nicht aus Bausteinen, die man auf einen Haufen werfen kann in der Meinung, jeder würde sich jetzt ein Haus vorstellen. Sie besteht vielmehr aus formierten und formulierten Mitteilungen, und erst wenn man die Struktur der Form wiederfindet, in der die Mitteilung erfolgt ist, kann man auch die Details wieder aus dem Vergessen holen.

Wenn das Informieren die häufigste Darstellungsform des Lehrens im Unterricht ist und wenn es außerdem in der Verkürzung verstanden wird, als ginge es dabei ausschließlich um Mitteilen von neuen Sachverhalten, dann haben wir uns zu fragen, ob in der Schule nicht zuviel informiert wird. Wir sind in der Gefahr, besonders in der Grundschule den ständig wachsenden Bestand an zufällig aufgeschnapptem, halbverstandenem und beiläufigem Wissen zu ignorieren, und verhalten uns selbst nicht viel anders als das Fernsehen. Ein Thema jagt das andere, weil wir glauben, dem drohenden Lernverfall durch immer mehr Wissensvermittlung begegnen zu können. Unsere Schulstunden geraten uns zu einer Art Illustriertenangebot, wo auf jeder Seite ein großer Aufmacher zu finden ist und wenig, was zum Nachdenken auffordert. Die Inflation der Neuigkeiten verrät einen drogenähnlichen Umgang mit dem Wissen. Information im Wortsinn ist etwas anderes. Da geht es nicht um Quantitäten, sondern darum, daß den Lernenden die Möglichkeit gegeben wird, Ordnung in ihrem Kopf zu schaffen, verständlich zu machen, was sie in der Gestalt unverstandener Bilder beunruhigt, zu vervollständigen, was sie nur fragmentarisch kennengelernt haben, aufzuklären, was ihnen dunkel geblieben ist. Dazu brauchen sie das Lesen, Schreiben und den Umgang mit Zahlen, Bildern und Bewegungen, und freilich brauchen sie auch Themen, die ihnen ihre Welt besser zugänglich machen als manches von dem, was sie mitbringen. Es kommt aber darauf an, daß diese Themen nicht genauso wahrgenommen werden wie die ständig ihnen angebotenen Minimalassoziationen. Die Chance der Schule in unserer Zeit liegt darin, den Kindern Realität als wirksame glaubhaft zu machen und nicht jene Wirklichkeit zu kopieren, die ihnen jede Wirksamkeit zerstört. Zwar scheint diese wegen ihrer Häufigkeit zur Normalität geworden zu sein. Wenn dies zutrifft, so wäre es die Aufgabe der Schule, eine Alternative zu bieten und sie so zu bieten, daß sie angenommen werden kann.

2.3 Das Interpretieren

Das Interpretieren setzt Darstellen in vielen Fällen voraus; denn die meisten schulischen Interpretationstätigkeiten befassen sich mit bereits Dargestelltem. Wenn ein Text erklärt wird oder wenn der Sinn eines Redebeitrags zur Debatte steht, so sind jedesmal bereits geformte und mitgeteilte Aussagen die Grundlage der Deutung. Warum ist dies eine Darstellungsform? Weil es keine andere Möglichkeit gibt, Dargestelltes weiter zu klären als wiederum durch Darstellung, und wenn das zu Interpretierende anspruchsvoll ist, so wird die Deutung nicht weniger Intelligenz erfordern. Man lese eine banal abgefaßte Rezension eines geistvollen literarischen Werks, und man wird verstehen, was gemeint ist. Wer Kunstwerke rezensiert, muß sich auf die Kunst des Rezensierens gut verstehen, und daß es sich bei wissenschaftlichen Rezensionen oft anders verhält, kommt nicht von ungefähr.
Wir wollen nun die wichtigsten Erscheinungsweisen beschreiben, in denen unterrichtliche Darstellung interpretierend verfährt.
Es sind dies
- die Deutung eines Sachverhalts durch den Lehrer und die Wiedergabe dieser Deutung,
- die Einschätzung der Verständnisfähigkeit der Schüler im Hinblick auf einen Unterrichtssachverhalt und
- die Darstellung des Sachverhalts für das Verständnis der Schüler.

Ich erinnere mich an einen meiner Lehrer, von dem alle Leute sagten, er sei ein ausgezeichneter Mathematiker, nur gehe ihm die Fähigkeit ab, sein Wissen an die Schüler weiterzugeben. Ich wunderte mich über dieses Urteil; denn kaum einer von denen, die es äußerten, war selbst Mathematiker. Sie konnten also gar nicht wissen, was es mit den wissenschaftlichen Fähigkeiten dieses Lehrers wirklich auf sich hatte. Er selbst führte gelegentlich vor uns Schülern lebhafte Klage, wie dumm, interesselos und faul wir seien und wie gerne er Probleme aus der höheren Mathematik behandeln würde; aber dazu fehle es ihm in diesem Beruf an Möglichkeiten. Zwar war es zur damaligen Zeit nicht üblich, daß die Schüler zu solchen Monologen Stellung genommen hätten, aber ich weiß noch gut, daß ich ihn ein wenig bemitleidet habe, und ich denke, anderen ist es genauso gegangen. Heute bemerke ich, daß nicht wenige Lehrer sich in einer ähnlichen Lage fühlen. Was sie interessiert, können sie nicht mitteilen, weil sie nicht damit rechnen können, daß die Schüler es begreifen werden. So behandeln sie Themen, die nicht die ihren sind, verwenden eine Sprache, von der sie annehmen, sie sei kindgemäß, und allmählich wird ihnen der Gestus des In-die-Knie-Gehens, um den Kindern ähnlich zu werden, zur zweiten Natur; auf diese Weise werden sie um so sicherer die, die sie nicht sein möchten, und noch ihre unglückliche Berufung auf ihr eigentliches Interesse gerät ihnen zur Phrase.
Den Ursachen für diese durch ein berufliches Mißverständnis eingeleitete Identitätsdeformation kann hier nicht weiter nachgegangen werden; oft liegen sie in der Lebensgeschichte der Betroffenen, die sich in ihrer Berufsarbeit nicht ernst genommen fühlen und dann die Schüler nicht ernst nehmen können. Was uns hier interessiert, ist das Problem, wie die eigene Wahrnehmung, die der Lehrer von den Sachverhalten seines Unterrichts hat, sich zu dem verhält, was er im Unterricht

äußert. Wie man eine Sache deutet, was man daran für bedeutsam hält, das darf zum Zwecke des Unterrichts offenbar nicht so weit verändert werden, daß es zu einer anderen Deutung wird, sonst ist die beschriebene Berufskrise die unweigerliche Folge, und die Schüler werden obendrein um den Dialog mit dem Menschen betrogen, der ihnen Wahrhaftigkeit schuldet. Der Lehrer darf in dieser Frage keinen Kompromiß eingehen. Er ist verpflichtet, *seine* Deutungen der im Unterricht behandelten Sachverhalte zur Sprache zu bringen, sonst bleibt am Ende nichts, was er wirklich vertreten kann. In diesem Problem liegt das Ethos des Lehrberufs oder, weniger emphatisch, die Entscheidung zwischen den Formen des Überredens und den Formen des Überzeugens. Es ist klar, daß hier eine Transformationsaufgabe besteht, die im Einzelfall äußerst schwierig sein kann. Es handelt sich um die Einheit zweier Darstellungskomponenten: Indem der Lehrer die Sache darstellt, muß er sich selber als Gewährsperson für diese Sache darstellen können. Indem er sagt, wie sich etwas verhält, muß er sagen können, daß er es ist, der dies so sieht, wobei sein Ansehen als Erwachsener und sein berufliches Ansehen wesentlich sind. Nicht trotz seines Erwachsenseins muß er die Darstellung des Erwachsenen wählen, sondern weil er es ist. Wäre es anders, so müßte man für Kinder jugendliche Unterrichter fordern.

Damit kommt das zweite Interpretationselement ins Spiel, nämlich die Einschätzung des Lehrers, inwieweit seine Schüler in der Lage sind, den Sachverhalt zu verstehen. Dies ist eine Deutung eigener Art, deren Ergebnis in die Darstellung eingehen muß, ohne daß sie die Sichtweite des Lehrers beeinträchtigt. Interpretation in pädagogischer Sicht beschränkt sich niemals auf den Sachverhalt allein; sie ist immer zugleich Auslegung menschlicher Aufnahmefähigkeit und Aufnahmebereitschaft. Betrachtet man die Schulrealität unter dem Gesichtspunkt der Einheit des Erkenntnisinteresses mit dem Lehrinteresse, so findet man, daß bisweilen eine wunderliche Pädagogensprache herauskommt. Hierzu ein Beispiel: In einem Heimatkundebuch, das in Hessen noch in den 60er Jahren in Gebrauch war, ist in einem Abschnitt über Land und Leute der Schwalm folgender Satz zu lesen: „An den bunten Kästen und Truhen hängt das Herz des Schwälmers." Ohne Zweifel waren die Autoren der Meinung, daß dieser Satz wahr sei. Er entsprach ihrer Wahrnehmung und ihrer Auffassung. Nur ist zu fragen, was in aller Welt sie bewogen haben mag, die trivialpathetische Umschreibung von einem Herzen, das an irgend etwas hängt, acht- bis zehnjährigen Kindern vorzusetzen. Offensichtlich ist hier eine Art Berufssprache des Schulmeisters verwendet worden, die den darzustellenden Sachverhalt zugleich in einer nichtalltäglichen Formulierung erscheinen lassen sollte, vielleicht deshalb, um ihn hervorzuheben. Einer Gruppe von Schülern des dritten und vierten Schuljahres wurde dieser Satz vorgelegt. Die Kinder sollten sich dazu äußern, was damit gemeint sei. Sie fanden nicht weniger als drei durchaus plausible Versionen, von denen keine das Gemeinte wiedergab. Einige sagten, die Kasten und Truhen der Schwälmer seien mit Herzen bemalt, wobei sie sich wohl von der Vorstellung leiten ließen, daß schließlich die Farbe an den bemalten Gegenständen dranhängt. Andere meinten, die Schwälmer gingen gerne zur Kirchweih; dort würden sie sich an den Buden bunte Herzen kaufen und diese dann an ihre Schränke hängen. Wieder andere vermuteten, daß in der Schwalm die Toilettenanlagen außerhalb der Wohnhäuser stünden und daß sie aussähen wie schmale Kästen, und die Türen hätten eine kleine herzförmige Öffnung. Als ihnen gesagt wurde, wie der Satz zu verstehen sei, waren sie nicht recht zufrieden, weil sie jede ihrer Deutungen wesentlich besser fanden. – Nun, man mag einwenden, solche abstrusen Beispiele gehörten doch wohl der Vergangenheit an. Dies schon, und doch

Unterricht als Darstellung und Inszenierung

wird man den Verdacht nicht los, daß auch die heutige Pädagogensprache zu Umschreibungen greift, die den Kindern das Gemeinte besonders plastisch machen sollen und dabei das Gegenteil bewirken. Man verfolge die Schulfunksendungen für die Primarstufe und beachte besonders die verwendeten Metaphern und Vergleiche. Man wird eine artifizielle Sprache finden, die weder gesprochen wird noch als Kunst für Kinder sich hören lassen könnte. Ihre einzige Legitimation besteht in der Lehrabsicht, die sie geformt hat, bis sie sich zu jener eigenartig verkünstelten Lehrsprache verselbständigt hat. Die Ursache dieses Mißverständnisses geht auf die Tatsache zurück, daß der Schulfunk mit künstlichen Kindern und künstlichen Lehrern arbeitet, die nicht ihre eigenen Fragen und Interpretationen in den simulierten Unterricht einbringen können, sondern nur vorproduzierte „Aussagen". Damit macht die situationsbezogene Einschätzung des Schülerverständnisses einer generalisierten Einschätzung vom Schüler Platz, und das Gespräch wird schattenhaft unreell. Man sieht daraus, daß die Interpretationsleistung des Lehrers nur dann gelingt, wenn er seine Auffassung vom Sachverhalt mit der eingeschätzten Verständnismöglichkeit der Schüler zu einer Einheit bringt.

Das dritte Interpretationselement besteht in der Aufgabe des Lehrers, Unterrichtsgegenstände von vornherein für das Verständnis der Schüler auszuwählen und darzustellen. Es enthält mithin das Problem der Vorwegnahme und also der Planung. Denn wenn es dem Lehrer möglich ist, seine eigene Auffassung von den Dingen seines Unterrichts mit der Verständnisebene der Schüler prinzipiell zusammenzubringen, so wird er versuchen, diese Leistung dem bloßen Zufall zu entziehen. Insofern ist die Planung von Unterricht eine innere Zwangsläufigkeit, die in der Logik der Lehraufgabe liegt. Wie bereits gezeigt, kann sie nur gelingen, wenn dem Lehrer die Schüler bekannt sind; außerdem kann sie nicht für längere Zeiträume vorgenommen werden, sondern immer nur für eine Zeitspanne, deren Konturen durch eine bestehende Unterrichtssituation bereits erkennbar sind. Deshalb ist beispielsweise der Jahresstoffplan nur in einer sehr virtuellen Weise ein pädagogischer Akt, und jeder Praktiker weiß, daß er sich in der Tat eher aus arbeitsökonomischen und administrativen Bestimmungen zusammensetzt.

Allerdings ist auch die kurzfristige Vorabinterpretation nicht gegen spezifische Gefahren gesichert. Denn die geplante Darstellung eines Sachverhalts, der vor allem im Hinblick auf Verständlichkeit ausgewählt und dargestellt wird, geht häufig auf Kosten der Sache. Wir wollen dies an einem Beispiel aus dem Religionsunterricht der Grundschule erläutern.

Da soll die Menschenliebe Jesu behandelt werden. Der Lehrer will beim Bekannten ansetzen und gibt der Einheit den Titel „Freundschaft". Die Kinder besprechen lebhaft ihre Erfahrungen mit Freunden. Schließlich bringt der Lehrer biblische Geschichten ins Gespräch, in denen Jesus seine Liebe zu den Armen, den Mißachteten und den Sündern zeigt. Aber das Freundschaftsthema, mit dem die Kinder das Gespräch begonnen hatten, hat ihnen nur die ihnen geläufigen Freundschaftsbeziehungen deutlich werden lassen, so daß sie die Jesusgeschichten schließlich so verstehen, daß für sie Jesus der beste Freund ist. – Man kann darüber geteilter Meinung sein, ob die Kinder nun einen guten Anfang hatten, das Wirken Jesu besser zu verstehen als vorher; eins scheint jedenfalls sicher zu sein: Als Freundschaft in unserem Sinne ist die Zuwendung Jesu zu den Menschen verkehrt gedeutet.

Damit hängt ein schwieriges didaktisches Problem zusammen. Das Gebot der Verständlichkeit führt zu der Neigung, die Sachverhalte zu trivialisieren. Von dieser häufig anzutreffenden Erscheinung ist auch das Elementarisierungsbestreben nicht ausgenommen. Sachverhalte werden bis zur Verkehrtheit vereinfacht, weil man

sich von solcher Darstellung das unmittelbare Verstehen verspricht, und hat der Aneignungsprozeß erst einmal eingesetzt, so erhofft man sich in der Folge die ständige Anreicherung und Differenzierung der zuerst erworbenen Kenntnis. Es ist sehr die Frage, ob die tendenzielle Unseriosität, die aus didaktischer Absicht kommt, grundsätzlich vermeidbar ist. Nicht nur die Schule, auch unsere alltägliche Welt ist voll von vereinfachten Annahmen und solchen, die sich später als falsch erweisen, und es gibt kaum eine wissenschaftliche Erkenntnis, die nicht in früheren Zeiten bei anderen Voraussetzungen anders gelautet hätte. Wir lehren und lernen mit Vorläufigem; allerdings enthebt uns dies nicht der Verpflichtung, unsere Erkenntnisse so vollständig wie möglich zu begründen und sie so angemessen wie möglich weiterzugeben.
Was dies für die interpretierende Darstellung bedeutet, ist anhand der drei Interpretationselemente des Unterrichtens gezeigt worden. Der reflektierte Unterrichtsprozeß muß den Versuch machen, aus ihnen eine Einheit herzustellen, aus der keines dieser Elemente herausfällt.

3 Über das Inszenieren im Schulunterricht

Was zur Funktion des Darstellens gesagt worden ist, gilt entsprechend für alles Lehren, nicht nur für den Unterricht. Unterricht grenzt indessen das Lehren auf einen bestimmten gesellschaftlich-zivilisatorischen Fall ein. Es ist dasjenige Lehren, das sich in bestimmten Ordnungen vollzieht, dessen Lehrgegenstände sich zumindest in Teilen aufeinander beziehen sollen und das organisiert wird nach Zeit, Ort, Inhalt, Altersstufe und Kenntnisstand. Öffentlicher Schulunterricht ist darüber hinaus rechtlich institutionalisiert; im Unterschied zum Privatunterricht ist er für eine Reihe von Lebensjahren verpflichtend. Er richtet sich in aller Regel immer an mehrere Schüler zugleich, und die Schüler nehmen an ihm nicht aus freien Stücken teil. Ihr Einfluß auf die Bedingungen, unter denen er erfolgt, ist relativ gering; denn sie können ihre Lehrer nicht wählen und bestimmte Lehrstoffe nur in sehr begrenztem Maß einfordern.
Damit steht die Darstellungsaufgabe des Lehrers unter zwei zusätzlichen Ansprüchen: Sie muß dem organisatorischen Rahmen gemäß in ein bestimmtes Zeit- und Ablaufbudget gebracht werden. Außerdem muß der Lehrer persönliche Beziehungen stiften; denn sonst wäre seine Darstellung eine Tätigkeit für niemanden. Diesen beiden Anforderungen kann er nur genügen, wenn ihn die Schüler unterstützen, im einen Fall durch ihre Mitarbeit, im anderen dadurch, daß sie den persönlichen Dialog mit ihm akzeptieren. Nun lassen sich aber diese Aspekte nur analytisch auseinanderhalten, nicht jedoch im konkreten Unterrichtsprozeß, und folglich muß der Lehrer für seinen Unterricht Formen finden, in denen die Schüler aktiv sowohl ihre Mitarbeit als auch ihre Beziehung zu ihm gestalten und ausdrücken können. Das Insgesamt dieser Formen hat man den Unterrichtsstil genannt. Legt man diejenigen stilistischen Elemente frei, in denen einerseits Selbständigkeit und Mitarbeit der Schüler gefördert werden und die andererseits Raum geben für das persönliche Verhältnis, so findet man explizite oder stillschweigende Übereinkünfte zwischen Lehrer und Schülern, die es beiden erlauben, Lehren und Lernen als sachlich-persönliche Bearbeitungsprozesse zu kultivieren. Die stilistischen Maßnahmen, die der Lehrer dabei anwendet, wollen wir mit dem Wort Inszenieren bezeichnen, wobei wir eher auf eine künstlerische als auf eine technische Bedeutung abheben.
Das Stichwort Inszenieren soll die Formgebung des Unterrichts im Hinblick auf seinen quasidramaturgischen Ablauf und zugleich die Anordnung von sachlichen

Unterricht als Darstellung und Inszenierung

Bearbeitungsmöglichkeiten für die Schüler zusammenfassen. Beide Elemente enthalten ein jeder den Sachaspekt sowie denjenigen des personalen Dialogs. HAUSMANN (1959, S. 144 ff.) hat darauf hingewiesen, daß das Bildungsgeschehen „weitgehend dramatisch bestimmt" sei und „insofern auch einen kathartischen Sinn" habe. Er hat außerdem belegt, daß der Bildungsprozeß „handlungsmäßiges Gepräge" habe, daß er aus „spannungsgeladenen didaktischen Situationen" entspringe, daß er sich manifestiere „in äußeren und inneren Vorgängen mit Haupt- und Gegen-, Parallel- und Nebenzügen" und daß er „durch Motive zielstrebig gerichtet" sei. Er schreibt: „Im dramatischen Bildungsgeschehen wird der Gestaltenreichtum der Welt sichtbar, ihre Widersprüchlichkeit wird sinnbildlich offenbar und an Hand eines einzelnen Falles zur Lösung gebracht." Er hält den dramatischen Bildungsprozeß für steuerbar und gestaltbar und findet als seine Hauptformen den tektonisch geschlossenen und den tektonisch offenen Typus. Er erkennt, daß sich das Bildungsgeschehen „in und zwischen Personen" vollzieht und daß es „wesentlich des Mittels der Sprache" bedarf (alle Zitate bei HAUSMANN 1959, S. 144–147). Diese Hinweise auf die Analogisierbarkeit des Bildungsprozesses mit dramatischen Vorgängen sind in der Didaktik zu Unrecht vernachlässigt worden. Das Buch Hausmanns rekurriert auf eine Tradition des Lehrens und Lernens, aus der die künstlerischen Merkmale des Unterrichtens einer wissenschaftlichen Aufarbeitung zugänglich werden. Seine Interpretation des Bildungsprozesses ist überdies eine der wenigen, in der der Prozeßcharakter des Phänomens aus dem Ansatz hervorgeht und nicht wie eine Eigenschaft beschrieben wird. Mit Bedacht wird hier an diese Arbeit angeknüpft, indem die inszenierende Tätigkeit des Lehrers hervorgehoben wird.

Erläutern wir zunächst den inszenatorischen Ablauf einer ganz normalen Unterrichtslektion. Ein Lehrer gibt in einem vierten Schuljahr eine Doppelstunde in Deutsch über das Problem sprachlicher Verständigung. Als Ziel gibt er an, es sollten Sprachbarrieren abgebaut werden. Die Stunde beginnt damit, daß der Lehrer J. P. Hebels Geschichte „Kannitverstan" vorliest. Danach folgt ein Gespräch über die Mißverständnisse in der Geschichte, an dem sich die Kinder lebhaft beteiligen. Nun sollen die Kinder von Mißverständnissen berichten, denen sie selber begegnet sind. Es wird erzählt von ungenauen Wegbeschreibungen, von Verständigungsproblemen im Ausland, von Irrtümern in der Familie und in der Kindergruppe. Danach verteilt der Lehrer ein Arbeitsblatt mit dem Titel „Wer hat hier was falsch verstanden?" Einige auf dem Blatt dargestellten Situationen sollen von den Kindern schriftlich geklärt werden. Am Ende der Stunde werden ein paar Regeln gemeinsam erarbeitet und auf die Tafel notiert. – Diese Lektion kann man nun inhaltlich analysieren. Dann wird man entdecken, daß der Clou von Hebels Geschichte überhaupt nicht herauskommt; denn der besteht darin, daß da ein Mann durch lauter Irrtümer schließlich zu der richtigen Einsicht kommt, daß Reichtum nicht vor dem Sterbenmüssen schützt. Folgte man Hebel, so käme man zu dem Schluß, daß sich noch im Irrtum die Weisheit offenbart. Nun kann man die Stunde aber auch als Geschehensablauf analysieren. Dann findet man zunächst eine Phase, in der die Kinder aufmerksam zuhören, weil die vorgelesene Geschichte eine innere Spannung erzeugt. Jeder erwartet, daß der biedere Alemanne in Holland schließlich nicht mehr weiß, wie er überhaupt wieder nach Hause kommen soll. (Aber die Lösung besteht witzigerweise in einem weiteren Irrtum, der nun jedoch einen Wahrheitsanspruch enthält.) Das ist zweifellos ein erster Höhepunkt der Stunde. Nun folgt typische Schularbeit. Man muß sich erinnern, muß Gehörtes mit eigenen Worten wiedergeben, muß den Irrtumscharakter erklären. Immerhin ist die Geschichte so klar aufgebaut, daß man dies mit einigem Eifer erledigt. Die nächste Phase verlangt das Analogisieren. Welche Situation ähnelt der dargestellten? Nachdem der erste Beitrag geglückt ist, fällt vielen etwas ein, zumal man da ein bißchen fabulieren darf. Das macht Spaß. Aber schließlich artet auch dies wieder in Arbeit aus: Man muß etwas lesen, muß die Texte auf dem Arbeitsblatt verstehen und muß passende Antworten ausdenken und hinschreiben. Glücklicherweise kann man da mit seinen Tischgenossen zusammenarbeiten. Es geht lebhaft zu, bis das Arbeitsblatt „ausgefüllt" ist. Und dann soll man überlegen, wie man Irrtümer vermeidet, also: genau zuhören, wenn einer etwas sagt; nachfragen, wenn man etwas nicht verstanden hat; Mitteilungen wiederholen, um sicher zu sein, daß man weiß, was gemeint ist. (Zum Glück für den Lehrer kommt keiner auf die Idee, festzustellen, daß all die guten Ratschläge dem Mann aus Hebels Geschichte wenig geholfen hätten, da er die Sprache gar nicht verstanden hat.) Nun schnell noch die Notizen von der Tafel ins Heft schreiben, und dann ist die Stunde um. – Eine wechselvolle Suite aus einer spannungsreichen Ouvertüre, einer gemächlichen Themaentfaltung, einem fidelen Scherzo mit Variationen, einem Quiz mit kooperativem „ad libitum" und einem beziehungsreichen Finale mit Nutzanwendungen fürs beschwerliche Leben. Wollen wir da nicht dem Lehrer verzeihen, daß er die Hebelsche Geschichte offenbar selber nicht recht begriffen hat? Haben die Kinder nicht Sprache erlebt, sind sie nicht mit ihr umgegangen, haben sie nicht eigene Erfahrungen formulierend bearbeiten können? Und hat die Stunde nicht aus der wechselvollen Bearbeitung ein und desselben Motivs ihre Farbe bekommen? Wer wollte da den Lehrer auf seiner bierernsten Zielsetzung behaften und darüber räsonieren, ob er nun Sprachbarrieren „abgebaut" hat oder nicht!

Was dem Zuschauer an der Lektion gelungen erschienen war: daß die Kinder alles verstehen konnten und dennoch etwas zu denken hatten, daß sie gerne und gespannt zuhörten und dann selber etwas sagen konnten, daß sie frei sprechen konnten und dann wieder etwas Bestimmtes beantworten mußten, daß sie eine Zeitlang rezeptiv waren und dann wieder aktiv sein konnten, daß es Phasen gab, wo jeder nur für sich antworten konnte, und andere, wo viele zusammen halfen, daß für jedes Kind die Möglichkeit bestand, zu hören, zu sprechen und zu schreiben. Und dies alles bezog sich nicht auf vielerlei, sondern auf ein einziges Motiv, das in allen diesen Phasen weitergesponnen wurde. Die Kinder haben nicht nur eine Geschichte kennengelernt und ein Thema behandelt; sie haben sich gegenseitig besser kennengelernt und konnten aufeinander eingehen. Jeder, der etwas vom Unterricht versteht, weiß, daß solche Stunden, in denen eine heitere Produktivität entsteht, nicht immer nach Wunsch gelingen; aber wenn sie gelingen, geschieht es nicht von selbst. Da ist vieles an gegenseitiger Verständigung, an Umgangsgewohnheiten, an Bearbeitungstechniken vorausgegangen. Da haben die Kinder bei jeder neuen Aufgabenstellung des Lehrers gewußt, wie er's meint. Da mußte nicht erst lange erklärt werden, wie man ein Gespräch führt oder was man mit einem Arbeitsblatt anstellt. Da bestand ein unsichtbares Geflecht an Übereinkünften zwischen Lehrer und Klasse wie auch zwischen den Schülern selbst. Wenn einer eine gelungene Formulierung brachte, und der Lehrer lächelte darüber, dann freute sich der Schüler, ohne daß ein Wettbewerb entstand, bei dem jeder jeden zu übertrumpfen versuchte.

Diese Unterrichtslektion lebte von der sicheren und unauffälligen Inszenierung des Lehrers, was gerade dadurch besonders deutlich wird, daß die inhaltliche Reflexion etwa der Eingangsgeschichte keineswegs mustergültig war. Dies heißt nun aber nicht, daß das Inszenieren vom Inhalt absehen könnte. Es verhielt sich in unserem Beispiel vielmehr so, daß der Witz der Hebelschen Geschichte nicht identisch war

Unterricht als Darstellung und Inszenierung

mit dem Thema der Stunde und daß der Lehrer es verstand, *sein* Thema zu arrangieren; eben darin lag seine Inszenierungsleistung. Auch im Theater ist die Inszenierung übrigens keine für sich bestehende Technik, auch dort verdankt sich die inszenatorische Leistung dem, was man in einem Stück hervorheben will.
Nach Hausmanns Begrifflichkeit handelte es sich hier um einen Unterricht vom Typus der geschlossenen Tektonik; es bestand kein offener Unterrichtsverlauf. Ohne Schwierigkeit ließe sich dasselbe Thema auch in offener Tektonik behandeln. Wenn in unserem Beispiel der Lehrer etwa nach dem Vorlesen der Geschichte das Gespräch freigegeben hätte, hätten sich vielleicht einige Kinder entschlossen, die Geschichte zu spielen; andere hätten sich einen anderen Schluß ausgedacht, und wieder andere hätten sich darangemacht, eine völlig neue Geschichte zu entwerfen. In einem solchen Fall wäre das Inszenierungsgeschick des Lehrers noch stärker herausgefordert worden; denn nun hätte er improvisieren müssen, um aus der Situation heraus jeder Gruppe ihre Hilfestellung zu geben und dafür zu sorgen, daß eine jede ihr Ergebnis hätte vorführen können.
Inszenieren arbeitet ohne Zweifel mit Versatzstücken aus der Routine des Lehrers und der Klasse. Man muß sich ohne großen Aufwand verständigen können, man muß mit wenigen Worten eine Bearbeitungsweise darstellen können, man muß auf die beste Gelegenheit zur Regiebesprechung warten können, ohne sie zu verpassen. All diese Routine nutzt aber nichts, wenn sie nicht getragen ist von einer prinzipiellen Verständigungsbereitschaft. Dies bedeutet, daß alles, was gesagt und behandelt wird, nur in der Gestalt personaler Kommunikation seinen Sinn erhält. Diese Voraussetzung kann durch einfühlsames Inszenieren verbessert werden, aber sie beruht nicht darauf. Ein Kind, das sich durch die Inszenierungsmaßnahmen des Lehrers in seinen Möglichkeiten beschränkt sieht, muß mit seiner Kritik und seinen Wünschen bei ihm Gehör finden. Inszenieren ist somit die Tätigkeit, die den Ablauf des Unterrichts so gestaltet, daß das Thema als ein gemeinsames dargestellt werden kann. Verweigert sich ein Schüler dem Lernen, so gibt er zu erkennen, daß er entweder thematisch nicht auf seine Kosten kommt oder daß er die Inszenierungsform nicht akzeptiert.
Kritik von seiten der Schüler wird zunächst immer im Beziehungsbereich angedeutet. Auch wenn sie sagen, das Thema interessiere sie nicht, so kündigen sie damit vorab eine Störung der Kommunikation mit dem Lehrer an. Da sie ihm gewöhnlich in allen inhaltlichen und methodischen Fragen unterlegen sind, wählen sie durch die Aufkündigung der Lernbereitschaft das einzige Auseinandersetzungsfeld, auf dem sie die Gewinner sind. Der Lehrer, der im Bereich der thematischen Darstellung oder in der Wahl seiner Inszenierungsmittel auf sie einzugehen versucht, gibt ihnen dadurch zu verstehen, daß für ihn die Kommunikationsbereitschaft Voraussetzung der inhaltlichen Darstellung wie auch der prozessualen Festlegung ist. Denn seine Inszenierungsformen sind immer nur stilistische Mittel zur gemeinsamen Abwicklung des Themas. Für die Kommunikation bieten sie eine Art Entlastung, weil nicht jedesmal alles neu auf seinen Ablauf hin besprochen werden muß. Dies gelingt aber nur, solange sich der Lehrer in einem mittleren Variationsbereich der Inszenierung bewegt. Er darf nicht zu viele ungewohnte Verlaufsformen zugleich verwenden, weil die Schüler zur Antizipation der Verläufe fähig sein müssen. Andererseits darf er seine Inszenierungsformen nicht zu methodischen Klischees gerinnen lassen und immer wieder die gleichen Ablaufsformen wählen. Die Art und Weise, in der die Schüler auf seine Inszenierungen eingehen, zeigt an, ob sie die für das Lernen notwendige Kommunikation innerhalb seiner Verlaufsformen wiederfinden können. So ist das Kommunikationsverhalten der Schüler Indiz und Re-

gulativ für die Inszenierungsformen. Inszenierung geht in Kommunikation nicht auf; wenn sie als eine Art Übereinkunft von den Schülern akzeptiert wird, kann sie jedoch die Beziehungen des Schulalltags entlasten.
Fehlformen der Inszenierung bestehen meist in Überformungen der Kommunikation. Dieses Mißverständnis hat etwa die Unterrichtsmethodik von Hugo Gaudig beeinflußt. Zwar war die Methode bei ihm keineswegs Selbstzweck, da er sie der Selbsttätigkeit der Schüler unterordnete; aber er hat sie zu einem Repertoire immer derselben Maßnahmen derart verfestigt, daß die Kommunikation darunter leiden mußte (vgl. GAUDIG 1922). Manche Lehrer verwenden auch heute trotz bester inhaltlicher Vorbereitung relativ stereotype Ablaufsformen. Sie meinen, der Inhalt allein ziehe das Lernen nach sich. Wer dem entgehen will, der wird eine dem Thema und den Schülern angemessene inszenatorische Phantasie in Bewegung bringen.
Wenn wir nun den Versuch machen, einige Inszenierungsformen zu erläutern, so handelt es sich nur um ein paar relativ summarische Formtypen. In Wahrheit gibt es ebenso viele Inszenierungsformen, wie es unterrichtliche Situationen gibt. Faßt man sie zu Figuren zusammen, so muß man notgedrungen absehen von den situativen Nuancierungen, die den Prozeß erst lebendig machen. Deshalb kann es sich hier nur um eine analysierende Erläuterung der formalen Umrißlinien handeln, die zum Nachmachen nicht geeignet sind. Überhaupt liegt ein verbreiteter Irrtum pädagogischer Praxisbeflissenheit darin, daß man meint, man könne Verallgemeinerungen, die für die Analyse taugen, flugs wieder umwenden, um daraus Praxis zu generieren; aber solche Praxis muß blaß und ärmlich werden und zur Auspowerung des pädagogischen Formenreichtums führen.
Inszenieren kann verschiedene Akzentuierungen erhalten. Wenn sein Akzent auf dem Erkennen liegt, wird es Tätigkeiten wie das Entdecken oder das Analysieren hervorheben. Wenn sein Akzent mehr im Sozialen liegt, wird es den menschlichen Umgang hervorheben. Einen weiteren Akzent enthalten alle Formen des Spielens und wieder einen anderen die Formen des Produzierens.

3.1 Entdecken

Vorab wird man die Frage beantworten müssen, ob eigentlich das Entdecken im Wege des Inszenierens möglich sei. Es handelt sich hier um einen bestimmten didaktischen Gestus, wonach der Lehrer alles, was die Schüler selber erkennen können, ihrem eigenen Denken überläßt, daß er ihnen nichts vorwegnimmt, sondern das, was es zu erkennen oder erfahren gibt, unbearbeitet beläßt. Seine Tätigkeit besteht dann nicht im Vorrichten der Gegenstände, sondern darin, dafür zu sorgen, daß die Schüler mit den noch verhüllten Gegenständen überhaupt zusammenkommen, und eben hierzu bedarf es inszenatorischer Fähigkeit.
Entdecken als didaktische Inszenierung ist einerseits Entdeckenlassen, also Freigeben einer Situation, damit alles Mögliche entdeckt werden kann, wobei der Lehrer natürlich seine Vermutungen und vielleicht Hoffnungen hegt; andererseits ist es Freiwerden von Vorausdeutungen, die Entdeckung des Lehrers, was die Schüler alles finden, wenn man sie nur läßt.
Da kam eines Tages ein 13-jähriger Schüler, dessen im Zeugnis ausgewiesene Leistungen katastrophal waren in den Unterricht und sagte, er wisse jetzt, woraus alles sei. Auf die erstaunte Rückfrage des Lehrers erzählte er, daß es ihm beim sonntäglichen Gottesdienst, den er als Konfirmand besuchen müsse, sehr langweilig gewesen sei. Da seien ihm denn die Kerzen aufgefallen, und auf einmal habe er ge-

merkt, daß sie zu Luft werden müßten; denn der Rauch, zu dem sie verbrennen, sei ja schließlich Bestandteil der Luft. Und so wie mit den Kerzen gehe es mit allen Dingen: Alles zerfiele doch, und am Ende werde Luft daraus. – Dieser Junge hatte nicht nur die vorsokratische Entdeckung von der Luft als Urprinzip des Seienden vollzogen; er hatte zugleich die erregende Erfahrung gemacht, daß die Naturbeobachtung Fragen aufwirft, die man durch Denken plausibel weitertreiben kann. Der Junge bekam seine Aufgaben für diesen Tag erlassen, dafür sollte er seine Entdeckung aufschreiben. Er tat es, aber nicht bloß er: Ein gutes Dutzend der Schüler hatten ihrerseits auf die Hausaufgabe verzichtet und statt dessen Entdeckungen ihres eigenen Denkens niedergeschrieben. Sie hatten gemerkt, daß die Schule etwas mit ihrem höchst privaten Denken anfangen konnte, und auf diese Weise ist denn auch der Lehrer zu einer prägnanten Entdeckung gekommen. Die Inszenierung, die zunächst spontan erfolgt war, erhielt nun Konturen. Künftig gab es alle zwei Tage eine Stunde, in der jeder seine Fragen und zugleich die vermuteten Antworten vorbringen durfte. Keine dieser Fragen wurde vom Lehrer beantwortet, und eine jede, die sich als ergiebig erwies, wurde anstelle von Hausaufgaben durch die Schüler weiterverfolgt. Dadurch erhielt der gesamte Unterricht eine neue Komponente, die darin bestand, daß man sich nicht nur „Angebote" einverleibt, sondern zugleich sein Sensorium für Unbekanntes, Erstaunliches, Fragwürdiges schärfte.
Entdecken als didaktisches Prinzip bedeutet nicht, daß die Schüler allesamt zu Forschern erklärt werden sollten, wie denn ja auch die etablierte Forschung gar nichts mit Neugier zu tun hat. Sie will im Grunde gar nichts entdecken, weil sie durch ihre Hypothesen dem zu Entdeckenden ständig zuvorzukommen versucht. Entdecken hieße demgegenüber, daß die Beobachtungen und Fragen der Schüler vom Lehrer ernst genommen werden, damit sie auch von den Schülern ernst genommen werden können. Es heißt, der eigenen Wahrnehmung und dem eigenen Denken zu trauen, sich durch Irrtümer nicht entmutigen zu lassen und neue Erkenntnisse nicht wie ein Buchhalter abzulegen, sondern sie sich mit der Freude des Finders anzueignen. Der Gestus des Entdeckens im Unterricht ist selber eine Entdeckung für die, denen sie zuteil wird; sie besteht darin, daß das archimedische Heureka sogar in der Schule unserer Tage möglich ist.

3.2 Zergliedern und Aufbauen

Auch diese beiden Inszenierungsformen sind am Erkennen orientiert. Beide gehören zusammen, auch dann, wenn nur eins davon betrieben zu werden scheint; denn ein Sachverhalt, bei dem einzelne Teile sich benennen und als bedeutsam erkennen lassen, erscheint gerade durch den Vorgang des Aufgliederns als zusammengesetztes Ganzes, von dem jeder Teil sozusagen zwei Bedeutungen hat, nämlich seine eigene und darüber hinaus diejenige, die es als Teil vom Ganzen hernimmt. Wenn ich beispielsweise ein Auto gedanklich in einzelne Teile zerlege, so ist ein Rad einerseits durch Nabe, Felge und Reifen bestimmt, andererseits aber dadurch, daß es ein Rad eines vierrädrigen Gefährts ist. Diese Doppelbestimmung des Teils enthält einen wichtigen Hinweis auch für die Inszenierung des Lernens. Analysieren allein oder Synthetisieren allein kann – besonders in Grundschulklassen – sehr spannungslos sein, weil die Kinder die entsprechende Gegenbewegung noch nicht mitvollziehen. Deshalb wird der Lehrer vor allem solche Gegenstände analysieren lassen, die sich auch zum Synthetisieren eignen und umgekehrt.
Beliebt ist zum Beispiel die Aufgabe, bei der die Schüler eine Geschichte in ihre Hauptgedanken zerlegen, indem sie für jeden Teil eine eigene Überschrift suchen.

Hans Rauschenberger

Solche Tätigkeiten gehören in manchen Klassen zur Routine des Unterrichtsalltags, und manche Schüler haben dabei die Schwierigkeit, daß ihnen das Ganze der Geschichte abhanden kommt; sie erkennen nicht, daß die Teilüberschriften eine Übung dafür sind, die ganze Geschichte im Gedächtnis zu behalten. Anders verhält es sich, wenn der Lehrer die Aufgabe zugleich als synthetische stellt, indem er etwa sagt: „Wenn wir diese Geschichte als Theaterstück spielen wollen, welche Teile müssen wir dann auf jeden Fall verwenden? Wie würdet ihr die Teile bezeichnen, damit wir sie in das Stück aufnehmen können?" Nun wird analysiert unter dem Gesichtspunkt des Wiederaufbaues der Geschichte in einem anderen Darstellungsmodus.

Zergliedern und Aufbauen sind sozusagen eine Vorübung für das wissenschaftliche Denken. Jede wissenschaftliche Arbeit bedient sich dieser Funktionen, und der Umgang mit wissenschaftlichen Ergebnissen gelingt in der Regel immer nur insoweit, wie die analytischen oder synthetischen Verfahrensweisen begriffen werden, die zu ihm geführt haben. Die Gegenstände dieser Doppelfunktion sind außerordentlich vielfältig; sie können sprachlicher Art sein oder aus der Naturbeobachtung kommen; sie können visuell-künstlerischer Natur sein oder aus dem sozialen Umgang herrühren.

Es scheint, daß der analytische Part dieses Zusammenhangs didaktisch schwieriger ist als der synthetische. Dies deutet auf den Mitteilungsstil des Lehrers hin. Ein Lehrer, der beispielsweise Kindern ein Märchen erzählt und die Figuren seiner Geschichte unbewegt wie ein Bild einführt, kann ihnen noch so viele bildhafte Details beigeben; davon fangen sie nicht an zu leben, weil sie nur als gleichsam isolierte Teile figurieren. Läßt er sie jedoch handeln und gibt er ihnen gute oder böse Absichten, so wird die Sache spannend; jetzt fangen die Kinder an zu „folgen", denn erst jetzt gibt es einen Ablauf, dem man überhaupt folgen kann.

Zergliedern und Aufbauen müssen, so scheint es, im Unterrichtsablauf eine Entsprechung finden, der ihren inneren Zusammenhang widerspiegelt. Inszenieren geht hierbei deutlicher noch als in anderen Zusammenhängen über das bloße Arrangieren von Verläufen hinaus; es nimmt die Bewegung des Erkennens auf und gestaltet sie dramaturgisch.

3.3 Gesprächsführung

Im sozialen Bereich des Schulunterrichts hat das Inszenieren besondere Bedeutung. Wie Schüler miteinander umgehen, wie sie einander helfen, sich auseinandersetzen, sich als Gruppe verhalten, dies alles setzt inszenatorische Vorgaben voraus, die übrigens längst nicht alle vom Lehrer gesteuert werden; dies wäre auch gar nicht wünschenswert. Er muß sich jedoch einen Begriff machen können von diesen Vorgängen, sonst wird er eine Reihe von Prozessen überhaupt nicht deuten können. Wir erläutern das Inszenieren in diesem Bereich am Beispiel der Gesprächsführung.

In Grundschulklassen kann man gelegentlich beobachten, daß die Kinder bei Kreisgesprächen eine Reihe von Regeln beachten, die das Gespräch strukturieren. Sie lassen einander ausreden, richten ihre Beiträge nicht an den Lehrer, sondern an die Mitschüler, rufen sich gegenseitig auf, machen auf Störungen aufmerksam und gehen inhaltlich auf vorausgegangene Beiträge ein. Trotzdem erscheinen derartige Situationen dem Betrachter bisweilen etwas leblos und überritualisiert, was besonders bei häufig wiederholten klischeehaften Wendungen sichtbar wird. Ohne Zweifel sind derartige Gespräche, die längs einer eingeübten Konvention geführt werden, besser als chaotisches Gebrüll, in dem sich die Lautesten schließlich durchsetzen. Sie ermöglichen das Gespräch, aber sie behindern es auch. Der Grund liegt in der

Methodisierung des Gesprächs. Der Lehrer geht in unserem Beispiel davon aus, daß alle Gespräche dieselbe Struktur hätten, und kommt von da zur immer gleichen Ordnung des Gesprächsablaufs. Aber seine Voraussetzung ist nicht richtig; denn es gibt viele sehr unterschiedliche Gesprächsverläufe. Das Streitgespräch ist etwas völlig anderes als das mitteilende Gespräch oder das auf Einfällen beruhende Gespräch oder das Beratungsgespräch. Je nach der Gesprächssituation kann es zu Zwischenrufen, zu Beifalls- oder Unmutsäußerungen oder zu nachdenklichem Schweigen kommen, und niemand kann bereits zu Beginn eines Gesprächs sagen, welche Facette des Gesprächsstils sich durchsetzen wird. Inszenieren bedeutet hier, daß man ausgeht von einer Form, die das Thema, sofern ein solches gegeben ist, zu erfordern scheint. Der Lehrer kann dies mit einigen wenigen Vorschlägen andeuten, indem er sagt, die Schüler möchten versuchen, das Thema auf eine bestimmte Weise zu besprechen, die es beispielsweise erforderlich machen kann, daß die geäußerten Meinungen möglichst in den folgenden Beiträgen berücksichtigt werden. Stellt er nun fest, daß das Gespräch eine andere Wendung nimmt, als es seine Inszenierungsvorgabe zuließe, so kann er Auflockerungs- oder Beschränkungsvorschläge machen, etwa derart, daß er sagt: „Dies war eben ein Zwischenruf von Peter. Peter war zwar nicht an der Reihe, aber seinen Beitrag finde ich wichtig. Andere sollten vielleicht solche Zwischenrufe auch machen, und wir können versuchen, auf sie einzugehen. Wenn es zu viele Zwischenrufe gibt, merkt ihr das von alleine und werdet euch dann wieder mehr zurückhalten." Solche Regiebemerkungen zur Gesprächsführung sollten sparsam und nicht aufwendig sein. Worauf es ankommt, ist die Möglichkeit, die Gesprächsform während des Verlaufs dem Thema anzupassen und den Schülern den Eindruck zu geben, daß Gespräche verschiedene Formen haben können, die sie als Teilnehmer selber beeinflussen können. Inszenieren wird so allmählich zur dramaturgischen Formgebung durch die Schüler selbst.
In gewisser Weise spiegelt das Unterrichtsgespräch die Möglichkeiten und Schwierigkeiten der privaten und öffentlichen Gesprächsführung unserer Zeit. Jeder hat Kollegen oder Bekannte, denen er nicht gerne über den Weg läuft, weil er ihre Gesprächsführung fürchtet, und bei öffentlichen Gesprächen am runden Tisch gibt es gelegentlich Teilnehmer, deren Äußerungen man selbst bei inhaltlicher Zustimmung nur schwer erträgt. Warum es nicht gelingt, solchen Gesprächen einen anderen Verlauf zu geben, liegt wohl daran, daß man von einer Konvention ausgeht, in der es unfein ist, wenn Gesprächsteilnehmer inszenierende Absichten erkennen lassen. Freilich gibt es Talente, die es verstehen, ihre inszenierenden Maßnahmen als rein inhaltliche Beiträge erscheinen zu lassen. Mag sein, daß in solcher Leichtigkeit das Inszenieren erst zu sich selber kommt – als Kunst nämlich. Viele Unterrichtsgespräche des Schulalltags könnten von solcher Kunst etwas mehr vertragen; sie würden dadurch für die Lehrer nicht anstrengender – im Gegenteil.

3.4 Spielen

Eine vielgestaltige Gruppe von Inszenierungsformen hat es mit dem Spielen zu tun. Auch hier können wir nur solche Zusammenhänge hervorheben, die auf das Inszenieren verweisen. Die historische und systematische Behandlung des Themas findet sich vor allem bei SCHEUERL (vgl. 1977). Der für unsere Frage bedeutsamste Sachverhalt liegt in der Regelhaftigkeit des Spiels. Wir können strukturelle von konventionellen Spielregeln unterscheiden: Die strukturelle Regel stellt sich durch das Spiel selbst her; der innere Nexus seines Ablaufs, in dem Sache und Vollzug eine

Einheit bilden, strukturiert das Spiel, gibt ihm seine Identität, die es als ein bestimmtes Spiel wiedererkennen läßt, und macht den Spieler frei für das Detail. Insofern hat gerade die Regelhaftigkeit des Spiels eine entlastende Wirkung, und zwar unabhängig davon, wieviel von der selbst sich herstellenden Regel dem Spieler bewußt ist. Schon kleine Kinder wenden Regeln souverän an und sprechen sie aus. So forderte beispielsweise ein vierjähriges Mädchen, nachdem es lange allein mit seinen Puppen gespielt hatte, die Mutter zum Rollenspiel auf. Zuerst sollte die Mutter das Baby spielen, und als diese Variante erschöpft schien, kam das Kind auf die Idee zu sagen: „Jetzt spielen wir: Du wärst die Mutter, und ich wäre das Kind." Die Mutter wandte ein, dies brauche man doch nicht zu spielen; denn dies sei die Wirklichkeit, aber das Kind beharrte auf seinem Vorschlag, und so spielten sie denn, wie die Mutter bei der Arbeit sei und mit dem Kind redete, wobei sie zugleich alle Spielfunktionen real ausführten. Äußerlich konnte man nur an einer leichten Veränderung der Betonung erkennen, daß hier ein Spiel im Gange war: Die Spieler betonten die direkte Spielrede etwas prätentiöser als beim normalen Sprechen. – Hieraus ist nicht nur der Umgang des Kindes mit den Regeln zu erkennen, sondern auch das Ineinander von Spiel und Wirklichkeit. Das Spiel ist Distanz zur gewohnten Realität und zugleich Herstellung einer neuen Wirklichkeit, wobei beide nicht im mindesten konfligieren. Dies erkennt man an den unverblümten Regieanweisungen der Kinder, die zugleich eine Einübung in den Gebrauch des Konjunktivs sind: „Ich wäre jetzt..., und dann würdest du..."

Konventionelle Spielregeln kennen wir bei allen kultivierten Spielformen, besonders bei Spielen mit mehreren Personen und bei solchen, zu denen man Requisiten braucht. Ihr Kern besteht in einer Kodifizierung des Spielrituals. Nur wenn die Mitspieler den Regelkodex anerkennen und ihn in jeder Situation gleichartig deuten und anwenden, gelingt das Spiel. Die kognitiven Strukturen, die der Regelbefolgung zugrunde liegen, hat Piaget zur Erläuterung des moralischen Urteils untersucht (vgl. PIAGET 1979). Da nun aber die Spielregeln nicht nur die Spielnormen festlegen, sondern auch den Spielablauf, sind sie zugleich Prozeßregeln und können so als Ausdrucksformen einer Inszenierungskultur des Spiels gedeutet werden.

Aus der Fülle von spielerischen Unterrichtssituationen wollen wir das Rollenspiel herausgreifen, um an seinem Beispiel zu zeigen, wie die Inszenierung des Ablaufs sich zu seinen pädagogischen Implikationen verhält. Die Anwendung dieser Spielform hat sich im letzten Jahrzehnt immer breiteren Raum verschafft, so daß es nicht überflüssig ist, wenn man sich zunächst die Verschiedenartigkeit der Spielanlässe vergegenwärtigt, die das Rollenspiel auslösen können.

Offenbar gibt es für die Durchführung des Rollenspiels keine Altersgrenze; es ist bei Erwachsenen ebenso beliebt wie in Grundschulklassen. Auch vom Inhalt her gibt es kaum Einschränkungen: Alles, was sich überhaupt irgendwie dazu eignet, in dramatisierter Form dargestellt zu werden, kann auch als Rollenspiel betrieben werden. Beobachtungen aus dem täglichen Leben, Rekonstruktionen literarischer Zusammenhänge, Konfigurationen sozialer Probleme, Vergegenwärtigung historischer Prozesse – dies alles sind Anlässe für das Rollenspiel. Deshalb kann es auch in sehr verschiedenen Unterrichtsfächern angewandt werden, etwa im Deutschunterricht, in den Fächern Geschichte, Sozialkunde, Religion, in den Fremdsprachen; sogar in Geographie, Sport oder in den naturwissenschaftlichen und künstlerischen Fächern findet man es gelegentlich. Überall dort, wo der traditionelle Unterricht versuchen würde, mit Hilfe der verbalen Beschreibung menschliches Handeln wiederzugeben, kann das Rollenspiel die darzustellenden Zusammenhänge verdeutlichen. Seine Anschaulichkeit ist intensiver als die der beschreibenden Sprache; denn diese kann die dargestellten Geschehnisse nicht selber zuwege bringen, während das Rollenspiel die Prozesse leibhaftig werden läßt und dabei dem gesprochenen Wort eine Funktion zuweist, die die Handlung in Bewegung hält. Gleichzeitig wird in der Spielszene eine innere Handlung sichtbar; denn außer den Worten und Aktionen versteht man die Absichten und Motive der Figuren. Dabei ist die Distanz zur Realität jederzeit herstellbar: Man kann eine Szene verschieden spielen, kann ihr unterschiedliche Effekte geben und so das Bewußtsein herstellen, daß etwas gezeigt und nicht aktuell bewirkt wird.

Daß man dieses Phänomen „Rollenspiel" nennt und nicht „Spielszene", hat seinen Grund. Die Figuren sollen vor allem Rollenträger verdeutlichen, das heißt, es sollen die Gesetzmäßigkeiten und Zwänge des Handelns aus den vorgegebenen Bedingungen heraus erkennbar werden. Davon verspricht man sich die Empathie des „role-taking" (vgl. MEAD 1969). Im Spiel wird es möglich, daß einer eine Rolle übernimmt, die er in der Wirklichkeit nicht innehat. Er übernimmt sie virtuell, und er versteht sie aktuell, aber er braucht sie sich nicht wirklich anzueignen. Deshalb ist es sehr die Frage, wieviel vom Verständnis der Rolle des anderen übrigbleibt, wenn das Spiel vorbei ist. Oft spielen gerade diejenigen eine Rolle besonders eindrucksvoll, die am allerwenigsten mit ihr zu tun haben; denn die Quelle ihrer Einfühlung kann dem kalten Beobachtungsinteresse des Denunzierenden ebensogut entwachsen wie der Identifikation.

Das pädagogische Mißverständnis des Rollenspiels besteht in seiner Verzweckung. In dem Maße, in dem ausschließlich um eines bestimmten Zwecks willen gespielt wird, wird die Spielphantasie eingeschränkt; das Spiel wird ärmlich, der Dialog hält sich an vorgegebene Sprechmuster, und die Spiellust verliert sich. Für den Lehrer ist es nicht leicht, die Grenzen der Spielvorgaben so zu wählen, daß die Schüler aus ihnen kreativ werden können. Zwar braucht er für seine inszenierende Tätigkeit Festlegungen, etwa solche des Themas, der Spielzeit und der Figuren, aber er darf sie wiederum nicht so eingrenzen, daß die Spieler nur noch nachmachen können, was er ihnen bereits verbal vorgegeben hat. Es muß ihnen möglich sein, zu einem anderen Ergebnis zu kommen, als er es in seiner Planung vorhergesehen hat; sie müssen Details ausschmücken können, auch dann, wenn sie mit dem Zweck des Lernens wenig zu tun zu haben scheinen. Dies gelingt am ehesten dann, wenn der Lehrer nur wenige Inszenierungsbedingungen setzt und jede weitere Inszenierung den Spielern selbst überläßt. Jedes unterrichtliche Szenenspiel muß in der Konkurrenz zur Unterrichtsplanung eine reelle Chance haben, sich durchzusetzen, sonst wird die Entwicklung des Rollenspiels trotz massenhafter Verbreitung zu seiner inneren Verarmung führen; die Symptome lassen sich bereits erkennen.

3.5 Projekt

Auffällig ist das Mißverhältnis zwischen der Zustimmung, die der Projektunterricht in der didaktischen Theorie findet, und der relativ bescheidenen Anwendung derartiger Unterrichtsprozesse in der Praxis. Die Gründe dafür liegen auf der Hand. Einerseits erlauben die administrativen Bedingungen der gegenwärtigen Schulpraxis, von den stundenplantechnischen Festlegungen bis zu den Aufsichts- und Sicherheitsbestimmungen, nur in besonders günstigen Konstellationen einen Unterricht, der längerfristig oder durchgängig projektorientiert verfährt. Andererseits fordert dieser Unterricht vom Lehrer aufwendige Vor- und Zuarbeit. So kommt es, daß manche, die den Projektunterricht favorisieren, ihn doch nur gelegentlich durchführen, weil er, solange er die Sache einzelner Lehrer bleibt, für diese zu strapaziös ist.

Hans Rauschenberger

Die Inszenierungsfrage stellt sich beim Projektunterricht auf besondere Weise. Da die Zielsetzung sich auf Produkte richtet, die von den Schülern ausgewählt und möglichst selbständig erarbeitet werden sollen, liegt die Inszenierungstätigkeit des Lehrers weniger in der Formgebung als in der Beratung und Hilfe. Der Projektunterricht ist somit der einzige Unterrichtstypus, der das Inszenieren selber soweit wie möglich den Schülern überläßt; alles, was sie selbst tun können, ist ihre eigene Angelegenheit. Deshalb lautet die entscheidende Frage, wie es der Lehrer anstellt, daß sich eine Klasse, die bis dahin selbständiges Lernen nicht gewohnt war, solche Arbeitsformen aneignet, und was er unternimmt, um ihnen dabei zu helfen, praktikable Zielsetzungen zu finden und zielführende Arbeitsvorgänge zu bewältigen. Welche Inszenierung ist notwendig, um den Schülern zur Selbstinszenierung des Unterrichts zu verhelfen? Unter welchen Voraussetzungen kann man mit solchen Vorhaben beginnen, und wie sehen die propädeutischen Inszenierungsmaßnahmen aus, die schließlich zum selbständigen Projekt der Schüler führen können?

Bisweilen bekommt man Projektarbeit zu sehen, bei der die Schüler in Gruppen einigermaßen lustlos an Zielsetzungen arbeiten, deren Sinn sie nicht ganz einsehen, wobei sich die Mehrheit der Gruppe auf eine Minderheit von erfolgreichen Schülern verläßt. Projektunterricht gelingt nicht auf einen Schlag; man muß mit ihm frühzeitig beginnen. Andererseits ist etwa von Siebenjährigen nicht zu erwarten, daß sie sich ohne entsprechende Vorarbeit des Lehrers eigene Ziele setzen können, die sie auch in selbständiger Arbeit erreichen. Infolgedessen besteht hier die wichtigste Inszenierungsarbeit des Lehrers darin, Schüler zu einem möglichst frühen Zeitpunkt darauf einzustellen, wie sie ihr Lernen selber in die Hand nehmen können.

Nach unseren Erfahrungen geschieht dies erstens dadurch, daß der Lehrer zusammen mit den Kindern lernt, wie man selbstgewollte Arbeit antizipiert, zweitens dadurch, daß er den Kindern zeigt, wie man den Spannungsbogen einer Arbeit erweitern kann, drittens dadurch, daß er mit den Kindern so zusammenarbeitet, daß sie das Zusammenarbeiten untereinander lernen, und viertens dadurch, daß er perennierende Arbeitszusammenhänge bereitstellt.

Beim Antizipieren der selbstgewollten Arbeit geht es zunächst darum, daß die Kinder lernen, wie sie sich überhaupt Ziele setzen können. Dies ist für die meisten Lehrer sehr schwierig; denn sie müssen dabei von der Berufsdeformation wegkommen, daß immer nur sie selbst die zielsetzende Instanz sein könnten. Es handelt sich hier keineswegs um die vom Lehrer mitgebrachten Lernziele und ihre möglichst raffinierte Übertragung auf die Schüler, sondern darum, daß der Lehrer es lernt, die von den Kindern mitgebrachten Ziele aufzuspüren und so herauszuarbeiten, daß sie sich in praktische Tätigkeiten umsetzen lassen. In den meisten Fällen muß er den Kindern gar keine Erfahrungen vermitteln; es kommt vielmehr darauf an, daß er die Erfahrungen, über die sie bereits verfügen, erkennen lernt, um sie zusammen mit den Kindern in Worten, Texten, Bildern und Gegenständen zu gestalten. Indem er mit ihnen spricht und arbeitet, muß er ihre prägnanten Erfahrungen ausfindig machen, und insofern verhält er sich diagnostizierend. Hat er ein Thema gefunden, das viele bewegt, so wird es an Vorschlägen zu seiner Gestaltung nicht fehlen. Hier braucht auch er selbst sich nicht zurückzuhalten; denn er ist die Instanz, die über die Mittel und Kenntnisse verfügt, die man bei der Gestaltung braucht. Allerdings wird es von seiten der Kinder Vorschläge geben, die weit über ihre Möglichkeiten hinausgehen: Sie wissen noch nicht, was sie können. Diese Vorschläge muß der Lehrer behutsam in Vorstellungen der Kinder umsetzen, damit sie ein konkretes Bild gewinnen, was sie tun und erreichen können. Der Lehrer darf also getrost etwas

Unterricht als Darstellung und Inszenierung

einbringen in diesen Unterricht; er muß nicht meinen, alles und jedes könnten die Kinder bereits.
Bei der Aufgabe des Lehrers, den Spannungsbogen der Kinder zu erweitern, handelt es sich zunächst darum, daß er mit einzelnen Kindern oder Gruppen kleine Themen entwirft, die einen geringen Komplexitätsgrad haben und die sie kurzfristig erreichen können. Allmählich, wenn das Vertrauen ins eigene Tun wächst und auftretende Schwierigkeiten nicht mehr zur Frustration führen, können die Themen in der Arbeitsdauer und im Komplexitätsgrad allmählich anwachsen. – Bei diesem Vorgehen erfährt der Lehrer vieles über die Anstrengungsbereitschaft der Kinder im Hinblick auf die jeweilige Aufgabenstellung. Es gibt in unseren Schulen ohne Zweifel viele Kinder, die zu früh mit zu langfristigen oder zu komplexen Themen konfrontiert worden sind. Was gemeinhin als Leistungsschwäche ausgegeben wird, besteht häufig in dem ganz normalen Unvermögen, bestimmte Aufgaben auf ihre Bearbeitungstechnik und ihr Zeitbudget hin einschätzen zu können. Will man den Kindern zu selbständigem Arbeiten verhelfen, so muß man Arbeitsmöglichkeiten bereitstellen, die sie akzeptieren können und die ihrer Anstrengungsfähigkeit angemessen sind.
Bei den Formen der Zusammenarbeit handelt es sich um einen Lehrstil, der Inszenierungsformen enthält, die von den Kindern unmittelbar übernommen werden können. Ein Lehrer, der von Kindern Zusammenarbeit erwartet, ohne daß er sich selber hin und wieder zu ihnen setzt und selbst mit ihnen arbeitet, braucht sich nicht zu wundern, wenn die Kooperationsbereitschaft keine Fortschritte macht. Hierbei muß man sich immer wieder klarmachen, daß Kinder, wenn sie in die Schule kommen, auch die elementarsten Formen der Kooperation nicht beherrschen; dies müssen sie in der Schule lernen, und dem Lehrer selbst bekommt es erfahrungsgemäß sehr gut, wenn er von vornherein die Arbeitshaltung des Mitarbeitenden, nicht nur die das Anleitenden, einnimmt. Wenn er dies realisiert, so wird er zusammen mit den Kindern in kurzer Zeit bestimmte Formen des Kooperierens entwickeln, die sie bald auch ohne sein Dabeisein anwenden und sinngemäß verändern können.
Bei den perennierenden Arbeitszusammenhängen handelt es sich um langfristige Arbeitsstile, die einerseits mit ständigen Gestaltungsformen, andererseits mit durchgängig gebrauchten Arbeitsmitteln zusammenhängen. So wird etwa die Aufgabe, Erfahrungen in Sprache, diese in Texte und die Texte in Drucke umzusetzen, einen Stil erzeugen, bei dem die Kinder wie in einer Werkstatt jeden Tag die bereits begonnene Arbeit fortsetzen können. Solche Arbeitszusammenhänge erlauben es ihnen, ihre wachsende Selbständigkeit anhand von Funktionen zu üben, die ihnen bekannt sind. Wenn sie Schwierigkeiten haben, so lassen sich diese anhand der Funktionen, die sie bereits beherrschen, eingrenzen, und die Kooperation mit den anderen Kindern hilft ihnen, die Schwierigkeiten zu überwinden (zur Unterrichtspraxis vgl. FREINET 1965).
Nachdem nun das Inszenieren im Unterricht an einigen Beispielen erläutert worden ist, können wir eine zusammenfassende Bestimmung geben. Inszenieren nennen wir diejenige Funktion des Unterrichtens, in der die persönliche Beziehung zwischen dem Lehrer und den Schülern anhand einer gegebenen Thematik sich zu einem inneren Gefälle des Unterrichtsverlaufs verdichtet. Inszenieren ist rückgebunden an die kommunikative Verständigung mit den Schülern, auch dort, wo man sich kulturell vorgeformter Strukturen bedient. Durch diese Rückbindung einerseits und durch die im Inszenieren sich ausdrückende prinzipielle Flexibilität der zureichenden Gestaltung jedes Themas andererseits eignet sich die in diesem Be-

griff enthaltene Handlungsperspektive zur Überwindung der Kategorie der Unterrichtsmethode, sofern dadurch festgefügte, nachmachbare und für sich bestehende Verlaufsmuster des Unterrichts bezeichnet werden. Gleichwohl ist das unterrichtliche Inszenieren kein akzidentielles Moment des Unterrichts, das heißt, ein Unterricht ohne inszenatorische Form wäre keiner. Der Reichtum pädagogischer Verlaufsformen ist hingegen nicht durch ein Verfahrensrepertoire bestimmbar, er läßt sich allein durch die pädagogische Phantasie aus der aktuellen Situation erschließen und kann nur post eventum beschrieben und generalisiert werden.

BASTIAN, J.: Unterricht, darstellender. In: Enzyklopädie Erziehungswissenschaft, Bd. 4, Stuttgart 1985, S. 640ff. BLANKERTZ, H.: Theorien und Modelle der Didaktik, München 1969. BOLLMANN, H.: Spiel, Darstellendes. In: Enzyklopädie Erziehungswissenschaft, Bd. 4, Stuttgart 1985, S. 612ff. FREINET, C.: Die moderne französische Schule, Paderborn 1965. GAUDIG, H.: Freie geistige Schularbeit in Theorie und Praxis, Breslau 1922. GIEL, K.: Studie über das Zeigen. In: B. u. E. 18 (1965), S. 181ff. HAUSMANN, G.: Didaktik als Dramaturgie des Unterrichts, Heidelberg 1959. HECKHAUSEN, H.: Förderung der Lernmotivierung und der intellektuellen Tüchtigkeiten. In: ROTH, H. (Hg.): Begabung und Lernen. Ergebnisse und Folgerungen neuer Forschungen. Deutscher Bildungsrat: Gutachten und Studien der Bildungskommission, Bd. 4, Stuttgart 1969, S. 193ff. HENTIG, H. V.: Vom Verkäufer zum Darsteller. Absagen an die Lehrerbildung. In: N. Samml. 22 (1982), S. 100ff., S. 221ff. KLAFKI, W.: Das pädagogische Problem des Elementaren und die Theorie der kategorialen Bildung, Weinheim ²1963. MEAD, G.H.: Philosophie der Sozialität, Frankfurt/M. 1969. PIAGET, J.: Das moralische Urteil beim Kinde, Frankfurt/M. 1979. RAUSCHENBERGER, H.: Über das Lehren und seine Momente. In: ADORNO, TH. W. u.a.: Zum Bildungsbegriff der Gegenwart, Frankfurt/M. 1967, S. 64ff. ROBINSOHN, S. B.: Bildungsreform als Revision des Curriculum, Neuwied/Berlin ²1969. SCHEUERL, H.: Das Spiel. Untersuchungen über sein Wesen, seine pädagogischen Möglichkeiten und Grenzen, Weinheim/Basel 1977. SCHWAGER, K.H.: Wesen und Formen des Lehrgangs im Schulunterricht, Weinheim o.J.

Ulrich Fiedler/Hubert Wudtke

Die Konstruktion des Primarschülers

1 Konstruktion
1.1 Problemstellung
1.2 Grundschule: Moratorium bei bemessener Zeit
1.3 Öffentliches Wachstumskonzept
2 Psychologische Perspektiven
2.1 Montagen
2.2 Lernen und Zeit: Stufen als Konstrukte
3 Das Piaget-Argument
3.1 Die heuristische Funktion normativer Theorien für die Erziehungswissenschaft und die Pädagogik
3.2 Rekonstruierende Analyse zur Konstitutionsproblematik der vertikalen Decalagen
3.2.1 Zur Konstitutionsproblematik und Genese der Ambivalenz
3.2.2 Zur Bedeutung des Äquilibrationsaxioms für die Interpretation struktureller Latenz
3.3 Entmischung von Inhalts- und Beziehungsaspekt
3.3.1 Zur partiellen Übereinstimmung von Kompetenz und Diskurs
3.3.2 Das Alte neu gesehen – Interpretation eines Problemlösungsprozesses unter Kindern

Zusammenfassung: Institutionalisiertes Lernen wird hier als Chance interpretiert, außerhalb des Rahmens sozial unmittelbar bedeutungsvoller Handlungen eine öffentliche und kriterienbezogene Interpretations- und Urteilsfähigkeit auszuformen. Die Schule als Moratorium repräsentiert ein öffentliches Wachstumskonzept, reflektiert leistungsthematische Erwartungserwartungen, entwicklungslogische Einschränkungen, aber immer auch latente, uninterpretierte Sinnstrukturen vor dem Hintergrund einer enormen Temposteigerung sozialen Wandels. Die gesellschaftliche Komplexität nötigt schon in der Schulzeit zur Konstruktion didaktischer Kontexte, in denen kurzfristige Lernziele zu langfristigen Bildungsprozessen ins Verhältnis gesetzt werden können.
Die Konstruktion des Primarschülers wird hier in Reinterpretation der Theorie Piagets und Studien zur sozialisatorischen Interaktion als empirisch gehaltvolle Heuristik gefaßt, um die Genese von Autonomie inmitten heteronomer pädagogischer Praxen abzuklären. Die gerichtete kognitive Ontogenese, die verschiedene soziale Ausformungen intelligenter Interaktionen (monologisches, strategisches, diskursives) zuläßt, wird in verschiedenen sozial strukturierten und strukturierenden Bezügen nachkonstruiert. Erst die Hereinnahme der Interaktion zwischen Gleichaltrigen und deren selbstreferentieller Umgang mit konstituiertem Wissen und Erkenntnisprozessen eröffnet eine Perspektive, um die Genese der Diskursfähigkeit auf dem Hintergrund schulischen Wissens und strukturierter didaktischer Kontexte aufzuhellen.

Ulrich Fiedler/Hubert Wudtke

Summary: In this contribution, institutionalized learning is interpreted as an opportunity of forming a public, criterion-oriented ability to interpret and make judgements outside the framework of directly socially significant actions. School as a moratorium represents a public concept of growth, reflecting performance-related expectations that demands will be made on one, limitations imposed by the logic of development but also latent, uninterpreted sense structures against the backcloth of an enormous increase in the tempo of social change. Even at school age, the complexity of society demands the construction of didactic contexts in which short-term teaching targets can be put into some relationship to long-term education processes.

The construction of the pupil of the primary school is, by reinterpretation of Piaget's theories and studies on socializational interaction, conceived as an empirically substantial heuristic concept to explain the genesis of autonomy within heteronomic pedagogically practices. Cognitive ontogenesis, which permits various social formulations of intelligent interaction (monological, strategical, discursive), is reconstructed in several socially structured and structuring contexts. Only when interaction between children and their peers and their self-referential handling of constituted knowledge and cognitive processes are taken into account do we obtain a perspective from which the development of discoursability can be adequately elucidated against the background of knowledge and structured didactic contexts.

Résumé: L'apprentissage institutionnalisé est interprété ici comme une chance de modeler, en dehors du cadre d'actions socialement immédiatement significatives, une capacité d'interprétation et de jugement, qui est à la fois publique et se rapporte à des critères. L'École, en tant que moratorium, représente une conception publique de croissance, reflète des attentes, et celles qu'elles provoquent sur autrui, quant aux performances scolaires, des limitations dues à la logique du développement, mais aussi, toujours, des structures de sens latente, non interprétées, devant l'arrière-plan d'une énorme augmentation du rythme de l'évolution sociale. La complexité de la société oblige, dès le temps de l'École, à la construction de contextes didactiques dans lesquels des objectifs pédagogiques à court terme peuvent être mis en relation avec des processus de formation à long terme.

La construction de l'élève du Primaire est conçue ici en une réinterprétation de la théorie de Piaget et dans des études d'interaction au cours de la socialisation, et ce, en tant que méthode heuristique et empirique, apte à clarifier la genèse d'autonomie au sein de pratiques hétéronomes en pédagogie. L'ontogenèse cognitive, qui permet différent modelages sociaux dans les interactions intelligentes (monologués, stratégiques, discursifs) est reconstruite dans différentes relations socialement structurées ainsi que structurantes. Ce n'est que la prise en compte de l'interaction entre enfants du même âge et leurs manières autoréférentielles d'agir avec le savoir constitué ainsi qu'avec les processus cognitifs eux-mêmes, qui ouvre une perspective pour éclairer la genèse de la capacité discursive sur l'arrière-plan du savoir scolaire et de contextes structurés du point de vue didactique.

1 Konstruktion

1.1 Problemstellung

Von der „Konstruktion" des Primarschülers wird hier zunächst gesprochen, weil jede Darstellung selektiv und perspektivenabhängig ist. Die Unmöglichkeit, das

Erleben, Handeln und Nachsinnen der Edukandi in einem Entwicklungs- und Lernkonzept abzubilden, nötigt zur Einschränkung und Auszeichnung der hier gewählten Perspektive vor einem abstrakteren Hintergrund, der den Realbedingungen der Konstitution personaler Identität inmitten der heteronomen Determinanten des öffentlichen und privaten Lebens gerecht wird.

Aufwachsen, Erziehung und Belehrung finden immer schon statt, sind als Realität der schulischen Praxis und Reflexion vorgegeben. Die Aufmerksamkeit wird hier versammelt, um die gesellschaftsabhängige, gleichwohl evolutionäre Nötigung aller Heranwachsenden zum Durchlaufen der Pflichtschule zu verstehen und als Chance zu interpretieren, um das kindliche Streben und die emergierende allgemeine Erkenntnisfähigkeit so zur Funktion zu bringen, daß die kulturellen Leistungsformen allen Zeitgenossen geläufig verfügbar werden. Das sinnhafte Erzählen und Argumentieren, das Lesen und Verschriften, das problemzentrierte Schließen und textgebundene Interpretieren werden in der Schule täglich in nicht abreißenden Reihen partikularer Themen zur Funktion gebracht - bei jedermann? Die Grundschule hebt das natürliche Lernen auf, diskontinuiert die subkulturellen Wachstumskonzepte und Interaktionspraxen, die gleichzeitig weiterwirken (vgl. BERNSTEIN 1973, HESS/HANDEL 1975), führt die ungleichen Kinder nach der Kalenderzeit unausgelesen zusammen, um sie außerhalb ihrer Eigenwelten und familiären Intimität in relevanten Dimensionen der öffentlichen Kultur gleichsinnig zu verändern und ihnen interpersonal - und dann intrapersonal - bindende Argumentations- und Darstellungsweisen geläufig verfügbar zu machen.

Die Ungleichheit der Kinder ist Prämisse und stets auch wieder Folge pädagogischer Einwirkungen, aber die Verständigung und persönliche Ausdrückbarkeit in allgemeinen zeichen- und textgebundenen Sprachspielen bringt in den Ungleichen verallgemeinerte sinnhafte Verständigungsfiguren zur Wirkung, die diskontinuierlich zu lebensgeschichtlichen Sinnmustern in öffentlicher Praxis und Kommunikation ausgearbeitet werden (vgl. WYGOTSKI 1969, S. 104 ff., zu der Differenz von Alltagsbegriff und echtem Begriff). Auch außerhalb der Schule wird das Kind nur zum Mitspieler in der Kindergruppe, wenn es die interpersonal bindenden Regeln beachtet, mag es das Spiel auch auf je einzigartige Weise erleben (vgl. PIAGET 1954). Werden die sozialen Texte in der Schule auch so ausgearbeitet, daß jedes Kind, das immer auch im Selbstbezug operieren muß, zur Funktion kommen kann und nachvollziehen kann, daß sein motivierter Beitrag zugleich ein Beitrag zum gemeinsamen Text ist und dieser ein sinnhaftes Modell, den es im Prinzip auch hätte alleine produzieren können?

Speziell der Wechsel vom Dialog zur Diskussion mit vielen (vgl. PIAGET 1972a, S. 116 ff.) und zur „monologischen" Schriftsprache (vgl. WEIGL 1976, WYGOTSKI 1983) sprengt die synthetischen, eigenlogischen Sprachspiele der Kinder, entmischt die innersprachlichen Modelle (vgl. HALLIDAY 1973), zwingt die Kinder zwanglos im Gespräch zum Sprechen über Gesprochenes und dezentriert die Individuen auf voraussetzungsreiche Kommunikationsmodelle, die die Kommunikation mit nicht anwesenden anderen (Bücher) eröffnen. Texte - nicht mehr Situationen mit ihren ostentativen Bezügen - stiften die Sinnhorizonte, definieren Ereignisse zu Aufgaben und orientieren die Kinder, die erlaubten, stets eingeschränkten Züge in gebundenen Sprachspielen zu beachten; diese sind nur zu einem geringen Teil der bewußten Reflexion zugänglich. Das Bewußtsein der Regeln folgt der Praxis der Regeln nach, dies gilt außerhalb der Schule für Spiel und Kommunikation wie in der Schule für das Argumentieren, das Verschriften und die Rechtschreibung (vgl. PIAGET 1954, WEIGL 1976).

Ulrich Fiedler/Hubert Wudtke

Die Grundschule bringt über eine Vielfalt von *Lern*bereichen ästhetische, kognitive und kommunikative Prozesse zur Funktion, sie kann und soll aber schon eine Vorschule des disziplinierten öffentlichen Redens und Darstellens sein. Durch das Erleben des nicht selbst erlebten Erlebens anderer werden Kinder nicht nur umsichtiger, die textgebundene Weise des sprachlich erzeugten Erlebens bringt verschiedene Hinsichten ins Spiel, stiftet die kulturelle Umwelt, die zum Erkunden und Besprechen motiviert. In der Grundschule verschafft sich so das Schulsystem die Wirkungsgrundlagen für lang andauernde Schulkarrieren, für ein Lernen des Lernens außerhalb des unmittelbaren Rahmens sozial bedeutungsvoller Handlungen. Das sozial gebundene Lernen freilich gewinnt seine „intrinsische Stabilität" (vgl. PIAGET 1981, S. 46) bei Kindern nur, sofern sie Fremdsinn als eigenen anderen Sinn aktiv nachspielen, nachkonstruieren können. „Wenn wir das Verhalten des Kindes bei seiner Arbeit mehr zum Objekt der pädagogischen Bemühung machten, wenn der Unterricht mehr darauf eingestellt würde, die Aufmerksamkeit, das Interesse an Lehrstoffen, die Gutwilligkeit der Aufnahme, das Gedächtnis, die Geistesgegenwart rein als seelische Kräfte besser auszubilden, wenn wir also den subjektiven Faktor verbesserten, so würden wir ihm viel mehr objektive Leistung zumuten können, als bisher" (SIMMEL 1922, S. 20), aber auch dies gelingt nur in Interaktionsfiguren.
Von „Konstruktion" ist folglich in einem besonderen Sinne zu reden, seit alle Kinder jenseits ihrer natürlichen Lebenswelten in *einer* Grundschule ihre Klugheit und Identität im Nacheinander und Nebeneinander von Familie und Schule verändern und neu identifizieren sollen (vgl. LUHMANN/SCHORR 1982). Die Anwesenheit aller Ungleichen ist intendiert und der Pädagogik gesellschaftlich aufgenötigt; kann sie unter diesen Konditionen Unterricht so inszenieren, daß jedermann lernt, daß alle sich gemeinsam verändern und gemeinsam Sinn sinnhaft auslegen können?
Die Grundschule erzwingt über die Anwesenheit aller die chronische und intime Auseinandersetzung der vielen Kinder miteinander, deren Elternhäuser mit auf der Schulbank sitzen (vgl. LÖWE 1972, S. 108) und deren Sinnstreben sich in je anderen Lebenslagen und Lebensgeschichten ausgeformt hat. Die latenten (Wahrnehmen; Wahrnehmen, daß man wahrgenommen wird) und offenen Kommunikationsprozesse führen auf diffuse Weise zu sozialen Neubildungen. Jeder Unterricht ist einzigartig und unwiederholbar, zielt aber in der Zeit durch die je besonderen Inszenierungen hindurch auf wiederholbares, interpersonales Wissen und Können und bindet mit der Zeit auch die Neuschöpfungen der Kinder an die Normen der Mitteilbarkeit und Gegenseitigkeit. In der Schule ereignet sich so Geschichte (vgl. WENIGER 1960, S. 6) als Vorgeschichte der zukünftigen Erwachsenen.
In funktional ausdifferenzierten Gesellschaften agieren alle Erwachsenen in einer Fülle von Laienrollen (Patient, Klient, Konsument, Leser, Wähler), aber nur in ein oder zwei Expertenrollen. Das republikanische Gemeinwesen lebt davon, daß bei gesteigerter Arbeitsteilung und jederzeit möglichen gesellschaftlichen Fehlspezialisierungen (Hochrüstung, Instrumentalisierung der Natur, strukturelle Arbeitslosigkeit) Laien und Experten, die ja von Thema zu Thema sich in wechselnden Rollen erleben, sich streitend, vertrauend, aber doch kontrollierend zueinander ins Verhältnis setzen können, um technisch und praktisch die gemeinsame, höchst ungewisse Zukunft angesichts wirklich möglicher Möglichkeiten zu identifizieren und zu gestalten. Jeder muß heute wissen, daß er alleine immer nur eine simplifizierende Version von Welt auslegen kann. Alle sind aneinandergekettet und zur Kommunität und Selbstbeherrschung gezwungen.
Bezogen auf ein republikanisches Gemeinwesen in weltweiten Abhängigkeiten, ist es folglich nicht beliebig, in welchen sozialen Partituren die Intelligenz der vielen

zur Funktion gebracht wird, ob diese die Konkurrenz und „ungesellige Geselligkeit" (Kant) entlang unaufgeklärter Leistungsmaßstäbe verschärfen (vgl. HECKHAUSEN 1975), Bildung als Besitz Individuen zurechnen oder die Individuen so zueinander in Beziehung setzen, daß sie sich gemeinsam verändern und als Personen in sozialen Bindungen identifizieren und anerkennen können.
Schon der Primarunterricht, der auf Kinder trifft, die über die „Grundqualifikation des Rollenhandelns" (vgl. KRAPPMANN 1976) verfügen, muß bei aller Asymmetrie der Lehrer-Schüler-Beziehung, die unvermeidlich ist und sich auch aus der Fürsorgefunktion des Erwachsenen und der Nötigung aller zum Lernen ergibt, dann, wenn er auf Sinnes- und Haltungsänderungen zielt, ein funktionales Äquivalent für diskursive und selbstbezogene Interaktionsformen vorsehen: Kooperation und Diskussion der Kinder, Alleinarbeit und Passagen, in denen das Können der Kinder in ästhetischen Inszenierungen lustvoll zur Funktion gebracht wird. Autonomie und Zusammenarbeit erzeugen sich im Wechselbezug (vgl. PIAGET 1954, S. 117), beide können in einem durchgängig lehrerorientierten Unterricht kaum zur Ausformung gebracht werden. Interaktionsanalysen zeigen nicht nur ein hohes Maß an Disziplinierungs- und Zwangsäußerungen (vgl. BROPHY/GOOD 1976; vgl. TAUSCH/TAUSCH 1970, S. 201 f.), sie bezeugen häufig das Verfehlen von Kooperation bei Abwesenheit des Lehrers und zeigen vor allen Dingen ein Ausgrenzen schwächerer Schüler aus dem Unterrichtsprozeß (vgl. FUHRMANN 1975, S. 96); für diese ist die Schule ein Ort, wo sie nicht unterrichtet, geschweige denn aufgerichtet werden.
Es ist die Pointe der Grundschulkonstruktion, daß sie gleichaltrige Kinder mit unterschiedlichen Lernvorgeschichten zeitbindend aneinander- und an einen Lehrer kettet, der als Klassenlehrer selbst in den meisten Lernbereichen nur auf dem Niveau eines schulisch gebildeten Laien agieren kann. Er ist oft ein sehr eingeschränkter Laie, was ihn sachlich zur Zurückhaltung verpflichtet. Seine Professionalität liegt darin, daß er ein Interpret kindlicher Äußerungen und kluger Arrangeur von Unterricht ist, der nötige Problemstellungen Kindern nahebringt und diese zur Themenverfertigung in Kooperation, Rede und Schrift motiviert (vgl. FREINET 1980; vgl. OTTO 1903, S. 346 f.), die auch für die Kinder erkennbar den Lehrer zum Nachsinnen bringt. Bildender Unterricht erfüllt sich nicht in der erfolgreichen Exekution einer Unterrichtsvorbereitung; will er ein Stück kultureller Arbeit sein, muß er mit Überraschungen umgehen können und seine eigene Geschichte als zukunftsorientierte Vergangenheit benutzen, indem er auf Themen zurückkommt und diese zeitintensiv behandelt. In dieser eigentümlichen Konstruktion der Grundschule liegt ein entscheidender Hinweis auf die Funktion der Grundschule unter republikanischen Bedingungen.
Endlich läßt sich der Selbstaufbau der Person in sozialen Prozessen als konstruktive Rekonstruktion der Sinnmuster und Technologien interpretieren, die zunächst außerhalb des Kindes liegen und permanent als Muster wirken. Entsprechend generieren die Kinder in Funktion zu ihren sozialen Um- und Mitwelten eingeschränkte Modelle des Redens und Handelns (vgl. BERNSTEIN 1973). „Die vermittelte Struktur der psychischen Prozesse entsteht immer auf Grund der Aneignung solcher Verkehrsformen durch den Menschen, wie sie sich ursprünglich als Formen des unmittelbaren Verhaltens bilden" (LEONTJEW 1969, S. 7). Stimmt man dieser Generalthese zu, dann zeigt sich keine Lösung, sondern nur eine Problemformulierung. Auf der Ebene gesellschaftlich sinnhaften Handelns erzeugen sich soziale und psychische Prozesse wechselseitig. Man „muß von einem Feld sinnhaften Erlebens und Handelns ausgehen, in dem sich Persönlichkeiten und Sozialsysteme erst konstituieren als je verschieden strukturierte Sinnzusammenhänge desselben Erlebens

und Handelns. Erst die Unterscheidung verschiedener Systemreferenzen (die natürlich durch die Existenz menschlicher Organismen erleichtert wird) trennt Persönlichkeiten und Sozialsysteme als verschiedene Strukturen der Erlebnisverarbeitung und damit auch Psychologie und Soziologie" (LUHMANN 1972, S. 29). Wie nun aber sollen mit den vielen Ungleichen sozial ausgezeichnete Texte und Problemlösungsschemata (Lehrplan) so im unmittelbaren Verkehr wiedererzeugt werden, wie wenn sie mögliche Texte der Kinder selber wären? Ein logischer oder ästhetisch stimmiger Text ist von seinem Autor unabhängig, wie nun sollen Texte ohne Subjekt zu Texten von Subjekten werden, die selber kohärent denken, und das je auf ihre Weise?
In der unterrichtlichen Inszenierung, für die der Lehrer die Verantwortung trägt, müssen die Kinder schrittweise ihr mitlaufendes kontingentes Wissen einschränken, um die Problemstellung im Text aktiv zu rekonstruieren. Eine sinnhafte, mitteilbare Reproduktion muß strukturhomolog sein, kann sich an der Oberfläche unterscheiden. Verstehen zeigt sich nicht in einer Kopie, sondern in einer adäquaten Interpretation oder Applikation auf neue Sachverhalte. Der Lehrer ist als *Interpret* und Arrangeur gefordert. Er soll die kindliche Systematik interpretieren können, die er nicht an der Oberflächenähnlichkeit ablesen kann (vgl. AEBLI 1980, S. 241 ff.). Speziell der Primarunterricht mit seinen *Lernbereichen* (nicht Unterrichtsfächern) erfordert eine Kommunikationsführung, die die natürlich angelaufenen Lernprozesse aufhebt (im positiven Sinne) und über die gemeinsame Erzeugung sinnhafter sozialer Texte diskontinuiert, so daß noch in der Grundschulzeit die Kinder situationsungebunden in textgebundenen Kommunikationsprozessen wie natürlich weiterlernen und sich persönlich ausdrücken können. „Der gesellschaftliche Mensch ist ein Kunstwesen, und seine Kunstexistenz muß ihm durch gesellschaftliche Bildung so leicht und so befriedigend gemacht werden als immer möglich; er muß durch dieselbe wenigstens dahin gebracht werden, sich die wesentlichen Annehmlichkeiten seines physischen Daseins ebenso leicht und ebenso allgemein verschaffen zu können, als er selbige auch in der Verwilderung des Naturlebens gefunden hätte" (PESTALOZZI 1956, S. 271). Die Ansprüche sind (seit 1799) gestiegen, der Schriftgebrauch zeigt nur auf prägnante Weise, daß dem Kind in der Zeit schrittweise eine bewegliche, je systemabhängige Haltung abverlangt wird, um ein Denken und Handeln mit gesellschaftlichen Gedächtnismitteln (Schrift, Terminologien) vom exzentrischen Standpunkt eines beliebigen, interessierten anderen zu realisieren.

1.2 Grundschule: Moratorium bei bemessener Zeit

Ohne Verfügung über die natürlichen Lernprozesse setzt die Schule mitten im Lebenslauf der Kinder ein. Schulischer Unterricht soll bei bemessener Zeit das Lernen so temporalisieren, daß jedermann anspruchsvolle textgebundene, kognitive Prozesse geläufig in sich hervorrufen kann – eine Aufgabe, die im natürlichen Lebensvollzug nur zufällig erfüllt werden kann.
Weil jeder nur im Bezug zu nicht intimen anderen und über Unterricht gesellschaftlich urteilsfähig werden kann, ist die Anwesenheit der verschiedenen Kinder eine gesellschaftsadäquate Kondition. Schule ist nicht auf die Perfektionierung der Individualität zentriert, sie zielt auf die interpersonale Erzeugung sinnhafter sozialer Texte und zu Texten sich verhaltenden Personen, die sich inter- und intrapersonal in der selbsterzeugten Kooperation und Kommunikation binden.
Jede gesellschaftliche Begabung kann sich nur im Verkehr mit anderen, schon sozialisierten Subjekten ausformen. Die Neu-Begabten werden nun zur relevanten

Die Konstruktion des Primarschülers

Umwelt für die anderen. Die pädagogische Psychologie übersieht offenbar diese Bedeutung der Mitschüler. Ihr Verbleiben in der Nahwelt erzeugt die Mit- und Umwelten, die in der Langzeit die Ausfaltung aller möglichen Begabungen offenhält, die Schule betreut Person-Umwelt-Systeme. So zeigt sich ein stetiger Anstieg der gesellschaftlichen Durchschnittsintelligenz (vgl. MEHLHORN/MEHLHORN 1981), während es keine Verfahren zur umweltindifferenten individuellen Prognose gibt (vgl. LANGEVELD 1973). Hier verweist die Empirie auf Kontinuitäten wie schubartige Veränderungen (vgl. KAGAN/MOSS 1962), auf Auf- und Abwärtsbewegungen bei Schicksalsschlägen (vgl. THOMAE 1959) und Veränderungen über Zufälle (Interessenwechsel, Lehrerwechsel: vgl. LEJTES 1974). Sofern die Schule als lohnende Umwelt erfahren wird, begünstigen leistungsheterogene Gruppen alle Kinder (vgl. RUTTER u. a. 1980, S. 38 f.). Es entspricht dem gesellschaftlich aufgenötigten Perspektivenwechsel, die Begabung der Schüler durch die Begabung der Lehrer zu ersetzen, die Schüler zu begaben (vgl. ROTH 1967, S. 247 f.). Soziologie und Psychologie entlasten wiederum den Lehrer, wenn sie scharf ausleuchten, daß sich die Kinder in Funktion zu sozialen Kontexten selbst aufbauen, die für Lehrer unverfügbar weiterwirken (vgl. MOLLENHAUER 1969). Im Unterricht gilt es, entlang repräsentativer Themen die Kinder im Sinne ihrer Intelligenz und Sprache zur Funktion zu bringen, um dann schrittweise das komplexe motivierte Tun und Reden der einen im Tun und Reden der anderen zu spiegeln. Die zentrischen subjektiven Texte werden am Anfang komplexer, reichhaltiger sein als die gemeinsamen Texte, zumal wenn sie nun schriftlich und sachlich kodiert werden. Jeder muß lernen, im Sprechen und Tun die Erwartungen und Perspektiven der anderen und die sachlichen Bezüge zu erwarten. Mit dieser beginnenden Zusammenarbeit (vgl. PIAGET 1954, S. 22), Bildbarkeit in Gruppen (vgl. KROH 1967, S. 51) wird das Denken und Sprechen reflexiv gebrochen, wird bewußter und damit manipulierbarer – eine Entwicklung, die den Umgang mit Fremdsinn (Texte, Konzepte, Schemata) steigert und das Denken beweglich macht (vgl. LOMPSCHER 1975, S. 61). In diesem eingeschränkten kognitivsozialen, aber doch anspruchsvollen Sinne interpretieren wir hier die Rolle der Grundschule. Sie wird als Vorkehrung verstanden, die es der Gesellschaft überhaupt erst erlaubt, jenseits der Schulpflicht ohne Rücksicht auf Lebenslauf und Lerngeschichte jedermann nach der Kalenderzeit in einem gehaltvollen Sinne Autonomie und damit Verantwortung und Schuldhaftigkeit zuzurechnen.

Hier wird nun probehalber angenommen, daß die Gesellschaft, die sich ohne Rücksicht auf die Interaktionen von jung und alt verändert, mit der Schule das System ausdifferenziert, in dem ausdrücklich das sinnhafte Lernen des Lernens betreut und eingeübt wird. Probehalber wird anerkannt, daß die Schule die nötige, stets unperfekte Sonderumwelt repräsentiert, die das Lernen als gesellschaftliche Tätigkeit kultiviert, um die im natürlichen Selbstaufbau emergierende allgemeine Handlungs- und Erkenntnisfähigkeit so zur Funktion zu bringen, daß sozial- und lebensgeschichtlich eingespielte Orientierungen, Einstellungen und Sinnmuster aufgehoben (nicht beseitigt) werden können, um sich endlich in jenen Sprachspielen sicher bewegen zu können, in denen außerhalb der Schule Problemstellungen formuliert und ausgehandelt werden. Will man gewaltlose Modi der Austragung gesellschaftlicher Interessen, will man diese durch Diskurse und Verfahren lösen, dann müssen schon in der Grundschule die Lehr-/Lernprozesse prädiskursiv inszeniert werden – auch dann, wenn andere Lehrformen effizienter sind, denn zugleich stehen die langfristigen Ziele auf dem Spiel, die durch die Habitualisierung asymmetrischer, nur nachvollziehender Haltungen verfehlt werden können.

Kindliches Denken ist vor der Schule überdeterminiert, wie es sich an den Spielen ablesen läßt: „Alles kann mit allem verknüpft werden." Kognitiv-soziale Prozesse aber sind von motivierten monologischen Spielen durch ihre äußere Bindung und innere Ordnung zu scheiden. Kommunikation und Kooperation zwingen zur Einschränkung, die Personen nutzen die Vergangenheit als selektive Orientierung: „Du hast aber vorhin gesagt... Das haben wir schon ausprobiert... Wenn wir das machen, passiert das." In der problemzentrierten Kommunikation werden die Ereignisse und Aussagen textgebunden „einheitsfähig" gemacht, so daß sich das verfertigte Denken als struktureller Zwang aufprägt.

So kann in der Schriftsprache der Edukandus nicht allein seiner Sinnerwartung folgen, will er Fremdsinn adäquat als anderen Eigensinn bedenken. Auf der systemischen Ebene kann er nicht auf beliebige Weise seinen lautsprachlichen Entwürfen Grapheme zuordnen. Jede Schriftsprache bringt ein besonderes Modell hervor. In Distanz zu seiner Lautsprache muß der Schüler die relevanten Segmente der Laut-Schriftsprach-Korrespondenz identifizieren (syntaktische Formative: Morpheme, Graphem-Phonem-Korrespondenzen, sprachlicher Kontext), deren Regeln teils systemabhängig rational teils als Besonderheiten erworben werden müssen. Es gilt, daß auch der Erwachsene/der Lehrer nicht alle Regeln kennt (vgl. BIERWISCH 1976, MÜLLER 1960). Dies macht darauf aufmerksam, daß das selbstbewußte Bewußtsein nur eine selektive, begleitende Rolle spielt. Die Regeln muß das Kind bei zeitgewährender didaktischer Inszenierung selber intuitiv abstrahieren.

Der Erwerb der Schriftsprache ist insofern ein prägnantes Beispiel, weil sich zeigen läßt, daß der Erfolg davon abhängig ist, wie die Kinder motiviert zur Funktion kommen auf der Basis ihres Sprachkönnens und ihrer latenten interpretativen Prozesse (vgl. MÜLLER 1960, WEIGL 1976). Die methodische Führung muß zuallererst eine Unterrichtskultur stiften, in der die Kinder sich mit ihren Zugriffsweisen auf die neuartige Aufgabe einstellen können. MONTESSORI (vgl. o.J.) und Decroly (vgl. HAMAÏDE 1928) haben gezeigt, daß die pädagogische Technik dann simpel sein kann, wenn die Kinder zur Funktion kommen; sie bedürfen der Lehrerhilfe, aber kaum der stetigen Bekräftigung, noch läuft der Prozeß linear ab, denn sie müssen schubweise ihre impliziten Modelle über die Schrift-Laut-Beziehungen umstrukturieren, bis sie auf der Basis der Muster und der Selbstkontrolle das Normmodell reproduzieren können (vgl. BIERWISCH 1976, S. 77).

„LIBER PAPA/
ICH SCHRAIBE DIR HOITE AIN BRIF/
DU SOLST DEN JÖRN EIN GESCHENK
MITPINEN/WAL DER JIÖRN MORGEN
GEBORTZTAG HDD" (EICHLER 1976, S. 253).

Dieser Text eines Vorschulkindes zeigt den systematischen Umgang mit der Schriftsprache an. Eine fehlerorientierte, ans Bewußtsein appellierende Belehrung würde hier genausowenig weiterhelfen wie bei einem Zweijährigen, der das Modell der Lautsprache schrittweise über Zwischenmodelle ausarbeitet (vgl. M. MILLER 1976). Niemand würde auf die Idee kommen, erst die Aussprachefehler oder syntaktischen Verfehlungen zu korrigieren, ehe er in motivierenden Situationen weiter mit dem Kinde spricht.

Das Problem des fehlerorientierten Lehrens liegt darin, daß unzureichende Verhaltensmodelle sinnindifferente, vermeintlich elementare psychische Prozesse Sinnleistungen als konditional und kausal zurechnen und Trainingsprogramme auswerfen, die ins Beliebige orientieren, aber nicht psychische Prozesse, den sinnhaften sozialen Prozessen entsprechend, zur Funktion bringen (vgl. WEIGL 1976; Schreiben – Lesen: vgl. MENZEL 1981). So muß sich auch beim Rechnen der Schüler von ge-

Die Konstruktion des Primarschülers

richteten Schemata lösen, um sich flexibel in der Halbgruppe der natürlichen Zahlen zu bewegen, die keine beliebige Reihenfolge in der Verknüpfung der Operationen „+, −, :, ·" zuläßt, noch geben diese wiederum einen Hinweis, wie einem Sachverhalt ein adäquates mathematisches Modell zukommt (vgl. J. WITTMANN 1958). Jedes sachliche Gespräch zwingt zur Beachtung der Perspektiven anderer und damit zur Scheidung der jetzt relevanten Merkmale von den jetzt irrelevanten, die aber präsent bleiben und sich immer wieder ins Gespräch einmischen (vgl. OLVER/HORNSBY 1971, S. 97f.).

Es wird hier nicht angenommen, daß die Schule in irgendeinem direkten Sinne die Urteilsfähigkeit der Kinder erzeugt. Der schulische Unterricht steht eher unter Beweisnot, er muß stets erst noch zeigen, daß er - ohnehin nicht hinreichender, aber - notwendiger Teil im Aufbau der gesellschaftlichen Urteilsfähigkeit der vielen ist, statt das Denken zu schematisieren und zu überformen.

Die Grundschule wird hier als Moratorium verstanden, das sichern soll, daß möglichst alle Kinder in Bezug zu sinnhaften sozialen Texten, die immer auch nicht zu ihnen passen, sich verändern können, um endlich ihr Denken in einer gebundenen Umgangssprache und Schriftsprache zu explizieren. Das Denken baut sich nicht linear auf, die entzeitlichten kognitiven Pläne entstehen in „subjektiven Erfahrungsbereichen", aber die äußerliche Allgemeinheit wird erst im zeitintensiven Gang durch sinnhafte soziale Prozesse zur inneren Allgemeinheit. Genau das zeigen die Stufentheorien an, wenn sie große Zeitabstände notieren, in denen sich die Verhaltensbasis durchgreifend umstellt.

Kinder verfügen schon vor der Schule über die elementaren kognitiven Prozesse (Klassenbildung, Reihenbildung, Metasprache, Perspektivenwahrnehmung - vgl. PIAGET 1981), bringen aber in Vermischung dieser Prozesse motivierte eigentümliche Modelle zur Ausdrückbarkeit.

Die Funktion der Schule liegt darin, allen Kindern die wirkliche Chance zu eröffnen, in sinnhaften kommunikativen Prozessen miteinander und gegeneinander sich an Themen entlang zur Explikation ihres Denkens und Vorwissens zu bewegen. Kategorisierungsprozesse haben eine natürliche Basis, die gesellschaftliche Welt aber ist überkomplex, über Handeln und Wahrnehmen sind die möglichen Konzeptualisierungen nicht mehr interpretierbar. Das Kind selber zeigt in seinen Spielen an, daß es sich von den wirklichen Wirklichkeiten löst und stimmige mögliche und unmögliche Welten erzeugt. Die Schule muß dieses Denken kontinuieren und über zwanglose Diskurse und Kooperationen an spezifischen Problemen entlang diskontinuieren und disziplinieren, um mit den Kindern die wirklich möglichen Welten nachzukonstruieren, die das gesellschaftliche Leben steuern und alle aneinanderketten.

Die Grundschule ist in keinem direkten Sinne Vorschule der Fächer des Sekundarbereichs noch der Wissenschaften jenseits der Schule, sondern zentriert auf die Kindern mögliche Erkenntnis- und textgebundene Urteilsfähigkeit in einer szientifizierten Um- und Mitwelt (vgl. GIEL u. a. 1974). Wir werden zu zeigen versuchen, daß gerade diese soziale Konstruktion (repräsentativer Lehrplan, viele Gleichaltrige, ein Klassenlehrer) von besonderer Bedeutung ist, die den Grundschullehrer zur Reflexion und Selbstthematisierung zwingt. Sie verpflichtet ihn, den vorherrschenden, thematisch sprunghaften Frontalunterricht (vgl. HOPF u. a. 1980) schrittweise zu ersetzen durch Unterrichtsfiguren, die am Thema entlang Zeit verfügbar machen, um auch die Kommunikation der gleichgestellten Gleichaltrigen und die das Kind bindende Alleinarbeit zu ermöglichen.

Ein motivierender, aber strikt lehrerorientierter Unterricht bringt die Schüler zwar

als Sprecher zur Funktion, aber sie machen nur von ihren Einfällen Gebrauch und rätseln dem vorwärtseilenden Konzept des Lehrers nach. Als Denkende, die auch einmal thematisch zurückgreifen, verweilen und sich selbst nachdenken, kommen sie untereinander gar nicht ins Spiel.
(Winterschlaf des Igels)
„S.: In einen warmen Raum.
L.: Denkt schnell nach! Die Kiste!
S.: Vor den Ofen.
L.: Nein, um Himmels willen nicht vor den Ofen! So im November!
S.: Die muß man wieder nach draußen stellen!
S.: Ja!
L.: Stroh in die Kiste. Weißt du mehr?
S.: Vielleicht ein bißchen Futter reinstellen.
L.: Futter? Nein!
S.: Aber Gras!
L.: Gras. Könnte gut sein." (JEZIORSKY 1972, S. 269)
Die Gesprächstypik verfehlt das Gespräch. Der interpretierende Lehrer urteilt allein und mit großer Sicherheit: „Die Vorschläge sind nicht brauchbar; der Lehrer muß wieder helfen. Er gibt kurzerhand die Lösung und läßt die Kinder, nachdem sie im projektiven Denken resignieren mußten, nun den übermittelten Sachverhalt nachbeurteilend bedenken" (JEZIORSKY 1972, S. 269).
Kooperation und Kommunikation der Gleichaltrigen und die Alleinarbeit in der Schule sind eine Bedingung dafür, daß die Schüler sich zutrauen, aus ihrer Zentralperspektive heraus zu argumentieren, um dann am Thema entlang das Deuten und Handeln des anderen als Herausforderung und Hilfe zu erkennen, da man selbst seine Gedanken hat gebunden vortragen können, die auch die anderen im Gespräch präsent halten. Ein themenzentrierter Unterricht, der Schüler zur Funktion bringt, ist zugleich ein fehlerzulassender Unterricht, nur so kommt auch die Systematik des kindlichen Denkens an die Oberfläche (vgl. BAUERSFELD 1983, EICHLER 1976). Ein strikt lernzielorientierter und fehlerorientierter Unterricht überformt ständig das Denken der Kinder mit nicht assimilierbaren Mustern.
Ebenso konserviert ein strikt individualisierender Unterricht die Heteronomie, wenn allein der sensible Lehrer die nötige Schrittfolge und dosierten Diskrepanzerlebnisse dem Schüler verschreibt (vgl. BLOOM 1970, HECKHAUSEN 1969, OBUCHOWA 1973). Eine lehrergesteuerte Individualisierung bindet das Kind an die unvermeidbar selektive und implizite Interpretationsperspektive des Lehrers, der – wie auch immer tief gestaffelt – das kindliche Sinnstreben nur vereinfacht interpretieren kann: also immer eher falsch.
Schon für den Schriftspracherwerb gilt die empirisch gut gesicherte Erkenntnis: „In mehr oder minder bewußter Weise pflegen die Lese- und Schreibanfänger nach einiger Zeit, die individuell stark differieren kann, den unterrichtlich vorgezeichneten Weg zu verlassen, um sich heimlich, still und leise auf Entdeckungsreisen in den Gefilden der Schriftsprache zu begeben" (WEIGL 1976, S. 86).

Ein durchgängig lernzielorientierter Unterricht linearisiert das Nachsinnen, bringt das Gedächtnis und die Nachahmung zur Funktion und verlagert die Denkarbeit in die Innenwelt des Kindes und in die Familien; er erzeugt vom ersten Tage an Abweichungsverstärkungen, verschärft entlang schichtenspezifischen Habitualisierungen das Auseinanderdriften der Kinder (vgl. MANDL 1975) und verfestigt früh und dauerhaft die Rangplätze der Kinder (vgl. KEMMLER 1967). Lehrer neigen wie an-

Die Konstruktion des Primarschülers

dere Erwachsene – trotz Entwicklungspsychologie dazu, nicht mehr Veränderungen zu erwarten; sehr frühzeitig schreiben sie Kindern Eigenschaften, die in Relation zur Unterrichtsführung zur Funktion kommen, als konstant zu (vgl. HÖHN 1967, SCHMALT 1982). Weil die zurückbleibenden Kinder den Instruktionen nicht mehr folgen können, können sie auch nicht so auf sich einwirken, wie der Unterricht auf sie einwirken soll. Sie erscheinen dem Beobachter als feldabhängig, nichtreflexiv und immobil im Denken (vgl. KAGAN/KOGAN 1970, WEINERT 1980). Können sie aber den sprachlichen Rahmungen nicht mehr folgen, weil sie in diesen selber als Interpreten nicht mehr vorkommen, dann haben sie gar keine andere Wahl, als sich an den kommunikationsunabhängigen, ihnen aufdrängenden „wahrnehmbaren" Elementen im Horizont ihrer vermischten Schemata zu orientieren. Innerschulisch fallen sie auf frühkindliche Modi der Problemlösung zurück (unkoordiniertes schematisches Denken, diffuse Vermischung eigener und imitierter Schemata, Trotzen, starres Kopieren), während sie außerschulisch, sofern es noch Kindergruppen gibt, sich zu immer komplexeren Spielpartituren und Selberbeschäftigungen steigern (vgl. PIAGET 1954).
In der Kindergruppe kommen sie in ihrem motivierten Sinnstreben zur Funktion und erarbeiten sich komplexe Spielpartituren. Es zeigt sich zudem in den therapeutischen Arbeitsformen mit Kindern, daß es gilt, soziale Kontexte zu sichern, in denen die Kinder sich als Produzenten zeigen können. In den aggressiven Spielpartituren ist es leicht, die heteronomen Beziehungen zu den Erwachsenen zu identifizieren. Erst über die nicht bewußten, motivierten Spielproduktionen können die Fäden wieder geknüpft werden, daß das Kind sein Selbst in leistungsthematischen Kontexten einbringen kann (vgl. AXLINE o.J.).

1.3 Öffentliches Wachstumskonzept

Der institutionalisierte Umweltwechsel diskontinuiert den Lebenslauf, die Schule führt das Kind aus seinem Familienzentrismus heraus, indem es sich auf einzigartige Weise wie alle anderen zu verhalten lernt (Schülerrolle).
Erikson spiegelt in seinem Normalitätskonzept, was gesellschaftlich in den letzten Jahrzehnten als Normalkarriere institutionalisiert worden ist. Die „psycho-sozialen" Krisen, die sich nicht an der Oberfläche zeigen müssen, korrelieren jeweils mit dem Umweltwechsel und diskontinuieren damit den jeweils natürlich gewordenen Welt- und Selbstbezug. Das Kind muß herausfinden, was seine Handlungen unter veränderten Bedingungen noch bedeuten.

Vertrauen/Mißtrauen   Mutter
Autonomie/Scham, Zweifel   Eltern
Initiative/Schuldgefühl   Familie
Werksinn/Minderwertigkeitsgefühl   Schule
Identität/Identitätsdiffusion   Eigene Gruppe
(vgl. ERIKSON 1970, S. 94)

In der Familie gewinnt sich in diesem Bild der Heranwachsende erst als Person, baut sein Selbst und seine Geschlechtsrolle auf und präsentiert sich als Könner mit dem Elternhaus im Rücken als Trost- und Koseort. Die Schule fordert ihn nun als Lernarbeiter, der sich mit allen anderen vergleichen lassen muß. Erst im Ju-

gendalter ist vorgesehen, daß sich der Heranwachsende selbst zum Thema wird, denn er muß nun - in Erwartung des Verlassens von Familie und Schule - seine relevanten Abhängigkeiten selbst wählen.
Zivil- und strafrechtlich endet Kindheit mit dem 14. Lebensjahr, so steht die Wahl des religiösen Bekenntnisses dem Jugendlichen frei, einem Namenswechsel bei Adoption oder nachträglicher Eheschließung muß er zustimmen, und seine Stellungnahme gewinnt an Gewicht, wenn im Scheidungsfall das elterliche Sorgerecht ausgehandelt wird (vgl. HENRICH 1970).
Bei so intimen Entscheidungen, die die Identität des Heranwachsenden betreffen, wird der 14jährige als selbstbewußter Interpret akzeptiert, der in der Vielheit zugespielter Sinnentwürfe sein eigenes Wohl selbst vertreten kann. Ihm wird zugetraut, daß er distanziert die Pläne seiner Mitwelt wie eigene andere Pläne interpretieren und scheiden kann von seinen Plänen, die er in kommunikativ nachvollziehbarer Form präsentieren kann. Der Jugendliche kann sich selbst so sehen, wie ihn andere sehen, kann sich selbst zum Thema machen. Er denkt so allgemein und selektiv wie die Erwachsenen außerhalb ihrer Leistungsrollen.
In Differenz dazu läßt sich Kindheit probeweise als die Existenzweise und Lebenszeit auslegen, in der das Kind sich selbst nicht so sehen kann, wie es von anderen gesehen wird. Es kann sich noch nicht im Horizont gesellschaftlicher Erwartungserwartungen selber vertreten. Dem Kind widerfährt noch das Leben, bald folgt es Fremdmodellen, bald hält es seine Sicht für die Sicht aller anderen, was geradezu eine Bedingung dafür ist, um die widersprüchliche Welt als Einheit zu erfahren (Egozentrismus). Erst in lang andauernden Praxen der Zusammenarbeit, des Spiels und der Diskussion gewinnt es sich als Person, die in sich das äußere Gespräch bewußt fortsetzen kann, um sich zu sich wie andere zu ihm ins Verhältnis zu setzen.
Die Stufentheorien erinnern daran, daß der Selbstaufbau einer gesellschaftlichen Urteilsfähigkeit inmitten der heteronomen Determinanten der Innen- und Außenwelt Lebenszeit kostet, bis der Heranwachsende sein Handeln so durchgreifend umgestellt hat, ohne bei diesen durch Sozialisation induzierten „qualitativen Sprüngen" (vgl. SCHMIDT 1977, S. 350f.) seine Eigenerfahrungen abzuspalten und zu exkommunizieren.
Die öffentliche Schule repräsentiert das Wachstumskonzept des allgemeinen Kindes. Eine „am Leben entlanggeführte Erziehung kann voll okkasionalistisch erfolgen, kann sich an Situationen und Motiven anschmiegen und alle Ressourcen dank der Zeitelastizität ausschöpfen" (LUHMANN/SCHORR 1979, S. 21). Ähnlich wie in der älteren Prinzenerziehung hatten sich die Pädagogen im 19. Jahrhundert die Elementarerziehung im Hause vorgestellt, wie sie Berthold OTTO (vgl. 1903, S. 306f.) an der Unterrichtung seiner Kinder dargestellt hat. „In Schulen dagegen muß der Erziehungsgang sequenziert werden und muß sich deshalb seine Wirkungsgrundlagen, Motive und Themen zur jeweils vorgesehenen Zeit selbst beschaffen. Die Verantwortung für Zeit kann übernommen werden, wenn man ihre Wirkungen und gegebenenfalls ihre Fernwirkungen in Aussicht stellen kann" (LUHMANN/SCHORR 1979, S. 21). Das Dilemma der Schule ist damit präzise beschrieben worden, aber gerade deshalb kann sie ihre Technologie auch ändern. Verfügt sie aber über eine Theorie der Selbstentwicklung des Kindes (Wachsenlassen) und der Fernwirkungen pädagogischer Praxen (Führen)?

2 Psychologische Perspektiven

2.1 Montagen

Die Pädagogik macht sich umsichtig im Gespräch mit sich selbst und ihren Nachbarwissenschaften, die in anderer Einstellung ebenfalls die Interaktionsprozesse zwischen Jungen und Alten thematisieren. Verfolgt man den wissenschaftlichen Diskurs, dann zeigt sich, daß die Pädagogik keine Aufklärung im Horizont ihrer Perspektive erhält, sie kann nicht einfach zur Anwendung schreiten (vgl. LANGEVELD 1959). Sie wird vielmehr genötigt, durch die Hereinnahme der anderen Perspektiven ihre eigenen Perspektiven und ihr tradiertes Können zu reflektieren. Der interdisziplinäre Diskurs schränkt das relevante Wissen nicht ein, sondern führt zu einer Kontingenzsteigerung, zu einer Ausweitung der Hinsichten. Es werden Perspektiven eröffnet, die zunächst verunsichernd wirken, „aber genau das könnte als Anstoß zur Reflexion wirken: daß im Unsicheren noch Struktur erkennbar bleibt" (LUHMANN/SCHORR 1979, S. 17).

Der Unterricht muß mit dem rechnen, was die Schulanfänger als Sinnfiguren und Lernstrategien mitbringen. Diese lassen sich nicht außerhalb sinnhaften unterrichtlichen Geschehens identifizieren. Erst im Mißlingen von Kooperation und Verständigung wird das Handeln der Personen zum Thema und aus der Perspektive der Personen wiederum der Unterricht. Verständigung gelingt, indem sich Lehrer und Schüler etwas vornehmen, sich an ein Thema binden und sich gemeinsam auf die Sache bringen. Gespräche, Handlungen, Informationen (Überraschungen) und Diskurse lenken vom Ich ab, bringen die latenten Interpretationsweisen zur Funktion und die Hinsichten der anderen in die eigene Hinsicht, „man teilt sich einander mit in der Sicht der Dinge. Nur im Durchsprechen, wobei der eine den anderen richtigstellt, kann sich das Maßgebliche einer Ansicht herausstellen" (LIPPS 1968, S. 11). Alle teilen sich zugleich in allgemeinen Sprachspielen mit, nehmen Bezug auf Geschriebenes, was Unterricht auch bindet an die Sicht derer, die gar nicht anwesend sind. Lehren ist nicht Transport von Stoffen in die Köpfe von Kindern, sondern Eröffnung der Chancen zur Teilnahme an öffentlichen wert- und normbildenden Lernprozessen (vgl. HABERMAS 1976a, S. 126). Schüler und Lehrer operieren immer auch im Horizont ihrer eigenen Sinnmuster und Pläne, sie müssen sich jeweils erst im unterrichtlichen Handeln am Thema entlang auf identischen Sinn hin bewegen. Identischer propositionaler Sinn ist durchaus noch das Unwahrscheinliche in der Grundschule, aber die immer wieder erprobte und eingeübte Erzeugung identischen Sinns stiftet quer zu den Eigenwelten Inseln gemeinsamer Deutungsmuster und Schemata, die auch die Kinder untereinander aus Achtung vor dem Erwachsenen beachten, aber in neuen Situationen wieder deformieren. WYGOTSKI (vgl. 1969) hat diese Ambivalenz im Grundschulunterricht scharf beleuchtet, in dem immer wieder die ausgearbeiteten Propositionen (echte Begriffe) von den Kindern aktiv wieder deformiert werden (Pseudobegriffe – vgl. S. 74 ff.).

Es kommt zu erwartbaren wie unerwartbaren Veränderungen auf der Basis planbarer und nichtplanbarer Mitweltereignisse (vgl. KAGAN/MOSS 1962, LEJTES 1974, SKEELS 1966, THOMAE 1959). Es gibt zudem eine Fülle von Hinweisen dafür, daß die institutionalisierten Leistungsprofile in keinem sinnhaften Zusammenhang zueinander stehen: Schulreife zum Grundschulerfolg (vgl. KRAPP/MANDL 1977), Hochschulreife zum Studienerfolg (vgl. WEINGARDT 1969). Gleichwohl formen alle Kinder unter den unterschiedlichsten „Normalbedingungen" eine allgemeine Erwartungserwartungshaltung aus (sprachliche, interaktive Kompetenz – vgl. HABERMAS

Ulrich Fiedler/Hubert Wudtke

1976a), entwickeln sich auf dem gesellschaftlichen Hintergrund im Gespräch, Spiel und in der Zusammenarbeit mit Erwachsenen und Kindern zu typischen Kleinkindern und Schulanfängern, die erwartungsvoll in die Schule kommen (vgl. FUHRMANN 1975, S. 84). Die Gesellschaft hätte sonst auch kaum den Schritt vollziehen können, alle Kinder in einem Zeitschema zu beschulen. Sieht man von den Interaktionsprozessen ab, deren Korrelat die psychischen Prozesse sind, dann läßt sich die Erkenntnistätigkeit der Kinder modellhaft schematisieren und ihr Handeln bestimmten Niveaus zurechnen (vgl. Abbildung 1).

Abbildung 1: Schema der Ebenen der Erkenntnistätigkeit

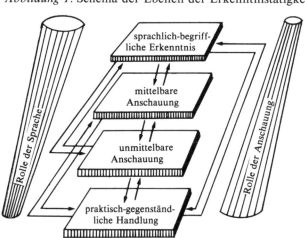

(Quelle: LOMPSCHER 1975, S. 58)

Wie die Pfeile aber anzeigen, gilt es, das mittelbare und mitteilbare Denken auf höheren Ebenen der Erkenntnistätigkeit immer wieder an der „Realität" zu testen, die immer zugleich in den Modi der Handlung und Anschauung interpretiert wird.
Bedenkt man den permanenten Themenwechsel in der Schule, dann ergibt sich eine Fülle gegenstands- und interaktionsbezogener Bedingungen, die sich zwischen die Kompetenz des Kindes und seine spezifischen Tätigkeiten schieben. Sein Handeln wird abhängig vom Vorwissen, von spezifischen Einstellungen und Präsentationsweisen (vgl. WEINERT 1980, S. 218 f.), aber auch die Unterpläne anspruchsvollen Handelns (vgl. AEBLI 1980; vgl. G. MILLER u. a. 1973, S. 93) werfen das Problem der „geistigen Operationen" auf, die das Kind beweglich zur Funktion bringen können muß. Lompscher zeigt sehr schön, wie nur über die Aktivität und die inneren Bedingungen sozial sinnhafte Texte wiedererzeugt werden können (vgl. LOMPSCHER 1975, S. 31; vgl. Abbildung 2).
Das soziale Milieu führt zur Ausformung verschiedener Habitualisierungen und ästhetischer Präsentationsformen, die den Lehrer beeindrucken (vgl. OEVERMANN 1974) und seine Erwartungserwartungen steuern, die wiederum die Schüler zu erwarten lernen (vgl. HÖHN 1967).
Die pädagogische Funktion besteht nun gerade darin, den Lehrer zur Zurücknahme seiner Zurechnungen und plazierenden Äußerungen beim Schulanfang zu bewegen,

Die Konstruktion des Primarschülers

Abbildung 2: Abhängigkeit der Verlaufsqualitäten (am Beispiel der geistigen Beweglichkeit) von objektiven und subjektiven Bedingungen

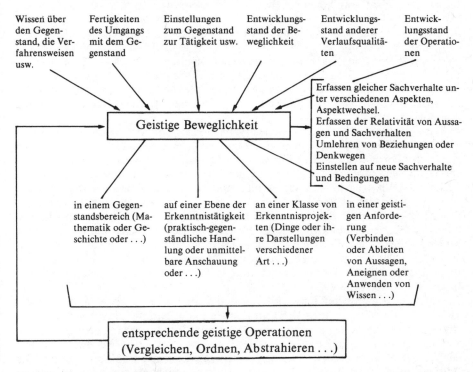

(Quelle: LOMPSCHER 1975, S. 61)

um die Freiheitsgrade des Interaktionssystems Unterricht zu vermehren. In diesem Bild liegen Anforderungssteigerungen an den Lehrer, sowohl in „sachlicher" wie „interaktionaler" Hinsicht seinen Zentrismus zurückzunehmen. Objektivierung der Haltungen läßt sich nur gewinnen durch die Subjektivierung der Themata, wobei die Themata zwangsläufig zwischen den Kindern auf besondere Weise abgeklärt werden (beginnende Zusammenarbeit). Der Lehrer wiederum muß seine Argumente so bauen, daß sie über die vereinfachten „Weltmodelle" hinausweisen und bestehen können auch im Diskurs der Kinder untereinander und mit ihren Eltern.

Die Schule schließt darüber hinaus institutionell eine ambivalente Kommunikationsstruktur ein. Jedes Sinnstreben, das zum Ausdruck kommt, wird als Leistung verrechnet. Den schwächeren Schülern kann damit die eigene Fortentwicklung vom ersten Tage an als Falschlernen interpretiert werden. Gerade sie werden gezwungen, ihrem intuitiven Können zu mißtrauen, während die guten Schüler gewissermaßen immer richtig agieren, denn ihre Fehler rechnet der Lehrer als erwartbar und natürlich ihnen zu, an ihren Fehlern entlang entwirft er seine unterstützenden Maßnahmen. Die schwächeren Schüler müssen auf strategisches Lernen (Durchkommen) umschalten. Die Schule wird zu einer lang andauernden Zwangserziehung und führt zur Vermischung affektiver und kognitiver Haltungen, deren Entmischung gerade ihre Aufgabe sein sollte. Leistungen können auch über Lehrfiguren wie Dressur, Konditionierung und Angst erzeugt werden, „aber dann wird sehr früh darüber entschieden, welche *Einstellung zur Hergabe auf Verlangen* einen Menschen sein Leben lang beherrschen wird" (HOCHHEIMER 1959, S. 208). Lehrerzentrierte Unterweisungen sind angemessen, wenn der Lehrer nur informiert, wenn er unterstellen kann, daß die Schüler über identische Sinnmuster verfügen. Der Schüler wird dann informiert, der Sinn bleibt, das Weltwissen der Schüler wird reicher ausdifferenziert; Interessen, Neugierden können sich bilden. Sinn aber ist nicht Information, Sinn kann nur gemeinsam aktualisiert und ausgearbeitet werden. Erst dann kann informiert werden. In sinnhaften Gesprächen und Kooperationen bringen wir uns erst auf etwas Gemeinsames, das dann die Erwartungen strukturiert.

Weinert interpretiert die pädagogische Psychologie als eine Art „angewandter Misch-Grundlagenforschung [...] in der die Grundlagenkenntnisse verschiedener und spezialisierter Forschungsgebiete nicht selten auf konstruktive Weise zusammengesetzt werden. Solche Montagen können ganz neue Einsichten und Zusammenhänge erschließen" (WEINERT 1974, S. 40). Solange aber die Konstruktion der Konstruktion nicht ausgearbeitet ist und nicht gezeigt werden kann, wie kurzfristige und langfristige Lehr-/Lernprozesse sich zueinander verhalten, wird die pädagogische Problemperspektive verfehlt, wie es Rohwer in der Kritik an Bruner und Gagné scharf herausgearbeitet hat, die beide für „long-term objectives" wenig zu bieten haben (ROHWER 1970, S. 1380). Analog zeigt auch Montada, daß die empirischen Lerntheorien gerade dort versagen, „wo es um den Aufbau komplexer kognitiver Strukturen geht" (MONTADA 1970, S. 13).

Es war das Verdienst der Entwicklungs- und Stufentheorien gewesen, daß sie das kindliche Sinnstreben, wie es sich im Mitleben in der Familie und in der Gleichaltrigengruppe zeigt, mit dem schulischen Lernen in Zusammenhang gebracht haben. An sinnhaften Situationen außerhalb des Labors war zu sehen, wie die Intelligenz der Kinder auch ohne den belehrenden Erwachsenen zur Funktion kommt. Die Entwicklungspsychologie erinnert daran, das Lernen nicht als durch Lehren erzeugt zu interpretieren.

Sofern beachtet wird, daß es sich bei den Stufentheorien um Konstruktionen handelt, sind die Stufentheorien produktive Heuristiken, die gerade die Frage nach der Entwicklungsdynamik, dem Strukturaufbau und den wirkenden Kausalitäten aufwerfen und offenhalten (vgl. WIECZERKOWSKI/ZUR OEVESTE 1982, S. 21 f.).

2.2 Lernen und Zeit: Stufen als Konstrukte

Lernen verbraucht Zeit, soviel ist gewiß. Wie wird die Zeit bemessen, um Schullaufbahnen und Lebensläufe zu synchronisieren? Das Stufenkonzept gewährt dem Lehrer zunächst genau diese praktische Orientierung, wie die „Hilfskonstruktion" des Durchschnittsschülers zeigt (vgl. KROH 1967, S. 6). Hier wird die konstruierte Normalentwicklung des Heranwachsenden auf dem Wege zur Lebensform des Erwachsenen in gehaltvollen „Durchgangsganzheiten" (KROH 1967, S. 51) plausibel ausgelegt. Die Vielheit der Stufenkonzepte (vgl. BERGIUS 1959) bringt freilich auch die Willkür der Perspektiven ans Licht. Das Stufenkonzept aber drängt sich dann auf, wenn eine Fülle empirisch gewonnener Verhaltensänderungen in sehr verschiedenen Bereichen in einem bestimmten Zeitraum identifiziert werden kann (vgl. Abbildung 3).

Das gleichzeitige Auftreten bestimmter Verhaltensveränderungen wirft nun Fragen nach den Gründen auf. White führt die Umstellungen auf den Wechsel vom asso-

Abbildung 3: Verhaltenswandlungen zwischen 5 und 7 Jahren (nach White 1965)

Verhaltensmuster der jüngeren Kinder	Verhaltensmuster der älteren Kinder	Quelle
Transpositionen nur im Nahbereich	Transposition im Nah- und Fernbereich	Kuehne 1946
zunehmende Fähigkeit zu klassischem Bedingen	abnehmende Fähigkeit zu klassischem Bedingen	Razran 1933
variierende Position verhindert Diskrimination	variierende Position begünstigt Diskrimination	White 1965
taktile Exploration bevorzugt	visuelle Exploration bevorzugt	Schopler 1964
zunehmende Prädiktion des Erwachsenen-IQ	maximale Prädiktion des Erwachsenen-IQ	Bayley 1949
Sprache expressiv und instrumental	Sprache verinnerlicht	Wygotski 1962
LEE-Effekt relativ gering	LEE-Effekt stärker	Chase u. a. 1962
kaum Planung vor dem Zeichnen	Planung vor Ausführung der Zeichnung	Hetzer 1926
Bekräftigung durch Lob	Bekräftigung durch Korrektheit	Zigler und Kanzler 1962

(Quelle: SCHMIDT 1977, S. 402)

ziativen zum kognitiven Lernen zurück. Das kognitive System wird durch implikative Strukturen (Sprache, Invarianzen, schlußfolgernde Operationen) interpretiert. Die induktiv gewonnenen Befunde zwingen bei ihrer Interpretation zu einer normativen (deduktiven) und metatheoretischen Lesart, die aufdecken muß, wie strukturelle Gründe kausal wirken können (vgl. SCHMIDT 1977, S. 403; vgl. WHITE 1965, S. 208 ff.).
Analoge Probleme drängen sich auf, wenn entlang dem relevanten Thema „Autonomie" Stadien so voneinander abgesondert werden, daß der Wechsel in den Sozial- und Selbstbezügen (Sich-zu-sich-Verhalten) demonstriert werden kann (vgl. EDELSTEIN/KELLER 1982, GEULEN 1982). Das Kind kommt in sozialen Partituren zur Funktion (Mutter-Kind-Dyade), um sich zeitverschoben in diesen auf der Basis von Sprache und praktischer Intelligenz als ein Alter ego zu präsentieren. Die tiefenpsychologischen Entwicklungsmodelle (vgl. ERIKSON 1970) halten dabei die leibnahe Initialstruktur kindlichen Erlebens und Handelns fest. Das Kind muß in der Bandbreite (biologische Norm) seiner natürlichen Rhythmen und Begehrungen die soziale Welt schematisieren, was den Bezugspersonen eine sensible Einfädelungsarbeit abfordert. In diesen fürsorgenden Praxen *(Urvertrauen)* dann scheidet das Kind Alter und die Objekte von seinem Ich, seiner noch ganz leibnahen Zentralperspektive. Während das Kind sich einlebt in die Besorgungen und sozialen Partituren der Familie, in denen es auch die Beziehungen zwischen den Eltern affektiv zu interpretieren lernt *(ödipale Triade),* wird es gesättigt mit Regeln, Regelmäßigkeiten und Konventionen, wie seine Nachahmungen anzeigen. Der Egozentrismus, die sprachlich noch uninterpretierten symbolischen Repräsentationen und kognitiven Pläne

bewahren es nicht nur vor einer völligen Anpassung, sondern machen es zu einem Selbst, das das Interaktionsspiel auf unvorhersehbare Weise mitdefiniert.
Die Pathologieforschung zeigt sehr genau, daß eine starre Definition der Rolle des Kindes durch die Eltern oder eine diffuse Vermischung der Ebenen zwischen den Generationen und Geschlechtern nicht das bewegliche Interaktionsmilieu erzeugt, in dem das Kind sich als ein Selbst und Rollenspieler inmitten von Abhängigkeiten interpretieren kann. Das Kind hält zwar seine Eltern für omnipotent, interpretiert aber affektiv bereits die Abhängigkeiten und Schwächen, die auch die Eltern leben müssen (vgl. BATESON u. a. 1969, ERIKSON 1970, RICHTER 1969). In den Familienwelten kommt das Kind sprachlich zum Bewußtsein, die Entmischung von Inhalts- und Beziehungsaspekten ist nun lebenslang als Interpretationsaufgabe vorgegeben (vgl. WATZLAWICK u. a. 1969). Gerade der Erwachsene, der seine Unperfektheit und Widersprüchlichkeit nicht annehmen kann, kann auch das Kind nicht als ein Selbst anerkennen, fixiert es auf einen komplementären Status im Familienspiel (vgl. SELVINI PALAZZOLI u. a. 1978), dem rigide, bisweilen neurotische Kommunikationsweisen korrelieren (vgl. KAGERER 1985).
KROH (vgl. 1967) scheidet drei große Entwicklungsstufen, die er noch einmal untergliedert und durch zwei Trotzperioden geschieden sieht:

- Stufe der frühen Kindheit (Geburt bis ins 3. Lebensjahr)
  1. Phase (bis zur 5. / 8. Woche): Im Vordergrund stehen die biologischen Funktionen der Erhaltung und Entfaltung.
  2. Phase (bis Ende des ersten Lebensjahrs): Der Kontakt mit der Umwelt wird durch gefühlsmäßige Erlebnisse gesteuert. Physiognomisches Wahrnehmen.
  3. Phase (bis ins dritte Lebensjahr): Spracherwerb, Erwachen der praktischen Intelligenz.
  Einschnitt in die Entwicklung: Die erste Trotzperiode als Ankündigung der zweiten Stufe.
- *Stufe der eigentlichen Kindheit* (bis ins 12. Lebensjahr)
  1. Phase (bis ins 7. Lebensjahr): Phantastisch analogisierender Realismus als Kennzeichen der Phase.
  2. Phase (bis ins 10. Lebensjahr): Übergang zur analysierenden Auffassung eines naiven Realismus.
  3. Phase (bis ins 12. Lebensjahr): Kritischer Realismus.
  Einschnitt in die Entwicklung: Die zweite Trotzperiode als Wendung nach innen und Ankündigung der dritten Stufe.
- *Stufe der Reifezeit* (bis ins 18. Lebensjahr)
  1. Phase (etwa mit 13 Jahren): Emotionale Beunruhigung, Ablösung von Sachinteressen durch Personeninteressen und Wendung nach innen.
  2. Phase (etwa mit 16 Jahren): Neue Festigung des Verhaltens, Übernahme fester Einstellungen und Standpunkte, Suche nach Vorbildern, Ideale, Schwarm.
  3. Phase (etwa mit 17 Jahren): Neue Zuwendung zur Außenwelt und Hineinwachsen in die endgültige Lebensform.

(Zitiert nach WIECZERKOWSKI/Zur OEVESTE 1982, S. 32)

Das Oberflächenphänomen „Trotzen" aber, wie manche Interpreten Kroh mißverstehen (vgl. HECKHAUSEN 1974, S. 86 ff.), interessiert Kroh nicht; er will vielmehr

Die Konstruktion des Primarschülers

den Wechsel von der Heteronomie zur Autonomie, das sich ändernde „Verhältnis von Fremd- und Selbstbestimmung" (KROH 1967, S. 20) nachzeichnen. Der Wechsel wird erst möglich durch die dem Kind zuwachsenden neuartigen Erkenntnistätigkeiten. Das Vorschulkind durchbricht auf der Basis von Sprache und praktischer Intelligenz das Hier und Jetzt, setzt sein eigenes Sinnstreben gegen fremdes Wollen, ringt um eigene Werthaltungen. Das praktische Können bereitet das analytische Sprachspiel vor, das durch das kindliche synthetische Sinnstreben noch in „phantastischen" Modellen vermischt wird. Kroh zeigt aber bereits die Ambivalenz des kindlichen Sinnstrebens, gerade die praktische Intelligenz eröffnet die „Bildbarkeit in der Gruppe", die „Fähigkeit, das Denken und Tun der Mitschüler als sinnhaft zu begreifen" (KROH 1967, S. 53).
Es entspricht nun der Erwachsenenperspektive, daß jenseits der vorschulischen Spielzeit die bedeutende Rolle der sozialen Wechselwirkungen zwischen den Gleichaltrigen im Aufbau einer praktischen Moral und Intelligenz, die in der Zusammenarbeit über Kompromisse und Verhandlungen zum Bewußtsein kommen (vgl. YOUNISS 1982, S. 78 ff.), kaum beachtet wird.
Am Beispiel des Regelspiels hat PIAGET (vgl. 1954) nachgezeichnet, wie die mit sozialen Mustern und Regeln gesättigten Kinder durch die Praxis des Zusammenspiels mit Gleichaltrigen schrittweise über einfache Partituren (Kompromisse, Weglassen bekannter, aber strittiger Regeln, Schutzregeln für Verlierer) das gemeinsame Spielen, das ja alle befriedigen muß, zum Gelingen bringen, um dann im Laufe der Kindheit sich handelnd, streitend die gesamte komplizierte Praxis und Jurisdiktion des voll entfalteten Regelspiels anzueignen. Endlich beherrschen sie das Regelwerk bewußt, können neue vertragliche Regeln einbauen.

Regelspiel (Murmeln) – Stadien (schematisiert)
ungefähre, statistische Reihenfolge

Praxis der Regeln	Bewußtsein der Regeln
1. Stadium: motorisch, individuell ritualisierte Schemata	*1. Stadium: unbewußt* keine verpflichtende Wirklichkeit, Regeln als interessante Beispiele
2. Stadium: Egozentrismus (2-5 Jahre) Doppelcharakter: Nachahmung und individuelle Anwendung, Ausbildung der Geschicklichkeit; jeder kann gleichzeitig Gewinner sein	*2. Stadium: Heteronomie* Regeln „heilig" Änderung gleich Übertretung
3. Stadium: Beginnende Zusammenarbeit (7-10 Jahre) Gewinnen: genaue gegenseitige Kontrolle einig bei einfachen Spielen uneinig über die Gesamtheit der Regeln	*3. Stadium: Autonomie (ab 9 Jahre)* Regel: gegenseitiges Übereinkommen, Änderung möglich bei allgemeinem Einverständnis: Ehrlichkeit, Gegenseitigkeit
4. Stadium: Kodifizierung der Regeln (ab 11 Jahre) Gesamtheit der Regeln bekannt: besondere Partien genau geregelt, Wechsel zu abweichenden Partien möglich	(Quelle: PIAGET 1954, S. 22 f.)

Ulrich Fiedler/Hubert Wudtke

Von der Pädagogik kaum gewürdigt, formen die Gleichaltrigen selber eine propositional und interpersonal bewußte soziale Praxis aus, deren faktische (empirisch schwankende, individuell abweichende) und normative (Strukturfolge in Richtung auf Gegenseitigkeit) Genese sich rekonstruieren läßt. Stufen sind ein „methodisches Hilfsmittel" (INHELDER 1959, S. 139); sie werfen bei der geordneten Nachkonstruktion der sozial-kognitiven Pläne die Frage auf, ob es sich um Grad- oder um Wesensunterschiede handelt zwischen den verschiedenen Stufen. Bleibt man auf der faktischen, phänomennahen Ebene, dann stellt sich die Wirklichkeit als „eine ununterbrochene Kontinuität dar, welche überdies nicht gradlinig ist und deren allgemeine Richtung sich nur bei einer Schematisierung der Dinge und Vernachlässigung der die Einzelheiten unendlich komplizierenden Schwankungen herausarbeiten läßt" (PIAGET 1954, S. 23).

Eine genetische Erklärung liegt dann vor, wenn nicht nur Veränderungsreihen vorgelegt werden (deskriptiver Aspekt). „Wir bezeichnen solche psychophysischen Veränderungsreihen als Entwicklung, deren Glieder existentiell auseinander hervorgehen (d. h. in einem natürlichen inneren Zusammenhang stehen), sich Orten in einem Zeit-Bezugssystem zuordnen lassen und deren Übergänge von einem Endzustand mit Hilfe von Wertkriterien zu beschreiben sind" (SCHMIDT 1977, S. 20). Die Wertkriterien kann der Beobachter nicht beliebig wählen, sie müssen selbst empirisch testbare Konstruktionen sein, der Beobachter rekonstruiert die normative Genese mit Modellen, die die Beobachteten endlich selber (faktisch) realisieren.

Für die Schulpädagogik mit ihren linearen, je kurzfristigen Unterrichtszielen besteht die entscheidende Funktion der Stufentheorien darin, das Problem der diskontinuierlichen Umstellungen und langfristigen Ziele (Autonomie inmitten von Bindungen) präsent zu halten und daran zu erinnern, daß die tiefer liegenden Kompetenzen der sozialen Mitwelt bedürfen, aber durch keine Lehrfiguren auch nur erzeugt werden können. Will die Schulpädagogik langfristige Ziele mitbetreuen, dann gilt es, die strukturierenden Merkmale didaktischer Kontexte zu identifizieren, in denen die Kinder zur Funktion und zeitverschoben zum Bewußtsein ihres sozialen Handelns gelangen können (performative Bedingungen). Die Theorie Piagets scheint uns geeignet, als Heuristik die Beziehungen zwischen kurz- und langfristigen Lernzielen unter sozialen Konditionen aufzuklären.

3 Das Piaget-Argument

Mit der Einbeziehung der Theorie Piagets in die Argumentation um die Konstruktion des Primarschülers ist die Absicht verbunden, die erziehungswissenschaftliche Fragestellung nach der Überwindung des Zirkels, nämlich wie Erziehung in ihrer heteronom-asymmetrischen Beziehungsstruktur autonomes Verhalten erzeugen kann, erneut aufzugreifen. Eine ontogenetische Theorie, die die menschliche Entwicklung in eine logische und notwendige Folge bestimmter Phasen einteilt, ist aus Gründen der dadurch entstehenden Determination mit erziehungswissenschaftlichen Anforderungen scheinbar inkompatibel. Im Vergleich zu anderen psychologischen Entwicklungstheorien (vgl. GESELL 1954) darüber hinaus um so weniger, als diese ihren Phasen engere zeitliche Grenzen setzen, während die Phasen bei Piaget Zeiträume von bis zu sieben Jahren (die für uns wichtige Phase der konkreten Operationen vom 6./7. bis 12./14. Lebensjahr) umspannen und sich schon aus diesem Grunde einem utilitaristischen pädagogischen Zugriff entziehen. Die kognitive Ontogenese impliziert diese Determination. Sie entsteht aus der Aktivität des Individuums mit der Antizipation nach latenten Ausgleichszuständen (Äquilibration),

und zwar in einem Spannungsverhältnis zwischen Assimilation und Akkommodation. Im Rahmen dieses allgemeinen Äquilibrationsaxioms, in dem ein schon immer begabter Organismus durch die Austauschprozesse mit dem Milieu dieses begreift und sich in diesem Prozeß selber begabt, ist die Handlung und ihre Verinnerlichung zu formal operativen Systemen der Brennpunkt der Explikation. Aus diesem allgemeinen Axiom entwickelt Piaget in der Auseinandersetzung mit der Empirie ein internes starkes axiomatisches System, das für die Explikation der Ontogenese keiner externen Axiome, wie beispielsweise des behavioristischen Lernbegriffs, bedarf (zum Lernbegriff vgl. PIAGET 1974a, S. 316ff., S. 329). Der Prozeß, der der Genese immer stärkerer – das heißt mit der Umwelt kompatiblerer – Strukturen zugrunde liegt, stützt sich auf die allgemeine, aber nicht empirisch demonstrierte Vorstellung der Assimilations-Akkommodations-Theorie, so daß eine immanente Argumentation der strukturellen Ontogenese nicht zu einer Überwindung des pädagogischen Paradox zu führen verspricht.
Insbesondere angesichts der pädagogischen Rezeption Piagets, die zwischen dem erkenntnistheoretischen und dem pädagogischen Lernbegriff keine systematische Unterscheidung trifft, werden wir in einer Reinterpretation unterschiedlicher Theoriefragmente in ihrem Zusammenhang die Konsonanz zwischen dem gesellschaftlichen Bezug im Rahmen der institutionalisierten Erziehung und der Ontogenese als einem phylogenetischen Substrat darzustellen versuchen.
Zwischen einer allgemeinen Erkenntnistheorie und einer kultur- und gesellschaftsspezifischen hochdifferenzierten republikanischen Institution des Lernens und ihrer Theorie über die Prozesse des Lernens bestehen systematische Unterschiede. In den je besonderen Prozessen des Lernens kommen jene allgemeinen Prozesse zur Verwendung, die sich ontogenetisch – wie auch immer – an einer Zeitachse entlang geformt haben und deren Logik nachträglich angebbar ist. Diese theoretischen Zusammenhänge der allgemeinen Ontogenese sind in zwei Richtungen interessant. Die allgemeine Entwicklung des Individuums oder, besser, die Explikation der allgemeinen Prozesse, die die Entwicklung vorantreiben, eröffnen den Blick auf ein grundlegendes ambivalentes Verhältnis zwischen den funktionierenden Merkmalen einer Phase und ihrer gleichzeitigen Überwindung. So ist beispielsweise der bei Piaget sehr negativ erscheinende Egozentrismus notwendig, weil sich ohne ihn der Soziozentrismus nicht aufbauen könnte. In dieser die Ontogenese auszeichnenden Ambivalenz wird die Möglichkeit einer Interpretation latenter Entwicklungsschritte sichtbar, die ihre heuristische Funktion für die Pädagogik erkennbar werden läßt. Zwischen Ontogenese und Diskurs bestehen systematische Beziehungen (vgl. HABERMAS 1976b, 1983). Ihre Offenlegung wird zeigen, daß eine Explikation der Ontogenese eine Perspektive für die Entwicklung der Diskursfähigkeit mit sich bringt. Die Beherrschung der Form des Diskurses ist eine Voraussetzung für die Teilnahme an der öffentlichen und immer kontrovers geführten Rede überhaupt. Nicht nur das Aushandeln praktischer, interindividuell unterschiedlicher Bedürfnisse eröffnet eine Notwendigkeit, solche Regeln zu bestimmen, die einerseits die partikularen Regeln deuten wie auch andererseits ihre Bedeutung reflektieren, sondern auch der Drang nach Freiheit, Offenheit und Selbstbestimmung des Individuums, der durch die Institutionen, wie auch durch die Schule, beschränkt wird, erfordert ein ambivalentes Verhalten, das prinzipiell imstande ist, die Logik der Genese von Normen auf den verschiedenen Ebenen – auch gegen sich selbst (Interessen, Meinungen, Glaubenssätze) – zu durchschauen.
Jetzt ist aber aus Gründen des in einer asymmetrischen Relation sprachlich vermittelte Wissen keinesfalls eine glückliche Bedingung der idealen Sprechsituation,

die zwar im Erziehungs- und Entwicklungsprozeß eine andere Bedeutung erhält als in einer statusdifferenten verzerrten Kommunikation zwischen Erwachsenen (zum Begriff der verzerrten Kommunikation und zum Problem von Bewußtsein und kommunikativem Handeln vgl. HABERMAS 1976b, S. 64; vgl. HABERMAS 1977b, S. 133 ff.; vgl. HABERMAS 1981a, S. 440 ff.; vgl. OEVERMANN u. a. 1979, S. 366 ff.). Grundsätzlich muß der Prozeß der Wissensvermittlung als ein nichtdiskursiver normierender interpretiert werden. Für Piaget kann die natürliche Asymmetrie zwischen Kind und Erwachsenem aber nicht die dem Diskurs zugrunde liegende Autonomie erzeugen, nur die symmetrischen Interaktionen unter Gleichaltrigen führen zur Autonomie und, über die Autonomie hinausgehend, zum Diskurs. Im Gegensatz zu den autonomen Prozeßbedingungen, die sich auf die Symmetrie zwischen Gleichaltrigen beziehen, kommt als Bedingung für den Diskurs das in den Sachverhalten implizierte Problem der Wahrheit hinzu, das in engem Zusammenhang mit dem Problem der Emergenz von neuem Wissen zu sehen ist. Unter der These des sozialen Symmetriebegriffs, wie er in den Frühschriften Piagets behandelt wird, wollen wir den Ambivalenzbegriff im institutionalisierten Lehr-/Lernprozeß entfalten.
Wie für die Entwicklung und Erziehung, die nicht institutionalisiert ist, gilt auch für den gelenkten, intentionalen Lernprozeß, daß die relative Offenheit des Kindes seinem Milieu gegenüber aus Mangel an strukturell bedingter Konsistenz und Kohärenz durch den Erwachsenen im Sinne einer Fürsorgefunktion kompensiert werden muß. Die Kompensation beim Vorgang des öffentlichen Lernens sehen wir in dem Moratoriumscharakter der Schule. Dieser ermöglicht für ein so allgemeines langfristiges und übergeordnetes Lernziel - die Diskursfähigkeit - auch eine ambivalente Haltung des Lehrers, insbesondere des Lehrers der Grundschule, den kurzfristig systematisch zu erreichenden objektivierten Lernzielen gegenüber. Die berufliche Identität des Grundschullehrers kann sich aus Gründen der Ausbildung nicht an den propositionalen Systemen eines Faches festmachen. Er ist gerade als Nichtfachmann, höchstens als verständiger Laie, an der Propädeutik von Wissen beteiligt, dessen komplexe Hintergründe er im allgemeinen nicht kennt. Eine mehrdeutige innere Beziehung - einerseits zur Demonstration des notwendigen Status von Wissen den Schülern gegenüber wie andererseits zum Eingeständnis der relativen Bedeutungslosigkeit des Wissens für sich selbst - erzeugt auch beim Lehrer Heteronomie im Umgang mit dem Wissen.
Der Einfluß dieser unwahrhaftigen, verzerrten Relation zu dem Fachwissen und seiner Bedeutung für die grundlegenden Bildungsprozesse beim Kinde muß durch das Wissen um die allgemeinen und besonderen Bedingungen der Konstitution dieser Prozesse ausgeglichen werden. Dies führt zu einem Tieferlegen der Lernziele in einen Bereich, der nicht direkt beobachtbar ist und deshalb rekonstruktiv und konstruierend zur Explikation gebracht werden muß. Die Funktion dieser Überlegungen im Rahmen der Interpretation der normativen Bedeutung der kognitiven Ontogenese liegt in der Kenntnis einer Latenz, die die propädeutische Beziehung eines (prä)diskursiven Funktionierens für die Erzeugung des Diskurses expliziert. Dieser Problemstellung wird in den Hinweisen zum Verhältnis der inneren Verfaßtheit und zu den gesellschaftlichen Anforderungen an eine kritische und urteilsfähige Person nachgegangen. Sie trägt unter einem psychogenetischen Blickwinkel zum Verständnis des diesbezüglichen uninterpretierten Paradox vom „Führen oder Wachsenlassen" bei. Die Kenntnis dieser Zusammenhänge, die didaktisch in der Konstruktion als Repräsentation latent intendierter Prozesse und der verstehenden Interpretation der Interaktionen ihren Ausdruck findet, würde jene Ambivalenz im Lehr-/Lernprozeß aktualisieren, die dem Moratoriumscharakter der Schule und

Die Konstruktion des Primarschülers

der ihm gestellten gesellschaftlichen Anforderung einerseits nach diskursivem Verhalten, andererseits nach Flexibilität und Mobilität entspräche. Beides ist weder durch einen professionellen Identitätsverlust noch durch die rigide Vermittlung positiver Lernzeile erreichbar.

3.1 Die heuristische Funktion normativer Theorien für die Erziehungswissenschaft und die Pädagogik

Die determinierende Wirkung einer ontogenetischen Theorie auf die erziehungswissenschaftliche Theorienbildung erfordert zunächst eine systematische Unterscheidung zwischen dem Lernbegriff in der natürlichen Entwicklung und dem der schulischen Erziehung. Die Normativität der phylo-ontogenetischen Entwicklung, also einer Entwicklung, die in der individuellen Entwicklung das strukturelle gattungsspezifische Potential kondensiert wiederholt, bezieht sich auf die jeder intentionalen Erziehung vorgängige Kompetenz. Der Primat verlangt ein Verträglichkeitsverhältnis mit den aktuell gesellschaftlich motivierten Bedingungen, die in besonderer Weise pädagogisch-didaktische Formen intentionaler Erziehung annehmen. Aus diesen Gründen kann die Theorie Piagets als eine nichtpositivistische Erkenntnistheorie keine normierende, sondern nur eine normativ heuristische Bedeutung für die Pädagogik besitzen. Die Entscheidung über die Ziele und die Methoden muß die Pädagogik selbst fällen. Ihr Gewinn besteht in der Explikation der Kompatibilität mit den Formen der Entwicklungslogik. Dieser normative Status und der Prozeß, der sich auf das zugleich strukturierte und strukturierende Merkmal des Strukturbegriffes stützt, würde eine empirisch gehaltvolle Deutung zwischen tatsächlichem erzieherischem Handeln in Lehr-/Lernprozessen und seiner langfristigen Wirkung auf die Bildungsprozesse beleuchten.

Die Allgemeinheit der Erkenntnisgenese beim Menschen deutet schon darauf hin, daß verschiedene Strukturen der Realität von den jeweils phasenspezifischen Strukturen der Erkenntnis abgedeckt werden. Dadurch entsteht innerhalb der Entwicklungslogik, das heißt einer nicht umkehrbaren Phasensequenz, die sich vollständig aus sich selbst ohne externe weitere Axiome erzeugt, für die Erziehungswissenschaft ein Handlungsspielraum. Unter Aufrechterhaltung der ontogenetischen Normativität kann Ambivalenz prinzipiell zugelassen werden. Der Moratoriumscharakter der Schule sowie Lehrpläne in ihrer Funktion als Rahmenpläne garantieren diesen Handlungsspielraum und ermöglichen die Betreuung langfristiger Bildungsprozesse.

Die Darstellung zugleich des empirischen Gehaltes und der Normativität durch die Theorie der Entwicklungslogik wird zunächst durch Rekurs auf die bei CHOMSKY (vgl. 1968, 1969, 1970) getroffene Unterscheidung zwischen Kompetenz und Performanz vorbereitet. Piaget unterscheidet explizit begrifflich nicht zwischen dem phylo-ontogenetischen Potential, der *Kompetenz,* und seiner Aktualisierung in der Interaktion mit dem Milieu, der *Performanz*. Dennoch können die von Chomsky verwendeten Begriffe in bedingter Analogie zunächst für den bei Piaget verhandelten Sachverhalt der strukturellen Erkenntnisgenese, der kognitiven Kompetenz und ihrer verschiedenartigen Wirkungen in den Akten von Assimilation und Akkommodation, der Performanz, übernommen werden. Insbesondere interessieren uns so systematisch verschiedene Modelle im Performanzbereich wie das dialogische versus das monologische, das asymmetrische versus das symmetrische.

Die Analogie zu Chomsky stellen wir aus rein methodischen Gründen her, um die Interpretationskapazität der Kompetenz möglichst deutlich darstellen zu können.

Ulrich Fiedler/Hubert Wudtke

Der Kompetenzbegriff unterstellt, daß der menschlichen Sprachfähigkeit ein endlicher Set abstrakter syntaktischer Regeln zugrunde liegt, in dessen Rahmen unendlich viele verständliche Sätze gebildet werden können. In der Auseinandersetzung mit dem Behaviorismus Skinners macht CHOMSKY (vgl. 1964) deutlich, daß die Annahme eines linearen, additiven Spracherwerbsprozesses irrig ist, unter anderem, weil das syntaktische Regelsystem viel zu komplex ist, um von Kindern im Alter bis ungefähr sechs Jahren durch systematisches Reiz-Reaktions-Lernen angeeignet werden zu können (vgl. G. MILLER u. a. 1973). Mit dem Begriff der Kompetenz wird erklärt, daß die Logik des Regelsystems einer gattungsspezifischen Verhaltensdisposition, wie etwa der Syntax der Sprache, nichts mit dem behavioristischen Lernbegriff und nichts mit schulischem Lernen zu tun hat. Dagegen kann aufgrund der akzidentiellen und regelhaften Verstöße sowie spezifischen Musterbildungen bei der Realisierung der Regeln geschlossen werden, daß ihre Performanz von anderen im Verhältnis zu den syntaktischen Regeln, spezifischeren Regeln, bedingt ist (vgl. OEVERMANN 1972, S. 338 ff.; vgl. OEVERMANN 1974).

Die Diskussion um die kompensatorische Erziehung, soweit sie sich auf das zugleich differente und defizitäre Sprachverhalten der Kinder im Regelsystem der Syntax bezieht (vgl. BERNSTEIN 1973, BÜHLER 1972, EHLICH u. a. 1971; vgl. OEVERMANN 1969, 1974), läßt den pädagogischen Schluß zu, daß die Schule – will sie kompensatorischen Einfluß nehmen – die spezifischen außerlinguistischen Merkmale entsprechend, das heißt in Übereinstimmung mit den notwendigen Bedingungen syntaktischer Kompetenz, repräsentieren muß (vgl. LABOV 1964).

Spezifische Bedingungen können sich mit hoher Wahrscheinlichkeit auf den Prozeß der Habitualisierung, nicht aber in ihrer Punktualität auf den der Erzeugungsgesetze auswirken. Danach ist deutlich, daß ein kompetenztheoretisches Argument kaum Direktiven für didaktische Zusammenhänge geben kann. Die dort explizierten Kompetenzen und ihr systematischer Aufbau sind so allgemein, daß ihre Entwicklung durch minimale Milieubedingungen erfolgt. Unter minimalen Milieubedingungen sind solche allgemeinen, nichtspezifischen Merkmale der Realität zu verstehen, die im Kontingent eines Lebensraumes mit beinahe ausschließlicher Sicherheit existieren. Insbesondere die Labovschen Untersuchungen und Analysen (vgl. LABOV 1964) weisen darauf hin, daß selbst für den Erwerb der syntaktischen Regeln erhebliche Einschränkungen der Kontingenzen zwar zu systematischen Veränderungen der Performanz führen, nicht aber den Erwerb der syntaktischen Kompetenz beeinträchtigen. Für den Bereich der kognitiven Entwicklung ergibt die Arbeit von SKEELS (vgl. 1966) über die Karrieren von später adoptierten Heimkindern dieselben Hinweise.

Sowohl die Sprache, selbst wenn es sich um eine Sprache mit erheblichen Abweichungen im Performanzbereich handelt, als auch der Kontakt zu Säuglingen gehören aber zu den normalen Bedingungen des Milieus und fungieren als „Nahrung" für das an die Individuen psychisch vermittelte phylogenetische Potential. Für unsere Argumentation sind die Argumente zu der Problematik der Angeborenheitsthese (vgl. SINCLAIR DE ZWAART 1967) und der damit in Verbindung stehenden linguistischen und psycholinguistischen Forschungen nicht zentral. Es interessiert uns hier der Typ des Chomskyschen Argumentes, das den Kompetenzbegriff faßt und nicht seine systematische Ausarbeitung (vgl. OEVERMANN o. J.).

Während für den Chomskyschen Kompetenzbegriff der Syntax zunächst allein die Formalisierbarkeit des generativen Regelsets das transzendentallogische Merkmal ausmacht, variiert Piaget den Typ der Argumentation, indem er vor allem das Angeborenheitsargument Chomskys als Merkmal des Kompetenzbegriffs zurückweist

Die Konstruktion des Primarschülers

(vgl. PIAGET 1979). Diese bei Chomsky akzentuiert behandelte Systematik der Generativität der Regelfolge wird bei Piaget – bedingt durch die Unterschiede des Untersuchungsgegenstandes, hier der Sprache, dort der Kognition – hinsichtlich einer transzendentallogischen Ontogenese verändert (zum transzendentallogischen Status der Theorie Piagets vgl. OEVERMANN 1976).
Erst durch die Folge der Phasen wird eine Gesetzmäßigkeit rekonstruiert und durch mathematisch-logische Formalisierung deduziert. Die Normativität der Entwicklungslogik ist bei Piaget keineswegs in der Empirie verankert. Die Formalisierungen sind so gewählt, um möglichst adäquat die sich entsprechend den Altersstufen systematisch unterscheidenden Denkakte zu Modellen zu transformieren (zum Modellbegriff vgl. WERMUS 1972a). Diese liegen – halbwegs – zwischen den formalen Theorien und den reichhaltigen Strukturen der Realität, die sie reduzieren und verallgemeinern, während sie die mathematischen Theorien anreichern. Die empirische Universalisierung der kognitiven Ontogenese stärkt den erkenntnistheoretischen, nicht aber den empirischen Gehalt der Theorie. Deshalb sind auch die Piagetschen Experimente, die in analogen Problemstellungen in der Pädagogik auftauchen (vgl. FURTH 1973, KAMII 1971, PIAGET/INHELDER 1969), nicht geeignet, schulische Lernprozesse zu erzeugen. Piaget erklärt den Prozeß, der die Decalage (Phasenverschiebung) erzeugt, mit dem Begriff der reflektierenden Abstraktion (vgl. FIEDLER 1985). Die Reflexion bezieht sich in diesem Prozeß nicht auf Daten des Milieus, sondern auf die vorangegangene Struktur und verallgemeinert sie. Ihrer noch partikularen Gebundenheit wird sie teilweise enthoben, was einen strukturell systematischen Zugriff auf die Welt erlaubt. Die im Verhältnis zu den Modellen allgemeineren Strukturen der Kompetenz lassen eine Varianz an Modellen zu. Dies stellt für eine intentionale Pädagogik eine Wahl dar, die einschränkenden Bedingungen des institutionalisierten Lehr-/Lernprozesses theoretisch zu fassen.
In einer wechselseitigen Interpretation von relativ getrennt erscheinenden Theorieteilen wird über den Nachweis des empirischen Gehaltes der Theorie die erziehungswissenschaftliche Bedeutung Piagets im paradigmatischen Kompetenz-Performanz-Verhältnis aufgezeigt (vgl. HABERMAS 1983, S. 127).

3.2 Rekonstruierende Analyse zur Konstitutionsproblematik der vertikalen Decalagen

An die Analyse der in den Frühschriften behandelten Fragestellung nach den konstitutiven Prozessen, die zur Erzeugung ontogenetischer Phasen führen, ist die Erwartung geknüpft, die für das erziehungswissenschaftliche Interesse ambivalenten Bedeutungen von Determination und Normativität aufzuheben. Die Kohlbergsche Sicht der Genese der moralischen Urteilsfähigkeit (vgl. KOHLBERG 1971, 1974; vgl. OSER 1981, S. 319ff.) sowie der darin explizierte Lernbegriff, den auch Habermas in die ontogenetische Deutung des Diskursbegriffes übernimmt, nehmen wir zum Anlaß, den darin enthaltenen heimlichen Behaviorismus herauszustellen (vgl. HABERMAS 1983, S. 130ff.). Seine Überwindung in der Erziehungswissenschaft gründet sich auf die mit dem Piagetschen Handlungsbegriff eng verknüpfte These der Reversibilität, die der Moral als einer Logik des Handelns wie auch der Logik als einer Moral des Denkens (vgl. PIAGET 1954, S. 453) gleichermaßen zugrunde liegt. Die Kenntnis ihrer Genese und der durch sie auf den jeweiligen Stufen zugelassenen Modelle der Interaktion mit dem Milieu sowie dessen Feedback (vgl. PIAGET 1976a, S. 11ff.) auf das Individuum gibt dem für die Pädagogik wichtigen Diskursmodell eine generative Erklärung.

Ulrich Fiedler/Hubert Wudtke

Der Diskurs und die kognitivistische Interpretation Kohlbergs entsprechen genau dem Modell, in dem sich die notwendige Voraussetzung zu republikanischem Handeln in ihrem subjektiven Ausdruck spiegelt. Der Diskurs bemüht seinerseits als explikative Voraussetzung jene kognitive Struktur der Reversibilität, deren Genese in der Theorie Piagets entsprechend den Schaffensperioden eine zentrale, aber dennoch unterschiedliche Rolle spielt.

Das Problem, das man als Pädagoge mit dem Teil der Diskurstheorie hat, der sich auf die Ontogenese und das Logikargument bezieht, besteht darin, daß die Theorie der Moralentwicklung methodologisch analog zur Kognitionstheorie gehandhabt wird, wodurch das Determinationsproblem auch im Bereich der moralischen und sozialen Entwicklung entsteht. Durch die Herausarbeitung der Unterschiede in den Untersuchungen aus verschiedenen Schaffensperioden wie auch ihrer inneren Zusammenhänge soll gezeigt werden, daß

– *in den Frühschriften* die soziale Entwicklung gerade auf Ambivalenzen angewiesen ist, um die Spannung zwischen dem Individuierungs- und Vergesellschaftungsprozeß zu einem Entwurf eines autonomen handlungs- und denkfähigen Subjektes zu werden (vgl. OEVERMANN o.J.; vgl. PIAGET 1954, 1972a, 1972b);

– *in den Schriften zur frühkindlichen Entwicklung* die Gleichzeitigkeit von zwei Prozessen, der Genese der kognitiven Funktionen und der Veränderung der Form zwischen Assimilation und Akkommodation, eine Deutung der strukturellen Latenz der jeweils folgenden Phase zuläßt (vgl. PIAGET 1969a, 1969b, 1974a);

– *in den Schriften zur Kognition* mit Hilfe der Synthese von zwei verschiedenen Modellen der Reversibilität in der letzten, der formal-operationalen Phase, die dem Diskurs zugrunde liegende Struktur der Beziehung zwischen Richtigkeit, Gültigkeit und Wahrheit explizierbar wird (vgl. FIEDLER 1985).

Die rekonstruierende Analyse der genannten Themen in ihrer Verknüpfung mit dem Diskursmodell soll deutlich machen, wie im Rahmen schulischer Interaktionen die Explikation des Decalagenproblems die Entwicklung der Handlungs- und Denkfähigkeit unter Vermeidung von systematischen Positivismen einer pädagogischen Handhabung zugänglich machen kann.

3.2.1 Zur Konstitutionsproblematik und Genese der Ambivalenz

Im Gegensatz zu dem behavioristischen Lernbegriff bei Kohlberg stellt Piaget in den Frühschriften einen Begriff zur Entwicklung des sozialen und moralischen Verhaltens dar, der in zweifacher Weise in seinem theoretischen Ansatz der Kohlberg-Interpretation widerspricht. Zunächst sträubt sich dieser grundsätzlich gegen eine Übernahme in pädagogische Konzeptionen, weil er den Ursprung für die Entwicklung autonomen Verhaltens in einer durch gesellschaftliche Bedingungen konstituierten ontogenetisch und phasenspezifisch ausgeprägten Handlungsdisposition sieht, die sich sui generis mehr oder weniger konsistent als besonderes Merkmal einer Altersgruppe durchsetzen. Strukturell ist die Bedingung für eine von der Heteronomie zur Autonomie sich verlagernde Handlungsdisposition auf das symmetrische Reziprozitätsverhältnis zwischen Gleichaltrigen unabdingbar angewiesen (vgl. PIAGET 1954, S. 39 ff.; vgl. PIAGET 1972b, S. 49; vgl. PIAGET 1974b, S. 230).

Die zugleich systematischen und kontingenten Bedingungen des Gleichaltrigentheorems entziehen sich aus einem zweiten Grund dem Lernbegriff bei Kohlberg. Dieser faßt Lernen als den Übergang von einer Stufe zur anderen auf, die die Kinder dadurch erreichen, daß die Problemstellungen durch die nächsthöhere Stufe strukturiert sind. Diesen Lernbegriff der strukturell „mittleren Diskrepanz" (vgl.

HECKHAUSEN 1969, S. 199f.) faßt Kohlberg in der n+1-These. Während für Piaget die Handlung in ihrem pragmatistischen Sinne konstitutiv für die Decalage zwischen Egozentrismus und Soziozentrismus ist, fehlt den in der Kohlbergschen Konzeption als Material dienenden Dilemmata ihre symmetrische Handlungsgrundlage. Analog zu den Piagetschen Untersuchungen zum moralischen Urteil (vgl. PIAGET 1954, S. 119ff.) scheint Kohlberg die Argumente der Kinder zu den Dilemmata als Tätigkeit zu interpretieren, ohne die in der Problemstellung implizite Heteronomie zu diskutieren.

Damit verschärft sich der Determinationscharakter des Logikargumentes. Die natürlichen und notwendigen Bedingungen für eine soziale Entwicklung fehlen, weshalb im Gegensatz zu Piaget, der die Ergebnisse seiner Untersuchung nicht mit der Intention des Lernens verknüpft, ein phasenadäquates Lernmodell nicht entstehen kann.

Dieses Urteil stimmt mit der n+1-These insofern überein, als darin ja gerade eine Diskrepanz zwischen zwei Phasen gefordert wird, die faktisch darin besteht, daß der Erwachsene die +1-Position einnimmt. Hingegen besagt die symmetrische Interaktionsthese insbesondere im „Moralischen Urteil beim Kinde" (PIAGET 1954), daß die grundlegenden Elemente einer autonomen Handlungsfähigkeit nur durch ihr Funktionieren in der erwarteten und unterstellten Gegenseitigkeit, die nur unter Gleichaltrigen möglich ist, erzeugt werden kann. Um die Bedeutung dieser These zu erfassen, ist es wichtig, sich den Piagetschen Handlungsbegriff zu vergegenwärtigen.

Die beiden phasenspezifischen Begriffe, die Heteronomie und die Autonomie, werden durch soziales Handeln erzeugt. Sie entwickeln sich parallel zum Handeln mit Objekten. Entsprechend den Untersuchungen zur Kognition in den Frühschriften ist das umkehrbare – das reversible – Denken das entscheidende Assimilationsschema der kognitiven Funktion, mit deren Hilfe die interpersonalen Relationen, die objektbezogenen Relationen (beispielsweise die Relationen des Raumes, der Zeit und der Zahl) und die Richtigkeit und Wahrheit beanspruchenden Äußerungen strukturiert werden (vgl. PIAGET 1972b, 1974a).

Das Schema müssen wir uns als ein verinnerlichtes abstraktes System koordinierter Handlungen vorstellen, dessen Funktion und Möglichkeit darin besteht, die scheinbare und tatsächliche Vielfalt der Realität zu konsistenten und kohärenten Interpretationen zu ordnen. Diese systematische Tätigkeit bedeutet intelligentes Handeln und ermöglicht die Assimilation von Kenntnissen, weshalb wir von Erkenntnistätigkeit sprechen. Mit dem Piagetschen Handlungsbegriff stellen wir die Untersuchung auf eine die Prozesse fokussierende Basis. Diese scheint in der Übertragung der Systematik auf pädagogische und didaktische Belange die Erzeugung von einseitigen Positivismen zu verhindern.

In den Frühschriften wird die Frage nach der Konstitution mit dem Primat der pragmatistischen Dimension beantwortet. Die experimentell-empirischen Untersuchungen und Befunde können nicht in der gleichen Weise im strikten kompetenztheoretischen Sinne wie die späteren kognitiven Daten phasentheoretisch interpretiert werden.

Wir finden auf die Frage, ob die Intelligenz, die kognitiven Assimilationsschemata, Voraussetzung für die sozialen und moralischen Fähigkeiten ist, unterschiedliche, ja widersprüchliche Antworten:
– eine zirkuläre (vgl. PIAGET 1954, S. 106), die sowohl die Intelligenz für die Autonomie erzeugende Zusammenarbeit unter Gleichaltrigen behauptet, wie auch die Zusammenarbeit als Handlung für die Erzeugung der Intelligenz vorausgesetzt wird,

- eine die Parallelität (vgl. PIAGET 1972a, S. 79) zwischen diesen beiden Entwicklungssträngen behauptende und
- eine sozial-konstitutive (vgl. PIAGET 1972b, S. 196), die mit der Parallelitätsthese insofern im Zusammenhang steht, als diese bisweilen durch die These der sozialen Entwicklung sui generis, das heißt durch soziale Faktoren eingeschränkt, erscheint.

Schon allein wegen des Handlungsbegriffes erscheint die Erklärung des wechselseitigen Einflusses von kognitiven und sozialen Faktoren zirkulär. Die Zirkularität der konstitutionstheoretischen Problematik wird im Lichte der späteren Forschungen neu und für die Entfaltung des Ambivalenzbegriffes gewinnbringend behandelt.

Die später deutlich im generativen Sinne akzentuierte Konstitutionsthese – jede Phase ist für die folgende konstitutiv und wird in ihr aufgehoben – und die in den Frühschriften akzentuierte ontogenetisch dichotome Phaseneinteilung eröffnen die Möglichkeit einer komplementären Interpretation. Daran soll das in der Gesamttheorie vorhandene Kompetenz-Performanz-Paradigma herausgearbeitet werden.

In den Frühschriften unterscheidet Piaget außer im ersten Kapitel des „Moralischen Urteils" zwei Phasen, die egozentrische und die soziozentrische, insofern als das nichtbewußte Zentrieren auf das Ego von einer Ego-Alter-Trennung überwunden wird. In der egozentrischen Sprache, das heißt einer Sprachfunktion ohne kommunikative Absichten (vgl. PIAGET 1972a, S. 29ff.), verschmelzen kontigue und assoziative Verknüpfungen, das sind bedeutungshaltige Elemente des Milieus, zu Interpretationsschemata ineinander, und zwar ohne reversible Denkakte. Insbesondere in den Untersuchungen zur kognitiven Entwicklung, zu den Urteilen und den Denkprozessen des Kindes läßt Piaget keinen Zweifel, daß niemals die Objekte in der Lage wären, die Reversibilität des Denkens zu erzeugen. Es sind die sozialen Faktoren, der kommunikative Austausch mit den Gleichaltrigen und besonders die Widersprüche zu ihnen, die die Autonomie erzeugen (vgl. PIAGET 1972b, S. 49).

Indem jede Phase für die nächstfolgende konstitutiv ist, kann sich eine – wenn auch nur phänomenbezogene – interpretierende Phasendichotomie nicht darin erschöpfen, den Egozentrismus als defizitäre Vorstufe der folgenden, der soziozentrischen Phase, zu beschreiben (vgl. STEINER 1978, S. 89). Vielmehr müssen die konstitutiven Bedingungen einschließlich ihres Transformationsmechanismus der jeweils vorangehenden Phase für die folgende benannt werden, was nicht mit dem Vergleich diskreter Qualitäten gleichzusetzen ist. Diese Forderung scheint im großen und ganzen mit der Decalagenproblematik identisch zu sein. Wir finden eine solche Beschreibung aus Gründen des epistemologischen Forschungsinteresses nur zwischen den Zeilen, weshalb eine Rekonstruktion für diese pädagogische, sich auf das Paradox der Erziehung beziehende Fragestellung hilfreich zu sein verspricht. Sie ist zunächst im engsten Zusammenhang mit der Problematik der Konstitution zu sehen. Die Daten und die Ausführungen Piagets zeigen, daß es sich um sehr verschiedene Phänomene handelt, die sich alle auf die egozentrische oder soziozentrische Grundstruktur zurückführen lassen. Wenn Piaget in dieser Weise mit den dichotomen, noch nicht strukturell gefaßten Begriffen eine systematische Sichtweise zu entwickeln versucht, dann handelt es sich bei der Einordnung der in den frühen Schriften gefundenen Systematik methodologisch nur scheinbar um dieselbe Fragestellung wie in den späteren Untersuchungen zur Kognition, aus deren Erkenntnissen zur Entwicklungssequenz sich das Logikargument ableitet.

In den Frühschriften geht es um die Systematisierung überwiegenden (performativen) und nicht prinzipiell möglichen (kompetenten) Verhaltens (vgl. PIAGET 1954, S. 90ff.). Es kann also im manifesten Verhalten auch immer das jeweils nicht er-

wartete Verhalten auftreten. Andererseits zeichnen sich die Phasen jedoch quantitativ und qualitativ deutlich voneinander ab, so daß der Eindruck, auch insbesondere auf die Daten und Interpretationen der sozialen Entwicklung bezogen, entstehen kann, als verliefe analog der kognitiven Entwicklung die soziale und moralische Ontogenese ebenfalls sui generis.
Tatsächlich kann die Frage und die Beantwortung nach dem überwiegenden Verhalten von Kindern unterschiedlicher Altersstufen nicht mit einer kompetenz-theoretisch ontogenetischen Fragestellung in Übereinstimmung gesehen werden. Allein die Allgemeinheit der Fragen nach erstens der Systematisierung der Erscheinungen, zweitens den kulturell und sozial validierten Inhalten der Experimente und drittens den sozialisatorischen Agenten, nämlich den die beiden Wege des Vergesellschaftungsprozesses in unterschiedlicher Weise prägenden Beziehungen des Kindes zu seinen Gleichaltrigen sowie zu den Erwachsenen, läßt eine in Wirklichkeit performanztheoretische Systematik in kompetenztheoretischer Sicht erscheinen. In diesem Sinne verstehen wir als Performanz das manifeste, dichotom geordnete überwiegende Verhalten. Es bezieht sich auf zwei grundsätzlich verschieden verlaufende Sozialisationsprozesse, die unter phylo-ontogenetischen Aspekten systematisch und nicht wie bei Chomsky, zufällig, am Rande bedingt sind. Erst die performanztheoretische Stellung der Frühschriften macht die obengenannten, widersprüchlich scheinenden Thesen zur Konstitution plausibel. Es gibt kein Bedingungsverhältnis von kognitiver und sozialer Entwicklung. Diese Entwicklung entsteht nicht aus der Habitualisierung von partikularen Verhaltensmerkmalen, sondern in der Verinnerlichung von Handlungen, die sich gleichermaßen auf die Gegenstände wie auf die den Beziehungen zwischen Personen zugrunde liegende Handlungsdimension bezieht.
Wenn im weitesten Sinne angenommen werden darf, daß das Milieu dieser Verinnerlichung als „Nahrung" (vgl. PIAGET 1969a, S.45) dient, also das phylo-ontogenetische Programm, ebenso wie auch darüber hinaus besondere sozial-kulturelle Assimilationsschemata aufgrund bestimmter Performanzbedingungen, die sozusagen axiomatisch eingeschränkte Handlungssysteme zulassen, erzeugt, dann wird zwischen der zirkulären Konstitutionsthese und dem Primat der sozialen Faktoren eine hermeneutische Fragestellung deutlich, die im Rahmen einer allgemeinen Entwicklung die Bedingungen einer besonderen Entwicklung partiell mit interpretieren kann.
Die heteronomen und autonomen Handlungen, die zu verinnerlichten moralischen Assimilationsschemata systematisiert werden, gehören zu diesen performanzbedingten, das heißt intentional herstellbaren Kontextbedeutungen. Im Gegensatz zu den allgemeinen Performanzbedingungen, wie sie Piaget in ihrem natürlichen, kulturell-sozialen Kontext untersucht hat, sind wir darüber hinaus an der Konstruktion noch eingeschränkterer Kontexte, wie denen des moralischen und sozial angelegten schulischen Lernens unter Berücksichtigung des Diskursmodells, interessiert.
Diesem Interesse folgend, soll im methodologischen Rahmen der Performanz-Kompetenz-Beziehung und im systematischen Rahmen des handlungstheoretischen Autonomiebegriffes ein dritter, die beiden Piagetschen Wege einschränkender Weg des schulischen Lernens unter Diskursbedingungen aufgezeigt werden.
Die Dichotomie der egozentrischen versus sozialisierten Verhaltensmerkmale macht uns diesbezüglich auf die Tatsache aufmerksam, daß nicht alle performativen Bedingungen auf besondere kognitive Voraussetzungen angewiesen sind. Es gibt Fälle, und zwar in erheblichem Maße (die Hälfte aller spontanen Äußerungen der Kinder im Alter von drei bis sechs Jahren ist immerhin nicht als egozentrisch

beurteilt – vgl. PIAGET 1972a, S. 43 ff., S. 70), die nicht auf eine den sozialisierten Verhaltensweisen entsprechende notwendig zugrunde liegende Struktur bezogen sein müssen. Zusammen mit der Aufteilung der Entwicklung in lediglich zwei Phasen kann ein systematisch-strukturelles Entwicklungsargument in der Dimension des Logikargumentes auf dieser Grundlage nicht erzeugt werden. Deshalb ist die im „Moralischen Urteil" und in den späteren kognitiven Untersuchungen auftauchende Übergangsphase der beginnenden Zusammenarbeit beziehungsweise der konkreten Operationen nicht nur aufgrund ihres Zusammenfallens mit dem größten Anteil der Grundschulzeit, sondern auch aus metatheoretischen Gründen des normativen Anspruchs der Theorie für die Erziehungswissenschaft von besonderem Interesse. Die unterschiedliche Argumentation zur Konstitution auf performanztheoretischer Ebene im „Moralischen Urteil" und auf kompetenztheoretischer Ebene in den späteren Untersuchungen schafft zunächst eine zusätzliche Problematik.

Eine dritte Phase, die Phase der Zusammenarbeit unter Gleichaltrigen, schiebt sich zwischen die Heteronomie und die Autonomie im Umgang mit Regeln. Einerseits ist plausibel, daß die Interaktionen unter Gleichaltrigen eine andere, eine symmetrische und der idealen Sprechsituation im Diskursmodell funktional äquivalente Qualität besitzen, und zwar im Gegensatz zur einseitigen Abhängigkeit des Kindes vom omnipotent eingeschätzten Erwachsenen. Andererseits wird die Plausibilität durch die Daten zur verbalen Kommunikation zwischen Gleichaltrigen, die sich nur in dem Maße verstehen, wie sie über identische Schemata verfügen (vgl. PIAGET 1972a, S. 116 ff.), eingeschränkt. Das Zirkularitätsproblem stellt sich erneut: Wie kann die Symmetrie unter Gleichaltrigen nicht die allgemeine Entwicklung, sondern die autonome Handlungsfähigkeit hervorbringen, wenn das Neue im Erkenntnisakt an den gemeinsam verfügbaren Set an Kenntnissen gebunden ist?

Piaget zeigt in der Interpretation der Beobachtungen der Kinder beim Murmelspiel sowie der Befragungen nach dem Ursprung, der Natur und dem Wesen der Spielregeln, daß die Kinder im Alter von bis zu sieben Jahren einen sehr differenzierten, von den Älteren und den Erwachsenen übernommenen Set von Regeln erworben haben. Sie werden jedoch noch nicht autonom, sondern als konstituierte Regeln ohne expliziten Bezug zu ihrem sozialen Charakter gehandhabt. In diesem Alter spielen die Kinder allein mit einem sozialen Stoff. Zwar erlernen sie die Regeln heteronom, der Egozentrismus bewahrt sie jedoch gleichzeitig vor einer totalen Anpassung an andere. Er beläßt ihnen die Möglichkeit, ihrer Phantasie und ihrem Sinnstreben entsprechend, trotz nachahmender Akkommodation, die Regeln nach ihrem eigenen Gutdünken, nach anderen assoziativen Kriterien als denen der Logik der Regeln selbst zu verfahren (vgl. MEAD 1968, S. 201; zur deformierenden Assimilation beim Symbolspiel vgl. PIAGET 1969b, S. 117 ff.).

Die Kenntnis der Regeln erlaubt dem Gleichaltrigen in der folgenden Phase den konstituierenden Charakter der Regeln im Spiel zu erzeugen. Gegenüber dem egozentrischen Spiel mit konstituierten Regeln erscheint die Veränderung dieser Phase, der Phase der Zusammenarbeit, gering. Die egozentrische Verwendung der Regeln wird durch ihre unterschiedliche Anwendung bewußt. Die mangelnde Verallgemeinerung, die die Logik der jeweiligen Regelsysteme betrifft, die sinnhafte soziale Regelauffassung und die differenzierte, aber partikulare Regelkenntnis lassen die Konstitution eines sozialen Themas zu, das etwa mit dem Begriff des „Gewinns" die Symmetrie der Spieler zu den Regeln beim Spielen anzeigt (vgl. PIAGET 1954, S. 39 ff.). Wesentlich dabei ist, daß die Kinder im Gegensatz zu ihrer schon differenzierten Regelkenntnis Komplikationen gerade vermeiden und in einer Art Dachkonsens ein vereinfachtes Spiel spielen.

Die Konstruktion des Primarschülers

Auf der Grundlage des den Egozentrismus überwindenden Schemas, einer Art absoluter Gleichheit vor dem Gesetz und dessen objektivistischer und buchstabengetreuer Einhaltung, bilden sich die symmetrischen Beziehungen zwischen Gleichaltrigen. Ihre Ambivalenz macht einerseits die die konstituierten Regeln kennzeichnende Partikularität und andererseits die den Egozentrismus kennzeichnende Absenz von Konsistenz und Kohärenz möglich. Die Anwendung der Regeln während dieser Phasen führt zu einer Decalage gegen Ende der Kindheit. Jetzt sorgen nicht mehr nur einerseits das Bewußtsein von der Gleichheit der Individuen vor dem Gesetz und andererseits ein angereicherter Set von Regeln, der sich im Laufe der Phase durchaus im sozialen Rahmen asymmetrischer Beziehungen quantitativ erweitern kann, für das Funktionieren des Spiels. Ein Regelbereich, ein abgrenzbarer Funktionskreis konstituierter Regeln und ein Beziehungsbereich zwischen den Kindern werden gleichzeitig gehandhabt, in dem die Kinder die konstituierenden Kriterien der Regeln selbst diskursiv behandeln (vgl. PIAGET 1954, S. 66 ff.).

Diese letzte Phase der Kindheit vergleicht Piaget mit einer gut funktionierenden demokratischen Kindergesellschaft. Auf dieser Metastufe, deren Erzeugung weniger auf den Zuwachs an neuen Kenntnissen über die Objekte und die Personen angewiesen ist als auf die Möglichkeit zu symmetrischen Handlungen (vgl. PIAGET 1972b, S. 83), wird jene postkonventionelle Moralentwicklung zur Autonomie sichtbar, für die erst das Handeln selbst (durch die ambivalente Funktion des Egozentrismus sowohl im assoziativ-nonreversiblen Bereich im Umgang mit Propositionen als auch im nichtreziproken Bereich der interpersonalen Beziehungen) prinzipiell die notwendige Bedingung darstellt: Die Autonomie kann nur über den Weg der symmetrischen Beziehungen zwischen Gleichaltrigen in der Zusammenarbeit erreicht werden.

In ihr funktioniert – aus der Sicht der kognitiven Theorie – dank des Vermögens, zwei Systeme (Bereiche) in Beziehung setzen zu können, nicht nur regelgeleitetes Handeln, sondern die Reflexion über diese Tätigkeiten.

3.2.2 Zur Bedeutung des Äquilibrationsaxioms für die Interpretation struktureller Latenz

Die oben angeführten Thesen der Zirkularität, der Parallelität und der sozialen Genese sind durch die ambivalente Funktion des Egozentrismus, der Entwicklung der Autonomie in der Zusammenarbeit und der plausiblen Komplexitäts- und Kohärenzsteigerung des Systems konstituierter Proposition verträglicher geworden, ohne einen entscheidenden Einwand von pädagogisch-didaktisch interessierter Seite bisher überwunden zu haben, nämlich wie eine Moralentwicklung zur Autonomie im Rahmen institutionalisierten Lernens stattfinden kann. Zunächst ist auf die übrigen Untersuchungen im „Moralischen Urteil" zu verweisen. Diese unterstreichen die Bedeutung der tatsächlich ausgeführten Handlungen und verweisen auf ein Verhältnis, das aus der Trennung des den Egozentrismus ebenfalls kennzeichnenden Merkmals herrührt, nämlich sowohl die heteronomen Beziehungen zu den Erwachsenen anzuerkennen, als auch sich über sie hinwegzusetzen und sie als Assimilationsschemata deformierend zu verwenden (vgl. PIAGET 1969b, S. 117 ff.). Das Moment der Verpflichtung in der die heteronomen Beziehungen strukturierenden Asymmetrie vermag weder über den Funktionskreis der Regelkenntnis noch über den durch einseitige Subjektivität faktisch ausgeübten Zwang autonomes Verhalten hervorzubringen. Es geht in der Argumentation nicht um den Nachweis einzelner Phänomene, mit denen scheinbar leicht Gegenbeispiele angezeigt werden könnten, sondern um die Akzentuierung der Heteronomie zwischen Kind und Erwachsenem, also um den *strukturellen Status* der asymmetrischen Beziehungsstruktur. Er wird aus zweifachem Grund nicht in der Lage sein, den Egozentrismus zu überwinden. Die Handlungen oder Sprechakte mit Erwachsenen sind propositionaler Art (vgl. WATZLAWICK u.a. 1969, S.53 ff.). Sie erfordern ein Transformationssystem, das zur gleichen Zeit ein System der Beziehungen wie auch ein System der Logik der Regeln ausdrückbar macht. Aus der Logik beider Systeme in ihrer Synthese gewinnt der Erwachsene überhaupt erst seine Legitimation zur Forderung der einseitigen Verpflichtung (zum Zusammenhang von Logik und Moral: vgl. PIAGET 1954, S.453). Bei den Gleichaltrigen liegt der Akzent auf der Beziehungsebene in der Bewußtwerdung der Gegenseitigkeit unter stillschweigendem Bezug auf unbekannte Regeln, deren System damit auch von transformativen Anforderungen unangetastet bleibt. In der der Praxis der Zusammenarbeit folgenden Phase, der Erzeugung eines Metasystems, in dem die Regeln selbst in ihrem (Rück-)Bezug zu den Personen, die untereinander ihre Beziehungen zu den Regeln und über die Regeln explizieren, steht den konstituierten heteronomen Normen ein autonomes symmetrisches Modell zur Explikation des Selbst gegenüber. Dieses reziproke Modell ist in der Lage, die interindividuell verpflichtende Gegenseitigkeit reflexiv zu machen und damit prinzipiell eine biographisch und historisch gesellschaftliche Selbstreflexion zu ermöglichen.

Die weiteren Untersuchungen zum „Moralischen Urteil" enthalten eine die Argumentation der Ambivalenz systematisierende Erkenntnis: In analoger Weise wie im Unterschied zwischen dem Umgang mit und der Beurteilung von Regeln, also dem moralischen Handeln, verhalten sich die Kinder in ihrem Urteil den moralischen Dilemmata und Geschichten gegenüber. Die in der Zusammenarbeit sichtbar werdende symmetrische Gegenseitigkeit wird angesichts der symbolisch vermittelten Interaktionen mit Erwachsenen nicht, wie möglicherweise erwartbar gewesen, in ein die Autonomie vorantreibendes strukturelles Gleichgewicht übergeleitet, indem die Vermischung der beiden Systeme im sprachlichen Ausdruck, des Systems der interpersonalen Beziehungen und des Systems konstituierter Propositionen, differenziert und reflexiv handhabbar würde. Die Ergebnisse (vgl. PIAGET 1954, S.119ff., S.223ff.) zeigen entgegen dieser Hypothese übereinstimmend, daß das symmetrische Modell der Heteronomie eine Regression gegenüber der relativen Autonomie in der praktischen Zusammenarbeit in Form des moralischen Realismus bedingt. Entscheidend ist auch hier, wie die Ambivalenz des Egozentrismus zur Funktion der Entwicklung wird.

Obwohl Piaget diese Ambivalenz durchaus als Phänomen gesehen hat (vgl. die unkommentierte Unterscheidung in vier Stadien der Praxis der Regeln und in drei Stadien des Bewußtseins der Regeln - PIAGET 1954, S.39ff.), begnügte er sich mit der Untersuchung der Gleichaltrigen-These. Der moralische Realismus, die Heteronomie in der Regelbewertung durch das Kind, läßt auf Strukturen schließen, die den Egozentrismus, das heißt hier die nichtbewußte Verwechslung von zwei sich grundlegend unterscheidenden Systemen, geradezu auf einer neu erscheinenden Ebene reetablieren. Diese Struktur entspricht insofern der Struktur der Praxis der Zusammenarbeit, als auch diese sich durch das Konstanthalten beziehungsweise das Handeln in einem System auszeichnet. Während jedoch das symmetrische Modell Reziprozität durch Handeln im Austausch mit Gleichaltrigen herstellt, bleibt diese Reziprozität im Austausch mit Erwachsenen implizit und konstant, aber der Austausch ist im propositionalen System von dieser apriorischen Einseitigkeit determiniert.

Der Wegfall des Handelns im System der interpersonalen Beziehungen bedingt offenbar, daß das verbal Konstituierte, das in Wirklichkeit unter den relativierenden Einschränkungen individueller und gesellschaftlicher, biographischer und historischer Voraussetzungen grundsätzlich hypothetischen Wesens ist, von den Kindern axiomatisch gehandhabt wird. Ohne diese axiomatische Interpretation, die von dem Unvermögen herrührt, zwei Systeme gleichzeitig zu handhaben, würde Lernen als die Übernahme konstituierter Wissenssysteme nicht möglich sein. Die phasenspezifische Kompetenz, das operative Handeln in nur einem System, führt zu einer in der Performanz erscheinenden Vermischung von Beziehungs- und propositionalem System. Paradoxerweise – und darin liegt die Ambivalenz der Heteronomie – ist Lernen gegenüber Erwachsenen auf Vertrauen angewiesen. Erst auf dieser Basis kann eine Kompetenzstruktur greifen, die noch nicht in der Lage ist, die Funktion der Gegenseitigkeit durch Diskurse zu lösen. Der Diskurs ist in diesem Alter noch gespalten in die beiden sich unterscheidenden Wege des Vergesellschaftungsprozesses. Die Spaltung ist ihrerseits ambivalent: Zum einen ergänzen sich das symmetrische und das asymmetrische Modell in bezug auf eine Äquilibration, zum anderen steht das asymmetrische Modell nicht unbedingt der Entwicklung der formaloperationalen Kompetenzstruktur, wohl aber der Diskursstruktur unverträglich gegenüber.

Unter dem der symbolischen Interaktion zugrunde liegenden Theorem der Vermischung hat sich die Fragestellung so entwickelt: Wie können die beiden zwar funktional komplementären, strukturell identischen, aber performanztheoretisch entgegengesetzten natürlichen Wege des der Vergesellschaftung zugrunde liegenden Paradoxes von Heteronomie und Autonomie angesichts eines keineswegs natürlichen Kontextes des schulischen Lernens autonomes Verhalten stärken, ohne die ambivalente, zunächst jedoch heteronome Funktion der Übernahme propositionaler Systeme zu behindern? (Vgl. auch WYGOTSKI 1969, S. 104 ff.)

Der folgende Verweis auf die Untersuchungen zur frühkindlichen Entwicklung in der sogenannten sensomotorischen Phase hat den Status, die Bedeutung der Kenntnis der kognitiven Strukturen aus pädagogischer Sicht deutlich zu machen. In diesen Untersuchungen werden metatheoretisch drei Aspekte thematisiert:

Zuerst befassen sie sich mit der Entwicklung der Sensomotorik von den Reflexen bis zu den zugleich deduktiven und induktiven originellen Neukombinationen in Erfindungsakten durch Koordination und Differenzierung bis etwa zum Ende des zweiten Lebensjahres (vgl. PIAGET 1969a),

sodann werden die Tätigkeiten in ihrer Ontogenese mit den Interaktionen, die sich auf das Objekt, den Raum, die Kausalität und die Zeit beziehen, sowie in ihren koordinierenden Beziehungen untereinander schematisiert (vgl. PIAGET 1974a), und

schließlich wird ebenfalls im selben Entwicklungsabschnitt in Interaktion mit den Exemplaren derselben Gattung die nachahmende Funktion als Sonderfall der Akkommodation aufgezeigt, an deren Ende die Fähigkeit des Kindes zur Unterscheidung von Zeichen und Bezeichnetem steht (vgl. PIAGET 1969b).

Unser Interesse an diesen Untersuchungen bezieht sich auf ihre performanztheoretische Methodologie. Unter den Akzentuierungen der Entwicklung einerseits der Assimilation andererseits der Akkommodation und letztlich einer Synthese dieser beiden, die plausibel argumentierend in Übereinstimmung mit den empirischen Daten von Langzeitbeobachtungen die Emergenz der Sprachfunktion expliziert, wird der sensomotorische Entwicklungsprozeß unter zwei verschiedenen Perspektiven beschrieben:

– erstens in phasen- beziehungsweise stadienspezifischer Einstellung die Genese

der einzelnen Schemata und ihre jeweilige Funktion in den Metabegriffen von Assimilation und Akkommodation für das nächstfolgende Stadium;
- zweitens die Explikation – ermöglicht durch die engen Beobachtungszeiträume – der Genese spezifischer Funktionen in Interaktion mit milieubedingten Kontingenzen.

Dadurch ist sowohl im Gegensatz zu den performanztheoretischen Frühschriften als auch der kognitiven Kompetenztheorie ein empirisch-hermeneutisches Theoriefragment entstanden, in dem gleichzeitig die Veränderung von Assimilation und Akkommodation im Entwicklungsprozeß erkennbar wird. Die Veränderung der Form dieses allgemeinen Äquilibrationsaxioms ist nur theoretisch und nicht konstruktivistisch-empirisch aufzeigbar. Die minuziösen Beobachtungen in den genannten Schriften geben der Assimilations-Akkommodations-Theorie nur in diesen Schritten ihren systematisch-empirischen Gehalt. Das faktische Ungleichgewicht und das latente Gleichgewicht zwischen Individuum und Milieu betrifft die Differenzierung und die Koordinierung von Assimilation und Akkommodation. In der postnatalen Phase sind Assimilation und Akkommodation verschmolzen. Die systematisch beschriebene Genese der sich entwickelnden spezifischen Funktionen zeigt, daß diese – selbst gespeist durch die Handlungen mit dem Milieu – bis gegen Ende der sensomotorischen Phase zu einer Trennung von Assimilation und Akkommodation auf der Ebene der Handlungen führt. Dies ist eine Voraussetzung, die beide – aus der Forscherperspektive – in einen transzendallogischen Explikationsrahmen rückt, so daß die Latenz der Ontogenese erkennbar wird, und zwar aus der Perspektive einer sich manifest dokumentierenden Phase.

Dieser Zusammenhang mit der pragmatistischen Interpretation der Frühschriften, in der Heteronomie und Autonomie als jeweils ambivalente Funktion, – in ihrer Komplementarität jedoch – als sinnhaftes Explikationsmodell dargestellt wurden, wird durch die Gleichzeitigkeit der Genese spezieller Funktionen der Sensomotorik und der Formveränderung der allgemeinen Äquilibrationsrelation erhellt. Die Kernthese der pragmatistischen Interpretation der beiden Wege der Vergesellschaftung, wovon der eine über die Gleichaltrigeninteraktion alleine zur Autonomie führt, wird jetzt in funktionalistischen Begriffen ausdrückbar. Die Theorie der Gleichzeitigkeit der funktionalen Prozesse zeigt nämlich, daß in einem funktionierenden Prozeß eine allgemeine, das Funktionieren übergreifende, ja sogar entgegengesetzte und ambivalente Funktion erzeugt wird, die erst für das strukturell folgende Stadium funktional ist. In dieser grundsätzlichen Spannung von zwei hinsichtlich des Gleichgewichtstheorems entgegengesetzten Prozessen wird eine empirisch gehaltvolle, hermeneutische Interpretation deutbar. Die Beziehung zwischen dem Funktionieren und dem Aufbau der folgenden Strukturen, der Decalage, läßt eine strukturelle Latenz erkennen, deren Bedeutung für die Pädagogik plausiblerweise zu einem Abbau behavioristischer Haltungen gegenüber den heteronom erzeugten Wissenssystemen führt.

Die der Sensomotorik folgende Phase, der Egozentrismus, stellt die ambivalente Funktion dar, die allein imstande ist, das sprachliche Zeichensystem zu entwickeln, ohne von diesem absorbiert zu werden. Die deformierende Assimilation vor allem im Spiel, insbesondere im Symbolspiel, und die Nachahmung sowie die faktische Anerkennung des Erwachsenen als omnipotent bleiben aus demselben ambivalenten Grund relativ getrennt. So schützt sich der Egozentrismus als besondere Form der Assimilation und Akkommodation in der Entwicklung von Bedeutungen im Spracherwerbsprozeß vor einer Vergesellschaftung ohne gleichzeitige Individuierung. Ohne die Schutzfunktion des Egozentrismus und die Form der Trennung von

Die Konstruktion des Primarschülers

Assimilation und Akkommodation würde die tatsächliche Vermischung der beiden, die kommunikative Struktur der Sprache bildenden Systeme, das System der Beziehungen und das System der Propositionen, sowie deren Metabeziehung mangels adäquater Strukturen weder Lernen noch eine individuelle, die Ambivalenz zu Bestehendem ausschöpfende Entwicklung möglich machen. Die strukturelle Beziehung zwischen spezifischen Funktionen und allgemeiner Funktion sowie deren Bedeutung für die Entwicklung weiterer spezifischer Funktionen einerseits und andererseits ihre eigene Veränderung der Form öffnet die pragmatische Erklärung der Frühschriften für eine strukturalistisch ergänzende, erziehungswissenschaftlich bedeutungsvolle Erklärung.

Die beiden Wege der Vergesellschaftung können wir als Modelle der sozialkonstitutiv erzeugten Trennung in heteronomes und autonomes Verhalten im Sinne einer natürlichen Ontogenese deuten. Diese ist wohlgemerkt nicht mit einer pädagogischen institutionalisierten, intentional beeinflußten Entwicklung identisch. Die Piagetsche These zur Autonomie, daß der Erwachsene die Sozialisation des Kindes, insbesondere die durch Sprache bewirkte, behindert (vgl. PIAGET 1954, S. 362 ff.; vgl. PIAGET 1972 b, S. 123), nicht aber Wissen aus der Zusammenarbeit mit Gleichaltrigen entsteht, findet in der Ambivalenz des Egozentrismus und der Vermischung in der symbolisch vermittelten Interaktion ihre funktionale, strukturalistische Explikation. Andererseits ist unter dem Gesichtspunkt der Äquilibration zwischen Assimilation und Akkommodation deutlich zu machen, daß die Funktion der Entwicklung in der bewußten Rekonstruktion des verlorengegangenen Ideals (vgl. PIAGET 1954, S. 391), des postnatalen Gleichgewichts, zu sehen ist. In der Phase, in der Assimilation und Akkommodation getrennt gehandhabt werden, gleicht die Egozentrismusfunktion und damit auch die komplementäre Fürsorgefunktion der schon sozialisierten Exemplare derselben Gattungen die funktionale Schwäche des Individuums aus, selbständig, ohne Gefahr für das Gesamtsystem, Äquilibration zu erzeugen. Die andere Seite dieser Entwicklungstendenz dokumentiert gerade Offenheit gegenüber dem Milieu und dem eigensinnigen Umgang mit diesem.

3.3 Entmischung von Inhalts- und Beziehungsaspekt

Die Ambivalenz können wir als eine Konstante in der Entwicklung ansehen, ohne die der Sinn der Entwicklung angesichts der strukturalistischen These ihres logischen Verlaufes deterministisch bliebe und für die Pädagogik nur redundante Kriterien bereithielte, welche zu „regressiven" Deutungen des Lehr-/Lernprozesses führten (vgl. WATZLAWICK u. a. 1969, S. 50 ff.).

Die Ambivalenz erscheint unter anderem in den der verbalen Kommunikation zugrunde liegenden sprachlichen Weisungen. Sie vereinigt in vermischter Form zwei Systeme, die das Kind getrennt noch nicht handhaben kann. Dennoch funktioniert dieser Prozeß, ohne daß sui generis seine Balance zwischen Selbständigkeit und Fürsorge denselben natürlichen Milieubedingungen entspräche, wie dies für die Entwicklung der kognitiven Strukturen anzunehmen ist.

Diese strukturelle Überforderung durch das normkonstituierende System der Sprache wird im familiären Kontext durch ein affektives Vertrauen erzeugendes Solidaritätspotential aufgefangen, so wie die strukturelle Überforderung mit den Gleichaltrigen das propositionale System konstant hält und damit ausgleicht. Diese natürliche Ambivalenz stellt keine Aporie hinsichtlich der Autonomieentwicklung durch die Interaktion der Gleichaltrigen dar, jedoch möglicherweise in bezug auf die strukturelle Genese der Diskursfähigkeit in den Lehr-/Lernprozessen, für die ebenfalls gilt, daß durch das Funktionieren der Heteronomie keine Autonomie und damit auch keine Diskursfähigkeit erzeugt werden kann. Der „symbiotische" Rest, der den affektiven Kern der Familienstruktur bildet und die Familienmitglieder in habitualisierter Weise unterschiedlich verpflichtend bindet, hält so, vermittelt durch die Sprache, das System der Beziehungen zumindest vorläufig weiter implizit und konstant. Die Vermischung kann aber weder durch die familiäre noch durch die Gleichaltrigeninteraktion prinzipiell überwunden werden: diese aus Gründen der fehlenden Konsistenz und Kohärenz ermöglichenden Reversibilität und der daraus resultierenden Fähigkeit von Ego, mit von Alter abweichenden Schemata verständig umzugehen, jene, weil die Sinn implizierenden, zwischen den Zeilen liegenden Divergenzen mit sprachlichen Mitteln – was ihre tatsächliche Mitteilbarkeit betrifft – nur untauglich behandelt werden können. Die positive Funktion der Vermischung besteht darin, die Individualität, zum Beispiel der Familie, als die Individuierung systematisch-inhaltlich in dem möglichen strukturellen Rahmen zu erzeugen. Die Institution Schule unterscheidet sich von diesen beiden wegen der Vergesellschaftung nicht nur aufgrund ihrer verschiedenen Funktion, nämlich mit schon individuierten Kindern nach allgemeinen erzieherischen Grundsätzen umzugehen, sondern in ihren den natürlichen Bedingungen entgegenstehenden Elementen. Diese betreffen eine andersgelagerte Ambivalenz sowie die gesellschaftlich geforderte Vermittlungsaufgabe konstituierten Wissens und die Konstitution von gesellschaftlichen Erwartungen auch dem konstituierten Wissen gegenüber. Die Ambivalenz erscheint in der – keineswegs symmetrischen – schulischen Interaktionsfigur (vgl. BASTIAN 1981) in ihrem zweifachen Sinn, zum einen als Schutz- und Öffnungsfunktion im Egozentrismus, der einzigen Voraussetzung für die Emergenz von Autonomie, zum anderen in der Gleichzeitigkeit von zwei Prozessen, die Einsicht in die Ko-Ordinierung von Assimilation und Akkommodation über deren vorheriger Trennung ermöglicht. Die schulischen Ausgleichsprozesse zur Egozentrismusfunktion fordern zu einer synthetischen Leistung zwischen den beiden sich grundsätzlich unterscheidenden Modellen der Interaktion heraus, die wir in dem besonderen Umstand institutionalisierten Lernens, dem systematisch planbaren Umgang mit propositionalen Systemen in der Gleichaltrigeninteraktion, sehen. Die im Lernen geäußerten Propositionen drücken nämlich keine asymmetrisch interindividuelle Verpflichtung, sondern eine von Anfang an gesellschaftliche Verpflichtung aus – allerdings durch den Lehrer repräsentiert –, die sich dementsprechend gleichzeitig auf Inhalt und Form bezieht, jedoch nicht durch affektives, im allgemeinen nonverbales Solidaritätspotential kompensiert werden kann und soll.

So erfordert die Struktur des Lernens andere als die familiären Kompensationsmodelle, um die Vermischungsfunktion der Sprache zu überwinden. Die besondere Möglichkeit der schulischen Sozialstruktur besteht in ihrem nicht unter Handlungsdruck stehenden Moratoriumscharakter, durch den in Abhebung zu den beiden natürlichen Wegen der Vergesellschaftung ein dritter, kultur- und zivilisationsspezifischer Weg nicht den Mangel der beiden natürlichen Wege kompensiert, sondern prinzipiell zur Eröffnung und zur Entfaltung der individuellen Vorbedingungen des gesellschaftlichen Diskurses führt.

3.3.1 Zur partiellen Übereinstimmung von Kompetenz und Diskurs

Die durch die Inkongruenz von verbal kommunikativen und kognitiv-strukturellen Barrieren hervorgerufene Egozentrismusfunktion bedeutet in ihrer Ambivalenz auch die Möglichkeit zur diskursiven Entwicklung propositionaler Systeme (so des

systematischen Aufbaus fächer- und bereichsspezifischer Begriffssysteme). Das aufgrund der vorangegangenen Interpretation der beiden Theoriefragmente Piagets entwickelte Argument bezieht sich auf den pragmatistischen und performanztheoretischen Erklärungsansatz, wonach bestimmte natürliche Kontextmerkmale eine autonome, nicht aber sui generis eine diskursive Handlungsstruktur erzeugen, und zwar weil einerseits die Autonomie nur durch die reflexive Interaktion unter Gleichaltrigen hergestellt werden kann, die sich andererseits nur in dem Maße verstehen, wie sie über identische Schemata verfügen. Die dem Diskurs zugrunde liegende Struktur verlangt als besondere Einschränkung für die über jene natürlichen sozialen Entwicklungsbedingungen hinausgehenden Merkmale eine diese gerade kennzeichnende Überwindung der Trennung von Assimilation und Akkommodation, also eine Ko-Ordinierung der beiden Systeme. Sie kann sich ihrerseits auf zwei verschiedenen Wegen ereignen: zum einen in asymmetrischer Weise über die fremdbestimmte, explizite oder implizite Vermittlungskunst des Lehrers, die zu allerlei strukturellen Vermischungen und Illusionen mit den familiären Kompensationseigenschaften führt, zum anderen, indem sie in der Spur des auf Selbständigkeit beruhenden Diskurses bleibt. Als notwendige Voraussetzung reklamiert der Diskurs die Bedingungen der Symmetrie, das heißt den handlungstheoretischen Begriff der Autonomie. Deren Repräsentation liegt in der Möglichkeit, im Rahmen schulischen Lernens das Merkmal der Gleichaltrigeninteraktion zum Tragen zu bringen. Die zweite Bedingung des Diskurses, nämlich die gleichzeitige Handhabung des Systems der Beziehungen und das der Verknüpfungen der Propositionen sowie die Mittelbarkeit zwischen beiden, wird in dem Prozeß erzeugt, dessen Mechanismus und konstruktive kontextuelle Repräsentierbarkeit die Folge der kognitiven Strukturen in ihrem Verhältnis zur Performanz gewinnbringend beleuchtet. Der Zusammenhang von Latenz und Manifestation ergibt sich aus dem pragmatistischen Prozeßcharakter der Ambivalenz von zwei gleichzeitig stattfindenden Prozessen. Die symmetrische Beziehungsstruktur und die schon erzeugte kognitive Kompetenzstruktur bringen einen möglichen Prozeß zum Funktionieren, der auf der operativen Ebene den Bedingungen des Diskurses nach Ko-Ordinierung von zwei Systemen genügt, wenn die schematisierenden Bedingungen der Reversibilität sowohl den Handlungen als auch den Äußerungen zugrunde liegen.
Die Möglichkeiten des Handelns werden einerseits von den entwicklungslogischen kompetenztheoretisch explizierten Theoremen limitiert, andererseits von den ihnen entsprechenden Bedingungen des Milieus zur Performanz zugelassen. In der Performanz dieses Interaktionsverhältnisses von Assimilation und Akkommodation liegt die Latenz der Diskursstruktur. Die theoretische Stellung der Diskursstruktur als einer Struktur, die sich nicht analog den Kompetenzstrukturen aufgrund von im normalen Milieu existierenden Kontingenzen entwickelt, sondern konstruktivistischer Merkmale bedarf, um zum Funktionieren zu kommen, macht zusammen mit der Aussicht, sie im Rahmen einer funktionierenden Handlungsstruktur latent zu halten, ihre besondere erziehungswissenschaftliche Bedeutung aus. Mit dieser Perspektive kann nämlich zum einen die Piagetsche These von der konstituierenden Bedeutung der Gleichaltrigeninteraktion für die Entwicklung der Autonomie und zum anderen die von Piaget nicht untersuchte Genese der Diskursstruktur unter der auf Lernen bezogenen Anforderung der Emergenz von neuem Wissen deutbar gemacht werden.
Das normative Argument der Theorie Piagets für die Pädagogik wird durch die Entwicklungslogik, die sich auf die Folge diskreter Strukturen bezieht, expliziert (zur kognitiven Entwicklung vgl. FIEDLER 1985). Unter dem Gesichtspunkt der mit dem

Ulrich Fiedler/Hubert Wudtke

Aufzeigen der Ambivalenz gewonnenen Freiheitsgrade für die pädagogische Interpretation, nämlich der Bedeutung der Qualitäten einer Phase für die folgende, fügt die entwicklungslogische ontogenetische Deutung der Reversibilität der Ambivalenz im Erziehungsprozeß einen wesentlichen Sinnzusammenhang hinzu. Mit mathematisch-logischer Axiomatisierung und Formalisierung sowie dem Mechanismus der reflektierenden Abstraktion werden die Decalagen expliziert und wird die ihnen inhärente Logik deduziert. Im Rahmen dieser Ergebnisse ist eine funktionale Interpretation möglich.

Die präoperationale Phase wird durch eine nicht-reversible Struktur des Denkens gekennzeichnet, die nicht die Bildung kohärenter Begriffe zuläßt. Die Teile und das Ganze, eine Voraussetzung für die Begriffsbildung, die sich auf Objekte bezieht, können noch nicht systematisch, also in ihrer Umkehrbarkeit gleichzeitig gefaßt werden. Im Gegensatz zur präoperationalen Konstruktionsmöglichkeit der folgenden Phase demonstriert die Reversibilität in ihrer besonderen Form als Negation beim Erkennen von Begriffshierarchien ihre unmittelbare Funktion der Kohärenz: Die Bildung eines Oberbegriffes entsteht durch die gleichzeitige Beachtung (Zentrierung) eines besonderen Merkmals einer Klasse und seiner Negation (Dezentrierung) unter dem Gesichtspunkt des Oberbegriffes beziehungsweise der durch Kombination erzeugten Synthese zwischen Klasse und Oberbegriff. Dies beinhaltet das logische Schema: „Alle x sind einige y" (vgl. PIAGET 1972a, S.80ff.), welches Piaget intensive, auch qualitative Quantität nennt (vgl. PIAGET 1972a, S.29). Dagegen ermöglicht die präoperationale Struktur Konstruktionen, die durch Kontiguität und Assoziationen im Sinne unmittelbar bedeutungshaltiger (vgl. MATALON 1963, PIAGET/INHELDER 1963; vgl. PIAGET/INHELDER 1972a, S.51ff.) Schemata ein iteratives Verfahren des Denkens zulassen. So wird eine konstruierte Klasse durch iterative Anreicherung empirisch, aber nicht systematisch durch Komplementaritätsbeziehung erzeugt.

Der Übergang zur Reversibilität der konkreten Operationen ist durch eine synthetische Leistung gekennzeichnet, in der die Teile und das Ganze gleichzeitig gehandhabt werden. Die notwendigerweise bestehenden Unterschiede der Schemata stellen die Grundlage für eine Kohärenzbildung dar. Dementsprechend besteht die Funktion der konkret-operationalen Phase (ungefähr von 6/7 bis 12/14 Jahren) zunächst notwendigerweise darin, die Divergenz nichtreversibler Schemata zur Bearbeitung mit konkret-operationalen Strukturen zuzulassen.

Mit funktionalen Begriffen interpretiert, würde dies mit dem Funktionieren einer vorgängig erzeugten Struktur übereinstimmen. Jetzt erscheint – analog dem Merkmal der Zusammenarbeit unter Gleichaltrigen, dem Operieren in einem System – die Reversibilität der konkreten Operationen in zwei Formen, und zwar als Negation und als Reziprozität. Diese Unterscheidung bedeutet – analog der Trennung von Teile und Ganzem –, daß die Denkstruktur im zeitlichen Nacheinander entweder die Negation oder die Reziprozität performieren kann. Die Charakteristik der Trennung der Reversibilität während der konkret-operationalen Phase und ihre Ko-Ordinierung in einem „kombinatorischen System", wie dem der Kleinschen Vierergruppe (vgl. PIAGET/INHELDER 1958, S.272ff.), beruht wiederum auf einer Synthese im Funktionieren vorgängig erzeugter Teilstrukturen, der Gültigkeit von Reziprozität bei logischen Beziehungen und der Negation bei logischen Klassen (vgl. PIAGET 1949, S.103f.; vgl. PIAGET 1961).

Das Funktionieren der Reversibilität in ihrer getrennten Form ereignet sich in den beiden Modellen von Heteronomie und Autonomie, das heißt im System der Reziprozität, das sowohl *asymmetrische* wie auch *symmetrische Modelle* zuläßt. Das

Modell des Diskurses schränkt das System der Reziprozität zur reziproken Symmetrie hin ein. Das Diskursmodell im Lernprozeß fordert außerdem – im Gegensatz zur „natürlichen Entwicklung" – die gleichzeitige operative Behandlung von Propositionen, also die implikative Funktion der Negation. Es geht damit über die Struktureigenschaft der konkreten Operation hinaus. Der schulisch institutionalisierte Lernprozeß erlaubt es, diese strukturelle Latenz, das Funktionieren von zwei Systemen im Diskursmodell zu planen, in dem aus divergierenden Schemata durch reziproken Austausch von Ego und Alter Kenntnisse über Objekte erzeugt werden, aus denen dann „inter-propositions" (vgl. PIAGET/INHELDER 1958, S. 278) entstehen.

Die Planbarkeit in der Erzeugung von Wissen kann das aus dem konkret-operationalen Strukturmerkmal herrührende Schritt-für-Schritt-Verfahren berücksichtigen, das wahrscheinlich nicht, zumindest nicht ohne weiteres, mit der Lernzieldifferenzierung und dem Lernschrittverfahren übereinstimmt (vgl. BLOOM 1972, GAGNÉ 1973). Der mögliche Umgang mit konkret-operational erzeugten Kenntnissen kann als prädiskursives Funktionieren im Sinne der faktisch gleichzeitigen Handhabung der Reziprozität des Beziehungssystems und des propositionalen Systems gedeutet werden (vgl. DOISÉ u. a. 1975, PERRET-CLERMONT u. a. 1976).

In Übereinstimmung mit der Skepsis des frühen Piaget gegenüber der medialen Funktion der Sprache für den Lernprozeß (vgl. PIAGET 1972a, S. 83, S. 88; vgl. SINCLAIR DE ZWAART 1967) sehen wir ihre Bedeutung darin, daß die Vermischung der sprachlichen Schemata im Sinne inter-propositionaler Austauschprozesse rekonstruktiv im Lichte der neuen Kompetenz überwunden wird. Das Kind macht die Form des schon Konstituierten zum Inhalt seiner Reflexion und stellt damit eine neue Beziehung zwischen Erkenntnisvermögen und Sprache her.

3.3.2 Das Alte neu gesehen – Interpretation eines Problemlösungsprozesses unter Kindern

Unter dem Gesichtspunkt erstens der heuristischen Funktion und zweitens der damit in engem Zusammenhang stehenden Frage des empirischen Gehaltes werden wir anhand der Skizze eines Problemlösungsprozesses von vier ungefähr 9–10jährigen Kindern gewisse Interpretationen unter den zuvor angestellten Überlegungen vornehmen, die, in Abwandlung jenes bekannten Zitates, „Die Verfertigung der Sprache beim Denken" überschrieben werden könnten. Die eingeschränkte Funktion des selbständigen Denkprozesses in diesem Alter erfordert bestimmte einschränkende Maßnahmen des Kontextes, in dem die Interaktionen stattfinden. In diesem Sinne sprechen wir von Konstruktion der Repräsentation. Diese Einschränkungen beziehen sich auf die Strukturunterschiede zwischen dem auf Objekte gerichteten und dem mit Propositionen umgehenden Denken. Mit der Skizzierung und gelegentlichen Zitierung eines Problemprozesses von ungefähr 90 Minuten Dauer soll lediglich das für die allgemeine Didaktik zentrale Problem, wie das Erkennen in der Gleichaltrigeninteraktion funktioniert, empirisch demonstriert werden. Die aufzuzeigende Dynamik, die Bewegungen oder die Transformationen, die dem Prozeß eine Systematik verleihen, eröffnen einen ersten empirischen Zugang zur Möglichkeit der Repräsentation theoretischer Zusammenhänge über Lernvoraussetzungen, die quer zu den inhaltlichen und notwendigen Lernzielen liegen, diese also nicht determinieren. Ihr wechselseitiges In-Bezug-Setzen soll auf jene von der erziehungswissenschaftlichen Forschung unberücksichtigt gelassene Eigendynamik im lernorientierten Erkenntnisprozeß hinweisen.

Zum Beispiel selbst: Im Rahmen einer quantitativ empirischen Untersuchung zum

Ulrich Fiedler/Hubert Wudtke

Einfluß bestimmter handlungsorientiert konstruierter Unterrichtseinheiten im Laufe des dritten Schuljahres auf Performanzleistungen der Ko-Operation zwischen Gleichaltrigen wurde ein Experiment mit folgender Problemstellung auf Video aufgenommen (vgl. FIEDLER 1977a).
Zu konstruieren war – aufgrund gewisser Einschränkungen in der Aufgabenstellung (zur genauen Aufgabenformulierung vgl. FIEDLER 1977a, S.459) explizit und im Material implizit enthalten – ein Rechteck mit maximaler Fläche bei konstantem Umfang.
Diese Aufgabe ist strukturell identisch mit dem von Piaget durchgeführten Experiment zum Schwimmen fester Körper (vgl. PIAGET/INHELDER 1958, S.20ff.). Die die Aufgabenstellung explizierende Proposition enthält drei Faktoren, nämlich Umfang, Fläche und Form, die gleichzeitig gehandhabt werden müssen, um die Abhängigkeit der Fläche von der Varianz der Form bei Konstanthalten des Umfanges zu erkennen.
Diese (implikative) Proposition wurde in der Aufgabenstellung durch die Äußerung: „...den Spielplatz einzäunen, auf dem die Kinder am meisten Platz zum Spielen haben", ausgedrückt. Der damit gegebene Hinweis, daß es ein größtes Rechteck gibt, erzeugt insofern und dann eine formallogische und propositionale Struktur, wenn diese zu der schematisierenden, konkret-operationalen Struktur, die der Invarianzbildung ihre Besonderheit verleiht, im Gegensatz steht. Entgegen der lerntheoretischen Annahme, daß die Präzisierung und die Differenzierung von komplexen Problemen in Lernschritten die Aufnahme der Propositionen durch den Schüler sicherstelle, lag hier der Aufgabenstellung die Interpretation des Vermischungstheorems zugrunde. Danach soll gezeigt werden können, daß im engeren Sinn eine propositionale Problemstellung notwendig ist, um überhaupt eine bestimmte für die Decalagenproblematik relevante Dynamik zu erzeugen. Diese bietet allein die Gewähr dafür, daß die ablaufenden Prozesse auch jene unabdingbare Integration erzeugen, die wir als autonome Handhabung propositionaler Systeme der asymmetrisch-heteronomen gegenübergestellt haben.
Zur Kontexteinschränkung:
Die Konstanz des Umfangs wird durch Geld repräsentiert, das jedes Kind erhält und für das sich die Kinder unterschiedlich lange Zaunteile: kleine, mittlere = 2 kleine, große = 2 mittlere und vier Ecken (rechtwinklige Eckteile mit einer kleinen und einer mittleren Schenkellänge), kaufen können. Die Preis-Länge-Relation verhält sich proportional. Ebenfalls liegen auf einem Tisch nichtinterpretierte, relevante und irrelevante Zusatzmaterialien bereit. Die Kinder werden nur global auf diesen Tisch und das zur Verfügung stehende Material aufmerksam gemacht. Von diesen Materialien sind Quadrate von der Seitenlänge der drei verschieden langen Zaunteile und drei Holzrahmen des maximalen Umfangs besonders wichtig. Weitere Einschränkungen sind für den hier zu interpretierenden Kontext nicht nennenswert; jedoch ist als Hintergrundinformation zu erwähnen, daß vor diese Gruppenarbeit die Kinder in einer Einzelarbeit und einem klinisch geführten Interview schon mit der Aufgabe konfrontiert waren (zur Interviewtechnik Piagets: vgl. DENIS-PRINZHORN/GRIZE 1966).
Zum Problemlösungsprozeß:
Gerade aufgrund der individuellen Auseinandersetzung mit der Aufgabenstellung und der stillschweigenden Unterstellung dieses Einflusses auf den Erkenntnisprozeß hätte man – begründet durch die sich strukturell systematisch unterscheidenden Typen von Problemlösern – eine irgendwie geartete Erörterung der verschiedenen Propositionen erwartet. Statt dessen zeigt die Anfangsphase zunächst eine egozen-

Die Konstruktion des Primarschülers

trische Eröffnung par excellence (alle vier Kinder gehören der sozialen Unterschicht an; die Zahlen beziehen sich auf die laufende Nummer der Äußerung im Experiment):
01 No: so lang und so breit (zeigt jeweils die Parallelen unabhängig voneinander)
02 Bea: breiter geht's auch (zeigt ebenfalls)
03 No: breit, ist es auch gut, wir kaufen vier große
04 Pet: vier große, sind ja schon achtzig Mark (entrüstet über so viel Kaufrisiko)
Zu dieser im Flüsterton gehaltenen Beratung, die dem Austausch der Schemata zu diesem Problem diente, traten die Kinder spontan zusammen. Zwar tauschten sie keine identischen Schemata aus, glaubten aber, dies getan zu haben. Die Reziprozität, die erst aus einem Schema eine Proposition erzeugt, ist noch in einem diffusen Bezug, einer Art Synkretismus, einer undifferenzierten Zusammenschau, eingebettet. Die durch Zeigegesten unterstützte sprachliche Formlosigkeit scheint nicht auf die Schwierigkeiten des Ausdrucks zurückzuführen zu sein. Diese unbewußte soziale Handlung steht ganz im Einklang mit der Erkenntnishaltung den Objekten gegenüber. Für die Kinder ist außer ihrem eigenen Schema kein anderes Schema denkbar, weshalb sie Sachverhalte nicht thetisch, sondern axiomatisch behandeln.
Handelt es sich hier wieder um jenen Zirkel, innerhalb dessen die kognitive Struktur eine propositionale Interaktion verhindert, oder bedingt der Mangel an sozialer Reziprozität, wie sie der Hypothese zugrunde liegt, die kognitive Zentrierung?
In der folgenden, ungefähr 20 Minuten dauernden Sequenz kaufen und bauen die Kinder gleichzeitig, bis gegen deren Ende ein Zaun fertiggestellt ist. Überwiegend sind die Tätigkeiten scheinbar von einem zugleich willkürlichen als auch zufälligen und unkoordinierten Kaufen und Bauen gekennzeichnet. Eine genauere Analyse, etwa nach dem Instrumentarium der „objektiven Hermeneutik" (OEVERMANN u. a. 1979), deutet jedoch darauf hin, daß sich die Äußerungen einerseits interindividuell als auch andererseits intraindividuell auf die eingangs evozierten Schemata beziehen. Wir nennen diese wegen ihrer Latenz zum Aufgabenproblem Antizipationsschemata.
Der Bezug zwischen teilweise divergierenden Antizipationsschemata
- für No bleibt die Fläche gleich, wie auch immer gebaut wird,
- für Bea ist die Breite entscheidend,
- Pet konzentriert sich auf die Relation Geld/Teile und deren Voraussetzung für die Konstruktion des Zaunes

und dem konkreten Handlungsbezug des Kaufes und des Bauens läßt Divergenzen im Laufe der Zusammenarbeit erwarten. Die Aufgabe ist auf diese erwartbare Dynamik hin angelegt. Sie soll einen Prozeß ermöglichen, in dessen Verlauf die strukturelle Latenz, die Handhabung von zwei Systemen, in ihrer prädiskursiven Erscheinungsform generiert wird.
Analog dem Übergang vom egozentrischen Spiel zum Beginn der praktischen Zusammenarbeit soll auch hier der kleine, aber notwendige Schritt in der Überwindung des Egozentrismus zunächst aufgezeigt werden.
Das Explikationsschema des zugleich strukturierten und strukturierenden, des funktionierenden und gleichzeitig eine Funktion erzeugenden Prozesses können wir aufgrund der propositional angelegten Aufgabenstruktur wiedererkennen. Ihre genauere prozeßhaft-strukturelle Analyse könnte Aufschlüsse über Wirkungen in der Auseinandersetzung mit Propositionen zeigen, die nicht dem von dem Vermischungstheorem gekennzeichneten Erkenntnisprozeß unterliegen, sondern die Besonderheiten eines diskursiven Verständigungs- und Verstehensprozesses aufzeigen.

Ulrich Fiedler/Hubert Wudtke

Während der ersten Phase ist eine Methode des Schritt-für-Schritt-Verfahrens möglich, ohne daß der minimale Konsens gestört werden müßte, das heißt, es werden so lange Teile gekauft, bis alles Geld ausgegeben ist. Dieses Vorgehen, das mit der die Phase der praktischen Zusammenarbeit kennzeichnenden Strategie der Herstellung eines undifferenzierten Dachkonsenses übereinstimmt, wird in diesem Prozeß sowohl durch Koordinationshindernisse beim Kaufen der Teile (jedes Kind hat den gleichen Geldbetrag) und durch erschwerte Konstruktionsbedingungen (asymmetrische Schenkellängen der Ecken) als auch durch die sich – auch strukturell unterscheidenden – Antizipationsschemata erschwert.

Für No besteht das Problem beim Bauen darin, wie er unter Berücksichtigung des zur Verfügung stehenden Geldes, das die Variable „Umfang konstant" repräsentiert, den Zaun schließen kann. Es stellt sich heraus, daß das nicht aufeinander bezogene Zeigen der beiden Dimensionen (vertikal und horizontal) in der Eröffnungsphase seine implizite Definition der Aufgabe ist. Dies ist deshalb logisch, weil er als typischer „Invarianzler" an eine andere Lösung als die der Invarianz der Fläche nicht denken kann. Diese Problemsicht deckt sich insofern mit der von Pet, als für diese das Sinnantizipationsschema in bezug auf die maximale Ausnutzung des zur Verfügung stehenden Platzes gerichtet ist.

Der Zaun soll auf einen, in einem Park frei gebliebenen Platz gebaut werden, der auf drei Seiten durch den Rand des Kartons, auf dem der Park aufgemalt ist, und auf der vierten Seite durch einen Bach begrenzt ist.

Das Schema der maximalen Platzausnutzung erzeugt bei Pet ein iteratives Vorgehen, um auszuprobieren, wieweit man noch an einer Seite anlegen darf, um noch rechtwinklig an einer ausgeprägten Biegung des Baches vorbeizukommen. Zumindest stört dieses iterative Vorgehen zu diesem Zeitpunkt nicht Nos Problem, parallel zu bauen. Allerdings widerspricht Pets Vorgehen Beas Schema, den Platz möglichst breit zu bauen, was zu einer propositionalen Kontroverse führt:

91 Bea: Das ist viel zu lang, viel zu lang. Das reicht ja dann nicht.

Sie meint, daß die Länge der von Pet gebauten ersten Seite kein breites Rechteck mehr zuläßt. Weder kann Bea Pet explizieren, warum diese Seite zu lang ist, noch Pet Bea ihr Antizipationsschema mitteilen. Die von den unterschiedlichen Antizipationsschemata erzeugte propositionale Kontroverse bleibt als solche bestehen oder wird vergessen. Sie hat an einer ersten Stelle zur inhaltlichen, nicht aber strukturellen Manifestation eines von Anfang an latenten kognitiven Konfliktes beigetragen.

Es ist charakteristisch, daß an dieser Stelle noch keine Chance bestand, die divergierenden zentralen Schemata, der Varianz der Fläche einerseits bei Bea, andererseits der Invarianz, wenn überhaupt vorhanden bei Pet, jedoch implizit bei No, diskursiv zu handhaben. Die Handlungen der Kinder hatten noch zu keinem expliziten strukturellen Zusammenhang geführt. Die partikularen Handlungen, das Kaufen und das Bauen, unterlagen noch dem jeweiligen egozentrischen Sinnantizipationsschema.

Die folgende Stelle des Prozesses hingegen geht über das Bewußtwerden der Kontroverse zwischen Bea und Pet hinaus. Gegen Ende der ersten Phase treten Schwierigkeiten auf, wie der Zaun bei maximaler Ausnutzung des Umfanges geschlossen werden kann. Die maximale Ausnutzung des Umfanges, die durch Iteration oder konkret-, möglicherweise sogar formal-operationale Lösungen hervorgebracht werden kann, wird zu „Umfang konstant" transformiert, das heißt, jede These nach dem „Platz zum Spielen" muß von einem maximalen Umfang ausgehen.

Der fertiggestellte, geschlossene Zaun berücksichtigt zwar den Parameter „Umfang

Die Konstruktion des Primarschülers

konstant", er ist indessen in zwei Dimensionen schief. Wesentlich ist, daß der Prozeß bis zu dieser Stelle zu einer Ko-Ordination der Relation Bauen/Kaufen unter dem Antizipationsschema „geschlossener Zaun" geführt hat, was beispielsweise durch das Sichversichern über das übriggebliebene Geld, das Suchen nach einem Ausgleich der unterschiedlich langen Ecken zum Ausdruck kommt. Bea erkennt, daß durch zwei Handlungen der „schiefe" Zaun zu einem „geraden" umgebaut werden könnte. No, der die ganze Zeit einerseits bedacht war, je zwei Seiten nacheinander parallel zu bauen, aber angesichts der iterativen Bauweise von Pet (aneinanderlegen und dreimal um die Ecke bauen) diesen Plan nicht durchhalten kann, hat Beas Korrekturvorschlag nicht verstanden, der sich auf die Ko-Ordination der Koordinaten und nicht auf die Parallelität erzeugende Ko-Ordination bezieht, nämlich zwei gegenüberliegende Seiten gleich lang zu halten.

285 Bea: Ich glaub, du hast was verkehrt gedacht, mh?
     Pet: gemacht, nicht gedacht
     No: wart mal, laß mal erst
     Pet: so, fertig!
     No: muß doch net grad werden, oder?
     Bea: doch!
     No und Pet: nö
     No: das muß nur vier Ecken haben
     Pet: ja
     No: also, wir sind fertig
     Pet: ja, alles klar
     No: wir haben das ganze Geld gebraucht
     An (lacht)
298 Bea: Wir haben das ganze Geld gebraucht und es hat vier Ecken

Im Gegensatz zur vorangegangenen Stelle bleibt die Kontroverse zwischen Bea und No im Rahmen des Schemas „Zaun bauen" und weist nicht auf das Maximum-Problem hin. Zumindest an der ersten Stelle hätte Bea ihr Antizipationsschema gegen Pet entfalten müssen, was - wie wir später sehen - sie deshalb nicht vermochte, weil sie gedanklich nicht gleichzeitig den Umfang konstant halten, die Form verändern sowie diese mit der Fragestellung nach der Veränderbarkeit der Fläche verknüpfen konnte.

In der zweiten Situation sind trotz oder gerade wegen der Schwierigkeiten in der Ausführung und der Ko-Ordination hinreichend viele, die jeweiligen Antizipationsschemata explizierenden Propositionen erzeugt worden. Sofort ruft die Explikation Beas anstatt einer Regression eine Legitimation hervor, die eine propositionale Funktion und nicht mehr eine die Objekte direkt betreffende Ordnungsfunktion hat. Der Anspruch auf Widerspruchslosigkeit im Handeln ist zu einem Anspruch auf Nachweis der Gültigkeit des Handelns geworden: Erstens werden die Implikationen der Eingangsphase in ihrer Handlungsrelevanz deutlich; zweitens wird das erzeugte Ergebnis des maximalen Umfangs zu der Proposition „Der Umfang muß in jedem Fall konstant gehalten werden" transformiert.

Bea beharrt auch an dieser Stelle nicht auf ihrer Position. Eine adäquate Erwiderung hätte sich nämlich auf die Methoden des Vergleiches von zwei Flächen beziehen müssen, was eine entsprechende propositionale und umfassende, bisher nicht annähernd thematisierte Argumentation erfordert hätte, die, wie wir weiter unten sehen werden, gerade von Bea nicht erwartet werden kann.

Im Anschluß an die Äußerung 298 bezieht sich Bea folgerichtig auf ein alternatives Bauen.

299 Bea: Wir hätten's aber länger bauen können und hier in der Breite etwas weniger
No: ja
Pet: da hätten die Kinder aber am meisten spielen...
No: da können sie genauso...
Pet: ja
Bea: das ist nicht wahr
alle: mh, mh
Bea: das ist nicht wahr
307 No: Wenn's breit ist und wenn's lang ist, ungefähr so breit mehr wie beim... wenn das jetzt eins gibt, das so lang ist, und eins, das so breit ist, und man macht's zusammen, dann ist das doch gleich... nur, daß es eben länger ist

No stimmt Bea zu, bestreitet jedoch den Nutzen. Zwischen Bea und No entsteht in der Folge eine prädiskursiv geführte Auseinandersetzung über die zentrale Frage der Aufgabe. Während dieses Prozesses erhält No bei dem Versuch, die Invarianz der Fläche mit Hilfe der vorgebauten Rahmen zu demonstrieren, durch Auflegen der Rahmen auf den schiefen Zaun Strukturierungshilfe für den Ausgleich der Seiten.

312 No: Die Bea hat recht gehabt...
(nimmt zwei Stücke aus verschiedenen Seiten – entsprechend dem von Bea gemachten Vorschlag – heraus und gleicht je zwei gegenüberliegende Seiten aus) so...

Die Negation in der Form der Transformation der Seiten erzeugt eine weitere notwendige Konsensbildung für Beas These, eine andere Form zu bauen und beide Flächen bei konstantem Umfang miteinander zu vergleichen, denn nichtrechteckige Flächen können auch nicht miteinander verglichen werden (zum Beispiel mit Hilfe der quadratischen Plättchen).

Die Äußerung Nos in der Form einer auf der Beziehungsebene expliziten und zugleich propositionalen Reflexion stellt das Ende eines Propositionen erzeugenden Prozesses dar. Mit hoher Wahrscheinlichkeit würde dies auch das Ende des Prozesses bedeutet haben, wenn trotz der konfligierenden Antizipationsschemata die Aufgabenstruktur keine transzendierende Proposition zuließe. Dies ermöglicht den Kindern, in einen prädiskursiven Interakt einzutreten, indem sie sehr mühsam, aber intensiv ungefähr 45 Minuten lang versuchen, die widersprüchlichen Thesen in bezug auf die unklare Aufgabenstellung zu deuten, die Sprache der Aufgabenstellung zu entmischen und die in den Äußerungen enthaltenen logischen Schlüsse zu verstehen. Die Länge dieses Prozesses und seine allmähliche Verfertigung in Sprache beruht einzig auf der wahrhaftigen Kontroverse zwischen den Kindern. In seinem Verlauf spielt das inhaltliche Schema „Umfang konstant" eine wichtige Rolle. Dieses Schema wird offensichtlich im Laufe der Verhandlungen als Konstante immer wieder vergessen oder übersehen, was darauf hindeutet, daß es noch partikular gebunden ist. Dies entspricht der noch nicht ganz reversibel gewordenen Struktur der konkreten Operationen, auf deren Grundlage das Schema („geschlossener Zaun und alles Geld verbraucht") erzeugt wurde. Die Kontroverse innerhalb der Gruppe verläuft über ein schon weiter oben hervorgetretenes Schema der Legitimation der Propositionen und Thesen, die nun ständig auftauchen:

335 No: Ich hab' immer noch nicht kapiert, wofür...
367 An: Für was brauchen wir denn jetzt das hier? Kannst du mir das sagen, Bea!
372 Pet zu Bea: Warum hast du das jetzt in der Mitte gemacht?
375 Bea: Moment – nein

Alle diese Äußerungen und ihre propositional unvollständigen, die Beziehungs-

ebene nur selten explizit verbalisierenden Formen sind Erscheinungen, die die Wahrhaftigkeit der Diskutanten zum Ausdruck bringen. Die Wahrhaftigkeit ist ein durch soziale Faktoren konstituiertes Schema, der Motor, der das propositionale System zur Explikation bringt. In ihm kommt die manifest gewordene Spannung zwischen Ego und Alter, zwischen den Polen von Assimilation und Akkommodation zum Ausdruck (vgl. PIAGET 1972b, S. 43, S. 49).
Es scheint uns charakteristisch zu sein, daß dieses legitimatorische soziale Schema erst erscheint, wenn eine Proposition erzeugt wurde, die in systematischer Weise kontradiktorisch eine Ordnung von Objektbezügen expliziert. Wir bezeichnen dies analog dem Übergang vom unbewußten zum bewußten Egozentrismus als die Stelle, an der eine neue Qualität sichtbar wird, die eine latente Dynamik (etwa die divergierenden Antizipationsschemata) in eine manifeste Form transformiert, und zwar auf der Grundlage möglicher divergierender Ordnungssysteme.
Die Emergenz des legitimatorischen Beziehungsschemas ist durch eine operative Latenz gekennzeichnet, die wir in Abhebung zur Diskursstruktur als prädiskursiv bezeichnen. Die Reziprozität („Die Bea hat recht gehabt") zwischen Ego und Alter ist eine – keineswegs selbstverständliche – Folge des operativ gewordenen Schemas „Umfang konstant". Der Wille, Alter zu überzeugen, hat das in einem Schritt-für-Schritt-Verfahren erzeugte Schema zu einer Proposition verdichtet, die nun prinzipiell im prädiskursiven Austausch funktionieren kann.
Hierin ist gegenüber der Emergenz des Schemas in zweierlei Hinsicht ein Fortschritt zu sehen: Das Ende des Prozesses der Ordnung der Objekte führte zu einer Entmischung des Systems der Beziehungen und des Systems der Propositionen in einem zeitlichen Nacheinander, während die Handhabung kontradiktorischer Propositionen das Funktionieren der Gleichzeitigkeit der beiden Systeme erfordert. Gegen Ende des Prozesses ist die propositionale sprachliche Form ohne nähere Kontextkenntnisse verständlich.
Zu der folgenden Äußerung hat An fünfmal angesetzt:
718 An: Bea, soll ich dir mal was sagen, das kann ja gar nicht größer sein, weil das hier, weil das ja die gleichen Stücke sind, das kann ja gar nicht größer sein, weil das ja die gleichen Stücke sind! Es hat nur die Form verändert und ist gleich.
In ihr sind adäquat alle drei Faktoren der Propositionen des maximalen Rechteckes verknüpft als auch explizit die Beziehungsebene thematisiert.
Die folgenden Äußerungen machen das kognitive Dilemma explizit:
722 Bea: da hast du auch wieder recht
An: wer ist dafür, daß die gleich sind? wir stimmen ab! wer sagt, daß die gleich sind?
Pet und Bea: ich
725 No: davon stellen wir's auch net fest, wenn wir abstimmen – die sind alle beide gleich – weil es dasselbe Material sein soll.
Das durch seine propositionale explizite Form von An stark gemachte Schema der Invarianz steht dem von Bea unzureichend explizierten Schema der Varianz, hier der systematischen Inbeziehungsetzung von drei Variablen, entgegen. Dies scheint dem Erkenntnisprozeß eine unentscheidbare Wendung zu geben (vgl. FIEDLER 1977a, S. 132ff.; vgl. MATALON 1963). Eine neue Qualität, die Performierung kontradiktorischer Argumente, die sich nicht mehr auf den Erkenntnisprozeß selbst, sondern auf das Verfahren des Erkenntnisgewinnes beziehen, emergiert. Wir finden hier exakt die von Piaget im „Moralischen Urteil" gekennzeichnete vierte Stufe der Autonomie des Handelns wieder.

Obwohl es Bea im weiteren Verlauf gelingt, schrittweise ihren Plan des Vergleichens von zwei Formen durchzusetzen, und die Gruppe zu einem eindeutigen Ergebnis kommt, bleibt insbesondere bei Bea eine Konfusion. Zum Schluß glaubt sie zeigen zu müssen, daß sich mit der Veränderung der Fläche nun auch der Umfang verändern müsse.

Bevor das Experiment durch den Versuchsleiter abgebrochen wird, sehen wir Bea in der 1018. Äußerung fragen: „Sollen wir noch mal umbauen?"

Die Frage nach dem didaktischen Gewinn dieser heuristisch angelegten Interpretation Piagets und der empirisch demonstrierten Untersuchung eines Problemlösungsprozesses unter Gleichaltrigen kann nicht als Frage nach einer konzeptionellen Antwort verstanden werden. Sie kann vorsichtig und selbstkritisch in zwei Richtungen weitergegeben werden:

Erstens ist anzunehmen, daß das in Fortsetzung des Piagetschen Handlungsbegriffes erzeugte Schema „Altes neu sehen" zu einer Steigerung der Interpretationskapazität auf seiten des Lehrers führt. Die Interaktionsprozesse unterliegen hinsichtlich der Frage der Emergenz von Neuem nicht nur einer individuellen Eigendynamik (vgl. OEVERMANN u. a. 1979), etwa im Sinne unterschiedlicher Problemlösercharakteristiken, sondern auch einer prozeßbezogenen Kontexttypik (assoziativ-kontigue Verknüpfungen, Erzeugung konkret-operationaler Propositionen, Inter-Propositionen im Sinne des Funktionierens von zwei Systemen, Reflexion in der Form der Argumentation von Gültigkeitsansprüchen und Verfahrensproblemen).

Zweitens weist die Kontext- oder Aufgabentypik auf die Notwendigkeit der Repräsentation von struktureller und damit allgemeiner Latenz durch Konstruktion hin, was zugleich überhaupt die Möglichkeit eröffnet, daß der institutionalisierten Lehr-/Lernstruktur sowohl heteronom wie auch autonom wirkende Bedingungen der Lernvoraussetzungen zur Wahl stehen.

Vorsichtig und kritisch muß die differenzierte Frage an die Didaktik deshalb weitergegeben werden, weil die entfaltete Ambivalenzstruktur ihrerseits auf der einen Seite Freiheitsgrade, auf der anderen Seite deren Gegensatz, eine viel weitgehendere Manipulation als traditionelle didaktische Ansätze, hervorbringen kann.

Zweitens verweist die Konfrontation der Didaktik mit dem prozeß- und interpretationsorientierten Lehr-/Lernschema „Altes neu sehen" und mit der grundlegenden Problematik, die, am Ambivalenzbegriff aufgezeigt, nie zum Stillstand kommt oder eliminiert werden kann, auf die Frage nach dem empirischen Gehalt für erziehungswissenschaftliche Forschung.

Eine entsprechend angelegte pädagogische Interaktionsforschung muß den eigendynamischen Einfluß partikularer Elemente (Werte, Einstellungen und Inhalte) auf den allgemeinen Bildungsprozeß einer „autonom handlungsfähigen, mit sich selbst identischen" (OEVERMANN O.J., S.9) Person hin untersuchen und kontrollieren können.

AEBLI, H.: Denken: Das Ordnen des Tuns, Bd. 1: Kognitive Aspekte der Handlungstheorie, Stuttgart 1980. AXLINE, V.: Dibs. Die wunderbare Entfaltung eines menschlichen Wesens, Bern/München o.J. BASTIAN, J.: Schülerbeteiligung zwischen Symmetrie-Sehnsucht und den Verhältnissen, die nicht so sind. In: Westerm. P. Beitr. 33(1981), S. 460ff. BATESON, G. u.a.: Schizophrenie und Familie, Frankfurt/M. 1969. BAUERSFELD, H.: Subjektive Erfahrungsbereiche als Grundlage einer Interaktionstheorie des Mathematiklernens und -lehrens. In: BAUERSFELD, H. u.a.: Lernen und Lehren von Mathematik. Analysen zum Unterrichtshandeln II, Köln 1983, S. 1ff. BERGIUS, R.: Entwicklung als Stufenfolge. In: GOTTSCHALDT, K. u. a. (Hg.): Handbuch der Psychologie, Bd. 3: Entwicklungspsychologie, hg. v. H. Thomae, Göttingen 1959, S. 104 ff. BERNSTEIN, B.: Ein sozio-linguistischer Ansatz zur Sozialisation: Mit einigen Bezügen auf Erziehbarkeit. In: GRAUMANN, C. F./HECKHAUSEN, H. (Hg.): Pädagogische Psychologie. Grundlagentexte 1: Entwicklung und Sozialisation, Frankfurt/M. 1973, S. 257 ff. BIERWISCH, M.: Schriftstruktur und Phonologie. In: HOFER, A. (Hg.): Lesenlernen: Theorie und Unterricht, Düsseldorf 1976, S. 50 ff. BLOOM, B. S.: Alle Schüler schaffen es. In: betr. e. 3 (1970), 11, S. 15 ff. BLOOM, B. S.: Taxonomie von Lernzielen im kognitiven Bereich, Weinheim/Berlin/Basel 1972. BROPHY, J. E./GOOD, T. L.: Die Lehrer-Schüler-Interaktion, München/Berlin/Wien 1976. BÜHLER, H.: Sprachbarrieren und Schulanfang. Eine pragmalinguistische Untersuchung des Sprechens von Sechs- bis Achtjährigen, Weinheim/Basel/Wien 1972. BURK, K.: Lernbereiche. In: KOCHAN, B./NEUHAUS-SIEMON, E. (Hg.): Taschenlexikon Grundschule, Kronberg 1979, S. 269 ff. CHOMSKY, N.: A Review of Skinner's Verbal Behavior. In: FODOR, J. A./KATZ, J. J. (Hg.): The Structure of Language. Readings in the Philosophy of Language, Englewood Cliffs (N. J.) 1964, S. 547 ff. CHOMSKY, N.: Syntactic Structures, The Hague/Paris 1968. CHOMSKY, N.: Aspekte der Syntaxtheorie, Frankfurt/M. 1969. CHOMSKY, N.: Sprache und Geist, Frankfurt/M. 1970. DENIS-PRINZHORN, M./GRIZE, J.-B.: La méthode clinique en pédagogie. In: Psychologie et épistemologie génétiques – thèmes piagetiens, Paris 1966, S. 319 ff. DOISÉ, W. u. a.: Social Interaction and the Development of Cognitive Operations. In: eur. j. of soc. psych. 5(1975), S. 367 ff. EDELSTEIN, W./KELLER, M. (Hg.): Perspektivität und Interpretation. Beiträge zur Entwicklung des sozialen Verstehens, Frankfurt/M. 1982. EHLICH, K. u. a.: Spätkapitalismus – Soziolinguistik – Kompensatorische Spracherziehung. In: Kursbuch (1971), 24, S. 33. EICHLER, W.: Zur linguistischen Fehleranalyse von Spontanschreibungen bei Vor- und Grundschulkindern. In: HOFER, A. (Hg.): Lesenlernen: Theorie und Unterricht, Düsseldorf 1976, S. 246 ff. ERIKSON, E. H.: Identität und Lebenszyklus, Frankfurt/M. 1970. FIEDLER, U.: Die Beziehung zwischen kognitiver und sozialer Entwicklung des Kindes als Voraussetzung einer Didaktik der Primarstufe. Eine pädagogische Interpretation der Theorie Piagets, Diss., Frankfurt/M. 1977 a. FIEDLER, U.: Freisetzende Erziehung und selbstentdeckendes Lernen. In: HAARMANN, D. u. a. (Hg.): Lernen und Lehren in der Grundschule. Studienbuch für den Unterricht der Primarstufe, Braunschweig 1977, S. 152 ff. (1977 b). FIEDLER, U.: Intelligenz, operative. In: Enzyklopädie Erziehungswissenschaft, Bd. 7, Stuttgart 1985, S. 338 ff. FREINET, C.: Pädagogische Texte. Mit Beispielen aus der praktischen Arbeit nach Freinet, Reinbek 1980. FUHRMANN, P.: Zur Verhinderung und Überwindung des Zurückbleibens in der Unterstufe. In: WITZLACK, G. (Hg.): Beiträge zur Verhinderung des Zurückbleibens, Berlin (DDR) 1975, S. 75 ff. FURTH, H. G.: Piaget für Lehrer, Düsseldorf 1973. FURTH, H. G./WACHS, H.: Thinking Goes to School, New York 1974/deutsch: Denken geht zur Schule. Piagets Theorie in der Praxis, Weinheim/Basel 1978. GAGNÉ, R. M.: Die Bedingungen des menschlichen Lernens, Hannover ³1973. GARZ, D.: Zum neuesten Stand von Kohlbergs Ansatz der moralischen Sozialisation. Bericht über eine Tagung zu „Theory and Method of Assessing Moral Developement" an der Harvard Universität. In: Z. f. P. 26 (1980), S. 93 ff. GESELL, A.: Das Kind von fünf bis zehn, Bad Nauheim 1954. GEULEN, D. (Hg.): Perspektivenübernahme und soziales Handeln. Texte zur sozial-kognitiven Entwicklung, Frankfurt/M. 1982. GIEL, K. u. a.: Stücke zu einem mehrperspektivischen Unterricht. Aufsätze zur Konzeption 1, Stuttgart 1974. HABERMAS, J.: Können komplexe Gesellschaften eine vernünftige Identität ausbilden? In: HABERMAS, J.: Zur Rekonstruktion des Historischen Materialismus, Frankfurt/M. 1976, S. 92 ff. (1976 a). HABERMAS, J.: Zur Rekonstruktion des Historischen Materialismus, Frankfurt/M. 1976 b. HABERMAS, J.: Erkenntnis und Interesse, Frankfurt/M. 1977 a. HABERMAS, J.: Der Universalitätsanspruch der Hermeneutik. In: HABERMAS, J. (Hg.): Hermeneutik und Ideologiekritik, Frankfurt/M. 1977, S. 120 ff. (1977 b). HABERMAS, J.: Theorie des kommunikativen Handelns, 2 Bde., Frankfurt/M. 1981 (Bd. 1: 1981 a; Bd. 2: 1981 b). HABERMAS, J.: Moralbewußtsein und kommunikatives Handeln, Frankfurt/M. 1983. HALLIDAY, M. A. K.: Relevante Sprachmodelle. In: KOCHAN, D. C. (Hg.): Sprache und kommunikative Kompetenz, Stuttgart 1973, S. 66 ff. HAMAÏDE, A.: Die Methode Decroly, Weimar 1928. HANSEN, W.: Die Entwicklung des kindlichen Weltbildes, München ⁴1955. HECKHAUSEN, H.: Förderung der Lernmotivierung und der intellektuellen Tüchtigkeiten. In: ROTH, H. (Hg.): Begabung und Lernen. Ergebnisse und Folgerungen neuer Forschungen. Deutscher Bildungsrat: Gutachten und Studien der Bildungskommission, Bd. 4, Stuttgart 1969, S. 193 ff. HECKHAUSEN, H.: Entwicklung, psychologisch betrachtet. In: WEINERT, F. u. a. (Hg.): Funkkolleg Pädagogische Psychologie, Bd. 2, Frankfurt/ M. 1974, S. 67 ff. HECKHAUSEN, H.: Leistungsprinzip und Chancengleichheit. In: ROTH, H./ FRIEDRICH, D. (Hg.): Bildungsforschung, Teil 1. Deutscher Bildungsrat: Gutachten und Studien der Bildungskommission, Bd. 50, Stuttgart 1975, S. 99 ff. HENRICH, D.: Familienrecht, Berlin 1970. HESS, R. D./HANDEL, G.: Familienwelten, Düsseldorf 1975. HOCHHEIMER, W.: Zur Tiefenpsychologie des pädagogischen Feldes. In: DERBOLAV, J./ROTH, H. (Hg.): Psychologie und Pädagogik. Neuere Forschungen und Ergebnisse, Heidelberg 1959, S. 207 ff. HÖHN, E.: Der schlechte Schüler. Sozialpsychologische Untersuchungen über das Bild des Schulversagers, München 1967. HOPF, D. u. a.: Aktuelle Probleme der Grundschule. In: MAX-PLANCK-INSTITUT FÜR BILDUNGSFORSCHUNG, PROJEKTGRUPPE BILDUNGSBERICHT (Hg.): Bildung in der Bundesrepublik Deutschland. Daten und Analysen, Bd. 2, Reinbek 1980, S. 1113 ff. INHELDER, B.: Die Stadientheorie des Genfer Arbeitskreises. In: DERBOLAV, J./ROTH, H. (Hg.): Psychologie und Pädagogik. Neuere Forschungen und Ergebnisse, Heidelberg 1959, S. 139 ff. JEZIORSKY, W.: Einführung in die Unterrichtslehre der Grundschule, Bad Heilbrunn 1972. KAGAN, J./ KOGAN, N.: Individuality and Cognitive Performance. In: MUSSEN, P. (Hg.): Carmichael's Manual of Child Psychology, Bd. 1, New York/London/Sydney/Toronto ³1970, S. 1273 ff. KAGAN, J./MOSS, H.: Birth to Maturity, New York 1962. KAGERER, H.: Verhaltensstörung. In: Enzyklopädie Erziehungswissenschaft, Bd. 7, Stuttgart 1985, S. 465 ff. KAMII, C.: Evaluation of Learning in Preschool Education – Socio-Emotional, Perceptual-Motor, Cognitive Development. In: BLOOM, B. S. (Hg.): Handbook of Formative and Summative Evaluation of Student Learning, New York 1971, S. 281 ff. KELLER, M.: Die soziale Konstitution sozialen Verstehens: Universelle und differentielle Aspekte. In: EDELSTEIN, W./KELLER, M. (Hg.): Perspektivität und Interpretation. Beiträge zur Entwicklung des sozialen Verstehens, Frankfurt/M. 1982, S. 266 ff. KEMMLER, L.: Erfolg und Versagen in der Grundschule, Göttingen 1967. KESSELRING, TH.: Entwicklung und Widerspruch. Ein Vergleich zwischen Piagets genetischer Erkenntnistheorie und Hegels Dialektik, Frankfurt/M. 1981. KOHLBERG, L.: From Is to Ought. In: MISCHEL, T. (Hg.): Cognitive Development and Epistemology, New York 1971, S. 151 ff. KOHLBERG, L.: Stage and Sequence. The Cognitive Development Approach to Socialization. In: GOSLIN, D. A. (Hg.): Handbook of Socialization Theory and Research, Chicago 1969, S. 347 ff./ deutsch: Stufe und Sequenz. Sozialisation unter dem Aspekt der kognitiven Entwicklung. In: KOHLBERG, L.: Zur kognitiven Entwicklung des Kindes, Frankfurt/M. 1974, S. 7 ff. KRAPP, A./ MANDL, H.: Einschulungsdiagnostik, Weinheim/Basel 1977. KRAPPMANN, L.: Neuere Rollenkonzepte als Erklärungsmöglichkeit für Sozialisationsprozesse. In: AUWÄRTER, M. u. a. (Hg.): Seminar: Kommunikation, Interaktion, Identität, Frankfurt/M. 1976, S. 307 ff. KREFT, J.: Grundprobleme der Literaturdidaktik, Heidelberg 1982. KROH, O.: Entwicklungspsychologie des Grundschulkindes, Teil 1: Die Phasen der Jugendentwicklung, Weinheim 1967. KUBLI, F.: Erkenntnis und Didaktik. Piaget und die Schule, München/Basel 1983. LABOV, W.: Stages in the Acquisition of Standard English. In: SHUY, R. W. (Hg.): Social Dialect and Language Learning, Champaign (Ill.) 1964, S. 77 ff. LANGEVELD, M. J.: Über das Verhältnis von Psychologie und Pädagogik. In: DERBOLAV, J./ROTH, H. (Hg.): Psychologie und Pädagogik. Neuere Forschungen und Ergebnisse, Heidelberg 1959, S. 49 ff. LANGEVELD, M. J.: Voraussage und Erfolg. Über die Bedeutung von Tests als Voraussage kindlicher Entwicklung, Braunschweig 1973. LEJTES, N. S.: Allgemeine geistige Fähigkeiten und Altersbesonderheiten. Psychologische Beiträge, Heft 17, Berlin (DDR) 1974. LEONTJEW, A. N.: Der historische Aspekt bei der Untersuchung der menschlichen Psyche. In: HIEBSCH, H. (Hg.): Ergebnisse der sowjetischen Psychologie, Stuttgart 1969, S. 1 ff. LIPPS, H.: Untersuchungen zu einer hermeneutischen Logik, Frankfurt/M. ³1968. LITT, TH.: Führen oder Wachsenlassen. Eine Einschränkung des pädagogischen Grundproblems, Leipzig/ Berlin 1927. LOMPSCHER, J.: Das Lernen als Grundvorgang der Persönlichkeitsentwicklung. In: LOMPSCHER, J. u. a.: Psychologie des Lernens in der Unterstufe, Berlin (DDR) ³1975, S. 13 ff. LÖWE, H.: Probleme des Leistungsversagens in der Schule, Berlin (DDR) ²1972. LUHMANN, N.: Rechtssoziologie 1, Reinbek 1972. LUHMANN, N./SCHORR, K.-E.: Reflexionsprobleme im Erziehungssystem, Stuttgart 1979. LUHMANN, N./SCHORR, K.-E.: Personale Identität und Möglichkeiten der Erziehung. In: LUHMANN, N./SCHORR, K.-E. (Hg.): Zwischen Technologie und Selbstreferenz, Frankfurt/M. 1982, S. 224 ff. MANDL, H.: Kognitive Entwicklungsverläufe von Grundschülern, München 1975. MATALON, B.: Études du raisonnement par recurrence sur un modèle physique. In: Études d'épistémologie génétique, Bd. XVII, Paris 1963, S. 283 ff. MEAD, G. H.: Geist, Identität und Gesellschaft aus der Sicht des Sozialbehaviorismus, Frankfurt/M. 1968. MEHLHORN, G./MEHLHORN, H.-G.: Intelligenz. Zur Erforschung und Entwicklung geistiger Fähigkeiten, Berlin (DDR) 1981. MENZEL, W.: Schreiben – Lesen. Für einen handlungsorientierten Erstunterricht. In: NEUHAUSEN-SIEMON, E. (Hg.): Schreibenlernen im Anfangsunterricht der Grundschule, Königstein 1981, S. 134 ff. MILLER, G. u. a.: Strategien des Handelns, Stuttgart 1973. MILLER, M.: Zur Logik der frühkindlichen Sprachentwicklung. Empirische Untersuchungen und Theoriediskussion, Stuttgart 1976. MOLLENHAUER, K.: Sozialisation und Schulerfolg. In: ROTH, H. (Hg.): Begabung und Lernen. Ergebnisse und Folgerungen neuer Forschungen. Deutscher Bildungsrat: Gutachten und Studien der Bildungskommission, Bd. 4, Stuttgart 1969, S. 269 ff. MONTADA, L.: Die Lernpsychologie Jean Piagets, Stuttgart 1970. MONTESSORI, M.: Selbsttätige Erziehung im frühen Kindesalter, Stuttgart o. J. MÜLLER, W.: Das Problem der Synthese im Erstleseunterricht. In: Westerm. P. Beitr. 11(1960), S. 93 ff.; S. 129 ff. OBUCHOWA, L. F.: Die Ausbildung eines Systems physikalischer Begriffe unter dem Aspekt des Lösens von Aufgaben. In: LOMPSCHER, J. (Hg.): Sowjetische Beiträge zur Lerntheorie. Die Schule P. J. Galperins, Köln 1973, S. 100 f. OEVERMANN, U.: Die Architektonik von Kompetenztheorien und ihre Bedeutung für eine Theorie der Bildungsprozesse. Mimeo, Max-Planck-Institut für Bildungsforschung: Berlin o. J. OEVERMANN, U.: Schichtenspezifische Formen des Sprachverhaltens und ihr Einfluß auf die kognitiven Prozesse. In: ROTH, H. (Hg.): Begabung und Lernen. Ergebnisse und Folgerungen neuer Forschungen. Deutscher Bildungsrat: Gutachten und Studien der Bildungskommission, Bd. 4, Stuttgart 1969, S. 297 ff. OEVERMANN, U.: Sprache und soziale Herkunft, Frankfurt/M. 1972. OEVERMANN, U.: Die falsche Kritik an der kompensatorischen Erziehung. In: N. Samml. 14 (1974), S. 537 ff. OEVERMANN, U.: Piagets Bedeutung für die Soziologie. In: STEINER, G. (Hg.): Hommage à Jean Piaget zum achtzigsten Geburtstag, Stuttgart 1976, S. 36 ff. OEVERMANN, U. u. a.: Die Methodologie einer „objektiven Hermeneutik" und ihre allgemeine forschungslogische Bedeutung in den Sozialwissenschaften. In: SOEFFNER, H.-G. (Hg.): Interpretative Verfahren in den Sozial- und Textwissenschaften, Stuttgart 1979, S. 352 ff. OLVER, R./HORNSBY, J. R.: Über Äquivalenz. In: BRUNER, J. S. u. a. (Hg.): Studien zur kognitiven Entwicklung, Stuttgart 1971, S. 97 ff. OSER, F.: Moralisches Urteil in Gruppen. Soziales Handeln, Verteilungsgerechtigkeit: Stufen der interaktiven Entwicklung und ihre erzieherische Stimulation, Frankfurt/M. 1981. OTTO, B.: Beiträge zur Psychologie des Unterrichts, o. O. 1903. PERRET-CLERMONT, A.-N. u. a.: Une approche psychologique du developpement cognitif. In: Arch. de psych. 44 (1976), 171, S. 135 ff. PESTALOZZI, J. H.: Die Sprache als Fundament der Kultur. In: BARTH, H. (Hg.): Pestalozzi. Grundlehren über Mensch, Staat, Erziehung, Stuttgart 1956, S. 270 ff. PEUKERT, H.: Wissenschaftstheorie – Handlungstheorie – Fundamentale Theologie, Düsseldorf 1976. PIAGET, J.: La Psychologie de l'intelligence, Paris 1947/deutsch: Psychologie der Intelligenz, Zürich/Stuttgart 1948. PIAGET, J.: Traité de logique. Essaie de logistique opératoire, Paris 1949. PIAGET, J.: Le jugement moral chez l'enfant, Paris 1932/deutsch: Das moralische Urteil beim Kinde, Zürich 1954. PIAGET, J. (Hg.): Études d'épistemologie mathematique et psychologique. In: Études d'épistemologie génétique, Bd. XIV, Paris 1961, S. 143 ff. PIAGET, J.: Les opérations logiques et la vie sociales. In: Études sociologiques, Paris 1967. PIAGET, J.: La naissance de l'intelligence chez l'enfant, Paris 1936/deutsch: Das Erwachen der Intelligenz beim Kinde, Stuttgart 1969a. PIAGET, J.: La formation du symbole chez l'enfant. Imitation, jeu et rêve, Neuchâtel 1959/deutsch: Nachahmung, Spiel und Traum. Die Entwicklung der Symbolfunktion beim Kinde, Stuttgart 1969b. PIAGET, J.: La langage et la pensée chez l'enfant, Neuchâtel 1923/deutsch: Sprechen und Denken des Kindes, Düsseldorf 1972a. PIAGET, J.: Le jugement et la raisonnement chez l'enfant, Neuchâtel 1924/deutsch: Urteil und Denkprozeß des Kindes, Düsseldorf 1972b. PIAGET, J.: Le structuralisme, Paris 1968/deutsch: Der Strukturalismus, Olten/Freiburg 1973. PIAGET, J.: La construction du réel chez l'enfant, Paris 1937/deutsch: Der Aufbau der Wirklichkeit beim Kinde, Stuttgart 1974a. PIAGET, J.: Biologie et connaissance. Essaie sur les relations entre les régulations organiques et les processus cognitifs, Paris 1967/deutsch: Biologie und Erkenntnis. Über die Beziehungen zwischen organischen Regulationen und kognitiven Prozessen, Frankfurt/M. 1974b. PIAGET, J. (Hg.): Recherches sur la contradiction. Études d'épistémologie génétique, Bde. XXXI, XXXII, Paris 1974c. PIAGET, J.: L'équilibration des structures cognitives. Problème central du développement. Études d'épistemologie génétique, Bd. XXXI, Paris 1975/deutsch: Die Äquilibration der kognitiven Strukturen, Stuttgart 1976a. PIAGET, J.: Postface. In: Arch. de Psych. 44(1976), 171, S. 226f. (1976b). PIAGET, J.: L'épistemologie génétique, Paris 1970/ deutsch: Abriß der genetischen Epistemologie, Olten/Freiburg 1979. PIAGET, J.: Les formes élémentaires de la dialectique, Paris 1980. PIAGET, J.: Piaget's Theory. In: MUSSEN, T. (Hg.): Carmichael's Manual of Child Psychology, Bd. 2, New York/London/Sydney/Toronto ³1970, S. 703 ff./deutsch: Piaget über Piaget, München 1981. PIAGET, J./INHELDER, B.: De la logique de l'enfant à la logique de l'adolescent, Paris 1955/englisch: The Growth of Logical Thinking from Childhood to Adolescence, London 1958. PIAGET, J./INHELDER, B.: De l'itération des actions à la récurrence élémentaire. In: Études d'épistemologie génétique, Bd. XVII, Paris 1963, S. 47ff. PIAGET, J./INHELDER, B.: Le developpement des quantités physiques chez l'enfant, Neuchâtel 1942/deutsch: Die Entwicklung der physikalischen Mengenbegriffe beim Kinde, Stuttgart 1969. PIAGET, J./INHELDER, B.: La genèse des structures logiques élémentaires, Neuchâtel 1959/deutsch: Die Entwicklung der elementaren logischen Strukturen, 2 Bde., Düsseldorf 1972 (Bd. 1: 1972a; Bd. 2: 1972b). PIAGET, J./INHELDER, B.: La psychologie de l'enfant, Paris 1966/deutsch: Die Psychologie des Kindes, Olten/Freiburg 1972c. RETTER, H.: Entwicklungsphasen und Grundschulpädagogik. In: SCHWARTZ, E. (Hg.): Grundschulkongreß '69, Bd. 1: Begabung und Lernen im Kindesalter, Frankfurt/M. 1970, 51 ff. RICHTER, H.-E.: Eltern, Kind und Neurose, Reinbek 1969. ROHWER, W.: Implications of Cognitive Development for Education. In: MUSSEN, P. (Hg.): Carmichael's Manual of Child Psychology, Bd. 1, New York/London/Sydney/Toronto ³1970, S. 1379ff. ROTH, H.: Pädagogische Psychologie des Lehrens und Lernens, Hannover ¹⁰1967. RUTTER, M. u. a.: Fünfzehntausend Stunden, Weinheim/Basel 1980. SCHALLER, K.: Die kritisch-kommunikative Pädagogik. In: Westerm. P. Beitr. 36 (1984), S. 82ff. SCHMALT, H.D.: Über das Handeln in Unterrichtssituationen. In: LUHMANN, N./SCHORR, K.-E. (Hg.): Zwischen Technologie und Selbstreferenz, Frankfurt/M. 1982, S. 195ff. SCHMIDT, H.-D.: Allgemeine Entwicklungspsychologie, Berlin (DDR) 1977. SEARLE, J.R.: Sprechakte. Ein sprachphilosophischer Essay, Frankfurt/M. 1971. SELVINI PALAZZOLI, M. u. a.: Paradoxon und Gegenparadoxon, Stuttgart ²1978. SIMMEL, G.: Schulpädagogik. Vorlesungen, gehalten an der Universität Straßburg, Osterwieck 1922. SINCLAIR DE ZWAART, H.: Acquisition du langage et développement de la pensée. Sous-Systèmes linguistiques et opérations concrètes, Paris 1967. SKEELS, H.: Adult Status of Children With Contrasting Early Life Experiences, In: Monogr. of the Society for Res. in Ch. Dev. 31 (1966), 3. SMEDSLUND, J.: Les origines sociales de la décentration. In: Psychologie et épistemologie génétique – thèmes piagetiens, Paris 1966, S. 159ff. STEINER, G.: Die geistige Entwicklung aus Genfer Sicht. Einleitung zum zweiten Teil. In: STEINER, G. (Hg.): Die Psychologie des 20. Jahrhunderts. Piaget und die Folgen. Entwicklungspsychologie – Denkpsychologie – Genetische Psychologie, Bd. VII, Zürich 1978, S. 87ff. STERN, W.: Psychologie der frühen Kindheit, Leipzig 1928. TAUSCH, R./TAUSCH, A.-M.: Erziehungspsychologie, Göttingen ⁵1970. THOMAE, H.: Die Bedeutung der Längsschnittuntersuchungen für die Entwicklungspsychologie und die Pädagogische Psychologie. In: DERBOLAV, J./ROTH, H. (Hg.): Psychologie und Pädagogik. Neuere Forschungen und Ergebnisse, Heidelberg 1959, S. 177ff. WATZLAWICK, P. u. a.: Menschliche Kommunikation, Bern 1969. WEIGL, E.: Schriftsprache als besondere Form des Sprachverhaltens. In: HOFER, A. (Hg.): Lesenlernen: Theorie und Unterricht, Düsseldorf 1976, S. 82ff. WEINERT, F.: Einführung in das Problemgebiet der Pädagogischen Psychologie. In: WEINERT, F. u. a. (Hg.): Funkkolleg Pädagogische Psychologie, Bd. 1, Frankfurt/M. 1974, S. 29ff. WEINERT, F.: Entwicklungsgemäßer Unterricht. In: ROST, D. (Hg.): Entwicklungspsychologie für die Grundschule, Bad Heilbrunn 1980, S. 207ff. WEINGARDT, E.: Der Voraussagewert des Reifezeugnisses für wissenschaftliche Prüfungen. In: ROTH, H. (Hg.): Begabung und Lernen. Ergebnisse und Folgerungen neuer Forschungen. Deutscher Bildungsrat: Gutachten und Studien der Bildungskommission, Bd. 4, Stuttgart 1969, S. 433ff. WENIGER, E.: Didaktik als Bildungslehre, Teil 1: Theorie der Bildungsinhalte und des Lehrplans, Weinheim ³1960. WERMUS, H.: Formalisation de quelques structures initiales de la psychogenèse. In: Arch. de Psych. 41 (1972), 163, S. 271ff. (1972a). WERMUS, H.: Les transformations involutives (réciprocités) des propositions logiques. In: Arch. de Psych. 41 (1972), 162, S. 153ff. (1972b). WHITE, S.: Evidence for a Hierarchical Arrangement of Learning Proccesses. In: LIPSITT, L.P./SPIKER, C.C. (Hg.): Advances in Child Behavior and

Development, Bd. 2, New York 1965, S. 187 ff. WIECZERKOWSKI, W./ZUR OEVESTE, H.: Konzepte, Modelle und Theorien der Entwicklung. In: WIECZERKOWSKI, W./ZUR OEVESTE, H. (Hg.): Lehrbuch der Entwicklungspsychologie, Bd. 1, Düsseldorf 1982, S. 21 ff. WITTMANN, E.: Zum Begriff „Gruppierung" in der Piagetschen Psychologie. In: D. Swarte. 25 (1972), 9/10, S. 62 ff. WITTMANN, J.: Einführung in die Praxis des ganzheitlichen Rechenunterrichts im ersten Schuljahr, Dortmund 1958. WYGOTSKI, L. S.: Denken und Sprechen (1934), Frankfurt/M. 1969. WYGOTSKI, L. S.: Die Besonderheit der Schriftsprache. In: SCHORCH, G. (Hg.): Schreibenlernen und Schriftspracherwerb, Bad Heilbrunn 1983, S. 13 ff. YOUNISS, J.: Die Entwicklung und Funktion von Freundschaftsbeziehungen. In: EDELSTEIN, W./KELLER, M. (Hg.): Perspektivität ..., Frankfurt/M. 1982, S. 78 ff.

Jürgen Oelkers/Dieter Neumann

Ausbildungskonzepte für den Primarstufenlehrer

1 Historische Aspekte der Lehrerausbildung
2 Wissenschaftsorientierung als Prinzip gegenwärtiger Lehrerausbildung
3 Lehrerausbildung als Initiation in das Berufsfeld

Zusammenfassung: Über „Lehrerausbildung" im Zusammenhang mit Problemen der Primarstufenerziehung läßt sich nicht isoliert sprechen. Wie Primarstufenlehrer ausgebildet sein müssen, um ihren Beruf ausüben zu können, mag eine genuine Fragestellung sein, die aber nur in Einsicht der bisherigen Geschichte der Lehrerausbildung und in Abschätzung ihrer allgemeinen Probleme sinnvoll erörtert werden kann. Dieser Problemstellung folgt die Darstellung: Nach der Skizzierung einiger Grundzüge der Geschichte der Lehrerausbildung (vgl. 1) behandeln wir ausgewählte, wenngleich zentrale Schwierigkeiten heutiger Lehrerausbildung (vgl. 2), um dann einen Prospekt der Zukunft der Ausbildung von Lehrern und besonders von Primarstufenlehrern zu geben (vgl. 3).

Summary: "Teacher training" cannot be discussed in isolation in connection with problems of primary-school education. The enquiry into how primary-school teachers must be trained in order to carry out their work may be a legitimate question, but it can only be sensibly discussed in the light of the history of teacher training to date and in consideration of the general problems involved. This definition of the problem is followed by a presentation section: after some fundamentals of the history of teacher training have been sketched (cf. 1) we deal with selected but central problems of teacher training today (cf. 2) in order to give a prospect of the future for teacher training, particularly the training of primary-school teachers (cf. 3).

Résumé: On ne peut parler de manière isolée de «formation des maîtres» dans le cadre du problèmes de l'éducation au stade du Primaire. La manière dont les maîtres du Primaire doivent être formés pour pouvoir exercer leur profession est probablement une question en elle-même, mais qui doit être discuté de façon pertinente en fonction de l'histoire de la formation des maîtres, telle qu'elle s'est déroulée jusqu'à présent et en considération de l'évaluation de ses problèmes généraux. La présentation suit cette détermination des données du problème: après esquisse de quelques traits fondamentaux de l'histoire de la formation des maîtres (voir 1), on traite de difficultés choisies, bien que centrales, de la formation telle qu'elle est actuellement (voir 2) pour donner ensuite une vue prospective de l'avenir de la formation des maîtres et en particulier de ceux du Primaires (voir 3).

1 Historische Aspekte der Lehrerausbildung

Die Geschichte der Lehrerausbildung in Deutschland hat zwei bestimmte Merkmale, die relativ weitgehende Politisierung einerseits und die relativ schwache Differenzierung andererseits. Die Politisierung muß im Zusammenhang mit den Bestrebungen zum gesellschaftlichen Aufstieg gesehen werden, der unmittelbar von der Qualität der Ausbildung abhängig gemacht wurde. Freilich war nur der Aufstieg der deutschen Volksschullehrer politisch umstritten gewesen. Die Ausbildung der Gymnasiallehrer ist schon bald nach Einführung des Abiturs (vgl. APEL 1983; vgl. LUNDGREEN 1980, S. 42, S. 66; vgl. SCHILLER 1890, VOSS 1889) akademisch vereinheitlicht und beamtenrechtlich hoch eingestuft worden. Der historische Ansatz der Lehrerausbildung ist also zwiespältig: Hierarchisch hochstehend und voll szientifiziert ist die Gymnasiallehrerausbildung seit Beginn des 19. Jahrhunderts, von unten kommend und vom wissenschaftlichen Studium ausgeschlossen ist die Ausbildung der Volksschullehrer.

Damit ist zugleich eine eher schwache Differenzierung der Ausbildung angezeigt, die bis weit in das 20. Jahrhundert hinein dichotomisch blieb. Es gab nur zwei Grundmodelle, die „wissenschaftliche" Ausbildung zum Gymnasiallehrer und die „praktische" Ausbildung zum Volksschullehrer. Die allmähliche Differenzierung in der Lehrerprofession selbst, die mit der Entwicklung neuer, ergänzender Schulformen nötig wurde, konnte auf der Ausbildungsebene erst sehr spät und bis heute nur unvollständig nachvollzogen werden. Zum Beispiel hat die Errichtung einer vierklassigen allgemeinen Grundschule 1920 nicht zur Etablierung eines eigenen Studiengangs „Grundschullehrer" geführt und hat auch die Realschullehrerausbildung jenseits der Dichotomie von „wissenschaftlichen" und „praktischen" Ausbildungsformen kein eigenes Profil gewinnen können.

Die preußische Universitätsreform nach 1812 war vermutlich das zentrale institutionelle Hindernis für die rasche akademische Etablierung der Volksschullehrerausbildung. Die Humboldtsche Reform hatte den älteren Typus der strikt berufsbezogenen Universitäten zugunsten einer Bildungs- und mehr noch einer Forschungshochschule abgelöst. Der neuhumanistische Gedanke zweckfreier Bildung und ungebundener Forschung beherrschte zumindest die philosophischen Fakultäten des 19. und frühen 20. Jahrhunderts, die mit der praktischen Lehrerausbildung nichts zu tun haben wollten. Die Tatsache, daß sie Gymnasiallehrer ausbildeten, wurde zugunsten einer elitären Wissenschaftsschulung umdefiniert. Gymnasiallehrer sollten nicht auf den Beruf vorbereitet werden, sondern ihre Wissenschaft auf möglichst hohem Niveau lernen, deren Lehrbarkeit als nachgeordnete Frage verstanden wurde.

Die deutsche Volksschullehrerausbildung kennt drei institutionelle und konzeptionelle Phasen: die Schulung im Lehrer*seminar*, das Studium in pädagogischen *Akademien* (später: „Pädagogischen Hochschulen") und die wissenschaftliche Ausbildung an Universitäten. Diese Phasen sind von abnehmender Dauer: Die längste Phase, gleichsam die *longue durée* der Lehrerausbildung, ist die Seminarausbildung, die ihre Vorläufer im 17. und 18. Jahrhundert hat, entschlossen zur standardisierten Ausbildung aber erst seit Beginn des 19. Jahrhunderts einsetzt. Dabei ist schon die preußische Seminarreform (seit 1806) von einem Abwehrkampf gegen die Akademisierung begleitet. Auf den Seminarien soll keine wissenschaftliche Vorbildung geleistet werden (vgl. BECKEDORFF 1825, S. 107 ff.). Die Reform war ein von oben „kontrolliertes Experiment" (LA VOPA 1980, S. 54 ff.).

Dennoch setzten sich mit der Verstaatlichung (vgl. THIELE 1938, S. 185 ff.) Professionalisierungstendenzen durch, die die Forderungen nach akademischer Vorbildung für alle Lehrer in den Reflexionen der Professionselite wachhielten. Den Professionalisierungs*forderungen* (vgl. etwa SCHLIEMANN 1859) stand bis zur Reichsgründung eine eher kümmerliche Realität, vor allem der Ausbildung der Lehrer,

gegenüber. Noch in den 40er Jahren war in Preußen ein Fünftel aller Volksschullehrer ohne jede Ausbildung (vgl. HARNISCH 1844, S. 170 ff.). Bis in die zweite Hälfte des 19. Jahrhunderts hinein gab es zudem „*mehrere* verschiedenartige Bildungswege, die zum Schulmeisterberuf hinführten" (THIELE 1938, S. 174). Zumal die Lehrer auf dem Lande besaßen oft überhaupt keine Vorbildung (vgl. THIELE 1938, S. 175). Der politische Hauptgrund für die langsame Entwicklung der Volksschullehrerausbildung ist sicherlich im Scheitern der Revolution von 1848 zu sehen. Nach einer kurzen Blüte im Vormärz sind die Aspirationen der Volksschullehrer drastisch reduziert worden, zumal sie als „Sündenböcke" für die Revolution herhalten mußten (vgl. KEHR 1881, S. 176 f.; vgl. RICHTER 1874, S. 62). Stiehls drei Regulative von 1854 (vgl. STIEHL 1868) sind der bekannteste und wirksamste Ausdruck dieser Reaktion.
Die Reichsgründung änderte die Situation grundlegend, weil das preußische Modell der Seminarausbildung zur Grundlage der weiteren Entwicklung gemacht wurde. Die „Allgemeinen Bestimmungen" des Volksschul-, Präparanden- und Seminarwesens von 1872 enthalten eine genaue Lehrordnung und einen Lehrplan der „Schullehrerseminare" (vgl. ALLGEMEINE BESTIMMUNGEN ... 1872, S. 36 ff.), die eine Spezialschule für angehende Lehrer darstellten. Unter den Lehrfächern ist vorrangig die Pädagogik aufgeführt (vgl. ALLGEMEINE BESTIMMUNGEN ... 1872, S. 40 f.), aber nur als Schulfach und nicht etwa als Gegenstand eines freien Studiums. Immerhin wird diese amtliche Aufwertung begleitet von weitergehender Professionalisierung. 1872 gründete Karl Kehr die „Pädagogischen Blätter für Lehrerbildung und Lehrerbildungsanstalten", also die erste Zeitschrift für die Interessenvertretung und den kommunikativen Austausch zwischen den immer noch überaus unterschiedlichen Seminaren. Kehr selbst definierte den Zweck des Seminars in einem schon sehr weiten Sinne, der Anschlußforderungen nach akademischer Ausbildung zuläßt: „Das Schullehrerseminar soll sein: 1) eine Erziehungsanstalt, 2) eine Lernanstalt, 3) eine Lehranstalt." Der Erziehungsaspekt betrifft die traditionelle Charakterbildung, das Lehren und Lernen aber wird weiterführend gesehen. Es geht nicht um „die gedächtnismäßige Aneignung toter Kenntnisse", sondern um die „klarbewußte Erfassung und selbsttätige Verarbeitung gediegener Wissensstoffe" (KEHR 1881, S. 193).
Daß diese Forderung letzten Endes nur an der Universität erfüllt werden könnte, gehört zu den Grundannahmen bereits der Vormärz-Bewegung in der deutschen Lehrerschaft, die freilich auch schon pädagogische Ansprüche an die Universität richtete (vgl. DIESTERWEG 1836). E. KITTEL (1878, S. 26) macht daraus ein wirksames Argument: „Sollten denn die Früchte der Wissenschaft, die dem Landwirte, dem Industriellen, dem Handwerker in Scheffeln zugemessen werden, gerade der Volksschule vorenthalten bleiben, jener Schule, auf der die Bildung des größten Teiles des Volkes beruht?! Das aber würde geschehen, wenn die Bildung der Lehrer dem gegenwärtigen Stand der Wissenschaft nicht entspräche." Für den Volksschullehrer sei „die bestmögliche Bildung gerade gut genug" (SEYFERT 1905, S. 3 f.).
Vor allem dieses Argument (zusammen mit den Statusaspirationen) sorgte dafür, daß sich die Lehrerausbildung nach der organisatorischen Konsolidierung der Seminarform *nicht* beruhigte. Die „bestmögliche Bildung" war nun einmal nicht die, die die praktisch überaus effektiven Seminare bereitstellten. Dennoch gelang der Schritt an die Universität auch nach der Revolution 1918 nicht.
Gegen den Willen der Lehrerverbände gründete der preußische Kultusminister C. H. Becker (vgl. H. KITTEL 1957; vgl. WENDE 1959, S. 221 ff.) 1926 die „Pädagogischen Akademien", die als Hochschulen eigener Art verstanden wurden (vgl. WENDE 1932). Die Grundidee für diese Gründung hatte Spranger 1920 in seinen „Gedan-

ken über Lehrerausbildung" formuliert (vgl. SPRANGER 1970, S. 27 ff.). Der entscheidende Punkt lag darin, daß Spranger den alleinigen Zusammenhang von Wissenschaft und Bildung bestritt. Das „Kulturgebiet" der Wissenschaft falle mit dem der Erziehung und Bildung *nicht* zusammen (vgl. SPRANGER 1970, S. 47 f.), eben das aber müsse annehmen, wer das universitäre Studium für die „bestmögliche Bildung" der Volksschullehrer erachte. C. H. Becker folgte Spranger in dieser entscheidenden These: „Die Volksschule braucht keine wissenschaftlichen Fachlehrer, sondern, nach dem Übergewicht ihrer erzieherischen Aufgaben, in erster Linie Erzieher. Den Universitäten aber ist gerade diese eigentliche erzieherische Aufgabe der Volksschule ganz fremd" (zitiert nach WENDE 1959, S. 225). Die neuen *Bildnerhochschulen* sollten ihre Aufgabe „nach den Normen einer wissenschaftlich begründeten Pädagogik" erfüllen (C. H. BECKER 1926, S. 42), worunter BECKER (vgl. 1926, S. 67 ff.) im wesentlichen die Bildung zur *Persönlichkeit* verstand. An eine Differenzierung etwa von „Grund-" und „Hauptschullehrern" ist dabei nicht gedacht gewesen, denn der Pädagoge sollte als einheitlicher Typus aufgefaßt werden. Diese These ist von den Standesvertretern der Lehrerschaft heftig bekämpft worden (vgl. etwa KÜHNEL 1920), die die gleiche wissenschaftliche Vorbildung für *alle* Lehrer verlangten und sich mit einer Persönlichkeitsbildung nicht zufriedengaben. „Die Wissenschaft ist unbedingt *Voraussetzung* und nicht ein zum pädagogischen Tun *nachträglich* Hinzukommendes" (KÜHNEL 1920, S. 21). C. H. BECKER (1930, S. 23) dagegen sah die „gelebte Humanitas" als Voraussetzung für die Bildung der Persönlichkeit an, deren akademische Organisationsform nicht der der Universität entsprechen sollte. Die pädagogischen Akademien stellten folgerichtig nicht die wissenschaftliche Forschung, sondern die umfassende, vor allem auch ästhetisch-musisch ausgerichtete Bildungserfahrung in den Mittelpunkt der Berufsvorbereitung. Von wenigen Ausnahmen abgesehen (vgl. GEISSLER 1973, SANDFUCHS 1978, STOCK 1979), war dieses Modell in der Lehrerausbildung der 50er und 60er Jahre vorherrschend. Überwunden wurde es freilich auf dem Wege, der immer schon den Wünschen der Standesvertreter entsprach, nämlich durch „Verwissenschaftlichung" (vgl. GUKENBIEHL 1975).
Heinrich ROTH (vgl. 1958, 1963) hat dabei wegbereitende Argumente geliefert, die vor allem die Notwendigkeit betonen, in einer wissenschaftlichen Zivilisation auch und gerade den Volksschullehrer *wissenschaftlich* auszubilden. Die Lehrerausbildung gehöre daher an die Universität (vgl. ROTH 1966), denn nur dort können jene Wissensbestände erworben und kritisch überprüft werden, die für die Erziehungs- und Bildungsarbeit der künftigen Generation grundlegend seien. Vor allem am Begabungsbegriff versuchte Roth deutlich zu machen, welchen Nutzen die Lehrerausbildung aus den Forschungsergebnissen der Human- und Sozialwissenschaften ziehen würde. Die Frage, wie dann wissenschaftliches Forschen mit der Vorbereitung für einen ganz anders gearteten Beruf zu vereinbaren sei, beantwortete ROTH (vgl. 1975, S. 830) mit dem Hinweis auf einen Typus „angewandter Forschung", der mit einer neuen, gesellschaftsbezogenen Sicht von Wissenschaft und Praxis einhergehe, „die besonders auch für die Pädagogik und die Schule zu gelten" habe. Auch hier gab es neben der Forderung nach Wissenschaftlichkeit ihrer Ausbildung keine besondere Programmatik für Primarstufenlehrer. Auch das Prinzip der Wissenschaftlichkeit schien nicht teilbar. Dieser Argumentation sind fast alle Länder der Bundesrepublik gefolgt. Die pädagogischen Hochschulen wurden bis auf zwei Ausnahmen (Schleswig-Holstein, Baden-Württemberg) aufgelöst und in die bestehenden Universitäten integriert beziehungsweise zu Universitäten ausgebaut. Die noch bestehenden pädagogischen Hochschulen wurden in den Rang wissenschaftlicher Hoch-

schulen erhoben, deren Auftrag nicht mehr primär in der *Bildung* von Lehrerpersönlichkeiten" bestand. Die Grundstruktur der „Bildnerhochschule" ist damit zerschlagen, die historischen Aspirationen der Lehrerorganisation sind erfüllt. Trotz mancher Kritik scheint die Universitätsintegration im großen und ganzen akzeptiert zu werden (vgl. STOCK 1979; kritisch: NEUMANN/OELKERS 1982). Die Frage nach dem „Konzept" der Lehrerausbildung stellt sich aber nach wie vor, unter den neuen institutionellen Bedingungen vermutlich in verschärfter Form, wie ein Blick in die gegenwärtige Ausbildungspraxis zeigt.

2 Wissenschaftsorientierung als Prinzip gegenwärtiger Lehrerausbildung

Der lange Marsch der Lehrerausbildung vom voraussetzungslosen Nebenberuf zur akademischen Profession ist zunächst als Erfolg zu betrachten (vgl. BECKMANN 1968), jedenfalls wenn man die mehr als hundertjährigen Postulate der Lehrerorganisationen zugrunde legt. Eine Reihe von traditionellen Problemen ist damit verschwunden: Die Bezahlung der Lehrer ist angemessen, die Ausrüstung der Schulen und Universitäten ist besser als je zuvor, traditionelle Minderwertigkeitsgefühle sind verschwunden, lähmende Streitpunkte (zum Beispiel Konfessionalität oder Koedukation) sind kein Thema mehr. Selbst Grundschullehrern billigt man, im Prinzip jedenfalls, ein wissenschaftliches Studium zu. In dieser und anderer Hinsicht war der Aufstieg zur akademischen Profession sicherlich nicht nur gewinnbringend, sondern auch problemlösend. Das scheint auch für den Kernbereich der Ausbildung, nämlich die Aneignung relevanten Wissens, zu gelten. Ein differenzierteres Angebot an Wissensbeständen hat die deutsche Lehrerschaft in ihrer langen Geschichte nie gehabt. Aber gerade die Frage des richtigen Wissens zeigt die virulenten inhaltlichen Probleme der Ausbildung, die hinter der in den 80er Jahren dominanten und in gewisser Weise auch lähmenden Lehrerarbeitslosigkeit zu verschwinden scheinen, ohne wirklich überwunden worden zu sein.

Die Frage nach dem Wissen, das Lehrern so vermittelt werden soll, daß sie es sinnvoll anwenden können, ist ganz offensichtlich konsens*unfähig*, wie gerade die Bemühungen um Studienreformen zeigen (für den Bereich der Lehrerausbildung: vgl. OELKERS 1982). Die darin investierten Hoffnungen werden vor allem deswegen enttäuscht, weil es kein *Konzept* gibt, auf das hin die Bestände der verschiedenen Wissenschaften für den Zweck der Berufsausbildung hin geordnet werden können. Die einzelnen Wissenschaften bestimmen im Rahmen eines administrativ festgelegten Zeitbudgets jeweils für sich, was ein Lehrer von ihren Wissensbeständen lernen soll. Dabei wiederholt sich ein traditioneller Topos aus der Geschichte der Lehrerausbildung, nämlich daß Forderungskataloge so hoch angesetzt werden, daß sie mit Sicherheit *nicht* erfüllt werden können (vgl. NEUMANN/OELKERS 1984, S. 233f.). Was ein Lehrer wissen muß, um Lehrer werden zu können, bleibt auch in den Bemühungen um Studienreform ungeklärt. Im Prinzip müßte er alles das wissen, was die „Bezugswissenschaften" seines Studiums voraussetzen, um sie in ihrem jeweiligen Theoriebestand sinnvoll nachvollziehen zu können.

Aber mehr noch, der Preis der Universitätsintegration ist der *Vorrang* der Wissenschaften. Die Praxis, also der Bereich des beruflichen Könnens, bleibt von der Ausbildung getrennt, getreu der Maxime HERBARTS (vgl. 1979, S. 108ff.), daß erst die Theorie studiert haben müsse, wer erfolgreich handeln wolle. Diese Phasenfolge aber wird aus zwei Gründen problematisch: Das wissenschaftliche Wissen ist überhaupt gar nicht direkt auf praktisches Handeln zu beziehen, aber es ist auch nicht in sich einheitlich und linear, so daß es gleichsam in einem Durchgang abschließend

erworben werden könnte. Der Lehrerstudent lernt nicht nur die angebotenen Wissensbestände fragmentarisch und heterogen, er lernt sie oft auch ohne die zum Verständnis notwendigen Voraussetzungen. Er kann sie nur jeweils individuell auf die Alltagspraxis des Erziehens und Unterrichts beziehen, weil die Integration des Wissens allein seinem Kopf überlassen bleibt (vgl. E. BECKER 1976).
Das Theorie-Praxis-Syndrom ist schwer aufzulösen, weil zwei Erwartungen unvereinbar sind: die an eine praktische Berufsausbildung und die an ein wissenschaftliches Studium. Offenbar ist das überkommene Postulat, der Lehrer werde *aufgrund* seines wissenschaftlichen Studiums besser oder überhaupt nur sinnvoll auf seinen Beruf vorbereitet, nicht länger mit der Sicherheit zu vertreten, die etwa ROTH (vgl. 1968) durchgehend repräsentiert hat. Denn es ist zwar einleuchtend, daß in einer Wissenschaftskultur ausgerechnet die Lehrer davon nicht ausgeschlossen werden dürfen, aber dieser Einbezug ist nicht einfach dadurch zu gewährleisten, daß man die Lehrer relativ beliebige Bestände von irgendwie zum Beruf passenden Wissenschaften studieren läßt. Wenn das Ziel des Lehrerstudiums darin besteht, auf einen Beruf vorzubereiten, dann kann dies nicht durch Dekomposition des Ziels in fragmentarische Wissensbereiche geschehen. Die Initiation in diese Bereiche nämlich führt vom Ziel ab statt darauf zu.
Der Grund für diese Abwegigkeit liegt in einer Verlagerung des Interesses: Der Lehrerberuf basiert auf einem praktischen Interesse, das von mehr oder weniger professionellen Standards des Handelns und Maximen der Reflexion begleitet wird beziehungsweise sich darin erfüllt. Das Studium einzelner Wissenschaften verlangt ein theoretisches Interesse, das die Gegenstände und Theorien der Wissenschaften um ihrer selbst willen betrachtet. Genau das aber soll *nicht* geschehen, denn das Lehrerstudium verzweckt die Wissensbestände von dem Berufsziel her. Sie sollen nützlich sein für das berufliche Handeln, aber damit werden sie aus ihrem angestammten Kontext verlagert. Sie geraten unter einen Utilitätsdruck, dem sie nachgeben, ohne ihre ursprüngliche Gestalt bewahren zu können. Sie werden pädagogisch veralltäglicht, übergeführt in ganz bestimmte Diskursnetze (vgl. OELKERS 1984), die zu praktischen Zwecken eingerichtet worden sind, sich aber (ein Reputationszwang, der die andere Seite des Utilitätsdrucks darstellt) mit wissenschaftlicher Semantik drapieren müssen.
Wie diese Transformation vor sich geht, läßt sich an vielen Beispielen leicht zeigen. Aus theoretischen (deskriptiven) Begriffen werden präskriptive, wie Lernziele, pädagogische Postulate oder modische Artikulationen von herkömmlichen Wunschvorstellungen. „Rollendistanz" wird zum Lernziel erhoben, obwohl damit nur ein struktureller Aspekt der menschlichen Interaktion beschrieben werden sollte. „Identität", ebenfalls Lernziel, wird aus einer relationalen zu einer substantiellen oder gar qualitativen Größe, die stillschweigend als entwickelbar oder herstellbar gedacht wird. „Emanzipation" wird aus einer geschichtsphilosophischen Kategorie zu einem subjektiven Postulat, das ästhetisch-emotionalen Ausdruck finden soll. Dies geschieht nicht nur mit einzelnen Begriffen, sondern mit ganzen Wissensbeständen, die, wie sich gerade im Grundschulunterricht leicht zeigen läßt, oft so adaptiert werden, daß sie für den Unterricht jüngerer Kinder *nicht* passen.
An diesen Beispielen lassen sich nicht nur Kategorienfehler verdeutlichen. Es wird daran auch ein Mechanismus deutlich, wie wissenschaftliches Wissen in ein bestimmtes Berufsfeld transferiert wird. Zentrale Begriffe werden kontextfrei, unabhängig von ihrem angestammten Theoriefeld, rezipiert und in pädagogische Umgangssprache übertragen. Der ursprüngliche Theoriegehalt wird durch den praktischen Sinn pädagogischer Erfahrung ersetzt.

Das bedeutet natürlich nicht, daß Lehrerstudenten in ihrer gegenwärtigen Ausbildung nichts lernen. Aber sie lernen nicht (oder nur zufällig) im Sinne der Ausbildungsabsicht, die bestimmte Wissenschaften für eine Praxis nutzbar machen will. Der durchschnittliche Effekt der Ausbildung sieht anders aus: Die Initiation in bestimmte Wissenschaften wird einerseits abgekürzt, wenn nicht überhaupt verweigert, oder aber verselbständigt sich andererseits. Eine *linkage* zwischen vorangehendem Studium und späterer Berufserfahrung ist ebenso selten wie okkasionell. Insofern ist die „Resignation" (vgl. H. BECKER/V. HENTIG 1984) in der Lehrerausbildung der 80er Jahre nicht allein die Folge des geschlossenen Arbeitsmarktes, sondern auch das Ergebnis einer konzeptlosen Ausbildung, deren Postulate zur „Theorie-Praxis-Vermittlung" angesichts der neuen institutionellen Wirklichkeit nicht mehr greifen.

Was folgt nun daraus für die Zukunft der Lehrerausbildung? Zwei gegenläufige Konzeptvorschläge werden derzeit diskutiert: Zum einen wird die *Vereinheitlichung* der Lehrerausbildung gefordert, also die Angleichung der beiden traditionellen Ausbildungszweige zu einem gemeinsamen oder jedenfalls stark verschränkten Studium. Zum anderen wird die *Differenzierung* verlangt, die vor allem das Stufenlehrermodell nahelegt. Lehrer auf allen drei Stufen sollen zwar unter formal identischen Bedingungen studieren, jedoch inhaltlich differenziert auf die jeweils verschiedene Praxis der Primarstufe, der Sekundarstufe I und II hin. Das Grundproblem, was wissenschaftliches Studium für die Vorbereitung eines praktischen Berufs bedeutet, bleibt in beiden Vorschlägen bestehen. Auch wer die formalen Voraussetzungen des Lehrerstudiums angleicht, etwa die Studiendauer, und die inhaltlichen Anforderungen differenziert, löst damit keine Selektionsprobleme und kontrolliert noch nicht den Transfer des Wissens.

3 Lehrerausbildung als Initiation in das Berufsfeld

Die Geschichte anderer akademischer Professionen zeigt, welcher Weg in der Lehrerbildung auf jeden Fall vermieden werden sollte. Juristen, Mediziner und Theologen bestreiten alle ein wissenschaftliches Studium vor dem Eintritt in den Beruf. Dieses Studium ist an sich unumstritten, wenngleich es natürlich auch hier Kritik mangelnder Effektivität oder fehlender Verzahnung der Ausbildungsbereiche gibt. Aber *daß* ein Arzt, ein Rechtsanwalt oder ein Pfarrer studiert haben muß, wird grundsätzlich nicht in Frage gestellt, denn es ist unmittelbar evident, daß alle entsprechenden Berufe an spezielle Wissensbestände gebunden sind, die nicht in der Berufspraxis selbst erworben werden können.

In der Lehrerausbildung ist das nicht in gleicher Weise evident, jedenfalls dann, wenn man nicht, wie in der traditionellen Gymnasiallehrerausbildung, von einer direkten Relation zwischen Schulfach und Fachwissenschaft ausgeht. Psychologisches Fachwissen zum Beispiel steht immer in Konkurrenz zum Common sense, der für den Lehrer oft viel nützlicher sein kann. Einsichten in die Anthropologie des Menschen lassen sich nicht direkt auf das alltägliche Unterrichtsgeschehen beziehen. Eine soziologische Analyse der postindustriellen Gesellschaft erscheint leicht abstrakt und weit entfernt von dem, was der Lehrerberuf an praktischen Mühen abverlangt. Alle diese Wissensbestände sind nur auf allgemeine Reflexion angelegt, die in der Bewältigung des besonderen Falles oder des einzelnen Ergebnisses überwiegend *nicht* zur Anwendung kommt. Ein solches Bildungswissen gewährleistet weder handwerkliches Können noch situatives Geschick. Es drückt nur Reflexionskompetenz aus, die gerade als „erzieherische" nicht selten den Strom der all-

täglichen Ergebnisse stört oder jedenfalls als unangemessen empfunden wird (vgl. LUHMANN 1985).
Dieser Befund läßt sich auch auf den angeblich harten Kern der Ausbildung, die Schulung in Fachwissenschaften, anwenden. Auch hier ist die Relation zwischen wissenschaftlichem und Schulwissen nicht nur defizitär, sondern porös und unzuverlässig. Die Transformation bleibt dem Lehrer überlassen, denn natürlich gibt auch ein intensives Studium bestimmter Fachwissenschaften nur einen ganz begrenzten Einblick in einzelne Problemzusammenhänge, die keineswegs die „Grundlage" sind für die Beherrschung eines Schulfaches. „Grundlagen" nämlich werden im spezialistischen Wissenschaftsbetrieb kaum noch vermittelt, weil auch sie nur als spezialistische Fragen wissenschaftlich bearbeitet werden können. Verallgemeinern läßt sich dieser Befund dahin gehend, daß der Lehrerausbildung, im Unterschied zu anderen akademischen Professionen, ein *Minimalcurriculum* fehlt, das tatsächlich für eine wissenschaftsbezogene Initiation in die je spezielle Berufspraxis sorgen könnte.
Nicht daß es an identischen Bildungsgütern mangele, die schon durch den Zeitgeist und die dominanten Wissenschaftsmoden nahegelegt werden (vgl. NEUMANN/ OELKERS 1981). Aber deren Bezug auf die Berufspraxis wird oft nur postuliert, ohne dem Test der späteren Erfahrung standzuhalten. Dieser Hinweis ist weiterführend, denn das Dilemma der Lehrerausbildung erwächst nicht aus der Stufung, sondern aus der Phasenaufteilung, die die theoretische vor der praktischen Erfahrung anordnet. Die Fragestellungen des Berufs sind aber nicht oder nur zufällig auch die der Theorie, die sich aus dem aktuellen Stand der Forschung ableiten, der nie identisch ist mit dem der Schulpraxis, sosehr Forschung auch nachträglich (also in ihren Resultaten) diese Praxis beeinflussen mag.
Die Umkehrung der Ausbildungsphasen (hierzu, trotz anderer Begründungszusammenhänge: vgl. LUHMANN/SCHORR 1976) oder, besser gesagt, der allmähliche Aufbau beruflicher Kompetenz aus der anschaulichen, aber noch lernenden Erfahrung heraus wäre ein erster Schritt, die Besonderheit der Lehrerausbildung positiv zu konzipieren. Juristen, Mediziner und Theologen mögen sich zunächst mit dem notwendigen Wissen abstrakt und erfahrungsunabhängig beschäftigen können; Lehrer aller Stufen sollten das nicht tun. Für sie nämlich ist die Gewinnung von erfahrungsbezogenen Fragestellungen unverzichtbar, die die Vorordnung theoretischen Studiums verstellt, ohne daß sie nach diesem Studium noch zu gewinnen wären. Am Beispiel von Primarstufenlehrern gesagt: Die Initiation in bestimmte Theoriegebiete *vor* der Praxiserfahrung legt die Aneignung des Wissens in ganz anderer Weise fest als eine Aneignung über Erfahrungen mit jüngeren Schulkindern. Der Ernstfall der Berufspraxis, das haben Lehrer mit allen anderen akademischen Professionen gemein, verlagert das Interesse auf die Bewältigung von Situationen und Ereignissen, die individuelle Fragestellungen nur noch nach Maßgabe dieses Utilitätsdrucks zuläßt. Das Studium aber soll das Problemfeld des Berufs allererst erschließen.
Diese Formel erschließt einen zweiten Zukunftsaspekt, der zunächst negativ formuliert werden kann: Die technologische Erwartung, daß es möglich sei und auch gefordert werden müsse, in der Erfahrung des Studiums das für den Beruf *notwendige* Wissen und das *richtige* Können vermittelt zu bekommen, muß aufgegeben werden. Das Studium ist wie jede Bildungsarbeit vor allem angewiesen auf Selbständigkeit, die im Falle des Lehrerstudiums aber nicht einfach wahre Einsichten und stabile Technologien adaptiert, sondern Einstellungen zu einem Beruf erarbeiten muß. Der traditionelle *bias* von „Dogma" und „Handwerk" (NEUMANN/ OELKERS 1984, S. 247), der die Lehrerausbildung viele Jahrzehnte lang stabil ge-

halten hat, greift nicht mehr. Alle Dogmen sind kritikanfällig, und alle Methoden stellen wenig mehr dar als riskante Handlungsregeln. Was die Ausbildung besorgen kann, ist die *Initiation* in ein Berufsfeld. Die dabei erworbenen Einstellungen und Haltungen sind individuell, aber doch stets bezogen auf wissenschaftliche Diskussionszusammenhänge, da sie auf Argumente zurückverweisen, die nicht unabhängig von Theorien erworben und ausgetauscht werden. Der Umgang mit Wissen ist freilich ebensowenig beliebig wie die Erfahrung des Könnens. Nur stehen beide Bereiche nicht in einem einfachen, linearen Verhältnis. Aus dem Wissen läßt sich nicht das Können deduzieren. Vielmehr bedeutet die Initiation in bestimmte Bereiche des Wissens zunächst nur einen Reflexionszuwachs, der sich grundsätzlich immer positiv *und* negativ auf das praktische Können auswirken kann. Wer mehr weiß, kann klüger handeln, aber auch in seiner Handlungssituation beeinträchtigt werden. Einen direkten und ausschließlich positiven Bezug zwischen Wissen und Können gibt es nicht. Die Initiation in die Wissensbestände und die Berufspraxis erfolgt also nie synchron. Aber sie geschieht auch nicht beliebig, weil die Felder des Wissens und die Institutionen der Berufswirklichkeit nicht durch den Lernenden erzeugt werden, der sie sich, wie immer skeptisch, zunächst nur aneignen kann. Die Ankoppelung wissenschaftlichen Wissens bedarf aber einsichtiger Fragestellungen, die die des Berufs und nicht die der spezialistischen Wissenschaft sein sollen. Der Primarstufenlehrer muß anders ausgebildet werden als der Forschungsassistent, zugleich sollte die Ausbildung aber auch so angelegt sein, daß bei aller Differenzierung doch die Einheit des Lehrerberufs erkennbar bleibt.

Das führt auf einen dritten Zusammenhang: Wer für ein wissenschaftliches Studium der Lehrer plädiert, muß in irgendeiner Form eine Distanz zur Schule in Kauf nehmen (vgl. SAUER 1981, S. 129ff.). Anders gesagt: Alle jene Konzepte, die einen *unmittelbaren* oder *direkten* Bezug zwischen Universität und Schule fordern, überführen Studium in Berufsvorbereitung und werden zu Recht mit der Frage konfrontiert, was daran noch „Studium" genannt werden könne. Die Distanzforderung ist für jedes Studium elementar, das eben nicht in *Ausübung* eines bestimmten Berufs abgeleistet werden kann. Freilich sollte die Distanzierung *nach* einer Initialerfahrung der Berufsfelder erfolgen, denn nur so lassen sich allgemeine und abstrakte Einsichten der Theorie mit Vorstellungen verbinden, die den Sinn der theoretischen Beschäftigung (und damit die eigentliche Klammer zwischen „Theorie" und „Praxis") deutlich machen.

Das ist nun keine Frage primär der Institution, sondern des Konzeptes. Die entscheidende Frage ist nicht, *Universität* oder *pädagogische Hochschule*? Die deutsche Universität hat sehr vielfältige Formen der Ausbildung gefunden, nachdem sie sich überwiegend auf die akademische Berufsvorbereitung eingestellt hat. Es ist nur Ideologie, wenn etwa die Ausbildung von Grundschullehrern mit einem Makel versehen wird, während die keineswegs „wissenschaftlichere" Ausbildung von Ärzten, Juristen oder Theologen als „akademisch" bezeichnet wird. Freilich haben diese Ausbildungen traditionelle *Formen*, die zumindest rudimentär auf unverwechselbare Konzepte verweisen, die die Lehrerausbildung nach der Universitätsintegration verloren hat. Man muß aber diese Frage trennen von der Frage, ob überhaupt eine Universitätsausbildung für Lehrer sinnvoll sei. Der Strukturwandel der Universität hat diese letzte Frage längst positiv beantwortet, während die erste Frage nach dem Konzept sich gerade dadurch verschärft hat, daß die Lehrerausbildung ihren angestammten institutionellen Ort verloren hat.

Dies verlangt eine gemeinsame Idee der Lehrerausbildung, mit der sich das Konzept begründen ließe. Mit MOLLENHAUER (vgl. 1983, S. 52ff.) läßt sich vorschlagen, diese Begründung vom Prinzip der „Repräsentation" her zu leisten. Schulen und Lehrer sind notwendig, weil über das hinaus, was lebensweltlich vorhanden ist, Bildungsgüter ausgewählt und vermittelt (repräsentiert) werden müssen, um die nachwachsende Generation in die Kultur hineinführen zu können. Die Idee der Initiation formuliert die Aufgabe, letztlich aber auch das Ethos nicht nur der Lehrer, sondern auch der Lehrerausbildung. Lehrer handeln selbstlos, so nämlich, daß andere lernen können. Genau das aber konstituiert ein Ethos, das für alle Lehrer gleich bestimmend ist.

Neben diesen allgemeinen Postulaten eines Prospektes der Zukunft der Lehrerausbildung ließe sich speziell für die Primarstufenlehrerausbildung folgendes fordern: Das besondere, aber absolute Prinzip der Wissenschaftsorientierung ist zugunsten des allgemeineren Prinzips der Bildung zu relativieren, ohne daß dadurch das Prinzip eines akademischen Studiums aufgegeben wird, das, wie ein Blick in die Universitätswirklichkeit zeigt, vielfältige Formen annehmen kann, die nicht länger auf die Dichotomie von „wissenschaftlich" *versus* „praktisch" reduziert werden können. Bildung ist *nicht* identisch mit Wissenschaft, so wichtig und unverzichtbar die Wissenschaften für die Erklärung der modernen Welt auch sein mögen. Grundschülern aber werden nicht die Wissenschaften vermittelt, sondern erste Zugänge zur Gegenwart eröffnet, die nicht komplett szientifisch bestimmt ist. Die Lebenswelt der Kinder ist der Ausgangspunkt für jede weitergehende Lebenserfahrung, und diese Erfahrung kann nicht reduziert werden auf die Wissenschaften, wenn damit zum Beispiel Kunst oder Sport, Musik oder handwerkliches Können ausgeschlossen blieben.

Die Ausbildung der Primarstufenlehrer muß auf diese allseitige Aufgabe eingestellt sein. Sie sollte nicht die Ausbildung der Gymnasiallehrer kopieren. Das Minimalcurriculum muß am Berufsfeld und an seiner Innovation orientiert sein und darf nicht im Sinne eines *didaktischen Materialismus* oder einer *Abbilddidaktik* Wissensbestände von irgendwie passenden Wissenschaften aufhäufen und abverlangen. Das führt nur in nicht lösbare Selektions- und Legitimationsprobleme, zum Beispiel der Zuordnung von wissenschaftlichem oder praktischem Wissen zu bestimmten Schulstufen oder des Grades der jeweils abverlangten „Wissenschaftlichkeit" des Studiums. Man kann aber etwa bestimmte psychologische Einsichten nicht für Grundschullehrer exklusiv ausweisen. Man kann jedoch auch nicht die Psychologie des jüngeren Schulkindes so studieren, daß allgemeine methodologische oder theoretische Fragestellungen ausgeblendet bleiben. Um so schwieriger ist die Frage, wie ein Minimalcurriculum des Studiums sinnvoll zusammengestellt werden kann.

Das entscheidende Problem ist dabei nicht, wie differenziert oder einheitlich die Ausbildung der Lehrer zu geschehen hat, sondern daß sie institutionell gesichert einem bestimmten Konzept folgt, das jegliche Form von Ausbildung sinnvoll an eine Berufspraxis und nicht an die fortlaufende Forschungspraxis bindet. Nur so kann jenes Verhältnis von Wissen und Können bestimmt und phasenmäßig angeordnet werden, das nachvollziehbar eine Balance hält zwischen Wissenschaft und Berufspraxis. Die *Grundschule* als das Praxisfeld, das es zu erfahren, kritisch zu erfassen, in seinen historischen Kontext zu stellen und allgemein zu reflektieren gilt, und nicht die Soziologie, die Erziehungswissenschaft oder die Physik bestimmt dann den Zugang zum wissenschaftlichen Wissen. Diese Balance ist nur von einem *basic minimum* (vgl. WHITE 1973, S. 64 ff.) her, keineswegs jedoch als Maximum zu verstehen, denn wie alle Bildung, so ist auch die Bildung des Lehrers nach oben hin offen. Was der Lehrerbildung derzeit fehlt, ist eine Bestimmung dessen, was *unabdingbar* an Wissen und Können für die Initiation in das jeweilige Berufsfeld gefordert werden muß. Wenn alles gleich wichtig ist (und nichts ist einfacher als die Bestimmung einer „pädagogischen Relevanz" von Wissen), wird nur noch das vermittelbar, was auf vorgängiges persönliches Interesse stößt. Das künftige Lehrerstudium sollte vorab das praktische Interesse für den Beruf schulen und dann ein Basiscurriculum bereitstellen, in dem sich dieses Interesse wissenschaftlich bilden kann.

Diese Einsicht freilich gegen die egoistischen Interessen wissenschaftlicher Disziplinen durchzusetzen setzt Konsens und – Einfluß voraus. Deshalb wären die Institutionen der Lehrerausbildung von der gemeinsamen pädagogischen Idee her zu stärken, während der bloße Bezug auf Einzelwissenschaften sie auflöst. Ohne gemeinsame Idee gibt es keine Integration des vielfältigen Wissens auf die spätere Berufspraxis hin, so daß nicht zufällig dieses Wissen als überflüssig erscheint. GEISSLER (vgl. 1969) nannte eine solche Einstellung die „Rache des Lehrerseminars", die auch der künftigen Lehrerausbildung schwer zu schaffen machen wird, gelingt es nicht, neue Konzepte zu entwickeln und institutionell zu schützen, die die alten Wirkungsmythen der Ausbildung verabschieden und zu einer realistischen Auffassung anleiten.

ALLGEMEINE BESTIMMUNGEN des Königlich Preußischen Ministers der geistlichen, Unterrichts- und Medicinal-Angelegenheiten vom 18. October 1872, betreffend das Volksschul-Präparanden- und Seminar-Wesen, Berlin 1872. APEL, H. J.: Der Gymnasiallehrer zwischen Universität und Pädagogikum. Die Diskussion um die Festlegung des Ausbildungsweges im Rheinland um 1820. In: Info. z. e.- u. bhist. Fo. 10 (1983), 20/21, S. 145 ff. BECKEDORFF, G. PH. L.: Die Preußischen Schullehrer-Seminarien. In: BECKEDORFF, G. PH. L. (Hg.): Jahrbücher des Preußischen Volksschul-Wesens, Bd. 1, Berlin 1825, S. 97 ff. BECKER, C. H.: Die Pädagogische Akademie im Aufbau unseres sozialen Bildungswesens, Leipzig 1926. BECKER, C. H.: Das Problem der Bildung in der Kulturkrise der Gegenwart, Leipzig 1930. BECKER, E.: Zum Theorie-Praxis-Syndrom in der Lehrerausbildung. In: Sozialwissenschaften: Studiensituation, Vermittlungsprobleme, Praxisbezug, Frankfurt/New York 1976, S. 37 ff. BECKER, H./HENTIG, H. v. (Hg.): Der Lehrer und seine Bildung. Beiträge zur Überwindung einer Resignation, Frankfurt/Berlin/Wien 1984. BECKMANN, H.-K.: Lehrerseminar – Akademie – Hochschule. Das Verhältnis von Theorie und Praxis in drei Epochen der Volksschullehrerausbildung, Weinheim/Berlin 1968. DIESTERWEG, F. A. W.: Die Lebensfrage der Civilisation (Fortsetzung). Oder: Ueber das Verderben auf den deutschen Universitäten. Dritter Beitrag zur Lösung der Aufgabe dieser Zeit, Essen 1836. GEISSLER, G.: Die Rache des Lehrerseminars – oder: Über die Notwendigkeit genauerer Differenzierung von Theorie und Praxis in der Lehrerausbildung. In: GEISSLER, G.: Strukturfragen der Schule und der Lehrerausbildung, Weinheim 1969, S. 285 ff. GEISSLER, G.: Eingliederung der Lehrerbildung in die Universität. Das Hamburger Beispiel, Weinheim/Basel 1973. GUKENBIEHL, H. L.: Tendenzen zur Verwissenschaftlichung der Lehrerbildung. Ein Erklärungsversuch, Weinheim/Basel 1975. HARNISCH, W.: Die Schullehrerbildung, für die, welche sie suchen, und für die, welche sie befördern, Eisleben 1836. HARNISCH, W.: Der jetzige Standpunkt des gesamten preußischen Volksschulwesens, Leipzig 1844. HERBART, J. F.: Zwei Vorlesungen über Pädagogik (1802). In: ADL-AMINI, B. u. a. (Hg.): Pädagogische Theorie und erzieherische Praxis. Grundlegung und Auswirkungen von Herbarts Theorie der Pädagogik und Didaktik, Bern/Stuttgart 1979, S. 106 ff. KEHR, K.: Pädagogische Reden und Abhandlungen über Volkserziehung und Lehrerbildung, Gotha 1881. KITTEL, E.: Über Lehrerbildung, mit besonderer Berücksichtigung der formalen Seite derselben, Wien 1878. KITTEL, H.: Die Entwicklung der Pädagogischen Hochschulen (1926–1932), Hannover 1957. KÜHNEL, J.: Gedanken über Lehrerbildung. Eine Gegenschrift, Leipzig 1920. LA VOPA, A. J.: Prussian Schoolteachers. Profession and Office, 1763–1848, Chapel Hill 1980. LUHMANN, N.: Strukturelle Defizite. Bemerkungen zur systemtheoretischen Analyse des Erziehungswesens. In: OELKERS, J./TENORTH, H. E. (Hg.): Systemtheorie und Pädagogik, Weinheim/Basel 1985 (im Druck). LUHMANN, N./SCHORR, K.-E.: Ausbildung für Professionen – Überlegungen zum Curriculum für Lehrerausbildung. In: HALLER, H.-D./LENZEN, D. (Hg.): Jahrbuch für Erziehungswissenschaft 1976: Lehrjahre in der Bildungsreform – Resignation oder Rekonstruktion? Stuttgart 1976, S. 247 ff. LUNDGREEN, P.: Sozialgeschichte der deutschen Schule im Überblick. Teil 1: 1770–1918, Göttingen 1980. MOLLENHAUER, K.: Vergessene Zusammenhänge. Über Kultur und Erziehung, München 1983. NEUMANN, D./OELKERS, J.: Folgenlose Moden? Beobachtungen zur Trivialisierung der Pädagogik. In: P. Rsch. 35 (1981), S. 623 ff. NEUMANN, D./ OELKERS, J.: Zurück zur alten Lehrerbildung? In: N. Samml. 22 (1982), S. 182 ff. NEUMANN, D./OELKERS, J.: „Verwissenschaftlichung" als Mythos? Legitimationsprobleme der Lehrerbildung in historischer Sicht. In: Z. f. P. 30 (1984), S. 229 ff. OELKERS, J.: Das Ende der Lehrerbildung? Notizen zur Neuordnung der Lehrerausbildung in Niedersachsen. In: D. Dt. S. 74 (1982), S. 228 ff. OELKERS, J.: Theorie *und* Praxis? Eine Analyse grundlegender Modellvorstellungen pädagogischer Wirksamkeit. In: N. Samml. 24 (1984), S. 19 ff. RICHTER, K.: Die Reform der Lehrerseminare nach den Forderungen unserer Zeit und der heutigen Pädagogik. Von der Diesterwegstiftung gekrönte Preisschrift, Leipzig 1874. ROTH, H.: Universität und Pädagogische Hochschule. In: D. Dt. S. 50 (1958), S. 197 ff. ROTH, H.: Situation und Auftrag der pädagogischen Hochschulen. In: D. Dt. S. 55 (1963), S. 221 ff. ROTH, H.: Warum keine Pädagogische Fakultät? In: D. Dt. S. 58 (1966), S. 55 ff. ROTH, H.: Erziehungswissenschaft, Erziehungsfeld und Lehrerbildung. Gesammelte Abhandlungen 1957–1967, hg. v. H. Thiersch und H. Tütken, Hannover/Berlin/Darmstadt/Dortmund 1968. ROTH, H.: „Hundert Jahre Lehrerbildung". In: D. Dt. S. 67 (1975), S. 819 ff. SANDFUCHS, U.: Universitäre Lehrerausbildung in der Weimarer Republik und im Dritten Reich. Eine historisch-systematische Untersuchung am Beispiel der Lehrerausbildung an der Technischen Universität Braunschweig (1918–1940), Bad Heilbrunn 1978. SAUER, K.: Einführung in die Theorie der Schule, Darmstadt 1981. SCHILLER, H.: Pädagogische Seminarien für das höhere Lehramt, Leipzig 1890. SCHLIEMANN, F.: Der Beruf des Lehrers, geschrieben für Eltern und Lehrer, Neubrandenburg 1859. SEYFERT, R.: Vorschläge zur Reform der Lehrerbildung, Leipzig 1905. SEYFFAHRT, L. W.: Die Seminarien für Volksschullehrer. Eine historisch-pädagogische Skizze, Berlin 1869. SPRANGER, E.: Gedanken über Lehrerbildung (1920). Gesammelte Schriften, Bd. III: Schule und Lehrer, hg. v. L. Englert, Heidelberg 1970, S. 27 ff. STIEHL, A. W. F.: Die drei preußischen Regulative, vom 1., 2. und 3. Oktober 1854 über Einrichtungen des evgl. Seminar-, Präparanden- und Elementarschulunterrichts. Im amtlichen Auftrag zusammengestellt, Berlin 1868. STOCK, H.: Integration der Lehrerausbildung in die Universität. Chance oder Niedergang? Göttingen 1979. THIELE, G.: Geschichte der Preußischen Lehrerseminare. Teil 1: Allgemeine Voraussetzungen zur Geschichte der Preußischen Lehrerseminare, Berlin 1938. VOSS, P.: Die pädagogische Vorbildung zum höheren Lehramt in Preußen und Sachsen, Halle 1889. WENDE, E.: Die Pädagogische Akademie als Hochschule, Langensalza 1932. WENDE, E.: C. H. Becker – Mensch und Politiker. Ein biographischer Beitrag zur Kulturgeschichte der Weimarer Republik, Stuttgart 1959. WHITE, J. P.: Towards a Compulsory Curriculum, London/Henley/Boston 1973.

Rainer Kokemohr

Zur Verrechtlichung unterrichtlicher Interaktion

1   Pädagogische Interaktion, Staat und Recht
2   Verrechtlichungsbegriffe
3   Ein Interaktionsmuster aus Basedows „Elementarwerk"
3.1 Das „Elementarwerk" als Enzyklopädie der bürgerlichen Welt
3.2 Die Krise der Aufklärung als Krise der räumlich-bildlichen Denkstruktur
3.3 Die Restauration der bildlich-räumlichen Denkstruktur durch die vorgegebene Interaktionsstruktur
4   Verrechtlichung als faktische und normative Genese
5   Die Funktion des Bildungssystems in der „Verwaltungslehre" des Lorenz v. Stein
5.1 Die staatstheoretische Konzeption des Bildungssystems
5.2 Die Vereinheitlichung des „Rechtslebens" durch das Bildungssystem
5.3 Die Professionalisierung des Lehrberufs
6   Ein Defizit der jüngeren Diskussion rechtlich verfaßter Bildungsprozesse

Zusammenfassung: Die Auswirkungen der sogenannten Verrechtlichung des Bildungswesens auf unterrichtliche Interaktion sind bisher erst in Ansätzen zum Thema geworden. Im Vordergrund stehen statt dessen rechts- und bürokratietheoretische Diskussionen der verwalteten Schule sowie deren Reaktion auf das mit dem Grundgesetz auch bildungstheoretisch wichtig gewordene Demokratiegebot. Dabei wird vor allem die Rechtsstellung der verschiedenen Funktionsträger in der Schule herausgearbeitet. – Hier wird zu zeigen versucht, ausgehend von einem historischen Beispiel, daß traditionelle Interaktionsstrukturen der Schule offen für Verrechtlichungsprozesse im Sinne einer Rechtspositivierung sind, denen zufolge unterrichtliches Handeln zunehmend als verwaltungsmäßiger Eingriff in die Persönlichkeit des Schülers verstanden wird. Der Blick auf diese Tendenz zeigt, daß historisch neue Probleme in der unterrichtlichen Interaktionsstruktur in der Weise zu Bildungsgegenständen werden, daß sie auf tradierte Konventionen ihrer Verarbeitung reduziert werden. Dieses Argument wird auf der normativen Folie eines geschichtlich dynamisierten Naturrechtsbegriffs entwickelt, so daß die Folgerung möglich wird, daß eine grundrechtlich angemessene Interaktionsstruktur erlauben muß, angesichts historisch neuer Probleme das nicht konventionalisierte Reflexionspotential auch der Schüler zu nutzen.

Summary: The effects of the so-called over-bureaucraticization of the educational system on teaching interaction have, to date, only been touched on in discussions. Instead the forefront has been occupied by discussions on legal and bureaucratic aspects of school administration and its reaction to the degree of democracy provided. Germany's Basic Constitutional Law ensures that this degree of democracy also affects educational theory. The right-wing position of the various school organizing bodies, in particular, is emphasized. Taking a historical example, the attempt is made to show that traditional interaction structures in schools are open to over-bureaucraticization that leans to the right. In consequence of this tendency, teaching is increasingly being considered an administrative intrusion on the pupil's personality. A glance at this trend shows that historically new problems in the interaction structure of teaching become subjects of education by being reduced to traditional conventions of their own processing. This argument is developed on the normative foil of a historically dynamised concept of natural law, so that it is possible to conclude that an interaction structure in tune with the Basic Constitutional Law must permit the pupil's non-conventionalized potential for reflection to be used in the face of (historically) new problems.

Résumé: Les effets de ce qu'on est convenu d'appeler la juridification de l'éducation sur l'interaction d'enseignement sont restées jusqu'à présent, en tant que thème, à l'état d'esquisses. Au premier plan figurent, au lieu de cela, des discussions de théorie de droit et de bureaucratie de l'École administrée ainsi que leur réaction sur le commandement démocratique devenu également important du point de vue théorie de l'éducation, avec la Loi fondamentale. On analyse surtout la position juridique des différents porteurs de fonctions de l'École. – On essaie de montrer, partant d'un exemple historique, que des structures traditionnelles d'interaction de l'École sont ouvertes aux processus de juridification dans le sens d'une positification juridique, processus qui ont pour conséquence le fait que l'acte d'enseignement est de plus en plus ressenti comme une intervention de nature administrative sur la personnalité de l'élève. Le regard jeté sur cette tendance indique que des problèmes, historiquement nouveau, deviennent, de cette façon, dans la structure d'interaction enseignante, des objets d'éducation, qu'ils sont réduits aux conventions traditionnelles de leur traitement. Cet argument est développé sur la base normative du concept de droit naturel, historiquement dynamique, de sorte que la conséquence devient possible qui consiste à dire qu'une structure d'interaction adaptée du point de vue du droit fondamental doit permettre de rendre utile pour l'élève également le potentiel non conventionnalisé, face à de nouveau problèmes (historiques).

1 Pädagogische Interaktion, Staat und Recht

Spranger hat in einer kleinen, 1927 erschienenen Schrift die Aufgaben einer wissenschaftlichen Schulverfassungslehre darin gesehen, die Vereinbarkeit der „Erziehungsidee" und der „Staatsidee" von Gesellschaften zu prüfen (vgl. SPRANGER 1963, S. 24 f.). Die Schulverfassungslehre habe zunächst das historisch und kulturspezifisch verschiedene Verhältnis von Staat und Schule zu beschreiben. Zu diesem Zwecke habe sie auf einen „gewissen Bestand zeitüberlegener Grundkategorien" (SPRANGER 1963, S. 24) zurückzugreifen. In beidem, in der Herausarbeitung der Grundkategorien und in der Beschreibung, habe sie ihre „höchste Leistung" vorzubereiten: „nämlich die Begründungen der Forderungen für das, was in diesem bestimmten Land werden *soll*" (SPRANGER 1963, S. 25).

Mit dieser Forderung stellt Spranger das Problem der wissenschaftlichen Schulverfassungslehre in den Rahmen einer „totalen Kulturethik" (SPRANGER 1963, S. 25). Diese Kulturethik faßt er in geisteswissenschaftlicher Tradition als normative Systematik im „Kampf der gegenwärtigen Geistesformen" (SPRANGER 1963, S. 26), die auf ihr gesolltes Verhältnis hin auszulegen seien.

Nun ist für Spranger, der sich hier eng an Hegel anlehnt, klar, daß es eine übergeschichtlich-dogmatische materiale Kulturethik nicht geben kann. Deshalb sucht er eine Systematik, die sich auf die „Hauptfaktoren" (SPRANGER 1963, S. 42) neuzeit-

licher Gesellschaften stützt. Unter ihnen falle besonders das ins Gewicht, was er, normativ gewendet, die „Autonomie" der „pädagogischen Provinz" (SPRANGER 1963, S. 43) nennt. Konstitutiv für den modernen Staat sei die pädagogische Norm, daß „alle Erziehung, die diesen Namen im idealen Sinne verdienen will, [...] auf dem Gesetz der freien inneren Zustimmung auf beiden Seiten [aufruht]" (SPRANGER 1963, S. 48). Aufgabe des Staates sei es, die pädagogische Situation rechtlich so zu sichern, daß Ideologien und Machtansprüche, die die freie innere Zustimmung hemmen, von den Heranwachsenden ferngehalten werden.
Spranger versteht seine Arbeit als einen ersten Entwurf für eine wissenschaftliche Schulverfassungslehre. Er ist bis heute unerfüllt geblieben. Zwar hat seine Vorstellung des idealen Staates die Lehrplan- und Bildungstheorie nachhaltig beeinflußt (vgl. WENIGER 1975). Aber Sprangers szientistischer Wissenschaftsbegriff, insbesondere seine Vorstellung, daß Weltanschauungen zwar wissenschaftlich analysiert werden können, daß ihre Geltung aber dem wissenschaftlichen Diskurs unzugänglich und von der vorwissenschaftlich „freien Zustimmung" abhängig sei, mußte die Barriere schwächen, die mit der Forderung nach der Autonomie der Pädagogik gegen die Machtansprüche der gesellschaftlichen Gruppen aufgerichtet war. Der „Kampf der Weltanschauungen" wurde zum Thema der „Gesinnungsfreiheit" (SPRANGER 1963, S. 48) der Individuen. Er sollte durch die „Echtheit der sittlichen Stellungnahme" (SPRANGER 1963, S. 48) entschieden werden. Auch wenn Spranger die heranwachsenden Individuen an „Gesinnungsgemeinschaften" (SPRANGER 1963, S. 50) band, blieb die Partikularität – sei es der individuellen, sei es der Gemeinschaftsgesinnung – erhalten. Eine Argumentation, die den Bildungsprozeß der Heranwachsenden mit der gesellschaftskritischen Norm der Freiheit aller hätte verbinden können, fehlt trotz Sprangers Aufnahme der kritischen Naturrechtstradition.
Dennoch hat Spranger recht. Eine Schulverfassungslehre ist angemessen nur im Rahmen einer „totalen Kulturethik" zu entwickeln. Eine solche Ethik darf jedoch nicht durch einen szientistischen Wissenschaftsbegriff und sein Korrelat, den Weltanschauungsbegriff, blockiert werden. Vielmehr wäre notwendig, die Rolle des Staates und staatlich verfaßter pädagogischer Interaktion für die Bildungsprozesse Heranwachsender im Rahmen einer kritischen Gesellschaftstheorie zu diskutieren, die es erlaubte, interaktionell angetragene Geltungsansprüche zu begründen oder abzuweisen. Doch obwohl inzwischen die Kritische Theorie zu einer Kommunikationstheorie der Gesellschaft ausformuliert ist, ist diese Aufgabe derzeit kaum erfüllbar. Das liegt vor allem daran, daß trotz vielfältiger Ansätze eine tragfähige Rekonstruktion der Kritischen Theorie in pädagogischer Absicht bisher nicht erbracht ist (vgl. PEUKERT 1983).
Die Kritische Theorie expliziert die Kritik an der neuzeitlich-wissenschaftlichen Vernunft, die durch den Zusammenhang von Naturbeherrschung und Selbstbestimmung zum Mittel der Selbstbehauptung durch Herrschaft geworden ist und in den Katastrophen unseres Jahrhunderts sich als Herrschaftsmedium erwiesen hat, das durch Vernichtung der Natur und der Mitmenschen in die Selbstvernichtung führt. Insbesondere Horkheimer und Adorno haben betont, daß der Herrschaftscharakter solcher Vernunft mit ihrem Anspruch verbunden sei, das Besondere als ein Allgemeines zu fassen und kraft des Begriffs über es verfügen zu können (vgl. HORKHEIMER/ADORNO 1969, S. 12ff.). Durch die Negation dieser zum Herrschaftsinstrument verdinglichten Vernunft evoziert Kritische Theorie, vor allem aus der jüdischen Tradition, die Idee einer Vernunft, die nicht zu Herrschaft wird, weil sie sich enthält, durch die Negation der Negation den Gedanken zur verfügbaren Positivi-

tät, zum Besitz des Begriffenen zu wandeln. Adorno sieht solches Denken in der künstlerischen Produktion: „Der Wahrheitsgehalt der Kunstwerke, als Negation ihres Daseins, ist durch sie vermittelt, aber sie teilen ihn nicht wie immer auch mit" (ADORNO 1970, S. 200). Letztlich jedoch erschließen die Kunstwerke allgemeine menschliche Vernunftmöglichkeiten jenseits der neuzeitlich-wissenschaftlichen Vernunft – Möglichkeiten der Transformation begrifflich verfaßter Wirklichkeit auf das hin, was im Begriff aus ihr ausgeschieden ist.

Habermas knüpft an diese allgemeinere Problemfassung an. Sie kann hier nur in dem knappen Rahmen angegeben werden, der notwendig ist, um die Richtung der Argumentation zu bezeichnen. Um der Aporie einer sich selbst verneinenden Philosophie zu entgehen, knüpft er an die Problemstellung der frühen Kritischen Theorie an, in der die Mitglieder des Frankfurter Instituts für Sozialforschung das Herrschaftsproblem neuzeitlicher Vernunft als Problem des Verhältnisses von sozialer und psychischer Struktur zu fassen versucht haben (vgl. ADORNO 1973). Einerseits fragt er nach den Bedingungen der Reproduktion sozialer Strukturen in inter- und intrapsychischen Mechanismen. Andererseits verbindet er diese Frage in kritischer Absicht mit jener Frage nach einer von Herrschaft freien Intersubjektivität. Das Medium, das beide Fragen verbindet, sieht Habermas in der Sprache, mit der nicht nur die Möglichkeit propositional begrifflicher Verfügung über die Dinge und die anderen, sondern gleichursprünglich „die Intention eines allgemeinen und ungezwungenen Konsensus unmißverständlich ausgesprochen" (HABERMAS 1968, S. 163) sei. In der Sprache ist für ihn beides gesetzt, die Möglichkeit verfügender, letztlich sich selbst vernichtender Vernunft ebenso wie die Erinnerung und Möglichkeit eines Denkens, das, indem es sich der Verfügung enthält, die konventionell eingeübten Herrschaftsbegriffe transformiert und Formen ungezwungener Intersubjektivität evoziert.

Dieser zentrale Gedanke erlaubt, auch wenn hier auf eine Skizze der verschiedenen Theorierahmen verzichtet werden muß, in denen Habermas das außerordentlich weit gespannte Programm entwickelt, den Kern des pädagogischen Problems zu bezeichnen. Pädagogisches Handeln verwirklicht sich in Bezügen, die einerseits die Heranwachsenden unter die Dominanz begrifflich konventionalisierter Wirklichkeit stellen, in die andererseits die Norm eingelassen ist, daß die im Erziehungsprozeß rekonstruierte Wirklichkeit von der freien Zustimmung der Lehrenden und Lernenden getragen werde. An dieser Doppelstruktur pädagogischer Interaktion ist gegen sozialisationstheoretische Reduktionen festzuhalten, wenn sie nicht in die Aporien verdinglichter Vernunft einmünden soll. Für das Problem unterrichtlicher Interaktion bedeutet dies, daß sie einerseits in institutionelle Bezüge eingelassen und in positivierten Rechtsnormen verfaßt ist und darin zu einer Interaktion wird, die die Heranwachsenden soziale Strukturen reproduzieren läßt; daß sie andererseits die Norm allgemeiner und ungezwungener Willensbildung in sich aufnimmt und Momente der sozialisatorisch angesonnenen Wirklichkeit in Momente einer über die anderen nicht verfügenden Intersubjektivität transformiert. Daß pädagogische Interaktion in der Spannung zwischen sozialisatorischer Dominanz und freier Zustimmung steht, ist ein Aspekt jener Problemgeschichte, in der die Vernunft zum Mittel der Herrschaft geworden ist, ohne doch die Idee ungezwungener Übereinstimmung auslöschen zu können.

Auf diesen Hintergrund ist Sprangers Theorem der pädagogischen Autonomie zu beziehen. Freie Zustimmung ist anderes als ein Akt, der allein aus der psychischen Struktur des isolierten Individuums zu verstehen wäre. Die Orientierung an der Idee freier Zustimmung gilt der Überwindung einer Erziehung, die nur zum sozia-

lisatorischen Vollstrecker der sich selbst vernichtenden Vernunft würde. Die Verrechtlichung unterrichtlicher Interaktion hat sich an der Frage messen zu lassen, wie sie zwischen sozialisatorischer Einübung in begrifflich verfaßte Sozialstrukturen und der freien Zustimmung der Betroffenen vermittelt.
Da die wissenschaftliche Untersuchung der Verrechtlichung schulischer Bildungsprozesse noch ganz am Anfang steht, können im Blick auf die genannte Thematik im folgenden nur einige historische Verrechtlichungszusammenhänge skizziert werden. Im Abschnitt 2 werden Verrechtlichungsbegriffe vorgestellt, mit deren Hilfe im Abschnitt 3 in exemplarischer Absicht ein Gesprächsmuster aus der Vorgeschichte der staatlichen Elementarschule diskutiert wird. Im Abschnitt 4 wird eine Konsequenz aus der Beispielanalyse gezogen und die begriffliche Systematik präzisiert. Auf dem so gewonnenen Hintergrund werden im Abschnitt 5 bildungstheoretische Aspekte der „Verfassungslehre" des Staatswissenschaftlers v. Stein in der Absicht diskutiert, staatstheoretische Gründe für das Scheitern der Norm der freien Zustimmung herauszustellen. Im letzten Abschnitt (vgl. 6) wird schließlich die These, die sich aus den historischen Analysen ergibt, auf die aktuelle Situation im Verhältnis von pädagogischer Interaktion, Staat und Recht bezogen.

2 Verrechtlichungsbegriffe

Die Rede von der Verrechtlichung gehört zu jenen Formeln, in denen ambivalente Tendenzen gesellschaftlicher Entwicklung mehrdeutig angesprochen werden können. Im Blick auf unterrichtliche Interaktion bieten sich drei Auslegungen an.
Zunächst kann Verrechtlichung in naturrechtlicher Tradition als Tendenz der Durchsetzung von Grundrechten im schulisch-unterrichtlichen Handeln verstanden werden. Dieser Auffassung zufolge sind Lernenden wie Lehrenden jene Grundrechte zuzugestehen, in denen sich die Übereinstimmung von subjektivem Willen und allgemeiner Freiheit manifestiert. Den prägnantesten Ausdruck findet diese Tendenz in der formellen, inhaltlich keineswegs abgeschlossenen Abschaffung des „besonderen Gewaltverhältnisses" (vgl. NIEHUES 1976, S. 17f.), das, aus der staatlichen Verwaltung einst übernommen, vormals die pädagogische Handlungssphäre der Schule als einen grundrechtlich eingeschränkten Raum definierte und so zur Legitimation pädagogisch gemeinter Handlungen diente, auch wenn diese den Grundrechten widersprachen. Durch die Abschaffung des Konstruktes des besonderen Gewaltverhältnisses wird der Schüler als Rechtssubjekt anerkannt. Er wird als Subjekt anerkannt, dessen Bildungsprozeß auf freier Zustimmung beruht. Verrechtlichung im grundrechtlichen Sinne modifiziert das Verhältnis von Recht und Pädagogik: Wo ehemals soziale Normen und positive Rechtssätze pädagogisches Handeln legitimierten, wird pädagogisches Handeln jetzt auf überpositive Rechtsnormen verpflichtet. Die Berufung auf natürliches Grundrecht nötigt pädagogisches Handeln zu Reflexionsformen, in denen die Differenz von subjektivem Willen und allgemeiner Freiheit bearbeitet und tendenziell aufgehoben wird.
Sodann wird Verrechtlichung als Tendenz zunehmender Steuerung pädagogischen Handelns durch positive Rechtssätze verstanden. Vor allem in diesem Sinn ist Verrechtlichung Gegenstand der Rechtssoziologie: Verrechtlichung wird als zunehmende Verhaltensstabilisierung durch Erwartungsstabilisierung verstanden (vgl. LUHMANN 1972a, S. 203). Positives Recht nötigt zu Denkformen, die es erlauben, soziale Situationen unter verbindliche Regeln zu subsumieren. Es normiert soziales Handeln. Historisch wird es in dem Maße entwickelt, in dem traditional-partikulare Lebensformen unter generalisierte Systemimperative geraten (vgl. LUHMANN

1972a, S. 190 ff.). Im Bildungssystem drückt sich das Vordringen positiven Rechts besonders deutlich in der Entwicklung von Lehrplänen und in der Unterordnung unterrichtlicher Prozesse unter sie aus, eine Entwicklung, die besonders die zweite Hälfte des 19. Jahrhunderts kennzeichnet und sich gegenwärtig, nach der reformpädagogischen Forderung, eng gefaßte Lehrpläne zugunsten deutungsfähiger Richtlinien zu ersetzen, in vielfältigen Mechanismen der Lehrplansicherung, von der parlamentarischen Entscheidung über „wesentliche" Lehrplaninhalte (vgl. NIEHUES 1976, S. 144 ff.) bis zur objektivierten Leistungsmessung und ihrem Zwang, Inhalte inhaltsneutral zu subsumieren, fortsetzt. In gleicher Richtung können auch Schulverwaltungserlasse zur Unterrichtsversorgung oder Regeln der Mitwirkung von Eltern und Schülern an Erziehungs- und Unterrichtsfragen wirken. Solche Phänomene sind Beispiele der meistens als „Verrechtlichung" beklagten Tendenz, die Unterrichts- und Erziehungspraxis durch Regeln zu steuern, die von außen an sie herangetragen werden. Diese Tendenz kann positiv oder negativ interpretiert werden.
Positiv interpretiert wird die Tendenz in der Auffassung, daß Lernende unter solche Regeln zu bringen seien, die ihr Lernen im Sinne des objektiven Geistes einer Gesellschaft bewirken. Diese Haltung schlägt sich beispielsweise in Lehrplänen nieder, sofern diese der unterrichtlichen Interaktion verbindlich vorgegeben werden. Hierher gehört aber auch die Auffassung, daß noch der „heimliche" Lehrplan den objektiven Geist sichere, indem durch ihn nachwachsende Generationen zum Beispiel Arbeitstugenden der Industriegesellschaft wie Zeiteinteilung und Leistungsorientierung sowie den erträglichen Umgang mit ihnen lernen (vgl. GINTIS 1973). Historisch hat sich diese Auffassung vor allem dort durchgesetzt, wo die Schule als Erziehungsinstrument des (empirischen) Staates genutzt worden ist.
Negativ interpretiert wird die Tendenz, wenn Verrechtlichung als „bevormundende Einschränkung individueller Handlungs- und Gestaltungsfreiheit" (VOIGT 1983, S. 7) verstanden wird. Dann rücken Phänomene in den Vordergrund wie die Unterwerfung der Behandlung unterrichtlicher Inhalte unter äußerlich bleibende Lehrplanbestimmungen oder unter Einspruchsrechte der Schulaufsicht oder der Elternschaft. Solche Verrechtlichung ruft die Klage hervor, sie stehe der pädagogischen Freiheit entgegen, deren Lehrende und Lernende bedürfen, um den individuellen Bildungsprozeß zu befördern. Freiheit der Bildung und Zwang der Institution treten in kontradiktorischen Gegensatz (vgl. LENZEN 1981). Die Auffassung, sofern sie absolut gesetzt wird, begünstigt Entschulungsvorstellungen. Ihr zufolge herrscht in der Schule die institutionsgeprägte Charaktermaske vor.
Es kann nicht überraschen, daß alle drei Auffassungen in der Geschichte der Schule vorgeprägt sind. Die Schule in ihrer Form der Staatsschule ist ein Moment der bürgerlichen Gesellschaft, das deren Selbstverständnis spiegelt und mitprägt.
An dieser Stelle ist der Begriff des positiven Rechts noch in anderer Hinsicht zu präzisieren. Bisher wurde in systematischer Absicht zwischen positivem Recht und Naturrecht unterschieden. Diese Unterscheidung setzt jedoch eine weit fortgeschrittene gesellschaftliche Entwicklung im Sinne der westlichen bürgerlichen Gesellschaft voraus. Zunächst besteht das Recht in Gewohnheiten sozialer Kontrolle. Für komplexere Gesellschaften ist es aber nötig, zwischen Gewohnheit und Recht zu unterscheiden. Service, der beide Formen sozialer Kontrolle in ethnologischer Perspektive diskutiert, kommt im Durchgang durch die vorliegenden Unterscheidungsangebote zu dem Ergebnis, daß der Übergang von der Gewohnheit zum Recht in hohem Maße von der Intention der rechtsprechenden beziehungsweise -anerkennenden Instanz abhänge, eine intersubjektiv geltende Regel zu etablieren, nach der soziales Verhalten explizit als rechts- oder unrechtsförmig beurteilt werden könne

(vgl. SERVICE 1977, S. 118 ff., besonders S. 124). Die Intentionalität des Rechts – das, was Luhmann als Erwartungsmodalität des Rechts bezeichnet; wir erwarten und intendieren eine soziale Regel als Recht – führe empirisch zu schwer analysierbaren Übergängen zwischen Gewohnheit und Recht. Für Gesellschaften, die eine Staatsform entwickelt haben, hebt Service neben der Intention der allgemeinen Anwendbarkeit drei Momente hervor, die das Recht konstituieren: die Autoritätsinstanz, die als Position oberhalb der Parteien Recht spricht; die Obligation, die die Rechte und Pflichten der Parteien definiert (vgl. DURKHEIM 1976, S. 85); die Sanktion, durch die das Gleichgewicht einer sozialen Beziehung wiederhergestellt wird, nachdem es durch eine Regelverletzung zerstört worden ist (vgl. SERVICE 1977, S. 124 f.).
Diese vierfache Bestimmung präzisiert, was die Dichotomie von positivem Recht und Naturrecht schon erkennen läßt: Positives Recht besteht in kodifizierten, mehr oder weniger bewußten Regelsystemen, die übersituativ gelten. Der Intention nach faßt es alle Gesellschaftsmitglieder unter sich, weil es, als anonymisiertes Regelsystem, Autorität, Obligation und Sanktion überpersonal bestimmt. Die übersituative Verhaltensstabilisierung durch positives Recht ist erkauft durch seine Abkopplung vom unmittelbaren sozialen Interaktionszusammenhang. Da es als intentionales Regelsystem verfaßt ist, muß es als Wissensform, das heißt im Bewußtsein der Gesellschaftsmitglieder aufgebaut werden. Es muß als übersituatives Regelsystem externer Verhaltenssteuerung gelernt werden (vgl. ELLSCHEID 1979, S. 47). Es gehört, in dieser Hinsicht analog theoretischem und technischem Wissen, zu jenem Wissen, das nicht in hinreichendem Maße im Funktionszusammenhang praktischer Alltagssituationen vermittelt werden kann. Seine Funktion ist an die Distanz zur Alltagspraxis gebunden. Es muß als eine Instanz vorgestellt werden, die unabhängig von der Partikularität bestimmter Situationen gilt. Die Staatsschule gehört zu jenen Instanzen, die mit dem Aufkommen der bürgerlichen Gesellschaft die Aufgabe übernehmen, positiv-überpartikulares Recht zu lehren.
Doch gerade weil positives Recht explizit gelehrt und gelernt werden muß, wird es – darauf weist LUHMANN (vgl. 1972a, S. 190 f.) hin – als selektives Recht sichtbar; es könnte auch anders sein. Damit wird die prekäre Aufgabe der Ausbildung eines allgemeinen Rechtsbewußtseins durch die Schule sichtbar. Je deutlicher sie positivierte Rechtsnormen lehrt, um so mehr gefährdet sie das naive Vertrauen in rechtsrelevante Gewohnheiten. Entweder steigert sie das Motiv der Rechtsvariation und erhöht die Selektivitätserfahrung, oder sie reagiert auf die Unverbindlichkeitsgefahren der Selektivitätserfahrung durch Versuche der Dogmatisierung bestimmten Rechts. Immer jedoch trägt sie durch die explizite Behandlung positivierter Rechtsnormen zu der Möglichkeit liberalistisch-egoistischer Rechtsnutzung bei. Durch diese Konstellation kann sie unter Umständen auch das Motiv stärken, die Gefahren selektiven Rechts durch die Berufung auf jene im Naturrecht ausgebildete Idee zu binden, die Pluralität der Interessen in Prozessen allgemeiner Willensbildung zu vermitteln. Im Rahmen der Schule, sofern sie positive Rechtsnormen unabhängig von Handlungszusammenhängen ihrer Bewährung als Glaubenssätze lehrt, ist die tatsächliche Funktion expliziter Rechtserziehung schwerlich kontrollierbar. Welche Folgerungen jeweils evoziert werden, hängt von Bedingungen zum Beispiel ontogenetischer und sozialstruktureller Art ab, über die sich lehrend nur zum Teil verfügen läßt.
Für die vorliegende Behandlung des Themas ist eine erhebliche Einschränkung zu machen. Die Untersuchung der Schule als einer Institution (auch) *rechtbildender* Interaktionsprozesse steht noch am Anfang. Sie hat nicht den Ausarbeitungsgrad, den man im Rahmen einer enzyklopädischen Darstellung erwarten mag. Die bis-

herige rechtstheoretische Diskussion der Schule bezieht sich vor allem auf Rechtsregeln als Regeln eines institutionellen Handlungsrahmens, der Rechtsansprüche und -pflichten der Handelnden (Schulverwaltung, Schulleiter, Lehrer, Schüler, Eltern) sowie deren legalen Einfluß auf schulische Interaktionsprozesse bestimmt (vgl. LAASER 1980, S. 1348 ff.). Sie hat zwar inzwischen zu wichtigen Analysen des Zusammenhangs „der fortschreitenden Vergesellschaftung von Bildung und der Verstaatlichung der schulischen Sozialisation mit der zunehmenden, wenngleich lückenhaften Verrechtlichung des pädagogischen Prozesses und der pädagogischen Arbeit des Lehrers" (FRANKENBERG 1978, S. 185) geführt. Die Analyse interaktionsinterner Fragen ist bisher jedoch nicht im Blick der schulrechtlichen Diskussion. Der vorliegende Aufsatz beschränkt sich anhand exemplarischer Momente aus der Geschichte der deutschen Staatsschule auf die Entwicklung eines Argumentes. Er wiederholt damit deutlicher die Verlegenheit, vor der schon Spranger stand.

3 Ein Interaktionsmuster aus Basedows „Elementarwerk"

Die Anfänge der Staatsschule liegen, grob gesagt, im 18. Jahrhundert. Leschinsky und Roeder vertreten aufgrund ihrer detaillierten Untersuchung die These, „daß die Entwicklung des öffentlichen Schulwesens Teil des Prozesses ist, in dem sich der moderne zentralistische Staat ausbildet" (LESCHINSKY/ROEDER 1976, S.44). So führt für Preußen Friedrich Wilhelm I. mit einer Verordnung von 1717 die allgemeine Schulpflicht ein, deren vollständige Durchsetzung allerdings erst im späten 19. Jahrhundert erreicht wird. Aber mit den großen Gesetzgebungswerken des General-Landschulreglements von 1763 sowie dem Preußischen Allgemeinen Landrecht von 1794 wurde das Schulwesen zum Organ des allgemeinen Staatswesens (vgl. für das preußische Gymnasium JEISMANN 1974). Hier ist auf die komplizierten historischen Verhältnisse im einzelnen nicht einzugehen. Für den Zweck dieser Darstellung genügt der Hinweis, daß die Entwicklung der Staatsschule ein Moment in der Krise des Übergangs vom feudalistischen zum zentralistisch-absolutistischen Staat ist.
Unter pädagogisch-didaktischem Aspekt läßt sich die Krisenzeit des Übergangs, ähnlich vereinfachend, als Zeit des Übergangs von partikularen zu übersituativ-generellen Orientierungen charakterisieren (vgl. etwa das Konzept einer rationalen Elementarerziehung in der Pädagogik v. Rochows: LESCHINSKY/ROEDER 1976, S.344ff.). Besonders deutlich ist dieser Übergang in der Elementarerziehung. Denn sie, die bisher überwiegend im Lebenszusammenhang des Hauses vollzogen wurde, wurde jetzt erstmals für prinzipiell alle Bevölkerungsgruppen an die öffentliche Schule und deren Lehrmethoden gebunden.
Hier soll nun gezeigt werden, daß für die Elementarerziehung in dieser Zeit pädagogische Interaktionsstrukturen etabliert werden, die dem Zweck der übersituativen Generalisierung der Orientierung entsprechen. Es soll die These entwickelt werden, daß jene Generalisierung die Funktion hat, auf historisch neue Problemlagen durch die unterrichtliche Explikation traditionsimmanenter Normen zu reagieren und das Neue der Probleme dadurch zu verarbeiten, daß es auf entsprechende explizitimplizite Kategorien bezogen wird. Solche Generalisierung durch unterrichtliche Interaktion wirkt unter anderem als Verrechtlichung. Denn sofern sie wirkt, werden Schüler auf die intentionale Befolgung von Regeln rechtsförmigen Verhaltens verpflichtet, die, durch die Autorität des Lehrers vermittelt, Bekenntnisverpflichtungen auferlegen, deren Nichteinhaltung unter der Drohung der Sanktion steht. Schüler werden so zu Rechtssubjekten in dem Sinne, daß sie ihre Interpretationen sozialer Welt nach kodifizierten Rechtsregeln ausrichten. Sie werden dazu geführt,

Rainer Kokemohr

Situationen der sozialen Welt als Fall des als zugrunde liegend gedachten Rechtssystems zu deuten.
Wenn die These sinnvoll ist, dann muß sie sich vor allem an der philanthropischen Pädagogik bewähren. Denn diese ist ausdrücklich als elementar-pädagogisches Volksbildungsprogramm formuliert worden, zwar auf die verschiedenen „Stände" hin ausdifferenziert, aber von einem einheitlichen Willen getragen. Oberstes Ziel ist die „allgemeine Glückseligkeit" (vgl. BASEDOW 1965, S. 12), womit die Philanthropen einen Zustand der harmonischen Einbindung der Individuen in den sozialen und natürlichen Kosmos bezeichnen.
Als Repräsentant der philanthropischen Pädagogik bietet sich im Rahmen der hier verfolgten Frage aus zwei Gründen Johann Bernhard Basedow (1724-1790) an. Erstens verkörpert Basedow biographisch das frühaufklärerische Moment des Aufstiegs durch Bildung. Als Enkel eines mehrfach durch Spekulation reich gewordenen und wieder verarmten Kaufmanns und Sohn eines armen Perückenmachers, einer der „harten und rauhen Charaktere [...], wie sie der Zwang einer bedrängten Lebenssituation zu bilden pflegt" und einer „bis zum Wahnsinne melancholisch[en]" Mutter (GÖRING 1880, S. XX) lernt Basedow nicht nur die Last der Armut und ihre psychischen Folgen, sondern auch deren soziale Zufälligkeit und Ungerechtigkeit kennen. Weithin autodidaktisch arbeitet er sich in die Bildungswelt seiner Zeit ein, dabei von dem barocken Motiv geleitet, das Heterogene in einem enzyklopädischen System zusammenzutragen. Dabei übersteigt seine synthetische Kraft seine Fähigkeit zur Analyse. Sein Wille zur Kosmologisierung macht ihn bereit, die Konstruktion der Wirklichkeit sozialen Normen und Rechtssätzen zu unterwerfen.
Basedow als Beispiel zu wählen liegt zweitens nahe, weil er auf sehr verschiedenen Ebenen und in sehr verschiedenen Funktionen als Bildungsreformer gearbeitet hat. Als Autor einer „Practische[n] Philosophie für alle Stände" (BASEDOW 1758) ist er an die Öffentlichkeit getreten, als Verfasser zahlreicher theologischer Streitschriften, die ihm scharfe Kritik und schließlich die Beurlaubung von seiner Gymnasialprofessur in Altona einbrachten, ist er bekannt geworden (vgl. GÖRING 1880, S. XXVIII ff.). Kennzeichnend für seine unternehmerische Haltung ist die 1768 erschienene Flugschrift „Vorstellung an Menschenfreunde" (BASEDOW 1965), die er an zahlreiche Persönlichkeiten des öffentlichen und politischen Lebens im In- und Ausland schickte und mit der er außerordentlich erfolgreich für eine Subskriptions-Finanzierung seines 1770 edierten „Methodenbuch[s] für Väter und Mütter der Familien und Völker" (BASEDOW 1880a) sowie des nachfolgenden „Elementarwerk[s]" (BASEDOW 1774) warb. Im „Methodenbuch" sind die Grundsätze, im „Elementarwerk" Verwirklichungsmuster der Basedowschen Pädagogik breit ausgeführt. Neben diesen pädagogischen Hauptschriften hat er zahlreiche unterrichtspraktische Werke verfaßt. Schließlich ist er berühmt geworden als Gründer des Philanthropins in Dessau, einer als Internat geführten Erziehungsanstalt, in der er seine pädagogischen Grundsätze zu verwirklichen suchte.
Für die Verrechtlichungsfrage ist Basedow interessant, weil er seine außerordentlich breit gestreuten Arbeiten als praktischer Philosoph, Bildungspolitiker, theoretischer und praktischer Pädagoge und Schulgründer unter das Pädagogik und Politik zusammenfassende Prinzip der häuslichen und öffentlichen Glückseligkeit gestellt und in der Einheit seiner Biographie die verschiedenen theoretischen und praktischen Probleme der Verwirklichung repräsentiert hat.
Im „Elementarwerk" stellt Basedow zu allen Themen, deren Bearbeitung im Rahmen der Elementarerziehung er für notwendig hielt, unterstützt durch veranschau-

lichende Kupferstiche (von D.Ch. Chodowiecki u.a.) Gesprächsmuster vor, die das tatsächliche Gespräch eines Erziehers oder Lehrers mit seinen Schülern leiten sollen. Als Beispiel soll jenes Muster herausgegriffen werden, in dem „erste Begriffe von Recht und Unrecht" deutlich werden sollen.
Basedow läßt in dem Beispiel drei Figuren auftreten: die Hofmeisterin als die zeitgenössische Erzieherfigur in Adelsfamilien des 18.Jahrhunderts (vgl. FERTIG 1982), die beiden Kinder Detlev und Karoline. Das Beispiel führt in dialogisierter Form in sein Thema ein. Es ist überschrieben: „Von Nahrung und Arbeit. Erste Begriffe von Recht und Unrecht". Der Dialog zwischen Hofmeisterin und Kindern knüpft an ein Bild an, auf dem eine wohlhabende Familie, bei Tische sitzend, einem armen Manne, der zur Tür hereinschaut, barmherzig Essen zureicht.
„Hofmeisterin: Nun etwas von dem hungrigen Manne auf der zweiten Tafel. Einige Menschen leben in solchen Umständen, daß sie Speise, Kleidung und andere zum Leben und zur Gesundheit notwendige Dinge nicht erhalten können, wenn sie ihnen nicht von anderen umsonst aus Mitleid gegeben werden. Diese heißen arme Menschen. Sie müssen zuweilen herumgehen und bald diesen, bald jenen bitten, ihnen etwas zu geben, woran sie Mangel leiden, oder Geld, wofür sie es kaufen können. Alsdann heißen sie Bettler. Zuweilen haben sie auch nicht einmal eine Hütte, sondern schlafen unter freiem Himmel oder bald hier, bald da, wo man es ihnen erlauben will.
Detlev: Woher bekommen die anderen, die nicht arm sind, Nahrung, Kleidung, Behausung, Hausgerät und was sie sonst gebrauchen?
Hofm.: Die meisten bekommen es durch Arbeit.
Detlev: Das verstehe ich nicht.
Hofm.: Wenn wir arbeiten, so bemühen wir uns, etwas zu machen, welches den Menschen angenehm und nützlich ist. Einige bauen das Land, damit es fruchtbar werde. Andere sorgen für das Vieh, wovon man Nahrung und Kleidungsstücke haben kann. Andere fischen die Fische aus dem Wasser heraus. Die Jäger erschießen und fangen eßbares Wild. Andere arbeiten auf andere Art. Die wohlerzogenen Kinder aber finden täglich ihre Arbeit, nach dem Befehle ihrer Eltern oder Lehrer, in solchen Vorübungen des Leibes und der Seele, wodurch sie geschickt werden, auch in den folgenden Altern mit Vergnügen ein arbeitsames Leben zu führen.
Detlev: Aus dem, was du sagst, sehe ich doch noch nicht, wie diese Leute alles bekommen, dessen sie bedürfen. Denn der Bauer hat nur Feldfrüchte, der Hirt nur Vieh und Milch, der Fischer nur Fische, der Jäger nur Wild.
Hofm.: Aber ein jeder von diesen hat Überfluß an dem Seinigen. Alle können das Ihrige gegen etwas, welches dem andern ist, vertauschen oder von dem Ihrigen etwas verkaufen und etwas anderes, was sie haben wollen, dafür einkaufen. Doch davon wollen wir zu einer anderen Zeit mehr reden. Aber merket nur alle, meine Kinder, daß es unrecht sei, jemandem das, was ihm gehört, heimlich zu stehlen, mit Gewalt zu rauben und wider den Willen desselben zu benutzen.
Detlev: Wie weiß ein jeder, ob dieses oder jenes, was er gern haben und brauchen will, einem anderen gehöre.
Hofm.: Ein jeder in unseren Zeiten und Gegenden wird von Jugend auf belehrt zu denken, daß alles Brauchbare einem anderen gehöre, wenn es nicht so überflüssig da ist, daß einem jeden, der etwas davon haben oder brauchen will, immer genug davon übrig bleibt, wieviel auch andere davon nehmen und benutzen mögen.
Detlev: Sollten wohl gute Dinge in solchem Überflusse da sein?
Hofm.: Ja, ein Eimer Wasser in Meeren, Flüssen, Seen, ein Korb voll Sand am Sandhügel oder am Strande und mehr Dinge solcher Art.

Detlev: Habe ich denn auch etwas, das ich das Meinige nennen darf?
Hofm.: Dir gehört alles, wovon deine Eltern und Lehrer sagen, daß es das Deinige sei, bis sie etwa ihren Willen ändern.
Detlev: Darf ich das Meinige brauchen, wie ich will?
Hofm.: Allerdings, doch nicht auf solche Art, die dir nicht erlaubt wird von denen, von welchen du weißt, daß es das Deinige sei.
Detlev: Darf das Meinige, auch ohne mein Wissen und Wollen, von anderen gebraucht werden?
Hofm.: Nein, wenn nicht etwa der Gebrauch von der Art ist oder in solchen Umständen geschieht, daß deine Vorgesetzten dir befehlen oder raten, diesen Gebrauch zuzulassen oder wenn ein solcher Befehl oder Rat nicht kann vermutet werden. Wer nun, außer in solchen Fällen, das Deinige ohne dein Wissen und Wollen braucht, der tut Unrecht.
Detlev: Ich höre so oft von Recht und Unrecht und verstehe die Worte nicht.
Hofm.: Karolinchen, versuche es deinem Bruder verständlich zu machen.
Karol.: Unrecht ist ein jedes Tun und Lassen, wodurch unter den Menschen die Zufriedenheit und das Vergnügen des Umganges und des Zusammenlebens gemeiniglich gemindert und gestört wird. Was nun nicht Unrecht ist, das ist Recht.
Hofm.: Richtig. Die guten und verständigen Menschen meiden gern alles Unrecht und bereuen es sehr, wenn sie inne werden, daß sie unrecht gehandelt haben.
Detlev: Ich sehe also wohl, daß es recht sei, jemanden aus der Not zu helfen, und daß es unrecht sei, jemanden zu stoßen oder zu schlagen, ihm das Seinige zu nehmen, ihn zu verleumden. Aber ich werde doch oftmals nicht wissen, was Recht und Unrecht sei.
Karol.: So geht's mir auch zuweilen. Aber ich weiß, daß unsere weisen Eltern und Aufseher es besser wissen als ich. Für unerfahrene Kinder ist alles recht, was die Eltern und Aufseher ihnen befehlen und erlauben, und alles, was sie ihnen verbieten, ist unrecht.
Hofm.: Karolinchen hat ihre Sache gut gemacht. Oftmals aber haben die Kinder über gewisse Handlungen noch keinen Befehl oder kein Verbot erhalten. Ich will also noch einige Lehren geben, das Unrecht zu kennen.
Was Unrecht ist, wenn dir's geschieht,
Das tu auch deinem Nächsten nicht.
Hilf jedem in Gefahr, in Not und in Verdruß
So, wie es recht dir scheint, daß man dir helfen muß"

(BASEDOW 1909a, S. 77 ff.).

3.1 Das „Elementarwerk" als Enzyklopädie der bürgerlichen Welt

Das Beispiel kann natürlich nicht zeigen, wie Erziehung und Unterricht zu Basedows Zeit tatsächlich vollzogen wurden. Es gibt nur Muster vor, von denen Basedow wünscht, daß sie in der häuslichen und schulischen Erziehung befolgt werden. Muster sind zu anschaulichen Szenen verdichtete Normenbündel. Da es hinreichend genaue Dokumente empirischer Erziehungssituationen aus jener Zeit nicht gibt, ist es notwendig, auf solche Muster pädagogischer Interaktion zurückzugreifen und den begrenzten Aussagewert in Kauf zu nehmen.
Im vorliegenden Beispiel dient das Muster der normativen Kommentierung sozialer Szenen. Der Eigentumsbegriff wird an den Gegensatz von Besitzenden und Nichtbesitzenden geknüpft. Eigentum, Arbeitsteilung und Tauschhandel als zentrale Kategorien der rechtlich-politischen Verfaßtheit des Staatsbürgers werden in erster

Näherung skizziert. Wie führt Basedow diese Kategorien, die unmittelbarer Anschauung nicht zugänglich sind, in den Lernprozeß ein? Wie schematisiert er Lehrende und Lernende angesichts dieses Themas?
Die Hofmeisterin verweist auf den „Bettler". Diese „Menschen leben in solchen Umständen, daß sie Speise [...] nicht erhalten können, wenn sie ihnen nicht von anderen [...] gegeben werden." Wichtig ist, wie die Hofmeisterin von den „armen Menschen" spricht. Sie zeichnet sie durch spezifische Merkmale aus und belegt sie mit Gattungsbegriffen: „Diese heißen arme Menschen" oder „Bettler".
Die Benennung nutzt die Differenz als Ordnungsschema. Das Schema betont das Nebeneinander des Benannten, nicht dessen systematische Verbindung. Arme und wohlhabende Menschen lassen sich so ohne Rücksicht auf die Gründe von Armut und Reichtum nebeneinanderordnen. Sofern Gründe von Reichtum genannt werden, werden sie den Menschen selbst, ihrer Arbeit, ihrem Fleiß zugerechnet.
Sozialgeschichtlich wären Fragen des Reichtums, besonders dort, wo er, wie in dem Beispiel, familiengeschichtlich erworben scheint, auch als System- und Herrschaftsfragen zu analysieren. Basedow läßt die Hofmeisterin jedoch Armut und Reichtum so nebeneinander ordnen, daß für eine solche Frage kein Raum ist. Indem er die Phänomene räumlich-bildlich nebeneinanderordnen läßt, stützt er die Sozialstruktur, der sich der Unterschied von Arm und Reich verdankt. Vergegenwärtigt man sich die Absicht, im „Elementarwerk" alle für das Leben der Bürger elementaren Sachverhalte darzustellen, so liegt die Vorstellung nahe, daß ihre Summe eine Enzyklopädie des bürgerlichen Lebens wird, in der lehrend-lernend von Seite zu Seite fortzuschreiten, Sachverhalt auf Sachverhalt kennenzulernen ist.
Das Beispiel stellt die Exemplare nicht in direkt darstellender Rede nebeneinander (wie es etwa in der damals noch sehr ausgeprägten scholastisch-katechetischen Tradition nahegelegen hätte – vgl. v. Felbiger 1775). Basedow läßt, was man gern als seine Modernität angesehen hat, das Nebeneinander in der Form eines Dialogs realisieren. Der Schüler Detlev fragt nach den unterstellten anderen. Erst auf seine Frage hin gibt die Hofmeisterin die spezifische Differenz zwischen Armen und Nichtarmen an. Doch der Dialog ist eingeschränkt. Gefragt wird nach den attributiven Bestimmungen der Differenz, nicht nach deren Entstehung oder Ursache. Die Differenz hat keine Geschichte. Übergänge kommen nicht vor.
v. Goethe hat in „Dichtung und Wahrheit" eben dieses Ordnungsprinzips wegen Basedows „Elementarwerk" kritisiert (v. Goethe 1966, S. 24f.). Er, der Denker der Metamorphose als des qualitativen Übergangs, konnte sich nicht mit einer Erziehung anfreunden, die die Welt als eine Sammlung übergangsloser Sachverhalte aufordnete. Basedows „Elementar"-Welt ist, strenggenommen, nicht entwicklungsfähig.

3.2 Die Krise der Aufklärung als Krise der räumlich-bildlichen Denkstruktur

Lepenies (vgl. 1978) hat gezeigt, daß die Aufklärung eine Zeit des Übergangs ist, derart, daß die der traditionalen Weltordnung zugrunde liegende Zeitstruktur umgebaut wird. Während Geschichte voraufklärerisch als Chronologie der Einzelereignisse gedacht wurde, durch nichts miteinander verbunden als durch die naturgeschichtliche Aufeinanderfolge, werde nun ein Geschichtsbegriff entwickelt, der die Epochen der Menschheitsgeschichte auf der Folie einer qualitativen Stufenfolge einschätze. Im Zuge der Durchsetzung des Fortschrittsbegriffs beginne die Aufklärung, die eigene Epoche als eine qualitativ höhere geschichtliche Stufe gegenüber der Vorgeschichte zu begreifen.

Ausgelöst worden ist diese Entwicklung nach Lepenies durch das relativ schnelle Anwachsen des Wissens. Die seit dem 17.Jahrhundert sich ausbreitenden empirischen Wissenschaften brachten eine solche Wissensfülle, daß eine Verarbeitung in hergebrachten Formen des akkumulierenden Nebeneinanders nicht mehr möglich war. Das Gedächtnis wurde überfordert. Es bedurfte neuer kognitiver Operationen der Wissensverarbeitung. Diese Aufgabe übernahm nach Lepenies eine Denkstruktur, die die Sachverhalte in eine zeitlich-evolutionäre Struktur stellt, das heißt sie relativ als qualitativ unterschiedene Entwicklungsstadien begreift. Hierher gehören v. Goethes Metamorphose, Comtes Drei-Stadien-Gesetz, Hegels Dialektik und anderes mehr.
Da dem verräumlichenden Denken die Gedächtnisbildung und dem zeitlich-evolutionären Denken eine an Reflexion und Selbstreflexion orientierte Bildung zugehört, ist der Übergang von der einen zur anderen Denkstruktur zugleich ein Übergang von der Gedächtnis- zur Reflexionsbildung.

3.3 Die Restauration der bildlich-räumlichen Denkstruktur durch die
die vorgegebene Interaktionsstruktur

Bezieht man die Unterscheidung beider Denkstrukturen auf das Beispiel Basedows, so zeigt sich, weshalb das Problem der Armut dort nicht als Herrschaftsproblem begriffen werden kann. Denn die Kategorie der Herrschaft setzt eine über die chronologische Geschichte hinausweisende Freiheitsnorm voraus, wie sie zum Beispiel in den allgemeinen Menschenrechten formuliert ist. Eine solche Norm fehlt bei Basedow zwar nicht. Sie ist jedoch zu schwach ausgebildet. Obwohl er eine Elementarerziehung für alle Gesellschaftsmitglieder anstrebt, hält er am ständischen „Bild vom Kosmos als einer hierarchischen Staffelung von relativ autonomen Häusern und Hausvätern, nämlich von Gott*vater*, Landes*vater* und Haus*vater*" (REIF 1982, S.103) fest.
Doch es wäre falsch, deshalb Basedows Beispiel voraufklärerisch zu nennen. Es bezeugt den Übergang. Basedow sieht sich nämlich zum „Elementarwerk" – wie zuvor schon zur „Practischen Philosophie" – genötigt, weil die komplexer gewordene Welt in traditionalen Erziehungsprogrammen nicht mehr erfolgreich bearbeitet, auf stabile Erwartungsstrukturen zurückgeführt werden kann. Er will also die Komplexität aufnehmen. Darin ist er modern. In der Methode der Komplexitätsverarbeitung hält er jedoch an der traditionalen Denkstruktur fest. Darin ist er Traditionalist.
Dieser Widerspruch ist im Beispiel an einer Struktur ablesbar, die bis in unsere Gegenwart hinein im schulischen Unterricht zu beobachten ist. Um die erhöhte Weltkomplexität bewältigen zu können, stellt er die Gedächtnisbildung vom Individuum auf die Gruppe um. Wo zuvor Erziehung das vereinzelte Kind meinte, werden bei ihm die lernenden Kinder in einen Wettstreit des Wissens versetzt. Das hier auftauchende Prinzip der Gruppenerziehung, als Schulklasse charakteristisch für die aufkommende Staatsschule (vgl. PETRAT 1979, S.193ff.), erlaubt, die Verarbeitungskapazität bildlich-räumlichen Denkens durch Wettstreit und Summierung der Gedächtnisse zu erhöhen.
Mit der Umstellung auf die Gruppe übernimmt Basedow jedoch mehr als die Möglichkeit erhöhter Verarbeitungskapazität. Darin liegt prinzipiell auch die Möglichkeit, durch Ausnutzung dialogischer Frage-Antwort-Sequenzen die Denkstrukturen von bildlich-räumlichen auf zeitlich-evolutionäre Operationen umzustellen. Eben dies geschieht bei Basedow jedoch nicht.
Im vorliegenden Beispiel übernehmen die verschiedenen Figuren verschiedene Rol-

len. Detlev, der Junge, ist der Fragende, Räsonierende, Karoline, das Mädchen, die Antwortende. Die Hofmeisterin dirigiert den Sprecherwechsel und über ihn das kognitive Schema der Weltaneignung. Ihre Regie bewirkt, daß Frage und Antwort nicht über das akkumulierende Nebeneinander hinausgehen. Detlev und Karoline verhalten sich eher wie zwei Teilgedächtnisse zueinander. Was der eine noch nicht weiß, weiß die andere.
Aber das Beispiel enthält ein Moment, das über die traditionale Technik der Komplexitätsverarbeitung hinausweist. Detlevs fragendes Räsonnement eröffnet die Möglichkeit, daß von den anderen Gesprächsrollen das darin enthaltene Moment der Negation aufgenommen und Weltkomplexität reflexiv verarbeitet wird. Durch Detlevs Frage, verstanden als Frage nach der Legitimität von Eigentum, könnte der von Basedow vorausgesetzte Eigentumsbegriff negiert und die Reflexion auf seine Grundlagen eröffnet werden. Etwa indem der Hinweis auf den Zusammenhang von Arbeitsteilung und Eigentum aufgenommen würde, könnte der von Basedow behauptete statische Eigentumsbegriff negiert und beispielsweise durch eine sozialgeschichtliche Interpretation abgelöst werden – eine Möglichkeit, die vielleicht nicht der Basedowschen Kunstfigur Detlev, wohl aber dem historischen Entwicklungsstand entspricht. Vor allem durch die Akkumulation von Eigentum als Kapital wird bekanntlich das Bürgertum zum wirtschaftlichen und politischen Faktor (vgl. MACPHERSON 1973, S. 223 ff.).
Doch Basedow schneidet diese Möglichkeit einer reflexiven Denkbewegung durch die Vorgabe einer antireflexiven Interaktionsstruktur ab. In dem Augenblick, in dem Detlevs Fragen das Recht des gesetzten Eigentumsbegriffs einklagen und seine Reflexion nahelegen, läßt Basedow die Hofmeisterin die Sprecherrolle an Karoline weitergeben und diese mit einer Maxime antworten.
Solange Detlev in einer Form fragt, in der im Rahmen offizieller Sozialstruktur geantwortet werden kann, antwortet die Hofmeisterin. Als die affirmativen Antworten nicht mehr ausreichen und Detlev eine verallgemeinerbare Aussage einfordert, muß Karoline das Räsonnement mit einer Maxime zur Ruhe bringen. Mit der verallgemeinerbaren Aussage fordert Detlev ein *Regelwissen praktischer Orientierung* ein, wie es für Gesellschaften typisch ist, die ein überpartikulares Rechtssystem ausgebildet haben. Ein solches Regelwissen gilt als allgemein, weil und sofern es von allen Gesellschaftsgruppen gleichermaßen als Berufungsinstanz genutzt werden kann. In der Maxime greift Karoline dagegen auf ein Orientierungswissen zurück, das – ähnlich wie die von Basedow in der moralischen Erziehung so vielfältig eingesetzten Sprichwörter und „Klugheitsregeln" (vgl. BASEDOW 1880a, S. 97, S. 101 f.) – seine Geltung in überschaubaren Gemeinschaften durch persönlich bekannte Autoritäten hat und, da ihm ein allgemeines, reflexiv erschließbares Geltungsprinzip fehlt, in Face-to-face-Kommunikation rhetorisch gesichert werden muß. Einerseits also setzt Basedow den Dialog ein, um die Verarbeitungskapazität der pädagogischen Interaktion zu erhöhen. Andererseits schöpft er die erhöhten Reflexionsrisiken durch die gegenläufige Indienstnahme sozialer Mikroorganisation wie etwa den Sprechrollenwechsel ab. So charakterisiert das zitierte Beispiel eine Pädagogik des Übergangs. Zwar ist auch die Maxime keine Gewohnheit mehr, sondern eine Form expliziten Rechts im Sinne der von Service genannten Merkmale. Sie ist intentional, gebunden an eine Autoritätsinstanz, sie definiert Rechte und Pflichten, und ihre Verletzung kann sanktioniert werden. Doch Maxime und verallgemeinerbare Regel unterscheiden sich durch den Grad ihrer Abkopplung von einer bestimmten Sozialstruktur. Der eingeforderte Rechtsbegriff tendiert zu einer kritisch naturrechtlichen Norm, während die Maxime das positive Recht einer

vor allem kommunikativ ausgeübten sozialen Kontrolle formuliert. (Dieser Unterschied wird von Kant in der Formulierung des Kategorischen Imperativs radikalisiert.) Basedows Pädagogik spiegelt eine Entwicklungsphase, in der die Komplexität des Wissens, vermittelt durch gelockerte Interaktionsstrukturen, die für moderne Gesellschaften konstitutiven Generalisierungsimperative aktualisiert und diese zugleich im Rückgriff auf Interaktionsstrukturen vormoderner Gesellschaften abschneidet. Aus dieser Konstellation ergibt sich die Erkenntnis, daß evolutionäre Motive und Themen von institutioneller pädagogischer Interaktion zwar aufgenommen, daß sie durch die Form ihrer interaktionellen Bearbeitung aber der evolutionären Kraft beraubt und auf tradierte Orientierungsmuster reduziert werden können – ein Mechanismus, der dazu führt, daß die Schule der gesellschaftlichen Entwicklung mit historischem Abstand nachfolgt.

Es liegt der Einwand nahe, daß die These der Basedowschen Pädagogik im ganzen nicht gerecht werde. Zweifellos kann die exemplarische Kraft des Beispiels hier nicht belegt werden. Am nächsten könnte der entwicklungspsychologische Einwand liegen, daß der Rousseau-Leser Basedow, in Kenntnis der kindlichen Denk- und Moralentwicklung, hier realistisch verfahre, auf Maximen also nur verweise, weil seine Schüler noch zu jung für prinzipienorientierte Verallgemeinerungen seien. Zweifellos hat er seine Pädagogik immer wieder entwicklungspsychologisch zu begründen und das „Elementarwerk" entwicklungspsychologisch aufzubauen versucht. Doch der Einwand wäre nur berechtigt, wenn sich zeigen ließe, daß Basedow den genannten Mechanismus nur im Blick auf eine bestimmte kindliche Entwicklungsstufe nutzt. Das Gegenteil ist jedoch der Fall.

Dies zeigt seine „Practische Philosophie für alle Stände". In ihr nimmt er Orientierungen auf, wie sie noch bis weit ins 18. Jahrhundert hinein in den sogenannten Hausväterbüchern vorherrschten, in Büchern, die für das, was man das „große Haus" genannt hat, also den zur Wirtschafts- und Lebenseinheit des Hausvaters gehörenden Lebenskreis, Normen und Regeln des Zusammenlebens und der materiellen Reproduktion formulierten. In solchen Lebenskreisen gab es für eine prinzipienorientierte Verallgemeinerung kein Bedürfnis, weil die Mitmenschen, für die diese Normen galten, kommunikativ anwesend waren und durch die faktische Einbindung in gemeinsame Lebensformen die Formen ihres Zusammenlebens immer wieder kommunikativ überprüfen und deren Übereinstimmung oder Differenz wahrnehmen konnten (vgl. v. ROHR 1751). In den Maximen übernimmt Basedow ein Normierungsprinzip einfacher, durch Anwesenheit bestimmter Lebensgemeinschaften (zum Begriff einfacher Sozialsysteme vgl. LUHMANN 1975). Auch hier bestätigt sich, daß er der Form nach auf die anwachsende Weltkomplexität traditional reagiert und zunehmende Kontingenzerfahrungen in Mustern vergangener Sozialformen zu bearbeiten versucht.

In der „Practischen Philosophie ..." führt Basedow aus, was er unter Maximen versteht: „allgemeine wahrscheinliche Grundsätze eines tugendhaften und klugen Wandels" (BASEDOW 1758, S. 8). Der Widerspruch zwischen allgemeiner und wahrscheinlicher Geltung kann für ihn nur deshalb ohne Gewicht bleiben, weil er die Differenz von traditionaler und prinzipieller Orientierung nicht wahrnimmt. Deshalb kann er hier auch arglos die kognitive Figur der Reflexionsabschöpfung, die Subsumtion, die mit den Maximen induziert wird, zur Grundlage der praktisch-philosophischen Erziehung machen. Freilich wird die Subsumtion hier nicht als streng logisches Schlußverfahren eingeführt. Zur Bearbeitung moderner Probleme in tradierten Konventionen taugt sie nur, wenn sie, vom kritischen Stachel befreit, auf sozial validierte Interaktionsstrukturen zurückgreifen kann. Sie taugt dazu nur,

wenn sie sich aus einer Rhetorik speist, die dem Bedürfnis der Menschen nach stabilisierenden Weltbildern folgt. Basedow nimmt dieses Bedürfnis auf.
Ein Subsumtionsschluß setzt voraus, daß ein Obersatz, eine Norm, im Hinblick auf den in Frage stehenden Sachverhalt und ein Untersatz, die Beschreibung eines Sachverhalts, im Hinblick auf den gemeinten Obersatz konstruiert sind (vgl. STEGMÜLLER 1969, S. 72 ff.). Für praktisch-moralische Fragen des Aufbaus von Weltbildern und sozialen Ordnungsvorstellungen ist, wie die moderne Rechtshermeneutik darlegt (vgl. TAMMELO 1977, S. 122), nicht der Vollzug der Subsumtion, sondern die Zurichtung von Ober- und Untersatz das Problem.
Wie läßt sich die Geltung eines Obersatzes begründen? Bildet der Untersatz den fraglichen Sachverhalt ab? Da zur Beantwortung dieser Fragen universal-formale Operationen mit geschichtlichen Inhalten praktisch verbunden werden müssen, ist Rhetorik nötig, um die Plausibilität der Verbindung zu sichern.
Basedows Maximen-Rhetorik besteht aus drei Zügen. Erstens behauptet er für Obersätze, daß sie das Ergebnis universal-formaler Operationen seien. Im 13. Hauptstück der „Practischen Philosophie": „Vom Verstande und von der Wahrheit", stellt er in der zeitgenössisch verbreiteten Weise der Wolffschen Vermögensphilosophie die formalen Bedingungen der theoretischen und praktischen Vernunft dar, die den Menschen in den Stand setzen, deutlich und widerspruchsfrei zu erkennen und zu wollen (vgl. BASEDOW 1758, S. 858 ff.). Hierher gehören der erste und der zweite Grundsatz des Verstandes, der Satz der Identität und der Satz des Widerspruchs als die wichtigsten Sätze, die nach Basedow eine konsistente Erfahrungsverarbeitung sichern (vgl. BASEDOW 1758, S. 874 ff.).
Zweitens jedoch, und im scheinbar fugenlosen Widerspruch, gründet er Obersätze auf den „höchsten Grundsatz" der Verallgemeinerung (BASEDOW 1758, S. 878), der uns erlaube, wiederkehrende Phänomene als „Universalsachen" (BASEDOW 1758, S. 878) anzusprechen. Diese Verallgemeinerung sei einerseits das Ergebnis induktiver Begriffsbildung. Sie werde aber andererseits durch das Urteil der „geübtesten Geister" gestützt, die der Induktion die soziale Würde geben: „Eine Universalsache, von der man weis, daß sie unzählige Male gewiße Eigenschaften, Verhältniße und Umstände gehabt habe, und von welcher keine Ausnahme in Ansehung dieser Eigenschaften, Verhältniße und Umstände vermöge einer ungezweifelten Erfahrung oder eines vollkommen gewißen Zeugnisses, uns bisher bekannt ist, hat auch in allen uns noch unbekannten Fällen dieselben Eigenschaften, Verhältniße und Umstände. Die geübtesten Geister urteilen in vielen Fällen mit einer unumstößlichen Gewißheit aus diesem Grundsatze" (BASEDOW 1758, S. 878). Der Verstand aller Menschen, auf den der Aufklärer Basedow so großen Wert legt, wird durch die Rhetorik der geübtesten Geister angeleitet.
Drittens ordnet Basedow dem Obersatz nur scheinbar Untersätze zu. Tatsächlich werden, wie die Sequenz zwischen Hofmeisterin und Detlev zeigt, Sachverhalte in Sätzen angesprochen, die immer schon auf den gemeinten Obersatz hin ausgerichtet sind und beispielsweise die Erfahrung des Augenscheins, die Not der Armut, also gerade jene Kontingenzen aus sich ausgeschieden haben, die der sozialstrukturell nahegelegten Deutung widersprechen. Das Widerständige tatsächlicher Armuts- und Unrechtserfahrungen, wie Basedow selbst es erlebt hat und wie es in Autobiographien jener Zeit typisch auftritt, zum Teil sogar sozialreformerisches Engagement auslöst (vgl. BECKER 1791, S. 5 f.; vgl. v. KLÖDEN 1911, SIEGERT 1978), bleibt außerhalb dieses Subsumtions- und Interaktionsmusters.
Mit dem weit verbreiteten „Elementarwerk" stellt Basedow der entstehenden staatlichen Elementarschule Interaktionsstrukturen zur Verfügung, die die Positivierung

des Rechtsbewußtseins begünstigen und die reflexive Verarbeitung widersprüchlicher Erfahrungen hemmen: ein Beleg für Habermas' These, daß der Übergang von der Feudal- zur bürgerlichen Gesellschaft zur Vereinheitlichung symbolischer Strukturen der Lebenswelt führt (vgl. HABERMAS 1981 b, S. 420). Zweifellos entspricht dieses Ergebnis nicht Basedows subjektiver Absicht. Es wird erst sichtbar, wenn man nach den Interaktions- und Denkstrukturen fragt, mit denen die zweifellos modernen Themen im pädagogischen Diskurs bearbeitet werden. Damit steht am Beginn der staatlichen Elementarschule in Deutschland eine zwiespältige Struktur der schulischen Bearbeitung gesellschaftlicher Entwicklungen: eine Struktur der Steigerung quantitativer Möglichkeiten rhetorisch-subsumtiver Informationsverarbeitung bei gleichzeitiger Abschöpfung jener im Informationsfluß aufkommenden Kontingenzen, die das Subsumtionsschema sprengen und auf Reflexion drängen. Solche Pädagogik wird zum zwiespältigen Krisenmanagement sozialer Evolution. Sie versucht, neue Probleme in alten Weltbildern zu verarbeiten – eine nicht nur von der Schule befolgte Tendenz. Doch indem die Schule eine Struktur aufgreift, die in funktionalen sozialen Gruppen traditionaler Gesellschaften mit impliziten Weltbildern einhergeht, muß sie, als institutionalisierte Form der Erziehung, diese Weltbilder zu Regeln positiven Rechts explizieren und zugleich das darin gesetzte Verallgemeinerungsmotiv begrenzen. Was sich zuvor beispielsweise im häuslichen Lebenszusammenhang bewähren mußte, wird im schulisch positivierten Rechtsbewußtsein tendenziell der Bewährung entzogen. Der Versuch, neue Probleme in Kategorien tradierter Weltbilder zu verarbeiten, wird mit einer normativen Lockerung erkauft. Die schulisch explizite Positivierung rechtlicher Normen, wie sie etwa in Basedows maximengestützter Interaktion vollzogen wird, stärkt das latente Bewußtsein ihrer Selektivität, ihrer Zufälligkeit.

4 Verrechtlichung als faktische und normative Genese

Das rechtstheoretisch wichtigste Moment in der Basedowschen Interaktionsstruktur ist die Explikation von Gewohnheiten der ständisch-feudalen Gesellschaft, die dazu beiträgt, daß positives Recht und Naturrecht auseinandertreten (vgl. zu diesem Vorgang allgemein: STRAUSS 1977, S. 296ff.). So gesehen besteht Basedows pädagogischer Beitrag zur gesellschaftlichen Entwicklung darin, die Gewohnheiten sozialer Normen in rechtsförmige Intentionen zu transformieren und die moralische Orientierung der Gesellschaftsmitglieder auf explizite Maximen als der Form nach überpartikulare Regeln umzustellen. Restaurativ ist dieser Versuch jedoch darin, die transformierte Gewohnheit auf positive Rechtssätze reduzieren und die Reflexion der Lernenden als deren kritisch-naturrechtliches Bewußtsein negieren zu wollen.
Blasche und Schwemmer haben Begriffe vorgeschlagen, die sich für die Rekonstruktion dieser pädagogischen Transformation anbieten. Sie unterscheiden zwischen der „faktische[n] Genese strukturierter Normensysteme" und deren „normative[r] Rekonstruktion" (BLASCHE/SCHWEMMER 1975, S. 20ff.). Angesichts der Situation, daß soziale Normen und positives Recht nicht dem Willen und der Freiheit aller Gesellschaftsmitglieder entsprechen müssen, schlagen sie vor, solche faktisch vorkommenden Normen und Rechtssätze in einem ersten Schritt nachzuzeichnen und in ihrer Funktion für die gegebene soziale Situation einzuschätzen, um sie in einem zweiten Schritt unter der Norm des allgemeinen Willens und der allgemeinen Freiheit kritisch zu beurteilen und gegebenenfalls auf ihre Veränderung hinzuwirken. Sie glauben, so den Gerechtigkeitsverzerrungen bürgerlicher Gesellschaften entge-

genzuarbeiten und die Individuen zur Identifikation mit der Gesellschaft als ganzer – zur freien Zustimmung im Sinne Sprangers – zu bewegen.
Die Unterscheidung von faktischer und normativer Genese methodisiert den Unterschied von positivem Recht und Naturrecht. Die Autoren betonen, daß faktische und normative Genese zwei Momente eines einheitlichen Vorgangs sind (vgl. BLASCHE/SCHWEMMER 1975, S. 32), der nur um den Preis der Dissoziation – in Formen der ständischen, der klassen- oder schichtenbestimmten Gesellschaft – auf das Moment der faktischen Genese reduziert werden kann. Eben diesen Versuch stellt die Basedowsche Interaktionsstruktur dar.
Ideengeschichtlich wird dieser Versuch von der Philosophie des Christian Wolff getragen, in der gesellschaftliches Leben und Herrschaft noch als organische Einheit erscheinen. Basedow hat sich – das zeigt vor allem die „Practische Philosophie für alle Stände" – stark an die Wolffsche Philosophie angeschlossen (vgl. GÖRING 1880, S. XXIX). Der Wolffschen Philosophie gelang es bis weit in die 90er Jahre des 18. Jahrhunderts hinein, im öffentlichen Bewußtsein die neuen Erfahrungen, die zur Positivierung des Rechts führten – die Überwindung der ständisch-feudalen Gesellschaft durch den absolutistischen Staat, die zentralistische Bürokratie, das stehende Heer, die vorindustrielle Entfaltung der Produktivkräfte und die geographische und ökonomische Ausweitung des Handels –, weitgehend zu neutralisieren. Die Kraft zu solcher Neutralisierung zog die Wolffsche Philosophie aus der Verbindung zweier starker Traditionen. Einerseits schloß sie an die aristotelische „Politik" und ihren Begriff der bürgerlichen Gesellschaft an. In ihr hatte Aristoteles zwischen dem Haus („oikos") als der Sphäre der Befriedigung der Bedürfnisse des Lebens und der Stadt („polis") als der Sphäre der politisch verfaßten Gesellschaft der Hausherren unterschieden (vgl. RIEDEL 1975, S. 721 ff.). Die politische Freiheit des Bürgers war damit an die Voraussetzung gebunden, daß die ökonomischen Bedingungen seiner Existenz durch die unfreien oder weniger freien Mitglieder seines Hauses gesichert und als solche nicht Thema der Gesellschaft der Freien waren. Unter dieser Bedingung konnte Aristoteles die Bürger-Gesellschaft als eine Gemeinschaft von Freien und Gleichen auffassen, die, statt auf Herrschaft, auf Rechtsprinzipien beruht.
Wolff konnte diese aristotelische Tradition aufrechterhalten, indem er deren latente Provokation, die Unterscheidung von Freien und Unfreien und die Bindung der Freiheitsverfassung an die Befriedigung der Bedürfnisnatur des Menschen durch die Mitglieder des Hauses, im Rahmen der traditionellen Naturrechtsidee auffing, die, anders als das Naturrecht im Umkreis und Gefolge der bürgerlichen Revolutionen, Naturrecht und Staatswissenschaft trennte (vgl. RIEDEL 1975, S. 744 f.). Die bürgerliche Gesellschaft entsteht für Wolff, ähnlich wie für Rousseau, aus dem Gesellschaftsvertrag, der als Herrschaftsvertrag die Herrschaftsgewalt legitimiert. „Durch den Vertrag veräußern die Individuen das natürliche Recht, die Herrschaft über sich selbst, an die Gesellschaft als Ganzes, die so die Berechtigung der Herrschaft erwirbt [...] Aber der Herrschaftsvertrag ist ein einseitiger; die Individuen veräußern ihre Rechte an die Gesellschaft, empfangen aber nicht das Recht zurück, das deren Herrschaftsgewalt zu einer allgemeinen und gesetzlich notwendigen macht" (Wolff, zitiert nach RIEDEL 1975, S. 744 f.). Zweckmäßigkeit legitimiert für Wolff die Herrschaftsgewalt. Die Gesellschaft ist für ihn jene Organisation, in der die Individuen ihre Zwecke verfolgen, die ihnen von Natur aus als Zwecke ihres Lebens zugehören. Natürlich verankerte Zweckmäßigkeit ist das Prinzip, nach dem sich für Wolff die Individuen vergesellschaften. Wolff kann diese Vorstellung mit der aristotelischen Tradition verbinden, weil für ihn die Zweckmäßigkeit des Ge-

sellschaftsvertrages über die erste Natur der Bedürfnisstruktur hinausgeht und eine gesellschaftlich ausgelegte Zweckmäßigkeit ist. So kann für ihn Gesellschaft in der aristotelischen Herrschaftsstruktur zum Organ der von den Individuen befolgten Zwecke werden. Der gestufte Aufbau der Gesellschaft vom Haus über den Hausvater, den Landesvater bis hin zu Gottvater gilt so als zweckmäßig.
Basedow ist dieser Vorstellung gefolgt. Deshalb kann er die philanthropisch-aufklärerische Formel der allgemeinen und individuellen Glückseligkeit in pädagogischer Absicht zweckrational auslegen und fordern, daß pädagogisches Handeln durch zweckmäßige Ausbildung der Erkenntnisorgane und Wertorientierungen zur Glückseligkeit beizutragen habe (vgl. BASEDOW 1758, S. 23 ff., passim). Basedow nimmt hier die „Liebe zur allgemeinen Vollkommenheit" als natürlichen, gottgewollten Zweck der Individuen an. Er kann die rechtstheoretische Problematik der Interaktionsstruktur des „Elementarwerks" übersehen, weil er sie im Rahmen traditionalen Naturrechts deutet. Analoges läßt sich übrigens auch an anderen Philanthropen – etwa an v. Rochow, dem Gründer der „Industrieschulen", und seinem Werk „Der Kinderfreund" – zeigen (vgl. v. ROCHOW 1907, S. 133 f.).
Die Problematik der Basedowschen Konstruktion besteht also darin, die traditionalnaturrechtlich interpretierte Gesellschaft zur Bezugsbasis des individuellen Selbstverständnisses zu erklären, auf diesem Boden aber nicht mehr die Reflexionskräfte der Individuen binden zu können, die durch kontingente Erfahrungen ausgelöst werden, welche sich traditional-naturrechtlich nicht mehr verarbeiten lassen. Zu lösen ist diese Problematik nur, wenn seine Prämisse, die Gesellschaft als letzte Bezugsbasis der Legitimation individueller Orientierung, aufgegeben und das Prinzip ständisch privilegierter Freiheit durch das allgemeiner Freiheit ersetzt wird.
Diesen Schritt hat bekanntlich Kant vollzogen. Er bringt die Norm allgemeiner Freiheit zur Geltung, indem er das Recht eines jeden vorgängigen Herrschaftsverhältnisses, das ihr entgegensteht, bestreitet und jedem Menschen das Recht zugesteht, die individuelle Freiheit auf das Gesetz allgemeiner Freiheit zu verpflichten. Indem Kant die aristotelische Unterscheidung von häuslich-privater und politisch-öffentlicher Sphäre aufgibt, weist er jede Vorstellung ab, die die Freiheit des Individuums der Zweckmäßigkeit der öffentlichen Gewalt unterwirft. Er bindet sie statt dessen an den Begriff einer rechtmäßigen Zwangsgewalt, die dem vereinigten Willen aller als einer Normsetzung der praktischen Vernunft entspringt und als kategorischer Imperativ formuliert werden kann (vgl. KANT 1968 a). Damit kehrt er die Situation um. Nicht mehr die Gesellschaft ist die Voraussetzung der Freiheit, sondern der allgemeine Wille macht (vgl. KANT 1968 b, §43) die Gesellschaft und die ihr zugehörende Freiheit.
Mit dieser Umkehrung ist eine einschneidende Veränderung des Naturrechts verbunden. Solange die Freiheit der Individuen unter die als natürlich gedachten Zwecke der Gesellschaft subsumiert wird, tritt das Naturrecht als Legitimation positiven Rechts auf. Wenn nun der Gesellschaft die rechtsontologische Qualität abgesprochen wird, und sie sich vor der Norm allgemeiner Freiheit zu rechtfertigen hat, dann wird die im Freiheitsbegriff wirksame Naturrechtsidee zur prinzipiell kritischen Norm, an der sich positives Recht messen lassen muß.
Die Umkehrung macht zugleich verständlich, warum Bildung, von den Philanthropen als Organon der Glückseligkeit begriffen, zum Organon der allgemeinen Freiheit werden mußte (vgl. LICHTENSTEIN 1966, S. 27 f.). Wenn allgemeine Freiheit sich nur durch die Anerkenntnis eines allgemeinen Rechts vermittelt, dann leitet Bildung ihre Dignität daraus ab, daß sie zum Konstitutionsprinzip des Rechtsbewußtseins als der Bedingung allgemeiner Freiheit wird. Da die empirisch erste

Natur der Menschen, ihr triebstruktureller Charakter, nicht unmittelbar dem Prinzip allgemeiner Freiheit folgt, da ihre Abspaltung in die Privatsphäre des Hauses dem Begriff allgemeiner Freiheit widerspricht und da allgemeine Freiheit allein aus der Anerkenntnis eines allgemeinen Rechts folgt, das das Gesetz der Freiheit und mit ihr die zweite Natur der Menschen formuliert, bedarf es der Bildung, um die erste in die zweite Natur überzuführen. Indem Bildung zum Rechtsbewußtsein allgemeiner Freiheit führt, wird sie zum Konstitutionsprinzip der Freiheitsnorm der bürgerlichen Gesellschaft.

Für Bildungsprozesse bedeutet dies, daß nun, da der Begriff der allgemeinen Freiheit nur durch die Reflexion auf Verletzungen des Freiheitsprinzips, wie sie sich in sozialen Erfahrungen darstellen, zu gewinnen ist, daß die pädagogische Interaktion von Mustern der Gedächtnisschulung auf riskante Muster der Reflexion umgestellt werden muß. Nachdem mit dem ontologisch verstandenen Gesellschaftsvertrag jedes Medium dogmatischer Reflexionsbegrenzung außer Kraft gesetzt ist, kann Reflexion nur noch in der Verarbeitung ihrer Erfahrungen ans Ende kommen: im Prinzip der allgemeinen Freiheit selbst. Hegel hat in der „Philosophie des Rechts" diese Konsequenz entwickelt und Bildung als Organon des Rechts anerkannt. Für ihn besteht der Charakter des Rechts darin, „allgemein Anerkanntes" (HEGEL 1970, § 209) zu sein. Es werde dadurch wirklich, daß es gewußt und gewollt sei. Gewußt und gewollt werde es kraft der Bildung, durch die die Individuen sich auf Gesellschaft und Natur als das ihnen Entgegenstehende beziehen und das Relative ihrer Existenz erfahren: „Es ist aber diese Sphäre des Relativen, als Bildung selbst, welche dem Rechte das Dasein gibt" (HEGEL 1970, § 209).

Die Nötigung zu solcher Bildung sieht Hegel in der gesellschaftlichen Arbeitsteilung. Das „Relative der Wechselbeziehungen der Bedürfnisse und der Arbeit für sie" (HEGEL 1970, § 209) sei es, was das Recht hervorbringe. Indem die Menschen ihre Bedürfnisse und die Arbeit für sie begreifen, fassen sie sich unter dem Aspekt ihrer formalen Identität auf. Sie begreifen sich nach Hegel als „allgemeine Person", als das, „worin Alle identisch sind". Es folgt der berühmte Satz: „Der Mensch gilt so, weil er Mensch ist, nicht weil er Jude, Katholik, Protestant, Deutscher, Italiener usf. ist" (HEGEL 1970, § 209). Dieser Rechtsbegriff der allgemeinen Person verdanke sich der Bildung: „Damit man den Gedanken des Rechts habe, muß man zum Denken gebildet sein" (HEGEL 1970, § 209, Zusatz).

Indem Hegel die Ausbildung des Rechtsbewußtseins an die gesellschaftliche Arbeitsteilung und in ihr an den historischen Stand der gesellschaftlichen Entwicklung bindet, modifiziert er den Kantischen Naturrechtsbegriff. Während Kant den kategorischen Imperativ als übergeschichtliches Prinzip formuliert, behauptet Hegel, daß „über die Gerechtigkeit materialer Normen nicht situationsinvariant entschieden werden soll" (BLASCHE/SCHWEMMER 1975, S. 20). Damit dynamisiert Hegel die Naturrechtsidee. Statt sie dem positiven Recht abstrakt entgegenzustellen, versucht er, sie aus dem Prozeß der sozialen Evolution als dem Prozeß der Überwindung sozialer Widersprüche und Herrschaft abzulesen.

Für Bildungsprozesse bedeutet dies, daß der rechtsbildenden Reflexion ein Telos, eine materiale Ethik nicht vorgeordnet werden kann. Es bedeutet zugleich, daß Bildungsprozesse des Rechtsbewußtseins unzureichend gefaßt werden, wenn sie an Kants Vorstellung der bloß „formellen Übereinstimmung" gebunden werden. Nach Hegel genügt es nicht, das positiv gegebene Recht einer Gesellschaft danach zu befragen, ob es die verschiedenen Begierden und Willen der Menschen im Sinne des kategorischen Imperativs verträglich regelt. Es komme vielmehr darauf an, daß „die Verträglichkeitsregel von vornherein [...] material gefaßt" (BLASCHE/SCHWEMMER

1975, S. 31) und der Bildungsprozeß als Reflexion des materialen Rechts einer Gesellschaft und ihres geschichtlichen Entwicklungsstandes begriffen werde.
Auf diese Vorstellung eines dynamisierten, in Bildungsprozessen immer wieder aktualisierten Naturrechts reagieren Blasche und Schwemmer mit ihrem Vorschlag der Unterscheidung von faktischer und normativer Genese. Ohne die Reflexionsstufen der faktischen und normativen Genese und den hermeneutischen Zirkel, in dem sie miteinander verbunden sind, im einzelnen darzustellen, mag deutlich sein, daß die Autoren ein Angebot zur Methodisierung von Prozessen der allgemeinen Willensbildung machen. Wenn die faktische Genese Verfahren der Rekonstruktion positiv geltender Normensysteme und die normative Genese deren kritische Beurteilung meint, dann läßt sich mit dieser Unterscheidung die Rede von der Verrechtlichung von Bildungsprozessen präzisieren. Rechtsbildungsprozesse sind als Prozesse der Rekonstruktion von Normensystemen und Rechtsbegriffen zu fassen. Solche Rekonstruktion kann faktisch geltende Normensysteme und deren Kritik meinen. Eine Rekonstruktion, die sich auf faktisch geltende Normensysteme beschränkt, läßt sich als Bildungsprozeß im Sinne positiven Rechts bestimmen: Die pädagogische Interaktion dient der Einarbeitung in geltende Normen. Eine Rekonstruktion, die darüber hinaus faktisch geltende Normen kritisch beurteilt, läßt sich als Bildungsprozeß im Sinne dynamisierten Naturrechts bestimmen: Die pädagogische Interaktion dient der kritischen Vergewisserung eines die allgemeine Freiheit sichernden Rechtsbegriffs. Die didaktische Interpretation der von Blasche und Schwemmer vorgeschlagenen Unterscheidung führt zu einer gleichermaßen didaktischen wie politischen Interpretation der Sprangerschen Norm freier Zustimmung.
Basedow vertritt, wenn man in analytischer Absicht so dichotomisch unterscheiden darf, den ersten Typus, genauer: Er sucht sich von den kritischen Reflexionsprozessen des zweiten Typus, die mit dem ersten Typus initiiert sind, abzugrenzen. Ihm ist zugute zu halten, daß seine „Practische Philosophie für alle Stände" und auch seine pädagogischen Schriften in einer geistigen Situation lange vor der Französischen Revolution entstanden sind. Man könnte erwarten, daß im 19. Jahrhundert Angebote ausgebildet werden, in denen auch der zweite Typus in pädagogische Interaktion aufgenommen wird. Dies ist in den staatlich begünstigten Konzepten der Elementar- und Volkserziehung, etwa in den Schriften und Unterrichtsmodellen der Herbartianer, die für die Ausprägung der elementarschulischen Interaktionsstruktur besonders wichtig geworden sind, nicht der Fall. Das Zustimmungsproblem wird von ihnen mit Hilfe der aufkommenden pädagogischen Psychologie den vereinzelten Individuen und ihrer psychischen Struktur zugerechnet, das Rechts- und Freiheitsproblem in einer materialen Ethik als abstrakt staatspolitisches Problem neutralisiert (vgl. ZILLER 1876). Hier ist nicht der Raum, diese Geschichte nachzuzeichnen. (Eine analoge Kritik gilt auch für die nachkantische pädagogische Theorie, die neuhumanistische Pädagogik: vgl. LUHMANN 1981, S. 105 ff.) Anders ist jedoch die Situation bei Herbart (vgl. BENNER/PEUKERT 1983). Man darf annehmen, daß solche Aspekt- und Arbeitsteilung nicht zuletzt in Motiven des nationalzentralistischen Staates begründet ist. Solche staatstheoretische Argumentation soll im Grundzug an der „Verwaltungslehre" des Staatswissenschaftlers Lorenz v. Stein dargestellt werden.

5 Die Funktion des Bildungssystems in der „Verwaltungslehre" des Lorenz v. Stein

Die zehnbändige „Verwaltungslehre", zwischen 1866 und 1884 in 1. und 2. Auflage vorgelegt und 1888 als 3. Auflage zum dreibändigen „Handbuch der Verwaltungslehre" überarbeitet, ist für diese Frage interessant, weil sie, in ausdrücklicher Berufung auf Hegel und den dynamisierten Naturrechtsbegriff (vgl. v. STEIN 1962a, S. 20 ff.), den groß angelegten, aber scheiternden Versuch unternimmt, das Bildungssystem als Organ staatsbürgerlicher Erziehung zu fassen (zur bildungstheoretischen Gesamtinterpretation des v.-Steinschen Werks vgl. ROEDER 1968). v. Stein behandelt mit staatstheoretischen Mitteln, was Spranger als „totale Kulturethik" bezeichnet hat. Er thematisiert das Bildungssystem im Rahmen der Verfassungslehre, die er als Systematik des staatlichen Gesamtgefüges faßt. Vor allem aufgrund der soziologischen Studien über Frankreich (vgl. v. STEIN 1842), wo sich nach 1830 der Klassengegensatz schon deutlicher abzeichnete als in Deutschland, entwickelt er Hegels Einsicht in die sozialstrukturellen Wirkungen des Marktes zu dem Argument, daß das marktvermittelte Eigentum die Individuen an ihre Klassenlage binde. Da ihm das Eigentum als Voraussetzung einer sittlichen, von ökonomischen Zwängen unabhängigen und stabilen Lebensform gilt, hält er für richtig, die staatsbürgerlichen Rechte an den Besitz zu binden: „Der Besitz erst ist die wahre Schule des Lebens, und die Prägung durch ihn ist es, die der ,besseren Klasse der Gesellschaft' das sittliche Recht auch auf staatliche Herrschaft gibt" interpretiert ROEDER (1968, S. 166) v. Steins Auffassung. Da starre Besitzverhältnisse jedoch den Klassenantagonismus verschärfen, soll die Bildung die Aufgabe übernehmen, das Proletariat so auszustatten, daß es den Kampf mit der herrschenden Klasse um staatsbürgerliche Rechte und politische Macht aufnehmen kann. Dazu biete die Bildung die reale Möglichkeit, weil Wissen und Kultur fähig seien, die Klassenschranken zu überwinden (vgl. ROEDER 1968, S. 168). Besitz und Bildung sind für v. Stein also in bestimmter Hinsicht äquivalent. Sie stabilisieren, so sein Argument, über die Versittlichung der staatsbürgerlichen Rechte den gesellschaftlichen Organismus.

Im Blick auf diesen Zweck des sittlichen gesellschaftlichen Organismus diskutiert v. Stein das Bildungswesen. Dabei knüpft er einerseits an jene idealistischen Momente des Bildungsbegriffs an, die die Freiheit und Gleichheit der Bürger betonen und von Hegel als Bildung der „allgemeinen Person" gefaßt werden. Doch er verfehlt diese Norm, und zwar vor allem deshalb, weil er Hegels normativen Begriff des idealen Staates methodologisch unbrauchbar macht, indem er ihn mit deskriptiven Momenten des empirischen Staates in eins setzt und die methodische Differenz zwischen empirischem und idealem Staat (zu dieser Differenz bei Hegel vgl. auch AVINERI 1976, S. 211 ff.), zwischen faktischer und normativer Genese im Sinne von Blasche und Schwemmer rückgängig macht. Zwar betont v. Stein die kritische Aufgabe des Staates gegenüber der empirisch gegebenen Gesellschaftsformation, wenn er ihn als Organismus interpretiert, der den Klassengegensatz zu überwinden habe, und wenn er das Bildungssystem in der Aufgabe sieht, die Einheit eines Rechtssystems und Nationalbewußtseins zu sichern. Doch er neutralisiert diese Forderung, indem er das System der staatlichen Verwaltung – und mit ihm das Bildungssystem – der empirischen Verfaßtheit des preußischen Staates nachbildet, statt es in einer systematischen Form zu rekonstruieren, die das Einheitsmotiv des Staates als Motiv allgemeiner Willensbildung und Freiheit zur Geltung bringt. Was in dieser methodischen Form sich schon in der 1. und 2. Auflage der „Verwaltungslehre" abzeichnet, wird in der 3. Auflage noch deutlicher. Dort verzichtet er, wie Spranger ihm

vorwirft, auf „jenen Normativsatz der ausgleichenden Vereinheitlichung" (SPRANGER 1963, S. 18) als den staatlichen Imperativ des Bildungssystems.
Drei Aspekte sollen an diesem Zusammenhang hervorgehoben werden: die staatstheoretische Konzeption des Bildungssystems (vgl. 5.1), die Betonung der Generalisierungsaufgabe des Bildungssystems (vgl. 5.2) und die Hervorhebung der „Schulmänner", des seit dem 18. Jahrhundert sich ausbildenden Lehrerstandes und der Professionalisierung des Lehrberufs (vgl. 5.3). Da v. Stein die staatstheoretische Aufgabe als Aufgabe des Bildungssystems sieht, entscheidet sich der Wert seines Vorschlags an der Frage, wie er institutionalisierte Bildungsprozesse und allgemeine Willensbildung zueinander ins Verhältnis setzt.

5.1 Die staatstheoretische Konzeption des Bildungssystems

Stein sieht den Staat als einen Organismus, der nach dem Modell der Persönlichkeit verstanden werden könne. Er spricht vom Staat als „selbständiger Persönlichkeit" (v. STEIN 1962a, S. 3). Im Begriff der Staatspersönlichkeit spiegelt sich die Vorstellung des Historismus, der an die Stelle „des Menschen" der Naturrechtstheorie „das deutsche Volk" setzt (vgl. ROSENBAUM 1972, S. 21). Da der Staat aus der Notwendigkeit entstehe, die „Gemeinschaft der Menschen" (v. STEIN 1962a, S. 3) zu sichern, und da die größte Herausforderung für den zeitgenössischen Staat in der Spaltung der Gesellschaft zur Klassengesellschaft liege, seien Begriff und System des Staates so zu rekonstruieren, daß die entstehende Systematik der staatspolitischen Vergemeinschaftungsaufgabe klare Wege vorgebe (vgl. v. STEIN 1962a, S. 3ff.). Nachdem in der bürgerlichen Gesellschaft Staat und Gesellschaft auseinandergetreten sind, nimmt v. Stein als Aufgabe des Staates auf, den Antogonismus der gesellschaftlichen Gruppen, besonders der Klassen zu überwinden.
Stein sieht den Staat auf zwei Säulen aufruhen: auf der Verfassung als dem Ausdruck des staatlichen Willens und auf der Verwaltung als dem Organ der den Willen realisierenden Arbeit (vgl. v. STEIN 1962b, S. 143). Der staatliche Wille erscheine in der Person des Souveräns. Die staatliche Verwaltung in ihren verschiedenen Gliederungen sei das Instrument seiner Verwirklichung. „Wille" und „That" (Arbeit), scheinbar in ein organologisches Verhältnis gebracht, werden von v. Stein zweckrational aufeinander bezogen. Der „Wille", auch wenn er auf dem überindividuellen Boden der Verfassung angesiedelt wird, hat die Persönlichkeit des Staates zum logischen Subjekt, so daß er in der Person des Monarchen monologisch reduziert erscheinen kann:
„Das Ich des Staates, das im Einzelnen ohne selbständige Erscheinung bleibt, tritt im Staate als selbständiges Organ auf im *Staatsoberhaupt,* das im Königthum seine vollendete Form empfängt.
Der Wille des Staates löst sich ab und erscheint zunächst als ein für diesen Willen gebildetes Organ, den gesetzgebenden Körper; der Akt der reinen Willensbestimmung - im Einzelmenschen unklar und mit tausend andern Elementen verwoben und meist unfähig, sich der That gegenüber als selbständige Thatsache hinzustellen, so daß sie auch ohne That ein daseiendes wäre - zerfällt im Staate in seine selbständigen Momente der Berathung und des Beschlusses, beide äußerlich geschieden; und aus ihnen geht die für sich äußerlich dastehende selbständige Thatsache des Willens des Staates hervor. Diese nennen wir das *Gesetz.* Den Prozeß aber, durch welchen aus dem für das Wollen des Staats bestimmten Organe jener objektive - das ist als selbständige äußere Erscheinung dastehende Wille des Staates *wird,* nennen wir die *Gesetzgebung.* - Und jetzt beginnt dieser objektive Wille in das von

ihm verschiedene, selbständig ihm gegenüberstehende Dasein der Außenwelt einzugreifen. Auch für diesen Proceß hat die höhere Persönlichkeit einen mächtigen, nur dafür bestimmten Organismus. Wir nennen ihn schon hier den Verwaltungsorganismus; er ist der große Organismus der *That* des Staates" (v. STEIN 1962a, S. 9).
Die organologische Auffassung ermöglicht das zweckrationale Verhältnis von Wille und Arbeit. Der Staat habe spezifische Organe für die Willensbildung und die Verwirklichung ausgebildet. So erscheint der Staat unterhalb der Ebene der Willensbildung, der „Gesetzgebung", als ein seine Zwecke kennender Wille, der frei ist vom intersubjektiven Prozeß der Willensbildung seiner Bürger. Stein hält diese Konstruktion für eine notwendige Bedingung eines klaren Willens. Wenn ihm schon im empirischen Einzelmenschen der Wille als „unklar" gilt, dann liegt ihm die Vorstellung eines kollektiven Willensbildungsprozesses fern. Entsprechend werden die Verwaltungsinstitutionen als Instrumente verstanden, die den Willen verwirklichen, ohne auf diesen zurückzuwirken. Wie ausgeprägt diese instrumentelle Vorstellung ist, zeigt sich etwa daran, daß v. Stein die Gewaltenteilung noch nicht durchführt und die Jurisdiktion als ein Moment der Verwaltung auffaßt.
Das Bildungssystem ordnet v. Stein der inneren Verwaltung zu. Diese hat drei Gegenstandsbereiche: neben dem „persönlichen" das „gesellschaftliche" und das „wirtschaftliche" Leben (vgl. v. STEIN 1962b, S. 143). Das Bildungssystem soll das persönliche Leben in den öffentlich-staatlichen Organismus integrieren, es soll die anthropologisch erste Bedürfnisnatur der Menschen zur zweiten Natur jener kulturellen Gemeinschaft erziehen, die im Staat ihre Form habe.

5.2 Die Vereinheitlichung des „Rechtslebens" durch das Bildungssystem

Stein nimmt das Motiv der Vereinheitlichung des Willens in zwiespältiger Weise auf. Einerseits vertraut er der generalisierenden Kraft des Geistes. Andererseits betont er die Wirkung des Bildungssystems und der institutionalisierten Interaktionsstrukturen. In Deutschland, dem die politische Einheit nach der Reformation und ihrer Glaubensspaltung sowie nach dem Dreißigjährigen Krieg gefehlt habe, habe der „Geist" die vereinheitlichende Kraft dadurch gewonnen, daß er sich in einem einheitlichen Bildungssystem hierarchisch in die Ebenen der Universität, des Gymnasiums und der Volksschule organisiert habe. Gegen die Glaubensspalrung und die politische Kleinstaaterei habe das Bildungssystem die Einheit durchsetzen können, indem es die Gesellschaftsmitglieder auf ein gemeinsames Orientierungswissen und Rechtssystem verpflichtet habe:
„Um nun aber die Mühen und Arbeiten, welche unsere Gegenwart vorbereiten, zu übersehen, muß man sich jetzt nicht mehr die Bildungs-, sondern die Rechtszustände des damaligen Deutschland vergegenwärtigen.
Deutschland war keine selbstbewußte nationale Einheit wie England und keine staatliche wie Frankreich. Alles was ihm damals [...] eigen war, hatte den Charakter der Oertlichkeit. [...] Sowie daher mit dem westphälischen Frieden die Souveränetäten Deutschlands gleichsam auseinander fahren, so erzeugt sich, und zwar keineswegs bloß im wissenschaftlichen Leben, sofort eine Bewegung, welche die verlorene Einheit wieder herstellen will. Diese Bewegung nach der Herstellung der großen Gemeinschaft vor allem im Bildungs*wesen* [...] hat vollständig den Charakter eines elementaren Processes. Sie erscheint am Anfange als eine ihrer selbst noch unbewußte, geht von Land zu Land, von Ort zu Ort; dann sucht und findet sie ihren Ausdruck in dem Geiste der Männer, welchen sie mit all dem sittlichen Ernst erfaßt, der allein fähig war, sie damals weiter zu führen, und zwar in der Praxis so-

wohl als in der Theorie des gesammten Bildungswesens; dann wird sie zu einer rechtbildenden Macht, und am Ende unserer Epoche hat sie, wir möchten sagen, alle Spaltungen unter den verschiedenen deutschen Stämmen überbaut und selbst die gewaltigsten staatlichen Gegensätze wie die zwischen Preußen und Oesterreich stillschweigend bewältigt, und jetzt geht aus ihrer Hand das Bildungswesen unserer Zeit hervor, das mächtiger geworden ist als alle anderen Factoren der Weltgeschichte. So hat die Bildung mitten in der völligsten Zerrissenheit des öffentlichen Rechts in Deutschland sich ein gleichartiges deutsches Rechtsleben geschaffen. Und dieser langsame, mit allen Kräften der Zerfahrenheit kämpfende und doch unwiderstehliche Proceß ist es, den wir als den Uebergang vom ständischen Bildungswesen zum staatsbürgerlichen Unterrichtswesen jetzt in seinem zweiten Elemente, seiner rechtbildenden Kraft und Arbeit neben der deutschen Sprache kurz betrachten, welche dem ersteren seinen gemeinsamen für alle Kategorien der Bildungsanstalten geltenden Inhalt gegeben hat" (v. STEIN 1962b, S. 411 f.).

Nach dieser Darstellung schafft sich der Geist, die „Bewegung", die Einheit des Bildungssystems und das Bildungssystem die Einheit des Geistes in der Form des *einheitlichen Rechtssystem*. Stein denkt in der Form einer Petitio principii. Die „Bewegung nach der Herstellung der großen Gemeinschaft" erscheint als das, was die Bewegung der Vereinheitlichung hervorbringt. Indem sie als „elementarer Proceß" aufgefaßt wird, wird auf eine empirisch ergiebige Analyse, auf eine Herausarbeitung von Ursachen und Bedingungen und eine Diskussion ihrer Funktion, ihres Sinns und ihrer Legitimität verzichtet. Die Bewegung legitimiert sich selbst. Das Pathos der Einheit tritt an die Stelle ihrer Ursachen, Bedingungen und Gründe. Wo v. Steins Mentor Hegel den Begriff des Geistes genutzt hätte, um die gesellschaftliche Evolution aus der Negation und dem Widerspruch anzuleiten, interpretiert v. Stein den Geist organologisch.

Stein nutzt den organologischen Geistbegriff, um die Funktion der Institution herauszustellen. Erst durch ein einheitliches Bildungssystem habe Deutschland seine Einheit erworben. Interessant ist, daß für v. Stein die Vereinheitlichung durch das Bildungssystem rechtlich-ethisch interpretiert wird. Da nach seiner früheren Aussage die Gesetzgebung den einheitlichen staatlichen Willen organisiert, muß er das Bildungssystem vor allem als Institution allgemein vereinheitlichender Willensbildung auffassen. Für die pädagogische Interaktionsstruktur des „staatsbürgerlichen Unterrichtswesen[s]" bedeutet dies, daß sie zum Instrument der kollektiven Ausprägung jenes einheitlichen Willens erklärt wird, der in der „Persönlichkeit" des Staates, im Souverän, sein Subjekt habe.

Der Gedanke, die Einheit einer Gesellschaft durch die vom Bildungssystem hervorgebrachte Einheit eines Rechtsbewußtseins zu befördern, hat später auf die Diskussion über die Einheits-Grundschule sowie über die Gesamtschule eingewirkt. In der v.-Steinschen Fassung zeigt sich das Problematische einer instrumentell-zweckrationalen Interpretation. Hier folgt der Vereinheitlichungsimpuls der Idee der nationalen Einheit und der in ihr sich durchsetzenden Herrschaft. Er folgt nicht den Verallgemeinerungsimpulsen aufgeklärter Subjektivität. Er folgt nicht aus dem Versuch, angesichts konkurrierender Willensbildungen der Verträglichkeitsregel zu folgen und nach Zwecken zu suchen, denen vernünftigerweise alle gesellschaftlichen Gruppen folgen können. Wenn v. Stein die Ausbildung eines einheitlichen Rechtsbewußtseins betont, kann er nur das positive Rechtssystem der Nation und ihrer Gesellschaftsstruktur meinen. Diese Reduktion des Naturrechts auf positives Recht wird durch die Berufung auf den organologischen Geistbegriff und auf den Staat als Persönlichkeit nur verdeckt.

5.3 Die Professionalisierung des Lehrberufs

Diese Interpretation wird durch v. Steins Argument bestätigt, die vereinheitlichende Kraft des Bildungssystems liege in der Institutionalisierung eines professionellen Lehrerstandes. Er argumentiert hier in Opposition gegen die Wertschätzung der großen pädagogischen Reformer. So seien beispielsweise Basedow und Pestalozzi in ihrer Wirkung weit überschätzt worden (vgl. v. STEIN 1962c, S. 356 ff.). Für Basedow sei gerade nicht sein rousseausches Eintreten für das Kind und seine Individualität wesentlich, sondern die „Zucht", der er die Kinder unterworfen habe (vgl. v. STEIN 1962c, S. 364). In der „Zucht" habe Basedow, „offenbar ohne recht klar zu sehen, was er eigentlich wollte", das „Princip des preußischen Militarismus" (v. STEIN 1962c, S. 363) auf das Unterrichtssystem übertragen. In dieser unbewußten Leistung liege sein historisches Verdienst. Nicht die individuelle Reflexion kontingenter Widerspruchserfahrungen und konkurrierender Ansprüche treibe den Bildungsprozeß voran, sondern die zur einheitlichen Profession aufgestiegenen „deutschen Schulmänner der Volksbildung" (v. STEIN 1962c, S. 356). Sie gelten ihm als Träger der die Einheit verbürgenden Volksbildung. Institutionsstruktureller Wandel, nicht die individuelle Entscheidung oder Handlung wird als entscheidendes Moment sozialer Entwicklung anerkannt. Doch in welchem Maße in dieser Vorstellung die naturrechtlichen Reminiszenzen sich in positives Recht verflüchtigen, wird besonders daran deutlich, daß v. Stein auch den Bildungsbegriff, wie schon angedeutet, in einen Begriff positiven Rechts übersetzt. Bildung wird als Zusammenwirken von Erziehung und Unterricht verstanden und als solches von den „Schulmännern" praktiziert: „Denn es ist das der eigentliche Charakter der deutschen Pädagogik [...] daß nur Deutschland die Pädagogik niemals ohne Unterricht hat denken können, ja daß Deutschland schon damals beginnt, die *wahre Erziehung in der Bildung zu finden* [...] jene Identität von Bildung und Erziehung ist es, welche das Unterrichten in Deutschland aus einer bis zum Gewerbe herabgesunkenen Lebensaufgabe zu einem hohen sittlichen Lebens*beruf* gemacht hat. Aus dieser Idee aber geht das hervor, was wir im edelsten Sinne des Wortes den Schulmann nennen" (v. STEIN 1962c, S. 356).

Das Verhältnis von Erziehung und Unterricht wird als Verhältnis von Glauben und Wissen gedeutet. Erziehung habe auf jene Glaubenssätze zu verpflichten, die die Einheit eines Bewußtseins konstituieren. Unterricht habe das Wissen zu vermitteln, das dem Individuum erlaube, zweckmäßig innerhalb einer durch Glaubenssätze konstituierten Welt zu handeln: „[Es] liegt [...] im Wesen der Elemente zunächst aller Erziehung, daß sie von den Einzelnen den Gehorsam gegen die Gemeinschaft fordert, in dem Wesen des Unterrichts dagegen, daß er den Einzelnen *thatkräftig und frei* macht [...] fassen wir alles dahin Gehörige zusammen, indem wir sagen, daß das erste in dem Wesen des *Glaubens* liegt, der durch die Religion den Gehorsam erzeugt, während das zweite durch das Wissen entsteht, welches die Berechtigung jeder Erscheinung in Natur und persönlicher Gemeinschaft durch die Erkenntniß ihres Grundes bedingt" (v. STEIN 1962c, S. 125 f.).

In v. Steins Bildungskonzeption wiederholt sich, staatstheoretisch überhöht, die in Basedows Pädagogik erkennbare Struktur. Stein fordert das Bildungssystem auf, zeitgeschichtlich drängende Themen aufzunehmen – etwa den dramatischen Klassengegensatz der frühen Industriegesellschaft. Aber er stellt deren pädagogische Bearbeitung unter die Imperative eines positiv formulierten Normen- und Rechtssystems, in denen er die Idee des Nationalstaates kodifiziert sieht. Damit kann er zwar beanspruchen, partikulare in generalisierte Orientierungen überzuführen. Doch didaktisch übersetzt, würde seine Konzeption, ebenso wie die Basedows, dazu führen, Reflexionen, in denen Lernende gesellschaftliche Widersprüche zu verarbeiten suchen, zu begrenzen, sofern diese das staatlich positivierte Normen- und Rechtssystem gefährden. Das Prinzip freier Zustimmung und allgemeiner Willensbildung wird auf den Rahmen begrenzt, der in der Behauptung des Staatsorganismus gesetzt ist. So bestätigt v. Steins Konzeption die These, zu der schon die Analyse des Basedowschen Beispiels führte: Ein positiviertes Rechtssystem als letzte Norm pädagogischer Interaktionsprozesse führt zu der Tendenz, historisch neue Probleme begrifflich so zu bearbeiten, daß sie konventionellen Begriffs- und Sozialstrukturen entweder in der Form explizierter Regelsysteme angepaßt oder in der Form tradierter Gewohnheiten in ihnen unsichtbar gemacht werden – belastet mit dem Risiko, daß die Selektivität solcher Verarbeitung als Unrecht bewußt wird. Diese These kann auf dem hier entfalteten Hintergrund freilich nicht mehr als eine Hypothese sein, die einer systematischen Überprüfung im Rahmen einer ausgeführten Sozialgeschichte der Schule bedürfte.

6 Ein Defizit der jüngeren Diskussion rechtlich verfaßter Bildungsprozesse

Die These, daß *die Staatsschule eine Interaktionsstruktur präjudiziere, die die Anlehnung an positiv gesetzte Rechtsnormen sowie die Bearbeitung neuer Erfahrungen und Probleme in tradierten Kategorien begünstigt* – diese These läßt die Schule als tendenziell restaurative Institution erscheinen. Die These schließt die Auffassung ein, daß die Staatsschule mit der ausdifferenzierten Lehrerrolle und der normativen Einheit von Unterricht und Erziehung eine Rechtsform in dem von Service bestimmten Sinne der drei Momente der Autorität, der Obligation und der Sanktion sei. Sie behauptet, daß die Rechtsförmigkeit der Staatsschule den restaurativen Charakter der unterrichtlichen Interaktion stärke.
Doch schon das Basedow-Beispiel zeigt, daß die These nicht verabsolutiert werden darf. Sie bezeichnet eine Tendenz, keine Notwendigkeit. Erst eine ausgedehnte historische Analyse könnte die These erhärten. Erst eine ausgedehnte vergleichende Analyse könnte die strukturellen Bedingungen präzisieren, die zur interaktionellen Dominanz positivierter Rechtsnormen und zur Verdrängung kritisch-naturrechtlicher Motive führen.
Habermas führt die Verrechtlichung der Schule im Rahmen seiner großangelegten „Theorie des kommunikativen Handelns" als Beispiel für die systematisch bedingte rechtliche Überformung primär verständigungsorientierter Handlungszusammenhänge an. Er kommt zu einem etwas anderen Ergebnis. Zunächst faßt er die Verrechtlichung der Schule als grundrechtlichen Rechtsschutz, der sich insbesondere in der Umstellung des „besonderen Gewaltverhältnisses" auf Freiheitsrechte von Schülern und Lehrern ausdrücke (vgl. HABERMAS 1981 b, S. 540). Doch in der Auswirkung dieses Rechtsschutzes sieht er die negativen Folgen positivierten Rechts überwiegen. Die Kodifizierung der Freiheitsrechte unterwerfe die Schule juristisch-bürokratischen Zugriffen, deren Form lebensweltlich-pädagogischem Handeln fremd sei: „Der Rechtsschutz von Schülern und Eltern gegen pädagogische Maßnahmen (wie Nichtversetzung, Prüfungsergebnisse usw.) oder gegen grundrechtseinschränkende Akte der Schule und der Kultusverwaltung (Ordnungsstrafen) wird mit einer tief in die Lehr- und Lernvorgänge eingreifenden Justizialisierung und Bürokratisierung erkauft. Auf der einen Seite werden staatliche Organe durch ihre Zuständigkeit für schulpolitische und schulrechtliche Probleme in ähnlicher Weise überfordert wie die Vormundschaftsgerichte durch die Kompetenzen, für das Wohl

Zur Verrechtlichung unterrichtlicher Interaktion

des Kindes zu sorgen. Auf der anderen Seite kollidiert das Medium des Rechts mit der Form des pädagogischen Handelns. Die schulische Sozialisation wird in ein Mosaik von anfechtbaren Verwaltungsakten zerlegt" (HABERMAS 1981 b, S. 545). In Anlehnung an erziehungswissenschaftliche Arbeiten zur Entwicklung des Schulrechts fährt er fort: „Die Subsumtion der Erziehung unter das Medium Recht erzeugt die ‚abstrakte Zusammenfassung der am pädagogischen Prozeß Beteiligten als individualisierte Rechtssubjekte in einem Leistungs- und Konkurrenzsystem. Die Abstraktheit besteht darin, daß die schulrechtlichen Normen ohne Ansehen der betroffenen Personen und ihrer Bedürfnisse und Interessen gelten, deren Erfahrungen abschneiden und deren Lebenszusammenhänge auftrennen' (FRANKENBERG 1978, S. 217). Das muß die pädagogische Freiheit und die Initiative des Lehrers gefährden. Der Zwang zur justizfesten Absicherung der Noten und die curriculare Überreglementierung führen zu Phänomenen wie Entpersönlichung, Innovationshemmung, Verantwortungsabbau, Immobilität usw." (HABERMAS 1981 b, S. 545).

Die Formulierung „Subsumtion der Erziehung unter das Medium Recht" wendet auf die schulrechtliche Diskussion jene Denkfigur an, in der Habermas Vergesellschaftung in der kapitalistisch-bürgerlichen Gesellschaft denkt. Gesellschaft sei einerseits, in objektivistischer Einstellung, als System faßbar, das sich gegen die subjektiven Weltbilder und Handlungszusammenhänge der Individuen durchsetze. Andererseits sei der Vergesellschaftungsprozeß unvermeidlich an die Konstitutionsleistungen der Individuen und damit an die Erhaltung der lebensweltlichen Binnenperspektive der Subjekte gebunden. Zwar drohe die „innere Kolonialisierung" der Lebenswelt durch die sich durchsetzenden Systemimperative (vgl. HABERMAS 1981 b, S. 520 ff.). Gleichwohl sei zu vermuten, daß der Vergesellschaftungsprozeß, solange er auf den Basisbedingungen einer in Sprache und Symbolen vollzogenen Interaktion aufruhe, an die anthropologischen Basisakte gebunden bleibe, die der Lebensweltbegriff (in Habermasscher Interpretation) theoretisch zur Geltung bringe (vgl. HABERMAS 1981 b, S. 211 ff., S. 217, S. 462). Das Schulrecht überforme nur den grundsätzlich „kommunikativ strukturierten Handlungsbereich" der Schule (HABERMAS 1981 b, S. 546).

Sieht man einmal von der Inkonsistenz der Argumentation innerhalb des Beispiels ab – einerseits sieht Habermas die Erziehung unter das Recht „subsumiert", also Aussagen über Sachverhalte der Erziehung als Rechtstatbestände im Sinne positivrechtlicher Obersätze formuliert; andererseits hält er an deren vor-rechtlich verständigungsorientierter Struktur fest, wenn er sie nur als rechtlich „überformt" (vgl. zu diesem Terminus auch HABERMAS 1981 b, S. 458, S. 541) ansieht –, so lebt die Argumentation vom Antagonismus von Lebenswelt und System. Habermas bindet diesen Antagonismus an einen Rechtsbegriff, der positives Recht eng als geschriebenes Recht und Verrechtlichung als die Zunahme geschriebenen Rechts ansieht (vgl. HABERMAS 1981 b, S. 524). Unter der Bedingung dieses Rechtsbegriffs erscheinen Recht und Erziehung in einem antagonistischen Gegensatz, der eine Verbindung beider nur als subsumtive oder überformende Dominanz des Rechts und entsprechende Unterordnung der Erziehung verstehen läßt.

Gegen Habermas ist jedoch zu fragen, ob erst die Schriftform eine notwendige Bedingung der Verrechtlichung im Sinne positiven Rechts ist. Zumindest solange der Umfang positiven Rechts das Gedächtnis der Gesellschaftsmitglieder nicht überfordert, muß die – sei es mündliche, sei es schriftliche – Satzung von Rechtsnormen, ihre Ausformulierung zu gesatzten memorierbaren und berufungsfähigen Aussageformen, etwa in Sprichwörtern und Maximen, als hinreichende Bedingung gelten. Zweifellos verändert die Zunahme geschriebenen Rechts allein schon wegen der

Rainer Kokemohr

Unübersichtlichkeit und Unsicherheit jeweils geltender Bestimmungen die Bedingungen schulisch-pädagogischen Handelns. Doch ist es fraglich, ob sich aus diesem Sachverhalt ein grundsätzlicher Antagonismus zwischen Recht und pädagogischem Handeln ergibt. Pädagogisches Handeln steht, mindestens seitdem es staatsschulisch organisiert ist, unter Bedingungen wie etwa der allgemeinen Schulpflicht, der Regelung der Zeit- und Sozialstruktur des Lehrens und Lernens, der Festlegung der Unterrichtsthemen und Erziehungsnormen. Es steht also unter Bedingungen, die weniger durch die lebensweltlichen Bedürfnisse der unmittelbar Beteiligten als vielmehr durch die systemischen Motive soziokultureller Reproduktion bestimmt sind. Doch auch diese Situation ist nicht so radikal neu, daß sie erst mit der Staatsschule und ihrer rechtlichen Verfassung aufträte. So modifiziert Basedow auf dem Hintergrund der Wolffschen Philosophie nur interaktionistisch, was ihm als pädagogische Subsumtionsstruktur etwa aus der scholastisch-katechetischen Tradition in den Arbeiten v. Felbigers gegenwärtig war, der durch utilitaristische Kräfteschulung zur „Tugend" erziehen wollte (vgl. v. FELBIGER 1958, S. 100, S. 108).
Sozialformen und Kategorisierungen im Weltbildaufbau müssen zwar von den Individuen realisiert werden. Es liegt jedoch die Annahme nahe, daß sie regelmäßig nur in dem Maße durch sie bestimmt werden, in dem die Sozialstrukturen einer Gesellschaft ausgelegt oder modifiziert werden können. Die Norm eines an die Konstitutionsprozesse der Subjekte sich anschließenden pädagogischen Handelns ist bekanntlich eine historisch späte Vorstellung, die erst im Umkreis der Aufklärung sich durchsetzt. Viel älter dagegen sind Interaktionsstrukturen funktionaler und intentionaler Erziehung, deren Ausbildung der Erhaltung oder Durchsetzung von Sozialstrukturen verpflichtet ist. In der Geschichte staatsschulisch institutionalisierter Erziehung stehen Recht und Erziehung weniger in antagonistischer als vielmehr in komplementärer Beziehung. Mit der Einführung der allgemeinen Schulpflicht tritt positives Recht als Medium der Institutionalisierung von Erziehung und Unterricht auf, pädagogisches Handeln als deren intersubjektive Realisierung.
Möglicherweise macht eben diese in die historisch ausgeprägten Interaktionsstrukturen pädagogischen Handelns eingelassene Komplementarität pädagogisches Handeln so hilflos gegenüber der Zunahme und den Anforderungen geschriebenen Rechts. Weil beide historisch demselben Motiv verpflichtet sind, läßt möglicherweise pädagogisches Handeln sich noch dort auf positives Recht ein, wo dieses durch Unübersichtlichkeit, Widersprüchlichkeit und Dysfunktionalität die kritisch-naturrechtliche Norm unbegrenzter Reflexion und Erfahrungsverarbeitung verletzt.
Ließe sich diese Annahme bestätigen, dann wäre es theoretisch unangemessen, einen Antagonismus zwischen dem Medium Recht und dem kommunikativ strukturierten pädagogischen Handeln zu behaupten. Theoretisch sinnvoller wäre dann, die Spannung von positivem Recht und kritischem Naturrecht als Spannung, die sich innerhalb pädagogischen Handelns selbst realisiert, anzusehen. Es wäre dann sinnvoller, staatsschulisch pädagogische Interaktion als eine Interaktion anzusehen, die, nach der Auflösung des traditional-kosmologischen Naturrechts, unter der Bedingung des Widerspruchs von positivem und kritisch-natürlichem Recht steht. Indem staatsschulisch pädagogisches Handeln zwecks Reflexionsbegrenzung auf Interaktionsstrukturen zurückgreift, die im Rahmen einfacher Sozialsysteme und des ihnen zugehörenden traditionalen Naturrechts funktional waren, und an ihnen unter der Bedingung komplexer Sozialsysteme festhält, motiviert es deren Positivierung und Kritik zugleich. Es stärkt das Motiv, Interaktionsstrukturen durch positive, der Kritik entzogene Sätze zu legitimieren und schulisch-unterrichtliches Han-

deln schulrechtlich zu sichern. Es stärkt zugleich das Motiv, die reflektorische Insuffizienz schulrechtlich normierter Interaktion gegenüber den Notwendigkeiten komplexer Erfahrungsverarbeitung zu kritisieren und auf die kritisch-naturrechtliche Reflexionsentgrenzung zu drängen.
Trotz dieser Kritik der von Habermas verwendeten Begrifflichkeit ist an der Tendenz seiner Argumentation festzuhalten. Verrechtlichung ist ein ambivalenter Prozeß, der auf der Grundlage positivierter Rechtssätze den Freiheitsgrad pädagogischer Interaktion in doppelter Weise erhöht. Zunächst evoziert, wie schon eingangs (vgl. 2) gezeigt, die explizite Formulierung positiver Rechtssätze Alternativen, angesichts deren sie der Rechtfertigung bedürfen. Deshalb können sie dort, wo sie dysfunktional werden, um so leichter der Kritik verfallen. Doch diese von Hegel herausgestellte Dialektik, nach der positives Recht selbst die kritische Naturrechtsidee befördert, kann ihrer Kraft beraubt werden, wenn sie durch unbegriffene, sozialisatorisch tief verankerte Interaktionsstrukturen traditional-subsumtiver Erfahrungsverarbeitung gebunden wird. Sofern traditionale Interaktionsstrukturen unbegriffen fortwirken, kann die Verrechtlichung pädagogischen Handelns zur „Kolonialisierung der Lebenswelt" beitragen.
Reflexionsbegrenzende Interaktionsstrukturen korrespondieren historisch mit kosmologisch-traditionalen Naturrechtsvorstellungen. Die Entwicklung des absolutistischen Rechtsstaats des 19. Jahrhunderts zum demokratischen Rechtsstaat der Gegenwart entzieht jenen Interaktionsstrukturen die Legitimation. Dies drückt sich besonders deutlich in der schon genannten Umstellung vom „besonderen Gewaltverhältnis" auf Grundrechte aus. Probleme allgemeiner Willensbildung müssen in unterrichtlicher Interaktion selbst aufgenommen und ausgetragen werden. Sie können auf Dauer nicht mehr durch supersubjektive Instanzen oder Strukturen abgeschöpft oder stillgelegt werden. Unterricht muß zu einem der sozialen Orte allgemeiner Willensbildung werden. Gegenstände des Unterrichts müssen in faktischer und normativer Genese rekonstruiert werden. Der Unterricht muß den Schülern erlauben, sich in geltende Normen einzuarbeiten. Er muß ihnen darüber hinaus erlauben, geltende Normen kritisch unter der Norm eines die allgemeine Freiheit sichernden Rechtsbegriffs zu beurteilen. Dies gilt nicht nur für die offensichtlichen moralisch-politischen Themen. Es gilt ebenso für die moralisch-politischen Gehalte des in der Schule vermittelten gesellschaftlichen Wissens. Versuche, unterrichtliche Interaktion und Reflexion allein durch positiv gesatztes Recht, wie es verdeckt ja auch in der Behauptung eines objektivierten, von seiner Genese und Funktion abgekoppelten Wissens wirksam ist, zu begrenzen, widersprechen dem Demokratieprinzip. Unterrichtliche Interaktion darf sich nicht auf Formen reflexionsbegrenzender Erfahrungsverarbeitung reduzieren lassen. Sie muß den Widerspruch von faktischer und normativer Genese, von positivem Recht und kritisch-naturrechtlichen Evokationen in sich aufnehmen.
Wenn dies die radikale Konsequenz des Demokratieprinzips für schulische Bildung ist, dann ergeben sich schwerwiegende Folgen für deren curriculare Organisation. Lehrpläne, unterrichtliche Interaktionsstrukturen und Prozeduren der Leistungskontrolle sind daraufhin zu prüfen, ob sie der Norm unbegrenzter Erfahrungsverarbeitung im Sinne faktischer und kritischer Genese entsprechen. Die gegenwärtig wohl wichtigste Vorlage, an der dieses Problem zu diskutieren ist, ist der „Entwurf für ein Landesschulgesetz" der Kommission Schulrecht des Deutschen Juristentages, der 1981 unter dem Titel „Schule im Rechtsstaat" vorgelegt worden ist (vgl. SCHULE ... 1981). Mit diesem Entwurf hat der Deutsche Juristentag angesichts der teils widersprüchlichen, teils dem Demokratieprinzip entgegenstehenden Landes-

schulgesetze ein Muster eines demokratisch-rechtsstaatlichen Landesschulgesetzes vorstellen wollen, nach dem die Landesschulgesetze überarbeitet werden können sollen. Den Autoren des verdienstvollen, insgesamt sehr solide und aufwendig gearbeiteten Entwurfs ist die pädagogisch-rechtstheoretische Problematik bewußt. So ist von vornherein durch die Zusammensetzung der Kommission aus Juristen und Erziehungswissenschaftlern versucht worden, juristische und erziehungswissenschaftliche Problemlagen aufeinander zu beziehen. Inhaltlich drückt sich dieser Versuch zum Beispiel durch die nachhaltige Forderung aus, die „pädagogische Freiheit" des Lehrers nicht durch zu enge Lehrplanvorgaben zu ersticken (vgl. SCHULE ... 1981, S. 28 f., S. 36, S. 44, S. 48). Zwar seien Lehrpläne „das zentrale Instrument für die Steuerung der Unterrichtsarbeit der Schule" (SCHULE ... 1981, S. 50). Doch die pädagogische Freiheit des Lehrers sei dadurch zu sichern, daß in Lehrplänen nur Aussagen über die „wesentlichen Ziele der Unterrichtsfächer" (SCHULE ... 1981, S. 68) zuzulassen und Unterrichtsinhalte nur in dem Maße vorzugeben seien, daß sie „in eine funktionale Beziehung zu den wesentlichen Zielen der Unterrichtsfächer" (SCHULE ... 1981, S. 171) zu setzen seien. Innerhalb dieses Spielraums soll der Lehrplan zwar Ausführungsvorschläge in der Form von Auswahlkatalogen enthalten können. Die pädagogische Freiheit des Lehrers, solche Spielräume konstruktiv zu füllen, soll dadurch aber nicht behindert werden. Sehr sorgfältig wird deshalb im „Entwurf für ein Landesschulgesetz" die Ermächtigung des Kultusministers erläutert, Lehrpläne zu erlassen: „Absatz 1 [des § 7; R.K.] enthält die formelle Ermächtigung an den Kultusminister, die Lehrpläne durch Rechtsverordnung zu erlassen. Hierbei ist der Kultusminister in mehrfacher Hinsicht gebunden. Zum einen hat er die in § 8 angegebenen obligatorischen (§ 8 Abs. 1) und fakultativen (§ 8 Abs. 2) Regelungsbestände als Minimum und Maximum einer Lehrplanregelung zu beachten. Ferner ist das Spannungsverhältnis aufzulösen zwischen der Kompetenz des Kultusministers, den Lehrplaninhalt verbindlich festzulegen, und der pädagogischen Freiheit des Lehrers, die nur im Rahmen der Rechtsvorschriften (und Konferenzbeschlüsse) besteht. Daher dürfen – wie auch in § 66 Abs. 2 Satz 2 ausdrücklich hervorgehoben – diese Rechtsvorschriften ihrerseits die pädagogische Freiheit des Lehrers nicht unnötig oder unzumutbar einengen. Zwischen Lehrplan und pädagogischer Freiheit besteht daher eine Wechselwirkung, ähnlich wie im Verhältnis zwischen Grundrechten und den sie zulässigerweise einschränkenden allgemeinen Gesetzen (z. B. Art. 5 Abs. 2 GG)" (SCHULE ... 1981, S. 169).
Das Demokratiegebot wird also (unter anderem) auf die „Wechselwirkung" zwischen Lehrplan und pädagogischer Freiheit des Lehrers fokussiert. Es gilt dem „Entwurf für ein Landesschulgesetz" als erfüllt, wenn zwischen Lehrplan und pädagogischer Freiheit ein ähnliches Verhältnis besteht wie zwischen den Grundrechten und den allgemeinen Gesetzen. Ausformuliert würde die Analogie sagen, daß der Lehrplan überpositive Bildungsrechte und -ansprüche formuliert, die vom Lehrer (und den ihm verfügbaren Hilfen wie Auswahlkataloge, Konferenzbeschlüsse, Lehrmittel, pädagogischer Sachverstand) kraft seiner pädagogischen Freiheit zum Beispiel auf die soziokulturelle Situation seiner Schüler hin zu konkretisieren seien. Der Lehrplan habe die wesentlichen Ziele zu sichern, der Lehrer kraft pädagogischer Freiheit deren unterrichtliche Konkretisierung.
Der „Entwurf für ein Landesschulgesetz" stellt Lehrplanaussagen und unterrichtliche Konkretisierung in ein Zweck-Mittel-Verhältnis. Dabei nimmt er die in der Erziehungswissenschaft verbreitete Einsicht vom didaktischen Implikationszusammenhang auf, dem zufolge Ziele und unterrichtliche Inhalte beziehungsweise Methoden sich wechselseitig interpretieren (vgl. SCHULE ... 1981, S. 171). Damit ergibt

Zur Verrechtlichung unterrichtlicher Interaktion

sich als Argumentationsfigur, in der der Entwurf das Verhältnis von Recht und schulischer Bildung zu fassen versucht, die folgende Analogiekette: Grundrechte verhalten sich zu allgemeinen Gesetzen wie Zielaussagen des Lehrplans zur pädagogischen Freiheit des Lehrers wie Aussagen über wesentliche Ziele der Unterrichtsfächer zu deren inhaltlicher und unterrichtsmethodischer Konkretisierung. Es ist fraglich, ob diese Analogie das ihr aufgebürdete Problem angemessen faßt.

Die Analogie soll eine Brücke bilden zwischen dem rechtlichen Demokratiegebot und der Theorie schulischer Bildung. Sie soll alle Beteiligten von den Kultusministern bis zu den Lehrern binden, die als Bildungsrechte formulierten Grundrechte der Schüler zu wahren. Solche Grundrechte werden in den §§ 2 und 3 des Entwurfs aufgezählt. Die schwierige Konsensbildung der Kommission in dieser Frage zeigt sich daran, daß der „Bildungsauftrag der Schule" in zwei Alternativen formuliert wird, einerseits in die §§ 2 und 3 aufgeteilt, andererseits im § 2 zusammengefaßt. Ohne auf die Unterschiede im einzelnen einzugehen, läßt sich der entscheidende Unterschied beider Formulierungen seiner Tendenz nach in der hier gewählten Begrifflichkeit angeben. Während die Alternative 1 stärker das Recht auf normative Genese heraushebt, betont die Alternative 2 stärker die Aspekte faktischer Genese.

Doch jenseits dieses Unterschiedes halten beide Positionen an der Analogiekette fest. Dadurch bleibt der Unterschied ein nur programmatischer. Realisiert würde er erst, wenn er auf die Ebene unterrichtlicher Interaktion als der Ebene des Vollzugs faktischer und normativer Genese bezogen würde. Die Analogiekette fokussiert das Demokratiegebot aber nicht auf die Ebene unterrichtlicher Interaktion, sondern auf die Ebene der Wechselbeziehung zwischen Lehrplan und pädagogischer Freiheit des Lehrers. Sie bezieht das Demokratiegebot auf die Handlungskompetenzen von Kultusminister, Schulverwaltung und Lehrerschaft, aber nicht auch, wie es notwendig wäre, auf die unterrichtliche Interaktion selbst. Das Demokratiegebot allgemeiner Willensbildung ist aber grundsätzlich nur als Erarbeitung und Befolgung von „Verträglichkeitsregeln" in der Interaktion der beteiligten Gesellschaftsmitglieder und Institutionen zu verwirklichen. So stellt der Entwurf zwar für das Verhältnis zwischen Kultusminister und Lehrerschaft einen Fortschritt in der Verwirklichung des Demokratiegebotes dar. Ihm fehlt jedoch die Konsequenz, das Demokratiegebot mit geeigneten Mitteln auf die Beziehung zwischen Lehrern und Schülern auszudehnen. Die Berufung auf den didaktischen Implikationszusammenhang von Zielen, Inhalten und Unterrichtsmethoden sichert eine solche Ausdehnung nicht. Der Entwurf hält statt dessen ausdrücklich daran fest, daß die unterrichtliche Interaktion durch Lehrpläne gesteuert werde und daß die pädagogische Freiheit des Lehrers dazu diene, die Bildungs- und Erziehungsziele des Lehrplans situationsgemäß zu verwirklichen.

Die Analogie betont die reziproke Interpretation zweier Bestimmungsebenen sozialer Prozesse. Hinsichtlich des Demokratiegebots besteht die Analogie zwischen Grundrechten und allgemeinen Gesetzen einerseits sowie dem Lehrplan und der pädagogischen Freiheit des Lehrers beziehungsweise dem didaktischen Implikationszusammenhang von Zielen, Inhalten und Methoden andererseits nicht. Dafür gibt es einen einfachen Grund. Die reziproke Interpretation von Grundrechten und allgemeinen Gesetzen funktioniert, wenn sie funktioniert, deshalb, weil es eine ausgebaute Rechtsprechung gibt, auf die die Bürger oder Parteien sich berufen können, um Widersprüche zwischen Grundrechten und allgemeinen Gesetzen beziehungsweise deren Anwendung klären zu lassen. Erst die Existenz eines angemessenen Rechtsprechungssystems gibt dem Bürger des demokratischen Rechtsstaats die prinzipielle Möglichkeit, grundrechtlich nicht gedeckte Ansprüche abzuwehren. Eine

solche Berufungsmöglichkeit fehlt jedoch für den Schüler in der unterrichtlichen Interaktion. Der didaktische Implikationszusammenhang kann sie nicht ersetzen.
Nun gibt es ein naheliegendes Argument, weshalb die Autoren des „Entwurfs für ein Landesschulgesetz" auf den Vorschlag einer solchen Berufungsmöglichkeit verzichten. Die Sorge liegt nahe, daß die Berufungsmöglichkeit den pädagogischen Charakter unterrichtlicher Interaktion nachhaltig stören würde. Es wäre die Sorge vor einer Verrechtlichung, die zur Steuerung unterrichtlicher Interaktion durch externe Regeln führte und den pädagogisch-rechtlichen Sinn der Berufungsmöglichkeit ad absurdum führte. Doch die Konsequenz, die die Autoren des Entwurfs aus diesem Dilemma ziehen, bleibt problematisch. Sie überantworten de facto die grundrechtliche Verantwortung der pädagogischen Freiheit des Lehrers. Vermutlich liegt darin der Grund für die Emphase, mit der die pädagogische Freiheit verteidigt wird.
Annehmbar und sinnvoll wäre diese Entscheidung, wenn die professionelle Ausbildung die Lehrer befähigen würde, die Grundrechte der Schüler zu sichern, das heißt interaktionelle Hemmnisse der Reflexion und Erfahrungsverarbeitung zu überwinden und sich mit Schülern auf faktische und normative Genesen unterrichtlich angesonnenen Wissens einzulassen.
Man muß jedoch zweifeln, ob diese Situation gegeben ist. Einerseits enthält der Entwurf keinen Hinweis auf grundrechtlich angemessene Interaktionsstrukturen. Man muß sogar zweifeln, ob die Erziehungswissenschaft bisher schon grundrechtlich hinreichende Interaktionsstrukturen zugänglich gemacht hat. Sie wären jedoch eine Voraussetzung für eine konsequente Verwirklichung des Demokratiegebots auf der Ebene unterrichtlicher Interaktion. Dies gilt mutatis mutandis für alle Alters- und Schulstufen von der Primarstufe bis zur Sekundarstufe II.
Darüber hinaus ist festzustellen, daß der Entwurf an jener Tendenz festhält, durch die die unterrichtliche Interaktion leicht externen Regeln ausgesetzt wird. Er hält an einer objektivierten Leistungsbewertung fest, von der nur schwer zu erkennen ist, wie sie auf die grundrechtlichen Bildungs- und Erziehungsziele bezogen werden kann: „Grundlage der Leistungsbewertung sind die einzelnen mündlichen, schriftlichen, praktischen und sonstigen Leistungen, die der Schüler im Zusammenhang mit dem Unterricht erbracht hat. Für die Leistungsbewertung sind die im Unterricht vermittelten Kenntnisse und Fähigkeiten unter Berücksichtigung des Leistungsstands der Lerngruppe und der Lernentwicklung des Schülers maßgebend" (SCHULE ... 1981, §54, Abs. 2, S. 90).
Die Autoren des Entwurfs sehen die „Grundrechtsrelevanz schulischer Leistungsbewertung" (SCHULE ... 1981, S. 270) und versuchen, „trotz ihrer sicher nur relativen Steuerungsfähigkeit zumindest einige Kriterien für die Bewertung von Schülerleistungen in das Gesetz aufzunehmen" (SCHULE ... 1981, S. 270). Das Problem liegt freilich darin, daß objektivierte Leistungsbeurteilung als Referenzsystem definite Wissenssysteme oder Fähigkeitsstandards voraussetzt. Sofern solche Referenzsysteme gegeben sind und die Probe faktischer und normativer Genese bestanden haben, in unterrichtlicher Interaktion ausgewiesen und von den Beteiligten bei interaktionell unbegrenzter Reflexionsmöglichkeit zumindest nicht widerlegt worden sind, ist der grundrechtliche Charakter objektivierter Leistungsbeurteilung gegeben. Doch das bedeutet, daß die grundrechtliche Last wiederum auf die unterrichtliche Interaktion zurückfällt und nicht von dieser auf die objektivierte Leistungsbeurteilung verschoben werden kann.
Damit ergibt sich folgendes Bild: Die Grundrechte schulischer Bildung und Erziehung sind auf der *Ebene unterrichtlicher Interaktion* einzulösen. Traditionell ist gerade diese Ebene vernachlässigt worden und eher als Realisierungsmittel vorge-

ordneter Ziele und Ansprüche gesehen worden. Noch im „Entwurf für ein Landesschulgesetz" wirkt diese Haltung nach mit der Folge, daß die grundrechtlichen Motive zum Teil der pädagogischen Freiheit des Lehrers überantwortet und dort zum Beispiel durch grundrechtlich nicht ausgewiesene Formen der Leistungsbeurteilung außer Kraft gesetzt werden können. Die grundrechtlichen Bildungs- und Erziehungsziele lassen sich nicht dadurch sichern, daß man am Modell der Steuerung unterrichtlicher Interaktion durch Lehrpläne (und andere Vorgaben) festhält. In solchem Modell verkehren sich grundrechtliche Motive in Momente positivierten Rechts, das taub ist gegenüber dem Anspruch normativer Genese und deshalb zur „bevormundenden Einschränkung der individuellen Handlungs- und Gestaltungsfreiheit" (vgl. SCHULE ... 1981, S. 146) führt. Damit bringen sie die von Spranger geforderte „freie [...] Zustimmung" als Erfordernis grundrechtlicher pädagogischer Prozesse aus dem Blick und stärken das latente Selektivitäts- und Unrechtsbewußtsein. Für die Fortsetzung des notwendigen Gesprächs zwischen Rechts- und Erziehungswissenschaft ist es vor allem wichtig, die Grundrechtsrelevanz von Interaktionsstrukturen aufzuklären.

ADORNO, TH. W.: Ästhetische Theorie. Gesammelte Schriften, Bd. 7, hg. v. G. Adorno und R. Tiedemann, Frankfurt/M. 1970. ADORNO, TH. W.: Studien zum autoritären Charakter, Frankfurt/M. 1973. AVINERI, S.: Hegels Theorie des modernen Staates, Frankfurt/M. 1976. BASEDOW, J. B.: Practische Philosophie für alle Stände, Copenhagen/Leipzig 1758. BASEDOW, J. B.: Des Elementarwerks Erster, Zweiter, Dritter, Vierter Band. Ein geordneter Vorrath aller nötigen Erkenntniß zum Unterrichte der Jugend, von Anfang, bis ins academische Alter, zur Belehrung der Eltern, Schullehrer und Hofmeister, zum Nutzen eines jeden Lehrers, die Erkenntniß zu vervollkommen. In Verbindung mit einer Sammlung von Kupferstichen und mit französischer und lateinischer Übersetzung dieses Werks, Dessau/Leipzig 1774. BASEDOW, J. B.: Das Methodenbuch für Väter und Mütter der Familien und Völker (1770). In: BASEDOW, J. B.: Ausgewählte Schriften, ..., Langensalza 1880, S. 1 ff. (1880 a). BASEDOW, J. B.: Ausgewählte Schriften, hg. v. H. Göring, Langensalza 1880 b. BASEDOW, J. B.: Elementarwerk mit den Kupfertafeln Chodowieckis u. a. Kritische Bearbeitung in drei Bänden, hg. v. Th. Fritzsch, Leipzig 1909 (Bd. 1: 1909 a; Bd. 2: 1909 b; Bd. 3: 1909 c). BASEDOW, J. B.: Vorstellung an Menschenfreunde und vermögende Männer über Schulen, Studien und ihren Einfluß auf die öffentliche Wohlfahrt (1768). In: BASEDOW, J. B.: Ausgewählte pädagogische Schriften, hg. v. A. Reble, Paderborn 1965, S. 5 ff. BECKER, R. Z.: Vorlesungen über die Pflichten und Rechte des Menschen, Theil 1 und 2, Gotha 1791/1792. BENNER, D./PEUKERT, H.: Erziehung, moralische. In: Enzyklopädie Erziehungswissenschaft, Bd. 1, Stuttgart 1983, S. 394 ff. BLASCHE, S./SCHWEMMER, O.: Methode und Dialektik. Vorschläge zu einer Rekonstruktion Hegelscher Dialektik. In: MITTELSTRASS, J. (Hg.): Methodologische Probleme einer normativ-kritischen Gesellschaftstheorie, Frankfurt/M. 1975, S. 12 ff. DURKHEIM, E.: Soziologie und Philosophie, Frankfurt/M. 1976. ELLSCHEID, G.: Die Verrechtlichung sozialer Beziehungen als Problem der praktischen Philosophie. In: n. hefte f. phil. (1979), 17, S. 37 ff. FELBIGER, J. I. v.: Vorlesungen über die Kunst zu katechisieren, Speyer 1775. FELBIGER, J. I. v.: General-Landschul-Reglement. Eigenschaften, Wissenschaften und Bezeigen rechtschaffener Schulleute. Methodenbuch, Paderborn 1958. FERTIG, L.: Die Hofmeister. Befunde, Thesen, Fragen. In: HERRMANN, U. (Hg.): „Die Bildung des Bürgers", Weinheim/Basel 1982, S. 322 ff. FRANKENBERG, G.: Verrechtlichung schulischer Bildung. Elemente einer Kritik und Theorie des Schulrechts, Diss., München 1978. GINTIS, H.: Zu einer politischen Ökonomie der Erziehung. Eine radikale Kritik an Ivan Illich's „Entschulung der Gesellschaft". In: betr. e. 6 (1973), 9, S. 54 ff. GOETHE, J. W. v.: Aus meinem Leben. Dichtung und Wahrheit. 3. Teil, 14. Buch. Goethes Werke. Hamburger Ausgabe, Bd. 10, Hamburg [4]1966, S. 24 ff. GÖRING, H.: Basedows Leben und Wirken. In: BASEDOW, J. B.: Ausgewählte Schriften, ..., Langensalza 1880, S. I ff. HABERMAS, J.: Technik und Wissenschaft als ‚Ideologie', Frankfurt/M. 1968. HABERMAS, J.: Theorie des kommunikativen Handelns, 2 Bde., Frankfurt/M. 1981 (Bd. 1: 1981 a; Bd. 2: 1981 b). HEGEL, G. W. F.: Grundlinien der Philosophie des Rechts oder Naturrecht und Staatswissenschaft im Grundrisse. Werke in 20 Bänden, hg. v. E. Moldenhauer und K. M. Michel, Bd. 7, Frankfurt/M. 1970. HORKHEIMER, M./ADORNO, TH. W.: Dialektik der Aufklärung. Philosophische Fragmente, Frankfurt/M. 1969. JEISMANN, K.-E.: Das preußische Gymnasium in Staat und Gesellschaft, Stuttgart 1974. KANT, I.: Grundlegung zur Metaphysik der Sitten (1785). Werke in 10 Bänden, hg. v. W. Weischedel, Bd. 6, Darmstadt 1968a. KANT, I.: Die Metaphysik der Sitten. Rechtslehre (1797), Werke in 10 Bänden, hg. v. W. Weischedel, Bd. 7, Darmstadt 1968b. KLÖDEN, K. F. V.: Jugenderinnerungen, Leipzig 1911. LAASER, A.: Die Verrechtlichung des Schulwesens. In: MAX-PLANCK-INSTITUT FÜR BILDUNGSFORSCHUNG, PROJEKTGRUPPE BILDUNGSBERICHT (Hg.): Bildung in der Bundesrepublik Deutschland. Daten und Analysen, Bd. 2, Stuttgart 1980, S. 1343ff. LENZEN, D.: Die Liquidation pädagogischer Freiheit durch ihre rechtliche Sicherung, Mimeo, Berlin 1981. LEPENIES, W.: Das Ende der Naturgeschichte. Wandel kultureller Selbstverständlichkeiten in den Wissenschaften des 18. und 19. Jahrhunderts, Frankfurt/M. 1978. LESCHINSKY, A./ROEDER, P. M.: Schule im historischen Prozeß, Stuttgart 1976. LICHTENSTEIN, E.: Zur Entwicklung des Bildungsbegriffs von Meister Eckhart bis Hegel, Heidelberg 1966. LUHMANN, N.: Soziologische Aufklärung. Aufsätze zur Theorie sozialer Systeme, Bd. 1, Opladen 1970. LUHMANN, N.: Rechtssoziologie, 2 Bde., Reinbek 1972 (Bd. 1: 1972a; Bd. 2: 1972b). LUHMANN, N.: Einfache Sozialsysteme. In: LUHMANN, N.: Soziologische Aufklärung, Bd. 2, Opladen 1975, S. 21 ff. LUHMANN, N.: Theoriesubstitution in der Erziehungswissenschaft: Von der Philanthropie zum Neuhumanismus. In: LUHMANN, N.: Gesellschaftsstruktur und Semantik. Studien zur Wissenssoziologie der modernen Gesellschaft, Bd. 2, Frankfurt/M. 1981, S. 105 ff. MACPHERSON, C. B.: Die politische Theorie des Besitzindividualismus. Von Hobbes bis Locke, Frankfurt/M. 1973. NIEHUES, N.: Schul- und Prüfungsrecht, München 1976. PETRAT, G.: Schulunterricht. Seine Sozialgeschichte in Deutschland 1750–1850, München 1979. PEUKERT, H.: Kritische Theorie und Pädagogik. In: Z. f. P. 29 (1983), S. 195 ff. REIF, H.: Väterliche Gewalt und „kindliche Narrheit". Familienkonflikte im katholischen Adel Westfalens vor der Französischen Revolution. In: REIF, H. (Hg.): Die Familie in der Geschichte, Göttingen 1982, S. 82 ff. RIEDEL, M.: Gesellschaft, bürgerliche. In: BRUNNER, O. u. a. (Hg.): Geschichtliche Grundbegriffe. Historisches Lexikon zur politisch-sozialen Sprache in Deutschland, Bd. 2, Stuttgart 1975, S. 719 ff. ROCHOW, F. E. V.: Der Kinderfreund. Ein Lesebuch. Sämtliche pädagogische Schriften, hg. v. F. Jonas und F. Wienecke, Bd. 1, Berlin 1907, S. 133 ff. ROEDER, P. M.: Erziehung und Gesellschaft. Ein Beitrag zur Problemgeschichte unter besonderer Berücksichtigung des Werkes von Lorenz von Stein, Weinheim/Berlin 1968. ROHR, J. B. V.: Vollständiges Haußwirtschafts-Buch, Leipzig 1751. ROSENBAUM, W.: Naturrecht und positives Recht, Neuwied/Darmstadt 1972. SCHULE IM RECHTSSTAAT, Bd. 1: Entwurf für ein Landesschulgesetz. Bericht der Kommission Schulrecht des Deutschen Juristentages, München 1981. SERVICE, E. R.: Ursprünge des Staates und der Zivilisation. Der Prozeß der kulturellen Evolution, Frankfurt/M. 1977. SIEGERT, R.: Aufklärung und Volkslektüre. Exemplarisch dargestellt an Rudolph Zacharias Becker und seinem ‚Noth- und Hülfsbüchlein'. In: Archiv für Geschichte des Buchwesens, hg. v. d. Historischen Kommission des Börsenvereins des Deutschen Buchhandels e. V., Bd. XIX, Frankfurt/M. 1978, S. 565 ff. SPRANGER, E.: Die wissenschaftlichen Grundlagen der Schulverfassungslehre und Schulpolitik (1927), Bad Heilbrunn 1963. STEGMÜLLER, W.: Probleme und Resultate der Wissenschaftstheorie und Analytischen Philosophie, Bd. 1, Berlin/Heidelberg/New York 1969. STEIN, L. V.: Der Sozialismus und Kommunismus des heutigen Frankreichs. Ein Beitrag zur Zeitgeschichte, Leipzig 1842. STEIN, L. V.: Handbuch der Verwaltungslehre, 3 Bde., Stuttgart 1888. STEIN, L. V.: Die Verwaltungslehre (1866–1884), 10 Bde. Neuauflage: Aalen 1962 (Bd. 1: Die Verwaltungslehre, Theil 1, Abt. 1: 1962a; Bd. 5: Die Verwaltungslehre, Theil 5: 1962b; Bd. 8: Die Verwaltungslehre, Theil 8: 1962c). STRAUSS, L.: Naturrecht und Geschichte, Frankfurt/M. 1977. TAMMELO, I.: Rechtslogik. In: KAUFMANN, A./ HASSEMER, W. (Hg.): Einführung in Rechtsphilosophie und Rechtstheorie der Gegenwart, Heidelberg 1977, S. 120 ff. VOIGT, R. (Hg.): Gegentendenzen der Verrechtlichung. Jahrbuch für Rechtssoziologie und Rechtstheorie, Bd. 9, Opladen 1983. WENIGER, E.: Theorie der Bildungsinhalte und des Lehrplans (1930/1952). In: WENIGER, E.: Ausgewählte Schriften zur geisteswissenschaftlichen Pädagogik, Weinheim/Basel 1975, S. 199 ff. ZILLER, T.: Vorlesungen über Allgemeine Pädagogik, Leipzig 1876.

B Aufgaben der Primarschule

Klaus Peter Hemmer

Der Grundschullehrplan

1 Schulreform als Lehrplanreform
2 Schulorganisation und Lehrplanreform
3 Der Verlust an Themensteuerungstechniken
4 Lehrplanschematisierungen
5 Thema und Themenartikulation
6 Die Themen und ihre Rahmung

Zusammenfassung: Der bildungspolitische Kompromiß einer vierjährigen gemeinsamen Schule für alle Kinder war 1920 die schulorganisatorische Vorgabe, die durch eine Vielzahl unterschiedlicher Reformkonzepte gefüllt wurde, die in der Lehrplanformel des „Heimatkundlichen Gesamtunterrichts" nur unzureichend abgebildet waren. Der zweite, näherliegende und darum in seiner Wirkung schwieriger abzuschätzende Impuls für die Veränderung des Grundschullehrplans ist von den Bemühungen um eine Horizontalisierung des Schulwesens in den 70er Jahren ausgegangen. Wissenschaftsorientierung als Leitformel für eine Reihe sehr unterschiedlicher Entwicklungen im Bereich der Grundschule sollte Kontinuität, Anspruchssteigerung und Universalisierung der schulischen Lernprozesse verbürgen. Die über die Curriculumbewegung getragene Lehrplanrevision führte zu einer Problemeröffnung, an der die Grundschulpädagogik noch heute arbeitet: Ein einheitliches, die Themen des Lehrplans ordnendes Muster ist nicht mehr auszumachen. Der kodifizierte Lehrplan ist angewiesen auf eine ihn tragende Unterrichtskultur und Schulorganisation, die seine Verwirklichung ermöglichen und begrenzen.

Summary: Since 1920 the four-year general elementary school for all pupils has been the subject of a large number of varied reform conceptions which, however, were only inadequately mirrored in the curriculum formulation "general teaching based on local history and geography". The second impulse for alterations in the primary-school curriculum, a more important one and therefore more difficult to asses in its effects, originated in the efforts to "horizontalise" the school system in the 70s. Scientific orientation as the key formula for a series of very varied developments within the primary-school sector (teacher training, curriculum revision, topic generation, process analysis) was to guarantee continuity, higher standards and the universalization of school learning processes.
The curriculum revision, as an aspect of the reform movement, led to the revelation of problems which primary-school pedagogics is still working on: there is no longer any sign of a unified pattern for co-ordinating the subjects on the curriculum. A codified curriculum, however, depends on teaching methods and school organization that can provide a proper basis for it.

Résumé: L'école collective sur quatre ans pour tous les enfants a été, depuis 1920, le modèle d'organisation scolaire qui a réuni un grand nombre de conceptions de réforme différentes. Elles n'ont été illustrées que de façon insatisfaisante par la formule de programme scolaire d'«enseignement d'ensemble de la civilisation du paysnatal».

Klaus Peter Hemmer

La deuxième impulsion pour la modification du programm d'enseignement à l'école élémentaire, plus récente et, dans cette mesure, plus difficile à juger est partie des efforts faits dans le sens d'une «horizontalisation» de l'École, et ce, dans les années 70. L'orientation scientifique, en tant que formule directive pour une série de développements très différents les uns des autres dans le domaine de l'école élémentaire, devrait être un garant de continuité, d'augmentation des exigences et d'universalisation des procédés d'apprentissage scolaires.

La révision apportée à l'évolution des plans de formation a conduit à l'ouverture d'un problème, auquel la pédagogie en école élémentaire travaille aujourd'hui encore. Un modèle unique ordonnant les thèmes du programme scolaire n'es plus à faire. Mais le programme scolaire codifié est réduit à une culture d'enseignement et à une organisation scolaire le portant.

1 Schulreform als Lehrplanreform

Die Phase entschiedener Hoffnungen auf eine Veränderung und Verbesserung der Schule durch die Reform der unterrichtlichen Inhalte und Ziele, die Epoche der Curriculumdiskussion, ist am Ausklingen. Wie immer man die Ergebnisse und Folgewirkungen dieser Phase einschätzt, die Schulreform vornehmlich als Lehrplanreform verstand, es will zunächst so scheinen, als ob die Curriculumbewegung all die offenen Fragen und Ärgernisse, die zu überwinden sie auszog, nunmehr argumentativ müde gelaufen, wiederum und weiterhin als offene Probleme präsentiert.

Wer ist unter welchen Voraussetzungen berechtigt, den Heranwachsenden welche Interpretation von Welt anzubieten? Wer ist berufen, über Themen und inhaltliche Schwerpunkte verantwortlich zu entscheiden? Die Frage nach den Verantwortlichkeiten, nach den Mitsprachemöglichkeiten von „Betroffenen" und „Interessierten" hat zu Verrechtlichungen mit zum Teil sehr zwiespältigen Konsequenzen geführt und, wo dieser Anspruch nicht sehr schnell wieder zurückgenommen wurde, auf allen Ebenen, von Rahmenrichtlinienkommissionen bis hin zum Unterricht, zu Problemen der Konsenserarbeitung, die als Dauerverpflichtung für die Beteiligten kaum zu bewältigen sind.

Wie immer die Umformulierungen der Lehrpläne einzuschätzen sind, der viel gescholtene, nur vage hergestellte Zusammenhang von Leitformeln und nachgeordneten Themen ist nur in Grenzen artikulierter geworden. Dies darum, weil mit einlinigen Kausalplänen dem Unterricht nicht beizukommen ist und weil unterhalb eines bestimmten Allgemeinheitsgrades Rahmenrichtlinien kaum gegen gesellschaftliche Konfliktfronten durchzusetzen sind. Wo die Lehrpläne präzise werden, sind sie umstritten, wo dies nicht der Fall ist, bleiben sie unverbindlich.

Die vergleichsweise starke Berücksichtigung wissenschaftlicher Argumentationshilfen innerhalb der politischen und administrativen Entscheidungsverfahren hat nicht so sehr einigende Kräfte, sondern eher ein konflikterzeugendes Potential mobilisiert. Eine fatale Konsequenz mag sich da einschleichen: Auf die Curriculumbewegung, die auszog, argumentarme Selbstregenerierung anzureichern, schlägt die von ihr selbst unterschätzte und durch sie noch gesteigerte Problemkomplexität in der Tendenz zurück, es bei „einfacheren" Lösungen wieder bewenden zu lassen.

2 Schulorganisation und Lehrplanreform

Als 1920 die gemeinsame Einschulung aller Kinder beschlossen wurde, war das trotz aller ideengeschichtlichen und praktischen Vorläufer ein in den Erfolgsaussichten noch durchaus offenes Experiment. Man kann die Vielzahl der pädagogischen Aktivitäten, die der politischen Entscheidung im Organisationsbereich des Schulsystems *folgten,* sicher nicht allein als Versuche interpretieren, dem zum Teil noch reservierten Bürgertum die vierjährige Grundschule goutierbar zu machen. Aber wie sehr auch sozialstrukturelle und politische Faktoren, inflationsbedingte Verarmungsprozesse und eine im Nationalsozialismus gestützte Volkstumsideologie die Einbürgerung der Grundschule beförderten – ohne eine anspruchsvolle Interpretation der unterrichtlichen Themen und Verkehrsformen wäre die Grundschule nicht zu der unbezweifelten Basis der gemeinsamen Eröffnung schulischen Lernens geworden. Diese Lehrplanreform ist sicher nicht allein nur dem Eifer der Pädagogen zuzuschreiben, sondern auch der nun kraft Gesetz verpflichteten Aufmerksamkeit der artikulationsfähigen und pädagogischen Elternhäuser auf diese Schulform, die nun nicht mehr umgehbar war. Nicht von ungefähr ist in dieser Zeit das Reservoir und Szenarium der „Erziehungsfamilie": Gespräch, Ausflug, Unternehmungen, bebilderte Fibeln, in die (Grund-)Schule eingezogen (vgl. WUDTKE 1985).

Die Grundschule mußte in den 20er und 30er Jahren beweisen, daß ihr, im Vergleich zur dreijährigen Vorschule aufwendigeres Zeitbudget für alle Kinder sinnvoll und angemessen sei. Sie mußte also gegenüber allzu engen und schnellen, auf Anschluß setzenden Vorschul-Programmen eine Steigerungs- und Bremsformel entwickeln. Sie fand diese im Rückgriff und unter Berufung auf die Person des Kindes: „Man kann Kinder im Eilzugtempo durch diese Entwicklungsstufe jagen, man kann Kinder möglichst frühzeitig an Sonderbildung heranbringen – beides geht, aber es geht eben auf Kosten der *Gesamtentwicklung* der Kinder" (Wolffaut, zitiert nach NAVE 1961, S. 157). So die Rede auf einer Elternversammlung, die vom Deutschen Lehrerverein im Großen Schauspielhaus zu Berlin 1925 veranstaltet worden war, um gegen die Gefährdung der allgemeinen vierjährigen Grundschule zu protestieren. Es war eine sehr glückliche Konstellation, daß die Grundschulpädagogik auf eine Entwicklungspsychologie traf, deren empirische Forschung sich selbst erst zu etablieren begann und deren Darstellungen noch den Charme und die Anschaulichkeit von Beobachtungs- und Experimentiercollagen hatten, die vornehmlich aus einem der Pädagogik nahen häuslichen und schulischen Umfeld stammten. Mit dieser Reputation war es der Grundschulpädagogik eher möglich, Bremsschienen gegenüber einem allzu forschen Durcheilen der ersten Schuljahre auch gegenüber den Elternhäusern zu begründen, die die Grundschule als Vorschule für weiterführende Schulen verstanden, aber in dem zusätzlichen vierten Jahr nun das „sur-plus" erkennen konnten, das die Grundschulpädagogen bis heute in der Parole fassen: Grundschule – Kinderschule.

Man war es in den vergangenen Jahrzehnten gewohnt, aus den Darstellungen der älteren Entwicklungspsychologen eher das herauszulesen, was einem mißfällt: die Betonung des Aspektes der Reifung. Aber wer immer Stern oder Hansen, Busemann, Kroh oder Hetzer liest, der sieht, daß selbst dort, wo ausdrücklich auf Reifung gesetzt wird, die Überlegungen immer eingespannt sind in einen Argumentationsstrang, der Reifung, Umwelt und Begabung einschließt.

Man erinnert sich heute eher an die fatalen Nebenwirkungen, die mit dem Setzen auf Reifung verbunden sein können. Es spricht darum einiges dafür, dem gemeinten Sachverhalt ein anderes begriffliches Kleid zu geben. Auf „Reifung" als *pädago-*

gische Handlungsmaxime setzen heißt zuallererst: unter verantwortbaren Bedingungen Zeit lassen, flexibel mit Zeithorizonten umgehen, Kinder ein Stück weit aus der direkten Belehrung rücken, ein engmaschiges Ursache-Wirkung-Verhältnis im Sinne von Belehrung und Wirkung auflösen und auch auf die Arbeit und Verarbeitung des Schülers setzen. Die entwicklungspsychologische Fundierung der Grundschule bestand im wesentlichen darin, schulorganisatorisch die Dehnung des Zeithorizontes (Kindheit) abzusichern und im Blick auf die Lehrplanstruktur die thematische Verständigung bei ausgewiesenem und zugestandenem anderen „Weltbild" von Kind und Erwachsenem zu sichern; man kann auch sagen: die Verständigungs- und Interpretationsmöglichkeiten über ein Thema im Wissen um den kindlichen und erwachsenen „Egozentrismus" zu steigern.

Die Grundschule verblieb lange im organisatorischen Rahmen und in der Begrifflichkeit ihrer Gründerzeit. Das hat dazu geführt, die unmittelbare Nachkriegsentwicklung vergleichsweise summarisch als ein Wiederanknüpfen an das reformpädagogische Erbe zu charakterisieren. Bezeichnenderweise erfolgten die Weichenstellungen für die „spektakulären" Veränderungen der Grundschule, für die realen wie für die proklamierten, zunächst wieder im Organisationsbereich: Vor dem Hintergrund einer ökonomischen Konsolidierung der Bundesrepublik und begünstigt durch zunehmende Schülerzahlen ist in den 60er Jahren die Normalform der wenig gegliederten Volksschule durch voll ausgebaute, oft mehrzügige Schulen abgelöst worden. Dieser Zentralisierungsschub, der in den Flächenstaaten die Schule aus dem Dorfe holte, hatte für die sich ausdifferenzierende Grund- und Hauptschule unterschiedliche Wirkung: In dem Maße, wie durch Ausbau und Ausdifferenzierung innerhalb der Grundschule Leistungssteigerungen anvisiert wurden, verlor die Hauptschule das Klientel, für das sie durch jahrgangsbezogenen, verfachlichten Unterricht und die Einführung einer 9. Klassenstufe stark gemacht werden sollte.

Das thematische Pendant zur schulorganisatorischen Ausgliederung der Grundschule spielte sich ein in dem Ablösungsprozeß vom heimatkundlichen Gesamtunterricht. Die zeit- und themenelastischen Unterrichts- und Belehrungsformen, die in ihren souveränen Ausbildungen das reformpädagogische Erbe ausmachen, wurden zugunsten einer stärkeren Lehrgangsorientierung und Verfachlichung des Unterrichts zurückgedrängt. Die an Kontur und pädagogischen Bezügen verlierende Entwicklungspsychologie rückte nun in Position, um die Knappheit der Zeit zu begründen und um die Einfädelung in das schulische Lernen auf thematische und institutionelle Steigerungsmöglichkeiten (Vorschulerziehung) hin zu untersuchen. Dieser Prozeß fand seine spektakuläre Proklamation in der Verpflichtung der Grundschule auf Wissenschaft, und er hatte seine institutionelle Absicherung in der expandierenden, auf Verwissenschaftlichung setzenden Lehrerausbildung.

Die Heimatkunde, ursprünglich als eine das schulische Lernen eröffnende Formel eingeführt, wurde in ihren späten akademischen Würdigungen (Spranger) als Abschlußformel gefeiert und erfuhr damit zugleich auch ihren didaktischen Abgesang. Mit der Verpflichtung der Grundschule auf Wissenschaft war eine Anschluß- und Steigerungsformel gewonnen, die sowohl den realen Schülerübertrittsquoten wie der angestrebten Horizontalisierung des Schulsystems entgegenkam. Doch eine sichere Lösungsformel war damit nicht gefunden, wie die anhaltenden Irritationen zeigen: Die Heimatkunde war eine Bremsformel ohne Steigerung, und Wissenschaft ist eine Steigerungsformel ohne Bremse.

3 Der Verlust an Themensteuerungstechniken

Die Irritationen, die mit der inhaltlichen und organisatorischen Öffnung der Grundschule verbunden sind, zeigen sich in der zunehmend schwieriger zu beantwortenden Frage: Was muß, kann, darf Thema von Grundschulunterricht werden? Die Frage ist keineswegs neu, und überraschend ist auch nicht, daß deren Beantwortung zeitweise breite gesellschaftliche Konfliktfronten mobilisiert, wie dies die Programmatik und die Realgeschichte des schulischen Lehrplans zeigen. Vergleichsweise neu ist die Größenordnung des Problems: Solange der Lehrplan bezogen werden konnte auf eine lokale und statusmäßig homogene Gruppierung, war die Zuordnung von Themen und Handlungsfeldern wohl riskant genug, aber zumindest durch die antizipierbaren schichtspezifischen Kontexte einigermaßen gedeckt. In dem Maße, wie das zeitlich schmale gemeinsame schulische Fundament unter den Anspruch gestellt wird, allen Kindern einen Zugang zu allen wesentlichen Bereichen der Kultur zu eröffnen, bekommt die schulische Auswahl der Themen unter dem Aspekt ihrer kulturellen Repräsentanz ein ganz anderes Gewicht.
Im Bereich der Grundschule ist es mit der Absage an die heimatkundliche Lehrplanformel zu einer von unterschiedlichen Entwicklungen getragenen Ausweitung dessen gekommen, was Thema von Unterricht werden kann. Die wohl spektakulärste Veränderung der Themen des Grundschulunterrichts ist die Ablösung des auf pragmatische Verwendungssituationen bezogenen Rechenunterrichts durch einen Mathematikunterricht, der letztlich auf die Entwicklung einer allgemeinen Denkfähigkeit zielt: „Im Prinzip und der Idee nach wird im modernen Mathematikunterricht eine neue elementare und umfassende Schuldisziplin ausgelegt, die nicht nur Zugänge zur Mathematik im engeren Sinne bahnen soll, sondern ebenso Logik und Grammatik, ja selbst die bildende Kunst umfaßt. Dieser neuen Schuldisziplin ist es um nichts Geringeres als um eine neue Universalgrammatik zu tun, durch deren Beherrschung der Schüler fähig wird, sich von allen zufälligen Bedingtheiten seines persönlichen und sozialen Lebensschicksals zu befreien" (GIEL 1975, S. 18). Dieser zumindest auf der Programmebene angestoßene Universalisierungsschub ist nicht in allen Bereichen gleichsinnig verlaufen. Die lang anhaltende Diskussion um die schichtspezifische Zentrierung der schulischen Themen und Verkehrsformen hat insbesondere im literarischen und musisch-ästhetischen Bereich zu einer oft als Alltagswende beschriebenen Überflutung mit Texten, Themen und Verfahren ganz unterschiedlicher Provenienz geführt; dies mit dem Impetus, die schulische Bornierung auf „gute Literatur", „hohe Kunst" und „ernste Musik" durch andere „triviale" Werke und Produkte zu ergänzen beziehungsweise zu ersetzen. Die thematische Ausuferung der einzelnen Lernbereiche ist Ausdruck eines durch die Wissenschaften eher noch gesteigerten Kontingenzbewußtseins. Es gibt viele gute Gründe, auch auf andere Themen zu setzen. Es gibt einen Überhang an Begründungsformeln. Im Bereich der Grundschuldidaktik ist diese Entwicklung eingeleitet worden durch die Relativierung der „klassischen" Themensteuerungs- und Themenbegrenzungstechniken.
Themenselektion geschieht nicht nur auf der Ebene der täglichen Praxis, wo das verfügbare Zeitbudget, Ausbildungsschwerpunkte des Lehrers, Schulbücher und Schülerfragen und nicht zuletzt Lehrplanvorgaben die Selektion steuern. Aus historischer Distanz erscheinen alle auch im Reflexionssystem entwickelten Themensteuerungstechniken riskant: das Setzen auf einen Interessengleichklang von Individual- und Gesellschaftsentwicklung (Herbartianer), die Orientierung an anthropologisch fundierten Aufmerksamkeitszonen und sensiblen Phasen (Montessori)

oder die über die Heimatkunde und ihre ursprünglich tragenden Bezugsdisziplinen angebotene räumliche (Erdkunde) und zeitliche (Geschichte) Entwicklungslogik der Themen. Decroly hat die Themen für seinen in vielerlei Hinsicht erfolgreichen und für die Kinder sehr anregenden Unterricht an vier, wie er glaubte, fundamentalen Bedürfnissen der Kinder orientiert: dem Bedürfnis nach Nahrung, nach Schutz vor Witterungsunbilden, dem Bedürfnis nach Verteidigung gegen Gefahren und Feinde und dem Bedürfnis der Kinder nach Arbeit in der Gemeinschaft (vgl. HAMAÏDE 1928). Wer möchte angesichts der von Decroly angeregten, auf Selbständigkeit setzenden, reichen Unterrichtskultur und der von ihm entwickelten Diagnoseverfahren zur Betreuung und Analyse von Entwicklungsprozessen über diese Themenreduktion räsonieren? Offensichtlich bedarf es einer Eingrenzung, wenn nicht mit jeder Themenwahl die Fülle des Abendlandes zur Disposition stehen soll. Die Funktion von Verfahren zur Themenbegrenzung liegt gerade darin, durch Eingrenzung Steigerungsmöglichkeiten zu erschließen und Freiräume für andere unterrichtliche Aufgaben (Themeninszenierung, individuelle Betreuung) zu schaffen. Die ältere Entwicklungspsychologie glaubte zu wissen, Geschichte sei erst ab der Pubertät differenziert zu verstehen und zu vermitteln. Dennoch wurden im Bereich der Heimatkunde zahlreiche historische Themen mit Gewinn präsentiert, während in der Phase des „Alles ist möglich" die historische Dimension im Sachunterricht zunächst weithin untergegangen war. Thematische Öffnung, insbesondere dann, wenn sie nicht durch eine entwickelte Unterrichtskultur organisatorisch abgefangen wird (wie etwa bei B. Otto oder C. Freinet), bringt nicht nur Steigerung und Bereicherung, sondern auch Verluste. Der Unterricht gerät in die Gefahr, zum Journal zu werden: viele Bilder und wenig Text.
Es gibt gegenwärtig kein einheitliches, die Themen des Grundschulunterrichts ordnendes Schema, und die Aussichten, ein solches die Stoffe ordnendes Muster zu erstellen, sind gering. Bezeichnenderweise gehen didaktische Modelle, gleichgültig welcher Provenienz, davon aus, man habe schon ein Thema und müsse es nur noch auf seine Tauglichkeit und Umsetzbarkeit hin prüfen. Auch die Entwicklungspychologie ist zumindest dort, wo die Beschreibung des „kindlichen Weltbildes" tiefer gelegt wurde, kaum mehr ein Reservoir für Themengenerierung. Entwicklungsstrukturelle Modelle im Sinne und in der Tradition etwa von Piaget geben keine Hinweise auf unterrichtliche Themen, sondern bestenfalls auf die Art der Themenbearbeitung.
In einer solchen Baisse an thematischen Strukturierungsmöglichkeiten greifen ganz charakteristische, historisch gesehen, auch ganz traditionelle Lösungen: Man setzt auf die Schüler, die Fächer, den Lehrplan. Möglicherweise schlägt die thematische Vielfalt auch um, und die Grundschule hangelt an ihren eisernen Stützen entlang: Lesen, Schreiben, Rechnen. Solch eine Konzentration muß nicht unbedingt schon Kargheit und schulische Tristesse bedeuten. Vor dem Hintergrund einer über die Curriculumbewegung eher noch gesteigerten Auswahl- und Zentrierungsproblematik empfiehlt sich das „Hergebrachte" als eine legitime Möglichkeit, zumal wenn diese überkommenen Schematisierungen – anspruchsvoll interpretiert – nun wieder neu zur Verfügung stehen.

4 Lehrplanschematisierungen

Als die Grundschule unter dem Anspruch der Steigerung sich auf den Weg machte, den ihr bei ihrer Gründung mitgegebenen gesamtunterrichtlichen Formen abzuschwören und stärker auf Verfachlichung zu setzen, traf sie auf eine Situation, wo die Schulfächer selbst über die Curriculumdiskussion in Bedrängnis und Legitimationsnot geraten waren. Die lehrplanstrategische Funktion der vielberufenen und mehrdeutigen Verpflichtung der Grundschule auf die „prinzipielle wissenschaftliche Orientierung der Lerninhalte und Lernprozesse" (DEUTSCHER BILDUNGSRAT 1970, S. 133) bestand darin, mit dem Setzen auf Wissenschaft eine Leitformel zu postulieren, die schulstufen- und schulformenübergreifende Kontinuität erwarten ließ, ohne die Grundschule an die selbst in Begründungsschwierigkeiten geratenen Schulfächer der weiterführenden Schulstufen vorbehaltlos zu binden. Die Rede von den Lernbereichen in der Grundschule, eine Bezeichnung, die sich seit dem Strukturplan (vgl. DEUTSCHER BILDUNGSRAT 1970) eingebürgert hat, signalisiert zunächst einmal Distanz gegenüber den alten Lehrplangliederungen der Volksschule und gegenüber einer allzu geradlinigen Vereinnahmung durch die Fächer der folgenden Schulstufen. Lernbereiche als „in sich gegliederte Sachgebiete" zeigen noch vor jeder inhaltlichen Bestimmung an, daß auch Grundschüler schon über Differenzerfahrungen lernen, daß aber Perspektivität und Perspektivenwechsel erst noch entwickelt werden und deren anspruchsvolle Entfaltung weder vom Grundschüler vorausgesetzt noch vom Grundschullehrer in allen von ihm vertretenen Bereichen erwartet werden kann.

Die Bemühungen um eine Fundierung der Lernbereichsgliederung in der Grundschule verspielen aber überall dort die ursprünglich innovativ gemeinte Absicht einer anspruchsvollen Komposition von Themen des Grundschulunterrichts, wo diese Diskussion so geführt wird, als ginge es nur darum, einen goldenen Mittelweg zu finden, zwischen Fach- und Gesamtunterricht, bei dem die jeweils negativen Auswirkungen vermieden und die positiven Möglichkeiten wahrgenommen werden. Diese Problemzentrierung macht vergessen, daß für die Grundschule der Gesamtunterricht so lange gut geheißen wurde (vgl. FLITNER 1965, S. 11; vgl. KRAMP 1961, S. 333), wie der Schulfächerkanon, als dessen Propädeutik er sich verstand, im Horizont der geisteswissenschaftlichen Fundierung Gültigkeit und Vollständigkeit beanspruchte: „Die Lehrfächer der Schule sind Studien- und Übungseinheiten, die nicht von einer Systematik der Wissenschaften her abzuleiten sind. Vielmehr entstammen sie ganz verschiedenen Bedürfnissen, ihre Reihe läßt sich nur historisch begreifen, aber in der historischen Entfaltung wirkt eine anthropologische Systematik: Die Allseitigkeit der menschlichen Geistestätigkeit kommt in den Fächern zum Vorschein" (FLITNER 1965, S. 39). Man ist heute nach dem Ausklingen der Curriculumdiskussion bei der Einschätzung des Fächerkanons etwas vorsichtiger geworden. Die Curriculumbewegung glänzte ja weniger durch den Reichtum an verfügbaren Antworten, sondern eher durch die perspektivenreichen Fragen, die im Blick auf die Lehrplanrevision gestellt wurden, und durch den Optimismus ihrer Lösungsmöglichkeiten: Die Fächer, ihrer anthropologischen Fundierung und kategorialen Weihen beraubt, sollten durch Bezugsrahmen außerhalb des etablierten Kanons (Lebenspraxen, Situationen, Handlungsfelder, Wissenschaft, Grundkompetenzen) ein Stück weit entrümpelt und ergänzt werden: „Die immer wieder apostrophierte ‚inhaltliche Ordnung', die im Fach repräsentiert sein soll, ist schon längst zu einem heillosen Durcheinander von tradiertem Schulfach, wissenschaftlicher Disziplin und geschichtlichen Ablagerungen der wissenschaftlichen Disziplin geworden, das von kompetenten Fachleuten einmal entwirrt werden müßte" (GIEL 1974a, S. 37). Dies zu konstatieren, darin bestand das Pathos der Curriculumbewegung; es einzulösen ist das noch anstehende Geschäft.

Die Auflösung einer die Schulfächer im ganzen fundierenden Theorie, wie sie in der geisteswissenschaftlichen Pädagogik noch hinterlegt war, hatte nicht unerheb-

liche Folgewirkungen. Der Kanon einer für notwendig gehaltenen Konfiguration von Themen und den zugehörigen wissenschaftlichen Disziplinen wurde insbesondere in den Schulabschlußjahren in ein breites Angebot von Wahl- und Pflichtkursen aufgelockert, was als Chance für individuelle Schwerpunkte gefeiert und als verlorengegangenes „geistiges Band" beklagt wird. Über die Kurse kann nahezu alles, was in die herkömmlichen Fächer nicht integrierbar scheint, hereingeholt werden. Die gegen Stoffülle und thematische Diffusion gesetzten Prinzipien des Elementaren, Fundamentalen und Exemplarischen (vgl. KLAFKI 1959, 1961) konnten nur so lange überzeugen, wie die in diesen Kategorien schon vorausgesetzte Ordnung noch nicht in den Kontroversen und Alternativen von Exempel und Gegenexempel zerrieben wurden. Wenn auf die Schulfächer als verläßliches Ordnungsgefüge nicht mehr so vorbehaltlos gesetzt werden kann, dann steht für die einzelnen Unterrichtsthemen eine sehr viel umfänglichere Begründungsrhetorik an. Der über die „Autorität" des Schulfaches nicht mehr als abgeklärt oder zumindest als unbefragt geltende Kontext muß dann über die jeweiligen Themen mit erschlossen werden. Dies führte zu den hinlänglich bekannten, gestelzten Begründungen, zu den Beschwörungen von Endformeln und zu dem Gestus, der da meint, auch heute wieder bedeutsam sein zu müssen. Weil das begriffliche Instrumentarium der Pädagogik – auch nach extensiver Taxonomiediskussion – kaum hinreichend ist, um zu zeigen, wie Unterrichtssequenzen im Horizont von umfassenden Zielen stehen, kommt es zu den Diskrepanzen von didaktischen Monaden und großvolumigen Zielperspektiven. Die Curriculumbewegung ist darum in eine auf abstraktere Muster setzende fachbezogene Neubesinnung der Themenauswahl und Themenbehandlung eingemündet, weil hier eine durch Ausbildungsschwerpunkte, Lehrbuchvorgaben und durch Tradition gestiftete Erwartung wenn nicht sichere, so doch risikoärmere sequentierte Steigerungsmöglichkeit vorhanden schien. Die Berufung auf Situationen, Handlungsfelder oder Lebenspraxen verbleibt ja zunächst auf der Ebene flächiger Reihung, wenn nicht über die Perspektiven und Rekonstruktionsformen Steigerungsmöglichkeiten ausformuliert werden. Im Blick auf die Praxis der Grundschule empfahlen sich auch hier, oft entgegen anderslautenden proklamierten Schwerpunkten, die ehernen Strukturen: Lesen, Schreiben, Rechnen.
Man kann den gemeinsamen Nenner aller alternativen Grundschulversuche geradezu darin sehen, daß sie diese Strukturen nicht so deutlich favorisieren und hier einem anders akzentuierten Gang des über den schulischen Lehrplan präsentierten öffentlichen Wachstumskonzepts der Kinder folgen. Wo dies nicht, wie etwa bei den Waldorfschulen, in einer inhaltlich ausformulierten Entwicklungstheorie interpretierbar ist, kommt es zu charakteristischen Irritationen: Was lernen die Schüler? „In den ersten Wochen beunruhigte es die Mitarbeiter oft, daß die Lernfortschritte der Kinder so schwer greifbar waren. Nur selten gab es Situationen, in denen man feststellen konnte: ‚Das haben wir den Kindern heute beigebracht.' Lernen vollzog sich unauffälliger, fast nebenbei, wenn die Kinder beispielsweise beim Ausschneiden von Bildern aus Illustrierten Wörter zu erlesen versuchten oder beim Vorlesen mit ins Buch sahen und Wörter wiedererkannten, wenn sie in Bilderbüchern herumblätterten oder der wissenschaftlichen Begleitung bei Notizen über die Schulter schauten. Es verunsicherte die Mitarbeiter zunächst, daß viele Kinder ihren Freiraum so häufig zum Spielen nutzten. Wichen sie aus? Würden sie genug lernen? Es dauerte einige Zeit, bis diese Unsicherheit überwunden war" (BENNER/RAMSEGER 1981, S. 87).
Die über die Lehrpläne angebotene Fächerung und die über die Zuteilung von Zeitkontingenten öffentlich verantwortete Relevanzverteilung von Themen ist viel-

leicht die schlechteste der noch vertretbaren Lösungen. In diesem Fall sind aber angemessenere Lösungen immer auch die schwierigeren. Von den Versuchen einmal abgesehen, die ihr Pathos allein aus der Ungeschriebenheit ihres Plans beziehen und die dann oft, entgegen ihren eigenen Absichten, den offiziellen Lehrplan nur eben als heimlichen betreiben, kommt es nicht von ungefähr, daß alternative Schematisierungen in einem vergleichsweise privilegierten Kontext stattfinden; privilegiert durch die Intensität der wissenschaftlichen Begleitung oder durch eine in ihrer „Philosophie" homogene Schulgemeinde.
Wir wissen um die Verwerfungen, die zwischen Wissenschaften und ihren Gegenständen bestehen, zwischen Fachwissenschaft und Schulfach, zwischen der Ordnung im Schulbuch, im Kopf des Lehrers und der Logik der Schüler. Die Rede von der Systematik eines Lehrgangs ist die beruhigende Anweisung für den Anfänger, sich an einem Halteseil entlangzuhangeln, um die Überraschungen kalkulierbarer zu machen. Die Alternative hierzu ist sicher nicht, allein auf die Logik des Schülers zu setzen, das hieße ihn allein lassen. Unabdingbar aber ist die Verpflichtung, auch in dem, was wir als Versagen empfinden oder als Fehler ankreiden, noch die Klugheit des Schülers und seine Logik zu ehren.
Der ungefächerte Unterricht im Bereich der Grundschule unterfordert in seinen anspruchsvollen Ausformulierungen nicht die Schüler. Er überfordert eher die Mehrzahl der Lehrer, weil hier ein ungleich höheres Maß an Interpretationskapazität und tiefer liegender Systematisierung gefordert ist.
Die Phase der Groß- und Neuvermessung der Grundschullehrpläne ist abgeklungen. Man argumentiert sehr viel kleinräumiger und eher innerhalb der Lernbereichs-Kartographierung, ohne daß es eigentlich zu einer Fundierung, einer Theorie der Lernbereiche bislang gekommen ist. Das ist ganz sicher nicht da zu erhoffen, wo die derzeitigen Lernbereiche in Kuchenstück-Analogie zu einem „Ganzen" verbunden werden, um so den Schein einer Vollständigkeit zu suggerieren. Die Aussichten stehen auch nicht gut, dies in der Frontstellung von Kind und Wissenschaft zu versuchen. Wo es im Blick auf das Kind nicht beim Anhimmeln von Spontaneität und Andersartigkeit bleibt, wo also anspruchsvollere Interpretationen gefordert sind, rückt unwiderruflich Wissenschaftsorientierung ins Blickfeld. Die Berufung auf Wissenschaft für den Grundschulunterricht ist darum nicht vorschnell einzuebnen und gleichzusetzen mit Fachunterricht. Wissenschaftsorientierung zielt auf die über die Schule zu befördernde Einstellung und die hierfür notwendigen Verfahren für eine in dieser Welt mögliche gemeinsame Erkenntnis. „Dichtung und Intuition, Glaube und Tradition verlieren dadurch nicht ihren Wert und ihre Autorität für das Leben des Einzelnen, aber verbindbar und verbindlich für alle ist in erster Linie das, was sie einander in der systematischen Bemühung um Objektivierung mitteilen können, die wir Wissenschaft nennen" (v. HENTIG 1980, S. 67). Wissenschaft kann nicht die Funktion einer umfassenden Sinnhaube übernehmen. Sie ist uns heute eine vielleicht eher aufgezwungene aber unverzichtbare Nötigung.
Die allgemeine Didaktik hat über die Folgeprobleme der Curriculumbewegung einen deutlichen Legitimationsverlust erfahren. Sie ist gegenwärtig eher in Form regulativer Prinzipien verfügbar und leidet allenthalben an Auflösungserscheinungen. Eine Lernbereichstheorie ist darum nur über eine Theorie der Grundschule zu leisten. Da befinden wir uns in einiger Verlegenheit. Wurde die Grundschule im Kontext der Volksschule während der Hochphase der geisteswissenschaftlichen Pädagogik von deren führenden Köpfen (vgl. FLITNER 1949, KLAFKI 1959, SPRANGER 1955) gewissermaßen nebenher mitbetreut, so ist es der Grundschulpädagogik eigentlich heute erst aufgegeben, sich selbständig als Wissenschaft zu etablieren.

Klaus Peter Hemmer

5 Thema und Themenartikulation

Die Reform der Grundschule über die Reform ihres Lehrplans zu betreiben heißt zunächst, die Aufmerksamkeit auf neue, angemessenere Themen und Inhalte zu konzentrieren. Das Verhältnis von Thema und unterrichtlicher Erschließung ist, wenn auch mit unterschiedlicher Gewichtung, Kernpunkt einer jeden didaktischen Analyse. Die Rede vom „Implikationszusammenhang von inhaltlichen und methodischen Entscheidungen" (BLANKERTZ 1975, S.94) hat nicht unbedingt schon zu einer begrifflichen Klärung des in Frage stehenden Sachverhalts, wohl aber zu einer heute weithin geteilten Problemcharakterisierung geführt. In allen Lehrplanrevisionen wird darum nicht nur auf die Themen, sondern auch auf die Verfahren der Lehr- und Lernorganisation gesetzt: „Entdeckendes Lernen, selbständiges und kooperatives Arbeiten, Schulung im Problemlösen sind als Verfahren und Prozesse des Lernens ebenso wichtig wie die zu erlernenden Inhalte selbst" (DEUTSCHER BILDUNGSRAT 1970, S.133). Innerhalb der öffentlichen Lehrpläne haben aber die Formen des Lehrens und Lernens, wenngleich als unverzichtbar begründet, einen deutlich anderen Stellenwert. Die unterrichtlichen Inszenierungs- und Organisationsformen haben nicht den Status von Themen, sondern den von Präambeln. Sie werden nicht verbindlich eingeklagt, sondern empfohlen. Auf welche Weise der Lehrer das Thema des Lehrplans zum Thema seiner Klasse macht, das bleibt, innerhalb der durch die Schulorganisation gesetzten Möglichkeiten, weitgehend ihm überlassen. Die Reform der Lehrpläne führt darum nicht schon zur Stabilisierung oder gar Steigerung einer vielfältigen und beziehungsreichen Unterrichtskultur. Man kann eher annehmen, daß die Irritationen auf der thematischen Ebene Verflachung und Trivialisierung der unterrichtlichen Inszenierungsformen begünstigen. Vor dem Hintergrund einer prekär gewordenen Auswahlproblematik liegt darum eine wichtige Funktion des Lehrplans darin, Themen ruhig zu stellen, um anspruchsvolle Darstellungsformen überhaupt erst zu entwickeln. Die zur Zeit eher ins Stocken geratenen Überlegungen um Lehrplanthemen und Themengewichtung können ein Stück weit entkrampft und wohl auch weiter geführt werden, wenn die weltanschaulich zum Teil hoch besetzte Themendiskussion stärker zurückgebunden wird auf Fragen der Lehr- und Lernorganisation, und das heißt auch auf Darstellungs- und Erschließungsmöglichkeiten der Themen.

Die Schule ist bei der Wahl und Gestaltung ihrer Themen so souverän nicht. Die Themen werden der Schule durch soziale Prozesse innerhalb und außerhalb des Schulsystems ständig zugespielt und durch ihre eigene Organisation auf Dauer gestellt. Schule kann ihre pädagogischen Feste nur feiern mit Themen und in einem Rahmen, über den sie nicht allein verfügt. Man denke nur an den Bedeutungswandel der Themen wie Post, Wald oder Dritte Welt. Die in den allgemeinen Aufmerksamkeitshorizont rückenden Themen und Problembereiche werden vom jeweiligen Fachestablishment aufgesogen (Mathematik – Informatik; Biologie – Umwelt; Ästhetische Erziehung – Bilder lesen, Medien, ...) und in den glücklichen Fällen mit anspruchsvolleren Sinnverweisen der unterrichtlichen Bearbeitung zugeführt.

Wenn die Revision des schulischen Lehrplans nicht bloß mit einem ständigen Auswechseln der Themen den aktuellen oder vermeintlich veränderten Verhältnissen hinterherlaufen will, dann muß die Konstituierung eines Themas im Unterrichtsvollzug im Gestus der Revisionsmöglichkeit erfolgen. „Wenn wir also den Kindern die ‚Welt zeigen', dann zeigen wir ihnen nicht die Welt, sondern das, was wir dafür halten, und das, was uns an dem, was wir für die Welt halten, Kindern zeigenswert

oder zuträglich *erscheint*. Die Grundformel für das, was *heute* pädagogische Repräsentation sein kann, wäre also, daß wir den Kindern sagen: Ceci n'est pas le monde. Nur ein Abbild, nur eine Spiegelung" (MOLLENHAUER 1983, S. 77). Die Frage ist nicht mehr die, wie eine geordnete Welt in die Köpfe der Schüler übergeführt wird, sondern in welcher Weise Wirklichkeit, an der die Schüler immer schon teilhaben, über Themen repräsentiert und zur Bearbeitung im Unterricht freigegeben wird.
Die Lehrplanreform bleibt ein aktualisierter Novitätenkatalog, wenn sie nicht gestützt wird durch eine Reform der unterrichtlichen Inszenierungs- und Darstellungsverfahren. Erst ein breites, auf seine wirklichkeitserschließenden Voraussetzungen hin durchreflektiertes Reservoir an unterrichtlichen Gestaltungsformen sichert eine beziehungsreiche Repräsentation und Bearbeitung von Wirklichkeit. Die oft allzu einlinigen Favorisierungen von Projekt oder Erzählung, von Spiel oder Gespräch, von Entdeckenlassen oder Informieren, von Verfremden, Experimentieren und Üben sind Stilformen des Unterrichts zu bestimmen, die den Lehrer nicht in ein neues Methodenkorsett zwingen, sondern mit einer durchaus auch handwerklichen Fundierung ihn in die Lage versetzen, Unterricht vielgestaltig planen und durchführen zu können.
Die Vergewisserung unterrichtlicher Artikulationsformen geht aber nicht auf in der Empfehlung für ein abwechslungsreiches Methodenregister. Der darüber hinausweisende Anspruch besteht darin, den Darstellungsmodus und die Repräsentationsfiguren von Wirklichkeit sich zuallererst als Lehrer und sie dann ein Stück weit auch den Schülern verfügbar zu halten. An welcher Stelle und in welcher Weise die unterrichtliche Darstellung sich selbst zu erkennen gibt, um so auf die Perspektivität und Relativität der Erkenntnis- und Handlungsgewinne zu verweisen, das hängt von den ganz unterschiedlichen Gefährdungszonen der jeweiligen Themenartikulation ab.
Im Rahmen solcher allmählich auf den Weg kommenden Analysen unterrichtlicher Artikulationsformen (vgl. GIEL 1976, HILLER 1980; vgl. RAUSCHENBERGER 1967, 1985) ist für den Lehrer dann auch deutlicher auszumachen, in welcher Tradition er steht, wenn er etwa auf Erzählung setzt, oder ob und inwieweit mit der gegenwärtigen Favorisierung des Projektunterrichts im Blick auf dessen Wirklichkeit konstituierende Voraussetzungen (Kleinräumigkeit, naher Zeithorizont, pädagogisch orientierte Öffentlichkeit) nicht unmittelbar angeschlossen wird an Bedingungen, die im Kontext des Heimatkundeunterrichts so entschieden abgelehnt wurden. Das Bild vom Bürgermeister, der für seine Gemeinde sorgt, trägt ja ähnlich idyllische Züge wie die in dem oft berufenen Typhus-Projekt (vgl. DEWEY/KILPATRICK 1935) gegebenen Voraussetzungen, daß da eine Familie ernsthaft annimmt, Kinder und Jugendliche könnten sie über die Ursachen der regelmäßig bei ihr auftretenden Typhuserkrankungen aufklären. Das ist kein Votum gegen den Projektunterricht, sondern hier nur eben ein Hinweis, was es heißt, die Tendenz der unterrichtlichen Darstellungsformen verfügbar zu halten: „Der Lehrer vertritt die sich entwickelnde Welt seiner Schüler, obwohl er weiß, daß er dies nur unvollkommen tun kann. Ihm bleibt gar nichts anderes übrig, als das Prinzip seiner Vertreterschaft selber durchsichtig zu machen" (RAUSCHENBERGER 1967, S. 88).

6 Die Themen und ihre Rahmung

Kinder, die nicht in die Schule gehen wollen, sind heute weniger ein Problem der Polizeigewalt, sondern „Fälle" für ihre Eltern, für Kinderärzte und Therapeuten – so sehr ist die „Schule als Weg des Kindes" (LANGEVELD 1966) uns selbstverständlich.

Klaus Peter Hemmer

Das Größerwerden ist für die Kinder wie für ihre Umwelt ablesbar an der durch die Jahresrhythmen interpunktierten Kalenderzeit: Man geht noch nicht oder schon zur Schule. Man fängt dort klein an und wird größer, was am Nachrücken der Kleineren erfahrbar wird. Wer nicht aufrückt, bleibt sitzen; der bleibt etwas kleiner, auch in dem, was ihm zugemutet wird an Themen und Argumenten.
Immer mehr Schüler verlassen die Schule erst im Status der Volljährigkeit. Der Weg zum Erwachsenwerden führt durch die Schule, auch wenn ihr diese Verpflichtung nicht allein zuzurechnen ist. Die Differenz von Familie und Schule macht erst die Erziehungsleistung im Grundschulalter aus. Die Familien erziehen im Wissen um die Schule. Sie können Bereiche und Themen auslagern und diese wiederum als „Familie" betreuen. Die Schule setzt in ihren Anforderungen und in der Art der Themenbehandlung eine gelingende Familienerziehung immer voraus, auch da, wo sie familienanaloge Formen der Belehrung, freies Gespräch, altersgemischte Gruppen, als schulische Inszenierung aufnimmt. Nicht umsonst zählen wir jene Kinder zu den Benachteiligten, die allzu ausschließlich auf Erziehung und Belehrung in der Schule angewiesen sind.
Können wir diesen von der Schule betreuten Weg des Erwachsenwerdens, der ja zumindest in Teilen auch im kodifizierten Lehrplan repräsentiert ist, noch interpretieren – über einzelne Stunden, Themen und Bereiche hinaus? Dieser Plan enthält ja, bei all der zugestandenen Zeit- und Themenelastizität, die in den öffentlichen Schulen wenig genug ausgereizt wird, doch ein hohes Maß an Synchronisierung der jeweils über die individuellen Lernbiographien eingebrachten Zeit- und Erfahrungshorizonte. Die Schule schmiegt sich nicht so situations- und motivationssensibel ans Leben an, wie das vielleicht in der Tradition der Hauslehrererziehung noch zu verwirklichen war und als Möglichkeit der Familienerziehung zugesprochen wird. Aber auch da hat die Didaktisierung schon längst Einzug gehalten: über die Gestaltung der Kinderzimmer, über Spiele und Medien, durch dazwischengeschobene und über die Situation hinausverweisende Erklärungen, ganz zu schweigen von den frühzeitig angelegten Stütz- und Ergänzungskursen und den Bereichen (etwa Instrumentalmusik), die von der Schule wohl honoriert, aber nahezu ausschließlich über das Familiencurriculum betreut werden.
Die Schule hat in ihrer Rhythmik einen durchaus härteren Gang. Über die Klassengliederung wird festgehalten, wie „alt" man sein darf und wie alt man sein muß und welche Themen zu interessieren haben. Man stelle sich ein Kind im ersten Schuljahr der Regelschule vor, das sich nicht zum Lesen verführen lassen will. Die Schule versucht für ihre Themen über pädagogische Zwischenwelten ihre eigenen Voraussetzungen und Anschlüsse zu sichern und erzeugt damit Haltungen und Interessenschwerpunkte, die, auch wenn sie zunächst nur als Schul-Habitus gepflegt werden, Fernwirkungen haben. Die Kontinuität des schulischen Lernens wird dabei weniger über die Themen, sondern über die Schul- und Unterrichtsorganisation und im Bereich der Grundschule über die Person des Lehrers gesichert. Alle wissen: Morgen geht es weiter. Nach dem Wochenende ist wieder Schule. Die Schule fängt mit Morgenkreis, Freispiel oder Lesen an, und dienstags ist das Turnzeug mitzubringen.
Unterricht besteht nicht aus einer Reihung thematischer Feuerwerke, die durchgängig auf Steigerung hin stilisiert werden können. Es treten für den Lehrer wie für die einzelnen Schüler unterschiedliche Lücken und Brüche auf. Handlungssequenzen brechen ab, als evident oder zuverlässig angenommene Zusammenhänge tragen nicht; es kommt zu Wirkungslücken, auch zu Wirkungen, die nicht mehr auf Intentionen rückführbar sind; es kommt zu Durststrecken der Banalität und Lange-

weile und bei Lehrern wie Schülern zu unterschiedlichen Strategien, über die Zeit zu kommen. Die schulische Rahmung der Lehr-/Lernorganisation sichert die Kontinuität und die Typik der Beziehungen, innerhalb deren die unterrichtlichen Themen die herausgestellten Interaktionspointen sind.

Bezeichnenderweise überzeugen alle Schulreformversuche (im Grundschulbereich), die historischen wie die aktuellen, weniger durch die originellen oder so ganz anderen unterrichtlichen Themen, sondern eher dadurch, daß der pädagogischen Konzeption eine jeweils typische Schulorganisation entspricht. Das kann in Einzelfällen so weit gehen, daß die Auswahl der Themen durch die Lehr-/Lernorganisation überformt wird. Die Themen werden dann ausgewählt im Blick auf ihre Materialisationsmöglichkeiten (Montessori) oder nach ihrer Geeignetheit für Gruppenarbeit (Petersen).

Die Grundschule wird gegenwärtig in ihrer Kontur weniger durch Kontroversen um einzelne Themen erschüttert oder bestimmt. Sie wird durch sehr viel abstraktere schulorganisatorische Zumessungen gesteuert. Hier findet die Lehrplanreform ihre Begrenzung oder ihre Weiterführung. Die Möglichkeiten der Binnenorganisation, die dieser Schulstufe angemessen und da auch noch am ehesten zu verwirklichen sind (überschaubare Schulgröße, kollegiale Verantwortlichkeit für die ganze Schule, bewegliche Stundenplankoordination) müssen extensiver ausgelotet werden. Die Zeit, die die Gesellschaft bereit ist, für die Einfädelung aller Kinder in anspruchsvolle, langfristige Lernprozesse zur Verfügung zu stellen, ist knapp. Während die Klassenstärken gegenüber denen des 19. und beginnenden 20. Jahrhunderts bis heute auf ein Drittel gesenkt wurden, hat sich die Unterrichtsversorgung in ihrem zeitlichen Umfang in dieser Zeitspanne eher verschlechtert (vgl. HAARMANN 1975, S. 170). Die Grundschule gerät insbesondere in den Anfangsklassen zur Viertel-Tagesschule. Eine entspannte vielgestaltige Produktivität stellt sich nicht von alleine ein. Aber ohne Zeitressourcen verkümmern alle Bemühungen zu kargen Schnellkursen, von denen bestenfalls noch jene Kinder profitieren, deren Elternhäuser ohnehin Schule kompensieren können.

BENNER, D./RAMSEGER, J.: Wenn die Schule sich öffnet. Erfahrungen aus dem Grundschulprojekt Gierenbeck, München 1981. BLANKERTZ, H.: Theorien und Modelle der Didaktik, München ⁹1975. DEUTSCHER BILDUNGSRAT: Strukturplan für das Bildungswesen. Empfehlungen der Bildungskommission, Stuttgart 1970. DEWEY, J./KILPATRICK, W.H.: Der Projektplan. Grundlegung und Praxis, Weimar 1935. FLITNER, W.: Die vier Quellen des Volksschulgedankens, Hamburg 1949. FLITNER, W.: Grund- und Zeitfragen der Erziehung und Bildung, Stuttgart 1954. FLITNER, W.: Grundlegende Geistesbildung. Studien zur Theorie der wissenschaftlichen Grundbildung und ihrer kulturellen Basis, Heidelberg 1965. GIEL, K.: Perspektiven des Sachunterrichts. In: GIEL, K. u.a.: Stücke zu einem mehrperspektivischen Unterricht. Aufsätze zur Konzeption 1, Stuttgart 1974, S. 34 ff. (1974a). GIEL, K.: Frage nach der „Sache" des Sachunterrichts. In: SCHWARTZ, E. (Hg.): Regionale Grundschulkongresse 73/74, Frankfurt/M. 1974, S. VIII ff. (1974b). GIEL, K.: Vorbemerkungen zu einer Theorie des Elementarunterrichts. In: GIEL, K. u.a.: Stücke zu einem mehrperspektivischen Unterricht. Aufsätze zur Konzeption 2, Stuttgart 1975, S. 8 ff. GIEL, K.: Einleitung. In: GIEL, K. (Hg.): Allgemeine Pädagogik, Freiburg 1976, S. 9 ff. HAARMANN, D.: Das erste Pflichtschuljahr in der Bundesrepublik Deutschland. In: DEUTSCHER BILDUNGSRAT (Hg.): Die Eingangsstufe des Primarbereichs, Bd. 1: Ansätze zur Entwicklung. Gutachten und Studien der Bildungskommission, Bd. 47, Stuttgart 1975, S. 99 ff. HAMAÏDE, A.: Die Methode Decroly, Weimar 1928. HENTIG, H. v.: Die Krise des Abiturs und eine Alternative, Stuttgart 1980. HILLER, G.G.: Ebenen der Unterrichtsvorbereitung. In: ADL-AMINI, B./KÜNZLI, R. (Hg.): Didaktische Modelle und Unterrichtsplanung, München 1980, S. 119 ff. HILLER-KETTERER, I./HILLER, G.G.: Unterricht über Unterricht und pädagogische Verständigung. In: B. u. E. 27 (1974), S. 268 ff. HILLER-

KETTERER, I./SCHOLZE, O.: Fächerübergreifender Unterricht als didaktisches Prinzip. In: WÖHLER, K. (Hg.): Didaktische Prinzipien. Begründung und praktische Bedeutung, München 1979, S. 85 ff. KLAFKI, W.: Das pädagogische Problem des Elementaren und die Theorie der kategorialen Bildung, Weinheim/Berlin 1959. KLAFKI, W.: Die didaktischen Prinzipien des Elementaren, Fundamentalen und Exemplarischen. In: BLUMENTHAL, A. u. a. (Hg.): Handbuch für Lehrer, Bd. 2, Gütersloh 1961, S. 120 ff. KLAFKI, W.: Neue Studien zur Bildungstheorie und Didaktik, Weinheim/Basel 1985. KRAMP, W.: Begriff und Problem des Gesamtunterrichts. In: Westerm. P. Beitr. 13 (1961), S. 331 ff. LANGEVELD, M.J.: Die Schule als Weg des Kindes. Versuch einer Anthropologie der Schule, Braunschweig 1966. LUHMANN, N./SCHORR, K.-E.: Reflexionsprobleme im Erziehungssystem, Stuttgart 1979. LUHMANN, N./SCHORR, K.-E.: Personale Identität und Möglichkeiten der Erziehung. In: LUHMANN, N./SCHORR, K.-E. (Hg.): Zwischen Technologie und Selbstreferenz. Fragen an die Pädagogik, Frankfurt/M. 1982. MOLLENHAUER, K.: Vergessene Zusammenhänge. Über Kultur und Erziehung, München 1983. NAVE, K.-H.: Die allgemeine deutsche Grundschule. Ideengeschichtliche Grundlegung und Verwirklichung in der Weimarer Republik, Weinheim 1961. NEUNER, G. u.a. (Hg.): Allgemeinbildung – Lehrplanwerk – Unterricht, Berlin (DDR) 1972. NOHL, H.: Die pädagogische Bewegung in Deutschland und ihre Theorie, Frankfurt/M. 1949. RAUSCHENBERGER, H.: Über das Lehren und seine Momente. In: ADORNO, TH. W. u.a.: Zum Bildungsbegriff der Gegenwart, Frankfurt/M. 1967, S. 64 ff. RAUSCHENBERGER, H.: Unterricht als Darstellung und Inszenierung. In: Enzyklopädie Erziehungswissenschaft, Bd. 7, Stuttgart 1985, S. 51 ff. SPRANGER, E.: Der Eigengeist der Volksschule, Heidelberg 1955. WENIGER, E.: Theorie der Bildungsinhalte und des Lehrplans, Weinheim 1952. WUDTKE, H.: Die Erziehungsfamilie. In: Enzyklopädie Erziehungswissenschaft, Bd. 7, Stuttgart 1985, S. 261 ff.

Mechthild Dehn

Schriftspracherwerb und Elementarunterricht

1 Aufriß der Fragestellung
2 Schwerpunkte des gegenwärtigen Forschungsinteresses
3 Bedingungen des Schriftspracherwerbs
3.1 Wahrnehmungsprozesse, Regellernen und Bewußtheit
3.2 Die Beziehung von Lesen- und Schreibenlernen
3.3 Lernschwierigkeiten und Lernvoraussetzungen
3.4 Lehrverfahren und Lernprozeß
4 Analphabetismus und Literarisierung
5 Historische Stationen des Lesen- und Schreibenlernens im Elementarunterricht
5.1 Aus linguistischer Perspektive: Valentin Ickelsamer
5.2 Aus pädagogischer Perspektive: Joachim Heinrich Campe
5.3 Aus psychologischer Perspektive: Bernhard Bosch

Zusammenfassung: Ausgangspunkt dieses Beitrags ist die Frage nach den kognitiven Prozessen beim Lesen- und Schreibenlernen. Didaktische Aspekte werden eher grundsätzlich erörtert im Hinblick auf Konsequenzen, die aus der Kenntnis von Lernvorgängen für das Lehren gezogen werden können, als daß die verschiedenen Methoden des Erstleseunterrichts behandelt würden. Unterricht soll hier vor allem unter sozialgeschichtlicher Perspektive in den Blick kommen mit der Frage, welche kulturanthropologischen Bedürfnisse der Elementarunterricht voraussetzen kann, welche er anzuregen vermag und welches die Bedingungen für eine wirksame Einführung der Lese- und Schreibanfänger in die Schriftkultur sind.

Summary: This contribution raises the question of the cognitive processes involved in learning how to read and write. Didactical aspects are discussed in general terms with regard to conclusions that can be drawn from a knowledge of the learning processes for teaching rather than being subjected to a detailed analysis of the various methods of teaching beginners to read. The intention here is to consider teaching mainly from the social-history angle, investigating which culturo-anthropological requirements elementary teaching can assume and which it can stimulate, as well as the conditions required for an effective introduction of those beginning to read and write to written culture.

Résumé: Le point de départ de cette contribution est la question des procédés cognitifs lors de l'apprentissage de la lecture et de l'écriture. On discute des aspects didactiques de façon fondée sur des principes, et ce en égard aux conséquences qui, de par la connaissance de procédés d'apprentissage, peuvent être tirées, plutôt qu'on ne traite des différentes méthodes de l'enseignement premier de la lecture. L'enseignement doit apparaître ici avant tout sous la perspective socio-historique avec la question de savoir quels besoins culturo-anthropologiques de l'enseignement élémentaire peuvent être supposés, lesquels il peut inciter à avoir et quelles sont les conditions nécessaires à une introduction efficace du débutant en lecture et en écriture à la culture de l'écrit.

Mechthild Dehn

1 Aufriß der Fragestellung

Von Lesen- und Schreibenlernen als Schrift*sprach*erwerb reden heißt die Korrespondenz zum Sprechenlernen als primärem Spracherwerb betonen. Der Beitrag geht davon aus, daß Sprachlernen als regelgeleiteter Prozeß zu verstehen ist, der sich in Interaktionen vollzieht (vgl. BRUNER 1977). Während das Kind im Umgang mit einer Bezugsperson sprechen lernt, ist der Schriftspracherwerb seit eh und je zumeist als Elementarunterricht institutionalisiert. Von Lesen- und Schreibenlernen als Schriftsprach*erwerb* reden heißt, darüber hinaus, den Prozeß der Aneignung und die Aktivität des Lernenden betonen.

Wer lesen und schreiben lernt, kann einerseits an seine Spracherfahrungen anknüpfen, sein Sprachvermögen auch hier gebrauchen: Zum Beispiel kann er, wenn er eine Reihe von Wörtern in einem Satz gelesen hat, semantisch und syntaktisch gerichtete Vermutungen über den Fortgang beim Erlesen verwenden. Andererseits verlangt der Erwerb der Schriftsprache eine grundlegend neue Einstellung zur Sprache. War sie bisher *Medium* für Austausch und Artikulation, so muß sie – zumindest im Stadium des Erwerbs – *Gegenstand* der Betrachtung und lernenden Aneignung werden (vgl. BOSCH 1961). Schriftspracherwerb und primärer Spracherwerb entsprechen einander zwar – vor allem im Hinblick auf das Prinzip der Regelbildung; zwischen geschriebener und gesprochener Sprache bestehen jedoch hinsichtlich ihrer Struktur und Funktion entscheidende Unterschiede, die die psychischen Vorgänge beim Lesen- und Schreibenlernen bestimmen und für Entscheidungen über unterrichtliche Vermittlungsformen grundlegend sind.

Umgang mit geschriebener Sprache setzt Abstraktion voraus, Abstraktion von der lautlichen Seite der Sprache und vom Gesprächspartner. Er erfordert willentlich gesteuerte Aufmerksamkeit (vgl. WYGOTSKI 1969). Ein Vergleich unterschiedlicher Schriftsysteme und eine Betrachtung der Funktion von Schrift und Schreiben zeigen, daß Schrift mehr ist als nur ein der gesprochenen Sprache zugeordnetes sekundäres Zeicheninventar. Schrift hat gegenüber gesprochener Sprache keine Abbildfunktion. „Schrift ist Sprachanalyse" (COULMAS 1981, S. 25). Das bezieht sich zum einen auf die Beziehung zwischen Wortbedeutung, Laut und Schriftzeichen (ikonische Zeichen, Begriffsschrift, Silbenschrift, phonemische Schrift), zum anderen auf die Beziehung zwischen Gedanke und gesprochener beziehungsweise geschriebener Sprache.

Wer lesen und schreiben lernt, erwirbt nicht nur eine zweite Form für Artikulation und Austausch. Die Schrift ermöglicht nicht nur die Mitteilung an den räumlich Entfernten und die Überlieferung an den zeitlich Späteren, sie kann darüber hinaus durch die entlastende Funktion der Fixierung und die Notwendigkeit, gedankliche Vorstellungen bewußt und ausdrücklich zu artikulieren, zu deren Entfaltung und Ordnung in weitaus höherem Maße beitragen als die gesprochene Sprache. In der Tat war die Erfindung der Schriftzeichen nicht vorrangig von Kommunikationszwecken bestimmt (Briefe von Diplomaten und Kaufleuten, Texte zur Wirtschaftsorganisation), sondern von dem Bedürfnis, komplexe Bewußtseinsinhalte wissenschaftlicher oder religiöser Art festzuhalten (mathematische Formeln, Hymnen, Gebete; vgl. JANUSCHEK 1978). Erst durch Schrift wird Distanz zur Geschichte möglich, da mündlich Überliefertes stets dem zeitgenössischen Bewußtsein angeglichen werden kann (vgl. GOODY 1981). Schrift erlaubt dem einzelnen, der beim Zuhören immer an das Kollektiv und damit an das allgemeine Verständnis von kultureller Tradition gebunden ist, selbst auszuwählen und Schwerpunkte zu setzen; insofern ist *Schriftkultur* eine Voraussetzung für demokratische Lebensformen (vgl. GOODY 1981). Für den einzelnen ist mit dem Erwerb der Schriftsprache so etwas wie der Gewinn einer neuen Dimension verbunden, nämlich der Übergang „vom konkreten zum kategorialen Verhalten" (WEIGL 1979, S. 21). Das betrifft sowohl die Entwicklung des Denkens (Begriffsbildung) wie die Fähigkeit zur Interaktion (Einstellung zum Gegenüber und zu sich selbst). Freilich hat es seit der Antike immer wieder Stimmen gegeben, die energisch bestritten haben, daß mit dem Schriftspracherwerb ein subjektiver oder gesellschaftlicher Gewinn verbunden sei – etwa mit dem Hinweis darauf, daß durch Lesen und Schreiben die Fähigkeit des Erinnerns eingeschränkt werde, weil diese nicht mehr dringlich sei, oder mit dem Hinweis darauf, daß auch Lesen und Schreiben als Bestandteile elementarer Schulbildung bei der Mehrzahl der Bevölkerung bloß Minderwertigkeitsgefühle gegenüber besser Ausgebildeten hervorriefen (vgl. ILLICH 1970). Allerdings ist die phonemische Schrift im Unterschied zu anderen Schriftsystemen wegen ihres geringen Zeicheninventars für viele lernbar und kann ohne weiteres auf neue Inhalte angewendet werden (vgl. GOODY 1981).

Diese skeptischen Argumente zeigen ebenso wie der Blick auf die Geschichte des Lesen- und Schreibenlernens im ganzen, daß Schriftspracherwerb nicht allein als psychisches Phänomen verstanden werden kann, sondern zwischen Analphabetismus und Literarisierung eine für die Betroffenen ganz entscheidende soziale Dimension hat. Da der Zugang zur Schriftkultur in der Regel als Elementarunterricht institutionalisiert ist, ist für den Lernenden entscheidend, wie dessen Ziele, Inhalte und Vermittlungsformen im Hinblick auf die Einführung in die Schriftkultur bestimmt sind. Wenn es in diesem Zusammenhang um die Vermittlung der *Kulturtechnik* geht, wird suggeriert, es handle sich beim Lesen- und Schreibenlernen um isolierbare, hierarchisch zu ordnende und nacheinander zu trainierende Teilfertigkeiten, die bloß das Handwerkszeug für die eigentlichen Kulturleistungen des Schreibens und Lesens (der Schriftsteller, Journalisten und Wissenschaftler) darstellten. Ein Elementarunterricht, der eine von Inhalten und Funktionen der Schrift vermeintlich abtrennbare „Technik" vermitteln will, trennt zugleich Schriftspracherwerb und grundlegende Bildung und definiert sich selbst in ausgrenzendem Sinn, indem er alles, was nicht zur Vermittlung der Kulturtechniken gehört, späterer Unterweisung in anderen institutionellen Einrichtungen vorbehält und damit von vornherein Schrift auf ihre pragmatische Funktion oder auf bestimmte Inhalte einschränkt und auf diese Weise zugleich sozialer Selektion Vorschub leistet.

Aus diesen grundsätzlichen Überlegungen ergeben sich mehrere Fragestellungen, die im folgenden die Auswahl der Information bestimmen und die Argumentation leiten.

Unter *psychologischer Perspektive* gilt es herauszustellen:
- inwiefern die kognitiven, sprachlichen und interaktiven Prozesse beim Schriftspracherwerb einerseits dem primären Spracherwerb entsprechen und ihn voraussetzen;
- inwiefern das Lesen- und Schreibenlernen andererseits nicht als bloße Fortsetzung und Erweiterung des primären Spracherwerbs angesehen werden kann, sondern ein neues Verhältnis zur Sprache schafft und damit gerade die Entwicklung der geistigen Funktionen in einer Weise fördert, daß das Verfügen über diese Fähigkeiten als Grundrecht betrachtet werden kann;
- welche Tätigkeiten als Teilprozesse des Lernvorgangs in der Beobachtung und Beschreibung unterschieden werden können und in welcher Weise die Lernenden darüber verfügen (operativ-praktisch oder [auch] analytisch-reflektierend);
- auf welche sprachlichen Einheiten sich die Aktivitäten richten und wie sie sich

im Verhältnis zueinander im Laufe zunehmender Automatisierung während des Erwerbsprozesses entwickeln;
- welche Lernvoraussetzungen über die sprachliche Kompetenz hinaus gegeben sein müssen;
- welche Lernschwierigkeiten typisch für den Erwerbsprozeß sind, welche als Anzeichen für eine Lernbehinderung angesehen werden können.

Unter *sozialgeschichtlicher und kulturanthropologischer Perspektive* gilt es zu klären:
- inwiefern Schriftspracherwerb als Privileg verteidigt worden ist;
- unter welchen äußeren Bedingungen, in welchen Formen und mit welchen Motiven sich Alphabetisierung und Literarisierung entwickelt haben;
- welche Veränderungen der Schriftkultur von den neuen Medien zu erwarten sind;
- wie derzeit in Schule und Gesellschaft das Problem einer mangelnden Kompetenz im Umgang mit Schrift behandelt wird.

Unter *erzieherisch-didaktischer Perspektive* gilt es zu erkunden beziehungsweise Kriterien für Entscheidungen zu begründen:
- inwieweit die Lehrverfahren den „natürlichen" Lernprozessen beim Schriftspracherwerb entsprechen (sollten), inwiefern ihre Zielbestimmung und Stufung andere Gegebenheiten zu berücksichtigen haben;
- welche Möglichkeiten des Ausgleichens und Eingreifens bei unzureichenden Lernvoraussetzungen und Lernschwierigkeiten Erfolg versprechen;
- welche Funktion dabei die bewußte Anwendung von Verfahren im Vergleich zum operativen Verfügen über sie hat;
- welche Bedeutung in diesem Lehr-/Lernvorgang der Interaktion zwischen Lehrer und Schüler(n) zukommt.

2 Schwerpunkte des gegenwärtigen Forschungsinteresses

In den ersten Jahrzehnten nach 1945 ging es um die *Auseinandersetzung über das „richtige" Lehrverfahren*, also um eine Detailfrage der zuletzt genannten Perspektive: In bezug auf den Leseunterricht ging es um die Rechtfertigung der ganzheitlichen beziehungsweise einzelheitlichen Methode; in bezug auf den Schreibunterricht galt der Streit der Frage, ob der Bewegungs- oder der Formaspekt der Schrift vorrangig zu berücksichtigen sei. Diese Auseinandersetzung kam zu einem Abschluß, als Ende der 60er Jahre mehrere empirische Untersuchungen nachweisen konnten, daß sich nach zwei, spätestens vier Schuljahren die jeweiligen Vorzüge der Verfahren ausgeglichen haben (vgl. FERDINAND 1970, SCHMALOHR 1971, WEINERT u.a. 1966). Auch das zweite Thema, das zu Beginn der 70er Jahre die Diskussion beherrschte, die Fibelanalyse, behandelt einen ähnlichen Aspekt: Unter ideologiekritischer Fragestellung ging es um Aufklärung der Inhalte in Fibeln (vgl. BAUER 1970/1971, GEISS 1972, GRÖMMINGER 1970, MERKELBACH 1973); unter pragmalinguistischer um eine Analyse und Bewertung der Fibeltexte (vgl. DEHN 1975, HANNIG/HANNIG 1974, MENZEL 1975, RIGOL 1973); unter lerntheoretischer Fragestellung geht es in neueren Arbeiten um eine Kritik von Aufbau und Übungsfolge in den Lernmitteln (vgl. BERGK 1980, DEHN 1977a).

Daß sich heute ein breites Forschungsinteresse auf die *Wahrnehmungsvorgänge* und die *Prozesse der Regelbildung beim Lernenden* richtet, dazu haben seit Mitte der 70er Jahre zwei Entwicklungen wesentlich beigetragen: Die eine ist durch die heftige Kritik am Begriff „Legasthenie" und an den Methoden entsprechender Unter-

Schriftspracherwerb und Elementarunterricht

suchungen eingeleitet worden (vgl. SCHLEE 1976, SIRCH 1975, SPITTA 1977), die andere durch die Hinwendung zu Arbeiten, die außerhalb der Bundesrepublik vor allem im Bereich der amerikanischen Kognitionspsychologie und Psycholinguistik, der strukturalen und generativen Sprachtheorie und der russischen Lernpsychologie der Galperinschule entstanden waren. Es ist das Verdienst von HOFER (vgl. 1976), als erster einschlägige amerikanische Arbeiten wie die von K. S. Goodman, R. B. Ruddell, C. Chomsky und E. Gibson einem größeren Leserkreis zugänglich gemacht zu haben, aber auch so grundlegende Aufsätze wie die von BIERWISCH (vgl. 1976) und WEIGL (vgl. 1974). Neuerdings geht es darüber hinaus auch um die Beziehungen zwischen Schriftspracherwerb und Entwicklung des Denkens einerseits und Entwicklung sprachanalytischer Fähigkeiten andererseits (vgl. BRÜGELMANN 1984; vgl. DEHN 1984a, 1985; vgl. DOWNING/VALTIN 1984, LEONT'EV 1975, SINCLAIR u. a. 1978, WEINERT/KLUWE 1984).

Allerdings stellen sich diesem Forschungsinteresse große methodische Probleme entgegen: Während sich der primäre Spracherwerb als „natürlicher" Lernvorgang in Langzeitstudien wie Querschnittuntersuchungen vielfältig beobachten und beschreiben läßt, vollzieht sich der Schriftspracherwerb – von Ausnahmen abgesehen (vgl. FREINET 1980) – als schulischer Lernprozeß unter Anleitung. Langzeituntersuchungen müssen also den Faktor der Vermittlung berücksichtigen und geraten damit leicht in Gefahr, bloß die Effektivität des Lehrverfahrens im Hinblick auf das Lernergebnis zu messen, nicht aber den Lernvorgang zu erfassen. Darüber hinaus verbieten sich manche experimentellen Anordnungen (Tachistoskop, Filmen der Augenbewegungen), die zur Beobachtung des Leseprozesses bei älteren Grundschülern oder Erwachsenen angezeigt sind, in der Anwendung bei Schulanfängern, weil damit die ohnehin noch ungewohnte Lese- oder Schreibsituation zu stark beeinträchtigt wird oder die kleineren Kinder den Bedingungen des Instrumentariums nicht gerecht werden können. In der Tat haben etliche Untersuchungen lediglich vom Leseprozeß Rückschlüsse auf den Lese*lern*prozeß gezogen und sind damit in ihrem Erkenntniswert eingeschränkt (vgl. BAER 1979, GEUSS/SCHLEVOIGT 1975, KALB u. a. 1979, ROBERTS/LUNZER 1971, SCHEERER-NEUMANN 1979, WARWEL 1967). Es ist auch fraglich, ob so komplexe Vorgänge durch die Analyse von Einzelaspekten – wie die Augenbewegungen beim Lesen oder die Fähigkeit zur Reproduktion optisch vorgegebener Elemente beim Schreiben – angemessen erfaßt werden können (vgl. BAER 1979, DIENER 1980).

In dieser Situation gilt ein Forschungsinstrument als vielversprechend, das der Lernende selbst zur Verfügung stellt: die *Fehler,* die er beim Schreiben und beim lauten Lesen, auf das er als Anfänger angewiesen ist, macht. Hatte man Fehler bisher in erster Linie als Abweichung von der zu lernenden Norm, als Verfehlen des richtigen Ergebnisses angesehen (vgl. dazu die Fehlertypologie von R. MÜLLER 1974), so betrachtet man jetzt – vor allem mit Blick auf den primären Spracherwerb – Fehler als „entwicklungsspezifische Notwendigkeiten" (vgl. WODE 1978). Die Fehleranalyse ist nicht nur für neuere Arbeiten zum Schriftspracherwerb typisch (zum Lesen: vgl. BRÜGELMANN/FISCHER 1977a, 1977b; vgl. DEHN 1978, 1984a; vgl. GOODMAN 1976a, HOFER 1976; zum Schreiben: vgl. ANDRESEN 1979a, 1983; vgl. BALHORN 1983, BALHORN/VIELUF 1985; vgl. CASTRUP 1978, 1985; vgl. DEHN 1985; vgl. EICHLER 1976, 1983; vgl. READ 1974; zu Lese-/Rechtschreibschwierigkeiten: vgl. JUNG 1976, 1981); sie wird auch in der angewandten Linguistik (Deutsch als Zweitsprache, Fremdsprachenlinguistik – vgl. CHERUBIM 1980, HEINDRICHS u. a. 1980) und der Mathematikdidaktik (vgl. RADATZ 1980) betrieben. Die „Verlesungen" können wie die „Spontanschreibungen" darüber Aufschluß geben, inwiefern sich das

Stadium des Erwerbs von den entwickelten Formen unterscheidet (vgl. WEIGL 1974). Aber das Instrument der Fehleranalyse sollte auch nicht überschätzt werden, denn nicht alle Fehler sind in diesem Sinne interpretierbar, manche entstehen auch zufällig. – Unterstützend können methodisch vergleichbare Arbeiten herangezogen werden, die bei der Beschreibung der Prozesse beim Sprach- und Schrifterwerb Forschungen über pathologische Schwundformen berücksichtigen (vgl. GÜNTHER 1983, JACOBSON 1972, KAINZ 1956; vgl. SCHEERER 1978, 1983; vgl. WEIGL 1974).
Die sozialgeschichtliche und kulturanthropologische Perspektive bleibt derzeit in der didaktischen Diskussion zum Schriftspracherwerb und den Arbeiten zur Entwicklung der Lehrmethoden – abgesehen von umstrittenen Untersuchungen über Bedingungsfaktoren der Legasthenie – nahezu unbeachtet. Sie wurde in der Volkskunde, Literatursoziologie und der Kultur- und Medienwissenschaft verfolgt (vgl. COULMAS/EHLICH 1983, ENGELSING 1973, GESSINGER 1979, GIESECKE 1979, GOODY 1981, POSTMAN 1983; vgl. SCHENDA 1970, 1976, 1981a, 1981b). Neuerdings wird sie behandelt in der Schulgeschichte, der der Schriftspracherwerb als Ausgangspunkt institutionalisierter Erziehung gilt (vgl. HERRLITZ u.a. 1981, LESCHINSKY/ROEDER 1976), und bei Untersuchungen zum derzeit ins öffentliche Bewußtsein dringenden Problem des Analphabetismus in den Industriestaaten (vgl. EHLING u.a. 1981, EISENBERG 1983, GIESE 1983, GIESE/GLÄSS 1984).

3 Bedingungen des Schriftspracherwerbs

3.1 Wahrnehmungsprozesse, Regellernen und Bewußtheit

Für die Analyse der Lernvorgänge beim Schriftspracherwerb ist die Definition der Aufgabe zentral, die der Lernende zu bewältigen hat. Wer Lesen als Synthese von Lauten für Buchstaben versteht, deren Kenntnis zuvor vermittelt sein muß – wie es nicht nur die Vertreter der alten Buchstabiermethode, sondern auch neuere Lerntheoretiker getan haben –, und Schreiben als Nachahmen der Buchstabenform und Einprägen von Wortbildern, kann zwar die Relation zwischen dem jeweiligen Lernergebnis und der definierten Aufgabe ermitteln, er erfährt jedoch nichts über die geistigen Vorgänge dieser Sprachwahrnehmung und Sprachproduktion. Wer „Lesen als äußerlich gelenktes Denken" (vgl. NEISSER 1974) oder als sprachlich-gedankliches Probierverhalten (vgl. GOODMAN 1976a, b) und Schreiben als Darstellung von Bewußtseinsinhalten versteht (in Anlehnung an Wygotskis Beschreibung der Beziehung von innerer Sprache und geschriebener Sprache), wird die Buchstaben zwar auch als materielle Einheiten betrachten, die visuell wahrgenommen und in der Schreibbewegung reproduziert werden können. Die zentralen Fragen lauten in bezug auf das Lesenlernen dann jedoch, welche Funktion diese Wahrnehmung in dem geistigen Akt als ganzem hat und wie dieser die Wahrnehmung ihrerseits beeinflußt und welche Bedeutung dabei der Bewußtheit von Wissen und Verfahren zukommt.
Nach dem derzeitigen Stand der Kognitionspsychologie kann dem Buchstaben als materieller Einheit kein sprachliches Element zugeordnet werden, das für die Wahrnehmung eine Funktion hat. Im Hinblick auf den Wahrnehmungsvorgang kann Sprache nicht als Summe von Lauten beschrieben werden, nicht einmal als Aufeinanderfolge von Wörtern. Im Spektrogramm sind die Unterschiede, mit der verschiedene Sprecher einen Satz formulieren, deutlicher erkennbar als Unterschiede zwischen Wörtern. Wer eine ihm fremde Sprache hört, kann Wörter nicht erkennen. Wörter können also nicht als akustische Einheiten betrachtet werden, vielmehr sind sie als „kognitive Einheiten" anzusehen (NEISSER 1974, S. 233, S. 241). Umge-

kehrt lassen sich durch die physikalische Synthese von Sprachlauten Wörter nicht herstellen (vgl. BOSCH 1978). Die neuere Phonetik zeigt, daß ein künstlich erzeugtes Sprachsignal eine „sehr komplizierte Struktur von koartikulierten und steuernden Komponenten aufweisen [muß], wenn wir regulären Sprachschall hören wollen" (TILLMANN/MANSELL 1980, S. 181).
Neissers Untersuchungen sind als Beleg dafür zu werten, daß die visuelle wie die auditive Wahrnehmung nicht angemessen als psychische Reaktion auf optisch oder akustisch gegebene Reize interpretiert und entsprechend im Unterricht trainiert werden kann, sondern daß die Auswahl wie die Strukturierung des Wahrgenommenen ein geistiger Vorgang ist. Neisser beschreibt ihn im Anschluß an M. Halle und K. N. Stevens als „Analyse durch Synthese":
„Man bildet eine Hypothese bezüglich der ursprünglichen Mitteilung, bestimmt mit Hilfe von Regeln, wie die Eingabeinformation in diesem Falle aussehen würde, und sieht nach, ob die Eingabeinformation wirklich so aussieht" (NEISSER 1974, S. 247 f.).
Hinter Neissers alltagssprachlich einfacher Formulierung verbergen sich schwer zu lösende Probleme, auf die er selbst hinweist: Wovon wird die Reihenfolge bestimmt, in welcher die Muster synthetisiert werden? „Es muß Mechanismen geben, die in der Lage sind, solche Teile der Eingabeinformation herauszugreifen, deren Synthese sich lohnt, und zu vorläufigen Identifikationen dieser Teile zu gelangen" (NEISSER 1974, S. 248). Sie beschreibt Neisser in bezug auf das Subjekt als „präattentive relativ passive" Stufe der Vorbereitung und als „fokale Aufmerksamkeit", die den aktiveren Prozeß der Synthese selbst leitet (NEISSER 1974, S. 253). Es sei erlaubt, an dieser Stelle eine Formulierung einzufügen, die in der Begrifflichkeit einer sechsjährigen Leseanfängerin den Vorgang der „Analyse durch Synthese" faßt. Auf die Frage, wie sie „das macht, wenn sie ein Wort nicht gleich lesen kann", antwortet Gabi:
„Weil ich mir das überleg', wie das heißen kann. [...] Ich sag' mir die Wörter so vor, und dann weiß ich, wie das heißt, weil ich die Buchstaben kenn'."
Zu einem späteren Zeitpunkt führt NEISSER (vgl. 1979) den Begriff des „Schemas" im Sinne einer „kognitiven Landkarte" (E. C. Tolman) ein. Schemata stellen Strukturen dar, die das Subjekt „befähigen, bestimmte Aspekte seiner Umwelt eher zu bemerken als andere, ja überhaupt irgend etwas zu bemerken" (NEISSER 1979, S. 19). In bezug auf das wahrgenommene Objekt betont er den Kontext (vgl. NEISSER 1974, S. 251). Schriftspracherwerb könnte in diesem Sinne auch als Ausbildung relevanter Schemata, über die die Schulanfänger noch nicht verfügen, bestimmt werden.
Der eine theoretische Bezugspunkt für die Analyse des Schriftspracherwerbs ist die Beziehung zwischen Sprachproduktion und Sprachrezeption, wie sie die Kognitionspsychologie in bezug auf mündliche Rede und Schrift bestimmt; ein anderer ist die Beziehung zwischen Gesprochenem und Geschriebenem und die der entsprechenden Kompetenzen, wie sie die Psycholinguistik erfaßt. Wenn Weigl im Anschluß an Bierwisch betont, daß die Aneignung wie die Verwendung der Schriftsprache „vor allem auf der Interiorisierung bestimmter linguistischer Regeln [beruht], unter denen die regelhaften Beziehungen zwischen Lautstruktur und Schriftstruktur eine hervorragende Rolle spielen" (WEIGL 1974, S. 101), kann man das als Ergänzung der Rede von dem die Wahrnehmung strukturierenden „Schema" verstehen, das auch die kognitiven Einheiten bestimmt.
Die „regelhaften Beziehungen zwischen Lautstruktur und Schriftstruktur" sind nicht gleichsam naturgegeben, sondern Ergebnis des historischen Prozesses der Schriftentwicklung. Die Entwicklung der alphabetischen Schrift ist als Analysevorgang zu verstehen, in den Wissen um die Wortbedeutung ebenso eingegangen ist

wie eine Abstraktion von dem bei der Artikulation Wahrgenommenen (vgl. COULMAS 1981).
Bei manchen Sprachen wie dem Japanischen reichen Zeichen für die silbentragenden Vokale oder wie im Phönizischen für die Konsonanten aus; bei anderen Sprachen, die eine variablere Silbenstruktur haben, sind Zeichen für die Vokale und Konsonanten notwendig. Die Abstraktion bezieht sich auf eine Vereinheitlichung dessen, was bei der Artikulation phonetisch produziert wird und akustisch unterschieden werden kann. Das Kriterium für die Vereinheitlichung ist die Funktion, die die Laute als Lauttypen oder Lautklassen (Phoneme) für die Wortbedeutung haben. Die Unterscheidungsmerkmale selbst sind in den einzelnen Sprachen verschieden. So ist im Deutschen die Länge und Kürze der Vokalphoneme bedeutungsunterscheidend, nicht jedoch im Spanischen; im Englischen handelt es sich bei dem /k/ in „keep" und „cool" um dasselbe Phonem, im Arabischen dagegen ist damit ein Bedeutungsunterschied angezeigt. Ein Problem unserer Schrift besteht darin, daß die Anzahl der Phoneme und die des Alphabets einander nicht entsprechen, auch wenn zwei oder drei Buchstaben zu einem Graphem zusammengefaßt werden: etwa ⟨sch⟩, ⟨au⟩. Ein Phonem kann durch mehrere Schreibungen wiedergegeben werden (/a:/ in Wal, Saal, Zahl); umgekehrt kann ein Graphem für mehrere Phoneme stehen (⟨e⟩ in Küche, er, brennen). (Auf die umfangreiche Diskussion, die in der Sprachwissenschaft und der Didaktik über die Frage einer angemessenen Definition der Begriffe Phonem und Graphem und deren Beziehung zueinander geführt wird, kann hier nur verwiesen werden: vgl. ANDRESEN 1979a, DEHN 1977b, JEHMLICH 1971, KOHRT 1979, MEINHOLD/STOCK 1982, PHILIPP 1974, RIEHME 1981.)
Die Schrift ist jedoch nicht nur phonemorientiert, sie kennzeichnet auch die kleinsten bedeutungstragenden Einheiten (Morpheme) als zusammengehörend und widerspricht damit teilweise dem phonemischen Prinzip. (Weitere Prinzipien der Schreibung sind in bezug auf den Schriftspracherwerb zweitrangig; vgl. GARBE 1980, NERIUS/SCHARNHORST 1980.) Denn beispielsweise werden /t/, /p/, /k/ als Auslaut in allen den Fällen mit ⟨b⟩, ⟨d⟩, ⟨g⟩ wiedergegeben, in denen das Pluralmorphem ein /b/, /d/, /g/ enthält (Rand, Ränder). Dasselbe trifft zum Beispiel auf die Repräsentation des /e/ zu. Für den Schriftspracherwerb bedeutet das, daß sich der Lernende ein hochkomplexes Zeichensystem aneignen muß, dessen Struktur und Funktion gegenüber der gesprochenen Sprache durchaus eigenständig ist.
Der dritte theoretische Bezugspunkt für die Analyse des Schriftspracherwerbs betrifft die Beziehung zwischen der *Beherrschung* bestimmter Verfahren und der Kenntnis materialer Einheiten einerseits und der *Bewußtheit* davon andererseits. Konsens besteht darüber, daß die Fähigkeit, Sprache zum Gegenstand der Betrachtung zu machen (Bosch), und das heißt: auch die sprachlichen Einheiten, eine zentrale Voraussetzung für das Lesen- und Schreibenlernen ist. Der englische Terminus „language awareness" trifft ziemlich gut den Sachverhalt, indem er die Fähigkeit benennt, die Aufmerksamkeit auf die Sprache als Gegenstand zu richten (vgl. DOWNING/VALTIN 1984); er läßt noch offen, ob damit das operative Verfügen (im Vollzug) über sprachliche Einheiten und Funktionen gemeint ist oder das analytische Verfügen (in der Reflexion) eingeschlossen ist. Daß das durchaus zweierlei Fähigkeiten sind, zeigt Read an einem Beispiel. Er berichtet, daß junge Kinder, die nicht in der Lage waren, den Anfangslaut vorgesprochener Wörter zu isolieren und zu benennen, sehr wohl nach dem Muster „b-b-b-bear" die Anfangslaute der Wörter aussprechen konnten (READ 1978, S. 69f.). Daß es sinnvoll und effektiv wäre, wenn der Lehrer diese und ähnliche Vorgänge den Schülern bewußtzumachen suchte, bezweifelt WEIGL (vgl. 1974). Die These, daß die Kinder regelgeleitet beim Sprachler-

nen verfahren, bedeutet eben nicht, daß sie sich ihres Wissens und ihrer Fähigkeiten bewußt wären; aber es ist auch nicht ausgeschlossen, daß sie sich metasprachlich darüber verständigen, wie das Beispiel Gabi zeigt.
Die Aufgabe des Schriftspracherwerbs läßt sich im hier begrenzten Rahmen folgendermaßen kennzeichnen:
● *Der Lernende muß eine Beziehung herstellen zwischen den kognitiven Einheiten, über die er bei der Sprachwahrnehmung und -produktion – unbewußt – bereits verfügt, und den beim Lesen visuell wahrgenommenen und beim Schreiben optisch darzubietenden Zeichen.*
Das bedeutet auch, daß er selbst eine Vorstellung von der ihm gestellten Aufgabe entwickelt (vgl. DOWNINGs Begriff „task awareness", 1984).
Daß der Schulanfänger über Wörter als kognitive Einheiten bei mündlicher Rede verfügt, bedeutet nicht, daß er auch denselben metasprachlichen Begriff davon hat wie der Erwachsene. Verschiedene Untersuchungen haben gezeigt, daß Leseanfänger Wörter und Redewendungen oder Phrasen noch nicht unterscheiden können (vgl. LEONT'EV 1975, S. 264; vgl. AUGST 1984, DOWNING/OLIVER 1981, DOWNING/VALTIN 1984, JANUSCHEK/ROHDE 1979). Zwar gilt das Wort (wie der Satz oder die Silbe) als prälinguistische Einheit, das heißt, auch „naive" Erwachsene (etwa Indianer) sind nach kurzer Erklärung imstande, Wort für Wort zu sprechen (vgl. LEONT'EV 1975, S. 14f.), aber der Leseanfänger geht mit dieser Einheit nur unbewußt in mündlicher Kommunikation um, sie ist ihm jedoch nicht zur Lösung experimentell gestellter Aufgaben in gleicher Weise wie dem Erwachsenen verfügbar. Der Lehrer aber setzt zumeist voraus, daß die optisch voneinander getrennten Wortbilder als sprachliche Einheiten auch vom Kind realisiert werden können.
Während die Entwicklung des linguistischen Begriffs „Wort" einen längeren Zeitraum beansprucht, lernt der Anfänger die Analyse und Synthese von *Silben* als artikulatorischen Einheiten – also ihren operativen Gebrauch – sehr viel schneller. Hauptprinzip der Silbe ist der Kontrast aufeinanderfolgender Merkmale (Konsonant und Vokal; vgl. JACOBSON 1972). DEHN (vgl. 1984a) hat gezeigt, daß die Kinder diese einfachste Silbenstruktur, die in allen Sprachen am weitesten verbreitet ist und die sie sich beim Spracherwerb zuerst aneignen, in der frühen Phase des Lesenlernens am häufigsten als Segment verwenden. (Damit ist jedoch nicht die methodische Maßnahme des Syllabierens gerechtfertigt, die etwa eingesetzt wird, um Doppelkonsonanten – ein Phänomen der Orthographie – „hörbar" zu machen; vgl. JUNG 1981, S. 46.)
Ob Schulanfänger bereits über *Phoneme* verfügen, ist nicht sicher geklärt. Sie können zwar verschiedene Sprecher verstehen, können ihre Muttersprache von anderen Sprachen unterscheiden, aber sie sind beispielsweise vielfach weder in der Lage, Reime zu erkennen, noch, auf Aufforderung zu produzieren; denn ihre Fähigkeit, mit „Lauten als Abstraktionen" umzugehen, ist noch unzureichend entwickelt (vgl. GIBSON/LEVIN 1980, S. 45). Andererseits hat Read an den „Spontanschreibungen" von Vorschulkindern gezeigt, daß sie durchaus verallgemeinern, indem sie etwa für gespannte und ungespannte Vokale unterschiedliche Zeichen wählen. Ihre Kategorien gewinnen sie „abstrakt in einer Hierarchie artikulatorischer Eigenschaften" (READ 1974, S. 210). Daß EICHLER (vgl. 1976, S. 257) zu dem Schluß kommt, die Schreibungen der Schüler seien in einer frühen Phase phonetisch orientiert, muß dazu nicht in Widerspruch stehen, so lange nämlich nicht, wie der Bezugsrahmen, den die Kinder verwenden, so unzureichend geklärt ist wie bisher. In einer Hinsicht jedenfalls unterscheidet sich der des Leseanfängers grundsätzlich von dem des Erwachsenen: Er ist noch nicht durch optische Wortvorstellungen geprägt (vgl.

Mechthild Dehn

ANDRESEN 1983, BALHORN 1983). Hilfreich kann für das Verständnis der Lernprozesse auch der Begriff des „phonematischen Gehörs" sein, wie ihn MEINHOLD/ STOCK (vgl. 1982) verwenden. Das phonematische Gehör basiert auf einem Wahrnehmungsraster, der während des Spracherwerbs „aus einer Vielzahl vorangegangener Einzelwahrnehmungen und Unterscheidungen hervorgegangen" ist (MEINHOLD/STOCK 1982, S. 34). Wenn die Autoren herausstellen, daß der Hörer, da er stets nur selektiv wahrnimmt, gezwungen ist – will er den Sinn der Rede verstehen –, „bestimmte Eigenschaften des Schallstroms der Sprache mit besonderer Deutlichkeit" wahrzunehmen, nämlich diejenigen, die eine bedeutungsunterscheidende Funktion haben (MEINHOLD/STOCK 1982, S. 11), argumentieren sie von psycholinguistischer Perspektive aus, ähnlich wie Neisser mit seinem Begriff der „kognitiven Einheit" aus kognitionspsychologischer. So betrachtet, wäre das Phonem – zumindest in seiner phonetischen Realisierung – durchaus ein Element natürlicher Sprachwahrnehmung, und es käme im Unterricht „nur" darauf an, es auf die verschiedenen Repräsentationen in der Schreibung zu beziehen. Diese Annahme stützen Befunde über Lernwege einiger Schreibanfänger, andere Lernwege zeigen aber auch, wieviel kognitive Verwirrung dabei entstehen kann und wie schwer sich einige Kinder tun, überhaupt eine grundlegende Orientierung zu finden (vgl. DEHN 1985).

Die in der Didaktik häufig vernachlässigte Frage nach der *psychischen Realität der sprachlichen Einheiten* ist in mehrerlei Hinsicht aufschlußreich: Zum einen zeigen die Untersuchungen sowohl die zentrale Bedeutung der kognitiven Einheiten für die Wahrnehmung als auch inwiefern sie vom Interesse und von der Erwartung abhängig sind; zum anderen zeigen die entwicklungspsychologischen Arbeiten, daß die sprachlichen Einheiten, die die Kinder gebrauchen, ihnen nicht als metasprachliche Begriffe zur Verfügung stehen und vieles, was dem Erwachsenen selbstverständlich ist, sich erst im Prozeß des Schriftspracherwerbs entwickelt:

● *Der Lernende muß sich die Operationen aneignen, die zum Verständnis von Geschriebenem notwendig sind.*

Das umfaßt erstens die Fähigkeit, *Schriftzeichen zu identifizieren* und ihnen *Laute zuzuordnen*. Die Frage, ob Schulanfängern das eher am Wort oder am Buchstaben gelingt und welche Einheit die bessere „Gestalt" habe, hat die Didaktik während des Methodenstreits lange beschäftigt. Derzeit hält man das Ergebnis, daß bereits Vorschulkinder imstande sind, Buchstaben (oder Wörter) wiederzuerkennen, für ziemlich unbedeutend, verglichen mit der Komplexität der Vorgänge, in die diese Fähigkeit integriert sein muß. Den Schwierigkeiten der Identifikation hat GIBSON (vgl. 1965) selbst Untersuchungen gewidmet. Sie interpretiert die kognitiven Vorgänge als *Analyse* von Merkmalen und stimmt darin mit den Forschungen zur auditiven Wahrnehmung überein. (Diese Interpretation ist der von der Gestaltpsychologie vertretenen Schablonentheorie wie auch der Theorie von der Ergänzung wahrgenommener Fragmente bei der Wahrnehmung in ihrem Erklärungswert überlegen; vgl. NEISSER 1974, SCHEERER 1978.) Neisser geht an diesem Punkt noch einen Schritt weiter. Die Merkmalsanalyse geht ein in eine „figurale Synthese" (NEISSER 1974, S. 148 ff.), bei der der Kontext, in dem das einzelne Zeichen steht, ebenso eine Rolle spielt wie die Erwartung des Subjekts (vgl. „Analyse durch Synthese"). Als didaktische Maßnahme empfehlen Gibson/Levin, Kinder sowohl auf die Unterschiede als gerade auch auf die Invarianzen der Buchstabenformen hinzuweisen; dieses Lehrverfahren sei wirkungsvoller als jenes, die Kinder die Buchstaben motorisch reproduzieren zu lassen (vgl. GIBSON/LEVIN 1980, S. 60 ff.).

Dazu gehört zweitens die Fähigkeit, die Lautzeichen miteinander zu verbinden. Der

Leseanfänger ist im Gegensatz zum geübten Leser, der die Bedeutung unmittelbar aus dem Geschriebenen entnehmen kann, auf die lautsprachliche oder im Flüstern latente Artikulation angewiesen (vgl. Goodmans Tüchtigkeitsniveaus: GOODMAN 1976b, S. 141 ff.). Im Vorgang der *Synthese* wird „die Verbindung der graphemischen Struktur nicht nur mit der phonemischen, sondern auch mit der phonetischen Struktur des Worts durch die Artikulation beim Lesenlernen vollzogen" (WEIGL 1974, S. 132). Weigl weist die zentrale Bedeutung dieser Leistung für die Aneignung der Schriftsprache auf. Es ist verwunderlich, daß über diesen Vorgang selbst wie über die Lernvoraussetzungen dafür bisher nur wenige Beobachtungen vorliegen. MEIERS (vgl. 1981) vermutet einen Zusammenhang mit der allgemeinen kognitiven Entwicklung. So haben Kinder, die die Invarianz im piagetschen Umfüllversuch nicht erkennen, auch mit der Synthese Schwierigkeiten. GUTEZEIT (vgl. 1978) führt Belege für die Hypothese an, daß die Ausbildung der Hemisphärendominanz als Lernvoraussetzung für die Synthese angesehen werden kann. DEHN (vgl. 1984a) hat gezeigt, daß Unterricht auf die Entwicklung dieser Fähigkeit weniger Einfluß hat, als man derzeit in der Praxis annimmt. Zudem legen die Ergebnisse dieser Langzeitstudie die Vermutung nahe, daß das späte Erlangen der Synthesefähigkeit ein Indiz für lang anhaltende Schwierigkeiten im Rechtschreiben ist.
Drittens gehört dazu die Fähigkeit, größere Einheiten, als es Grapheme sind, zu *strukturieren*. Sie ist mit der Synthesefähigkeit eng verbunden. BRÜGELMANN/ FISCHER (vgl. 1977a, b) unterscheiden vier „Taktiken" des Lesens: das Ausnutzen von Sinnstützen auf der semantischen Ebene, das Ausnutzen von syntaktischen Regeln, den Rückgriff auf „gespeicherte Schrift-Sinn-Assoziationen" auf der Morphem-Ebene (oder auf der Ebene sprachlicher Einheiten ähnlichen Umfangs) und die Übersetzung von Schriftzeichen auf der Graphem-Phonem-Ebene, also bei der sukzessiven Synthese. Besondere Aufmerksamkeit hat die Forschung auf die Einheiten gerichtet, die mehrere Grapheme umfassen. Dafür werden Silben genutzt, bei geübten Lesern vermutlich auch Morphemgruppen. Gibson/Levin haben – individuell unterschiedlich abgegrenzte – „Sprech-/Schreibmuster" gefunden, aussprechbare Einheiten wie „DINK" im Unterschied zu „NKID" (vgl. WARWELS Begriff der „Signalgruppe", 1967). Es konnte bisher noch nicht geklärt werden, wie die Bildung entsprechender Regeln für die Strukturierung durch Unterricht gefördert werden kann (vgl. GIBSON/LEVIN 1980, S. 132).
„Damit das Kind zu komplexeren Stadien des Lesens fortschreiten kann, muß es seine frühen Hypothesen, die Regeln der individuellen Graphem-Phonem-Korrespondenz aufgeben und lernen, die geschriebenen Symbole als mit abstrakteren lexikalischen Schreibweisen korrespondierend zu interpretieren. Normalerweise ist es fähig, diesen Übergang ohne Hilfe zu vollziehen, wenn es reift und Erfahrung sowohl mit der Lautstruktur seiner Sprache als auch mit dem Lesen gewinnt. Es mag jedoch sein, daß die Schwierigkeiten, die man bei einigen schlechten Lesern antrifft, damit verbunden sind, daß sie diesen schwierigen Übergang nicht vollzogen haben" (GIBSON/LEVIN 1980, S. 175; vgl. dazu auch die linguistisch orientierte Literatur über Legasthenie, etwa JUNG 1981).
SCHEERER-NEUMANN (vgl. 1978) hat nachgewiesen, daß sich leseschwache ältere Grundschüler von guten Lesern durch unzureichende Strategien der Strukturierung des einzelnen Wortes unterscheiden, und schlägt für diese Schüler entsprechende Trainingsformen vor. Die Fähigkeit zur Strukturierung auf der Satz- und Textebene entwickelt sich erst zwischen dem zweiten und vierten Schuljahr (vgl. GIBSON/ LEVIN 1980). Beobachtbar ist das an den Augenbewegungen beim Lesen. Gute und schlechte Leser unterscheiden sich zu diesem Zeitpunkt nicht in erster Linie in der

Mechthild Dehn

Technik des Dekodierens: „So können geübte Dekodierer, die nicht gelernt haben, den Text zu strukturieren, immer noch schlechte Leser sein" (GIBSON/LEVIN 1980, S. 234). Die Tatsache, daß die Fähigkeit zur Strukturierung des Textes sich erst nach Abschluß des eigentlichen Leselehrgangs entwickelt, sollte jedoch nicht dazu verleiten, Leseanfänger vorrangig an Wörtern lesen zu lehren. Sie betonen, daß es beim Unterrichten einer komplexen Aufgabe vorzuziehen sei, „das Training mit der gesamten Aufgabe oder einer Annäherung zu beginnen" (GIBSON/LEVIN 1980, S. 154), nicht mit der Übung von Teilprozessen.

Diesen Maximen für den Anfangsunterricht liegt die Erkenntnis zugrunde, daß bereits im Stadium des Erwerbs die *Integration der Teilprozesse* wichtig ist. Bereits Erstkläßler konnten „in einem Prosatext viel mehr Wörter lesen, als wenn diese Wörter in Listen vorlagen" (GIBSON/LEVIN 1980, S. 108). Aber sie haben Schwierigkeiten, sowohl auf die syntaktisch-semantische als auch auf die graphische Information zu achten. Das zeigt sich beispielsweise in der Tendenz der Anfänger, grammatisch und semantisch akzeptable Wörter einfach zu substituieren und solche Lesefehler auch nicht zu korrigieren.

Die Beobachtung solcher Integration der Teiloperationen im Vorgang des Erlesens von Textwörtern führte DEHN (vgl. 1984a) zu einer weiteren Ebene der Bestimmung der Aufgabe des Lernenden, der der *Metaoperationen*. Die verschiedenen Formen, mit denen die Teiloperationen im Vorgang des Erlesens miteinander verbunden sind und im Hinblick auf das im Textmaterial gegebene Ziel aufeinanderfolgen, ähneln in ihrer Gesamtstruktur Formen des problemlösenden Denkens (vgl. DÖRNER 1979, DUNCKER 1963); und zwar sind beim Erlesen von Wörtern wie beim Problemlösen verschiedene Zugriffsweisen möglich: das sukzessive Sammeln von Elementen und Segmenten auf das Ziel hin oder die nachträgliche Überprüfung eines Gesamtentwurfs. Gute und schlechte Leser unterscheiden sich nicht in erster Linie in eher synthetischem oder ganzheitlichem Vorgehen, sondern in der *Stringenz* und *Flexibilität*, mit der sie die Teiloperationen im Hinblick auf das vorgegebene Ziel hin zu koordinieren vermögen. Neissers Definition des Lesens als „äußerlich gelenktes Denken" ist zwar bekannt, aber man hat bisher zuwenig konkretisiert, worin die Analogie von Lesen und Denken – gerade im Lernprozeß – besteht. Für die Kennzeichnung der Aufgabe, die der Lernende beim Schriftspracherwerb bewältigen muß, heißt das:

● *Der Lernende muß die Teiloperationen im Hinblick auf das im Textmaterial vorgegebene Ziel koordinieren und kontrollieren und dabei Metaoperationen verwenden, die in ihrer Gesamtstruktur dem problemlösenden Denken ähneln.*

Der Zusammenhang von bereichsspezifischen Kenntnissen und Fähigkeiten und „handlungsleitenden Kognitionen" (wie Lernplanung, Aufgabenwahrnehmung, Steuerung und Kontrolle des aufgabenbezogenen Verhaltens; vgl. WEINERT/ KLUWE 1984, S. 13) wird in der Didaktik des Schriftspracherwerbs erst neuerdings beachtet (vgl. BRÜGELMANN 1984, DEHN 1984a). In der Psychologie wird er seit einiger Zeit unter Begriffen wie „Metakognition", der Unterscheidung von „deklarativem und prozeduralem Wissen" (vgl. die Beiträge in WEINERT/KLUWE 1984) und mit der von „epistemischer" und „heuristischer Kompetenz" (DÖRNER 1984, S. 16) behandelt. Wie für die materiale Ebene und die der Teiloperationen ist auch für die Ebene der Metaverfahren die Frage nach der Bewußtheit gesondert zu prüfen. Die Ebene der Metaoperationen, der Steuerung und Kontrolle der einzelnen Verfahren, schließt Bewußtheit nicht unmittelbar ein (vgl. FLAVELL 1984).

Daß der Schriftspracherwerb seinerseits die kognitive Entwicklung beeinflußt, ist nach diesen Aufschlüssen evident.

Aber auch dieser Aspekt ist bisher empirisch nur wenig bearbeitet. JANUSCHEK/ ROHDE (vgl. 1979) weisen auf seine Bedeutung für die Entwicklung wissenschaftlicher Begriffe hin, die auch durch die Umstrukturierung der metasprachlichen Begrifflichkeit des Vorschulkindes beim Lesen- und Schreibenlernen angebahnt wird. Für die Didaktik liegt es nahe, der Frage nachzugehen, inwiefern die Aneignung der Schriftsprache dadurch erleichtert werden kann, daß sich die Kinder metasprachlich über die erfolgten oder die notwendigen Operationen austauschen – wohlgemerkt: von Anfang an mit ihren eigenen Worten, nicht in den Termini der Fachsystematik. Erste Befragungen dazu lassen diesen Zugriff, der zwischen dem Lehrziel einer bewußten Regelanwendung (vgl. BERGK 1980) und unbewußtem Regellernen eine vermittelnde Position einnimmt, erfolgversprechend erscheinen (vgl. DEHN 1984a, 1985; vgl. DOWNING/VALTIN 1984; vgl. auch das von Scheerer-Neumann für ältere Schüler vorgeschlagene Verfahren der „verbalen Selbstinstruktion" – SCHEERER-NEUMANN 1979, S. 113 ff.).
Giese/Martens entwickeln unter diesem Aspekt Wygotskis Konzept weiter und kommen zu dem Schluß, daß der Umgang mit der „schriftlichen Sprache", weil er ein vermitteltes Verhältnis zur Wirklichkeit darstellt, auch zur Entfaltung der Antizipations- und Planungstätigkeit des Kindes beitragen könne. Und daß andererseits die „innere Sprache" durch den Schriftspracherwerb „auf ein höheres Niveau des willkürlichen Operierens mit Bedeutungen gehoben" werde (GIESE/MARTENS 1977, S. 105). Man kann vermuten, daß die mit dem Lesen- und Schreibenlernen verbundene Aufgabe einer Vergegenständlichung der Sprache auch die interaktive Kompetenz des Kindes erweitert. Denn indem es eine neue Beziehung gewinnt zu diesem ihm bisher unmittelbar gegebenen Medium für Austausch und Artikulation, kann es auch gegenüber sich selbst ein anderer werden; die Fähigkeit zur Rollendistanz wird vermutlich davon ebenso beeinflußt wie die, sich in andere Rollen hineinzuversetzen. Die Bestätigung solcher Hypothesen und Spekulationen wäre für den Anfangsunterricht sicher ebenso wichtig, wie sie methodologisch schwierig ist. Angloamerikanische Untersuchungen, die VALTIN (vgl. 1984, S. 256 ff.) referiert, stützen diese Argumentationen.

3.2 Die Beziehung von Lesen- und Schreibenlernen

Das Schreibenlernen ist im Vergleich zum Lesenlernen noch um einige Faktoren komplexer. Augenfällig ist, daß das Schreiben feinmotorische Fähigkeiten verlangt, über die die Kinder bei Schulanfang geschlechtsspezifisch unterschiedlich verfügen (vgl. ANDRESEN 1979b, DIENER 1980). Das Schreibenlernen jedoch „als Funktion von Schreibbewegung, Raumgestaltung und Formgebung" zu definieren (DIENER 1980, S. 17) und damit die motorischen und visuellen Prozesse absolut zu setzen, verbietet sich im Hinblick auf das hier vorgetragene Verständnis des Schriftspracherwerbs. Während beim Lesenlernen im Stadium des Erwerbs die Funktionen des lauten („expressiven") und die des leisen („rezeptiven") Lesens (vgl. WEIGL 1974) noch nicht differenziert sind, unterscheiden sich beim Schreibenlernen die kognitiven Aktivitäten bereits im Stadium des Erwerbs deutlich voneinander, je nach der Funktion des Schreibens als Abschreiben, Diktatschreiben oder konzeptuelles Schreiben; WEIGL (vgl. 1974) nennt es „willkürliches Schreiben".
In der automatisierten Form ist das *Abschreiben* die „graphemische Enkodierung des verstandenen Inhalts" (WEIGL 1974, S. 156), beim Schreibanfänger dagegen handelt es sich zunächst um ein Kopieren der Buchstaben. Bei Linkshändigkeit ergeben sich ebenso wie bei motorischer Dysfunktion Schwierigkeiten, die besondere Auf-

merksamkeit und Betreuung erfordern (vgl. BLÖCHER 1981, SCHILLING 1981). Das Abschreiben muß jedoch nicht als Nachahmen vorgegebener Bewegungsabläufe und Formen gelehrt werden, es kann im Sinne der galperinschen Lerntheorie von der Ausbildung geistiger Handlungen auch so vermittelt werden, daß der Schüler zunächst die „Orientierungspunkte" bestimmt, Haltepunkte und Stellen eines Richtungswechsels, und erst nach dieser Analyse den Buchstaben schreibt (vgl. PANTINA 1974). „Selbständige" Aneignung besteht hier jedoch nur im Befolgen einer die Zusammenhänge verdeutlichenden Instruktion.

Beim Abschreiben eignet sich der Lernende „graphomotorische Regeln" (PANTINA 1974, S.158) an, der Lernprozeß kann also nicht als bloße Steigerung der Schreibgeschwindigkeit und Vergrößerung der optisch erfaßten Einheiten bestimmt werden, sondern er setzt eine Umstrukturierung der beteiligten Funktionen voraus. Grünewald hat in mehrjährigen Untersuchungen nachzuweisen gesucht, daß sich „beim wiederholten Schreiben eine bis ins Detail festgelegte Bewegungsstruktur aus[bildet]. Sie, nicht mehr das optische Bild, übernimmt dann die Steuerung des Richtungsverlaufs" (GRÜNEWALD 1981, S.41). Für die Bewegungsstruktur sind die Haltepunkte besonders wichtig. Sie liegen entweder zwischen den Buchstaben oder innerhalb der Buchstaben, und zwar an der Stelle des Richtungswechsels. Gute Rechtschreiber unterscheiden sich von schwachen dadurch, daß „ihr Anhalten [...] System hat" (GRÜNEWALD 1981, S.48); sie geben entweder den einen oder den anderen Haltepunkten den Vorzug, während schwache Rechtschreiber kein bestimmtes System zur Strukturierung verfolgen. Dieser Befund stimmt mit dem Ergebnis von Gibson/Levin überein, daß die Strukturierung des Leseworts von guten Lesern früh beherrscht wird. Im Sinne seiner Argumentation ist es konsequent, wenn sich Grünewald – wie schon 1970 – für die „Vereinfachte Ausgangsschrift" einsetzt, die Druckschrift als Medium des Schreibenlernens dagegen ablehnt, und wenn er für eine Einschränkung des Schreibwortschatzes plädiert.

Graphomotorische Regeln bestimmen auch – zu einem Teil jedenfalls – das *Diktatschreiben*. In erster Linie schreibt der Geübte Diktiertes jedoch aufgrund semantischer Dekodierung. Im Stadium des Erwerbs dagegen spielt die auditive Wahrnehmung des Artikulierten die entscheidende Rolle. Wichtig ist, daß sich der Anfänger vor allem an der eigenen Artikulation orientiert, weniger an der des Diktierenden. Die Artikulation bestimmt im Stadium des Erwerbs sogar die Schreibung solcher Wörter, deren optische Gestalt die Kinder bereits aus dem Lese- und Schreiblehrgang kennen müßten (beispielsweise: schwümen – schwimmen; euich – euch; vgl. ANDRESEN 1979a, S.53; vgl. DEHN 1985). JUNG (vgl. 1981, S.81) hat nachgewiesen, daß manche Schreibungen von sogenannten Legasthenikern als Verschriftungen ihres Dialekts interpretiert werden können und die Lernschwäche als Verharren auf einer unteren Stufe der Aneignung der Schriftsprache verstanden werden kann. Dyslexikern und Dysgraphikern fällt es gerade schwer, „sich von ihrer, meist dialektal gefärbten und z.T. auch von ihrer Umgebung gesprochenen Sprache zu lösen und die erforderlichen laut-schriftsprachlichen Zuordnungen auf abstrakter Ebene (*unter weitgehender primärer Vernachlässigung semantisch-lexikalischer Bezüge*) vorzunehmen" (WEIGL 1979, S. 21; Hervorhebung: M. D.).

Für den Forscher sind die Erwerbsprozesse im Hinblick auf Parallelen zum Primär- und Zweitsprachenerwerb interessant und im Hinblick auf Gesetzmäßigkeiten der Entwicklung in Relation zum Unterrichtsprozeß; für den Lehrer ist die Kenntnis der grundlegenden Aneignungsvorgänge wichtig, auch wenn er diese Lernstruktur nicht ohne weiteres als Lehrverfahren übernehmen kann. Denn – darin besteht bei allen Autoren, die Weigls „Ansatz" weiterführen, Einigkeit – didaktisch ist die Ma-

xime „Schreibe, wie du sprichst" im Hinblick auf das Prinzip der deutschen Orthographie nicht zu rechtfertigen. Im Unterricht soll der Schüler gerade von der „Verschriftlichung" zum Schreiben gelangen (vgl. ANDRESEN 1979a, S. 46) und schließlich zu hören meinen, was er schreibt (vgl. ANDRESEN 1983).
WEIGLS (1974, S. 132) Beschreibung des Synthesevorgangs als „Verbindung der graphemischen Struktur nicht nur mit der phonemischen, sondern auch mit der phonetischen Struktur des Wortes durch die Artikulation" des Lernenden kann in umgekehrter Perspektive für das Diktatschreiben gelten. Allerdings sind die Lernwege der Schüler dabei sehr unterschiedlich, und zwar nicht nur im Hinblick auf die benötigte Zeit, sondern auch in bezug auf den Ausgangspunkt ihrer Orientierung (vgl. DEHN 1985). Während einige Schulanfänger beim Schreiben sofort dem phonematischen Prinzip folgen und bald auch „orthographische Elemente" berücksichtigen, sind die meisten mit langwierigen Auseinandersetzungen über die von Weigl beschriebene Verbindung befaßt und suchen irrelevante Aspekte des Lautlichen minuziös in der Schreibung wiederzugeben, während eine dritte Gruppe Schwierigkeiten bei der grundlegenden Orientierung hat und – manchmal über ein Jahr lang – diffus oder rudimentär schreibt (vgl. DEHN 1985; im Hinblick auf unterschiedliche Lernwege vgl. auch Castrups Studie zum Aufschreiben: CASTRUP 1985).
In bezug auf das Lesenlernen sind unterschiedliche Lernwege zwar auch beobachtet und – in Analogie zu den verschiedenen Lesertypen – begründet (vgl. KAINZ 1956), aber bisher nicht ähnlich detailliert beschrieben worden (vgl. DEHN 1978, 1984a; vgl. GIBSON/LEVIN 1980, S. 17; vgl. MEIERS/HERBERT 1978, S. 132).
Der Vorgang des Diktatschreibens betrifft aber nicht nur das von einem anderen Diktierte. Die Funktion des „Diktatschreibens" ist im *konzeptuellen Schreiben* immer enthalten. Weil die Unterschiede zwischen der maximal verkürzten Form des in der „inneren Sprache" Gedachten (vgl. WYGOTSKI 1969) und der auf maximale Entfaltung angewiesenen Form der geschriebenen Sprache beträchtlich sind, haben Anfänger (wie Geübte) große Schwierigkeiten mit dem Schreiben. Dennoch liegt es aus manchem Grund nahe, die Kinder im Unterricht von Anfang an dazu anzuleiten, und zwar um sie die Funktion von Geschriebenem erfahren zu lassen. „Elementarisieren heißt für die Anfänge des Schreibens: Schreiben in seiner Komplexität erlernbar machen" (MENZEL 1981b, S. 135). Die Spontanschreibungen, wie die frühen selbständigen Schreibversuche auch genannt werden, können ihrerseits durch die phonetischen Abstraktionen, die die Kinder beim Schreiben hervorbringen (vgl. EICHLER 1976, READ 1974), der weiteren „Analyse des Lautsystems" und der Verbindung mit dem lexikalischen Wissen eher förderlich sein (GIBSON/LEVIN 1980, S. 74). CASTRUP (vgl. 1978) vermutet, daß die Kinder, die „spontan schreiben" dürfen, die Norm als generelles Problem von sich aus entdecken und dadurch eine wichtige Voraussetzung erwerben für die Aneignung der Orthographie.
Einigkeit besteht darüber, daß das Schreiben genetisch – entsprechend dem aktiven Sprachgebrauch beim primären Spracherwerb – dem Lesen nachgeordnet ist. Im allgemeinen wird es im Unterricht auch erst im zweiten Schritt vermittelt, zeitlich um mehrere Wochen oder sogar Monate versetzt oder im unmittelbaren Nachvollzug zu den gelesenen Einheiten. Aber die Argumente, die für eine Umkehrung dieses Verhältnisses im Lehrgang vorgetragen werden, haben durchaus Überzeugungskraft: Sie beziehen sich auf die Funktion der Artikulation im Stadium des Erwerbs, und sie betonen die damit besonders gegebene Möglichkeit für die selbständige Aneignung der Schriftsprache (vgl. CHOMSKY 1976, MONTESSORI 1981, REICHEN 1982). Darüber hinaus würde mit der anfänglichen Vermittlung der Schriftzeichen zum Zwecke des Schreibens den Schülern ein breites Betätigungsfeld eröff-

net und der Gefahr vorgebeugt, daß ihnen die Freude am Schreiben durch rigide Normorientierung bereits im Laufe der ersten Schuljahre systematisch abgewöhnt wird.

3.3 Lernschwierigkeiten und Lernvoraussetzungen

Es kann in diesem Abschnitt nicht darum gehen, die Legasthenie-Diskussion zu erörtern, Anliegen ist vielmehr, die Problematik im Hinblick auf die hier verfolgte Perspektive zu akzentuieren. Das geschieht in einem ersten Schritt in Form von Thesen über die Funktion von Lernschwierigkeiten im Lehr-/Lernprozeß und über die strukturelle Beziehung zwischen Lernvoraussetzungen und Lernschwierigkeiten. In einem zweiten Schritt werden inhaltliche Forschungsergebnisse referiert.

- Schwierigkeiten sind für den Prozeß einsichtigen Lernens konstitutiv. Erst Aufgaben, die als Lernwiderstände angenommen werden, führen als „fruchtbare Momente" zu Denk- und Lernvorgängen. Und im Verlauf der Aneignung oder Auseinandersetzung treten immer wieder solche Widerstände auf.
- Wenn Lernen sich nicht als „Schrittmacher der Entwicklung" (WYGOTSKI 1969) auf ein erreichbares Ziel richtet, sind Schwierigkeiten eine Folge unzureichender Lernvoraussetzungen. Die Lernvoraussetzungen können unzureichend sein in bezug auf die gesellschaftlich bestimmten Ziele, denen der Lehrer folgt – dann bedarf es der Förderung oder Betreuung, sofern nicht die Zielvorstellungen ihrerseits verändert werden. Der Lehrer kann aber auch die Lernvoraussetzungen überhaupt nur unzureichend wahrgenommen haben bei der Konzeption und Durchführung seines Unterrichts.
- Die Lernschwierigkeiten, die aus dem Mißverhältnis zwischen Lehrziel und Lernvoraussetzung entstehen, werden zumeist als Lernstörungen erfahren, unter Umständen sogar als Lernbehinderung oder -schwäche bezeichnet. Sie müssen als Lehrschwäche interpretiert werden, sofern es dem Lehrer nicht gelingt, zu erreichen, daß sich das Kind von der Aufgabe des Lesens und Schreibens als Lernwiderstand herausgefordert sieht (vgl. SCHLEE 1976).
- Lernschwierigkeiten werden zu Lernschwächen auch als Folge einer andersgearteten Lehrschwäche. Wenn Lehrer im Sinne behavioristischer Lerntheorien von einer konditionalen Beziehung zwischen Lehren und Lernen ausgehen, erscheinen ihnen Lernschwierigkeiten als Störfaktoren, die bei effektiverer Lehrmethode (im Sinne von Reizdarbietung) vermeidbar wären. Die Umkehrung dieses Argumentationszusammenhangs hat zur Folge, daß Lehrer, sofern sie von der Wirksamkeit ihres Lehrverfahrens überzeugt sind, die Ursache für störende Lernschwierigkeiten beim Schüler suchen und sich damit von der pädagogischen Verantwortung für weitere Förderung entbunden sehen. Für die Schüler beginnt damit der Prozeß schulischer und sozialer Selektion.

Bekannte Lernvoraussetzungen für den Schriftspracherwerb sind die sprachliche Kompetenz, die visuelle und auditive Kognition und die Motorik. Untersuchungen beziehen sich sowohl auf spezifische wie auf komplexe Aspekte. In bezug auf die *sprachliche Kompetenz* werden Lernschwierigkeiten umfassend als „linguistisches Defizit" (vgl. JUNG 1976, 1981) beschrieben. R. MÜLLER/SCHIPPER (vgl. 1981) führen diesen Gesichtspunkt weiter und unterscheiden zwischen Lese-Rechtschreibschwäche und Legasthenie. Während der rechtschreibschwache Schüler die Darstellungsmodalitäten der Orthographie nicht kennt und auf phonetischen Schreibungen beharrt – seine Fehler sind „erklärbar, zähl- und vorhersagbar" (R. MÜLLER/SCHIPPER 1981, S. 81, S. 145) –, hat der Legastheniker das „phonemische Funktionsprin-

zip der Schrift" nicht erfaßt – seine Schreibungen sind dem Leser unzugänglich (Wortruinen und Deformation von Buchstaben; vgl. R. MÜLLER/SCHIPPER 1981, S. 125, S. 160 ff.). R. Müller/Schipper differenzieren die Lernschwierigkeiten nach dem Grad, mit dem der Schüler die basale Zeichenfunktion von Schrift adaptiert hat. Es ist evident, daß diese Unterscheidung für Betreuung und Förderung wichtig ist (vgl. DEHN 1985).
Als spezifischer Aspekt der sprachlichen Kompetenz ist vor allem der Wortschatz untersucht worden. Seine Korrelation mit der Leseleistung am Ende von Klasse 1 ist hoch (vgl. MEIERS/HERBERT 1978). Ebenso besteht ein signifikanter Zusammenhang zwischen extrem frühem und spätem Erwerb der Synthesefähigkeit und den syntaktischen Fähigkeiten (vgl. DEHN 1984a). Daß die Artikulation und die Fähigkeit zur phonematischen Differenzierung wichtige Faktoren sind, versteht sich nach diesen Ausführungen von selbst (vgl. etwa BREUER/WEUFFEN 1975, NIEMEYER 1978). Zur *visuellen und auditiven Wahrnehmung* als einzelnen Lernvoraussetzungen gibt es eine Fülle von Untersuchungen, die meist zugleich analoge Trainingsformen vorschlagen (vgl. FROSTIG 1974, GIBSON/LEVIN 1980, HOFER-SIEBER 1980, NICKEL 1967). Häufig können Kinder Schwächen in einem Bereich kompensieren. So scheinen Schwächen im Bereich der auditiven Wahrnehmung allein den Lernerfolg weniger stark zu behindern; der Erfolg des Lernprozesses ist dann gefährdet, wenn der Schüler neben den Schwächen in diesem Bereich noch andere Schwächen hat. Insgesamt sind diese Lernvoraussetzungen so bedeutsam, daß sie kaum im Klassenunterricht ausgeglichen werden können (vgl. MEIERS/HERBERT 1978).
Der Frage nach dem Ausgleich von Schwächen ist SIMON (vgl. 1981) nachgegangen. Er hat bei Kindern mit Lese-Rechtschreibschwierigkeiten erstaunliche Fähigkeiten zur Kompensation festgestellt und zugleich gefunden, daß für diese Kinder Ausfälle im taktil-kinästhetischen als einem genetisch für die sprachmodale Organisation grundlegenden Bereich typisch sind (vgl. SIMON 1981, S. 75). Damit laufen Probleme der Integration der Teilprozesse zusammen. Simons Befund stimmt mit Ergebnissen von GIBSON/LEVIN (vgl. 1980) wie von SCHEERER-NEUMANN (vgl. 1979) überein. Unter diesem Gesichtspunkt ist Skepsis gegenüber spezifischen Förderprogrammen geboten. Vielmehr käme es darauf an, Lerngelegenheiten zu schaffen, in denen die Kinder – langfristig – die Entwicklung von Funktionen nachholen können, die in der frühen Kindheit unzureichend entfaltet sind. Neuerdings jedoch wird zunehmend Skepsis gegenüber solchen Untersuchungen geäußert; Brügelmann kommt aufgrund einer Analyse zahlreicher, vor allem amerikanischer Arbeiten zu dem Schluß, daß die „Annahme sinnesspezifischer und zugleich gegenstandsunabhängiger Grundleistungen wenig ergiebig [erscheint] für die Aufklärung unterschiedlicher Lernerfolge im Lesen und Schreiben" (BRÜGELMANN 1984, S. 73). Als entscheidend stellt er heraus, daß Kinder bereits vor Beginn des eigentlichen Lehrgangs einen Begriff von Schrift entwickelt haben, der sich auf die soziale Verwendung der Schrift und auf ihren technischen Aufbau bezieht.
„Diese Entwicklung des Denkens braucht Zeit und setzt eigene naive Erfahrungen aus dem aktiven Umgang mit Schrift voraus, sie kann nicht zu einem Kompakt-Training verkürzt werden. Solche Erfahrungen [...] werden durch eine schriftreiche Umwelt gefördert, sofern Schrift im sozialen Miteinander eine konkrete Bedeutung hat und das Kind bei seinen eigenen Erkundungsversuchen unterstützt wird" (BRÜGELMANN 1984, S. 87).
Inwiefern auch die Fähigkeit zur Stringenz der Metaoperationen als Lernvoraussetzung zu betrachten ist oder ob und inwiefern der Schriftspracherwerb seinerseits die Fähigkeit zum Problemlösen beeinflußt, sind derzeit noch ungeklärte Fragen.

Mechthild Dehn

3.4 Lehrverfahren und Lernprozeß

Die Tatsache, daß die meisten Kinder bis zu einem gewissen Ausmaß lesen und schreiben lernen – gleich, mit welcher Methode sie unterrichtet worden sind –, könnte dazu verleiten, die Bedeutung des Lehrverfahrens überhaupt geringzuschätzen. Aber im Blick auf die großen Schwierigkeiten, die viele Kinder mit dem Schrifterwerb haben, auf die Probleme, die sich für die Betroffenen nicht nur in ihrer schulischen Laufbahn daraus ergeben, und im Blick auf die Verantwortung für eine grundlegende Bildung aller, die die Gesellschaft der Schule seit dem Ende des Mittelalters in zunehmendem Maße übertragen hat, ist der Anspruch an die Forschung wie an die Praxis hoch. Allerdings sollte ein Lehrverfahren nicht nur an seiner Effektivität im Sinne einer möglichst zeitökonomischen Vermittlung gemessen werden, sondern auch an dem Ausmaß, mit dem es dem Lernenden zur Entfaltung und Vergewisserung seiner geistigen Kräfte verhilft.

Lesen- und Schreibenlernen vollzieht sich nicht einfach als Übernahme oder Nachahmung von Verfahren der Analyse, Synthese und Strukturierung, die gelehrt worden sind, sondern setzt Aneignung – und das heißt Adaptation der Lehrverfahren an die vorhandene sprachliche Kompetenz und kognitive Struktur – voraus. Diese Adaptation ist abhängig von den Lernvoraussetzungen des Schülers und erfolgt auf unterschiedlichen Lernwegen. Der Lernvorgang vollzieht sich zwar nicht unabhängig von den vermittelten Operationen, aber auch Kinder, die nach demselben Lehrgang unterrichtet werden, lernen auf unterschiedliche Weise lesen und schreiben. Die fehlende Übereinstimmung zwischen Lehren und Lernen ist zum einen in subjektiven Faktoren des Lernenden begründet, zum anderen beruht sie darauf, daß sich die Wahrnehmungsvorgänge und der Prozeß des Regelerwerbs weitgehend unbewußt vollziehen. Aber sie sind für unterrichtliche Anleitung sehr wohl zugänglich.

Umgekehrt kann das Lehrverfahren sich weder vorrangig an den – gleichsam natürlichen – Erwerbsprozessen ausrichten, noch können für didaktische Überlegungen Analysen – wie die von Bierwisch – grundlegend sein, die das Regelsystem beschreiben, das kompetente Schreiber beherrschen müssen, um orthographisch richtig zu schreiben. Die Beziehung von Lernprozeß und Lehrverfahren ist weitaus komplizierter: Denn weder sind die Lernenden in der Lage, „den ihnen zur Verfügung stehenden Erwerbsmechanismus willkürlich und vollständig zu suspendieren" (JUNG 1981, S. 78), und das heißt, daß sie sich zunächst weitgehend nach ihrer eigenen Artikulation richten, noch wäre das wünschenswert. Aber die Tatsache, daß unsere Schrift nicht Ergebnis einer Transliteration des Gesprochenen ist, muß als sachstruktureller Aspekt den Vermittlungsprozeß von Anfang an ebenso mitbestimmen wie der Sachverhalt, daß nach dem derzeitigen Forschungsstand die Artikulation des Lernenden für das Stadium des Erwerbs zentral ist.

Die *Funktion* des Lehrverfahrens ist demnach, *Aufgaben zu stellen*, die die Lernvoraussetzungen und die Lernvorgänge berücksichtigen und bei deren Lösung die Kinder zu angemessenen Vorstellungen über die Beziehung von Laut und Schrift kommen. Weil die Lernvoraussetzungen jedoch ungemein unterschiedlich sind, hat Lehren auch die *Funktion des Nachholens oder der Kompensation*. Dem Anspruch, den unterschiedlichen Lernvoraussetzungen aller Schüler – etwa durch Binnendifferenzierung – gerecht zu werden, kann der Klassenunterricht nicht genügen. MEIERS/HERBERT (vgl. 1978) haben gezeigt, daß gerade unzureichende Lernvoraussetzungen so bedeutsam sind, daß sie kaum durch Unterricht (etwa durch besonderes Training des auditiven Bereichs) ausgeglichen werden können. Binnendif-

ferenzierung und vielfältiger Materialeinsatz wirken sich – entgegen den Erwartungen – als Belastung gerade für Schüler mit schlechten Lernvoraussetzungen aus. Statt dessen scheint „eine gewisse Gleichförmigkeit des Arbeitens über einen längeren Zeitraum hinweg insgesamt eine positive Wirkung auf den Leselernprozeß auszuüben" (MEIERS/HERBERT 1978, S. 101).
Die Frage, ob sich die Lehrverfahren stärker auf das Erschließen komplexer Aufgaben oder vorrangig auf das Üben von Einzelfertigkeiten richten sollten, muß im Hinblick auf das erreichte Stadium des Schriftspracherwerbs unterschiedlich beantwortet werden. Während für die Entwicklung entsprechender „Schemata" (Neisser) zunächst komplexe Aufgaben unerläßlich sind, erscheint es bei Schülern, die zwar eine Vorstellung von der basalen Zeichenfunktion gewonnen, aber nach Abschluß des allgemeinen Lehrgangs dennoch weiterhin Schwierigkeiten haben, durchaus geboten, einzelne Fertigkeiten zu trainieren. Diese Diagnose wird häufig nicht leicht zu treffen sein (vgl. R. MÜLLER/SCHIPPER 1981, SIMON 1981).
Mit der Frage nach der Berechtigung komplexer oder isolierender Lehrverfahren ist eine weitere Funktion des Lehrens angesprochen, nämlich die, durch *zusätzliche Zugriffe* neue Lernwege für diese Schüler zu eröffnen. Hier hat die Didaktik vielfältige Möglichkeiten erarbeitet, von denen nur das phonomimische Verfahren genannt sei, das den Kindern mit Hilfe von Gebärden die Vergewisserung ihrer Artikulation erleichtern soll (vgl. BLEIDICK 1976, DUMMER 1977).
Es besteht unter Lehrern und Eltern Konsens darüber, daß die Interaktion des Lehrers mit dem Schüler mindestens dasselbe Gewicht für Schriftspracherwerb und Anfangsunterricht hat wie die hier angeführten Aspekte. Die Forschung hat diesen Faktor bisher kaum bearbeitet (vgl. aber den Ansatz von NIEMEYER 1977, RÖBE 1977). Wegen methodologischer Schwierigkeiten wird auch den Lernwegen einzelner Leseanfänger bisher noch zuwenig Aufmerksamkeit gewidmet (vgl. BITTERMANN/GÜNNEWIG 1982, DEHN 1985).

4 Analphabetismus und Literarisierung

Für Art und Ausmaß des Erwerbs der Schriftsprache waren – abgesehen von der Kennzeichnung des Unwissenden als Analphabeten und des Kundigen als Schriftsteller und Literaten und als Superleser (Riffaterre) – lange Zeit begriffliche Unterscheidungen kaum gebräuchlich. Neuerdings wird ein aus dem Englischen adaptierter Begriff „Literalität" (literacy; vgl. Goody) oder „Literarisierung" (vgl. Schenda) in die Diskussion gebracht, der die Fähigkeit zur aktiven Teilhabe an der Schriftkultur bezeichnet. Und die UNESCO definiert „funktionalen Alphabetismus" als „das Wissen und die Fähigkeit im Lesen und Schreiben", die die Person „in die Lage versetzen, gleichberechtigt an den gesellschaftlichen Aktivitäten ihres Kulturkreises teilnehmen zu können" (EHLING u. a. 1981, S. 8). In Analogie dazu spricht man neuerdings bei Menschen, die zwar einige Grundkenntnisse im Lesen und Schreiben erworben, aber diese nach der Schulentlassung wieder verlernt haben, von „funktionalen Analphabeten". Graduell reicht der Analphabetismus von Personen, die lediglich „ihren Namen schreiben können und einzelne Buchstaben kennen", bis zu Personen, die zwar lesen können, aber so mangelhaft schreiben, daß sie „Situationen meiden, in denen sie schreiben müssen" (EHLING u. a. 1981, S. 9).
Daß Schriftspracherwerb wie in der UNESCO-Definition als Voraussetzung zur gleichberechtigten Teilnahme am kulturellen Leben anzusehen sei, wird – besonders unter historischem Gesichtspunkt – durchaus in Frage gestellt. ENGELSING (1973, S. XII) versucht nachzuweisen, daß die Lese- und Schreibfähigkeit „niemals

zwingende Voraussetzung für die intellektuelle Teilnahme an einer neuen literarischen, politischen und sozialen Entwicklung" ist, weil „Lektüre" neben dem eigentlichen Lesen zu Beginn der Neuzeit auch als Zuhören oder Anschauen von Bildern stattfand (vgl. ENGELSING 1973, S. 22). Und SCHENDA (vgl. 1981 b, S. 161) zeigt, wie bis weit ins 18. Jahrhundert „Literarisierung durch semiliterarische Prozesse" zustande kam, durch Vorlesen, Predigt und durch Rezitation auf den Märkten, und daß für die sogenannte „mündliche" Literatur mehr, als bisher angenommen, literarische Texte grundlegend waren. Er betont in seiner Argumentation die Veränderungen, die durch Alphabetisierung und Literarisierung in der sozialen Organisation und im sozialen Handeln eingetreten sind.

Der Rückgang des Analphabetentums wurde in Europa seit dem Beginn der Neuzeit durch wirtschaftliche und soziale Anforderungen, durch den Ausbau des Schulwesens und die Entfaltung der Journalistik und des Bibliothekswesens beeinflußt (vgl. ENGELSING 1973, S. XIII). Als entscheidenden Faktor für die Entwicklung betrachtet Engelsing Vorgänge, die die Lese- und Schreibfreudigkeit anregten: die Reformation, den Pietismus und die Aufklärung, vor allem die Französische und die deutsche Revolution. „Sooft die Wirkung der Ideologien nachließ, pflegte die Lese- und Schreibfreudigkeit nachzulassen, auch wenn die Zahl der Analphabeten nicht denselben Stand wie vor der Bewegung erreichte" (ENGELSING 1973, S. XIII).

Heute gilt – unausgesprochen – als selbstverständlich, daß jeder Schulabgänger imstande ist, das im täglichen Leben Nötige zu lesen und zu schreiben. Deshalb erschrecken Berichte über funktionalen Analphabetismus in Westeuropa (Niederlande 1–4%, England zirka 5%, Bundesrepublik Deutschland 0,75–3,5%; vgl. EHLING u. a. 1981, S. 7; vgl. GIESE 1981, S. 166 ff.; vgl. GIESE/GLÄSS 1984, S. 25). Betroffen davon sind insbesondere Randgruppen (Sinti, Gefangene, Arbeitsemigranten), viele, die nur unregelmäßig die Schule besucht haben, aber auch solche, die nach acht oder neun Jahren die Sonder- oder Hauptschule verlassen haben. Ihnen allen konnte der Gebrauchswert von Lesen und Schreiben nicht vermittelt werden (vgl. GIESE 1981, S. 162 ff.). Abgesehen davon, welche Bedeutung man der Literarisierung für die Entwicklung der Person beimißt, für die, die das Lesen und Schreiben nicht in den Situationen des täglichen Lebens und im Beruf beherrschen, erwächst daraus eine psychische Belastung, die zu Verheimlichungs- und Abwehrstrategien führt. Alphabetisierung und Literarisierung sind Gegenstand der schulischen Unterweisung, aber Art und Ausmaß des Schriftspracherwerbs werden nach wie vor „von den sozialen Bedingungen bestimmt, unter denen jeder einzelne aufgewachsen ist und gegenwärtig lebt" (SCHENDA 1981 a, S. 25). Sie bestimmen auch die Lese- und Schreibfreudigkeit.

Und dafür hat die Schriftkultur in den letzten 20 Jahren durchaus eine zwiespältige Funktion erhalten. Einerseits ist die Beherrschung des Lesens und Schreibens als Kulturtechnik für das öffentliche Alltagsleben unerläßlich, aber auch im privaten Bereich sowie in den meisten beruflichen Situationen. Andererseits wird die Bedeutung der Schriftkultur heute eher geringer. Teilhabe am kulturellen Leben setzt heute weit weniger als vor 50 oder 100 Jahren Lesen und Schreiben voraus. Wichtige Funktionen der Schrift (Tradierung des Gedachten und Erlebten, Austausch von Erfahrung) sind heute in anderen Medien möglich (im Foto, im Film, in der Konservierung gesprochener Sprache; vgl. POSTMANs bedeutend weiter gehende Analyse der amerikanischen Mediensituation, 1983).

Ungeklärt ist bisher, welche Bedeutung die gegenwärtige Mediensituation für das Phänomen des modernen Analphabetismus hat und ob die Schule überhaupt einen Beitrag zu leisten vermag zum Ausgleich zwischen Schriftkultur und nicht-literalen

Kulturformen. Solange jedoch Weigls These, daß mit dem Schriftspracherwerb der „Übergang vom konkreten zum kategorialen Verhalten" ermöglicht werde, nicht eingeschränkt worden ist und Literalität dem Menschen Möglichkeiten bietet, „die Geschichte seiner Persönlichkeit aktiver, und das heißt eben auch schriftsprachlich zu beeinflussen" (GIESE 1983, S. 46), muß Schriftspracherwerb als Grundrecht betrachtet werden, dem die Schule verpflichtet ist.

5 Historische Stationen des Lesen- und Schreibenlernens im Elementarunterricht

Die Frage, welche Rolle die eingangs genannten Perspektiven in der historischen Entwicklung des Schriftspracherwerbs – der Praxis und der Reflexion darüber – gespielt haben, läßt sich nur schwer beantworten. Bisher ist vor allem die Entscheidung über Lehrverfahren, Inhalt und Gestaltung von Fibeln, also eine im engeren Sinn didaktische Fragestellung, Gegenstand von Handbuchartikeln und längeren Abhandlungen gewesen (vgl. GÖBELBECKER 1933, GÜMBEL 1980, SCHWARTZ 1971). Da ein theoretischer Bezugsrahmen für eine historische Analyse und Interpretation des Schriftspracherwerbs unter den genannten Perspektiven bisher nicht vorliegt, soll hier versucht werden, anhand einiger Quellentexte wichtige Stationen der geschichtlichen Entwicklung zu markieren.

Die erste Station gilt den Auseinandersetzungen um das Lesen- und Schreibenlernen in deutscher Sprache zur Zeit der Reformation, wie sie Ickelsamer in seiner Leselehre geführt hat. Mit der Abkehr von der seit der Antike verbreiteten Buchstabiermethode wird auch die Voraussetzung für ein grundlegend neues Verhältnis zur Schrift geschaffen: War Schrift bis dahin das immer schon Vorgegebene, das Tradierende und Tradierenswerte, dem der Lernende sich nicht nur in bezug auf den Anspruch der zumeist religiösen Inhalte unterzuordnen, das er zu adaptieren hatte, erlaubt ihm das neue Verfahren, das von der Analogie von gesprochener und geschriebener Sprache ausgeht und den Lernenden zunächst in der lautlichen Analyse seiner eigenen Sprache und Sprechweise unterweist, Schrift als etwas zumindest potentiell Persönliches zu erfahren. Ickelsamer selbst thematisiert solche Konsequenzen nicht, sondern setzt einen linguistisch-sprachanalytischen Schwerpunkt. Das während der Reformation große Interesse breiter Bevölkerungskreise an Schriftspracherwerb und Schriftkultur erlahmte bereits gegen Ende des 16. Jahrhunderts, so daß Lesen und Schreiben noch lange ein Privileg weniger blieb.

Die zweite Station gilt den Bestrebungen einer Liberalisierung des Schriftspracherwerbs im Rahmen der frühbürgerlichen Pädagogik im ausgehenden 18. und zu Beginn des 19. Jahrhunderts – ihrem inneren Widerspruch zwischen dem Anspruch nach Allgemeinheit und dem Wunsch nach Individualisierung einerseits und standesbezogenem Denken andererseits und den öffentlichen Widerständen gegen eine solche Liberalisierung, vor allem was die Schaffung der erforderlichen schulorganisatorischen Voraussetzungen sowie Zielsetzung und Inhalt des Unterrichts betrifft. Quellentext ist Campes zuerst 1807 veröffentlichtes „Abeze- und Lesebuch". Hatte sich Ickelsamer gleichermaßen an Kinder und Erwachsene als Lernende gewandt, so ist Campes Schwerpunkt im pädagogischen Bemühen zu sehen, Lerninhalte und Vorgehensweise an den geistigen Möglichkeiten und Bedürfnissen des jungen Kindes und am erzieherisch Wünschenswerten zu orientieren.

Die dritte Station gilt der psychologischen Beschreibung der Voraussetzungen des Schriftspracherwerbs und der theoretischen Klärung des Lernprozesses, wie sie Bosch vor 50 Jahren vorgelegt hat – zu einem Zeitpunkt, als kurz vorher (1919) mit der Einführung der Grundschule erstmals die schulischen Bedingungen für den Schriftspracherwerb und die Teilhabe an der Schriftkultur egalisiert worden waren, jedenfalls was die ersten Schuljahre betrifft.

5.1 Aus linguistischer Perspektive: Valentin Ickelsamer

Von Valentin Ickelsamer sind zwei Schriften überliefert, die sich mit dem Lesenlernen beschäftigen, eine ausdrücklich als Leselehre gekennzeichnete Schrift (Abbildung 1) und die „Teutsche Grammatica", die den Untertitel hat: „darauß ainer von jm selbs mag lesen lernen". Die erste hat der 1500 geborene Protestant 1527 verfaßt, kurz nachdem er, der seit 1524 oder 1525 deutscher Schullehrer in Rothenburg ob der Tauber gewesen ist, wegen seiner Parteinahme für die Bauern der Stadt verwiesen wurde.

Die „Teutsche Grammatica" ist vermutlich 1534 erschienen, als Ickelsamer nach einigen Jahren in Erfurt sich in Augsburg niedergelassen hat, wo er bis zu seinem Lebensende (vermutlich 1546) blieb (vgl. J. MÜLLER 1969, S. 369 ff.; vgl. GIESECKE 1979).

Zu Beginn des Textes (Abbildung 1) erklärt Ickelsamer entschuldigend, weshalb er auch das Alphabet abdruckt, obwohl es den Lernenden eher behindere. Er möchte diejenigen nicht enttäuschen, deren Erwartungen sich auf die Buchstabiermethode richten, nämlich anhand von Abc-Tafeln zunächst die Namen der Buchstaben zu lehren. Seine eigene Methode versteht Ickelsamer durchaus als Gegensatz dazu. Aber was es damit auf sich hat, stellt er zunächst noch nicht dar, sondern preist den Vorzug, den Lesenkönnen gerade in seiner Zeit bedeutet: daß man Gottes Wort und dessen Auslegung durch Gelehrte selbst kennenlernen und daher besser darüber urteilen könne. Außerdem erfahre man Neuigkeiten (Kundwürdiges).

Ickelsamer weist also auf zwei für das Bedürfnis, lesen zu lernen, entscheidende Motivationen hin, darauf, daß nun (mit der Reformation) alle Christen gleichermaßen als Adressaten des biblischen Wortes verstanden werden, und darauf, daß durch die Schrift die Kenntnis von Entdeckungen und Erfindungen, aber auch von politischen Ereignissen erleichtert wird. Indem Ickelsamer als ersten Lesetext den Katechismus in sein Buch aufnimmt, gewichtet er seinerseits die erste Motivation. Sodann typisiert er die Lernenden nach der Geschwindigkeit und Leichtigkeit, mit der sie sich des Lesens bemächtigen: Die einen könnten es sich selbst beibringen, wenn ihnen einige Buchstaben vorgestellt sind. Er behauptet sogar, daß man in *einer* Stunde lesen lernen könne, und lastet es dem Lernenden an, wenn er trotz der rechten Vermittlung etwa nicht lesen lerne; denn Lesenlernen bestehe einfach darin, die „Buchstaben zu nennen". Im nächsten Schritt beginnt er mit der Erläuterung für diese Definition, nicht ohne zuvor jene zu kritisieren, die zwar auch über die neuartige Methode verfügen, aber sie in „jren Schulen und köpffen" behalten, um der Achtung willen, die ihnen deswegen zuteil wird, und sie nicht anderen, wie er es tut, mitteilen: Das Lesen, so sagt Ickelsamer, besteht darin, ein Wort in seine verschiedenen Teile zu zerlegen, und zwar „inn der rede", das heißt beim Sprechen. In unserer Terminologie bedeutet das, daß nach Ickelsamers Auffassung die Lautanalyse das Kernstück des Leselehrgangs ist. Dieser Grundsatz fasziniert, ermöglicht er doch dem Lernenden, von Anfang an eine Beziehung zu suchen zwischen der Schriftsprache und seiner sprachlichen Kompetenz. Zugleich erscheint dieser Grundsatz verwirrend, zumal in einer Zeit, als weder eine einheitliche Aussprache noch eine einheitliche Schreibung existiert, gleichwohl aber Tendenzen bestehen, eine gemeinsame Literatursprache zu entwickeln, und zwar gerade aus der ge-

Abbildung 1: Leselehre von Valentin Ickelsamer

Die rechte weis ‖
auffs kürtzist lesen zu lernen/ ‖

wie das zum ersten erfunden/ vnnd auß der ‖ rede vermerckt worden ist/ Valentin ‖ Ickelsamer/ Gemehret mit Silben figuren‖vnd Namen/ Sampt dem text des‖kleinen Catechismi.‖

(...)

[Bl. A 1ᵇ] Diß nachvolgend gantz Alphabet/ haben wir vorn an in diesem Büchlin gedruckt/ den jhenigen zu gefallen/ die den nütz vnnd brauch/ dieser kunst nit wissen/ oder sunst nicht folgen wöllen/ Denn/ den andern die jr volgen vnd brauchen/ solt es mehr hindern den nützen

Aabcdefghiklmnopqrstvuwxyz
ABCDEFGHIKLMNOPQRSTUVWXYZ.
Aabcdefghiklmnopqrstvuwxyz.

[Bl. A 2ᵃ] Lesen Können hat inn langer Zeit nie so wol seinen nütz gefunden/ als itzo/ dwehls seer en yeder darumb lernet/ das er Gottes wort/ vnd etlicher Gotgelerter menner außlegung/ darüber selbs lesen/ vnd desto bas darinn vrtehlen möge. Da zu kan itzo nichts kundwirdigs inn der gantzen welt geschehen/ Es kumbt schrifftlich durch den Truck zu lesen. Hab ich diese weyse vnnd meynung/ die kürtzist vnd rechtist/ bald lesen zu lernen/ zu sein gedacht. Nach dem diese kunst von ersten vrsprung also vermerckt vnd gelernet ist worden/ aus den lauten vnd bildnissen der rede (die man Buchstaben heist) Es sein auch noch solche köpff zu findenn/ die von jnen selbs können mercken/ wie die sach mit dem lesen müsse zugehen/ allein wenn sie ein wenig der Buchstaben bericht werden. Man findet jr viel/ die man in einer stund kan lesen leren/ vnnd mus ein grober [Bl. A 2ᵇ] vngeschickter kopff sein/ ders nicht ergreifen wölt/ wenn er der buchstaben/ nach rechter art vnnd erfindung/ wie hernach meldung davon geschehen wird/ berichtet were. Denn es ist das lesen nichts anders/ denn schlecht die buchstaben nennen.

Wie man aber die buchstaben recht nennen sol/ ist nicht bey vilen im brauch/ vnnd wissens auch viel nicht/ die es aber wissen/ die sind so gerne allein gelert/ damit geacht vnd gesehen/ das sie es niemands getrewlich leren/ vnnd behaltens nur in jren Schulen vnd köpffen.
(...)

Aber also gehet es mit dem lesen vnd den buchstaben zu/ das man ein wort inn der rede absetzen mus in seine teile. Denn die buchstaben sind nichts anders/ denn teyle eines worts/ mit den natürlichen instrumenten der zungen vnd des munds gesprochen vnnd außgeredt. So viel nu verenderte teil inn einem wortte stehen/ das findt desselben worts buchstaben.

(Quelle: J. MÜLLER 1969, S. 52 f.)

schriebenen, nicht der gesprochenen Sprache (bevorzugte Orientierungspunkte dafür sind die Urkunden aus der Kanzlei Kaiser Maximilians I., Luthers Werke und Augsburger Drucke; vgl. etwa GUCHMANN 1969, S. 114).
Die beiden Schriften von Ickelsamer gehören zu einer Reihe ähnlicher Texte über den Unterricht im Lesen und Schreiben des Deutschen, die zu Beginn des 16. Jahrhunderts in dichter Folge erscheinen (J. Kolroß 1530; F. Frangk 1531; R. Jordan

1533; J. Grüßbeutel 1534; J.E. Meichßner 1538; O. Fuchßberger 1542; vgl. J. MÜLLER 1969). Mit der Erfindung des Buchdrucks war die technische Voraussetzung dafür gegeben, daß Geschriebenes einer größeren Leserschaft zugänglich wurde. Die Verbreitung didaktischer Schriften entwickelte sich fast gleichzeitig mit der deutscher Drucke überhaupt. Waren 1518 erst 150 deutsche Bücher erschienen, waren es 1524 bereits 990 (etwa ein Drittel davon machten die Lutherdrucke aus; vgl. TSCHIRCH 1969, S. 103). Hinzu kamen die als Massenliteratur verbreiteten Flugblätter mit politischen oder religiösen Inhalten (vgl. GUCHMANN 1969, S. 130f.). Die „Lese- und Schreibfreudigkeit" (Engelsing) hatte darüber hinaus noch einen dritten Impuls: Die Entfaltung städtischen Handels verlangte nach schriftlichem Austausch – von daher verbreitete sich insbesondere das Bedürfnis, schreiben zu können und die festen Formen der Schriftlichkeit zu beherrschen, die sich in Anlehnung an kirchliche Formen herausgebildet hatten und wie diese in „Formularbüchern" zusammengestellt waren. Darauf jedoch geht Ickelsamer nicht ein. Seine Schrift wendet sich an jedermann, war doch damals Schriftspracherwerb nicht an schulische Unterweisung gebunden. Man konnte das Lesen zwar wie zuvor in der äußeren Abteilung einer Kloster- oder Domschule oder in einer Stadtschule lernen (dabei handelte es sich freilich um die lateinische Sprache), aber man konnte es sich auch in einer vom Rat unterstützten städtischen Schreibschule oder in einer der auf privater Basis betriebenen Winkelschulen aneignen.

Gerade die Winkelschulen mußten auf Effektivität bedacht sein. Während in den Lateinschulen oft Jahre vergingen, bis der Schüler vom Buchstabieren und Syllabieren zum Entziffern der Wörter gelangte, sagte der private Schulmeister zu, bei Mißlingen des Unterrichts auf jedes Entgelt zu verzichten. Und auch Ickelsamer betont mehrfach, daß ihm daran liegt, es in kurzer Zeit zu vermitteln. Aber er denkt dabei nicht nur an schulische Unterweisung, sondern daran, „das mancher vater seine kinder dahaymen dadurch leret / das sy nit (wie oft geschicht) in gemainen öffenlichen schulen vnder den bösen kindern (wie yetzt gemainglich seind) verderbt wurden / Mancher gesell kündts seinen mitgesellen bey jm in der werckstatt eylendts leren / Vnd o wie wol wölt ich mir dise meine arbait schätzen / so ettwa ain Gotförchtiger mensch / der villeicht nit lang platz an ainem ort hett (dann die rechten Christen seind yetzt inn der welt langes bleibens vngewiß) das lesen so behend vnd daruon brechte / vnd das darnach zu Gottes ehre brauchet" (zitiert nach J. MÜLLER 1969, S. 124).

Mit seinem Lehrverfahren ist Ickelsamer seiner Zeit weit voraus, sowohl im Hinblick auf seine Sprachanalyse wie in bezug auf seine sprach- und lernpsychologische Konzeption und nicht zuletzt auf seine methodischen Vorschläge.

Er leitet den Lernenden an, beim Erwerb der Schriftsprache denselben Weg wie die Schrifterfinder zu gehen, nämlich das *gesprochene Wort als Ausgangspunkt für eine lautliche Analyse* zu nehmen:

„er höre vnd merck auff die verenderte tayl aines wortes [...] dann hat auch der aller erst lernen lesen / der das lesen vrsprünglich erfunden hat" (zitiert nach J. MÜLLER 1969, S. 132).

Ickelsamer versteht die „Buchstaben" als Schreibungen für die Lautung, als „bildnisse der rede", nicht – wie damals allgemein üblich – als Elemente des Alphabets. Gegen diesen Begriff von „Buchstabe" setzt er sich ausdrücklich ab.

„Be/ce/de/eff/[... die Buchstaben zu nennen,] ist wider jr krafft vnd art / vnd sind also genennet mehr silben denn buchstaben / Auff diese weis lernet keiner lesen / denn durch lange gewonheit" (zitiert nach J. MÜLLER 1969, S. 55f.).

Zum Problem mundartlicher Redeweise nimmt Ickelsamer anders als Frangk, der

Schriftspracherwerb und Elementarunterricht

in seiner „Orthographia" (erschienen 1531) den überlandschaftlichen Typ der deutschen Sprache den Territorialmundarten gegenüberstellt, nicht ausdrücklich Stellung. Ickelsamer betont aber, daß die Aussprache die Wortbedeutung zu berücksichtigen habe.

Das zweite Kriterium, das er nennt, ist die Beobachtung der Artikulation und die auditive Wahrnehmung: „das er das selbig wort oder seine tayl / das ist / die buchstaben vor in seine oren neme / vnd frag seine zungen wie es kling / hart oder waich / vnd was es aigentlich für laute hab" (zitiert nach J. MÜLLER 1969, S. 132).

Ickelsamer entwickelt eine Ordnung der Laute nach Vokalen und Konsonanten, die er wiederum in mitlautende und stumme (Verschlußlaute) unterteilt. Der Lernende muß zunächst die beim Sprechenlernen unbewußt erworbenen Regeln zur Lautbildung und Lautfolge aktivieren: Das geschieht als sinnliche Wahrnehmung – als Abhören der Laute und als Empfindung von der Tätigkeit der Sprechwerkzeuge. Wiederholt gibt er Beispiele, wie die Lautbildung dem Schüler bewußtgemacht werden kann: „Das /b/ vnd /p/ mitt den lebtzen durch des Athems gewallt auffgerissen / das ainer den athem helt mit zugespertem mund / das er jm die backen aufftreybt / wie ainem Pfeyffer / vnd leßt dann den athem durch geöffnete lebtzen faren" (zitiert nach J. MÜLLER 1969, S. 129f.).

Sein Verfahren erscheint uns modern, wenn er auf diese Weise erreicht, daß der Lernende zu Beginn des Leseunterrichts eine neue Einstellung zu der ihm vertrauten Sprache gewinnt, daß er lernt, sie zu vergegenständlichen, und wenn er betont, daß der Lernende den Vorgang der Produktion und Wahrnehmung am besten an sich selbst beobachten kann (vgl. WEIGL 1974). Die Lautanalyse ist für Ickelsamer so wichtig, daß er bereits diese Voraussetzung des Lesens als „lesen" bezeichnet. „Wer nun also ain yedes wortt absetzen kündt in seine tayl / der kündt warhafftig sagen / Er hat das lesen von jm selbs gelernet / ehe er ye ainen buochstaben het kennet" (zitiert nach J. MÜLLER 1969, S. 133).

Solche Vorschläge sind erst viel später verwirklicht worden, freilich ohne Kenntnis von Ickelsamers Schriften: im Rahmen der Lerntheorie GALPERINS „Von der etappenweisen Ausbildung geistiger Handlungen" (vgl. 1969), von dem Russen ELKONIN (vgl. 1967), der den Aspekt der Vergegenständlichung noch stärker betont, indem er die Schüler zunächst für die einzelnen Laute, später nach Lautklassen verschiedene Spielmarken legen läßt; und im Rahmen der Sonderpädagogik mit der Entwicklung der „phonomimischen Methode" (vgl. BLEIDICK 1976, DUMMER 1977).

Was den zweiten Schritt des Lehrgangs, die *Kenntnis der Buchstabenzeichen,* betrifft, sieht Ickelsamer den Erfinder der Schrift gegenüber dem Lernenden im Vorteil, weil dieser die Zeichen, die jener einfach erfinden konnte, reproduzieren muß (vgl. J. MÜLLER 1969, S. 134). Er sieht sehr wohl, daß das Alphabet einerseits überflüssige (y, z, c), andererseits zu wenige Schriftzeichen enthält (beispielsweise s in Kombinationen wie sch, sc, sp, st, sq und für die Kombination „ng"; vgl. J. MÜLLER 1969, S. 137ff.). Ickelsamer empfiehlt, die Schriftzeichen mit Bezug auf Figuren und Abbildungen einzuprägen, die deren lautliche Repräsentation hervorheben. So ist „m" der „Küebrummer", „r" der „Hundtsbuchstabe", „z" der „Schrei der Spatzen" (vgl. J. MÜLLER 1969, S. 135). Mit diesen Vorschlägen für ein „Naturlautverfahren" verläßt Ikelsamer den Boden seiner Sprachanalyse. Damit der Buchstabe leichter behalten werde, soll ihm außerdem die Abbildung eines Gegenstandes zugeordnet werden, der mit diesem Buchstaben beginnt. So ist „Maus" Merkwort für /m/, „Esel" das Merkwort für /e/ (vgl. J. MÜLLER 1969, S. 137). Solche methodischen Vorstellungen sind bald verbreitet worden, ohne daß die Lernvoraussetzungen, die Ickelsamer zuvor gesichert sehen wollte, übernommen wären.

Seine Lehre enthält zwei weitere wichtige Ansatzpunkte, die in der didaktischen Diskussion wie in der Unterrichtspraxis von großer Bedeutung sind. Sie beziehen sich auf den Vorgang der *Synthese* und das *Segmentieren*. Ickelsamer weiß um die Schwierigkeit des Anfängers, die den Schriftzeichen entsprechenden Laute zu verbinden, und rät deshalb, daß er bei den einzelnen Buchstaben eines Wortes „nit abbreche, biß ers gar hinauß liset [...] biß er den andern ergriffen hat" (zitiert nach J. MÜLLER 1969, S. 137). Vermutlich war nach der eingehenden Lautanalyse das Problem der eigentlichen Synthese nicht so groß wie heute im Anfangsunterricht; vielleicht spielt auch eine Rolle, daß die Lernenden vielfach Erwachsene waren, die über die notwendigen kognitiven Funktionen verfügten (vgl. 3.1).

Die Fähigkeit, Geschriebenes zu strukturieren und in Segmente abzuteilen, die der Lernende im Hinblick auf die Ökonomie erwerben muß, bedenkt Ickelsamer ebenfalls. Er unterscheidet zwar nicht ausdrücklich zwischen Erwerb und Automatisierung, aber er sieht es als Aufgabe des Leselehrers an, kurze Wörter zu bevorzugen und den Text für den Anfänger optisch zu gliedern, um Leseschwierigkeiten vorzubeugen. „darzu ist dann vast nütz das man im anfang des lesens hab feyn / leichte kurtze woerter / das der anfangend leser nit vil rencken vnd vmbkeren dürff" (zitiert nach J. MÜLLER 1969, S. 137).

Während den Leseschülern in jener Zeit sonst vorwiegend oder ausschließlich silbische Texte gegeben wurden, differenziert Ickelsamer je nach Eigenart des Wortes: Komposita sollen nach ihren *Morphemen* abgeteilt werden, „dann wie kan ainer leichter zum verstand des worts [...] kommen / dann so er die buchstaben also susamen geben gelert" (zitiert nach J. MÜLLER 1969, S. 143). Als Beispiel führt er das Wort „buch/stab/e" an. „Was nun solche woerter sein / da soll man die verstentlichen tayl / allweg in ain silben zuosamen nemen / das kaine solcher bedeütlicher silben zerrisen / vnd dadurch vnuerstentlich gemacht werde" (zitiert nach J. MÜLLER 1969, S. 144).

Der *Sprechsilbe* trägt er Rechnung, indem er bei Doppelkonsonanten die Trennung zwischen den beiden Lauten vornehmen will, also „al ler, an na". Allerdings nimmt er das nasalierte „n" in der Kombination „nk" und im Graphem „ng" davon aus und teilt ab: „ding en, trinck en" (vgl. J. MÜLLER 1969, S. 145). Schließlich berücksichtigt er das Phänomen der *Konsonantenhäufung,* das er im Hinblick auf den Wortanfang in seinen Buchstabiertabellen hervorhebt, auch bei der Silbentrennung. Solche optisch bereits eingeprägten Muster wie „str" sollen auch in der Wortmitte zusammenbleiben (vgl. J. MÜLLER 1969, S. 145). Hier wird man an WARWELs (vgl. 1967) Signalgruppen erinnert.

Zu Fragen des *Schreibens* nimmt Ickelsamer nur am Rande Stellung, und zwar unter Betonung des morphematischen Prinzips. Allerdings finden sich hier manche Widersprüche zwischen den aufgestellten Regeln (wie Vermeidung von Doppelkonsonanten in einer Silbe) und der eigenen Schreibweise (etwa „vnnd"). Das Schreiben ist für Ickelsamer deutlich dem Lesen nachgeordnet. Das war damals nicht selbstverständlich. So will P. Jordan in seiner „Leyenschul" (1533) Lesen und Schreiben von Anfang an miteinander verbinden (vgl. J. MÜLLER 1969, S. 112).

Bei dieser Leselehre, die den Schrifspracherwerb auf der Grundlage einer Vergegenständlichung der gesprochenen Sprache im Munde des Lernenden vermittelt, hat der Lehrer die Funktion, dem Schüler die Möglichkeit der Selbstbeobachtung zu zeigen, ihm Gedächtnisstützen bei der Reproduktion der Schriftzeichen zu geben und ihm die erste Lektüre durch Präparation des optischen Materials in Segmente unterschiedlicher Art zu erleichtern. Im Vergleich zur Buchstabiermethode anhand von Abc-Tafeln, die weder sachstrukturell noch lernpsychologisch angemessen ist und daher entweder methodischer Raffinessen bedarf oder den Leselernprozeß auf mehrere Jahre ausdehnt, erscheint Ickelsamers Richten der Spracherfahrungen auf den neuen Lerngegenstand beinahe als „naturwüchsig". Elementarunterricht in seinem Sinne dient nicht nur den beiden von ihm genannten Zielen, der Auseinandersetzung mit dem biblischen Wort und seiner Auslegung sowie der Aufnahme aktueller Nachrichten, sondern befördert auch die Fähigkeit des Lernenden, sich selbst gegenüberzutreten und Distanz zu gewinnen, ein grundlegendes intellektuelles Vermögen.

5.2 Aus pädagogischer Perspektive: Joachim Heinrich Campe

Das „Abeze- und Lesebuch", das der Philanthrop Campe 1807 veröffentlicht, gehört zu seinen weniger bekannten Schriften. Berühmt wurde Campe vor allem durch seine Überarbeitung von Defoes „Robinson" als Jugendlektüre (1779). In der Geschichte der Pädagogik ist sein Name mit der „Allgemeinen Revision des gesammten Schul- und Erziehungswesens" verbunden, einem 16bändigen Werk, das er in den Jahren 1785-1792 herausgegeben hat. Das „Abeze- und Lesebuch" ist die überarbeitete Fassung einer älteren Schrift mit dem Titel „Neue Methode, Kinder auf eine leichte und angenehme Weise Lesen zu lehren, nebst einem dazugehörigen Buchstaben- und Silbenspiele in sechs und zwanzig Charten, und einer Vorrede, welche jeder lesen muß, der dieses Büchelchen gebrauchen will", die der 1746 geborene Campe 1778 in Altona herausgebracht hat. In demselben Jahr gründet er nach Studium, Hofmeister- und Predigerzeit und kurzer Tätigkeit am Philanthropin in Dessau in Hamburg eine eigene Erziehungsanstalt. Campes erste Fibel ist für ihn selbst nicht mehr vollständig verfügbar, als er fast 30 Jahre später im familieneigenen Schulbuchverlag eine zweite, überarbeitete Auflage herausbringen will. (In der Hamburger Staatsbibliothek liegt allerdings ein vollständiges Exemplar!) Seit 1786 ist Campe als Reformer des Schulwesens und als Jugendbuchautor in Braunschweig tätig. Er gilt als freiheitlicher aufgeklärter Pädagoge und unbequemer Kritiker, der sich als Augenzeuge mit der Französischen Revolution befaßt hat und in Braunschweig ein Journal verlegt, in dem neben pädagogischen Grundsatzfragen auch aktuelle schulpolitische Probleme behandelt werden. Die Auseinandersetzungen mit dem Hof zwingen ihn, zu fliehen und die Zeitschrift im dänischen Altona zu verlegen. Er kehrt nach Braunschweig zurück, erlangt dort aber nicht die frühere Bedeutung. 1805 legt er sein Amt als Schulrat nieder und befaßt sich nach dem „Abeze- und Lesebuch" mit einem „Wörterbuch der Deutschen Sprache" (1807-1812). 1818 stirbt er – unbeachtet von der Öffentlichkeit.
Das „Gespräch zwischen dem Großvater und Karl" (Abbildung 2) ist der mittlere Teil des 1807 veröffentlichten Leselernbuchs; zuvor erläutert Campe „allgemeine Grundsätze und Regeln zum leichten und angenehmen Lesenlernen" und beschreibt die „Verfahrensart beim Lesenlehren"; dem Gespräch folgen 23 Fabeln „zur ersten Uebung im Lesen", die zu den einzelnen Buchstaben des Alphabets jeweils zwei Figuren im Gespräch vorstellen: den „akkerman" und den „affen", den „mops" und den „mond". Sie haben zumeist einen moralisch belehrenden Ton, der in den folgenden Lesestoffen („geschichte des unglücklichen jacobs", „Sofiens Besserung") noch verstärkt wird und mit dem „Versuch einer leichten Entwickelung der ersten und einfachsten Begriffe aus der Gottes-, Seelen- und Sitten- oder Tugendlehre" endet, in dem es in sechs Gesprächen zwischen einer Mutter und ihrer sechsjährigen Tochter um Seele, Gott, Gehorsam gegenüber den Eltern und um den Tod geht.

Abbildung 2: Abschrift aus dem Abeze- und Lesebuch von J. H. Campe

Gespräche
zwischen
dem Großvater und Karl.

1.

Großvater. Ich habe einen Gedanken im Kopfe; kannst du ihn sehen, Karl?
Karl. Nein!
Großvater. Oder kannst du ihn hören?
Karl. Eben so wenig.
(...)
Großvater. (...)
Weißt du, wie dis herrliche Mittel heißt?
Karl. Nein!
Großvater. Es heißt: schreiben und lesen. Durch das Schreiben können wir Alles, was wir denken, vermittelst gewisser Zeichen sichtbar machen, und es so aufs Papier heften, daß es gar nicht wieder verschwinden kann; durch das Lesen lernen wir jene Zeichen verstehen, und werden dadurch in den Stand gesetzt, die Gedanken Anderer gleichsam vor Augen zu sehen, und sie so oft, selbst nach vielen Jahren noch, wiederzusehen, als wir es verlangen. Hatte ich nicht Recht, lieber Karl, dieses Mittel ein herrliches zu nennen?
Karl. Ja! Lehre es mir, lieber Großvater, wenn's nicht zu schwer ist.
Großvater. Zu schwer? Es ist kinderleicht, sage ich dir! Du wirst es spielend lernen; die Erlernung desselben wird dir Vergnügen machen. Tritt mit mir vor jene Tafel. (Er nimmt den Kreidestift, und schreibt das u mit großen und starken Zügen an die Tafel.) Sieh, dis Ding nennt man u. Kannst du es nachmachen?
Karl. Warum sollte ich nicht? (Er macht das u nach.)
Großvater. Brav! Dein u ist so gut als mein u. Nun weiter! Dis zweite Zeichen (er schreibt ein s hinter das u) bezeichnet den Laut, den die Schlangen von sich geben, indem sie zischen. Deswegen sieht es auch wie eine kleine Schlange aus. (Er ahmt den Laut einigemahl nach, indem er die Spitze der Zunge zwischen seine beiden, beinahe geschloffenen Zahnreihen steckt, und die Luft durch die kleinen Oeffnungen zwischen der Zunge und den Zähnen durchsäuseln läßt. Karl thut ein Gleiches.) Man nennt dieses Zeichen sz. Kannst du auch dieses Schlangenzeichen machen?
Karl. Ich will sehen. (Er ahmt das Zeichen nach; und es gelingt.)
Großvater. Nun kennen wir von den Gedankenzeichen, die du lernen willst, schon zwei, das u und das sz. Laß sie uns noch einigemahl an die Tafel schreiben, und zwar dicht neben einander, erst das u,

dann das s; erst ich, dann du. Wer wird sie am geschwindesten, und am besten schreiben? (Beide schreiben, Einer um den Andern; Karl immer eifriger.) Potz tausend! Du machst es beinahe geschwinder und besser als ich! Das wäre doch ein Schimpf für mich alten Knaben, wenn ich mich von dir kleinen Menschen wollte übertreffen lassen. (Gibt sich das Ansehen immer besser und geschwinder schreiben zu wollen, verschreibt sich aber ein paar Mahl, und wird von Karln übertroffen. Das u und das s werden bei jedem neuen Schriftzuge immer von neuen wieder genannt.) I, du Tausendsasa! Läuffst du mir doch wirklich beinahe den Vorzug ab! Aber warte nur; ich werde mich, sobald ich allein bin, so lange üben, bis ich das us doch noch geschwinder und besser machen kann, als du.
Karl. O ich auch, ich auch! Du sollst mir doch nicht zuvorkommen.
Großvater. Nun, wir wollen sehen. Hier ist ein drittes Zeichen. (Er schreibt das n, ein wenig vor das us, z.B. so: n us.) Dieses dritte Zeichen nennt man nß. Es ist das umgekehrte u, oder das u auf den Kopf gestellt. Kannst du das auch nachmachen? Schreibe es hierher vor dein letztes us. So! Abermahls gut getroffen! Laß uns vor die anderen us, die da noch stehen, auch ein nß schreiben. — Wie, wenn wir nun dieses n und das us zusammenziehen und mit Einem Mahle aussprechen wollten: wie würde das wol lauten? Nicht wahr, nuß? Sieh, da haben wir auf einmal ein ganzes Wort, wobei du dir etwas denken kannst — nus, eine Nuß! Wenn du nun einmahl das Unglück haben solltest, die Sprache zu verlieren, wie wenn du etwa von der Maulsperre befallen würdest, und du sehntest dich in diesem Zustande nach einer Nuß! wie würdest du es anfangen, um diesen Wunsch zu erkennen zu geben?
Karl. Ich würde das Wort nus an die Tafel schreiben.
Großvater. Richtig; und Jeder, der lesen gelernt hat, würde daraus folglich schließen, daß du eine Nuß verlangtest. Wir wollen doch gleich den Versuch machen. (Er klingelt, und der Bediente Johann erscheint.) Johann, bringe uns doch einmahl, was hier an der Tafel geschrieben steht. (Johann liest stillschweigend, geht, kehrt zurück und überbringt eine Nuß.) Siehst du, wie sicher das Mittel ist? — Aber wie sollte ich es nun wol angeben, wenn ich, unvermögend zu reden, dir den Gedanken zu erkennen geben wollte, daß du die Nuß auffessen möchtest? (Karl spitzt die Ohren.) Dazu brauchte ich nur noch ein einziges ganz kleines Zeichen, dieses nämlich: i. Das nennt man i. Wenn ich dieses i mit dem s zusammensetze, etwa so — is — so lautet das ja offenbar is; und wenn ich das Wort nus hinzufüge, etwa so — is nus — so kann man das ja unmöglich anders verstehen, als: iß die Nuß! Versuche einmahl, ob du nun auch beide Wörter so hinter einander schreiben kannst, wie ich sie hier hinschreibe — is nus!
Karl. (schreibend.) O das ist gar keine Kunst!
Großvater. Sagte ich nicht, daß das Schreiben- und Lesenlernen kinderleicht sei?

(Quelle: CAMPE 1979, S. 39 ff.)

Schriftspracherwerb und Elementarunterricht

Der Großvater sucht zunächst das Interesse des Knaben zu wecken, indem er ihm ein Verfahren zu zeigen verspricht, wie Gedanken sichtbar gemacht werden können. Karl ist begierig, es zu lernen. Seine Bedenken, es könne zu schwer sein, weiß der Großvater zu zerstreuen: Er lehrt ihn einzelne Buchstaben schreiben, benennen und zu einem Wort zusammensetzen. Die Buchstabenbenennungen folgen einem einheitlichen Prinzip und sind gegenüber den im Alphabet gebräuchlichen in der Weise verändert, daß stets der Konsonant an erster Stelle steht, durchgängig gefolgt von „e" (also statt „en": „ne", statt „ha": „he"); die Schreibweise ist zunächst im Sinne einer 1:1-Entsprechung von Laut und Schriftzeichen, im Hinblick auf ausschließliche Kleinschreibung („nus" statt „Nuß") und zum Beispiel den Verzicht auf Kennzeichnung der Vokalquantität, verändert. Der Großvater bleibt aber nicht bei der Synthese eines Wortes („nus") stehen, sondern löst unmittelbar sein anfangs gegebenes Versprechen ein: In der Tat kann der herbeigerufene Bediente die Buchstaben als Gedankenzeichen lesen und das Gewünschte herbeibringen. – Bevor Karl die Nuß essen darf, lehrt ihn der Großvater ein weiteres Zeichen, „i", und fordert ihn schriftlich auf: „is nus"; auch hier erfolgt die syntaktische Verkürzung um der didaktisch gebotenen Einfachheit willen.

Neben solchen lesedidaktischen Aspekten erhellt das Gespräch noch eine weitere Dimension von Unterricht: die Interaktion zwischen Lehrer und Zögling. Der Großvater ist der Wissende, Karl der Wißbegierige. Der Großvater erklärt, was er weiß, und rechnet auf Zustimmung. „Hatte ich nicht Recht, lieber Karl, [...]?" Er führt die Schreibbewegungen vor, Karl ahmt sie nach. Der Großvater lobt Karls Bemühungen und spornt seinen Lerneifer an, indem er sein eigenes Schreibvermögen zurücknimmt. Der Großvater faßt das jeweils Gelernte zusammen und regt Karl zur Fortsetzung des Gedankengangs an. Dabei bemüht er eine Situation, die uns fast lächerlich vorkommt: „wie wenn du etwa von der Maulsperre befallen würdest, und du sehntest dich in diesem Zustande nach einer Nuß!" Karl greift die Anregung auf und folgt hier wie in allem Vorhergehenden seinem Lehrmeister.

Campe wendet sich mit seiner Schrift an die Eltern der „gesitteten Stände" und bezieht sich dabei auf eine im Bürgertum verbreitete Praxis häuslichen Elementarunterrichts durch Angehörige oder einen Hofmeister. Diese Situation zeigt auch das Titelbild, auf dem fünf Jungen und Mädchen einen sitzenden Erzieher umringen, der ihnen ein aufgeschlagenes Buch vorhält. Daß ein freiheitlicher Pädagoge solche Beschränkungen vornimmt, verwundert. In seiner ersten Schrift zum Lesenlernen (1778), die das Gespräch zwischen dem Großvater und Karl noch nicht enthält, statt dessen ein Spiel empfiehlt, bei dem der Lehrer Buchstabenkarten verteilt und die Kinder nach Aufforderung ihre Karte hochzeigen müssen und dafür belohnt werden, betont Campe ausdrücklich die Bedeutung der intensiven Interaktion zwischen Lehrer und Kind. Er geht von einer Zahl von drei Kindern aus (Campe 1778, S. 26) und rät, nicht mehr als sechs Kinder zugleich spielen zu lassen, „und zwar aus einem doppelten Grunde":

„Erstlich ist es nicht leicht zu vermeiden, daß bey einer grösseren Anzahl von Kindern, wenn sie nicht vorher schon ausserordentlich schulmäßig gemacht worden sind, nicht bald allerley kleine Zänkereyen, oder andere Unarten vorfallen sollten, welche Anlaß zu Verdrießlichkeiten geben würden, die man, so sehr es immer möglich ist, von diesem Spiele zu entfernen suchen muß, damit ein aufgeräumtes Wesen durch die ganze kleine Gesellschaft herrsche. Zweytens würde auch das Spiel selbst den Kindern zu langweilig werden, wenn man eine und dieselbe Charte mehr, als höchstens sechsmal, hinter einander gewinnen liesse; welches doch geschehen müste, wenn noch mehr Kinder mitspielten" (Campe 1778, S. 34f.).

Anschließend setzt er sich mit dem Einwand auseinander, ob denn das Spiel überhaupt für den Unterricht in öffentlichen Schulen brauchbar sei, und schlägt vor, daß ein Schulhalter, der ohnehin „nicht alle 20 [! Kinder] auf einmal vornehmen" könne, sich mit den jeweiligen Spielern in ein besonderes Zimmer begebe, damit die Spieler nicht durch Geräusch und kindische Unarten der anderen beeinträchtigt werden. Und zu diesem Zweck sollten ihm die Eltern die Kinder zu unterschiedlichen Zeitpunkten zusenden „und ohngeachtet jedes Kind nur eine halbe Stunde unterhalten werde: so wird es doch mehr Nutzen davon gehabt haben, als wenn es, wie bisher, fünf oder sechs Stunden mit grossem Widerwillen in der Schule zugebracht hätte" (CAMPE 1778, S.35). Campe setzt sich auch mit dem Einwand auseinander, der Preis des Abc-Buches könne es unmöglich machen, „es den armen Landkindern in die Hände zu bringen" (CAMPE 1778, S.36). Er verspricht eine verbilligte zweite Auflage und weist darauf hin, daß notfalls die „Dorfschaft" nur ein einziges Exemplar für ihren Schulmeister zu kaufen brauche, weil für die Kinder wenige einzelne Blätter genügten. Weitere Überlegungen stellt er in diesen beiden Schriften nicht zum Problem des Schriftspracherwerbs im öffentlichen Elementarunterricht an. Das ist erstaunlich im Hinblick auf die desolate Situation besonders des ländlichen Elementarschulwesens und angesichts der allgemein anerkannten Notwendigkeit, lesen und schreiben zu lernen.
Nach den Auseinandersetzungen der Reformation war die schulpolitische Situation bis zur zweiten Hälfte des 18. Jahrhunderts, also über 200 Jahre lang, nahezu unverändert geblieben. Eine Retardation zeichnete sich – bei deutlichen regionalen Unterschieden (vgl. LESCHINSKY/ROEDER 1976, S.39) – bereits vor dem Dreißigjährigen Krieg ab, und sie blieb bis zur Mitte des 18. Jahrhunderts wirksam (vgl. ENGELSING 1973, S.39). Noch um 1800 beträgt die Zahl der des Lesens Kundigen schätzungsweise nur 25% (vgl. SCHENDA 1970, S.444f.); die entscheidende Alphabetisierung vollzieht sich erst im 19. Jahrhundert (1899 zirka 90% Leser). Das Schreiben beherrschen im 18. Jahrhundert und zu Beginn des 19. Jahrhunderts noch weit weniger Menschen (Zahlenangaben bei ENGELSING 1973, S.62); oft konnte in den Elementarschulen nicht einmal der Lehrer vernünftig schreiben (vgl. GESSINGER 1979, S.31). Für die meisten war Lesen- und Schreibenlernen trotz der Möglichkeit zu privatem Unterricht und informellen Lernsituationen an schulische Unterweisung gebunden. Insofern war die Alphabetisierung vom Ausbau des Schulwesens abhängig. Das trifft besonders für Preußen zu. Zwar wurde dort die Schulpflicht bereits 1717 eingeführt und wiederholt in Erlassen wie dem Generalschulreglement von 1763 bekräftigt. Es war in der Kirche zu verlesen und jährlich zu wiederholen. Darin werden die Gutsherren aufgefordert, die Kinder nicht eher zum Dienen heranzuholen, ehe „sie im Lesen fertig, im Christentum einen guten Grund geleget, und im Schreiben einen Anfang gemachet" (LESCHINSKY/ROEDER 1976, S.47). Aber diese Forderungen konnten nicht verwirklicht werden. Noch 1816 waren in Preußen nur 60% der schulpflichtigen Kinder überhaupt registriert (vgl. HERRLITZ u.a. 1981, S.50). Als eine Ursache dafür muß die wirtschaftliche Situation der unteren Bevölkerungsschichten angesehen werden, die auf die Arbeit der Kinder angewiesen waren und die Notwendigkeit für den Schulbesuch nicht einsahen. Als eine weitere Ursache interpretieren Leschinsky/Roeder die „frühzeitige schulpolitische Initiative" des Staates (LESCHINSKY/ROEDER 1976, S.67), die – im Unterschied zu den westeuropäischen Ländern – die Einwohner in mehr oder weniger direkte Abhängigkeit von der zentralen Gewalt bringt, also andere schulpolitische Initiativen verhindert oder in ihrer Wirksamkeit einschränkt. Dazu gehört auch der Versuch des pommerschen Gutsbesitzers v. Rochow, der selbst Schulen gründete und bei sei-

nen Bauern ein Lesebuch, „Der Kinderfreund", verbreiten ließ, um ihnen das „dem Landmann Wissenswürdige [...] aus der christlichen Moral [und die] notwendigen Kenntnisse der Landesrechte und der Ökonomie" zu vermitteln. „Der Kinderfreund" wurde zwar in über 100000 Exemplaren verbreitet, aber v. Rochow konnte sein Ziel nicht erreichen, „daß so etwas (wie seine Einrichtungen, d. Verf.) *bald* allgemein werden könnte" (LESCHINSKY/ROEDER 1976, S.405).
Bis ans Ende des 18.Jahrhunderts bleibt es bei Ansätzen, die die Hohenzollern durchaus auch einschränken; selbst ihre eigenen Edikte sichern sie nicht materiell ab (vgl. LESCHINSKY/ROEDER 1976, S.42, S.112). Und häufig widersetzen sich andere adlige Patrone Eingriffen in ihren Herrschaftsbereich.
An vielen Beispielen zeigen die genannten Autoren, wie schulpolitische Initiativen im Elementarbereich das ganze 18.Jahrhundert bis weit ins 19.Jahrhundert hinein aus Furcht vor sittlicher Verwahrlosung und vor der Ausbreitung revolutionärer Ideen mit restriktiven Maßnahmen einhergehen: Sie richten sich auf die Einschränkung schulischer Lesestoffe – nur religiöses und erbauliches Schrifttum ist erlaubt –, auf straffe Zensur populärer Lektüre (vgl. SCHENDA 1976), auf den Umfang der Lehrerbildung und vor allem auf die Bestimmung der Erziehungsziele für Kinder der unteren Schichten. Von Friedrich II. ist die folgende Äußerung überliefert:
„Es ist ‚auf dem platten Lande' genug, wenn sie ein bisgen lesen und schreiben lernen; wissen sie aber zu viel, so laufen sie in die Städte und wollen Sekretairs und so was werden; deshalb muß man auf'n platten Lande den Unterricht der Leute so einrichten, daß sie das Notwendige, was zu ihrem Wissen nötig ist, lernen, aber nach der Art, daß die Leute nicht aus den Dörfern weglaufen, sondern hübsch dableiben" (LESCHINSKY/ROEDER 1976, S.110).
Der Tendenz zur Liberalisierung des Unterrichts im Lesen und Schreiben stand von Anfang an eine Tendenz zur Wahrung der damit verbundenen Privilegien und zur Zensur über mögliche Folgen des Schriftspracherwerbs gegenüber. Campe hat diese Antinomien in ein Weltbild einzuordnen versucht, in dem jeder den ihm gebührenden Platz einnehmen sollte. In seiner Schrift „Von der nötigen Sorge für die Erhaltung des Gleichgewichts unter den menschlichen Kräften" (1785) heißt es: „Man übe die Körperkräfte, den gemeinen Verstand, die gemeine Vernunft, die Einbildungskraft, das gemeine Gedächtnis, die Empfindungskraft und die Vergleichskraft eines jeden Zöglings, für welchen Stand er auch bestimmt sein mag, so sehr man kann, aber 1. verhältnismäßig, damit nicht die eine dieser Kräfte vor den anderen an Wirksamkeit hervorrage, 2. nicht bei allen Zöglingen auf einerlei Weise und an einerlei Gegenständen, sondern bei jedem Zöglinge auf eine seinem künftigen Berufe angemessene Weise und an solchen Gegenständen, welche innerhalb der Grenzen dieses seines künftigen Berufes liegen" (Campe, zitiert nach BLANKERTZ 1965, S.30f.).
Man kann diese Formulierung als Rechtfertigung dafür verstehen, daß er einer Einführung in die Schriftkultur bei den niederen Ständen eine geringere Bedeutung beimißt und deshalb in seiner Neubearbeitung 1807 das Problem gar nicht mehr erwähnt. Diese Interpretation wird gestützt durch Campes Bestrebungen, die niederen Stände zur „Industriosität" zu erziehen und sie beispielsweise zum Stricken während des Unterrichts anzuhalten. Mit der Konzeption einer Umwandlung der ländlichen und städtischen Elementarschulen in produktionsverbundene Bildungseinrichtungen (Industrieschulen) schließt sich Campe der Tendenz seiner Zeit an, den „erwerbenden Theil der Bürger" als den größten und wichtigsten anzusehen, auf dem „die innere Kraft der ganzen Gesellschaft" beruht (Resewitz 1773). Die

Problematik, daß derartige Einschränkungen der Erziehung im Hinblick auf den künftigen Beruf in Widerspruch zu dem Grundsatz der Gleichheit stehen, erörtert er nicht.
Vielleicht zeigt sich in den Einschränkungen, die Campe nennt, aber auch Resignation über die Möglichkeiten gesellschaftlicher Veränderung. Auf jeden Fall wird in den frühen Kommentaren deutlich, daß Campe die intensive Interaktion zwischen Lehrer und Zögling für unabdingbar hält, um den kindlichen Bedürfnissen Rechnung zu tragen, und die Kinder ungeachtet der realen Verhältnisse in den Landschulen nicht etwa „ausserordentlich schulmäßig gemacht" wissen möchte.
Wichtigstes Ziel ist für Campe, „das natürliche und gesunde Wachsthum der Kinderseele [zu] befördern" (CAMPE 1979, S. 4), den „Wahrnehmetrieb" „an[zu]feuern" und zu stärken, so daß dessen Befriedigung dem Kind zum Bedürfnis wird. In Konsequenz dieses Grundsatzes warnt er vor allzu früher Ausbildung der Kinder, insbesondere dem zu frühen Lesenlernen, und fordert die Eltern, die offenbar damals wie zu Beginn der 70er Jahre unseres Jahrhunderts Sorge hatten, ihre Kinder würden bei einem Beginn des Leseunterrichts im sechsten Lebensjahr „auf ihrer künftigen Lernbahn immer um ein oder zwei Jahre zurückbleiben", auf, die Kinder „erst reif zum Lesenlernen werden" zu lassen (CAMPE 1979, S.6). Die wichtigste Lernvoraussetzung ist dann gegeben, „wenn das Kind Begriffe genug eingesammelt hat, um die Nothwendigkeit und Nützlichkeit der Kunst zu lesen zu fühlen". Mit seiner These: „Daß man noch immer allen Unterricht mit dem Lesen anfängt, daran ist die Ungeschicklichkeit der gewöhnlichen Erzieher und Lehrer schuld, die nicht begreifen können, wie man ein Kind ohne Buch unterrichten könne", setzt er sich sehr entschieden von der damals - und auch heute wieder - verbreiteten Auffassung ab, daß der Schriftspracherwerb die Voraussetzung allen weiteren Unterrichts sei. Eine zweite Lernvoraussetzung sieht er in der ausreichenden Entwicklung der Sprechwerkzeuge des Kindes, damit es imstande ist, die „Silben" deutlich auszusprechen. Der Grundsatz des Kindgemäßen ist es auch, der Campe dazu leitet, den Katechismus nicht, wie zumindest bei der ersten Ausgabe noch üblich, in sein Lesebuch aufzunehmen. Dadurch werde den Kindern beides verleidet, das Lesenlernen wie die Gotteslehre.
Indem er eine modifizierte Form der Buchstabiermethode vorschlägt, folgt er dem damals immer noch verbreitetsten Verfahren. Daß er mit den Elementen beginnt, die er sogleich verknüpft, hält er für konsequent im Sinne seines wichtigsten Grundsatzes für jeden Unterricht, der die genaue „Abstufung und [das] behutsame Fortschreiten vom Leichtern zum Schwerern" beinhaltet. Infolgedessen meint Campe, dem Leseanfänger zunächst die Hauptschwierigkeiten geradezu „verheimlichen" zu müssen. Das führt zu der grundlegend veränderten Schreibung der Anfangstexte. Erst gegen Ende des Buches wird die Schreibung an die Orthographie wieder angeglichen. Mit diesem Verfahren und dessen Begründung, die im Hinblick auf die Struktur der Schreibung nicht zu rechtfertigen ist, gehört Campe in die Reihe derjenigen, die einzelheitlich vorgehen. Er unterscheidet sich von vielen von ihnen jedoch insofern grundlegend, als er für das Kind von Anfang an die Funktion der Schrift deutlich macht und es die schriftsprachlichen Tätigkeiten Lesen und Schreiben in ihrer Komplexität und wechselseitigen Entsprechung erfahren läßt. Allerdings gewinnt es diese Einsichten nicht durch selbständiges Entdecken, sondern unter liebevoller Anleitung des Erziehers, indem es seine Fragen zu beantworten sucht und nachmacht, was er ihm zeigt.
Campes „Abeze- und Lesebuch" ist in einer Zeit entstanden, in der neben der Buchstabiermethode, die um Momente des Anlaut- und Naturlautverfahrens bereichert

Schriftspracherwerb und Elementarunterricht

war, auch das ganzheitliche Verfahren entwickelt wurde. Und zwar hat Campes Kollege F. Gedike dazu als erster Vorschläge gemacht, die von E. Ch. Trapp und später von J. J. Jacotot und K. Seltzsam fortgesetzt wurden, bis sie zu Beginn des 20. Jahrhunderts von C. Malisch neu begründet und in den 20er und 30er Jahren differenziert wurden.

5.3 Aus psychologischer Perspektive: Bernhard Bosch

BOSCH (1961, S. 2) ist einer der ersten, der sich der Frage zuwendet, „wie denn eigentlich der Lernerfolg vor sich gehe", „wie [...] ein Kind tatsächlich zum erstenmal eine Buchstabenschrift lesen [lerne]". Er empfindet ein Ungenügen an den methodischen Vorschlägen der verschiedenen Richtungen, ihm geht es allererst um die „Genese des Lesenlernens beim durchschnittlichen Sechsjährigen" (BOSCH 1961, S. 6). Unter dieser psychologischen Perspektive hat er Beobachtungen im Unterricht verschiedener Klassen gemacht, Unterrichtsversuche durchgeführt und „Sonderuntersuchungen" angestellt. Er behandelt vor allem zwei Fragestellungen: Die eine bezieht sich auf das Verhältnis von analytischen und synthetischen Prozessen beim Lesenlernen; die andere betrifft eine kognitive Voraussetzung für das Lesenlernen, nämlich die Einstellung des Kindes zur Sprache und zur Aufgabe des Lesenlernens.
Die erste Fragestellung ist zu Anfang der 30er Jahre besonders brisant, weil Ergebnisse unmittelbar für die Auseinandersetzung über die Lehrmethode verwendbar scheinen. Es hatte zwar seit Campes Zeit immer wieder Bestrebungen gegeben, das Wort oder den Satz zum Ausgangspunkt des Unterrichts zu machen – zuletzt hatte der Taubstummenlehrer C. Malisch 1909 ein entsprechendes Lernmittel vorgelegt, aber erst als auf G. Kerschensteiners Anregung 1923 die erste ganzheitliche Fibel von H. Brückl in München erprobt wurde und 1931 A. Kerns Fibel „Wer liest mit?" Anklang fand, erhielt das ganzheitliche Lehrverfahren so viel Gewicht, daß es zu einem Methodenstreit zwischen „Analytikern" und „Synthetikern" kam. Ein zentraler Argumentationspunkt zur Rechtfertigung des Ausgangs von der „Redeganzheit" war – in Fortführung der damals auch in der Psychologie vorherrschenden Lehrmeinung – die Annahme, die Wahrnehmung des Kindes sei zunächst diffusganzheitlich, das Kind sei erst allmählich zur Aufgliederung in einzelne Teile in der Lage, und deshalb müsse zunächst die „Gestalt" erhalten bleiben. Bosch bezieht sich zwar auch auf die gestaltpsychologische Schule, wenn er von „einsichtigem Lesenlernen" spricht; seine Argumentation hat jedoch einen wesentlich anderen Akzent: Analyse und Synthese werden gerade in ihrem engen Aufeinanderbezogensein dargestellt.
Die Analyse „ist Aufgliederung, nicht Zerstückelung. Mit anderen Worten: Das Element wird in seiner eigentümlichen Funktion erfaßt. Daraus ergibt sich, daß im konkreten Akt der Analyse die vorwaltende Denkbewegung zwar auf die Elemente hinzielt, gleichzeitig aber eine gewisse rückwärtige Orientierung am Ganzen stattfindet, d. h. alle Analyse der Ergänzung durch ein synthetisches Moment bedarf. [...]
Wie die Analyse der Ergänzung durch ein synthetisches Moment, so bedarf auch die Synthese einer gewissen Mitwirkung der im Gegensinne zu ihrer Zielrichtung verlaufenden Denkbewegung:
Im synthetischen Akt werden, wie gesagt, die Elemente ihrem eigentümlichen Funktionscharakter gemäß zusammengefügt, dadurch erst entsteht ein Ganzes als gegliederte Einheit. Die Funktionserfassung ihrerseits wird nun, wie wir bei der Besprechung der Analyse sahen, in einem Akt geleistet, der vorwiegend analytisch bestimmt ist. Mithin kann funktionsgerechte Behandlung der Elemente ohne analy-

tische Orientierung nicht gelingen; sie setzt ja das ständige Gegenwärtighaben des Funktionscharakters voraus. Mit anderen Worten: Sie erfordert ein stetiges Im-Auge-Behalten der Elemente und ihres Zueinanders. Der vorherrschenden Denkbewegung zum Ganzen hin zugeordnet ist also eine gegenläufige: Im Zusammenspiel beider erfährt der Aufbau der Elemente seine einheitliche Ausrichtung" (BOSCH 1961, S. 24).

Den didaktischen Grundsatz, „vom Einfachen zum Zusammengesetzten" fortzuschreiten, sucht Bosch in der Weise zu differenzieren, daß er mit Bezug auf Aristoteles zwischen dem Einfachen vom Prinzip der Sache her und dem, „was am leichtesten zu lernen" ist, unterscheidet (BOSCH 1961, S. 21). Dabei betont er auch den Unterschied zwischen der „analytischen Leistung des Schülers" und dem, „was der Lehrer durch Aufwand von Fragen und Hilfen mit dem Schein echten Erfolges erzwingt" (BOSCH 1961, S. 55 f.). Das ist der eine Argumentationsstrang für eine „psychologische Grundlegung der Ganzheitsmethode"; der zweite bezieht sich auf die Bestimmung der Hauptschwierigkeiten für den Lernenden: BOSCH (1961, S. 5) sieht sie in der „prinzipiellen Neuartigkeit der Aufgabe, die das Erlernen des Gebrauchs der Schriftsprache in der strukturellen Form der Buchstabenschrift dem Kinde stellt". Das „adäquate Aufgabenbewußtsein" komme eben nur durch einen „Akt analytisch-synthetischen Verstehens" zustande (BOSCH 1961, S. 40). Das klingt modern, wenn man an DOWNINGS (vgl. 1984) Begriff „task-awareness" und NEISSERS (vgl. 1974) „Analyse durch Synthese" denkt.

Während Bosch die erste Frage vor allem in ihren theoretischen und praktischen Bezügen diskutiert, geht er dieser Frage empirisch nach. Er stellt 43 Schulanfängern Fragen, die seitdem in ähnlicher Form - teilweise auch ohne Kenntnis der Schrift von Bosch - gestellt worden sind (vgl. DOWNING/VALTIN 1984, JANUSCHEK/ROHDE 1979, SINCLAIR u. a. 1978): Die Untersuchungen betreffen die Fähigkeit des Kindes, Wörter im Hinblick auf ihre Länge zu vergleichen, einzelne Redeteile (Wörter) abzuheben und einzelne Laute sowie die Lautfolge herauszuhören. Das Ergebnis, daß ein erheblicher Teil der Kinder diese Aufgaben nicht lösen kann, deutet Bosch gestalttheoretisch, wenn er zu dem Schluß kommt, die Vorstellung des Kindes von der Sprache sei komplexbestimmt (vgl. BOSCH 1961, S. 79). Aber mit dem Terminus Fähigkeit zur „Vergegenständlichung der Sprache" als Kennzeichnung der unabdingbaren Lernvoraussetzung, nämlich der Fähigkeit, Sprache unter Abstraktion von ihrer inhaltlichen Dimension zum Gegenstand formaler Betrachtung zu machen, geht er über den zeitgenössischen Rahmen hinaus.

Seine Untersuchung ist aktuell geblieben, auch wenn sich in Kontrolluntersuchungen, etwa von SCHMALOHR (vgl. 1971), der Anteil der Kinder, die mit diesen Aufgabenstellungen Schwierigkeiten haben, verschoben hat. Boschs Orientierung an der Sprachwissenschaft Hermann Pauls, die ihn zur Unterscheidung zwischen „Stellungslaut" und „normiertem Laut" führt, ist seit JEHMLICH (vgl. 1971) verschiedentlich kritisiert worden. Neuerdings jedoch wird die entschiedene Begründung des phonologischen Prinzips der Orthographie insofern gelockert, als man sich um die Klärung des Zusammenhangs zwischen dem Phonem und seiner phonetischen Realisierung bemüht, vor allem auch unter psychologischem Aspekt. Boschs These, daß das Schriftbild die Fähigkeit zur „Aufgliederung der Redeganzheit" unterstützt, bestätigen neuere Untersuchungen.

Indem Bosch den Leselehrgang als „Sprachunterricht" verstanden wissen will und auch methodisch zeigt, was das im einzelnen bedeutet, bestimmt er zugleich die Zielsetzung des Elementarunterrichts.

ANDRESEN, H.: Die Bedeutung auditiver Wahrnehmungen und latenter Artikulation für das Anfangsstadium des Schrifterwerbs. In: Osnabr. Beitr. z. Sprachth. (1979), 13, S. 28 ff. (1979a). ANDRESEN, H.: Ist Schreibenlernen etwas für kleine Mädchen? Zusammenhänge zwischen geschlechtsspezifischer Sozialisation und Erfolg im Schreibunterricht. In: Disk. Dt. 10 (1979), S. 145 ff. (1979b). ANDRESEN, H.: Was Menschen hören können, was sie lernen können, zu „hören", und was sie glauben, zu hören. In: Osnabr. Beitr. z. Sprachth., Beiheft 7, 1983, S. 210 ff. AUGST, G.: Der aktive Wortschatz der Schulanfänger. In: Wirk. Wo. 34 (1984), S. 88 ff. BAER, J.: Der Leselernprozeß bei Kindern, Weinheim/Basel 1979. BALHORN, H.: Rechtschreibenlernen als regelbildung. Wie machen sich schreiber ihr ortografisches wissen bewußt? In: Disk. Dt. 14 (1983), S. 581 ff. BALHORN, H./VIELUF, V.: Fehleranalysen – ortografisch. In: Disk. Dt. (1985), S. 52 ff. BAUER, S.: Die Fibel als Instrument der Sozialisation. In: Disk. Dt. 1/2 (1970/1971), S. 265 ff. BERGK, M.: Leselernprozeß und Erstlesewerke. Analyse des Schriftspracherwerbs und seiner Behinderungen mit Kategorien der Aneignungstheorie, Bochum 1980. BIERWISCH, M.: Schriftstruktur und Phonologie. In: HOFER, A. (Hg.): Lesenlernen ..., Düsseldorf 1976, S. 50 ff. BITTERMANN, A./GÜNNEWIG, H.: Dokumentation und Klassifikation eines individuellen Leselernprozesses. In: Int. Read. Assoc./D-Beitr. 5 (1982), 1, S. 17 ff. BLANKERTZ, H. (Hg.): Bildung und Brauchbarkeit. Texte von J. H. Campe und P. Villaume zur Theorie utilitärer Erziehung, Braunschweig 1965. BLEIDICK, U.: Lesen und Lesenlernen unter erschwerten Bedingungen, Essen 1976. BLÖCHER, E.: Motorische Dysfunktion als Ursache einer Schreibstörung. In: NEUHAUS-SIEMON, E. (Hg.): Schreibenlernen ..., Königstein 1981, S. 193 ff. BOSCH, B.: Grundlagen des Erstleseunterrichts (1937), Ratingen ⁵1961. BOSCH, B.: „Lautverschmelzungen". Zum Gedenken an K. Kupfmüller. In: D. Grunds. 10 (1978), S. 313. BREUER, H./WEUFFEN, M.: Gut vorbereitet auf das Lesen- und Schreibenlernen? Differenzierungsprobe, Berlin (DDR) 1975. BRÜGELMANN, H.: Kinder auf dem Weg zur Schrift, Konstanz 1983. BRÜGELMANN, H.: Lesen- und Schreibenlernen als Denkentwicklung. In: Z. f. P. 30 (1984), S. 69 ff. BRÜGELMANN, H./FISCHER, D.: Verlesungen – Fehler oder (diagnostische) Hilfen? In: D. Grunds. 9 (1977), S. 575 ff. (1977a). BRÜGELMANN, H./FISCHER, D.: Lesefertigkeit oder Sprachforschung – eine falsche Alternative. In: SCHWARTZ, E. (Hg.): Lesenlernen – das Lesen lehren, Frankfurt/M. 1977, S. 28 ff. (1977b). BRUNER, J.S.: Wie das Kind lernt, sich sprachlich zu verständigen. In: Z. f. P. 23 (1977), S. 829 ff. CAMPE, J. H.: Neue Methode, Kinder auf eine leichte und angenehme Weise, lesen zu lehren, Altona 1778. CAMPE, J. H.: Abeze- und Lesebuch (1807), Dortmund 1979 (photomechanischer Nachdruck der Ausgabe letzter Hand, Braunschweig 1830). CASTRUP, K. H.: Spontanschreiben zum Erwerb der Schriftsprache. In: D. Grunds. 10 (1978), S. 445 ff. CASTRUP, K. H.: Keine Angst vor Rechtschreibfehlern. Das Aufschreiben im 1. und 2. Schuljahr. In: Bayer. S. 38 (1985), 1, S. 15 ff. CHERUBIM, D. (Hg.): Fehlerlinguistik. Beiträge zum Problem sprachlicher Abweichungen, Tübingen 1980. CHOMSKY, C.: Zuerst schreiben, später lesen. In: HOFER, A. (Hg.): Lesenlernen ..., Düsseldorf 1976, S. 239 ff. COULMAS, F.: Über Schrift, Frankfurt/M. 1981. COULMAS, F./EHLICH, K. (Hg.): Writing in Focus, Berlin 1983. DATHE, G.: Einführung in die Methodik des Erstleseunterrichts, Berlin (DDR) 1974. DEHN, M.: Texte in Fibeln und ihre Funktion für das Lernen, Kronberg 1975. DEHN, M.: Text und Übung im Leselehrgang. In: SCHWARTZ, E. (Hg.): Lesenlernen – das Lesen lehren, Frankfurt/M. 1977, S. 86 ff. (1977a). DEHN, M.: Phonologie und Erstleseunterricht. In: D. Grunds. 9 (1977), S. 282 ff. (1977b). DEHN, M.: Strategien beim Erwerb der Schriftsprache. In: D. Grunds. 10 (1978), S. 308 ff. DEHN, M.: Lernschwierigkeiten beim Schriftspracherwerb. Kriterien zur Analyse des Leselernprozesses und zur Differenzierung von Lernschwierigkeiten. In: Z. f. P. 30 (1984), S. 93 ff. (1984a). DEHN, M.: Wie Kinder Schriftsprache erlernen – Ergebnisse aus einer Längsschnittuntersuchung. In: NAEGELE, I./VALTIN, R. (Hg.): Rechtschreibunterricht in den Klassen 1-6, Frankfurt/M. 1984, S. 28 ff. (1984b). DEHN, M.: Über die sprachanalytische Tätigkeit des Kindes beim Schreibenlernen. In: Disk. Dt. 16 (1985), 81, S. 25 ff. DIENER, K.: Schreibenlernen. Psychologische und didaktische Voraussetzungen, Stuttgart 1980. DÖRNER, D.: Problemlösen als Informationsverarbeitung, Stuttgart ²1979. DÖRNER, D.: Denken, Problemlösen und Intelligenz. In: Psych. Rsch. 35 (1984), S. 10 ff. DOWNING, J.: Task Awareness in the Development of Reading Skill. In: DOWNING, J./VALTIN, R. (Hg.): Language Awareness..., New York/Berlin 1984, S. 27 ff. DOWNING, J./OLIVER, P.: Die kindliche Vorstellung von einem Wort. In: Int. Read. Assoc./D.-Beitr. 4 (1981), 1, S. 2 ff. DOWNING, J./VALTIN, R. (Hg.): Language Awareness and Learning to Read, New York/Berlin/Heidelberg/Tokyo 1984. DRECOLL, F./MÜLLER, U. (Hg.): Analphabetismus auch in der Bundesrepublik. In: Dem. E. 5 (1979), S. 420 ff. DRECOLL, F./MÜLLER, U. (Hg.): Für ein Recht auf Lesen. Analphabetismus in der Bundesrepublik Deutschland, Frankfurt/M. 1981. DUMMER, L.: Die Diagnose der Legasthenie in der Schulklasse, Bad Heilbrunn 1977. DUNCKER, K.: Zur Psychologie des produktiven Denkens (1935), Berlin 1963. EHLING, B. u. a.: Über Analphabetismus in der Bundesrepublik Deutschland. BMBW-Werkstattberichte, Heft 32, Bonn 1981. EICHLER, W.: Zur linguistischen Fehleranalyse von Spontanschreibungen bei Vor- und Grundschulkindern. In: HOFER, A. (Hg.): Lesenlernen ..., Düsseldorf 1976, S. 246 ff. EICHLER, W.: Kreative Schreibirrtümer. Zur Auseinandersetzung des Schülers mit dem Verhältnis Laut – Schrift und mit den Rechtschreibregeln. In: Disk. Dt. 14 (1983), S. 629 ff. EISENBERG, P.: Arbeiterbildung und Alphabetisierung im 19. Jahrhundert. In: Osnabr. Beitr. z. Sprachth. (1983), 23, S. 13 ff. ELKONIN, D. B.: Zur Psychologie des Vorschulalters, Berlin (DDR) 1967. ENGELSING, R.: Analphabetentum und Lektüre. Zur Sozialgeschichte des Lesens in Deutschland zwischen feudaler und industrieller Gesellschaft, Stuttgart 1973. FERDINAND, W.: Über die Erfolge des ganzheitlichen und des synthetischen Lese-(Schreib-)Unterrichts in der Grundschule, Essen 1970. FLAVELL, J. H.: Annahmen zum Begriff Metakognition sowie zur Entwicklung von Metakognition. In: WEINERT, F. E./KLUWE, R. H. (Hg.): Metakognition ..., Stuttgart 1984, S. 23 ff. FREINET, C.: Vom Schreiben- und Lesenlernen. Eine Erfahrung. In: BOEHNCKE, H./HUMBURG, J. (Hg.): Schreiben kann jeder, Reinbek 1980, S. 32 ff. FROSTIG, M.: Frostigs Entwicklungstest der visuellen Wahrnehmung, Weinheim/Basel 1974. GALPERIN, P. J.: Die Entwicklung der Untersuchungen über die Bildung geistiger Operationen. In: HIEBSCH, H. (Hg.): Ergebnisse der sowjetischen Psychologie, Stuttgart 1969, S. 367 ff. GARBE, B.: Das sogenannte „etymologische" prinzip der deutschen schreibung. In: Z. f. germanist. ling. 8 (1980), S. 197 ff. GEISS, M.: Die Konservierung sozialer Rollen. In: DODERER, K. (Hg.): Bilderbuch und Fibel, Weinheim/Basel 1972, S. 9 ff. GESSINGER, J.: Schriftspracherwerb im 18. Jahrhundert. In: Osnabr. Beitr. z. Sprachth. (1979), 11, S. 26 ff. GEUSS, H./SCHLEVOIGT, G.: Kategoriales Lese-Rechtschreibtraining mit Hilfe diagnostischer Lesetests und tachistoskopischer Schrittmacher. In: D. Grunds. 7 (1975), S. 326 ff. GIBSON, E. J.: Learning to Read. In: Science 148 (1965), S. 1066 ff. GIBSON, E. J./ LEVIN, H.: Die Psychologie des Lesens, Stuttgart 1980. GIESE, H. W.: Zum Zusammenhang von Schriftspracherwerb und Begriffsbildung in der Primarstufe. In: AUGST, G. (Hg.): Spracherwerb von 6–16, Düsseldorf 1978, S. 131 ff. GIESE, H. W.: Analphabetismus in der Bundesrepublik. In: Osnabr. Beitr. z. Sprachth. (1981), 17, S. 158 ff. GIESE, H. W.: Bemerkungen zum gegenwärtigen Stand der Alphabetisierungsarbeit und zur wissenschaftlichen Untersuchung des Analphabetismus in der Bundesrepublik. In: Osnabr. Beitr. z. Sprachth. (1983), 23, S. 33 ff. GIESE, H. W./GLÄSS, B.: Analphabetismus und Schriftkultur in entwickelten Gesellschaften. Das Beispiel der Bundesrepublik Deutschland. In: D. Dtu. 36 (1984), 6, S. 25 ff. GIESE, H. W./ MARTENS, K.: Zur Bedeutung des Schriftspracherwerbs für die Erkenntnistätigkeit des Kindes. In: Ling. Ber. (1977), 47, S. 96 ff. GIESECKE, M.: Schriftspracherwerb und Erstlesedidaktik in der Zeit des ‚gemein teutsch' – eine sprachhistorische Interpretation der Lehrbücher Valentin Ickelsamers. In: Osnabr. Beitr. z. Sprachth. (1979), 11, S. 48 ff. GÖBELBECKER, L. F.: Entwicklungsgeschichte des ersten Leseunterrichts von 1477 bis 1932, Kempten 1933. GOODMAN, K. S.: Analyse von unerwarteten Reaktionen beim oralen Lesen. In: HOFER, A. (Hg.): Lesenlernen ..., Düsseldorf 1976, S. 298 ff. (1976a). GOODMAN, K. S.: Die psycholinguistische Natur des Leseprozesses. In: HOFER, A. (Hg.): Lesenlernen ..., Düsseldorf 1976, S. 139 ff. (1976b). GOODY, J. (Hg.): Literalität in traditionalen Gesellschaften, Frankfurt/M. 1981. GRÖMMINGER, A.: Die deutschen Fibeln der Gegenwart, Weinheim/Basel/Berlin 1970. GRÜNEWALD, H.: Schrift als Bewegung, Weinheim/Basel/Berlin 1970. GRÜNEWALD, H.: Schreibenlernen. Faktoren – Analysen – Methodische Verfahren, Bochum 1981. GUCHMANN, M. M.: Der Weg zur deutschen Nationalsprache, Teil 2, Berlin (DDR) 1969. GÜMBEL, R.: Erstleseunterricht. Entwicklungen – Tendenzen – Erfahrungen, Königstein 1980. GÜNTHER, K. B.: Primäre und sekundäre Vorbedingungen der Entwicklung der schriftlichen Sprache und ihre Bedeutung bei hör- und sprachbehinderten Kindern. In: GÜNTHER, K. B./GÜNTHER, H. (Hg.): Schrift ..., Tübingen 1983, S. 211 ff. GÜNTHER, K. B./GÜNTHER, H. (Hg.): Schrift, Schreiben, Schriftlichkeit, Tübingen 1983. GUTEZEIT, G.: Neuropsychologische Aspekte zur zentralen Organisation von

Lernprozessen. In: Prax. d. Kipsych. u. Kipsychiat. 27 (1978), S. 253 ff. HAKES, D. T.: The Development of Metalinguistic Abilities in Children, New York/Berlin 1980. HANNIG, CH./HANNIG, J.: Der Einfluß des Erstleseunterrichts auf die Sprache von Schulanfängern. In: HANNIG, CH. (Hg.): Zur Sprache des Kindes im Grundschulalter, Kronberg 1974. S. 98 ff. HEINDRICHS, W. u. a.: Sprachlehrforschung, Stuttgart 1980. HERRLITZ, H.-G. u. a.: Deutsche Schulgeschichte von 1800 bis zur Gegenwart, Königstein 1981. HOFER, A. (Hg.): Lesenlernen: Theorie und Unterricht, Düsseldorf 1976. HOFER-SIEBER, U.: Störungen im Bereich der visuellen Wahrnehmung und ihr Einfluß auf den Erstleseunterricht. In Vjs. f. Heilp. u. ihre Nachbargeb. 49 (1980), S. 14 ff. ICKELSAMER, V.: Die rechte weis auffs kürtzist lesen zu lernen. In: MÜLLER, J.: Quellenschriften ..., Hildesheim 1969, S. 52 ff. ILLICH, I. D.: Almosen und Folter, München 1970. JACOBSON, R.: Kindersprache, Aphasie und allgemeine Lautgesetze (1941), Frankfurt/M. 1972. JANUSCHEK, F.: Anmerkungen zum Wesen der Schriftsprache im Hinblick auf den schulischen Schriftspracherwerb. In: Osnabr. Beitr. z. Sprachth. (1978), 10, S. 60 ff. JANUSCHEK, F./ROHDE, W.: Probleme der Erforschung metasprachlicher Begrifflichkeit bei Erstklässlern. In: Osnabr. Beitr. z. Sprachth. (1979), 13, S. 79 ff. JEHMLICH, S.: Das Verfahren der akustischen Analyse. Eine linguistische Kritik. In: ROYL, W. (Hg.): Vorschulerziehung und Primarstufe, Berlin 1971, S. 165 ff. JUNG, U.: Legasthenie als linguistisches Defizit. In: Ling. Ber. (1976), 41, S. 22 ff. JUNG, U.: Linguistische Aspekte der Legasthenieforschung, In: VALTIN, R. u. a.: Legasthenie in Wissenschaft und Unterricht, Darmstadt 1981, S. 1 ff. KAINZ, F.: Psychologie der Sprache, Bd. 4, Stuttgart 1956. KALB, G. u. a.: Lesen und Verstehen. Diagnose und Training, Braunschweig 1979. KOHRT, M.: Rechtschreibung und ‚phonologisches Prinzip'. In: Osnabr. Beitr. z. Sprachth. (1979), 13, S. 1 ff. LEONT'EV, A. A.: Psycholinguistische Einheiten und die Erzeugung sprachlicher Äußerungen (1969), Berlin (DDR) 1975. LESCHINSKY, A./ROEDER, P. M.: Schule im historischen Prozeß, Stuttgart 1976. MEIERS, K. (Hg.): Erstlesen, Bad Heilbrunn ²1981. MEIERS, K./HERBERT, M.: Bedingungen des Lesenlernens, Kronberg 1978. MEINHOLD, G./STOCK, E.: Phonologie der deutschen Gegenwartssprache, Leipzig ²1982. MENZEL, W. (Hg.): Fibeln und Lesebücher für die Primarstufe. Kritische Analysen, Paderborn 1975. MENZEL, W.: Zur Integration der Methoden beim Lesen- und Schreibenlernen. In: MEIERS, K. (Hg.): Erstlesen, Bad Heilbrunn ²1981, S. 129 ff. (1981 a). MENZEL, W.: Schreiben – Lesen. Für einen handlungsorientierten Erstunterricht. In: NEUHAUS-SIEMON, E. (Hg.): Schreibenlernen ..., Königstein 1981, S. 134 ff. (1981 b). MERKELBACH, V.: Lerninhalte in neueren Fibeln. In: Disk. Dt. 4 (1973), S. 103 ff. MONTESSORI, M.: Lesen. In: MEIERS, K. (Hg.): Erstlesen, Bad Heilbrunn ²1981, S. 262 ff. MÜLLER, J. (Hg.): Quellenschriften und Geschichte des deutschsprachigen Unterrichts bis zur Mitte des 16. Jahrhunderts, Hildesheim 1969. MÜLLER, R.: Leseschwäche – Leseversagen – Legasthenie, Bad. 2, Weinheim/Basel 1974. MÜLLER, R./SCHIPPER, K. P.: Zwischen Lese-Rechtschreibschwäche und Legasthenie, Bern 1981. NEISSER, U.: Kognitive Psychologie, Stuttgart 1974. NEISSER, U.: Kognition und Wirklichkeit (1976), Stuttgart 1979. NERIUS, D./SCHARNHORST, J.: Theoretische Probleme der deutschen Orthographie, Berlin (DDR) 1980. NEUHAUS-SIEMON, E. (Hg.): Schreibenlernen im Anfangsunterricht der Grundschule, Königstein 1981. NICKEL, H.: Die visuelle Wahrnehmung im Kindergarten- und Einschulungsalter, Bern 1967. NIEMEYER, W.: Zur Bedeutung der Lehrerrolle im Erstleseunterricht. In: SCHWARTZ, E. (Hg.): „Legasthenie" oder Lesestörungen? Pro und Contra, Frankfurt/M. 1977, S. 171 ff. NIEMEYER, W.: Lese- und Rechtschreibschwäche, Stuttgart 1978. PANTINA, N. S.: Die Bildung motorischer Schreibfertigkeiten in Abhängigkeit von der Art der Orientierung an der Aufgabe. In: GALPERIN, P. J./LEONTJEW, A. N. (Hg.): Probleme der Lerntheorie, Berlin (DDR) ⁴1974, S. 82 ff. PHILIPP, M.: Phonologie des Deutschen, Stuttgart 1974. POSTMAN, N.: Das Verschwinden der Kindheit, Frankfurt/M. 1983. RADATZ, H.: Fehleranalysen im Mathematikunterricht, Braunschweig/Wiesbaden 1980. READ, CH.: Kenntnisse der englischen Phonologie bei Vorschulkindern. In: EICHLER, W./HOFER, A. (Hg.): Spracherwerb und linguistische Theorien, München 1974, S. 174 ff. READ, CH.: Children's Awareness of Language, with Emphasis on Sound Systems. In: SINCLAIR, A. u. a. (Hg.): The Child's ..., New York/Berlin 1978, S. 65 ff. REICHEN, J.: Lesen durch Schreiben, Zürich 1982. RIEHME, J.: Probleme und Methoden des Rechtschreibunterrichts, Berlin (DDR) ³1981. RIGOL, R.: Kommunikation in der Fibel. In: Disk. Dt. 4 (1973), S. 123 ff. RÖBE, E.: Didaktik des Lesenlernens, Frankfurt/M. 1977. ROBERTS, G. B./LUNZER, E. A. (Hg.): Lesen und Lesenlernen. In: LUNZER,

E. A./MORRIS, J. F. (Hg.): Das menschliche Lernen und seine Entwicklung, Stuttgart 1971, S. 231 ff. SCHEERER, E.: Probleme und Ergebnisse der experimentellen Leseforschung. In: Z. f. Entwpsych. u. P. Psych. 10 (1978), S. 347 ff. SCHEERER, E.: Probleme und Ergebnisse der experimentellen Leseforschung – Fünf Jahre später. In: GÜNTHER, K. B./GÜNTHER, H. (Hg.): Schrift ..., Tübingen 1983, S. 105 ff. SCHEERER-NEUMANN, G.: Die Ausnutzung sprachlicher Redundanz bei leseschwachen Kindern: I. Nachweis des spezifischen Defizits. In: Z. f. Entwpsych. u. P. Psych. 10 (1978), S. 35 ff. SCHEERER-NEUMANN, G.: Intervention bei Lese-Rechtschreibschwäche, Bochum 1979. SCHENDA, R.: Volk ohne Buch. Studien zur Sozialgeschichte der populären Lesestoffe 1770–1910, Frankfurt/M. 1970. SCHENDA, R.: Die Lesestoffe der Kleinen Leute, München 1976. SCHENDA, R.: Zur Geschichte des Lesens. In: BRACKERT, H./STÜCKRATH, J. (Hg.): Literaturwissenschaftlicher Grundkurs 1, Reinbek 1981 (1981 a). SCHENDA, R.: Alphabetisierung und Literarisierungsprozesse in Westeuropa im 18. und 19. Jahrhundert. In: HERRMANN, U. (Hg.): Das pädagogische Jahrhundert, Weinheim/Basel 1981, S. 154 ff. (1981 b). SCHILLING, F.: Linkshändigkeit und Schreibenlernen. In: NEUHAUS-SIEMON, E. (Hg.): Schreibenlernen..., Königstein 1981, S. 163 ff. SCHLEE, J.: Legasthenieforschung am Ende? München 1976. SCHMALOHR, E.: Psychologie des Erstlese- und Schreibunterrichts, München ²1971. SCHWARTZ, E.: Der Leseunterricht, Braunschweig ⁴1971. SIMON, W.: Befund: Legasthenie, Düsseldorf 1981. SINCLAIR, A. u. a. (Hg.): The Child's Conception of Language, New York/Berlin 1978. SIRCH, K.: Der Unfug mit der Legasthenie, Stuttgart 1975. SPITTA, G. (Hg.): Legasthenie gibt es nicht – was nun? Kronberg 1977. TILLMANN, H. G./MANSELL, PH.: Phonetik. Lautsprachliche Zeichen, Sprachsignale und lautsprachlicher Kommunikationsprozeß, Stuttgart 1980. TOPSCH, W.: Lesenlernen – Erstleseunterricht, Bochum 1979. TRUBETZKOY, N. S.: Grundzüge der Phonologie, Göttingen ⁵1971. TSCHIRCH, F.: Geschichte der deutschen Sprache, Teil 2, Berlin 1969. VALTIN, R.: Awareness of Features and Functions of Language. In: DOWNING, J./VALTIN, R. (Hg.): Language ..., New York/Berlin 1984, S. 227 ff. WARWEL, K.: Strukturgemäßes Lesenlernen, Braunschweig 1967. WARWEL, K.: Probleme und Aspekte des Erstschreibunterrichts. In: DEUTSCHE FORSCHUNGSGEMEINSCHAFT (Hg.): Probleme des Schreibenlernens. Thesen, Beiträge und Ergebnisse eines Rundgespräches am 6./7.6.1980, Mimeo, o. O. o. J., S. 97 ff. WEIGL, E.: Zur Schriftsprache und ihrem Erwerb. In: EICHLER, W./HOFER, A. (Hg.): Spracherwerb und linguistische Theorien, München 1974, S. 94 ff. WEIGL, E.: Lehren aus der Schriftgeschichte für den Erwerb der Schriftsprache. In: Osnabr. Beitr. z. Sprachth. (1979), 11, S. 10 ff. WEINERT, F./KLUWE, R. H. (Hg.): Metakognition, Motivation und Lernen, Stuttgart 1984. WEINERT, F. u. a.: Schreiblehrmethode und Schreibentwicklung, Weinheim 1966. WODE, H.: Fehler, Fehleranalyse und Fehlerbenotung im Lichte des natürlichen Lingua-2-Erwerbs. In: Ling. u. Did. 9 (1978), S. 233 ff. WYGOTSKI, L. S.: Denken und Sprechen (1934), Frankfurt/M. 1969.

Wulf Rauer/Renate Valtin

Kompensatorische Erziehung

1 Begriff und Entstehungsgeschichte
2 Empirische Befunde und theoretische Erklärungsansätze zur schichtenspezifischen Auslese in der Schule
3 Theoretische Grundlagen der kompensatorischen Erziehung
4 Prinzipien, Maßnahmen und Wirkungen der kompensatorischen Erziehung
4.1 Kurz- und langfristige Wirkungen kompensatorischer Maßnahmen im Vorschulalter
4.2 Programmtypen im Vorschulalter
4.3 Institutionelle Zuordnung im Vorschulalter
4.4 Kompensatorische Maßnahmen in der Grundschule und ihre Wirkungen
5 Fazit

Zusammenfassung: Das Konzept der kompensatorischen Erziehung wird anhand einer Definition des Begriffs und einer Charakterisierung verschiedener Etappen ihrer Entstehungsgeschichte dargelegt. Da kompensatorische Erziehung ein bildungspolitisches Reformprogramm zum Ausgleich schichtenspezifischer Benachteiligung darstellt, werden empirische Befunde und theoretische Erklärungsansätze zur schichtenspezifischen Auslese der Grundschule beschrieben. Zur theoretischen Grundlegung der kompensatorischen Erziehung wird der Beitrag der relevanten Bezugswissenschaften diskutiert, und zwar der schichtenspezifischen Sozialisationsforschung, der pädagogischen Psychologie, der Begabungsforschung und der Soziolinguistik. Es werden Prinzipien, Methoden und Wirkungen der vorliegenden kompensatorischen Erziehungsmaßnahmen vorgestellt, wobei empirische Untersuchungen sowohl aus dem Vorschulalter als auch aus dem Grundschulbereich referiert werden, aus denen hervorgeht, daß zumindest Schulkarrieren auch langfristig verbessert werden können.

Summary: On the basis of a definition of the concept and a characterization of various stages of its development, the term "compensatory education" is explained. As compensatory education is an educational-policy reform programme for compensating class-specific discrimination, empirical findings and theoretical approaches to the explanation of class-specific selection in primary schools are described. The contributions made by the relevant disciplines on which compensatory education draws are discussed in order to provide the theoretical foundations. These disciplines are socialization research, pedagogical psychology, research into intelligence and sociolinguistics. The principles, methods and effects of existing compensatory educational programs are presented with special reference to empirical investigations of both pre-school age-groups and the primary-school sector which demonstrate that school careers, at least, can be improved even in the long term.

Résumé: Le concept d'éducation compensatrice est présenté par le truchement d'une caractérisation des différentes étapes de sa genèse. Comme l'éducation compensatrice représente un programme de réforme culturopolitique pour la compensation de désavantages spécifiques aux couches sociales, on décrit les diagnostics empiriques et les ébauches d'explication théoriques de la sélection spécifique aux couches sociales en école élémentaire. Comme fondement théorique de l'éducation compensatrice, on discute la contribution des sciences de référence logiquement concernées, à savoir la recherche en socialisation spécifique des couches sociales, la psychologie pédagogique, la recherche en matière de don et la socio-linguistique. On présente les principes, les méthodes et les effets des mesures présentes d'éducation compensatrice, en faisant référence à des enquêtes empiriques effectuées tant dans la catégorie pré-scolaire que dans celle de l'école élémentaire, enquêtes d'où il résulte que, du moins, des carrières scolaires peuvent être amèliorées à long terme.

1 Begriff und Entstehungsgeschichte

Historisch betrachtet, gibt es kompensierende Erziehungsmaßnahmen, seit die Gesellschaft mit der Einbeziehung aller Kinder in die Grundschule die Lernzeit aller Schüler synchronisiert hat. Wegen der damit verbundenen Notwendigkeit einer synchronen Steuerung der Bildungsprozesse wird Nichtlernen in der Schule zum Problem. Das Prinzip der Jahrgangsklasse muß bei differenten Ausgangslagen und Lerngeschwindigkeiten durch Maßnahmen der Zurückstellung, des Sitzenbleibens und des Springens durchbrochen werden, um homogene Lerngruppen zu erhalten. In diesen Kontext hat die Familienerziehung schon immer „kompensierend" eingegriffen. Mit dem wachsenden Einfluß der Sozialwissenschaften in der Pädagogik wurde nun immer deutlicher belegt, daß die Möglichkeiten der Familien zur Kompensation in der Gesellschaft sehr unterschiedlich verteilt sind, mit der Folge, daß sich die Schichten der Gesellschaft eher selbst reproduzieren und sich eher weiter auseinanderentwickeln. Es entsteht – bei weitgehend unverändertem Schulsystem – ein Bedarf an gesellschaftlich getragener Kompensation.

Der heute übliche und enger gefaßte Begriff „kompensatorische Erziehung" geht zurück auf „compensatory education", ein bildungspolitisches Reformprogramm in den USA, das ab Beginn der 60er Jahre als Teil der Kampagne gegen die Armut zusätzliche Bildungsangebote für die Bevölkerung in Slum- und ländlichen Armutsgebieten bereitstellte, beispielsweise durch vorschulische Einrichtungen (Head Start, vgl. ZIGLER/VALENTINE 1979) und gezielte Fördermaßnahmen in der Schule, um Halbanalphabetentum und vorzeitigen Schulabbruch zu verhindern. Es handelt sich also um eine gesellschaftliche Maßnahme zur Erzeugung der „wirkungsgünstigsten Startbedingungen" (LUHMANN/SCHORR 1979, S. 561).

Die Konzeption der kompensatorischen Erziehung als Ausgleich schichtenspezifisch bedingter Benachteiligung durch institutionalisierte Bildungsprozesse hat sich in der Bundesrepublik Deutschland gegen Ende der 60er Jahre durchgesetzt. Zu Beginn jenes Jahrzehnts setzte eine bildungsökonomische Kritik an der Effizienz des Bildungswesens ein, die mit dem Stichwort der „unausgeschöpften Begabungsreserve" umschrieben wird. Die Diskussion stützte sich einerseits auf Erkenntnisse der neuen Begabungsforschung, die – in Abkehr von erbbiologisch fundierten Konzepten – die Bedeutung der sozialen Herkunft für Intelligenz und Schulerfolg betonte, und andererseits auf Aussagen der Sozialisationsforschung über die Wichtigkeit frühkindlichen Lernens. Vor allem von der Organisation für wirtschaftliche Zusammenarbeit und Entwicklung (OECD) wurde das Problem der Chancengleichheit als entscheidende Existenzfrage der westlichen Industrienationen diskutiert (vgl. HUSÉN 1977, OECD 1978). Man erhoffte sich eine gerechtere Verteilung der

„Lebenschancen" durch eine Umverteilung der Bildungschancen, zunächst pragmatisch formuliert als gleicher Zugang zu weiterführenden Bildungseinrichtungen für Schüler mit gleichen Fähigkeiten.
Die Entstehungsgeschichte der kompensatorischen Erziehung hat OEVERMANN (vgl. 1974) in vier Etappen geschildert: Mit der Forderung nach Chancengleichheit wurde zunächst in der ersten Phase versucht, das Bildungswesen auszubauen, seine Durchlässigkeit zu steigern, die schulische Auslese durch vermeintlich „objektivere" Instrumente (beispielsweise Tests anstelle des Lehrerurteils) zu verbessern und somit die in allen westlichen Industriegesellschaften aufgefundenen Begabungsreserven (vgl. HUSÉN 1977, S. 86 ff.) auszuschöpfen. In einer zweiten Phase erkannte man nicht nur, daß diese Ausleseinstrumente selbst problematisch und „kulturspezifisch" sind, sondern daß die Schule selbst als Institution der etablierten Kultur durch ihre Leistungskriterien und Erziehungsziele die Kinder aus den unteren Sozialschichten benachteiligt. In der dritten Phase wurde vor allem durch die soziologische Forschung die affektive und informative Distanz der Unterschichteltern zur Schule untersucht und die Bedeutung der Elternarbeit hervorgehoben. Erst in der vierten Phase wurde aus der Erkenntnis, daß die Kinder der unteren sozialen Schichten schon in den frühen Lebensjahren durch ungünstige Sozialisationsbedingungen in motivationaler und sprachlicher Hinsicht benachteiligt sind, die Forderung nach einer kompensatorischen Erziehung im Vorschulalter zum Ausgleich dieser „Defizite" gezogen.
Parallel zu dieser Entwicklung ist eine Bedeutungsverschiebung des Begriffs Chancengleichheit von einer Gleichheit der Zugangschancen zu einer Gleichheit der Erfolgschancen zu beobachten. Während dieser Terminus zunächst als liberales Prinzip die formale Gleichheit der gebotenen Lerngelegenheiten oder die „Gleichheit im Sinne des ‚Auf-die-Startlinie-Setzens' für den Konkurrenzkampf" bezeichnete, gehen progressive Bildungspolitiker eher von einer „wiedergutmachenden" Egalisierung (vgl. HUSÉN 1977) aus und betonen, daß Chancengleichheit gerade keine Gleichbehandlung, sondern eine Privilegierung der Benachteiligten beinhalten müsse (vgl. HUSÉN 1977). Auch der DEUTSCHE BILDUNGSRAT (vgl. 1974, S. 30) stellt fest, daß Gleichheit der Chancen in manchen Fällen nur durch Gewährung besonderer Chancen zu erreichen sein wird.
Aus heutiger Sicht lassen sich zwei weitere Phasen nennen. Die fünfte Phase ist gekennzeichnet durch die Auseinandersetzung von Anhängern der Defizit- und der Differenzhypothese sowie durch die Kritik an naiven kompensatorischen Programmen, die auf einer verkürzten Rezeption soziolinguistischer Forschungsergebnisse basieren, sich unreflektiert an den Leistungskriterien der Schule orientieren und häufig eine Anpassung der Unterschichtkinder an Mittelschichtnormen intendieren (vgl. OEVERMANN 1974, VALTIN 1975, VOGEL 1974). Insoweit trifft die kritische Thematisierung der Schule auch die kompensatorische Erziehung, die sich auf die Maßstäbe der Schule bezieht.
Die Anhänger der Differenzhypothese weisen zu Recht darauf hin – von ernsthaften Anhängern der Gegenposition wurde dies auch nie bestritten –, daß die Werthaltungen, Persönlichkeitsmerkmale und sprachlichen Leistungen der Unterschichtkinder die spezifischen sozioökonomischen und kulturellen Erfahrungen ihrer Schicht widerspiegeln und innerhalb dieser Schicht angemessen und normal sind. Die Kinder sind also nicht von der Kultur generell, sondern von der herrschenden Kultur abgeschnitten. Ein Kurieren an Symptomen (Kompensation defizitärer psychischer und sprachlicher Merkmale) ohne Veränderung der sie hervorbringenden Bedingungen, nämlich der sozioökonomischen Grundstrukturen unserer Ge-

sellschaft, diene nur der „Konfliktprophylaxe und gleichzeitig dem Staat als Ausweis für Wohlfahrt und karitative Großzügigkeit" (NEULAND 1975, S. 263). Damit wird zutreffend beschrieben, daß Bildungspolitik kein Ersatz für Sozialpolitik sein kann, allerdings fehlt ein Hinweis darauf, wie und an welcher Stelle der Teufelskreis für die Betroffenen durchbrochen werden könnte.

Viele Anhänger der Defizithypothese haben es versäumt, einen normativen Bezugspunkt für die kompensatorische Erziehung herauszuarbeiten, und haben sich unreflektiert an den herrschenden Normen der Mittelschicht orientiert. Die Anhänger der Differenzhypothese laufen Gefahr, mit ihrem Standpunkt folgenlos zu bleiben, sofern sie nur die Unterschiedlichkeit der Schichten konstatieren und auf eine normative Wertung dieser Unterschiede verzichten. Die Kultur der Unterschicht im Sinne eines Pluralismus der Kulturen vor Veränderungen bewahren zu wollen hieße die Augen verschließen vor den ökonomischen und machtbezogenen Ungleichheiten. Diese Strategie ließe zudem außer acht, daß nicht unerhebliche Teile dieser Subkultur – und hier nicht zuletzt die Kinder – Minderwertigkeitsgefühle, negative Selbstkonzepte und resignative Tendenzen aufweisen, die einer selbstinitiativen Handlungsbereitschaft und -fähigkeit zur Veränderung gesellschaftlicher Positionen im Wege stehen. Es ist wohl auch unstrittig, daß eine bessere Bildung eine notwendige, wenn auch keinesfalls hinreichende Bedingung darstellt, um in der bestehenden Gesellschaft Chancen nutzen zu können.

OEVERMANN (vgl. 1974) verweist auf die Notwendigkeit, einen normativen Bezugspunkt für die kompensatorische Erziehung zu entwickeln, den er in einem Begriff des Subjekts sieht, das durch autonome Handlungsfähigkeit und Ich-Identität gekennzeichnet ist. Ein derartiges Unterfangen, das den Edukandus als epistemologisches Subjekt begreift, womit der Heranwachsende selbst neben Familie und Schule zu einem generativen Faktor in seinem Bildungsprozeß mit der Zielperspektive des urteilsfähigen, für seine Handlungen verantwortlichen Erwachsenen wird, ist zwar als programmatische Forderung zur Integration so verschiedener Theorien wie beispielsweise der von Piaget, Mead, Freud und Chomsky formuliert, hat aber bisher keinesfalls zu einer Theorie des Bildungsprozesses geführt, die die Identitätsfindung des Individuums – als Einheitsformel von Kognition und Moralität – im jeweiligen ökologischen Kontext befriedigend rekonstruieren könnte. Oevermanns Kritik verweist jedoch auf die wichtigen Gedanken, daß auch die Leistungskriterien und Erziehungsziele der Schule kritisch zu reflektieren und zu verändern sind und daß Sozialisationsdefizite nicht nur bei Kindern der sozialen Unterschicht (und keineswegs bei allen von ihnen), sondern auch in der Mittel- und Oberschicht aufzuzeigen sind. Diese berechtigte Kritik verweist auf die Notwendigkeit einer nicht nur auf die Unterschicht abzielenden kompensatorischen Erziehung. Sie birgt aber auch Gefahren in sich: Wenn alles in Bewegung scheint, normative Bezugspunkte noch nicht herausgearbeitet sind, dann – so könnte ein Schluß lauten – bedarf die Pädagogik vielleicht überhaupt keiner Veränderung, Entscheidungen darüber, ob die Ausgangslagen der Kinder oder die Zwecke der institutionalisierten Bildung oder deren Mittel zu verändern sind, wären obsolet. Ein wichtiger Teil des Einflusses der Sozialwissenschaften auf die Pädagogik, nämlich diese auf ihre Wirkungen hin zu befragen, wäre – wieder einmal – beschnitten, mit der möglichen Folge, daß prinzipielle Kritisierbarkeit von normativen Bezugspunkten mit Beliebigkeit gleichgesetzt wird.

Die sechste Phase ist gekennzeichnet durch eine Tendenzwende in der Bildungspolitik. Überhöhte Hoffnungen sind abgelöst worden durch eher resignative Einschätzungen der gesellschaftlichen Veränderungsmöglichkeiten durch Bildungspolitik. Die OECD (vgl. 1978) muß aufgrund zahlreicher Untersuchungen in ihren Mitgliedsstaaten konstatieren, daß kein Abbau von Bildungsbarrieren stattgefunden hat und daß der Einfluß der Bildung auf die Mobilität sich insgesamt als gering erwiesen hat (vgl. MADISON 1978). Für die Bundesrepublik Deutschland haben EIGLER u. a. (vgl. 1982) gezeigt, daß der Anteil der 13- und 14jährigen aus Arbeiterfamilien, die ein Gymnasium besuchen, im Zeitraum von 1972 bis 1980 von 6,3% auf 9,8% angewachsen ist, für die Realschule lauten die entsprechenden Prozentsätze 16,3% und 22,3%. 9,2% der Arbeiterkinder sind 1980 noch als 17- bis 18jährige Gymnasiasten, und 7,2% sind 1979 Studienanfänger. Bei einer deutlichen allgemeinen Tendenz zu insgesamt höheren Bildungsgängen ist damit die weiterhin starke schichtenspezifische Auslese der Schule bestätigt. Die Rolle der Bildung im Gesamtrahmen des politischen Instrumentariums zur Herbeiführung von Gleichheit wird heute eher als gering eingeschätzt und allgemein zugegeben, daß die Erwartungen an das Bildungssystem, Gleichheit der Erfolgschancen ohne eine umgreifende Sozialpolitik herstellen zu können, unrealistisch gewesen sind.

Die Wirksamkeit der Schule scheint durch zahlreiche Untersuchungen in Mißkredit geraten zu sein. Das Fazit der Arbeiten von COLEMAN u. a. (vgl. 1966), der Studien der International Association for the Evaluation of Academic Achievement (IEA) (vgl. HUSÉN 1967) und von JENCKS u. a. (vgl. 1973) ist, daß die Schule durch das Familienmilieu bedingte Lernhindernisse nicht auszugleichen vermag. Die erwähnten Untersuchungen enthalten zum Teil Mängel der statistischen Auswertung, der Stichprobenzusammensetzung und der Untersuchungsinstrumente, die insgesamt zu einer Minimierung der schulischen Wirksamkeit führen, wie MADAUS u. a. (vgl. 1980) in einer ausgezeichneten Reanalyse und methodologischen Kritik der einschlägigen Untersuchungen zur Effektivität von Schulen gezeigt haben. Bereits HEYNS (vgl. 1978) hatte in einer problemsensitiven empirischen Arbeit gezeigt, daß in der dreimonatigen schulfreien Sommerzeit (und nur diese kann näherungsweise als Indikator für Nichtbeschulung stehen) die familiären Hintergrundvariablen sich deutlich stärker auf das Verhalten von Fünf- bis Siebtkläßlern auswirken als während der Schulzeit. Mit aller gebotenen Vorsicht ist daraus zu schließen, daß die bildungspolitische Resignation sich auf diese Argumentationsfigur nicht ausschlaggebend stützen läßt. Unbestritten ist allerdings, daß die jetzige Organisationsform der Schule und bildungspolitische Maßnahmen allein ohne gleichzeitige sozialpolitische Maßnahmen wenig wirkungsvoll sind. Madison verweist zudem auf den Sachverhalt, daß nur sehr wenige Mitgliedstaaten der OECD tatsächlich generelle Strategien für die „Benachteiligten" verfolgen, „obgleich sie sie im Falle der spezifisch körper- und geistesbehinderten Schüler anwenden dürften" (MADISON 1978, S. 7).

2 Empirische Befunde und theoretische Erklärungsansätze zur schichtenspezifischen Auslese in der Schule

Einer der wesentlichen Gründe für die Einführung der kompensatorischen Erziehung als Programm liegt in der recht hohen sozialen Selektivität der Grundschule. Diese, laut Weimarer Verfassung als eine für alle Kinder gemeinsame Schulstufe gedacht, muß sich heute fragen lassen, ob sie diesen Bildungsauftrag der sozialen Koedukation tatsächlich erfüllt. Denn es gibt nicht nur zahlreiche Selektionsmaßnahmen, um auf der Zeitachse synchron steuern zu können, es läßt sich auch zeigen, daß diese schulische Auslese zugleich eine soziale Selektion bedeutet:
- Durch die noch immer nicht in allen Bundesländern abgeschaffte Praxis der Schulreifeuntersuchungen werden jährlich etwa 5-6% (vgl. WITTMANN 1977, S. 23) der

schulpflichtigen Kinder zurückgestellt (die Quote schwankte 1977 in den Bundesländern zwischen 2,3 und 13,9%; vgl. NICKEL 1981), wobei vorwiegend Unterschichtkinder betroffen sind (vgl. KEMMLER 1976), da Schulreifetests mit Milieufaktoren korrelieren (vgl. BAUER 1977).
- Viele Grundschüler sind von der Maßnahme des Sitzenbleibens betroffen. Der Prozentsatz der Nichtversetzungen variiert dabei erheblich in den einzelnen Bundesländern und in den verschiedenen Regionen. TOPSCH (vgl. 1976) stellte in einer Untersuchung in Nordrhein-Westfalen fest, daß in Bezirken mit hohem Arbeiteranteil die Schüler-Lehrer-Relation ungünstiger und gleichzeitig auch der Anteil der Nichtversetzten höher war. Aufgrund des engen Zusammenhangs zwischen Schulversagen und häuslichen und familiären Faktoren (vgl. LÖWE 1963 für die DDR, KEMMLER 1967 für die Bundesrepublik) ist zu folgern, daß vorwiegend Kinder aus benachteiligten Milieuverhältnissen zu den Sitzenbleibern gehören. Bedenkt man zusätzlich, daß mangelhafte Rechtschreibleistungen den häufigsten Grund für die Nichtversetzung darstellten (vgl. BELSER/KÜSEL 1976, KEMMLER 1967) und daß Arbeiterkinder unter den Schülern mit Rechtschreibschwierigkeiten deutlich überrepräsentiert sind (vgl. NIEMEYER 1974, VALTIN 1974), so erweist sich das Sitzenbleiben ebenfalls als sozialer Selektionsmechanismus.
- Schüler der Unterschicht erhalten deutlich schlechtere Zensuren (vgl. TENT u.a. 1976). Berücksichtigt man allerdings für die Erklärung der Noten auch über Tests gewonnene objektive Schulleistungen, so spielt bei den untersuchten Viertkläßlern die soziale Herkunft nur eine sehr untergeordnete Rolle, eine soziale Diskriminierung der Unterschichtkinder war in der Urteilsbildung der Lehrer nicht nachweisbar. Selbstverständlich ist zu berücksichtigen, daß bereits die eingesetzten Schulleistungstests einen erheblichen sozialen Bias aufweisen.
- Die Überweisung an Schulen für Lernbehinderte trifft vorwiegend soziokulturell benachteiligte Schüler (vgl. BEGEMANN 1970, KEMMLER 1976).
- Auch die Empfehlungen der Lehrer hinsichtlich der Eignung der Schüler für eine weiterführende Schule bewirken eine soziale Selektion. Wie PREUSS (vgl. 1970) in einer Untersuchung feststellte, haben Kinder der unteren Sozialschichten trotz ausreichender Intelligenz und positiver Charakterbeurteilung durch den Lehrer erheblich geringere Chancen, für eine weiterführende Schule vorgeschlagen zu werden. Umgekehrt werden aber Kinder der Mittelschicht auch dann empfohlen, wenn ihre Leistungen nicht ausreichen.

PREUSS (1970, S.79) folgert daraus, „daß der Lehrer oft nicht so sehr die *Eignung* der Kinder für weiterführende Schulen beurteilt, sondern eher über deren ‚*Berechtigung*' zu sozialem Aufstieg anhand von Kriterien entscheidet, die durch sein [...] konservativ-statisches Gesellschaftsbild erschlossen werden könnten". Auch aus LATSCHAS Untersuchung (vgl. 1966) geht hervor, daß in das Eignungsurteil des Lehrers Kriterien eingehen, die weniger die tatsächliche Begabung des Schülers als vielmehr seine soziale Herkunft selektiv berücksichtigen. Die soziale Selektivität des Schulsystems – das heißt die Tatsache, daß die Schule als eine wesentliche soziale Dirigierungsstelle für Rang, Stellung und Sozialchancen (vgl. SCHELSKY 1957) ihre Funktion der gesellschaftlichen Positionszuweisung nicht chancengerecht und neutral wahrnimmt – ist im wesentlichen auf zwei Momente zurückzuführen:

Erstens. Der Schulerfolg wird durch die frühkindliche Sozialisation entscheidend determiniert, wobei Kinder aus ungünstigen sozialen Verhältnissen aufgrund ihrer sprachlichen und kognitiven Lernvoraussetzungen, ihrer Wertorientierungen und Motivationsstruktur im *bestehenden* Schulsystem besonders benachteiligt sind (zu einer Bestandsaufnahme der Befunde zur schichtenspezifischen familialen Sozialisation in der Bundesrepublik Deutschland vgl. SCHNEEWIND u. a. 1983, STEINKAMP 1982). Zu konstatieren bleibt, daß auch in bundesrepublikanischen Untersuchungen schichtenspezifische Unterschiede in verschiedenen Bildungs- und Erziehungsdimensionen gefunden wurden, wenn auch erhebliche Streuungen innerhalb der unterschiedlich definierten Schichten zu verzeichnen sind, so in bezug auf elterliche Erziehungsziele hinsichtlich Selbständigkeit, Gehorsam, Ordnungsliebe und Fleiß (vgl. WEISS 1982), in bezug auf Disziplinierungstechniken (vgl. STEINKAMP/STIEF 1979), Einstellung der Eltern zur Schule (vgl. BAUER 1977), Vorbereitung der Kinder auf die Schule (vgl. KEMMLER 1976), (Fehl-)Einschätzung der Eltern über die Gymnasialeignung ihrer Kinder (vgl. HANKE u. a. 1974).

MANDL (vgl. 1975) stellte in seiner Längsschnittstudie erneut den schulischen Schereneffekt fest, das heißt, die bei der Einschulung vorhandenen Differenzen werden im Laufe der Grundschulzeit größer. Auch in der Längsschnittuntersuchung von KEMMLER (vgl. 1976) differierten in der Grundschule die Mittelschichtschüler (Statusgruppen: Akademiker, Führungspositionen, Stehkragenberufe) in allen sprachlichen und nichtsprachlichen Intelligenzvariablen sowie in allen Schulleistungsmerkmalen deutlich von den Unterschichtkindern, wobei letztere wieder in zwei Gruppen – die der Facharbeiter und selbständigen Handwerker einerseits sowie der ungelernten Arbeiter andererseits – zu unterteilen waren. Kinder der oberen Unterschicht (Facharbeiter) zeigten günstigere Werte in den Schulleistungsvariablen und der sprachlichen Abstraktionsfähigkeit. Sie näherten sich mit ihren nichtsprachlichen Testwerten den Mittelschichtkindern an, zeigten aber schlechtere Ergebnisse in den Sprachtests und den sprachgebundenen Schulleistungsaufgaben.

Gegenüber Mittelschichtkindern, die bei der Einschulung ein günstigeres Kontakt- und Leistungsverhalten zeigten, wiesen Schulanfänger aus der Statusgruppe „ungelernte Arbeiter" eine geringere seelisch-soziale Schulreife auf und wurden weniger wirksam auf die Einschulung vorbereitet (vgl. KEMMLER 1976).

OEVERMANN u. a. (vgl. 1976a) zeigten ebenfalls in einer Untersuchung mit Schülern der vierten Klasse, daß sich entsprechend der hierarchischen Anordnung der gewählten Schichten eine Niveaudifferenzierung hinsichtlich Schulleistung und Intelligenz ergab. Eine Ausdifferenzierung des globalen Schichtmaßes nach Merkmalen des Arbeitsplatzes und nach der Konsistenz der Schichtzugehörigkeit (unter Berücksichtigung der Inter- und Intragenerationenmobilität) erbrachte sinnvoll interpretierbare Profilunterschiede hinsichtlich Intelligenz und Schulleistung, die im Sinne subkulturell spezifischer Formen intelligenten Verhaltens interpretiert werden, wobei geschlechtsspezifische Faktoren eine vermittelnde Rolle spielen.

Zweitens. Die Schule ist in ihren Erziehungszielen, Beurteilungskriterien, tradierten schulischen Inhalten und Methoden an den Normen der Mittelschicht orientiert. Durch zahlreiche Untersuchungen kann es als empirisch abgesichert gelten, daß Kinder der sozialen Unterschichten nicht nur durch leistungsbestimmte, sondern auch durch normativ bestimmte Selektionsprozesse benachteiligt werden, wobei als Erklärungsansätze einerseits Typisierungs- und Stigmatisierungsprozesse und andererseits – damit allerdings zusammenhängend – die impliziten Persönlichkeitstheorien des Lehrers zu nennen sind. Schüler der unteren sozialen Schichten werden in signifikant höherem Maße als relativ leistungsschwach, unbeliebt und delinquent typisiert. Da gerade bei jungen Kindern die Tendenz besteht, dieses negative Fremdbild in das Selbstkonzept zu übernehmen, besteht die Gefahr, daß sich diese Schüler tatsächlich entsprechend den Erwartungen verhalten. Dieser Prozeß der Stigmatisierung ist von BRUSTEN/HURRELMANN (vgl. 1973) bei Jugendlichen, von

STEINKAMP (vgl. 1971) bei Grundschulkindern nachgewiesen worden. „Die Typisierungsprozesse, die durch bestimmte soziale Merkmale der einzelnen Schüler ausgelöst werden, bestimmen ihrerseits in entscheidender Weise die sozialen Chancen der Schüler während und nach der Schulzeit ...; die formell angebotene Chancengleichheit aller Schüler wird über die Typisierungs-, Stigmatisierungs- und Selektionsprozesse und die sich daraus ergebenden differentiellen Handlungsspielräume faktisch unterlaufen" (BRUSTEN/HURRELMANN 1973, S. 150ff.).

CH. SCHWARZER (vgl. 1976), die die Beurteilung von Schulanfängern durch ihre Lehrerinnen untersuchte, konnte bestätigen, daß Lehrer auch bei jungen Schülern aufgrund derselben impliziten Persönlichkeitstheorie urteilen, die auch gegenüber älteren Schülern nachgewiesen wurde (vgl. HOFER 1969). Diese „Lehrerbrille" liefert bei der sozialen Wahrnehmung ein Raster, das nur wenige verschiedene Dimensionen - vorwiegend „Arbeitshaltung" und „Begabung" - umfaßt. Als Einflußgrößen auf die Schülerbeurteilung konnte Ch. Schwarzer vor allem zwei Faktoren identifizieren: die Verbalintelligenz und die soziale Herkunft der Kinder. Die Einschätzung der Intelligenz von Schülern erwies sich in beträchtlichem Ausmaß (etwa ein Drittel der Varianz) durch den sozioökonomischen Status bedingt.

Es läßt sich eine Asymmetrie pädagogischer Herausforderungen nachweisen, die zu einem sich schließenden Regelkreis beiträgt: Je schwächer das Kind ist, um so weniger Hilfe erhält es. Fuhrmann berichtet, daß 172 leistungsschwächere Kinder in 60 beobachteten Unterrichtsstunden zu 90% gar nicht oder nur einmal, zu 10% zwei- oder dreimal, keines mehr als dreimal aufgerufen wurden (vgl. FUHRMANN 1975, S. 96). Die vorliegenden Untersuchungen deuten also darauf hin, daß Lehrer bei der Beurteilung und Behandlung von Schülern sich an einer impliziten Persönlichkeitstheorie orientieren, die Bestandteil ihrer Rolle und ihres beruflichen Selbstverständnisses ist (vgl. ULICH/MERTENS 1973), und daß die an die Schüler herangetragenen stereotypen Erwartungen stark mittelschichtorientiert sind.

Neben diesen schichtenspezifischen Werthaltungen und Einstellungen der Lehrer sind weitere schulische Faktoren zu nennen, die zu einer Benachteiligung von Kindern aus ungünstigen Sozialisationsverhältnissen führen: die Hausaufgaben, die von den Eltern unterschiedlich betreut werden (vgl. v. DERSCHAU 1979); die vorwiegend verbalen Methoden des Unterrichts und die große Betonung der schriftsprachlichen Fähigkeiten in den ersten Schuljahren, die Kinder mit niedriger Verbalintelligenz scheitern lassen, sowie die zifferngebundene Leistungsbeurteilung. Durch klassenbezogene Maßstäbe bei den Zensuren - wobei die späteren Hauptschüler immer wieder mit negativem Ergebnis mit den zukünftigen Realschülern und Gymnasiasten verglichen werden - ist der Mißerfolg bei bestimmten Schülergruppen vorprogrammiert. Über die individual- und sozialpsychologischen Auswirkungen von frühem Mißerfolg in der Schule auf die Persönlichkeitsentwicklung legen die Untersuchungen von KLEIN (vgl. 1965), KEMMLER (vgl. 1967), HÖHN (vgl. 1974a) und NIEMEYER (vgl. 1974) ein beredtes Zeugnis ab.

3 Theoretische Grundlagen der kompensatorischen Erziehung

Die aufgedeckten Zusammenhänge zwischen sozialer Herkunft und Schulerfolg, Intelligenz, machen deutlich, daß die von SCHWARTZ (vgl. 1969) der Grundschule zugeschriebene Aufgabe einer „freisetzenden" Erziehung als optimale Förderung aller Kinder und einer „ausgleichenden" Erziehung als besonderer Förderung derjenigen Kinder, die aufgrund soziokultureller Benachteiligung in ihrer Lernfähigkeit eingeschränkt sind, nicht gerecht wird. Als Reflex darauf wurde die Herstellung gleicher

Ausgangschancen über vorschulische Förderung als Programm thematisiert. Bereits nach kurzer Zeit wurde die zunächst nur im Vorschulbereich ansatzweise institutionalisierte kompensatorische Erziehung zum Brennpunkt starker Kontroversen um ihre Aufgaben und Funktionen.
Hatte die „falsche Kritik an der kompensatorischen Erziehung" (OEVERMANN 1974) diese reduziert auf sprachlich-kognitive Förderungsprogramme für Kinder aus unterprivilegierten Schichten zur besseren Anpassung an schulische Normen, so stellt sich das Programm der kompensatorischen Erziehung als sehr viel differenzierter und anspruchsvoller dar, wenn man als normativen Bezugspunkt das „autonom handlungsfähige, mit sich selbst identische Subjekt" (OEVERMANN 1974, S. 548) wählt.
Schon der Adressatenkreis erweitert sich auf alle Kinder mit ungünstigen Lernvoraussetzungen, beispielsweise Kinder
- mit allgemeinen Entwicklungsverzögerungen, seien diese nun organisch, seien sie milieubedingt,
- mit Lernbehinderungen im engeren Sinne,
- mit emotionalen und sozialen Auffälligkeiten (auch mit spezifischen affektiven Sozialisationsdefiziten, wie sie bei hohen elterlichen Ansprüchen und gleichzeitig unzureichender emotionaler Zuwendung auftreten).

Kompensatorische Erziehung umfaßte somit zwei wichtige Aspekte: erstens den Ausgleich von sozialisationsbedingten Unterschieden in den Lernvoraussetzungen der Kinder (was im wesentlichen eine Aufgabe der Vorschule oder der Eingangsstufe darstellt) und zweitens Verhinderung und Vorbeugung von Schulschwächen und Verhaltensstörungen im Sinne remedialer Erziehung oder präventiver Sonderpädagogik.
Die theoretische Grundlegung dieses anspruchsvollen Programms ist bislang erst ansatzweise gelungen, weil die relevanten Bezugswissenschaften wie familiale und schulische Sozialisationstheorie, pädagogische Psychologie, Begabungsforschung und Soziolinguistik in ihren theoretischen Konzeptionen und empirischen Befunden selbst noch nicht ausreichend abgesichert sind.
Auch die Erziehungswissenschaft hat die Aufgabe der kompensatorischen Erziehung als „ausgleichender Erziehung" (vgl. SCHWARTZ 1969) zwar als Ziel der heutigen Grundschule erkannt, doch die Realisierung steht noch aus – wenn man einmal von einzelnen Schulversuchen absieht.
Die *schichtenspezifische Sozialisationsforschung,* auf die sich die kompensatorische Erziehung weitgehend stützt, hat den Zusammenhang zwischen sozialer Schichtung (Status des Vaters), Rollen- und Interaktionsstruktur der Familie (Befragung zu Erziehungspraktiken und Wertorientierungen) und Persönlichkeitsmerkmalen des Kindes (IQ, Leistungsmotivation, kognitive Stile) und seiner Schulleistung aufgezeigt und wichtige Mechanismen der Reproduktion gesellschaftlicher Ungleichheit durch Familie und Schule aufgedeckt, doch kann sie bislang nicht den Status einer umfassenden Theorie beanspruchen, und die einzelnen Beziehungen sind trotz ihrer Plausibilität empirisch weniger abgesichert, als es die einschlägigen Literaturübersichten vermuten lassen (zur Reanalyse und Kritik vorliegender Untersuchungen: vgl. ABRAHAMS/SOMMERKORN 1976, STEINKAMP 1982).
Das Ziel der schichtenspezifischen Sozialisationsforschung, die komplexen Vermittlungsprozesse zwischen der objektiven Lage der Familie im gesellschaftlichen Ungleichheitsgefüge und der Persönlichkeitsentwicklung des Kindes zu rekonstruieren, kann erst dann eingelöst werden, wenn zumindest drei Analyseebenen erfaßt werden: „auf der soziologischen Ebene die objektiven Lebensbedingungen, auf der sozialpsychologischen Ebene die Struktur interpersonaler Beziehungen und auf der

psychologischen Ebene die intrapsychischen Mechanismen", wie es OEVERMANN u. a. (1968, S. 4) in ihrem Forschungsprojekt „Elternhaus und Schule", dem wohl zur Zeit theoretisch anspruchsvollsten Unterfangen in der Sozialisationsforschung, formulieren.

Angesichts der Kritik an der globalen Schichteneinteilung, die weder analytisch noch deskriptiv fruchtbar ist, da Schichten keine spezifischen unterscheidbaren soziokulturellen Lebenswelten repräsentieren (vgl. STEINKAMP 1982, S. 262 ff.), gehen neuere Ansätze dahin, die Dimensionen der sozialstrukturellen Ungleichheitslagen der Familie weiter auszudifferenzieren (vgl. MUNDT 1980), beispielsweise nach den Erfahrungen am Arbeitsplatz (vgl. HOFF 1980, HOFF/GRÜNEISEN 1978), der Konsistenz der Schichtzugehörigkeit (vgl. OEVERMANN u. a. 1976a), den elterlichen Bildungserfahrungen (vgl. STEINKAMP/STIEF 1979), der ökonomischen Situation der Familie sowie dem Sozialprestige (eine zusammenfassende Übersicht: STEINKAMP 1982, S. 267 ff.).

Auf der Ebene der Eltern-Kind-Interaktion lassen sich neuerdings theoretisch und methodisch anspruchsvollere Ansätze aufzeigen, in dem die sozialisationsrelevanten Kategorien differenzierter erfaßt werden. Die Daten stammen jedoch häufig aus der Befragung der Eltern und sind deshalb in ihrer Gültigkeit aufgrund selektiver Wahrnehmung und Erinnerung, sozialer Erwünschtheit und ähnliches beeinträchtigt. Nur ganz wenige Untersuchungen gehen aus von direkten Beobachtungen der Eltern-Kind-Interaktion in Laborsituationen (vgl. HESS/SHIPMAN 1965) oder in alltäglicher Interaktion zu Hause (vgl. BEICHT u. a. 1976, COOK-GUMPERZ 1976, OEVERMANN u. a. 1976b). Neben traditionell psychometrischen Methoden werden zunehmend qualitativ-hermeneutische Verfahren eingesetzt (vgl. OEVERMANN u. a. 1976b) zur Rekonstruktion latenter Sinnzusammenhänge in der innerfamilialen Interaktion oder, wie von WEBER (vgl. 1981), zur Analyse von Sinn und Bedeutung kindlicher Handlungen im Kindergarten.

Auf der Ebene der Persönlichkeitsgenese sind von der Entwicklungspsychologie und der Psycholinguistik universale Handlungskompetenzen in den Bereichen Sprache (Chomsky), Kognition (Piaget), Moral (Kohlberg) und Interaktion (Habermas, vgl. auch die Beiträge in EDELSTEIN/HABERMAS 1984) sowie universale Bedingungen ihrer Ontogenese aufgezeigt worden. Wir wissen aber einerseits noch nicht genug über die performanzbestimmenden Faktoren der Realisierung dieser Kompetenzen in konkreten Handlungsvollzügen und andererseits wenig über die Art und Weise, wie diese Kompetenzen und ihre Entwicklungsstufen gesellschaftlich und sozial vermittelt sind (zu einer Metatheorie der Bildungsprozesse, in der psychologische und soziologische Ansätze integriert sind, vgl. OEVERMANN 1976, der die These der sozialen Konstitution des Subjekts in der Struktur der sozialen Interaktion vertritt). Erst genaue Kenntnisse über performanzsteuernde Bedingungen (beispielsweise kognitive Stile oder affektive Faktoren) bieten Ansatzpunkte für pädagogische Interventionen, denn es ist wenig sinnvoll – wie auch die zahllosen Experimente zur Beschleunigung kognitiver Operationen (vgl. RAUH 1972) belegen –, Kompetenzen zu fördern, die sich ohnehin in einem einigermaßen normalen Milieu entwickeln.

Pädagogik und Psychologie haben bislang auf die Frage, wie individuelle Lernvoraussetzungen im Unterricht angemessen zu berücksichtigen und wie Lerndefizite auszugleichen sind, keine theoretisch befriedigende Antwort gefunden. Ja, die Frage selbst ist eher neueren Datums. Die traditionelle Didaktik ebenso wie die Curriculumforschung und Unterrichtstechnologie haben nach der optimalen Methode für alle Schüler gesucht, und in der Diskussion um Differenzierung wurde danach gefragt, welche Schülergruppen am besten zu einem vorgegebenen Unterricht passen. Erst die neuere *pädagogische Psychologie* sucht nach theoretischen Lösungen für einen adaptiven (vgl. R. SCHWARZER/STEINHAGEN 1975) oder remedialen (vgl. WEINERT 1978) Unterricht, der sich individuellen Unterschieden und Lernvoraussetzungen durch Schaffung abgestimmter Lernumwelten anpaßt. Die Forschungen zur Wechselwirkung von Schülermerkmalen und Unterrichtsmethoden (Aptitude-Treatment-Interaction) waren jedoch bislang nicht sehr ergiebig, vor allem auch deshalb, weil die Fassung des Konstrukts „Schülermerkmal" noch zu theorielos und global erfolgt. Eine Integration von Ergebnissen der Entwicklungspsychologie (Analyse des sachstrukturellen Entwicklungsstandes des Schülers) und der Lernpsychologie (Identifizierung und Hierarchisierung der relevanten aufgabenspezifischen Lernvoraussetzungen) steht noch aus, ebenso wie eine befriedigende Klassifikation des unterrichtlichen Vorgehens (vgl. TREIBER/WEINERT 1982). Das Modell des zielerreichenden Lernens, das von J. B. Carroll und B. S. Bloom entwickelt wurde (vgl. INGENKAMP 1979), hat zwar auf wichtige Dimensionen schulischen Lernens aufmerksam gemacht – so auf die Bedeutung der individuellen Lernzeit und die Qualität des Unterrichts, doch ist es über den Status der Nennung plausibler Faktoren nicht hinausgekommen, und die lerntheoretische Ausformung steht noch aus.

Wenn auch die von der Psychologie entwickelten Instruktionsmodelle (vgl. WEINERT 1978) eher simpel sind, so beinhalten sie doch eine grundsätzliche Kritik an einem auf den durchschnittlichen Schüler abgestimmten Frontalunterricht und der damit verbundenen Selektionspraxis. Sie verweisen auf den wichtigen Sachverhalt, daß einigen Schülern mehr Lernzeit zugestanden werden muß, sowie auf die Bedeutung der frühen Kompensation fehlender aufgabenspezifischer Kenntnisse.

Die neuere *Begabungsforschung* hat auf die Bedeutung frühkindlicher Erfahrungen für die Intelligenz- und Persönlichkeitsentwicklung aufmerksam gemacht. „Mit Hilfe verschiedener Ansätze zur Interpretation der aus Längsschnittstudien gewonnenen Korrelationskoeffizienten konnte verdeutlicht werden, daß man mindestens bis zur Adoleszenz mit erheblichen IQ-Schwankungen rechnen muß und daß demzufolge sichere Individualprognosen nicht möglich sind. Es wäre deshalb verfehlt, zu irgendeinem Zeitpunkt in der Kindheit oder im Jugendalter die Ausprägung der Intelligenz für so weitgehend determiniert zu halten, daß auf der Grundlage von Testergebnissen irreversible Entscheidungen getroffen werden dürften" (HOPF 1971, S. 49). Auch KAGAN/MOSS (vgl. 1962) bezeichnen gerade die ersten Grundschuljahre als „kritische Phase".

HÖHN (vgl. 1974b), die die Kinder von Binnenschiffern – mit höchst eingeschränkten motorischen, sozialen und sprachlichen Erfahrungsmöglichkeiten – untersuchte, stellte zwar zu Schulbeginn verbale Entwicklungsrückstände fest, die aber im Verlauf der Grundschulzeit aufgeholt wurden. Auch Erfahrungsberichte verschiedener Autoren und Erfahrungen aus „freien" Schulen belegen, daß Kinder immer dann Rückstände schnell aufholen können, wenn ihr früheres Nichtlernen nicht als Versagen stigmatisiert wurde und ihnen die unerfreulichen Auswirkungen des Mißerfolgs auf ihre Persönlichkeitsentwicklung erspart blieb. Frühes Lernen erhält erst dann eine herausragende Bedeutung, wenn das Bildungssystem früh nach Leistung selektiert und damit die Zugänge zu anspruchsvolleren Themen, Techniken und Kunstfertigkeiten reguliert.

Die *Soziolinguistik* – vor allem die Theorie von Bernstein und Oevermann – hat auf die Existenz unterschiedlicher Codes als soziale Strategien des Symbolgebrauchs aufmerksam gemacht, die den Vermittlungsmechanismus zwischen den soziostrukturellen und subkulturellen Bedingungen einerseits und der Persönlichkeitsstruktur andererseits bilden. Trotz ihrer Plausibilität ist die Validierung dieser Theorie erst ansatzweise gelungen. Einerseits sind die Codes bislang eher unzureichend operationalisiert worden (vor allem von Forschern, die linguistische Kriterien fälschlicherweise als Code interpretieren), andererseits hat sich die Variable „Schicht" als zu global erwiesen, um Determinanten des Sprachgebrauchs zu erfassen (vgl. OEVERMANN 1974).

OEVERMANN (1974, S. 552) hat auf wichtige Komponenten des Sachverhalts der „Sprachbarrieren" hingewiesen.
- Sprachliche Leistungen werden in den schulischen Leistungskriterien übermäßig betont.
- Merkmale des Sprachverhaltens sind immer auch Erkennungssymbole für die Zugehörigkeit zu subkulturellen Milieus und wirken so als Vehikel der Aktualisierung von sozialen Vorurteilen bei den Erziehungspersonen.
- Erziehungspersonen schließen, wie in Alltagskommunikation allgemein üblich, aus der Form der sprachlichen Äußerung auf die Differenziertheit des Problembewußtseins des Sprechers und unterschätzen auf diese Weise die Qualität der kognitiven Repräsentation bei Unterschichtkindern.
- Die von den sozialen Strategien des Sprachgebrauchs motivierten Unterschiede in den sprachlichen Äußerungen bedingen in der Tat langfristig im Prozeß der Persönlichkeitsentwicklung genuine Differenzen in der Qualität der Kognition, aber auch der affektiv-motivationalen Komponenten der Persönlichkeit.

Trotz der zahlreichen offenen Probleme sowohl auf der Theorie- wie auch auf der Erfahrungsebene hat das Konzept der kompensatorischen Erziehung dazu beigetragen,
- das Ausmaß und die Ursachen sozialer Selektivität in der Schule zu thematisieren;
- die bestehende Institution Schule mit ihren Qualifikationsmaßstäben, Bildungszielen, Inhalten und Methoden zu reflektieren;
- die unterschiedlichen Lernvoraussetzungen der Kinder bewußtzumachen;
- Lösungsansätze in schulorganisatorischer und didaktischer Hinsicht zu formulieren und durchzuführen sowie auf ihre kurz- und langfristigen Folgen hin zu kontrollieren.

4 Prinzipien, Maßnahmen und Wirkungen der kompensatorischen Erziehung

Kompensatorische Erziehung muß, wenn sie perspektivisch auf Gleichheit der Erfolgschancen ausgerichtet ist, eingebettet sein in ein ökologisches Gesamtkonzept als Teil einer umfassenden Sozialpolitik, die auf verschiedenen Ebenen einsetzen muß (vgl. BRONFENBRENNER 1974): Auf der gesellschaftspolitischen Ebene geht es um den Abbau gesellschaftlicher Ungleichheit in der Verfügung über materielle und immaterielle Güter sowie um die direkte Unterstützung förderungsbedürftiger Randgruppen und Personenkreise durch wohnungspolitische, arbeitsmarktpolitische und familienfürsorgerische Maßnahmen. Wichtige Denkanstöße für gesellschafts- und bildungspolitische Zielsetzungen liefert BAHRO (vgl. 1977). Er nennt als Bedingungen für die „Befreiung der Individuen von allen sozial bedingten Entwicklungsschranken" (BAHRO 1977, S. 301) unter anderem die Modifikation der überkommenen Formen der Arbeitsteilung, die Sicherung von Bildungsfähigkeit und Lernmotivation aller Kinder sowie die Gewährleistung einer Natur und Technik, Gesellschaft und Künste umfassenden Allgemeinbildung höchster Stufe für alle, so daß jeder potentiell dazu in die Lage versetzt wird, sich die „Quintessenz der Gesamtkulturleistung subjektiv zu eigen zu machen" (BAHRO 1977, S. 302). Auf der bildungspolitischen Ebene geht es um Schaffung organisatorischer Strukturen, die eine frühe und irreversible Selektion lernschwacher Schüler verhindern (durch Eingangsstufenmodelle, differenzierte Grundschulen und Gesamtschulen), sowie um eine Reflexion der Qualifikationsmaßstäbe und Inhalte der Schule. Die Pädagogik bleibt gefordert, auch wenn eine sie absichernde und unterstützende Sozialpolitik nur in Ansätzen erkennbar ist. Kompensatorische Erziehung ist dann auf die Maßstäbe der Schule bezogen. Dabei erweist sich eine Zangenbewegung als aussichtsreich, indem man zunächst in das vorschulische Lernen korrigierend eingreift, um zumindest die Chancengleichheit bezüglich der Ausgangslagen zu verbessern mit der Erwartung, daß mit Hilfe dieser Vorläuferleistungen der Kreisprozeß von Versagen, Stigmatisierung und Genese des Versager-Selbstbildes nicht in Gang gesetzt wird. Welcher Art sind nun derartige Programme, und welche Fernwirkungen haben sie erzeugt?

Eine Einschätzung der Wirksamkeit kompensatorischer Maßnahmen im Vor- und Grundschulalter bezüglich der nachgewiesenen Effekte auf die Kinder ist mit erheblichen Risiken verbunden. Diese betreffen unter anderem die teilweise recht differenten Ziele und unterschiedlichen Maßnahmen im internationalen Vergleich, die Kriterien, die der Evaluation zugrunde gelegt werden, sowie Güte, Umfang und Langfristigkeit der empirischen Untersuchungen.

Das Head-Start-Programm in den USA wendet sich fast ausschließlich an die ärmsten Teile der Bevölkerung und dabei wesentlich an die schwarze Minderheit. In der Bundesrepublik Deutschland beinhalten die vorschulischen Maßnahmen neben kompensatorischer Erziehung gleichzeitig die optimale Förderung aller Kinder, manchmal sogar noch eine besondere Förderung der „begabten" Kinder. Dieser Unterschied hat erhebliche Konsequenzen für die praktische Arbeit, aber auch für die Maßstäbe, die der Evaluation zugrunde gelegt werden.

In den USA sind sowohl im Vor- als auch im Grundschulbereich verschiedene Programmstrukturen systematischer erprobt und analysiert worden. Im deutschsprachigen Bereich hat ein Trend von eher kognitiv-funktional orientierten Programmen zu stärker situationsorientierten, sozial-emotionale Lebensbezüge umfassenden Programmen stattgefunden, ohne daß ein systematischer Vergleich vorgenommen worden ist.

Erst im Verlauf der Entwicklung hat eine Erweiterung der Evaluationskriterien stattgefunden. Welchen Schaden zum Beispiel die Fixierung der Begleitforschung auf IQ-Veränderungen für Head Start hatte, ist dem Sammelband von ZIGLER/ VALENTINE (vgl. 1979) zu entnehmen, der die Geschichte dieser und anderer Programme von den Anfängen bis 1976 nachzeichnet. ZIGLER/TRICKETT (vgl. 1978) haben soziale Kompetenz als optimales Evaluationskriterium gefordert und entsprechend ausdifferenziert. Die zunehmende Komplexität der Evaluationskriterien, die noch immer die Ziele der Programme nur bedingt erfassen, erschwert eine auch nur vorläufige Bewertung erheblich, verhindert aber gleichzeitig kurzschlüssige Folgerungen, wie sie aus den ersten IQ-orientierten globalen Head-Start-Ergebnissen gezogen werden. Eine parallele Entwicklung hat auch im deutschsprachigen Raum stattgefunden (vgl. BELLER 1984).

Das dritte Risiko betrifft die methodologischen Standards sowie die Langfristigkeit der Begleitforschung. In den USA kann von einem vergleichsweise hohen Niveau empirisch-analytischer Forschungstradition ausgegangen werden, das sich positiv auf die Anlage der Forschungsprojekte auswirkte, ohne daß damit zahlreiche spezifische Probleme der Variablenerfassung und Datenverarbeitung (vgl. BRONFENBRENNER 1974) geleugnet werden sollen. Im deutschsprachigen Raum ist die empirisch-analytische Forschung im Bereich der Pädagogik durch die Aufgabe der Begleitforschung (zusätzlich im Gesamtschulbereich) überhaupt erst in größerem Umfang etabliert worden. Darüber hinaus liegen aus den USA inzwischen Nachuntersuchungen bei ehemaligen Head-Start-Kindern vor, die bis in das 19. Lebensjahr hineinreichen. Derartige langfristige Wirkungsanalysen fehlen im deutschsprachigen Raum völlig. Die benannten Risiken müssen bei den folgenden stark globalisierenden Zusammenfassungen im Bewußtsein bleiben.

4.1 Kurz- und langfristige Wirkungen kompensatorischer Maßnahmen im Vorschulalter

Aus den Zusammenfassungen von BELLER (vgl. 1973, 1984), GORDON/JESTER (vgl. 1973), HOROWITZ/PADEN (vgl. 1973), BRONFENBRENNER (vgl. 1974), WEIKART (vgl. 1975), BROWN (vgl. 1978), HUBBELL (vgl. 1978), PALMER (vgl. 1978), SEITZ u. a. (vgl. 1978), DATTA (vgl. 1979), MILLER (vgl. 1979), SCHWEINHART/WEIKART (vgl. 1980) sowie LAZAR/DARLINGTON (vgl. 1982) zu den amerikanischen Vorschulprogrammen lassen sich die folgenden verallgemeinerten Befunde entnehmen.
In nahezu allen kontrollierten Förderungsprogrammen ist es im ersten Förderungsjahr zu erheblichen IQ-Gewinnen gekommen, so daß teilweise nicht nur Kontrollgruppenkinder übertroffen, sondern Durchschnittswerte „normaler" Kinder erreicht wurden. Diese Vorsprünge konnten in der Regel während der Dauer der Förderung gehalten werden oder verringerten sich nur minimal. Genau entsprechende Ergebnisse fanden KELLAGHAN (vgl. 1977) und HOLLAND (vgl. 1979) auch in Irland. Im Gegensatz zum Ergebnis der ersten großen globalen Evaluation von Head Start (vgl. CICIRELLI 1969) gilt für die besonders gut implementierten Programme, daß die IQ-Gewinne nach ein bis zwei Jahren für alle Programme und nach drei bis vier Jahren noch für einige Programme nachweisbar waren (vgl. LAZAR/DARLINGTON 1982). Bei der für zwölf der bekanntesten Projekte 1976 durchgeführten Nachuntersuchung, bei der die Kinder zwischen 10 und 19 Jahre alt waren, fanden sich so gut wie keine mittleren IQ-Differenzen zu Kontrollgruppen mehr. Mit dem Ende der Grundschulzeit haben auch die bestgeförderten Kinder ihre IQ-Gewinne wieder verloren. LAZAR/DARLINGTON (vgl. 1982) haben aus der Nachuntersuchung geschlossen, daß keine differentiellen Effekte in den Programmen aufgetreten sind.
PALMER/L. W. ANDERSON (vgl. 1979), SCHWEINHART/WEIKART (vgl. 1980) sowie LAZAR/DARLINGTON (vgl. 1982) konnten sich bei den Analysen der Nachuntersuchungen auf Schulerfolgsvariablen stützen, von denen schon JENSEN (vgl. 1969) in seiner kritischen Analyse vielfach unbeachtet angenommen hatte, daß diese eher zu fördern seien als Intelligenz. Es handelt sich um die überaus relevanten Kriterien „Überweisung zu Sonderschulmaßnahmen" und „Nichtversetzung", deren Gültigkeit nicht angezweifelt zu werden braucht, weil sich die Kinder längst in normalen Schulen befanden, also die ehemaligen Projektträger keinen Einfluß auf diese Maßnahmen hatten. Bedenkt man, daß ein wesentliches Ziel kompensatorischer Vorschulmaßnahmen die Erleichterung der Teilnahme am regulären Schulbesuch ist, so sind die folgenden Befunde besonders hoch einzuschätzen: Nur halb so viele ehemalige Programm-Kinder (Median 13,8%) wie Kontrollgruppen-Kinder (28,6%) mußten besonderen Beschulungsmaßnahmen zugeführt werden (vgl. LAZAR/DARLINGTON 1982). Auch der Prozentsatz nichtversetzter Kinder ist bei den Projektteilnehmern (Median 25,4%) signifikant geringer als bei den Kontrollgruppen-Kindern (Median 30,5%). Eine Kombination dieser beiden ökologisch validen Maße verdeutlicht den Erfolg der kompensatorischen Maßnahmen noch stärker.

25,4% (Median über alle analysierten Projekte) der ehemaligen Projekt-Kinder, aber 44,1% (Median über alle Kontrollgruppen) sind von Rückstellungen oder schulischen Sondermaßnahmen betroffen. DATTA (vgl. 1979) fand ähnliche Ergebnisse für andere Projekte. Auch bezüglich dieser beiden Kriterien sind keine differentiellen Effekte aufgetreten. Offensichtlich profitieren vorschulisch betreute Kinder über relativ kurzfristige IQ-Gewinne hinaus für ihre Schullaufbahn. Wenn tatsächlich weniger Projekt-Kinder aus dem regulären Klassenverband ausscheiden müssen, werden die verbliebenen bezüglich der untersuchten Variablen Intelligenz, Lese- und Rechenleistungen weniger ausgelesen sein als die Kontrollgruppen, sie werden also bei derartigen Vergleichen als Gesamtgruppe eher benachteiligt.
Bezüglich der Schulleistungstests stellt sich die Situation über die von LAZAR/ DARLINGTON (vgl. 1982) analysierten Projekte folgendermaßen dar: In der dritten Klasse, also teilweise sechs Jahre nach Beendigung der vorschulischen Förderung: schneiden die ehemaligen Programm-Kinder besser im Lese- und Rechentest ab als die Kontrollgruppen-Kinder, im vierten und fünften Schuljahr noch im Rechen-, aber nicht mehr im Lesetest, und im sechsten Schuljahr treten keine Differenzen mehr auf. Dabei ist nicht allein der zeitliche Abstand zur Förderung entscheidend (die Programm-Kinder befanden sich 1976 in sehr unterschiedlichen Altersjahrgängen). SCHWEINHART/WEIKART (vgl. 1980) konnten noch im achten Schuljahr Schulleistungsunterschiede feststellen. Auch bezüglich der Schultestergebnisse fanden sich keine differentiellen Effekte bei den Programm-Kindern.
Obwohl sozial-emotionale Zielsetzungen von Beginn an Teil des Head-Start-Programms waren, fehlen überzeugende verallgemeinerbare empirische Befunde in erster Linie deswegen, weil es an brauchbaren Erhebungsverfahren mangelt. Wie DATTA (vgl. 1979) resümiert, ist die Forschungslage in diesem Bereich sehr widersprüchlich, und die verschiedenen versuchsweisen Ansätze sind kaum vergleichbar.
Bei einer Nachuntersuchung der zwölf bekanntesten Einzelvorschulprojekte 1976 wurden die ehemaligen Projekt-Kinder auch nach ihren Einstellungen und Werten befragt. Die mittlerweile 9-15jährigen ehemaligen Projekt-Kinder gaben signifikant häufiger als die Kontroll-Kinder an, aufgrund von persönlicher Leistungen auf sich selbst stolz zu sein, bei den älteren (15-19 Jahre) traf dies nur für die weiblichen zu. Für das Berufs- und Bildungsaspirationsniveau zeigten sich keine Differenzen. Die älteren, nicht aber die jüngeren, ehemaligen Projektteilnehmer bewerteten ihre eigene Schulleistung höher, als dies die ehemaligen Kontrollgruppen-Kinder taten. Die Mütter ehemaliger Projekt-Kinder waren zufriedener mit den Leistungen ihrer Kinder als die Kontroll-Mütter und hatten höhere Berufserwartungen für ihre Kinder, in dieser Hinsicht übertrafen sie auch ihre eigenen Kinder.
SCHWEINHART/WEIKART (vgl. 1980) schlagen ein transaktionales Modell zur Erklärung der Wirkung kompensatorischer Vorschulmaßnahmen vor, das über den einfachen Versuch, kognitive Defizite zu beseitigen, hinausweist. Durch die kompensatorische Förderung steigern die Kinder ihre kognitiven Fähigkeiten, so daß sie mit besseren Startvoraussetzungen in die Grundschule kommen. Diese Ausgangsposition ermöglicht es ihnen, relativ besser mit den Anforderungen der Schule fertig zu werden, sie erleben mit größerer Wahrscheinlichkeit Erfolge in der Schule, weil sie unabhängig von IQ-Gewinnen gelernt haben, selbst Initiativen zu ergreifen, Lernprozesse aktiv anzugehen und sich mit anderen zu verständigen. Im Zusammenhang mit diesen Erfolgen wird die Bindung der Kinder an die Schule (ihre Einstellungen und Motivationen zum schulischen Leben) größer, und gleichzeitig erleben sie sich zunehmend als Verursacher ihrer schulischen Aktivitäten (vor allem ihrer Erfolge) und werden in dieser erfolgsorientierten Rolle durch Lehrer, Eltern

und Mitschüler bestärkt: Die Schullaufbahn nimmt einen positiven Verlauf, selbst dann, wenn anfängliche IQ-Gewinne nicht zu halten sind. Diese Interpretation wird durch die Analysen von LAZAR/DARLINGTON (vgl. 1982), vor allem aber die eigenen Befunde von SCHWEINHART/WEIKART (vgl. 1980) zu ihrem Perry Preschool Project, die bis zum Alter von 15 Jahren vorliegen, weitgehend gestützt. Schweinhart/ Weikart fanden bessere Schulleistungen noch im achten Schuljahr, höhere Wertschätzung der Schule bei den Jugendlichen, weniger selbstberichtetes delinquentes Verhalten, häufigere Nebentätigkeiten neben der Schule sowie größere Zufriedenheit und Bildungserwartungen auf seiten der Eltern. Die Autoren hoffen sogar, mit einer bereits angekündigten weiteren Nachuntersuchung bei den dann 19jährigen nachweisen zu können, daß auch das eigentliche Ziel kompensatorischer Maßnahmen, „Lebenserfolg", als letzte Stufe des transaktionalen Modells noch beeinflußt wird (Kriterien sollen sein: Schulabschluß, Bildungsniveau, Berufsstatus, Produktivität, Reduzierung abweichenden Verhaltens).

Mögen die letztgenannten Erwartungen auch noch spekulativ sein, so belegen sie doch einen Trend, der sich auch in den zitierten Nachuntersuchungen zeigt: Die Wirkungen der gut betreuten und kontrollierten kompensatorischen Vorschulprojekte dürfen wesentlich optimistischer eingeschätzt werden, als dies der Fall war, als die mit der Zeit zunehmenden Verluste der ursprünglichen IQ-Gewinne der kompensatorischen Erziehung und ihrem gesellschaftlichen Stellenwert stark geschadet haben. Es muß dabei allerdings daran erinnert werden, daß als Erfolgskriterien jeweils der Vergleich mit einer Kontrollgruppe aus benachteiligten Kindern herangezogen wurde und nicht etwa der Vergleich mit „normalen" Kindern. Dieses weitergehende Kriterium hat in der deutschsprachigen Diskussion eine entscheidende Rolle gespielt. Es konnte nämlich mehrheitlich eine generelle Förderung aller Kinder in Vorschulprojekten konstatiert werden, aber keine Angleichung von soziokulturell benachteiligten und „normalen" Kindern (vgl. BAUMANN u.a. 1977, EWERT/BRAUN 1976, FASSHEBER 1980, RETTER 1975, SAUTER 1977, SCHMALOHR 1975, WINKELMANN u.a. 1977). In einer besonders detaillierten und problemsensitiven Analyse der großangelegten Vorschuluntersuchung in Nordrhein-Westfalen kommen HOLLÄNDER/WINKELMANN (1979, S.125) zu dem Schluß, daß bezüglich der zahlreichen kognitiven Variablen „das ideale Ziel sozial-kompensatorischer Erziehung – eine völlige Aufhebung der schichtspezifischen Entwicklungsdiskriminierung – in dem untersuchten Zweijahresabschnitt [...] nicht verwirklicht worden ist". In zusätzlichen Datenanalysen ließ sich allerdings nachweisen, daß es den Institutionen gelungen ist, für den Zeitraum vom Beginn des letzten Vorschuljahres bis zum Beginn des zweiten Schuljahres die sicherlich weiterhin wirksamen unterschiedlichen Einflüsse des Elternhauses zu kompensieren, die außerschulischen Benachteiligungen so aufzufangen, daß der häufig nachgewiesene Schereneffekt zumindest für diesen Zeitraum gebremst werden konnte.

Bedenkt man, daß vorschulische Programme in der Regel täglich maximal zwei- bis dreistündig stattfinden, die Kinder also den deutlich überwiegenden Teil ihrer Wachzeit in ihren unterschiedlichen Milieus verbringen, so erhalten die dargestellten Befunde ihren besonderen Wert. Dies gilt insbesondere, weil die Diskussion um die Bedeutung frühen Lernens vor allem die Mittelschicht mobilisiert hat, die ihre Kinderzimmer geöffnet hat für Trainingsmaterialien und Fernsehprogramme, die Eltern-Kind-Gruppen organisiert und die Lebenswelt der Kinder didaktisiert hat. Es ist insofern nicht auszuschließen, daß die bildungswirksamen Differenzen zwischen den Schichten heute stärker ausgeprägt sind, als dies zu Beginn der Diskussion um die kompensatorische Erziehung der Fall gewesen ist.

4.2 Programmtypen im Vorschulalter

Im folgenden sollen die wichtigsten Programmtypen und deren Auswirkungen im Vergleich dargestellt werden (vgl. RAUER/WUDTKE 1982).
Bei Förderungsprogrammen, die vor dem vierten Lebensjahr einsetzen, haben sich solche als besonders erfolgreich erwiesen, die auf die Interaktionsstruktur von Eltern (Mutter) und Kind Einfluß nehmen und die Verantwortung für die kindliche Entwicklung an die Mutter delegieren. Die Mütter lernen in den Beratungssituationen effektive förderliche kommunikative Interaktionsweisen im direkten Umgang mit ihren Kindern, wobei sich die Berater zunehmend zurückziehen. Derartige Programme sind von LEVENSTEIN (vgl. 1970, 1972), GORDON (vgl. 1971, 1973) und KARNES (vgl. 1969, 1970) durchgeführt worden. Wenn diese Programme bereits im ersten oder zweiten Lebensjahr begannen, waren sie erfolgreicher als eine isolierte Förderung der Kinder in diesem Alter, unabhängig davon, ob die kindzentrierte Förderung zu Hause (vgl. SCHAEFER 1968, 1972) oder in Gruppen außerhalb des Elternhauses stattfanden (vgl. BELLER 1973, 1984). Sowohl die Kinder von Levenstein als auch die von Gordon übertrafen die IQ-Werte der Kontrollgruppe noch drei bis vier Jahre nach Beendigung der Förderung, die Levenstein-Gruppe sogar noch am Ende der Grundschulzeit (mit zehn Jahren). Im fünften Schuljahr erreichten diese Kinder höhere Lese-, aber keine höheren Rechentestleistungen, der Anteil der Sonderschulüberweisungen und Nichtversetzungen war wesentlich geringer als in der Kontrollgruppe. Je jünger die Kinder sind, desto erfolgreicher ist eine Programmstruktur, die die relevanten Bezugspersonen einbezieht und dafür Sorge trägt, daß damit die förderungspotente Kommunikations- und Interaktionsstruktur auf Dauer gestellt wird. Als ein wesentlicher erwünschter Nebeneffekt zeigt sich, daß die betroffenen Mütter sich häufig erstmalig in ihrem Leben als Initiatoren und Selbstverursacher erfolgreicher Eigenaktivitäten erleben und mit den Erfolgen ihrer Kinder lernen, mit ihrem eigenen Leben geplanter und zukunftsorientierter umzugehen, vermehrt soziale Einrichtungen zu nutzen und aktiver an der Gestaltung des Gemeinwesens teilzunehmen (vgl. ZIGLER 1979).
Im klassischen Kindergartenalter (viertes bis sechstes Lebensjahr) ist die Forschungslage wesentlich unübersichtlicher, weil es zwar eine Vielzahl von Analysen gibt, aber nur wenige einen direkten Effektivitätsvergleich mit gemeinsamen Kriterien gestatten und zudem unterschiedliche Kombinationen dabei vorgenommen wurden. Einen wesentlichen Gesichtspunkt für die Gruppierung der zahlreichen Programmtypen anhand einer Dimension stellt der Grad der Strukturiertheit der Programme dar. Hochstrukturierte Programme sind solche, in denen die Lernabschnitte explizit vorgegeben sind und deren Bewältigung unmittelbar kontrolliert wird. Der Pädagoge ist Initiator von Lernprozessen, das Kind reagiert überwiegend. Die Zielorientierung ist stärker ausgeprägt als die Interaktionsorientierung. Es geht um kleinere, eng umschriebene Fähigkeiten und Fertigkeiten, überwiegend aus dem kognitiven und sprachlichen Bereich. Im Extremfall sind zahlreiche Übungs- und Wiederholungsphasen eingebaut. So ist beispielsweise das Sprachtrainingsprogramm von Bereiter/Engelmann spezifisch auf das Training lexikalischer, syntaktischer und logischer Aspekte ausgerichtet. Das Material ist häufig vorgegeben und soll den Spielraum des Pädagogen einschränken (vgl. RÜPPELL 1978).
Der überwiegend interaktionsorientierte Typ ist dagegen mit einem deutlichen Schwerpunkt bei den kindlichen Bedürfnissen versehen. Hier kommt es in erster Linie darauf an, ein befriedigendes Zusammenwirken zwischen Pädagogen und Kind und zwischen den Kindern herzustellen. Im Vordergrund steht eher die För-

derung der Gesamtpersönlichkeit des Kindes und nicht so sehr eng umschriebene Verhaltensbereiche. Diesem Konzept entspricht etwa der traditionelle Kindergarten. Die Mehrzahl der Programme liegt allerdings zwischen diesen beiden Typen. So stellen etwa die an Montessori orientierten Programme zielvoll gestaltetes Material für die Kinder zur Verfügung (Gestaltung der Umwelt wird strukturiert), überlassen es aber den Kindern, mit welchen dieser Materialien sie sich wann und wie lange beschäftigen.

Bezüglich der kurzfristigen Effekte kommen BELLER (vgl. 1973), BRONFENBRENNER (vgl. 1974) und MILLER (vgl. 1979) in ihren zusammenfassenden Analysen zu dem Schluß, daß die stärker, vor allem kognitiv strukturierten Programme höhere IQ- und Leistungstestgewinne erzeugen als solche, in denen überwiegend gespielt wird. Kinder, die in sehr speziellen kognitiven Bereichen gezielt gefördert werden, schneiden bei recht inhaltsähnlichen Überprüfungen besser ab. Ein ähnliches, wenn auch nicht signifikantes Ergebnis zugunsten des Bereiter/Engelmann-Programms zeigte sich auch bei WEIKART (vgl. 1975), der drei verschiedene Programme miteinander verglich (neben dem „Sprachtrainings-Curriculum" ein kognitiv orientiertes Programm, das auf Prinzipien des soziodramatischen Spiels, auf Prinzipien der kognitiven Entwicklung nach Piaget und auf Beobachtungen von Erzieherinnen basiert, sowie ein traditionelles Kindergartenprogramm). Wesentlich bedeutungsvoller ist aber der Weikartsche Befund, daß sich mehrheitlich keine Unterschiede in den Effekten nachweisen ließen, wobei alle Gruppen besser abschnitten als eine Kontrollgruppe.

Weikart schloß aus diesem Befund, daß weniger das jeweilige Curriculum ausschlaggebend ist als vielmehr die Bedingungen, unter denen dieses umgesetzt wird, die sorgfältige Planung der praktischen Arbeit und die Betreuung der Pädagogen durch geeignete Supervisionsmaßnahmen. Es ist denkbar, daß stark strukturierte Programme die Planung und Umsetzung des Curriculums für die Pädagogen erleichtern. Die im vorausgegangenen Abschnitt erwähnten langfristig erfolgreichen Programme waren ebenfalls besonders gut betreut und beraten worden.

Eine besonders informative Studie zur Frage der Wirksamkeit unterschiedlicher Programme ist von MILLER/DYER (vgl. 1975) durchgeführt worden. Sie analysierten zugleich das tatsächliche Verhalten von Pädagogen und Kindern in den vier verschiedenen Programmtypen - Bereiter/Engelmann-Programm, Montessori-Methode, traditioneller Kindergarten und Early-Intervention-Methode nach GRAY/KLAUS (vgl. 1973) - und konnten die erwarteten programmtypischen Differenzen feststellen. Bezüglich der Wirksamkeit zeigte sich, daß die beiden strukturierten Programme (Sprach-Curriculum und Early Intervention) noch höhere IQ-Gewinne erzeugten als die beiden stärker kinderzentrierten (Montessori und traditioneller Kindergarten). Das strukturierte Sprachprogramm zeigte besondere Wirkungen im kognitiven und schulischen Bereich. Das Early Intervention Project war am erfolgreichsten bei Motivationsmaßen, Erfindungsreichtum und Einstellungen, außerdem in Beurteilungen durch Lehrer und Tester. Das traditionelle Programm zeigte hohe Effekte vor allem bei einem Neugiermaß. Die Montessori-Methode förderte in erster Linie Neugierverhalten und Erfindungsreichtum (vgl. MILLER/DYER 1975, S. 87).

Bereits die kurzfristigen Effekte favorisieren nicht mehr eindeutig die strukturierten Programme, wenn die Evaluationskriterien wie beschrieben erweitert werden. Noch komplexer wird der Sachverhalt, wenn auch längerfristige Auswirkungen zur Bewertung herangezogen werden. So fanden MILLER/DYER (vgl. 1975) in mehreren Nachuntersuchungen den üblichen Verlust der anfänglichen IQ-Gewinne, der am

Kompensatorische Erziehung

stärksten für das Sprachtrainingsprogramm war – diese Kinder schnitten nun relativ am schlechtesten ab. Bezogen auf IQ, Schulleistungen, Neugier, Aufgabenorientierung, Lese- und Rechtschreibleistung, schnitten die Jungen des Montessori-Programms am besten ab. Insgesamt war zu konstatieren, daß nach drei Jahren nur noch Unterschiede in den nichtkognitiven Parametern nachweisbar waren: Dabei schnitten die Kinder des Sprachtrainingsprogramms in der Regel schlechter ab.
In WEIKARTs Untersuchung (vgl. 1975) zeigten sich am Ende des dritten Schuljahres im kognitiven Bereich keine bedeutsamen Differenzen zwischen den Programmen. MILLER (vgl. 1979) resümiert dagegen, daß es noch zwei bis vier Jahre nach Beendigung der Förderung Hinweise dafür gibt, daß eine auf schulische Fertigkeiten konzentrierte Förderung, der ein ähnlich oder gleich ausgerichteter Kindergarten folgt, bessere schulische Resultate produziert als ein traditionelles kompensatorisches Programm, dem ein ähnlich orientierter Kindergarten sich anschließt. Als besonders ungünstig stellte sich heraus, wenn einem auf schulische Fertigkeiten zielenden kompensatorischen Programm ein traditioneller Kindergarten folgt, der sich wenig auf diese Fertigkeiten bezieht.
PALMER/L. W. ANDERSON (vgl. 1979) analysieren die vorliegenden Befunde daraufhin, ob es eine Rolle spielt, ob die Kinder zu Hause oder in besonderen Zentren gefördert wurden. Auch bei Berücksichtigung langfristiger Effekte erwies sich dieses Differenzierungskriterium als bedeutungslos.
LAZAR/DARLINGTON (vgl. 1982) schließen aufgrund der Nachuntersuchungen für zwölf der bekanntesten Vorschulprojekte der USA, daß bei den Bedingungen, unter denen diese Programme gearbeitet haben (Pädagogen-Kind-Relation durchschnittlich 1 : 5, freiwillige Teilnahme der Kinder, besonders qualifizierte Betreuung der praktischen Arbeit), keine wesentlichen Differenzen zwischen den Programmen nachweisbar sind. Dies gilt sowohl für die verschiedenen curricularen Ansätze wie die Frage, ob es sich um häusliche Einzel- oder außerhäusliche Gruppenbetreuung handelt, als auch die Frage, ob es sich um jüngere oder ältere Vorschulkinder handelt. Offensichtlich können kompensatorische Programme in recht unterschiedlicher Weise strukturiert und den jeweiligen kommunalen Gegebenheiten angepaßt werden, ohne damit ihre Effektivität zu verlieren, sofern es nur gelingt, die betroffenen Kinder dazu anzuregen, aktiv Lernende zu werden, die Initiativen ergreifen, sich Informationen beschaffen und mit anderen in Interaktion treten. Solange das pädagogische Personal für diese Aufgabe nicht speziell ausgebildet wird, muß allerdings eine systematische Betreuung und Supervision mit der praktischen Arbeit einhergehen.
Dieser Ansatz ist auch in der Bundesrepublik Deutschland in einem großangelegten Modellversuch „Erprobungsprogramm im Elementarbereich" (DEUTSCHES JUGENDINSTITUT... 1979) verfolgt worden. Es wurde die Umsetzung verschiedener curricularer Ansätze für drei- bis fünfjährige altersgemischte Gruppen wissenschaftlich begleitet und ein Beratungssystem aufgebaut. Es handelt sich primär um didaktische Materialien, die offen, wenig strukturiert und an der Lebenssituation der Kinder orientiert sind. Die besonderen Probleme der örtlichen Gegebenheiten wurden analysiert und Folgerungen für zukünftige Maßnahmen gezogen. Es war nicht vorgesehen, Wirkungen der Einzelprogramme oder der veränderten pädagogischen Praxis bei den Kindern festzustellen (vgl. KRAPPMANN 1981, 1984). Insofern ist eine Bewertung unter den für die hier vorgelegte Zusammenfassung herangezogenen Kriterien nicht möglich. Aus den Berichten geht allerdings hervor, daß insgesamt eine Aktivierung der Kinder sowohl in bezug auf Lernprozesse als auch das Sozialverhalten stattgefunden hat, die große Ähnlichkeiten zu den obigen Befunden zeigt.

Wulf Rauer/Renate Valtin

4.3 Institutionelle Zuordnung im Vorschulalter

Die Frage, in welcher Institution eine vorschulische Betreuung am besten anzusiedeln sei, hat vor allem in der Bundesrepublik eine zentrale Rolle gespielt. Die bildungspolitische Situation spitzte sich auf die Entscheidung zu: Sind fünfjährige Kinder erfolgreicher in Vorschulklassen als altershomogene Gruppe oder in Kindergärten zusammen mit drei- bis vierjährigen zu fördern (Prinzip der Altersmischung)?

Die umfangreichste, aufwendigste und forschungsmethodisch gründlichste Untersuchung wurde hierzu in Nordrhein-Westfalen durchgeführt (vgl. EWERT/BRAUN 1976, DOLLASE 1979, SCHMIDT u. a. 1975, WINKELMANN u. a. 1977). Trotz des imponierenden Variablenbündels aus dem kognitiven (piagetorientierte Tests, klassische Intelligenztests, zahlreiche Leistungstests für Sprache und Kulturtechniken) und dem sozial-emotionalen Bereich (zum Beispiel Angst, Lernmotivation, soziale Beziehungswahrnehmungen, Beurteilungen durch Pädagogen in zahlreichen Aspekten) ist festzuhalten, daß die Gemeinsamkeiten insgesamt die Differenzen überwiegen. Die Unterschiede innerhalb der beiden Institutionen sind größer als die zwischen den Institutionen.

Bezüglich der hier vor allem interessierenden Frage der Kompensation schichtenspezifischer Differenzen kommen HOLLÄNDER/WINKELMANN (vgl. 1979, S. 128) zu dem Schluß, „daß keines der beiden Reformmodelle der kompensatorischen Zielsetzung besser gerecht geworden ist als das andere [...] Es scheint für Kinder generell sowie auch speziell für Kinder aus bestimmten Schichten recht unerheblich zu sein, welche der im Rahmen der institutionalisierten Früherziehung in Nordrhein-Westfalen zur Diskussion gestellten Reformalternativen sie besuchen." Es sei daran erinnert, daß bei dieser Analyse der weitergehende Maßstab einer Angleichung der Kinder aus verschiedenen Schichten zugrunde gelegt wurde. Der sonst übliche Schereneffekt konnte allerdings bis zum Beginn des zweiten Schuljahres gebremst werden.

Der Vollständigkeit halber ist festzuhalten, daß die geförderten Kinder gegenüber ungeförderten Klassenkameraden zu Beginn des zweiten Schuljahres in zahlreichen kognitiven und sozial-emotionalen Variablen „besser" abgeschnitten haben. Kinder mit einer längeren Förderungszeit schnitten bei den kognitiven Maßen im Mittel am besten ab. Bezüglich der Schullaufbahn konnte eine deutliche Reduzierung der Sitzenbleiberquote gegenüber dem Landesdurchschnitt festgestellt werden.

HOLLÄNDER/WINKELMANN (vgl. 1979, S. 237) benennen vier Probleme, die zeigen sollen, „daß aus den vorgelegten Ergebnissen nicht eine grundsätzliche Vergeblichkeit aller Versuche zu einer sozialkompensatorischen Erziehung und Bildung gefolgert werden darf". Wie soll erstens Kompensation gelingen, wenn gemäß geltenden Richtlinien alle Kinder optimal gefördert werden sollen? Zweitens sind die Lernziele nicht eindeutig genug konkretisiert, um eine planvolle Arbeit zu gewährleisten, und ihre Verpflichtung für alle Kinder ist nicht stark genug. Drittens ist die Betreuung und Beratung der Pädagogen im Sinne der von WEIKART (vgl. 1975) benannten Bedingungen nicht so optimal gewesen, daß sie zu ausreichenden Qualifikationen der Pädagogen geführt hätte. Viertens sind die Eltern als wesentliche Träger einer erfolgreichen kompensatorischen Erziehung (vgl. BRONFENBRENNER 1974) nicht genug in die Arbeit einbezogen worden, um die in den Institutionen möglicherweise geleisteten Veränderungen auch in der außerinstitutionellen Lebenswelt der Kinder zu unterstützen und auf Dauer zu stellen.

Kompensatorische Erziehung

4.4 Kompensatorische Maßnahmen in der Grundschule und ihre Wirkungen

Nachdem die ersten mittelfristigen Analysen des Head-Start-Programms in den USA gezeigt hatten, daß die IQ-Gewinne im Verlauf der Grundschulzeit nicht gehalten werden konnten, wurde bundesweit das Projekt Follow Through gestartet, das die Kinder im Schulkindergarten und in den ersten drei Grundschuljahren weiter fördern sollte. Das Gesamtprojekt hat etwa die Größenordnung von Head Start angenommen. 22 verschiedene Träger nahmen mit mehreren trägertypischen Einrichtungen teil.

STALLINGS (vgl. 1975) analysierte in einer Ex-post-facto-Studie sieben verschiedene Modelle jeweils im ersten und im dritten Schuljahr (Querschnittanalysen). Sie konnte zeigen, daß die tatsächliche Arbeit in den sieben verschiedenen Modellen recht gut mit den Kriterien der Programme übereinstimmten. Es bestanden teilweise erhebliche Zusammenhänge zwischen den beobachteten Interaktionsweisen sowohl im ersten als auch im dritten Schuljahr und den Ergebnissen der Kinder in den einzelnen erhobenen Variablen, die hier nicht detailliert aufgeführt werden können.

Dazu gehörten Verhaltensweisen der Kinder, die über Beobachtung gewonnen wurden während des Unterrichts, wie unabhängiges Verhalten, Ausdauer bei der Lösung von Aufgaben, kooperatives Verhalten, verbale Initiative, Fragen stellen und beobachtetes Selbstvertrauen. Regelhaft waren diese Verhaltensweisen erwartungsgemäß häufiger in den als weniger strukturiert bezeichneten Modellen festzustellen, weil diese auch mehr entsprechende Gelegenheiten zur Verfügung stellten. Über alle gemittelt, waren die Unterschiede zu normalen Klassen allerdings gering. Keine Mittelwertunterschiede gab es zwischen Follow-Through-Modellen insgesamt und der Non-Follow-Through-Gruppe bei den Fehltagen, in der sprachfreien Intelligenz, im Selbstkonzept-Fragebogen von COOPERSMITH (vgl. 1967), in der Kausalattribuierung von Erfolg und Mißerfolg sowie in Lese- und Rechenleistungen. Letztere sind vor allem davon abhängig, wieviel Zeit für diese Bereiche verwendet wird. Insgesamt gesehen gab es sowohl im ersten als auch im dritten Schuljahr programmspezifische Vorteile bei den geförderten Kindern gegenüber der Kontrollgruppe: Hochstrukturierte Programme erbrachten höhere Werte im Rechnen und Lesen, weniger stark strukturierte Programme gingen mit höheren nichtverbalen Intelligenzleistungen, geringerer Anzahl von Fehltagen (positive Schuleinstellung) und größerer Bereitschaft der Kinder zu unabhängigem Arbeiten einher. Bei Stallings zeigte sich, ähnlich wie bei MILLER/DYER (vgl. 1975), daß die Programme auch langfristig recht unterschiedliche Effekte haben, die sich, gemittelt über alle Programme, allerdings nicht gegen die Kontrollgruppe sichern lassen.

ABELSON u. a. (vgl. 1974) haben neben anderen Aspekten untersucht, wie sich die Teilnahme an einem Follow-Through-Programm (individualisierende Methode, sozial-emotionaler Schwerpunkt, Erwerb von Lernstrategien) auswirkt, wenn die Kinder zuvor an einem Head-Start-Programm mit inhaltlicher Ähnlichkeit teilgenommen hatten. Am Ende des dritten Schuljahres zeigten die so geförderten Kinder gegenüber einer Kontrollgruppe bessere Intelligenz- und Schulleistungen, größere Neugier bei vorgegebenen Aufgaben sowie ein positiveres Selbstkonzept. Während des Follow-Through-Programms waren die Kinder zusammen mit normalen Schülern unterrichtet worden, was die Autoren für eine wesentliche Bedingung der Erfolge halten.

Auch Weisberg/Haney (1977, zitiert nach DATTA 1979) fanden vom Kindergarten bis zum dritten Schuljahr günstigere Leistungstestwerte bei Kindern, die nach einer

Head-Start-Förderung zusätzlich an Follow Through teilgenommen hatten, als bei Kindern ohne die nachfolgende Förderung.
MCLAUGHLIN u.a. (vgl. 1980) untersuchten die Wirkungen eines Follow-Through-Modells, das auf den folgenden Prinzipien beruhte: programmierte Instruktion, Team-Teaching, kontinuierliche Messungen und deren Rückmeldung an die Lehrer, Einsatz der Eltern im Unterricht, Qualitätskontrollen durch die Eltern und kommunale Aufsichtsgremien und ein Motivierungssystem, das auf dem Token-Prinzip (= Münzverstärkungssystem) und Kontingenzverträgen basiert. Sie verglichen mehrere Kohorten eingeborener amerikanischer Kinder in Reservaten zwischen 1970 und 1978 bezüglich ihrer Lese- und Rechenfertigkeiten mit Kontrollgruppen, die ebenfalls dieser Minderheit und damit den ärmsten Bevölkerungsgruppen angehörten. Es zeigte sich, daß 18 von 22 Kohorten vom Kindergarten bis zum dritten Schuljahr jeweils das entsprechende Klassenniveau im Lesen erreichten oder sogar überschritten (festgestellt über landesweit genormte Tests), im Rechnen traf dies für 14 von 24 Kohorten zu, wobei die positiven Befunde primär bei den späteren Durchgängen auftraten. Die Kontrollgruppen schnitten erheblich schlechter ab im Lesen (Rechenleistungen wurden nicht mitgeteilt), die mittlere Differenz zum entsprechenden Klassenniveau wurde immer größer und betrug im dritten Schuljahr bereits sechs Monate (Schereneffekt). Nachuntersuchungen nach Abschluß des Programms stehen noch aus. Es ist aber gelungen, für die Grundschulzeit die benachteiligte Gruppenmehrheit auf normales Klassenniveau im Lesen und Rechnen zu heben.
Eine sehr umfangreiche bundesweite Evaluation über Follow Through ist von STEBBINS u.a. (vgl. 1978) vorgelegt worden, für drei Jahrgänge und 17 Programme, die alle in mehreren Orten durchgeführt wurden. Die wichtigsten Ergebnisse dieser komprimierten Analyse: Die Effektivität jedes Modells variierte stark zwischen den verschiedenen Stichproben, die Binnenvarianz war größer als die Varianz zwischen den Modellen. Modelle, die besonders Kulturtechniken betonten, förderten diese auch in besonderem Maße. Modelle mit anderen Schwerpunkten (kognitiv orientierte, bei denen das Lernen gelernt werden sollte, oder affektiv-kognitiv orientierte, bei denen der Schwerpunkt auf dem Selbstkonzept und den Einstellungen zum Lernen lag) schnitten in den Kulturtechniken schlechter ab als die Kontrollgruppe. Kein Programm war insgesamt besser als ein anderes in bezug auf die kognitiven Variablen. An Kulturtechniken orientierte Programme bewirkten ein höheres Selbstkonzept und teilweise eine günstigere Kausalattribuierung bei Erfolg und Mißerfolg. Die meisten Modelle waren effektiver im Kindergarten und ersten Schuljahr als im zweiten und dritten. Gegenüber den Kontrollgruppen fanden sich über alle einbezogenen Follow-Through-Projekte überwiegend keine Unterschiede.
Selbstverständlich ist auch diese Analyse harter Kritik unterworfen worden, was die Klassifizierung der Modelle in drei Gruppen, die Rekrutierung der Kontrollgruppe, die Meßverfahren und die statistische Analyse angeht (vgl. zum Beispiel HOUSE u.a. 1978 sowie die Erwiderung von R. B. ANDERSON u. a. 1978).
Es bleibt festzustellen, daß Vergleiche über eine Vielzahl von Programmen, die in zahlreichen Orten implementiert worden sind, offensichtlich wenig ertragreiche Befunde liefern. Wenn die Ergebnisse insgesamt doch eher enttäuschend sind – handelt es sich doch um vierjährige besondere Förderung mit den verschiedensten Programmen –, so ist immerhin auch gezeigt worden, daß es sehr erfolgreiche einzelne Versuche gibt, wobei über die Gründe für deren Gelingen durch die beschriebene Forschung nichts bekannt wird. Es scheint auch insofern sehr viel sinnvoller zu sein, kleinere, gut kontrollierte Versuche systematisch zu begleiten (vgl. die oben

Kompensatorische Erziehung

zitierten Untersuchungen). Vermutlich sind die lokalen Gegebenheiten, die Möglichkeiten einer konstruktiven Planung sowie einer optimalen Supervision (vgl. WEIKART 1975) von entscheidender Bedeutung. Je stärker Interventionsprogramme ausgeweitet werden, desto eher scheinen sich die Effekte sowohl kurz als auch vor allem langfristig zu verringern. Allerdings entsprechen nur manche der Evaluationsmethoden in etwa den Zielkonzepten der Programme. Manche Ziele der einzelnen Programme konnten überhaupt nicht evaluiert werden.
Auch im deutschsprachigen Raum hat sich gezeigt, daß eine isolierte vorschulische kompensatorische Förderung nicht ausreichend sein kann. So gibt es zahlreiche programmatische Forderungen, aber auch erprobte Ansätze, die dazu beitragen sollen, die Chancen für eine ausgleichende Erziehung in der Grundschule selbst zu erhöhen.
Erfahrungen aus sogenannten freien Schulen (Waldorfschule, Glockseeschule) zeigen, daß der Wegfall früher Selektionsentscheidungen ein Leistungsversagenserlebnis und damit die negativen Folgen für die Persönlichkeitsentwicklung verhindert und daß für Kinder der unteren sozialen Schichten dann günstige Lernchancen bestehen, wenn „die absolute Vorherrschaft der formal-grammatikalischen Sprache im Kommunikationsmilieu der Schule aufgehoben ist" (NEGT 1975, S. 42) und „eine große Mannigfaltigkeit von intellektuellen Ausdrucksmöglichkeiten und kommunikativen Verhaltens- und Beziehungsformen in der Lernumgebung der Schule anerkannt sind" (NEGT 1975, S. 42).
Aber auch innerhalb der Regelschule sind schulorganisatorische, pädagogische und didaktische Maßnahmen möglich, um Kindern, die von Lernschwäche bedroht sind, generelle und kompensatorische Förderung zu bieten. So hat die Verbindung von zweijähriger Eingangsstufe und einer anschließenden dreijährigen differenzierten Grundschule in Hessen dazu beigetragen, die Sitzenbleiberquote um 60% zu senken, die Sonderschulüberweisungen zu verringern und die Bildungschancen der Unterschichtkinder fast zu verdoppeln (vgl. HESSISCHER KULTUSMINISTER 1978). Dabei ist besonders zu beachten, daß 31 der 44 beteiligten Schulen alle Schüler des Jahrganges aufgenommen hatten, also überhaupt keine Vorauslese stattgefunden hatte.
Von wesentlicher Bedeutung ist ein flexibles Förderungssystem, das Schulversagen vorbeugt und auftretenden Lernschwierigkeiten vorzeitig begegnet. Angesichts der eher negativen Erfahrungen, die mit starren äußeren Differenzierungsformen gemacht wurden (Verstärkung der sozialen Auslese, Stigmatisierungseffekt, vgl. MYSCHKER (1974/1975), sind Varianten der inneren Differenzierung erprobt worden, wobei im Hinblick auf das Anforderungsniveau, die Aufgabenzahl, das Materialangebot und die Lehrerhilfe differenziert werden kann. Förderstunden außerhalb des Unterrichts finden meist nur kurzfristig und zeitlich begrenzt statt, und die Förderklassen sind in ihrer Zusammensetzung nicht konstant. Schulversuche im Raum Kiel zur Verminderung von Sonderschulbedürftigkeit in der Grundschule (vgl. DUMKE 1980) belegen die Wirksamkeit von Maßnahmen wie gezielter Förderung lernschwacher Schüler in kleinen Gruppen durch Sonderschullehrer beziehungsweise früh einsetzender Binnendifferenzierungsmaßnahmen im Sinne des lückenschließenden Lernens, gekoppelt mit klassenübergreifenden Gruppenstunden für Kinder, die in ihrer Persönlichkeitsentwicklung beeinträchtigt sind. Die in diese Schulversuche einbezogenen „Protektionskinder" (meist Schüler der unteren Sozialschichten) konnten ihre Schulleistungen insgesamt verbessern und verminderten ihre Schulangst, Schulunlust und Minderwertigkeitsgefühle (vgl. DUMKE 1980).
Sehr ähnliche Befunde berichten BÖHM/SCHWAB (vgl. 1980) sowie SCHWAB (vgl.

1982) über den Modellversuch „Differenzierte Grundschule" in Preetz, dessen Übertragbarkeit auf andere Grundschulen erfolgreich erprobt wurde. Es wurden in diesem Modell, dessen drei konstituierende Momente die „Einheit von affektivem, kognitivem und sozialem Lernen; flexibel differenzierender Unterricht und Klassenlehrerprinzip" (BÖHM/SCHWAB 1980, S. 181) sind, zusätzlich die Sitzenbleiberquote und die Überweisungen zu Sonderschulen verringert sowie die Benachteiligungen beim Übergang zur schulformabhängigen Orientierungsstufe abgebaut.

Auch an der DIFFERENZIERTEN GRUNDSCHULE MÜNCHEN ... (vgl. 1980; vgl. auch KREUZER 1981, 1982) konnten durch den Einsatz von Sonderpädagogen gefährdete Schüler rechtzeitig gefördert und Schulleistungsschwächen verhindert werden. Weitere Maßnahmen dieses interessanten Schulmodells sind „Fördernoten", die am individuellen Lernfortschritt orientiert sind und die Entstehung negativer Etikettierungen verhindern sollen, sowie ein Förderunterricht, in dem auch vorstrukturierend gearbeitet wird. In diesem Modell, das eine zweijährige Eingangsstufe und eine dreijährige Grundschule umfaßt, konnte die Zahl der Klassenwiederholungen gegenüber der Zeit vor Modellbeginnn mehr als halbiert und die Zahl der Sonderschulüberweisungen auf etwa ein Drittel gesenkt werden. Bei der Bewertung dieser Schullaufbahnbefunde darf allerdings nicht unberücksichtigt bleiben, daß die Entscheidungen über diese Selektionsmaßnahmen einen gewissen Ermessensspielraum beinhalten und von jenen getroffen werden, die die Projekte tragen und durchführen. Erfahrungen über die weitere Schullaufbahn im anschließenden Schulsystem sind im Unterschied zu den Arbeiten in den USA bisher nicht publiziert worden. Diese Erfahrungen mit Schulversuchen sprechen aber zumindest dafür, daß die Grundschule durch Heranziehung von Personen mit erweiterten Fachkompetenzen (Sozialpädagogen, Psychologen, Sonderschulpädagogen) auch einen sozial- und sonderpädagogischen Auftrag erfüllen kann, indem beispielsweise durch sozialtherapeutische Spielgruppenarbeit ein präventives Therapieangebot für Kinder mit sozialen Entwicklungs- und Verhaltensstörungen bereitgestellt wird. (Über positive Erfahrungen bei heilpädagogischer Spielgruppenarbeit bei psychosozial gefährdeten Kindern berichten auch REISER 1976 und KÄHLING 1978.) Ein Überblick über weitere erprobte Integrationsversuche in der Regelschule ist von PREUSS-LAUSITZ (vgl. 1981) erstellt worden.

Die hier berichteten Schulversuche sind direkt auf die Behebung von Schwächen in den Fertigkeiten Lesen, Rechtschreiben und Rechnen gerichtet, um vor allem Kindern aus sozial benachteiligten Schichten einen schulischen Erfolg zu sichern. Über diesen Ansatz hinaus geht das Anliegen des Marburger Grundschulprojekts (vgl. KLAFKI 1982). Bezogen auf die Kinder, ging es in diesem um die folgenden Ziele: „Fähigkeit zu kritisch-produktiver Auseinandersetzung mit ihrer gegenständlichen und sozialen Umwelt. – Fähigkeit zur Selbststeuerung und Selbstkontrolle des Lernprozesses. – Fähigkeit zu bewußtem sozialem Lernen" (KLAFKI 1982, S. 22). Das Projekt orientiert sich am Prinzip der Chancengleichheit und wählte deshalb Schulen mit einem besonders hohen Anteil benachteiligter Kinder aus. Es entstanden zahlreiche Unterrichtseinheiten, und die spezifischen Probleme der Umsetzung wurden dokumentiert und analysiert. Der Gesichtspunkt der Kontrolle der Auswirkungen auf die Schüler geriet darüber in den Hintergrund, so daß bisher nur wenige bewertbare Daten der Kinder vorgelegt worden sind. Die Sitzenbleiberquote und die Sonderschulüberweisungen sind gegenüber dem Landesdurchschnitt gesenkt worden. Bei der – nicht unproblematischen – Analyse der Schulnoten im Längsschnitt zeigte sich eine Verbesserung der mündlichen Deutschnoten entsprechend den Zielen des Projekts, allerdings gleichzeitig eine Stagnation oder auch ein Leistungsab-

Kompensatorische Erziehung

fall der schriftlichen Deutsch- und der Rechennoten, wobei bei den erwähnten Verbesserungen die Unterschichtkinder etwa gleich stark, bei den Verschlechterungen aber stärker als die Mittelschichtkinder betroffen waren.
Im Marburger Grundschulprojekt ist ein Ansatz verfolgt worden, der offenbar nur selten genutzt wird, nämlich die Chance des Unterrichts als einer „Sprachlernsituation" (ROEDER/SCHÜMER 1976), in der die Kinder die Funktion der Sprache für Problematisierungsfähigkeit, Selbstreflexion und kommunikatives Handeln erfahren. (In England haben GAHAGAN/GAHAGAN - vgl. 1971 - ein auf Bernsteins Theorien gegründetes Sprachförderungsprogramm entwickelt und mit Erfolg in der Infant School erprobt.)
OEVERMANN (vgl. 1974) und ROEDER/SCHÜMER (vgl. 1976) haben wichtige Prinzipien für einen kompensatorischen Sprachunterricht, der auch die nichtsprachlichen Fächer umfaßt, aufgestellt: Es geht darum, Situationen zu schaffen, die zu einem handlungsbegleitenden Verbalisieren des eigenen Tuns herausfordern und zum Problemlösen mit Hilfe der Sprache und zu kommunikativem Handeln anregen. Die typische, restriktive Struktur der sozialen Interaktion zwischen Lehrer und Schüler ist dazu wenig geeignet: „Die methodisch-didaktische Strategie, die wir für wünschenswert halten, zielt auf eine soziale Situation und die sie mit konstituierenden gegenseitigen Rollenerwartungen, die Hemmungen abbaut und zur problembezogenen Kommunikation motiviert, in der die Schüler Sprache analytisch und reflexiv verwenden" (ROEDER/SCHÜMER 1976, S. 31). In einer empirischen Studie im dritten Schuljahr konnten die Autoren (vgl. ROEDER/SCHÜMER 1976) Zusammenhänge zwischen der sozialen Struktur der Kommunikation im Unterricht (im wesentlichen der Grad der Einschränkung der Schülerrolle) und Merkmalen der Schülersprache aufzeigen.
Alle aufgeführten Maßnahmen haben gezeigt, daß eine intensive Beratung und zusätzliche Qualifizierung der Pädagogen/Lehrer Voraussetzung für die erfolgreiche Umsetzung sind. Es lassen sich von daher einige Folgerungen für die Lehrerausbildung ableiten. Angehende Lehrer müssen besser als bisher über Möglichkeiten der Erkennung und Förderung von Kindern mit Entwicklungsverzögerungen und leichteren Lernbehinderungen ausgebildet werden. Diese sonderpädagogische Grundausbildung ist in einigen Ländern schon Bestandteil der Lehrerausbildung (Dänemark, Schweiz, UdSSR) und wird in anderen Ländern gefordert (vgl. SANDER 1976). Lehrer müssen darüber aufgeklärt werden, daß die Art ihres Interaktionsstils entscheidend die Qualität des Unterrichts als „Sprachlernsituation" beeinflußt (ROEDER/SCHÜMER 1976). Vor allem müssen Lehrer über die sozialpsychologischen Auswirkungen ihrer impliziten Persönlichkeitstheorien aufgeklärt werden. Sie sollen sich bewußt werden, daß sie ihre Beurteilung vorwiegend an der Sprachkompetenz des Kindes und seiner sozialen Herkunft festmachen und daß sich diese Etikettierung durch eine Rückkopplung stabilisieren kann. CH. SCHWARZER (vgl. 1976) fordert eine kompensatorische Beurteilung in der Weise, daß Lehrer Unterschicht- und sprachlich wenig gewandte Kinder bewußt favorisieren, um dadurch ihre traditionelle berufsrollenspezifische soziale Wahrnehmung und ihre systematischen Urteilstendenzen zu durchbrechen.
Darüber hinaus muß die Grundschule als fördernde Lernumwelt konzipiert werden, wobei die Bedeutsamkeit des Aufsuchens außerschulischer Lernorte ebenso zu betonen ist wie die Wichtigkeit baulicher Veränderungen, um durch die Schaffung von bestimmten didaktischen Lernumwelten (Bau- und Leseecke) die Durchbrechung des Frontalunterrichts, der vor allem zu Lasten der benachteiligten Kinder geht, besser zu ermöglichen.

Wulf Rauer/Renate Valtin

5 Fazit

Das Unternehmen „kompensatorischer Erziehung" hat erneut die Aufmerksamkeit auf das Nichtlernen im schulischen Prozeß gelenkt und dieses als Resultante vorschulischer Sozialisation und zirkulärer Prozesse zwischen Elternhaus und Schule interpretiert, in dessen Schnittpunkt der Edukandus steht und seine Identität gewinnt.
Lernen verbraucht Zeit, die Schule bestimmt in dieser historischen Phase den gesellschaftlichen Zeittakt, aber die Familien ermöglichen ihre Gangart und ihr Tempo. Der Heranwachsende kann sich die spezifischen Ausprägungen der schulischen Kultur – die Schriftsprache, die Begriffssprache und das diskursive Auslegen von Themen – nur geläufig hervorrufen, wenn diese auch Teil der familiären Kultur sind.
Die Forschung hat dies zweifelsfrei herausgearbeitet; Veränderungen im Lernprozeß benachteiligter Kinder bleiben möglich, aber sie sind nicht trivial zu erzeugen; anderenfalls hätte die Sozialisationsforschung auch zu Unrecht von sozialen Mechanismen, sprachlichen Codes gesprochen, wenn diese kurzfristig außer Kraft zu setzen wären.
Mit der Problemdefinition hatte man nicht schon die praktischen Mittel zur Korrektur in der Hand. Die Programme hatten, weil es an einer tragfähigen Theorie des Bildungsprozesses mangelt, nur den Status praktischer Hypothesen, sie hatten sich auf unkalkulierbare Folgehandlungen, situationsspezifische Korrekturen und Umlernprozesse der Erzieher einrichten müssen, denn man wußte um die Distanz zwischen Randgruppen und Bildungsinstitutionen. Der Imperativ, „jedermann Schulerfolg zu ermöglichen", ist durch kein empirisches Datum außer Kraft zu setzen, er gilt kontrafaktisch, wenn Schule als Pflicht auferlegt wird und diese die Anschlüsse an das Weiterlernsystem reguliert. Kann die Pädagogik spezifisch helfen? Definitive Chancengleichheit, Autonomie stecken als Ziele einen riskanten Orientierungsrahmen ab, der bei erwartbaren Enttäuschungen zu prinzipiellen Zweifeln an edukativen Maßnahmen verführt, wie wenn wir die Alternative hätten, nicht auf Kinder einzuwirken.
Die Akzente kompensatorischer Erziehung haben sich deutlich verschoben. FROST (vgl. 1968, 1973) notiert folgende Akzentverschiebungen:
– Erweiterung der Zeitspanne, um Kindheit und Grundschulzeit einzuschließen;
– Hereinnahme der Eltern in die Früherziehung und Unterweisung der Mütter, ihren Kindern bessere Betreuer und Lehrer zu sein;
– die Entwicklung von einer Betonung kognitiv-strukturierter Programme zu einer Erkundung einer Vielfalt von Aspekten und Forschungen in entwicklungspsychologischer und curricularer Hinsicht;
– die Wiederbetonung von Emotionalität und Spiel in der Früherziehung;
– ... von einer Betonung der Defizite ... zu einer Betonung von sozioökonomischen, sprachlichen und kulturellen Differenzen ... in einer pluralistischen Gesellschaft;
– die Wiederentdeckung der offenen Schule und Entwicklung Freier Schulen als alternative Formen der Kinderbetreuung ... (vgl. FROST 1973, Vorwort).
Diese Definitionen sind riskant, Differenzen können zugleich Defizite sein; die offene Schule, wenn sie nicht Beliebiges bewirken soll, ist der ungleich anspruchsvollere Plan. Können die Pädagogen ihn fahren? Bezeichnenderweise erwähnt Frost zugleich, daß wir Lernen heute in anspruchsvolleren Theoriefiguren auslegen müssen. Das „Richtige" bleibt das Schwierige!

Kompensatorische Erziehung

Die erfolgreichen Programme zeigen an, daß die Verhinderung von Nichtlernen ein aussichtsreiches Projekt ist, wenn Familie und Schule es annehmen. Die Praxis der kompensatorischen Erziehung hat klar die Bedeutung der sozialisatorischen Interaktion herausgearbeitet. Es bedarf allerdings des „ökologischen Eingreifens" (BRONFENBRENNER 1974, S. 127). Bildungspolitische Veränderungen müssen eingebettet sein in sozialpolitische Maßnahmen, die ökonomische und medizinische Hilfen, Gemeindearbeit und sozialpädagogische Betreuung umfaßt. In einem derartigen Kontext erst können Erziehung und Belehrung als besondere, kindzentrierte Interaktionsformen auf Dauer gestellt werden. Kognitive Prozesse müssen in sich eine affektive Basis haben, so daß die unterliegenden Interaktionsfiguren, die Lernen ermöglichen, auch die Formen von Gesellung und Besorgung verändern.

Das benachteiligte Kind braucht dann die Vorschulgruppe, um außerhalb eines leistungsthematischen Rahmens in nichtintimen Gruppen seine Ausdrückbarkeit unter verschiedenen Bedingungen zu üben, aber die Förderung durch die Eltern darf nicht in die „zweitrangige Stellung" geraten (BRONFENBRENNER 1974, S. 149). In der Grundschulzeit müssen die Eltern nicht mehr die wichtigsten Lehrer sein, aber ihnen muß die Schule transparent gemacht werden, damit sie sich zu Hause unterstützend an Tätigkeiten beteiligen, die das Kind auch in der Schule ausführt (vgl. BRONFENBRENNER 1974, S. 149).

Es wäre absurd, die Praxis und Resultate kompensatorischer Erziehung gegen die Theoreme auszuspielen, denn gleichzeitig veränderte sich das Umfeld kompensatorischer Erziehung. Erstens wurden die Themen und Ziele der Grundschule seit den 60er Jahren umdefiniert in Richtung auf „wissenschaftsorientiertes Lernen" (DEUTSCHER BILDUNGSRAT 1971) – frühe Mathematik, konzeptgebundener Sachunterricht, Sprachunterricht als Entwicklung kommunikativer Kompetenz. Zweitens hat die öffentliche Diskussion um die Bedeutung frühen Lernens vor allen Dingen die Mittelschicht mobilisiert, sie öffnete ihre Kinderzimmer für die Trainingsmaterialien und organisierte Eltern-Kind-Gruppen. Sie hat allerdings auch die Gefahr der frühzeitigen Überbetonung des Leistungsaspekts mit sich gebracht. So gibt es in den letzten Jahren ein neues Phänomen: Während im Schuljahr 1977/78 in Baden-Württemberg 1,01% der Viertkläßler das Schuljahr wiederholen mußten, taten dies freiwillig (!) sogar 1,66% der Schüler, die vorwiegend aus Akademiker- und Angestelltenfamilien stammen (vgl. HÄNSEL/KLEMM 1980, S. 109). Veränderungen, die im Schulsystem vorgenommen werden, können offensichtlich durch Eltern konterkariert werden. Drittens haben die Theoriekorrekturen im Zuge kompensatorischer Erziehung nachhaltig die Lehrerausbildung, die curricularen Konzepte und schulorganisatorischen Phasen wie Schulanfang und Orientierungsstufe beeinflußt; aber der Einbau dieser Aspekte hat zugleich den Zwang gemildert, benachteiligten Kindern nachweisbar auf spezifische Weise zu helfen (siehe dagegen für die DDR: WITZLACK 1975). Die Einschulungspraxis ist vielfach entschärft worden; die Zeugnisgestaltung und die Versetzungsregelungen haben sich gewandelt, es gibt mehrheitlich keine Selektionen mehr zwischen dem ersten und zweiten Schuljahr; die Überweisungsquoten auf die Sonderschulen gehen ebenfalls zurück; die Übergangsquoten zu Realschule und Gymnasium sind insgesamt gestiegen. Allerdings hat das Max-Planck-Institut für Bildungsforschung in seinem Grundschulreport gezeigt, daß innere Differenzierung und Elternarbeit keinen neuen Schub in der Regelgrundschule erhalten haben (vgl. HOPF u. a. 1980). Solange die Benachteiligung der Grundschule in bezug auf Lehrerwochenstunden, Klassenfrequenzen, Lehrmittelausstattung und Lehrerausbildung weiter bestehenbleibt, wird die Umsetzung der in den Modellen erprobten Ansätze zumindest erschwert. Damit bleibt die soziale

Benachteiligung vor allem für jene Schüler, für die die Grundschulzeit schon die Hälfte ihrer Schulzeit bedeutet.

ABELSON, W. D. u. a.: Effects of a Four-year Follow Through Program on Economically Disadvantaged Children. In: J. of E. Psych. 66 (1974), S. 756ff. ABRAHAMS, F. F./SOMMERKORN, I. N.: Arbeitswelt, Familienstruktur und Sozialisation. In: HURRELMANN, K. (Hg.): Sozialisation und Lebenslauf, Reinbek 1976, S. 70ff. ANDERSON, R. B. u. a.: Pardon Us, But What Was the Question Again? A Response to the Critique of the Follow Through Evaluation. In: COOK, T. D. (Hg.): Evaluation Studies, Review Annual, Bd. 3, Beverly Hills 1978, S. 641 ff. BAHRO, R.: Die Alternative, Köln 1977. BAUER, A.: Eltern und Kinder in der Eingangsstufe, Weinheim/Basel 1977. BAUMANN, R. u. a.: Auswirkungen vorschulischer Förderung im ersten Schuljahr, Bad Heilbrunn 1977. BEGEMANN, E.: Die Erziehung der sozio-kulturell benachteiligten Schüler, Hannover/Berlin/Darmstadt/Dortmund 1970. BEICHT, W. u. a.: Familiale Kommunikationsstrukturen. Zwischenbericht einer Untersuchung. In: HURRELMANN, K. (Hg.): Sozialisation und Lebenslauf, Reinbek 1976, S. 104ff. BELLER, E. K.: Research on Organized Programs of Early Education. In: TRAVERS, R. M. W. (Hg.): Second Handbook of Research in Teaching, Chicago 1973, S. 530ff. BELLER, E. K.: Untersuchungen zur familialen und familienergänzenden Erziehung von Kleinstkindern. In: Enzyklopädie Erziehungswissenschaft, Bd. 6, Stuttgart 1984, S. 207ff. BELSER, H./KÜSEL, G.: Zum Sitzenbleiber-Problem an Volksschulen. In: BIERMANN, R. (Hg.): Schulische Selektion in der Diskussion, Bad Heilbrunn 1976, S. 101 ff. BÖHM, F./ SCHWAB, M.: Zehn Jahre Modellversuch „Differenzierte Grundschule" in Preetz. In: D. Dt. S. 72 (1980), S. 180ff. BRONFENBRENNER, U.: Wie wirksam ist kompensatorische Erziehung? Stuttgart 1974. BROWN, B.: Long-term Gains from Early Intervention. An Overview of Current Research. In: BROWN, B. (Hg.): Found: Long-term Gains from Early Intervention, Boulder 1978, S. 169ff. BRUSTEN, M./HURRELMANN, K.: Abweichendes Verhalten in der Schule, München 1973. CICIRELLI, B.: The Impact of Head Start: An Evaluation of the Effects of Head Start on Children's Cognitive and Affective Development, Bd. 1, 2, Ohio University: Ohio 1969. COLEMAN, J. S. u. a.: Equality of Educational Opportunity, U. S. Department of Health, Education and Welfare, Office of Education, Washington 1966. COOK-GUMPERZ, J.: Strategien sozialer Kontrolle in der Familie, Düsseldorf 1976. COOPERSMITH, S.: The Antecedents of Selfesteem, San Francisco 1967. DAMON, W.: Die soziale Welt des Kindes, Frankfurt/M. 1984. DATTA, L.: Another Spring and Other Hopes: Some Findings from National Evaluations of Project Head Start. In: ZIGLER, E./VALENTINE, J. (Hg.): Project Head Start. A Legacy of the War on Poverty, New York 1979, S. 405 ff. DERSCHAU, D. v. (Hg.): Hausaufgaben als Lernchance, München 1979. DEUTSCHER BILDUNGSRAT: Strukturplan für das Bildungswesen. Empfehlungen der Bildungskommission, Stuttgart ³1971. DEUTSCHER BILDUNGSRAT: Zur pädagogischen Förderung behinderter und von Behinderung bedrohter Kinder und Jugendlicher, Stuttgart 1974. DEUTSCHES JUGENDINSTITUT, PROJEKTGRUPPE ERPROBUNGSPROGRAMM: Das Erprobungsprogramm im Elementarbereich, Teil 1, 2, 3, München 1979. DIFFERENZIERTE GRUNDSCHULE MÜNCHEN AM HEINRICH-BRAUN-WEG: Ein Beitrag zur Grundschulreform, Pädagogisches Institut: München 1980. DOLLASE, R.: Sozial-emotionale Erziehung in Kindergarten und Vorklasse, Hannover/Dortmund/Darmstadt/Berlin 1979. DUMKE, D.: Förderung lernschwacher Schüler, München 1980. EDELSTEIN, W./HABERMAS, J. (Hg.): Soziale Interaktion und soziales Verstehen, Frankfurt/M. 1984. EIGLER, H. u. a.: Quantitative Entwicklungen: Schule im Zeichen des Rotstifts. In: ROLFF, H.-G. u. a. (Hg.): Jahrbuch der Schulentwicklung, Bd. 2, Weinheim/Basel 1982, S. 49ff. EWERT, O. M./BRAUN, M.: Ergebnisse und Probleme vorschulischer Förderung. Unveröffentlichter Forschungsbericht im Auftrag des Kultusministers des Landes NRW, Bochum 1976. FASSHEBER, M.: Auswirkungen familiärer und schulischer Einflüsse auf die Entwicklung von Kindern, Göttingen 1980. FROST, J. (Hg.): Early Childhood Education Rediscovered, New York 1968. FROST, J. (Hg.): Revisiting Early Childhood Education, New York 1973. FUHRMANN, P.: Zur Verhinderung und Überwindung des Zurückbleibens in der Unterstufe. In: WITZLACK, G. (Hg.): Beiträge zur Verhinderung des Zurückbleibens, Berlin (DDR) ²1975. GAHAGAN, D./GAHAGAN, G.: Kompensatorische Spracherziehung in der Vor- und Grundschule, Düsseldorf 1971. GORDON, I. J.: A Home Learning Center Approach to Early Stimulation, Gainesville (Florida) 1971. GORDON, I. J.: The Florida Parent

Education Early Intervention Projects: A Longitudinal Look, Gainesville (Florida) 1973. GORDON, I. J./JESTER, R. E.: Techniques of Observing Teaching in Early Childhood and Outcomes of Particular Procedures. In: TRAVERS, R. M. W. (Hg.): Second Handbook of Research on Teaching, Chicago 1973, S. 174 ff. GRAY, S. W./KLAUS, R. A.: Das Projekt Früherziehung: Ein Bericht aus dem siebten Jahr. In: SKOWRONEK, H. (Hg.): Umwelt und Begabung, Stuttgart 1973, S. 213 ff. HANKE, B. u. a.: Zum Besuch des Gynmasiums geeignet oder nicht? Urteile von Eltern und Lehrern unter schichtspezifischem Aspekt. In: Z. f. P. 20 (1974), S. 567 ff. HÄNSEL, D./KLEMM, K.: Wandel in der Grundschule: Innere Reformen. In: ROLFF, H.-G. u. a. (Hg.): Jahrbuch der Schulentwicklung, Bd. 1, Weinheim/Basel 1980, S. 105 ff. HESS, R. D./SHIPMAN, V. C.: Early Experience and the Socialization of Cognitive Modes in Children. In: Ch. Dev. 36 (1965), S. 869 ff. HESSISCHER KULTUSMINISTER: Eingangsstufe – differenzierte Grundschule, Bd. 1, 2, Wiesbaden 1978. HEYNS, B.: Summer Learning and the Effects of Schooling, New York 1978. HOFER, M.: Die Schülerpersönlichkeit im Urteil des Lehrers, Weinheim/Basel 1969. HOFF, E.: Arbeitsbedingungen und familiale Sozialisation. In: Z. f. P. 26 (1980), S. 115 ff. HOFF, E.-H./GRÜNEISEN, V.: Arbeitsbedingungen, Erziehungseinstellungen und Erziehungsverhalten von Eltern. In: SCHNEEWIND, K. A./LUKESCH, H. (Hg.): Familiäre Sozialisation, Stuttgart 1978, S. 65 ff. HÖHN, E.: Der schlechte Schüler, München 1974a. HÖHN, E.: Schifferkinder. Eine Untersuchung über die Auswirkungen eingeschränkter Umwelterfahrung in früher Kindheit. In: Psych. Beitr. 16 (1974), S. 254 ff. (1974 b). HOLLAND, S.: Rutland Street: The Story of an Educational Experiment for Diadvantaged Children in Dublin, Oxford 1979. HOLLÄNDER, A./WINKELMANN, W.: Familialer Sozialstatus und kognitive Entwicklung in Modellkindergarten, Vorklasse und erstem Schuljahr, Köln 1979. HOPF, D.: Entwicklung der Intelligenz und Reform des Bildungswesens. In: N. Samml. 11 (1971), S. 33 ff. HOPF, D. u. a.: Aktuelle Probleme der Grundschule. In: MAX-PLANCK-INSTITUT FÜR BILDUNGSFORSCHUNG, PROJEKTGRUPPE BILDUNGSBERICHT (Hg.): Bildung in der Bundesrepublik Deutschland. Daten und Analysen, Bd. 2, Reinbek 1980, S. 1133 ff. HOROWITZ, F. D./PADEN, L. Y.: The Effectiveness of Environmental Intervention Programs. In: CALDWELL, B. M./RICCIUTI, H. N. (Hg.): Review of Child Development Research, Bd. 3, Chicago 1973, S. 331 ff. HOUSE, E. R. u. a.: No Simple Answer: Critique of the Follow Through Evaluation. In: COOK, T. D. (Hg.): Evaluation Studies, Review Annual, Bd. 3, Beverly Hills 1978, S. 611 ff. HUBBELL, V. R.: The Developmental Continuity Consortium Study: Secondary Analysis of Early Intervention Data. In: BROWN, B. (Hg.): Found: Long-term Gains from Early Intervention, Boulder 1978, S. 111 ff. HUSÉN, T. (Hg.): International Study of Achievement in Mathematics: A Comparison of Twelve Countries, New York 1967. HUSÉN, T.: Soziale Ungleichheit und Schulerfolg, Frankfurt/M. 1977. IBEN, G.: Erziehung, kompensatorische. In: Enzyklopädie Erziehungswissenschaft, Bd. 6, Stuttgart 1984, S. 303 ff. INGENKAMP, F. D.: Zielerreichendes Lernen, Ravensburg 1979. JENCKS, CH. u. a.: Chancengleichheit, Reinbek 1973. JENSEN, A. R.: How Much Can We Boost IQ and Academic Achievement? In: Harv. E. Rev. 39 (1969), S. 1 ff. KAGAN, J./MOSS, H.: Birth to Maturity, New York 1962. KÄHLING, I.: Behinderte Kinder – was können wir tun? In: REINARTZ, A./SANDER, A. (Hg.): Schulschwache Kinder in der Grundschule, Bd. 2, Frankfurt/M. 1978, S. 239 ff. KARNES, M. B.: Research and Development Program on Preschool Disadvantaged Children: Final report, U. S. Department of Health, Education and Welfare, Office of Education: Washington 1969. KARNES, M. B. u. a.: Educational Intervention at Home by Mothers of Disadvantaged Infants. In: Ch. Dev. 41 (1970), S. 925 ff. KELLAGHAN, TH.: The Evaluation of an Intervention Program for Disadvantaged Children, Windsor 1977. KEMMLER, L.: Erfolg und Versagen in der Grundschule, Göttingen 1967. KEMMLER, L.: Schulerfolg und Schulversagen, Göttingen 1976. KLAFKI, W. (in Verbindung mit J. Korn): Schulnahe Curriculumentwicklung und Handlungsforschung, Weinheim/Basel 1982. KLEIN, G.: Persönlichkeitsentwicklung in der Schule, Heidelberg 1965. KRAPPMANN, L.: Förderung von Kindern im Kindergarten. Auswertungsbericht und Stellungnahme zum Erprobungsprogramm im Elementarbereich der Bund-Länder-Kommission für Bildungsplanung und Forschungsförderung, Berlin 1981. KRAPPMANN, L.: Das Erprobungsprogramm und seine Folgen. In: Enzyklopädie Erziehungswissenschaft, Bd. 6, Stuttgart 1984, S. 39 ff. KREUZER, M.: Soziales Lernen im Modell der „Differenzierten Grundschule". In: HAUSSER, K. (Hg.): Modelle schulischer Differenzierung, München 1981, S. 115 ff. KREUZER, M.: Ausgleichende Erziehung, München 1982. LATSCHA,

F.: Der Einfluß des Primarlehrers auf den Übertritt in höhere Schulen. In: HESS, F. u. a.: Die Ungleichheit der Bildungschancen, Freiburg 1966, S. 185 ff. LAZAR, I./DARLINGTON, R. B.: Lasting Effects of Early Education. In: Monogr. of the Society f. Res. in Ch. Dev. 47 (1982), 195. LEVENSTEIN, P.: Cognitive Growth in Preschoolers through Verbal Interaction with Mothers. In: Am. J. of Orthopsychiat. 40 (1970), S. 426 ff. LEVENSTEIN, P.: But Does it Work in Homes away from Home? In: Th. into Prac. 11 (1972), S. 157 ff. LEVIN, H. M.: A Decade of Policy Developments in Improving Education and Training for Low-income Populations. In: COOK, T. D. (Hg.): Evaluation Studies, Review Annual, Bd. 3, Beverly Hills 1978, S. 521 ff. LÖWE, H.: Probleme des Leistungsversagens in der Schule, Berlin (DDR) 1963. LUHMANN, N./SCHORR, K.-E.: „Kompensatorische Erziehung" unter pädagogischer Kontrolle? In: B. u. E. 32 (1979), S. 551 ff. MADAUS, G. F. u. a.: School Effectiveness: A Reassessment of the Evidence, New York 1980. MADISON, A.: Bildung, Ungleichheit und Lebenschancen: Die politischen Kernprobleme. In: OECD: Bildung, Ungleichheit und Lebenschancen, Frankfurt/Berlin/München 1978, S. 1 ff. MANDL, H.: Kognitive Entwicklungsverläufe von Grundschülern, München 1975. MCLAUGHLIN, T. F. u. a.: Effects of the Behavioral Analysis Model of Follow-Through on the Reading and Arithmetic Achievement by Native American Elementary School Children. In: Psych. Rep. 47 (1980), S. 403 ff. MILLER, C. B.: Development of Curriculum Models in Head Start. In: ZIGLER, E./VALENTINE, J. (Hg.): Project Head Start. A Legacy of the War on Poverty, New York 1979, S. 195 ff. MILLER, C. B./DYER, J. L.: Four Preschool Programs. Their Dimensions and Effects. In: Monogr. of the Society f. Res. in Ch. Dev. 40 (1975), 5-6, Ser. Nr. 162. MUNDT, J. W.: Vorschulkinder und ihre Umwelt, Weinheim/Basel 1980. MYSCHKER, N.: Zur integrativen Beschulung verhaltensgestörter Kinder in Regelschulsystemen: Kleinklassen in Hamburg. In: Heilp. Fo. 5 (1974/1975), S. 333 ff. NEGT, O.: Schule als Erfahrungsprozeß. In: Ästh. u. Komm. 6 (1975), 22, S. 36 ff. NEULAND, E.: Sprachbarrieren oder Klassensprache? Frankfurt/M. 1975. NICKEL, H.: Schulreife und Schulversagen: Ein ökopsychologischer Erklärungsansatz und seine praktischen Konsequenzen. In: Psych. in E. u. U. 28 (1981), S. 19 ff. NIEMEYER, W.: Legasthenie und Milieu, Hannover 1974. OECD: Bildung, Ungleichheit und Lebenschancen, Frankfurt/Berlin/München 1978. OEVERMANN, U.: Die falsche Kritik an der kompensatorischen Erziehung. In: N. Samml. 14 (1974), S. 537 ff. OEVERMANN, U.: Zur Programmatik einer Theorie der Bildungsprozesse, Mimeo, Berlin 1976. OEVERMANN, U. u. a.: Projektvorschlag Elternhaus und Schule, Mimeo. Max-Planck-Institut für Bildungsforschung: Berlin 1968. OEVERMANN, U. u. a.: Die sozialstrukturelle Einbettung von Sozialisationsprozessen: Empirische Ergebnisse zur Ausdifferenzierung des globalen Zusammenhangs von Schichtzugehörigkeit und gemessener Intelligenz sowie Schulerfolg. In: Z. f. Soziol. 5 (1976), S. 167 ff. (1976 a). OEVERMANN, U. u. a.: Beobachtungen zur Struktur der sozialisatorischen Interaktion. Theoretische und methodologische Fragen der Sozialisationsforschung. In: LEPSIUS, M. R. (Hg.): Verhandlungen des 17. Deutschen Soziologentages: Zwischenbilanz der Soziologie, Stuttgart 1976, S. 274 ff. (1976 b). PALMER, F. H.: The Effects of Early Childhood Intervention. In: BROWN, B. (Hg.): Found: Long-term Gains from Early Intervention, Boulder 1978, S. 11 ff. PALMER, F. H./ANDERSON, L. W.: Long-term Gains from Early Intervention: Findings from Longitudinal Studies. In: ZIGLER, E./VALENTINE, J. (Hg.): Project Head Start. A Legacy of the War on Poverty, New York 1979, S. 433 ff. PREUSS, O.: Soziale Herkunft und Ungleichheit der Bildungschancen, Weinheim/Basel 1970. PREUSS-LAUSITZ, U.: Fördern ohne Sonderschule, Weinheim/Basel 1981. RAUER, W./WUDTKE, H.: Interventionsprogramme zur Kompensation kognitiver und sozialer Beeinträchtigungen. In: WIECZERKOWSKI, W./ZUR OEVESTE, H. (Hg.): Lehrbuch der Entwicklungspsychologie, Bd. 3, Düsseldorf 1982, S. 191 ff. RAUH, H.: Entwicklungspsychologische Analyse kognitiver Prozesse, Weinheim/Basel 1972. REISER, H.: Heilpädagogische Arbeit in Grundschulen. In: Vjs. f. Behindp. 15 (1976), 1, S. 18 ff.; 2, S. 66 ff. RETTER, H.: Reform der Schuleingangsstufe, Bad Heilbrunn 1975. ROEDER, P. M./SCHÜMER, G.: Unterricht als Sprachlernsituation, Düsseldorf 1976. RÜPPELL, H.: Erfahrungen mit stark strukturierten Lernprogrammen im Elementarbereich. In: DOLLASE, R. (Hg.): Handbuch der Früh- und Vorschulpädagogik, Bd. 2, Düsseldorf 1978, S. 207 ff. SANDER, A. (Hg.): Sonderpädagogik in der Regelschule, Berlin 1976. SAUTER, F. CH.: Diagnose und Förderung kognitiver und sprachlicher Fertigkeiten bei Vorschulkindern auf dem Lande, Paderborn 1977. SCHAEFER, E. S.: Progress Report: Intellectual Stimulation of Culturally-deprived Parents, National Institute of

Mental Health o. O. 1968. SCHAEFER, E. S.: Parents as Educators: Evidence from Cross-sectional, Longitudinal and Intervention Research. In: Young Ch. 27 (1972), S. 227 ff. SCHELSKY, H.: Schule und Erziehung in der industriellen Gesellschaft, Würzburg 1957. SCHMALOHR, E.: Probleme der Evaluation in Vorschuluntersuchungen in der BRD. In: Z. f. P. 21 (1975), S. 511 ff. SCHMIDT, E. A. F. u. a.: Vergleichende Untersuchungen von Prozessen sozialer Beziehungswahrnehmungen in altersgemischten und altersgleichen Gruppen von Vorschulkindern, Mimeo. Pädagogische Hochschule Rheinland, Abteilung Köln: Köln 1975. SCHNEEWIND, K. A. u. a.: Eltern und Kinder, Stuttgart 1983. SCHWAB, M.: Wie und unter welchen Umständen man im Grundschul-Unterricht differenzieren kann. In: D. Grunds. 14 (1982), 1, S. 3. SCHWARTZ, E.: Die Grundschule. Funktion und Reform, Braunschweig 1969. SCHWARZER, CH.: Lehrerurteil und Schülerpersönlichkeit, München 1976. SCHWARZER, R./STEINHAGEN, K. (Hg.): Adaptiver Unterricht, München 1975. SCHWEINHART, L. J./WEIKART, D. P.: Young Children Grow up: The Effects of the Perry Preschool Program on Youths through Age 15. Monographs of the High/Scope Educ. Res. Foundation 1980 (No. 7). SEITZ, V. u. a.: Long-term Effects of Early Intervention: The New Haven Project. In: BROWN, B. (Hg.): Found: Long-term Gains from Early Intervention, Boulder 1978, S. 79 ff. STALLINGS, J.: Implementation and Child Effects of Teaching Practices in Follow Through Classrooms. In: Monogr. of the Society f. Res. in Ch. Dev. 40 (1975), 6-7, Ser. Nr. 163. STEBBINS, L. B. u. a.: An Evaluation of Follow Through. In: COOK, T. D. (Hg.): Evaluation Studies, Review Annual, Bd. 3, Beverly Hills 1978, S. 571 ff. STEINKAMP, G.: Die Rolle des Volksschullehrers im schulischen Selektionsprozeß. In: INGENKAMP, K. (Hg.): Die Fragwürdigkeit der Zensurengebung, Weinheim/Basel 1971, S. 256 ff. STEINKAMP, G.: Klassen- und schichtenanalytische Ansätze in der Sozialisationsforschung. In: HURRELMANN, K./ULICH, D. (Hg.): Handbuch der Sozialisationsforschung, Weinheim/Basel ²1982, S. 253 ff. STEINKAMP, G./STIEF, W. H.: Familiale Lebensbedingungen und Sozialisation: Beziehungen zwischen gesellschaftlicher Ungleichheitslage, familialer Sozialisation und Persönlichkeitsmerkmalen des Kindes. In: Soz. Welt 2 (1979), S. 172 ff. TENT, L. u. a.: Quellen des Lehrerurteils, Weinheim/Basel 1976. TOPSCH, W.: Zur Situation der Schüler in Lernbehindertenschulen Nordrhein-Westfalens. In: BIERMANN, R. (Hg.): Schulische Selektion in der Diskussion, Bad Heilbrunn 1976, S. 25 ff. TREIBER, B./WEINERT, F. E. (Hg.): Lehr-Lern-Forschung, München 1982. ULICH, D./MERTENS, W.: Urteile über Schüler, Weinheim/Basel 1973. VALTIN, R.: Legasthenie-Theorien und Untersuchungen, Weinheim/Basel ³1974. VALTIN, R.: Analyse von Sprachförderungsprogrammen im Bereich der Eingangsstufe. In: DEUTSCHER BILDUNGSRAT (Hg.): Die Eingangsstufe des Primarbereichs. Bd. 2.2: Soziales Lernen und Sprache. Gutachten und Studien der Bildungskommission, Bd. 48.2, Stuttgart 1975, S. 71 ff. VOGEL, H.: Sprachbarrieren und kompensatorische Unterrichtsprogramme. In: D. Dtu. 26 (1974), S. 68 ff. WEBER, I.: Sinn und Bedeutungen kindlicher Handlungen, Weinheim/Basel 1981. WEIKART, D. P.: Über die Wirksamkeit vorschulischer Erziehung. In: Z. f. P. 21 (1975), S. 489 ff. WEINERT, F.: Remediales Lehren und Lernen. In: KLAUER, K.-J./REINARTZ, A. (Hg.): Sonderpädagogik in allgemeinen Schulen, Handbuch der Sonderpädagogik, Bd. 9, hg. v. H. Bach u. a., Berlin 1978, S. 256 ff. WEISS, W. W.: Familienstruktur und Selbständigkeitserziehung, Göttingen 1982. WINKELMANN, W. u. a.: Kognitive Entwicklung und Förderung von Kindergarten- und Vorschulkindern, Bd. 1, 2, Kronberg 1977. WITTMANN, H.: Elternhaus, Kindergarten und Grundschule: gemeinsame Erziehungsansätze, München 1977. WITZLACK, G. (Hg.): Beiträge zur Verhinderung des Zurückbleibens, Berlin (DDR) ²1975. ZIGLER, E.: Head Start: Not a Program an Evolving Concept. In: ZIGLER, E./VALENTINE, J. (Hg.): Project Head Start. A Legacy of the War on Poverty, New York 1979, S. 367 ff. ZIGLER, E./TRICKETT, P. K.: IQ, Social Competence and Evaluation of Early Childhood Intervention Programs. In: Am. Psychologist 33 (1978), S. 789 ff. ZIGLER, E./VALENTINE, J. (Hg.): Project Head Start. A Legacy of the War on Poverty, New York 1979.

C Erziehung und Sozialisation im Primarschulalter

Hubert Wudtke

Die Erziehungsfamilie

1 Die privatisierte Kleinfamilie
2 Die Kleinfamilie als „Figuration" und „System"
3 Familie als Kommunikationssystem
4 Orientierung am „Haus"
5 Die „Erziehungsfamilie" und die Pädagogen als Berater und Stellvertreter

Zusammenfassung: An den historischen Sachverhalt wird erinnert, daß sich die „privatisierte Kleinfamilie" als Nachfolger des „Hauses" zusammen mit der Schule ausdifferenziert. Damit wird Erziehung zweimal kodiert und institutionalisiert. Die Familie bleibt zwar „natürliche Lebenswelt", muß aber die Interaktions- und Kommunikationspraxen pädagogisch intentionalisieren, um in der Familie den Schulanfänger „herzustellen" und seine Schulkarriere flexibel zu betreuen.
Mit dem Ende des 19.Jahrhunderts sind alle Kinder nebeneinander in Familie und Schule, in der Familie führt das zu einer intimen Kombination von Liebe/Leistung in allen Interaktionspraxen. Familie nimmt ihre traditionelle Orientierung an Rollen zurück und steigert komplementär ihre Kommunikationsleistungen. Während die Schule die Kommunikation auf Leistung hin betreut, versucht die Familie Kommunikation offenzuhalten. Die Leistung der geschichtslosen Kleinfamilie liegt darin, über ihre Kommunikationsgeschichte immer wieder Vertrauen und Lernbereitschaft zu stiften in den Beziehungen zwischen Jung und Alt.

Summary: In the face of the historical facts the reader is reminded that the "privatised nuclear family", as the successor to the "house" shares the task of differentiation with schools. Thus there is a double encoding and institutionalization of "education". While the family still remains the "natural environment" of the child, it still has to intentionalise the practices of interaction and communication in a pedagogical way in order to turn the child within the family into a "school beginner" and to take charge of his or her school career in a flexible way.
By the end of the 19th century all children spent their days together at school and in the family. This contact within the family leads to an intimate combination of love and "performance" in all interaction practices. The family withdraws its traditional orientation towards roles and compensates by increasing its communication performance. While schools concentrate on improving communication performance, the family attempts to keep communication open. The contribution of the "nuclear family", with no historical record, lies in the way it uses communication to continually arouse trust and preparedness to learn in the relations between young and old.

Résumé: On rappelle le fait historique consistant en ce que la «petite famille privatisée» apparaît, en commun avec l'École, comme successeur de la «maison». Par là, l'éducation est doublement codée et institutionnalisée. La famille demeure certes l'«univers de vie naturel», mais doit se servir pédagogiquement des pratiques de l'interaction et de la communication pour élever le débutant scolaire dans la famille et s'occuper de façon souple de sa carrière scolaire.

Hubert Wudtke

Avec la fin du XIXe siècle, tous les enfants sont, parallèlement, en famille et à l'école. Dans la famille, cela conduit à une combinaison intime amour/performance dans toutes les pratiques d'interaction. La famille reprend son orientation traditionnelle aux rôles et augmente, en complément, ses performances de communication. Tandis que l'École s'occupe de la communication dans le sens de la performance, la famille s'efforce de garder ouverte la communication. La performance de la «petite famille» sans histoire tient à ce que, de par son histoire communicative, elle ne cesse de promouvoir la confiance et la disposition à apprendre au sein des rapports entre jeunes et vieux.

1 Die privatisierte Kleinfamilie

Eine moderne Pädagogik der Familie als „grundlegender Bestandteil einer systematisch durchkonstruierten Theorie der Erziehung" (LOCH 1975, S. 326) wird vermißt angesichts der vielen Ratgeber und Kritiker, die die Innenwelten der Familien ausleuchten bei Verdunkelung der geschichtlichen Wirklichkeits- und Möglichkeitshorizonte (vgl. MILLER 1980). Bisweilen wird der privatisierten Kleinfamilie trotz ihrer langen Vorgeschichte im Rahmen des „Hauses" bereits die Zukunft abgesprochen (vgl. COOPER 1972). Vermag die Familie angesichts des sozialen Wandels die Lebenswelt nicht mehr zu stiften, die die Personalität und Identität der Heranwachsenden fundiert, im Wandel offenhält und als Reichtum der eigenen Innenwelt schätzt und anerkennt? Jede Lebensform ist ein Selektionsmuster, verfehlt partiell als Wirklichkeit geschichtliche Möglichkeiten; es gilt abzuklären, warum sich die „privatisierte Kleinfamilie" als Normaltypus sinnhaften Lebens gesellschaftsweit durchgesetzt hat (vgl. TYRELL 1979).
Obwohl sich die öffentliche Sprache eher am „ganzen Haus" (vgl. RIEHL 1855) orientiert, wird im 19. Jahrhundert die „privatisierte Kleinfamilie" zum repräsentativen Familientypus. LE PLAY (vgl. 1862) identifiziert die Gattenfamilie ohne Besitz und Produktionssphäre und abgesondert von einem innerhäuslich erweiterten Personenkreis als „famille instabile", aber als instabil im sozialen Wandel erweist sich das „ganze Haus". Die Mystifizierung des kommunal eingebetteten Hauses und das Festhalten an dem normativen Imago der patriarchalischen Familie verhindern eine realitätsadäquate Sprache, die den sozialen Wandel in Richtung auf die urbane Kleinfamilie zu lesen in der Lage ist (vgl. HEINEN 1934). Nur an den Rändern der sozialen Schichten überdauern historische Familienformen (vgl. MITTERAUER/ SIEDER 1982), die in Krisenzeiten als Fürsorgesysteme wiederbelebt werden können. Gerade die deutschen Nachkriegsfamilien zeigen aber auch, wie sich in knapper Zeit die Kleinfamilien wieder aus- und abgrenzen, die Verwandtschaft bleibt allerdings ein vertrauter „Verkehrskreis" (vgl. PFEIL 1970).
Die Geschichte der Kleinfamilie ist zu allen Zeiten von der Krise der Familie begleitet worden (vgl. HEINSIUS 1838). Die heranwachsende Generation experimentiert immer mit anderen Lebensformen (vgl. CLAESSENS/MENNE 1973), und bis heute finden sich neben der Familie die Lebensformen der Unverheirateten, der Ein-Eltern-Familien, der Großfamilien und Wohngemeinschaften. Die Kleinfamilie aber hat sich als dominanter Typus durchgesetzt, schließt heute tendenziell die Gesamtbevölkerung ein (vgl. TYRELL 1979) und ist gesetzlich unter den besonderen Schutz gestellt. Das Leitbild der lebenslangen Ehe, der dauerhaften Bindung der Eltern an die Kindererziehung und der Ausformung einer partnerschaftlichen Zusammenarbeit und Kommunikation können als konsensfähig gelten (vgl. BUNDES-

Die Erziehungsfamilie

MINISTER FÜR JUGEND, FAMILIE UND GESUNDHEIT 1975, S. VIII). Das Sinnmuster der Familie wird selbst durch das Scheitern einzelner Familien kaum außer Kraft gesetzt, wie die hohe Zahl der Wiederverheiratungen nach Scheidung anzeigt. „Bei den 8930 Eheschließungen im Jahre 1980 [in Hamburg, H.W.] war je gut ein Viertel der Männer und Frauen vor der Eheschließung geschieden" (STAATLICHE PRESSESTELLE HAMBURG 1982, S. 5).
Das Wissen um das Verfehlen der Familie in der Familie, der Liebe in der Liebe und der Erziehung in der Erziehung gehört zum allgemeinen Wissen um die Familie. Die eigene Lebensgeschichte, Geschichten der Zeitgenossen und die „schöne Literatur" (Kafka, Ibsen, Albee) vermitteln jedermann das Wissen um die Familie als riskante Lebensform. Die Flut autobiographischer Texte indiziert das öffentliche Interesse an Privatheit, Intimität und Einzigartigkeit individuellen Sinnerlebens diesseits von Karrieren und Rollen; sie zeigt zugleich, daß das Private öffentliches Thema ist. Das Private ist insofern das Allgemeine, ganz Gewöhnliche; das Unwahrscheinliche ist, einzigartig und selbstlos zugleich zu sein. Auf der Suche nach der rechten Privatheit wird das Private gesellschaftsweit ans Licht geholt, durch Ratgeber und Ratsuchende exemplarisch öffentlich präsentiert, interpretiert und allseitig ausgeleuchtet (vgl. HESS/HANDEL 1975, MILLER 1980, OEVERMANN u.a. 1976).
Das Sinnmuster der Familie wird so in unendlichen Variationen vertraut gemacht, steigert die Ansprüche, schließt die Ambivalenz von Erfolg und Mißerfolg ein. Eine öffentlich zugängliche nuancenreiche Semantik für Empfindsamkeit, Liebe, Leid, Vereinsamung, Sorge und Gewalt orientiert heute keineswegs auf eine simple Privatheit und Glückseligkeit. Die Lebensgeschichten aber fast aller Zeitgenossen beginnen als Kindheiten in Familien. Die je eigene Kindheit ist eine Synthesis aus verhäuslichten Szenarien, unterschwelligen Erinnerungen an Vertrauen in und Scheitern an Autorität. Sie liefert das Bild vom „Zuhause", wo man fraglos hingehörte, und stimuliert die Erwachsenen immer wieder zu dem Versuch, in der eigenen Familie Um- und Mitwelt für die eigenen Kinder zu sein, um das Zusammenleben mit den Kindern als Quelle sinnhaften Erlebens und lohnender Sorge zu erleben. Familie aber ist nicht mehr nur ein verinnerlichter Sinnentwurf, der uns zur Einlösung zwingt. Familie ist Thema schon in der Familie, und die sinkende Zahl der Kinder (vgl. Abbildung 1) zeigt genau an, wie überlegt die Lebensform inszeniert wird. Kinder sind nicht mehr Schicksal, sondern bewußte Wahl, was ihre Nichtwahl einschließt angesichts einer gesellschaftlichen Um- und Mitwelt, die alle zur Individualisierung zwingt und gleichzeitig zur Steigerung der Ansprüche an unpersönliches Können (schulische und/oder berufliche Qualifikationsprozesse).

Abbildung 1

Jahr	Durchschnittliche Zahl der Lebendgeborenen pro Ehe nach 19½jähriger Ehedauer in Deutschland
1900	4,1
1970	2,0

(Quelle: BUNDESMINISTER FÜR JUGEND, FAMILIE UND GESUNDHEIT 1975, S. 148)

Hubert Wudtke

Neuere Studien zur Pathologie der Familie interpretieren selbst das Verfehlen der Familie in der Familie als Resultante des gutwilligen Sinnstrebens aller Mitglieder, die Familie zum Gelingen zu bringen, „alle zu beobachtenden Verhaltensweisen [sind] von dem gemeinsamen Zweck geleitet, die Kohäsion und Einheit der Familiengruppe zu erhalten" (SELVINI PALAZZOLI u. a. 1978, S. 59). Die Prämisse therapeutischer Arbeit aber ist, daß Familien freiwillig um Rat und Behandlung nachsuchen, also durch ihr Mißlingen hindurch noch ihre Hoffnung auf Gelingen kommunizieren.

Eine Theorie der Familienerziehung muß sich dieser Ambivalenz öffnen. Eine idealtypische Absonderung gelingender/mißlingender Erziehung muß sich stets noch empirisch bewähren. Erwartbarer ist der Wechsel von Enttäuschung und Gelingen, von Sorge und Freude, wobei das Bildungssystem durch seine Architektonik, die Schulversagen zwingend schon vorsieht in jungem Alter, Familien auf extreme Weise belastet. Die Rekonstruktion abweichender Karrieren verführt im Sinne tradierter Lesarten leicht dazu, die Ursachen in der Familienerziehung aufzuspüren (vgl. MILLER 1980). Die Forschung zeigt aber sehr präzise, daß die Orientierungen, Erziehungspraktiken und Interaktionsmuster in der Familie zur Prognose kaum taugen (vgl. ABRAHAMS/SOMMERKORN 1976, KOHLBERG 1974). Was unser Schicksal sein wird, wissen wir immer erst hinterher.

Die Familie kann und muß sich wandeln im Familienzyklus (vgl. HAREVEN 1982) und in der gesellschaftlichen Zeit (Arbeitslosigkeit, Schülerberg, Pillenknick, Ausbildungsförderung, Familienlastenausgleich). Die Eltern müssen mit der eigenständigen Entwicklung der Kinder ihre Erwartungen und Kommunikationsweisen verändern, so daß es bisweilen im Familienzyklus zu krisenhaften Transformationen der internen Beziehungen kommt. Krisen können Krisen nach sich ziehen, aber auch alle in reiferer Form eine neue Stabilität finden lassen; was Therapien intendieren, ist Teil dessen, was wir als Normalität interpretieren. Ohne Selbst- und Mitweltveränderungen in der Zeit kann die Familie die Identität der Edukandi nicht fundieren. Die Familie ist eine „Identität in Transformation", und sie hat die paradoxe Funktion, alle aneinander zu binden, um sich mit der Ablösung der Jugendlichen dann definitiv aufzulösen.

2 Die Kleinfamilie als „Figuration" und „System"

Die Pädagogik, die sich am Modell asymmetrischer Zweierbeziehungen orientiert, verfügt kaum über fachspezifische Begriffe, um Mehrpersonensysteme auszuleuchten, in denen nicht die Struktur über professionelle Rollen, Programme und Organisation schon vorfindbar ist (Schule). Die Familie verfügt über eine bemerkenswerte Struktur in pädagogischer Hinsicht, sie bindet zwei gegengeschlechtliche, voll sozialisierte Erwachsene dauerhaft an die Kinder. Erziehung findet nicht nur permanent neben Nichterziehung statt, sie ist auch immer zugleich Thema in der Familie. Man stelle sich vor, jede Schulklasse würde zu jeder Zeit von zwei dauerhaft aneinander gebundenen gegengeschlechtlichen Lehrern unterrichtet werden. Durch das Ehesystem ist immer auch die Wirklichkeit der Erwachsenen wie ihr Sinnstreben Teil der Familienwelt, da die Erwachsenen ihre Individualität und Beziehung täglich leben und abklären im Wechselbezug zu ihren Leistungs- und Konsumentenrollen außerhalb der Familie.

Die interaktionistische Soziologie interpretiert die Familie als „unity of interacting personalities" (BURGESS/LOCKE 1945), wobei die Personen selbst wiederum als Einheiten sich abgrenzen und Innenumwelten aller anderen Familienmitglieder sind.

Die Erziehungsfamilie

In der Familie erlebt jeder jeden als einzigartiges „idiotikon" (Jean Paul) und zugleich als „einzelnen Allgemeinen" (J. P. Sartre). In der Familienwelt sind die symbolischen Grenzen zu Schule, Arbeit, Kirche und Öffentlichkeit durchlässig, und doch sind diese deutlich geschiedene Umwelten wie andere Familien, die nur erlebt, nicht erlitten werden. Mollenhauer, Brumlik und Wudtke (vgl. MOLLENHAUER u. a. 1975) sprechen von der Familie als *Figuration*. Sie ist, erstens, ein System, das sich im Familienzyklus verändert und, zweitens, ihre Innenwelt im Gegensatz zu den „Verkehrsformen" entwickelt, in denen die Akteure dauerhaft außerhalb der Familie agieren (Arbeit, Schule, Konsum). Werden die Familienmitglieder in Schule und Wirtschaft in Leistungsrollen (sein wie alle anderen) beansprucht, so werden sie in der Familie als Personen in Interaktionsprozessen beansprucht. Beide Dimensionen durchdringen sich permanent; es ist die Leistung der Familie, das Ineinander von *Leistung und Liebe* zu entmischen. Diese Aufgabe war in der Produktionsfamilie noch direkt erlebbar und muß in der modernen Konsumfamilie täglich symbolisch geleistet werden. Die Familie formt in ihrer Geschichte eine spezifische Interaktionsstruktur aus (vgl. WATZLAWICK u. a. 1969), die hinter dem Rücken der Personen die Interaktionsverläufe konstituiert. Die Struktur ist offen, aber die Lernfähigkeit der Familie als System ist begrenzt, ihre Geschichte zwingt ihr ein Selektionsmuster auf, in dem sich die soziale Herkunft, die Personengenese in den Herkunftsfamilien der Eltern und die externen Karrieren zu einzigartigen Familienwelten mischen und verknoten (vgl. HESS/HANDEL 1975). Die Sozialisationsforschung versucht, die Familien in der Weise zu typisieren, wie sie bestimmte unvermeidbare interne und externe Funktionen erfüllen (vgl. MOLLENHAUER u. a. 1975, S. 176 ff.):

- personale versus funktionale Beziehungsfunktion (Liebe – Leistung);
- gleichberechtigte versus herrschaftsbestimmte Beziehung (Autonomie – Heteronomie);
- inhaltlich bestimmte versus funktional bestimmte Interaktion (thematische Vielfalt – Entleerung, Ritualisierung);
- subjektive versus mechanische Zeitschemata (Person – Karriere);
- problematisierende versus konventionalistische Interaktionsmuster (offen – geschlossen; vgl. BERNSTEIN 1973).

HESS/HANDEL (vgl. 1975) haben anhand von Fallanalysen gezeigt, wie die je besonderen Familien sich ablösen von oder binden an Traditionen, öffentliche(n) Wachstumskonzepte(n) (kirchliche Jugendführung, Schule, Pfadfinder) und intern versuchen, eine bisweilen disharmonische Lösung so heteronomer Determinanten wie Angst, Arbeitsansprüche, Lebensgeschichte, Geld und Krankheit zu finden. Hess/Handel leuchten die Innenwelt der Familie aus, in der jedes Mitglied trotz aller Überraschungen und Zufälle eine „Voraussagbarkeit erwünschter Erfahrungen anstrebt" (HESS/HANDEL 1975, S. 16). Sie interpretieren ebenfalls die Familie als psychosoziales System, in dem sich personale und soziale Systeme im Wechselbezug aufbauen, steigern, eingrenzen entlang folgender fünf Aspekte, für die alle Familien Lösungen finden müssen:

„ 1. Erstellung eines Schemas für Getrenntheit und Verbundenheit
2. Erstellung einer zufriedenstellenden Kongruenz der Bilder durch den Austausch geeigneter Information
3. Entfaltung von Interaktionsweisen zu zentralen Belangen oder Themen der Familie
4. Festsetzung der Grenzen für die Erfahrungswelt der Familie
5. Behandlung wesentlicher biosozialer Fragen des Familienlebens, wie etwa in

der Disposition der Familie, Definitionen von männlich und weiblich und von älter und jünger zu entwickeln" (HESS/HANDEL 1975, S. 17).

Über Alter, Geschlecht und Verwandtschaftsgrad erhält die Familie ihre spezifische Struktur, wobei Sexualbeziehungen (Inzesttabu) nur im Ehesystem lizensiert sind; damit werden die Heranwachsenden auf außerfamiliäre Personen orientiert. Die Diffusion der Geschlechts-Alters-Beziehungen würde es nicht erlauben, das Drama Familie so zu spielen, daß durch die Überwindung der Familientriade (ödipale Krise) die Kinder die symbiotische Beziehung zur Mutter, die intime Orientierung an der Mutter-Vater-Kind-Triade entmischen können von der Peer-group- und Rollenorientierung in der Schule. Im Familienzyklus werden schrittweise Strukturmuster der Interaktion aufgebaut und transformiert, die das Kind internalisiert. Es erwirbt so die Muster für persönliche und unpersönliche Beziehungen, für Liebe und Besorgungen, in denen es dann sich zu sich selbst ins Verhältnis zu setzen lernt. Die eigene Identität ist kein konsistenter Sinnplan, sondern eine zeit- und standpunktabhängige vereinfachende Synthesis widersprüchlicher Erfahrungen. In der Selbstbetrachtung scheidet jedermann seine Familienkindheit von seiner Jugend, seine Schulzeit vom Spiel auf der Straße, seine ersten Freundschaften und Liebschaften von den ersten Niederlagen in Beziehungen. Man erfährt seine Identität als Verschiedensein in der Zeit, als Verschiedensein in unterschiedlichen sozialen Gruppen und als Verschiedensein in zugemuteten oder selbstgewählten Themen- und Leistungsbereichen.

Kindheit und Jugend sind in dieser erinnerten Vielheit eine Kraftquelle für die Zukunft. Eine lebendige Lebensgeschichte haben bedeutet, eine Vielheit von Vergangenheiten zu haben. Insofern kann es nicht überraschen, daß es im Familienzyklus permanent auch um diese Sicherung eigener Erfahrungen, Geheimnisse und Leistungen geht (vgl. KROH 1958: Die zwei Trotzphasen indizieren den Einstellungswechsel der Kinder und Jugendlichen, um den Eltern gegenüber ihre Eigenerfahrungen zu behaupten; vgl. auch ERIKSON 1970). BERGER (vgl. 1973) hat gezeigt, wie vom jeweiligen Standpunkt aus Biographien umgeschrieben werden. Man kann schließen, wer angesichts neuer Lagen und Situationen nur auf *eine* Kindheit zurückgreifen kann, ist nicht umlernfähig. Familienleben, Schule – aber auch Therapien (vgl. AXLINE o. J., RICHTER 1967, SELVINI PALAZZOLI u. a. 1978) – sind stets Unternehmungen, Kinder und Familien aus den festgefahrenen Weltbildern und Interaktionsmustern herauszuführen, sie in die „Welt mit anderen" zu rücken und schrittweise damit zu belasten, was eine selbständige Lebensführung bei ungewissen Zukünften erfordert: unpersönliches Arbeiten, Beziehungen gestalten, Umlernen. Die Familie ist immer zugleich „Dominanz-, Sympathie- und Sachsystem" (vgl. CLAESSENS/MENNE 1973), Kinder müssen folglich auch in die Welt der alltäglichen Besorgungen und Pflichten eingewöhnt werden.

Es ist die Leistung der Familie, einerseits eine erwartbare Lebenswelt täglich zu reproduzieren, andererseits eine offene Mitwelt zu sein, um das Tun und Lassen in der Welt sinnhaft zu interpretieren. Die Familie bedarf einer Vielheit von Interaktionspraxen (Gesellung, Besorgung, Spiele, Routinehandlungen, Feiern), um Erfahrungen zu eröffnen und um auch jene nicht zu exkommunizieren, die Kinder unvermeidbar auch machen werden: über Sexualität, Gewalt, Konkurrenz und Versagen. Dieserart erwerben auch die „Normalen" die Möglichkeit, andere Lebensläufe (kriminelle, pathologische) nachzuvollziehen. In den nicht abreißenden Reihen partikulärer Situationen des Familienlebens gewinnen sich die Kinder als „einzelne Allgemeine", die in der Familie über die Bindung an Pflichten und Normen sich zurücknehmen können, um zu Zusammenarbeit und gegenseitiger Achtung

Die Erziehungsfamilie

überzugehen. Liebe und Sympathie geraten nun unter die Kontrolle reflektierender Haltungen (vgl. PIAGET 1954), denn die Eltern müssen die Kinder auf Leistungen hin orientieren.
Die Soziologie interpretiert aus der Perspektive der institutionalisierten Umwelten (Schule, Wirtschaft, Recht) diesen Persönlichkeitsaufbau als Erwerb der „Grundqualifikationen des Rollenhandelns" (KRAPPMANN 1976, S. 313). Die Kinder – und das macht ihre Schulfähigkeit aus – können jetzt sowohl in Person-Person-Systemen wie in Rollensystemen, die mit Programmen und Leistungsanforderungen operieren, agieren. Sie können zwischen diesen „Welten" scheiden und diese Differenz interpretieren (Rollendistanz), gleichzeitig widersprüchliche Erwartungen abwägen (Ambiguitätstoleranz) und ihr Handeln zeitlich organisieren (erst die Arbeit, dann das Spiel); sie können sich nicht nur in andere einfühlen (Empathie), sondern auch zwischen „sachlichen" und „motivierenden" Haltungen scheiden. Ihre Sprache wird nun sukzessive analytischer und selbstreflexiver (vgl. KRAPPMANN 1976, S. 321 ff.).
Die Differenz von Familie und Schule, von Neigung und Leistung zwingt sie zum Wechsel ihrer Selbstbezüge (Rollenidentität), die sie dann als Jugendliche erneut thematisieren werden. „Die Sicherheit, seine Rolle unter befriedigenden Bedingungen spielen zu können, dürfte hinwiederum die motivationale Voraussetzung dafür sein, die Wahrnehmung der Unterscheidung der eigenen Erwartungen und Bedürfnisse von denen der anderen überhaupt riskieren zu können" (KRAPPMANN 1976, S. 325).
Das traditionelle Familienmodell – Vater: Beruf, instrumentelle Rolle, versus Mutter: Haushalt, affektive Rolle – ist heute nur noch *ein* wählbares Muster. In der Erziehung der Kinder werden heute Töchter wie Söhne auf qualifizierende Ausbildungen hin orientiert. Der Entwicklung unpersönlicher Beziehungen (Qualifikationen, strategische Intelligenz) korreliert die Steigerung persönlicher Beziehungen (reziprokes Sprechen, Einfühlen in andere, Selbstthematisierungen).
Geschlecht und Alter definieren gleichwohl hintergründig die Familie als biosoziale Gruppe, beide Dimensionen sind stets auch *Thema* und *Szene* in der Familie und müssen über dramatische Inszenierungen (gespielte Verführungen, Umkehrung der Eltern-Kind-Hierarchie) in die Persönlichkeit integriert werden. Die Familie verhäuslicht gerade auch die leibliche Sphäre und die Körperfunktionen (Sexualität, Essen, Reinlichkeit), prägt die Körperhaltung, das Auftreten, die Sportlichkeit der Bewegungen (vgl. VEBLEN 1971), die Delikatesse der Aussprache und Körpersprache für männliche und weibliche Partien. Außerhalb der Familie agieren täglich alle Mitglieder der Familie in Leistungs- und Konsumentenrollen, abends ist die ganze Gesellschaft Familie.
In dieser täglichen „Eigenzeit" und am Wochenende (vgl. BRONFENBRENNER 1976) verfertigt sich die Familie durch ihre scheinbar freiwilligen Gespräche und Besorgungen hindurch als Familienwelt, interpretiert die Außenerfahrungen und evaluiert das Erleben als Teil/Nicht-Teil des Familienweltbildes.
Unmerklich wandelt sich jede Familie in der Zeit, alle werden älter, haben eine gemeinsame, für die Heranwachsenden folgenreiche Geschichte. Die Familie löst sich endlich auf, die jungen Erwachsenen wählen sich ihre Abhängigkeiten nun selbst. Zurück bleiben die Ehepartner, die nun ihre Familienvergangenheit und Zweierbeziehung als lohnende Zukunft leben müssen.

Hubert Wudtke

3 Familie als Kommunikationssystem

Zum Zwecke der Analyse läßt sich das Ehesystem mit seinem „lebenslänglichen" Zeithorizont absondern vom Eltern-Kind-(und Geschwister-)System. Dort interagieren zwei voll sozialisierte Erwachsene und lösen über Erfolge und Enttäuschungen ihre vergangenen Zukunftsentwürfe ein. Für die Eltern geht es um die Gestaltung und das Erleben einer sinnhaften Lebenswelt, in deren Rahmen die kleinen Kinder jederzeit belastbare Eltern vorfinden, um dann im Älterwerden auf Zeitpläne verwiesen zu werden, deren Zukunft schon in der Gegenwart die Übernahme von Pflichten und dauerhafter Lernarbeit erfordert. Mit der Ausdifferenzierung von Kleinfamilie und Schule werden Erziehung und Lernen seit dem 19. Jahrhundert zweimal gesellschaftlich kodiert und institutionalisiert, ohne daß sich Familie und Schule wechselseitig kontrollieren können. Die Familie steht unter der Pflichtanforderung, im Familienleben den Schulanfänger herzustellen und den Schüler zu betreuen, was zur pädagogischen Intentionalisierung frühkindlicher Betreuungen führt. Während sich das Kind einlebt, vermessen es die Eltern am öffentlichen Wachstumskonzept, vergleichen es mit allen anderen und bauen bereits die Akte der Pflege und frühen Gesellungen und Hätschelungen zu kommunikativen Praktiken um, wo einst das Stillen hintersinnig orientierte. Kaum spricht das Kind, wird die wahrnehmbare Welt durch die Welt der Bilderbücher erweitert. Die Dialoge zu den Bilderbüchern zeigen sehr schön die Lehrabsichten der Eltern (Vater und Kind, 2,5 J.):

K: (lacht) Hier guck mal hier.
V: Ja!
K: Ein Mann!
V: Ahm, oder ist das eine Frau?
K: N'Mann, nicht eine Frau!
    Das?
V: Na?
K: Das?
V: Was siehst du da?
K: n' Haus
V: Ja!
K: Noch eine Haus!
V: Ja, viele Häuser, ne? Und was ist das hier?
K: Ein Mann!
V: Das ist ein Mann? Mit vier Beinen?
K: Eine Wieh-Pferdchen!
V: Wieh-Pferdchen? Eine Ziege!
(So geht es endlos weiter)

(Quelle: WUDTKE 1979, S. 35 f.)

Die innerfamiliäre kindliche Umwelt (Kinderzimmer, Spielzeug, Bücher) verweist auf die „Natürlichkeit", das Aufwachsen in didaktischen Kabinetten über edukative Szenarien zu steuern und Kinder neben dem Mitleben in der Welt der Besorgungen in symbolischen Kontexten zu betreuen (Spiel, Sprache, Lernen). Es ist interessant,

daß kompensatorische Erziehungsprogramme, die Eltern ermuntern, diese Spiel- und Sprechpraxen zu sichern, günstigere Fernwirkungen aufweisen als Betreuungen durch Kindergärtnerinnen (vgl. BRONFENBRENNER 1975).
Erwartbar ist nun in der Familie eine Fülle von Dyaden, Triaden, wechselnden Koalitionen. Die moderne Familie wird genau darin identifiziert, daß die innerfamiliale Kommunikationsstruktur nicht mit der hintergründigen Rollenstruktur, die sich langsamer umstellt, zur Deckung kommt. Die innerfamiliären Gespräche werden nicht mehr entlang der Geschlechts- und Machtachse geordnet. Eltern achten auf die Verteilung der Redebeiträge, werden zu Zuhörern, halten allen Mitgliedern tendenziell die Themenwahl offen, was zur Steigerung der Themenvielfalt führt. Alle müssen mit mehr Inhalten und Perspektiven umgehen, Erklärungen und Begründungen nehmen in der Familie zu (vgl. BRUNER u. a. 1971, S. 90). Über die Sprache kontrollieren die Eltern die externen Erfahrungen der Kinder, zugleich wird das Alltagsleben durchmischt vom kindlichen Sinnstreben. Die Familie läßt bis zu einem bestimmten Punkt den Egozentrismus aller ins Spiel kommen. Das Spielverhalten des Kindes durchmischt die „Institute" des Essens, Badens, Ins-Bett-Gehens, das Kind wird als einzigartige Person geachtet/kritisiert, was die Anforderungen an alle steigert, immer wieder die Balance zu finden. Beim Essen ist die Aufmerksamkeit gefordert, bald will die eine, dann die andere Person ins Spiel kommen, bald ist das Handeln Thema, dann wird das Thema zum Thema.

(V. = Vater; 1. K. = Junge, 5 J.; 2. K. = Junge, 3 J.; B. = Besuch)
Abendbrot, 1. K. klopft mit dem Messer auf dem Tisch herum.

V.:	B. n' Messer ist zum Streichen da!	
1. K.:	n' Messer ist zum Spielen da! (klopft weiter)	symmetrische Kommunikation
V.:	Ne!	
1. K.:	Zum Spielen!	
V.:	Es gibt Messer zum Spielen, aber dies ist zum Brotstreichen!	Begründung, Themenverschiebung
2. K.:	(ißt) So viel!	Person-Themenwechsel
V.:	Donnerwetter!	Sprachspielwechsel
1. K.:	Aber 'n Messer ist zum Spielen!	
V.:	Kriegst du alles in deinen Mund?	Dyaden und Themen überlappen sich
B.:	(lacht) Ne! (zu 1. K.)	B. springt in die Rolle des Vaters, versucht Moduswechsel (Spiel)
1. K.:	Ich hab eins hier! (zeigt das Messer)	
V.:	Ne!	Symmetrie
1. K.	Doch! (klopft)	
V.:	Die sind doch extra nicht scharf, damit man sich im Spiel nicht verletzt-ne?	V. erweitert das Argument, zielt auf Zustimmung.
1. K.	(Hört auf zu klopfen!) Habt ihr nur solche Messer?	K. geht aufs Thema ein!
2. K.:	Alle!	Personenwechsel, Fortführung des Themas

Hubert Wudtke

V.:	Nein! (zu 1. K.)	V. wechselt nicht mit.
1. K.:	Doch!	1. K. antwortet im Sinne seiner Frage nicht sinnvoll, aber sinnvoll in dem Symmetriespiel!
V.:	Wir haben Fischmesser, die sind auch nicht scharf, weil man Fisch nicht zu schneiden braucht, aber diese Messer sind scharf, weil man alles Mögliche mit schneiden muß: Brot, Wurst und Käse! (zu 2. K.) Lauf nicht weg!	V. erweitert das Argument zu einer Kurzlektion. Jetzt rächt sich die fehlende Aufmerksamkeit für 2. K. Der Vater muß sehen, wie er zum Essen kommt, Essen als Institut der Familie vorführt und „Besuch" als Institut handhabt.

(Quelle: etwas verändert: WUDTKE 1979, S. 43 f.)

Die Familie ist durch ihr bloßes Dasein ein Sozialsystem, das funktional erzieht über die Ordnung der Dinge und die repetitiven Ereignisse; aber die Familie traut sich zu, die Situationen kommunikativ sensibel zu managen; Regeln, Normen werden immer wieder zum Thema, man kann aus der Rolle fallen, wird aber bald Begründungen angeben müssen. Die Familie sieht sich vor der Aufgabe, die Kinder auf außerfamiliäre Situationen hin zu orientieren, wobei sie versucht, die konstituierten Regeln und Zwänge, sobald die Kinder sprachfähig sind, zu konstituierenden, zustimmungsfähigen Regeln umzubauen. In jedem Fall muß sie mit den bewirkten Wirkungen wiederum umgehen müssen, und sie wird den Versuch unternehmen, auf kommunikativ Bewirktes erneut kommunikativ einzuwirken.
Die Forschung hat die Umstellung der Familie von autoritären zu umkehrbaren Interaktionsmustern in den letzten Jahrzehnten herausgearbeitet (vgl. BERNSTEIN 1973, BRONFENBRENNER 1958). Den Gleichheitsbestrebungen im Ehesystem entspricht die Ausformung einer „unterstützenden Erziehung" (vgl. DE MAUSE 1980) und die Achtung des Kindes als ein eigenes Selbst, was sich prägnant in dem Imperativ spiegelt: „Kinder schlägt man nicht!" Die Familie versucht, diesen Weg der „zwanglosen" Erziehung zu gehen. Es darf aber nicht übersehen werden, wie anspruchsvoll und anforderungsreich das Unternehmen ist, eine kommunikative Erziehung zum Gelingen zu bringen, die sich nicht mehr im Wechsel von Liebe, Hätscheln, Moralisieren und Strafen erschöpft, während gleichzeitig die gesellschaftlichen Verkehrsformen Zwänge ausüben (Arbeitslosigkeit, rigorose Konkurrenz, Gewalt) und die Erziehungssemantik auf Disziplin, Härte und Egoismus orientiert. Der Öffnung für *Empfindsamkeit* (vgl. DOKTOR/SAUDER 1976) im 18. Jahrhundert korreliert weder eine humane öffentliche Kultur noch öffentliche Fürsorge. Erst mit der Ausformung einer öffentlichen Kultur wächst auch den Eltern die Fähigkeit zu einer selbstbeherrschten Kommunikation zu, um Konfliktsituationen überwiegend gewaltfrei zu lösen (vgl. KUCZYNSKI 1981, S. 233 ff.). Bis in das 20. Jahrhundert hinein werden die Themen der „echten Autorität" und der „richtigen Strafen" aufwendig und raffiniert ausgelegt (vgl. RUTSCHKY 1977). Aber die sensiblen Väter zeigen schon äußerste Erregungen, wenn sie glauben, noch strafen zu müssen, und suchen das Gespräch mit dem Seelsorger, um ihr Tun als gebotenes Tun zu verstehen (vgl. SALZMANN 1796).
Die Pädagogen und Psychologen bereiten umwegreich ein Verstehen des kindlichen Sinnstrebens inmitten einer Welt von Anforderungen, Zwängen und Regeln vor und fordern den Eltern die Mühe ab, ihr eigenes Tun zu überprüfen. Die Eltern

Die Erziehungsfamilie

sollen nicht mehr von dem Verhalten der Kinder auf Eigenschaften der Kinder, sondern auf ihr Verhalten zu den Kindern schließen: „Von allen Fehlern und Untugenden seiner Zöglinge muß der Erzieher den Grund in sich selbst suchen" (SALZMANN 1964, S. 13).
Die privatisierte Kleinfamilie wird angeleitet, zunächst das Innenleben zu organisieren (vgl. HEINSIUS 1838), die Frau wird auf die Innenwelt, die Partituren der Pflege, das Selberstillen (vgl. BADINTER 1981, LÜSCHER 1976) und das Spielen (Fröbel) spezialisiert; der Mann belehrt und richtet, bis endlich auch er intimere Sprechsituationen zu handhaben lernt (vgl. OTTO 1903).
Die Psychologen D. und R. Katz legen 1928 ein instruktives Dokument vor; ihre „Gespräche mit Kindern" (KATZ/KATZ 1928) geben Einblick in die edukative Innenwelt der bürgerlichen Familie. Während das Kindermädchen und die Großmutter die Kinder überwachen, stellen sich die Eltern zu bestimmten Belehrungssituationen und allabendlichen *Beichtgesprächen* ein (M. = Mutter; T. = Junge 5J.; J. = Junge 3;5J.):

M: Hast du was Schlechtes gemacht? Hast du jemanden gehauen?
J: Du mußt fragen, hast du Großmutter gehauen?
M: Hast du Großmutter gehauen?
J: Nein!
M: Hast du Papi gehauen?
J: Nein!
M: Hast du deinen Teller leergegessen?
J: Ja.
M: Was hast du denn getan?
J: Ich bin Tante O. davongelaufen! (b)
M: Auf der Straße?
J: Nein, im Zimmer. Ich wollte ein Kissen holen und Tante O. hat mich nicht gelassen.
M: Warst du vielleicht an ein offenes Fenster gegangen?
J: Ja, T. war auch dabei! (c)
M: Darf man denn an das offene Fenster herangehen?
J: Nein!
M: Warum darf man an das offene Fenster nicht herangehen?
J: Weil man herausstürzen kann.
M: Tu es nicht wieder, Babychen. – Hast du noch was getan heute?
J: Ja, ich habe geweint!
...
T: Mami, ich habe sie heute alle gehauen und das Babychen gebissen.
M: Und warum hast du Baby gebissen?
T: Ja, weißt du Mami, er hat die Lokomotive mit dem Wagen verwechselt und das geht doch nicht. Der Wagen ist doch kürzer und die Lokomotive ist doch länger.
M: Ist das denn so schlimm, daß man dafür beißen muß?
T: Nein, du mußt es mir erklären, du mußt eine Schule haben.
M: Wie denkst du denn das?
T: Ja, du mußt immer sagen, Theodor beiße nicht. – Mami, ich habe auch Babychens Finger in der Schublade geklemmt.

(Quelle: KATZ/KATZ 1928, S. 69 f.)

Hubert Wudtke

Das Gespräch ist ein – bisweilen spielerisches – Ritual, so fordert J. eine ganz bestimmte Fragetechnik ein. Die Mutter kommt nicht als Person, sondern als Erzieherin ins Spiel, dem entspricht exakt, daß T. schulische Anordnungen verlangt. J., obwohl schon 3;5 J. alt, hat noch keine Individualität. Als „Babychen" hat er für Bruder und Mutter einen „Ding-Status", dem bestimmte Behandlungsformen zukommen. Im Kommentar interpretiert die Mutter die Äußerungen (b, c) so: „Erneute Belege dafür, daß bei J. der Bericht über Vergehen nicht wie bei T. spontan, sondern nur bei ausdrücklicher Befragung nach den einzelnen Handlungen erfolgt. Bei ihm ist darum noch mehr als bei T. das Verfahren angebracht, seinen Eröffnungen eingehendere Ermahnungen folgen zu lassen und diese durch Ausmalung von schlimmen Folgen, die unrechtes Verhalten haben kann, ganz eindringlich zu machen" (KATZ/KATZ 1928, S. 71).
Die Interaktionsform ist starr und voraussagbar, sie ist in diesem Sinne restringiert (vgl. BERNSTEIN 1973) und orientiert die Kinder auf Autorität, vor der es keine Geheimnisse gibt. Der starren Interaktionsform, die keine Gefühle verbalisiert, entspricht die eigentümliche Thematik latenter und offener Aggressionen gegenüber inferioren Hausmitgliedern (Hauen, Beißen, Klemmen). Der Semantik der Sprache in der Situation entspricht die Semantik der Sprache über die Situation: „Ermahnung, Hauptsünden, Ausmalung schlimmer Folgen, unrechtes Verhalten, Drohen".
Der Richter-Status der Eltern orientiert in der Situation und über die Situation. Diesem Dokument aus dem bürgerlichen Familienalltag entspricht die Mystifikation der Eltern in der pädagogischen Theorie (vgl. HEINEN 1934). Die Ratgeberliteratur, die nun auch die proletarische Familie erreicht (vgl. SCHULZ 1926), demonstriert dieselbe sichere Orientierung.
Im Zuge der Ausdifferenzierung des Schulsystems nimmt die Familie ihre strikten Pläne (Privatschule, Hauslehrer) zurück und spezialisiert sich auf das Innenleben in Familie, um alle Familienmitglieder flexibel auf die Außenkarrieren einzustellen. Die Familie reagiert auf die Ereignisse, baut auf, fängt Enttäuschungen auf, tröstet, aber versucht auch, Motive aufzubauen, wenn Familienmitglieder extern scheitern. Die Familie erzieht heute situationsgebunden stärker kognitiv (statt normativ) und kommunikativ und versucht angesichts der Vielheit von Regeln, Freiheitsgrade in der Innenwelt zu sichern. Die Familie bindet sich damit an ihre eigene Geschichte.
Die Literatur zeigt ziemlich klar, daß die familiale Interaktion in dem Maße starr und zwanghaft wird, wie die wichtigsten Güter knapp werden: Geld, Zeit, Arbeit, Wohnraum, Bildung (vgl. MOSER 1970, WAHL u. a. 1980).
Die Familie ist zwar auf Liebe spezialisiert, sie muß aber auch immer konsequenter Kindheit kontrollieren und auf Leistung orientieren. Diese Anforderungen führen zu einer permanenten Vermischung von Liebe und Leistung, die kommunikativ nur schwer zu entzerren ist.
BERNSTEIN (1973, S. 277) postuliert einen Zusammenhang zwischen elterlichen Kontrollformen und kindlichem Lernverhalten:

Form	Lernverhalten	Lernniveau
Imperativ	Hierarchie	Restringierter Code
Positional	Rollenverpflichtung und Differenzierung	Restringierter Code Elaborierter Code
Personal	Interpersonal Intrapersonal	Restringierter Code Elaborierter Code

Die Erziehungsfamilie

Die Kontrollformen (Performanzbedingungen) bringen je auf besondere Weise die Kompetenz (Sprache, Kognition) der Kinder zur Funktion und eröffnen oder verschließen ihnen Zugänge zur Weltaneignung. Eine Familie, die sowohl Positionen (Leistungsmotivation) wie Personen (Selbstkonzepte) anerkennt und balanciert, erzeugt in allen Mitgliedern heuristische Modelle und metakommunikative Sprachspiele, um Themen von Beziehungen zu scheiden, um in der Situation über die Situation reden zu können oder um von einem Kommunikationsmodus zum anderen zu wechseln (Humor, Witz, Streit, Spiel, Erklärung – vgl. BATESON u.a. 1976). Kommunikationsprozesse laufen blitzschnell ab, überfordern Aufmerksamkeit und Gedächtnis hinsichtlich aller möglichen Sinnverweise. Die Erwartung, die der Vater an die Tochter im Gespräch stellt (Hausaufgaben zu erledigen), kann zugleich als Lektion für den Sohn oder als Vorwurf an die Mutter gemeint sein oder so verstanden werden. Der Sohn kann den Hinweis übersehen und kritisiert ebenfalls die Schwester, was den Vater nötigt, dem Sohn klarzumachen, daß auch er gemeint sei. Die Tochter kann nun protestieren, weil sie meint, nicht gemeint zu sein, gleichzeitig kann die Mutter gegen den impliziten Vorwurf opponieren („Du unterstützt mich nicht!"), so daß sich die Eltern in der Definition des gemeinten Sinns verbeißen und gemeinsam ihre Ehegeschichte thematisieren. Die Kinder sind nur noch Publikum, sie erhalten eine nuancenreiche Belehrung über Ehebeziehungen. In die nächste Gesprächsrunde kann die vergangene als Thema über Beziehungen eingehen, oder alle können versuchen, die mögliche Fortsetzung zu vermeiden, was ihre spontanen Kommunikationsmöglichkeiten einschränkt.

HESS/HANDEL (1975, S. 15) interpretieren die Familie als „Karussell der Interaktion", CLAESSENS (1962, S. 60) nennt sie eine „vibrierende Einheit". Immerfort passiert etwas Unvorhersehbares, und man kann auf orientierende Rollen und überzeugende Pläne kaum noch zurückgreifen, die Vorhersehbarkeit liegt allein darin, daß alle über alles reden können.

Die moderne Familie kann endlich auch nur ein Selektionsmuster leben und darin die Abhängigkeiten und Unabhängigkeiten balancieren. Familien müssen heute mit mehr Sinn und Information umgehen, was einschließt, daß sie auf hohem Niveau daran auch „irre" werden können.

Die Zunahme psychischer Auffälligkeiten (vgl. HURRELMANN 1976) ist das Resultat einer Gesellschaft, die für ihren Lebensstandard bereit ist, andauernd neue Technologien und Verkehrsformen zu erzeugen, und damit alle zum permanenten Umlernen und zur ungeselligen Konkurrenz anhält, was hochsensible psychische Verfassungen nach sich zieht mit allen Folgewirkungen von Orientierungsunsicherheiten, Abweichungen und einer Vielheit neuer Lebensstile. Die Krisenphänomene machen die Familie zu einem öffentlichen Thema. Der gesellschaftliche Diskurs kann nun auf eine Revision des tradierten „Normalitätskonzeptes" drängen, er kann aber auch Druck ausüben auf die familienrelevanten Umwelten, die von der Familie Wandel erwarten und selber ihre Interaktionsformen nicht umstellen. Das bedeutendste Beispiel liegt in der Steigerung der schulischen Ausbildung, aber die relevanten Umwelten nehmen die Jugendlichen nicht auf und geben die Probleme an die Individuen und Familien zurück.

4 Orientierung am „Haus"

Die privatisierte Kleinfamilie ist schwerlich zu interpretieren als die freie Wahl und Inszenierung romantischer Erwachsener, wie SHORTER (vgl. 1977) es deuten will. Sie differenziert sich in dem Moment aus, in dem die Gesellschaft zur funktionalen

Differenzierung übergeht. Die Geschichte der privatisierten Kleinfamilie läßt sich parallel zur Geschichte der Schule, der großen Industrie, der Trennung von Kirche und Staat und der Entwicklung der Geldwirtschaft lesen. Die Familie tritt an die Stelle des zusammenbrechenden Hauses und der überforderten kirchlichen/polizeilichen Systeme für Waisen, vagabundierende und uneheliche Kinder (vgl. DONZELOT 1980). Die gleichzeitige Durchsetzung von Familie und Schule erzwingt die „Entdeckung des Kindes" und die „Herstellung" der Rolle des Kindes (vgl. ARIÈS 1975, LÜSCHER 1976).

Erziehung ist vor dem 18. Jahrhundert kein greifendes Thema. In den frühen Schriften zur Familienerziehung sind die Familienstellvertreter (Ratsherrn, Priester) und die Hausväter der Oberschichten als Adressaten gemeint (vgl. ALBERTI 1962, BITSCHIN 1905), wobei die Sorge den Söhnen gilt, die für die Verkehrs- und Kommunikationsformen der international verbundenen Oberschichten ausgebildet werden sollen. Die Sorge gilt außerdem dem Priesternachwuchs aus den unteren Schichten. Die Erziehungsimperative zielen auf die Zucht, kritisieren die weltliche „Bauchsorge" und die Eltern als schlechte Vorbilder. Der Keim einer verfehlten Zukunft wird als kindlicher „Eigensinn" identifiziert, den es zu brechen gilt (vgl. FRANCKE 1957, S.17f.), denn es geht in der Welt um die Gewinnung der Ewigkeit.

„Hast du Söhne? so unterweise sie! Hast du Töchter, so bewahre ihren Leib!" (v. BANDEL 1764, S. 2). Diese geschlechtsspezifische Zuordnung von Erziehungsmaximen zeigt, ohne über die Wirklichkeit etwas auszusagen, daß nach Erziehung gefragt wird. Solange die Lehre im Haus stattfindet, erhalten Jungen und Mädchen bei spezifischer Arbeitsteilung doch eine äquivalente Ausbildung, wie es sich an der starken Position der Frau in speziellen Zünften zeigt (vgl. BEUYS 1980). Werden die Seelsorger aber gefragt, dann geben sie Antworten. So hat Bitschin im Kontrast zur Ausbildung rhetorischer Fähigkeiten beim jungen Herrn die Ausbildung zum Schweigen bei den Mädchen anempfohlen. Öffentliches Spazierengehen und Reden aber galten auch als sexuelle Provokation, er empfiehlt eine Erziehung zur „Waldanmut" (BITSCHIN 1905, S.187); beim Anblick junger Männer ziehen sich die Frauen scheu zurück. Obwohl er das „Schweigen" der Frauen auch damit begründet, daß sie über geringere Verstandeskräfte verfügen, so empfiehlt er doch eine gewisse Ausbildung in den Wissenschaften gerade für die Unverheirateten: „Sie [die unverheiratete Frau, H.W.] soll in das Studium der Wissenschaft eingeführt werden, damit sie nicht am Ende müßig dahinlebe" (BITSCHIN 1905, S.189).

Erst mit Locke und Rousseau ändert sich die Semantik für Erziehung, das Kind wird nun als Selbstlerner mit einer offenen Zukunft entdeckt. Das Kind tritt aus seiner Anonymität heraus. Aber erst die Philanthropen kombinieren Kind und Familie (Campe, Salzmann), die Familie wird zum Gesprächskreis.

SALZMANN legt mit „Conrad Kiefer" (1796) die erste Familienpädagogik vor, sie wendet sich an den Hausvater, der in Zwiesprache mit dem Pfarrer seine Orientierungsunsicherheiten abklärt und die Mutter beaufsichtigt. Er beginnt, sich durch seinen Sohn Hinweise geben zu lassen, wie er erzogen werden will. Gott und die Natur geben die Orientierung, die freilich bei irrenden Menschen im Diskurs der Seelsorger abgeklärt werden muß.

Pestalozzi findet im Landproletariat den Vater als Ansprechpartner nicht vor, er wendet sich an die Mütter, die im Zusammenspiel mit dem Pfarrer und dem philanthropischen Gutsherrn, die Männer aus dem Wirtshaus holen sollen, damit beide das züchtige Hauswesen als Miniatur des Pfarr- und Gutshauses inszenieren (vgl. PESTALOZZI 1945; zur theoretischen Diskussion: vgl. DONZELOT 1980). Die Wohnstube wird zum Symbol für Erziehung. „O, es ist ein heiliger Ort um die

Die Erziehungsfamilie

Wohnung des Menschen; da kennt, da versteht man einander, da geht einem so alles ans Herz; da soll man einander lieb seyn, wie man sonst nirgend auf der Welt lieb ist, da ist es so still, da ist nichts Fremdes und kein Schuldgefühl; da spinnt die Tochter und lernt im Spinnen die Lieder alle, die ihre Mutter neben ihr singt; da hält man keine Hand still um des Lernens willen; und für das Landvolk ist das, keine Arbeitszeit beym Lernen verlieren, und keine Hand beym Lernen stille halten, das Allerwichtigste [...] denn Arbeiten ist für das Landvolk das Nötigste" (Pestalozzi, zitiert nach MOLLENHAUER u. a. 1975, S. 20).

Der Sprachgestus läßt ahnen, wie unwirtlich die Wirklichkeit an der Schwelle zur großen Industrie gewesen ist. Ohne Kinderarbeit lebt die Familie unter dem Existenzminimum, die unqualifizierte Kinderarbeit bedarf der Beschulung nicht und nicht der Beseelung der Innenwelt. Die Heim- und Industriearbeit setzt die frühe Hereinnahme in die Arbeitswelt fort, wie sie auf dem Lande üblich war. Sie führt in der Industrie aber zur Konkurrenz mit den Vätern und zur frühen Vernichtung der Gesundheit (vgl. KUCZYNSKI 1981). Das 19. Jahrhundert nimmt die Botschaft von der Kleinfamilie auf, deren genaues Korrelat die Durchsetzung der Staatsschule ist (vgl. LESCHINSKY/ROEDER 1976). Die Pädagogen sorgen dafür, den Familieninnenraum (Spiel, Intimität, bebilderte Welt, Kinderzimmer) und den Schulraum mit pädagogischen Praxen, Themenreihen und Ersatzwelten (Medien) zu möblieren. Die Kleinfamilie grenzt sich hermetisch zur Öffentlichkeit ab (vgl. RIEHL 1855), aber breitet in der Innenwelt Kommunikationsmuster aus, die gerade über den bornierten Nahhorizont der Kommune hinausweisen.

Im 19. Jahrhundert sind dann auch die pädagogischen Interaktionspraxen von der Kose- und Pflegezeit bis zum klugen Tischgespräch und zum Unterricht im Hause (vgl. OTTO 1903) so weit entwickelt und durchgearbeitet, daß sich die Erziehung den Abschied von den traditionellen Schul- und Strafritualen zutrauen kann. RUTSCHKY (vgl. 1977) übersieht, daß diese Semantik und Praxis erst Schritt für Schritt ausgearbeitet und in ihren Folgewirkungen bedacht werden muß. Das unbekannte Kind wird erst zum verkindlichten Kind, das nun in pädagogischen Sonderumwelten seine Identität gewinnen muß.

Das „Haus" und die „Wohnstube" bleiben das Hintergrundschema (Schulhaus/ Schulstube), die Vater-, Mutter- und Kindrollen werden durchartikuliert und gesteigert entlang den Dimensionen „echte Autorität" und „Liebe" (vgl. HEINEN 1934).

Zu Beginn des 20. Jahrhunderts sind alle in Familie *und* Schule. Die Psychologen beginnen nun den Druck zu messen, der in der Innenwelt entsteht und in die Innenwelt der Personen weitergegeben wird. Die Tiefenpsychologie zeigt, daß wir alle inwendig und auswendig das Drama Familie spielen.

Familie und Schule gewinnen ihre Eigendynamik, was sich in der nicht erwartbaren Integration aller Kinder in einer Grundschule 1920 niederschlägt. Familie und Schule agieren außerhalb des Rahmens sozial bedeutungsvoller Handlungen und sind doch zugleich Ernstsituationen. Sie arbeiten gegeneinander und aufeinander bezogen immer anspruchsvollere Kommunikationspartituren aus, erzeugen neue Problemstellungen, die von den säkularisierten Seelsorgern in Elternschulen und Erziehungsberatungsstellen vorbeugend und therapeutisch angegangen werden. In allen Großstädten entstehen rasch hintereinander „Mütterschulen", „Elternschulen" und Erziehungsberatungsstellen (vgl. HARGASSER 1975).

Hubert Wudtke

5 Die „Erziehungsfamilie" und die Pädagogen als Berater und Stellvertreter

Der Namenwechsel von den „Mütterschulen", über die „Elternschulen" zu den „Familienbildungsstätten" bis hin zu „Gesprächskreisen", „Selbsterfahrungsgruppen" und „Familienkonferenzen" zeigt an, daß die Pädagogen nicht mehr von höherer Warte aus die Familien belehren und orientieren können. Sie grenzen heute kunstvoll Orte der Begegnung aus (vgl. EXNER u. a. 1979, SCHIERSMANN/THIEL 1981), um die Familien miteinander ins Gespräch zu bringen, wobei die Leistung der Pädagogen in der indirekten Rahmung von Themen und in der Sicherung von lohnenden Kommunikationsabläufen liegt. Die Familien sind selbst Experten ihrer Innenwelt, sind längst in Gespräche über ihre Gespräche verwickelt und leben zugleich in „typischen Situationen". Sie sind freilich darin gefangen und befangen. Pädagogische Kontexte werden nun so ausgelegt, daß das Wissen (Ambivalenz) durch die Gesprächsführung zur Ausdrückbarkeit gelangt. Die Familienbildung gibt Fingerzeige für das Ineinander externer und interner Determinanten des Familienlebens, weiß aber um das Selektionsmuster, das jede Familie selbst leben muß. In Gesprächen sollen sich die Familien selber das Maßgebende aufzeigen, im Selbstgespräch kontinuieren, um dann auch abzusondern, was in der eigenen Geschichte sich als hemmende Struktur eingespielt hat oder was ihnen außerfamiliäre Umwelten als Probleme zuspielen. Im Konkreten das Allgemeine sprachlich auszudrücken und das Allgemeine zu konkretisieren, das lenkt die Muster der Familienbildung. Der Blick kann wandern in die Innenwelt, aber auch Beziehungen zwischen Innenwelten und Außenwelten erfassen.

Die Pädagogen können das ehrwürdige Geschäft fortführen und die Familie in der Politikberatung vertreten, um die Konditionen dafür zu sichern, daß die Familien ihre Erziehungsfunktion zur Wirkung bringen können, denn bezogen auf eine vernünftige Identität in komplexen Gesellschaften, werden Familien immer unwahrscheinlichere Leistungen abverlangt. „Welche Eigenschaften muß das Sozialisationsmilieu der Familie besitzen, um den Kindern Selbstsicherheit, Gewissen, intellektuelle Fähigkeiten, Leistungsmotivationen, Empathie und Solidarität sowie die Fähigkeit zu produktiver Konfliktbewältigung […] vermitteln zu können?" (BUNDESMINISTER FÜR JUGEND, FAMILIE UND GESUNDHEIT 1975, S. 14).

Die Paradoxie für die Familie liegt darin, daß sie diese „Vollkommenheiten" selber nicht wirklich bewirken kann, denn was sie als „Sozialisationsmilieu" ist, ist zugleich ihr Schicksal und ihre Selbstleistung. Die Familie kann sich ändern, aber sie entzieht sich einer durchgreifenden pädagogischen Kodierung, erzieht die Familie doch gerade darin, daß sie nicht intentional erzieht. In diesem Sinne ist die Familie auch nicht der Ausgangspunkt, dem die Kausalitäten zugerechnet werden dürfen: Abweichende und pathogene Karrieren sind auch die Antwort auf die Welt da draußen, die alles andere als in Ordnung ist.

Die Einnahme der Elternrolle spätestens lehrt, daß die alltägliche vertraute Mitwelt, die aus den Erinnerungen an die eigene Kindheit aufsteigt, den Eltern als Leistung und Engagement abverlangt wird. Das Szenarium aus Besorgungen, Sorgen, Obhut und Gesellung erfordert täglich Umsicht und Selbstbeherrschung und überfordert, wenn die wichtigsten Güter knapp werden. Die Eltern können heute auch das sozial Selbstverständliche nur noch bewirken, wenn sie umsichtig, lern- und kommunikationsbereit bleiben, denn die relevanten Umwelten verändern sich ohne Rücksicht auf das Erziehungssystem. Freigesetzt vom „Haus" und von seiner bindenden Vergangenheit, schreibt die geschichtslose Kleinfamilie bei knapper Eigenzeit ihre Geschichte selbst. Die Familiengeschichte wiederum muß so unbestimmt bei aller

Die Erziehungsfamilie

Besonderheit sein, daß der junge Erwachsene an seine Vergangenheit beliebige Zukünfte anschließen kann, denn die jetzige Generation hinterläßt der nachfolgenden Generation Problemstellungen, deren Fortschreibung sie betreibt, weil sie ihr über den Kopf gewachsen sind.

Die wirklich produktive Leistung der Familie liegt darin, daß sie immer wieder den Versuch unternimmt, über ihre Kommunikationspraxis Vertrauen und Lernbereitschaft zu stiften in den Beziehungen zwischen Jung und Alt.

ABRAHAMS, F. F./SOMMERKORN, I. N.: Arbeitswelt, Familienstruktur und Sozialisation. In: HURRELMANN, K. (Hg.): Sozialisation und Lebenslauf, Reinbek 1976, S. 70 ff. ALBERTI, L. B.: Über das Hauswesen, Zürich 1962. ARIÈS, PH.: Geschichte der Kindheit, München 1975. AXLINE, V.: Dibs. Die wunderbare Entfaltung eines menschlichen Wesens, Bern/München o. J. BADINTER, E.: Die Mutterliebe. Geschichte eines Gefühls vom 17. Jahrhundert bis heute, München/Zürich 1981. BANDEL, J. v.: Die Hohe Schul der Eheleuten zur Erlernung einer ohnfelbarglüklichen Kinderzucht, Constanz 1764. BATESON, G. u. a.: Schizophrenie und Familie, Frankfurt/M. 1969. BERGER, P.: Lebenslauf und Lebensläufe oder: Vergangenheit nach Maß und von der Stange. In: STEINERT, H. (Hg.): Symbolische Interaktion, Stuttgart 1973, S. 197 ff. BERNSTEIN, B.: Ein sozio-linguistischer Ansatz zur Sozialisation: Mit einigen Bezügen auf Erziehbarkeit. In: GRAUMANN, C. F./HECKHAUSEN, H. (Hg.): Pädagogische Psychologie. Grundlagentexte 1: Entwicklung und Sozialisation, Frankfurt/M. 1973, S. 257 ff. BEUYS, B.: Familienleben in Deutschland, Reinbek 1980. BITSCHIN, K.: Pädagogik. Das vierte Buch des enzyklopädischen Werkes: „De vita coniugali", hg. v. R. Galle, Gotha 1905. BRONFENBRENNER, U.: Socialization and Social Class Through Time and Space. In: MACCOBY, E. u. a. (Hg.): Readings in Social Psychology, New York 1958, S. 400 ff. BRONFENBRENNER, U.: Wie wirksam ist kompensatorische Erziehung? Stuttgart 1975. BRONFENBRENNER, U.: Ökologische Sozialisationsforschung, Stuttgart 1976. BRUNER, J. S. u. a.: Studien zur kognitiven Entwicklung, Stuttgart 1971. BUNDESMINISTER FÜR JUGEND, FAMILIE UND GESUNDHEIT (Hg.): Zweiter Familienbericht. Familie und Sozialisation, Bonn-Bad Godesberg 1975. BURGESS, E. W./LOCKE, H. J.: The Family. From Institution to Companionship, New York u. a. 1945. CLAESSENS, D.: Familie und Wertsystem, Berlin 1962. CLAESSENS, D./MENNE, F.: Zur Dynamik der bürgerlichen Familie und ihrer möglichen Alternativen. In: CLAESSENS, D./MILLHOFER, P. (Hg.): Familiensoziologie, Frankfurt/M. 1973, S. 313 ff. COOPER, D.: Der Tod der Familie, Reinbek 1972. DE MAUSE, L. (Hg.): Hört ihr die Kinder weinen, Frankfurt/M. 1980. DOKTOR, W./SAUDER, G. (Hg.): Empfindsamkeit. Theoretische und kritische Texte, Stuttgart 1976. DONZELOT, J.: Die Ordnung der Familie, Frankfurt/M. 1980. ERIKSON, E. H.: Identität und Lebenszyklus, Frankfurt/M. 1970. EXNER, H. u. a. (Hg.): Eltern- und Familienbildung in evangelischer Trägerschaft. Begründungen – Ansätze – Perspektiven, Gelnhausen/Berlin/Stein 1979. FRANCKE, A. H.: Kurzer und einfältiger Unterricht. Wie die Kinder zur wahren Gottseligkeit und christlichen Klugheit anzuführen sind (1702). In: FRANCKE, A. H.: Pädagogische Schriften, hg. v. H. Lorenzen, Paderborn 1957, S. 13 ff. HABERMAS, J.: Können komplexe Gesellschaften eine vernünftige Identität ausbilden? In: HABERMAS, J.: Zur Rekonstruktion des Historischen Materialismus, Frankfurt/M. 1976, S. 92 ff. HAREVEN, T.: Family Time and Historical Time. In: MITTERAUER, M./SIEDER, R. (Hg.): Historische Familienforschung, Frankfurt/M. 1982, S. 64 ff. HARGASSER, F.: Geschichte der Einrichtungen für Ehe- und Familienbildung. In: PÖGGELER, F. (Hg.): Geschichte der Erwachsenenbildung, Bd. 4, Stuttgart 1975, S. 218 ff. HEINEN, A.: Familienpädagogik. In: Handbuch der Erziehungswissenschaft, hg. v. F. Eggersdorfer u. a., III. Teil: Pädagogik und Didaktik der Altersstufen, Bd. I: Familien- und Kleinkinderpädagogik, München 1934, S. 3 ff. HEINSIUS, TH.: Die Pädagogik des Hauses. Eine klassische Fruchtlese für Eltern und deren Stellvertreter, Berlin 1838. HESS, R. D./HANDEL, G.: Familienwelten, Düsseldorf 1975. HURRELMANN, K.: Gesellschaft, Sozialisation und Lebenslauf. In: HURRELMANN, K. (Hg.): Sozialisation und Lebenslauf, Reinbek 1976, S. 15 ff. KATZ, D./KATZ, R.: Gespräche mit Kindern. Untersuchungen zur Sozialpsychologie und Pädagogik, Berlin 1928. KOHLBERG, L.: Zur kognitiven Entwicklung des Kindes, Frankfurt/M. 1974. KRAPPMANN, L.: Neuere Rollenkonzepte als Erklärungsmöglichkeit für Sozialisationsprozesse. In: AUWÄRTER, M. u. a. (Hg.): Seminar:

Kommunikation, Interaktion, Identität, Frankfurt/M. 1976, S. 307 ff. KROH, O.: Entwicklungspsychologie des Grundschulkindes, Teil 1: Die Phasen der Jugendentwicklung, Weinheim 1958. KUCZYNSKI, J.: Geschichte des Alltags des Deutschen Volkes, Bd. 3, Köln 1981. LE PLAY, F.: Les ouvriers des deux mondes, Bd. 4, Paris 1862. LESCHINSKY, A./ROEDER, P. M.: Schule im historischen Prozeß, Stuttgart 1976. LOCH, W.: Die Konstruktion der Wirklichkeit in der Familie. Nachwort des Herausgebers. In: HESS, R. D./HANDEL, G.: Familienwelten, Düsseldorf 1975, S. 324 ff. LÜSCHER, K.: Die Entwicklung der Rolle des Kindes. In: HURRELMANN, K. (Hg.): Sozialisation und Lebenslauf, Reinbek 1976, S. 129 ff. MARTENS, K. (Hg.): Kindliche Kommunikation, Frankfurt/M. 1979. MILLER, A.: Am Anfang war Erziehung, Frankfurt/M. 1980. MITTERAUER, M./SIEDER, R. (Hg.): Historische Familienforschung, Frankfurt/M. 1982. MOLLENHAUER, K. u. a.: Die Familienerziehung, München 1975. MOSER, T.: Jugendkriminalität und Gesellschaftsstruktur, Frankfurt/M. 1970. OEVERMANN, U. u. a.: Beobachtungen zur Struktur der sozialisatorischen Interaktion. Theoretische und methodologische Fragen der Sozialisationsforschung. In: AUWÄRTER, M. u. a. (Hg.): Seminar: Kommunikation, Interaktion, Identität, Frankfurt/M. 1976, S. 371 ff. OTTO, B.: Beiträge zur Psychologie des Unterrichts, o. O. 1903. PESTALOZZI, H.: Lienhard und Gertrud. Ein Buch für das Volk. In: H. Pestalozzis Gesammelte Werke in zehn Bänden, hg. v. E. Bosshart u. a., Bd. 1, Zürich 1945. PIAGET, J.: Das moralische Urteil beim Kinde, Zürich 1954. PFEIL, E.: Die Großstadtfamilie. In: LÜSCHEN, G./ LUPRI, E. (Hg.): Soziologie der Familie. Köln. Z. f. Soziol. u. Sozialpsych., Sonderheft 14, 1970, S. 411 ff. RICHTER, H.-E.: Eltern, Kind und Neurose, Reinbek 1967. RIEHL, W. H.: Die Naturgeschichte des Volkes als Grundlage einer deutschen Sozialpolitik, Bd. 3: Die Familie, Stuttgart 1855. RUTSCHKY, K. (Hg.): Schwarze Pädagogik. Quellen zur Naturgeschichte der bürgerlichen Erziehung, Frankfurt/Berlin/Wien 1977. SALZMANN, CH. G.: Conrad Kiefer oder Anweisung zu einer vernünftigen Erziehung der Kinder, Schnepfenthal 1796. SALZMANN, CH. G.: Ameisenbüchlein, hg. v. Th. Dietrich, Bad Heilbrunn 1964. SCHIERSMANN, CH./THIEL, H.: Leben und Lernen im Familienalltag. Ein situations- und handlungsorientiertes Didaktikmodell für den Bildungsurlaub mit Familien, hg. v. d. Pädagogischen Arbeitsstelle des Deutschen Volkshochschul-Verbandes, Frankfurt/M. 1981. SCHULZ, H.: Die Mutter als Erzieherin. Ratschläge für die Erziehung im Hause, Berlin ^{9}1926. SELVINI PALAZZOLI, M. u. a.: Paradoxon und Gegenparadoxon. Ein neues Therapiemodell für die Familie mit schizophrener Störung, Stuttgart ^{2}1978. SHORTER, E.: Die Geburt der modernen Familie, Reinbek 1977. SIMMEL, G.: Untersuchungen über die Formen der Vergesellschaftung, München/Leipzig ^{3}1923. STAATLICHE PRESSESTELLE HAMBURG: Familienpolitik in Hamburg. Berichte und Dokumente, Nr. 680, Hamburg 1982. TYRELL, H.: Familie und gesellschaftliche Differenzierung. In: PROSS, H. (Hg.): Familie - wohin? Reinbek 1979, S. 13 ff. VEBLEN, T.: Theorie der feinen Leute, München 1971. WAHL, K. u. a.: Familien sind anders, Reinbek 1980. WATZLAWICK, P. u. a.: Menschliche Kommunikation, Bern 1969. WUDTKE, H.: Sprechanlässe und Gesprächssituationen - Verständigung in der Familie in Bezug auf Lernen. In: WALLRABENSTEIN, W. (Hg.): Sprechanlässe und Gesprächssituationen, Braunschweig 1979, S. 23 ff.

Beate Grabbe/Hans Josef Tymister

Elternhaus und Schule

1 Schule und Elternhaus in der öffentlichen Diskussion
2 Grundschule als Erweiterung der Lebenswelt der Kinder
3 Mögliche Konfusionen zwischen Elternhaus und Schule
4 Kooperation, nicht Integration
5 Aufgaben der Eltern- und Lehrerfortbildung

Zusammenfassung: So verschieden Konzepte und Strategien zur Herstellung einer Verbindung zwischen Elternhaus und Schule sind, so heterogen erscheinen die Vorstellungen über das Ziel einer solchen Verbindung. Die emotionale Stabilisierung des Schülers und die Förderung seiner Identitätsbildung, die Vergrößerung der Chancengleichheit, die Aktivierung des pädagogischen Engagements der Eltern, die Demokratisierung der Institution Schule, die Sicherung curricularer und didaktischer Innovation durch Kooperation mit den Eltern und schließlich die Bereicherung des Unterrichts durch Integration von Eltern in schulisches Geschehen: dies sind Schwerpunkte in der Diskussion über sinnvolle Ziele der Zusammenarbeit. Da die Bildungsaufträge der Sozialisationsinstanzen Elternhaus und Schule kaum nach erzieherischen Funktionen einerseits und wissensvermittelnden andererseits zu unterscheiden sind, und weil der Schule in zunehmendem Maße die Aufgaben der Sozialerziehung, der Bildung von Wertvorstellungen und Verhaltensweisen zugewiesen werden, wächst der Bereich funktionsähnlicher und funktionsgleicher Tätigkeiten. Die Kommunikation zwischen professionellen Pädagogen und Eltern nimmt mehr und mehr den Charakter einer gezielten Absprache unter Partnern mit gleichgerichteten Interessen an.

Summary: The variety of conceptions and strategies for achieving linkage between home and school is comparable only to the heterogeneity of opinions on the purpose of such links. Promoting the emotional stabilization of the pupil, nurturing identity formation, increasing equality of opportunity, activating pedagogical involvement of the parents, democratizing school as an institution, safeguarding curricular and didactical innovation through co-operation with parents and, finally, enhancing scholastic education by integrating parents: these are focal points in the discussion on meaningful goals of co-operation. As the educational tasks of the socialization units "home" and "school" can hardly be divided into upbringing functions in the former and the transmission of knowledge in the latter, and since the tasks of social education, formation of values and modes of behaviour are increasingly being assigned to schools, the range of similar and identical activities is growing. Communication between professional educators and parents is more and more characterized as target-oriented consultation among partners whose interests are directed towards the same goals.

Résumé: Aussi différentes les conceptions et stratégies pour l'élaboration d'une relation entre parents et École soient-elles, aussi hétérogènes apparaissent les représentations concernants l'objectif d'une telle relation. La stabilisation émotio-

Beate Grabbe/Hans Josef Tymister

nelle de l'élève et la promotion de la formation de son identité, l'augmentation de l'égalité des chances, l'activation de l'engagement pédagogique des parents, la démocratisation de l'institution «École», l'assurance d'innovation en matière de programmes et de didactique par la coopération avec les parents et, enfin, l'enrichissement de l'enseignement par l'intégration des parents dans le processus scolaire: tels sont les points centraux de la discussion sur les objectifs pertinents de la collaboration. Comme les tâches d'éducation des instances de socialisation «parents» et «École» ne peuvent guère être distinguées selon les fonctions éducatives d'une part et les fonctions de transmission du savoir d'autre part, et parce qu'on a progressivement attribué à l'École la tâche d'éducation sociale de formation de la représentation des valeurs et des comportements, le domaine de fonctions analogues et semblables s'accroît. La communication entre pédagogues de profession et parents prend de plus en plus le caractère d'une mise en accord dans un but bien précis entre partenaires aux intérêts allant dans la même direction.

1 Schule und Elternhaus in der öffentlichen Diskussion

Greift die Grundschule wichtige Ergebnisse didaktischer Forschungen auf und wirkt sich dies bei den Schul- und Hausaufgaben ihrer Schüler aus, gerät sie über die Eltern leicht in öffentliche Kritik, weil neue Lerninhalte und -methoden Außenstehenden unbekannt sind und deshalb Gründe der Veränderung und Lernerfolgsaussichten auch nicht eingeschätzt werden können (vgl. den jahrzehntelangen Streit um die Leselernmethoden). Wenn didaktische Veränderungen wegen mangelnder Lehrerfortbildung auch die Lehrer selbst überfordern, kommt es in der Regel tatsächlich zu Lernerfolgsminderungen, und die Kritik ist unverzichtbar.
Allerdings ist die Beurteilung des Lernleistungserfolgs nicht nur für den Laien schwer. So berücksichtigt zum Beispiel die übliche Kritik an den Rechtschreibleistungen der Schüler nur selten, daß und in welchem Maße sich das Wortmaterial durch curriculare Erweiterungen beispielsweise im Sachunterricht vermehrt hat. Fehlervergleichszahlen am Ende des vierten Schuljahres sind aber ohne Berücksichtigung des Schwierigkeitsgrades der geschriebenen Texte heute und etwa zwischen 1950 und 1960 wenig aussagekräftig. In dem Maße, wie Eltern und Massenmedien die Grundschule als „Zubringeranstalt" für weiterführende Schulen betrachten - was von diesen häufig unterstützt wird -, geraten diejenigen Lehrerinnen und Lehrer unter Kritik, die, in Übereinstimmung mit den Grundschulrichtlinien ihres Bundeslandes, Unterricht so durchführen, daß ihren Schülern die insbesondere am Schulanfang meist vorhandene Lernbereitschaft sowie die Selbständigkeit bei Wissenserwerb und Wissensanwendung erhalten bleiben.
Die Lehrer, unterstützt durch die wissenschaftlich betriebene Schulpädagogik, nehmen solche Kritik nicht unwidersprochen hin. Auf der Suche nach Ursachen für nachweisbare Lernmißerfolge gehört es sozusagen zur Tradition der Schule, mangelnde intellektuelle Anlagen für das Schulversagen des einzelnen Schülers verantwortlich zu machen. Als sich aber die Auffassung verbreitete, daß intellektuelle Fähigkeiten gar nicht oder zumindest in geringerem Maße, als ursprünglich angenommen, erblich bedingt sind, sondern mit dem Anregungspotential in Elternhaus, Schule und Peer-group korrelieren, wurde es fragwürdig, allein das sogenannte Begabungspotential der Eltern zur Erklärung von Schulerfolg oder Mißerfolg heranzuziehen. Für die Schule und ihre Schüler ergab sich aus dem neuen Begabungsbegriff (vgl. ROTH 1969, SIEWERTH 1960) die Chance, neben Selektion und Alloka-

tion (vgl. ROLFF 1976, S. 10) vor allem die Lernförderung als Aufgabe der Schule in den Mittelpunkt der Anstrengungen des Lehrers (im Unterricht) und der Behörde (in neuen Richtlinien) zu stellen.
Was unter kindgemäßem Lernanreiz und erfolgfördernden Bedingungen in der Grundschule zu verstehen ist, ergibt sich in der Tat aus der Primärsozialisation der Schüler, also aus dem Elternhaus. Denn einerseits kommen die meisten Schüler auffallend lernbegierig in die Vorklasse oder ins erste Schuljahr, so daß zu Beginn der Schularbeit sogenannte Lernmotivation (vgl. aber FÜRNTRATT 1976) nicht erst geschaffen werden muß; es stellt sich vielmehr die Aufgabe, die Lernbegierde der Schüler zu erhalten oder gar noch zu vertiefen. Andererseits unterscheiden sich die einzelnen Schüler von der Grundschuleingangsklasse an sowohl in ihren inhaltlichen Lerninteressen als auch in ihrem Arbeitstempo erheblich. Ein Erhalten und Vertiefen der kindlichen Lernbedürfnisse ist also nur möglich, wenn sich die Lehrer schnell und intensiv über die bisherigen Lernerfahrungen und die Lebenswelt jedes einzelnen Schülers informieren und wenn es ihnen gelingt, Aufgabenstellung, Arbeitsgelegenheiten und -zeiten so zu variieren, daß jedes Kind seinen Voraussetzungen gemäß gefördert wird (innere Differenzierung und Individualisierung des Unterrichts), ohne daß der Bezug zur Gemeinschaft der Kleingruppe und der Klasse dabei verlorengeht (Gruppenarbeit und Klassenplenum).
Um sowohl gezielt und individuell abgestimmte Förderung der kindlichen Lernaktivitäten zu erreichen als auch die oben erläuterten gegenseitigen Pauschalangriffe zugunsten konstruktiver Kritik abzubauen, bietet sich eine Intensivierung der Zusammenarbeit zwischen (Grund-)Schule und Elternhaus an (vgl. CLAUSSEN 1979, GRABBE 1983, SCHLEICHER 1973). In diesem Sinne argumentiert auch die schulpädagogische Literatur zum Thema Kooperation zwischen Elternhaus und Schule für eine Aufhebung der historisch bedingten Trennung zwischen dem familiär-privaten Erziehungsraum des Elternhauses und dem öffentlich-institutionellen der Schule. Als Gründe für das Kooperationspostulat werden in erster Linie die Aufhebung einseitiger Defizite (vgl. FROHN 1972, KECK 1979) und die Notwendigkeit der Übereinstimmung von Erziehungszielen und -methoden (vgl. FROHN 1972, HUPPERTZ 1979) in Elternhaus und Schule genannt. Vor allem müsse die Kooperation, so wird argumentiert, sicherstellen, daß die Schüler nicht gegen die Wirklichkeitsdefinitionen ihrer Eltern informiert und erzogen werden; denn wenn didaktische Innovation der Schule und erzieherische Vorstellungen im Elternhaus miteinander kollidierten, werde das Kind in Orientierungs- und Verhaltenskonflikte gestürzt, denen es vor allem im Grundschulalter nicht gewachsen sei (vgl. HEIM 1977, HUPPERTZ 1979).
Der Frage, ob unterschiedliches Erziehungsverhalten der Eltern und Lehrer und verschiedene Wirklichkeitsdeutungen nicht auch lernfördernde und die Eigenständigkeit des Kindes stärkende Wirkungen haben können, wird kaum nachgegangen. In der Regel wird das Gegenteil unterstellt und das Problem der Kooperation ausschließlich aus der Sicht der beteiligten Erwachsenen untersucht. Lediglich in einigen Praxisberichten zur Elternarbeit (vgl. FISCHER 1978, MAIER 1979, SENNLAUB 1978) rücken die Schüler in diesem Zusammenhang mehr in den Mittelpunkt des Interesses (vgl. GRABBE 1983, S. 58 ff.).

2 Grundschule als Erweiterung der Lebenswelt der Kinder

Es ist nicht zu leugnen, daß die Schüler große Teile ihrer Zeit im Elternhaus und in der (Grund-)Schule verbringen, weshalb beide Bereiche die kindliche Lebenswelt entscheidend bestimmen. Ob aber die Schule tatsächlich als neuer Lernanreiz erlebt wird und ob es gelingt, die Lernbereitschaft zu erhalten und zu vertiefen, ist abhängig davon, welche Erfahrungen das einzelne Kind in seinem Elternhaus gemacht hat, zu Hause und in der Schule macht, und vor allem davon, wie es diese Erfahrungen in seiner „privaten Logik" (vgl. GRABBE/TYMISTER 1981, S. 245 f.) deutet. Lernwille und Erprobungsbereitschaft werden nämlich primär dadurch bestimmt, daß das Kind von Beginn seines Lebens an ermutigt wurde, sich mit den Personen und Dingen seiner Umwelt zu befassen, das heißt, sich von den Menschen helfen zu lassen und ihnen zu helfen, sie zu lieben und sich von ihnen lieben zu lassen, die Dinge zu betrachten, zu pflegen, zu nutzen und den Nutzen mit anderen zu teilen, sich Unbekanntes zu erobern und sich und anderen zugänglich zu machen. Wenn das Kind aber von frühester Kindheit an entmutigt wird und somit Anlaß hat oder zu haben glaubt, sich skeptisch-zögernd zurückhalten zu müssen, weil es aus tatsächlicher oder vermeintlicher Erfahrung weiß, daß seine Aktivitäten häufig auf Mißfallen stoßen oder gar bestraft werden, oder wenn es glaubt, sich aggressiv zur Wehr setzen zu müssen, um neben massiv vorgetragenen und durchgesetzten Interessen anderer bestehen zu können, dann werden sich Skepsis oder Aggressivität auch im Schulunterricht lernhemmend bemerkbar machen – ganz gleich, ob diese Emotionen in Elternhaus oder Schule entstanden sind und ob sich die zugrunde liegende Entmutigung auf tatsächliche oder „nur" subjektiv empfundene Ablehnung und Mißachtung zurückführen läßt.

Mit der Grundschule begegnet dem Kind jedenfalls zum erstenmal in seinem Leben ein Aufgabenbereich, in dem es sich ohne die vertrauten Familienmitglieder bewähren muß. Es wird vor Aufgaben gestellt, deren langfristige Bedeutung weit über die Tagesereignisse hinausweist und deren Lösung amtlich-öffentlich dokumentiert wird – mit allen Vor- und Nachteilen des jeweiligen schulischen Beurteilungssystems.

Der Eintritt in die Grundschule kann für das Kind eine Chance bedeuten, wenn es ihn mit dem Selbstvertrauen dessen erlebt, der sich seine bisherige Lebenswelt mit Anerkennung und Erfolg erobert hat und der geradezu nach neuen Inhalten und Problemen verlangt, um sie sich anzueignen und zu lösen. Er kann aber auch, um das andere Extrem zu nennen, als Bedrohung erlebt werden, wenn der Schüler von seinen Vorerfahrungen und von seinem „Lebensstil" (vgl. GRABBE/TYMISTER 1981, S. 245 f.) her wenig Mut zum Erproben neuer Lebensumstände und Lerninhalte mitbringt und es der Schule nicht gelingt, die bisherigen Entmutigungen durch neue Erfolge und deren Würdigung in Gruppe und Klasse in Ermutigungen zu verwandeln.

Gelingt es aber der Grundschule, Unterricht so zu gestalten, daß sich der Erwerb neuer Erkenntnisse, das Einüben neuer Fertigkeiten und das Erarbeiten selbstentwickelter Aufgaben- und Problemlösungen für das eigene Leben und Erleben als sinnvoll erweisen und deshalb Spaß machen, werden die Schüler sich in zunehmendem Maße auch durch partielle Mißerfolge nicht abhalten lassen, immer neue Lern- und Arbeitsanreize aufzugreifen und sich daran zu messen. Der Drang zur Überwindung eines partiellen Mißerfolgs regt einen grundsätzlich ermutigten Schüler an, die Zusammenarbeit mit anderen (Schülern und Lehrern) zu suchen – vorausgesetzt, es werden ihm genügend Gelegenheiten geboten, Leistung und Leistungserfolge nicht als Mittel des Kampfes zu erfahren, den jeder gegen jeden führt, sondern als sinnvoll für gemeinsames Arbeiten, Feiern und Spielen.

Die Grundschule darf sich weder als Disziplinierungsanstalt für Kinder mißbrauchen lassen, deren Eltern diese aus Furcht vor Widerspruch und Konflikten bisher nach dem Muster der Wohlstandsgesellschaft verwöhnt haben, noch kann sie „heile Welt" sein, in der Kinder spielend, Märchen erzählend und „gottesfürchtig" Lesen, Schreiben und Rechnen lernen, ansonsten aber vor allen Problemen bewahrt werden. Die Grundschule darf ebensowenig Schonraum sein, wenn unter diesem Begriff verstanden wird, daß den Schülern die Auseinandersetzung mit den Voraussetzungen für ihr Lernen in ihrer Vergangenheit (Elternhaus und Schule) und mit den Konsequenzen für ihre Zukunft vorenthalten wird. Die angebotenen Lernanreize in Form von Aufgabenstellung, Übungsmethoden und Ergebnissicherung müssen dem „Ernstfallcharakter" kindlichen Arbeitens und Spielens entsprechen (vgl. TYMISTER 1978, S. 90 ff.), damit Lernerfahrungen sowohl rational als auch emotional und sozial handelnd möglich sind. Aber Schule muß dann dringend Schonraum sein und bleiben, wenn es gilt, die oben beschriebenen Entmutigungen einzelner Schüler schrittweise in Lernermutigungen zu verwandeln, damit die „Vermenschlichung" der Schüler (vgl. BRANDL 1981) zu einem Stück konkreter gesellschaftlicher Utopie wird. – Eine vollständige Übereinstimmung zwischen allen in einer Schulklasse beteiligten Erwachsenen, also Eltern und Lehrern, ist in einer pluralistischen Gesellschaft wohl kaum zu erwarten. Ist dies ein Manko – aus der Sicht des Schülers?

3 Mögliche Konfusionen zwischen Elternhaus und Schule

Wie man schon bei Kleinkindern vor dem Eintritt in die Schule beobachten kann, nehmen sie Unterschiede im Sozial- und Erziehungsverhalten Erwachsener ihnen gegenüber sehr wohl wahr. Aber sie geraten in der Regel nicht in einen inneren Konflikt, sondern stellen sich auf diese Unterschiede je nach Situation klug ein, ja, sie nutzen sie meistens sogar in ihrem Sinne aus. Dies ist für eine gesunde Entwicklung des Kindes geradezu notwendig; denn divergierende Verhaltensformen bei verschiedenen Erwachsenen dokumentieren einen Normenspielraum, der der kindlichen Selbständigkeitsentwicklung durchaus förderlich sein kann, da er die außerschulische Realität, in der zu leben die Schule dem Kind helfen will, realistischer repräsentiert als die von nur einem Erwachsenen, nämlich dem Lehrer, vorgelebte und propagierte Normativität.

Unterschiede in den Normen, mit denen das Kind konfrontiert wird, eröffnen ihm den Handlungsfreiraum, den es braucht, um gleichsam spielerisch auszuprobieren, welche Handlungsmuster ihm genehm sind. Mit drohender Persönlichkeitsspaltung, wie unter Pädagogen häufig befürchtet wird, hat dies nichts zu tun – vorausgesetzt, Handlungsweisen und Normen variieren nur innerhalb des Rahmens, den unsere Gesellschaft für das Zusammenleben der Menschen nach Recht und Gesetz vorsieht. Wenn etwa ein Lehrer (oder ein Elternteil) seine Autorität bei den Kindern mißbraucht und diese zu eigenem Nutzen unterdrückt, so daß unter anderem auch Lernerfolge reduziert werden oder ausbleiben, dann schadet das selbstverständlich jedem Kind, unabhängig davon, ob dieses Verhalten mit dem der Eltern übereinstimmt oder nicht.

Gefährlich für das Kind werden Verhaltensdissense im genannten Rahmen jedoch dann, wenn ein Erwachsener, den es liebt oder zumindest achtet, im Beisein eines anderen geliebten oder geschätzten Menschen das Kind zwingt, sich für einen von beiden zu entscheiden. Zwar kann es dieser Gefahr begegnen, indem es sich entzieht und mit seiner Stellungnahme auf einen neutralen Inhalt ausweicht. Es kann aber auch der in solchen Situationen erkennbaren Versuchung erliegen, in Zukunft den einen Kontrahenten gegen den anderen zum eigenen Nutzen auszuspielen und sich ungebührlich hohe Aufmerksamkeit und Verwöhnung zu erpressen. Die Versuchung, auf diese Weise Macht über Erwachsene zu gewinnen, ist vor allen Dingen dann sehr groß, wenn ihm einer der beiden Seiten aufgrund vorhandener Dissense mit Mitleid begegnet und das Kind dies als Ausdruck eigener Minderwertigkeit erlebt, die wiederum andauernder Kompensation durch Aufmerksamkeit und Verwöhnung bedarf (vgl. DREIKURS u. a. 1976, S. 23 ff.).

Häufig klagen Eltern darüber, daß ihr Kind, wenn es mittags aus der Schule kommt, von sich aus nichts über die Schule erzählt und auch auf Nachfragen nicht zu bewegen ist, Einzelheiten aus seinem Schulalltag preiszugeben. Was sich hier zeigt, ist der Wunsch des Kindes, eine durch den Besuch der Grundschule neu gefundene Selbständigkeit auch gegen die ansonsten geliebten Eltern zu bewahren. Mit Mißtrauen den Eltern gegenüber, wie diese oft argwöhnen, hat das Schweigen des Kindes meist nichts zu tun. Es ist für die Entwicklung kindlichen Selbstvertrauens ausgesprochen wichtig, daß den Kindern die gewünschte Eigenständigkeit gelassen wird. Denn das Kind könnte ungeduldiges Nachfragen als Mißtrauen ihm gegenüber erleben und als Bestätigung empfundener Minderwertigkeit deuten.

Wenn Schule und Elternhaus in den *grundlegenden* Sozialisationsnormen und Erziehungszielen übereinstimmen, dann liegt gerade in der relativen Eigenständigkeit beider Erziehungsinstanzen für das Kind die Chance, sich einen neuen und eigenständigen Lebensbereich mit sozialen Bindungen und sachlichen Interessen aufzubauen, seine Selbständigkeit zu erproben und weiterzuentwickeln und so zu neuen Leistungen zu kommen. Gerade weil innerhalb des genannten normativen Rahmens mit Unterschieden im Verhaltensrepertoire, in den Anforderungen und Erwartungen zu rechnen ist, kann das Kind vergleichen, erproben und sich mit seiner Entscheidung für dieses oder jenes Verhaltensmuster und für diese oder jene Verhaltensbegründung Zeit lassen, sich also mit den Eltern *und* dem Lehrer auf Probe identifizieren, was ihm eine gewisse Normenfreiheit in der Gegenwart und mehr Selbstsicherheit für die Zukunft einbringen kann.

Allerdings drohen dem Kind durch die Trennung von Elternhaus und Schule auch unübersehbare Gefahren. Eine Gefahr wurde bereits genannt: Wenn der normative Rahmen nicht gegeben ist, bedarf das Kind dringend der Hilfe desjenigen, der als Lehrer oder Elternteil auf den jeweils anderen einzuwirken in der Lage ist, damit das Kind keinen körperlichen, geistigen oder seelischen Schaden nimmt. Natürlich hat diese Hilfe größere Erfolgsaussichten, wenn sie auf der Basis einer bereits vorhandenen Kooperation zwischen Elternhaus und Schule ansetzen kann.

Zu den Gefahren für das Kind, die bei mangelnder Kooperation schwerer aufzufangen sind, gehört die in beiden Lebensbereichen häufig vorkommende Unter- oder Überforderung, die auf Dauer zu schweren Entmutigungen führen kann, wenn sich das Kind nicht gezielt dagegen auflehnt. Grundschullehrer, in deren Klassen einzelne Väter oder Mütter – abwechselnd zwar, aber regelmäßig und über mehrere Jahre – mitgearbeitet haben, berichten, daß eine der wichtigsten Lernerfahrungen vieler Eltern darin bestand, sich von der Selbständigkeit ihrer Kinder zu überzeugen und ihnen gegenüber vermehrt die Leistungserfolge zu würdigen, statt unerwünschtes Verhalten und Mißerfolge zu beachten und zu bestrafen (vgl. LEMMER 1978). Eltern berichten ihrerseits, daß es ihnen gelungen sei, in intensiven Gesprächen mit dem Lehrer dessen Verständnis für einzelne Schüler zu fördern. Die Leistungsanforderungen konnten infolgedessen gezielter auf die Möglichkeiten des Kindes abgestimmt werden, was eine unverzichtbare Voraussetzung für die oben erwähnten Erfolgschancen der (Grund-)Schüler ist.

Aus der Sicht der Schüler gesehen, bleibt festzuhalten, daß sowohl die relative Selbständigkeit von Elternhaus und Schule als auch eine enge Kooperation Gefahren und Vorteile mit sich bringen. Wenn vermieden werden soll, daß sich einerseits der Schüler von Tag zu Tag gegen den Schulbesuch wehrt und sich während der Schulzeit ins Elternhaus zurücksehnt und daß andererseits einzelne Schüler vor dem Hintergrund ihrer positiven Schulerfahrungen beginnen, ihr Leben im Elternhaus als unerträglich zu empfinden, ohne daß ihnen und ihren Eltern geholfen wird, dann müssen Formen der Kooperation praktiziert werden, die – unter Anerkennung der Autonomie des jeweiligen Lebensbereichs – bei allen Konflikten, die sich aus der Überschreitung des erläuterten normativen Rahmens ergeben, gegenseitige Hilfe bieten.

4 Kooperation, nicht Integration

Zu den Gefahren einer falsch verstandenen Kooperation gehört es, wenn sich das Elternhaus um des Lernerfolgs der Kinder willen verpflichtet glaubt, schon vor Beginn der Schulzeit und mit hohem Zeit- und Materialaufwand Lesen, Schreiben und Rechnen zu üben, und später meint, die Hausaufgaben so perfekt kontrollieren zu müssen, daß den Kindern kaum Gelegenheit zu eigener Erfahrung, Erprobung und Erarbeitung bleibt und darüber hinaus die unverzichtbaren Spielgelegenheiten reduziert werden. Was an häuslicher Förderung aus Familienehrgeiz, aus Furcht vor zukünftigem Schulversagen oder auch aus unzutreffenden Vorstellungen von „Schule" in vielen Elternhäusern mit vier- bis sechsjährigen Kindern praktiziert wird, ist immer dann gefährlich, wenn die sogenannte Förderung über die Bereitschaft und das Interesse der Kinder hinausgeht und auf diese Weise bereits vor Schuleintritt der Spaß am Lernen verdorben wird.
Um der Gefahr der „Verschulung" des Elternhauses (und mancherorts auch des Kindergartens) vorbeugen zu können, bedarf es einer weitgehenden Aufklärung der Eltern (und Pädagogen), die nur zum Teil durch Kooperation mit der Schule erreichbar ist. Für die Schule selbst gehört die Gefahr der „Verschulung" zu ihrer eigenen Geschichte. Sie wird nicht erst seit jüngster Zeit beklagt (vgl. v. HENTIG 1971). Die Anstrengungen, ihr entgegenzuwirken, haben immer noch keinen ausreichenden Erfolg (vgl. v. HENTIG 1979, TYMISTER 1978). Auch hier tut weitere Aufklärung not.
Eine andere Gefahr droht, wenn sich in Elternhaus und Schule eine Verhaltensweise im Umgang mit Kindern ausbreitet, die mit den Fehlformen der Wohlstandsgesellschaft einhergeht. Je mehr die Kinder in einer Umwelt aufwachsen, in der man ihnen die Steine aus dem Weg räumt, in der die Dinge, mit denen sie sich beschäftigen, so aufbereitet werden, daß Anstrengung und Phantasie kaum erforderlich sind, und in der die Erwachsenen dazu neigen, den Kindern jeden erkennbaren Wunsch zu erfüllen, um Konflikte zu vermeiden und „glückliche Kinder" zu haben – um so geringer werden Spiel- und Lernanreiz und die damit verbundene Erfolgsfreude. Meistens spüren die Kinder die Motive, die sich hinter solcher Verwöhnung verbergen können: mangelndes Vertrauen in ihre Fähigkeiten oder Unsicherheit im (erzieherischen) Umgang mit den Kindern, Bequemlichkeit oder Egoismus, mangelnde Liebe, die durch wohlfeile Bedürfnisbefriedigung kompensiert werden soll, oder auch eine Form von Liebe, die sich in einem Überangebot an Hilfestellung, Beratung und Lenkung ausdrückt.
Weil den Kindern als Reaktion auf unterdrückende Verwöhnung (vgl. BRANDL 1977) nur entweder Auflehnung und eigenständige Erweiterung des Lebensraums oder aber, was die eigentliche Gefahr ausmacht, die Internalisierung des Mißtrauens in Form mangelnden Selbstvertrauens bleibt, gilt auch zu ihrer Zurückwei-

sung, was oben ausgeführt wurde: Kooperation zwischen Elternhaus und Schule kann hilfreich sein, wenn mindestens eine der beiden Parteien diese Gefahr erkennt und ihr gegenzusteuern vermag. Beide bedürfen zusätzlicher Hilfe, wenn eine falsch verstandene „antiautoritäre Pädagogik" im Elternhaus (oder in der Schule) und ein falsch verstandener „schülerzentrierter Unterricht" in der Schulklasse erzieherische Innovation und Lernerfolg verhindern.

Zusammenfassend läßt sich sagen, daß Kooperation zwischen Elternhaus und (Grund-)Schule für die Schüler nicht schon an sich sinnvoll und lernfördernd ist. Es muß vielmehr sichergestellt sein, daß beide Instanzen ihre Eigenständigkeit bewahren. Das Elternhaus darf sich von der Schule nicht so vereinnahmen lassen, daß die Vorbereitung auf Schule und Schularbeiten dem Kind einen Großteil seiner Frei- und Spielzeit nimmt, und die Lehrer dürfen den Eltern nicht so viel Einfluß auf ihren Unterricht zugestehen, daß erzieherisches, fachdidaktisches und methodisches Handeln auf den traditionellen Innovationsanspruch der Schule verzichtet und sich überwiegend an den Normen des Alltagshandelns der Eltern orientiert. Chancen der Zusammenarbeit sind dann zu erwarten, wenn es gilt, langfristige oder regelmäßig auftretende Überforderung beziehungsweise Verwöhnung von den Kindern fernzuhalten und Lerngelegenheiten zu schaffen, die eine Partei allein nicht schaffen kann. In diesem Zusammenhang haben sich zwei Formen der Kooperation als besonders vorteilhaft erwiesen:

- Wenn mit *Elternarbeit* (in Abgrenzung zur Elternbildung) Aktivitäten gemeint sind, bei denen Lehrer und Eltern in formellen und informellen Gesprächen ihre Erfahrungen austauschen, die Lernerfolge ihrer Kinder/Schüler würdigen (möglichst in ihrer Anwesenheit) und bei Problemen einander helfend zur Seite stehen, ohne daß sich eine Partei der anderen aufdrängt, dann bleibt für den Lernenden so viel Eigenständigkeit beider Seiten erhalten, daß die Entwicklung seiner Selbständigkeit und seines Selbstbewußtseins nicht grundsätzlich gefährdet sein sollte.
- Wenn die Mitarbeit der Eltern im Schulunterricht – inzwischen in einigen Bundesländern unter dem Begriff *„Elternmitarbeit"* praktiziert – weder als Gelegenheit, sich in die fachdidaktische Gestaltung des Unterrichts einzumischen, noch als Notwendigkeit, sich im unterrichtlichen Handeln den Vorstellungen der Eltern anzupassen, mißverstanden wird, dann bieten sich vielfältige Möglichkeiten, das Angebot an Lernchancen und Erfolgswürdigungen durch Differenzierung der Anforderungen und durch Erweiterung der Arbeitsanlässe und -aufgaben innerhalb und außerhalb des Klassenraums zu vergrößern (vgl. MARQUARDT u.a. 1975).

5 Aufgaben der Eltern- und Lehrerfortbildung

Ein Hindernis auf dem Weg zu kindgemäßeren Lebens- und Lernbedingungen in Schule und Elternhaus ist nicht mangelnde Kooperation von Elternhaus und Schule oder ihre zu weitgehende Integration, sondern mangelhafte Ausbildung und Fortbildung der Erwachsenen für ihr Leben und Arbeiten mit Kindern. Die Lebensbedingungen unserer Zivilisation haben spätestens in der zweiten Hälfte des 20. Jahrhunderts einen Komplexitätsgrad erreicht (vgl. MORIN 1974), der gesellschaftlich-verantwortliches Leben ohne qualifizierte Allgemein- und Schulbildung fast unmöglich macht. Die Gesellschaft kann heute auf keine der beiden Funktionen von Schule verzichten – weder auf ihren Anteil an der Erhaltung und Reproduktion unserer Kultur noch auf ihren Beitrag zur kulturellen Innovation (vgl. OSCHE

1973). Unter diesen Voraussetzungen lassen die anfangs skizzierte Kritik von Schule und Elternhaus – soweit sie berechtigt ist – sowie die im weiteren dargestellten Funktionen beider Lebensbereiche für die Entwicklung der jungen Menschen nur einen Schluß zu: Trotz großer Anstrengungen, die bisher zur Ausbildung von Lehrern und zur gelegentlichen Fortbildung von Lehrern und Eltern unternommen wurden, bedürfen beide qualifizierterer Aus- und vor allem Fortbildung. Allerdings müssen dabei alle Formen der Verschulung vermieden werden. Das heißt, Eltern- und Lehrerfortbildung dürfen sich weder am traditionellen Kurssystem der weiterführenden Schulen, vor allem des Gymnasiums, noch am Vorlesungs- und Seminarstil wissenschaftlicher Hochschulen orientieren; vielmehr müssen sie die didaktischen und methodischen Erfahrungen beachten, die sich in der Erwachsenenbildung der letzten Jahrzehnte bewährt haben (vgl. TYMISTER 1982).
Für ihre Organisation ergeben sich daraus folgende Prinzipien:
- Fortbildung für Eltern und Lehrer wird von verschiedenen freien und staatlichen Trägern nach dem Muster des „freien Marktes" angeboten, das heißt, die Interessenten wählen nach thematischen und anderen Interessen selbst, an welchen Veranstaltungen welcher Träger sie teilnehmen wollen. Wenn den Lehrern im Rahmen ihres Amtes die Fortbildung zur Pflicht gemacht wird, muß die freie Wahl von Veranstaltung und Träger dennoch gewährleistet sein.
- Die teilnehmenden Lehrer oder Eltern werden an der Planung, Durchführung und Auswertung der Veranstaltungen so beteiligt, daß sie diese als ihre eigenen erleben und sich mit ihren Erwartungen, den Fragen und Problemen ihres Alltags angesprochen fühlen.
- Die gelehrten pädagogischen und didaktischen Prinzipien beggnen den Teilnehmern nicht nur als Inhalte, sondern werden auch methodisch verwirklicht, so daß die Einheit von Erkenntnis und Erfahrung erhalten bleibt.
- Zwischen den verschiedenen gruppendynamischen Arbeitsweisen wird themengemäß variiert: Neben dem Plenum werden auch die verschiedenen Gruppen- und Kleingruppenformen praktiziert.
- Die Veranstaltungen werden so praxisorientiert durchgeführt, daß alle Formen des Handlungstrainings neben der Wissensvermittlung Schwerpunkte der Arbeit bilden.

Weil sich die hier aufgeführten Prinzipien der Erwachsenenbildung am besten verwirklichen lassen, wenn die Fortbildungsveranstaltungen in Eigeninitiative der potentiellen Teilnehmer geplant, durchgeführt und ausgewertet werden, bieten sich unter anderem die (Grund-)Schulgemeinden als geeignete Zentren für Eltern- und Lehrerfortbildung an. Dabei ist es gleichgültig, ob die Initiative von Lehrern oder Eltern ausgeht – wichtig ist nur, daß die Veranstaltungen als Zeichen der gemeinsamen Sorge um die optimale Förderung der Kinder erlebt und so durchgeführt werden, daß sich die Erfahrungen und Erkenntnisse in der Erziehungs- und Unterrichtspraxis zum Nutzen der Kinder, also zur Erweiterung ihrer Lernerfolge und ihrer Selbständigkeit, auswirken. Sollten in diesem Zusammenhang auch Schüler die Erfahrung machen, daß ihre Lehrer und Eltern „Lernende" sind und es manche Einsicht gibt, die den Erwachsenen von ihnen, den Kindern, vermittelt wurde, dann ist ein wichtiger Schritt zur Entschulung – nicht nur der Schule – gemeinsam vollzogen.

BRANDL, G.: Erziehen ohne Verwöhnen, Wien 1977. BRANDL, G.: Erziehen ohne Angst. Für eine Vermenschlichung der Schule. In: Z. f. Indivpsych. 6 (1981), S. 4 ff. CLAUSSEN, B.: Vorüberlegungen zur Aktivierung der Elternarbeit im Bereich der politischen Bildung. In: D.

Reals. 87 (1979), S. 29 ff. DREIKURS, R.: Grundbegriffe der Individualpsychologie, Stuttgart 1981. DREIKURS, R. u. a.: Schülern gerecht werden. Verhaltenshygiene im Schulalltag, München 1976. FISCHER, D.: Schule – so oder anders? Öffnung der öffentlichen Schulen – auch für Eltern! In: D. Grunds. 10 (1978), S. 341 ff. FROHN, H.: Kooperation mit den Eltern: Chance für einen demokratischen Unterricht. In: betr. e. 5 (1972), 1, S. 36 ff. FÜRNTRATT, E.: Motivation schulischen Lernens, Weinheim/Basel 1976. GRABBE, B.: Chancen und Probleme der Kooperation zwischen Lehrern und Eltern bei der Elternmitarbeit im Unterricht der Grundschule. Pädagogische Versuche, Bd. 11, Frankfurt/M. 1983. GRABBE, B./TYMISTER, H.J.: Zur speziellen Situation des Schülerseins. In: TWELLMANN, W. (Hg.): Handbuch Schule und Unterricht, Bd. 1, Düsseldorf 1981, S. 239 ff. HEIM, D.: Lehrer begegnen Eltern. Initiativen zur kooperativen Arbeit mit Eltern im Interesse der Schüler, München 1977. HENTIG, H. v.: Cuernavaca oder: Alternativen zur Schule? Stuttgart 1971. HENTIG, H. v.: Die Reform der Schule war nicht radikal genug. Teil 1: Aufwachsen in Vernunft. Teil 2: Reform über die Schule hinaus. In: betr. e. 12 (1979), 10, S. 38 ff.; 11, S. 30 ff. HUPPERTZ, N.: Wie Lehrer und Eltern zusammenarbeiten. Ein methodischer Leitfaden für Kooperation und Kommunikation in der Schule, Freiburg 1979. KECK, R. (Hg.): Kooperation Elternhaus – Schule. Analysen und Alternativen auf dem Weg zur Schulgemeinde, Bad Heilbrunn 1979. LEMMER, CH.: Befragung zweier Mütter zur Elternmitarbeit. In: SENNLAUB, G. (Hg.): Lehrer und Eltern, Die neue Grundschule, Praxisberichte, Bd. 2, Düsseldorf 1978, S. 68 ff. MACHOLDT, T./THIEL, TH.: Übergang vom Elementar- zum Primarbereich. In: Enzyklopädie Erziehungswissenschaft, Bd. 6, Stuttgart 1984, S. 138 ff. MAIER, CH.: Spieglein, Spieglein ... Von der Furcht und der Notwendigkeit, in den Spiegel der Eltern zu schauen. In: D. Grunds. 11 (1979), S. 508 ff. MARQUARDT, K. u. a.: Mitarbeit von Eltern beim Schulanfang. In: D. Grunds. 7 (1975), S. 419 ff. MORIN, E.: Das Rätsel des Humanen. Grundfragen einer neuen Anthropologie, München 1974. OSCHE, G.: Biologische und kulturelle Evolution – die zweifache Geschichte des Menschen und seine Sonderstellung. In: Verhandlungen der Gesellschaft Deutscher Naturforscher und Ärzte, Berlin 1973, S. 62 ff. ROLFF, H.-G.: Sozialisation und Auslese durch die Schule, Heidelberg 1976. ROTH, H. (Hg.): Begabung und Lernen. Ergebnisse und Folgerungen neuer Forschungen. Deutscher Bildungsrat: Gutachten und Studien der Bildungskommission, Bd. 4, Stuttgart 1969. SCHLEICHER, K. (Hg.): Elternmitsprache und Elternbildung, Düsseldorf 1973. SENNLAUB, G.: Elternmitarbeit – lästig, aber unerläßlich. In: klasse 2 (1978), 6, S. 19 ff. SIEWERTH, G.: Reife und Begabung in metaphysischer Sicht und Deutung. Eine philosophische Grundlegung. In: Jahrbuch für Psychologie, Psychotherapie und medizinische Anthropologie 7, München/Freiburg 1960, S. 82 ff. TYMISTER, H.J.: Didaktik: Sprechen, Handeln, Lernen, München 1978. TYMISTER, H.J.: Erwachsenenbildung. In: SCHMIDT, R. (Hg.): Die Individualpsychologie Alfred Adlers. Ein Lehrbuch, Stuttgart 1982, S. 220 ff. ZINNECKER, J. (Hg.): Der heimliche Lehrplan, Weinheim/Basel 1975.

Klaus Peter Hemmer

Der Kinderhort

1 Die pädagogische und bildungspolitische Vernachlässigung
2 Überwachte Freiheit: Die Familiarisierung der Armenkinder
3 Funktion und Selbstverständnis des Kinderhortes
4 Merkmale der Institution Hort
5 Schule und Hort

Zusammenfassung: Die Ganztagsbetreuung von Schulkindern gehört in der Bundesrepublik nicht zur gesellschaftlich akzeptierten Normalität. Das beschränkte Platzangebot dieser Institutionen ist vornehmlich Kindern aus Familien vorbehalten, die eine Notsituation begründen können. Der Kinderhort, der nahezu ausschließlich im Grundschulalter neben der Schule die Tagesbetreuung sichert, steht in der Tradition der Armenkinderfürsorge. Er kann sich aufgrund seiner gegenwärtigen personellen, materiellen und rechtlichen Voraussetzungen nur sehr zögernd aus dieser Tradition lösen. Die ersten Hortkonzeptionen waren getragen von dem Motiv der „Verhäuslichung" der Kinder. Der Hort kann Familie nicht ersetzen, sondern Familienerziehung als didaktische Figur (altersgemischte Gruppen, situationsflexible Themen) inszenieren und das Schema des Hauses als Rahmung nehmen, um Entwicklung und Lernen zu sichern. Insbesondere durch die Hausaufgaben bestimmt die Schule weitgehend den Zeitrhythmus und die Themen des Hortes. Dieses Ärgernis wird noch einige Zeit bestehen. Die Diskussion darf sich hier aber nicht festfahren, sondern muß eine Perspektive gewinnen, wo Schule und Hort als professioneller Erziehungszusammenhang das Gelingen des Lernens auf breiter Basis stützen.

Summary: In the Federal Republic of Germany, all-day care of schoolchildren is not a part of socially accepted reality. The small number of places offered by these institutions are mainly reserved for children from families who can justify their need for places. Day-homes, reserved almost exclusively for the daytime, after-school care of primary-school pupils, continue the tradition of welfare measures for the children of the poor. Because of their present staff, material and legal framework, day-homes are only very slowly beginning to break free of this tradition. The first plans for day-homes were concerned with "domesticating" the children. The day-home cannot replace the family but can "stage" upbringing within the family as a didactical exercise (mixed age-groups, topics that can be flexibly adapted to the situation) and take the home situation as a framework to consolidate the children's development and learning. By setting homework, schools have a particular and extensive influence on how the time spent in the day-home is used and on the topics dealt with. This annoying feature is likely to continue for some time. Discussions should not, however, get bogged down in this problem but progress to a point of view where schools and day-homes, as professionally-linked educational organizations, give broad support to making the process of learning a success.

Klaus Peter Hemmer

Résumé: La prise en charge, pendant toute la journée, d'enfants d'âge scolaire, ne fait pas partie, en République fédérale, des normes sociales acceptées. L'offre de places limitée de ces institutions est réservée principalement à des enfants issues de familles à même de faire valoir une situation de détresse. La garderie, que assure presque exclusivement, en âge d'école élémentaire, à côte de l'École, la prise en charge pendant toute la journée figure dans la tradition de l'aide apportée aux enfants des pauvres. Elle ne peut, actuellement, sur la base de ses conditions personnelles, matérielles et juridiques, que se détacher de manière très lente de cette tradition. Les premières conceptions de garderies étaient portées par le motif de la «maternalisation» des enfants. La garderie ne saurait remplacer la famille, mais ne peut que mettre en scène l'éducation familiale en tant que figure de didactique (groupes mixtes au point de vue âge, thèmes de souplesse de situation) et prendre le schéma de la maison comme cadre pour assurer le développement psychologique et l'apprentissage. En particulier de par les devoirs à faire à la maison, l'École détermine largement le rythme temporel et les thèmes de la garderie. Ce scandale durera encore quelque temps. La discussion ne doit cependant par rester agrippée à ce point, mais trouver une perspective où École et garderie, en tant que contexte professionnel d'éducation, soutiennent, sur une large base, la réussite de l'apprentissage.

1 Die pädagogische und bildungspolitische Vernachlässigung

In den Kinderhort gehen die Schulkinder, deren Betreuung tagsüber durch die Eltern nicht gesichert ist und die auf eine Betreuung noch angewiesen sind. Das sind in der Mehrzahl Kinder im Grundschulalter.
Bislang hat der Hort weder bildungspolitisch noch erziehungswissenschaftlich besonderes Interesse gefunden. Er blieb weitgehend ausgeblendet aus den bildungspolitischen Kontroversen, die etwa der Kindergartenerziehung vorübergehende Aktualität sicherten: Auf die ungezählten Modellversuche und Initiativen im Elementarbereich kam gerade ein von der Bund-Länder-Kommission für Bildungsplanung gefördertes Tagesstätten-Projekt (vgl. ARBEITSGRUPPE SCHÜLERTAGESSTÄTTE 1979). Der Kinderhort ist auch innerhalb der sozialpädagogischen Theoriebildung weitgehend vernachlässigt worden. Er ist, wie es einer seiner Interpreten (HEDERER 1978, S. 13) formuliert, „kein heller Stern am Firmament der Sozialpädagogik". Die institutionellen Schwerpunkte der sozialpädagogischen Reflexion sind eher Kindergarten und Heimerziehung. Das ganze Vorfeld der Heimerziehung ist lange Zeit unberücksichtigt geblieben.
Diese bildungspolitische wie erziehungswissenschaftliche Vernachlässigung hat dazu geführt, daß die Hortpädagogik sich bis heute eher über Praxisberichte und Praxisanleitungen präsentiert als über theorieförmig geschriebene Darstellungen. Es fehlt der Hortpädagogik weitgehend ein begriffliches Instrumentarium zur Durchgliederung und Beschreibung der Ziele und Prozesse, die im Hort angestrebt werden und dort ablaufen. Bezeichnenderweise fassen viele für den Hort geschriebene Planungshilfen Hort und Kindergarten gleich zusammen, so, als ob die Arbeit mit drei- bis fünfjährigen Kindern sich nach demselben Muster organisieren ließe wie die mit sechs- bis zwölfjährigen. Erst allmählich deuten sich hier Veränderungen an (vgl. ARBEITSGRUPPE SCHÜLERTAGESSTÄTTE 1979, ROLLE/KESBERG 1984). Die Berufung auf eine eigenständige sozialpädagogische Konzeption ist bislang eher eine vage Positionsbeschreibung dafür, daß der Hort Schule nicht sein will und Familie nicht sein kann.

2 Überwachte Freiheit: Die Familiarisierung der Armenkinder

Der Kinderhort steht in der Tradition der Armenkinderfürsorge. Die gängige Berufung auf die Industrieschulen als Vorläufer verdeckt dabei eher den Umstand, daß der Hort seine Entwicklung gerade dem Scheitern der Bemühungen verdankt, Kinder und Jugendliche frühzeitig in die Industrie einzufädeln. Die in der zweiten Hälfte des 19.Jahrhunderts einsetzenden Kinderarbeitsschutzgesetze bringen die Kinder der unteren Schichten um ein kärgliches Zubrot und setzen sie auf die Straße. Anders als in der bürgerlichen Familie, wo die Freisetzung der Kinder als Kultivierungsaufgabe (Kinderspiel, Bilderbuch, Kinderzimmer) von den von elementarer Daseinsvorsorge entlasteten Müttern angenommen wurde, sicherte die Freisetzung der Proletarierkinder von der Erwerbsarbeit nicht schon deren gedeihliche Entwicklung. Daß hier Folgelasten der sozialfürsorgerischen Gesetzgebung entstehen, die überwiegend auf derselben Ebene, mit Mitteln der Sozialfürsorge, abgefangen werden mußten, ist sehr früh gesehen worden. In einem Bericht der Gewerbeaufsicht (1908) zu den Kinderschutzgesetzen heißt es:
Die Frage „der Ernährung der Schulkinder steht insofern in engem Zusammenhang mit dem Kinderschutzgesetz, als die Erfahrung gelehrt hat, daß mit der Kinderarbeit vor der Schule (Brötchentragen) auch das von dem Arbeitgeber in vielen Fällen gelieferte warme Frühstück wegfällt, und auch der Ausfall des Kinderverdienstes das Budget der unbemittelten Familie, und damit auch die Ernährung der Kinder nicht unerheblich beeinflußt [...] Die Erwägung, daß der Schutz, den das Gesetz den Kindern vor übermäßiger Arbeit gewährt, seine Ergänzung finden muß in der Fürsorge für diese, sowie die Überlegung, daß das Gesetz auch dort Arbeit und Verdienst wegnimmt, wo die wirtschaftliche Lage der Eltern die Kinderarbeit nahelegt, lenkt den Blick auf die mittelbare und unmittelbare Mitwirkung der Gemeinden am körperlichen und geistigen Wohl der Schüler" (SIMON 1909, S.7).
Hier zeigt sich ein insbesondere von DONZELOT (vgl. 1980) herausgestellter Unterschied, wie im Bürgertum und in den unteren Schichten die „Familiarisierung" der Familie, das heißt das Reflexivwerden ihrer Sozialisationsfunktion auf den Weg gebracht wird. Das Aufkommen der dem Primat der Erziehung gehorchenden Familie erscheint im Bürgertum als eine Leistung, die die Familie durch das Ausschalten ihrer „Feinde im Innern" erbringt: Die Ammen kommen aus der Mode. Dienerschaft und Lehrer werden stärker kontrolliert. Die Erziehungsleistungen der Mütter verbleiben nicht mehr nur auf der Ebene des Vor- und Nachmachens, sondern werden deutlich gesteigert. Das klassische Buch für diese Didaktisierung der Eltern-Kind-Beziehungen sind Fröbels Mutter- und Koselieder, die, im sozialwissenschaftlichen Jargon gesprochen, auf die Steigerung der „Sinninterpretationskapazität" (OEVERMANN u.a. 1976, S.388) der Mutter setzen.
Was hier als Leistung der bürgerlichen Familie zugesprochen wird, das ist im Blick auf die Unterschichtfamilie erst die Perspektive, auf die hin diese Familien mit Hilfe der verschiedenen Wohlfahrtsinstitutionen und der allmählich greifenden Sozialgesetzgebung stabilisiert werden soll. Die Verhäuslichung der Arbeiterfamilie setzt auch hier bei der Frau an. Man versucht die Arbeiterfrau wieder an den Herd zu holen, um so den Mann aus dem Wirtshaus und die Kinder von der Straße zu locken.
Die Pädagogisierung der Beziehungen zwischen Kindern und Erwachsenen nimmt hier nicht, wie im Bürgertum, die Form einer „geschützten Befreiung" an: „Die bürgerliche Familie legt um das Kind einen sanitären Sicherheitsgürtel, der sein Ausdehnungsfeld begrenzt: Im Innern dieser Umfriedung wird die Entwicklung sei-

nes Körpers und seines Geistes durch alle Hilfsmittel der Psychopädagogik gefördert und durch eine diskrete Überwachung kontrolliert" (DONZELOT 1980, S. 60). Für die Armenkinder ist das pädagogische Modell eher zu bestimmen als „überwachte Freiheit": „Hier liegt das Problem weniger in der Last altertümlicher Zwänge als im Übermaß an Freiheit und Straßenleben, und die angewendeten Techniken gehen dahin, diese Freiheit zu begrenzen, das Kind in Räume stärkerer Überwachung, Schule oder Elternhaus, zurückzuführen" (DONZELOT 1980, S. 60). Wo diese überwachte Freiheit im Rahmen der Familie oder der Halbtagsschule nicht gesichert werden kann, rückt der Hort allmählich in Position: ein dritter pädagogischer Ort neben Familie und Schule, um die Funktionsausfälle der beiden traditionellen Erziehungsinstitutionen abzufangen. Die Aufbauphasen des Hortes fallen zusammen mit gesellschaftlichen und wirtschaftlichen Krisensituationen (Weltkriege, Rezessionen). In Zeiten relativer Prosperität wird er in eine marginale Position zurückgedrängt. Das erklärt seine - zumindest in der Bundesrepublik Deutschland - bis heute andauernde materielle, personelle und konzeptionelle Notsituation.

3 Funktion und Selbstverständnis des Kinderhortes

Gemeinsames Merkmal der Hortkinder ist in der Regel die finanziell notwendige Berufstätigkeit der Eltern, der alleinstehenden Betreuungsperson oder eine besondere Gefährdungssituation der Kinder. Diese dominierenden Einweisungskriterien machen deutlich, daß die dem Hort von dessen Trägern und von Hortpädagogen zugeschriebene „familienergänzende" Funktion sich in ganz wichtigen Akzenten von der gleichlautenden Funktionsbeschreibung des Kindergartens unterscheidet. Die Verpflichtung der freien und öffentlichen Träger, möglichst für alle Kinder im Alter von drei Jahren bis zum Beginn der Schulpflicht einen Kindergartenplatz zur Verfügung zu stellen, und die breite Inanspruchnahme dieses Angebotes signalisieren die öffentliche Wertschätzung dieser außerfamilialen und vorschulischen Erziehung; gleichgültig, welche Organisationsform, welche Trägerschaft und welche inhaltlichen Schwerpunkte einzelne Gruppen dabei favorisieren. Die weithin anerkannte familienergänzende Funktion dieser Einrichtungen liegt, unbeschadet ihrer miteingeschlossenen kompensatorischen Aufgaben, darin, eben solche Beziehungen und Erfahrungen zu erschließen, die innerhalb des kleinfamilialen Interaktionsgefüges nicht oder nur schwer verfügbar gemacht werden können.
Diese entwicklungsbiographisch genau zu plazierende Funktion des Kindergartens und seiner institutionellen Alternativen gilt nicht für jene Kinder, die der besonderen Belastung der Ganztagsbetreuung ausgesetzt sind (vgl. SIEBENMORGEN 1978). Da geht es in aller Regel nicht um die Erweiterung der Familienerziehung in dem hier beschriebenen Sinn - das ist in glücklichen Fällen eine positive Nebenwirkung. Wo immer Kinder außerhalb der Familie in Ganztagsbetreuung versorgt werden, stehen funktionale Alternativen zur Familienerziehung im Vordergrund. Das gilt um so mehr, je jünger die zu betreuenden Kinder sind. Das ist auch der Grund, warum die im Kindergartenbereich dominierenden freien Träger, insbesondere die kirchlichen, beim Ausbau der Krippen- und Hortplätze sehr viel zögernder sind (vgl. Abbildung 1). Wo Not Eltern, insbesondere alleinerziehende Eltern, nicht zur Berufstätigkeit zwingt, soll durch die Bereitstellung von Ganztagseinrichtungen die Berufstätigkeit nicht gefördert, „der Auflösung der Familie" nicht zugearbeitet werden.

Der Kinderhort

Abbildung 1: Quantitative Entwicklung von Kindergarten und -hortplätzen

Jahr Land	Kindergarten und Sonderkindergarten		Kinderhorte		Kinderhortplätze je 1000 Grundschüler	Einrichtung	Kinderhortplätze			
	Plätze	Einrichtungen	Plätze	Einrichtungen			insgesamt	davon		
								Öffentliche Hand	Kirchliche Träger[2]	Privater Träger[3]
	Tausend	Anzahl	Tausend	Anzahl			Tausend	Prozent		
	Bundesgebiet									
1960	817,2	12290	67,4	1456	22	46				
1965	952,9	14113	73,6	1857	21	40				
1970	1160,7	17493	72,9	2036	18	36	72,9	51	45	4
1971	1228,9	18353	79,0	2131	19	37	79,0	52	45	3
1972	1319,1	19914	76,4	2113	19	36	76,4	53	44	3
1973	1388,1	21296	80,3	2222	20	36	80,3	55	41	4
1974	1435,9	21841	86,3	2192	21	39	86,3			
1975	1478,9	23130	82,7	2376	21	35	82,7	60	37	3
1976	1463,0	23680	85,0	2484	23	34	85,0	60	37	3
1977	1441,0	23409	87,6	2615	25	34	87,6	60	37	3
1978[1]	1396,9	23411	101,7	3106	31	33	101,7	62	35	3
1979	1390,7	23916	104,5	3109	35	34	104,5	62	36	2
1980	1393,7	24011	105,7	3026	38	35	105,7	63	35	2
	Länder 1980									
BW	302,5	5411	10,4	237	24	44	10,4	58	37	5
BA	218,4	4017	19,5	435	40	45	19,5	63	34	3
HE	152,8	2226	15,4	322	64	47	15,4	71	28	1
NS	117,5	1915	6,0	259	17	23	6,0	45	54	1
NW	375,5	6091	21,6	854	28	25	21,6	45	53	2
RP	102,8	1646	1,9	59	12	32	1,9	62	38	0
SA	29,7	420	0,5	15	12	33	0,5	17	67	16
SH	35,8	711	2,7	121	22	22	2,7	64	28	8
BE	27,0	889	15,7	402	23	39	15,7	76	24	0
BR	10,9	180	2,7	91	10	30	2,8	91	9	0
HA	20,8	505	9,2	231	16	40	9,2	78	22	0

[1] Erstmals für HA getrennter Nachweis bei integrierten Kindergärten und Kinderhorten. Dadurch in den Vorjahren zu niedrige Angaben bei Kinderhorten und zu hohe bei Kindergärten
[2] Kirchen und die sonstigen Religionsgemeinschaften öffentlichen Rechts
[3] Privater gewerblicher Träger

(Quelle: BUNDESMINISTER FÜR BILDUNG UND WISSENSCHAFT 1982, S. 12 f.)

Klaus Peter Hemmer

Die Ambivalenzen gegenüber dem Ausbau von Hortplätzen markieren im Vergleich zur Frage der Erhöhung der Kindergartenplätze eine sehr viel riskantere und gesellschaftspolitisch brisantere Dimension. Hier spielen Bezüge herein, die gleichermaßen auch für die Anstaltserziehung gelten: „Wie der Strafvollzug darf auch die Anstaltserziehung nicht so beschaffen sein, daß die Aussicht, ihr unterworfen zu werden, verlockender ist als die ‚normalen' Lebensbedingungen der proletarischen Kinder und Jugendlichen, sosehr sie unter diesen auch leiden mögen. Blieben die Anstaltsbedingungen nicht erheblich unter den sozialen Erziehungs-, Ausbildungs- und Lebensbedingungen der proletarischen Jugend, so verlören sie jede drohende und disziplinierende Funktion nach außen; sie würden im Gegenteil zu gefährlich positiven Alternativen zu Familie und Schule" (AUTORENKOLLEKTIV 1976, S. 63). Weniger pointiert und auf den Hort bezogen heißt das: Es kann nicht darum gehen, den Hort so attraktiv zu machen und so weit auszubauen, daß unnötig viele Eltern die Verantwortung für ihre Kinder dort abgeben und eigenen Interessen nachgehen können.

Die gesellschaftspolitisch brisante Balance zwischen öffentlicher und privater Erziehung wird eingependelt durch die materielle und personelle Attraktivität der Angebote: Werden Horteinrichtungen in ihrer personellen und materiellen Notsituation belassen, dann kommen nur Kinder aus prekären Familiensituationen. Würden die öffentlichen Aufwendungen für Ganztagsbetreuung in einem breiten Spektrum (Ganztagsschule, Tagesmütter, Kinderhort) erhöht, dann wären das gefährlich positive Alternativen, um das Verhältnis von Familienerziehung und öffentlicher Erziehung anders auszubalancieren.

Das steht auf dem Spiel, und das muß zumindest mit berücksichtigt werden bei der Einschätzung der Forderung, der Hort müsse weiterentwickelt werden „von der Aufbewahrungsstätte mit Notfall-Image zur Freizeitstätte" (ARBEITSGRUPPE SCHÜLERTAGESSTÄTTE 1979a, S. 18). „Freizeitstätte Hort", diese freundliche Etikettierung birgt die Gefahr, daß damit die relevanten Funktionsbestimmungen des Hortes eher verstellt als erschlossen werden. Der Hort ist strukturell nicht vergleichbar und in eine Linie zu bringen mit Schwimmbad und Sportverein, mit Spielplatz oder Museum. Schon die Einweisungskriterien der Hortkinder und die Kontinuität der Gruppenbezeichnungen sind Beleg dagegen. Wer bei dem beschränkten, nicht ohne Grund beschränkten Platzangebot sein Schulkind im Hort unterbringt, muß in der Regel eine familiäre Notsituation nachweisen. Es ist komplimenthaft für jede Horteinrichtung, wenn die Kinder gerne dorthin kommen; die überwiegende Mehrzahl dieser Kinder hat dazu keine Alternative. Die Berufstätigkeit der Eltern oder des alleinerziehenden Elternteils muß sich nicht unbedingt und in jedem Fall belastend auswirken auf die binnenfamiliären Beziehungen. Sie hat aber Konsequenzen, die aufgefangen werden müssen – innerhalb der Familie oder außerhalb: Das gemeinsame Zeitbudget von Eltern und Kindern ist knapp, die Teilhabe der Kinder an alltäglichen Verrichtungen ist reduziert. Die mit der Berufstätigkeit verbundene hohe Arbeitsbelastung, die Konzentration der Eltern-Kind-Beziehung auf die Aufsteh- und Zubettgehphase, auf Wochenende und Urlaub begünstigen konflikthaltige Verlagerungen; begünstigen Formen der Kompensation, der Überkompensation, der Vernachlässigung.

Diese auf die Familie bezogenen Problemstränge sind aber noch zu ergänzen durch die Folge- und Nebenwirkungen der Schule. Entlasteten Familien mag es gelingen, ihre Kinder in das Lernsystem Schule einzufädeln und ein folgenschweres Herausfallen aus dem schulischen Bildungsprozeß durch eigene oder bezahlte Nachhilfe zu verhindern. Auch dies fällt jener Institution zu, die über den größten Teil der außerschulischen wachen Zeit verfügt: Die Rede von der „familienergänzenden und schulbegleitenden Funktion des Hortes" ist also eine freundliche Umschreibung dafür, daß der Hort die Systemschwächen von zwei Institutionen, von Familie und Schule, auffangen muß. Der tägliche Gang durch die Institutionen mit den jeweils knapp bemessenen Zeitkontingenten kann zu einem verhängnisvollen Delegationskarussell führen: Die Kinder sind ständig betreut und bleiben dennoch dauernd unterversorgt.

4 Merkmale der Institution Hort

Hortkinder verbringen den größten Teil ihrer außerschulischen wachen Zeit in einer eigens für diese Tagesbetreuung eingerichteten Institution. Dieser Ort läßt sich durch seine räumliche und zeitliche Struktur, durch die dort zugelassenen Beziehungen und durch dessen Außerwahrnehmung als ein Erfahrungsfeld beschreiben, das sich deutlich von dem jener Kinder unterscheidet, die nach der Schule in ihre Familie zurückgehen oder die sich auf irgendeine andere Weise den Tag über selbst versorgen.
Familienerzieher – Lohnerzieher: Welche Motive und Intentionen Eltern und Erzieher auch immer bei ihrem Erziehungsgeschäft leiten, Erzieher tun dies auch und im Gegensatz zu Eltern, um damit ihren Lebensunterhalt zu verdienen. Die Hortgruppenbeziehungen, sie mögen gehaltvoll oder dürftig, anregend oder karg sein, haben eine tarifrechtlich abgesicherte Kontur: Arbeitszeit und Überstunden, Einstellungsbedingungen und Entlohnung, Ausbildungsvoraussetzungen und Altersversorgung, das sind Rahmenbedingungen, die die Arbeit im Hort noch nicht inhaltlich füllen, aber doch entscheidend mitbestimmen. HEINSOHN/KNIEPER (vgl. 1976) folgern aus diesen für alle Lohnarbeiter geltenden Merkmalen ein strukturelles Desinteresse des Lohnerziehers gegenüber seiner Arbeit und den Kindern. Ein Desinteresse, das in dem Motiv begründet ist, die eigene Arbeitskraft zu schonen, auf lange Sicht zu erhalten und sich nicht aufzubrauchen. Man mag diese globale Motivanalyse teilen oder nicht. Im Blick auf die Kontrastierung von Familien- und Hortbetreuung ist wichtig, daß die Kinder im Hort, ebenso wie in anderen Heimen, nicht in ein in der Regel zwei Jahrzehnte dauerndes Lebensprojekt von Erwachsenen einbezogen sind. Die Verantwortlichkeit des Erziehers endet mit seiner Arbeitszeit.
Die Hortgruppe ist eine Gruppe auf Abruf. Es rücken ständig Kinder nach, die nicht nur in räumlicher Hinsicht einen Platz neu beanspruchen. Von nachklingenden Episoden und Besuchen abgesehen, können die aus dem Hort Entlassenen keine „Rechte" mehr beanspruchen. Der Erzieher kann sich jederzeit durch Kündigung von der Verantwortung entlasten. Der Hort muß also so organisiert sein, und die Kinder werden sich langfristig darauf einstellen, daß die Institution in ihrer Wirkungsweise nicht gefährdet wird, wenn die Mitarbeiter und das Klientel wechseln. Der Aufbau langfristiger emotionaler Beziehungen wäre unter diesen Voraussetzungen für beide Seiten fatal. Was das für Kinder bedeutet, die gerade einer solchen Bindung bedürfen, liegt auf der Hand.
Die Pädagogisierung der Beziehungen: „Das Gemeinsame für alle Heime ist, daß sie die größtmögliche Konzentration von Erziehungsmitteln, eine hohe Intensität der pädagogischen Atmosphäre ermöglichen. Das ist nicht nur faktisch so, sondern steht als erklärte Absicht, mehr oder weniger deutlich formuliert, am Anfang jeder Heimgründung. Selbst moderne Heime der offenen Tür mit der Attitüde pädagogischen Understatements können diese Komponente ihrer Intention und ihrer Wirksamkeit nicht verleugnen" (MOLLENHAUER 1964, S. 119).

Klaus Peter Hemmer

Dieser pädagogischen Intentionalität - und wo immer sie durchgängig auftritt, offen oder versteckt, haftet ihr etwas Penetrantes an - können auch Hortkinder kaum entkommen; es sei denn, sie brechen aus. Was ihnen innerhalb des Hortes an Rückzugsmöglichkeiten bleibt, an nicht schon wieder pädagogisch zugewiesenen Ruhezonen vom Erzogenwerden, das sind die nicht von ungefähr so beliebten Nischen im Treppenhaus, im Garten und im Flur, in den Waschräumen und den Toiletten: den Grauzonen erzieherischer Verantwortung und Haftung.

Kinder lernen im Hort vornehmlich dadurch, daß sie Teilnehmer sind an Interaktionen, die zum Zwecke ihrer Betreuung inszeniert und aufrecht erhalten werden. Sie lernen dort nicht oder nur in verschwindend kleinen Anteilen durch die Teilhabe an einer Praxis, bei der die pädagogische Intentionalität zumindest peripher bleibt. Im Beispiel: Ein Horterzieher kann durchaus mit seiner Kindergruppe in ein Kaufhaus gehen und dort allerhand Sinnvolles und pädagogisch Begründbares unternehmen: Utensilien für Fasching oder ein Kinderfest kaufen, dort Verlaufen üben und sich über die Lautsprecheranlage ausrufen lassen und vieles andere mehr. Aber er wird nicht, zumindest nicht während seiner Dienstzeit, mit der erklärten Absicht die Kindergruppe dorthin mitnehmen, um sich einen Pullover zu kaufen oder ein Geschenk für eine abendliche Einladung. Solche Unternehmungen von Eltern etwa, durchaus im Wissen um das Dabeisein der Kinder durchgeführt, aber ohne erklärten pädagogischen Bezug, werden im Hort in das Private abgedrängt. Dieses eher periphere Beispiel soll zeigen, welche Erfahrungsdimensionen und welche Qualität des Lernens ausgeblendet bleiben, wenn Kinder nicht die Möglichkeit haben, an Interaktionen teilzunehmen, sich in solche einzubeziehen, die eben nicht primär bestimmt sind durch das Merkmal pädagogischer Intentionalität.

Die „Wiedereinbringung ernsthafter Verrichtungen" (HEINSOHN/KNIEPER 1975, S. 133) in das Erfahrungs- und Interaktionsfeld von Kindern ist ein Problem, das nicht allein den Hort trifft. Das ist ein generelles Strukturproblem entwickelter Gesellschaften. Die Erziehung geschieht hier im gesellschaftlichen Exil, und die Organisation einer eindrucksvollen, lehrreichen Umgebung wird zum besonderen Problem.

Der Ausgrenzungsprozeß in einzelne Erziehungssysteme - ambivalent ist er, weil damit Entlastung, Freisetzung und Steigerung, aber auch Abhängigkeit und verlängerte Unmündigkeit verbunden sind - hat Rückwirkungen auf die Familie selbst. Diese Ausgliederung ist ja nicht einlinig zu sehen; so, als ob die innerhalb der Familie nicht mehr zu leistenden gesellschaftlichen Erfahrungen und Deutungsmuster nur eben außerhalb vermittelt werden. Mittlerweile wird die von den öffentlichen Erziehungssystemen auf die Familienerziehung rückwirkende Tendenz immer deutlicher: Heimerziehung, Kinderhort und Grundschulunterricht orientieren sich nicht mehr nur am Prinzip familialen Lernens (wie auch immer dies in der jeweiligen Didaktik stilisiert wird), sondern familiales Lernen orientiert sich am Muster öffentlicher Erziehung: Es kommt zu einer umfassenden Didaktisierung der Familienerziehung. Dieser hier angesprochene didaktische Bezug ist innerhalb öffentlicher Erziehungseinrichtungen nicht mehr hintergehbar. Wer die Teilnahme der Kinder an „ernsthaften Verrichtungen" ungebrochen postuliert, muß sich zumindest die historischen Erscheinungsformen dieser Teilnahme vor Augen führen: Kinderarbeit und Fabrikschulen, Eindrucksarmut nun nicht von den pädagogischen Inseln, sondern vom harten Gang des Erwerbslebens bestimmt, das sind Hinweise, was auf dem Spiel steht, gäbe der Hort seine ausgrenzende, seine pädagogische Funktion auf.

Der Hort ist eine pädagogische Anstalt. Kinder arbeiten sich dort in der Tat nicht an einem „wirklich agierenden Erwachsenen" ab. Das wäre für beide Teile verhängnisvoll; denn das würde auch existentielle Not und Haß und Aggression und oft karge Daseinsvorsorge mit einschließen. Der Horterzieher ist dem Kind ein professionelles Gegenüber. Das grenzt seine Möglichkeiten ein, das schließt aber auch Möglichkeiten auf. Dem Erzieher fehlen die natürlich-diffusen Autoritätsgrundlagen der Eltern. Seine Chancen liegen in der Reflexivität der Beziehungen und in dem über diese Distanzierung zu gewinnenden Perspektivenreichtum. Diese Möglichkeit wird sicher auch von Eltern wahrgenommen und ist ihnen anzuraten. Für den Erzieher aber ist diese Reflexivität unabdingbare Voraussetzung für seine Arbeit.

Die Geschlossenheit der Institution: Was bedeutet es für Schulkinder von einer pädagogischen Anstalt am Vormittag in eine andere für den Rest des Tages überzuwechseln? Hortkinder bleiben während des Tages innerhalb eines vergleichsweise geschlossenen Lern- und Erfahrungsfeldes:

- Der Tagesplan von Hortkindern ist weitgehend festgeschrieben und läßt kaum individuelle Varianten zu. Er gliedert sich in den Dreischritt: Essen, Hausaufgaben, Freispiel.
- Der Hort bleibt bei all der zugestandenen und von seiner Entwicklungsgeschichte her überkommenen bewahrenden und beschützenden Funktion eine öffentliche Einrichtung. Das heißt auch, daß die für Kinder eingerichteten Verkehrsflächen für alle Kinder zugänglich sind. Es gibt Lese- und Werk-, Kuschel- und Spielekken, es gibt aber nirgendwo einen Platz, an den sich Kinder zurückziehen und den nicht gleichermaßen auch andere der Gruppe beanspruchen können. Die Privatheit im Hort ist reduziert auf die eigene Hosentasche. Es ist prinzipiell nur das machbar, auch nur das herstellbar, was den Zugriff anderer übersteht.
- Hortkinder können ihre Freunde, ihre Spielpartner kaum auswählen. Sie sind auf ihre Gruppe verwiesen, müssen sich arrangieren, mit all den damit verbundenen Vor- und Nachteilen.
- Hortkinder sind in aller Regel auf einen Aufenthaltsort verpflichtet: den Hort selbst. Unternehmungen, die darüber hinausführen, vom verfügbaren Zeitbudget oft genug auf die Schulferien beschränkt, haben den Charakter von langfristig vorgeplanten „Klassenausflügen". Wo immer Hortkinder auftreten, im Schwimmbad, in der U-Bahn, im Museum, es sind Kolonnenkinder; angeleitet, betreut und geführt.

Es gibt Versuche, den Hort ein Stück weit zu öffnen und einige der hier beschriebenen Merkmale zumindest zu entschärfen (vgl. ARBEITSGRUPPE SCHÜLERTAGESSTÄTTE 1979a, S. 49). Aber das sind im ganzen gesehen noch uneingelöste und auch versicherungsrechtlich nicht abgesicherte Forderungen; eher riskante Einzelunternehmungen einiger Einrichtungen. Die Forderung nach einer Öffnung der Horteinrichtungen darf die Verpflichtung nicht überspielen, daß der Hort selbst so zu gestalten ist, daß er für die Kinder attraktiv bleibt. Die Öffnung der Horte und die Delegation der Kinder in Außengruppen wäre sonst nur das resignative Eingeständnis, daß im Hort selbst eine qualifizierte Betreuung nicht möglich ist.

Stigmatisierung durch den Hort: Die außerfamiliale Ganztagsbetreuung von Schulkindern ist in der Bundesrepublik nicht der bildungs- und familienpolitisch akzeptierte Normalfall. Das beschränkte Platzangebot führt in vielen Horteinrichtungen (auch in den wenigen Ganztagsschulen) dazu, daß sich in diesen Gruppen Kinder konzentrieren, die auf verschiedene Weise belastet sind. Der Hort hat sich in der Bundesrepublik bis heute nicht aus der Tradition der Armenkinderfürsorge lösen können. Der Hort als Nothilfeeinrichtung, als „Heim" im Vorfeld der Fürsorgeerziehung, das ist der eine prekäre Assoziationsstrang, den Erzieher und Hortkinder zum Teil durch Umetikettierungen („Klub", „Freizeitstätte", „Kinderhaus") abzuwehren suchen. Der andere, und der ist vor allem im Blick auf die Gruppe der Gleichaltrigen von Bedeutung, rührt her von der oft engen räumlichen und inhaltlichen Verbindung mit dem Kindergarten. Wo immer Hortkinder in der Öffentlichkeit auftreten, sie tun dies in Gruppen und unter Aufsicht. Sie gehen geschlossen zum Spielplatz. Sie gehen gemeinsam über die Straße und dann, wenn die Erzieher es erlauben. Das hat seinen guten Grund. Das hat aber auch Auswirkungen auf das Selbstverständnis der Hortkinder und auf deren Einschätzung nach außen: Eine Vielzahl der selbständigen Entscheidungen und Unternehmungen, die für die Altersgruppe außerhalb des Hortes selbstverständlich sind und auch von den Hortkindern täglich gefordert werden, sind während der Betreuung im Hort nicht möglich. In der Tat: „Kindergarten!"

5 Schule und Hort

Schule und Hort verwalten während der Woche den größten Teil der wachen Zeit einer auf unterschiedliche Weise belasteten, im ganzen eher problematischen Gruppe von Kindern, vorwiegend im Grundschulalter. Wenn es stimmt, daß schulisches Lernen höchst voraussetzungsvoll ist in dem Sinn, daß es auf einigermaßen glücklich verlaufende außerschulische Erfahrungen und Beziehungen angewiesen ist und aufbaut, dann muß Schule die relevante Struktur dieser Erfahrungsfelder zur Kenntnis nehmen und die eigene räumliche, zeitliche und inhaltliche Organisation des Lernens in diesem Kontext bestimmen. Den Hort hierbei ausklammern, das hieße bei all der reklamierten öffentlichen Funktion von Schule, Lernen vergleichsweise „privat" zu interpretieren: ohne Rücksicht auf das Zeitbudget eines Hortkindes, ohne Kenntnis der besonderen Struktur dieser Einrichtungen, letztlich auch ohne langfristige Mobilisierung von lernerfolgsrelevanten Beziehungen.
Wir sind heute dabei, die Sprachlosigkeit der Schule gegenüber sozialpädagogischen Perspektiven und Nachbarinstitutionen ein Stück weit aufzuheben. Aber wie schwierig auch immer die Zusammenführung unterschiedlicher Betreuungsformen ist, die Verpflichtung oder zumindest die Einsicht in die Notwendigkeit zur Kooperation von Schul- und Sozialpädagogen ist für viele Bereiche (Schulanfang, Vorschule, Jugendfreizeit, Erziehungsberatung, Ganztagsschule) deutlich stärker entwickelt als für den von Schule und Hort.
Dafür gibt es plausible Erklärungen:
Hortkinder sind in der Regel eine Minderheit in der Klasse. Initiativen für die Zusammenarbeit gehen darum eher vom Hort aus. Im Blick auf den nachhaltigen Einfluß und die Erziehungsverantwortlichkeit sind und bleiben in erster Linie die Eltern Ansprechpartner der Schule. Gemessen an deren Bedeutung ist der Einfluß des Hortes episodisch: eine Institution, die jüngere Schulkinder für den Nachmittag absichert.
Wann immer Schwierigkeiten mit Hortkindern auftreten, es sind selten solche, die ihre Ursachen innerhalb des Hortes haben. Der Hort ist ja selbst eine Anlaufstation, die Vernachlässigung, Fehlentwicklungen, Beziehungskrisen auffangen muß; in vielen Regionen mit ähnlichen Schwierigkeiten geschlagen wie die Schule – auch wenn diese sich in den unterschiedlichen Lernfeldern verschieden zeigen. Was soll da von der Schule aus gesehen die Kooperation mit einer Institution, die oft genug ihren eigenen Mangel zu verwalten hat? Eine Lehrer wie Horterzieher besonders treffende Sprachlosigkeit kommt hinzu: Beide Berufsgruppen sind vom Ausbildungs-

gang, vom Handlungsfeld und von der Zielperspektive auf einen unterschiedlichen Typus erzieherischen Handelns eingestellt. MOLLENHAUER (vgl. 1964, S. 97 ff.) hat die erzieherischen Maßnahmen für die Schulpädagogik umschrieben mit Unterrichten, Überliefern, Einweisen und sozialpädagogische Einflußnahme charakterisiert durch Begriffe wie Fürsorge, Schützen, Pflegen, Beraten. Dies sind sicher nur Kürzel für jeweils verschiedene Akzentuierungen. In aller Regel nehmen aber Lehrer und Horterzieher die unterschiedlichen erzieherischen Maßnahmen der Gegenseite nicht in ihren anspruchsvollen Ausformulierungen wahr, sondern in wechselseitig verkürzten Klischees: Vom Hort aus erscheint Schule als lebensferne Drillanstalt, und von der Schule aus gerät der Hort zur Bewahr- und Bastelstube.

Dem Hort präsentiert sich die Schule über die Hausaufgaben vornehmlich in der Perspektive des schlechten Schülers. Eine Ursache für das so wenig ausformulierte inhaltliche Selbstverständnis des Hortes liegt sicher darin, daß ihm von den von außen gesetzten Erwartungen, Essen und Hausaufgabenbetreuung (hierin sind sich Schule und Eltern einig), fast kein Spielraum bleibt für eigene Definitionsmöglichkeiten. Erzieher stehen darum den Hausaufgaben sehr viel kritischer gegenüber als der Durchschnitt der Eltern. In einer Befragung, die sich auf 23 Kinderhorte in Hamburg stützt (vgl. MONSKA 1979), hält nur die Hälfte aller Erzieher (50%) Hausaufgaben für nützlich, während 97% der Eltern (einer allerdings anderen Elternpopulation) Hausaufgaben tendenziell positiv einschätzen (vgl. EIGLER/KRUMM 1972, S.90). Der Kinderhort muß im Blick auf die Hausaufgabenbetreuung den Elternpart nahezu ganz abdecken: 92% der Eltern erwarten, daß ihre Kinder mit den Hausaufgaben fertig sind, wenn sie vom Hort nach Hause kommen (vgl. MONSKA 1979, S.72). Der „harte Kern" der Betreuungsarbeit im Hort konzentriert sich von den Außenerwartungen her auf die Hausaufgaben.

Der Hort hat auch von einem wohlverstandenen sozialpädagogischen Selbstverständnis her gar nicht die Wahl, sich für oder gegen Hausaufgabenbetreuung zu entscheiden. Das Herausfallen aus dem schulischen Lernprozeß – überdurchschnittlich viele Hortkinder besuchen ohnehin Sonderschulen – ist beziehungsweise wäre so folgenreich, daß dann die dem Hort verfügbaren „eigenständigen" Möglichkeiten der Kompensation gar nicht mehr zureichen würden.

Wer im Bereich der Hortpädagogik Hausaufgaben und schulisches Lernen unmittelbar stützende Leistungen mit der Berufung auf ein sozialpädagogisches Selbstverständnis ablehnt, muß wissen, daß er damit gerade jene familienergänzenden Hilfen aufs Spiel setzt, durch die erziehungsorientierte Familien einen erfolgreichen Gang durch die Schulen sicherstellen. Durch die Hausaufgabenbetreuung wird ein wichtiger Teil der Information zwischen Schule und Elternhaus über die Kindertagesstätte geleitet; Informationen darüber, was in der Schule gerade „Thema" ist, Rückkopplungen, ob etwas verstanden wurde, was Spaß machte. Erzieher werden insbesondere über die Hausaufgabenbetreuung zu Mitinterpreten des schulischen Lernens. Der kompensatorische Anspruch des Hortes besteht darin, sowohl die leistungsmotivierende Wirkung elterlichen Interesses an Schule wie die unmittelbaren und konkreten Hilfen jenen zu vermitteln, deren Familie aus unterschiedlichen Gründen hierzu nicht in der Lage ist.

In vielen Fällen ist es eine überaus wichtige Voraussetzung für eine sich entkrampfende Familiensituation, daß die Schule aus den Eltern-Kind-Beziehungen (zumindest zeitweise) ausgeklammert und dieses Thema über den Erzieher professioneller betreut wird. Das ist kein Votum, das auf Abdrängen der Eltern zielt, sondern auf die Mobilisierung eines professionellen Erziehungszusammenhangs von Schule und Hort. Es ist sicher richtig, daß langfristig stabilisierende Hilfen für anspruchsvolle

Klaus Peter Hemmer

Lernprozesse über die Betreuung von Hausaufgaben nicht abgegolten sind und daß die Schule hier immer noch sehr viel Tristesse produziert und an Familie und Hort weitergibt. Aber wo die Hortpädagogik sich in einer proklamierten Abwehr der Hausaufgaben festbeißt, verspielt sie gerade die Möglichkeiten von flexiblen, den jeweiligen Kindern angemessenen Lösungen, und sie verspielt auch die notwendige Kooperationsbasis, um gemeinsam mit den Schulpädagogen dafür zu sorgen, daß im Hort endlich die Rahmenbedingungen geschaffen werden, um Ruhe, Entspannung und produktives Lernen zu sichern.

Das ist kein Votum für jene Arbeitsteilung, die der Schule ihren harten Gang läßt, um die „Durchgefallenen" im sozialpädagogischen Netz aufzufangen. Kooperation von seiten der Schule heißt immer auch, sich ein Stück eigene Irritationsfähigkeit zu erhalten und diese wirksam werden zu lassen innerhalb der dem Lehrer möglichen Definitionsbreite von Unterricht. Es gibt hier keinen Königsweg, der schnelle Erfolge sichert, wohl aber die Möglichkeit, über Kooperation das Gelingen des Lernens auf ein breiteres Fundament zu stellen.

ARBEITERWOHLFAHRT, BUNDESVERBAND (Hg.): Sozialpädagogische Praxis mit Schulkindern in der Institution Hort, Bonn 1979. ARBEITSGEMEINSCHAFT FÜR JUGENDHILFE: Hort. In: For. Jughilfe. (1980), 3/4. ARBEITSGEMEINSCHAFT FÜR JUGENDHILFE: Horterziehung in der Jugendhilfe, Bonn 1983. ARBEITSGRUPPE SCHÜLERTAGESSTÄTTE: Arbeitshilfen zur Horterziehung, 2 Bde., Bonn 1979 (Bd. 1: 1979a; Bd. 2: 1979b). ARBEITSGRUPPE TAGESMÜTTER: Das Modellprojekt „Tagesmütter". Abschlußbericht der wissenschaftlichen Begleitung, Stuttgart 1980. AUTORENKOLLEKTIV: Gefesselte Jugend. Fürsorgeerziehung im Kapitalismus, Frankfurt/M. 1976. BLANDOW, I.: Familienergänzende und familienersetzende Erziehung. In: Enzyklopädie Erziehungswissenschaft, Bd. 8, Stuttgart 1983, S. 121 ff. BUNDESMINISTER FÜR BILDUNG UND WISSENSCHAFT: Ganztagsschulen. Vorschläge des „Gesprächskreises Bildungsplanung", Bonn 1980. BUNDESMINISTER FÜR BILDUNG UND WISSENSCHAFT (Hg.): Grund- und Strukturdaten 1982/83, Bad Honnef 1982. DONZELOT, J.: Die Ordnung der Familie, Frankfurt/M. 1980. EHRHARDT-PLASCHKE, A.: Arbeitsfeld Hort, Frankfurt/M. 1979. EIGLER, G./KRUMM, V.: Zur Problematik der Hausaufgaben, Weinheim/Basel 1972. GEIST, G. W.: Hort. In: Enzyklopädie Erziehungswissenschaft, Bd. 6, Stuttgart 1984, S. 322ff. GIERKE, A. v.: Jugendwohlfahrtswesen und Schule. In: NOHL, H./PALLAT, L. (Hg.): Handbuch der Pädagogik, Bd. 5: Sozialpädagogik, Langensalza/Berlin 1929, S. 40ff. HEDERER, J. (Hg.): Freizeitstätte Hort, München 1978. HEINSOHN, G./KNIEPER, B.M.C.: Theorie des Kindergartens und der Spielpädagogik, Frankfurt/M. 1975. HEINSOHN, G./KNIEPER, B.M.C.: Das Desinteresse lohnabhängiger Pädagogen als zentrales Problem der Erziehung. In: BRUDER, K.-J. u.a.: Kritik der pädagogischen Psychologie, Reinbek 1976, S. 20ff. HILDEBRAND, CH.: Zärtlichkeit als Dienstleistung – Alltag im Kinderhort. In: Ästh. u. Komm. 10 (1979), 38, S. 53ff. MOLLENHAUER, K.: Einführung in die Sozialpädagogik, Weinheim 1964. MONSKA, D.: Studie zur Betreuung von Hausaufgaben im Kinderhort, Hamburg 1979. OEVERMANN, U. u.a.: Beobachtungen zur Struktur der Sozialisatorischen Interaktion. Theoretische und methodologische Fragen der Sozialisationsforschung. In: AUWÄRTER, M. u.a. (Hg.): Seminar: Kommunikation, Interaktion, Identität, Frankfurt/M. 1976, S. 371 ff. POST, J.: Musterstätten persönlicher Fürsorge, Berlin 1889. ROLLE, I./KESBERG, E.: Hort. Materialien für die pädagogische Arbeit, Stuttgart 1984. SAUER, M.: Heimerziehung und Familienprinzip, Neuwied/Darmstadt 1979. SCHNEIDER, R.: Erfahrungsbericht über zehnjährige Hortarbeit im Schulkinderclub Merkenstraße. In: For. Jughilfe. (1980), 3/4, S. 23 ff. SIEBENMORGEN, E.: Kinder in der besonderen Belastung der Ganztagsbetreuung. In: MÖRSBERGER, H. u.a. (Hg.): Der Kindergarten, Bd. 2: Das Kind im Kindergarten, Freiburg 1978, S. 286ff. SIMON, H.: Die Schulspeisung, Leipzig 1909. TEIGELER, U.: Materialien für die pädagogische Arbeit im Hort, Berlin 1978. VERBAND DEUTSCHER KINDERHORTE (Hg.): Monatsschrift für das Kinderhortwesen, Berlin 1915-1922. WAGNER, H.: Musikalische Umwelterkundung – drei Versuche elementaren Umgangs mit Musik. In: NEFF, G. (Hg.): Praxis des entdeckenden Lernens in der Grundschule, Kronberg 1977, S. 117ff.

Harm Prior

Primarschule und Kommune

1   Vorbemerkungen
2   Das historische Verhältnis von Primarschule und Kommune
2.1 Das Beispiel der zentralistischen Staatsschule in Deutschland
2.2 Das Beispiel der kommunalen Schule in Großbritannien
3   Das heutige Verhältnis von Primarschule und Kommune
3.1 Die soziologische und die juristische Situation
3.2 Die pädagogische Situation
4   Die ökologische Bedeutung der Kommune für den Primarschüler

Zusammenfassung: Das Thema wird in drei Schritten entfaltet. Es geht zunächst um das historische Verhältnis von Primarschule und Kommune, dessen Auswirkungen bis in die Gegenwart hinein deutlich spürbar sind; kontrastierend dargestellt an der Entwicklung der Staatsschule in Deutschland und der kommunalen Schule in Großbritannien. In einem zweiten Schritt wird das heutige Verhältnis von Primarschule und Kommune untersucht, sowohl die soziologische und die juristische als auch die pädagogische Situation. Auch dieser Abschnitt geht von einem Vergleich zwischen der Bundesrepublik Deutschland und Großbritannien aus. Drittens dann der Versuch, die ökologische Bedeutung der Kommune für den Primarschüler zu erfassen, ein Gegenstand, den die Sozialisationsforschung erst spät aufgenommen hat.

Summary: The subject is developed in three steps. Firstly there is the historical relationship between primary schools and the community, the effects of which are clearly evident right up to the present day. The development of state schools in Germany and local-authority schools in Great Britain are presented in contrast. The second step examines today's relationship between primary schools and the community, going into the sociological, legal and pedagogical situations. This section is also based on a comparison between the Federal Republic of Germany and Great Britain. The third step is an attempt to assess the ecological significance of the community for pupils at primary schools, an aspect which socialization research has been rather late in examining.

Résumé: Le thème est développé en trois étapes. Il s'agit d'abord de la relation historique entre école primaire et commune, dont les effets sont encore sensibles jusqu'à l'époque actuelle, relation présentée de façon contrastée en partant de l'évolution de l'École d'État en Allemagne et de l'école communale en Grande-Bretagne. Dans une seconde étape, on examine les rapports actuels entre école primaire et commune, tant sur le plan de la situation sociologique et juridique que sur celui de la situation pédagogique. Cette étape part également d'une comparaison entre la République fédérale d'Allemagne et la Grande-Bretagne. Troisièmement, la tentative de saisir l'importance écologique de la commune, pour les écoliers du Primaire, un sujet que la recherche en socialisation n'a accueilli que tardivement.

Harm Prior

1 Vorbemerkungen

Die ersten Elementar- oder niederen Schulen der frühen Neuzeit waren in allen europäischen Ländern Einrichtungen der Bürger einer Gemeinde. Die Bet- und Leseschulen, die Kirchengemeindeschulen, die Elementarschulen als unterer Teil der städtischen Bürgerschulen – geleitet von Küstern, Handwerkern oder Lehrmöddern (Dames in England) – waren öffentliche Schulen „im Sinne von bezogen auf das politische Gemeinwesen" (LANGE 1967, S. 121). Sie verstanden sich als „ein Hauswesen im Großen [und] ein Gemeinwesen im Kleinen" (LANGE 1967, S. 134). Jede Kirchengemeinde war verantwortlich für ihre Schule; „denn die Parochialgliederung war zugleich die politische Gliederung, und als Mitglied seiner Pfarrgemeinde hatte ein jeder Bürger seinen Platz und seine Aufgaben im Gemeinwesen" (LANGE 1967, S. 180).
Das „district school system" in den USA entstand in ähnlicher Weise: Die europäischen Siedler gründeten unabhängige Gemeinwesen (townships), „die zugleich Kirchengemeinden waren, die untersten politischen Verbände bildeten und als solche die Mehrzahl aller öffentlichen Aufgaben in Selbstverwaltung hatten" (LANGE 1967, S. 180).
Im 17., besonders aber im 18. und 19. Jahrhundert wurde die kommunale Zuständigkeit für die niederen Schulen zunehmend von der verfassungsrechtlichen Entwicklung in den Einzelstaaten tangiert, und es kam zu sehr unterschiedlichen Lösungen, die bis heute mehr oder weniger gültig oder mindestens in ihren Auswirkungen spürbar sind.
In den absolutistischen Staaten griff die Zentralregierung schon sehr bald nach den niederen Schulen (den späteren Volksschulen) und schränkte den kommunalen Einfluß immer mehr ein. In England mit einer seit dem Mittelalter auf nationaler und lokaler Ebene parallel laufenden demokratisch-parlamentarischen Entwicklung blieb die „elementary education" bis ins späte 19. Jahrhundert ausschließlich kirchlich-kommunale Angelegenheit. Und sie gilt auch heute – wenngleich unter Mitwirkung der Zentralregierung – als ein wesentlicher Teil des „local selfgovernment".
Im Bundesstaat der Schweiz – um ein drittes Beispiel zu nennen – mit seinen genossenschaftlich-demokratischen Elementen entwickelten sich die kommunalen Elementarschulen ebenfalls kontinuierlich bis in die Gegenwart und erhielten zudem spezifische genossenschaftliche Formen („Gemeindeschule"), während die Rahmengesetzgebung später die Kantone übernahmen. Ähnliche Entwicklungen, wie sie in diesen Beispielen angedeutet werden, gab es in den anderen europäischen Ländern.
Das heutige Verhältnis von Primarschule und Kommune ist allgemein durch zwei unterschiedliche Trends gekennzeichnet:
- ein breiter, anscheinend zwangsläufiger Trend zur Zentralisierung (auch Bürokratisierung) und Vereinheitlichung des gesamten Schulwesens als Folge der industriellen, egalisierenden Massengesellschaft;
- ein schmaler, bewußt unternommener Trend zu einer größeren Selbständigkeit der einzelnen Primarschule und ihres sozialen Umfeldes (Elternschaft und Kommune beziehungsweise Wohnviertel), und zwar sowohl aus pädagogischen Gründen (Individualität und Autonomie der Schule) als auch aus politischen Gründen (Dezentralisierung und Partizipation).

Beide Trends beobachtet man in allen westeuropäischen Ländern. Gleichwohl gibt es im Verhältnis von Primarschule und Kommune erhebliche Unterschiede – auf-

grund der historischen Entwicklungen, der rechtlichen und organisatorischen Gegebenheiten und nicht zuletzt der Erwartungen und Verhaltensweisen aller Beteiligten.
Neu ins Bewußtsein rückt heute die ökologische Bedeutung der Kommune für den Primarschüler. Hier meint Kommune nicht die politische oder administrative Einheit, sondern ein Sozialsystem. Welche soziologischen Merkmale kennzeichnen die Kommune in der Industriegesellschaft, und welche sozialisatorischen Wirkungen hat ihr Sozialsystem, angesiedelt zwischen der Familie und der engeren Nachbarschaft einerseits und der Gesellschaft andererseits? Erstaunlicherweise vernachlässigt die Sozialisationsforschung bisher die Kommune als Sozialisationsinstanz weitgehend. Die ökologische Sozialisationsforschung macht hier eine Ausnahme. Für diesen neuen Ansatz sind Nachbarschaft und Gemeindeleben wichtige Teilsysteme innerhalb der Sozialisation des Kindes. Die Konsequenzen einer solchen Sichtweise für die Primarschulen liegen auf der Hand: nicht isolierte Lerninsel zu sein, sondern bewußt und gezielt Nachbarschaft und Kommune in die schulische Arbeit einzubeziehen und sich in sinnvoller Weise am Gemeindeleben zu beteiligen.

2 Das historische Verhältnis von Primarschule und Kommune

2.1 Das Beispiel der zentralistischen Staatsschule in Deutschland

Im 18. Jahrhundert sind in allen europäischen Ländern große Fortschritte bei der Entwicklung des Schulwesens erzielt worden, und diese Fortschritte betrafen vor allem das Elementarschulwesen. In den absolutistischen Staaten war die Entwicklung von der Verstaatlichung der Schule begleitet (zur Institutionalisierung des Volksschulwesens vgl. KLEWITZ/LESCHINSKY 1984). Es war die Zeit der Schulordnungen und -kodifizierungen (zur Verrechtlichung des Schulwesens durch die preußische Schulverfassung vgl. NEVERMANN 1984a). Die Schulpflicht wurde verfügt – um „in den Staaten geschicktere und bessere Unterthanen bilden und erziehen zu können" (General-Landschulreglement für Preußen 1763), und die Schule wurde zu einer „Veranstaltung" des Staates (vgl. PERSCHEL 1984a). Preußens „innere Struktur [stellt] nur eine besonders straffe Form des Staatstypus" dar (HARTUNG 1962, S. 97) und steht hier als Beispiel für die absolutistischen Staaten, darunter auch Österreich und Frankreich.
„Alle öffentlichen Schulen und Erziehungsanstalten stehen unter der Aufsicht des Staates und müssen sich den Prüfungen und Visitationen desselben zu allen Zeiten unterwerfen" (Preußisches Allgemeines Landrecht 1794). 24 Schularrtikel enthält das Landrecht; sie betreffen unter anderem den Schulzwang, die Schulzeit und -dauer, die Vorbildung und Anstellung der Lehrer, die Schulaufsicht und den Lehrplan, die Schulfinanzierung, die Gebäude und ihre Unterhaltung.
Paragraph 34 lautet: „Auch die Unterhaltung der Schulgebäude und Schulmeisterwohnungen muß als gemeine Last von allen zu einer solchen Schule gewiesenen Einwohnern ohne Unterschied getragen werden" (GIESE 1961, S. 63). Das war der Beginn einer künstlichen Trennung von äußeren und inneren Schulangelegenheiten; konkreter Ausdruck einer umfassenden staatsbürokratischen Inbesitznahme und Reglementierung, Vision und Vorbild der „verwalteten Schule" von heute.
Allerdings entsprachen die realen machtpolitischen und finanziellen Möglichkeiten des Staates zunächst nicht diesem umfassenden gesetzlichen Anspruch, so daß man „das folgende Jahrhundert [...] Schulgeschichte beschreiben [kann] als den Versuch, dieser Bestimmung zur Realität zu verhelfen" (ROEDER 1966, S. 539). Zwei Zahlen-

beispiele: 1864 betrug der Anteil des preußischen Staates an den Kosten der Elementarschulen lediglich 3,5%. Den „Rest" finanzierten die Gemeinden direkt beziehungsweise über Eigeneinnahmen der Schulen. - Zwischen 1858 und 1866 gingen in Preußen noch 18% oder 915000 der 5- bis 14jährigen nicht zur Schule (vgl. LESCHINSKY/ROEDER 1976, S. 479 ff.).

Dabei geschah mit der Schule - prinzipiell gesehen - nur etwas, was sich ähnlich in anderen gesellschaftlichen Bereichen (etwa im Zunftwesen) vollzog und Konsequenz eines zweifachen Anspruchs des absolutistischen Staates war: auf umfassende Wohlfahrtsfürsorge durch die Staatsverwaltung und auf uneingeschränkte und direkte herrschaftliche Gewalt über jeden einzelnen Untertanen. Eine philosophische Begründung dieses Anspruchs findet man bei Christian Wolff (in seiner „Politik" von 1725): „Und ist der Gehorsam um so viel mehr nötig, weil die Unterthanen nicht immer im Stande sind, zu urtheilen, was zum gemeinen Besten gereichet, weil sie von der Beschaffenheit des gantzen gemeinen Wesens und seinem wahren Zustande nicht genugsame Erkäntnis haben." Deshalb gehört der Staatsgewalt „die unbeschränkte Macht, nach freiem Ermessen, das allgemeine Beste zu verwirklichen" (zitiert nach v. FRISCH 1912, S. 53 f.).

Die Bedeutung der Elementarschule - als „ein wesentliches Moment moderner Staatlichkeit" kontinentaler Prägung (BRUNNER 1962, S. 71) - lag auf der Hand, und die Formel: „um geschicktere und bessere Unterthanen" erziehen zu können, enthält bereits die realpolitischen Motive:

Zum einen das *ökonomische Motiv*. Für den Aufbau einer großgewerblichen Produktion in einem System der Staatswirtschaftspolitik (wobei in den größeren Staaten die „Bedürfnisse des Militärs zum Schwungrad an der Staatsmaschine wurden", LESCHINSKY/ROEDER 1976, S. 37) erwartete der Staat von der Elementarschule die Vermittlung der Kulturtechniken und die Erziehung zu einer „industriösen Haltung", aber auch industrielle Tätigkeiten, insbesondere im Zusammenhang mit der Erzeugung und Weiterverarbeitung von Textilien (vgl. LESCHINSKY/ROEDER 1976, S. 285 ff.). Damit war zugleich eine Grenze für die Schulförderungspolitik gezogen: Beibehaltung eines „elementaren" Niveaus und scharfe Abgrenzung zur höheren Schule. Auf die ökonomische Motivierung der Schulpolitik weist auch die Einrichtung der Halbtagsschule in Preußen im 19. Jahrhundert hin, die Regelschule war vorher Ganztagsschule (vgl. BERG 1975, S. 216 ff.; zu den ökonomischen Zusammenhängen vgl. auch LESCHINSKY/ROEDER 1976; zu Industrieschule und industriellem Unterricht ferner HARTMANN u. a. 1974).

Zum anderen das *herrschaftlich-zentralistische Motiv*. Die Auflösung von traditionellen (mediatorischen) herrschaftlichen Bindungen und Ordnungen (wie Stände, Zünfte, Gemeinden) und die direkte Einbindung des einzelnen in das patrimoniale „Hauswesen" des Staates gab der Elementarschule die Funktion, für eine staatsbürgerliche Vereinheitlichung und Integration, für eine Legalisierung und Disziplinierung zu sorgen. Zu betrachten sind in unserem Zusammenhang besonders die Stellung der Kirche und der Kommune (als Selbstverwaltungseinheit).

Die *Bedeutung der Kirche* (in staatlicher Funktion) für die Elementarschule nimmt in Deutschland bis 1918 nur langsam ab. Das betrifft die geistliche Schulaufsicht und die besondere Wertschätzung des Religionsunterrichts. In Preußen wird noch „um die Jahrhundertwende die gesamte unmittelbare Schulaufsicht (Ortsschulvorsteher) durch Geistliche im Nebenamt ausgeübt", und die Kreisschulinspektoren waren 1909 zu 80% Geistliche (LESCHINSKY/ROEDER 1976, S. 57).

Berüchtigt ist die Oktroyierung in den Preußischen Regulativen von 1854: „Es ist daher an der Zeit, das Unberechtigte, Überflüssige und Irreführende auszuscheiden

und an seiner Stelle dasjenige nunmehr auch amtlich zur Befolgung vorzuschreiben, was von denen, welche die Bedürfnisse und den Wert einer wahrhaftig christlichen Volksbildung kennen und würdigen, seit langem als notwendig gefühlt, von treuen und erfahrenen Schulmännern aus dem Volke wahrhaft frommend und als ausführbar erprobt worden ist" (zitiert nach GÜNTHER u. a. 1968, S. 305 f.).
Diese Funktionen der Kirche im Dienst des absolutistischen Staates beschreibt bereits das General-Landschulreglement (§ 25): Der Pfarrer soll die Schulmeister monatlich versammeln, „denselben das Pensum, welches sie im Katechismus und sonst zu absolvieren haben, aufgeben; ihnen auch anzeigen, was für ein Lied, Psalm, und welche Sprüche den Monat über von den Kindern auswendig gelernt werden sollen. Er gibt ihnen hiernächst Unterricht, wie sie sich die Hauptstücke aus der Predigt bemerken und die Kinder darüber befragen können; imgleichen tut er Erinnerung von den Mängeln, welche er in der Information bemerket, von der Disziplin und andere zur Information nötigen Sachen, damit die Schulmeister ihrer Pflicht nachkommen mögen" (zitiert nach ROESSLER 1961, S. 62).
Angesichts des „landesherrlichen Kirchenregiments" (Hartung) gab es für den Staat keinen Grund, an der Loyalität der Kirche oder ihrer Zuverlässigkeit zu zweifeln. „Herrschaftstheorie und -praxis der frühen Neuzeit hatten die mittelalterlich-kuriale Lehre über die Dienstbarkeit des weltlichen Schwertes zugunsten des Staates und der Konstituierung seiner Einheit umgekehrt. Und in dem Maße, in dem die landesherrliche ‚cura religionis' (kirchenrechtliche Oberaufsicht), statt der Glaubenswahrheit zu dienen, vom Interesse an der öffentlichen Ordnung bestimmt und nach Gesichtspunkten politischer Zweckmäßigkeit ausgeübt wurde, erschien die weltlich-öffentliche Ordnung gegenüber der Kirche als autonom, primär und schließlich religiös neutral" (LESCHINSKY/ROEDER 1976, S. 40). Eine relative Autonomie konnte es prinzipiell im zentralistischen Absolutismus nicht geben.
Nach 1933 ist bezeichnenderweise eine der ersten innenpolitischen Maßnahmen der nationalsozialistischen Regierung, die Kommunalwahlen abzuschaffen und das Führerprinzip in den Gemeinden einzuführen.
In schärfster Weise zeigte sich der Zentralismus in Frankreich. Hier wurde „nicht nur die Autonomie der Städte beschränkt und die Entfeudalisierung des Staates aufs energischste betrieben, sondern auch der Adel, der vor allem in der Institution der Gouverneure lange politisch tätig gewesen war, dieser Wirksamkeit beraubt. Am Ende des Ancien régime standen sich so das absolute Königtum mit der ihm ergebenen Beamtenschar und das Volk als Gesamtheit der Untertanen gegenüber" (JERUSALEM 1912, S. 195).
Ähnlich reduzierten die deutschen Staaten die Zuständigkeiten der Städte und bauten eine bürokratische Zentralverwaltung auf. Anstoß dafür gaben vor allem die Bedürfnisse des Heeres. Um sie zu befriedigen, werden in Preußen Kommissariate eingesetzt, „aus denen sich die moderne Verwaltungsorganisation entwickelt hat" (JERUSALEM 1912, S. 197). Anders als in Westeuropa aber war in Deutschland die Stellung des Landadels. Seine Rolle „hat wesentlich dazu beigetragen, die preußisch-deutsche Entwicklung in eine von der westeuropäischen verschiedene Richtung zu drängen" (HARTUNG 1962, S. 101). Der Gutsbesitzer war „Patrimonialobrigkeit" in seiner Landgemeinde, mit Polizeigewalt, unterer Gerichtsbarkeit und Patronatsrecht über Kirche und Schule.
1837 unterstanden in Preußen (ohne die Rheinprovinz) 3,7 Millionen Landbewohner in 12000 Rittergütern den Patrimonialgerichten, bei einer Gesamtbevölkerung von 11,6 Millionen Einwohnern (vgl. KOSELLEK 1962, S. 99). Grundsätzlich gesehen, bestand zwischen der Staatsverwaltung und den adeligen Schulpatronen ein einver-

nehmliches Zweckbündnis gegenüber der Elementarschule (hinsichtlich des Niveaus und vor allem der Kostenfrage). Der Gutsherr und Pädagoge v. Rochow, der durch eine verbesserte schulische Bildung eine Verbesserung der Lebenssituation der Bauern erreichen wollte, blieb ein einzelner (vgl. etwa LESCHINSKY/ROEDER 1976, S. 344 ff.).
Die Kommunalreformen nach 1806 - am bekanntesten sind die Bemühungen v. Steins und v. Hardenbergs in Preußen - änderten an der Patrimonialobrigkeit der Gutsherren nichts. Die Preußische „Städteordnung" von 1806 (der Regelungen in anderen deutschen Staaten folgten; von v. Stein nur gedacht „als Bestandteil einer fundamentalen Reform" der Staats- und Kommunalverwaltung, die aber nie zustande kam) brachte zwar Ansätze einer Selbstverwaltung, schrieb aber für das Schulwesen lediglich fest, was seit dem Allgemeinen Landrecht Gesetz und Praxis war: die Zuständigkeit der Kommunen (Städte und Landgemeinden) lediglich für die „äußeren Schulangelegenheiten", das heißt Gebäude, Schulunterhaltung und -finanzierung. Damit wurde eine Trennung (innere versus äußere Angelegenheiten) fixiert, die eine wirkliche Verantwortlichkeit der Kommunen für ihre Schulen unmöglich machte; eine Trennung, die in Deutschland zur Regel wurde und kontinuierlich bis heute beibehalten worden ist. Es ist jene „Abart der Selbstverwaltung, die darin besteht, daß der Staat, das heißt die bürgerliche Obrigkeit, die Angelegenheit selbst verwaltet, während der Selbstverwaltungskörper die Kosten aufzubringen hat [...] Zwei Begriffe, die sich nicht scheiden lassen, werden angeblich doch geschieden und der eine für unbedingt ‚staatlich' erklärt. [...] Das natürliche Verhältnis: kommunale Selbstverwaltung der von der Gemeinde erhaltenen Schulen nach den staatlichen Gesetzen und unter staatlicher Aufsicht - wird künstlich zerstört. An seine Stelle tritt ein formal ungeheuer komplizierter Zustand mit unwahrscheinlichen Reibungsvorrichtungen [...]; aber mit dem tatsächlichen Ergebnis, daß [...] die bürokratische Obrigkeit die Verwaltung leitet, die kommunalen Organe ihr subordinierte Dienste leisten und der Selbstverwaltungskörper die Kosten aufbringt" (PREUSS 1912, S. 218).
Dieses Urteil (des „Vaters" der Weimarer Reichsverfassung) kann als ein Fazit der Skizze der deutschen Entwicklung angesehen werden. Der absolute Staat erkannte von Anfang an die politische Bedeutung der Elementarschule und instrumentalisierte die Schule „für Herrschaftszwecke" (LESCHINSKY/ROEDER 1976, S. 466; vgl. die abwägende Zusammenfassung S. 466 ff.). Für eine echte Verantwortlichkeit der Gemeindebürger war kein Raum, und - was noch folgenreicher war - es ging auch das Bewußtsein von dieser Verantwortlichkeit in Deutschland weitgehend verloren. Auch die Liberalen und Demokraten, die die gesellschaftliche und politisch-emanzipative Bedeutung der Schule durchaus erkannten, setzten ihre schulpolitischen Hoffnungen auf den Staat.
Das gilt in besonderem Maße für die Lehrerschaft. Diesterweg ist dafür ein besonderes Beispiel (vgl. BERG 1980, S. XXIV f.). Für die Volksschullehrer war die Frage zentral, wer sie anstellen durfte. Dieses Recht ging in Preußen 1850, in den süddeutschen Staaten schon vorher von den Städten und Landgemeinden (beziehungsweise Schulpatronen) auf den Staat über und vermehrte den staatsbürokratischen Einfluß.
ROEDERS Darstellung (vgl. 1966, S. 539-569) der schulpolitischen Debatten im Preußischen Abgeordnetenhaus zwischen 1854 und 1872 zeigt die Stellung der Parteien zur „Gemeindeschule". Roeders These, daß ein stärkerer Einfluß der Gemeinden keine Verbesserung der Lage der Elementarschule bedeutet hätte, muß für die gegebene Verfassungs- und finanzrechtliche und bewußtseinsmäßige Situation zuge-

stimmt werden. Die Gültigkeit dieser These aber allgemein anzunehmen würde bedeuten, den Zirkelschluß zu eröffnen, der in der oben zitierten staatsphilosophischen Einschätzung von Christian Wolff liegt.
Eine der ganz wenigen Gegenstimmen ist Schleiermacher. Für ihn gilt, „daß man die Art, wie der Staat sich um die Erziehung bekümmert und wie ihm das Erziehungswesen angehört, als ein zartes und feines Barometer ansehen kann für seinen eigenen Zustand, sowohl in Beziehung auf das Verhältnis der Regierung zum Volk [...] als auch für die Stärke des Gemeingeistes" (zitiert nach BERG 1980, S.74). Er weist auf das Beispiel Englands hin. „Hier ist das Maximum des Vertrauens von seiten des Staates in die Erziehung der Familien. [...] gibt es ein mannigfach verzweigtes und reges öffentliches Leben, eine lebendige Zirkulation der Einsichten und Gesinnung" (zitiert nach BERG 1980, S.71). „Wie ist nun der Übergang zu einem besseren Zustande auf ruhige Weise zu machen? [...] Dies setzt eine wirklich geordnete Kommunalverfassung und eine ganz andere Form der Verwaltung voraus" (zitiert nach BERG 1980, S.80). Ziel sei es, daß die Trivialschulen „sich zuletzt zu öffentlichen Anstalten unter Leitung und Pflege der Kommunen umgestalten" (zitiert nach BERG 1980, S.81).
Ein halbes Jahrhundert nach Schleiermacher legt Dörpfeld einen detaillierten Schulverfassungsentwurf vor.
Für ihn ist „das erste Gebrechen" des bestehenden Schulwesens „der Mangel einer gebührenden Vertretung der Schulinteressenten bei den wichtigsten Instanzen der Schulverwaltung" (DÖRPFELD 1980, S. 134). Ausgehend von der kirchlich-reformierten Bewegung (am Niederrhein und im Bergischen Land), entwickelt er eine „Lokalschulgemeinde" mit zwei Organen (Schulvorstand und Schulrepräsentanten) und folgender Zuständigkeit: Teilhabe an der Schulaufsicht, Wahl der Lehrer, Beteiligung an den Schulkosten (vgl. POTTHOFF 1971, S.50 ff.).
Dies aber sind einzelne Stimmen ohne weiterreichende Resonanz.

2.2 Das Beispiel der kommunalen Schule in Großbritannien

Zu Beginn des 19. Jahrhunderts waren die Aufgaben der englischen Regierung nach liberaler Staatsauffassung beschränkt auf die Außen-, Handels- und Steuerpolitik. „The day-to-day administration of the country was still conducted [...] in the localities themselves" (THOMSEN 1963, S.63). Die wichtigste Institution war dafür der Friedensrichter (Justice of the Peace), „the traditional ‚maids-of-all-work' of local administration" (THOMSEN 1963, S.70); zugleich die Schlüsselposition der Kommunalpolitik und bis zur Verfassungsreform von 1832 überwiegend in den Händen der landbesitzenden Gentry. Weitgehend galt auch für die Kommunen der liberalistische Grundsatz einer „non-intervention policy". Elementarschulen waren Sache der Kirchengemeinden (16000 Gemeinden gab es um 1815 in England und Wales, THOMSEN 1963, S.68) oder privater Vereinigungen. In der ersten Hälfte des 19. Jahrhunderts wurde der Ausbau des Elementarschulwesens besonders durch zwei Organisationen vorangetrieben: die National Society for the Education of the Poor (gegründet 1811 von der anglikanischen Kirche) und die British and Foreign Schools Society (gegründet 1814 und konfessionell nicht gebunden). Beide Organisationen waren landesweit tätig und praktizierten in ihren Gemeindeschulen das „monitorial system", die Lehr-Mitarbeit von Schülern (vgl. LANGE 1967, S. 89 ff.). Es gab keine Schulpflicht, und die Schulverhältnisse waren sehr unterschiedlich. Für 1819 wird geschätzt, daß nur 20 % der Kinder in England und Wales regelmäßig die Schule besuchten (vgl. JAMES 1976, S.153). Die Kinder der ärmeren Bevölkerung gingen in der großen Mehrzahl nicht zur Schule. Am günstigsten verlief die Entwicklung in Schottland. Unterstützt von der freikirchlichen Tradition galt hier schon 1815 das Elementarschulwesen als gut ausgebaut. Zudem war der Unterricht bereits unentgeltlich. In Schottland lag auch eine der fortschrittlichsten Schulinitiativen des ganzen Jahrhunderts: Owens Schule in New Lannark, einer Baumwollmanufaktur-Gemeinde mit 2500 Einwohnern.

Owen war Kaufmann, Pädagoge und Sozialreformer. Als er 1800 nach New Lannark kam, arbeiteten dort 500 Kinder (vom 6. Lebensjahr an), zum großen Teil aus Armen- und Waisenhäusern zusammengeholt. Owen setzte die Altersgrenze für die arbeitenden Kinder auf 10 Jahre hinauf und richtete für die jüngeren eine Tagesschule ein (Vorläufer der Infant Schools in Großbritannien). Für die älteren Kinder gab es die Abendschule, ebenfalls für die Erwachsenenbildung. 1816 zog die Schule in ein modernes Gebäude ein mit Räumen für 600 Tages- und Abendschüler (das Gebäude steht noch heute). Owen revolutionierte auch den Lehrplan und die -methoden. Seine Bemühungen gingen aber noch weiter in Richtung auf eine Sozialreform der Gemeinde und der Gesellschaft. „Der Mensch wird ein grausamer Wilder, ein Kannibale, oder ein hochzivilisiertes und gütiges Wesen, je nach der Umwelt, in der er geboren wird" (OWEN 1955, S. 17).

Die Anforderungen und Folgen der raschen Industrialisierung führten dann in wenigen Jahrzehnten, insbesondere im zweiten Drittel des 19. Jahrhunderts, zu einem Zurückdrängen des Laissez-faire-Prinzips in der Politik und zu einer raschen Zunahme sowohl der staatlichen Gesetzgebung als auch der kommunalen Zuständigkeiten und Aufgaben. Damit verbunden war eine Reorganisation der Kommunen auf der Grundlage mehrerer Gesetze (Municipal Corporation Acts von 1833/1835; Local Government Act von 1888). Sie brachten eine Erweiterung des Wahlrechts, die Einführung von gewählten Councils, den Ausbau der Verwaltungseinrichtungen und die Neufestsetzung der Kommunalbezirke aufgrund der Bevölkerungsentwicklung. Gleichzeitig erweiterte London die Einrichtungen der Staatsverwaltung. Diese Parallelität der Entwicklung von staatlicher und kommunaler Zuständigkeit und Verwaltung – typisch für den englischen Weg in den modernen „social-service state" – erfaßte dann in der zweiten Hälfte des Jahrhunderts auch das Schulwesen und hier zunächst die „elementary education". Eine weitere, bis heute spezifische englische Einrichtung für die Lösung sozialer Probleme bewährte sich zum erstenmal bei der Bekämpfung des Armenproblems (nach 1830): die Einsetzung einer Kommission von unabhängigen Sachverständigen, deren Report die Grundlage für die praktische Politik abgibt. Auch die Entwicklung des Schulwesens ist wiederholt durch Kommissionen beeinflußt und gefördert worden.

Im Erziehungsbereich war ein Hauptproblem jener Jahrzehnte die Kinderarbeit in Minen und Fabriken, und hier begann auch die staatliche Initiative für das Schulwesen. Im Factory Act von 1833 wurde es zur Pflicht gemacht, „industrial schools" für den Unterricht der Kinder nach der Fabrikarbeit einzurichten.

Aus späterer Sicht gesehen, nur eine minimale Forderung. Sie führte zu der Praxis, daß arbeitende Kinder mindestens die Hälfte des Schulbesuchs erhielten. Erst Fisher's Act von 1918 verbot das „half-time system" in der Industrie und die Kinderarbeit für Kinder unter zwölf Jahren.

Im selben Jahr begann der Staat, Zuschüsse für den Schulbau und die Schulunterhaltung zu zahlen, die dann laufend erhöht wurden und deren Vergabe an die Einhaltung bestimmter Leistungsstandards geknüpft wurde. Bei dieser Form der staatlichen Beteiligung blieb es während der nächsten Jahrzehnte.

Erst im Zusammenhang mit der Erweiterung des Wahlrechts (für die Arbeiter in den Städten) und der 2. Parlamentsreform von 1867 verstärkte sich die staatliche Rahmengesetzgebung, um überall einen gleichen Standard an Elementarbildung zu erreichen. „It all followed the familiar pattern of poor law and public health reforms: commissions of enquiry, followed by public pressure from the new electorate and by parliamentary legislation setting up locally elected boards and a means test" (THOMSEN 1963, S. 135). Der wichtigste Schritt war das (Forster) Elementary Education Act von 1870, „an important milestone in British educational history" (DEPARTMENT OF EDUCATION AND SCIENCE 1980, S. 2). Das Gesetz schrieb die Einrichtung von gewählten Local School Boards vor, die für die „elementary education" verantwortlich wurden und bei einem nicht ausreichenden Schulangebot weitere Schulen (board schools) einrichten sollten. Die Boards konnten auch für ihren Distrikt Schulpflicht und Schulgeldfreiheit einführen; gesetzlich verbindlich wurde aber die Schulpflicht erst 1880 und die Schulgeldfreiheit für die Elementarschulen 1891.

Noch nach Einführung der allgemeinen Schulpflicht war der regelmäßige Schulbesuch mancherorts ein Problem. (Auch in den deutschen Staaten blieb die Schulpflicht nach ihrer gesetzlichen Einführung - in Preußen 1763 - für viele Jahrzehnte eine bloße Forderung.) Ein Beispiel vom Lande (Lehrertagebuch 1889): „There is now a night school for children who must work in the day time. Attendance bad. Picking stones ended and weeding in the fields continues. The school has open 30 times this month (June) and Frederick Walls has attended half a day. Twenty boys hardly ever attend and are seen working. The law is broken here with impunity" (JAMES 1976, S. 160).

Auf das konfessionelle Problem weist die Gewissensklausel des Gesetzes von 1870 hin. Sie gab Eltern das Recht, ihre Kinder vom Religionsunterricht fernzuhalten. Gleichzeitig führten die neuen „board schools" einen liberalisierten Religionsunterricht ein. Aber auch nach diesen Schritten galt, daß „alle Maßnahmen im Unterrichtswesen während der nächsten Jahrzehnte von konfessionellen Leidenschaften und Kontroversen getrübt" waren (CHURCHILL 1958, S. 275).

Fortgeschrieben wurden 1870 die staatlichen Zuschüsse (grants) für die Schulen. Für diese Zuschüsse und für die Kooperation mit der lokalen Ebene der Boards wurde eine staatliche Behörde zuständig, aus der sich das heutige Ministerium für Erziehung und Wissenschaft (Department of Education and Science, zuständig für England und Wales, während Schottland ein eigenes Ministerium hat) entwickelte. Die regionale und die politisch-administrative Zuständigkeit der lokalen „school boards" erwies sich in der weiteren Entwicklung als nicht ausreichend. Deshalb wurden sie 1902 (Balfour's Act) abgeschafft und die sogenannten Local Education Authorities (nach mehreren regionalen Gebietsreformen gibt es 1980 in England und Wales 105 Local Education Authorities, abgekürzt: LEAs) in Zuordnung zu den Ratsversammlungen (councils) der Grafschaftskreise (counties) und Stadtkreise (county boroughs) geschaffen und ihnen allmählich durch weitere Gesetze (1918 und 1944) die Zuständigkeit für das gesamte Schulwesen - innerhalb des gesetzlichen Rahmens und in Zusammenarbeit mit dem zentralen Ministerium - übertragen. Reorganisiert und diesen Veränderungen angepaßt, aber im Prinzip beibehalten, wurde die Selbständigkeit der einzelnen Schule.

Sie ist vor allem gewährleistet durch die Einrichtung eines Schulausschusses (Governing Body beziehungsweise an den Primarschulen Managing Body), bestehend aus gewählten und ernannten Mitgliedern, und durch die besondere Stellung des Schulleiters (Head).

„A national system locally administered" (eine verbreitete Formel) ist das Ergebnis

einer langen historischen Entwicklung mit erheblichen Verzögerungen (wie der Schulpflichtregelung), mit lange bestehenden Konfliktherden (etwa konfessionellen Dominanzen), mit gesellschaftlichen Ungerechtigkeiten (industrial schools) – aber zugleich mit kontinuierlichen Fortschritten (grass-root development) und nachziehender parlamentarisch-demokratischer Absicherung.
Am Ende steht ein System von „checks and balances": „Die Teilung wichtiger Entscheidungskompetenzen zwischen nationalen (zentralen), regionalen und einzelschulischen (lokalen) Instanzen bewirkt ein Spannungsverhältnis von nationaler Kontrolle und Stimulation und regionaler bzw. lokaler Autonomie und Initiative, das in vielen Fällen – nicht immer – günstige Voraussetzungen für die Realisierung von Innovationen schafft" (GRUBER 1979, S. 572).

3 Das heutige Verhältnis von Primarschule und Kommune

3.1 Die soziologische und die juristische Situation

Kommunen (Gemeinden) sind heute Dörfer und Kleinstädte, Industriestädte und Metropolen; sind „Gebietskörperschaften" mit einigen hundert Einwohnern und mit Hunderttausenden; einige haben keine einzige Schule, andere hundert und mehr. Neuere Entwicklungen in den Arbeits- und Wohnverhältnissen sowie in den Wohn- und Lebensformen veränderten in allen europäischen Ländern Struktur und Funktionen der Kommunen. Administrativ begründete Gebietsreformen haben zu einer kommunalen Entfremdung vieler Bürger beigetragen, während andererseits sowohl aus ökologischem als auch aus basisdemokratischem Bewußtsein ein neues Interesse für die Kommunen entstanden ist.

Abbildung 1: Zahl der Gemeinden in der Bundesrepublik Deutschland

politisch selbständige Gemeinden	1969	1978
bis 2000 Einwohner	19 643	4770
insgesamt	23 629	8518

(Quelle: STATISTISCHES BUNDESAMT 1980, S. 58)

„Gerade technisch wären Dezentralisierung, Ausbau relativer Autonomie, wären überschaubare Institutionen und Informationen über das jeweils am Ort Geschehene und seine Bezüge, auch die Beteiligung an der eigenen Verwaltung, ohne weiteres möglich. Statt dessen wird etwa die Gebietsreform, werden ähnliche Entscheidungen der Konzentration und Zentralisation technologisch gerechtfertigt mit den sozialen ‚Errungenschaften' der Mittelpunktschulen und Mittelpunktschwimmbäder. Der prinzipielle Mangel an Partizipation jenseits allen Geredes hat keine technischen Gründe, auch keine, die in der ‚Natur' größerer Gesellschaften oder der ‚Moderne' als solcher lägen" (NARR 1979, S. 505).
Ein weiteres Problem ist die vielfältige Interdependenz zwischen kommunaler, regionaler und landesweiter Politik. Dabei muß man allerdings zwischen sachlichzwingender Interdependenz (beispielsweise in der Wirtschafts- und Verkehrspolitik) und politisch beabsichtigter Interdependenz (etwa in der Finanz- oder Schulverwaltungspolitik) unterscheiden.

Andererseits besteht aber auch zu einer falschen Romantisierung der Kommunikations- und Entscheidungsprozesse in den Kommunen kein Anlaß (vgl. für die USA HENCLEY 1979 und dazu NEVERMANN/RICHTER 1979, S. 29 ff.).
Weitgehend unabhängig von der politischen und rechtlichen Definition der Kommune ist ihre soziologische Bedeutung zu sehen, ausgehend von dem ursprünglichen Begriff der „communis" (mehreren oder allen gemeinsam, allgemein). In der Gemeinde „entsteht, ausgezeichnet durch eine gewisse räumliche Nähe, ein Sozialsystem, in dem der Mensch zuerst jenseits der Familie weitere soziale Zusammenhänge erlebt, und zwar unmittelbar anschaulich, so daß sein Gesellschaftsbild im weitesten Sinne regelmäßig abhängig ist von dem Bild der Gemeinde, in der er aufwächst" (KÖNIG 1969, S. 335). Wenn es zutrifft, daß der hier beschriebene Wirkungszusammenhang in einem besonderen Maße für das Schulalter der Primarstufe gilt, kann man die Schlußfolgerung ziehen, daß die Primarschule in dieses „Sozialsystem der räumlichen Nähe jenseits der Familie" hineingehört. Das heißt, die Primarschule sollte aus erziehungssoziologischen Gründen ein Bestandteil der Landgemeinde, des Stadtviertels, des Wohnquartiers sein und nicht Abteilung eines fernen regionalen Schulzentrums.
(Die organisatorische Selbständigkeit der Primarschule begann in Großbritannien nach dem Hadow-Report von 1926. In Deutschland bestimmte die Weimarer Verfassung 1919 die Einrichtung einer „für alle gemeinsamen Grundschule". Sie blieb bis in die 70er Jahre organisatorisch verbunden mit der Hauptschule.)
Wie groß muß beziehungsweise darf die Schule sein, um primarstufenspezifisch arbeiten zu können? Wie weit dürfen die Schulwege sein, um die Wohnortnähe nicht zu verlieren? Derartige Fragen wurden in den 60er und 70er Jahren ignoriert, werden aber seit kurzem wieder laut gestellt. „Die Gebilde, in denen wir leben, sind zu groß. Die Frage der Größenordnungen wird in den kommenden zwei Dekaden vermutlich zu der entscheidenden Frage unserer Zivilisation werden. Bis dahin können Schulen schon damit anfangen: kleine, überschaubare Einheiten schaffen, in denen der einzelne gesehen, gehört und gekannt wird" (v. HENTIG 1976, S. 92; zu den Folgen einer falschen Schulreform vgl. SANDFUCHS 1976). Aber noch eine weitere Konsequenz läßt sich ziehen: Wenn die Primarschule ein notwendiger Bestandteil des Sozialsystems Kommune ist, sollte die Kommune auch „ihre" Schule weitgehend selbst verwalten. Eine Konsequenz, die dem Prinzip des „selfgovernment" sicherlich entspricht, auch wenn man berücksichtigt, daß eine nationale Rahmengesetzgebung mit dem Ziel einer vernünftigen Vereinheitlichung der Schulen eines Landes wohl unerläßlich ist. PREUSS (1912, S. 217) versteht unter diesem Prinzip, „daß die Gemeinde der politische Verband zur genossenschaftlichen Ordnung der lokalen Angelegenheiten, der Staat der politische Verband zur genossenschaftlichen Ordnung der nationalen Angelegenheiten sei".
In der „reinen" Form besteht eine solche kommunale Selbstverwaltung der Schule in der Schweiz bis heute.
Sie wird wahrgenommen durch ein kollegiales Laiengremium (Ortsschulvorstände oder Schulvorstände), das „auf der Ebene der Gemeinde oder eines Gemeindeteils letztinstanzlich die Fragen aller Schulen oder bestimmter Schulen entscheidet [...] In den weitaus meisten Kantonen erstrecken sich die Vollmachten auch auf die pädagogische Arbeit; Mitglieder der Schulvorstände müssen die Schulen zwei- bis viermal im Jahr besuchen" (KLOSS 1964, S. 28, S. 31).
Auch in den USA trägt der Schuldistrikt die Hauptverantwortung für die Schulen. „Der school-district ist ein Schulverwaltungsbezirk, der mit der Gemeinde weder geographisch noch juristisch notwendig identisch ist. Es gibt zur Zeit rund

18 000 school-districts, darunter ganze Großstädte wie Chicago [...]. Das Schulwesen wird [...] von gewählten school-boards regiert; diese entscheiden über Schulplanung, Schulbau und -unterhaltung, Lehrerbesoldung und -einstellung, Curriculum einschließlich der Lehr- und Lernmittel sowie über die Einstellung des leitenden Schulverwaltungsbeamten (Superintendent) und seiner Untergebenen" (NEVERMANN/ RICHTER 1979, S. 28).

Die Darstellung der historischen Entwicklung in Großbritannien hat gezeigt, daß dort die relativ autonomen Primarschulen von den regionalen Local Education Authorities (LEAs) geleitet und verwaltet werden. Also nicht von den einzelnen Gemeinden und Städten, sondern von den Landkreisen (counties) und Stadtkreisen (county boroughs); ein historischer Kompromiß, bei dem einerseits die relative Nähe zu den Kommunen beibehalten wird (unterstützt durch örtliche Unterausschüsse und die schuleigenen Verwaltungsgremien, governing bodies, mit Mitgliedern aus den Kommunen) und andererseits hinreichende politische und finanzielle Ressourcen für eine moderne Schulverwaltung gebildet werden; Ressourcen, durch die zugleich eine regionale Einheitlichkeit des Schulwesens ermöglicht wird.

Nach dem Gesetz ist das wichtigste Gremium der LEA ein Schulausschuß (education committee), bestehend zur Hälfte aus gewählten Abgeordneten und geleitet von einem „chief-education officer". Ihm untersteht das regionale Schulamt mit Schulinspektoren, verschiedenen Fachkräften und Verwaltungsangestellten.

Die Zuständigkeit der LEAs: „Die Einrichtung und Unterhaltung der Schulen und Colleges in ihrem Bereich sowie die Anstellung und Bezahlung der Lehrer. Sie sind ferner zuständig für die Schulgebäude, deren Einrichtung und Ausstattung, die Lehr- und Lernmittel und für die Beratungsdienste" (DEPARTMENT OF EDUCATION AND SCIENCE 1980, S. 8; Übersetzung: H. P.).

Für die Bundesrepublik Deutschland könnte man aufgrund von Art. 28, Abs. 2 GG („Den Gemeinden muß das Recht gewährleistet sein, alle Angelegenheiten der örtlichen Gemeinschaft im Rahmen der Gesetze in eigener Verantwortung zu regeln") zunächst ebenfalls eine kommunale Selbstverwaltung der Schulen (insbesondere der Primarschulen) erwarten. Dem steht jedoch die skizzierte Verfassungstradition entgegen; eine Tradition, die sowohl 1918 als auch 1945 voll wirksam blieb und „die Gemeinden und Gemeindeverbände im wesentlichen auf die Trägerschaft, das heißt auf den Bau und die Unterhaltung der Schulen beschränkte" (NEVERMANN/ RICHTER 1979, S. 270).

Auch nach 1945 sind kritische Gegenstimmen selten (Beispiele in HECKEL 1959, KLOSS 1949). Vor dem Deutschen Städtetag stellte Becker 1967 fest, „daß der Versuch der kommunalen Wiederbelebung nach 1945 finanzpolitisch unklar angelegt und gesellschaftspolitisch nicht von den notwendigen Voraussetzungen getragen wurde" (BECKER 1967, S. 85).

Zwar gilt die rechtswissenschaftliche Diskussion über die Konkurrenz von staatlicher Schulaufsicht und kommunaler Selbstverwaltung als „noch nicht endgültig gelöst" (NEVERMANN/RICHTER 1979, S. 270), doch geht die herrschende Meinung von einem „Verständnis des ‚Staates' im Sinne einer den Kommunen übergeordneten Gewalt" aus (KLOEPFER 1971, S. 840). Die Folge ist, daß Art. 7, Abs. 1 GG („Das gesamte Schulwesen steht unter der Aufsicht des Staates") als „Verbürgung umfassender Schulhoheit des Staates (auch) gegenüber den Gemeinden (und) als Schranke von Artikel 28 Absatz 2 (und nicht umgekehrt) verstanden wird" (KLOEPFER 1971, S. 837).

Allerdings gibt es seit den 70er Jahren Beispiele von lokalen Bürgerinitiativen und kommunalpolitischen Bemühungen um den Erhalt von Schulen und Schulversuchen. Ein Beispiel aus Niedersachsen: Die einzügige Primarschule in Wiegersen (1980 = 110 Schüler) sollte nach dem „Schulentwicklungsplan" der Bezirksregierung Stade im Zuge der Zentralisierung aufgehoben und die Schüler sollten 10 km weit gefahren werden. Dagegen wehrten sich eine Elterninitiative und die Kommune. Nach zweijährigem Streit entschied 1977 der Kultusminister direkt über die Bezirksregierung hinweg zugunsten der Schule.

So kann man einerseits von „einem Handlungsspielraum der Kommunen gegenüber den Länderregierungen" sprechen, doch hat das andererseits „die Dominanz der staatlichen Herrschaft über das Schulwesen nicht eigentlich gefährdet" (NEVERMANN/RICHTER 1979, S. 270). Vielmehr bestehen Entwicklungen (etwa in der Bildungsplanung und in der Finanzpolitik der „gebundenen Zuschüsse" für den Schulbau), die das noch vorhandene Selbstverwaltungsrecht der Kommunen weiter aushöhlen.

3.2 Die pädagogische Situation

Eine aktuelle Diskussion der pädagogischen Situation in der sozialen Wechselbeziehung zwischen Primarschule und Kommune könnte nach bildungspolitischen, administrativen und unterrichtlich-edukativen Argumenten differenzieren. Bildungspolitisch wurde in den 70er Jahren die Forderung nach Partizipation diskutiert. In der Bundesrepublik versteht man darunter die Beteiligung von Lehrern, Schülern und Eltern und nur am Rande die Partizipation der Kommunen. (Das gilt auch für die Empfehlungen des DEUTSCHEN BILDUNGSRATES von 1973; zur Partizipationsdiskussion vgl. NEVERMANN 1975, REUTER 1975.) Rasch beschworen wurde in diesem Zusammenhang die Gefahr der „Kommunalisierung des Schulwesens" (so bei DIETZE u.a. 1974/1975, S. 145) mit den Symptomen der partikularistischen Konflikte und dem Mangel an Einheitlichkeit.

Andererseits wird zunehmend der administrative Zentralismus kritisiert und betont, „daß so komplexe soziale Systeme wie die Schule nicht mehr ausschließlich zentral verwaltet werden können" (DEUTSCHER BILDUNGSRAT 1973, S. 15). Ähnliche Klagen sind aus Schweden bekannt, dessen Schulwesen ebenfalls zentral gelenkt und verwaltet wird.

Die Schulleiter fühlen sich gegängelt, da „die wichtigen Entscheidungen – Geld, Personal, Schulziele, Leistungsstandards – zentral vorentschieden seien" (GOLDSCHMIDT 1973, S. A 17).

Demgegenüber wird in Großbritannien die positive Entwicklung der Primarschulen in den letzten Jahrzehnten gerade auf das Nebeneinander von Zuständigkeiten und Entscheidungsebenen „sowie [auf] das Fehlen von gesetzlicher Uniformierung und Standardisierung innerschulischer, insbesondere curricularer Entscheidungsfelder" zurückgeführt (GRUBER 1979, S. 572). Hier gelten „Autonomie und Dezentralisierung als die Hauptstichworte für eine Politik, die dem einzelnen Lebenschancen eröffnet" (DAHRENDORF 1980, S. 35).

Es fehlen in Großbritannien weitgehend formaldemokratische Diskussionen; es dominiert die pragmatische Kooperation zwischen den Local Education Authorities, den Schulen und den lokalen Institutionen (wie Lehrer- und Elternverbänden). So sitzen Lehrer in den kommunalen Ausschüssen und Eltern in den schuleigenen Verwaltungsgremien (governing bodies), und in zahlreichen Primarschulen wirken aktive Eltern-Lehrer-Vereinigungen (Parent-Teacher Associations; vgl. hierzu DEPARTMENT OF EDUCATION AND SCIENCE 1967, S. 39 f.). Entscheidend für diese Zusammenarbeit dürften zwei Faktoren sein: die realen kommunalen Kompetenzen und

die Tradition des „committee system", die Zusammenarbeit von Abgeordneten, Experten, Laien, Interessenvertretern und Verwaltungsbeamten. „The committee system widens the responsibility and authorizes a number of people to make it their business to see that what is done is well done. In this respect the committee system is one of the greatest safeguards against mere bureaucratic administration" (WHEARE 1955, S. 170f.).
Erfahrungen aus den USA betonen ebenfalls die Bedeutung der Zusammenarbeit auf lokaler Ebene (insbesondere in soziologisch heterogenen „school districts") und den Wert von dezentralisierten, gewählten „school boards", „taking direct responsibility for the schools" (LEWIN 1970, S. 288).
Am schärfsten zeigt sich der Gegensatz zwischen der staatlich verwalteten und der kommunal verwalteten Primarschule in der pädagogischen Arbeit, bestimmt durch Erziehungsziele und Lehrplan, innere Organisation (wie Klasseneinteilung, Stundentafel), Auswahl und Ernennung der Lehrer, außerunterrichtliche Aktivitäten („Schulleben"), Schulaufsicht. Im Vergleich der Bundesrepublik Deutschland mit Großbritannien sollen einige Tendenzen skizziert und abschließend in zwei Abbildungen die Verteilung der wichtigsten schulischen Kompetenzen in den beiden Ländern demonstriert werden (vgl. Abbildungen 1 und 2).
Zwar fordert der DEUTSCHE BILDUNGSRAT (vgl. 1973, S. 18, S. 21) für die Konzeption des *Lehrplans* eine Beschränkung des Staates auf die Rahmengesetzgebung, aber die Praxis zeigt eine entgegengesetzte Tendenz, wie eine ministerielle Definition aus Niedersachsen zeigt:
„Rahmenrichtlinien bestimmen den verbindlichen, vom Staat verantworteten Rahmen, in dem sich die Unterrichtsplanung und -gestaltung entfaltet. Sie enthalten allgemeine Grundsätze und Ziele des Unterrichts, Angaben zu den Unterrichtseinheiten sowie Ausführungen über die Unterrichtsorganisation, über die Methoden, über den Einsatz von Medien und über Erfolgskontrollen" (NIEDERSÄCHSISCHER KULTUSMINISTER 1975, S. 11).
Zugenommen hat auch die Tendenz, Lehrplangrundsätze in der Form eines Gesetzes herauszubringen (anstelle einer Verordnung), nachdem der sogenannte Gesetzesvorbehalt (vgl. PERSCHEL 1984b) auch für curriculare Grundsätze bejaht worden ist (Anlaß war eine Entscheidung des Bundesverfassungsgerichts zur Sexualerziehung; vgl. NEVERMANN 1979, S. 110ff.). Die verfassungsrechtliche Begründung für eine staatliche Lehrplankompetenz, wie sie v. CAMPENHAUSEN (1979, S. 289) gibt, wäre in Großbritannien undenkbar: „die Gesellschaft ist nicht fähig, den Lehrplan zu gestalten. Sie hat bislang kein für alle verbindliches Bildungsideal hervorgebracht, und es sieht nicht so aus, als würde sie es hervorbringen. Sie braucht die Hilfe des Staates, um sich in den Vorgang der Willensbildung in und durch den Staat zu erheben. Die Wirklichkeit ruft nach der regelnden Kraft des Staates." Dagegen könnte man ein Zitat von G. Radbruch (Reichsjustizminister in der Weimarer Republik) setzen: „Das Mißverständnis von der Überparteilichkeit ist die Lebenslüge des Obrigkeitsstaates" (zitiert nach ELLWEIN 1963, S. 71).
Auch das ministerielle Schulbuchgenehmigungsverfahren der deutschen Bundesländer stößt in Großbritannien auf Unverständnis. Die Auswahl von Schulbüchern ist dort eine Angelegenheit der Schule.
Bei der *Schulaufsicht* (vgl. NEVERMANN 1984b) zeigt sich der gleiche Gegensatz. Der Begriff „Aufsicht" ist für das deutsche Schulwesen irreführend. Gemeint ist „die zentrale Ordnung und Organisation des Schulwesens durch den Staat, die Fachaufsicht über die Unterrichts- und Erziehungsarbeit der Schule, die Dienstaufsicht über die Lehrer" (v. CAMPENHAUSEN 1979, S. 281).

Abbildung 1: Verteilung der schulischen Kompetenzen in der Bundesrepublik Deutschland

Aufgaben	Kultusministerium (KM) mit untergeordneten Schulämtern (SchA)[1]	Kommune (Schulträger)	Primarschule
Lehrplan	KM allein verantwortlich; zur Vorbereitung bzw. Revision werden Kommissionen berufen; die Definition des Lehrplans hat sich exzessiv erweitert; ähnliches gilt für die Schulbuchgenehmigung	unbeteiligt	unbeteiligt; aufgefordert zum Erfahrungsaustausch bei der Erprobung neuer Pläne
innere Organisation (Stundentafel u. -plan, Klassenfrequenzen, Schulleben)	Rahmenkompetenz des KM (mit stark zugenommener Tendenz); Delegation der Verantwortlichkeit für Details (z. B. Schulfahrten) an SchA auf Bezirks- oder Kreisebene	unbeteiligt	beteiligt lediglich in eng gesteckten Grenzen (z. B. bedarf der Stundenplan der Genehmigung)
Auswahl und Ernennung der Lehrkräfte	Qualifikationskriterien und Auswahlverfahren Sache des KM; Ernennung und Dienstaufsicht delegiert an die SchA; Lehrer sind (in der Regel) Landesbeamte	unbeteiligt; Ausnahme: beratende Mitwirkung bei der Auswahl der Schulleiter	unbeteiligt; Ausnahme: in einigen BLä. wirken die Kollegien bei der Auswahl des Schulleiters beratend mit
Schulaufsicht	KM zuständig für eine umfassende Aufsicht (Organisation, Unterricht und Erziehung); delegiert an die Schulaufsichtsbeamten der SchA	unbeteiligt	nur begrenzte Mitwirkung des Schulleiters
Schulplanung	KM zuständig für verbindliche Rahmenplanungen, SchA für regionale und lokale Planung (Einrichtung, Aufhebung und Zusammenlegung von Schulen)	Mitwirkungskompetenz auf lokaler und regionaler (Kreis-) Ebene, zunehmend ausgehöhlt durch staatliche Dominanz	unbeteiligt
Schulfinanzierung	KM allein verantwortlich für die Personalkosten der Lehrkräfte; beteiligt mit Zuschüssen an den Schulbauten	zuständig für Schulbauten (mit staatlichen und regionalen Zuschüssen), Schulunterhaltung (einschl. Personal), Lehr- und Lernmittel	Vorschläge für Lehr- und Lernmittel; Verwaltung von begrenzten Mitteln für spezielle Schulzwecke

[1] in den Stadtstaaten fallen Staat und Kommune zusammen

Abbildung 2: Verteilung der schulischen Kompetenzen in Großbritannien

Aufgaben	Department of Education and Science	Local Education Authorities (LEA)	Primarschule (Head; Governing Body)
Lehrplan	unbeteiligt; Mitarbeit über Einsetzung von Kommissionen und Förderung von curricularer Forschung	verantwortlich für die allgemeinen Ziele und den curricularen Rahmen der Fächer und Klassenstufen; Einflußnahme über die Heads, die Schulinspektoren und durch die Lehrerfortbildung	verantwortlich für den Lehrplan en détail, für curriculare Akzentuierungen und Auswahl von Programmen und Schulbüchern
innere Organisation (Stundentafel u. -plan, Klassenfrequenzen, Schulleben)	unbeteiligt; Mitarbeit ähnlich wie beim Lehrplan	verantwortlich für den Rahmen (insbesondere durch Stellenplan und zusätzliche Finanzmittel); Anregung bzw. Unterstützung von Vorhaben des ‚Schullebens'	weitgehende Selbständigkeit; Individualität der Schule insbesondere durch den Head bzw. lokale Institutionen (z. B. Parent-Teacher-Associations)
Auswahl und Ernennung der Lehrkräfte	unbeteiligt; Einflußnahme über Rahmenabmachungen (Lehrerausbildung, Qualifikationen, Gehaltsrichtlinien)	verantwortlich für die Anstellung und Besoldung aller Lehrkräfte; die Auswahl geschieht in Absprache mit den Schulen	die Schule macht Vorschläge und ist beteiligt an der Beurteilung der Lehrkräfte
Schulaufsicht	unbeteiligt; Einflußnahme auf den Schulstandard über Kommissionen und Forschungen; Zusammenarbeit mit Her Majesty's Inspectors	verantwortlich für die Schulaufsicht, durchgeführt von Schulinspektoren im Auftrag des chief education officer	besondere Weisungs- und Aufsichtsbefugnisse des Head
Schulplanung	Vorbereitung von gesetzlichen Bestimmungen und verantwortlich für deren landesweite Durchführung (Schulformen, ihre Rahmenbedingungen usw.)	verantwortlich für die regionale und lokale Planung, für Einrichtung und Aufhebung von Schulen; zuständig auch für Modifizierungen (Vorschuleinrichtung, 4 oder 5jährige Grundschule, Beratungsdienste)	beteiligt in der Form von Vorschlägen und Anregungen
Schulfinanzierung	staatliche Zuschüsse (grants), die jährlich neu festgesetzt und nach einem Bedarfsschlüssel an die LEAs gezahlt werden	zuständig für die Personal- und Sachkosten (Gebäude, Unterhaltung, Einrichtungen, Lehr- und Lernmittel); die LEAs finanzierten 1979 85 % der Ausgaben für das Schulwesen	Vorschläge bei der Unterhaltung und Einrichtung der Gebäude; zuständig für Lehr- und Lernmittel und weitere Fonds (z. B. school meals)

Primarschule und Kommune

In einigen Bundesländern gibt es eine kommunale Beteiligung an der Schulaufsicht. Soweit aber Stadtschulräte die „staatliche Schulaufsicht" ausüben, unterstehen sie dabei nicht den Kommunen, sondern dem Kultusminister (vgl. HECKEL/SEIPP 1979, S. 157 ff.; zu den Möglichkeiten einer begrenzten Revision der staatlichen Aufsichtskompetenz äußerte sich der DEUTSCHE BILDUNGSRAT 1973, S. 123 ff.).
In Großbritannien geschieht die Schulaufsicht durch die Fachkräfte der Local Education Authorities. Daneben gibt es die besondere Einrichtung der HMIs (Her Majesty's Inspectors). Es sind qualifizierte Fachleute, die alle Schulen inspizieren dürfen, diesen gegenüber aber nicht weisungsbefugt sind; andererseits aber ein zentrales Instrument zur Beurteilung und Beratung des Schulwesens darstellen. HMIs sind auch in der Lehrerfortbildung tätig.
Auch für schulische und außerschulische *Innovationen* sind gravierende Unterschiede zwischen den beiden Primarschulsystemen zu erkennen.
Gemeint sind - im Blick auf Großbritannien - zum einen die flexiblen Anpassungen (in der Schulorganisation, in Lehrplan und Stundentafel) an geänderte Voraussetzungen oder Ziele; zum zweiten die Gestaltung der Individualität der einzelnen Schule (ihr „Gesicht") und die Pflege ihrer Tradition.
Beispiele sind die schuleigene Informationsschrift (für Eltern und Freunde der Schule; jede LEA druckt eigene „booklets" für ihre „primary education"); die Möglichkeit der Eltern, zwischen mehreren Primarschulen zu wählen (bei entsprechender Schuldichte); außerunterrichtliche Aktivitäten (zum Beispiel Kochunterricht; Mitarbeit von Müttern; Spiel-, Theater- und Sportveranstaltungen).
Zu nennen sind ferner bildungspolitische Innovationen in einzelnen Schulen und in einzelnen Local Education Authorities, wie die Einrichtung von Vorschulgruppen oder die Einbeziehung der Schule in die kulturellen Angebote der Gemeinde, sogenannte „community schools". (Der Plowden-Report von 1967 begrüßt nachdrücklich Aktivitäten in Richtung auf „community schools", DEPARTMENT OF EDUCATION AND SCIENCE 1967, S. 44 f.). Eine besondere Bedeutung haben bei allen diesen Innovationen der Schulleiter, der Vorsitzende des schuleigenen Verwaltungsgremiums und ganz besonders der „chief-education officer" der Local Education Authority:
„He is identifying two main groups of tasks. The first is policy advice - the specifying and developing of objectives. The second gets into the main educational process themselves. It is concerned with the promoting and encouraging of the establishment of good teaching and learning processes: tasks at the heart of the educational process" (KOGAN/VAN DER EYKEN 1973, S. 24).
Und zur Bedeutung des schuleigenen Verwaltungsgremiums meint der Plowden-Report: „They can act usefully as a bridge between the Education Commitee (LEA) and the school, putting the case for the school where this is needed, explaining through its councillor members to the teachers and parents what the authority is getting at by some new line of policy. If local authority areas become bigger, some local representative body will be even more necessary" (DEPARTMENT OF EDUCATION AND SCIENCE 1967, S. 416).
Die Schattenseite dieses Schulsystems ist eine große Mannigfaltigkeit (der Schulen und Schulkreise), die in bestimmten Fällen auch Ungerechtigkeiten zur Folge hat. Positiv ist allerdings zu vermerken, daß dezentralisierte Verantwortung zu verstärkter Bindung *an* und höherem Engagement *für* die gemeinsame Sache führt und konkurrierende Institutionen das System insgesamt innovativ erhalten.

Harm Prior

4 Die ökologische Bedeutung der Kommune für den Primarschüler

Während es bisher um das Verhältnis von Kommune und Primar*schule* ging, soll in einem letzten Abschnitt stärker die Bedeutung der Kommune für den Primar*schüler* betrachtet werden. Kommune meint hier nicht die Verwaltungseinheit, sondern das Sozialsystem, „ausgezeichnet durch eine gewisse räumliche Nähe, in dem der Mensch zuerst jenseits der Familie weitere soziale Zusammenhänge erlebt, und zwar unmittelbar anschaulich" (KÖNIG 1969, S. 335); meint die ländliche Pendlergemeinde ebenso wie das städtische traditionelle Industriearbeiterviertel oder den städtischen Vorortkern (drei von zehn Soziotopen oder Arealtypen, „von denen angenommen wird, [...] daß reale Gebietseinheiten ihnen weitestgehend zugeordnet werden können und daß sie jeweils verschiedene Umwelten für die Sozialisation indizieren" (HOFFMANN-NOWOTNY 1977, S. 126).
Wie erfährt der Primarschüler dieses Sozialsystem, und welche Wirkungen gehen davon aus? Die Sozialisationsforschung hat sich intensiv mit der Sozialisation in der Familie, in der Schule und in der Altersgruppe beschäftigt, aber nur am Rande mit den Wirkungen der Nachbarschaft und Kommune. (Das Handbuch der Sozialisationsforschung, vgl. HURRELMANN/ULICH 1982, unterscheidet neun „zentrale Instanzen der Sozialisation", eine Instanz Umwelt oder Nachbarschaft oder Kommune ist nicht darunter.) Eine Ausnahme macht die ökologische Sozialisationsforschung, ein neuer Ansatz, primär der Psychologie, von dem noch zu sprechen sein wird.
Für die Soziologie ist hingegen die Gemeinde immer ein wichtiger Gegenstand gewesen. Die strukturellen Veränderungen in vielen Gemeinden unter dem Einfluß der Industrialisierung gaben nach 1850 den Anlaß zu einer ganzen Reihe von Gemeindeuntersuchungen (vgl. KÖNIG 1969, S. 82 ff.). In Deutschland hat dann die Gleichsetzung von Gemeinde und Gemeinschaft und „die von Tönnies betonte Gegenüberstellung von Gemeinschaft und Gesellschaft häufig dazu geführt, den Gemeinschaftsbegriff zu idealisieren" (KAPPE u. a. 1975, S. 5) und, nach seiner Pervertierung im Nationalsozialismus, zu diffamieren.
Eine parallele Entwicklung zeigt sich in der Reformpädagogik, die den „kulturkritischen Gemeinschaftsbegriff" von der Jugendbewegung übernommen hat (DEITERS 1935, S. 30) und ihn mit einigen ihrer zentralen Anliegen verband: Erziehungs-, Arbeits- und Lebensgemeinschaft. Richtungweisende Ansätze wie die Lebensgemeinschaftsschulen, zum Beispiel Fritz Karsens Schule in Berlin-Neukölln und die Lichtwarkschule in Hamburg, blieben jedoch isoliert, und manche Wortführer der Reformpädagogik standen in ihren gesellschaftlichen Vorstellungen der „romantisch-irrationalen Bewegung des deutschen Bürgertums" nahe, für die „Gemeinschaft" eines der „magischen Worte" war und letzten Endes ein „Grundbegriff des antidemokratischen Denkens" (SONTHEIMER 1962, S. 30 ff.; vgl. HEYDORN 1970, S. 218 ff.).
Nach 1945 dominierte auch in der Schule der materielle Wiederaufbau, und die in den 70er Jahren einsetzenden organisatorischen und curricularen Reformen „waren stark geprägt von einem technischen Schulbild: Schule als Ort effizienter Produktion von Lernergebnissen, überprüfbar, transparent, möglichst ohne Reibungsverluste und Umwege" (RUMPF 1974, S. 4). Das galt auch und gerade für die Primarschule. Dem aus der Reformpädagogik stammenden zentralen Pol der Grundschularbeit „Kindgemäßheit" gegenüber entstand seit 1969 (Frankfurter Grundschulkongreß) der neue Pol „Wissenschaftsorientierung" – mit dem Ziel, mehr, früher und fachspezifischer zu lernen (vgl. HEMMER 1985, HERBERT 1985). „Bei einer

solchen Arbeitsweise wird die Leistungsfähigkeit des Grundschülers auch auf die Anforderungen der Sekundarschule am besten vorbereitet und, so verstanden, eine propädeutische Vorleistung für zukünftige Unterrichtsfächer erbracht" (Empfehlungen der Kultusminister 1970, zitiert nach Neuhaus 1974, S. 320). Zehn Jahre später beginnt das Pendel zu einer stärkeren Pädagogisierung der Primarschule zurückzuschwingen. „Von der Vorbereitungsschule zu einer Schule für Kinder" heißt die neue „Zielsetzung", mit der der Arbeitskreis Grundschule e.V. in das zweite Jahrzehnt seiner Arbeit ging. Zunehmend tauchen in Beispielen, Programmen, Modellen und Alternativen alte reformpädagogische Akzente wieder auf – Schulleben, Gemeinschaftsschule, Lebenszusammenhang –, und neue Akzente treten hinzu – Schule als Lebenswelt und als Lernwelt, der Bezug auf Lebenssituationen, Elternmitarbeit und Stadtviertelarbeit mit lokalhistorischen und ökologischen Projekten (vgl. Arbeitskreis Grundschule e. V. 1983, Hemmer 1982).

Die neuere empirische Sozialforschung betont ihre „ideologiekritische Funktion" (König 1969, S. 88) und kann auf zahlreiche Untersuchungen, insbesondere in den verschiedenen Industriegesellschaften verweisen (vgl. Kappe u. a. 1975). Drei Kriterien bestimmen aus soziologischer Sicht die heutige Gemeinde: lokale Einheit (unabhängig von den Verwaltungsgrenzen und weitgehend auch von der Größe), soziale Interaktionen und gemeinsame Bindungen. Zusammenfassend wird Gemeinde definiert „als ein Komplex sozialer Beziehungen zwischen Menschen, die in einem mehr oder weniger großen, lokal begrenzten Raum wohnen und in derartig mannigfaltigen wirtschaftlichen, sozialen und kulturellen Bindungen zusammenleben, daß ein wesentlicher Teil ihrer Bedürfnisse und Interessen innerhalb dieses Rahmens befriedigt werden kann" (Kappe u. a. 1975, S. 6).

König (1958, S. 51) bezeichnet die Tatsache der Nachbarschaft als „die allgemeinste, wenn auch wichtigste und entschiedenste Voraussetzung für die Gemeinde". Untersuchungen haben gezeigt, daß selbst in den Großstädten „nachbarliche Beziehungen eine wichtige Rolle spielen" und daß „die romantische Klage über die Einsamkeit, Wurzellosigkeit und Vermassung moderner Großstädter weitgehend unbegründet ist" (Bahrdt 1973, S. 100, S. 103). Diese nachbarlichen Beziehungen haben – und das gilt zunehmend auch von den vergrößerten Wohnsiedlungen der ländlichen Kommunen, Wurzbacher spricht hier von einem „Übergang von der geschlossenen zur offenen Nachbarschaft" (Kappe u. a. 1975, S. 78) – individuell unterschiedliche Motive und „in der Regel eine praktische pragmatische Grundlage" (Bahrdt 1973, S. 105). Bahrdt benutzt in diesem Zusammenhang den positiv verstandenen Begriff der „unvollständigen Integration", die angesichts der „spezifisch städtischen Ökonomie des Verhaltens" notwendig und sinnvoll ist.

„Eine Begegnung der Individuen als Individualitäten ist dort möglich, wo die Integration unvollständig ist, d. h., wo sich ständig Menschen begegnen, miteinander in Kommunikation treten und sich arrangieren, ohne daß der eine für den anderen in einer gemeinsamen Ordnung ausreichend verortet ist" (zitiert nach Kappe u. a. 1975, S. 32).

Das Kleinkind „erfährt" Familie und Wohnung, Haus und Nachbarschaft, Straßen und Verkehrsmittel, Spielplatz und Einkaufsplätze und immer wieder Menschen. Der Kindergarten bedeutet einen „Übergang" nach draußen (hier „soll dem Kind die Umwelt über die eigene Familie hinaus nähergebracht werden, wobei vor allem das Zusammenleben mit anderen Kindern und Erwachsenen [...] eine wichtige Rolle spielt", Deutscher Bildungsrat 1970, S. 103) und der Schuleintritt einen noch weitaus größeren.

„Dem Kind ist zunächst nur der familiäre Binnenraum bekannt. Die Schwelle, die

es jetzt überschreiten soll, ist außerordentlich hoch. Das Hinaustreten in die anders strukturierte Außenwelt ist wenig vermittelt. Es fehlt vielfach an fließenden Übergängen. Dem Kind nützt es verhältnismäßig wenig, wenn jenseits der Haustüren ein eindrucksvolles flutendes städtisches Leben beginnt, in dem lauter unbekannte Menschen sich bewegen. Während für den Erwachsenen vielleicht gerade der scharfe Kontrast zwischen Binnenraum und Außenwelt eine stimulierende Wirkung besitzt, benötigt das Kind Schutz, Hilfe und Interpretationsbrücken, die ihm den Weg in die Außenwelt Schritt für Schritt ebnen. Aus diesem Grunde besitzt die Nachbarschaft für Kinder eine wesentlich größere Bedeutung als für die Erwachsenen" (BAHRDT 1974, S. 229).
Empirische Untersuchungen zur „ökologischen Sozialisation" dieses Alters gibt es bisher kaum. Die Arbeit von MUCHOW/MUCHOW (vgl. 1978) aus den späten 20er Jahren wurde in Deutschland nicht fortgesetzt.
Die ökologische Perspektive entwickelte zuerst die Biologie („Ökosysteme sind räumliche Wirkungsgefüge aus biotischen – einschließlich Mensch – und abiotischen Elementen mit der Fähigkeit zur Selbstregulierung", MÜLLER 1977, S. 109), später die Soziologie und die Psychologie (vgl. SCHULZE 1983, S. 262 ff. zum Beitrag der Ökologie zur Erziehungswissenschaft). Bronfenbrenners „Ecology of Human Development" gilt als der „wahrscheinlich umfassendste sozialisationstheoretische Ansatz" (WALTER 1982, S. 293). BRONFENBRENNER (1976a, S. 246) kritisiert die traditionelle, zu enge Sichtweise der Psychologen:
„Nur selten berücksichtigen sie die benachbarten oder übergreifenden Systeme, von denen faktisch abhängen kann, was sich in dem engeren unmittelbaren Rahmen abspielt oder nicht abspielt. Zu diesen übergreifenden Systemen gehören Art und Anforderungen des elterlichen Arbeitsplatzes, Besonderheiten der Nachbarschaft, Verkehrsmöglichkeiten, das Verhältnis von Schule und Gemeinde, die Rolle des Fernsehens [...] sowie eine Menge weiterer ökologischer Umstände und Veränderungen, die bestimmen, mit wem und wie das Kind seine Zeit verbringt."
BRONFENBRENNERS „Bezugsrahmen für ökologische Sozialisationsforschung" (1976a) – bisher weitgehend Programm – unterscheidet drei sich überlagernde und sich wechselseitig beeinflussende Schichten:
erstens die unmittelbare Umgebung (Haus, Schule, Straße,...) nach
– ihrer räumlichen und stofflichen Anordnung,
– den Personen mit ihren Rollen und Beziehungen zum Kind;
zweitens die Schicht, die die unmittelbare Umgebung „formt und begrenzt",
– die sozialen Netzwerke als informelle soziale Strukturen; Peer-group, Freundeskreis, Cliquen; Netzwerke, die „mit der Zeit wachsen und sich oft auch räumlich ausdehnen" und in ihren Merkmalen überschneiden,
– die Institutionen oder formellen Strukturen (Schule, Lehrer, Verwaltungs- und Verkehrseinrichtungen, der Supermarkt und der Laden um die Ecke, ...);
drittens das ideologische System, „welches die sozialen Netzwerke, Institutionen, Rollen, Tätigkeiten und ihre Verbindungen mit Bedeutungen und Motiven ausstattet" (BRONFENBRENNER 1976a, S. 241 ff.).
Bronfenbrenners weitergehende Absicht ist es, aufgrund der von ihm als defizitär eingeschätzten heutigen Sozialisationsbedingungen sozialpolitische und pädagogische Maßnahmen und Programme vorzuschlagen, wobei er den Schulen und Kommunen wichtige Aufgaben zuweist. Das sozialisatorische Defizit in den Industriegesellschaften faßt er so zusammen:
„Durch unsere moderne Lebensweise müssen die Kinder nicht nur die Eltern, sondern Menschen überhaupt entbehren. Eine Unzahl von Faktoren hat sich verschwo-

ren, die Kinder von der übrigen Gesellschaft fernzuhalten: Der Zerfall der Großfamilie, die Trennung von Wohn- und Gewerbegebieten, das Verschwinden der alten Nachbarschaften, Flächennutzungsbestimmungen, berufliche Mobilität" (BRONFENBRENNER 1976b, S. 183). Zu diesem Defizit tragen die Schulen bei. Sie überbetonen „die Vermittlung von Stoff" und halten die Kinder ferne „vom unmittelbaren sozialen Umfeld, vom Leben der Gemeinde und der Nachbarschaft, von den Familien, denen die Schulen zu dienen vorgeben, und von dem Leben, auf das sie die ihnen anvertrauten Kinder angeblich vorbereiten." Und die für die Beziehung zur Außenwelt kennzeichnende Isolierung wiederholt sich „auch innerhalb des Schulsystems selbst, wo Kinder in Klassen aufgeteilt werden, die nur wenig sozialen Bezug zueinander oder zur Schule als Gemeinschaft insgesamt haben" (BRONFENBRENNER 1976b, S. 192).
Allgemeiner Grundsatz für Maßnahmen und Programme soll sein: Kinder soweit wie möglich am Leben ihrer sozialen Umwelt aktiv teilnehmen zu lassen und andererseits diese soziale Umwelt, wo immer es möglich ist, in die Aktivitäten der Kinder einzubeziehen. Im einzelnen ist „die Wiedereingliederung der Schulen in das Gemeindeleben von ausschlaggebender Bedeutung. Vor allem aber müssen wir den derzeitigen Trend umkehren, Schulen als von der übrigen Gemeinde losgelöste Einheiten zu errichten und zu verwalten." Es „sollten Programme angeregt werden, die Gemeindemitglieder in den Schulbetrieb und Kinder in das Gemeindeleben einzubeziehen" (BRONFENBRENNER 1976b, S. 186).
Betont wird die Notwendigkeit, echte wechselseitige Verantwortlichkeiten zu schaffen. So könnten Schülergruppen (Klassen) Kindergartengruppen „adoptieren" oder regelmäßig alte Menschen in der Gemeinde besuchen, bei der Betreuung von Spielplätzen und Grünanlagen beteiligt werden oder kommunale Aktionen durchführen oder unterstützen (etwa im Zusammenhang mit Umweltproblemen). Auf der anderen Seite könnten Betriebe, Nachbarschaften oder Gemeinden Schülergruppen „adoptieren" oder regelmäßige Aktivitäten (Arbeitsgemeinschaften, Werkstattbesuche, Spiel- und Sportprojekte) in den (oder für die) Schulen arrangieren. Vorgeschlagen wird ferner, auf der Ebene der Nachbarschaft oder Gemeinde Kommissionen („Ombudsleute") für derartige Kooperation einzusetzen und Nachbarschaftszentren in Schulen oder kirchlichen beziehungsweise kommunalen Gebäuden einzurichten.
Eine „ökologische Pädagogik" richtet sich sicherlich nicht nur an die Primarschule (vgl. AUERNHEIMER 1984, SCHIERSMANN 1984, ZIMMER 1984), hat aber für dieses Schüleralter spezifische Aufgaben:
- Es ist das Alter der Entdeckung und Eroberung der weiteren räumlichen und sozialen Nachbarschaft; der ständigen Erweiterung des „Horizontes", und „der Horizont ist nichts anderes als der Gesichtskreis, der zum Verstehen gehört" (SCHULZ 1972, S. 789 ff.).
- Es ist das Alter der „konkreten Operationen" und eines „beachtlichen Fortschritts der Sozialisierung: Das Kind gelangt zur fortgesetzten Zusammenarbeit mit seinen Nächsten, zur Tauschhandlung und zur Koordination der Gesichtspunkte, zur Diskussion und zu einer konkreten, geordneten Darlegung der Gedanken" (PIAGET 1975, S. 242).
- Es ist das Alter, in dem zwei wichtige „ökologische Übergänge" stattfinden, der Schulanfang und der Eintritt in die Sekundarschule (mit einer veränderten Organisation und Methodik und einem erweiterten Curriculum), und zugleich das Alter, in dem die Familiensozialisation durch die Schule, die Altersgruppe und die „weitere Nachbarschaft" ergänzt und zunehmend auch abgelöst wird.

Im Sinne einer so verstandenen „ökologischen Verantwortlichkeit" für das Kind müßte die Primarschule über die traditionelle Aufgabe der Elementarbildung hinaus eine zweifache Ausrichtung und Ausweitung erhalten.
Zum einen nach innen:
- durch die Entwicklung des eigenen Sozialsystems zu einer schulindividuellen Gemeinschaft; „vermutlich entsteht aus dem Zusammenwirken der verschiedenen Situationselemente ein gewisses ‚Ethos', eine Grundstruktur bestimmter Wertorientierungen, Einstellungen und Verhaltensmuster, die für die Schule insgesamt charakteristisch wird" (RUTTER u. a. 1980, S. 211);
- durch die bewußte Hereinnahme von Umwelt und Gesellschaft in die Schule und die Förderung von „Explorationspräferenz" beim Schüler, als einer kognitiven und sozialen Fähigkeit, „die das Ausmaß des Erkundens, des Engagements in sozialen Interaktionen, der Offenheit gegenüber neuen Situationen und Veränderungen in der Umwelt, des Ausprobierens neuer Ideen bestimmt" (FATKE 1977, S. 23).

Zum anderen nach außen:
- durch die Zusammenarbeit mit Eltern, Handwerkern, Betrieben und Künstlern, mit kommunalen Einrichtungen und Vereinen;
- durch die angeleitete Erforschung der Wohngemeinde, ihrer Strukturen, Aufgaben und Probleme;
- durch die Beteiligung an sozialen und kulturellen Einrichtungen der Kommune und die Auseinandersetzung mit öffentlichen Themen und Konflikten.

Solche und ähnliche ökologische Orientierungen sind eine Herausforderung der Schule in allen Industrieländern. Die Frage ist, inwieweit die Primarschulen darauf vorbereiten und zu innovativen Schritten fähig sind. Und hier kommen erneut die unterschiedlichen historischen und gesellschaftlichen Gegebenheiten in das Blickfeld, die derartige Neuorientierungen eher fördern oder eher hemmen können.
In der breit angelegten Studie des MAX-PLANCK-INSTITUTS FÜR BILDUNGSFORSCHUNG ... (vgl. 1980) heißt es unter „Probleme der Grundschule":
- „Die Bedeutung der außerschulischen Erfahrungswelt der Kinder, die durch das Elternhaus repräsentiert wird, [...] ist schwach" (HOPF u. a. 1980, S. 1154).
- Es „bleibt verwunderlich, wie wenig die Schule und der Unterricht auf den Lebensraum der Schüler eingehen. [...] Für die Schüler zerfällt der Tag in zwei Teile, zwischen denen kaum ein Bezug besteht und die sich keineswegs ergänzen" (HOPF u. a. 1980, S. 1159).
- Die Schule „ist in Stadt und Land eine Lerninsel, manche sagen ‚Ghetto', ohne direkten Kontakt zur Umwelt" (HOPF u. a. 1980, S. 1158).

Wir stellen dieser Einschätzung eine Kernstelle des englischen Plowden-Reports (DEPARTMENT OF EDUCATION AND SCIENCE 1967, § 505; Übersetzung: H. P.) gegenüber: „Die Schule ist mehr als eine Stätte der Wissensvermittlung; sie überliefert Werte und Einstellungen. Sie ist eine Gemeinschaft, in der Kinder zuerst als Kinder und nicht als zukünftige Erwachsene leben lernen [...] Die Schule bemüht sich bewußt, die angemessene Umwelt für Kinder zu schaffen [...] Sie betont insbesondere selbständige Entdeckung, Erfahrung aus erster Hand und Gelegenheit zu kreativer Arbeit". Sicherlich ist die Funktion des Reports nur begrenzt (aber auch) eine Zustandsbeschreibung; vielmehr ist sie in erster Linie ein Programm, das es auch in Großbritannien noch zu realisieren gilt. Aber hinter dem Report steht die englische Schultradition der Ganztagsschule und der kommunalen Orientierung. Diese Tradition wird es der Schule leichter machen, „Brücke [zu] sein zwischen dem Zuhause der Kinder und der Gemeinschaft als Ganzem" und zugleich „ein

Brennpunkt des nachbarschaftlichen Lebens" (KELLMER PRINGLE 1979, S. 66). Die deutsche Primarschule wird sich aufgrund ihrer ganz anderen Tradition bei einer solchen Veränderung schwerer tun.

ARBEITSKREIS GRUNDSCHULE E. V. (Hg.): Grundschulen auf Reformkurs, Frankfurt/M. 1983. AUERNHEIMER, R.: Gemeinwesenorientierung. In: Enzyklopädie Erziehungswissenschaft, Bd. 6, Stuttgart 1984, S. 314 ff. BAHRDT, H. P.: Humaner Städtebau, München ⁶1973. BAHRDT, H. P.: Sozialisation und gebaute Umwelt. In: N. Samml. 14 (1974), S. 211 ff. BECKER, H.: Stadt – Gesellschaft – Schule. In: DEUTSCHER STÄDTETAG (Hg.): Stadt – Gesellschaft – Schule, Stuttgart/Köln 1967, S. 81 ff. BERG, CH.: Schulpolitik ist Verwaltungspolitik. Die Schule als Herrschaftsinstrument staatlicher Verwaltung. In: Vjs. f. w. P. 51 (1975), S. 211 ff. BERG, CH. (Hg.): Staat und Schule oder Staatsschule, Königstein 1980. BOEHM, U./RUDOLPH, H.: Kompetenz und Lastenverteilung im Schulsystem. Analyse und Ansätze zur Reform, Stuttgart 1971. BRONFENBRENNER, U.: Bezugsrahmen für ökologische Sozialisationsforschung. In: N. Samml. 16 (1976), S. 235 ff. (1976 a). BRONFENBRENNER, U.: Ökologische Sozialisationsforschung, Stuttgart 1976 b. BRUNNER, O.: Staat und Gesellschaft im vormärzlichen Österreich. In: CONZE, W. (Hg.): Staat und Gesellschaft im deutschen Vormärz 1815–1848, Stuttgart 1962, S. 39 ff. CAMPENHAUSEN, A. V.: Die staatliche Schulaufsicht. In: NEVERMANN, K./RICHTER, I.: Verfassung und Verwaltung der Schule, Stuttgart 1979, S. 279 ff. CHURCHILL, W.: Geschichte, Bd. 4, Bern/Stuttgart/Wien 1958. DAHRENDORF, R.: Lebenschancen, Frankfurt/M. 1979. DAHRENDORF, R.: Unsere Einstellungen zu unseren zentralen Werten müssen wir wahrscheinlich ändern. In: Mat. z. pol. B. (1980), 1, S. 32 ff. DEITERS, H.: Die deutsche Schulreform nach dem Weltkriege, Berlin 1935. DEPARTMENT OF EDUCATION AND SCIENCE: Children and their Primary Schools. A Report of the Central Advisory Council for Education (England), Bd. 1: The Report. London 1967. DEPARTMENT OF EDUCATION AND SCIENCE: The Educational System of England and Wales, London 1980. DEUTSCHER BILDUNGSRAT: Strukturplan für das Bildungswesen. Empfehlungen der Bildungskommission, Stuttgart 1970. DEUTSCHER BILDUNGSRAT: Zur Reform von Organisation und Verwaltung im Bildungswesen, Teil I, Stuttgart 1973. DIETZE, L. u. a.: Rechtslexikon für Schüler, Lehrer, Eltern, Baden-Baden 1974/1975. DÖRPFELD, F. W.: Die drei Grundgebrechen der hergebrachten Schulverfassungen nebst bestimmten Vorschlägen zu ihrer Reform. In: BERG, CH. (Hg.): Staat und Schule..., Königstein 1980, S. 134 ff. ELLWEIN, TH.: Das Regierungssystem der Bundesrepublik Deutschland, Köln/Opladen 1963. FATKE, R.: Schulumwelt und Schülerverhalten. Adaptationsprozesse in der Schule, München/Zürich 1977. FRISCH, H. V.: Die Aufgaben des Staates in geschichtlicher Entwicklung. In: LABAND, P. u. a. (Hg.): Handbuch der Politik, Bd. 1, Berlin 1912, S. 46 ff. GIESE, G.: Quellen zur deutschen Schulgeschichte seit 1800, Göttingen 1961. GOLDSCHMIDT, D. (Hg.): Demokratisierung und Mitwirkung in Schule und Hochschule. Kommissionsbericht, Braunschweig 1973. GRUBER, K. H.: Das ‚progressive Syndrom'. Zur Entwicklung des englischen Primarschulwesens. In: GOLDSCHMIDT, D./ROEDER, P. M. (Hg.): Alternative Schulen? Stuttgart 1979, S. 571 ff. GÜNTHER, K. H. u. a. (Hg.): Quellen zur Geschichte der Erziehung, Berlin (DDR) ⁵1968. HARTMANN, K. u. a. (Hg.): Schule und Staat im 18. und 19. Jahrhundert, Frankfurt/M. 1974. HARTUNG, F.: Deutsche Verfassungsgeschichte, Stuttgart ⁷1962. HECKEL, H.: Die Städte und ihre Schulen, Stuttgart 1959. HECKEL, H./SEIPP, P.: Schulrechtskunde, Neuwied/Darmstadt ⁵1979. HEMMER, K. P.: Sachunterricht Gesellschaft 1–4, München/Wien/Baltimore 1982. HEMMER, K. P.: Der Grundschullehrplan. In: Enzyklopädie Erziehungswissenschaft, Bd. 7, Stuttgart 1985, S. 175 ff. HENCLEY, ST. P.: Politik und Macht im kommunalen Bereich. In: NEVERMANN, K./RICHTER, I. (Hg.): Verfassung und Verwaltung der Schule, Stuttgart 1979, S. 63 ff. HENTIG, H. V.: Was ist eine humane Schule? München 1976. HERBERT, M.: Lernbereich: Sachunterricht. In: Enzyklopädie Erziehungswissenschaft, Bd. 7, Stuttgart 1985, S. 402 ff. HEYDORN, H. J.: Über den Widerspruch von Bildung und Herrschaft, Frankfurt/M. 1970. HOFFMANN-NOWOTNY, H. J. (Hg.): Politisches Klima und Planung. Soziale Indikatoren, Bd. 5, Frankfurt/New York 1977. HOPF, D. u. a.: Aktuelle Probleme der Grundschule. In: MAX-PLANCK-INSTITUT FÜR BILDUNGSFORSCHUNG, PROJEKTGRUPPE BILDUNGSBERICHT (Hg.): Bildung in der Bundesrepublik Deutschland. Daten und Analysen, Bd. 2, Reinbek 1980, S. 1113 ff. HURRELMANN, K./ULICH, D. (Hg.):

Harm Prior

Handbuch der Sozialisationsforschung, Weinheim/Basel ²1982. JAMES, M.C.: History. Social and Economic 1815-1939, London 1976. JERUSALEM, F.W.: Zentralisation und Dezentralisation der Verwaltung. In: LABAND, P. u.a. (Hg.): Handbuch der Politik, Bd. 1, Berlin 1912, S. 179 ff. KAPPE, D. u.a.: Grundformen der Gemeinde, Opladen 1975. KELLMER PRINGLE, M.: Was Kinder brauchen, Stuttgart 1979. KLEMM, K./TILLMANN, K.-J.: Schule im kommunalen Kontext. In: Enzyklopädie Erziehungswissenschaft, Bd. 5, Stuttgart 1984, S. 280 ff. KLEWITZ, M./LESCHINSKY, A.: Institutionalisierung des Volksschulwesens. In: Enzyklopädie Erziehungswissenschaft, Bd. 5, Stuttgart 1984, S. 72 ff. KLOEPFER, M.: Staatliche Schulaufsicht und gemeindliche Schulhoheit. In: D. öffentl. Verw. 24 (1971), S. 837 ff. KLOSS, H.: Lehrer - Eltern - Schulgemeinden, Stuttgart 1949. KLOSS, H.: Formen der Schulverwaltung in der Schweiz, Stuttgart 1964. KOGAN, M./VAN DER EYKEN, W.: County Hall. The Role of the Chief Education Officer, Harmondsworth 1973. KÖNIG, R.: Grundformen der Gesellschaft. Die Gemeinde, Reinbek 1958. KÖNIG, R.: Gemeinde. In: BERNSDORF, W. (Hg.): Wörterbuch der Soziologie, Stuttgart ²1969, S. 333 ff. KOSELLEK, R.: Staat und Gesellschaft in Preußen 1815-1848. In: CONZE, W. (Hg.): Staat und Gesellschaft im deutschen Vormärz 1815-1848, Stuttgart 1962, S. 79 ff. LANGE, H.: Schulbau und Schulverfassung der frühen Neuzeit, Hamburg 1967. LESCHINSKY, A./ROEDER, P.M.: Schule im historischen Prozeß, Stuttgart 1976. LEWIN, H.M. (Hg.): Community Control of Schools, Washington 1970. MAX-PLANCK-INSTITUT FÜR BILDUNGSFORSCHUNG, PROJEKTGRUPPE BILDUNGSBERICHT: Bildung in der Bundesrepublik Deutschland, 2 Bde., Reinbek 1980. MUCHOW, M./MUCHOW, H.H.: Der Lebensraum des Großstadtkindes (1935), Bensheim 1978. MÜLLER, P.: Tiergeographie, Stuttgart 1977. NARR, W.-D.: Hin zu einer Gesellschaft bedingter Reflexe. In: HABERMAS, J. (Hg.): Stichworte zur ‚Geistigen Situation der Zeit', Bd. 2, Frankfurt/M. 1979, S. 489 ff. NEUHAUS, E.: Reform der Primarbereichs, Düsseldorf 1974. NEVERMANN, K.: Reform der Schulverfassung. In: R. d. Jug. u. d. Bwes. 23 (1975), S. 200 ff. NEVERMANN, K.: Gesetzesvorbehalt und Privatschulfreiheit. In: GOLDSCHMIDT, D./ROEDER, P.M. (Hg.): Alternative Schulen? Stuttgart 1979, S. 99 ff. NEVERMANN, K.: Schule und Schulverfassung in der Bundesrepublik Deutschland. In: Enzyklopädie Erziehungswissenschaft, Bd. 5, Stuttgart 1984, S. 393 ff. (1984a). NEVERMANN, K.: Schulaufsicht. In: Enzyklopädie Erziehungswissenschaft, Bd. 5, Stuttgart 1984, S. 558 ff. (1984b). NEVERMANN, K./RICHTER, I. (Hg.): Verfassung und Verwaltung der Schule, Stuttgart 1979. NIEDERSÄCHSISCHER KULTUSMINISTER (Hg.): Rahmenrichtlinien für die Grundschule, Hannover 1975. OWEN, R.: Pädagogische Schriften, hg. v. K.-H. Günther, Berlin (DDR) 1955. PERSCHEL, W.: Schulpflicht. In: Enzyklopädie Erziehungswissenschaft, Bd. 5, Stuttgart 1984, S. 591 ff. (1984a). PERSCHEL, W.: Gesetzesvorbehalt. In: Enzyklopädie Erziehungswissenschaft, Bd. 5, Stuttgart 1984, S. 497 ff. (1984b). PIAGET, J.: Die Entwicklung des Erkennens. Gesammelte Werke, Studienausgabe, Bd. 10, Stuttgart 1975. POTTHOFF, W.: Die Idee der Schulgemeinde, Heidelberg 1971. PREUSS, H.: Die kommunale Selbstverwaltung in Deutschland. In: LABAND, P. u.a. (Hg.): Handbuch der Politik, Bd. 1, Berlin 1912, S. 198 ff. REUTER, L.-R.: Partizipation als Prinzip demokratischer Schulverfassung. In: a. pol. u. zeitgesch. 25 (1975), B 2, S. 3 ff. ROEDER, P.M.: Gemeindeschule in Staatshand. Zur Schulpolitik des Preußischen Abgeordnetenhauses. In: Z. f. P. 12 (1966), S. 539 ff. ROESSLER, W.: Die Entstehung des modernen Erziehungswesens in Deutschland, Stuttgart 1961. RUMPF, H.: Was Schule lernen muß. In: Gess. 6 (1974), 3, S. 4. RUTTER, M. u.a.: Fünfzehntausend Stunden. Schulen und ihre Wirkung auf die Kinder, Weinheim/Basel 1980. SANDFUCHS, U.: Schulgröße und Schulkrise – Über einen Denkfehler der Schulreform. In: Vjs. f. w. P. 52 (1976), S. 76 ff. SCHIERSMANN, CH.: Ökologie (Schule). In: Enzyklopädie Erziehungswissenschaft, Bd. 5, Stuttgart 1984, S. 523 ff. SCHULZ, W.: Philosophie in der veränderten Welt, Pfullingen 1972. SCHULZE, TH.: Ökologie. In: Enzyklopädie Erziehungswissenschaft, Bd. 1, Stuttgart 1983, S. 262 ff. SONTHEIMER, K.: Antidemokratisches Denken in der Weimarer Republik, München 1962. STATISTISCHES BUNDESAMT: Statistisches Jahrbuch für die Bundesrepublik Deutschland 1979, Stuttgart 1980. THOMSEN, D.: England in the Nineteenth Century (1918-1914), Harmondsworth 1963. WALTER, H.: Ökologische Ansätze in der Sozialisationsforschung. In: HURRELMANN, K./ULICH, D. (Hg.): Handbuch der Sozialisationsforschung, Weinheim/Basel ²1982, S. 285 ff. WHEARE, K.C.: Government by Commitee, Oxford 1955. ZIMMER, J.: Der Situationsansatz als Bezugsrahmen der Kindergartenreform. In: Enzyklopädie Erziehungswissenschaft, Bd. 6, Stuttgart 1984, S. 21 ff.

Lexikon

Anschauung

Der Begriff der Anschauung spielt in der heutigen Pädagogik und Didaktik keine große Rolle. Allenfalls werden durch ihn Leerstellen markiert, wird anhand einer Erinnerung an das Problem der Anschaulichkeit des Unterrichts auf ein Defizit heutiger Erziehungswissenschaft hingewiesen – ein Defizit, das eine künftige Erziehungswissenschaft zu beheben hat.

Anschauung als Platzhalter der Sinnlichkeit. In seinem 1983 erschienenen Buch „Vergessene Zusammenhänge" schreibt MOLLENHAUER, daß die *Präsentation* der von Erwachsenen gelebten Zusammenhänge in einer immer undurchsichtiger werdenden Welt zum Hauptproblem pädagogischen Handelns wird. *Präsentation* und *Repräsentation* ihrer Lebensformen gegenüber ihren Kindern werden zum wichtigsten Bildungsproblem.

„Je komplexer die soziale Welt wird, je weniger zugänglich für das Kind all jene Verhältnisse werden, in denen es in seiner biographischen Zukunft wird leben müssen, je weniger also in seiner primären Lebenswelt all das enthalten ist, was es für seine Zukunft braucht, vor allem dann, wenn die Zukunft des Gemeinwesens nicht mehr zuverlässig prognostiziert werden kann, um so dringlicher wird ein zweites Grundproblem: Die pädagogische Kultur einer Gesellschaft muß dann mit der Schwierigkeit fertig werden, wie gleichsam ‚auf Vorrat' gelernt werden kann. Das hat zur Folge, daß nun neben die ‚Präsentation' des durch die Erwachsenen vorgelebten Lebens die Aufgabe tritt, die der kindlichen Erfahrung unzugänglichen Teile der gesellschaftlich-historischen Kultur in irgendeiner Weise zur Kenntnis zu bringen" (MOLLENHAUER 1983, S. 20).

Komplexitätssteigerung und Differenzierung des gesellschaftlichen Lebens werden von dem einzelnen (kindlichen) Individuum als zunehmende *Abstraktheit* erfahren. Diese Abstraktheit hat zweierlei zur Folge. Zum ersten ein Problem der Vermittlung: Wie kann man Kindern diese zunehmend abstrakter werdende wissenschaftlich-technische Lebenswelt nahebringen? Zum zweiten: Bürdet die abstrakte wissenschaftlich-technische Lebenswelt nicht gerade Kindern unzumutbare Überlastungen und Überforderungen auf?

Rumpf hat 1981 den Versuch unternommen, eben das an der Entwicklung des Schulwesens in den letzten 150 Jahren nachzuweisen. Unter dem Titel „Die übergangene Sinnlichkeit" (RUMPF 1981) präsentiert er eine Sichtweise der Schule, in der sie als institutioneller Ausdruck eines zutiefst neuzeitlichen Welt- und Selbstverhältnisses erscheint, nämlich des *Cartesianismus*. Hierunter wird unter Bezugnahme auf den französischen Philosophen Descartes (1596–1650) *ein Verhältnis verstanden, in dem eine im Prinzip körperlose, denkende Subjektivität sich bemächtigend-konstruktiv einer als prinzipiell passiv angesehenen Natur gegenüberstellt.* Damit verblaßt diese Natur zu einer Materialbasis für das, was der Mensch aus ihr macht. Doch wird in diesem cartesianischen Bezug nicht nur alle Natur verstofflicht, sondern auch der Mensch entsinnlicht. Dies läßt sich nach Rumpf bis in die Verästelungen der Schuldidaktik hinein verfolgen: „Die Lehrfrage hilft, ein allgemeines, ein außersinnliches Subjekt in die einzelnen Menschen hinein durchzusetzen; die Fragen, die Aufmerksamkeiten, die Verknüpfungen, die einstudiert werden, sind nicht die Fragen, die Aufmerksamkeiten, die Verknüpfungen eines bestimmten sterblichen Menschen. Auch der Lehrer fragt nicht als sterbliche Einzelperson – er ist Mundstück eines anonymen Großsubjekts. Alle lernen, sich ihrer beschränkten Individualität zu entäußern, ihre eigenen an ihrem Körper, ihrer Geschichte haftenden Gedanken und Gefühle für privat, für

Anschauung

sachlich nicht bedeutsam, für keiner Veröffentlichung würdig zu halten – es sei denn, sie dienen zur Bestätigung der Schulwahrheit" (RUMPF 1981, S. 109 f.). Ob die von Rumpf und Mollenhauer vermutete Entsinnlichung der Welt den Heranwachsenden tatsächlich unzumutbare Lasten und Leiden auferlegt oder ob diese Entwicklungen nicht einfach dazu beitragen, *Kindheit als eine historisch entstandene und daher historisch auch vergängliche Lebensform* umzuwandeln, wenn nicht gar abzuschaffen, wird gegenwärtig im Zusammenhang mit der Ausbreitung neuer mikroelektronischer Medien diskutiert (vgl. HENGST u. a. 1981, POSTMAN 1983). So postuliert Postman auf der Basis eben der Entwicklungen, die etwa Rumpf als Entsinnlichung ansieht, daß Kindheit und Literalität, das heißt eine schwer dekodierbare, nur Erwachsenen zugängliche Symbolwelt konstitutiv aufeinander bezogen sind. In dem Ausmaß, in dem eine solche Symbolwelt nur unter Zuhilfenahme besonderer Fertigkeiten (Lesen und Schreiben, Bildung) zugänglich wird, sind all jene, die darüber nicht ohne weiteres verfügen, hiervon ausgeschlossen und konstituieren eine besondere Gruppe von Menschen: die Kinder. Mit der Ausbreitung des Fernsehens erlebt unsere Gesellschaft – wie bereits im Mittelalter – eine allen zugängliche Welt gemeinsamer Bedeutungen, die ohne weitere Kenntnisse verstanden werden können. Dies hat zwangsläufig „Das Verschwinden der Kindheit" (POSTMAN 1983) zur Folge. Die zivilisationskritische Perspektive von Mollenhauer und Rumpf bekommt dieses Phänomen einer elektronischen Versinnlichung beziehungsweise einer autonomen medialen Anschaulichkeit nicht recht in den Griff.

Wider den Geist des Konstruktiven. Das Wiedererwachen einer auf Repräsentation, Sinnlichkeit, kurz: auf Anschauung basierenden Pädagogik reagiert auf eine vor allem konstruktivistisch ausgerichtete Didaktik, wie sie in allen Bereichen in den 70er Jahren vorherrschend war. So unterstellt HILLER (vgl. 1974) in einem repräsentativen Lexikonartikel jede auf Anschauung beruhende Didaktik einem globalen Ideologieverdacht, da sie es vor allem auf die Passivität und Botmäßigkeit der Edukanden abgesehen habe und somit reflektorisch auf die dem fortschreitenden Kapitalismus innewohnenden Entmündigungstendenzen antworte. Die Form des „anschaulichen Unterrichts", die Hiller vorschlägt, ist dann entsprechend aktivistisch und aktivierend: „Man müßte prüfen, welche Formen der didaktischen Verfremdung, Vorwegnahme, Provokation und Ironie auf welche bewußtseinsmäßige Konstitution zu welchem Zeitpunkt durchschnittlich welchen Einfluß nehmen und zu welchen curricularen Sequenzen man solche Lehrformen und Arrangements komponieren könnte, damit Wege entstünden zu einem ‚anschaulichen' Unterricht, der mehr an der Aufklärung der Chancen einer Veränderung des Bestehenden auf eine bessere Zukunft hin interessiert ist als an einer Sicherung des Status quo" (HILLER 1974, S. 22). Diese grundsätzliche Haltung findet sich auch in einem repräsentativen grundschuldidaktischen Sammelband jener Jahre (vgl. HAARMANN u. a. 1977), in dem dem Problem der Anschauung weder implizit noch explizit Aufmerksamkeit gewidmet wird. Dies fällt etwa daran auf, daß auch eine an Piaget orientierte Didaktik, die doch mindestens dem *Gleichgewicht* einer aktivisch interpretierten *Assimilation* und einer eher passivisch gesehenen *Akkommodation* Rechnung tragen müßte, vor allem auf konstruktive Momente hin abhebt (vgl. FIEDLER 1977). Gegen diesen Vorrang des Konstruktiven, der den *Blick auf die Sachen selbst* verstellt und damit ihr angemessenes Verstehen verhindert, hat Wagenschein bereits in den 50er und 60er Jahren eine Didaktik des

„ursprünglichen Verstehens" (vgl. WAGENSCHEIN 1965) – zumal im naturwissenschaftlichen Unterricht – konzipiert, in der die „ruhige Kraft der Anschauung" (v. Goethe) zu ihrem Recht kommt. Wagenschein propagiert eine *Didaktik der Sachlichkeit, eine Form des Lehrens, welche die Schüler dazu bringt, sich ganz der Erfahrung des unterrichtlichen Gegenstandes zu überlassen;* eine Form des Lehrens und Lernens, die sich vom geplanten Vorgehen ab- und der eigentümlichen und ursprünglichen Erfahrung beispielsweise physikalischer Phänomene zuwendet.

Dazu gehört für Lehrer und Schüler eine Haltung, der es gelingt, schulorganisatorische Rahmenbedingungen des Unterrichts wie die „Kurzstunde" oder ein abstrakt und vorab gesetztes „Ziel der Stunde" zu vergessen und anstatt dessen durch gespannte Aufmerksamkeit und ein weckendes sokratisches Gespräch, die einander nicht widersprechen, sondern ergänzen, sich einen Gegenstand exemplarisch anzueignen. Diese Haltung bezeichnet Wagenschein als *Aufmerksamkeit.* Eine solche Haltung wird gerne als Passivität verkannt. WAGENSCHEIN (1967, S. 162) wendet gegen diesen Vorwurf ein: „Wenn man nun so wie hier argumentiert, also dafür wirbt, *nicht* gleich munter, forsch und aggressiv die Dinge anzupacken, sondern sie erst in Ruhe anzuschauen und auch sich von ihnen anschauen zu lassen, so erregt man leicht das Mißverständnis, es werde damit ‚Passivität‘ empfohlen."

Wagenschein begründet seine Didaktik der Sachlichkeit unter Berufung auf phänomenologische, hermeneutische, ja sogar mystische Traditionen, die er jeweils gegen ein nur konstruierendes, subjektzentriertes und weltbemächtigendes Denken aufruft. Der Phänomenologie entnimmt er die Bevorzugung der *thematischen* vor der *methodischen* Dimension, der Hermeneutik die Vorrangstellung des *Verstehens* vor dem *Erklären* und der Mystik die Versenkung und die Erwartung anstelle von Selbstbewußtsein und Anspannung.

Diese *ganzheitliche* Betrachtungsweise sichert Wagenschein wissenschaftlich durch Anleihen bei der Gestaltpsychologie, exemplarisch durch phänomenologische Mystik ab. An entscheidender Stelle zitiert er die mystische Philosophin Simone Weil (1909–1943): „Die kostbarsten Güter soll man nicht suchen, sondern erwarten. Denn der Mensch kann sie aus eigenen Kräften nicht finden, und wenn er sich auf die Suche nach ihnen begibt, findet er statt ihrer falsche Güter, deren Falschheit er nicht erkennen kann" (WAGENSCHEIN 1967, S. 164).

Es fragt sich freilich, ob derlei Anleihen bei speziellen Wissenschaften (Gestaltpsychologie) und Religionsphilosophie (neuere christliche Mystik) tatsächlich ausreichen, eine Didaktik zu begründen. Zudem muß sich Wagenschein fragen lassen, ob und inwieweit seine trotz aller Forderung nach Sachlichkeit auf die subjektive Fähigkeit zur Aufmerksamkeit hin ausgerichtete Didaktik den *komplexen Sachzusammenhängen* gerecht wird, ob also nicht auch Wagenschein noch dem Geist eines subjektivistisch verkürzten Denkens unterliegt.

Organisches Denken: Friedrich Fröbel. Fröbel (1782–1852), zu Unrecht nur als der „Erfinder" des Kindergartens bekannt, ist in Wahrheit der typische Repräsentant einer *romantischen Pädagogik,* die sich im antinapoleonischen und biedermeierlichen Deutschland der Befreiungskriege und der Restauration herausbildete. Fröbel, der sich schon früh, wenn auch anfangs dilettantisch mit Schellings Identitätsphilosophie auseinandergesetzt hatte, konzipierte das System einer Sphärenphilosophie, das heißt das *System eines einheitlichen Weltzusammenhanges,* in dem Wesen und Erscheinung, Phänomen und Grund, Moral und Intellekt und endlich Begriff und Anschauung spekulativ aufeinander bezogen sind. Dieses spekulative System soll es dem Pädagogen so gut wie dem Schüler ermöglichen, der gelehrten Dinge von innen teilhaftig zu werden, ohne sie indessen isoliert betrachten zu müssen: „Sphära (das ist das stetige, stets allseitig lebendige schaffende, immer von neuem Insichselbstruhen), ist das Grundgesetz im All, in der physischen wie in der psychischen Welt, in der empfindenden wie in der denkenden Welt. Das heißt, die Dinge, Erscheinungen, d. i. ihr Wesen von Innen heraus wahrnehmen, schauen, erkennen, wirken, schaffen, bilden, leuchten machen. Also auch wahrnehmen, schauen, erkennen, wie alles und jedes Einzelne immer in einer beziehungsweise höheren und durch diese zuletzt in der höchsten absoluten Einheit ruht, dadurch lebt, wie daraus hervorgegangen ist" (Fröbel, zitiert nach HEILAND 1982, S. 41).

Die Sphärenlehre ermöglicht Fröbel eine Didaktik, die im Unterricht dem einzelnen Gegenstand *als* einzelnem gerecht wird, ohne daß deswegen die Gefahr einer isolierten Erkenntnis besteht. Im Gegenteil: Die zugrunde gelegte Sphärenlehre gibt Lehrer und Schüler frei, sich zuerst dem einzelnen Gegenstand zuzuwenden, um dann an und in ihm zum Gesamtzusammenhang fortzuschreiten. Ein solches *induktives Lernen* ist aber nur auf der Basis einer organischen, nicht atomistischen Metaphysik möglich. „Also von der Anschauung jedes Gegenstandes als eines in sich völlig abgeschlossenen Ganzen, rein als solchen, ohne vorwaltende Hervorhebung der Teile oder eines Teiles derselben, muß so wie jeder Unterricht überhaupt, so besonders der Unterricht für Formen und Gestaltkunde ausgehen" (FRÖBEL 1951, S. 49 f.).

Fröbel, der erst in der Mitte seines Lebens von der Jugend- zur Kindererziehung kam, konzipierte in diesem Sinne den Kindergarten und als dessen didaktische Mittel die „Spielgaben", geometrisch-plastische Figuren (Kugeln, Zylinder, Würfel und Quader), anhand deren das Kind durch Zergliedern und Vereinen das Gesetz der Sphäre erahnen soll. Wiewohl Fröbel erst spät zur Idee der Kindererziehung kam, wohnt dieser Entwicklung im Rahmen seines Systems eine gewisse Folgerichtigkeit inne: Im Kinde sah das romantische Denken eine unschuldige und ursprüngliche Nähe zur Natur walten, die den Erwachsenen weitgehend verlorengegangen sein sollte. Damit bestätigt sich ein weiteres Mal Postmans These von der Konstitution der Kindheit als eines Zustandes, der komplexer Symbolverarbeitung fern ist. Freilich steht Fröbel mit seiner Didaktik der Spielgaben und seinem sphärischen Weltbild bewußt oder unbewußt in einer noch weit hinter Schelling zurückgehenden Tradition: der Tradition Platons, für den eine ideal-geometrisch gebaute Welt, wie sie im Dialog „Timaios" dargestellt wird, die selbstverständlich zugrunde liegende Metaphysik war und der gerade der Geometrie eine entscheidende didaktische Funktion bei der erinnernden Erkenntnis jener ursprünglichen Formen zuwies. Dies zeigt Platon im Dialog „Menon". An der Didaktik der „Spielgaben" wird deutlich, daß eine Didaktik der Anschauung entgegen dem landläufigen Vorurteil letztlich nicht einer erfahrungsorientierten, sondern einer *rationalistischen* Tradition angehört, der es um die (Wieder-)Bewußtwerdung dessen geht, was jedem Menschen bereits bekannt ist.

Sprache und Anschauung: Johann Heinrich Pestalozzi. Nun richtete sich das platonische Denken bekanntlich stets an einer am *Beispiel des Sehens ausgerichteten Lehre intellektueller Anschauung* aus, derart, daß die idealen Wesenheiten eben *geschaut* werden sollten. Doch stellt diese Konzeption einer sehenden Anschauung womöglich eine folgenschwere Verkennung der typischmenschlichen Form des Anschauens dar. Pestalozzi (1746-1827) erweitert den Begriff der Anschauung auf alle Sinne (Sehen, Hören, Riechen, Tasten und Schmecken) und darf damit als Vorläufer Fröbels gelten. Es ist allerdings auffällig, daß sich bei Fröbel, der sein System nicht zuletzt gegen die seiner Meinung nach intellektualisierte Didaktik der Pestalozzischule aufbaute, ein gewisser *Problemverfall* durchsetzt. Denn Fröbel konnte der bahnbrechenden und zukunftsweisenden Einsicht Pestalozzis, daß nämlich die menschliche Sprache als das „sinnliche Material" der Anschauungsform des Hörens von hervorragender Bedeutung für menschliches Lernen ist, nicht gerecht werden. Im Gedanken einer *sprachvermittelten Anschauung* kann Pestalozzi jene Forderung Fröbels nach einer verbindenden Einheit von Intellekt und Moral, Vernunft und Sinnlichkeit einlösen, vermag er Rationalismus und Phänomenalismus miteinander zu vereinbaren. Dieser Einsicht war Fröbels auf Einheit dringender Romantizismus nicht mehr gewachsen. In seiner viel zuwenig bekannten Schrift „Die Sprache als Fundament der Kultur" aus dem Jahre 1799 schreibt Pestalozzi: „Jede Sprache [...] steht in Übereinstimmung mit der (ursprünglichen) intuitiven Anschauung aller Dinge [...] und in wesentlicher Harmonie mit den Urbildern und Urverhältnissen, daraus sie entsprungen ist" (PESTALOZZI 1932, S. 43). Doch hat Pestalozzi nicht nur eine Theorie sprachlicher Darstellung entwickelt, sondern auch außerordentlich klar den *intimen Zusammenhang zwischen Sprache und Bewußtsein* erkannt und lange vor der sprachanalytischen Philosophie und erst recht vor den idealistischen Systemen der Bewußtseinsphilosophie das Programm einer therapeutischen Sprachkritik entwickelt, die das intuitive Bewußtsein vor den Verwirrungen der Sprache schützen soll: „Wenn du [dein Kind] ins Meer der Sprache hineintreibst, sorge vorzüglich, daß die ihm entfernten und fremden Erfahrungsansichten und besonders die Täuschung des Worteinflusses in diesen Ansichten das ewige, unwandelbare Fundament des Selbststehens, Selbsthörens und Selbsttuns nicht schwäche und nicht verschlinge" (Pestalozzi, zitiert nach DELEKAT 1968, S. 288).

Anschauung als Methode: Johann Amos Comenius. Comenius (1592 bis 1670), der ob seines „Orbis pictus" und seiner großen didaktischen Systeme als der Begründer aller Anschauungsdidaktik gilt, kann nur aus dem von Pestalozzi markierten, von Fröbel vergessenen Problem einer nichtempiristischen, rationalistischen und gleichwohl ganzheitlichen, aber nicht erfahrungsfreien Weltsicht verstanden werden. Comenius, der als Pädagoge vor allem gegen die rein sprachlich ausgerichteten Lehrsysteme der späten Scholastik und des Humanismus antrat, vermeidet in seinem Denken gleichwohl eine Reduktion der Erfahrung auf das einsame, körperlose und methodisch konstruierende Subjekt und stellt damit schon früh eine *rationale Alternative* zum Cartesianismus dar: Weil Comenius dem Bild des Menschen als eines Spiegels der Dingwelt und Gottes anhängt, dem nur die rechten Gegenstände gegenübergestellt werden müßten, hat er gesehen, daß es nicht darauf ankommt, das natürliche Licht der Vernunft zu steigern, sondern darauf, daß die Wahrheit der Dinge sich mit ihrem Licht den Sinnen einprägt. Daß solche Einprägung *systematisch* gestaltet werden müsse und nur vor dem Hintergrund eines universellen Wissens, einer Pansophia möglich sei, ist das *platonische* Credo, das Comenius den *aristotelisch-humanistischen Schulen* seiner Zeit gegenüberstellt. Die Mißachtung dieses Denkens markiert den Sach- und Problemverlust der modernen Didaktik. „Wir weisen alles a priori nach, d. h. aus dem ureigenen, unveränderlichen Wesen der Dinge. Wir lassen gleichsam aus

Anschauung

einem lebendigen Quell nie versiegende Bäche entspringen, sammeln diese in einem Fluß und stellen auf diese Weise eine universale Kunst für die notwendige Errichtung universaler Schulen auf (Comenius, zitiert nach SCHALLER 1962, S. 180).

DELEKAT, F.: Johann Heinrich Pestalozzi, Heidelberg 1968. FIEDLER, U.: Freisetzende Erziehung und selbstentdeckendes Lernen. In: HAARMANN, D. u. a. (Hg.): Lernen und Lehren ..., Braunschweig 1977, S. 152 ff. FRÖBEL, F.: Ausgewählte Schriften, hg. v. E. Hoffmann, Bd. 1, Bad Godesberg 1951. HAARMANN, D. u. a. (Hg.): Lernen und Lehren in der Grundschule. Studienbuch für den Unterricht der Primarstufe, Braunschweig 1977. HEILAND, H.: Fröbel, Reinbek 1982. HENGST, H. u.a.: Kindheit als Fiktion, Frankfurt/M. 1981. HILLER, G.G.: Anschauung. In: WULF, CH. (Hg.): Wörterbuch der Erziehung, München/Zürich 1974, S. 16 ff. LOSER, F.: Anschauung. In: Enzyklopädie Erziehungswissenschaft, Bd. 3, Stuttgart 1986 (in Vorber.). MOLLENHAUER, K.: Vergessene Zusammenhänge. Über Kultur und Erziehung, München 1983. PESTALOZZI, J. H.: Die Sprache als Fundament der Kultur. Sämtliche Werke, Bd. 13, bearb. v. H. Schönebaum u. K. Schreinert, Berlin/Leipzig 1932, S. 33 ff. PLATON: Menon. Sämtliche Werke, hg. v. W. F. Otto u. E. Grassi, Bd. II, Reinbek 1958. PLATON: Timaios. Sämtliche Werke, hg. v. W. F. Otto u. E. Grassi, Bd. IV, Reinbek 1964. POSTMAN, N.: Das Verschwinden der Kindheit, Frankfurt/M. 1983. RUMPF, H.: Die übergangene Sinnlichkeit. Drei Kapitel über Schule, München 1981. SCHALLER, K.: Die Pädagogik des Johann Amos Comenius, Heidelberg 1962. WAGENSCHEIN, M.: Ursprüngliches Verstehen und exaktes Denken, Stuttgart 1965. WAGENSCHEIN, M.: Über die Aufmerksamkeit. In: FLITNER, A./SCHEUERL, H. (Hg.): Einführung in pädagogisches Sehen und Denken, München 1967, S. 159 ff.

Micha Brumlik

Hausaufgaben

Definition. Unter Hausaufgaben werden hier alle von der Schule direkt oder indirekt eingeforderten Lern- und Übungstätigkeiten der Schüler in der Familie, im Hort oder in Silentien verstanden, die auf den fortlaufenden Unterricht und die andauernden Test- und Prüfungssituationen bezogen sind. Diese Definition schließt nachbereitende, vorbereitende Aufgaben ein wie auch jene, die Eltern oder Schüler hinzufügen, um die täglichen Tests zu bestehen: Nachhilfen, Vorhilfen, Zusatzübungen, freiwillige Arbeitsaufträge. Diese pragmatische Bestimmung lenkt die empirische Forschung, wobei weniger scharf in den Interpretationen herausgearbeitet wird, daß die Halbtagsschule definitiv auf der Komplementarität von Haus- und Schularbeit beruht. Erst Unterricht und Hausarbeit komplettieren die tägliche Schularbeit.

Hausaufgaben als Bindeglied zwischen Elternhaus und Schule. Bis ins 20. Jahrhundert hinein wirkten die Pädagogen darauf hin, daß die Mütter den Elementarunterricht in eigener Regie durchführen sollten (vgl. OTTO 1908, PESTALOZZI o.J.). Das „gesittete Haus" zeichnete sich dadurch aus, daß früh die Kinder – unter Hinzuziehung von Hauslehrern – in die Schrift-, Rechen- und Fremdsprache eingeführt wurden (vgl. VAN DEN BERG 1960). Die Vorschuldiskussion hat diese Tradition wiederbelebt, außerdem liegt die Welt des Spielzeugs, der Selbstbeschäftigung und der Kinderliteratur als sequentielles Curriculum vor. Die Schule wirkt maßstabgebend und temporalisierend schon auf die Vorschulzeit in Familie und Kindergarten ein, wie sich etwa an der Absonderung der Fünfjährigen ablesen läßt. Schulische Trainingsformen greifen über auf die Musik- und Sportkurse; Grundschüler besuchen bis zu drei Kurse wöchentlich, wobei das häusliche Üben als Selbstverständlichkeit angesehen wird.

Die Hausaufgaben setzen diese Praxis fort und verweisen das Kind auch außerhalb der Schule auf die vergangenen und zukünftigen Belehrungs- und Prüfungsprozesse. Sie gehören kurz nach dem Schulanfang zum festen Bestandteil des kindlichen Alltags, und schon im vierten, fünften Schuljahr haben die Kinder oft einen Acht-Stunden-Lernarbeitstag (vgl. V. DERSCHAU 1979, S. 33). So bewirken die Hausaufgaben, daß die Schularbeit täglich zum innerfamiliären Ereignis mit unkalkulierbaren Folgewirkungen in Kombination mit elterlichen Erwartungen, Kommunikations- und Lehrstilen wird (vgl. HESS/SHIPMAN 1973).

Die Hausaufgaben sind neben den Klassenarbeiten das wichtigste – weil tägliche – Kommunikationsmittel zwischen Haus und Schule, sie zeigen täglich dem Eltern-Kind-System den Stand und das Tempo der schulischen Lehr-/Lernprozesse an, dem Lehrer vermitteln sie Informationen über häusliche Standards der Arbeitshaltung, der Sorgfalt und des Hausfleißes (vgl. HARTMANN 1906), denn mit dem Kind sitzen die Eltern auf der Schulbank (vgl. LÖWE 1971), wie es die Theorie postuliert und die empirische Forschung bestätigt (vgl. EIGLER/KRUMM 1972).

Hausaufgaben als Spiegel der Unterrichtskultur. Die empirische Forschung gibt uns anhand der erteilten *Hausaufgabensorten* instruktive Hinweise auf die Unterrichtskultur. Die fast ausschließliche Vergabe von nachbereitenden, festigenden, reproduktiven Hausaufgaben demonstriert, daß die Lehrer den Unterrichtsprozeß frontal steuern, sie lassen sich durch vorbereitende, produktive Hausaufgaben weder überraschen noch in ihrer Themensteuerung beeinflussen (vgl. V. DERSCHAU 1979). „Hausaufgaben, die von den Schülern nur ein einfaches Lernen verlangen, haben hier einen Umfang angenommen, der mit der Erziehung der Schüler zu selbständigem Denken und Lernen unvereinbar ist" (PAKULLA 1966, S. 33). Diesem Befund entspricht es, daß in einer neueren Feldstudie in über 200 Unterrichtsstunden an zwölf Grundschulen in vier Bundesländern weder innere Differenzierung noch Individualisierung festgestellt wurde (vgl. HOPF u. a. 1980). Zu 90% wird der Unterricht direkt durch den Lehrer geleitet, der Rest verteilt sich auf Stillarbeit und das Lösen vorgegebener Aufgaben in Gruppen. Die Hausaufgaben spiegeln diese Praxis, die nachbereitenden Aufgaben dienen der Vorbereitung auf die immer dichter werdende Serie der Testsituationen, die jeder Schüler individuell und isoliert bestehen muß.

Die Empirie zeigt besser als pädagogische Imperative an, welche Funktionen die Hausaufgaben – bezogen auf den Unterrichtsprozeß – haben. Während im Unterricht Arbeitsverfahren und thematische Lösungen unter Lenkung des Lehrers und des Lehrbuchs durch die Gesamtheit der Lehrer-/Schülerbeiträge hergestellt werden, soll nun jeder Schüler in der Alleinarbeit, die ins Haus delegiert wird, in sich selbst als Handelnder, eigener Beobachter und Kritiker die Lehrererwartungen, Maßstäbe, Algorithmen und Kontrollen beim Aufgabenlösen hervorrufen können.

Der Schüler soll
- alleine Wissen rezipieren und darstellen können,
- alleine Instruktionen befolgen können,
- alleine – in Erwartung von Sanktionen – täglich unpersönliche Leistungen erbringen können,
- alleine sich in grundlegenden Fertigkeiten üben,
- sich zum Schüler perfektionieren, dem stetig mehr Leistungen abverlangt werden.

Die Hausaufgaben bilden die Zwecke der Unterrichtsarbeit ab, sie zielen auf die Ausformung der Leistungsmotivation, der technischen Fertigkeiten, der Arbeitshaltung; die alltägliche Schularbeit erwartet keine selbstgewählten Arbeiten, keine Experimentierfreude, keine überraschenden Gespräche. Die hierin liegende Ungewißheit wird technisch beseitigt, für Überraschungen und Motive sorgt allein der Lehrer.

Hausaufgaben als Mittel sozialer Selektion. Die empirische Unterrichtsforschung zeigt nun, daß diese Technologie dem Grundschüler extreme Leistungen abverlangt. Da man das schon lange weiß, muß man unterstellen, daß die Schule die Elternmitarbeit im Hause strikt einschließt. Meumann hat schon 1904 gezeigt, daß die Produkte aus der Alleinarbeit qualitativ schlechter sind und wesentlich mehr Zeit beanspruchen. Das jüngere Schulkind ist also motivational und intellektuell auf die Anwesenheit von Mitschülern oder Erwachsenen angewiesen: „Die Schule verfügt über den suggestiven Einfluß des Lehrers, der Mitschüler, des Ernstes der Schulumstände, der unmittelbaren Erinnerung an Zensuren, Versetzung, Prüfung, Lob und Tadel, lauter Einflüsse, die die Tendenz haben, die Arbeit des Kindes zu steigern. Im Hause dagegen wirkt die zerstreuende Einsamkeit, der veränderte Kreis der Umgebung, der meist ganz andere Interessen im Kinde anregt als solche, die mit seiner Arbeit zusammenhängen, auf das Kind ein – das alles sind ebenso viele elementare Suggestionen, die den Willen des Kindes in andere Richtung lenken als in die des Arbeitserfolges" (MEUMANN 1904, S. 63).

Die Momente der unpersönlichen Arbeitshaltung liegen zunächst außerhalb des Kindes, man kann nun folgern, daß im Haus notwendig eine „Lehrer-Schüler-Beziehung" in die Eltern-Kind-Beziehung eingebaut werden muß. Alle Untersuchungen zeigen die Mitarbeit der Eltern gerade beim Schulanfang an (vgl. v. DERSCHAU 1979, S. 32). Die bekannte anfängliche Lernfreude und Lernbereitschaft der Grundschüler wird aber durch die Hausaufgabenpraxis nicht angemessen bedient. Es fehlen Verständigungen mit den Eltern, es fehlen individualisierte Hausaufgaben, Hausaufgaben erhalten keine Würdigung in der Schule (vgl. FUHRMANN 1975). Die Eltern-Kind-Zusammenarbeit muß in ihren sozialisatorischen Effekten hoch bewertet werden. MANDL hat in seiner Studie „Kognitive Entwicklungsverläufe von Grundschülern" (1975) noch einmal herausgearbeitet, daß das elterliche „Aspirationsniveau" und der „Umgang mit Kindern" hoch mit dem Schulerfolg korrelieren. Die auf den fiktiven Durchschnittsschüler bezogenen Zeitnormen von 30–60 Minuten Hausaufgabenzeit in den ersten vier Schuljahren werden durch Hausaufgaben, Zusatzübungen, Kurse, Nachhilfe wesentlich überschritten (vgl. EIGLER/KRUMM 1972, S. 46 ff.). Zum Zeitbudget von Grundschülern liegen keine Studien vor. Die familiäre Erziehung erst erlaubt es der Grundschule, ihren Zeitplan und ihr Tempo einzuhalten, und sorgt so für die soziale Selektivität, denn die Grundschule kann mit ihrem knappen Zeitkontingent bei Abweichungen kaum gegensteuern. Amerikanische Studien haben gezeigt, daß gerade nach den großen Ferien die Schere zwischen den guten und schwächeren Schülern weiter auseinanderklafft (vgl. JENCKS u. a. 1973).

Die Abschaffung der Hausaufgaben und die Abschwächung der elterlichen Mitarbeit stellen keine Lösung dar, wie man an den Programmen zur kompensatorischen Erziehung sehen kann (vgl. BRONFENBRENNER 1974). Die aufwendigen praktischen Projekte haben demonstriert, daß die Berufserzieher ohne die Mitarbeit von Eltern keine Langzeitförderungen bewirken können. KEMMLER (vgl. 1975) hat umgekehrt gezeigt, daß ein engagiertes Elternhaus leistungsschwache Kinder so fördern kann, daß sie durchkommen. Das bloße Durchkommen kann in vielen Fällen die Lösung des Problems sein, weil es im Jugendalter zu unplanbaren Leistungsanstiegen kommen kann in Folge außerschulischer thematischer Interessen, persönlicher Interessen und überraschender Lehrer-Schüler-Beziehungen (vgl. LEJTES 1974). Im Jugendalter geht die elterliche Mitarbeit deutlich zurück. Der Grundschule allein gelingt es in den ersten vier Jahren nicht, schlechte Starter oder Sitzenbleiber entscheidend mit innerschulischen Mitteln zu fördern (vgl. KEMMLER 1975).

Zur Effektivität von Hausaufgaben. Vor diesem Hintergrund müssen die Studien über den leistungssteigernden Wert der Hausaufgaben mit großer Behutsamkeit interpretiert werden, gerade wenn die Wirkungen auf grundlegende Lernprozesse wie Rechtschreibung, Lesen, Rechnen gemessen werden sollen (vgl. FERDINAND/KLÜTER 1968, WITTMANN 1964). Der Nachweis, daß ein Wegfall der Hausaufgaben für sechs Monate nicht nachteilig wirkt, erlaubt keineswegs den Schluß, daß Hausaufgaben keine Wirkungen erzeugen. Die Untersuchungen haben nicht kontrolliert, was in dieser Zeit im Elternhaus schulbezogen getan wurde.

Alle Untersuchungen bestätigen, daß in der Praxis Hausaufgaben für notwendig und nützlich gehalten werden, die Interpreten sprechen von traditionalen Vorurteilen. Zunächst aber bestätigt die Sozialisationsforschung die bedeutende Rolle des Elternhauses beim Schulerfolg, und diese muß sich auch in spezifischen Hilfen bewähren. Die Grundschule testet ja lange den Leistungsstand über vorgeübte Diktate, Rechentests oder sachunterrichtliche Tests. Die Eltern können hier ganz spezifisch helfen, zumal beispielsweise der Wortschatz für den Rechtschreibunterricht begrenzt ist. Die Summe dieser kurzfristigen Effekte sichert das Durchkommen durch die Schule, die Anerkennung als ordentlicher Schüler, sichert den Aufbau eines stabilen Selbstbildes und einer unpersönlichen Leistungsmotivation.

Hausaufgaben wirken dann sinnwidrig, wenn Leistungsschwächen der Schüler mit elterlichem Ungeschick und Nichtwissen sowie scharfer Kontrolle zusammenfallen. Die „intime Zusammenarbeit" führt dann zwangsläufig zu einer *Vermischung thematischer und emotionaler Aspekte.* Die gegenwärtige Hausaufgabenpraxis bewirkt, daß die Beziehungsprobleme sich verselbständigen und das Kind doppelt demotivieren. TRUDEWIND/HUSAREK (vgl. 1979) haben gezeigt, daß mißerfolgängstlich gewordene Kinder oft Mütter haben, die einen strengen Gütemaßstab bei der Beurteilung der Hausaufgaben anlegen, weniger die Selbständigkeit anregen, mehr Kontrollen ausüben, gute Leistungen nicht würdigen, schlechte Leistungen aber scharf tadeln. Sie halten ihre Kinder für weniger begabt, was deren Selbstbild prägen wird, und orientieren sich wie gebannt am Leistungsdurchschnitt der Klasse.

Eine *Reform der Hausaufgabenpraxis* erfordert direkte und indirekte Korrekturen, eine Abschaffung der Hausaufgaben würde nur das Zusammenspiel familiärer und schulischer Prozesse aus dem Wahrnehmungsfeld verdrängen.

- Beschulte Eltern kann man nicht aus dem Kultivierungs- und Qualifikationsprozeß ihrer Kinder ausschließen. Die Soziologen erinnern daran, daß die „Erziehungsfamilie" auf Erziehung und Bildung spezialisiert ist (vgl. TYRELL 1979). Elternabende, Elternmitarbeit im Unterricht könnten Eltern Einsicht in Praxen geben, die Selbständigkeit von Kindern zu fördern, konstruktiv zu kritisieren und sich ohne Scheu an Lehrer zu wenden.
- Ganztagsschulen heben die Weiterarbeit im Hause nicht auf (vgl. FREESE 1978), hilfreich aber wirken in der Schule eingerichtete Hausarbeitszirkel oder Silentien (vgl. WITTMANN 1981).
- Die Hausaufgabenpraxis erfordert auch eine Reform der Unterrichtspraxis. Die Ausformung einer unpersönlichen Arbeitshaltung hängt davon ab, daß die Kinder persönliche Hilfen im Unterricht erhalten, daß die Übungen und Anwendungen im Unterricht betreut werden (vgl. FUHRMANN 1975, GEISSLER/PLOCK 1970). In den ersten Schuljahren erlernt das Kind seine Schülerrolle, dann aber will es als Schüler anerkannt werden. Die mechanischen Aufgaben wirken hier nicht stimulierend (vgl. DIETZ/KUHRT 1960), vorbereitende Aufgaben (Beobachtungen, Sammlungen, Berichte) nehmen den Schüler ernst als Produzenten unterrichtlicher Themen.
- Hausaufgaben geben dem Lehrer auch Auskunft über seinen Unterricht; er sollte von Zeit zu Zeit Hausaufgaben im Unterricht anfertigen lassen, so erhält er Einblick in die Güte seiner Instruktionen und in die Arbeitsweisen der Schüler (vgl. MEUMANN 1904, NIEDERSÄCHSISCHES KULTUSMINISTERIUM 1978).

BERG, J. VAN DEN: Metabletica. Über die Wandlung des Menschen – Grundlinien einer historischen Psychologie, Göttingen 1960. BRONFENBRENNER, U.: Wie wirksam ist kompensatorische Erziehung? Stuttgart 1974. DERSCHAU, D. V. (Hg.): Hausaufgaben als Lernchance, München 1979. DIETZ, B./KUHRT, W.: Wirkungsanalyse verschiedener Hausaufgaben. In: S. u. Psych. 7 (1960), S. 264 ff. EIGLER, G./KRUMM, V.: Zur Problematik der Hausaufgaben, Weinheim/Basel 1972. FERDINAND, W./KLÜTER, M.: Hausaufgaben in der Diskussion. In: S. u. Psych. 15 (1968), S. 97 ff. FREESE, H.-L.: Hausaufgaben, Schulaufgaben oder Integration der Aufgaben in den Unterricht. In: D. Ganztagss. 18 (1978), S. 55 ff. FUHRMANN, P.: Zur Verhinderung und Überwindung des Zurückbleibens in der Unterstufe. In: WITZLACK, G. (Hg.): Beiträge zur Verhinderung des Zurückbleibens, Berlin (DDR) 1975, S. 75 ff. GEISSLER, E./PLOCK, H.: Hausaufgaben – Hausarbeiten, Bad Heilbrunn 1970. HARTMANN, B.: Hausfleiß. In: REIN, W. (Hg.): Encyklopädisches Handbuch der Pädagogik, Bd. 4, Langensalza 1906, S. 72 ff. HESS, R. D./SHIPMAN, V.: Frühkindliche Erziehung und Sozialisation kognitiver Stile. In: GRAUMANN, C. F./HECKHAUSEN, H. (Hg.): Pädagogische Psychologie. Grundlagentexte 1: Entwicklung und Sozialisation, Frankfurt/M. 1973, S. 287 ff. HOPF, D. u. a.: Aktuelle Probleme der Grundschule. In: MAX-PLANCK-INSTITUT FÜR BILDUNGSFORSCHUNG, PROJEKTGRUPPE BILDUNGSBERICHT (Hg.): Bildung in der Bundesrepublik Deutschland – Daten und Analysen – Bd. 2, Stuttgart 1980, S. 1113 ff. JENCKS, CH. u. a.: Chancengleichheit, Reinbek 1973. KEMMLER, L.: Erfolg und Versagen in der Grundschule, Göttingen ³1975. KRUMM, V.: Hausaufgaben. In: Enzyklopädie Erziehungswissenschaft, Bd. 8, Stuttgart 1983, S. 447 ff. LEJTES, N. S.: Allgemeine geistige Fähigkeiten und Altersbesonderheiten. Psychologische Beiträge, Heft 17, Berlin (DDR) 1974. LÖWE, H.: Leistungsversagen, Berlin 1971. MANDL, H.: Kognitive Entwicklungsverläufe von Grundschülern. Empirische Befunde zum Schereneffekt, München 1975. MEUMANN, E.: Haus- und Schularbeit, Leipzig 1904. NIEDERSÄCHSISCHES KULTUSMINISTERIUM (Hg.): Hausaufgaben – empirisch untersucht. Schulversuche und Schulreform, Bd. 16, Hannover/Dortmund/Darmstadt/Berlin 1978. OTTO, B.: Ratschläge für häuslichen Unterricht, Berlin ³1908. PAKULLA, R.: Hausaufgaben, Berlin 1966. PESTALOZZI, J. H.: Buch für Mütter, o. O. o.J. SPEICHERT, H.: Hausaufgaben. In: Enzyklopädie Erziehungswissenschaft, Bd. 4, Stuttgart 1985, S. 461 ff. TRUDEWIND, C./HUSAREK, B.: Mutter-Kind-Interaktion bei der Hausaufgabenanfertigung und die Leistungsmotiventwicklung im Grundschulalter. In: WALTER, H./OERTER, R. (Hg.): Ökologie und Entwicklung. Mensch-Umwelt-Modelle in entwicklungspsychologischer Sicht, Donauwörth 1979, S. 229 ff. TYRELL, H.: Familie und gesellschaftliche Differenzierung. In: PROSS, H. (Hg.): Familie – wohin? Reinbek 1979, S. 13 ff. WITTMANN, B.: Vom Sinn und Unsinn der Hausaufgaben, Neuwied/Berlin 1964. WITTMANN, B.: Zum Thema Hausaufgaben. In: TWELLMANN, W. (Hg.): Handbuch Schule und Unterricht, Bd. 1, Düsseldorf 1981, S. 343 ff.

Hubert Wudtke

Intelligenz, operative

Thematische Eingrenzung. Die Begrenzung zum Stichwort „operative Intelligenz" auf die Theorie Piagets ist auf die Absicht zurückzuführen, den nichtpositivistischen Status der Piagetschen Erkenntnistheorie als heuristische Funktion für die Erziehungswissenschaft deutlich zu machen. Eine solche umfassende und tiefgreifende Interpretationsmöglichkeit bieten andere, mit einem ähnlichen Begriff verfahrende Theorien nicht. Eine über das pädagogische Interesse hinausgehende Absicht besteht darin, den an den Begriff der operativen Intelligenz geknüpften Reversibilitätsbegriff in den Kontext der für die Erziehungswissenschaft grundlegenden Diskurstheorie (vgl. HABERMAS 1983, OEVERMANN u. a. 1979) und der Ontogenese des moralischen Urteils (vgl. GARZ 1980; vgl. KOHLBERG 1971, 1974; vgl. OSER 1981) zu rücken.

In Abhebung vom allgemeinen empirisch-psychologischen Intelligenzbegriff stellen Theorie und Forschung Piagets zur Entwicklung der Erkenntnisfähigkeit des menschlichen Individuums den Anspruch, systematische Erklärungen – ein allgemeines Entwicklungsgesetz – aufzuzeigen. Diesem zufolge liegen den vielfältigen, beobachtbaren Erscheinungen intelligenten Verhaltens (etwa den sprachlichen Äußerungen, dem kommunikativen Verhalten, dem Problemlösungsverhalten, den moralischen Urteilen) diskrete Strukturen zugrunde, die mit mathematischen und logischen Mitteln deduzierbar sind. Die Leistung Piagets besteht nun darin, daß er die empirischen Tatsachen unter dem Gesichtspunkt der Erkenntnisfähigkeit ordnet und verallgemeinernd in eine Folge bringt sowie andererseits die mathematische Axiomatisierung anreichert. Die Formalisierung, die sowohl durch die empirisch reduzierte Anreicherung als auch die theoriegeleitete Reduktion entsteht, expliziert diese komplementären Vorgänge in Modellen (vgl. WERMUS 1972a, S.275). Die Modelle sind Systeme, weil sie von dem in den Axiomen ausgedrückten Operationen bestimmt werden und dadurch die Austauschprozesse des Individuums mit der Umwelt steuern. Dies muß – in Übereinstimmung mit dem formalen Bezug zwischen abstrakten endlichen Strukturen und unendlichen Strukturen der Realität – so interpretiert werden, daß sich die Modelle der Wirklichkeit nicht in einem Eins-zu-eins-Zuordnungsverhältnis mit den formalen Strukturen verhalten, sondern mehrere nichtisomorphe Modelle *einer* phasenspezifischen Struktur entsprechen. Andererseits klären die jeweiligen Axiome der phasenspezifischen Strukturen die Unverträglichkeitsverhältnisse der Realitätsstrukturen mit den Modellen, etwa im Sinne einer Über- oder Unterforderung der kognitiven Systeme. Das operative System garantiert unter formalem Gesichtspunkt – je nach seinem Entwicklungsstand – die Erzeugung einer bestimmten Qualität von Schematisierungen, die das Subjekt in der Auseinandersetzung mit dem Milieu formt. Allerdings liegen hier auch Quellen für Mißverständnisse, dann nämlich, wenn die von Piaget und anderen beschriebenen operativen Systeme zu Lernzielfindung und -beschreibung behavioristisch ausgelegt werden.

Piaget lernzielbezogen zu verwenden verschüttet den heuristischen Status der Theorie und beruht zunächst vordergründig auf der Mißachtung der Tatsache, daß die einzelnen Phasen ungefähr vier bis sechs Jahre andauern, bevor sie von der folgenden integriert werden (vgl. FIEDLER/WUDTKE 1985, S. 94 ff.).

Universale Entwicklungssequenz der individuellen Erkenntnisfähigkeit. Mit operativer Intelligenz ist ein allgemeines, der Gattung Mensch inhärentes, spezifisches Programm beschrieben, das sich wegen seiner Allgemeinheit jeder interindividuellen Differenzierung und

jeder lernpsychologischen Deutung sowohl im traditionellen wie auch im behavioristischen Sinne widersetzt, weil sich dieses Programm offensichtlich unter praktisch allen – normalen – Milieubedingungen durchsetzt (vgl. PIAGET 1974a, S.21 ff.). In diesem Sinne kann die operative Intelligenz – einmal, wie auch immer, erzeugt – als technisches Substrat im Laufe einer keineswegs technisch, sondern in individuell bedeutsamen Zusammenhängen erzeugten Ontogenese gedeutet werden.
In Analogie zum linguistischen Kompetenzbegriff (vgl. CHOMSKY 1969, OEVERMANN o.J.), der für die Entwicklung des Programms der Syntax lediglich eine sprachliche Umwelt annimmt, wird hier der Begriff der operativen Intelligenz im kompetenztheoretischen, das heißt in einem zur Umgangssprache gegensätzlichen Sinne verwendet. Damit wird der Teil der Theorie Piagets, der sich auf die Erforschung der allgemeinen Erkenntnisfähigkeit (Episteme) bezieht, als Kompetenztheorie bezeichnet (vgl. PIAGET 1973a, S.15 ff.; vgl. PIAGET 1974a, S.23 f.). Im Gegensatz zu Chomsky verwirft Piaget die rationalistische These über die Angeborenheit der Kompetenzstrukturen. Er entwickelt ein methodologisches Verfahren, das zugleich induktiv-empirisch und deduktiv, sich auf Logik und Mathematik beziehend (vgl. OEVERMANN 1976), solche Theoreme zur Explikation bringt, für die Chomsky das Angeborenheitsargument bemüht. Dies erlaubt Piaget, ein Metatheorem zu formulieren, das sogenannte Logikargument. Danach folgt die kognitive Ontogenese – wenn sie tatsächlich stattfindet – einer Kreode, einem „Königsweg", der mit Notwendigkeit und in Etappen zu immer vollendeteren Gleichgewichtsformen führt.
Die Entwicklungssequenz besagt, daß sich die Stufung qualitativ hierarchisch aufbaut, keine Stufe übersprungen werden kann und jede Stufe die vorhergehende notwendig voraussetzt sowie diese jene bedingt (vgl. PIAGET 1961, S.172 ff.). Daraus kann keinesfalls geschlossen werden, daß das Erreichen eines höheren Niveaus die Fähigkeit zur bewußten Reflexion der Erkenntnisprobleme der vorangegangenen Niveaus einschließen würde. Vielmehr fordert das Logiktheorem die Entwicklung interpretativer Verfahren, weil das Theorem der Aufhebung der vorangegangenen Stufe in der folgenden nicht zugleich – umgekehrt – ein Bewußtsein der Decalage (vertikale Phasenverschiebung) erzeugt, das heißt, der Erwachsene kann sich nicht ohne weiteres in das strukturelle Niveau des Kindes versetzen. Er ist somit keineswegs der souveräne Interpret der kindlichen Äußerungen.
Auf der gegenteiligen Annahme beruht die Lehr-/Lerntheorie Kohlbergs, wie er sie in seinen Studien zur Entwicklung des moralischen Urteils vorlegt (vgl. HABERMAS 1976, S.63 ff.; vgl. HABERMAS 1983, S.136; vgl. KOHLBERG 1971). Dort wird zu Unrecht angenommen, daß mit Auftreten eines neuen strukturellen „Ereignisses" (vgl. WERMUS 1972a, S.277) zugleich ein adäquates Interpretationsschema für das Milieu und die eigene Lebensgeschichte miterzeugt wäre. Die Theorie Piagets bietet dafür keine Grundlage.
Das „Ereignis" deutet nur darauf hin, daß das Individuum nun prinzipiell in der Lage ist, auf einem qualitativ höheren Niveau Argumente zu bilden.

Reflektierende Abstraktion als Sonderfall der Decalagen. Piaget benutzt die komplementären Begriffe von Assimilation und Akkommodation in unterschiedlichen Kontexten. Allgemein bezeichnet er damit einen Prozeß, in dem das Kind das Milieu mit seinen Schemata belegt, dieses also assimiliert, während eine Veränderung der Schemata aus Anlaß der zu assimilierenden Strukturen des Milieus die akkommodative Seite des Prozesses darstellt.

Diese allgemeine Funktion zur Herstellung von Gleichgewichtszuständen könnte noch im Rahmen horizontaler Decalagen mit dem schulischen Lernbegriff im Sinne Kohlbergs (vgl. HABERMAS 1983, S. 130 ff.) in Zusammenhang gebracht werden. Die für das Logikargument relevanten vertikalen Decalagen sind jedoch Sonderfälle, die nicht ohne weiteres mit intentionaler Pädagogik in Beziehung gesetzt werden dürfen. Dennoch stellt gerade die Entwicklung der operativen Intelligenz aus erziehungswissenschaftlicher Sicht eine normative, heuristische und empirisch gehaltvolle Bezugstheorie dar. Den die vertikalen Decalagen kennzeichnenden Prozeß nennt Piaget „reflektierende Abstraktion" (PIAGET 1974a, S. 15, S. 327 ff.). Seine Besonderheit besteht darin, daß in Perioden optimaler Entstehungszeit (vgl. PIAGET 1974a, S. 21) die jeweils vorangegangene Struktur zum Interaktionsgegenstand von Assimilation und Akkommodation wird, während sonst in den Interaktionsprozessen zwischen Individuum und Milieu jeweils das eine für das andere (Objekte, Sachverhalte, Wissenskomplexe und so weiter) als Objekt der entgegengesetzten Pole von Assimilation und Akkommodation steht.

Die Eigenschaft „reflektierend" meint den abstrahierenden Funktionsmechanismus sowohl im physikalischen Sinne – eine gegebene Stufe wird gespiegelt (vgl. WERMUS 1972a, S. 282) – als auch im rückbezüglichen Sinne, indem die gespiegelte, dann als Substruktur fungierende Struktur zum Objekt der Aktivität wird; das heißt, Denkakte beziehen sich nicht auf neue Objekte, sondern auf die Form bekannter Objekte (vgl. PIAGET 1972a, S. 83).

Die bis dahin aktive Substruktur wird im Lichte nicht einer neuen Erkenntnis, sondern einer neuen Form rekonstruiert. In diesem wesentlichen Vorgang wird die Substruktur insofern verarbeitet, als von ihrer formalen Gebundenheit an konkrete Handlungen und Objekte abstrahiert wird. Diese sind durch die abstrahierend rekonstruktive Tätigkeit des Subjektes in der neuen Form der Erkenntnis grundsätzlich aufgehoben: einerseits, indem die Grenzen der Substruktur überwunden, andererseits, indem ihre strukturellen Merkmale in der neuen Struktur nicht verlorengehen, sondern aufbewahrt werden (vgl. PIAGET 1976a, 1980).

Der besondere Fall der Herstellung von Gleichgewichtszuständen zwischen Assimilation und Akkommodation in der Form der reflektierenden Abstraktion vollzieht sich nur in der hierarchischen Interaktion zwischen Formen, losgelöst von jedem konkreten Inhalt. Unter der Maßgabe, daß die empirisch-induktive und rekonstruktiv-deduktive Methode des Wissenschaftlers ein normatives System von Transformationen erkennt, das sich, entsprechend dem wissenschaftlichen und keineswegs lediglich dem intuitiven Erkenntnisvermögen, mit den tatsächlich ablaufenden Prozessen deckt, ist die stabile Gleichgewichtsform, die Kompetenz oder die Episteme eines Individuums, expliziert.

Wie die kritischen Einwände (vgl. BUTH 1982, FREUDENTHAL 1977, GRIESEL 1970) gegen die von Piaget und Grize (vgl. PIAGET 1949, 1972b) ausgearbeiteten Modelle der Formalisierungen sowie die Beschreibung der strukturellen Qualitäten und alternativen Vorschläge zur Erstellung angemessener Beschreibungsmöglichkeiten durch die Heranziehung anderer mathematischer und logischer Modelle (vgl. WERMUS 1972a, WITTMANN 1972) zeigen, stellt die Erforschung der Formalisierungsmöglichkeiten selbst eine eigene Problematik dar, die für Nichtmathematiker immer schwieriger zu durchschauen ist.

Grundsätzlich erfüllt die Formalisierung der Denkentwicklung einen doppelten Zweck: Erstens erfaßt sie die als heterogen erkannten und charakterisierten Phänomene (Beobachtungen und

Antworten von Kindern) unter einem einheitlichen Kriterium, das sich mit der Sprache der Logik unter systematisch ontogenetischen Gesichtspunkten beschreiben läßt; zweitens werden durch die Existenz von mindestens drei unterschiedlich strukturellen Niveaus (vgl. PIAGET 1981, PIAGET/INHELDER 1972a).
- der präoperationalen Phase (zirka 2-6/7 Jahre),
- der konkret-operationalen Phase (zirka 6/7-12/14 Jahre),
- der formal-operationalen Phase,
die Probleme der Folge, das heißt die Beziehungen zwischen Kontinuität und Diskontinuität (vgl. PIAGET 1954, S. 90 ff.) in ein stringentes und kohärentes Explikationsmodell gebracht. Dies soll eine präzise Begrifflichkeit unter Vermeidung der Probleme der Unschärfe umgangssprachlicher Begriffe erzeugen.
Der Gesichtspunkt, unter dem hier auf die Formalisierung der kognitiven Ontogenese eingegangen wird, bezieht sich auf die bei Piaget zentrale Rolle der Entwicklung der Reversibilität des „reinen Denkens (la pensée pure)" (PIAGET 1961, S. 242 ff.).

Reversibilität und soziale Reziprozität.
Die aktuelle Diskussion (vgl. auch GOLDMANN 1966, SMEDSLUND 1966) zur Ontogenese der Moral im Rahmen einer Universalpragmatik berücksichtigt in hohem Maße den frühen und den späten Piaget insbesondere hinsichtlich des Reversibilitätsbegriffes (vgl. FLAVELL 1975; vgl. HABERMAS 1983, S. 135 f., S. 144 ff.; vgl. KELLER 1976; vgl. KOHLBERG 1971, 1974; vgl. SELMAN 1981). Sowohl Piagets eigene Forschung in den 20er und 30er Jahren zur moralischen wie auch seine späteren Forschungen zur kognitiven Ontogenese entfalten den Reversibilitätsbegriff in der empirischen Ausarbeitung mit der Objektwelt und dem Reziprozitätsbegriff für die Beziehungen zwischen Objekten und auch zwischen Subjekten.
Ein Problem besteht darin, daß der unzureichend explizierte Zusammenhang zwischen dem (performatorischen) sozialen Reziprozitätsbegriff und dem kompetenztheoretischen Reversibilitätsbegriff, der im Diskursmodell implizit verwendet wird (vgl. HABERMAS 1983, S. 155, S. 169 ff.), leicht zu unangemessenen – weil kompetenztheoretischen – Annahmen in einer pädagogischen Konzeption der moralischen Entwicklung führen kann. In dieser Piaget-Rezeption wird eine für die Pädagogik wichtige Unterscheidung unberücksichtigt gelassen, und zwar die Trennung der Reversibilität in zwei Formen, in die der Negation und die der Reziprozität.
In den Frühschriften werden unterschiedliche Phänomene, wie sie sich beim logischen Schlußfolgern, bei dem sprachlichen Verständigungsprozeß, der expliziten und impliziten Sprachverwendung, dem sozialen Handeln und dem moralischen Urteil zeigen, systematisch erfaßt, um sie auf gemeinsame, ihnen zugrunde liegende Intelligenzpläne zurückzuführen (vgl. PIAGET 1954, 1972a; vgl. PIAGET 1972c, S. 76 ff.).
Piaget unterscheidet hier zwei Stadien, wobei das zweite, das soziozentrische, etwa um das sechste Lebensjahr einsetzt: Der Egozentrismus als die nichtbewußte Verhaltensweise, die eine Vermischung des Ego mit anderen Personen ebenso wie mit Objekten darstellt, wird von der Dezentrierung, die sich im sozialen Bereich durch die Umkehrbarkeit der interindividuellen Sichtweisen auszeichnet und der im kognitiven Bereich das hypothetisch-deduktive Verhalten entspricht, abgelöst. Dieses Verhalten fordert nicht nur die Koordinierung von einer dem kognitiv-egozentrischen Verhalten entsprechenden unverbundenen Aneinanderreihung (Parataxe) von Beziehungen einerseits und undifferenzierter Zusammenschau (Synkretismus) andererseits (vgl. PIAGET 1972c, S. 70 ff.), sondern erfordert auch

die Fähigkeit, von sich selbst Abstand zu nehmen, als Voraussetzung, um sich auf den Standpunkt und die Prämissen Alters einlassen zu können. Die Handhabung der Hypothese – ein Indiz für formales Denken – impliziert eine soziale Beziehung wie auch gleichzeitig eine diese Beziehung repräsentierende Proposition. Der Übergang zwischen der Phasendichotomie wird in den frühen Schriften durch den Rückgriff auf den psychologischen Begriff des Bewußtseins erläutert. Das Bewußtsein von Ego über Alter, die psychische Basis der logischen Reziprozität, zerstört den Egozentrismus (vgl. PIAGET 1972a, S. 81). In den späteren Schriften wird eine strukturelle Erklärung für den Übergang zwischen dem nichtumkehrbaren, gerichteten Denken und dem formalen, reversiblen Denken gefunden: die Phase des konkret-operationalen, gruppierenden Denkens.

Mit dem Begriff der Gruppierung sind zwei wesentliche Modifikationen in der Theorie Piagets verbunden: Erstens erlaubt die Formalisierung es nicht mehr, den Begriff der Reversibilität nur metaphorisch zu verwenden, womit im Unterschied zu den Systematisierungsversuchen der Frühschriften eine logische Antwort auf die Frage des Überganges gegeben wird. Zweitens ermöglicht die Formalisierung einer – dritten – Übergangsphase grundsätzlich die Aufstellung einer kognitiv-ontogenetischen Gesetzlichkeit, womit eine wissenschaftstheoretische Veränderung, die Untersuchung der Metathese des Logikargumentes, erfolgt (vgl. PIAGET 1961, S. 172, S. 265 ff.).

Die Überwindung der Phasendichotomie in der strukturell beschriebenen Ontogenese bringt zusätzliche Erkenntnisse über die Notwendigkeit der konstitutiven Bedingungen der vorangehenden Phase für die folgende hervor, so daß das ontogenetisch, bisweilen borniert erscheinende Logikargument erst in der Lesart seiner Gegenrichtung seine pädagogische Bedeutung entfaltet.

Formen der Reversibilität: Negation und Reziprozität. Eine wesentliche, für die pragmatistische These der Frühschriften erklärungsrelevante und die kognitive Theorie differenzierende Erkenntnis bezieht sich auf die Entwicklung des umkehrbaren Denkens, der Reversibilität. Die beiden Formen der Reversibilität, deren Trennung in der konkret-operationalen Phase und ihre operative Kombination zu einem einzigen System in der formal-operationalen Phase, verweisen auf die in die Kommunikationstheorie und in das Diskursmodell übernommenen analogen Unterscheidungen des Sprechaktes in zwei Systeme oder Ebenen (vgl. HABERMAS 1977, SEARLE 1971, WATZLAWICK u.a. 1969). Deren Ontogenese ist aber in der Sprechakttheorie nicht erklärt. Dieser aus pädagogischer Sicht gravierende Mangel der Sprechakttheorie (vgl. PEUKERT 1977, S. 169 ff.) wird durch die Analogie mit der Kognitionstheorie aufgrund des gleichen Erkenntnisproblems beleuchtet, und zwar deshalb, weil der kommunikative Umgang mit in der Bedeutung divergierenden Propositionen oder mobilen, reversiblen Schemata, den Sprechakten also, jene kognitive Struktur der Synthese der beiden Formen der Reversibilität verlangt, die erst im formal-operationalen Denken erzeugt ist.

Von einer strukturellen Verwendung des Reversibilitätsbegriffes und seiner Entwicklung in der Diskurstheorie sind pädagogisch relevante Erklärungen zu erwarten, weil die konstituierten Wissenssysteme (Begriffsbildung) im Lehr-/Lernprozeß jene Struktur einer Synthese zwischen den beiden Formen der Reversibilität benötigen, die erst die nächste, die Phase der formalen Operationen, charakterisiert. Dabei spielt die Zwischenphase der konkreten Operationen mit ihren beiden vertikalen Decalagen eine Schlüsselrolle.

Die operativen Systeme, das sind die verinnerlichten, verallgemeinerten, in den Schemata der Erkenntnis eingelagerten Handlungen, gehen aus den in der präoperationalen Phase erzeugten figurativen und bedeutungsvoll-assoziativen Schemata hervor (vgl. PIAGET/INHELDER 1972b, S. 65ff.). Die präoperativen Schemata sind mangels operativer systematischer Beziehungen einerseits hoch individualisiert, andererseits hoch konventionell. Ihre assoziative Verknüpfungsstruktur beruht auf Kontiguitäten, Nachbarschaftsrelationen und Konvenienzen. So ordnet ein präoperational denkendes Kind den ihm vorgelegten Set von Gegenständen nicht nach übergreifenden Merkmalen, sondern nach partikularen Merkmalen der (funktionalen, bedeutungshaltigen, interessebezogenen und so weiter) Zugehörigkeit (zum Beispiel gehört die Puppe zur Frau und nicht zum übrigen Spielzeug).

Piaget erklärt diese Form des Denkens, indem er zeigt, daß erst die Reversibilität zu einer allgemeineren Ordnung der Objekte und der Beziehungen zwischen den Objekten die zuvor getrennte Sicht auf die Teile (Parataxe) und das Ganze (Synkretismus) zur Synthese bringen kann.

Jetzt zentriert sich das Kind auf Objekte und bildet *gleichzeitig* durch die Negierung des zentrierten Merkmals (Extension einer Klasse) eine vollständige komplementäre Klasse sowie deren übergeordnete, nicht sichtbare, sondern konstruierte Klasse (Komprehension) (vgl. PIAGET/INHELDER 1972b, S. 28ff.); zum Beispiel sind alle Rosen einige Blumen, was bedeutet, daß es außer der Klasse der Rosen noch eine allgemeinste formale Klasse von Blumen gibt, die sich durch das negierte Merkmal der Rosen auszeichnet (vgl. PIAGET/INHELDER 1972b, S. 47ff.).

Die Reversibilität wird erst in dem transformatorischen Gruppierungssystem, das fünf Operationen oder Axiome ausweist, in ihrer strukturellen Bedeutung für die Begriffsbildung einsichtig. Die fünf Operationen stellen das gruppierende Denken dar (vgl. PIAGET 1947, S. 43ff.):
- die *Komposition,* die Verknüpfungsfähigkeit von Elementen;
- die *Reversibilität,* die Umkehrung der Komposition;
- die *Assoziativität,* die Möglichkeit des Denkens zum Umwege-Gehen;
- die *besondere identische* Operation (Tautologie oder Idempotenz), die ein qualitatives Element in der intensiv quantifizierenden Inklusion darstellt (vgl. PIAGET/INHELDER 1972b, S. 288);
- die *allgemeine identische* Operation, die das neutrale Element sichert.

Die Inklusion erlaubt zum Beispiel den systematischen Aufbau von Hierarchien. Sie quantifiziert die Klassen hinsichtlich ihrer Qualität im Vergleich miteinander. So gibt es mehr Blumen als Rosen, während die Klasse der Rosen – zum Beispiel am Anfang einer botanischen Begriffshierarchie – durch das spezifischste Merkmal (Qualität) der Hierarchie begrenzt ist. Hingegen bleibt ein in umgekehrter Richtung verlaufender Vergleich der Komplementärklasse einer Hierarchie unerkannt (vgl. PIAGET/INHELDER 1972b, S. 200ff.).

Diese Operationen bilden ein halb geschlossenes System, das im Modell des Stammbaums dargestellt werden kann, der in einer Richtung geschlossen, in der anderen Richtung offen ist. Wenn wir Piaget folgen und die Operationen der Gruppierung als ein System verinnerlichter, zuvor partikularer Handlungen interpretieren, dann bedeutet dies, daß die systematische Verknüpfbarkeit aller Operationen ein allgemeines koordiniertes Schema erzeugt hat, das sich auf die Gruppierung der Objekte bezieht.

Unter Bezug auf die Theoreme Gödels verweist Piaget auf die gleichzeitig strukturierten und strukturierenden Eigenschaften eines Systems (vgl. PIAGET

1968, S. 10 f.). So stellt die Koordination der verinnerlichten Handlungen, der fünf Operationen, ein (strukturiertes) Schema der Kompetenz dar, das in der Ordnung der Objekte strukturierende Wirkung entfaltet (Performanz). In Übereinstimmung mit Piagets Assimilations-/Akkommodationstheorie kann angenommen werden, daß durch die Systematik von Handlungen, das heißt, welchen Typ von Handlungen ein Milieu für das Kind zuläßt und favorisiert, die Decalage der zukünftigen Struktur vorbereitet wird (vgl. FIEDLER/ WUDTKE 1985).

Gegenüber der Abgeschlossenheit der Gruppe ist die Gruppierung insofern eine schwächere Struktur, als die Operationen der Gruppe um eine zusätzliche Operation, die der besonderen Identität oder Tautologie, erweitert wird. Die Einführung der Tautologie, hat insbesondere bei Mathematikdidaktikern Widerspruch ausgelöst, einen mathematisch begründeten Widerspruch, den Piaget selbst thematisiert (vgl. GRIESEL 1970, S. 128; vgl. PIAGET 1949, S. 98 ff., S. 110; vgl. PIAGET 1961, S. 189 ff.).

Wermus formuliert die kognitive Ontogenese unter Vermeidung dieses Widerspruchs, ohne dabei die psychologischen Inhalte zu verletzen (vgl. Einleitung zur 2. Auflage PIAGET 1972b).

Die formal-operationale Phase wird unter anderem mit dem mathematischen Modell der Kleinschen Vierergruppe beschrieben (vgl. PIAGET/INHELDER 1958, WERMUS 1972b). Sie setzt sich aus den Transformationen, der Identität oder Nulltransformation (I), der Negation (N), dem Reziproken, der Umkehrung der Negation (R), dem Korrelativen, der Negation des Reziproken (C) zusammen. Die Transformationen sind assoziativ. Die Gruppe (INRC) ist involutiv, weil jede mögliche Kombination zwischen den Transformationen wieder eine Kombination des Systems ist, das heißt, die Gruppe impliziert eine vollständige Umkehrbarkeit und Rückführbarkeit transformierter Zustände oder Propositionen, wie beispielsweise die Beziehungen zwischen Propositionen (vgl. den Begriff Co-Opérations: GOLDMANN 1966; vgl. PIAGET/INHELDER 1958, S. 278; vgl. PIAGET 1974a, S. 143 ff.).

Das Tautologieaxiom konfligiert mit dem der Reversibilität. Deshalb erscheint die Reversibilität in den Modellen der Gruppierung in zwei Formen, die sich auf die Logik der Beziehungen (Reziprozität) und die Logik der Klassen (Negation) beziehen (vgl. PIAGET 1961, S. 188 ff.). Weil das konkret-operationale Denken aber beide Formen nicht gleichzeitig handhaben kann, wird auch keine logische Beziehung zwischen der Hierarchie der Klassen und der der Komplementärklassen von dem gruppierend denkenden Kind gesehen (vgl. PIAGET/INHELDER 1972b, S. 197 ff.). Während die Negation zur Konstruktion (Inklusion) der Hierarchien von Klassen benötigt wird, strukturiert die Reziprozität mit den übrigen vier Operationen die Beziehungen zwischen (im schwachen Sinne) geordneten Elementen oder Klassen, und zwar deshalb, weil die Umkehrung einer Beziehung nicht eine Negation, sondern eine Umkehrung der Blickrichtung zwischen Elementen oder Klassen bedeutet (vgl. PIAGET 1949, S. 133 ff.).

Piaget leitet aus der durch die Tautologie erzeugten Gruppierungsstruktur acht Modelle ab (vgl. FLAVELL 1970, S. 173 ff.; vgl. PIAGET 1947, S. 49 ff.), von denen vier die Logik der Klassen und vier die Logik der Beziehungen explizieren. Die Überwindung des mathematisch widersprüchlichen Tautologieaxioms, etwa in einem mengentheoretischen Modell der Äquivalenzrelationen, würde aber ebenfalls die psychologische Bedeutung der Gruppierungsstruktur annullieren, was nicht der Sinn der Formalisierung sein kann (vgl. BUTH 1982, S. 225 ff.).

Eine synthetische Leistung des Prozes-

ses der reflektierenden Abstraktion, in der Negation und Reziprozität vereinigt werden, hebt das Tautologieaxiom in der Gruppenstruktur auf. Diese Koordination kann sich nun als Kompetenzschema in milieuspezifischen Strukturen, die sich durch Propositionen und Interpropositionen auszeichnen, entfalten.
Die Entwicklungslogik der Genese des Individuums könnte ihrerseits zu einer Explikation diskurstheoretischer und – von erziehungswissenschaftlich geleiteten Interessen – empirischer Studien zum Erkennen struktureller Latenz in Kontexten sozialer Interaktion beitragen (vgl. OEVERMANN u. a. 1979, S. 378). Diesbezüglich dürfte die Unterscheidung in *symmetrische* und *asymmetrische* reziproke Gruppierungsmodelle, denen – entsprechend den Strukturen der Handlungskontexte – dieselbe Kompetenzstruktur zugrunde liegt, eine wesentliche Rolle spielen (vgl. FIEDLER/ WUDTKE 1985, S. 113 ff.).

BUTH, M.: Kritische Anmerkungen zum operativen Programm der Mathematikdidaktik. In: mathematica didactica 5 (1982), S. 225 ff. CHOMSKY, N.: A Review of Skinner's Verbal Behavior. In: FODOR, J. A./KATZ, J. J. (Hg.): The Structure of Language. Readings in the Philosophy of Language, Englewood Cliffs (N.J.) 1964, S. 547 ff. CHOMSKY, N.: Aspekte der Syntaxtheorie, Frankfurt/M. 1969. DENIS-PRINZHORN, M./GRIZE, J. B.: La methode clinique en pédagogie. In: Psychologie et épistémologie génétiquesthèmes piagetiens, Paris 1966, S. 319. FIEDLER, U./ WUDTKE, H.: Die Konstruktion des Primarschülers. In: Enzyklopädie Erziehungswissenschaft, Bd. 7, Stuttgart 1985, S. 75 ff. FLAVELL, J. H.: The Developmental Psychology of Jean Piaget, New York 1970. FLAVELL, J. H.: Rollenübernahme und Kommunikation bei Kindern, Weinheim/Basel 1975. FREUDENTHAL, H.: Anhang. Piaget und seine Schule. Untersuchungen zur Entwicklung der mathematischen Begriffe. In: FREUDENTHAL, H.: Mathematik als pädagogische Aufgabe, Bd. 1, Stuttgart 1977, S. 295 ff. GARZ, D.: Zum neuesten Stand von Kohlbergs Ansatz der moralischen Sozialisation. Bericht über eine Tagung zu „Theory and Method of Assessing Moral Development" an der Harvard Universität. In: Z. f. P. 26 (1980), S. 93 ff. GOLDMANN, L.: Die Psychologie Jean Piagets. In: GOLDMANN, L. (Hg.): Dialektische Untersuchungen, Neuwied 1966. GRIESEL, H.: Beiträge zur Mathematik 1969, Hannover 1970, S. 128 ff. HABERMAS, J.: Zur Rekonstruktion des Historischen Materialismus, Frankfurt/M. 1976. HABERMAS, J.: Der Universalitätsanspruch der Hermeneutik. In: HABERMAS, J. (Hg.): Hermeneutik und Ideologiekritik, Frankfurt/M. 1977, S. 120 ff. HABERMAS, J.: Moralbewußtsein und kommunikatives Handeln, Frankfurt/M. 1983. KELLER, M.: Kognitive Entwicklung und soziale Kompetenz, Stuttgart 1976. KOHLBERG, L.: From Is to Ought. In: MISCHEL, T. (Hg.): Cognitive Development and Epistemology, New York 1971, S. 151 ff. KOHLBERG, L.: Stage and Sequence. The Cognitive Developmental Approach to Socialization. In: GOSLIN, D. A. (Hg.): Handbook of Socialization Theory and Research, Chicago 1969, S. 347 ff./deutsch: Stufe und Sequenz. Sozialisation unter dem Aspekt der kognitiven Entwicklung. In: KOHLBERG, L.: Zur kognitiven Entwicklung des Kindes, Frankfurt/M. 1974, S. 7 ff. OEVERMANN, U.: Die Architektonik von Kompetenztheorien und ihre Bedeutung für eine Theorie der Bildungsprozesse. Max-Planck-Institut für Bildungsforschung, Mimeo, Berlin o.J. OEVERMANN, U.: Piagets Bedeutung für die Soziologie. In: STEINER, G. (Hg.): Hommage à Jean Piaget zum achtzigsten Geburtstag, Stuttgart 1976, S. 36 ff. OEVERMANN, U. u.a.: Methodologie einer „objektiven Hermeneutik" und ihre allgemeine forschungslogische Bedeutung in den Sozialwissenschaften. In: SOEFFNER, H.-G. (Hg.): Interpretative Verfahren in den Sozial- und Textwissenschaften, Stuttgart 1979, S. 352 ff. OSER, F.: Moralisches Urteil in Gruppen. Soziales Handeln, Verteilungsgerechtigkeit: Stufen der interaktiven Entwicklung und ihre erzieherische Stimulation, Frankfurt/M. 1981. PEUKERT, H.: Wissenschaftstheorie – Handlungstheorie – Fundamentale Theologie, Frankfurt/M. 1977. PIAGET, J.: La Psychologie de l'intelligence, Paris 1947/deutsch: Psychologie der Intelligenz, Zürich 1947. PIAGET, J.: Traité de logique. Essai de logistique opératoire, Paris 1949. PIAGET, J.: Le jugement moral chez l'enfant, Paris 1932/ deutsch: Das moralische Urteil beim Kinde, Zürich 1954. PIAGET, J.: Études d'épistémologie mathématique et psychologique, Teil 2: In: Études d'épistémologie génétique, Bd. XIV,

Paris 1961, S. 143 ff. Piaget, J.: Le structuralisme, Paris 1968. Piaget, J.: Le language et la pensée chez l'enfant, Neuchâtel 1923/deutsch: Sprechen und Denken des Kindes, Düsseldorf 1972 a. Piaget, J.: Essaie de logique opératoire, Paris ²1972 b. Piaget, J.: Le jugement et la raisonnement chez l'enfant, Neuchâtel 1924/deutsch: Urteil und Denkprozeß des Kindes, Düsseldorf 1972 c. Piaget, J.: Genetic Epistemology, New York 1970/deutsch: Einführung in die genetische Erkenntnistheorie, Frankfurt/M. 1973 a. Piaget, J.: Le structuralisme, Paris 1968/ deutsch: Der Strukturalismus, Olten/Freiburg 1973 b. Piaget, J.: Biologie et connaisance. Essaie sur les relations entre les regulations organiques et les processus cognitifs, Paris 1967/ deutsch: Biologie und Erkenntnis. Über die Beziehungen zwischen organischen Regulationen und kognitiven Prozessen, Frankfurt/M. 1974 a. Piaget, J.: Épistémologie génétique, Paris 1970/deutsch: Abriß der genetischen Epistemologie, Olten/Freiburg 1974 b. Piaget, J.: L'équilibration des structures cognitives – problème central du developpement. Études d'epistémologie génétique, Bd. XXXI, Paris 1975/deutsch: Die Äquilibration der kognitiven Strukturen, Stuttgart 1976 a. Piaget, J.: Postface. In: Arch. de Psych. 44 (1976), 171, S. 226 f. (1976 b). Piaget, J.: Les formes élémentaires de la dialectique, Paris 1980. Piaget, J.: Piaget's Theory. In: Mussen, T. (Hg.): Carmichael's Manual of Child Psychology, Bd. 2, New York 1970, S. 703 ff./deutsch: Piaget über Piaget, München 1981. Piaget, J./Inhelder, B.: De la logique de l'enfant à la logique de l'adolescent, Paris 1955/englisch: The Growth of Logical Thinking from Childhood to Adolescence, London 1958. Piaget, J./Inhelder, B.: La psychologie de l'enfant, Paris 1966/deutsch: Die Psychologie des Kindes, Olten/Freiburg 1972 a. Piaget, J./ Inhelder, B.: La genèse des structures logiques élémentaires, Neuchâtel 1959/deutsch: Die Entwicklung der elementaren logischen Strukturen, 2 Bde., Düsseldorf 1972 (Bd. I: 1972 b; Bd. 2: 1972 c). Searle, J. R.: Sprechakte. Ein sprachphilosophischer Essay, Frankfurt/M. 1971. Selman, R. L.: The Growth of Interpersonal Understanding, New York 1981. Smedslund, J.: Les origines sociales de la décentration. In: Psychologie et épistémologie génétique thèmes piagetiens, Paris 1966, S. 159 ff. Watzlawick, P. u. a.: Menschliche Kommunikation, Bern 1969. Wermus, H.: Formalisation de quelques structures initiales de la psychogenèse. In: Arch. de Psych. 41 (1972), 162, S. 271 ff. (1972 a). Wermus, H.: Les transformations involutives (réciprocités) des propositions logiques. In: Arch. de Psych. 41 (1972), 162, S. 153 ff. (1972 b). Wittmann, E.: Zum Begriff „Gruppierung" in der Piagetschen Psychologie. In: D. Swarte. 9/10 (1972), S. 62 ff.

Ulrich Fiedler

Interaktion, pädagogische

Interaktion als Wechselwirkung. Die Untersuchung und Charakterisierung der besonderen Beziehung und Wechselwirkung zwischen Erziehern und Heranwachsenden ist, mit wechselnden Perspektiven und Akzentuierungen, ein zentrales Thema sowohl der vorwissenschaftlichen Reflexion über pädagogische Praxis als auch der Erziehungswissenschaft. Unter den Versuchen, die Wechselwirkung zwischen Erziehern und Heranwachsenden näher zu bestimmen und begrifflich zu fassen, ist der Begriff „pädagogische Interaktion" wohl der jüngste und zugleich auch der allgemeinste und formalste. Dadurch wird eine einseitige Prädisposition für bloß personale, bloß situative oder bloß gesellschaftliche Strukturen vermieden. Der Begriff der Interaktion verweist zunächst lediglich auf eine Grundstruktur, die im einzelnen durch phänomenologische und empirische Untersuchungen weiter differenziert und interpretierbar gemacht werden kann. Diese Struktur kann als *Wechselwirkung* zwischen zwei oder mehr Personen verstanden werden, in der jeder Beteiligte, im Kontext gesellschaftlicher und lebensgeschichtlicher Gegebenheiten, seine eigenen Erwartungen, Intentionen, Handlungen und Situationsdefinitionen auf die durch ihn antizipierten Erwartungen, Intentionen, Handlungen und Situationsdefinitionen der anderen Interaktionsteilnehmer bezieht. Interaktion setzt also die *Verwendung von Symbolen* voraus und ist dadurch eingebunden in einen bestimmten *gesellschaftlichen Kontext*. Innerhalb dieses Wechselwirkungsprozesses findet gegenseitige Steuerung und Kontrolle statt, die teils situativ bedingt ist, die jedoch durch bestimmte Rollenstrukturen wesentlich stabilisiert und einseitig verstärkt werden kann. So ist die Interaktion zwischen Lehrern und Schülern durchaus auch als wechselseitige Steuerung und Kontrolle auszumachen, Schüler können also auch ihre Lehrer disziplinieren (vgl. BARKEY/BECKER 1975). Erwachsene können und müssen auch von Kindern lernen (vgl. DOEHLEMANN 1979, KÄSTEL 1982). Reale Interaktion ist immer *komplementär*. Der Lehrer hat jedoch durch seine Berufsrolle in diesem Verhältnis sehr viel mehr Möglichkeiten, Kontrolle und Steuerung auszuüben und sich selber der Kontrolle durch andere zu entziehen.

Die Mutter-Kind-Dyade als elementares Modell. Als elementares Modell der pädagogischen Interaktion kann die Mutter-Kind-Dyade gelten. Neuere Untersuchungen über die Interaktion zwischen Mutter und Kleinkind im Babyalter machen deutlich, daß das Verhalten der Mutter nicht einfach als Anstoß für ein reaktives Verhalten des Kleinkindes gewertet werden kann; das Baby ist von Anfang an aktiv, und das Verhalten der Mutter fügt sich sensibel ein in die Aktivitäten des Kindes, die durch Spontaneität, Periodizität und Selektivität gekennzeichnet sind. Die Mutter dirigiert nicht das Verhalten des Kindes im Sinne eines einfachen Reiz-/Reaktionsschemas, sie lernt zunächst den Rhythmus des Kindes kennen und fädelt sich ein in diesen Kontext. Als Beispiel dieser Struktur nennt SCHAFFER (1978, S. 80) den Interaktionsprozeß beim Stillen, der sichtbar macht, „daß die Interaktion von Müttern und Kleinkindern in präziser Synchronisierung mit dem Schub-Pause-Schema des Saugens erfolgt. Während der Saugschübe sind sie im allgemeinen ruhig und inaktiv, aber in den Pausen schaukeln und streicheln sie das Baby und sprechen zu ihm. So wechseln sie sich mit ihm in der Rolle des Hauptakteurs ab. Die Mutter läßt das Kind das Tempo bestimmen, sie paßt sich seinem natürlichen Saugschema an, reagiert auf seine Signale (etwa das Signal, daß es aufhört zu saugen), sie nutzt die von Pausen gebotenen Gelegenheiten zu Interventionen und bringt auf diesem Wege einen Dialog mit ihm zustande." Es handelt sich um einen Dialog von „höchst präziser Gefügtheit", der typisch ist für die meisten frühen Interaktionen. Die Mutter fädelt sich in das Zeitschema des Kindes ein, vergleichbar einem Dialog unter Erwachsenen, in dem jeder Partner eingeht auf entsprechende Rollenwechselsignale des anderen. Durch solche Protogespräche im präverbalen Alter gewinnt das Kind eine Vorstellung vom Dialog, der durch *Reziprozität* (Wechselwirkung und Möglichkeit des Rollenwechsels) und durch *Intentionalität* gesteuert ist. Intentionalität entwickelt sich beim Kind dadurch, daß es die Erfahrung macht, daß seine Aktivitäten (Schreien, Lächeln) eine bestimmte Wirkung auf den Partner haben können. Dadurch lernt es, Reaktionen des Partners zu antizipieren und absichtlich herbeizuführen. So entwickelt das Kind Kommunikationskompetenz, lange bevor es Sprachkompetenz haben kann. Der Dialogbeitrag der Mutter in solchen Interaktionsprozessen wird von Schaffer durch sechs verschiedene „*Interaktionstechniken*" beschrieben, die ein Kontinuum darstellen vom nachgehenden Einfädeln bis zu intentionaler Aktivität, die aber alle ansetzen im Kontext der Spontaneität und Eigenaktivität des Kindes: Phasierungstechniken, adaptive Techniken, Erleichterungstechniken, Ausgestaltungstechniken, Einleitungstechniken, Kontrolltechniken (vgl. SCHAFFER 1978, S. 83 ff.). Die wichtigsten Merkmale der frühen Mutter-Kind-Interaktion sind folgende:

Kontextorientierung. Die Mutter beobachtet sehr genau die Verhaltensrhythmen, die Wahrnehmungsschwellen und das Aktivitätsniveau des Kindes.

„Interpersonale Synchronisation". Die Mutter anerkennt das Kind als Schrittmacher und fädelt sich mit ihrem Verhalten nachgehend-stimulierend in den Rhythmus des Kindes ein, sie verschränkt ihre Reaktionen in angemessener Weise dialogisch mit denen des Kindes.

Dialogisches Lernen. Das Kind lernt dadurch dialogisches Verhalten und entfaltet eigene Intentionalität, sobald es den Kommunikationswert des eigenen Verhaltens erfahren hat. So kann es eigene Signale absichtlich und in Vorwegnahme der Reaktion der Mutter aussenden: Es schreit, um der Mutter zu signalisieren, daß sie kommen soll. Im Dialog kann das Kind sein Repertoire an Kommunikationsmitteln und sozialen Gesten sukzessive erweitern und differenzieren. Schließlich entstehen in diesem Zusammenhang auch kognitive Prozesse, wie die Unterscheidung des Selbst vom anderen oder die Objektpermanenz.

Geschichtlichkeit. Die Wahrnehmung des Kindes durch die Mutter und ihr Verhalten gegenüber dem Kind sind nicht nur durch Persönlichkeitsfaktoren, durch die Lebensgeschichte der Mutter und ihre soziale Umwelt bestimmt, sondern auch durch gesellschaftliche Vorgaben und Normen, die historischem Wandel unterworfen sind. Dies zeigen deutlich einschlägige Untersuchungen über die „Geschichte der Kindheit" (ARIÈS 1975) und anthropologische Forschungen (vgl. MEAD 1959, TURNBULL 1973). SCHAFFER (1978, S. 112) stellt vor diesem Hintergrund fest, daß „ganze Gesellschaften ohne Mutterliebe auskommen" und daß Liebe demnach „kein integrales Element des Menschengeschlechts" ist. Er sieht vielmehr eine Aufgabe darin, durch Forschung die Bedingungen zu ermitteln, „die ihre Entfaltung ermöglichen".

Kontextorientierung, interpersonale Synchronisation, dialogisches Lernen und Geschichtlichkeit sind auch wesentliche Merkmale der Interaktion zwischen Lehrern und Schülern, wenngleich unter wesentlich anderen Bedingungen und in anderen Formen. Die intensive Emotionalität und Intimität der Mutter-Kind-Dyade kann zwischen einem Lehrer und einer Klasse nicht aufkommen und wäre dort in dieser Form wohl auch kaum wünschenswert. Ereignishaftigkeit, Intentionalität und Planmäßigkeit stehen in der Schule in einem völlig anderen Verhältnis. Schule ist primär Unterricht, und Unterricht ist geplant auf vorgegebene Zielsetzungen hin, deren Verwirklichung der Kontrolle unterliegt. Individuelle Rhythmen werden durch die relativ starre Organisation kaum berücksichtigt.

Trotzdem gibt es, in einer pädagogisch orientierten Schule, wenn auch begrenzt und nicht ohne Schwierigkeiten, die Möglichkeit, diese Momente der pädagogischen Interaktion teilweise zu verwirklichen. In der freien Arbeit, in offenen Gesprächssituationen, beim entdeckenden Lernen, im projektorientierten Unterricht, bei Spielnachmittagen, Festen und Feiern haben Lehrer die Möglichkeit, Kinder besser kennenzulernen und ihre individuellen Möglichkeiten, Schwierigkeiten und ihre Rhythmen wahrzunehmen, um sich dann entsprechend einzufädeln, Beistand, Stimulation, weiterführende Information und Hilfestellung sinnvoll zu dosieren, Kompetenzerfahrung zu ermöglichen und Bestätigung zu vermitteln.

Pädagogische Interaktion als Dominanzverhältnis. Pädagogische Interaktionen sind unter anderem dadurch geprägt, daß zwischen den Interagierenden prinzipiell ein Gefälle besteht, das nicht nur durch Reife, Lebenserfahrung und Wissensvorsprung, sondern durch rollenbedingte Positionsunterschiede, Definitions- und Sanktionsprivilegien und durch entsprechende soziale Macht bedingt ist. Der sinnvolle und pädagogisch vertretbare Umgang mit dieser Ungleichheit im pädagogischen Verhältnis, vor dem Hintergrund der Zielsetzung kritischer Selbständigkeit, Verantwortlichkeit und Handlungsfähigkeit der Heranwachsenden ist ein zentrales Problem der pädagogischen Interaktion. MOLLENHAUER (1972, S. 70) bezeichnet dieses Dominanzverhältnis als „eine Schwierigkeit, von der wir meinen, daß sie das pädagogische Grundproblem überhaupt darstellt: die ‚pädagogische Paradoxie', unter empirisch notwendigen Dominanz-Bedingungen eben diese Bedingungen kritisieren zu müssen". Die pädagogische Interaktion bedarf der Dominanz und muß doch ständig daran arbeiten, sie abzubauen und überflüssig zu machen.

Die antipädagogische Position glaubt diese Schwierigkeit lösen zu können, indem sie versucht, auf Dominanz bewußt zu verzichten und den Generationsunterschied aufzuheben (vgl. v. BRAUNMÜHL 1975, 1978). Im Bewußtsein der eigenen schmerzlichen Erfahrungen Erzogener entsteht eine besondere Sensibilität und Zurückhaltung gegenüber jeder Art erzieherischer Eingriffe. Es wird proklamiert, „daß pädagogische Akte kinderfeindlich sind, also als Verhaltensmöglichkeiten ausscheiden müssen, wenn man es mit Kindern gut meint" (v. BRAUNMÜHL 1978, S. 79). Hier werden geschichtlich-gesellschaftlich gegebene Positionsunterschiede wegpsychologisiert, Kinder werden als „König Kunde" (v. BRAUNMÜHL 1978, S. 104) und als „legitime Richter über alles, was die Erwachsenenwelt ihnen anzubieten hat" (v. BRAUNMÜHL 1978, S. 102) eingesetzt. Die weginterpretierte Dominanz wird durch die Hintertür des „Notwehrprinzips" allerdings wieder eingelassen. Das Notwehrprinzip nämlich, durch das die Erwachsenen „ihre eigenen Interessen nicht verbergen, sondern vertreten und verteidigen", soll für das richtige Maß an Gewährung und Verweigerung sorgen. Die Pädagogik der Kommunikation (vgl. SCHÄFER/ SCHALLER 1976, SCHALLER 1978) versucht die Dominanzstruktur zu überwinden durch die Vorwegnahme von Prinzipien und Formen rationaler Lebensführung und demokratischer Interaktion im Erziehungsprozeß. Dies setzt allerdings voraus, daß erste Schritte einer entsprechenden Praxis zur Annäherung an dieses Idealkonstrukt innerhalb der Schule vielfältig erprobt und analysiert werden. Die Untersuchung möglichst vieler Prozesse, in denen mit Gruppen unterschiedlicher Ausgangslage, bei immer wieder neu vollzogener Passung, situative Chancen der Annäherung symmetrischer Kommunikation und selbständiger Partizipation und Kooperation genutzt und entsprechende Erfahrungen und Qualifikationen aufgebaut werden, ist eine zentrale Aufgabe dieser Pädagogik und ihrer Didaktik. Dabei sind die jeweils wirksamen gesellschaftlichen, organisatorischen, sozialen und personalen Widerstände und Befangenheiten, die immer wieder nachwachsenden autoritären Versuchungen und Entartungsformen sorgfältig zu analysieren. Geschieht dies nicht, so führt die Diskrepanz zwischen faktischen Bedingungen vor Ort und den idealen Konstrukten notwendig dazu, daß die pädagogische Praxis permanent überfordert wird, daß den praktisch Handelnden Schuldgefühle und Versagensängste aufgezwungen werden, die sie entweder anfällig machen für die unkritische Anpassung an gegebene Strukturen oder in die Resignation treiben.

In Modellversuchen konnten bereits wichtige Erfahrungen gesammelt werden mit veränderten Raum-, Zeit-, Planungs- und Personalstrukturen. Die Übertragbarkeit solcher Erfahrungen im Sinne eines technologischen Ver-

ständnisses ist sicher nicht möglich, es könnten jedoch wesentliche Impulse von solchen Schulen ausgehen. „Am Ende kommt es auf den pädagogischen Konsens eines jeden Lehrerkollegiums an, weil der Verbesserung der pädagogischen Praxis nur gedient werden kann, wenn sich Praktiker über ihre Arbeit gemeinsam vor Ort verständigen und durch eigene wissenschaftliche und praktische Fortbildung die Voraussetzungen dafür schaffen, daß zusammen mit allen anderen beteiligten Instanzen die Praxis vernünftiger gestaltet wird" (BENNER/RAMSEGER 1981, S. 191). Dazu bedarf es administrativer Unterstützung. Das im Zusammenhang der Diskussion von Erziehungsstilen (vgl. TAUSCH/TAUSCH 1977) da und dort entstandene, durch die Antipädagogik verstärkte und auch in der Lehrerausbildung teilweise verbreitete Mißverständnis einer ausschließlich negativen Bewertung der Dominanz hat nicht selten zur „Angst des Lehrers vor seinen Schülern" und zu entsprechenden Interaktionsformen geführt (BRÜCK 1978). Kinder dürfen nicht als „Projektionsflächen für eigene Emanzipationssehnsüchte" benützt werden (ZIEHE/STUBENRAUCH 1982, S. 78). Es geht nicht darum, die Dominanz des Lehrers wegzurationalisieren, sondern um einen pädagogisch vertretbaren Umgang mit ihr. Es geht um die Fähigkeit, verfügbare Dominanz verantwortlich und jeweils angemessen dosiert zurückzunehmen und dabei abzuschätzen, welchen Zuwachs an Mit- und Selbstbestimmung und Eigenverantwortung die Gruppe der Schüler leisten und verkraften kann. Die Handlungsfähigkeit der Erziehenden besteht also primär darin, die Handlungsfähigkeit der Educanden schrittweise aufzubauen und inhaltliche Strukturen und soziale Beziehungen so zu arrangieren, daß dieser Aufbau eine reflexive Verarbeitung durch die Beteiligten ermöglicht (vgl. POPP 1976, POPP u. a. 1982). Gerade im Bereich der Primarstufe gibt es zu einer entsprechenden Praxis und ihrer Reflexion eine Fülle von Untersuchungen und Erfahrungsberichten (vgl. BARTNITZKY u. a. 1979, HALBFAS u. a. 1976, HEMMER 1982).
Dominanz in der pädagogischen Interaktion birgt allerdings auch *Gefährdungen,* die die pädagogische Theorie lange vernachlässigt oder ignoriert hat. Gefährdungen durch die Ichbezogenheit der Interaktionspartner:
- durch Übertragung und narzißtische Projektionen (vgl. RICHTER 1969, WINKEL 1980),
- durch Kommunikationsstörungen der verschiedensten Art (unterschiedliche Interpunktion, double bind – vgl. WATZLAWICK u. a. 1969; Halo-Effekt – vgl. ALLPORT 1959; Stereotype – vgl. HÖHN 1967).

Gefährdungen durch gesellschaftliche Zwänge:
- Gettoisierung der Kindheit,
- Taylorisierung des Lernens und Ideologie unbegrenzter Machbarkeit,
- Selektionszwang,
- Kinderfeindlichkeit, strukturelle Gewalt und nicht zuletzt
- durch die Ratlosigkeit und Unsicherheit der Erzieher.

Unterschiedliche Akzentuierungen pädagogischer Interaktion. In der Geschichte der Pädagogik zeigt sich ein breites Spektrum von Beschreibungen, Interpretationen und Konstruktionen, die jeweils unterschiedliche Momente pädagogischer Interaktion besonders akzentuiert, andere reduziert und ausgeblendet haben.
Nohls Begriff des *pädagogischen Bezugs* hat sich als ein Terminus durchgesetzt, der auch in der gegenwärtigen Diskussion um ein neues Verständnis des pädagogischen Interaktionsverhältnisses verwendet wird (vgl. MENZE 1978, SCHALLER 1981). NOHL (1949, S. 152) weist darauf hin, daß die Grundeinstellung der Pädagogik „ihren Augenpunkt unbedingt im Zögling hat", der als Subjekt und unter dem Aspekt seiner individuel-

len „körperlich-geistigen Entfaltung" zu „seinem Lebensziel" kommen soll. Dabei hat jeder Augenblick im Leben des Kindes und jede Stufe seiner Entwicklung ihren Eigenwert und darf nicht „bloß der Zukunft geopfert werden". NOHL (1949, S. 153) charakterisiert den pädagogischen Bezug als „das eigene schöpferische Verhältnis, das Erzieher und Zöglinge verbindet" und in dem der Erzieher dem Kind durch „Liebe und Haltung", das heißt Anerkennung, Bewahrung, Zuwendung und Pflege (die „mütterliche" Funktion) und Herausforderung, Anspruch, Formung (die „väterliche" Funktion) verbunden ist. Dem entspricht von der Seite des Kindes aus Vertrauen auf das Angenommensein und auf die Verläßlichkeit des Erziehers und seinen Beistand und die Bereitschaft zur Übernahme und Bindung. BOLLNOW (vgl. 1964) hat mit seiner Untersuchung über die „pädagogische Atmosphäre" den pädagogischen Bezug in einem übergreifenden, philosophisch-anthropologischen Zusammenhang neu interpretiert.

Wenn sich die pädagogische Funktion des Lehrers nicht ausschließlich in der ökonomischen Vermittlung von grundlegenden und verallgemeinerbaren Inhalten erschöpfen soll, dann bleibt dieser personale Bezug, in verschiedenen, an Alter und Entwicklungsstand der Lernenden orientierten Ausprägungen eine entscheidende Basis für die pädagogische Interaktion auch im Unterricht. Empirische Befunde zum pädagogischen Bezug, wie er bei Nohl verstanden wird, werden dargestellt bei KLAFKI (vgl. 1970, S. 74 ff.) und bei BARTELS (vgl. 1970).

In einer zweiten Akzentuierung wird besonders die Bedeutung der *Situation* und des sozialen Feldes hervorgehoben. So im Begriff der *pädagogischen Situation* (vgl. PETERSEN 1955, REICHWEIN 1951), des pädagogischen Kontakts (vgl. WINNEFELD 1965) und der Erziehungsgemeinschaft (vgl. FLITNER 1957, REICHWEIN 1951).

Für Peter Petersen ist Erziehung zunächst eine Funktion des Lebens und der menschlichen Gemeinschaft. Diese Funktion soll, im Bewußtsein der Grenzen der Rationalität, der Machbarkeit und des individuellen Horizonts intentional erfaßt und partiell verfügbar gemacht werden durch pädagogische Situationen. Der Mensch befindet sich immer in Situationen, die er nie voll erfassen kann, weil jeder Versuch, sie rational faßbar und verfügbar zu machen, schon immer eine neue Situation hervorruft. Nach einer kritischen Einschränkung charakterisiert Petersen die pädagogische Situation durch die Merkmale der *Ökologie* („Umweltgestaltung"), der *Intentionalität* („Spannung") und der *Personalisation* („Übernahme").

Die Herstellung einer besonders gestalteten materialen und sozialen Umwelt ist seit Montessori und Petersen ein verbreitetes pädagogisches Anliegen, das auch in der heutigen Pädagogik besonders für den Primarbereich gründlich durchdacht und praktisch erprobt ist (vgl. BURK/HAARMANN 1980). Wenn PETERSEN (1955, S. 20) von einem „problemhaltigen Lebenskreis" spricht, macht er deutlich, daß es sich nicht bloß um die Anreicherung mit Informationsquellen, Arbeits- und Spielmaterialien handeln soll, sondern auch und gerade um ein spezifisches soziales Umfeld mit einer Vielfalt von Sozialformen und Unterrichtsformen, die ein breites Spektrum von Interaktionserfahrung ermöglichen. „Spannung" entsteht durch das Gefälle zwischen den Interaktionspartnern der Gruppe und durch die pädagogische Intentionalität und Autorität. Der Lehrer ist dabei „der vorausschauende Organisator kindlicher Energien" (PETERSEN 1955, S. 23), der Möglichkeiten zum konkreten, selbsttätigen Entdecken, Forschen und Handeln sichtbar macht und arrangiert. Dabei soll jede pädagogische Situation „durchsichtig, übersichtlich, leicht deutbar, den Altersstufen angepaßt, ungezwungen, wirkfähig bleiben" (PETERSEN 1955, S. 31). „Übernahme" als Personalisation setzt die Möglichkeit der individuellen Auswahl, einen Freiraum für Mitbestimmung und -gestaltung, für individuelle Perspektiven und Zugriffsweisen und für die Integration in den persönlichen Lebenszusammenhang voraus. Sie bedarf eines entsprechenden emotionalen Klimas, ist aber gleichzeitig durch strenge Sachgebundenheit und geistige Disziplin gekennzeichnet. Es handelt sich um ein *dialektisches* Verhältnis zwischen „den Polen strengster Sachgebundenheit und freiester, rein persönlicher Gestaltung" (PETERSEN 1955, S. 43). Ein weiteres wichtiges Moment ist für PETERSEN (1955, S. 217) „die bewußte, stetige Auseinandersetzung des Schülers mit dem Sozialgebilde Unterricht als einem Ganzen", eine Aufgabe, die in der heutigen Diskussion unter dem Stichwort *Metaunterricht* weiterentwickelt wurde (vgl. HILLER-KETTERER/HILLER 1974).

Die Bedeutung des sozialen Feldes und pädagogischer Situationen für die Interaktion und entsprechende soziale Lernprozesse wird in der Gegenwart durch empirische Untersuchungen über das *Schulklima* (vgl. FEND 1977, SCHREINER 1973) und das Schulethos (vgl. RUTTER u.a. 1980) weiter untersucht. Voraussetzungen für die Verbesserung des sozialen und emotionalen Klimas in Schulen und Klassen und entsprechende Analysen und praktische Hilfen wurden von Redl und Wattenberg in Zusammenhang mit Lehrern entwickelt und konkret und praxisnah dargestellt (vgl. REDL 1971, REDL/WATTENBERG 1980).

Eine dritte Akzentuierung befaßt sich insbesondere mit dem Einfluß von Makrostrukturen und geschichtlich-gesellschaftlichen Bedingungen auf die pädagogische Interaktion. RUMPF (vgl. 1981) untersucht die fortschreitende Entsinnlichung und Entpersönlichung im Zusammenhang des Zivilisationsprozesses. FEND (vgl. 1980) hat sich in umfangreichen Forschungen der schulischen Sozialisation unter dem Aspekt der Reproduktionsfunktionen des Bildungssystems gewidmet und fordert auch die Berücksichtigung einer sozialen Dimension, die die Bereitschaft und Fähigkeit beinhaltet, „den andern als gleichberechtigten und humanen Partner zu verstehen und zu akzeptieren" (FEND 1980, S. 384). Schließlich wäre noch hinzuweisen auf Ansätze, die im Zusammenhang des Begriffs der „Kommunikationsgemeinschaft" als „Fähigkeit zu rationaler und reflektierter Verständigung und einem entsprechenden Handeln" (MOLLENHAUER 1972, S. 56) pädagogische Interaktion als schrittweise Annäherung an dieses Idealkonstrukt verstehen (vgl. BAACKE 1973, SCHÄFER/SCHALLER 1976, SCHALLER 1978). Ziel pädagogischer Interaktion ist dann der Aufbau von Handlungsfähigkeit (vgl. HILLER 1974, POPP 1976, POPP u.a. 1982).

Therapeutische Verfahren (vgl. COHN 1975, GORDON 1977) und gruppenintegrative Verfahren (vgl. SCHREINER 1980), Interaktionsspiele (vgl. GUDJONS 1978, STANFORD 1980) und Trainingsmethoden können zur Sensibilisierung und zum Aufbau interaktiver Kompetenz beitragen. Lehrergruppen (vgl. PORTMANN 1983) können aus der Isolation herausführen und die Möglichkeiten der kritischen Reflexion und des Erfahrungsaustauschs verbessern. In pädagogischen Ernstsituationen darf der Lehrer jedoch nicht als wohltrainierter Rollenträger, Spielleiter oder Sozialingenieur agieren, dort muß er als Person, als Mensch zum Vorschein kommen (vgl. V. HENTIG 1973, SCHAAL 1978).

Interaktion, pädagogische

ALLPORT, G. W.: Persönlichkeit, Meisenheim ²1959. ARIÈS, PH.: Geschichte der Kindheit, München/Wien 1975. BAACKE, D.: Kommunikation und Kompetenz, München 1973. BARKEY, P./ BECKER, B.: Kehrseite des Lehrens – wie Schüler ihre Lehrer disziplinieren. In: Mitt. u. Nachr. (DIPF) (1975), 77/78, S. 41 ff. BARTELS, K.: Die Pädagogik Herman Nohls, Weinheim/Basel 1968. BARTELS, K.: Pädagogischer Bezug. In: SPECK, J./WEHLE, G. (Hg.): Handbuch pädagogischer Grundbegriffe, Bd. 2, München 1970, S. 268 ff. BARTNITZKY, H. u. a. (Hg.): Schulprobleme gemeinsam lösen, Frankfurt/M. 1979. BENNER, D./RAMSEGER, J.: Wenn die Schule sich öffnet, München 1981. BOLLNOW, O. F.: Die pädagogische Atmosphäre, Heidelberg 1964. BRAUNMÜHL, E. v.: Antipädagogik, Weinheim/Basel 1975. BRAUNMÜHL, E. v.: Zeit für Kinder, Frankfurt/M. 1978. BRÜCK, H.: Die Angst des Lehrers vor seinem Schüler, Reinbek 1978. BURK, K./HAARMANN, D.: Wieviel Ecken hat unsere Schule? 2 Bde., Frankfurt/M. 1980. COHN, R. C.: Von der Psychoanalyse zur themenzentrierten Interaktion, Stuttgart 1975. DOEHLEMANN, M.: Von Kindern lernen, München 1979. FEND, H.: Schulklima, Weinheim/Basel 1977. FEND, H.: Theorie der Schule, München 1980. FLITNER, W.: Allgemeine Pädagogik (1950), Stuttgart ⁴1957. GORDON, TH.: Lehrer-Schüler-Konferenz, Hamburg 1977. GUDJONS, H.: Praxis der Interaktionserziehung, Bad Heilbrunn 1978. HALBFAS, H. u. a. (Hg.): Spielen, Handeln und Lernen, Stuttgart 1976. HEMMER, K. P. (Hg.): Sachunterricht Gesellschaft 1–4, München/Wien/Baltimore 1982. HENTIG, H. v.: Schule als Erfahrungsraum, Stuttgart 1973. HILLER, G. G.: Die Elaboration von Handlungs- und Lernfähigkeit durch eine kritische unterrichtliche Rekonstruktion von Themen des öffentlichen Diskurses. In: GIEL, K. u. a.: Stücke zu einem mehrperspektivischen Unterricht, Ansätze zur Konzeption 1, Stuttgart 1974, S. 67 ff. HILLER-KETTERER, I./HILLER, G. G.: Unterricht über Unterricht und pädagogische Verständigung. In: B. u. E. 27 (1974), S. 268 ff. HÖHN, E.: Der schlechte Schüler, München 1967. KÄSTEL, I.: Auf Kinder hören – von Kindern lernen, Frankfurt/M. 1982. KLAFKI, W.: Das pädagogische Verhältnis. In: KLAFKI, W. u. a.: Funkkolleg Erziehungswissenschaft, Bd. 1, Frankfurt/M. 1970, S. 55 ff. MEAD, M.: Sex and Temperament in Three Primitive Societies, New York 1935/deutsch: Geschlecht und Temperament in drei primitiven Gesellschaften, Hamburg 1959. MENZE, C.: Kritik und Metakritik des pädagogischen Bezugs. In: P. Rsch. 32 (1978), S. 288 ff. MOLLENHAUER, K.: Theorien zum Erziehungsprozeß, München 1972. NOHL, H.: Gedanken für die Erziehungstätigkeit des Einzelnen mit besonderer Berücksichtigung der Erfahrungen von Freud und Adler (Vortrag 1926). In: NOHL, H. (Hg.): Pädagogik aus dreißig Jahren, Frankfurt/M. 1949, S. 151 ff. PETERSEN, P.: Führungslehre des Unterrichts (1937), Braunschweig 1955. POPP, W. (Hg.): Kommunikative Didaktik, Weinheim/Basel 1976. POPP, W. u. a.: Erziehung zur Handlungsfähigkeit. In: HEMMER, K. P. (Hg.): Sachunterricht Gesellschaft 1–4, München 1982, S. 190 ff. PORTMANN, R.: Lehrergruppe als Methode. In: betr. e. 16 (1983), 9, S. 35 ff. REDL, F.: Erziehung schwieriger Kinder, München 1971. REDL, F./WATTENBERG, W. W.: Leben lernen in der Schule, München 1980. REICHWEIN, A.: Schaffendes Schulvolk (1937), Braunschweig 1951. RICHTER, H.-E.: Eltern, Kind und Neurose, Reinbek 1969. RUMPF, H.: Die übergangene Sinnlichkeit, München 1981. RUTTER, M. u. a.: Fünfzehntausend Stunden, Weinheim/Basel 1980. SCHAAL, H.: Die Wiederentdeckung des Lehrers als Person. In: KÜMMEL, F. u. a.: Vergißt die Schule unsere Kinder? München 1978, S. 83 ff. SCHÄFER, K.-H./SCHALLER, K.: Kritische Erziehungswissenschaft und kommunikative Didaktik, Heidelberg ³1976. SCHAFFER, R.: Mütterliche Fürsorge in den ersten Lebensjahren, Stuttgart 1978. SCHALLER, K.: Einführung in die kommunikative Pädagogik, Freiburg 1978. SCHALLER, K.: Abschied vom Pädagogischen Bezug? In: Vjs. f. w. P. 57 (1981), S. 44 ff. SCHREINER, G.: Schule als sozialer Erfahrungsraum, Frankfurt/M. 1973. SCHREINER, G.: Der Ansatz der Gruppenentwicklung im Vergleich zu anderen gruppenintegrativen Methoden. In: STANFORD, G. (Hg.): Gruppenentwicklung..., Braunschweig 1980, S. 241 ff. STANFORD, G. (Hg.): Gruppenentwicklung im Klassenraum und anderswo, Braunschweig 1980. TAUSCH, R./TAUSCH, A.-M.: Erziehungspsychologie, Göttingen ⁸1977. TURNBULL, C.: The Mountain People, London 1973. WATZLAWICK, P. u. a.: Menschliche Kommunikation, Bern 1969. WINKEL, R.: PÄDAGOGISCHE PSYCHIATRIE FÜR ELTERN, LEHRER UND ERZIEHER, FRANKFURT/M. 1980. WINNEFELD, F.: Pädagogischer Kontakt und pädagogisches Feld, München/Basel ³1965. ZIEHE, TH./STUBENRAUCH, H.: plädoyer für ungewöhnliches lernen, Reinbek 1982.

Walter Popp

Kinderliteratur – Erzählkultur

Kinderliteratur ist, lange bevor das Kind zum Selbstleser wird, Themenreservoir und Medium der Erwachsenen-Kind-Kommunikation. Die von sprachlich erzogenen Erwachsenen im Kontakt mit ihren Kindern verfertigten Texte erzeugen Inseln gemeinsamer Innen-, Mit- und Umwelten, die über den Nahhorizont der Erzähler hinausweisen. Das Kind steigert seine Zentralperspektive (Ich-Erleben, motiviertes Spielen, Imaginieren, Anthropomorphismen) und rückt doch über die persönliche Aneignung der tradierten Spiel- und Erzählweisen in die Perspektiven und Sinnhorizonte seiner Mitwelt, in der Geschichte und Geschichten gemacht werden.

Kinderliteratur spiegelt die Erzähl- und Schriftkultur der Erwachsenen, steigert sich im Selbstbezug, findet ihren je neuen Ton im Kontakt zu den klassischen Erzählmustern, so daß spezifische Kinderliteratur als Bereicherung in die Weltliteratur eingeht (beispielsweise: Carroll, Alice im Wunderland, 1864).

Kinderliteratur ist sodann der ausgezeichnete Versammlungsort der Volkspoesie und religiösen Erzählkultur, sie hebt die „Kindheit der Erwachsenen" auf. Endlich ist sie die Literatur, die speziell für das lernende/lesende Kind in Schule und Freizeit andauernd fort- und umgeschrieben wird.

Die Grenzen zur Jugend- und Erwachsenenliteratur sind offen, so daß eine Normierung altersgebundener Lesestufen nicht möglich ist (vgl. BEINLICH 1980), sofern sie sich an Themen und Stoffen orientiert (Märchen-, Abenteueralter). Demgegenüber ist eine kognitiv-strukturelle Limitierung unbestreitbar (vgl. KREFT 1977). Die spezifische Kinderliteratur, die seit dem 18. Jahrhundert ausgearbeitet wird, ist heute Teil der Innenwelt der Erwachsenen und schematisiert ihre Erwartungen auf das hin, was Kinder als Akteure und Publikum erwarten. Die Verhäuslichung und Verschulung der Kinder, die über Literatur erst ermöglicht wird, kann nicht als Domestizierung und Gettoisierung kritisch notiert werden (vgl. DODERER 1981), ohne die weltweite, nichtwählbare Umstellung in den Lebenswelten sensibel im Auge zu behalten. Erwachsene brauchen Kinder, die Märchen, Pinocchio, Struwwelpeter und Robinson Crusoe lesen, so werden gemeinsame Geschichten gestiftet und Erzählkulturen eröffnet, um kontigenten Sinn zu versprachlichen. Den modernen fiktionalen und zeitgeschichtlichen Erzählungen kommt das Verdienst zu, dem latenten Sinn der Erwachsenen-Kind-Jetztwelt, in der immer auch Sprachlosigkeit droht, zur Ausdrückbarkeit zu verhelfen (so beispielsweise Ch. Nöstlinger, M. Ende, J. Kerr, P. Härtling).

Kinderliteratur ist heute nur ein Teil einer allanwesenden „Kinderkultur" (vgl. DAHRENDORF 1980) mit ihrer Fülle von Spielzeug, gedruckten und elektronischen Medien, die Texte auf Verbrauch hin liefern. Die Innenwelt wird so klischiert, wenn der aktive Umgang nicht angebahnt wird, der im Erwachsenen-Kind-Spiel und -Gespräch seinen Anfang nimmt (vgl. GOTH 1976, HURRELMANN 1981, KARST 1978).

Erwachsenen-Kind-Kommunikation. Poesie, Drama und Prosa sind immer schon anwesend, wenn Erwachsene und Kinder sich sprachlich zueinander in Beziehung setzen. Gespräch, Spiel und Erzählung interpunktieren die Besorgungen und Gesellungen; beim Pflegen, Spazieren und Essen werden ununterbrochen flüchtige Texte gesponnen (vgl. DEHN 1974), zufällige Sprachspiele ritualisiert (vgl. PIAGET 1969) und um einige bereichert, die in der Buchkultur tradiert und in der Kinderkultur variiert werden:

Ene, mene, minke, manke ...
Ix, ax, ux, der rote Fuchs,

die graue Maus,
und du bist raus.
Der Affe gar possierlich ist,
Zumal wenn er vom Apfel frißt.

Sprache, die sich zu vergnügten Ritualen versteift hat, ist von E. Lissauer zutreffend als „gedichtetes Spielzeug, gesungenes Gerät" (zitiert nach BEINLICH 1961, S. 699) bezeichnet worden. Ihr gesellen sich die „Kernsprüche" aus der Kultur der Erwachsenen hinzu (vgl. HOGGART 1969, S. 102 ff.), deren verzuckerte Versionen in den Poesiealben der Mädchen aufgehoben werden: „Immer heiter – Gott hilft weiter." Gerade jene Sprachfiguren werden geliebt, die besonders herzstärkend, artistisch, verfremdet klingen: „Der Erde köstlicher Gewinn / ist frohes Herz und reiner Sinn" (GEIGER 1981, S. 131).

Dem „gedichteten Spielzeug" gesellen sich die ausgemünzten Sprachbilder hinzu, die in Märchen, Lied, Schlager und Schwank die Innenwelt von Liebe, Trauer, Tod und Schmerz bannen, aber auch die Phantasie anstoßen, das Glück, den Zufall beim Schopfe zu fassen. Die fabulierte Welt ist „nicht frei von einem ironisch-satanischen Einschlag" (BENJAMIN 1969, S. 52) – sowenig wie die Comics, das Kasperdrama und die Eulenspiegeleien. Das „Tri-tra-trullala – seid ihr alle da?" kündet aber davon, daß alles in Ordnung ist und abgekorkt in der Erzählwelt (... wenn sie nicht gestorben sind, dann leben sie noch heute), bisweilen aber wird die Wonne-Angst durchgehalten, nur Bild und Sprachton verfremden und weisen die Bilder in die fiktionale Welt (Struwwelpeter, Max und Moritz).

Der Sprache der Bilder aber folgt schon die Sprache der Sprache. Dialog-Situationen werden ausgegrenzt und als besondere Institute des Erzählens in den Alltag eingerückt (Zubettgehritual), das Erzählen des Erzählens wird Genuß, Thema und Reflexionsanlaß („so geht das nicht; du mußt immer so sagen"); das Sprechen des Sprechens, die Vorfreude auf zu empfindende bekannte Empfindungen steigern das Erzählarrangement. Man löst sich aus dem Duktus der Erzählung; gerade dann, wenn Eltern von ihrer Kindheit erzählen, werden Jetzt und Damals, Erleben und bloß erzähltes Erleben, Nacherleben und Kommentar kombiniert. Das Erzählen selbst führt zum Fortspinnen von Wahrheit und Dichtung. Die soziale Partitur erzeugt reversibles Erzählen, die Geschichte kann angehalten, kommentiert, verändert, gemixt, durch Alter und Ego ergänzt werden. Die alltägliche Prosa und Poesie bringt die ästhetische Dimension der Sprache zur Funktion. „Begreift man denn nicht, daß, da die Poesie ursprünglich in der Sprache daheim ist, diese nie so gänzlich depoetisiert werden kann, daß sich nicht überall in ihr eine Menge zerstreute poetische Elemente finden sollten, auch beim willkürlichsten und kältesten Verstandesgebrauch der Sprachzeichen, wieviel mehr im gemeinen Leben, in der raschen, unmittelbaren, oft leidenschaftlichen Sprache des Umgangs" (SCHLEGEL 1964, S. 99).

Campe hat 1779 mit „Robinson der Jüngere" auf faszinierende Weise für das bürgerliche Milieu gezeigt, daß „Kinderliteratur" auf Anstiftung zur erziehlichen Eltern-Kind-Kommunikation zielt. Der Text ist Dialog- und Monologmuster, in dem die umgeschriebene Robinsongeschichte durchmischt ist von frommer Poesie, Belehrungen, Dialogen und Vorhaben der besonderen Anwesenden. Der Leser wohnt der Texterzeugung in den abendlichen Stunden bei, erhält Exempel über die Rezeptionsweisen der Kinder (Nachahmung, Dramatisieren, Selbsttätigkeit), endlich werden die Kinder zu Mitautoren, wenn Campe ihre Briefe an Robinson einfügt. „Ich hoffe nemlich, durch eine treue Darstellung wirklicher Familienszenen ein für angehende Pädagogen nicht überflüssiges Beispiel des väterlichen und kindlichen Verhältnisses zu geben, welches zwischen dem Erzieher und seinen Zöglingen nothwendig obwalten muß" (CAMPE 1981, S.14). Campe trifft damit die sozio-kulturelle Dimension einer vertrauten und ambitionierten (selbstreflexiven) Kultur, in der allein über den Hörer, Sprachspieler und aktiven Erzähler sich der zukünftige Leser selbst aufbaut, der wiederum in seiner Mitwelt auf ein gesprächsfähiges Publikum trifft.

Ästhetische Dimensionen liegen in jeder subkulturellen Sprachwelt, aber in den ländlichen und proletarischen Subkulturen dominiert die literarisch nicht orientierte orale Kultur (vgl. HOGGART 1969, S.31), die nur durch eine Literatur ergänzt wird, die die Zentrik und Thematik konkreten familiengebundenen Lebens teilt (vgl. HOGGART 1969, JACKSON/MARSDEN 1966). Die Erzählkultur bleibt kontext- und lebenslaufgebunden, sie schottet sich ab gegen Außenwelten, die nicht nach dem Familienmuster das Erleben kodieren, und gegen Innenwelten, die die profanen Ereignisse wie Tod, Liebe, Aufstieg und Fall, Essen und Vergnügen hintersinnig und luxurierend steigern.

Die ästhetische Kompetenz dieser Kinder wird durch die familiären Habituden, Themen und Kontrollformen dort zur Funktion gebracht, wo das Erleben konkret oder drastisch interpretiert wird. In der Kinderkultur vertiefen sich diese Erwartungshaltungen, in der Jungenkultur werden agonale Versionen (Sport, Abenteuer, Krimi) bevorzugt, die Mädchen erwarten Bebilderungen von femininer Attraktivität, kosmetischer Innenwelt, vom Zufall und Geschick (Horoskop) als Gegenwelten zur erwartbaren Arbeitswelt des repetitiven Tuns (vgl. HOGGART 1969).

Die Schule erwartet aber in der Regel eine kultivierte Witzigkeit, ästhetisierte Sinnlichkeit und literarisierte Innerlichkeit (beispielsweise Härtling, Ben liebt Anna, Weinheim/Basel 1979).

Die moderne Literaturpädaogik versucht, die Kinder dort abzuholen, wo ihre Sprach- und Erzählkultur sie hinverwiesen hat (Kontinuität), um dann über die Stiftung einer schulischen Erzähl- und Vorlesekultur (Montagskreis, Leseecke, Vorstellen von Lieblingsbüchern) zeitelastisch Kinder mit anderen Textsorten vertraut zu machen, um Anschlüsse an den Lesekanon zu sichern (Diskontinuität), dessen Durchlaufen erst die mögliche ästhetische Kompetenz zur vollen Funktion bringt (vgl. KREFT 1977).

Kinderliteratur als Kanon und Curriculum. Kinderliteratur liegt in einer Kultur mit großer Texttradition (vgl. BRÜGGEMANN/EWERS 1982), dem Buch als Ware (vgl. DAHRENDORF 1980) und Pädagogen als Wächtern (vgl. DODERER 1981) einerseits als schönes Chaos mit unbestimmten Grenzen, andererseits als sequentielles Curriculum - analog dem „guten Spielzeug" - für die Erwachsenen-Kind-Kommunikation und das selbstschauende, selbstlesende Kind vor. Die altehrwürdige Reihe vom Kinderreim, Bilderbuch, über Kasper, Struwwelpeter zum Märchen, endlich zur Abenteuer-, Mit- und Umweltgeschichte liegt nach dem Alter (und Geschlecht) geordnet in den Buchhandlungen und Kinderstuben vor. Diese Sequenz wird modifiziert und angereichert durch die Textreihe in Kindergarten und Schule; die Zahl kommunikationsfähiger Themen wird gesteigert und in tradierbare neue Formen übergeführt. Dem Kanon der Pädagogen korreliert die Textfülle in den Kaufhäusern, endlos werden „kindertümliche" Themen durchgespielt (Osterhasen, Wichtelmänner, Tiergesellschaften, Kobolde und Winzlinge). Sie demonstrieren - wie die Antihelden von Tarzan bis Mickey Mouse - das figurative, imitative und komsumtive Verlangen nach Kopien von Kopien von Kopien, sie wirken aber klischierend nur dann, wenn sich auch die Kommunikationsformen in Familie und Schule versteifen, sind doch beide auch Produzenten von Kitsch und Trivialitäten. Lebensläufe von Lesern zeigen an (vgl. BEINLICH 1961), daß das endlose Lesen von – wie auch immer identifizierter – Trivial-, Kitsch- und Schundliteratur in Phasen der Schmökerlust, des Imitierens, des Endlich-einmal-nicht-Lernens beinahe so notwendig ist wie das Anstarren, Kopieren und Sammeln einer putzigen Bildergalerie aus Oblaten, Kleinbildern und Fotos mit Goldrand, Rosen, Lametta und niedlichen Kindlein. Im Gegenzug werden Fratzen, Blitze und Genitalien von demonstrativer Obszönität gemalt.

Dem Kritiker zum Trotz, der seine eigene Simplizität und Kitschnischen verbirgt, bleiben die „Hasenschule", „Waldi", „Hanni und Nanni" wie die „Poesiealben" Klassiker. Sie spiegeln weder die erlebte Erziehungssprache noch die erlebten Kinderinnenwelten. Gerade die konditionierte Ästhetik, szenische Simplizität und umweglose Moral wird als Differenz, Komik, nicht erlebbares Erleben erlebt, das man spielen kann, weil die Machart durchschaubar ist, so daß man weiterdichten kann. Der Erwachsene spielt züchtig vor dem Kinde:

„Ich hab' dich so lieb!
Ich würde dir ohne Bedenken
eine Kachel aus meinem Ofen schenken"
(Ringelnatz)

Das kindliche Unschuldsmäulchen dagegen negiert prall die pädagogischen Botschaften, in der Einheit dieser Differenzen liegt die Lust an Literatur:

„Müde bin ich, geh' zur Ruh
Decke mich mit Kuhdreck zu
Kommt der böse Feind herein
Faßt er in den Kuhdreck rein."
(RÜHMKORF 1967, S. 54)

Der Lebenslauf, in dem das Kind auf diffuse, zufällige, aber doch unvermeidbare Weise die Redeinseln, Moraldenkmäler und Tabuzonen aufspürt, wird durch das öffentliche Erzählkonzept interpunktiert. Kann man schon die Selbsterfahrungen und Erfindungen der Kinder, ihre Dreistigkeiten und Sprachblitze („aus Kindermund") nicht vermeiden, so sind die Erwachsenen doch den Kindern schuldig, Lebensbilder, Welt-Spiele, Prosa und Poesie zu inszenieren, um sie aus ihren subkulturellen, ästhetischen Emballagen herauszuführen. Jeder Kanon zeigt einen hochselektiven, aber betreubaren Weg zur Steigerung umsichtigen und genauen Lesens an, um die Kinder am Allzu-Menschlichen in ihrer Mitwelt teilhaben zu lassen, was sie auch neugieriger macht auf sich selbst und ihre inneren, offenen, noch ganz unbestimmten Möglichkeiten. Lesen ist zugleich Steigerung der Sprechsprache, denn zur Person zu werden heißt, die Sprache durch sich hindurch tönen zu lassen. Zuhören wie expressives Lesen stiften an, sich in der Sprache einzunisten, in ihr zu spielen.

Kroklokwafzi? Sememimi!
Seiokronto – prafriplo:
Bifzi, bafzi; hulalemi:
quasti basti bo...
Lalu lalu lalu lalu la!
(Morgenstern)

Wie emsig doch das Krokodil
Den Schwanz sich aufgebessert
Und jede Schuppe, fern am Nil,
Im Golde hat gewässert.

Wie freundlich blickt sein Auge drein,
Wie klar quillt seine Träne,
Wenn es die Fischlein lockt herein
In seine milden Zähne.
(Carroll)

Der Kanon liefert Muster für „gebändigten Schall", „gepflegte Semantik", „musikalisch syntaktische Partituren" und zeigt den Nachfahren an, wie die Vorfahren, die noch in uns sind, das Kind als tönendes Wesen haben wollten, um Resonanz zwischen großen und kleinen Personen zu erzeugen; zugleich werden Textsorten eingespielt (Mythos, Sprüche), die den historischen Sinn (humaniora) kultivieren.

Kanon und identifizierte Lesestufen, wie sie von Bühler und anderen konstruiert werden (vgl. BEINLICH 1961, 1980), erzeugen sich im Wechselbezug – soviel ist heute gewiß! Bühler (vgl. BEINLICH 1961, 1980) liest am Lieblingsbuch der Kinder aus gepflegten Milieu die Lieblingsbücher der institutionalisierten Eltern-Kind-Kommunikation ab: 2–4 Jahre – Struwwelpeter; 4–8 Jahre – Märchen; 9–10/12 Jahre – Robinson; 12–14/15 Jahre – Heldengeschichten; 14 Jahre – Übergang zur Erwachsenenliteratur.

Bei Abblendung des gesellschaftlichen Kontextes identifiziert der Psychologe, ja, selbst der unachtsame kritische Sammler von Kinderreimen (vgl. H. M. ENZENSBERGER 1961, S. 349f.; zur Kritik: RÜHMKORF 1967, S. 21 ff.), als „Natur", was pädagogisierte Erwachsene gesammelt, gereinigt, beschnitten und als Schrebergarten-Innenwelt Kindern einverseelt haben (zum Märchen: vgl. RICHTER/MERKEL 1974). Der Kritiker aber muß beachten, daß Laien Kinderliteratur handhaben können müssen, die nicht an der spezifischen Ästhetisierung literarischer Texte interessiert sind, sondern diese in ihren traditionalen Wertbindungen schätzen (Belehrung, Moral, Unterhaltung, Individuierung – vgl. ARENDT 1981).

Der Kanon legt hochselektive Wege durch die Literatur, verbunden mit dem Anspruch, die Selektion zu begründen und die Bedingungen für Änderungen zu reflektieren; an der Geschichte der Selektionen und Wertbindungen (vgl. KILLY 1967) aber den eigenen Kanon als ein Vorurteil unter anderen zu erkennen. Der Kanon erzwingt Reflexionen auf die generelle Norm gelingender Verständigung; literarische Texte liefern Themen (Gegensinn), die der Einbettung in Dialoge bedürfen, die Kinder zur Ausdrückbarkeit, Verfertigung ihrer Gedanken beim themengebundenen Reden verführen. Die Kinder erwerben so durch Ausdrückbarkeit ihrer Eindrücke (Assimilation – Akkommodation) Geschicktheit, um latenten überschüssigen Sinn zur Sprache zu bringen, um die Kommunikationsmodi wie Humor, Ironie, Satire, Witz, Diskussion voneinander abzusondern (vgl. BATESON u. a. 1969, S. 14). Texte verführen zum Durchspielen kontingenten Sinns, zur Negation der Negation, zum sprachspielerischen „Aufstand der Regeln" (Ch. Enzensberger in CARROLL 1963), um so das Maßgebende zu identifizieren.

Von Kindern rezipierte Literatur. Der Kanon nötigt zur bewußten Selektion, Wertung und Selbstthematisierung und schärft die Aufmerksamkeit für die Wege, die Kinder einschlagen oder die ihnen an den pädagogischen Wächtern vorbei gewiesen werden von den öffentlich-rechtlichen und den geheimen Miterziehern. Wenn alles als Kinderliteratur interpretiert wird, was Kinder rezipieren (empirische Norm), dann ist Kinderliteratur ein konturloser Familienname für die bunte Vielheit der Texte, die täglich im Nahhorizont wirken: Schulbücher, Lieder, Theater, Filme, Platten, Kassetten, Comics, Zeitschriften, ...

Die empirische Forschung lüftet den Vorhang, zeigt, was wirklich gelesen wird, soweit das empirische Setting dazu taugt. Die Flüchtigkeit und Irrelevanz der Situation für den Befragten (Gedächtnis, Erwartungserwartungen, Wahrhaftigkeit), die Relevanz für die Befrager (Auftragsforschung) ergeben nur Momentaufnahmen davon, wie „Sinn" zirkuliert, sich verteilt, nicht aber welche Fernwirkungen das tägliche Bad in den Medien bewirkt. Statistisch stehen in jedem Haushalt 184 Bücher (Börsenverein des Deutschen Buchhandels e. V. 1984: dpa-Meldung), die mit dem Fernseher, der Zeitung, den Comics konkurrieren. Das Buch ist über die Schule als Pflichtlektüre in den Alltag eingebaut. Elternhaus und Schule sichern, wie eine Studie der Bertelsmann-Stiftung von 1977/78 zeigt, daß auch „die Generation, die bereits von Kindheit an mit dem Fernsehen konfrontiert wurde und mit diesem Medium groß geworden ist, auch das Buch ausgiebig nutzt. Drei Viertel der Zeit, die Büchern gewidmet wird, gilt dabei dem Schul- und Lehrbuch, das nach wie vor Leitmedium im Unterricht geblieben ist. Aber auch das nicht zu Schulzwecken dienende Buch erhält vom Durchschnitt der 6- bis 17jährigen noch ebensoviel Zuwendung wie die übrigen gedruckten Medien zusammengenommen. Ausgehend von der Einübung in Rezeptions- und Verarbeitungstechniken, haben also die Lesemedien gute Chancen, sich auch später gegen das Fernsehen behaupten zu können" (STEINBORN/FRANZMANN 1980, S. 191; vgl. Abbildung 1).

Abbildung 1: Zeitbudget pro Kopf/pro Tag in Minuten

	Kinder von 6 bis 17 J. insges.	Jungen	Mädchen	Altersgruppen:			Soziale Schichten			
				6-9 Jahre	10-12 Jahre	13-17 Jahre	I	II	III	IV/V
Fernsehen	72	77	68	58	79	80	55	72	78	78
Elektronische Medien insges.	134	139	128	85	120	180	123	132	138	138
Buch ohne Schulbücher	25	23	27	16	25	33	29	28	27	17
Schulbücher	78	78	72	55	84	92	71	86	69	85
Übrige gedruckte Medien	25	28	21	15	23	33	23	26	24	25
Gedruckte Medien insges.	128	129	125	86	132	158	123	140	120	127
Medien insges.	262	268	253	171	252	338	246	272	258	265

(Quelle: STEINBORN/FRANZMANN 1980, S. 168)

Das Buch hat über das Schulbuch seinen festen Platz im Alltag und dominiert unter den gedruckten Medien (Zeitschriften, Romanhefte, Comics); aber es ist nicht in allen Familien freigewählter, alltäglicher Gebrauchsgegenstand wie der Fernseher (vgl. Abbildung 2).
Das Fernsehen wird nur dort zum dominierenden Freizeitmedium, wo Spielmöglichkeiten eingeschränkt sind und Bücher fehlen. Da Kinder keineswegs Kinderprogramme bevorzugen, Fernsehen als Ablenkung, Unterhaltung und Information schätzen (Werbefernsehen, Tierfilme, Familiensendungen), liegen bereits Vorschläge vor, dem Fernsehkonsum zur Vorbeugung eines visuellen Analphabetismus mit aktiven und reflexiven Mitteln zu begegnen (Fernsehfibel – vgl. GOTH 1976).
Wenn die Untersuchungen nicht täuschen, dann geht aber der Fernsehkonsum bei 13- bis 16jährigen zurück, während anderen elektronischen Me-

Abbildung 2: Von Kindern/Jugendlichen geschätzte Zahl von Büchern im Haushalt und in eigenem Besitz sowie Häufigkeit der Buchnutzung

	Kinder/Jugendliche von 6-17 Jahren insges.		Häufigkeit der Buchnutzung					
			Häufig		Durchschnittl.		Selten	
	im Haushalt %	selbst %	im Haushalt %	selbst %	im Haushalt %	selbst %	im Haushalt %	selbst %
Weniger als 5 Bücher	0	7	–	4	–	5	1	10
5– 10 Bücher	2	16	1	14	2	14	2	19
11– 20 Bücher	6	25	5	24	3	26	10	26
21– 50 Bücher	21	34	19	32	20	40	23	30
51–100 Bücher	23	11	21	17	25	11	24	8
Mehr als 100 Bücher	43	5	52	8	45	4	35	4
Keine Bücher	0	1	–	0	–	1	0	2
Weiß nicht/keine Angabe	4	0	1	1	4	–	5	–
	99	99	99	100	99	101	100	99

(Quelle: STEINBORN/FRANZMANN 1980, S. 172)

dien stärker zugesprochen wird. Drei Viertel der Jugendlichen besitzen eigene Plattenspieler und Recorder (vgl. BAACKE 1983). Die Medien wirken auf Kinder, wie ihre veränderten Spielthemen anzeigen, zudem steigern perfekte Plattenmärchen, -krimis die Anforderungen an eine Vorlesekultur. Das Bad in den Medien steigert die Flexibilität und Geschicktheit im Umgang mit Stilen und Informationen, sofern die Medienerfahrungen immer wieder eingebettet werden können in Gespräche oder aktive Rezeptionsweisen (Spiele, Umdichtungen, Verfremdungen). Dem Buch kommt deshalb eine ausgezeichnete Rolle zu, weil der Leser selber aktiv in sich oder für andere die Inszenierung erzeugen muß, die ihn zugleich als Autor und Publikum unterhält. Die Vielheit der Texte führt zwangsläufig zu spezifischen Leserkarrieren, die aber auch immer wieder diskontinuiert werden können. Der Weg zur Literatur muß nicht über den Lesekanon führen.

Von Kindern produzierte Literatur. Kinderliteratur für Kinder ist immer im Kontakt mit Kindern entstanden (J.H. Campe, H. Hoffmann, L. Carroll, P. Härtling), und sei es im Selbstkontakt zu dem Kind, das man (gewesen) ist (A. Lindgren, Ch. Nöstlinger). In diesem Sinne sind Kinder immer schon Mitautoren der Literatur für Kinder, während ihre Eigentexte wiederum die geheime Mitautorenschaft der Erwachsenen bezeugen. So spiegelt sich in den sogenannten „freien Aufsätzen" in der Kunsterziehungsbewegung weniger die Spontaneität der Kinder als die den Kindern einverseelte Poesie unserer Vorfahren. Analog werden unsere Nachfahren an den Texten der heutigen Kinder unsere Vorurteile und ästhetischen Vorlieben ablesen.

Von Eltern, Lehrern (vgl. GMELIN 1977) und Mundartforschern (vgl. OPIE/OPIE 1977, RÜHMKORF 1967) gesammelt, kommen bisweilen authentische Texte *von* Kindern in die Druckpresse. Dem traditionellen Wunsch, sich am Kinde zu ergötzen, entstammen die Textsammlungen, die aufheben, was absichtswidrig in Lehr-/Lernsituationen als Jux aus Kindermund herauskommt: „Die drei großen Epochen der Menschlichkeit sind das Steinzeitalter, das Bronzealter und das Pensionsalter"; Zellengewebe: „Ein derber Stoff, der in Gefängniszellen angefertigt wird"; „Die Kuh ist ein Säugetier, dessen Beine bis zur Erde reichen" (zitiert aus JEAN-CHARLES 1980). Bisweilen sind Erwachsene und Kinder nur Sprachpapageien, zumal dann – wenn es nichts zu sagen gibt, aber Nähe und Zuneigung beide zu sozialen Geräuschen verpflichten. Texte zu Spielen, in therapeutischen Situationen protokolliert, stoppen das Lachen des Erwachsenen (vgl. AXLINE o. J.), gebrochen ist das Lachen, wenn Kinder die politischen Umstände besingen:
 „Run, Hitler, run, Hitler, run, run, run
 Don't give the Allies their fun, fun, fun;
 They'll get by
 Without their Hitler pie
 So run Hitler, run, Hitler, run, run, run."
 (OPIE/OPIE 1977, S. 173).

Die Tagebücher der Kinderjugendlichen Anne Frank und David Rubinowicz haben Kinder dann als literarische Chronisten ihrer Lebens- und Zeitgeschichte zu ernsthaften Zeitgenossen gemacht. Literatur von Kindern erinnert daran, daß Kinder bei aller Spiel- und Fabulierlust Zeitgenossen sind, die mitleiden und scharfsinnig hinter den Texten der Erwachsenen weiterlesen. Die orale und literale Erzählkultur der Kinder zeigt die ganze Bandbreite vom Ulk bis zum Hilfeschrei, vom sozialen Geräusch bis zur gesellschaftlichen Enthüllung. Die realistische Geschichte für Kinder kann ohne die Mitautorenschaft von Kindern gar nicht geschrieben werden, in diesen klingt bei Präsenthalten auch düsterer Vergangenheiten die Suche nach gemeinsamen lohnenden Zukünften an.

Kinderliteratur und Primarschule. Kinderliteratur wird nach und neben dem Elternhaus und der Medienwelt in der Primarschule betreut. Die besondere Funktion der Schule besteht darin, Sorge zu tragen, daß alle Kinder zu Selbstlesern werden können. Die Primarschule kann diese Leistung nur bewirken, wenn sie erstens selbst der Ort einer artikulierten oralen Kultur ist und bei Kindern die Lust erhalten kann, sich mitzuteilen und darzustellen hinter Masken und als Individualitäten; und wenn es ihr zweitens gelingt, beim Schriftspracherwerb Fremdsinn als eigenen anderen Sinn aufzuzeigen, den man als nicht selbst erlebtes Erleben durchspielen und in seiner Sprache wiederformulieren kann.

Gegenüber der Nötigung, Kindern Textsorten aufzuschließen und geläufig verfügbar zu machen, in denen die persönliche Hinsicht und Wissensgenese im Text zuletzt getilgt ist, hebt die narrative Kultur kontingenten Sinn auf und schärft den ästhetischen, auf Hintersinn spezialisierten Sprachgebrauch (vgl. ECO 1972, S. 145). In Differenz zu begriffs- und regelgebundenen Sprachspielen (Rechensprache, Notenlesen, erdkundliche Legenden) steigert sich auch die prosaische Sprache, wenn in ihr das Kind auf seine Weise zur persönlichen Ausdrückbarkeit gelangen kann.

Der literarische Code ist zunächst nichts Selbständiges (ist Teil alltäglichen Redens, Berichtens, Fragens) und nichts Selbstverständliches, ist selbst Resultat einer verständigungsorientierten Gesprächskultur, die auf die Sprache selbst aufmerksam macht. Im Sprechen geht es immer auch darum, noch nicht Ver-

standenes mitteilbar zu machen. „Sprechen heißt Handeln durch Enthüllen" (SARTRE 1958, S. 17).
In der Schulzeit verändert sich dann die Sprache des Kindes. Das szenisch gebundene Nach- und Nebeneinander (Juxtaposition) weicht Texten mit Ein- und Rückblenden, indirekter und direkter Rede, womit das Nachsinnen vom Standpunkt anderer geprobt wird. Dem Kind als Leser, der es nur als Mitautor werden kann, korreliert das Kind als Erzähler und Selbstschreiber, und damit muß zwangsläufig die subkulturelle Ästhetik in der Schule zum Tragen kommen (Erzählweise, Vorlesen von Lieblingsbüchern, Deklamieren von Schallplatten, Dramatisieren).
Prämisse jeder literarischen Erziehung in der Primarschule ist die andauernde Förderung und Bewahrung einer oralen Kultur. „Der Lehrer des Deutschen sollte nichts lehren, was die Schüler selbst aus sich finden können, sondern alles das sie unter seiner Leitung finden lassen. Das Hauptgewicht sollte auf die gesprochene und gehörte Sprache gelegt werden, nicht auf die geschriebene und gesehene" (HILDEBRAND 1898, S. 6). Das Fernziel einer ein- und ausbildenden literarischen Erziehung wird nicht (nur) über stetig im Anspruch steigende Textsorten (Lesebuch, Ganzschriften) erreicht, sondern in der langen Schulzeit auch über das Sich-Freisprechen und Freischreiben an liebevollen Simplizitäten: Sprachbasteleien, Witzen, Geschichten, dramatischen Szenen (vgl. KARST 1978, KOCHAN 1981).

ARENDT, D.: Jugendliteratur zwischen Ästhetik und Didaktik oder „So fühlt man Absicht und man ist verstimmt". In: DODERER, K. (Hg.): Ästhetik der Kinderliteratur, Weinheim/Basel 1981, S. 64 ff. AXLINE, V.: Dibs. Die wunderbare Entfaltung eines menschlichen Wesens, Bern/München o. J. BAACKE, D.: Massenmedien und Sozialisation. In: Enzyklopädie Erziehungswissenschaft, Bd. 8, Stuttgart 1983, S. 90 ff. BATESON, G. u. a.: Schizophrenie und Familie, Frankfurt/M. 1969. BEINLICH, A.: Über die literarische Entwicklung in Kindheit und Jugend. In: BEINLICH, A. (Hg.): Handbuch des Deutschunterrichts, Bd. 2, Emsdetten 1961, S. 695 ff. BEINLICH, A.: „Lesealter"? Die literarische Entwicklung der Kinder und Jugendlichen. In: MAIER, K. E. (Hg.): Kind und Jugendlicher als Leser, Bad Heilbrunn 1980, S. 13 ff. BENJAMIN, W.: Über Kinder, Jugend und Erziehung, Frankfurt/M. 1969. BRÜGGEMANN, TH./EWERS, H.-H.: Handbuch zur Kinder- und Jugendliteratur. Von 1750 bis 1800, Stuttgart 1982. BÜRGER, CH.: Sage und Märchen im Deutschunterricht der Primarstufe. Für eine ideologiekritische Textinterpretation. In: ZANDER, S. (Hg.): Deutschunterricht in der Grundschule, Bad Heilbrunn 1977, S. 108 ff. CAMPE, J. H.: Robinson der Jüngere, hg. v. A. Binder u. H. Richarts, Stuttgart 1981. CARROLL, L.: Alice im Wunderland. Mit zweiundvierzig Illustrationen von J. Tenniel und einem Nachwort von Ch. Enzensberger, Ulm 1963. DAHRENDORF, M.: Lesersoziologische Voraussetzungen. In: MAIER, K. E. (Hg.): Kind und Jugendlicher als Leser, Bad Heilbrunn 1980, S. 129 ff. DEHN, W.: Erzählen und Zuhören. In: DEHN, W. (Hg.): Ästhetische Erfahrung und literarisches Lernen, Frankfurt/M. 1974, S. 133 ff. DODERER, K.: Kinder- und Jugendliteratur im Ghetto? In: DODERER, K. (Hg.): Ästhetik der Kinderliteratur, Weinheim/Basel 1981, S. 9 ff. Eco, U.: Einführung in die Semiotik, München 1972. ENZENSBERGER, H. M.: Allerleirauh. Viele schöne Kinderreime, Frankfurt/M. 1961. GEIGER, K. F.: Das Poesiealbum – Ein Kindermedium im Wandel. In: DODERER, K. (Hg.): Ästhetik der Kinderliteratur, Weinheim/Basel 1981, S. 130 ff. GMELIN, O.: Kinderkunst. In: DODERER, K. (Hg.): Lexikon der Kinder- und Jugendliteratur, Bd. 2: I-O, Weinheim/Basel 1977, S. 189 f. GOTH, J.: Vorüberlegungen zu einer Fernsehfibel für Grundschüler. In: HALBFAS, H. u. a. (Hg.): Lernwelten und Medien, Neuorientierung im Primarbereich, Bd. 5, Stuttgart 1976, S. 105 ff. HILDEBRAND, R.: Vom deutschen Sprachunterricht in der Schule und von deutscher Erziehung und Bildung überhaupt. Leipzig/Berlin 1898. HOGGART, R.: The Uses of Literacy, Harmondsworth 1969. HURRELMANN, B.: Über die Verkümmerung ästhetischen Lernens. In: DODERER, K. (Hg.): Ästhetik der Kinderliteratur, Weinheim/Basel 1981, S. 48 ff. JACKSON, B./MARSDEN, D.: Education and the Working Class, Harmondsworth 1969. JEAN-CHARLES: Die Knilche von der letzten Bank, Reinbek 1980. KARST, TH. (Hg.): Kinder- und Jugendlektüre im Unterricht, Bd. 1: Primarstufe, Bad Heilbrunn 1978. KILLY, W.: Zur Geschichte des deutschen Lesebuchs. In: LÄMMERT, E. u. a.: Germanistik eine deutsche Wissenschaft, Frankfurt/M. 1967, S. 43 ff. KOCHAN, B. (Hg.): Rollenspiel als Methode sozialen Lernens, Königstein 1981. KREFT, J.: Grundprobleme der Literaturdidaktik, Heidelberg 1977. OPIE, J./OPIE, P.: The Lore and Language of Schoolchildren, Frogmore 1977. PIAGET, J.: Nachahmung, Spiel und Traum, Stuttgart 1969. RICHTER, D./MERKEL, J.: Märchen, Phantasie und soziales Lernen, Berlin 1974. RÜHMKORF, P.: Über das Volksvermögen. Exkurse in den literarischen Untergrund, Reinbek 1967. SARTRE, J.-P.: Was ist Literatur? Reinbek 1958. SCHLEGEL, W.: Poesie. In: SCHLEGEL, W.: Über Literatur, Kunst und Geist des Zeitalters. Eine Auswahl aus den kritischen Schriften, hg. v. F. Finke, Stuttgart 1964, S. 95 ff. STEINBORN, P./ FRANZMANN, B.: Kommunikationsverhalten und Buch bei Kindern und Jugendlichen. Ergebnisse einer empirischen Untersuchung. In: MAIER, K. E. (Hg.): Kind und Jugendlicher als Leser, Bad Heilbrunn 1980, S. 159 ff. WEIR, R.: Language in the Crib, The Hague 1962.

Hubert Wudtke

Legasthenie

Definition. Viel Verwirrung ist in der Legasthenieforschung dadurch entstanden, daß die verschiedenen Bedeutungsgehalte dieses Begriffs, die gleichzeitig auch verschiedene historische Abschnitte der Forschung widerspiegeln, nicht klar voneinander abgehoben werden. Der Bedeutungsgehalt des Begriffs hat sich heute von einer *kausalen Verwendung* (Legasthenie als angeborene Wortblindheit beziehungsweise als Spezialfall einer Lesestörung) zu einer *deskriptiven Verwendung* verschoben (Legasthenie als Sammelbegriff für alle Arten von Lese-/Rechtschreibschwäche).

Bei der Definition von Legasthenie ist aber nicht nur die Beliebigkeit der Kriterien zu beklagen, sondern vor allem, daß diese Kriterien rein formaler und quantitativer Natur sind. Die standardisierten Rechtschreib- und Lesetests geben Aufschluß darüber, wie groß die Abweichung der Testleistung von der Erwartungsnorm, das heißt der Bezugsgruppe von Kindern des gleichen Schuljahrs, ist - nicht jedoch, welche Prozesse zu diesen Leistungen beigetragen haben. Die Diagnose ist also rein produktorientiert und basiert auf der Normalverteilung. Eine wichtige Aufgabe der zukünftigen Legasthenieforschung wird es sein, inhaltliche und auf den Lese- und Rechtschreibprozeß bezogene Kriterien zu entwickeln, die Aussagen darüber erlauben, wann spezifische Lernprozesse vom Schüler beherrscht werden und welche Fördermaßnahmen einzusetzen sind. Plädiert wird also für einen *prozeß- und lernzielorientierten Ansatz*, der, auf einer Analyse des Lese- und Rechtschreibprozesses basierend, die verwendeten Lese- und Rechtschreiblehrgänge und die besondere Unterrichtssituation (Lernziele des Lehrers, Voraussetzungen der Schüler, ...) berücksichtigen sollte.

Ursachenforschung. Weitere Gründe für die Uneinheitlichkeit der Befunde innerhalb der Legasthenieforschung sind in den verschiedenartigen theoretischen Ansätzen zur Erfassung des legasthenischen Versagens zu suchen. Hier sollen vor allem vier Ansätze kurz besprochen werden (zur ausführlichen Diskussion vgl. VALTIN 1981 a):
- der ätiologische Ansatz,
- der defizitorientierte Ansatz,
- der prozeßorientierte Ansatz und
- der individuumorientierte Ansatz.

Der *ätiologische Ansatz* umfaßt zwei Ebenen, die organisch-physiologische einerseits und die milieutheoretische andererseits, und versucht, endogene (konstitutions- und entwicklungsbedingte) und exogene (umweltbedingte) Ursachen der Legasthenie aufzuzeigen. Dieser Ansatz weist zumindest drei immanente Schwierigkeiten auf, die seine Angemessenheit fragwürdig werden lassen. Zunächst einmal fehlen für die Praxis klare Kriterien für die differentialdiagnostische Abgrenzung von Kindern mit verschiedenartigen Ursachenfaktoren, zumal eine große Überlappung dieser Verursachungsmomente besteht. Ein weiteres Problem dieses Ansatzes ist die geringe therapeutische Relevanz, denn der Lehrer kann die organisch-konstitutionellen oder die Milieufaktoren ja nicht direkt beeinflussen. Ferner herrscht Unklarheit über die direkte kausale Beziehung. Die Schwierigkeiten dieses Ansatzes ergeben sich aus dem Sachverhalt, daß man bislang kaum etwas über die vermittelnden Mechanismen weiß und darüber, wie und an welcher Stelle diese Faktoren den Prozeß des Lesen- und Schreibenlernens stören. Eine explizite Theorie über den Lese- und Rechtschreibprozeß ist eine Vorbedingung dafür.

Der *defizitorientierte Ansatz*, der die psychologische Ebene umfaßt, versucht, die dem Lese- und Rechtschreibversagen zugrunde liegenden Funktionsschwächen im kognitiven Bereich herauszustellen und ferner Störungen im

Bereich des Arbeitsverhaltens – wie Konzentrationsstörungen, mangelnde Motivation – zu untersuchen, die zu Lese- und Rechtschreibschwierigkeiten führen können. Als Kritik an diesem Ansatz ist zu nennen:
- Der zugrunde liegende Funktionsbegriff ist fragwürdig und geht von der Annahme einer globalen und materialunabhängigen Funktion, etwa im visuellen oder auditiven Bereich, aus und ignoriert die Spezifität dieser Operationen (vgl. SCHEERER-NEUMANN 1979, S. 61 ff.).
- Dieser Ansatz beinhaltet ein unzureichendes Modell des Lesevorgangs. Den bisherigen Untersuchungen liegt meist unausgesprochen die Annahme zugrunde, Lesen sei die Summe verschiedener kognitiver Funktionen, wie visueller Unterscheidungs- und Gliederungsfähigkeit, auditiver, sprechmotorischer und sprachlicher Fähigkeiten, Gedächtnis sowie Symbolverständnis, deren ungestörtes Funktionieren die Leseleistung garantiere, wobei jedoch weder die Wirkungszusammenhänge dieser Funktionen einsichtig gemacht werden noch ihre genaue Stellung im Lernprozeß bestimmt wird. Auch bleibt in diesem Modell der eigentliche Lernprozeß unberücksichtigt. Der Lernerfolg/-mißerfolg wird als Stärke/Schwäche der im Schüler liegenden Kapazität aufgefaßt. Dieses „Funktionenmodell" impliziert also eine bestimmte Kausalattribuierung (Ursachenzuschreibung), die die Gründe für den Lernerfolg/-mißerfolg im Ausprägungsgrad bestimmter Funktionen im Schüler sieht.

Der Schluß auf bestimmte Funktionsschwächen bei Legasthenikern gründet sich häufig auf Untersuchungen von Legasthenikern und Nicht-Legasthenikern, in denen Vergleiche hinsichtlich der am Leseprozeß vermutlich beteiligten Funktionen durchgeführt werden. Minderleistungen von Legasthenikern in bestimmten Funktionsbereichen werden dann als „Defizite" gewertet. Unversehens wird hier ein Zusammenhang kausal gedeutet, obwohl die bisherigen (korrelativen) Daten dergleichen Schlußfolgerungen gar nicht gestatten. Die Ergebnisse in bezug auf diese als typisch angenommenen Verursachungsmomente sind zudem artefaktanfällig (vgl. VALTIN 1981a).

Fruchtbarer für diagnostische und therapeutische Zwecke erscheinen zwei Ansätze neueren Datums. Der erste ist der *prozeßorientierte Ansatz,* der die beim Lesen beteiligten Prozesse und Teilfertigkeiten direkt erforscht. In der Bundesrepublik Deutschland hat SCHEERER-NEUMANN (vgl. 1981), die ebenfalls das der traditionellen Legasthenieforschung zugrunde liegende „medizinische Modell" kritisiert, ein Leseprozeßmodell vorgestellt, das die Erfassung gestörter Teilprozesse bei Leseschwachen erlaubt. Ihr Modell beinhaltet im wesentlichen zwei Komponenten, nämlich die Hypothesenbildung aufgrund des Text- und Satzzusammenhanges sowie das Worterkennen, das verschiedene Verarbeitungsstufen umfaßt: die visuellen Operationen der Merkmalsanalyse und der Segmentierung der Verarbeitungseinheiten, die phonologische Kodierung und die semantische Dekodierung. Die beim Worterkennen beteiligten Operationen sollten – um zu einer genauen Diagnose der Art der Lesestörung zu gelangen –, unter den Gesichtspunkten der Vollständigkeit, der Geschwindigkeit, der Automatisierung und ihrer Integration betrachtet werden. Leseschwache Kinder benötigen offenbar schon bei der visuellen Verarbeitung von Einzelbuchstaben mehr Zeit und haben Schwierigkeiten bei der Gliederung von Wörtern in ökonomische Segmente (zum Beispiel Silben). Weniger Schwierigkeiten ergaben sich bei der Ausnutzung des Satzkontextes. Die Ergebnisse hierzu sind allerdings uneinheitlich (vgl. GOLINKOFF-MICHNIK 1975/1976).

Die beim Lesen beteiligten Prozesse versucht ein weiterer Ansatz zu erfassen, der auf einer Analyse der Lesefehler („Verlesungen") beruht und von GOODMAN (vgl. 1967) und HOFER (vgl. 1977) beschrieben wird. Die Verlesungen sollen Aufschluß über individuelle Lesestrategien geben und darüber, welche Informationen des Textes (visuell-lautliche, semantische, syntaktische) vom Leser verarbeitet werden. In einer von HOFER vorgelegten Pilotstudie (vgl. 1977) wurden individuelle Differenzen in den Lesestrategien legasthenischer Kinder deutlich:
- Schwierigkeiten der Wortidentifikation durch das Bemühen des Kindes, Buchstabe für Buchstabe umzukodieren,
- Schwierigkeiten in der Segmentierung von Wörtern in ökonomische und sinnvolle Einheiten und
- Schwierigkeiten, syntaktische und semantische Beschränkungen des Textes zu nutzen.

Weitere Untersuchungen in dieser Richtung scheinen notwendig, um Hinweise zur Erkennung und Förderung leseschwacher Schüler zu liefern.

Aus neueren Forschungsergebnissen (vgl. DEHN 1984) läßt sich ableiten, daß der prozeßorientierte Ansatz ergänzungsbedürftig ist, denn er beinhaltet die Annahme, daß sich die sachstrukturellen Gegebenheiten des Lerngegenstandes umstandslos in den Köpfen der Lernenden spiegeln, daß also die „Logik des Gegenstandes" der „Psychologik" des Lernenden entspräche. Da man aber spätestens seit Piaget weiß, daß Lernen nicht die Aufnahme eines Sachverhalts durch einen passiv Lernenden ist, sondern die aktive Rekonstruktion des Sachverhalts aufgrund einer Assimilation an die sich verändernden Strukturen des Subjekts, ist bei der Diagnose des Lernstandes zu beachten, daß Kinder sich entwicklungsstandspezifisch andersartige Hypothesen über den Lese- und Rechtschreibprozeß bilden und durchaus private Regeln, zum Beispiel in der Rechtschreibung, konstruieren können. Der *individuumorientierte Ansatz* geht von den Annahmen aus, daß das, was die Erfinder unseres Schriftsystems geleistet haben, von den Lernenden neu zu konstruieren ist und daß Lesen und Schreiben keine mechanischen Vorgänge darstellen, sondern eine Sprachanalyse voraussetzen (Abstraktion vom Handlungs- und Bedeutungskontext, Konzentration auf die lautliche Seite der Sprache, Gliederung semantischer Einheiten in Wörter). FERREIRO (vgl. 1978) und FERREIRO/TEBEROSKY (vgl. 1979) haben durch Befragung herausgefunden, daß Kinder ganz eigenartige Hypothesen über die Beziehung zwischen Schrift und Sprachstruktur entwickeln, die einer bestimmten Stadienabfolge entsprechen. Schwierigkeiten beim Lesenlernen können dann entstehen, wenn eine mangelnde Übereinstimmung zwischen der Sichtweise der Kinder und den Modellvorstellungen vom Lesen auf seiten des Lehrers besteht. Ursachen von Leseschwierigkeiten können weiterhin sein:
- eine falsche oder fehlende Vorstellung hinsichtlich der kommunikativen Funktion von Schriftsprache,
- falsche Vorstellungen über die linguistischen Einheiten, die in unserem Schriftsystem durch graphische Symbole repräsentiert werden (einen Überblick über derartige Forschungen liefern DOWNING/VALTIN 1984).

BALHORN (vgl. 1984) hat auf den wichtigen Gedanken verwiesen, daß Kinder in der Rechtschreibung aufgrund privater Regelbildungen zu Falschschreibungen gelangen können. In einer von mir durchgeführten Interviewstudie an 60 guten und schwachen Rechtschreibern der 3., 4. und 6. Klasse konnte dies bestätigt werden. Den Kindern wurden Wörter diktiert, die in einen Satz einzusetzen waren, und sie wurden danach nach dem Grund für ihre Schreibweise befragt. Bei der Groß- und Kleinschreibung erwies sich, daß die schwachen

Rechtschreiber vor allem aus drei Gründen Schwierigkeiten hatten: Erstens verwendeten sie vorwiegend eine einzige Regel starr und mechanisch. Hier einige Argumentationen der Kinder: „Wenn ‚der, die, das' davorsteht, wird es groß geschrieben. ‚Dem Ängstlichen' wird klein geschrieben, denn es steht nicht ‚der, die, das' davor." – „‚Beim Grüßen' schreibe ich klein, weil man es nicht anfassen kann."
Zweitens hatten die Kinder Schwierigkeiten, die grammatische Wortklasse zu erkennen („Gliedmaßen schreibe ich klein, es kann weh tun, also Tu-Wort"). Drittens bildeten die Kinder häufig Regeln mit einer privaten Logik. Kathrin schreibt „sie Zerreißt" mit der Begründung: „Weil, glaube ich, ein Begleiter davorsteht". Statt „Artikel" lernen die Kinder in einigen Grundschulklassen den Ausdruck „Begleiter". Es entspricht durchaus kindlicher Logik, „sie" als „Begleiter" zu deuten.
In diesem Interview wurde den Schülern auch die folgende Frage gestellt: „Was tust du, wenn du dir ein schweres Wort merken sollst?" Aus den Antworten geht hervor, daß die guten Rechtschreiber offenbar eine bessere Kenntnis effektiverer Strategien zum Behalten eines Wortes haben (sie betonten häufiger, daß sie sich die Besonderheiten des Wortes merken) beziehungsweise ein methodisches Vorgehen, das verschiedene Aktivitäten (anschauen, Besonderheiten merken, abschreiben, vergleichen, wiederholen) umfaßt, während die schwachen Rechtschreiber sprechmotorische Lösungen (beispielsweise in Silben gliedern) bevorzugen und insgesamt weniger Übungsmöglichkeiten angeben (typische Antwort von schwachen Rechtschreibern: „lesen und behalten").
Befragt nach der Begründung für die Schreibweise verschiedener Wörter, antworteten die schwachen Rechtschreiber häufiger, daß sie nach Gehör schrieben beziehungsweise so, wie sie es sprächen.

In der Literatur ist inzwischen häufig auf die Fehlerträchtigkeit dieser phonetischen Strategie nach dem Prinzip „Schreibe, wie du sprichst" hingewiesen worden (vgl. ANDRESEN 1984, DEHN 1984). Dieses Thema sollte auch stärker als bisher in der Lehrerfortbildung betont werden.
Diese wenigen Hinweise belegen, daß es sinnvoll ist, sich bei der Diagnose einer Legasthenie nicht nur den Teilprozessen des Lesens und der Rechtschreibung zu widmen, sondern auch die Modellvorstellungen der Kinder zu berücksichtigen.

Behandlungsmöglichkeiten. SCHEERER-NEUMANN hat 1979 in ihrem Buch „Intervention bei Lese-Rechtschreibschwäche" einen ausgezeichneten Überblick über die vorliegenden empirischen Untersuchungen zu den Behandlungsmöglichkeiten bei Legasthenie geliefert. (Einen um neuere Studien ergänzten Überblick liefert VALTIN 1984.) Die vorliegenden empirischen Studien lassen sich klassifizieren in: Intervention im Bereich der Neurologie, psychologische Programme (psychotherapeutische und psychomotorische Verfahren, Funktionstraining), spezifische pädagogische Verfahren (lerntheoretisch orientierte Ansätze, kognitive Ansätze, Morphemmethode), umfassende Trainingsprogramme (die zum Beispiel ein Elterntraining beinhalten), Präventionsstudien sowie Berichte über die Wirkung schulischen Förderunterrichts.
Die bisherigen Ergebnisse lassen sich wie folgt zusammenfassen:
Fast alle Programme führen zumindest zu einer kurzfristigen Verminderung der Fehlerzahl, eine Kontrolle der Langzeitwirkung wurde bislang jedoch kaum durchgeführt.
Die Trainingseffekte sind unabhängig vom Intelligenzquotienten der Kinder. Dieses Ergebnis spricht für die Empfehlungen der KMK, allen Kindern mit Lese-/Rechtschreibschwierigkeiten unab-

hängig von ihrem Intelligenzniveau Förderunterricht zu gewähren (in einigen Bundesländern erhielten nur Kinder mit einem mindestens durchschnittlichen IQ Förderunterricht).
Die Präventionsstudien zeigen, daß durch einen verbesserten Lese- und Schreiberstunterricht und durch sofort einsetzende Fördermaßnahmen der Anteil von Kindern mit Lese-/Rechtschreibschwierigkeiten erheblich sinkt. Programme, die gezielt bei den gestörten Teilleistungen des Lese- und Rechtschreibprozesses ansetzen und Kindern Lösungstechniken an die Hand geben (vgl. SCHEERER-NEUMANN 1979, 1981), sind offenbar wirksamer als solche, bei denen die richtige Schreibweise des Gesamtwortes eingeübt wird. BREUNINGER (vgl. 1980) hat gezeigt, daß ein Programm mit abgestuften Maßnahmen (Rechtschreibförderung, Elterntraining und Förderung des Selbstvertrauens bei emotional beeinträchtigten Kindern) wirkungsvoller ist als ein reines Rechtschreibtraining.

Ein beträchtlicher Teil der Kinder (etwa 40%) kommt durch schulischen Förderunterricht zu etwa durchschnittlichen Leistungen im Lesen und in der Rechtschreibung, auch ohne psychotherapeutische Intervention (vgl. VALTIN 1984, S. 94 f.).

Schulischer Förderunterricht führt bei etwa einem Drittel der Kinder zu keiner Verbesserung. Geringe Fortschritte machen offenbar Kinder mit größeren Konzentrations- und Motivationsstörungen sowie Kinder mit schweren Entwicklungsverzögerungen. Dieses Ergebnis zeigt, daß der schulische Förderunterricht noch wesentlich verbesserungsbedürftig ist.

ANDRESEN, H.: Die Bedeutung auditiver Wahrnehmungen und latenter Artikulation für das Anfangsstadium des Schriftspracherwerbs. In: Osnabr. Beitr. z. Sprachth. (1979), 13, S. 28 ff. ANDRESEN, H.: Psycholinguistische Aspekte des Rechtschreiblernens und didaktische Vorschläge. In: NAEGELE, I./VALTIN, R. (Hg.): Rechtschreibunterricht ..., Frankfurt/M. 1984, S. 23 ff. BALHORN, H.: Was können wir aus Fehlern lernen? In: NAEGELE, I./VALTIN, R. (Hg.): Rechtschreibunterricht ..., Frankfurt/M. 1984, S. 37 ff. BREUNINGER, H.: Lernziel Beziehungsfähigkeit. Die Verschränkung praxisnaher Ausbildung (für Lehrer) und gezielter Hilfe (für lese-rechtschreibschwache Schüler), Diss., Stuttgart 1980. DEHN, M.: Wie Kinder Schriftsprache erlernen. Ergebnisse aus einer Längsschnittuntersuchung. In: NAEGELE, I./VALTIN, R. (Hg.): Rechtschreibunterricht ..., Frankfurt/M. 1984, S. 28 ff. DOWNING, J./VALTIN, R. (Hg.): Language Awareness and Learning to Read, New York/Berlin/Heidelberg/Tokyo 1984. FERREIRO, E.: What is Written in a Written Sentence? A Developmental Answer. In: J. of E. (1978), 160, S. 25 ff. FERREIRO, E./TEBEROSKY, A.: Los sistemas de escritura en el desarollo del niño, Mexico 1979. GOLINKOFF-MICHNIK, R.: A Comparison of Reading Comprehension Processes in Good and Poor Comprehenders. In: Read. Res. Quart. 11 (1975/1976), S. 623 ff. GOODMAN, K.S.: Reading. A Psycholinguistic Guessing Game. In: J. of Read. Specialist 6 (1967), S. 126 ff. HOFER, A.: Lesediagnose in der Grundschule mit Hilfe des Verlesungskonzepts. In: SPITTA, G. (Hg.) Legasthenie gibt es nicht ... was nun? Kronberg 1977, S. 115 ff. NAEGELE, I./VALTIN, R. (Hg.): Rechtschreibunterricht in den Klassen 1-6. Arbeitskreis Grundschule e. V.: Frankfurt/M. 1984. SCHEERER-NEUMANN, G.: Intervention bei Lese-Rechtschreibschwäche, Bochum 1979. SCHEERER-NEUMANN, G.: Prozeßanalyse von Lesestörungen. In: VALTIN, R. u. a.: Legasthenie in Wissenschaft und Unterricht, Darmstadt 1981, S. 183 ff. VALTIN, R.: Zur Machbarkeit der Ergebnisse der Legasthenieforschung. In: VALTIN, R. u. a.: Legasthenie in Wissenschaft und Unterricht, Darmstadt 1981, S. 88 ff. (1981a). VALTIN, R.: Didaktische Maßnahmen zur Verbesserung des Erstunterrichts im Lesen und Schreiben. In: VALTIN, R. u. a.: Legasthenie in Wissenschaft und Unterricht, Darmstadt 1981, S. 211 ff. (1981 b). VALTIN, R.: German Studies on Dyslexia: Implications for Education. In: J. of Res. in Read. 7 (1984), S. 79 ff.

Renate Valtin

Lernbereich: Ästhetische Erziehung

Begriff. In der fachdidaktischen Diskussion hat sich zunehmend der Begriff „Ästhetische Erziehung" zur Bezeichnung des Lernbereichs durchgesetzt, der heute noch je nach Bundesland „Kunsterziehung", „Kunstunterricht", „Bildende Kunst/Design" oder „Bildende Kunst/Visuelle Kommunikation" genannt wird. Die unterschiedlichen Fachbezeichnungen signalisieren eine Entwicklung, die vom „Zeichenunterricht" über die Bezugnahme auf „Kunst" zu einer Ausweitung auf allgemeine Prozesse der sinnlichen Wahrnehmungs- und Ausdrucksmöglichkeit führt.

Aktive Wahrnehmungstätigkeit und *ästhetische Praxis* als die fachspezifischen Zugriffsweisen stellen eine besondere Möglichkeit der handelnden Auseinandersetzung mit der Wirklichkeit dar. Sie sind auf das Erkennen und Verändern der Realität in ihrer historisch-gesellschaftlich entwickelten Komplexität gerichtet. Eine Reduktion auf das ausschließlich „Ästhetische", etwa auf die visuell wahrnehmbare Form der Gegenstände, widerspräche den pädagogischen und emanzipatorischen Intentionen, die mit der Einführung des Begriffs der ästhetischen Erziehung unter ausdrücklicher Bezugnahme auf v. SCHILLERs Briefe „Über die ästhetische Erziehung des Menschen" (vgl. 1977) verbunden werden (vgl. v. HENTIG 1973, KERBS 1975). Zugleich bedeutet jedoch die Auseinandersetzung mit der Realität mit ästhetischen Mitteln eine Möglichkeit zur Anregung, Entfaltung und Artikulation von Subjektivität in der Schule (vgl. EHMER 1980).

Aufgaben. Ästhetische Erziehung will die Schüler bei der Wahrnehmung und Entwicklung ihrer eigenen ästhetischen Bedürfnisse unterstützen und sie zugleich sensibilisieren und ausrüsten für die Auseinandersetzung mit den ästhetischen Angeboten unserer Kultur.

Bereits vor Eintritt in die Schule haben Kinder in der Regel ein vielfältiges Repertoire an ästhetisch-praktischen Tätigkeiten entwickelt, die ihnen in Verbindung mit anderen Aktivitäten die Aneignung ihrer Umwelt, die Bearbeitung von Erfahrungen, die Darstellung ihrer Kenntnisse, Fähigkeiten und Empfindungen sowie die visuelle Kommunikation über diese Erfahrungen ermöglichen. Nicht nur die Kinderzeichnung, die seit Beginn dieses Jahrhunderts als die wichtigste kindliche Darstellungsform in das Blickfeld von Pädagogen und Psychologen gerückt ist, sondern etwa auch das Basteln und Bauen im Rahmen von Spielsituationen sind Beispiele für die bereits in den ersten Lebensjahren entwickelte ästhetische Ausdrucksfähigkeit.

Diese ästhetischen Zugriffsweisen aufzugreifen und entsprechend dem wachsenden Realitätsanspruch der Schüler weiterzuentwickeln ist eine wichtige Aufgabe der ästhetischen Erziehung. Die Grundschule muß hier, wie für die anderen Lernbereiche auch, dem Kind Lernbedingungen schaffen, die es befähigen, sich zunehmend differenzierter und bewußter zu artikulieren. Für die Darstellung von individuellen und gemeinsamen Erfahrungen, von Ängsten, Wünschen oder Phantasien, die oft nicht – oder noch nicht – sprachlich vermittelt werden können, reicht es nicht, für eine Stunde pro Woche Papier und Buntstifte auszuteilen. Damit Phantasie sich produktiv entfalten kann und nicht in immer steriler werdenden Zeichenschemata erstickt, ist ein breites Angebot an Materialien und Verfahren, an Raum und Zeit und oft auch ein „Übergreifen" in andere Lernbereiche erforderlich. In einer sich so verstehenden ästhetischen Erziehung lernt das Kind nicht die Schönheits- und Verbotsnormen der Erwachsenen, sondern bekommt Mut, sich selbst, seine eigene Meinung, seine Sicht auf die Welt, seine

Lernbereich: Ästhetische Erziehung

Wünsche und Gefühle mitzuteilen (vgl. OTTO 1980, S. 16).

Als zweite wichtige Aufgabe muß ästhetische Erziehung dem Schüler die Auseinandersetzung mit den ästhetischen Phänomenen der Kultur als einem integralen Bestandteil unserer Lebenswelt ermöglichen. Dazu gehören neben der bildenden Kunst als dem traditionellen Gegenstandsbereich des Faches auch die ästhetischen Phänomene des Alltags wie Mode und Wohnumwelt, Gebrauchsgegenstände und Architektur, die Massenmedien und insbesondere die Gegenstände der Kinderkultur und die besonderen Kindermedien (vgl. BAUER/HENGST 1978, LENZEN 1978), die zunehmend die Wahrnehmungsgewohnheiten und die ästhetischen Bedürfnisse der Schüler prägen. Kritische Wahrnehmung *und* Genuß des Wahrgenommenen – beides soll durch ästhetische Erziehung ermöglicht und erweitert werden, denn Erkennen und Handeln im ästhetischen Bereich sind nicht ohne lustvolles, sinnliches Interesse am Gegenstand denkbar.

Ästhetische Erziehung und „musisches" Mißverständnis. Ästhetische Erziehung, die den Schüler als Subjekt in das Zentrum des Unterrichts rückt, seine Vorerfahrungen und Bedürfnisse zum Ausgangspunkt der didaktischen Entscheidungen macht, steht damit – gewollt oder nicht – in einer besonderen fachlichen Tradition. Schon die Kunsterziehungsbewegung, die um die Jahrhundertwende ihre Kritik am Zeichenunterricht formulierte, wollte Kunsterziehung „vom Kinde aus" neu beginnen. Anstelle des Abzeichnens nach Vorlagen oder Modellen sollte die eigene ästhetische Praxis der Kinder, die „freie Kinderzeichnung" Ausgangspunkt und Ziel zugleich sein. Unter dem Motto „Das Kind als Künstler" wurden 1898 von der Hamburger Lehrervereinigung erstmals freie Kinderzeichnungen ausgestellt (vgl. GÖTZE 1898). Nach dem Ersten Weltkrieg avancierte unter dem Einfluß der Kunsterziehungsbewegung und der Reformpädagogik „Der Genius im Kinde" (HARTLAUB 1922) zum Leitbild der Kunstpädagogik. Die ursprüngliche Gestaltungskraft des Kindes, seine „schöpferischen Uranlagen" sollten geweckt, bewahrt und in entsprechender Steigerung möglichst bis in das gereifte Alter hinübergerettet werden (HARTLAUB 1922, S. 74f.).

In dieser romantisierenden und regressiven Vorstellung von Kind und Kindheit drückte sich die angesichts der bedrückenden Realität verständliche Sehnsucht nach einer „heilen Welt" aus. Diese rückwärts gerichtete, intellektfeindliche Zielprojektion einer möglichst lange zu bewahrenden Kindheit wurde nach 1945 ungebrochen wiederaufgenommen. Formale Analogien mit archaischen Kunstformen und mit der Kunst des Expressionismus ergaben die Legitimation dafür, den als ahistorisch gültig betrachteten besonderen „Stil" der Kinderzeichnung rigide gegen Einflüsse aus der Bilderwelt der Kinder, gegen „Modekitsch" und wertlose Klischees (MEYERS 1960, S. 65) zu verteidigen. Der relative Freiraum für Subjektivität, Spontaneität und Emotionalität war zugleich ein Käfig, der die Alltagswirklichkeit der Kinder aussperrte und nur die als „kindgemäß" erklärte Darstellung einer von allem „Schmutz und Schund" gereinigten lebensfremden Kinderwelt zuließ.

Wenn sich ästhetische Erziehung heute gegen „neo-musische" Tendenzen in der öffentlichen Bildungsdiskussion wehrt, so nicht, weil sie das Prinzip „vom Kinde aus" für überholt hält, sondern weil sie sich mit diesem Bild vom Kinde nicht identifizieren kann. Gegenüber der Verklärung und zugleich Entmündigung des Kindes in der musischen Erziehung, die vorentschied, was kindlich und kindgemäß sei und was nicht, geht ästhetische Erziehung von der Vorstellung aus, daß auch Grundschüler schon selbst begründete Entscheidungen treffen können und daß sie die dafür erforderliche Kompetenz am besten durch möglichst selbstbestimmte Tätigkeiten erwerben.

Als „Erbe" der musischen Erziehung kann sich auch in der gegenwärtigen „Leistungsschule" ästhetische Erziehung auf den traditionellen Freiraum für Sinnlichkeit, Kreativität und Hedonismus berufen. Die generelle Forderung nach einer Grundschule, die in offenen Lernsituationen die individuellen Bedürfnisse der Schüler aufnimmt, Neugier und Interesse durch sinnliche Nähe zu den Dingen fördert und produktive Problemlösungen in selbstbestimmter praktischer Tätigkeit ermöglicht, kann daher in diesem Lernbereich relativ gut verwirklicht werden. Aufgrund dieses Spielraums wird jedoch häufig – angesichts der Konzentration der sogenannten Leistungsfächer auf überwiegend rezeptives, kognitives Lernen – ästhetische Erziehung primär auf ihre entlastende, regenerierende Funktion verwiesen und dabei um ihre kritischen Momente verkürzt. Dieses „musische Mißverständnis" muß nicht nur im Interesse der eigenen fachdidaktischen Perspektive, sondern auch im Interesse der allgemeinen Entwicklung der Grundschule zurückgewiesen werden. Denn wenn bestimmte Fächer – eben die „musischen" – diese kompensierende und entlastende Funktion übernehmen, stabilisieren sie damit zugleich die verengte, wenig kindgerechte Struktur der anderen Lernbereiche.

Der Lernbereich „Ästhetische Erziehung" in der Grundschule. Mit dem Hinweis auf die der ästhetischen Erziehung immer wieder als Hauptaufgabe zugeschobene Pflicht zur ausgleichenden Erheiterung und Verschönerung des grauen Schulalltags ist bereits ein Hauptproblem dieses Lernbereichs innerhalb der Institution Schule umrissen. Ästhetische Erziehung geschieht ja nicht nur in dem dafür vorgesehenen fachlichen Unterricht, sondern darüber hinaus in verschiedenen Situationen des Schullebens (Klassen- und Schulfeste, Spielnachmittage und Klassenfahrten) und auch, allerdings in reduzierter Form, in anderen Lernbereichen. Sie darf sich jedoch nicht im Illustrieren von Texten aus dem Sprachunterricht oder im beobachtenden Zeichnen für den Sachunterricht, im Ausgestalten von Spielen und Festen erschöpfen, da dann die notwendige systematische Erweiterung der von Kind zu Kind unterschiedlich entwickelten ästhetischen Erfahrungs- und Darstellungsmöglichkeiten zwangsläufig vernachlässigt wird. Der notwendigen interdisziplinären Orientierung ästhetischer Tätigkeiten innerhalb und außerhalb des dafür vorgesehenen Schulfaches muß als produktive Ergänzung und Korrektur fachspezifisches Lernen zugeordnet sein. So erfordert zum Beispiel die Entscheidung für eine bestimmte Zeichenaufgabe immer eine doppelte Reflexion: Jede Aufgabe muß *inhaltlich* begründet sein im Hinblick auf den Schüler als Subjekt des Lernens, und sie muß *fachspezifisch* gerechtfertigt sein zur Unterstützung und Erweiterung seiner ästhetischen Handlungs- und Darstellungsmöglichkeiten. Das Klassenlehrerprinzip in der Grundschule kommt diesem prinzipiell interdisziplinären inhaltlichen Anspruch entgegen, zur Sicherung des Fachspezifischen im Überfachlichen sind jedoch auch in der Grundschule fachlich qualifizierte Lehrer erforderlich.

Das Fachspezifische des Lernbereichs ist zum einen in den besonderen Aneignungs- und Vermittlungsformen zu suchen, die sonst zunehmend aus dem Curriculum der Grundschule ausgegliedert werden. Dazu gehören alle ästhetischen Aktivitäten, die auch bereits vor der Schulzeit und parallel neben der Schule das ästhetische Verhalten von Kindern ausmachen: nicht nur Zeichnen und

Lernbereich: Ästhetische Erziehung

Malen, sondern auch Verkleiden und Schminken, Spielen mit Masken und Puppen, Bemalen und Verändern von Gegenständen, Bauen und Formen, Fotografieren und Durchpausen, Abzeichnen und Matschen. Diese vielfältigen und vielseitigen Materialien und Techniken sollten nicht „für sich" gelernt und geübt werden; denn erst im Hinblick auf eine bestimmte Darstellungsabsicht, auf die Funktion eines ästhetischen Prozesses oder ästhetischen Objekts in einer bestimmten Kommunikationssituation läßt sich über die erforderlichen ästhetischen Mittel entscheiden. Ein auf formalästhetische und handwerkliche Techniken reduzierter Lehrgang vermag nie die gegenständliche Bedeutung und die inhaltliche Aussagekraft einer bestimmten Farbgebung oder einer bestimmten Komposition so zu vermitteln wie ein problemorientierter Unterricht, der die ästhetischen Anteile eines Gegenstandes nicht von seinen inhaltlichen, sozialen, historischen und kommunikativen Aspekten trennt.

Grundschüler sollten in diesem Lernbereich jedoch nicht nur die Fähigkeit erwerben, sich selbst mit verschiedenen ästhetischen Mitteln zu artikulieren. Sie müssen auch für den lebenslang notwendigen Umgang mit den Erscheinungen unserer ästhetischen Kultur qualifiziert werden. So sollten sie schon in der Grundschule lernen, Bilder und ästhetische Objekte zu verstehen, zu beurteilen und zu benutzen (vgl. EUCKER/KÄMPF-JANSEN 1979, S.500), und neugierig werden auf die sinnliche Erfahrung des kulturell schon entwickelten optischen Angebots. Diese Aneignung unserer ästhetischen Kultur kann sich aus mehreren Gründen nicht auf die Rezeption von Kunst beschränken: Zum einen hat die Kunst selbst seit Beginn dieses Jahrhunderts zunehmend den tradierten Kunstanspruch in Frage gestellt und die Grenzziehung zwischen Kunst und Realität, zwischen Alltags- und Kunsterfahrung programmatisch verwischt (etwa durch Materialcollagen, Ready-mades, Objets trouvés, Environments – zahlreiche Bildbeispiele in ROTZLER 1975). Im gleichen Zeitraum hat auch die Kunstwissenschaft begonnen, der Wanderung von Bildideen auf *allen* Ebenen der Bildproduktion nachzuspüren, „von der ‚hohen' zur trivialen Kunstausübung bis in die Randkünste" (SYAMKEN 1980, S.33 unter Bezug auf Warburg), um die Funktion und den Funktionswandel von Bildern, ihre wirkungsgeschichtlichen Brechungen im Alltag aufzuklären.

Seit Beginn der 70er Jahre hat die Kunstdidaktik die Ausweitung ihres Inhaltsbereichs über die Kunst hinaus auf die Gesamtheit der optischen Kultur – insbesondere im Hinblick auf die Einbeziehung der Massenmedien – intensiv und kontrovers diskutiert (vgl. EHMER 1971). Wenn zudem die Einschätzung richtig ist, daß unsere „Kultur der Sinne" vor allem „durch lebenslanges ästhetisches Lernen im Alltag" (SELLE 1981, S.13) entsteht, so muß ästhetische Erziehung sich auch prinzipiell auf *alle* Ausprägungen unserer ästhetischen Kultur beziehen. Ästhetische Erziehung hat hier die doppelte Aufgabe, Schülern zum einen die Bedeutung und die Wirkung ihrer alltäglichen ästhetischen Erfahrungen bewußtzumachen und sie für deren multimediale Vermarktung etwa in den Kindermedien zu sensibilisieren. Zum anderen muß ästhetische Erziehung den Schülern ständig auch neue, andere Wahrnehmungserfahrungen ermöglichen und dazu aus dem gesamten Reservoir von Kunst- und Kulturgeschichte Bildangebote auswählen. Der selbstverständliche Umgang mit der Vielfalt und Vielschichtigkeit der ästhetischen Kultur als Grundlage für die bewußte, aktive Auseinandersetzung mit ästhetischen Phänomenen in allen Lebensphasen muß bereits in der Grundschule beginnen.

Diese Aneignung der ästhetischen Kultur ist in diesem Lernbereich kein ausschließlich reflexiver, kognitiver Prozeß. Gerade auch im ästhetisch-praktischen Umgang mit den ästhetischen Gegenständen kann ihre besondere sinnliche Qualität erfahren werden. Mit Bildern dokumentieren, illustrieren oder unterhalten lernen gehört dazu ebenso wie das experimentierende Erproben der dekorativen, der phantastischen oder der mimetischen Funktion von Kunst. Ästhetische Erziehung muß dazu den Klassenraum verlassen und sowohl die trivialen Phänomene des Alltags wie die Museumskunst in ihrem konkreten Wirkungszusammenhang aufsuchen.

BAUER, K. W./HENGST, H. (Hg.): Kritische Stichwörter zur Kinderkultur, München 1978. EHMER, H. K. (Hg.): Visuelle Kommunikation. Beiträge zur Kritik der Bewußtseinsindustrie, Köln 1971. EHMER, H. K. (Hg.): Subjektivität und Lernen. Kunst u. U., Sonderheft, 1980. EUKKER, J./KÄMPF-JANSEN, H.: Umgang mit ästhetischen Objekten. In: KOCHAN, B./NEUHAUS-SIEMON, E. (Hg.): Taschenlexikon Grundschule, Königstein 1979, S. 500 f. EUCKER, J./RUPPIK, B.: Kunstunterricht 1-2, Weinheim/Basel 1983. GÖTZE, C.: Das Kind als Künstler. Ausstellungen von freien Kinderzeichnungen in der Kunsthalle Hamburg, Hamburg 1898. HARTLAUB, G. F.: Der Genius im Kinde, Breslau 1922. HARTWIG, H.: Sehenlernen, Bildgebrauch und Zeichnen – Historische Rekonstruktion und didaktische Perspektiven. In: HARTWIG, H. (Hg.): Sehen lernen, Köln 1976, S. 63 ff. HENTIG, H. v.: Über die ästhetische Erziehung im politischen Zeitalter. Einige Grundbegriffe aus dem Wörterbuch der Kunsterziehung (1967). In: HENTIG, H. v.: Spielraum und Ernstfall, Stuttgart ²1973, S. 352 ff. KERBS, D.: Zum Begriff der ästhetischen Erziehung (1970/1972). In: OTTO, G. (Hg.): Texte zur Ästhetischen Erziehung, Braunschweig 1975, S. 12 ff. LENZEN, K. D.: Kinderkultur – die sanfte Anpassung, Frankfurt/M. 1978. MEYERS, H.: Fröhliche Kinderkunst, München ²1960. OTTO, G.: Die Lust an sinnlicher Nähe. In: spiel. u. lern. (1980), 4, S. 12 ff. ROTZLER, W.: Objektkunst, Köln 1975. SCHILLER, F. v.: Über die ästhetische Erziehung des Menschen (1795), Stuttgart 1977. SEITZ, R.: Kunst in der Kniebeuge. Ästhetische Elementarerziehung, München 1978. SELLE, G.: Kultur der Sinne und ästhetische Erziehung. Alltag, Sozialisation, Kunstunterricht vom Kaiserreich zur Bundesrepublik, Köln 1981. STAUDTE, A.: Ästhetische Erziehung 1-4, München 1980. SYAMKEN, G.: Aby Warburg – Ideen und Initiativen. In: HOFMANN, W. u. a.: Die Menschenrechte des Auges. Über Aby Warburg, Frankfurt/M. 1980, S. 11 ff. ULLRICH, H./ULLRICH, E.: Zeichnen, Malen, Werken. Ästhetische Erziehung im Vor- und Grundschulalter, Ravensburg 1979.

Adelheid Staudte

Lernbereich: Bewegung – Spiel – Sport

Anspruch und pädagogische Perspektive. Die Bedeutung der Bewegung und des Spiels für das kindliche Leben und die kindliche Entwicklung ist unbestritten und in der pädagogischen Diskussion häufig nachgewiesen worden. Neuerdings wird auch der Sport immer stärker in diese Diskussion einbezogen, da er in zunehmendem Maße das außerschulische Bewegungsleben der Kinder mitbestimmt. Von „Bewegung, Spiel und Sport" als einem Lernbereich der Grundschule ist allerdings erst in jüngster Zeit die Rede, ohne daß die darin enthaltenen Ansprüche in der Theorie und Praxis schulischer Erziehung schon eingelöst wären. Gymnastik, Turnen, Leibesübungen, Bewegungserziehung und Sportunterricht sind die begrifflichen Fassungen, die diesen erzieherischen Bereich bisher inhaltlich bestimmt haben.

Die Ansprüche und die Begründung einer grundschulpädagogischen Konzeption für Bewegung, Spiel und Sport sind im Zusammenhang mit der neuerlichen Reformierung der Grundschule formuliert worden (vgl. GABLER/GRUPE 1975). Danach wird die *Bewegung* als

Lernbereich: Bewegung – Spiel – Sport

„Medium des Großwerdens" überhaupt bezeichnet und als grundlegende Bedingung der Interaktion zwischen Kind und Umwelt gesehen. Im Bewegen erschließt und konstituiert das Kind sich und seine Welt und macht dabei fundamentale körperliche und personale, materiale und soziale Erfahrungen (vgl. GRUPE 1976). Der Ansatz bei der Bewegung führt konsequenterweise zur – noch nicht hinreichend erarbeiteten – Konzeptualisierung einer Bewegungserziehung, deren allgemeiner Wert darin bestehen könnte, in der didaktischen Organisation der unterschiedlichen Bewegungserfahrungen einen grundlegenden Beitrag zu einer wünschenswerten Personalisation und Sozialisation zu leisten.

Die Bewegung – als anthropologische Grundkonstante – ist ein Phänomen, das alle Lebensbereiche durchdringt. Im Lernbereich wird das Umfassende der Bewegung auf die beiden Bereiche „Spiel" und „Sport" eingegrenzt. Dabei kann folgende idealtypische Unterscheidung getroffen werden:

Das *Spiel* beziehungsweise das Spielen enthält die Chance zur eher offenen, freien, situativen und spontanen Gestaltung der Bewegung. Es ermöglicht mehr individuelle Interpretationen und ganzheitlich-intuitive Entwürfe und zeichnet sich durch einen informellen Charakter und durch offene Sinngebung aus. Der vorrangige Wert des Spiels und des Spielens wird deshalb in der Gegenwartserfüllung und in einer „innovativen Sozialisation" (vgl. SUTTON-SMITH 1978), das heißt in der Fähigkeit zur Erneuerung gesehen.

Der *Sport* in seiner gesellschaftlichen institutionalisierten Form enthält dagegen eher genau festgelegte, geregelte und nach Sportarten und -disziplinen zergliederte Spezialbewegungen. Er ist vorgegeben und vorschreibend, wird in formeller Art betrieben und benötigt zumeist eine speziell hergerichtete Umwelt. Die Bewegungen werden in starkem Maße unter dem Gesichtspunkt der quantifizierbaren Leistung und der Konkurrenz relevant. Durch die im einzelnen geschlossenen Sinngebungen, durch seine Intersubjektivität und die Idealisierung gesellschaftlicher Werte und Prinzipien hat der Sport eher Zukunftsbedeutung und dient mehr einer „konservativen Sozialisation".

Im Interesse des Kindes, das heißt seiner Gegenwartserfüllung und Zukunftsbewältigung gälte es eine Bewegungserziehung zu formulieren und zu praktizieren, die in einer ausgewogenen Spannung zwischen „Spiel" und „Sport" ausgelegt ist und die zugleich die Bewegung in ihrer fundamentalen und bereichsübergreifenden Bedeutung erfaßt. Eine solche Bewegungserziehung hätte an gute historische Konzeptionen anzuknüpfen, dürfte Fehler der Geschichte nicht wiederholen und müßte sich im Interesse der Machbarkeit mit gegenwärtigen Tendenzen auseinandersetzen.

Historische Entwicklung. Schon lange vor der Einführung der Grundschule hat die pädagogische Diskussion um die erzieherischen Werte von Bewegung und Spiel im Kindesalter begonnen, und schon lange vorher wurden die Weichen für die schulische Praxis gestellt.

Nach der griechischen Antike gehen erst von der Aufklärung wieder umfassende Anstöße zur Begründung leiblicher Erziehung aus. Im Gegenüber zur geistigen Bildung nahmen zunächst die von der natürlichen Erziehung Rousseaus beeinflußten Philanthropen Basedow und Salzmann in den Internaten Dessau und Schnepfenthal im letzten Viertel des 18. Jahrhunderts körperliche Übungen in den Unterricht auf, und Pestalozzi entwarf fast gleichzeitig eine Elementargymnastik. Die dabei auftretende Polarität von Geistes- und Körpererziehung wurde durch die Entdeckung des Spiels als erzieherische Möglichkeit teilweise überbrückt. Fröbel gründete unter der Einsicht, daß der Mensch nur dort ganz Mensch ist, wo er spielt (Schiller), seine Menschenbildung ganz auf eine Spielerziehung.

Die Argumentation dieser Anfänge ist durch und durch pädagogisch: Die körperlichen Übungen sollten im Interesse einer *Gesamterziehung* und der Entfaltung aller natürlichen Kräfte den geistigen Übungen zur Seite gestellt werden. Das Spiel, das immer den ganzen Menschen betrifft, sollte der Gefahr der Polarisierung von Geist und Körper entgegenwirken. Mit den körperlichen Übungen einerseits und dem freien Spiel andererseits konnte zugleich auch die Spannung des menschlichen Lebens zwischen Pflicht und Neigung erzieherisch erfaßt werden.

Mit der von Jahn begründeten Turnbewegung kommt zu Beginn des 19. Jahrhunderts zur pädagogisch legitimierten leiblichen Erziehung eine aufs Leibliche gegründete *politische Erziehung* hinzu. Ohne jedoch diese Vielfalt der Turnübungen und -spiele aufzugreifen – das Turnen wurde wegen der nationalen Einheitsidee von 1820 bis 1842 verboten – und ohne an die pädagogischen Begründungen anzuschließen, wurde das Turnen erheblich reduziert als Volkserziehungsmittel 1848 für die Knaben und 1880 für die Mädchen in das öffentliche Schulwesen Preußens aufgenommen. Zunächst entwickelte Rothstein aus der schwedischen Gymnastik das erste Konzept der Turnlehrerausbildung mit einer einseitigen physiologisch-anatomischen Orientierung. Dieser Ansatz, der sich institutionell nicht durchsetzen konnte, wurde durch das Schulturnen nach Spieß mit seinen stark formalisierten Ordnungs- und Geräteübungen abgelöst. In dieser Form, bei der der Lehrer vormachte, was die Schüler nach- oder mitzumachen hatten, etablierten sich die Leibesübungen im Kanon der Schulfächer schließlich in ganz Deutschland. Das „Pädagogische" an diesen Übungen bestand in der *körperlichen Disziplinierung,* im Lernen von Ordnung, das heißt von Unter- und Einordnung in ein wie auch immer geartetes Ganzes.

Gegen die disziplinierte Form des Schulturnens entstanden schon bald verschiedene reformerische Gegenkräfte: Zunächst war es die Spielbewegung, die aus der Tradition der Volksspiele sowie der Turn- und Jugendspiele Jahns entstand und 1882 den Goßlerschen Spiel-Erlaß bewirkte, der einen wöchentlichen Spielnachmittag an allen Schulen forderte. Zu Beginn des 20. Jahrhunderts griff die Sportbewegung mit ihren eigenen Formen und ihrem ausgeprägten Wettkampfgedanken von England nach Deutschland über. Zu ihr traten die Wander-, Tanz- und Gymnastikbewegung, die in der Reformpädagogik ihren theoretischen Rückhalt fanden. Bis in die Weimarer Zeit hinein haben diese Strömungen jedoch nur die außerunterrichtlichen Aktivitäten beeinflußt; für den Unterricht blieb das Spießsche Ordnungsturnen zentraler Inhalt. Erst im natürlichen Turnen der österreichischen Schulreformer Gaulhofer und Streicher entstand in den 20er Jahren ein grundschulpädagogisch durchdachtes System, das bald auch den Unterricht selbst veränderte und kindgemäßer gestalten ließ. Statt eines in Einzelübungen zergliederten Turnunterrichts ging es nun um die *natürlichen, ganzheitlichen Bewegungsformen* des Kindes wie um Laufen, Springen und Klettern. Diese von einer „Natürlichkeit" ausgehende Argumentation richtete sich zugleich auch gegen die Tendenzen, die „Modeströmungen" des Sports, des Tanzes und der Artistik in die Grundschule hineinzunehmen.

In Deutschland wurde die eingeleitete Reform durch den Nationalsozialismus unterbrochen, der auch die freien Formen der Leibesübungen in den Dienst einer politischen Erziehung stellte. Der Versuch, nach diesem Mißbrauch die Leibeserziehung in der Bundesrepublik Deutschland neu zu begründen, stützte sich weitgehend auf die Begrifflichkeit und Argumentationsweise der bildungstheoretischen Didaktik. Diese Theorie der Leibeserziehung wollte, im Unterschied zur Theorie der Körpererziehung in der DDR, nach dem nationalsozialistischen Mißbrauch keine politische Erziehung mehr sein. Während die Ziele und Inhalte der Körpererziehung bewußt von einem politischen Gegenbild zum Nationalsozialismus und vom Konzept einer sozialistischen Persönlichkeit abgeleitet werden, versuchte die Theorie der Leibeserziehung im Wesen des Menschen selbst ihre Gehalte zu finden. Als die vier wesentlichen Grundkategorien, die es in der leiblichen Erziehung zu entfalten galt, wurden die *körperliche Haltung* und *Beherrschung,* der *ästhetisch-gestalterische Ausdruck,* die *spielerische Auseinandersetzung* und das *kämpferische Moment* gesehen. Durch die darauf bezogenen vier Grundformen des Turnens, Tanzens beziehungsweise der Gymnastik, des Spiels und des Sports sollte das Kind seine kategorial unterschiedenen leiblichen Kräfte und damit immer auch sich selbst erschließen.

Gegenwärtige Tendenzen. Die gegenwärtigen Ansätze in Theorie und Praxis lassen sich idealtypisch nach drei Richtungen ordnen:
Leibliche Erziehung: Die Orientierung an der Entwicklung sinnlicher Kräfte. Zwar ist Anfang der 70er Jahre die Leibeserziehung durch das Sportkonzept verdrängt worden, doch die Idee, das Leiblich-Sinnliche als fundamentalen Ausgangspunkt für die Erziehung zu nehmen, wurde bewahrt und neu formuliert (vgl. BANNMÜLLER 1979). Eine solche Erziehung, die als offenes Bewegungskonzept ausgelegt ist, versteht sich vorwiegend als Wahrnehmungserziehung, der es um das Erschließen ästhetisch-sinnlicher Kräfte des Bewegens, Sehens, Hörens und Fühlens geht. Nach der Curriculumeuphorie und im Kontext einer eigentümlichen pädagogischen Rückbesinnung verschiedener Bundesländer, die Sport in fächerübergreifende Gegenstandsbereiche, beispielsweise der „musisch-ästhetischen Erziehung", einbinden, sind die Realisierungschancen dieses vorwiegend anthropologisch-pädagogischen Konzepts gestiegen.
Sportunterricht: Die Orientierung an der Sache. In dem inzwischen auch für den Primarbereich gebräuchlich gewordenen Begriff „Sportunterricht" ist die gegenwärtig dominante Richtung markiert. Es geht nicht mehr um natürliches Turnen oder um Leibeserziehung, also um den Anspruch, den ganzen Menschen zu erziehen, sondern vorrangig um das Unterrichten unterschiedlicher Sportarten. Der Sport wird als eine gesellschaftliche Lebenssituation begriffen, für die Schüler zu qualifizieren sind. Spezielle Ziele, Inhalte und Methoden des Sports, der Sportarten und der Sportwissenschaft bestimmen dabei unter dem vorrangigen Ziel und der Zukunftsperspektive des lebenslangen Sporttreibens mehr und mehr auch den Unterricht der Grundschule. Dieses Hereindringen des gesellschaftlichen Sports wird durch bildungspolitische Entscheidungen und administrative Vorgaben begünstigt und durch didaktische Entwürfe gesichert (vgl. DIEM/KIRSCH 1975, HAGEDORN u. a. 1972).
Bewegung und Spiel: Die Orientierung am Kind. Gegen die vorrangige Praxis des Sportunterrichtens entwickelt sich in immer stärkerem Maße eine häufig ebenso einseitige Praxis der Schülerorientierung, die im Interesse der Gegenwartsbefriedigung und im Vertrauen auf die schöpferischen Kräfte des Kindes dem geschlossenen Sportunterricht einen offenen Unterricht entgegenstellt. Neben diesen pädagogisch noch ungenügend durchdachten Gegenversuchen zeichnen sich jedoch auch theoretisch begründete Konzepte aus, die im Interesse vielfältiger, fächerübergreifender Erfahrungen Bewegung und Spiel als Lerngelegenheiten auslegen (vgl. KRETSCHMER 1981, SCHERLER 1976). Sport spielt hier nur eine untergeordne-

te Rolle, der Erfahrungsbegriff wird dem Lernbegriff vorgezogen, und das Konzept des Unterrichtens wird durch das der Betreuung, des Anregens und Helfens ersetzt oder zumindest ergänzt. Die Bewegungs- und Spielwelt der Kinder, ihre Gegenwartserfüllung und Entwicklungsförderung sind die Bezugspunkte dieser Überlegungen.

Mit dem Anspruch einer leiblich-sinnlichen Erziehung, der Ausrichtung an der Sache Sport und der Orientierung am kindlichen Bewegungsleben, sind gegenwärtig drei wichtige Perspektiven einer Lernbereichsdidaktik entfaltet (vgl. EHNI u.a. 1985). Sie bedürfen allerdings noch der Integration in eine historisch reflektierte, pädagogische Konzeption, die dem Anspruch einer Bewegungserziehung zwischen „Spiel" und „Sport" gerecht wird.

BANNMÜLLER, E.: Neuorientierung der Bewegungserziehung in der Grundschule, Stuttgart 1979. DIEM, L./KIRSCH, A.: Lernziele und Lernprozesse im Sport der Grundschule, Frankfurt/M. 1975. EHNI, H. u.a.: Spiel und Sport mit Kindern, Reinbek 1985. GABLER, H./GRUPE, O.: Bewegung, Bewegungsspiel und Sport (Begründungen und Vorschläge). In: DEUTSCHER BILDUNGSRAT (Hg.): Die Eingangsstufe des Primarbereichs, Bd. 2.1: Spielen und Gestalten, Gutachten und Studien der Bildungskommission, Bd. 48.1, Stuttgart 1975, S. 197 ff. GRUPE, O.: Was ist und was bedeutet Bewegung? In: HAHN, E./PREISING, W. (Red.): Die menschliche Bewegung, Schorndorf 1976, S. 3 ff. HAGEDORN, G. u.a.: Sport in der Primarstufe, Frankfurt/M. 1972. KRETSCHMER, J.: Sport und Bewegungsunterricht, München/Wien/Baltimore 1981. SCHERLER, K.: Bewegung und Spiel in der Eingangsstufe. In: D. Grunds. (1976), S. 28 ff. SUTTON-SMITH, B.: Die Dialektik des Spiels, Schorndorf 1978.

Horst Ehni

Lernbereich: Mathematik

Unbeeinflußt von verschiedenen Reformbemühungen ist der Mathematik- und Rechenunterricht bei den meisten Grundschülern ein beliebtes Unterrichtsfach, gleichzeitig aber auch neben der Rechtschreibung der für die Leistungsbeurteilung entscheidende Lernbereich. Diese wichtige Rolle, die der Lernbereich Mathematik in der Primarstufe für die schulische Laufbahn eines Schülers spielt, ist durch die Einführung der Orientierungsstufe mit ihrer Fachleistungsdifferenzierung eher verstärkt worden. Die Selektionsfunktion des Faches, verbunden mit den sich frühzeitig ergebenden Schwierigkeiten im Lehr-/Lernprozeß, sollte mitbedacht werden bei einer Auseinandersetzung mit den geschichtlichen Entwicklungen, bei einer Diskussion der Ziele und Inhalte sowie bei einer Analyse der Forschungsaspekte und möglicher Defizite.

Entwicklungen und Tendenzen. Bedingt durch die völkischen Erziehungsziele mit dem Primat des Körpertrainings vor der Ausbildung der kognitiven Fähigkeiten des Individuum wurden die fruchtbaren und umfassenden Entwicklungen innerhalb der Mathematikdidaktik gleich nach 1933 radikal unterbrochen. Während der Zeit des Nationalsozialismus spielt der Rechenunterricht innerhalb des schulischen Fächerkanons eine neue, eher nebensächliche Rolle; Forschung und Curriculumentwicklung ruhen weitgehend. So verwundert es nicht, daß die ersten 20 Nachkriegsjahre des Grundschulrechenunterrichts bestimmt werden durch eine behutsame, meistens nur mit Detailverbesserungen verbundene Fortführung verschiedener Strömungen des Rechenunterrichts der Reformpädagogik. Die drei einflußreichsten rechenmethodischen „Schulen" der Nachkriegszeit sind

Lernbereich: Mathematik

- der von Kühnel begonnene und von Koller fortgesetzte „Neubau des Rechenunterrichts" mit einer expliziten Berücksichtigung der Erkenntnisse aus der experimentellen Psychologie,
- der auf Wittmann zurückgehende ganzheitliche Rechenunterricht, der durch die Fortführung vor allem von Karaschewski und Odenbach neue, praxisnahe Impulse erfährt und
- der von Breidenbach weiterentwickelte, systematische Rechenunterricht im Sinne Haases.

Kennzeichnend für das Curriculum des Rechenunterrichts in den ersten vier Schuljahren ist eine Beschränkung auf die *Arithmetik* und die Anwendung in Größenbereichen und beim Sachrechnen. Die methodische Durcharbeitung bezieht sich auf mathematikdidaktische und psychologische Theorien aus der Zeit der Reformpädagogik und somit auf eine „Pädagogik vom Kinde aus". Man kann von gewachsenen Reformen des Rechenunterrichts sprechen, wie auch bei der operativen Methode, die von Fricke in den 60er Jahren propagiert wird und sich stark an den Erkenntnissen Piagets orientiert. Diese Entwicklungen werden durch die KMK-Empfehlungen vom 3.10.1968 mit der verbindlichen Einführung des Mathematikunterrichts ab Schuljahresbeginn 1972 durch eine vom Gesetzgeber verordnete Reform abgelöst. Diese Form der Verordnung durch Erlaß ist in der Geschichte des Rechenunterrichts neu, in der sich andere Konzepte immer durch Überzeugungskraft durchsetzen mußten. Neu an der *„Neuen Mathematik"* sind auch die Inhalte (Mengenlehre, Relationen, Topologie …), die präzisen Lernzielformulierungen, die strukturierten Materialien, die Bemühungen einer verstärkten Ikonisierung, die Anwendung zahlreicher didaktischer Prinzipien. Lehrer, Eltern und viele Lehrbuchautoren sind von der neuen Mathematik gleichermaßen überrascht. Die Kritik hat sich recht bald nicht nur an den fragwürdigen Rechtfertigungsversuchen (Fortschritte innerhalb der Mathematik, Förderung des wirtschaftlichen Wachstums, Kinder lernen leichter durch Mengenlehre) entzündet, sondern insbesondere an den Schulbüchern und der Unterrichtspraxis. Eine Verselbständigung der Inhalte und die verfrühten Formalisierungen, ein einseitiger Aufbau des Zahlbegriffs und der Rechenoperationen, Stoff- und Begriffsfülle verbunden mit einer Vernachlässigung des Rechnens, veranlaßten die Kultusminister recht bald (1976), über Rahmenvereinbarungen die junge Reform wieder zurückzudrehen.

Der gegenwärtige Mathematikunterricht in der Grundschule ist glücklicherweise nicht gekennzeichnet durch den Tenor „Back to basics" im Sinne von nur wieder Rechenunterricht statt Mathematikunterricht, man kann eher von einer Konsolidierung des Lernbereichs Mathematik in der Primarstufe sprechen. Die neuen Richtlinien der Bundesländer nehmen allmählich eine inhaltliche Stoffreduktion vor, so daß verstärkt wieder ein exemplarisches Lernen möglich ist.

Die letzte Reform des Mathematikunterrichts war aber nicht nur eine Angelegenheit neuer Inhalte und deren Auswahl sowie Elementarisierung für die Primarstufe, sondern auch eine Frage neuer pädagogischer Zielsetzungen und deren methodischer Realisierungen. So besinnt sich der gegenwärtige Mathematikunterricht einerseits wieder stärker auf seine geschichtlichen Entwicklungen und Erfahrungen aus der Rechendidaktik, andererseits sind die didaktischen Anregungen zur Auseinandersetzung mit mathematischen Problemen und ihrer Anwendung nicht mehr wegzudenken. Das Fortschreiten der Computerisierung vieler Lebensbereiche wird zu einem rasch wachsenden Anpassungsdruck auch auf die Grundschule in Richtung einer Öffnung für die neue Technologie führen.

Diese Folge des Technologietrends läßt sich in Ländern wie England, der UdSSR und den USA in bereits fortgeschrittenen Stadien beobachten und daher für uns mit einiger Verläßlichkeit vorhersagen. Die Folgerungen für die curriculare Materialentwicklung, für Richtlinien, Lehrerfortbildung und anderes sind kaum absehbar. Man sollte aber aus der verordneten Reformwelle der 60er/70er-Jahre, ihrer administrativen Hektik und den negativen Folgen für den Mathematikunterricht gelernt haben.

In Zukunft wird weitaus wichtiger als das Beherrschen von Rechentechniken sein, die Möglichkeiten der Anwendung mathematischer Werkzeuge in nahezu allen Bereichen des täglichen Lebens erkennen und verantwortungsvoll nutzen zu können, aber auch, deren tatsächliche Grenzen zu erkennen und sich für deren in manchen Fällen notwendigen Begrenzungen einzusetzen.

Ziele und Inhalte. In Anlehnung an WINTER (vgl. 1981) wird in der gegenwärtigen mathematikdidaktischen Diskussion unterschieden zwischen fachübergeordneten und fachspezifischen Zielen des Mathematikunterrichts. Fachübergeordnete Ziele wie Entfaltung der Kreativität, Förderung der Argumentationsfähigkeit, Bereicherung der Ausdrucksfähigkeit oder Erschließung von Umweltsituationen sind nicht auf den Lernbereich Mathematik beschränkt. Sie stehen in enger Beziehung zu den allgemeinen Aufgaben der Grundschule, für deren Erfüllung der Mathematikunterricht einen besonderen Beitrag leisten kann. In den fachbezogenen Zielen spiegeln sich typische mathematische Grundtätigkeiten wider wie Vergleichen, Sortieren, Ordnen, Klassifizieren, Symbolisieren, Formalisieren, Analogisieren, Generalisieren oder Spezialisieren. Diese Fähigkeiten sind nicht an spezifische Inhalte des Mathematikunterrichts gebunden. Man muß sich bewußt sein, daß nicht die Inhalte von sich aus das Erreichen derart allgemeiner Lernziele ermöglichen, sondern die Art und Weise des unterrichtlichen Umgangs mit ihnen. Fachbezogene und fachübergreifende Ziele des Mathematikunterrichts können die Themenkreise strukturieren und die Lernweisen sowie die Lehrmethoden auf diese Ziele hin bestimmen, sofern der einzelne Lehrer selbst von diesen Zielen überzeugt ist.

Insbesondere seit der Reform des Mathematikunterrichts am Ende der 60er Jahre bilden Stoffülle und, damit verbunden, der Zeitdruck für den Mathematiklehrer ein großes Problem. Stoffliche Zwänge führen dazu, daß die rein inhaltlichen Lernziele des Mathematikunterrichts ein dominierendes Übergewicht haben gegenüber den allgemeinen Lernzielen mit den jeweils sozialen, emotionalen oder kognitiven Komponenten. Stoffdruck verhindert, fachübergreifende Ziele des Mathematikunterrichts anzustreben, Beziehungen zu erfahren und Anwendungen zu erproben. Die oft erkennbare Absicht, alle möglichen mathematischen Themen zu elementarisieren und vorzuziehen bis in den Primarbereich hinein, begründet mit einem mißverstandenen Spiralprinzip, muß sich fragen lassen:

Wem nützt das? Sind diese inhaltlichen Ziele für die Zukunft der Schüler wertvoll? Was richtet man damit bei der Einstellung gegenüber Mathematik und dem Selbstvertrauen der Schüler an? Was nützen isolierte Erinnerungsbruchstücke an alle möglichen mathematischen Inhalte?

In der Schulmathematik sollten vielmehr bestimmte Haltungen und Einstellungen der Schüler angestrebt werden wie

– Freude am eigenen Denken und Auseinandersetzen mit Problemen;
– Risikobereitschaft, beim Problemlösen eigene Wege zu gehen und auch Fehler zu machen;

Lernbereich: Mathematik

- Aufbau einer kritischen Haltung gegenüber der Einstellung, alles sei berechenbar und mit mathematischen Mitteln in den Griff zu bekommen;
- Abwägen mehrerer Lösungshypothesen;
- Erkennen der Anwendungsorientierung von Inhalten und Methoden des Mathematikunterrichts.

Die Lehrpläne für den Mathematikunterricht sind nach wie vor durch Stofffülle gekennzeichnet, wobei die inhaltlichen Details von Bundesland zu Bundesland bemerkenswerte Unterschiede aufweisen. In den jüngeren Rahmenrichtlinien einiger Bundesländer zeichnet sich eine grobe Dreiteilung in folgende Themenkreise ab:
- Natürliche Zahlen bis 1 Million und mündliche sowie schriftliche Rechenoperationen,
- Größenbereiche, Sachrechnen und weitere Anwendungen,
- Geometrie.

Themen der Strukturmathematik (Mengen, Relationen, Gruppen) sind als eigenständige Inhalte weitgehend wieder aus dem Mathematikunterricht der Primarstufe verbannt. Inzwischen hat der Terminus „strukturelle Leitbegriffe" eine zunehmende Begriffspräzisierung erfahren. Die meisten Mathematikdidaktiker sind sich heute darüber einig, daß dieser Begriff nicht für einen neuen Lehrstoff (etwa „Mengenlehre") steht, sondern ein Unterrichtsprinzip bezeichnet, eine Art und Weise des Lernens und Umgehens mit Mathematik. Strukturelle Leitbegriffe und die damit verbundenen geistigen Grundtechniken können alle Inhaltsbereiche des Mathematikunterrichts durchziehen und ergänzen, ohne selbst zu einem Formalismus zu werden. Mathematik ist, wie FREUDENTHAL (vgl. 1978) betont, keine Menge von Wissen, Mathematik ist eine Tätigkeit, eine Verhaltensweise oder eine Geisteshaltung.

Gerade unter diesem Gesichtspunkt kommt der Geometrie im Lernbereich Mathematik eine besondere Rolle zu. Geometrie ist noch ein sehr junger Themenkreis in der Grundschule, vor ungefähr 15 Jahren gab es kaum eine Grundschulgeometrie. Obwohl die Notwendigkeit und Nützlichkeit der Anbahnung geometrischer Grunderfahrungen unbestritten ist, wird die Geometrie von den meisten Lehrerinnen in der Grundschule recht stiefmütterlich behandelt. Als Gründe dafür kann man annehmen: Arithmetik wird als wesentlich wichtiger für die Schüler angesehen, die isolierten Geometrieteile in den Schulbüchern verführen zum Weglassen, die eigenen Erfahrungen mit Geometrie wirken negativ nach, Geometrieunterricht ist arbeits- und zeitaufwendiger. Ein Vernachlässigen geometrischer Themen im Grundschulcurriculum wäre überaus bedauerlich, erlauben doch insbesondere geometrische Problemstellungen das Anstreben fachübergreifender Ziele, zum andern erfahren gerade Schüler mit Lernschwierigkeiten und Frustrationen in der Arithmetik oft große Erfolgserlebnisse beim Lernen von Geometrie.

Forschungsaspekte und Fragen. Waren vor Jahren Entwicklung und Forschung im Bereich der Grundschulmathematik primär stoffdidaktisch orientiert, lassen sich in letzter Zeit die folgenden drei Schwerpunkte ausmachen: Zahlbegriffsentwicklung, Fehleranalyse und Lehr-/Lernschwierigkeiten.

Kein Thema hat in der Geschichte der Mathematikdidaktik zu derart umfangreichen und oft heftigen Diskussionen geführt wie die *Erarbeitung des Zahlbegriffs* zu Beginn der Schulzeit. Gerade im Zusammenhang mit der Reform zur neuen Mathematik wurde zu selten auf die arithmetischen Vorerfahrungen der Schüler eingegangen, wurden nur wenige Aspekte des komplexen Zahlbegriffs berücksichtigt und die Erwartungen der Schüler und Eltern bezüglich des Rechnenlernens nicht respektiert. Hinzu kam die oft einseitige und unkritische Übernahme der Theorie Piagets, verbunden mit der Rückführung auf strukturmathematische Definitionen. Zahlreiche Untersuchungsbefunde im internationalen Rahmen relativieren die Aussagen Piagets. Die Begrifflichkeit der natürlichen Zahl ist sicher bereits im Vorschulalter bei den meisten Kindern in sehr vielfältiger Art und Weise angebahnt worden, wobei unter den verschiedenen Aspekten des Zahlbegriffs gerade dem Zählzahlaspekt wieder eine stärkere Bedeutung zugemessen werden muß. Eine Reihe von Untersuchungen zur Frage, mit welchen Strategien Kinder Additions- und Subtraktionsaufgaben lösen, weist auf drei Lösungsmethoden als Grundstrategien hin: Zählstrategien, heuristische Strategien und Rückführung auf bekannte Grundaufgaben.

Schülerfehlern im Mathematikunterricht liegt (fast) immer eine bestimmte Regelstruktur und Lösungsstrategie zugrunde, die nachvollziehbar, begründbar und für den Schüler selbst sinnvoll ist. Insofern sind Schülerfehler die „Bilder" individueller Schwierigkeiten. Diese Fehlermuster wenden die Schüler in Aufgabenklassen oft systematisch und konsequent an, wobei Mathematik als eine Art Regelspiel aufgefaßt wird: Problemstellung – man muß eine Lösungsregel kennen, notfalls entwickeln und dann anwenden – ein Problem im Mathematikunterricht ist immer irgendwie lösbar. Aufgrund dieser Erkenntnisse ist die Analyse von Schülerfehlern sowohl eine explizite mathematikdidaktische Forschungsmethode geworden als auch ein wichtiges Prinzip der Planung und Durchführung von Mathematikunterricht. Die Fehleranalyse, verbunden mit darauf abgestimmten methodisch-curricularen Hilfsmaßnahmen, bildet eine praktikable Grundlage für das Erkennen von Lehr-/Lernschwierigkeiten und die innere Differenzierung des Mathematikunterrichts.

Von der Öffentlichkeit in den letzten Jahren weitgehend unbeachtet geblieben ist das Anwachsen der *inneren Schulschwierigkeiten*. Das Absinken der Klassenfrequenzen gerade in der Grundschule hat sicher geholfen, die zunehmenden inneren Spannungen etwas auszugleichen, freilich damit auch zu verdecken.

Lehrer aller Schularten beklagen das Zunehmen der Spanne zwischen sehr schwachen und sehr schnellen Lernern. Die Unterschiede und *Lehr-/Lernschwierigkeiten* werden nicht nur in den Differenzen der inhaltsbezogenen Informiertheit und der Fähigkeiten gesehen, sondern ebenso hinsichtlich der Belastbarkeit, der Aufmerksamkeit und der Emotionen. Dieses Förderungsproblem ist gerade im Mathematikunterricht zu einem aktuellen Forschungsthema geworden, wobei die Aspekte der mathematischen Teilleistungsschwäche (speziell der Dyskalkulie) als Ursache für Lernstörungen in Regelschulen erst langsam in der mathematikdidaktischen und pädagogisch-psychologischen Diskussion an Bedeutung gewinnen. Zieht man die dominante Stellung der Mathematikleistung als schulisches Selektionskriterium in Betracht, dann erscheint die Erforschung mathematischer Teilleistungsschwächen und die Entwicklung von Hilfsmaßnahmen für die betroffenen Schülergruppen ebenso dringend wie die Analyse der Lese- und Rechtschreibschwäche. Umfangreiche Befragungen in verschiedenen Bundesländern zu den Fortbildungswünschen der Grundschullehrer selbst machen deutlich, daß weder mathematische noch inhaltlich-methodische Fortbildung gewünscht wird, sondern Themen dominieren wie Möglichkeiten der Differenzierung, Lernschwierigkeiten, Motivationsmöglichkeiten im Mathematikunterricht und anderes. Dabei erwarten die Lehrer die Behandlung derartiger Themen nicht unter allgemeindidaktischen Gesichtspunkten, sondern kon-

Lernbereich: Musik

kret bezogen auf die alltäglichen Probleme des Lernbereichs Mathematik in der Primarstufe.

Perspektiven. Aus der Geschichte des Mathematikunterrichts in der Primarstufe ist häufig ein Wechselspiel zwischen Wissenschaftsorientierung und Kindgemäßheit erkennbar. Gegenwärtig werden Konzeptionen durchdacht, die den Lernbereich Mathematik stärker mit anderen Unterrichtsfächern verknüpfen und somit enger in den Gesamtzusammenhang der Primarstufenarbeit einflechten. Wenn Mathematik kein Fremdkörper für die Schüler sein soll, dann müssen Anwendbarkeit und Beziehungsdimensionen des mathematischen Wissens deutlich werden, indem die Berücksichtigung fachübergreifender Momente den spezifischen Bedürfnissen und Lernfähigkeiten der Schüler gerecht wird. - Es steht allerdings zu befürchten, daß das Eindringen der neuen Technologien auch in den Schulalltag der Primarstufe diese hoffnungsvollen Ansätze zunächst wieder unterbrechen wird.

BAUERSFELD, H. u. a. (Hg.): Untersuchungen zum Mathematikunterricht, Bd. 5, Köln 1982. CARPENTER, T. u. a. (Hg.): Addition and Subtraction: A Developmental Perspective, Hillsdale 1982. FLOER, J./HAARMANN, D.: Mathematik für Kinder, Weinheim/Basel 1982. FREUDENTHAL, H.: Vorrede zu einer Wissenschaft vom Mathematikunterricht, München 1978. GERSTER, H. D.: Schülerfehler bei schriftlichen Rechenverfahren, Freiburg 1982. GINSBURG, H. P. (Hg.): The Development of Mathematical Thinking, New York 1983. LAUTER, J.: Methodik der Grundschulmathematik, Donauwörth 1979. LORENZ, J. H. (Hg.): Lernschwierigkeiten, Forschung und Praxis, Köln 1984. MAIER, H./SENFT, W.: Didaktik der Zahldarstellung und des elementaren Rechnens, Paderborn 1983. MATHEMATIK: TENDENZEN UND LEHRPLÄNE. D. Grunds. 16 (1984), 4. MÜLLER, G./WITTMANN, E.: Der Mathematikunterricht in der Primarstufe, Braunschweig ²1984. RADATZ, H.: Fehleranalyse im Mathematikunterricht, Braunschweig/Wiesbaden 1980. RADATZ, H./SCHIPPER, W.: Handbuch des Mathematikunterrichts an Grundschulen, Hannover 1983. SCHIPPER, W.: Stoffauswahl und Stoffanordnung im mathematischen Anfangsunterricht. In: J. f. Math.-Did. 3 (1982), 2, S. 91 ff. SCHMIDT, S.: Zur Bedeutung und Entwicklung der Zählkompetenz für die Zahlbegriffsentwicklung bei Vor- und Grundschulkindern. In: Zentrbl. f. Did. d. Math. 15 (1983), S. 101 ff. STELLJES, H.: Mathematik in der Primarstufe zwischen Wissenschaftsorientierung und Kindgemäßheit. In: Sachu. u. Math. in d. Primarst. 12 (1984), S. 54 ff. TREFFERS, A.: Mathematikunterricht Klasse 1 bis 6, Paderborn 1983. WINTER, H.: Mathematik. In: BARTNITZKY, H./CHRISTIANI, R. (Hg.): Handbuch der Grundschulpraxis und Grundschuldidaktik, Bad Heilbrunn 1981, S. 202 ff.

Hendrik Radatz

Lernbereich: Musik

Das Musik-Lernen des Kindes. Das Musik-Lernen, verstanden als aktive Reaktion auf musikbezogene Situationen, wird für Kinder im Primarschulalter international von verhältnismäßig gleichen Vorstellungen bestimmt. Man sieht das Musik-Lernen im Primarschulalter als Teil eines vom ersten Lebensjahr bis zum Ende der Grundschulzeit reichenden Abschnittes mit vorfachlicher musikalischer Betätigung. Für diesen Abschnitt werden zwei Funktionen des Musik-Lernens beschrieben: einerseits die Erziehung mit Hilfe der Musik und andererseits das musikalische Propädeutikum. Hinsichtlich der Bedeutung und Anteiligkeit dieser beiden Funktionen gibt es unterschiedliche Auffassungen. Inhaltlich besteht eine weitreichende traditionelle Übereinstimmung, daß Kinder in diesem Altersabschnitt Musik durch eigenes Singen und Musizieren, durch Bewegung, Spiel und Improvisation erfahren sollen. Diese inhaltlichen Vorstellungen wurden durch pädagogische Autoritäten wie Comenius, Pestalozzi und Fröbel verbreitet und verfestigt; sie scheinen Bestätigung zu finden durch das Vergnügen der Kinder an den (national gebundenen) Kinder- und Tanzliedern und durch die übernational verbreiteten elementaren Kinder- und Geräuschinstrumente. Dazu geht man allseits davon aus, daß für Kinder mit einer sogenannten musikalischen Begabung eine spätere hohe Leistungsfähigkeit auf einem Instrument in der Regel nur erreicht werden kann, wenn sie schon vor dem Schuleintritt oder spätestens zu Beginn der Primarstufe instrumentalen Fachunterricht erhalten. Er wird privat oder in Musikschulen erteilt, in der Regel also außerhalb von Kindergarten oder Primarschule.

In den letzten beiden Jahrzehnten sind international neue Aspekte des Musik-Lernens gerade der Kinder unter zehn Jahren hervorgetreten. Angesichts der Teilhabe des Kindes am familiären, zumeist elektronischen Musikkonsum bereits im ersten Lebensjahr büßen die traditionellen Musikmaterialien für Kinder ihre Anziehungskraft ein. Überall gibt es heute Schlagerschallplatten für Kinder; nur langsam wachsen auch Kinderkonzerte, Kindertheater und spezielle Kinderopern nach. In Kindergarten und Primarschule begann man, neben der traditionellen Sing- und Spielübung, an der Entwicklung einer Hördidaktik zu arbeiten, die vor allem auf Unterscheidungsfähigkeiten für Klänge und Geräusche zielt. Dazu setzte international verstärkt die Erforschung des musikalischen Verhaltens von Kindern ein, gestützt durch nationale und internationale Spezialkongresse (vgl. ABEL-STRUTH 1978, ALT 1970, INTERNATIONAL SOCIETY... 1975). Die musikalischen Fähigkeiten des Kindes erweisen sich als wesentlich höher als erwartet, die Bedeutung des rechtzeitigen Musik-Lernens des Kindes im Elternhaus, in Vor- und Primarschule tritt immer mehr zutage und hat angesichts der gegenwärtigen Situation des Musiklebens international die Aufmerksamkeit auf das erste Musik-Lernen des Kindes gelenkt. Die traditionelle Vernachlässigung der musikalischen Erziehung im Primarschulbereich, in der Vorschule wie in der Elterndidaktik beginnt allgemein bewußt zu werden und zeigt auch Konsequenzen in der Lehrerausbildung.

Zur Geschichte des Musikunterrichts. Wie die geschichtliche Darstellung der Musik im Bildungsplan der Grundschule zeigt (vgl. ABEL-STRUTH 1969), gilt für die gesamte Vorgeschichte bis zu dem Volksschullehrplan für das Fach Musik von 1927, daß dem Singen die zentrale Stellung im schulischen Musikunterricht zukommt. In den Stiehlschen Regulativen von 1854 wird fixiert: „Unter die wesentlichsten Unterrichtsgegenstände, die in keiner Volksschule fehlen dürfen, und worauf ein jeder Lehrer bei Übernehmung einer solchen Schule zu verpflichten ist, gehört der Unterricht im Singen" (v. RÖNNE 1855, S. 676). Dieser Sachverhalt liegt auch den Falkschen Bestimmungen von 1872 (vgl. BRAUN 1957, S. 28) und dem von Kretzschmar bearbeiteten preußischen Lehrplan für den Gesangunterricht in den Volksschulen von 1914 (vgl. BRAUN 1957, S. 35) zugrunde. In diesem Lehrplan von 1914 wird erstmals neben dem Singen die Freude „an edler Musik" angesprochen, eine Wende, die in dem Volksschullehrplan von 1927 mit dem lapidaren ersten Satz „Es ist fortan nicht mehr ausschließlich Gesang, sondern Musikunterricht zu erteilen" (BRAUN 1957, S. 178) formuliert wird. Dies wird jedoch gleich wieder relativiert mit dem Verweis darauf, daß der Gesangunterricht Ausgangs- und Mittelpunkt der musikalischen Erziehung sei.

In den inhaltlichen Angaben zeigt sich der sogenannte Reform-Lehrplan von 1927 gerade in den erstmals besonders

Lernbereich: Musik

auf die Grundschule bezogenen Teilen als eine Verbindung von traditionellen Vorstellungen kindlichen Singens und Spielens mit musischem Denken aus dem Geist der Reformpädagogik. Für die Grundschule werden Kinderlieder und Kinderspiele, Reigen und Tanzlieder empfohlen. Von der kindlichen Freude am eigenen Singen und Musizieren sollen die Kinder langsam zum Erfassen musikalischer Vorgänge geführt werden. Das musische Gedankengut klingt an mit Formeln wie „Freude und Frohsinn" durch Musikunterricht, mit der Betonung des „Erlebens", der „Einheit von Leben, Singen und Spielen" und des gemeinschaftlichen Tuns. Die fachpropädeutischen Zielsetzungen liegen in der Empfehlung, im zweiten oder dritten Schuljahr mit der Notenschrift zu beginnen und auf allen Stufen das Auffassen und Erkennen musikalischer Tonfolgen zu pflegen. Die Kinder sollen lernen, leichtere Lieder nach Noten selbständig erarbeiten zu können, und am Ende der Grundschulzeit mit einfachen musikalischen Elementen und mit der üblichen Tonbezeichnung nach Noten vertraut sein.

Die preußischen Richtlinien von 1927 für den Musikunterricht in den Volksschulen waren lange und wirkungsvoll gültig. Sie wurden in der Zeit des Nationalsozialismus durch politische Ziele und entsprechende Materialien modifiziert. Nach 1945 wurde im wesentlichen wieder an die Denkweise von 1927 angeknüpft. Erst seit 1969 sind - mit Ausnahme von Bremen - neue Lehrpläne für den Musikunterricht der Grundschule erschienen (vgl. ÜBERSICHT ... 1977, NOLTE 1982). Sie zeigen grundsätzliche Wandlungen der Ziel- und Materialvorstellungen des Musikunterrichtes in der Grundschule auf, wenn man auch noch nicht von einem allgemeinen Konsensus sprechen kann. Als durchgängige neue Tendenz ist zu erkennen, daß Musik-Hören nicht mehr als späterer zweiter Schritt des Musik-Lernens gesehen wird, sondern einen Platz im Grundschullehrplan erhält und unter die aktiven Umgangsweisen mit Musik eingereiht wird. Im Zuge des Vordringens der Popmusik wird diese Lehrplanneuerung graduell sehr unterschiedlich durchgeführt. Durchgängig wird nun auch auf die Notwendigkeit der Berücksichtigung der neuen Mediensituation schon in der Grundschule verwiesen. Von Anfang an soll dem beziehungslosen Nebeneinander von Schulmusik und Musikkonsum über die Medien entgegengesteuert werden. Das Besprechen der „Musik in der Umwelt" wird in den Grundschullehrplan aufgenommen. Die traditionelle Gehörbildung durch Hinführung zum Blattsingen wird in weitreichender Weise abgewandelt im Sinne einer Hörschulung zur verbesserten Unterscheidungsfähigkeit für alles Hörbare. Die graphische Notation als Hilfe zum Verstehen musikalischer Vorgänge tritt vor den genormten Lehrgang des Notenlernens. Die politischen Implikate der neuen Musiklehrpläne für die Grundschule zeigen Formulierungen wie die in den Niedersächsischen Handreichungen für die Orientierungsstufe von 1971, wo Musikerziehung „als Teil der Wahrnehmungserziehung und damit der wissenschaftlichen und politischen Erziehung" (VENUS u. a. 1974, S. 22) bezeichnet wird. Die neuen Richtlinien für den Musikunterricht der Grundschule in den Bundesländern sind unterschiedlich, zeigen sich aber alle der veränderten Hörwelt und frühen Ausbildung eines Bewußtseins von Musik verpflichtet (vgl. GUNDLACH 1977a, VENUS u. a. 1974).

Bestimmende Theoreme der Musikdidaktik. In den Musikdidaktiken für die Grundschule aus den 20er und 50er Jahren stehen Singen und Musizieren im Vordergrund, weil man sich durch diesen praktischen Umgang mit Musik die „Entfaltung der musikalischen Anlagen" des Kindes erhofft. Das bestimmende Theorem ist die „natürliche musikalische Entwicklung", die Vorstellung einer durch biologische Reifeprozesse gesteuerten, gleichsam von selbst erfolgenden stetigen Steigerung der musikalischen Leistungsfähigkeiten. Dieser Vorstellung gemäß wird das Kind von „kindgemäßen" musikalischen Materialien und Geräten umgeben, und sein eigenes musikalisches Ausdrucksbedürfnis wird zur Richtschnur für die didaktische Zielsetzung.

Verweist das Theorem der musikalischen Entwicklung auf den Ursprung im entwicklungspsychologischen Denken der ersten Hälfte des 20. Jahrhunderts, so stammt das Theorem der Eigentätigkeit aus der Reformpädagogik. Die Rezeption durch die Musikpädagogik reduziert das Theorem der Eigentätigkeit auf praktischen Umgang mit Musik. Auch über die Grundschule hinaus wird im musikdidaktischen Denken das Selbstmachen über den „passiven" Umgang mit Musik gestellt. Inzwischen sind aber sowohl die Beschränkung auf das „kindgemäße musikalische Material" wie auf die „musikalische Eigentätigkeit" im Singen und Musizieren als Ursachen musikalischer Retardierung des Kindes bewußt. Die Beschränkung auf eingängige Dur-Melodik und schlichte rhythmische Formeln des Kinderliedes sowie die musikalische Naivität solcher Musikmaterialien, die das Kind mit elementaren Instrumenten selbst spielen kann, mußten bei dem Ausgang von musiksozialisatorischem Denken nicht nur als Mangel an musikalischem Lernangebot und als musikalische Beschränkung erscheinen, sondern auch als Gefahr einer Prägung auf reduzierte, naive Musik mit Sperren gegenüber komplizierter Musik, insbesondere auch der Gegenwart. Das Theorem der schöpferischen Kräfte des Kindes, ebenfalls aus den ersten Jahrzehnten des 20. Jahrhunderts stammend, wird gerade in der Musikdidaktik des Primarbereiches als Aufforderung zu selbstgenügsamer Improvisation mit einfachen Instrumenten verstanden und mit dem späteren Theorem der Kreativität identifiziert, ohne jemals dessen Bedeutung als probleminteressiertes und problemlösendes Verhalten musikdidaktisch auszuloten. Einfachste musikalische Improvisation mit Kindern hat inzwischen auch durch Erwartungen pädagogischer Musiktherapie eine Aufwertung als „kreative" musikalische Betätigung erhalten, die aus musikpädagogischer Sicht nicht frei von Gefahren musikalischer Regression ist.

Gegenwärtig hat sich in der Musikdidaktik der Grundschule das Theorem der auditiven Wahrnehmung verbreitet, das seinen Ursprung in der Ausbildung der Wahrnehmungsfähigkeiten des Kindes für seine Umwelt hat. Diese Bezugnahme verstellt aber den Blick darauf, daß die Wahrnehmungsfähigkeiten des Kindes für die Lautstärken, Tonhöhenunterschiede oder Klangfarben schon lange vor Eintritt in die Schule in hohem Maß ausgebildet sind.

Ein generelles Problem der die Musikdidaktik des Primarbereiches bestimmenden Theoreme ist, daß sie jeweils psychologischen oder pädagogischen Denkansätzen entstammen und daß bei ihrem Transfer in das Musik-Lernen des Kindes die musikalische Eigenart und die Besonderheiten des musikalischen Materials unzureichend berücksichtigt werden.

Musikalische Fähigkeiten des Kindes. Das Kind verfügt vom ersten Lebensjahr an über stetig zunehmende Hörfähigkeiten. Sie beruhen auf dem Bedürfnis des Kindes nach Kontakt und äußern sich in rezeptiver und produktiver Weise, als Vergnügen am Hören und an Äußerung mit Stimme und Geräten. Seit den 20er Jahren wurden diese Fähigkeiten des Kindes in zahlreichen Einzeluntersuchungen beobachtet und beschrieben (vgl. Bibliographie in ABEL-STRUTH/GROEBEN 1979). Im Mittel-

Lernbereich: Musik

punkt der Untersuchungen steht die in allen menschlichen Kulturen bekannte frühe Ausprägung der kindlichen Hörfähigkeiten in bezug auf Musik. Man untersuchte vor allem die Leistungen des Kindes beim Hören rhythmischer, melodischer und harmonischer Merkmale der Musik. Bestimmend für die ursprünglich in der Psychologie beheimateten Versuche war die Absicht, Merkmale der sogenannten musikalischen Begabung fassen zu können, um die Eignung für Instrumentalunterricht oder auch für eine musikalische Berufsausbildung feststellen zu können. Im Bereich der Rhythmik wurden die Fähigkeiten zur Unterscheidung musikalischer Akzentverhältnisse, der körperlichen Bewegung im Zusammenhang mit Musik, zur Unterscheidung von Tempoverhältnissen und musikalischer Tondauerverhältnisse gemessen, und zwar durch körperlichen Ausdruck, Reproduktion mit Geräten und Instrumenten und durch Identifikation (bei Vergleichsaufgaben). Im melodischen Bereich wurden vor allem Reproduktions- und Unterscheidungsfähigkeit für Tonlagenverhältnisse und melodische Bewegungsrichtungen untersucht. Die Unterscheidungsfähigkeiten für harmonische Merkmale wurden am harmonischen Wechsel, am Gefühl für Tonalität und an der Analysefähigkeit für Akkorde und Klangdichte geprüft. Dazu gibt es auch einige Versuche zur Unterscheidungsfähigkeit des Kindes für klangliche Merkmale, insbesondere für Lautstärkeunterschiede und Klangfarbenunterschiede. Auch das musikalische Gedächtnis des Kindes ist häufig untersucht worden. Auf allen genannten Gebieten konnten hohe durchschnittliche Leistungsfähigkeiten des Kindes unter zehn Jahren vielfach nachgewiesen werden. Überraschend hoch liegen jedoch auch die Fähigkeiten der Kinder im vorschulischen und Primarschulbereich beim Hören komplexer Musik. Wenn auch hier die Versuche noch geringer an Zahl sind, so zeigen sie doch in internationaler Übereinstimmung, daß Kinder schon vor dem Eintritt in die Grundschule affektive und kognitive Beziehungen zu komplexer Musik herzustellen vermögen und daß ihre höranalytischen Fähigkeiten für komplexe Musik wesentlich höher liegen als dies in tradierten und gegenwärtigen Konzepten der Musikdidaktik des Primarbereiches vorausgesetzt wird (vgl. Versuche und Literaturbericht in ABEL-STRUTH/ GROEBEN 1979). Das in diesem Jahrhundert vor allem im deutschsprachigen und im angelsächsischen Gebiet erbrachte, äußerst umfangreiche Untersuchungsmaterial ist bisher kaum theoretisch geordnet und kaum der Praxis zugänglich gemacht worden.

Zur gegenwärtigen Situation des Musikunterrichtes. Gegenwärtig wächst zunehmend das Verständnis für Bedeutung und Notwendigkeit eines fachlich angeleiteten Musikunterrichtes im Primarbereich. 1981 fand erstmals, veranstaltet von der Gesellschaft für Musikpädagogik, ein Kongreß für Musikunterricht in der Grundschule statt. Der Verband deutscher Schulmusikerzieher hat ein Referat für Musik in der Grundschule eingerichtet und der Bundesschulmusikwoche 1982 (Berlin) ein spezielles Grundschul-Symposion eingefügt. Die Schwierigkeit liegt darin, das öffentliche Bewußtsein und die Aufmerksamkeit der Kultusverwaltungen, wo unverändert das Bild einer vorfachlichen spielerischen Beschäftigung mit einfachsten musikalischen Materialien bestimmend ist, auf die in späteren Altersstufen nicht mehr nachholbaren Lernchancen einer kind- und sachgerechten Begegnung mit Musik in der Grundschule zu richten. Zur Realisierung eines solchen Musikunterrichtes sind (wenigstens) die Angaben der Stundentafeln für den Musikunterricht in den Grundschulen zu erfüllen (vgl. STUNDENTAFEL ... 1977). Der Ausfall der Musikstunden in der Grundschule wegen Beanspruchung der Lehrkapazität durch andere Fächer müßte gestoppt werden, und durch realistische Ausbildungsbedingungen für Lehrer mit dem Fach Musik in der Grundschule wären die Voraussetzungen für einen sachlich und erzieherisch sinnvollen Musikunterricht in der Grundschule zu schaffen. Um der Notlage des Musikunterrichtes in der Grundschule begegnen zu können, sind die bereits begonnenen musikalischen Zusatz- und Fortbildungsangebote für Grundschullehrer zu unterstützen und in allen Bundesländern auszubauen. Inhaltlich gilt auch für die Musikdidaktik des Primarbereiches, daß rasche Übernahme von Theoremen oder Schlagworten und eine reich sich ausbreitende Konzept-Literatur (vgl. GUNDLACH 1977a, GÜNTHER/GUNDLACH 1974) manche Einseitigkeit oder auch Resignation verursacht haben. Mitunter entsteht der Eindruck, als sei der Blick für die Vermittlung der grundlegenden musikalischen Fähigkeiten und Kenntnisse verlorengegangen (vgl. ABEL-STRUTH 1974) und die „Motivation" für die einzelne Musikstunde über die Motivation zu dauerhafter musikalischer Zuwendung gestellt worden. Auch wurden wohl durch die Erziehungswissenschaften gerade der Musik im Primarbereich zu einseitig affektive Funktionen zugewiesen und damit die traditionelle Quick-Funktion des Faches Musik gegenüber den „Hauptfächern". tradiert. Die zahlreichen Untersuchungen der musikalischen Fähigkeiten des Kindes und lerntheoretische Erkenntnisse verweisen auf die Vielfältigkeit der Korrespondenz zwischen den Persönlichkeitsmerkmalen im musikalischen Erleben und Erkennen (vgl. ABEL-STRUTH 1984). Die aktuelle Aufgabe liegt in vorsichtiger Theoriebildung auf der Grundlage der internationalen Forschungen zu den musikalischen Fähigkeiten des Kindes und der Lernvorgänge im Alter unter zehn Jahren. Die junge Disziplin Musikpädagogik hat hier einen Schwerpunkt ihrer Forschungsarbeit entwickelt.

ABEL-STRUTH, S.: Die Musik im Bildungsplan der Grundschule. In: FUCHS, P. (Hg.): Musikhören, Stuttgart 1969, S. 8 ff. ABEL-STRUTH, S.: Musik-Lernen im Primarbereich. In: GÜNTHER, U./GUNDLACH, W. (Hg.): Musikunterricht ..., Frankfurt/M. 1974, S. 165 ff. ABEL-STRUTH, S. (Hg.): Musikalischer Beginn in Kindergarten und Grundschule, Bd. 1: Situation und Aspekte, Referate des Kolloquiums Musik für Vorschulkinder – Darmstadt 1970, Kassel [4]1978. ABEL-STRUTH, S.: Die Rezeption musikpädagogischer Forschung in der musikalischen Lehre der Grundschule. In: GUNDLACH, W. (Hg.): Handbuch Musikunterricht Grundschule, Düsseldorf 1984, S. 393 ff. ABEL-STRUTH, S.: Grundriß der Musikpädagogik, Mainz 1985. ABEL-STRUTH, S./GROEBEN, U.: Musikalische Hörfähigkeiten des Kindes. Musikpädagogik, Forschung und Lehre, Bd. 15, Mainz 1979. ALT, M. (Hg.): Empirische Forschung in der Musikpädagogik, Mainz 1970. BRAUN, G.: Die Schulmusikerziehung in Preußen von den Falkschen Bestimmungen bis zur Kestenberg-Reform, Kassel/Basel 1957. GUNDLACH, W. (Hg.): Musikunterricht in der Grundschule II. Beiträge zur Reform der Grundschule, Frankfurt/M. 1977a. GUNDLACH, W.: Neue Lehrpläne für den Musikunterricht der Grundschule. In: GUNDLACH, W. (Hg.): Musikunterricht ..., Frankfurt/M. 1977, S. 1 ff. (1977b). GUNDLACH, W. (Hg.): Handbuch Musikunterricht Grundschule, Düsseldorf 1984. GÜNTHER, U./GUNDLACH, W. (Hg.): Musikunterricht auf der Grundstufe. Beiträge zur Reform der Grundschule, Sonderband 30, Frankfurt/M. 1974. INTERNATIONAL SOCIETY OF MUSIC EDUCATION, RESEARCH COMMISSION (Hg.): Music Education for the Very Young Child. Report of the Fourth International Seminar on Research in Music Education, Christchurch 1974, Wellington 1975. NOLTE, E.: Die neuen Curricula. Lehrpläne und Richtlinien für den Musikunterricht in den allgemeinbildenden Schulen in der Bundesrepublik, Teil 1: Primarstufe, Mainz 1982. RÖNNE, L. v.: Das Volksschulwesen des Preußischen Staates, 2 Bde., Berlin 1855. STUNDENTAFEL FÜR DEN MUSIK-

Lernbereich: Rechtschreiben

UNTERRICHT DER GRUNDSCHULE IN DEN BUNDESLÄNDERN. In: GUNDLACH, W. (Hg.): Musikunterricht ..., Frankfurt/M. 1977, S. 143 ff. ÜBERSICHT ÜBER DIE LEHRPLÄNE. In: GUNDLACH, W. (Hg.): Musikunterricht ..., Frankfurt/M. 1977, S. 139 ff. VENUS, D. u. a.: Über neuere Richtlinien für den Musikunterricht. In: GÜNTHER, U./GUNDLACH, W. (Hg.): Musikunterricht ..., Frankfurt/M. 1974, S. 1 ff. WALTER, G.: Musikerziehung. In: Enzyklopädie Erziehungswissenschaft, Bd. 6, Stuttgart 1984, S. 377 ff.

Sigrid Abel-Struth

Lernbereich: Rechtschreiben

Dem Rechtschreibunterricht wird in der Primarstufe ein hoher Rang eingeräumt. Der Erwerb von Grundfertigkeiten im normgerechten Schreiben im Primarschulalter ist mitentscheidend für den weiteren Schulerfolg. – In der Selbsteinschätzung wie in der (Übergangs-)Auslese für die weiterführenden Schulen spielt die Rechtschreibnote, die im Zeugnis oft gesondert ausgeworfen wird, eine große Rolle ebenso wie für die spätere berufliche Entwicklung.
Alarmmeldungen (der Industrie- und Handelskammern), daß die Rechtschreibleistungen der Abgangsschüler in den letzten zehn Jahren deutlich zurückgegangen sind, haben den Rechtschreibunterricht nach einer Phase geringerer Beachtung wieder aktueller gemacht, sie haben eine intensive fachliche Diskussion (vgl. BALHORN 1983, BERGK 1983, EICHLER 1983) und steigende Lehrmittelproduktion bei allen großen Schulbuchverlagen ausgelöst.

Voraussetzungen und Ziele. Zu den Voraussetzungen des Rechtschreibunterrichts gehören solche, die der Schüler aufgrund seiner geistigen und körperlichen Entwicklung und insbesondere durch den Spracherwerb mitbringt, und solche, die er im sprachlichen Erstunterricht erwirbt. Unsere Schrift ist eine Buchstabenschrift, die primär – zu über 90 % nach Buchstabensetzungen gezählt – Laute wiedergibt. Ohne Einsicht in diesen Charakter der Schrift ist ein erfolgreicher Rechtschreibunterricht nicht möglich (vgl. SPITTA 1981). Daraus leiten sich die folgenden sprachlichen Voraussetzungen her:
Der Schüler muß alle Sprachlaute besitzen und sprechen/hören können. Mängel im Lautbesitz (sogenannte Stammelfehler) müssen (logopädisch) behandelt sein. „Häufige" Stammelfehler im Primarschulalter sind: Lispeln (das gesummte, stimmhafte *s* wird nicht besessen, oft auch *sch*), *k-t*-Ersetzung oder Mängel bei den Gutturalen überhaupt, Mängel im Bereich der Liquide (*l/r*). Ein besonderes Problem bilden auch die Ausländerkinder, die ein anderes Lautsystem besitzen und entsprechend durch spezifische Rechtschreibfehler auffallen (vgl. MEYER-INGWERSEN u. a. 1983), hier hilft dem Lehrer nur Kenntnis und Berücksichtigung der Ausgangssprache.
Der Schüler muß (im Erstunterricht) lernen, sorgsam zu artikulieren, und zwar möglichst weitgehend hochlautend. Der Schüler lernt dies durch Auf- und Abbauübungen, Zerlegen von Wörtern in ihre Segmente, das „Abhören" oder auch „Überlauten" sowie durch synthetische Anteile in der Fibel. Dialektsprecher müssen eine „hochdeutsche Lautinsel" errichten, sie fallen sonst durch spezifische Fehler auf (vgl. AMMON 1978, EICHLER 1978).
Der Schüler muß die Buchstaben kennen und die in ihren Namen enthaltenen Buchstabenlautwerte kennen. Es ist deshalb heute unüblich geworden, im Erstunterricht mit den vollen Buchstabennamen zu arbeiten, also *a, be, ce, de, e, eff, ...*
Neben den sprachlichen Voraussetzungen, deren Fehlen eine Rechtschreibstörung (vgl. MÜLLER/SCHIPPER 1981)

bewirken kann, gibt es auch eine Reihe von nichtsprachlichen Voraussetzungen. Der Schüler muß Gelegenheit bekommen haben, die Schreibung der Buchstaben, teilweise auch von Buchstabengruppen, flüssig als Bewegungsmuster zu erlernen. Weil hier die Entwicklungsvoraussetzungen ungünstiger sind – das Kind ist mit Schuleintritt meist noch „unbeholfen" im motorischen Bereich –, kommt es leicht zu verkrampften Schriften, die nicht nur als zittrige, sondern auch als saubere kleine Schriften erscheinen. Bei Rechtschreibstörungen (Legasthenie) bleibt die motorische Ursache oft unerkannt; das Kind macht viele Rechtschreibfehler, weil es sich ganz auf die Hand konzentriert.

Es muß eine gewisse kreative Lesesicherheit gegeben sein, das Erlesen unbekannter Wörter muß möglich sein. Konkret sollte der Schüler ein Wort als Ganzes erkennen können und bei Gegenüberstellungen in verschiedenen Schreibweisen die falsche von der richtigen trennen können.

Diese Mindestvoraussetzungen beziehen sich auf folgende Ziele, die es einem einigermaßen kompetenten, kreativen Rechtschreiber ermöglichen, auch die Schreibung bislang ungeübter, ihm gar unbekannter Wörter zu finden. Er findet sich durch die Rechtschreibung mit etwa folgenden Teilkompetenzen hindurch:
- Er ist in der Lage, Wörter auf ihre Laute hin „abzuhören" und den Lauten korrespondierende Buchstaben/Buchstabenkombinationen zuzuordnen (vgl. BIERWISCH 1976).
- Er weiß, daß nicht immer lautgetreu geschrieben wird, sondern daß geregelt davon abgewichen wird (Groß- und Kleinschreibung, Wechsel zwischen *ss* und *ß,* auch an sich lautinduzierte Schreibweisen: Kürzezeichen nach kurzem betontem Vokal: *schwimmen,* Längezeichen nach langem Vokal: *ahnen, See*). Der kompetente Rechtschreiber hat dafür Regeln gelernt und/oder verinnerlicht, er hat Lösungshilfen parat (etwa mit verwandten Wörtern probieren: *sagen – sagt,* obwohl *„sakt"* gesprochen, *wahr – während,* nicht *werent* wie gesprochen).
- Er ist für viele Wörter in der Lage, eine Schreibung visuell als „richtig oder falsch" zu erkennen und andere Schreibvarianten zu probieren.
- Er hat – je nach Schreibübung – eine kleinere oder größere Anzahl häufig wiederkehrender Wörter als komplexe Hand-/Bewegungsmuster (sogenannte Engramme oder kinästhetische Melodien) eingeübt.

Der Anteil der verschiedenen Teilkompetenzen am konkreten Schreibprozeß dürfte dabei von Person zu Person nach Altersstufen wie auch nach Rechtschreibsituationen verschieden sein. Es gibt verschiedene Lernertypen – solche, die mehr das akustische Analysieren und Zuordnen und die Modifikation durch Regeln vorziehen, und solche, die mehr aus der Hand und von ihrem geistigen Auge her arbeiten. Es ist jedoch notwendig, daß *alle* Teilkompetenzen im Unterricht angesprochen und gefördert werden.

Methodisch-didaktische Grundkonzepte. Der Rechtschreibunterricht ist auch ein Mengenproblem. Hier gilt mehr noch als anderswo: Je größer der Aufwand, desto größer der Erfolg. Verschiedene methodische Konzepte können den Zeitaufwand und die Geduld beim Üben nicht ersetzen, sie können allenfalls optimaler fördern. Der Rückgang in den Rechtschreibleistungen *von Anfang an* ist auch durch den Rückgang an (Zeit-)Aufwand bedingt. Je methodisch variabler der Rechtschreibunterricht angelegt ist, desto besser sind für die (in einer Klasse versammelten) verschiedenen Lernertypen die Chancen, das zu erhalten, was das Kind in diesem Alter, dieser Situation braucht. Vor jeglichem Methodenmonismus muß ge-

Lernbereich: Rechtschreiben

warnt werden.

Rechtschreiblernen ist ein aktiver Prozeß. Ohne Beteiligung des Kindes läuft nichts – kaum ein Kind könnte *nur* in der Schule die Rechtschreibfähigkeiten erwerben, die es bereits am Ende der Grundschulzeit hat.

Das Kind hat über das lautliche Prinzip der Rechtschreibung eine kreative Basis. Es braucht „eigentlich" nur die Abweichungen vom lautlichen Prinzip zu lernen – jene knapp 10% von Buchstabensetzungen, die nicht (nur) vom Laut her vorgegeben sind. Aber auch viel Lesen, sich etwas Aufschreiben, Abschreiben, Schönschreiben fördert Teilkompetenzen des Rechtschreibens.

Traditionell wurde deshalb im Rechtschreibunterricht von dem Prinzip ausgegangen: „Schreib, wie du sprichst/hörst." Geübt wurde folgerichtig im Bereich der lautabweichenden Regeln, den Rechtschreib*phänomenen,* den Rechtschreibklippen. So fanden und finden Lerneinheiten wie „Groß- und Kleinschreibung, Schreibung der *s*-Laute, Zusammen- und Getrenntschreibung, Längezeichen (Dehnung), Kürzezeichen (Schärfung), *b, p – d, t – g, k,* Schreibung der ,*ks*'-Laute" ihren Platz in den Sprachbüchern und Lernmaterialien.

Außerdem wurden (und werden) dieselben Phänomene im Laufe der Jahre mehrmals – mit Wiederholungen und unterschiedlichem Schwierigkeitsgrad – behandelt, im sogenannten Spiralcurriculum.

Neben dieses Konzept ist besonders für die Primarstufe und in neuerer Zeit das Konzept des Rechtschreib*wortschatzes* getreten. Fast alle Bundesländer haben für die Grundschule einen Wortschatz oder doch Vorgaben über seinen Umfang in die Richtlinien aufgenommen – jahrgangsweise oder insgesamt für die Klassen 1-4. Es werden zwischen 229 Wörter (Berlin) und 1000 Wörter (Bayern) als korrekt und sicher zu schreiben gefordert.

Die Vertreter des Wortschatzkonzepts halten sich zugute, daß ein Wortschatz

- die Orientierung auf kommunikative Bedürfnisse der Schüler besser gewährleiste, weil nur die Wörter geschrieben würden, die die Schüler wirklich brauchen;
- das öde Pauken von Regeln und Widersprüchlichkeiten der Orthographie verhindere;
- den besonderen kognitiven Fähigkeiten der Grundschüler entgegenkomme, die als im (logischen) Denken begrenzt auf eindimensionale Wenn-dann-Beziehungen, als egozentrisch und konkret/bildhaft orientiert und punktuell arbeitend gedacht werden.

Mittlerweile gibt es dagegen wieder eine Gegenbewegung mit der Begründung, Wortschatzlernen appelliere nur an eine Teilkompetenz, erziehe zum passiven Lernen, fördere das stupide Schreiben/Abschreiben, sei dem Suchen des Menschen nach den Gründen und Regeln abträglich.

Für die Primarstufe dürfte aber in der Tat die Orientierung an einem begrenzten Wortschatz unumgänglich sein. Er fördert durch regelmäßige Schreib-, Kontroll- und Nachschlagübungen die motorische und visuelle Komponente des Rechtschreibens. Dieser Wortschatz sollte aber nicht amtlich festgelegt sein, sondern als Unterrichtsprinzip sich aus den Bedürfnissen – auch den Rechtschreibschwierigkeiten – in der Klasse als Klassenwortschatz (vgl. BERGK 1983) ergeben.

Außerdem schließt eine Wortschatzorientierung eine solche auf Rechtschreibphänomene nicht aus; letztere scheint aufgrund von Ergebnissen der empirischen Fehlerforschung unabdingbar (vgl. EICHLER 1978, 1983), da die Rechtschreibregulatur selbst die Rechtschreibfehler strukturiert. Im Zusammenhang mit Rechtschreibphänomenen zu arbeiten heißt doch nicht, nur „öde Regeln" zu pauken, sondern heißt, das Übungs- und Argumentierfeld des Schülers – ausgehend von seinem Wortschatz, der mit dem Schuleintritt etwa 4000 Wörter aktiv und ungefähr 20000 Wörter passiv umfaßt – so zu arrangieren, daß dem Schüler die Phänomene – jeweils eines oder zwei – ins Auge fallen, daß er, soweit nicht einfache Regeln und Lösungshilfen gegeben werden können, sich selbst Regeln bilden kann (vgl. BALHORN 1983). Wir kennen ein solches Verfahren als Wortlistentraining. Dieses Arrangement sollte aber – damit die isolierten Rechtschreibschwierigkeiten in den Zusammenhang zu anderen kommen – immer wieder in Texte übergeführt werden, die gelernten Phänomene sollten „kontextualisiert" werden. In den Texten liegt der eigentlich kommunikative Anteil im Rechtschreibunterricht. Die Gesamtschreibsituation ist es, die motiviert und die es zu bewältigen gilt, indem der Schüler lernt, ihm schwierig erscheinende „Zweifelswörter" selbst zu suchen, die Schwierigkeiten in ihnen zu benennen, eine sinnvolle Korrektur durchzuführen oder nachzuschlagen – auch schon in der Grundschule. Eine interessante Gestaltung von Rechtschreibproblemen setzt nicht nur differenzierte Sachkenntnis voraus – die oft in der Lehrerausbildung nicht vermittelt wird – sondern auch viel methodischen Fleiß und sprachliches Geschick. Der Rechtschreibunterricht bedarf der Sekundärmotivation durch gutes Übungsmaterial.

In Fehleruntersuchungen schlägt die Sachstruktur der Rechtschreibung immer wieder durch – die Fehlerwahrscheinlichkeiten können gut vorausgesagt werden (vgl. EICHLER 1983). Von daher lassen sich Zielbestimmungen für den Rechtschreibunterricht herleiten.

Für die Bewertungspraxis in der Primarstufe sollte wie für die Förderkurse gelten: Nicht Fehler anstreichen, ohne sie zu analysieren. Dabei ist folgendes Vorgehen nützlich: Man sortiert zunächst die „Fehler" heraus, die von der Lautsprache (des Kindes) erklärbar sind (vgl. NAUMANN/KETTENICH 1984), zum Beispiel *Fata (Vater), Mütse, Jiörn (Jörn), Loite (Leute), sakt (sagt).* Es handelt sich hier um *Spontanschreibungen,* kreative Irrtümer, die auf ein aktives Lernverhalten schließen lassen.

Dann sortiere man die echten Verstümmelungen, Auslassungen, Verwechslungen heraus – die sogenannten *Wahrnehmungsfehler,* die auf Ablenkung, Angst, Sprachfehler, echte Rechtschreibstörungen hindeuten, etwa *spigen (springen), Mter (Mutter), kat (kalt),* bis hin zum Wortsalat. Diese Fehler werden nur von einer kleinen Schülergruppe häufig gemacht werden, die besonderer Aufmerksamkeit und Hilfe bedarf.

Der Rest der Fehler wird überwiegend mit Kenntnissen über die Rechtschreibregeln zusammenhängen und Hinweise auf den Erfolg des Rechtschreibunterrichts geben. Eine Rechtschreibkartei hilft zusätzlich, individuelle Fehlerschwerpunkte aufzuspüren.

ADRION, D.: Praxis des Rechtschreibunterrichts, Freiburg 1978. AMMON, U.: Schulschwierigkeiten von Dialektsprechern, Weinheim/Basel 1978. BALHORN, H.: Rechtschreiblernen als regelbildung. In. Disk. Dt. 14 (1983), S. 581 ff. BERGK, M.: Rechtschreibfälle als Rechtschreibfalle und mögliche Auswege. In: Disk. Dt. 14 (1983), S. 610 ff. BIERWISCH, M.: Schriftstruktur und Phonologie. In: HOFER, A. (Hg.): Lesenlernen: Theorie und Unterricht, Düsseldorf 1976, S. 50 ff. EICHLER, W.: Rechtschreibung und Rechtschreibunterricht, Königstein 1978. EICHLER, W.: Kreative Schreibirrtümer. Zur Auseinandersetzung des Schülers mit dem Verhältnis Laut - Schrift und mit den Rechtschreibregeln. In: Disk. Dt. 14 (1983), S. 629 ff. MEYER-INGWERSEN, J. u.a.: Türkisch für Lehrer, München 1983. MÜLLER, R./SCHIPPER, K.P.: Zwischen Lese-Rechtschreibschwäche und Legasthenie, Bern 1981. NAUMANN, C.L./KETTENICH, U.: Über einen Zusammenhang von Dialekt, Umgangssprache, Sprachbildung und Rechtschreibschwierigkeiten. In: BERTHOLD, S./NAUMANN, C.L. (Hg.): Mündliche Kommunikation im 5.–10. Schuljahr, Bad Heilbrunn 1984, S. 155 ff. RIEHME, J.: Probleme und Methoden des Rechtschreibunterrichts, Berlin (DDR) ³1981. SPITTA, G. (Hg.): Rechtschreibunterricht, Braunschweig 1977. SPITTA, G.: Wie kann man die Produktion von Legasthenikern verhindern? In: MEIERS, K. (Hg.): Erstlesen, Bad Heilbrunn ²1981, S. 221 ff. WATZKE, O.: Rechtschreibunterricht in der Grund- und Hauptschule, München ²1972.

Wolfgang Eichler

Lernbereich: Religion

Zur Geschichte. Religion als Schulfach für jedermann ist eine Frucht der Reformation und des Humanismus. Der Sache nach ist Religionsunterricht als Einweisung in die jeweilige Religion so alt wie diese selbst.

Die *christliche Religion* hat seit frühester Zeit einen zentralen Kristallisationspunkt ihrer unterrichtlichen Bemühung: *die Taufe*. Der Taufunterricht in den ersten drei Jahrhunderten als Kern der religiösen Unterweisung galt zunächst erwachsenen „Bewerbern", die durch die partielle Teilnahme mit den Lebensvollzügen der Kirche vertraut waren und als gleichberechtigte Mitglieder in die Gemeinde aufgenommen werden wollten. Inhaltlich war der mehrjährige Unterricht bezogen auf die wesentlichen Rituale und Lehren der Kirche: auf das Verständnis von Taufe und Eucharistie, auf Zusammenfassungen der Botschaft Jesu und auf Bekenntnisformeln, in denen der Universalitätsanspruch dieser Religion ausgelegt wurde. Dieser Unterricht war also nicht nur Einweisung in das Binnenleben einer Kultgemeinde, sondern auch Ausdruck dafür, daß die christliche Bildungsanstrengung in der Frühzeit selbst in ein kritisches, unter Umständen konkurrierendes Verhältnis zu anderen Bildungsanstrengungen tritt.

Vom gemeindlichen Erwachsenenkatechumenat zum Postulat christlicher Familienerziehung. Der religiöse Unterricht mußte sich aber schon in den ersten drei Jahrhunderten grundlegend wandeln, als die Sitte der Kinder-, später der Säuglingstaufe aufkam. Beim entsprechenden Taufakt übernahmen die Eltern vor der Gemeinde öffentlich die Verpflichtung, für die christliche Unterweisung zu sorgen. Zur Unterstützung – und Kontrolle – dieser Verpflichtung wurde das „Patenamt" geschaffen: Die Paten fungieren der Theorie nach als Bürgen der christlichen Tradition – sie haben entsprechend im Taufakt die zentralen Glaubensaussagen öffentlich zu rezitieren – und versprechen, den Eltern bei der christlichen Erziehung zu helfen, sie gegebenenfalls auch zu korrigieren.

Anfänglich geht darum der Übernahme des Patenamtes auch ein *Patenunterricht* voraus. Für die somit an den Kindern durch Eltern und Paten geschehende „christliche Erziehung" werden keine eigenen Theorien entwickelt. (Erste ausgeführte Theorie bei Augustinus, De catechicandis rudibus, um 400.)

Drei – für die religionspädagogische Entwicklung folgenreiche – Aspekte sind aus dieser Phase festzuhalten:

- Das Kind wird als potentieller Erwachsener behandelt. Die faktische Norm der religiösen Erziehung bleibt der Erwachsenenkatechumenat. „Kindliche" Bedürfnisse werden höchstens methodisch wahrgenommen.
- Die Familie beziehungsweise Hausgemeinschaft (oikos) wird zum bestimmenden, aber auch eingrenzenden Horizont der christlichen Erziehung.
- Aus der religiösen Erziehung wird tendenziell eine ethische, wenn sie von Eltern und Paten allein verantwortet wird. Aus religiöser Unterrichtung wird „Kinderzucht". Mit dieser Eingrenzung droht der Verlust anderer, etwa politischer Dimensionen des christlichen Glaubens. Patriarchali-

sche und familiaristische Aspekte der christlichen Erziehung haben hier ihren Ursprung.

Staatliche Funktionalisierung der christlichen Religion. Nachdem der staatliche Versuch, die christliche Religion einzugrenzen und daneben den Kaiserkult aufrechtzuerhalten, gescheitert war, löste Theodosius I. – Vorentscheidungen Konstantins weiterführend – die Spannung zwischen religiöser Legitimierung des Staates und der privaten, zunehmend christlich geprägten Religion so, daß er das Christentum zur Staatsreligion erklärte, andere Kulte verbot und die Verbreitung des Christentums von Staats wegen, also mit Zwang, auf allen Ebenen vorantrieb. Das damit eingeläutete sogenannte konstantinische Zeitalter, die Verflechtung von „Thron und Altar", veränderte den Charakter der religiösen Unterweisung massiv: Karl I. führt für den deutschen Sprachraum später nur aus, was hier grundgelegt wird. Alle Schulen stehen unter kirchlicher Oberhoheit, so daß die Kirchen zum Träger des Bildungssystems werden. Karl I. verfügt auch, daß jeder Christ das Glaubensbekenntnis und das Vaterunser auswendig zu lernen hat. Daß mit dieser privilegierten Stellung der Kirche auch die christliche Religion funktionalisiert wurde, daß sie – wie früher der Kaiserkult – die politische Ordnung absichern sollte und sich darum veränderte, kam kaum in den Blick. Die in der Taufe gründende Gleichheit *aller* vor Gott, die Parteilichkeit des Evangeliums zugunsten der Armen und Entrechteten, kurz: die kritischen und befreienden Kennzeichen der christlichen Religion traten zurück. Das Christentum diente *auch* der öffentlichen Machtausübung und Machtabsicherung. Im Schulsystem zeigte sich diese Funktionalisierung in der Weise, daß die häusliche, christliche Erziehung durch Eltern und Paten für das „gemeine Volk" als ausreichend angesehen wurde, das öffentliche Bildungswesen ganz auf die Rekrutierung einer Elite für Staat und Kirche ausgerichtet war. Erst 1919 sind die letzten Reste der geistlichen Schulaufsicht endgültig abgeschafft worden. Das konstantinische Zeitalter im Schulbereich ist darum unwiederbringlich dahin – und damit die Selbstverständlichkeit eines staatlich abgesicherten, konfessionellen Religionsunterrichts. Aber nicht nur der Religionsunterricht steht damit vor einem Legitimationsproblem. Die Frage, wie der Legitimationsbedarf von Staat und Gesellschaft („réligion civile") vermittelt werden kann mit der individuellen Religiosität, ist geblieben. Im Vorurteil, daß der Religionsunterricht um der „Zucht und Ordnung" willen nützlich sei, spiegelt sich die staatskirchliche Funktionalisierung und deren unabgeschlossene Wirkungsgeschichte.

Vom Eltern- und Patenunterricht zum „Beichtverhör". Die erste entwickelte Form religiöser Erziehung, an der auch Kinder teilhatten, entwickelte sich nach 1215. Das IV. Laterankonzil hatte die Pflichtbeichte für jedermann beschlossen. Entsprechend mußte jeder mindestens einmal im Jahr zur Einzelbeichte gehen. Zur Vorbereitung wurde ein Beichtunterricht eingeführt, der mit dem „Beichtverhör" abschloß. Dieser Beichtunterricht wurde auch auf Kinder ausgedehnt. Die Beichtunterweisung orientierte sich anfänglich an „Beichtspiegeln", später an den Zehn Geboten. Einzelne andere Texte traten hinzu. Diese waren auswendig zu lernen, da das Analphabetentum vorherrschte. Neben die häusliche, religiöse Erziehung – in der Praxis Kinder-„zucht" in Sitte und Moral – trat das Gewissensverhör vor der Pflichtbeichte. Der Beichtunterricht hat andere Ansätze der kirchlichen Erziehung praktisch verdrängt: Seit dem 6. Jahrhundert gab es Ansätze zu einem eigenen „Firmunterricht", der stärker an der Tauf*gabe*, der Teilhabe am „Geist" orientiert war.

Lernbereich: Religion

Die angedeutete Schwerpunktverlagerung hatte entscheidende Konsequenzen für die Entwicklung des Religionsunterrichts: Ein stark gesetzlich-juridischer Zug, ein an „Verhörfragen" orientiertes methodisches Verfahren setzte sich durch. Damit wird einer Eingrenzung der Religion auf Moral und Gesinnung, von Religionsunterricht auf Gewissenskontrolle Vorschub geleistet. Da die Beichtvorbereitung für jedermann verbindlich war, war sie in gewisser Weise die einzige Form des kirchlichen Religionsunterrichts. Im Bereich des etablierten Schulsystems (Kloster-, Latein-, Küster- und Schreibschulen) gab es keinen eigenen Religionsunterricht. Aber in allen Fächern war die religiöse Dimension unmittelbar – in den Texten – präsent. Dieses Schulsystem erreichte aber nur eine Elite. Damit verstärkte sich eine Tendenz, daß sich Religion in zweifacher Weise präsentierte: für den „gemeinen Mann" als Verhaltenssteuerung und Gesinnungskontrolle, für die gebildete Elite als Ferment von Bildung und Kultur. Die hier angedeutete unterschiedliche Ausprägung von religiöser Unterrichtung prägt bis heute Urteile wie Vorurteile gegenüber diesem Fach.

Reformatorische Erneuerung. Ein Beispiel für die neue Situation: 1525 erscheint anonym das erste universale Elementarschulbuch im reformatorischen Geist, das „Bökeschen vor de leyen vnde kinder". Es beginnt mit dem Alphabet in kleinen und großen Buchstaben, es folgt die „Leyen-Bibel" (Zehn Gebote, Glaubensbekenntnis, Vaterunser, Mittags- und Abendgebete, Abhandlungen über Taufe, Abendmahl und Beichte). Es schließen sich die Ziffern 1–100 an. Beschlossen wird das Ganze mit dem „Titelbökeschen", einer Zusammenstellung von korrekten Briefanreden und Briefschlüssen an Amtspersonen auf allen nur denkbaren hierarchischen Stufen, vom Kaiser und Papst bis hinunter zur Witwe und zum Handwerksmann. Dieser vermutlich von Bugenhagen, dem Verfasser wichtiger Stadt- und Schulverordnungen der Reformationszeit, in niederdeutsch verfaßte Katechismus (vgl. COHRS 1900, S.178f.) zeigt das neue Bildungsverständnis: Das durch den Glauben (und nicht durch Bußwerke!) *befreite* Gewissen ist die Basis für die verantwortliche Bildung und aktive Teilnahme am gesellschaftlichen Leben. Diese Bildung braucht jeder, denn in – auch weltlicher – Arbeit und Beruf wird Gott gedient.

Das Schema dieser ersten, greifbaren „Fibel" mit der Einheit von Lesen, Rechnen, Katechismustext und Bibelauszügen wird von allen reformatorischen Schulbüchern übernommen, nur daß Luthers Kleiner Katechismus generell zum Basistext wird: Die *Einheit* von Glauben und elementarer Bildung wird hier bis ins Detail aufgezeigt. Der Glaube *ist* ein elementarer Lernprozeß, weil er „aufs Wort achtet", er provoziert neue Lernmöglichkeiten und zielt auf verantwortliche Bewährung in „Beruf" und „Arbeit". Damit werden zugleich Aspekte des urchristlichen Taufkatechumenats erneuert. Ebenfalls wird an das humanistische Bildungsideal angeknüpft.

In Melanchthons programmatischer Schrift „Unterricht der Visitatoren" von 1528 findet sich im Kapitel über die „Schulen" auch die erste ausdrückliche Erwähnung und Begründung einer schulisch verantworteten „christlichen Unterweisung".

In der ersten Klasse („Hauffe") findet neben dem Elementarunterricht aus der Fibel (Lesen, Schreiben, Rechnen, Grammatik) nur die Musik als eigenes „Fach" eigenständige Beachtung. In der zweiten Klasse („Von dem andern Hauffen") der Lateinschule soll man „einen Tag aber, als Sonnabent oder Mitwoch [...] anlegen, daran die Kinder Christliche unterweisung lernen" (MELANCHTHON 1909, S.238).

Dieser Religionsunterricht soll zwei Mißständen wehren: „Denn etliche lernen gar nichts aus der heiligen Schrifft. Etliche lernen die kinder gar nichts denn die heilige Schrifft, Welche beide nicht zu leiden sind" (MELANCHTHON 1909, S. 238). Das bedeutet positiv: Der Sinn des neben den Elementarunterricht zu stellenden schulischen Religionsunterrichts besteht gerade darin, die Katechismuslehre und biblische Tradition *in Beziehung* zu setzen zu den anderen Bildungsinhalten und Lernprozessen. Neben den Elementarunterricht und die Musik tritt darum in der 2. „Klasse" außer dem „Religionsunterricht" auch eine Art Literatur- und Geschichtsunterricht. Religionsunterricht, „christliche Unterweisung", wird hier verstanden als sinnstiftende Mittel aller Bildung wie als Voraussetzung aller Praxis. An die kritisch-konstruktive Potenz des urchristlichen Taufunterrichts wird damit in veränderter Situation angeknüpft.

Luthers Kleiner Katechismus, erweitert nach dem Grundschema des „Bökeschens vor de leyen vnde kinder" von 1525, wird *das* protestantische Elementarschulbuch im 16. Jahrhundert und dokumentiert in seiner Weise die Einheit von Glaube und Bildung. Nach der Kanonisierung des Kleinen Katechismus zur lutherischen Lehrschrift isoliert sich der Katechismusunterricht sowohl von der Vielfalt der biblischen Tradition als auch von der Lebenswirklichkeit der Schüler. Der Kleine Katechismus – selbst als Brücke konzipiert – wurde zum sakrosankten Lehrkompendium, das mit allen Erklärungen auswendig zu lernen war. Die Problematik des spätmittelalterlichen Beichtunterrichts wiederholt sich: statt Beichtverhör nun Katechismusverhör. Eine konzeptionelle und praktische Neufassung des Religionsunterrichts liegt erst bei J. A. Comenius vor.

Religion als heilsgeschichtliche Sinndeutung. Der Orbis sensualium pictus ist „ein kleines Büchlein; aber gleichwol ein kurzer Begriff der ganzen Welt" (COMENIUS 1658, S. 11). Die gesamte sichtbare Welt wird, enzyklopädisch geordnet, in Bildern veranschaulicht und diesen zugeordneten Begriffen vorgestellt. Der Sinn dieser Ordnung ist die über Anschauung und Benennung führende Erkenntnis des Ortes und der Funktion der Erkenntnisobjekte im heilsgeschichtlichen Plan zwischen Schöpfung und Jüngstem Gericht. Das Thema der religiösen Unterweisung ist also die *in* den Phänomenen liegende Bedeutung für das Ganze der Schöpfung. Alles einzelne muß gleichsam aus seiner Isolation gelöst werden. Damit ist Religion notwendiges Ferment aller Erkenntnis. Religionsunterricht thematisiert den größeren Zusammenhang, den übergreifenden Sinnhorizont, tut dies aber gerade dort, wo – der jeweiligen Entwicklungsstufe entsprechend – die Wahrnehmung des Menschen verankert ist.

Nicht mehr orientiert am Ganzen der orthodoxen Lehrnorm als einem isolierten Dogma, kann sich Religionsunterricht für Kinder am kindlichen Wahrnehmungsprozeß selbst entzünden: Die für Kinder wahrnehmbare Welt weist ja über sich hinaus. Der Sinnhorizont des Wahrgenommenen erschließt sich, indem es als Geschöpfliches vor Gott erscheint und allen Dingen der Platz im Prozeß der Heilsgeschichte angewiesen wird. Comenius hat mit seinem Orbis pictus dabei einen Universalkatechismus schaffen wollen, und als solcher hat er bis ins 19. Jahrhundert gewirkt. Er impliziert ein Modell von Religionsunterricht, das bis heute von Bedeutung ist. Bis zu Comenius wird der Religionsunterricht – bei allen Unterscheidungen im einzelnen – wesentlich von seinem Gegenstand her definiert. Comenius dokumentiert End- und Wendepunkt dieser Entwicklung. Der Primat der Anschauung und das Prinzip der Induktion lassen neben dem klassischen Begründungsmuster erstmals auch eine altersspezifische Begründung des Religionsunterrichts zu. Theologen und Pädagogen der Aufklärung knüpfen hier an.

Kindliche Entwicklung als Horizont des Religionsunterrichts. Ansätzen Rousseaus folgend, wird die religiöse Erziehung eingebettet in die erzieherische Entfaltung von Vernunft und Moralität. Ausgangspunkt ist der Grundsatz: „daß die vollkommenste Erziehung diejenige ist, welche alle körperlichen und geistigen Anlagen der Kinder, in dem besten Verhältnisse zueinander, gleichmäßig auszubilden sucht" (CAMPE 1780, S. VI). Damit ist ein kritischer Maßstab gegenüber früheren Mißständen in der religiösen Erziehung gegeben. Campe wendet sich gegen die Überbetonung des Auswendiglernens, also gegen den vorherrschenden Katechismusunterricht (zu seinen religionspädagogischen Schriften vgl. CAMPE 1778, 1780, 1791).
Religiöse Erziehung ist, wie alle Erziehung, „Mäeutik". Solange vom Kind aus keine Fragen zu Moralität, Offenbarung und Vernunft kommen, braucht es keinen eigenen Religionsunterricht zu geben. Campe unterscheidet drei kindliche Altersphasen. In der ersten Phase – bis zum 7. Lebensjahr – soll man auf jede unmittelbare religiöse Einwirkung verzichten. Wohl aber bleibt das Miterleben praktizierter Religion wichtig. In der zweiten Altersphase – bis zum 10. Lebensjahr – sollen die „Zöglinge" zu „Vorbegriffen" geführt werden, in denen sie ihres Selbstbewußtseins ansichtig werden. Denn die Kinder müssen „notwendig erst mit dem Wesen ihrer eigenen Seele, als eines endlichen Geistes, bekannt gemacht werden [...], wenn sie von diesem auf das Wesen Gottes, als eines unendlichen Geistes, analogisch schließen sollen" (BRÜGGEMANN/EWERS 1982, Spalte 1050 f.). Insofern geht die Psychologie der Theologie notwendig voraus. In der dritten Altersphase – bis zum 12. Lebensjahr – werden Aspekte der natürlichen wie der geoffenbarten Religion behandelt.
Campe entwickelt einen „Leitfaden" für den Religionsunterricht, der die Zeit der Kindheit und Jugend zusammenfaßt. In ihm findet sich der gesamte Themenkanon des Kleinen Katechismus exemplifiziert durch Gründe „der gesunden Vernunft und unzweideutiger Stellen der Bibel". Campe ist damit einer der ersten, der ein differenziertes, altersspezifisches Curriculum entwickelt. In der Methodik gebührt dem eigenen kindlichen Erleben und Empfinden eindeutig der Primat: „Endlich – und das ist unstreitig die beste Verfahrungsart von allen – kann man die junge Seele, durch allerlei leicht zu erfindende Anstalten, selbst in den Fall setzen, daß sie Dasjenige thun oder empfinden muß, was man ihr anschaulich zu machen zur Absicht hat, so daß der Lehrer sie alsdann nur erinnern darf, ihren Blick in sich selbst zu kehren, um Dasjenige zu lesen, was man ihr lehren wollte" (CAMPE 1780, S. X f.).
Die konzeptionellen Neuansätze der Aufklärungspädagogen konnten – und durften – sich in der Praxis nur begrenzt durchsetzen (Woellnersches antiaufklärerisches Religionsedikt in Preußen 1788). Die Praxis der preußischen Schulreform orientierte sich mehr an pädagogischen Konzepten von A. H. Francke und Ph. J. Spener, denen in der Geschichte des Religionsunterrichts in Deutschland ein hervorragender Platz gebührt. Die hier vorgenommene exemplarische Konzentration auf Campe liegt an der Langzeitwirkung dieses Konzepts. Aus ihm ließ sich schon 1786 das Konzept eines überkonfessionellen Religionsunterrichts entwickeln, das J. Georg Heinrich Feder vorlegte (vgl. HELMREICH 1966, S. 66). Die überkonfessionelle beziehungsweise religionskundliche Variante des Religionsunterrichts wird bis heute politisch (Verfassungsbe-

stimmung in Bremen) wie religionspädagogisch (Halbfas) diskutiert. Der Kampf um die Simultanschule und ihre Einführung (Nassauisches Schuledikt 1817) ist ohne Theologie und Pädagogik der Aufklärung undenkbar. Die Notwendigkeit, Religionsunterricht nicht nur von seinem Gegenstand oder von überkommenen Privilegien der Kirche aus zu begründen, sondern vom Bildungsauftrag der Schule und von der Entwicklung des Kindes, ist heute allgemeine Meinung.

Probleme und Tendenzen im 19. und 20. Jahrhundert. Das 19. Jahrhundert entwickelt, trotz der großen Pädagogen wie Pestalozzi, Fröbel, Diesterweg und anderer, keine prinzipiell neuen Ansätze für den Religionsunterricht. Das gilt auch für die theologischen und pädagogischen Bemühungen Schleiermachers sowie für die wissenschaftliche Aufarbeitung der Katechetik (vgl. v. ZEZSCHWITZ 1863 ff.). Das 19. Jahrhundert variiert und kompiliert vorhandene Ansätze, spielt sie auch gleichsam noch einmal durch. Im wesentlichen ist es das Jahrhundert der Umsetzung von Konzepten (Schulorganisation und Lehrerbildung).

In diesen wesentlich schulpolitischen Fragen spielt der Religionsunterricht eine hervorgehobene Rolle. In den Stiehlschen Regulativen von 1854 wird für den Elementarschulbereich in Preußen festgelegt: wöchentlich vier Stunden Bibelunterricht sowie zwei Stunden Katechismusunterricht. Auswendig zu lernen waren der Kleine Katechismus Luthers, 30 Kirchenlieder, 180 Bibelsprüche sowie Teile der Liturgie. Diese Regelung kommt in die Nähe der Forderungen, die zuvor FRANCKE (vgl. 1702) aufgestellt hatte. Es gibt keine empirischen Untersuchungen über die Wirkung dieser restaurativen Funktionalisierung des Religionsunterrichts. Aber das Ergebnis ist offenkundig: Die Intensivierung eines *isolierten* Bibel- und Katechismusunterrichts, der sich den, vor allem im methodischen Bereich, bahnbrechenden Erkenntnissen der Aufklärung verschloß, vermochte weder die Entkirchlichung der Massen im Zuge der Industrialisierung und Proletarisierung aufzuhalten, noch die Parolen der Französischen Revolution zum Verstummen zu bringen.

Erst die religiösen Sozialisten zu Beginn des 20. Jahrhunderts und dann der Neuaufbruch durch die dialektische Theologie durchschauen die ruinösen Folgen der staatskirchlichen Funktionalisierung des Religionsunterrichts. Dennoch ist das 19. Jahrhundert für die Geschichte des Religionsunterrichts ein Lehrstück: Im erbitterten Kampf um den beseren Ansatz und um die bessere Methodik herrscht auf fast allen Seiten das Vorurteil vor, daß Religion lehrbar sei. Erst das 20. Jahrhundert zwingt hier zur Skepsis. Auch haben die Erschütterungen des Ersten Weltkrieges und der Terror des Nationalsozialismus den aufklärerischen Glauben an die im Prinzip gute Natur des Menschen zerstört.

Eine neue Situation für den Religionsunterricht ergab sich Mitte der 60er Jahre. Zum erstenmal in der Geschichte des Religionsunterrichts wurde diesem eine schulpädagogische Legitimation zwingend abverlangt. Die „Evangelische Unterweisung" (O. Hammelsbek, H. Kittel) konnte noch souverän die Frage einer solchen Begründung übergehen, den Religionsunterricht rein theologisch bestimmen und als „Kirche in der Schule" deklarieren. Die Voraussetzung dieser Konzeption, die Christlichkeit der Gesellschaft und ihrer Schule, erwies sich in der Schule selber, nämlich am Desinteresse der Schüler, als ein Irrtum. Die Kirchen stellten sich, vor allem durch die Arbeit ihrer religionspädagogischen Institute, der Notwendigkeit einer neuen Bestimmung des Religionsunterrichts. Es wurde seit etwa 1968 eine Reihe von Konzeptionen mit unterschiedlichen Interessen und

Lernbereich: Religion

Zielen entwickelt, die alle unter dem Begriff „thematisch-problemorientierter Unterricht" zusammengefaßt werden können (zur Diskussion: vgl. DI CHIO 1983, S. 589 f.; vgl. FISCHER/KAUFMANN 1983, S. 637 ff.). Allen diesen Konzeptionen ist gemeinsam:
- Es gibt kein geschlossenes theologisches System mehr, wie dies noch bei der „Evangelischen Unterweisung" und in etwa beim „Hermeneutischen Unterricht" (M. Stallmann, H. Stock) der Fall war.
- Der Religionsunterricht legitimiert sich nicht mehr vorrangig vom Verkündigungsauftrag der Kirche, sondern von den Notwendigkeiten der Schule her.
- Ausgangspunkt aller didaktischen Überlegungen ist die Wahrnehmung der Situation und der Interessen der Schüler und Schülerinnen.
- Die identifikatorischen Elemente im Religionsunterricht treten zurück. Der Religionsunterricht wird versachlicht (mit aller Problematik dieses Begriffes). Information und Kritik bekommen einen neuen Stellenwert.
- Die Forschungsergebnisse und die Methoden der allgemeinen Didaktik werden von den Religionspädagogen reflektiert und für den Religionsunterricht übernommen.

Sosehr diese Veränderung des Religionsunterrichts eine historische Notwendigkeit war, so sind die Schwierigkeiten, die sie brachten, nicht zu übersehen: In der Lösung der Verbindung zur Kirche und christlichen Tradition verliert der Religionsunterricht seine klare Definition und wird seiner eigenen Ziele unsicher. Das Fach droht, in der Schule seine Kontur zu verlieren. Religiöse Traditionen werden vielfach funktionalisiert und dazu benutzt, allgemeine pädagogische Ziele durchzusetzen.

Konzeptionelle Perspektiven. Die wesentliche Schwierigkeit des Religionsunterrichts besteht darin, daß die Gesellschaft mehr und mehr Religion praktisch für unerheblich erklärt hat. Die Säkularisierung der Gesellschaft ist in den letzten 30 Jahren offenkundig geworden. Rituelle Vollzüge werden zwar zu bestimmten Anlässen immer noch in hohem Maße erwartet, aber diese werden immer weniger mit den eigentlichen Inhalten des Christentums verbunden. Weder konturiert das Christentum den Lebensalltag von Menschen, noch bestimmt es in einem wesentlichen Maß das Ethos der Gesellschaft. Trotz starker formaler Position der Kirchen und ihrer gesellschaftlichen Privilegierung sind die Erwartungen an das Christentum gering. In dieser Situation kann die Religionspädagogik die Schüler nicht als Christen oder zumindest potentielle Christen ansehen, auf die sie bestätigend oder werbend einwirkt. Sie kann aber auch nicht, wenn sie ihre eigene Tradition ernst nimmt, sich von der Schule allgemeinerzieherische Ziele für ihren Unterricht diktieren lassen.

Mit dem Rückgang von Religion und Mythos in einer Gesellschaft wächst die Gefahr, daß ihre Lebensbilder und -entwürfe undeutlich werden. Eine Gesellschaft aber, die sich nicht in der Gesamtheit ihrer Absichten, Lebensentwürfe und in ihrem Ethos darstellen kann, wird auch nicht erziehen können. Denn Erziehen heißt nicht nur Kinder einführen in Strategien äußerer Lebensbewältigung und Kulturtechniken. Erziehung ist zugleich die Einführung in gültige und konsistente Welterklärungen, aus denen sich Axiome sinnvollen Handelns ergeben. Solche Welterklärungen bieten natürlich alle Unterrichtsfächer. Die Auswahl und die Interpretation eines Stoffes in einem Unterrichtsfach, die Aufstellung von Lernzielen sind zugleich für Kinder eine Einübung in das, was die Erzieher wünschen oder was die Gesellschaft hochschätzt und was sie tradiert haben will. Was in den übrigen Schulfächern unsystematisch, beiläufig und verdeckt geschieht, kann im Religionsunterricht ausdrücklich, konsistent, offen und damit für die Schüler auf Dauer auch nachprüfbar geschehen. Der Religionsunterricht ist die langfristige Einübung von Lebensbildern und Lebensentwürfen, die paradigmatisch, aber nicht ausschließlich an der christlichen Tradition geschieht. In diesen Lebensbildern soll die Sehnsucht der Menschen nach Ganzheit und Sinn ihre Kontur finden, und die Verstümmelungen des Lebens sollen aufgedeckt werden. Der Religionsunterricht ist also nicht einfach eine Agentur der Kirchen. Das Christentum wird nicht als verpflichtende Interpretation der Welt aufoktroyiert. Es geht vielmehr um die paradigmatische Darstellung eines Lebensentwurfs, der die Weltinterpretation, das Denken und das Ethos der westlichen Gesellschaft am nachhaltigsten geprägt hat. Daß andere Weltinterpretationen zum Vergleich und zur Kritik dieses Entwurfes herangezogen werden, ist selbstverständlich und unerläßlich. Aber Einführung in Lebensentwürfe kann es nicht als eine allgemeine und neutrale „Kunde" geben. Lebensentwürfe können nur da überzeugend und einleuchtend dargestellt werden, wo sie personal vermittelt sind; wo also Erzieher ihr Gesicht zeigen und sich darstellen in dem, was sie schätzen und lieben. Wenn also Lehrer und Lehrerinnen in den öffentlichen Schulen auch nicht als Missionare des Christentums auftreten können, so müssen sie doch erkennbar sein als solche, die ihre eigene Sache schätzen und ihr einen lebensgeschichtlichen Vorrang geben vor anderen Interpretationen der Welt.

Die christliche Interpretation der Welt ist in einer säkularisierten Gesellschaft nicht mehr „zwingend". Die von den Kirchen beklagte Fremdheit der christlichen Tradition für die meisten Schüler und Schülerinnen hat ihre eigene Produktivität. Denn in den Schulen kann nur vorgestellt werden, wozu das Subjekt in das Verhältnis einer freien Wahl treten kann. Erst wo Religion nicht mehr ein Oktroi ist, kann sich das Subjekt ihr spielerisch nähern, kann es unterscheiden zwischen den befreienden und versklavenden Momenten einer Weltinterpretation und kann es ihre produktiven Lebensbilder schätzenlernen, selbst wenn es sich mit ihnen im kirchlichen Sinne nicht identifiziert.

Die Ungeläufigkeit der christlichen Tradition hat weitere Vorteile. Die Lebensabsichten von Menschen schärfen, vertiefen und korrigieren sich, wenn sie verglichen werden können mit den in einer fremden Tradition ausgedrückten Bildern, Geschichten und Lebenswünschen. Man nimmt sich in den eigenen Absichten zur Kenntnis, wenn man sich mit fremden Absichten konfrontieren läßt. Die fremde Sprache ermöglicht dem Subjekt eine ungewohnte Perspektive der Welt und seiner selbst. In dieser Perspektive wird das eigene Leben sichtbar, wie es bisher noch nicht wahrgenommen wurde. Lernen ist nur als dialektischer Prozeß denkbar zwischen der Vergewisserung des Subjektes in dem, was ihm schon eigen ist, und in seiner Entprovinzialisierung in der Konfrontation mit Neuem und Fremdem. So verhält sich die fremde Tradition produktiv störend zum Subjekt. Sie stört die geläufigen Selbstwiederholungen und die Erstickung des Menschen in sich selber. „Wir profilieren das eigene Leben, indem wir uns am Vergangenen abarbeiten" (LORENZER 1981, S. 18).

Weil der Religionsunterricht nicht mit einer Gruppe von schon Verständigten arbeitet, ist Aufschlüsselung und Interpretation eine dauernde und selbstverständliche Attitüde. Die Lebensbilder, Geschichten, Formeln der christlichen Tradition können nicht als weltlose Rezitative dargestellt werden. Ihre Inhalte müssen erklärt werden in ihrer Bedeutung für die Würde des Menschen.

Die Erklärung der Lebensbilder der christlichen Tradition geschieht einmal

Lernbereich: Religion

durch die historische Einführung in Texte, Geschichten, Ereignisse, Bräuche und Lebensinstrumente dieser Tradition. Zum anderen dadurch, daß die Visionen vom gelingenden Leben mit der gegenwärtigen Korruption und Verstümmelung des Lebens in Zusammenhang gebracht werden. Das Problem, das sich eine Gesellschaft einhandelt, indem sie christlichen Religionsunterricht in den Schulen zuläßt und fördert, ist, daß die Grundtexte des Christentums höchst parteilich sind. Das Christentum ist keine neutrale Welterklärung und allgemeine Weisheitslehre. Daß es zu einer solchen gemacht werden kann, hat die Geschichte bewiesen. Aber die Dokumente des Christentums zeigen Gott als einen Gott der Armen, der Entrechteten, der im Leben zu kurz Gekommenen. Wo das Christentum ohne Verfälschung im Religionsunterricht erklärt wird, da werden auch immer „gefährliche Erinnerungen" (Metz) beschworen. Die Parteilichkeit des Christentums macht Konflikte im Religionsunterricht fast unausweichlich.

Allerdings geht es beim Religionsunterricht im Primarbereich weder um politische Indoktrination noch primär um moralische Instruktion. Die Aufgabe des Religionsunterrichts ist viel grundsätzlicher und langfristiger. Kinder sollen bekannt gemacht werden mit Geschichten der Ermutigung und des gelingenden Lebens. Hoffnungsbilder, die zu früh und zu kurzfristig mit erzieherischen Absichten verbunden werden, verlieren ihre Kraft. Die Vorführung der Geschichten von der Würde des Menschen und die Einführung in die Bilder der Hoffnung müssen tänzerisch, spielerisch und frei von unmittelbaren Absichten sein, wenn sie Menschen nähren und stärken sollen. Erst in dieser Weise ernährte und gestärkte Menschen werden sich zum Handeln veranlaßt sehen und können eine größere moralische Eindeutigkeit gewinnen.

Religiöse Sätze und Bilder sind immer auch Aussagen des Menschen über sich selber und seine Welt. In ihnen erklärt der Mensch, was er vom Leben erwartet, welche Richtung es nehmen soll und wie er sich selber einschätzt. Er vergewissert sich seines Lebens gerade da, wo es nicht selbstverständlich ist und die unmittelbare Einsichtigkeit des Lebens zerbrochen ist. Selbst wenn der Religionsunterricht in öffentlichen Schulen Menschen nicht zu einem Glauben im kirchlichen Sinn führen soll, so kann er sie doch einüben in die Selbstauffassungen, die anthropologischer Inhalt des christlichen Glaubens und seiner Sätze sind.

Den Glauben an das Leben kann man kaum bilderfrei einüben, man kann ihn schwer in geronnenen rationalen Sätzen ausdrücken. Die Einübung dieses Glaubens braucht die Dramatisierung in Geschichten, in Bildern, in Gesten, in Lebenspraktiken. Sinnaussagen können nicht auf satzhafte Essenzen reduziert werden. Was man argumentativ sagen und begreifen kann, braucht keine Bilder. Hoffnung und Lebensvertrauen aber brauchen Dramatisierungen, weil sie sich argumentativ nicht rechtfertigen lassen. Für den Religionsunterricht im Primarbereich ergibt sich aus diesen Überlegungen folgendes:

- Der Religionsunterricht im Primarbereich soll sich vorrangig binden an die Inhalte der christlichen Tradition. Diese gibt ihm seine Kontur und macht ihn unterscheidbar von anderen Fächern. Der Religionsunterricht schuldet den Kindern die Fremdheit dieser Tradition und speziell ihres Ursprungsdokumentes, der Bibel.
- Diese Tradition darf kein Zitat bleiben, sie darf nicht in ihrer historischen Immanenz belassen werden. Die gegenwärtigen Befürchtungen, Wünsche, Leiden, Konflikte der Kinder und der Gesellschaft sind der hermeneutische Rahmen, in dem die Tradition ausgelegt und aktualisiert wird.
- Besonders zu beachten sind die dra-

matischen, die erzählerischen, die bildhaften und die liedhaften Elemente dieser Tradition nicht nur, weil sie angemessene Vermittlungsweisen im Primarbereich sind, sondern vor allem, weil Lebensvergewisserung und der Aufbau von Hoffnungsidentität inszenatorische Elemente brauchen.
- Über der offenen Bearbeitung von Konflikten, Ängsten und Wünschen von Schülern ist die verschwiegene Bearbeitung nicht zu vernachlässigen, die das, was Kinder betrifft, in die Gestalt einer fremden Geschichte kleidet.
- Der Religionsunterricht in der Primarstufe intendiert nicht an erster Stelle die Veränderung von Verhaltensweisen, sondern Einübung von produktiven Selbstbildern an den Geschichten der Würde, die die christliche Tradition bietet. Der Religionsunterricht muß also entmoralisiert werden.
- Einübung in produktive Lebensbilder darf nicht verwechselt werden mit der Darstellung einer heilen Welt. Es geht um die Einübung in den Glauben an eine heilbare und zu heilende Welt. Die christliche Tradition antwortet mit ihren Hoffnungsbildern auf die Wahrnehmung des zerrissenen und verkümmerten Lebens. So muß dieses im Unterricht zur Sprache kommen.

BALDERMANN, I.: Die Bibel – Buch des Lernens. Grundzüge biblischer Didaktik, Göttingen 1980. BASSE, O. u. a.: Religionsunterricht im Spannungsfeld Staat/Kirche, Stuttgart 1976. BRÜGGEMANN, TH./EWERS, H.-H.: Handbuch zur Kinder- und Jugendliteratur. Von 1750 bis 1800, Stuttgart 1982. BUBENHEIMER, U./STRECKER, D.: Religionsunterricht und Spielpädagogik in der Grundschule, Limburg 1979. BUSCHBECK, B.: Religion von sechs bis zehn, Gütersloh 1981. CAMPE, J.H.: Über den ersten Unterricht in der Religion. In: CAMPE, J.H. (Hg.): Sammlung einiger Erziehungsschriften, Teil 1, Braunschweig 1778, S. 177 ff. CAMPE, J. H.: Kleine Seelenlehre für Kinder, Hamburg 1780. CAMPE, J.H.: Versuch eines Leitfadens beim christlichen Religions-unterrichte für die sorgfältiger gebildete Jugend. Künftig für die allgemeine Schulenzyklopädie bestimmt, jetzt zur Prüfung und Verbesserung vorgelegt, Braunschweig 1791. CLEMEN, C. (Hg.): Quellenbuch zur Praktischen Theologie, Teil 2: Quellen zur Lehre vom Religionsunterricht, Gießen 1910. COHRS, F. (Hg.): Die Evangelischen Katechismusversuche vor Luthers Enchiridion. Bd. 1.: Die evangelischen Katechismusversuche aus den Jahren 1522–1526. Monumenta Germania Paedagogica, hg. v. K. Kehrbach, Bd. 20, Berlin 1900. COMENIUS, J. A.: Orbis sensualium pictus, Praze 1958 (photomechanischer Nachdruck der Ausgabe Nürnberg 1658). DI CHIO, V. A.: Unterricht: Religion. In: Enzyklopädie Erziehungswissenschaft, Bd. 9.2, Stuttgart 1983, S. 637 ff. EGGERS, TH.: Religionsunterricht und Erfahrung. Zur Theorie und Praxis des Religionsunterrichts in der Primarstufe, München 1978. ESSER, W.G. (Hg.): Zum Religionsunterricht morgen. Konzeptionen und Modelle zu künftiger Praxis in der Grundschule, Bd. 3, München/Wuppertal 1972. FISCHER, D./KAUFMANN, H.-B.: Unterricht: Evangelische Religion. In: Enzyklopädie Erziehungswissenschaft, Bd. 8, Stuttgart 1983, S. 588 ff. FRAAS, H.J.: Glauben und Lernen. Ein theologisch-didaktischer Leitfaden für die Elementarerziehung, Göttingen 1978. FRANCKE, A. H.: Kurtzer und Einfältiger Unterricht, Wie Die Kinder zur wahren Gottseligkeit und Christlichen Klugheit anzuführen sind, Halle 1702. GEFFKEN, J.: Der Bildercatechismus des fünfzehnten Jahrhunderts und die catechetischen Hauptstücke in dieser Zeit bis auf Luther, Leipzig 1855. HALBFAS, H.: Aufklärung und Widerstand, Stuttgart/Düsseldorf 1971. HALBFAS, H. u. a. (Hg.): Neuorientierung des Primarbereichs, 2 Bde., Stuttgart 1972/1974. HELMREICH, E. CH.: Religionsunterricht in Deutschland. Von den Klosterschulen bis heute, Hamburg/Düsseldorf 1966. HILLER-KETTERER, I.: Kind, Gesellschaft, Evangelium. Theologisch-didaktische und soziopolitische Überlegungen zu Unterrichtsversuchen in der Grundschule, Stuttgart/München 1971. KASCH, W.F. (Hg.): Ökumenische Bibliographie. Religionsunterricht, Religionspädagogik, Christliche Erziehung, Paderborn 1976. LORENZER, A.: Das Konzil der Buchhalter. Die Zerstörung der Sinnlichkeit, eine Religionskritik, Frankfurt/M. 1981. MELANCHTHON, PH.: Unterricht der Visitatoren (1528). In: Martin Luthers Werke.

Kritische Gesamtausgabe, Bd. 26, Weimar 1909. NIPKOW, K. E.: Grundfragen der Religionspädagogik, 3 Bde., Gütersloh 1975/1982 (Bd. 1,2: 1975; Bd. 3: 1982). REU, J. M. (Hg.): Quellen zur Geschichte des kirchlichen Unterrichts in der evangelischen Kirche Deutschlands zwischen 1530 und 1600, Gütersloh 1904–1935 (photomechanischer Nachdruck Hildesheim/New York 1976 ff.). SALLER, M.: Religionsdidaktik im Primarbereich, München 1980. SCHMIDT, H.: Religionsdidaktik. Ziele, Inhalte und Methoden religiöser Erziehung in Schule und Unterricht, Bd. 1, Stuttgart 1982. SCHRAMM, T.: Erzählen im Religionsunterricht. Literatur- und Problembericht. In: Theol. Pract. 14 (1979), S. 207 ff. SCHRÖER, H.: Das Problem der Vermittlung von Tradition und religiöser Erfahrung im Erzählvorgang. In: Ev. Theol. 38 (1978), S. 113 ff. WEGENAST, K.: Religionsdidaktik Grundschule. Voraussetzungen, Grundlagen, Materialien, Stuttgart 1983. ZEZSCHWITZ, G. V.: System der christlichen Katechetik, 3 Bde., Leipzig 1863 ff.

Wolfgang Grünberg/Fulbert Steffensky

Lernbereich: Sachunterricht

Von der Heimatkunde zum Sachunterricht. Kaum ein Schulfach hat wie der Sachunterricht eine stürmischere Entwicklung erlebt, seit die gesamtunterrichtlich angelegte Heimatkunde in der Schule gescheitert ist und eine breit angelegte Reform der gesamten Primarstufe ihren Anfang nahm. Die Abkehr von der Heimatkunde, während der deutschen Reformpädagogik und nach 1945 didaktisch-methodisches Gestaltungselement der Grundschule, war im wesentlichen dadurch bestimmt, daß die gesellschaftstheoretische Begrifflichkeit des frühen 20. Jahrhunderts zu ihrer Legitimation nicht mehr herangezogen werden konnte, die didaktischen Artikulationsformen der Heimatkunde die soziokulturellen Bedingungen menschlicher Erfahrung nicht aufzunehmen in der Lage waren und schließlich ihr in der Tradition des 18. Jahrhunderts stehender Wissenschaftsbegriff nicht dem Selbstverständnis moderner Naturwissenschaften entsprach (vgl. GIEL 1974a, S. 52 ff.).

Viele schulpädagogische und sozialwissenschaftliche Argumente – wie: „naive Abbilddidaktik, vermenschlichende Erklärungsmuster, handwerklich-bäuerliche Idylle, Anfälligkeit gegen affirmative Tendenzen, eindimensionale konfliktfreie Darstellung, Ideologie der Lebensgemeinschaft, die Vorstellung, man könne Erkenntnisgewinne anlegen wie Jahresringe der Bäume" (HEMMER 1982, S. 11; vgl. BECK/CLAUSSEN 1979; vgl. SCHWARTZ 1977a) sind gegen die Heimatkunde vorgebracht worden. Dazu kamen Bedenken gegen die entwicklungspsychologische Annahme der endogen reifenden Begabung, die zwar die subjektiven Lerninteressen der Kinder berücksichtigte, aber dadurch die unterschiedlichen Auswirkungen des Herkunftsmilieus zu verfestigen schien. Festzustellen ist, daß vor allem wegen der ideologischen Belastung der Heimatbegriff nicht mehr den Begründungszusammenhang liefern konnte, in den sich die unterschiedlichen Zielsetzungen des Sachunterrichts integrieren ließen.

Beim Übergang von der Heimatkunde zum Sachunterricht ist am Ende der 60er Jahre ein deutlicher Bruch sichtbar geworden. Private Eigeninitiativen und bildungspolitische Vorstöße des Deutschen Bildungsrates gaben 1969 entscheidende Impulse für die Reform der Grundschule (vgl. BECK/CLAUSSEN 1979, SOOSTMEYER 1980). Während die KMK (vgl. 1971) vor allem Bedenken gegen die Heimatkunde äußerte, „forderte der Deutsche Bildungsrat einen *wissenschaftsorientierten Unterricht* für alle Schüler [...] Die Unterscheidung zwischen wissenschaftsorientierter und volkstümlicher Bildung mußte aufgegeben werden, um allen Heranwachsenden gleiche Chancen zur erfolgreichen Teilnahme am Leben einer wissen-

schaftsbestimmten Gesellschaft zu eröffnen" (DASSAU 1981, S. 31).
Alle Konzeptionen des neuen Schulfachs wurden mit der zentralen Aussage des Strukturplanes begründet, wonach „Wissenschaftsorientiertheit" von Lerngegenstand und Lernmethode für den Unterricht auf jeder Altersstufe zu gelten habe. Die favorisierten Lehr- und Lernmethoden präzisierte der Deutsche Bildungsrat so: „Die Vorbereitung eines modernen Umweltverständnisses auf wissenschaftlicher Grundlage macht Denk- und Arbeitsformen notwendig, die sich von den bislang in unserer Grundschule bevorzugten abheben: Entdeckendes Lernen, selbständiges und kooperatives Arbeiten, Schulung im Problemlösen sind als Verfahren und Prozesse des Lebens ebenso wichtig wie die zu erlernenden Inhalte selbst" (DEUTSCHER BILDUNGSRAT 1970, S. 133). Aus dieser Gleichgewichtung von Inhalten und Verfahren bildeten sich die beiden bestimmenden Ansätze in der curricularen Diskussion heraus: der wissenschafts-(inhalts-, konzept-)orientierte und der verfahrensorientierte Sachunterricht.

Obwohl H. Roth schon zu Beginn der Reform Geistes-, Sozial-, Wirtschafts- und Naturwissenschaften als richtungweisende Bezugswissenschaften für die Konzeption des Sachunterrichts benannt hatte, ist es bezeichnend für die zu diesem Zeitpunkt einsetzende Verwissenschaftlichung des Unterrichts, daß integrierende und ergänzende Interpretationshorizonte der Philosophie, Religion, Ästhetik, Musik und Bildenden Kunst aus der Diskussion über die Wissenschaftsorientierung ausgeklammert wurden. Dennoch aber waren die Wirkungen der breit gefächerten Impulse zur Begründung des Sachunterrichts umfassend; sie hatten bundesweite Initiativen zu Neufassungen der Lehrpläne zur Folge und initiierten von Verlagen, Stiftungen und anderen Geldgebern finanzierte Projekte. Zahlreiche Forschungsgruppen beteiligten sich an der inhaltlichen Ausformulierung des neuen Tätigkeitsfeldes und meldeten ihre Kompetenzen an; der Sachunterricht war „ohne weiteren Zusatz zum Parteiabzeichen des Fortschritts geworden" (GIEL 1974b, S. VIII).

Zur Konzeption des neuen Unterrichtsfaches. Die parallel zur Wissenschaftsorientierung des Sachunterrichts sich vollziehende „anthropologische Wende" setzte mit der Kritik am entwicklungspsychologischen Konzept der engen Verbindung von Begabung und Lernen im Kindesalter ein. Bedenken wurden besonders gegenüber dem Begabungsbegriff geäußert, der sich nach gängiger Auffassung aus meßbaren relativen Anteilen von natürlicher Anlage und individuellen Umwelteinflüssen zusammensetzte. Die neuere anthropologische Forschung gab diese Ansicht zugunsten einer interaktionstheoretischen Auffassung von Erbe und Umwelt auf, und der daraus resultierende Sozialisationsbegriff wurde für die anthropologische Wende entscheidend. Er setzte sich definitorisch von einer Begabungstheorie folgendermaßen ab: „Unter Sozialisation ist der gesamte Prozeß zu verstehen, in dem ein Individuum durch aktiven Umgang mit der sozialen Mitwelt seine je eigene soziale Handlungsfähigkeit erwirbt. Sie umgreift somit die Verinnerlichung von Verhaltenserwartungen und Wertorientierungen, die Aneignung kultureller Symbol- und Interpretationsraster sowie die aktive Selbstformung und -steuerung des Individuums" (SILLER 1981, S. 20). Diese *sozialisations- und handlungstheoretische Neuorientierung* bestimmte die Grundschulreform in ihren Zielformulierungen, inhaltlichen Aussagen und in der Bestimmung von Lehrverfahren entscheidend mit. Das Hauptaugenmerk galt nicht der Entfaltung kindlicher Persönlichkeit in natürlicher Umgebung, sondern der Einbindung des Kindes in konkrete, alltägliche gesellschaftliche Zusammenhänge. Damit war auch der Aufbau der kindlichen Identitätsfindung über eine kritische Handlungsfähigkeit beschrieben, so daß sich der Unterricht im Brennpunkt von historischer Situation, dem Umgang mit Sachen und dem Beziehungsgeflecht von Lehrern, Schülern und politischer Öffentlichkeit aktualisieren mußte.

Insofern wies die curriculare Evaluation des Sachunterrichts bereits über das Fach hinaus und berührte die Frage nach der Funktion der Grundschule überhaupt. Über die Hauptaufgabe, nämlich die Überwindung des Gesamtunterrichts und die Einbeziehung der „ganzen Welt" in den Primarunterricht, war und ist man sich weitgehend einig. Was aber hier als Großauftrag an die Grundschule adressiert ist, bereitet schon bei dessen Ausformulierung erhebliche Schwierigkeiten. Es besteht keineswegs Konsens darüber, wie „unsere Welt" Grundschulkindern inhaltlich erschlossen werden kann, und die Frage ist deutlich gestellt worden, ob die Bezeichnung „Sachunterricht" nicht nur eine Verlegenheit bezeichne, die aus dem grundlegenden Dilemma der inhaltlichen Bestimmung von „Welt" resultiere und dadurch jeder in freier Beliebigkeit die Inhalte traktiere, von denen man meint, daß sie für den Sachunterricht wichtig und richtig seien (vgl. GIEL 1974a).

Alles, was nicht dem musischen, mathematischen oder sportlichen Bereich zugerechnet werden konnte, wurde in den Sachunterricht integriert. Die Gefahr für den Sachunterricht, zu einer beliebig disponierbaren schulischen Veranstaltung zu werden, besteht nach wie vor; auch die neuerdings revidierten Lehrpläne in einigen Bundesländern sind kaum in der Lage, die legitimationstheoretische Lücke für die Ziele und Inhalte zu schließen.

Die gesamte Curriculumforschung zum Sachunterricht wurde wesentlich angeregt durch S. B. ROBINSOHN (vgl. 1967), der sich intensiv um die Leistungssteigerung der Grundschule, um die Steuerung von Lernprozessen und um exakt eruierbare Lehrzielbestimmungen bemühte. „Von Lebenssituationen ausgehen, das war die leichtfüßige Eröffnungsformel", mit der dort versucht wurde, „die Lehrplaninhalte aus dem überkommenen Fächerkanon zu lösen und Ziel und Inhalte schulischen Lernens schulformunabhängig zu bestimmen" (HEMMER 1982, S. 17). Nach welchen Kriterien lassen sich aber Lernsituationen bestimmen, denen im Unterricht nachgegangen werden muß? Welche Probleme sind zufällig, welche bedeutsam für den Erlebens- und Erfahrungshintergrund der Schüler? Unter welchen Voraussetzungen sollen Handlungsfelder benannt und organisiert werden? Diese und ähnliche Fragen stellten sich umgehend an diese Form der Unterrichtsorganisation. Andere Konzeptionen gingen nicht unmittelbar von *lernbereichsbezogenen Überlegungen* zum Sachunterricht aus, sondern sahen diesen in eine neu zu formulierende *Theorie des Elementarunterrichts* eingebunden. Für Giel stellt sich deshalb das „Problem eines modernen Sachunterrichts, der unter der Forderung der Explikation der Artikulationsformen steht, die uns Wirklichkeit als Boden gemeinsamen Handelns und Erlebens zuführen", auf drei Ebenen:

– „als das Problem des Beginns ‚inmitten' der kindlichen Wirklichkeitserfahrung und der Aufgabe, Kinder zu ‚Subjekten' ihrer Sozialisationsprozesse zu befreien [...] Die Frage lautete hier: Wie kann der Unterricht an die realistisch gesehene kindliche Wirklichkeit anknüpfen?",

– auf der Ebene der „Artikulationsformen, in denen Unterricht kindliche Erfahrungen aufarbeiten kann", dem „Muster unterrichtlichen Handelns, mit dem konkret ausgelegt wird, was ‚wissenschaftsorientierte Aufarbeitung' kindlicher Erfahrung" bedeuten

kann, und schließlich
- als „Frage nach der Struktur unterrichtlicher Kommunikation [...], um die Bestimmung der ‚Ebenen', auf denen Lernende und Lehrende so miteinander verkehren, daß [...] ein ständiger Rollenwechsel von Lernenden und Lehrenden ermöglicht" werden kann (GIEL 1974a, S. 55).

Je nach Ausformulierung des Wissenschaftsverständnisses unterscheiden sich die deutschen Ansätze zum Sachunterricht voneinander; drei Hauptrichtungen haben sich herausgebildet:
- wissenschafts-(inhalts-, konzept-)orientierte Ansätze (vgl. BRUNER, 1970, SPRECKELSEN 1971),
- verfahrensorientierte Ansätze (vgl. ARBEITSGRUPPE FÜR UNTERRICHTSFORSCHUNG GÖTTINGEN 1971, 1977),
- kindorientierte und fächerübergreifende Ansätze (vgl. GIEL u.a. 1974/1975; KLEWITZ/MITZKAT 1973).

Der *wissenschaftsorientierte Unterricht,* getragen vom pädagogisch-psychologischen Optimismus J. S. BRUNERS – „Jedem Kind kann auf jeder Entwicklungsstufe jeder Lehrgegenstand in einer intellektuell ehrlichen Form erfolgreich gelehrt werden" (1970, S. 44) –, geht von einem Wissenschaftsbegriff aus, der die Wissenschaften und ihren Fortschritt als den Weg der vollkommenen menschlichen Selbstverwirklichung ansieht, und dies unter der Annahme, daß menschliche Erfahrungen immer in „key-ideas" vorformuliert sind, und der Konsequenz, daß diese erst durch entsprechende Grundbegriffe und Theorien artikuliert werden können. Bei diesem Ansatz bleibt die Frage nach der gesellschaftlichen Funktion von Wissenschaft ungestellt.

In den *verfahrensorientierten Ansätzen* stellt sich Wissenschaft als spezifisches Instrument zur Artikulation von Erfahrungen und der Erweiterung des Erfahrungsbereichs dar. Nicht die Inhalte sind zentral, sondern der Aufbau von Verhaltensformen, die zur Erforschung der unmittelbaren Umwelt und zur Erhellung der eigenen Probleme beitragen können. Sie entsprechen vor allem den Forderungen des Deutschen Bildungsrates nach Betonung der Prozesse des Lernens im Sachunterricht.

Bei den *kindorientierten Ansätzen* ist der „mehrperspektivische Sachunterricht" mit dem Anspruch einer eigenen Vorstellung von Wissenschaftlichkeit hervorgetreten. Danach ist der Unterricht dann wissenschaftsorientiert, wenn der gesellschaftliche Entstehungshintergrund und gesellschaftliche Konsequenzen von Wissenschaft aufgenommen werden. Mit diesem Erkenntnisinteresse verbindet das Konzept den Aufbau und die Steigerung kindlicher Handlungskompetenz als oberstes Ziel; der Sachunterricht wird somit auf die Alltagswirklichkeit der Kinder verwiesen. Hier erleben und erfahren sie Wirklichkeit in konkreten Fakten, den „Ernst" des Lebens. Dieser vor allem sozialwissenschaftlich orientierte Ansatz möchte die Kinder über eine freisetzende Erziehung aus ihren Verstrickungen in der Alltagswirklichkeit befreien; „Freisetzung" oder auch „Emanzipation" werden hier zu grundlegenden Kategorien, in denen die Didaktik des Sachunterrichts zu entwickeln ist. Diese Konzeption wird dadurch politisch höchst brisant.

Das Curriculum „Science 5/13" und dessen deutsche Adaptationen (vgl. KLEWITZ/MITZKAT 1973, 1978; vgl. SCHWEDES 1975) lehnen sich mit ihrem Wissenschaftsbegriff an konzeptorientierte Ansätze an und sehen ihr Hauptziel darin, den „forschenden Geist" anzubahnen, indem auftauchenden Problemen mit naturwissenschaftlichen Methoden nachgegangen wird. Über acht Teil- und weit über hundert Feinlernziele soll dieser Anspruch eingelöst werden. Ähnlich begründet auch die ARBEITSGRUPPE FÜR UNTERRICHTSFORSCHUNG GÖTTINGEN (vgl. 1977) ihr Curriculum für das erste Schuljahr, wo-

bei sie die Inhalte stärker betont und formale Fähigkeiten eher in den Hintergrund treten.
Für den „komplementären Lernbereich Naturwissenschaft/Technik" der Essener Forschungsgruppe (vgl. FORSCHUNGSGRUPPE „PÄDAGOGIK ..." 1978) stellt sich Wissenschaftsorientierung vor allem als Vermittlungsproblem der beiden Prinzipien Kindgemäßheit und Wissenschaftlichkeit dar. Aufbauend auf einer pädagogischen Theorie der kindlichen Entwicklung, die sich von Vorstellungen über Anlage und Stufenlehre kindlicher Entwicklung abhebt, soll die „Darstellung eines genetischen Aufbaues der naturwissenschaftlich-technischen Sichtweise im Verlauf langfristiger Lernerfahrungen und deren Reflexion im Unterricht" ermöglicht werden, denn – so die Aussage – der „in sich differenzierte Aspekt der Komplementarität legt eine Auswahl integrativer, fächerübergreifender Inhalte und ein problemkonfrontiertes Verfahren im Unterricht" nahe (SOOSTMEYER 1978, S. 100).
Die *Vermittlung von Kindgemäßheit und Wissenschaftlichkeit* zeigt sich damit als essentielles Problem des Sachunterrichts, das bis heute nicht befriedigend gelöst ist.
Die in der Anfangsphase der Entwicklung favorisierten *geschlossenen Curricula* erfuhren ab etwa 1972 verstärkte Kritik. Der Zusammenhang von Lern- und Erfahrungswelt der Kinder im Unterricht schien wegen der tendenziellen Überbewertung fachwissenschaftlicher Vorgaben deutlich in Gefahr zu geraten. Anlaß der Kritik waren vor allem Gängelungen in der methodischen Durchführung und die Befürchtung, daß die allgemeine „szientistische Tendenz" bei ihrem schnellen Erfolg in der Schule dazu beigetragen haben könnte, den Ertrag der reformpädagogischen Bewegung zu zerstören (vgl. W. FLITNER 1977). Die Diskussion verlagerte sich dementsprechend auf den Aspekt der Komplementarität der Bereiche Kindheit, Lebenssituation und Wissenschaft; die wechselseitige Ergänzung und gegenseitige Bedingung der Begriffe Wissenschaftsorientiertheit und Lebenspropädeutik wurde deutlich angemahnt (vgl. LICHTENSTEIN-ROTHER 1975, S. 258). Die sich daraus entwickelnden *offenen Konzeptionen* zeigen im wesentlichen folgende didaktische Grundstruktur:
– Wissenschaftsorientierung bezieht sich nicht mehr auf bestimmte Begriffe, Inhalte und Verfahren, sondern eher auf Wissenschaftsbereiche,
– fachdidaktische Interpretationen von Sachverhalten werden ergänzt durch erziehungswissenschaftliche Erkenntnisse mit dem Ziel, Kind und Sache in pädagogisch sinnvoller Weise miteinander zu verbinden,
– Besinnung auf das Prinzip des „genetischen Lehrens und Lernens" (Wagenschein) und die Ausformulierung von Lernbereichen,
– das Kind steht wieder im Mittelpunkt aller didaktischen Überlegungen, das sich mit den ihm eigenen Zugängen zur Sache einbringen kann (SOOSTMEYER 1980, S. 417).
Unter diesen Vorgaben sind die *integrierenden Ansätze* ausformuliert: Der „mehrperspektivische Sachunterricht" versucht, ausgehend von einer handlungstheoretisch begründeten „Grammatik des Handelns", an bestimmten Institutionen/Handlungsfeldern (Dienstleistung, Produktion, Handel, Gewerbe, Politik, ...) mit Hilfe genau bezeichneter Konstruktionsprinzipien die Rekonstruktion der Alltagswirklichkeit unter wissenschaftlicher Perspektive vorzunehmen. Demgegenüber leiten sich die „didaktischen Einheiten" situationsorientierter Ansätze nicht aus übergeordneten Konstruktionsprinzipien ab, sondern konstituieren sich induktiv im Gespräch mit den Beteiligten (vgl. EINSIEDLER 1979). Ähnlich ist auch der neuerdings vorgelegte Versuch eines „pragmatistischen Ansatzes" (vgl. SCHREIER 1982) zu sehen, der auf dem

Erfahrungsbegriff J. Deweys und dessen Ausformulierung für die Situation in der Schule beruht. Hier stehen sich „gesellschaftlich ‚objektivierte' Erfahrungen" und der „Erfahrungsraum des Einzelnen" gegenüber, in deren Schnittfläche das handelnd erschlossene Erfahrungsfeld liegt, das den Rahmen der Sachunterrichtskonzeption abgibt (vgl. BECK/CLAUSSEN 1979, HEMMER 1982, KREBS u. a. 1977, SCHREIER 1982).

Kritik und Ausblick. Zu Beginn der 80er Jahre ist es um die Ausgestaltung des Sachunterrichts in der Grundschule ruhiger geworden. Dies liegt unter anderem darin begründet, daß die politischen Willensbildungsprozesse zur Gestaltung der Grundschule durch Neufassungen der Lehrpläne in nahezu allen Bundesländern abgeschlossen sind, so daß für neu einsetzende curriculare Innovationen kaum mehr Spielraum bleibt. Es mehren sich zudem Erkenntnisse, daß es insgesamt nicht gelungen ist, den Verlust der Heimatkunde in der Schule durch eine schulformbezogene Bildungskonzeption des Sachunterrichts zu ersetzen, weil möglicherweise bereits zu Beginn der Reform wichtige Gesprächspartner aus der Diskussion über die Wissenschaftsorientierung ausgeschlossen worden sind, die aufgrund ihrer umfassenden Interpretationshorizonte (Philosophie, Kunst, Religion, Ästhetik) zu einer soliden Begründung des neuen Faches hätten beitragen können (vgl. W. FLITNER 1977). Die Entwicklung zeigt weiterhin, daß die beiden Aspekte der Grundschulreform, Wissenschaftsorientierung und Pädagogisierung, ungleichgewichtig zugunsten der ersteren beachtet worden sind, so daß sich von hier ein möglicher Neueinstieg in die Diskussion ergeben könnte.

Die verwirrende Vielfalt von Konzeptionen, Entwürfen und Programmen läßt weiterhin einen „Kristallisationspunkt" vermissen, und von einer breit angelegten, konsensfähigen Theorie des Sachunterrichts ist man noch weit entfernt. Die neuerdings beobachtbare Rückbesinnung auf die Heimatkunde und die Bezeichnungen „Heimat- und Sachkunde" (Bayern 1974) oder „Heimat- und Sachunterricht" (Baden-Württemberg 1984) sind die äußerlich sichtbaren Zeichen einer allgemeinen Unsicherheit über die Tragfähigkeit theoretischer Legitimationen seit dem Beginn der Reform. Im gleichen Umkreis stehen Überlegungen, die auf dem „Wege zu einem neuen, aktiven Heimatverständnis" (vgl. BAUSINGER 1983) Traditionen der Heimatkunde wieder in die Diskussion einbringen. Ob dadurch die in den 20er und 30er Jahren „versandete Reform" vollendet werden kann, bleibt fraglich. Es hat sich jedoch gezeigt, daß Heimatkunde und Sachunterricht keine absolute Alternative darstellen und sich Elemente aus beiden historischen Zeitabschnitten – deutsche Reformpädagogik und Grundschulreform – zur weiteren Bearbeitung anbieten (vgl. GIEL 1974a, SCHWARTZ 1977b).

Für die Weiterentwicklung ist das Problem des Beginns „inmitten" der *kindlichen Wirklichkeitserfahrung* heute aktueller denn je. Es besteht allgemeiner Konsens darüber, an der Lebenswirklichkeit der Kinder und ihren Primärerfahrungen anzuknüpfen. Ergiebige Verfahren zur Beschreibung und Analyse der Alltagswirklichkeit von Grundschulkindern fehlen jedoch weitgehend. Wenn sich das Kind in seiner ganzen Befindlichkeit in den Sachunterricht einbringen können soll, sind „Lebensweltanalysen" notwendig, die den Charakter außerschulischen Lernens von Kindern als einem authentischen Lernen berücksichtigen. Um nicht auf der Stelle zu treten, müßte es der Pädagogik und der Erziehungswissenschaft gelingen, „die globale Berufung auf das Kind oder den Schüler aufzulösen und den Prozeß und Stadien seiner Entwicklung in einer Sprache abzubilden, die es erlaubt, Kon-

tinuität und Brüche und Transformationen festzustellen [...] Damit ist die Perspektive prozeßorientierter Betrachtung beschrieben, das Programm aber noch nicht eingelöst" (HEMMER 1982, S. 25).
A. Flitner hat die Perspektive weiterer Forschungsarbeit aufgrund der Feststellung entwickelt, daß die Erziehungswissenschaft ihre Handlungsrelevanz immer wieder verfehlt habe; deshalb wären vor allem Reformmöglichkeiten der Praktiker selbst mit einzubeziehen. Er kommt zu dem Schluß: „Die Entwicklung von wirklichkeitsnahen, auch die Belastbarkeit und die Bereitschaft der Lehrer einbeziehenden Reformmodellen ist eine Forschungsaufgabe, welche die ‚Handlungsrelevanz' erziehungswissenschaftlicher Politikberatung sehr verändern könnte" (A. FLITNER 1978, S. 191).
Unter diesen Voraussetzungen wird sich möglicherweise auch die Form organisierter Lernprozesse verändern. Vielleicht könnte es gelingen, im Sachunterricht von der Vermittlung nur gesellschaftlich qualifizierender Verhaltensweisen abzurücken und der spezifischen Möglichkeit jeglicher Elementarbildung, der „Ausschöpfung des noch nicht festgelegten, also kreativen Vermögens der Laien in unserer Gesellschaft" (GIEL 1975, S. 128) nachzugehen. Dies deutet auf eine Relativierung wissenschaftlichen Wissens und auf ein erweitertes Verständnis von Unterricht insgesamt hin. Wenn zu diesem Verständnis neben allem Fachwissen die Deutung des soziokulturellen Hintergrundes als aufbauende Kraft jedes Lebens angemessen berücksichtigt wird, ist die Berufung auf die Alltagswirklichkeit der Kinder, Eltern und Geschwister konstitutiver Bestandteil der Organisation von Lernprozessen und eines weiter greifenden Sachunterrichts. Vor diesem Hintergrund ist die neuere Diskussion über diskurs- und alltagsorientierte Didaktik zu sehen, in der Fragen der Alltagsforschung im Bereich der Schule brisant werden (vgl. THIEMANN 1980).

Es besteht Konsens darüber, daß in der *Ausbildung der Lehrer* für den Sachunterricht ein erheblich konsolidierendes Potential liegt, seit zu Beginn der 80er Jahre auf überregionaler Ebene Empfehlungen und Vorschläge vorgelegt worden sind. Dabei ist die Überlegung leitend, daß es hierbei in erster Linie um die Aufarbeitung eines Handlungs*feldes* und nicht nur um die Vermittlung einer bestimmten „Didaktik" gehen muß; Begriffe wie „fächerübergreifende Didaktik" oder „integrierende Lernbereichsdidaktik" weisen in diese Richtung. Vor allem der Blick auf das Kind erhält mehr Gewicht, und es wird nicht mehr vorrangig gefragt, *was* Kinder lernen sollen, sondern eher, wie Kinder in einer bestimmten sozialen und schulischen Umwelt lernen *können*. Die Denkprozesse der Kinder in Abhängigkeit von ihrer soziokulturellen Umwelt und ihrer individuellen Lerngeschichte stehen zur Debatte (vgl. BECK/CLAUSSEN 1979, LAUTERBACH/MARQUARDT 1982, LICHTENSTEIN-ROTHER 1982, SILLER 1981).

Die Grundfrage, die in einigen Bundesländern bereits zu veränderten Studienordnungen und zur Einführung des Studienfaches Sachunterricht geführt hat, lautet: Was soll der Lehrer für den Sachunterricht können? Ihre Antwort läßt sich in drei Punkten skizzieren:
Der Lehrer muß erstens *Fähigkeiten zur Analyse* erwerben. Diese setzt an bei der Kenntnis des aktuellen Diskussionsstandes zum Sachunterricht und geht auf die Erfahrungs- und Lernumwelt der Kinder, auf ihren Bewußtseinsstand und ihre Lerngeschichte über. Die individuelle Situation der Lerngruppe ist dabei von entscheidender Bedeutung. Im zweiten Schritt setzt die Analyse der institutionellen und politischen Rahmenbedingungen ein und erfüllt Forderungen früherer Konzeptionen nach deren pragmatischen Einschätzung.
Zweitens sind *Kompetenzen zur Durch-*

führung des Sachunterrichts notwendig. Sie umfassen allgemeine didaktische Kompetenzen, innerhalb deren Entscheidungen in Grundfragen der Unterrichtsplanung herbeigeführt werden können: Welche Sachverhalte sind derzeit aktuell? Wie stellen sich die Probleme im Horizont der Kinder dar? Wie lassen sich diese Teilaspekte in einer handlungsbezogenen Unterrichtskonzeption vermitteln? Solche Kompetenzen lassen sich auch als „Orientierung" beschreiben, die sich nach der Funktion des Sachunterrichts richtet: Der Lehrer muß zunächst selbst erkunden, explorieren, Phänomene sehen und erklären; er lernt Baupläne von Handlungsfeldern zu erkunden und zu durchschauen und wird so schließlich fähig, pädagogische und fachliche Ziele miteinander zu verbinden, das heißt, Sachlernen und soziales Lernen zu praktizieren (vgl. LICHTENSTEIN-ROTHER 1982).

Drittens ist der *Aufbau eines neuen Rollenverständnisses* des Lehrers notwendig. In einem dialogisch strukturierten Sachunterricht wird sich der Lehrer kaum mehr als „Fachwissenschaftler" oder als Experte zur Beantwortung von aktuellen Fragen verstehen können. Die Rolle des Kontrolleurs übermittelter Wissensbestände tritt in den Hintergrund, wenn er die für jeden Unterricht notwendigen Tugenden des Staunen-, Fragen- und Erklärenkönnens auch im Sachunterricht immer weiter kultiviert. Die bisherige Entwicklung des Sachunterrichts zeigt, daß die Diskussion noch keineswegs zum Abschluß gekommen ist; im Gegenteil: Vermutlich sind durch die teilweise emphatische Anfangsphase des neuen Faches viel mehr Fragen gestellt als beantwortet worden, was auf eine fruchtbare interdisziplinäre Diskussion in nächster Zeit hinweist.

ARBEITSGRUPPE FÜR UNTERRICHTSFORSCHUNG GÖTTINGEN (Hg.): Weg in die Naturwissenschaft. Ein verfahrensorientiertes Curriculum im 1. Schuljahr, Stuttgart 1971. ARBEITSGRUPPE FÜR UNTERRICHTSFORSCHUNG GÖTTINGEN (Hg.): Kinder und ihre natürliche Umwelt. Naturwissenschaftlich orientiertes Curriculum für den Sachunterricht in der Grundschule; Planungshilfen und Unterrichtsbeispiele, 1. Lernjahr, Halbbde. 1, 2, Frankfurt/Berlin/München 1977. BAUSINGER, H.: Auf dem Wege zu einem neuen, aktiven Heimatverständnis. Begriffsgeschichte als Problemgeschichte. In: D. Bürg. im Staat 33 (1983), S. 211 ff. BECK, G./CLAUSSEN, C.: Einführung in die Probleme des Sachunterrichts, Königstein ²1979. BRUNER, J. S.: Der Prozeß der Erziehung, Düsseldorf 1970. DASSAU, P.: Zur Situation des Sachunterrichtes in der Grundschule nach 10 Jahren Grundschulreform. In: D. Dt. S. 73 (1981), S. 31 ff. DEUTSCHER BILDUNGSRAT: Strukturplan für das Bildungswesen. Empfehlungen der Bildungskommission, Stuttgart 1970. EINSIEDLER, W.: Überlegungen zur Entwicklung des Sachunterrichts in der Grundschule und zu einer mehrdimensionalen und komplementären Sachunterrichtskonzeption. In: P. Welt 33 (1979), S. 489 ff. FLITNER, A.: Eine Wissenschaft für die Praxis? In: Z. f. P. 24 (1978), S. 183 ff. FLITNER, W.: Verwissenschaftlichung der Schule? In: Z. f. P. 23 (1977), S. 947 ff. FORSCHUNGSGRUPPE „PÄDAGOGIK DES NATURWISSENSCHAFTLICH/TECHNISCHEN UNTERRICHTS" AN DER UNIVERSITÄT ESSEN: Gesamthochschule für das Jahr 1977. Jahresbericht, Essen ²1978. GIEL, K.: Perspektiven des Sachunterrichts. In: GIEL, K. u. a.: Stücke zu einem mehrperspektivischen Unterricht. Aufsätze zur Konzeption 1, Stuttgart 1974, S. 34 ff. (1974a). GIEL, K.: Frage nach der „Sache" des Sachunterrichts. In: SCHWARTZ, E. (Hg.): Regionale Grundschulkongresse 73/74. Lernbereich Sachunterricht. Prinzipien und Beispiele. Beiträge zur Reform der Grundschule, Sonderband, Frankfurt/M. 1974, S. VIII ff. (1974b). GIEL, K.: Vorbemerkungen zu einer Theorie des Elementarunterrichts. In: GIEL, K. u. a.: Stücke zu einem mehrperspektivischen Unterricht. Aufsätze zur Konzeption 2, Stuttgart 1975, S. 8 ff. GIEL, K. u. a.: Stücke zu einem mehrperspektivischen Unterricht. Aufsätze zur Konzeption 1, 2, Stuttgart 1974/1975. HAUPT, W./PETERS, D.: Kindgemäßer, wissenschaftsorientierter und erziehender Sachunterricht, Bad Salzdetfurth 1983. HEMMER, K. P.: Sachunterricht Gesellschaft 1–4, München/Wien/Baltimore 1982. KATZENBERGER, L. F.: Konzeptionen des Sachunterrichts –

Möglichkeiten und Probleme. In: P. Welt 36 (1982), S. 537 ff., S. 551 ff. KLEWITZ, F./MITZKAT, H.: Science 5/13. Ein Projekt für den naturwissenschaftlich-technischen Unterricht in der Grundschule. In: D. Grunds. 5 (1973), S. 341 ff. KLEWITZ, F./MITZKAT, H. (Hg.): Thema Umwelt. Vorschläge für den naturwissenschaftlichen Unterricht in der Grundschule. Bausteine für ein offenes Curriculum, Stuttgart 1978. KMK: Empfehlungen zur Arbeit in der Grundschule. Beschluß vom 2.7.1970, Neuwied 1971. KREBS, R. u. a.: Sachunterricht. Ansätze und Anregungen, Stuttgart 1977. LAUTERBACH, R./MARQUARDT, B. (Hg.): Sachunterricht zwischen Alltag und Wissenschaft. Grundlagen und Beispiele für Schulpraxis und Lehrerbildung. Beiträge zur Reform der Grundschule, Bd. 52/53, Frankfurt/M. 1982. LICHTENSTEIN-ROTHER, I.: Schule in der Spannung zwischen Wissenschaftsorientierung und Lebenspropädeutik. In: Hauswirtsch. u. W. 23 (1975), S. 258 ff. LICHTENSTEIN-ROTHER, I.: Orientierung in der Lebenswirklichkeit. Sachunterricht und Lehrerausbildung im Zusammenhang der Grundschulreform. In: LAUTERBACH, R./MARQUARDT, B. (Hg.): Sachunterricht..., Frankfurt/M. 1982, S. 77 ff. ROBINSOHN, S. B.: Bildungsreform als Revision des Curriculum, Neuwied/Berlin 1967. SCHREIER, H.: Die Sache des Sachunterrichts. Entwurf einer Didaktik auf der Grundlage der Erfahrungspädagogik, Paderborn/München/Wien/Zürich 1982. SCHWARTZ, E. (Hg.): Lernbereich Sachunterricht. Prinzipien und Beispiele, Frankfurt/M. 1974. SCHWARTZ, E. (Hg.): Von der Heimatkunde zum Sachunterricht. Prinzipien und Beispiele, Braunschweig 1977 a. SCHWARTZ, E.: Heimatkunde oder Sachunterricht? Keine Alternative! In: SCHWARTZ, E. (Hg.): Von der Heimatkunde zum Sachunterricht, Braunschweig 1977, S. 9 ff. (1977 b). SCHWEDES, H. (Hg.): Zeit. Naturwissenschaftlicher Unterricht Primarstufe. Bausteine für ein offenes Curriculum, Stuttgart 1975. SILLER, R.: Sachunterricht in der Grundschule. Dokumente – Kommentare – Materialien, Donauwörth 1981. SOOSTMEYER, M.: Problemorientiertes Lernen im Sachunterricht, Paderborn/München/Wien 1978. SOOSTMEYER, M.: Zehn Jahre Reform des naturwissenschaftlich-technischen Sachunterrichts. Rückblick und Perspektive. In: Sachu. u. Math. in d. Primarst. 8 (1980), S. 374 ff., S. 414 ff. SPRECKELSEN, K.: Stoffe und ihre Eigenschaften. Lehrgang physikalisch-chemischer Lernbereich. 1. Schuljahr, Frankfurt/Berlin/München 1971. THIEMANN, F. (Hg.): Konturen des Alltäglichen. Interpretationen zum Unterricht, Königstein 1980.

Michael Herbert

Lernbereich: Schreiben

Schreiben als sprachliche Grundqualifikation. Schreiben wird heute nicht mehr als Erwerb einer speziellen Kunstfertigkeit (vgl. ZIEROFF 1932), sondern als Erweiterung der sprachlichen Grundqualifikationen interpretiert. Schreiben und Lesen werden jedem Beschulten in einer schrift- und nachrichtengeprägten Umwelt als selbstverständliches Können zugerechnet und abverlangt. Die Schule hat primär die Aufgabe, den Kindern eine Verkehrsschrift geläufig verfügbar zu machen, die ihnen den Zugang zu gesellschaftlichen Kommunikationsprozessen außerhalb von Dialogen eröffnet und ihnen hilft, sich in der Schriftsprache persönlich auszudrücken (vgl. NEUHAUS-SIEMON 1981 a).
Schreiben ist auf Wiederlesen angelegt; gute Lesbarkeit und orthographische Richtigkeit orientieren den Lehr-/Lernprozeß von Beginn an, denn das Kind soll seine Schreibungen bald auch in der Haltung eines unpersönlichen Lesers betrachten und bewerten. Der kalligraphische Aspekt spielt eine untergeordnete Rolle, die Kinder geben aber Hinweise auf ästhetische Ansprüche, die über die gute Lesbarkeit hinausweisen, wenn sie von Fall zu Fall ihre Texte graphisch gestalten und ausschmücken. Ein zeitgewährender Unterricht wird diesen Aspekt nicht ignorieren (vgl. DÜHNFORT/KRANICH 1978).
Dem Lehrer wird heute abverlangt, die Kinder beim Schriftspracherwerb individuell zu unterstützen und zu beachten, welche Gebrauchsweisen dem Unterricht vorausgehen. Dem traditionellen Abschreiben und Diktatschreiben

ist von Anfang an auch das spontane Schreiben (Kritzelbriefe mit Namenswörtern, Einladungen, Schreiben zu Bildern) beizuordnen. Psycholinguistische Studien machen darauf aufmerksam, daß Kinder die Schriftsprache wie die Lautsprache kreativ rekonstruieren müssen (vgl. WEIGL 1976), sie lösen sich unbemerkt vom Lehrgang und machen sich auf eigene Entdeckungsreisen. MONTESSORI (o.J., S. 269 f.) verweist auf unvorhersehbare Ruhephasen und „Schreibexplosionen", die Schriftsprache entwickelt sich bei ihrer „Methode des spontanen Schreibens" (MONTESSORI o.J., S. 245) schubweise. Interpretiert man das Schreibenlernen als sinnhaftes Handeln, dann wird man die Übungen zur Ausformung der Schreibbewegungen, zur Erforschung der Schriftform, zur individuellen Anpassung (zur Linkshändigkeit vgl. SCHILLING 1981) und Automatisierung der Schreibmuster weitgehend in kommunikativen Kontexten durchführen. Schreiben erfüllt sich im Vollziehen sinnhafter Funktionen: „– Schreiben, um anderen etwas mitzuteilen, – Schreiben, um einen geistigen Gegenstand zu erfassen, – Schreiben, um etwas für sich selbst festzuhalten" (MENZEL 1981, S. 136).

Schreiben und Lesen steigern die Kommunikationsfähigkeit in räumlicher und zeitlicher Hinsicht, die Schriftsprache führt zu „neuartigen Äquivalenten für Gedächtnis" (LUHMANN 1975, S. 173), macht die Lautsprache manipulierbar, gegenständlich, dauerhaft und damit einer unbegrenzten Öffentlichkeit verfügbar. WYGOTSKI (1983, S. 16) hat die Schriftsprache „als Algebra der Sprache, die schwierigste und komplizierteste Form der absichtlichen und bewußten Sprachtätigkeit" bezeichnet. Diese Auslegung aber verengt die Sicht auf die repräsentative Funktion der Sprache (vgl. HALLIDAY 1973, S. 74), die Schriftsprache dient auch der simplen Handlungssteuerung (Schilder, Reklame) wie der Darstellung von Gefühlen und Erlebnissen. Die evolutionäre Reihenfolge kann auch umgekehrt werden; aus der Unterweisung gehörloser Kinder wissen wir, daß die Schriftsprache auch als Erstsprache erworben werden kann (vgl. GÜNTHER 1982, S. 48 ff.), wobei die Lautsprache sogar verfehlt werden kann. Die Bezüge zwischen Laut- und Schriftsprache sind uns keineswegs transparent, Weigl verweist zu Recht auf die „relative Autonomie" der verschiedenen Sprachfunktionen (vgl. WEIGL 1976). Bei Anpassung an das kindliche Sinnstreben und die sensomotorischen Besonderheiten der Vierjährigen ist das Schreiben selbst in einer verbundenen Handschrift kognitiv und motorisch dem Vorschulkind zugänglich, wie es MONTESSORI (o.J., S. 264 ff.) eindrucksvoll demonstriert hat.

Vorschulisches „Schreiben". Das Schreiben bedarf in der Regel der Unterrichtung, hat aber eine „natürliche" Vorgeschichte. Kinder entdecken den fundamentalen graphischen Akt bereits im zweiten Lebensjahr; ihr kritzelndes Spurenmachen ist nicht nur Ausdruck ihrer Expressivität und Leiblichkeit, das Spurenmachen selbst wird interessant und differenziert sich in Richtung Zeichnen wie Kritzelschreiben aus, wobei Zeichnen und „Schreiben" sich gegenseitig anregen, was zum kombinierten Drucken und Kritzeln führt. Das Spurenmachen hilft dem „Kind, Variablen der graphischen Information zu unterscheiden: Geradheit, Krümmung, Neigung, Kontinuität, Geschlossenheit, Unterteilung" (GIBSON/LEVIN 1980, S. 47). Monographische Studien haben gezeigt, daß Kinder in anregenden Umwelten eine geordnete Sequenz durchlaufen: „a) Das Schwingkritzeln (ein mehr oder weniger ungeordnetes ‚Hin und Her', das der Freude an der Spurerzeugung entspringt; b) das Kreiskritzeln (Alter 1,7); c) die Nachahmung von an Erwachsenen beobachteten Schreibbewegungen in Form eines ‚Auf und Ab' (Zickzack-

Lernbereich: Schreiben

linien), später in verfeinerter Modulierung, stets in Zeilenbändern (2,2); d) die wiederum der Nachahmung entspringende Auflösung dieser Zeilenbänder in Einzelelemente (‚Automatismen') unter Beibehaltung der zeilenmäßigen Anordnung (2,4; 3,6); e) das Einstreuen von Blockschriftbuchstaben in die Zeilenbänder; f) das Kopieren von gedruckten oder vorgeschriebenen Schriftzeichen (4,2; 4,5)" (LEGRÜN 1955, S.64).

In einer anregenden Schriftumwelt entdecken praktisch alle Kinder die Links-rechts-Fortbewegung der Schreibhand, werden zu „Gestaltschreibern" (KERN/KERN 1955, S.55); einige beginnen, sich selbst zu unterweisen, schreiben Kritzelbriefe und bevorzugen die Großdruckbuchstaben, die auf Nachfrage auch intuitiv von den Eltern als „Erstschrift" angeboten werden (vgl. LIEDEL 1983). Überprüfungen des Formwiedergabevermögens zeigen, daß Schulanfänger mit der Antiquaschrift am leichtesten umgehen können (vgl. LINDNER 1920). Drei- bis Fünfjährige erwerben spezifische Kenntnisse über Laut-/Buchstabenbezüge, kennen oft das ganze Alphabet (Buchstabennamen) und lesen und schreiben eine Reihe ihnen bedeutsamer Wörter (vgl. MASO 1980). Bei ihren Schreibentdeckungen – Stempeln, Drucken, Legen von Buchstaben, Maschinenschreiben – machen sie instruktive „Fehler" in graphischer (Spiegelungen, Klappungen, eigentümliche Bewegungsrichtungen) wie in orthographischer Hinsicht (vgl. EICHLER 1976). Sie orientieren sich an dominierenden Lauten in ihrer Aussprache (FIA = Finger), kombinieren Buchstabennamen mit phonetischen Schreibungen (HSE = Hase, SCHTIL = Stiel), korrigieren sich später selber, wenn sie über ein genaueres Selber-Abhören und wissensgesteuertes Hineinhören sprachlich die Sprache untersuchen (PINSL = Pinsel, Kommentar: man hört das /e/ nicht, aber ich). Einige Kinder kommen dann als fertige Leser und/oder phonetisch orientierte „Richtigschreiber" (KERN/KERN 1955, S.55) in die Schule (vgl. EICHLER 1976), während andere Kinder sich noch weigern, selbst eine Nachschreibaufgabe anzupacken (vgl. LEGRÜN 1955, S.70).

Die Betrachtung der Ausgangslage führt zu einer Neubesinnung auf den Einstieg und einer Verkürzung der schriftindifferenten Vorkurse (vgl. MENZEL 1981). Lehrer müssen sich heute lernbereit auf den Anfangsunterricht einstellen, um von den Schritt-für-Schritt-Lehrgängen situations-, sinn- und personenbezogen abzuweichen.

Schreibunterricht. Die Geschichte des Schreibunterrichts spiegelt allgemeine pädagogische Orientierungen und kulturelle Entwicklungen (Analphabetismus, Massenunterricht, Entwicklung der Schreibwerkzeuge: Kielfeder, Stahlfeder, Schiefertafel) wider, zugleich informiert ein Rückblick über die Vielheit sinnhafter – folglich wählbarer – Bezüge zum Zeichenunterricht, zum Lesen, zur Rechtschreibung, zum Anfangsunterricht, zur Ausgangsschrift. Schritt für Schritt und durch eine Fülle von Um- und Abwegen hindurch entwickeln die „Schreibmeister und praktischen Schulmänner" den Lernweg aus der Perspektive der Kinder.

Zu Beginn des 19. Jahrhunderts war das Schreiben im Sinne von Pestalozzi und Stephani dem geometrischen Zeichnen nachgeordnet. Die genetisch-synthetischen Methoden führten die Buchstabenelemente in genauer Abmessung den Schülern vor Augen (Gitternetze, Einführung der Wandtafel) und bauten über exakte Bewegungsübungen zur Freimachung der Hand die Nachschriften der Buchstaben, Silben, Wörter synthetisch auf (vgl. AMBROS 1911, DIETLEIN 1876). In Verbindung mit der englischen Schnellschreibmethode führte die Taktschreibmethode (vgl. SCHÖNE 1844) zu ausgesprochen industriösen und militärischen Drillübungen, die gleichwohl als natürliche Methode angesehen wurden. Die genetischen Methoden wollten die Kinder lückenlos von der schematisierten, natürlichen Anschauung zur exakten Reproduktion des Elementarmittels Schrift führen. Vergegenwärtigt man sich die Vielzahl der Musterschriften, den Gebrauch der Stahlfeder, den Analphabetismus der Eltern und die Maschinisierung und Verhäuslichung der Körperfunktionen im Zuge der Industrialisierung, dann paßte in dieses Bild die Erziehung der Schüler zu exakt arbeitenden, unpersönlichen „Schreibmaschinen" im Takt des Lehrerkommandos (SCHÖNE 1844, S. 32). Die Empirie spezialisierte sich auf die Herstellung der funktionsgerechten Körperhaltung, Heftlage und Schülertische (vgl. DAIBER 1889, FAHRNER 1865).

In der Reformpädagogik griffen verschiedene Entwicklungen diffus ineinander; die Situation der Volksschule besserte sich, alle Eltern waren nun beschult, der Kunstunterricht löste sich im Kontext der aktiven Arbeitsschule vom mechanischen Nachzeichnen. Das Kind kam mit seinem eigenen Können in den Blick. Die stärkere Vereinheitlichung der Schriften erleichterte es, den Weg „von der Zwangsschrift zur Eigenschrift" (KUHLMANN 1925) zu gehen. Kuhlmann gab die Antiquabuchstaben als Malvorlage, die die Kinder dann im Bemühen um Geläufigkeit zu ihrer Eigenschrift ausformten. Lesbarkeit und Originalität wurden zu den wichtigsten Kriterien (vgl. NEUHAUS-SIEMON 1981a). Das Festhalten an der deutschen Schrift, die Sorge um den stets beschworenen Schreibverfall begünstigten Sütterlins sehr individuelle Konzeption einer streng normierten ornamentalen Ausgangsschrift (senkrechte Lage, 1:1:1-Verhältnis von der Ober-, Mittel- und Unterlänge, Rundungen der Großbuchstaben - vgl. Abbildung 1). SÜTTERLIN (vgl. 1917) wollte durch einen streng synthetischen Aufbau der Buchstaben und nach flüssiger Beherrschung der Ausgangsschrift auf eine gemäßigte Eigenschrift hinaus (vgl. GLÖCKEL 1974, S. 105), aber seine Nachfolger betrachteten die Ausgangsschrift als neuen „Normalduktus".

BRÜCKL (vgl. 1933) erst gelang eine „organische" Einbindung des Schreibunterrichts in den Gesamtunterricht; die ganzheitliche Sichtweise knüpfte die Beziehungen enger zum Lesen und zur Muttersprache. Nach „synthetischem" Vorüben der Grundformen (Ball, Spazierstock, Schlange, Turnstange) ging er gleich zum Schreiben ganzer Wörter in der Druckschrift über, erst gegen Ende des ersten Schuljahres entwickelten die Kinder über eigene Versuche und Betrachtungen aus der Druckschrift die Schreibschrift, wobei der Lehrer gezielter half, als das in Kuhlmanns Konzeption vorgesehen war. Andere Ganzheitsmethodiker (vgl. KERN/KERN 1955) betonten den Bewegungsablauf des Schreibens, indem sie das Kritzelschreiben als Vorgeschichte interpretierten, und setzten die Schreibschrift auch als Erstleseschrift ein.

Während die synthetischen Verfahren in der Nachfolge Sütterlins dominierten, führten die Nationalsozialisten 1941 überraschend die „deutsche Normalschrift" (vgl. Abbildung 2) – eine kurvige lateinische Kursive, ein, die dann 1953 durch die weniger runde „lateinische Ausgangsschrift" (vgl. Abbildung 3) des Iserlohner Schreibkreises durch KMK-Beschluß ersetzt wurde. Das Schreiben wurde zu einem ausgedehnten eigenständigen Lehrgang mit Betonung rhythmischer Aspekte ausgebaut, er sollte aus den kindlichen Bewegungsschemata heraus zum Schreiben führen, „wie wenn er organisch gewachsen wäre" (GLÖCKEL 1967, S. 53). Die Grob- und Feinmotorik wurde „kindgemäß" über Spielen, Malen, Kneten, sodann über Großschwungübungen an der Tafel, in der Luft, im Heft (Arkaden, Girlanden, Ovale), zuletzt über Kleinformübungen – oft unterlegt mit Sprechreimen und Singliedern – lückenlos ent-

Lernbereich: Schreiben

Abbildung 1: Ornamentale deutsche Ausgangsschrift

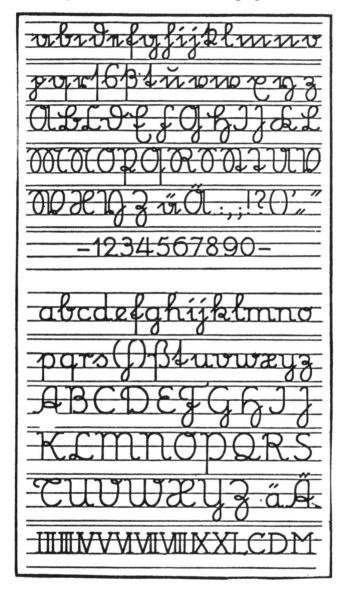

(Quelle: NEUHAUS-SIEMON 1981 a, S. 44)

wickelt, in der Annahme, dann nach sechs Monaten über alle Bewegungselemente zu verfügen, die dem Schreiben unterliegen (vgl. LÄMMEL u.a. o.J.).
Die langen Vorkurse waren aber angesichts der Erwartungen und des Könnens der meisten Schulanfänger kaum als Weg zum Schreiben zu rechtfertigen; sie halfen auch nicht den schwächeren Schülern, deren Probleme sich erst im Umgang mit der Schreibschrift und bei Forcierung des Lerntempos in der Klas-

Lernbereich: Schreiben

Abbildung 2: Deutsche Normalschrift
(1941–1954)

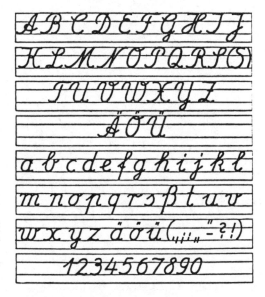

(Quelle: NEUHAUS-SIEMON 1981 a, S. 47)

Abbildung 3: Lateinische Ausgangsschrift
(seit 1954)

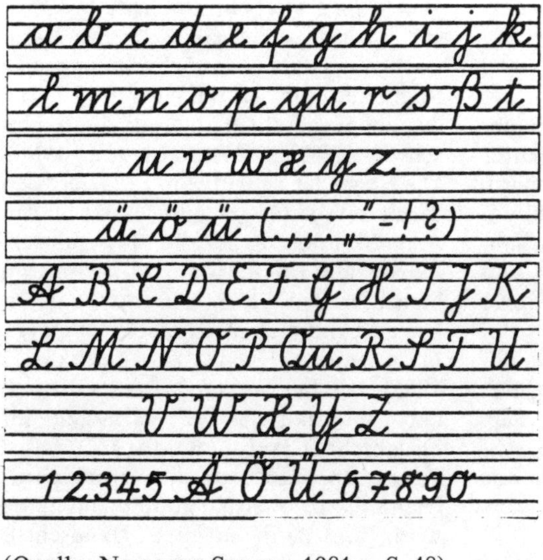

(Quelle: NEUHAUS-SIEMON 1981 a, S. 48)

se zeigten. Sie scheinen sinnvoll unter Berücksichtigung der leiblich-sinnlichen und musikalisch-rhythmischen Aspekte des Schreibens, wie es in der Waldorfpädagogik üblich ist (vgl. DÜHNFORT/ KRANICH 1978).
Die langen Vorkurse waren aber auch Resultate der Erkenntnis, daß die „lateinische Ausgangsschrift" komplizierte Bewegungsabläufe erforderte (häufiger Drehrichtungswechsel, Asynchronität zwischen Schriftform und Schreibbewegung). Eine Forcierung des Bewegungsflusses, wie der fortschreitende gleichschrittige Unterricht ihn herbeiführte, führte bei schwächeren Schülern zum Formverfall und zu Verkrampfungen. Grünewald konzipierte die „vereinfachte Ausgangsschrift" (vgl. Abbildung 4), die sich stärker an der Druckschrift (Großbuchstaben) und an der zukünftigen Schreibentwicklung (Luftsprünge) orientierte. Die Synchronität von Buchstabe und Schriftbewegung (Buchstabe = Bewegungsphase zwischen Geschwindigkeitsnullpunkten) wurde verbessert. Schulversuche ergaben eine Verbesserung der Schrift und Beförderung der Rechtschreibung (vgl. GRÜNEWALD 1970, 1981a), aber diese Wirkungen gehen auch von der Druckschrift als Erstschrift aus (vgl. WEINERT u. a. 1966).

Aktuelle Entwicklung. Die Vielheit der Praxen zeigt zunächst, daß dem Lehrer eine umsichtige Wahl abverlangt wird. Konsens zeigt sich in den Zielvorstellungen. Bis zum Ende des zweiten Schuljahres sollen alle Kinder interessiert und fähig sein, inhaltlich angemessene Texte gut lesbar, zügig und sorgfältig in der Schreibschrift herzustellen und aus der Druckschrift umsetzen zu können. Der Anfangsunterricht braucht diese zeitelastische Konzeption, um sowohl starke wie schwache Schüler zu fördern und um individuelle Hilfen geben zu können (vgl. GLÖCKEL 1974).
Die empirische Forschung hat abgeklärt,

Abbildung 4: Vereinfachte Ausgangsschrift

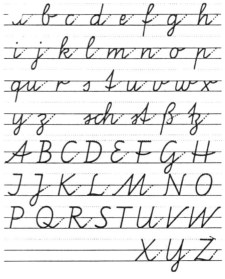

(Quelle: GRÜNEWALD 1981 b, S. 78)

daß unterschiedliche Methoden des Schreibenlernens, auf Dauer gesehen, zu gleichen Ergebnissen führen (vgl. WEINERT u.a. 1966). Die Druckschrift wird als Erstleseschrift nicht mehr bestritten (vgl. MEIS 1963), sie hat sich zugleich als erste Schreibschrift bewährt, sie bewirkt weder ein Schreibstottern, noch verzögert sie das Schreibtempo, sie zeigt eher günstige Wirkungen in bezug auf die Handschrift und auf die Rechtschreibung (vgl. WEINERT u.a. 1966). Die Frage der Schriftwahl reduziert sich damit auf die Fragen einer funktionalen Ästhetik in bezug auf die Massendruckschrift. Die Erstschrift muß irrtumsfrei identifizierbar, rasch erlernbar, ausbaubar und individuell anpaßbar sein (vgl. LOCKOWANDT/HONEGGER-KAUFMANN 1981). Die Diskussion konzentriert sich auch international auf Varianten zur Druckschrift (vgl. DOSTAL 1972). Es ist abzusehen, daß sich die Druckschrift ebenfalls als Erstschrift fest etablieren wird, um dann in eine Handschrift übergeführt zu werden. Die vorliegen-

Lernbereich: Schreiben

den Ausgangsschriften dürften dann noch einmal vereinfacht werden (vgl. MENZEL 1981) ähnlich der dänischen Schulschrift (vgl. Abbildung 5).
Die Druckschrift ermöglicht nicht nur, daß die Kinder aufgrund ihrer Vorerfahrungen und der einfachen Grundformen (Brückl) sofort mit dem Schreiben beginnen können, sondern das Schreiben kann eine fördernde Rolle gerade bei der Synthese im Leseprozeß spielen, denn „das Schreiben ist ja vom Prinzip

Abbildung 5: Schwedische und dänische Ausgangsschrift

ABCDEFGHIJKLMNOPQ
RSTUVWXYZÅÄÖ
abcdefghijklmnopqrstuvwxyzåäö

Ann Bo Carl Dan

A B C D E F G H
I J K L M N O P
Q R S T U V W X
Y Z Æ Ø Å

a b c d e f g
h i j k l m n
o p r s t u
v x y z æ ø å
1 2 3 4 5 6 7 8 9 10

(Quelle: MENZEL 1981, S. 157)

her ein Synthetisierungsprozeß" (MENZEL 1981, S. 141). Die Kinder kommen über das Schreiben in eine unabhängigere Position, und der Unterricht wird durch intrinsische Motive mitgelenkt. Die Akzeptanz eines frühen Schreibens bringt für den Lehrer auch neuartige Problemstellungen, denn die Kinder werden auf lange Zeit die Regeln der Rechtschreibung souverän ignorieren (vgl. EICHLER 1976), zugleich muß der Lehrer in einem längeren Zeithorizont interpretieren können, was bei einzelnen Schülern die unerwartbaren Ruhephasen, „Schreibexplosionen" und Umwege bedeuten. Welchen Weg auch immer der Lehrer wählt, er muß seinen Plan zeitelastisch auslegen und die Schwierigkeiten kennen, die verschiedene Wege vorprogrammieren, denn jeder Plan ist eine Simplifikation und muß situations- und personenbezogen korrigiert werden können.

AMBROS, J.: Schreibunterricht. In: LOOS, J. (Hg.): Enzyklopädisches Handbuch der Erziehungskunde, Bd. 2, Wien/Leipzig 1911, S. 553 ff. BRÜCKL, H.: Der Gesamtunterricht im ersten Schuljahr mit organischem Einbau des ersten Lesens und Schreibens, München/Berlin 1933. DAIBER, J.: Die Schreib- und Körperhaltungsfrage, Stuttgart 1889. DEHN, M.: Schriftspracherwerb und Elementarunterricht. In: Enzyklopädie Erziehungswissenschaft, Bd. 7, Stuttgart 1985, S. 189 ff. DIETLEIN, H.: Wegweiser für den Schreibunterricht, Leipzig 1876. DOSTAL, K.: Methodik des Schreibunterrichts, Wien 1972. DÜHNFORT, E./KRANICH, E.: Der Anfangsunterricht im Schreiben und Lesen, Stuttgart ²1978. EICHLER, W.: Zur linguistischen Fehleranalyse von Spontanschreibungen bei Vor- und Grundschulkindern. In: HOFER, A. (Hg.): Lesenlernen: Theorie und Unterricht, Düsseldorf 1976, S. 246 ff. FAHRNER: Das Kind und der Schultisch, Zürich 1865. GIBSON, E. J./LEVIN, H.: Die Psychologie des Lesens, Stuttgart 1980. GLÖCKEL, H.: Schreiben lernen - Schreiben lehren. Probleme und Wege der Schreiberziehung in den Schulen, Donauwörth 1967. GLÖCKEL, H.: Erstschreibunterricht - Schreiben und Rechtschreiben. In: RABENSTEIN, R. (Hg.): Erstunterricht, Bad Heilbrunn 1974, S. 101 ff. GRÜNEWALD, H.: Schrift als Bewegung. Studien zur pädagogischen Psychologie, Bd. 7, Weinheim/Basel/Berlin 1970. GRÜNEWALD, H.: Schreibenlernen. Faktoren - Analysen - Methodische Verfahren, Bochum 1981 a. GRÜNEWALD, H.: Schreiben mit der Vereinfachten Ausgangsschrift. In: NEUHAUS-SIEMON, E. (Hg.): Schreibenlernen..., Königstein 1981, S. 55 ff. (1981 b). GÜNTHER, K.-B.: Schriftsprache bei hör- und sprachgeschädigten Kindern. In: Hörgeschädigtenp., Beiheft 9, Heidelberg 1982. HALLIDAY, M. A. K.: Relevante Sprachmodelle. In: KOCHAN, D. C. (Hg.): Sprache und kommunikative Kompetenz, Stuttgart 1973, S. 66 ff. KERN, A./KERN, E.: Praxis des ganzheitlichen Lesenlernens, Freiburg ⁷1955. KERN, E.: Das ganzheitliche Schreiben. In: Iserlohner Schreibkreis: Rundbriefe 10/11, o. O. 1955, S. 53 ff. KUHLMANN, F.: Von der Zwangsschrift zur Eigenschrift, Hamburg 1925. LÄMMEL, A. u. a.: Grundlagen der Schreiberziehung. Der Pelikan. Pädagogische Schriften für die Schule, o. O. o. J. LEGRÜN, A.: Das graphische Können der Schulneulinge. In: Iserlohner Schreibkreis: Rundbriefe 10/11, o. O. 1955, S. 62 ff. LIEDEL, M.: Schreibanfänge. In: SCHORCH, G. (Hg.): Schreibenlernen ..., Bad Heilbrunn 1983, S. 33 ff. LINDNER, R.: Experimentell-statistische Untersuchungen zum ersten Schreibunterricht, Bonn 1920. LOCKOWANDT, O./HONEGGER-KAUFMANN, A.: Die Praxis des kreativen Erstschreibunterrichts. In: NEUHAUS-SIEMON, E. (Hg.): Schreibenlernen ..., Königstein 1981, S. 89 ff. LUHMANN, N.: Einführende Bemerkungen zu einer Theorie symbolisch generalisierter Kommunikationsmedien. In: LUHMANN, N.: Soziologische Aufklärung 2, Opladen 1975, S. 170 ff. MASO, J.: When Do Children Begin to Read: An Exploration of Four Years Old Children's Letter and Word Reading Competencies. In: Read. Res. Quart. 2 (1980), S. 203 ff. MEIS, R.: Schreibleistungen von Schulanfängern und das Problem der Anfangsschrift, Göttingen 1963. MENZEL, W.: Schreiben - Lesen. Für einen handlungsorientierten Erstunterricht. In: NEUHAUS-SIEMON, E. (Hg.): Schreibenlernen ..., Königstein 1981, S. 134 ff. MONTESSORI, M.: Selbsttätige Erziehung im frühen Kindesalter, Stuttgart o. J. NEUHAUS-SIEMON, E. (Hg.): Schreibenlernen im Anfangsunterricht der Grundschule, Königstein 1981 a. NEUHAUS-SIEMON, E.: Die Entwicklung des Erstschreibunterrichts seit den Schulreformbestrebungen in diesem Jahrhundert. In: NEUHAUS-SIEMON, E. (Hg.): Schreibenlernen ..., Königstein 1981, S. 13 ff. (1981 b). SCHILLING, F.: Linkshändigkeit und Schreibenlernen. In: NEUHAUS-SIEMON, E. (Hg.): Schreibenlernen ..., Königstein 1981, S. 163 ff. SCHÖNE, J.: Gründliche Anweisung zu Anwendung der Taktschreibmethode, Langensalza 1844. SCHORCH, G. (Hg.): Schreibenlernen und Schriftspracherwerb, Bad Heilbrunn 1983. SÜTTERLIN, L.: Neuer Leitfaden für den Schreibunterricht, Berlin 1917. WEIGL, E.: Schriftsprache als besondere Form des Sprachverhaltens. In: HOFER, A. (Hg.): Lesenlernen: Theorie und Unterricht, Düsseldorf 1976, S. 82 ff. WEINERT, F. u. a.: Schreiblehrmethode und Schreibentwicklung. Theorie und Praxis der Schulpsychologie, Bd. 5, Weinheim 1966. WYGOTSKI, L. S.: Die Besonderheit der Schriftsprache. In: SCHORCH, G. (Hg.): Schreibenlernen ..., Bad Heilbrunn 1983, S. 13 ff. ZIEROFF, F.: Schreiben - Handschriftkunst. In: BÄUMLER, A. u. a. (Hg.): Handbuch der deutschen Lehrerbildung, Bd. 3: Besondere Bildungslehre, München/Berlin 1932.

Hubert Wudtke

Lernbereich: Sprache

Ausgangssituation, Lernvoraussetzungen. „Bei jedem anderen Unterrichtsgegenstand begleitet den Schüler das anfrischende Gefühl, daß er sich etwas Neues erwirbt. [...] Den *Stoff*, um den sichs dabei [beim Deutschunterricht] handelt, bringt jeder nach seinem Gefühl bereits voll und fertig mit, es ist sogar der eigenste Besitz eines Jeden." Diese Formulierung von HILDEBRAND aus der Einleitung zu seiner Abhandlung „Vom deutschen Sprachunterricht in der Schule" (1890, S. 3 f.) - vor mehr als 100 Jahren geschrieben - betont eine Besonderheit gegenüber anderen Lernbereichen: Sprachliches Lernen vollzieht sich vom ersten Lebenstag an. Der Schulanfänger kann zu Recht den Eindruck haben, seine Sprache zu beherrschen. Er verfügt über 3 000–5 000 Wörter (aktiver Wortschatz; vgl. AUGST 1984); er beherrscht die wichtigsten Satzbaumuster des Deutschen (vgl. HELMERS 1969); er kann sich in für ihn wichtigen Situationen verständlich machen und entwickelt lange vor der Schule Strategien, um seine Intentionen durchzusetzen (vgl. WAGNER 1978, WUDTKE 1979). Das sind alles Aspekte gesprochener Sprache; Sprache ist in solchen Situationen des Gebrauchs stets Medium für Artikulation und Austausch.

Sprachliches Lernen bezieht sich aber nicht nur auf gesprochene, sondern auch auf geschriebene Sprache. Die Fähigkeit des Lesens und Schreibens zu vermitteln gilt von jeher als Aufgabe schulischer Unterweisung. Kinder leben zwar auch von Anfang an in einer Schriftumgebung, aber der Zugang dazu ist ungleich schwerer als zu der in den Interaktionen immer eingebundenen unmittelbaren sprachlichen Verständigung, weil er Mittler voraussetzt (den Vorlesenden und Zeigenden etwa oder die audiovisuellen Medien) und eine andersartige Beziehung zur Sprache, nämlich die Fähigkeit, Sprache zum Gegenstand der Betrachtung zu machen (vgl. DEHN 1985). Voraussetzungen dafür, wie zum Beispiel die metasprachliche Begrifflichkeit und die Fähigkeit zur Verständigung *über* sprachliche Interaktion, beginnen sich ebenso wie das Verständnis von Metaphern und Sprachspielen und die Fähigkeit zur lautlichen Analyse bei Schulbeginn gerade erst zu entwickeln (vgl. AUGST 1984). Zielsetzung, Inhalte und Vermittlungsformen für sprachliches Lernen im Deutschunterricht der Primarstufe sind stets unter diesen Gesichtspunkten zu bestimmen versucht worden. Sie betreffen
- die Lernvoraussetzungen, auch im Hinblick auf die individuell sehr unterschiedliche Lernausgangslage und die neuen Bedingungen für Sprechen und Gespräch, die durch die Klassensituation gegeben sind,

- die Beziehung von gesprochener und geschriebener Sprache für eine Differenzierung des Lernbereichs in verschiedene Lernfelder (zum Beispiel: Umgang mit Texten, mündlicher und schriftlicher Sprachgebrauch, Sprachbetrachtung und Sprachüben, Orthographie) und
- die Strukturierung in Lehrgangsstufen und Phasen weiterführenden Unterrichts.

Die zumeist gegensätzlichen Ergebnisse, zu denen die Diskussion über diese Gesichtspunkte immer wieder geführt hat, können verstanden und interpretiert werden als *Auseinandersetzung über die Funktion der Schrift für die sprachliche Norm und die Gewichtung der einzelnen Lernfelder.* Sie sollen im folgenden als Übersicht über Schwerpunkte dieser Diskussion - insbesondere aus den letzten 25 Jahren - dargestellt werden; allerdings eher in systematischem Interesse als mit historischem Anspruch.

Dominanz der Schrift. Die Schrift als dominant ansehen für sprachliches Lernen heißt, sich im Mündlichen (in der Lautung, in der Semantik wie der Syntax, aber auch hinsichtlich der Regeln und Konventionen für Mitteilung und Artikulation von Erfahrung) an der Standardsprache orientieren. Denn diese hat sich seit der Ausbreitung des Deutschen als Kanzleisprache im ausgehenden Mittelalter und aufgrund der Bedeutung, die Luthers Bibelübersetzung seit der Reformation für Predigt und religiöses Leben gewann, sowie aufgrund der Funktion, die der Literatur der Klassik und Romantik für die Ausbildung eines Sprachbewußtseins im 19. Jahrhundert zugeschrieben worden ist, als Schriftsprache entwickelt. Gemessen an einer derart bestimmten sprachlichen Norm, sind die Lernvoraussetzungen der Schulanfänger gewiß unzureichend, obwohl die Schulanfänger sich bedeutend im Hinblick auf den Grad unterscheiden, in dem ihre Redeweise von Dialekt und Umgangssprache bestimmt ist.

Ausgleichend soll ein Lehrgang im Lesen und Schreiben wirken, bei dem - stets im Hinblick auf Sprachrichtigkeit - schriftsprachliche Satzmuster durch wiederholtes Lesen ebenso wie orthographisches Schreiben durch Abschreiben und Diktate eingeübt werden sollen. Ziel des Lehrgangs ist, Texte sinnerschließend und auch sinngestaltend zu lesen und den eigenen Wortschatz orthographisch korrekt zu schreiben. Der Lehrgang ist die Grundlage für den weiterführenden Unterricht, insbesondere den Umgang mit Texten und den schriftlichen Sprachgebrauch.

Literaturunterricht versteht sich als Einführung in einen literarischen Kanon mit dem Ziel, Kenntnis gemeinsamer Inhalte zu gewährleisten und Wissen über Merkmale literarischer Gattungen zu vermitteln. Häufig dienen literarische Gattungen als Gliederungsgesichtspunkte für Lesebuch und Unterricht. Bei der Auswahl ist man bemüht, Korrespondenzen von Textform und kindlicher Denk- und Auffassungsweise zu berücksichtigen (vgl. BEINLICH 1970); so werden in den ersten Schuljahren mit Vorrang Märchen und phantastische Erzählungen behandelt, später Sagen und Abenteuergeschichten. Die Texte der Schüler, vor allem die Erzählung (in der Sekundarstufe I auch Schilderung, Beschreibung, Bericht und Erörterung), sind hinsichtlich ihres Aufbaus und ihrer stilistischen Merkmale an literarischen Gattungen orientiert. Einen besonderen Stellenwert nimmt dabei in der Primarstufe die Nacherzählung ein, bei der der Schüler gleichsam zur Adaptation des literarischen Musters aufgefordert ist. Analog dazu herrscht im Bereich mündlichen Sprachgebrauchs, der in seiner Bedeutung und dem Ausmaß, in dem er im Unterricht thematisiert wird, weit hinter dem schriftlichen Sprachgebrauch zurücksteht, als Textform auch das Erzählen (und Zuhören) vor. Demgegenüber nehmen Sprachübungen (zur Fallsetzung, zum Gebrauch des Imperfekts, zur attributiven Benutzung des Adjektivs), deren Zweck „in der Übernahme von Leitschemata („patterns') an das Sprachgefühl" besteht, einen breiteren Raum ein (HELMERS 1970, S. 95). Auch die Sprachbetrachtung gilt der geschriebenen Sprache. In ihren Methoden ist sie sehr vielfältig. Neben der Vermittlung der Grundbegriffe der lateinischen Grammatik steht zum Beispiel die inhaltsbezogene Grammatik von GLINZ (vgl. 1969).

Solche Akzentuierungen und Tendenzen bestimmten die didaktische Diskussion und die unterrichtliche Realität bis weit in die 60er Jahre. Aber sie waren nicht nur in dieser Zeit wirksam. Schon Hildebrand wendet sich mit seiner Betonung der gesprochenen und gehörten Sprache gegen Bestrebungen seiner Zeitgenossen, im Unterricht vor allem „Formfragen" zu bearbeiten. Die oben genannte Schrift ist die Erläuterung der folgenden Thesen, die sich implizit und ausdrücklich gegen eine Dominanz der Schrift für die pädagogische und didaktische Legitimation sprachlichen Lernens verwahren.

„1. Der Sprachunterricht sollte mit der Sprache zugleich den *Inhalt* der Sprache, ihren Lebensgehalt voll und frisch und warm erfassen.

2. Der Lehrer des Deutschen sollte *nichts lehren,* was die Schüler selbst aus sich *finden* können, sondern alles das sie unter seiner Leitung finden lassen.

3. Das Hauptgewicht sollte auf die *gesprochene* und gehörte Sprache gelegt werden, nicht auf die geschriebene und gesehene.

4. Das Hochdeutsch, als Ziel des Unterrichts, sollte nicht als etwas für sich gelehrt werden, wie ein anderes Latein, sondern im engsten Anschluß an die in der Klasse vorfindliche Volkssprache oder Haussprache" (HILDEBRAND 1890, S. 6).

Welche Bedeutung der Schrift zukommt, darüber macht Hildebrand keine Ausführungen. Das ist vermutlich aus seiner Zeit zu verstehen, für die die Dominanz der Schrift fraglos gegeben war. Die Ideen von Hildebrand sind erst in der Reformpädagogik aufgegriffen worden (vgl. etwa B. Ottos Begriff der Altersmundart, H. Scharrelmanns und F. Gansbergs Betonung entdeckenden Lernens vor allem beim Aufsatzschreiben, H. Gaudigs und L. Müllers Anspruch, der Schüler müsse „Methode haben", und W. Seidemanns Forderung, statt formaler Sprachbetrachtung mündliche Sprachübungen durchzuführen, statt die Konjugation zu behandeln, das Konjugieren zu üben).

Eigenständigkeit des Mündlichen. Von der Eigenständigkeit des Mündlichen ausgehen heißt den kommunikativen Aspekt von Sprache, ihre Mitteilungs- und Appellfunktion in realen Verständigungssituationen betonen. Die Norm orientiert sich an der Wirksamkeit der sprachlichen Äußerungen. Grundlage für diese Position sind Entwicklungen der Pragma- und Soziolinguistik Ende der 60er Jahre. Es geht darum, die konstitutiven Faktoren von Sprachsituationen und Sprechakten in ihren Beziehungen untereinander zu bestimmen. Sprachhandeln außerhalb der Schule vollzieht sich vor allem im Medium gesprochener Sprache. Im Hinblick darauf erscheint sprachliches Lernen auch in der Schule als Förderung und Entwicklung des mündlichen Sprachgebrauchs wichtig. Die didaktische Aufmerksamkeit gilt dem Schüler als Interaktionspartner, seinen Intentionen und Interessen als gesellschaftlichem Wesen.

Sprechsituationen wie „sich verteidigen", „sich beschweren", „jemandem etwas erklären", „etwas erfragen" werden im Unterricht in Form von Rollenspielen geprobt und analysiert. Grundsätzlich sollen dabei alle Artikulationsformen und Konventionen dieselbe Berechtigung haben; allerdings erweist sich im Hinblick auf die Norm der Effektivität häufig die Standardsprache als unver-

zichtbar. Die Implikationen, die sich aus diesem Widerspruch ergeben (vgl. Defizithypothese der Soziolinguistik, B. Bernstein), werden jedoch nach dem Scheitern der kompensatorischen Erziehung nicht gründlich diskutiert.
Die Standardsprache ist auch für viele Formen schriftlichen Sprachhandelns notwendig. Die an literarischen Gattungen orientierten Aufsatzarten werden allerdings zumeist rigoros abgelehnt, statt dessen sollen auch Schulaufsätze als „Texte für Leser" verstanden werden (BOETTCHER u.a. 1973); Grundschüler schreiben pragmatische Texte wie den Brief an den Hausmeister wegen des Getränkeverkaufs, die Einladung zum Geburtstag, die Beschwerde an die Stadtverwaltung wegen unzureichender Spielgelegenheiten. Schrift erscheint dem Lernenden bei solchen Aufgaben nur als ein anderes Medium, als Ersatz für mündliche Äußerungen in Fällen, in denen direkte Kommunikation nicht möglich ist.
Auch die Sprachbetrachtung berücksichtigt den Primat des Mündlichen, wenn es um die Analyse von Sprechakten geht. Absicht ist, daß der junge Schüler solches Wissen beim Verfassen pragmatischer Texte und beim Bewerten mündlicher Interaktionen zugrunde legt. Entwicklungspsychologische Einwände, daß Grundschulkinder schwerlich ihr sprachliches Handeln über Regeln bewußt planen könnten, werden kaum berücksichtigt. Daneben werden in den Konzepten für Grammatikunterricht komplexe linguistische Beschreibungsmodelle wie die Generative Transformationsgrammatik (etwa in dem von D. C. Kochan u.a. herausgegebenen Sprachbuch „Sprache und Sprechen" 1971 ff.) oder die Dependenzgrammatik (so in dem von W. Braun u.a. herausgegebenen „Mein neues Sprachbuch" 1972 ff.) erprobt, die sich wiederum auf den Korpus der Schriftsprache beziehen. Der damit verbundene kognitive Anspruch wird kaum reflektiert.

Die Bedeutung der Orthographie wird im Deutschunterricht der Grundschule eingeschränkt. Das Ausmaß an Unterrichtszeit, das für eine Vermittlung gesicherter Rechtschreibfähigkeiten erforderlich ist, erscheint im Hinblick auf die Norm des Nützlichen zu hoch. Zudem möchte man wegen der Funktion der Rechtschreibzensur als Selektionsinstrument für die Schullaufbahn, (E. Höhn 1967, L. Kemmler 1967) diesen Einfluß verringern, vermeintlich auch um der Chancengleichheit willen.
Im Vergleich zu den Zweckformen erfährt ein genuiner Bereich des Mündlichen, das Gespräch, weniger Beachtung. Arbeiten dazu befassen sich eher mit den Regeln der Gesprächsführung (vgl. MENZEL 1981, RITZ-FRÖHLICH 1982) als mit den pädagogischen Möglichkeiten sprachlichen Lernens, die der Austausch über Erfahrungen und Urteile, über Sachverhalte und über Fragen im Gespräch der Kinder untereinander und mit dem Lehrer enthält.
Im Lernfeld Umgang mit Texten betrifft die augenfälligste Veränderung die Erweiterung der im Unterricht behandelten Textsorten. Neben Gebrauchstexten (wie Spielanleitung, Werbespruch, Prospekt) wird nun auch sogenannte Trivialliteratur, die vorher allenfalls als abschreckendes Beispiel zur Verständigung über die literarische Norm herangezogen wurde, sowie Kinderliteratur Unterrichtsgegenstand. Statt um „literarästhetische Bildung" (HELMERS 1970, S.296 ff., passim) geht es um „Leseerziehung", um „schrittweise Anhebung des Anspruchs" (DAHRENDORF 1970, S.34). Das Lesebuch soll „tatsächliches Abbild des literarischen Markts" sein (DAHRENDORF 1970, S.41) – eine durchaus pragmatische Forderung, die der Norm des Nützlichen entspricht.

Erweiterung des Mündlichen durch Schrift. In den letzten Jahren wurde der Schrift wieder größere Bedeutung für die Entfaltung sprachlichen Lernens in der Schule beigemessen, und zwar vor allem durch die Analyse der kognitiven Vorgänge beim Lesen und Schreiben und beim Erwerbsprozeß, die in der Nachfolge L.S. Wygotskis und in Anlehnung an K.S. Goodman durchgeführt wurde. Schrift wird nun weniger unter dem Aspekt einer standardsprachlichen Norm, sondern unter dem Gesichtspunkt gesehen, welche Möglichkeiten zur Freisetzung aus situativen Zwängen mit dieser Sprachform gegeben sind und inwiefern Denken und Sprechen durch Schrifterwerb und -gebrauch erweitert werden (vgl. DEHN 1985).

Auf dieser Basis werden die Lernfelder neu bestimmt. Als einer der ersten hat GÖSSMANN mit seinem Buch „Sätze statt Aufsätze" (1976) diesen Wandel für die Produktion schriftlicher Texte in der Grundschule artikuliert. Die Möglichkeiten, die die Schrift als Medium der Mitteilung für die geistige Entwicklung der jungen Schüler bietet, rechtfertigt, bereits einfache Schreibversuche wie das „Spontanschreiben" als Vergegenständlichung des Gedachten anzuerkennen.

Die an literarischen Gattungen orientierten Aufsatzarten werden nach wie vor abgelehnt, literarische Texte dienen aber zunehmend als Anregung für rezeptiv-reproduzierendes (wie Nacherzählung), produktiv-weiterführendes (wie perspektivisches Erzählen) und produktiv-kreatives Schreiben (etwa konkrete Poesie). Bei der Würdigung der kindlichen Ausdrucksmöglichkeiten wird explizit an reformpädagogische Ideen, unter anderem die von C. Freinet, angeknüpft (vgl. auch SENNLAUB 1980). Man erwartet von dem Umgang mit Schrift auch einen Einfluß auf den mündlichen Sprachgebrauch. Der Effekt wird nicht so sehr im Sinne eines direkten Einflusses erwartet, sondern über eine Veränderung der gedanklichen Struktur: Der Schriftkundige verfügt nicht nur über ein zusätzliches Zeicheninventar, sondern über eine schriftsprachliche Logik, die sein Denken im Hinblick auf ein geordnetes Nacheinander und im Hinblick auf Vollständigkeit beeinflußt.

Auf dieser Grundlage erhalten auch Rechtschreibunterricht und Sprachreflexion eine neue Bedeutung, weil beide implizit und explizit zur Erweiterung der kognitiven Möglichkeiten beitragen können (vgl. ANDRESEN/JANUSCHEK 1984). Weniger welches Grammatikmodell am fruchtbarsten ist, wird diskutiert, sondern es geht eher um eine Erweiterung der Sprachreflexion um ein metasprachliches Inventar. Fehler werden unter dieser Perspektive nicht nur als Irrtum betrachtet, sondern vor allem im Hinblick auf die kognitiven Leistungen, die ihnen ebenso wie den der Norm entsprechenden Lösungen zugrunde liegen.

Der Umgang mit literarischen Texten erhält gegenüber dem mit Gebrauchstexten wieder stärkeres Gewicht, allerdings mit unterschiedlicher Zielsetzung. Der Leser wird – seit den Arbeiten der Rezeptionsforschung – als konstitutiv angesehen für den Text. Das bedeutet für den Deutschunterricht der Primarstufe, daß versucht wird, entwicklungspsychologische Aspekte bei der Auswahl der Texte zu berücksichtigen (vgl. KAISER 1976, KREFT 1977). Eine zentrale didaktische Zielsetzung gilt der Entfaltung der kindlichen Identität, indem die Schüler die in den Texten enthaltenen Möglichkeiten zur Identifikation übernehmen und für sehr verschiedenartige Rollen lernen, die Intentionen des Gegenübers zu verstehen und darauf einzugehen. Der Lehrer muß die „eigene Erfahrungswelt" der Schüler als „Deutungsfolie" (SPINNER 1978) akzeptieren – weil anders Textverständnis nicht möglich ist – und sie zugleich zu erweitern suchen. Lese- und Schreiblehrgang werden als Einführung in Schriftkultur, nicht als bloße Vermittlung von Kulturtechniken verstanden. Allerdings sollte dem Ruf „back to basics", der wieder häufiger wird, kritisch begegnet werden, zielt er doch darauf, die schriftsprachlichen Normen einfach wieder in den Vordergrund zu stellen.

ANDRESEN, H./JANUSCHEK, F.: Sprachreflexion und Rechtschreibunterricht. In: Disk. Dt. 15 (1984), S. 240 ff. AUGST, G.: Der aktive Wortschatz der Schulanfänger. Erste Ergebnisse eines Forschungsprojekts. In: Wirk. Wo. 34 (1984), S. 88 ff. BALHORN, H. u. a.: Deutschunterricht Klasse 1-4, München 1980. BAUMGÄRTNER, A. C./DAHRENDORF, M. (Hg.): Wozu Literatur in der Schule? Braunschweig 1970. BEINLICH, A.: Über die literarische Entwicklung in Kindheit und Jugend. In: BEINLICH, A. (Hg.): Handbuch des Deutschunterrichts, Bd. 2, Emsdetten ⁵1970, S. 885 ff. BEINLICH, A.: Handbuch des Deutschunterrichts, 2 Bde., Emsdetten ⁵1969/1970 (Bd. 1: 1969; Bd. 2: 1970). BOETTCHER, W. u. a.: Schulaufsätze - Texte für Leser, Düsseldorf 1973. DAHRENDORF, M.: Voraussetzungen und Umrisse einer gegenwartsbezogenen literarischen Erziehung. In: BAUMGÄRTNER, A. C./DAHRENDORF, M. (Hg.): Wozu Literatur ...? Braunschweig 1970, S. 27 ff. DEHN, M.: Schriftspracherwerb und Elementarunterricht. In: Enzyklopädie Erziehungswissenschaft, Bd. 7, Stuttgart 1985, S. 189 ff. FRITZSCHE, J.: Aufsatzdidaktik, Stuttgart 1980. GLINZ, H.: Sprachunterricht im engeren Sinne. In: BEINLICH, A. (Hg.): Handbuch des Deutschunterrichts, Bd. 1, Emsdetten ⁵1969, S. 289 ff. GÖSSMANN, W.: Sätze statt Aufsätze, Düsseldorf 1976. HELMERS, H. (Hg.): Zur Sprache des Kindes, Darmstadt 1969. HELMERS, H.: Didaktik der deutschen Sprache, Stuttgart ⁵1970. HILDEBRAND, R.: Vom deutschen Sprachunterricht in der Schule und von deutscher Erziehung und Bildung überhaupt (1867), Leipzig/Berlin ⁴1890. KAISER, M.: Zur Frage der Leserentwicklung. In: Westerm. P. Beitr. 28 (1976), S. 633 ff. KREFT, J.: Grundprobleme der Literaturdidaktik, Heidelberg 1977. MENZEL, W.: Miteinander sprechen lernen. In: MEIERS, K. (Hg.): Schulanfang. Anfangsunterricht, Bad Heilbrunn 1981, S. 72 ff. RITZ-FRÖHLICH, G.: Das Gespräch im Unterricht, Bad Heilbrunn 1982. SENNLAUB, G.: Spaß beim Schreiben oder: Aufsatzerziehung? Stuttgart 1980. SPINNER, K.: Eigene Erfahrungswelt als Deutungsfolie. Ein literaturdidaktisches Problem. In: Westerm. P. Beitr. 30 (1978), S. 471 ff. WAGNER, K. R.: Der Erwerb von Sprecherstrategien im Kindesalter. In: AUGST, G. (Hg.): Spracherwerb von 6-16, Düsseldorf 1978, S. 267 ff. WALLRABENSTEIN, W. u. a.: Sprache im Anfangsunterricht, München 1981. WUDTKE, H.: Sprechanlässe und Gesprächssituationen - Verständigung in der Familie in Bezug auf Lernen. In: WALLRABENSTEIN, W. (Hg.): Sprechanlässe und Gesprächssituationen, Braunschweig 1979, S. 23 ff.

Mechthild Dehn

Montessori-Pädagogik

Standortbestimmung. Die Pädagogik Maria Montessoris (1870–1952) läßt sich nur auf dem Doppelfundament ihrer theoretischen Abhandlungen und praktischen Anweisungen verstehen. Die Eigenart ihrer Schriften besteht darin, daß sie weitgehend Mitschriften von Ausbildungsvorträgen zum „Theorie"-Aspekt in Diplom-Kursen darstellen – also praxisorientiert zu verstehen sind (vgl. SCHULZ-BENESCH 1980, S. 49 ff.). Seit dem Tode Montessoris führte ihr am 10. 2. 1982 verstorbener Sohn Mario ihre pädagogische Wirksamkeit auf der internationalen Ebene fort (vgl. GÜNNIGMANN 1979, S. 99). 1929 wurde die Association Montessori Internationale (AMI) in Amsterdam gegründet. Als internationale Organisation befaßt sie sich insbesondere mit Fragen zum Erwerb des Montessori-Diploms – einer Voraussetzung für die Arbeit an Montessori-Institutionen. – Die seit 1960 verbesserte deutschsprachige Quellenlage hat Auswirkungen auf die Forschung und Praxis bestehender Institutionen gehabt und führte zu Innovationen im sonderpädagogischen Bereich (vgl. SCHULZ-BENESCH 1980, S. 34). Literarisch vertiefte Erkenntnisse lösten unter verschiedenen Aspekten kritische Besinnungen im Praxisbereich aus. „Theorie" und Praxis stehen, wie zu Montessoris Lebenszeit, so auch heute, in einem ständigen Wechselwirkungsprozeß (vgl. SCHULZ-BENESCH 1977, S. 150). Eine Übersicht bestehender Montessori-Einrichtungen in der Bundesrepublik Deutschland (Stand 1978) bietet GÜNNIGMANNS Arbeit (vgl. 1979, S. 102 ff.). Zur Situation dieser Institutionen ist zu sagen, daß die Bildungspolitik der einzelnen Länder durch unterschiedlich reglementierende Auflagen häufig zu Kompromißlösungen zwingt, wogegen im internationalen Bereich die Realisierungschancen oft erheblich größer sind.

Erste Grundkategorie: Orientierung am Kinde als Mensch. „Die menschliche Personalität muß in den Blick genommen werden und nicht eine Erziehungsmethode" (MONTESSORI 1966, S. 16). MONTESSORI (1966, S. 16) ersetzt das gängige Verständnis von Erziehungs„methode" durch Verwendung einer anderen Formulierung: „Hilfe für die menschliche Person, ihre Unabhängigkeit zu erobern..." Die zerstückelte Weise, Erziehung zu konzipieren, muß durch eine einheitliche Ausgangsposition ersetzt werden: das Kind als Mensch – die Einheit seiner Person und die Beachtung seiner sozialen Rechte. Da die menschliche Personalität unter verschiedenen soziokulturellen Lebensbedingungen und in den verschiedenen Entwicklungsphasen des Lebenszyklus sich je als eine (sozial-individuale) Einheit darstellt, muß diese *Einheit als Erziehungsprinzip* gelten: das Kind als Mensch (vgl. MONTESSORI 1966, S. 16 f.). Das Kind in seiner personalen Einheit – ausgestattet mit der Fähigkeit, zu handeln und „jemand in der Gemeinschaft zu sein" (MONTESSORI 1979, S. 110) – ist Angel- oder „Mittelpunkt seiner Erziehung" (MONTESSORI 1973a, S. 120). Eine so orientierte Erziehung bedeutet das Bemühen, dem Menschen als personaler Einheit in den verschiedenen Entwicklungsphasen und unter verschiedenen soziokulturellen Lebensbedingungen *Beistand zu leisten*. An die Stelle des Unterrichtsgedankens tritt das Streben, „dem Leben zu helfen, die Persönlichkeit zu entwickeln" (MONTESSORI 1968, S. 36), also eine lebendige Einheit in der Vielfalt gestalteter Sach-, Sozial-, Selbst- und Wertbeziehungen zu verwirklichen. Als Maß für pädagogischen Beistand nennt MONTESSORI (vgl. 1974, S. 268) zwei Grundsätze im Hinblick auf die kindliche Persönlichkeitsbildung: Achtung vor der Freiheit des Kindes und – als konkreter Ausdruck – Achtung vor den spontanen Äußerungen des Kindes. Wenn im Kinde Spontaneität (als geistige Kraft des Lebewesens Mensch) sich regt, die die Pforten seiner Aufmerksamkeit öffnet, dann ist der Aufbau des kindlichen Verstandes und, damit verbunden, die Organisation der kindlichen Person „nicht ein Problem pädagogischer Kunst, sondern notwendigerweise ein Problem der Freiheit" (MONTESSORI 1976, S.153). Die Freiheit des Kindes und seiner Äußerungen als Keime individual-sozialen Handelns fordern Respektierung und angemessene Unterstützung.

Orientierung am Kinde als Mensch wird zum Maß für die Ermittlung von möglichen Inhalten als Angebote für kindliche Arbeit im Sinne von Lernaktivitäten. Die Betrachtung des Kindes als heranwachsendes Lebewesen fordert, herauszufinden, wo sein Platz als Mensch im Gesamtbereich des Lebens – des Universums oder des Kosmos – ist (vgl. MONTESSORI 1975, S.51). Zwei prinzipielle Perspektiven ergeben sich:

Erstens Studium des Kosmos mit Hilfe eines „universalen Lehrplanes": Die sich hier andeutende kosmische Erziehung (vgl. OSWALD 1977, S.124) läßt sich mit MONTESSORIs Worten (1973b, S.90) umschreiben: „Einzelheiten lehren bedeutet Verwirrung stiften. Die Beziehungen unter den Dingen herstellen bedeutet Erkenntnisse vermitteln." Kosmisches Denken ist Zusammenhangserfassen eines gegliederten Universums, dem der Mensch zugehörig ist. Abbildung 1 zeigt einen exemplarischen Entwurf (von Ch. Gobbin-Claussen, Montessori-Schule, München) des „universalen Lehrplanes". Er ist ermittelt durch die Stellung des Menschen im Kosmos und die sie tangierenden Wissensaspekte und ermöglicht die Erarbeitung „universaler" Strukturen.

Zweitens Ermittlung der kreativ-kosmischen Aufgabe des Menschen: Der heranwachsende Mensch muß seinen Arbeitsanteil im Aufgabenfeld „Leben auf der Erde" selbst für sich entdecken und sich auf diese Weise ein „universales Bewußtsein" erwerben (vgl. MONTESSORI 1979, S.137). Dieser Erarbeitung dient der „universale Lehrplan". Kenntnis des gegliederten Universums ist die Voraussetzung für Einsichten, die durch Aktivierung entdeckter Beziehungen zum Handeln hinleiten sollen, „um den verantwortlichen Menschen vorzubereiten" (MONTESSORI 1973a, S.64).

Die hieraus resultierenden *institutionellen Prinzipien* beziehen sich auf die Forderung nach der Schaffung einer altersgemäßen (phasenspezifischen) Anregungsumwelt für das Kind. Gemäß den Prinzipien der Achtung vor der Freiheit und den spontanen Äußerungen des Kindes ist eine Anregungsumwelt im engeren Sinne, eine angepaßte und vorbereitete Umgebung, für das Kind zu schaffen. Seiner Aktivität müssen „greifbare" Dinge angeboten werden, die auf seine jeweiligen Sensibilitäten (erhöhte Lernbereitschaften) abgestimmt sind.

Das Prinzip der Einheit menschlicher Personalität im Entwicklungsprozeß wird zum übergreifenden Organisationsprinzip für die Gestaltung eines einheitlichen Bildungsweges unter Berücksichtigung der individual-sozialen Komplementarität dieses Einheitsprinzips. Die Kontinuität des Lernens ohne institutionelle Unterbrechung (vom Kinderhaus über die verschiedenen Schulstufen hinweg) sollte durch eine bauliche Einheit und eine entsprechende Organisationsstruktur für die freie Arbeit des Kindes ermöglicht werden.

Zweite Grundkategorie: Erziehung als Realisation von Freiheit. „Die Freiheit ist die Basis von allem, und der erste Schritt ist getan, wenn das Individuum ohne Hilfe anderer handeln kann mit dem Bewußtsein, eine lebendige Einheit zu sein" (MONTESSORI 1979, S.52). Eine auf Freiheit gegründete Erziehung (vgl. MONTESSORI 1974, S.63) wirft die Frage nach der Interpretation von Freiheit und ihren Realisierungsmöglichkeiten auf.

Montessori-Pädagogik

Abbildung 1: Exemplarischer Entwurf des universalen Lehrplans

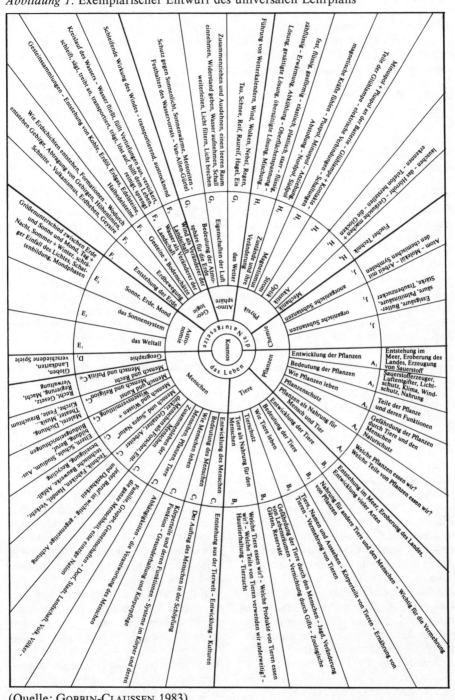

(Quelle: GOBBIN-CLAUSSEN 1983)

Montessori reflektiert Freiheit vor dem Hintergrund des Erziehungsprozesses und gelangt so zu unterschiedlichen Perspektiven. *Biologische Freiheit* bezieht sich auf die Entwicklung des Lebewesens Mensch. Bei kleinen Kindern bedeutet sie „Befreiung ihres Lebens von Hindernissen, die ihre normale Entwicklung hemmen" (MONTESSORI 1974, S. 71). Biologische Freiheit besteht in der „Freiheit für die schöpferische Kraft, welche der Lebensdrang zur Entwicklung des Individuums ist" (MONTESSORI 1979, S. 20). *Soziale Freiheit* bezieht sich auf die Tatsache, daß das Kind in der Ohnmacht, in der es geboren wird, „als soziales Individuum von Bindungen umgeben ist, die seine Aktivität einschränken" (MONTESSORI 1974, S. 63). Das Kind muß sich durch die Veränderungen dieser sozialen Beziehungen kontinuierlich Freiheit erobern können. Freiheit im biologischen und sozialen Sinne bedeutet Beseitigung aller Repressionen, aller Formen von Unterdrückung kindlicher Energien. *Pädagogische Freiheit* besteht darin, das Kind durch Freigabe seiner Energien über freie Selbsttätigkeit zur Selbständigkeit zu führen (vgl. Abbildung 2).
MONTESSORI (1976, S. 73) fragt, „‚welches Was' mit einer auf Freiheit gegründeten Erziehung verbunden sein muß". „Das Kind hat uns das Prinzip des Erziehungsprozesses offenbart und so formuliert: lehre mich, allein zu handeln" (MONTESSORI 1973a, S. 51). Für die Verwirklichung einer solchen Erziehung werden zwei Grundsätze genannt:
Erstens: Äußere Gegenstände sind als Anregungsumwelt für innere Sensibilitäten bereitzustellen. Die Umgebung des Kindes muß Mittel zur Selbsterziehung enthalten, die nicht vom Zufall bestimmt sein dürfen. „Wer heute von Freiheit in der Schule spricht, muß gleichzeitig Gegenstände anbieten, ein Instrumentarium, das Freiheit ermöglicht" (MONTESSORI 1976, S. 24). Der kritische und beschwörende Lehrer muß durch eine vernünftige Organisation und die freie Arbeit der Kinder ersetzt werden. „Das Kind begreift durch eigene Aktivität, indem es die Kultur aus seiner Umgebung und nicht vom Lehrer übernimmt" (MONTESSORI 1966, S. 55). Um diese Selbst-Unterrichtung zu ermöglichen, muß die Umgebung „offenbarenden Charakter" haben (vgl. MONTESSORI 1968, S. 46).
Beispiel: Durch die Täfelchen mit unterschiedlicher Oberflächenbeschaffenheit lernt das Kind den Unterschied zwischen „rauh" und „glatt" kennen. Weiter kann es sich die Feinabstufungen erarbeiten. Das Kind gewinnt neben der Motivationsverstärkung Einsicht in Sachgesetzlichkeiten, die zur Zurücknahme eigenwilliger Selbstdeutungen zwingt. Es wird im Umgang mit solchen Materialien zunehmend mit dem Anspruch einer Sache konfrontiert und gerät in Entscheidungssituationen. Das Kind erarbeitet sich durch die Arbeit mit diesen didaktischen Materialien zweierlei: elementare geistige Ordnungskategorien (Identitäten, Kontraste, Differenzen) und eine fundamentale Erkenntnis – durch Dingeigentümlichkeiten auf eine ganz bestimmte Einstellungshaltung hin angesprochen zu werden (Anspruch vernehmen und auf Anspruch reagieren). Dies sind elementare Vorgänge der Vernunftentwicklung und Bewußtseinsbildung.
Zweitens muß die Freiheit kindlicher Entwicklung respektiert werden. Der Erzieher/Lehrer muß herausfinden, wie er sich in der vorbereiteten Umgebung zu verhalten hat (vgl. MONTESSORI 1968, S. 46). Rücknahme der Eigenaktivität zugunsten der Bewegungs- und Wahlfreiheit der Kinder in der von ihm vorbereiteten Umgebung sind Ausdruck des Respektes, der einen permanenten Lernprozeß des Erziehers darstellt. Das Zentrum bildet der *Respekt bei Konzentrationsvorgängen,* in denen die kindliche Selbstbildung als selbständige und selbsttätige Wissensaneignung stattfin-

Montessori-Pädagogik

Abbildung 2: Erziehung als Realisation von Freiheit

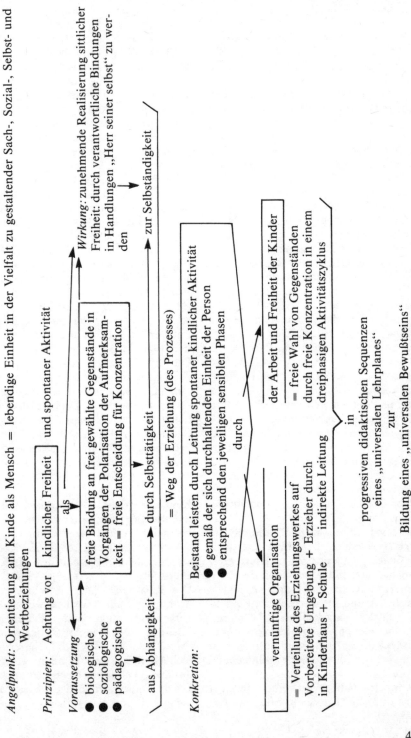

det. Diese Vermittlung vollzieht sich durch einen freien Entschluß des Kindes zur Auseinandersetzung mit einem frei gewählten Gegenstand aus der vorbereiteten Umgebung in der dafür erforderlichen freien Zeit.
MONTESSORI (vgl. 1971, S. 22) beschreibt die *Konzentration als Aktivitätszyklus der Selbsttätigkeit* in drei Phasen.
Phase der Einübung: Sie ist gekennzeichnet durch Suchen, Vorbereitung und Unruhe sowie vordergründig erscheinende Ermüdungsanzeichen.
Phase der großen Arbeit: Eine andauernde Bindung der Aufmerksamkeit im handelnden Umgang mit einem Material kennzeichnet sie. MONTESSORI (1976, S. 116, S. 126) spricht von einem inneren Verweilen und Reagieren, einem Sich-Auftun des Geistes als „tätige[r] Meditation"; Konzentration als „aktives Verstehen" bezeichnet sie auch als „schöpferisches Phänomen" (MONTESSORI 1976, S. 101, S. 204).
Phase der Kontemplation: Dies ist ein Ruhezustand, in dem das Kind seine Entdeckungen verarbeitet, verallgemeinert und verwertet, in dem es sich selbst studiert und mit anderen vergleicht. Selbsttätige Bildungsvermittlung und dadurch Entwicklungsfortschritt wird durch diese „gedankenvolle Pause" möglich. Wichtig ist die Vollendung der Aktivitätszyklen, da erst das verarbeitete Ergebnis der Besinnungsphase den eigentlichen Wissens- und Persönlichkeitszuwachs bringt.
Das Kind sollte wenigstens einmal am Tage zu einem solchen Aktivitätszyklus hinfinden. Angesichts der Konzentration bedeutet die Abmessung des Lehrerverhaltens im Sinne des Respektes: mögliches und erforderliches „Eingreifen" in der Anfangsphase, „Nicht-eingreifen" während der großen Arbeit und Zurückhaltung und Kommunikationsbereitschaft während der ausklingenden Phase.
Wenn dem Kinde Zeitfreiheit gewährt wird, äußert es häufig am Ende des Aktivitätszyklus die Haltung einer aktiven Disziplin. „Diszipliniertes Verhalten wird zur Haltung" (MONTESSORI 1976, S. 105). Die Wirkung der freien Selbsttätigkeit des Kindes als Bildungsvermittlung an sich selbst führt zu einem Zuwachs seiner Persönlichkeit an sittlicher Freiheit. Das Kind vermag zunehmend „Herr seiner selbst zu werden", es ist „Herr über seine Handlungen", und es kann sie nun nach dem Wunsche einer anderen Person lenken (vgl. MONTESSORI 1976, S. 103). Dies ist echter Gehorsam und Ausdruck einer Fähigkeit zu frei verfügbarem und verantwortlichem Handeln. Dabei „zeigt sich die freie intellektuelle Arbeit als Basis für die Disziplin [...] jene festigenden Kräfte [...] ohne die der *innere Mensch* zersplittert und unausgeglichen ist, nicht Herr seiner selbst sein kann [...]" (MONTESSORI 1976, S. 107, S. 104). Herr seiner selbst sein können ist identisch mit der Verwirklichung sittlicher Freiheit (vgl. MONTESSORI 1968, S. 23–26). Die behandelten Ausdrucksformen der Freiheit korrespondieren mit Bindungsfähigkeit. Freiheit ist – als je bezogene – relativ zu verstehen. Drei „relative Freiheiten" – des Interesses, der Kooperation und der Arbeitszeit – sind Grundbedingungen für die Konkretion einer Erziehung als Realisation von Freiheit (vgl. SCHULZ-BENESCH 1982, S. 157).

Kindliche Arbeit in Kinderhaus und Primarstufe. Erziehung als Realisation von Freiheit hat eine Umgestaltung von Vorschulinstitution und Schule zur Voraussetzung, die die Freiheit des Kindes sicherstellt (vgl. MONTESSORI 1974, S. 24). Die Relativität dieser Freiheit bringt Montessori zum Ausdruck, wenn sie die veränderte Funktion der Erzieher als „Leitung spontaner Arbeit der Kinder" (MONTESSORI 1974, S. 351) bezeichnet. Sicherstellung der Freiheit geschieht durch die Verteilung des Erziehungswerkes in „eine vernünftige Organisation der Arbeit und die Freiheit des Kindes"

(MONTESSORI 1974, S. 350). Die „Trennung" zwischen zwei Schulordnungen (Kinderhaus und Grundschule) ist nach MONTESSORI (vgl. 1974, S. 355) nur als „Bestimmung des Bildungsniveaus" zu verstehen. „Das Kinderhaus ist keine Vorbereitung auf die Grundschule, sondern ein Beginn des Unterrichts, der ohne Unterbrechung fortgeführt wird [...] hier wird Unterricht nicht durch ein Programm gelenkt, sondern durch das Kind selbst, das mit Hilfe körperlicher und geistiger Arbeit lebt und sich entfaltet" (MONTESSORI 1974, S. 355). Die vernünftige Organisation der freien Arbeit des Kindes muß demgemäß für Kinderhaus und Schule gleichzeitig dargestellt werden, wenn auch die Anregungsumwelt progressive Lernangebote gemäß den sensiblen Phasen enthalten muß.

Kindliche Arbeit besteht in schöpferischen Aktivitäten (vgl. HOLTSTIEGE 1983, S. 187). Sie hängt ab von der Möglichkeit, Interessen äußern, unter bereitgestellten Materialien frei wählen und sich zeitlich frei mit ihnen befassen zu können. Das Zentrum dieser freien Arbeit besteht in der freien Bindung an einen Gegenstand in Vorgängen der Polarisation kindlicher Aufmerksamkeit als Vorgang der Selbst-Unterrichtung. Wichtig ist der Hinweis, daß diese freie Arbeit als Äußerung spontaner Aktivität altersunabhängig ist. Dennoch sind phasenspezifische Empfänglichkeiten zu beobachten, die der gezielten Förderung bedürfen (vgl. MONTESSORI 1968, S. 29).

MONTESSORI (vgl. 1975, S. 202) stellt heraus, daß die Kinder in ihren Institutionen immer in einer *Arbeitsgemeinschaft* leben. Kindliche Entwicklung weist zwei Aspekte auf: Individualität und Anwendung der individuellen Aktivität auf ein soziales Leben. In den verschiedenen Perioden kindlicher Entwicklung nehmen beide unterschiedliche Formen an (vgl. HOLTSTIEGE 1983, S. 2). Das stets unveränderliche Prinzip ist die Bereitstellung phasenspezifischer Mittel, „damit das Kind handeln und selbst Erfahrungen sammeln kann" (MONTESSORI 1973a, S. 96). Gemäß der sich bestätigenden Theorie der sensiblen Phasen (vgl. LASSAHN 1978, S. 488; vgl. SUFFENPLAN 1975, S. 239 ff.) läßt sich nach Montessori die auf Seite 432 getroffene Zuordnung von Sensibilitäten im Sinne erhöhter Lernbereitschaften und didaktischen Übungen/Materialien vornehmen. Zur vorbereiteten Umgebung gehört die kindgerechte Einrichtung mit Mobiliar. Die Materialien werden in offenen Regalen bereitgestellt, die Kinder erreichen können und ihnen zugänglich sind. Für Arbeiten auf dem Boden stehen kleine Teppiche bereit, die die Kinder sich holen können. Tiere und Blumen gehören ebenfalls zur vorbereiteten Umgebung. Kleine Küchenelemente für die Übungen des praktischen Lebens sind weitere Bestandteile. Die so gestaltete Umwelt im Kinderhausbereich unterscheidet sich – bis auf weiterführende didaktische Materialien und entsprechend angepaßte beziehungsweise unterschiedlich großes und schweres Mobiliar – nicht von der vorbereiteten Umgebung im Grundschulbereich. Die vorbereitete Umgebung soll durch ihren „progressiven" Charakter die Fortführung des begonnenen „Unterrichtes" ermöglichen.

Zum Erzieherverhalten in der Umgebung des Kinderhauses gibt MONTESSORI (vgl. 1979, S. 28 f.) eine in zwölf Punkten umrissene konkrete Anleitung.

Im Kinderhaus beginnend, wird gleichzeitig mit verschiedenen Übungen und Einführungen in unterschiedliche Materialien begonnen (vgl. MONTESSORI 1974, S. 360), so daß vor- und rückgreifend vom Kind die „Beschäftigung" mit den Materialien bestimmt werden kann. „Progressive Interessen" (vgl. MONTESSORI 1975, S. 185) ermöglichen Wissenszuwachs durch die zunehmende Anreicherung der Umgebung, indem didaktische Materialien oder Projekte etwa

Montessori-Pädagogik

Phase 3–6 Jahre; Kinderhaus

Sensibilitäten (Lernbereitschaften)	*Didaktische Übungen/Materialien*
1. Bewegung	Übungen des praktischen Lebens Bewegungsübungen (vgl. MONTESSORI-VEREINIGUNG 1978, S. 8 ff; vgl. HOLTSTIEGE 1983, S. 124)
2. Ordnung	Bewegungsübungen
3. Sprache	Sinnesübungen (Tast-, Geschmacks-, Geruchssinn, visuelle und auditive Unterscheidungen) durch Spiel mit entsprechenden Materialien,
4. Bewußtseinsentwicklung durch Aktivitäten in der Umgebung	die Eigenschaften wie Farbe, Form, Maße, Klang, Oberflächenbeschaffenheit, Gewicht und Temperatur „materialisiert" enthalten
5. Verfeinerung und Anreicherung von Errungenschaften	und geistige Ordnungskategorien anbieten. (vgl. MONTESSORI-VEREINIGUNG 1978, S. 25 ff.; vgl. HOLTSTIEGE 1983, S. 101 ff.) Materialien zur Vorbereitung auf das Lesen und Schreiben, zur Spracherziehung und Einführung in das Rechnen (vgl. MONTESSORI-VEREINIGUNG 1978, S. 79 ff.)
6. Soziale Sensibilität (vgl. HOLTSTIEGE 1983, S. 90)	Integration durch Kohäsion als gefühlshafter Zusammenhang und Bedeutung der institutionellen Strukturierung (vgl. MONTESSORI-VEREINIGUNG 1978, S. 22)

Phase 7–10/12 Jahre; Grundschule

Sensibilitäten (Lernbereitschaften)	*Didaktische Materialien/Arbeitsprinzip*
1. Bedürfnis nach Erweiterung des inneren und äußeren Aktionsradius	Weiterhin Angebot der Sinnesmaterialien – Sprachliches Material – Mathematikmaterial (vgl. MONTESSORI-VEREINIGUNG 1978, S. 79 ff.); Biologie- und Erdkundematerial (vgl. HOLTSTIEGE 1983, S. 107)
2. Sensibilität für Vorstellungen, Übergang des kindlichen Geistes zur Abstraktion	Ergänzung des handelnden Umgangs mit didaktischem Material durch das Prinzip der „Meditation am Detail" unter Einbeziehung von Projekten (vgl. ELSNER 1980, S. 25 f.; vgl. MONTESSORI 1973 b, S. 51, S. 78)
3. Sensibilität für Fragen der Moral in Verbindung mit Sozialbeziehungen – Sensibilität des Gewissens (vgl. HOLTSTIEGE 1983, S. 90)	Bewußt organisierte Vereinigungen – Beispiel Pfadfinder (vgl. MONTESSORI 1975, S. 212); Soziales Leben und Lernen in der Arbeitsgemeinschaft Schule (vgl. HOLTSTIEGE 1981, S. 4 ff.); Integration behinderter Kinder (vgl. HOLTSTIEGE 1983, S. 164; vgl. ORTLING 1981, S. 54 ff.).

im Sinne des differenziert gestuften „universalen Lehrplanes" (vgl. Abbildung 1) angeboten werden. Im Hinblick auf bekannte mögliche Schwächen in der vorbereiteten Umgebung ist die Einbeziehung der Praxisbeobachtung in Hospitationen erforderlich. Sie zeigt, daß in den Montessori-Institutionen das im Mittelpunkt stehende „klassische" didaktische Material ständig – auch fachspezifisch – ergänzt wird. Solche Materialien werden von Erziehern und Lehrern selbst hergestellt gemäß den didaktischen Kriterien: Isolation von Eigenschaften, Begrenzung, Ästhetik, Aktivität und Fehlerkontrolle (vgl. HOLTSTIEGE 1983, S. 124). Hospitationserfahrungen zeigen auch, daß von Montessori vordergründig vernachlässigte Aspekte – etwa der musische – in der Praxis eingebracht werden durch entsprechende Angebote in Form von Materialien für Kreativitäten oder besondere Ecken für Spiel, Muße und Ruhe (vgl. SCHMUTZLER 1981, S. 71). – Das Zentrum der Arbeit in den Montessori-Institutionen ist die „freie Arbeit". FÄHMEL (1981, S. 80 ff.) beschreibt ihre Untersuchung der „Organisation der freien Arbeit" der Kinder in einer Düsseldorfer Montessori-Schule. Das Beispiel der Zeugnisformulare (vgl. FÄHMEL 1981, S. 110) macht die Kompromißsituation der Montessori-Institutionen deutlich. Zeugnisse sollte es nicht geben!

Die veränderte Unterrichts- und Schulstruktur fordert vom Erzieher/Lehrer die Fähigkeit zur indirekten Leitung oder Lenkung der spontanen Aktivität als „Technik indirekten Eingreifens" (MONTESSORI 1966, S. 55). Neben der Vorbereitung der Umgebung hat der Erzieher Aufgaben aktiv-initiierender wie Aufgaben indirekter Lenkung wahrzunehmen (vgl. HOLTSTIEGE 1983, S. 147). In diesem Zusammenhang ist auf Fischers Felduntersuchung zum „Lernen im non-direktiven Unterricht" im Bereich der Montessori-Pädagogik zu verweisen, die ergibt, daß indirekte Lenkung „prinzipiell realisierbar ist" (FISCHER 1982, S. 176).

Eine vernünftige Organisation der Arbeit und Freiheit des Kindes ist die Grundlage für die Konkretisierung einer Erziehung als Realisation von Freiheit. Ein entsprechender *Organisationsrahmen* läßt sich unter fünf Aspekten umreißen:

Erstens: Anstelle von Bänken und Kathedern ist eine durch das Kind selbst erreichbare Anregungsumwelt anzubieten, die „greifbare" Dinge für Aktivitäten enthält. Dies bedeutet freie Arbeit im Hinblick auf Gegenstände (Studienobjekte) seiner Wahl.

Zweitens: Der Stundenrhythmus muß durch kindliche Selbsttätigkeit ersetzt werden. Dies bedeutet freie Arbeit im Hinblick auf die Zeit.

Drittens: Statt Jahrgangsklassen ist die Bildung gemischter Altersgruppen dreier Jahrgänge (Mischung der Lebensalter) vorzunehmen. Dies bedeutet freie Wahl kindlicher Kooperationen mit Jüngeren oder Älteren.

Viertens: Trennwände sind durch offene Türen, Schiebetüren oder Vorhänge zu ersetzen, um die freie Zirkulation der Kinder zwischen den Altersgruppen zu ermöglichen. Dies bedeutet freie Arbeit in verschiedenen Niveaus und Graden der Bildung.

Fünftens: Getrennte Institutionen des Vorschul- und Schulbereiches müssen in eine bauliche Einheit übergeführt werden, um die freie Zirkulation und den durch das Kind bestimmten freien Übergang von einer Altersgruppe zur anderen zu ermöglichen. Dies bedeutet freies Überwechseln aus einem Bildungsniveau in ein anderes (vgl. MONTESSORI 1974, S. 355). Diese Freiheit garantiert Lernen ohne institutionelle Unterbrechung (vgl. MONTESSORI 1979, S. 80 ff; Abbildung 3).

Eine auf Freiheit gegründete Erziehung erfordert also eine strukturelle Änderung der Organisation von Erziehung und Unterricht gemäß den Kriterien der

Montessori-Pädagogik

Abbildung 3: Organisationsrahmen für die freie Arbeit des Kindes

① **Ermöglichung von Konzentration**
= Polarisation der Aufmerksamkeit
= Aktivitätszyklus
dem aktiven Kinde eine angepaßte Umgebung mit „greifbaren" Dingen bereitstellen

② **Ermöglichung kindlicher Kooperationen** – soziales Leben u. Lernen durch vertikale Gliederung (Gruppen dreier Jahrgänge) und „offene Türen"

③ **Ermöglichung eines festen Platzes** in Bildungsinstitutionen: Gruppenraum – Arbeitsplatz für Kinder und Erzieher/Lehrer

④ **Ermöglichung eines einheitlichen Bildungsweges**

Selbsttätigkeit als Vorgang der Selbstunterrichtung und -bildung → Wissensaneignung und Persönlichkeitsorganisation – Bedingungen:
- freie Wahl der Gegenstände (Interesse)
- freie Bewegung für Wahl in Kooperation
- freie Zeit für Dauer der Konzentration

kooperative Aktivitäten → Anwendung individueller Aktivität auf ein soziales Leben – Bedingungen:
- freie Kooperation mit Jüngeren oder Älteren
- freies Lernen in verschiedenen Niveaus und Graden der Bildung durch
- freie Zirkulation = „geistige Spaziergänge"
- freie Bestimmung der Übergänge (Wechsel von einer Gruppe zur anderen)

Basis der Freiheit = Sicherheit der Zugehörigkeit → Möglichkeit der Bindung an konkreten festen Platz und „Finden" des Erziehers/Lehrers

Kontinuität kindlicher „Arbeit"

durch

bauliche Einheit
Architektur als entsprechender Organisationsrahmen für die institutionelle Einheit von
- Kinderhaus und
- Schule

unterrichtliche Einheit
Lernen in Arbeitsgemeinschaften ohne institutionelle Unterbrechung
- vertikale Gliederung
- Bestimmung freier Übergänge – keine „Einschulung", kein „Sitzenbleiben"

didaktische Einheit
Gestaltung der vorbereiteten Umgebung durch Fortschrittsangebote → Lernfortschritt durch „progressiven" Charakter der Übungen und Materialien: → von isolierten Einzelinhalten zu komplexeren weiterführend → nach dem Prinzip der „didaktischen Spirale" finden sich Materialien des Vorschulbereiches in der Grundschule

sich durchhaltenden (sozial-individualen) Einheit der menschlichen Person sowie der Achtung vor der Freiheit und Spontaneität des Kindes.

ASSOCIATION MONTESSORI INTERNATIONALE (AMI): Maria Montessori. A Centenary Anthology 1870–1970, Amsterdam 1970. ELSNER, H.: Jeder hat das Recht, er selbst zu sein – Montessori-Schule. In: LICHTENSTEIN-ROTHER, I.: Jedem Kind seine Chance, Freiburg 1980, S. 14 ff. FÄHMEL, I.: Zur Struktur schulischen Unterrichts nach Maria Montessori. Studien zur Pädagogik der Schule 6, Frankfurt/M. 1981. FISCHER, R.: Lernen im non-direktiven Unterricht. Eine Felduntersuchung im Primarbereich am Beispiel der Montessori-Pädagogik. Studien zur Pädagogik der Schule 4, Frankfurt/M. 1982. GOBBIN-CLAUSSEN, CH.: Kosmische Erziehung. Tagungs-Mitschrift Montessori-Vereinigung e. V., Aachen 1983. GÜNNIGMANN, M.: Montessori-Pädagogik in Deutschland. Bericht über die Entwicklung nach 1945, Freiburg 1979. HOLTSTIEGE, H.: Soziale Erziehung im Verständnis M. Montessoris und ihre Bedeutung für die Schule. Pädagogische Schriften 1, hg. v. Aktionsgemeinschaft Deutscher Montessori-Vereine e. V., Köln 1981. HOLTSTIEGE, H.: Modell Montessori. Grundsätze und aktuelle Geltung der Montessori-Pädagogik, Freiburg ³1983. JANISZEWSKI, A./THIEL, TH.: Montessori-Pädagogik. In: Enzyklopädie Erziehungswissenschaft, Bd. 6, Stuttgart 1984, S. 374 ff. LASSAHN, R.: Montessori-Pädagogik im Lichte neuer Forschung. In: P. Rsch. 32 (1978), S. 480 ff. MONTESSORI, M.: Das Kind in der Familie, Stuttgart 1954. MONTESSORI, M.: Kinder, die in der Kirche leben, Freiburg 1964. MONTESSORI, M.: Über die Bildung des Menschen, Freiburg 1966. MONTESSORI, M.: Grundlagen meiner Pädagogik, Heidelberg 1968. MONTESSORI, M.: Kinder sind anders, Stuttgart 1971. MONTESSORI, M.: Frieden und Erziehung, Freiburg 1973 a. MONTESSORI, M.: Von der Kindheit zur Jugend, Freiburg 1973 b. MONTESSORI, M.: Die Entdeckung des Kindes, Freiburg 1974. MONTESSORI, M.: Das kreative Kind, Freiburg 1975. MONTESSORI, M.: Schule des Kindes, Freiburg 1976. MONTESSORI, M.: Spannungsfeld Kind – Gesellschaft – Welt, Freiburg 1979. MONTESSORI-VEREINIGUNG, Sitz Aachen (Hg.): Montessori-Material-Teil 1, Zelhem 1978. ORTLING, P.: Integration Behinderter in den Klassen- und Lernverband. In: LICHTENSTEIN-ROTHER, I.: Zusammen leben – miteinander lernen. Soziale Erziehung in der Schule, Freiburg 1981, S. 54 ff. OSWALD, P.: „Kosmische Erziehung" in der pädagogischen Theorie Maria Montessoris. In: SCHEID, P./WEIDLICH, H. (Hg.): Beiträge zur Montessori-Pädagogik 1977, Stuttgart 1977, S. 122 ff. SCHMUTZLER, K. H.-J.: Bedeutung und Bildung der Phantasie bei Montessori. In: Montessori-Werkbrief 19 (1981), 3/4, S. 55 ff. SCHULZ-BENESCH, G.: Über Reden und Schriften Montessoris. In: SCHEID, P./WEIDLICH, H. (Hg.): Beiträge zur Montessori-Pädagogik 1977, Stuttgart 1977, S. 139 ff. SCHULZ-BENESCH, G.: Montessori, Darmstadt 1980. SCHULZ-BENESCH, G.: Skizzen zum Bild der Montessori-Grundschule. In: Z. f. Kath. B. (1982), S. 156 ff. SUFFENPLAN, W.: Untersuchung zur Makroperiodik von Lernaktivitäten bei Neun- bis Elfjährigen in einer Schule mit freier Arbeitswahl, Diss., Köln 1975.

Hildegard Holtstiege

Nachahmung

Nachahmung als Handlungsmuster. Nachahmung drängt sich als Erklärung auf, wenn man den einen im Muster des anderen handeln sieht. Eine Gesellschaft, die ihre Lebens- und Arbeitswelt zudem über Rollen und Technologien organisiert, legt jedermann nahe, in unpersönlichen Haltungen und Schemata nach konstituierten und tradierten Ritualen, Regelmäßigkeiten und Regeln zu handeln, so daß jeder das Handeln des anderen in „typischen Situationen" erwarten kann: Grüßen, Autofahren, Rechnen, Einkaufen, eine Reparatur durchführen, eine Bewerbung schreiben, Tanzen, ... Nachahmen schließt gleichwohl eine Individuierung nicht aus, das Individuum kann zum Muster, Vorbild für andere werden, das den Anfechtungen und Verführungen in Situationen widersteht und vorbildlich handelt. Fiktionale Lebensläufe werden zum mustergebenden Text (Odysseus, Nachfolge Jesu); die Literatur allerdings wird nicht dem Buchstaben, sondern dem Geiste nach zur Orientierung, zur Lebenshilfe. Muster, Beispiele, für die wir die Regel nicht angeben können (Gedicht, gute Tat), zwingen uns zwanglos zur Nachfolge, wenn sie unser Wohlgefallen erregen (vgl. BUCK 1979).

Nachahmung zwischen Imitation und Kreation. „Die meisten Unterrichtsfächer bieten im Laufe des Jahres ganz ungesucht reiche Gelegenheit, dem Schüler Musterbilder des Verhaltens für alle Lagen des Lebens hinzustellen. Auf den verschiedensten Gebieten menschlicher Tätigkeit treten dem jugendlichen Blicke Heroen der Tapferkeit und Willenskraft, der Geistesstärke und Empfindsamkeit, der poetischen und künstlerischen Produktion, der Selbstlosigkeit und Menschenliebe entgegen, die ohne besonderes Zutun in den jungen Herzen Begeisterung wecken" (LECLAIR 1911, S. 94).

Nachahmen führt also Neben- und Hintersinn heran, meint dem hergebrachten Wortsinn nach, *etwas nachmessend zu gestalten* (vgl. KLUGE 1963, S. 498), eine Kopie nach der Natur, nach einem Muster, nach einer Kopie herzustellen. Nachahmen bezieht sich auf das instrumentelle und kunstgerechte Können, aber auch auf das vorbildliche öffentliche Tun, denn es gilt, Augenmaß zu haben, die Situation zu wägen, das Maßgebende zur Geltung zu bringen. Äußeres Handeln gilt als Spiegel innerer Haltung; der Habitus, die Delikatesse und Anmut der Bewegungen verlangen nach der Identität von Handeln und Reden. Über die Disziplinierung des Leibes nach dem Muster des Vorbildes erhält der beseelte Leib auch die adäquate innere Verfaßtheit. Das Vormachen, Nachahmen, Trainieren und Drillen werden zum Leitstern der elementaren Kräfteschulung (Vorsprechen, Nachsprechen, Chorsprechen, Nachzeichnen, Nachmessen – vgl. PESTALOZZI 1961). Der Schreibmethodiker Schöne gerät ins Schwärmerische, wenn er die Schüler, der „natürlichen Methode" folgend, nach Anweisung, Kommando und im vorgeschriebenen Takt nachschreiben läßt: „Es ist nicht zu erwägen, in welcher Spannung sich die Klasse befinden muß, wenn sie sich in stets gleichmäßigem Fortschreiten befinden soll. Die glückliche Ausführung eines solchen Schreibens bietet einen herrlichen Anblick" (SCHÖNE 1844, S. 25).

Techniken und Kunstfertigkeiten sind ausgezeichnete Modelle des Immerwieder-Herstellens. Arbeitet man unter Vermittlung von Werkzeugen und Maschinen, so gilt es doch, den Körper in die funktionale Verfaßtheit zu bringen, um immerfort seine Handlungen zu reproduzieren. Die antike Vorstellung vom Künstler/Techniker impliziert das *Nachahmen der Natur*. Zwei Aspekte kommen ins Spiel; ahmt der Mensch nur die Natur in ihren Produkten, ihrer Gestalt *(natura naturata)* oder die Natur als Schöpfungsprozeß *(natura naturans)* nach? Wenn der Mensch aber selbst ein Stück Natur ist, so ist die Nachahmung immer auch ein Stück schöpfende innere Nachahmung und Perfektionierung der Natur auf ihre Idealität hin, die auch dem Menschen einverseelt ist (eingeborene Ideen, Seele als Ebenbild Gottes; Gott/Natur als Schöpfungsprinzip). In der Genieästhetik tritt der Mensch neben der Natur und Gott als „alter deus" (BLUMENBERG 1981, S. 62) hervor, er wird zum Selbstschöpfer, der in Differenz zur Natur die kulturelle, artifizielle Lebenswelt tradiert, kontinuiert, differenziert, steigert, endlich mit der Natur bricht und die Um- und Mitwelt nach seinen konstruierten Ideen nachentwirft. Blumenberg verweist darauf, daß bei der Erfindung der Flugmaschine v. Lilienthal gerade daran scheiterte, weil er den Vogelflug nachahmen wollte, während Wright sich bei der Erfindung der Luftschraube vom Vogelflug als Vorbild löste. Die reflektierende Intelligenz löst sich von der Ähnlichkeit (von der Gestalt), „indem sie das Gleichheitsurteil aus dem Objekt in die Relation, nämlich die Funktion, verlegt" (LUHMANN 1973, S. 349).

Interpretiert man Kultur als tradierbares Können und bleiben die kulturellen Anforderungen in der Lebenszeit des einzelnen konstant, dann genügt das „vorbildliche Vormachen und Nachmachen" als Lehr-/Lernmodell. Das situationsangemessene Auch-anders-Können bleibt unthematisiert. Erziehung weiß um das Verfehlen der guten Muster, weiß um die Abwege; sie erfüllt sich im Modell der „Lehre im Haus" (vgl. ARIÈS 1975) und der „Zucht" bei Abweichungen; Erziehung ist fast ein materieller Vorgang der „Reproduktion des Lebens" (vgl. GAMM 1976, S. 141 ff.), der Aufzucht und Zurichtung des beseelten Körpers zu den gesellschaftlichen Pflichtfiguren (Gymnasium).

Begibt sich der Lehrling freiwillig in das Lehrverhältnis (Klavierunterricht, Reiten, Magie), dann teilt er das Sinnstreben, das zugleich über den Meister hinausverweist und auch diesen bindet an das Muster. Beide können sich so auf die äußere Seite des nachmessenden Gestaltens konzentrieren. Das Detail der Ausführung wird ausgegrenzt und Schritt-für-Schritt nachmessend kopiert, perfektioniert und automatisiert, der synthetische Lehrgang wird zum Königsweg der bildenden Ausbildung (Pestalozzi: „mecaniser l'education"). Der Lehrgang im Hause des Meisters sichert zugleich die Orientierung, denn auch die Endprodukte und Muster sind anwesend, wirken dauerhaft und vorbildlich, werden zu inneren Kopien *(Anschauung)*, die es ebenbildlich nachzuschaffen gilt, von innen *(Anschauung, figuratives Muster)* und von außen *(Nachmessen, Kontrollieren)*.

Das Nachmachen wird zum *Fremd- und Selbernachmachen*. Teilt aber der Zögling nicht das Sinnstreben des Meisters, dann ist die Fremdunterweisung nicht stellvertretende Selbstunterweisung, sondern wird zur Dressur, Zu- und Abrichtung, der Edukandus soll nicht Meister werden, sondern Knecht und Untertan bleiben.

Wenn die Gesellschaft sich ausdifferenziert und das Können der Erwachsenen in Leistungsrollen weder Teil der Nahwelt noch äußerlich nachmeßbar (Kopfarbeiter) ist, die Lehre mit der Produktion aus dem Haus wandert und über die Massenmedien eine Vielzahl von Lebensstilen, Haltungen und Besorgungstechniken den Kindern präsentiert wird, dann grenzt die Gesellschaft kunstvolle Erziehungsumwelten aus, in denen das Kind nur die relevanten Aufgaben und Muster in den Dingen und Themen vorfindet. Den abstrakteren Anforderungen angemessen, wird es über Stufen zur Abstraktion geführt: „Man arbeitet in den Volksschulen noch weithin nach dem überlieferten Stufenmodell: erst die Sache, dann das Bild oder das Wort, wobei auch das Wort als eine Art Bild verstanden wird, dann erst das Zeichen oder Symbol" (GIEL 1968, S. 113). Aber die Sachlage wird schwierig, denn das Kind kann nur nachmachen, was es im Prinzip schon selber machen kann. Die klassische Unterrichtssemantik erhält in der Reformpädagogik ein Kontrastprogramm, neben das Nachahmen wird das Spiel gestellt, das die Wirklichkeit deformiert und an das Ich assimiliert, neben das Vorbild-Lernen tritt das Kind als Genie, neben das Nachsprechen, -schreiben, -rechnen tritt das lebensvolle, kreative, schöpferische Arbeiten; die „herrlichen Gedächtnisübungen" (SALZMANN 1964, S. 34) werden um die kreativen Selbstübungen erweitert. Der Kunstunterricht gibt die Signale in der Reformpädagogik (vgl. NEUHAUS 1977), er löst sich zuerst von der Technik des Nach(zeichnens)vollziehens.

Das Kind mag nun spielen, aber die Mitwelt liefert weiterhin Beispiele, Vorbilder, Exempel, zwingt zur Akkommodation. Für die Pädagogen wird es immer schwieriger, in der Vielheit der Themen und kulturellen Objektivationen (Wissenschaften, Politik, Religion, Recht, Ökonomie) die Bildungsgüter, das Wesentliche und Zukünftige zu identifizieren: das Beispiel, das Exemplarische, das Repräsentative, das Mustergültige, das zwanglos wirkt, wenn es nur gekonnt inszeniert und dann erarbeitet wird (vgl. FLITNER 1976, WAGENSCHEIN 1976). Gelingt diese Ordnung auf das Allgemeine hin nicht, dann orientiert der Elementarunterricht ins Beliebige, denn die Gewißheit Fröbels teilen wir nicht mehr, daß die Welt more geometrico gebaut ist, so daß sich in den Spielgaben, den Elementarmitteln die ganze Welt verbirgt und entbirgt (vgl. GIEL 1979, S. 267).

Nachahmung als konstruktive Rekonstruktion. Nachahmung kann nicht erklärt werden durch die Zurechnung einer Nachahmungstendenz, eines Nachahmungstriebes (vgl. MCDOUGALL 1908). MEAD (1968, S. 107) hat sehr schön gezeigt, daß Nachahmung nur möglich ist, „wenn in einem Individuum bereits eine Handlung angelegt ist, die der eines anderen Individuums gleicht". Nachahmung kommt bezeichnenderweise bei Tieren kaum vor (vgl. LUNZER 1971), kann also nicht als einfacher Lernmechanismus angesehen werden.

Wenn Nachahmung aber selbst erst gelernt werden muß durch den „umweltoffenen Menschen", dann ist Nachahmung immer auch eine *konstruktive Rekonstruktion*. Nachahmung ist eine Seite des konstruktiven Selbstaufbaus der Person, die kundig werden muß in dieser Welt, folglich in sich das Handeln anderer und die Bewegungen der Objekte antizipieren muß. Will sie schöpferisch handeln, so ist ihr doch das Handeln in dieser Welt abverlangt, und Objekte und Mitmenschen lassen sich nicht außerhalb von Spielwelten auf beliebige Weise deformieren, wenn es um die Herstellung sinnhafter Produkte geht. Sinn schließt die Teilhabe anderer und Mitteilbarkeit ein. *Das Kind kann nur nachahmen, was es im Prinzip auch selber erzeugen könnte.* Die Information und Instruktion des Kindes zeigt diesem nur auf, was es sich im Prinzip auch selber aufzeigen könnte. So aber können wir stellvertretend lernen (vgl. BANDURA 1979), können das Erleben, Handeln, Nachsinnen des anderen übernehmen, durchspielen, ohne es selbst erlebt zu haben, können Standpunkte übernehmen, übernehmen damit aber auch alle Selektionen und Fehlorientierungen.

PIAGET (vgl. 1969) hat sensibel nachgezeichnet, wie erst Schritt für Schritt das Kind von zufälligen Nachahmungen leibnaher Gesten zu Nachahmungen voranschreitet, die es an sich selber nicht beobachten kann (Mimik), um endlich die sensomotorischen Schemata so weit entwickelt und koordiniert zu haben, daß es komplexe Modelle in beliebigen Mustern reproduzieren kann (Öffnen einer Schachtel: Öffnen des Mundes oder der Hand). Mit dem Auftauchen der *zeitverschobenen Nachahmung* eröffnet sich der weite Horizont der symbolischen und zeichenhaften Handlungen. Dem Beobachter aber zeigt sich, daß das Nachahmen immer auch intendiert ist, das Kind selektiert, kopiert das als Handlungsskizze, was das Geschehen bedeutsam macht. Das Kind bevorzugt Personen, an die es sich gebunden fühlt oder die Prestige besitzen, die es achtet oder fürchtet.

Zum Bedingungsrahmen beim Imitationslernen. Die empirisch orientierte Lernpsychologie zum Nachahmungs-, Imitationslernen bestätigt in ihrer Entwicklung von trivialen Einfaktortheorien (angeborene Nachahmungstendenz - vgl. MCDOUGALL 1908; Kontiguität und Bekräftigung - vgl. MILLER/ DOLLARD 1941) zu Mehrfaktortheorien die Komplexität des „Nachahmungsmechanismus" (vgl. BANDURA 1979, ZUMKLEY-MÜNKEL 1976). Ihr Beitrag zum Verständnis des Nachahmungslernens ist zwiespältig; einerseits leistet sie wenig, um über das Alltags- und Berufswissen des Lehrers hinauszuweisen (Übung, Hilfestellung, Erklärung, Individualisierung haben positive Effekte), andererseits zwingt sie bei spezifischen Aufgabenstellungen zu einer hochdifferenzierten Problemanalyse, um die inter- und intraindividuellen Unterschiede in Abhängigkeit von der Situation und dem Modell abzuklären.

Es besteht Konsens darin, daß ein spontanes Lernen über Versuch und Irrtum weniger effektiv ist als ein Lernen in klaren Aufgabensituationen (Orientierung des Schülers, Schärfung der Aufmerksamkeit). Vorbildliches Vormachen, Hilfen beim Nachvollzug (copying) und verbale Steuerungen und Erläuterungen sind effektive Lehrhilfen (vgl. LOMPSCHER u. a. 1975, S. 37ff., S. 232ff.). Piaget hat darüber hinaus scharf herausgearbeitet, daß die assimilative Tätigkeit des Subjekts ohne Anpassung an Objekte und andere Personen das Subjekt zum Stillstand führt, es gäbe „keine Variationen in den Strukturen des Kindes. Infolgedessen würde es keine neuen Inhalte erwerben und sich nicht weiterentwickeln" (PIAGET 1981, S. 43). Das Überwiegen der Nachahmung aber kann das Kind starr und unbeweglich machen. BANDURA (vgl. 1979) verweist auf interne interpretative Prozesse (modeling). Nachahmungslernen ist in dem Maße effektiv, wie das Modell im Horizont der kognitiven Strukturen und Vorstellungen (vgl. MOWRER 1960) des Kindes liegt, wie das Kind auf die Aufgabe sinnhaft eingestellt ist und aufmerksam selber an der Identifizierung der relevanten Aspekte mitarbeitet (Sinnerwartung; vgl. NEISSER 1974, Kapitel 5).

Konsens besteht darin, daß sich das Nachahmungslernen in der Zeit mit der Entwicklung des Kindes strukturell ändert. „Nachahmung durch Handlung - eine Akkommodation an Modelle, die gegenwärtig sind - weitet sich allmählich zu aufgeschobener Nachahmung und schließlich zu verinnerlichter Nachahmung aus. In dieser letzten Form ist sie der Ursprung von Vorstellungsbildern und der figurativen Aspekte des Denkens - verstanden als Gegensatz zu den operativen Aspekten" (PIAGET 1981, S. 47).

Bei anspruchsvollen Lernprozessen - wie Sprach- und Regellernen - zeigt sich, daß das Kind nicht vom direkten Vormachen oder Verbessern profitiert, sondern dann latent auch sein Verhalten am Modell korrigiert, wenn Kind und Erwachsener (oder älteres Kind) in einem Thema, Spiel involviert sind und zur Explikation ihres Sinnstrebens drängen (vgl. CAZDEN 1972, S. 124ff.). Das Modell aber muß für das Kind attraktiv sein, so ahmt es im Kleinkindalter bevorzugt seine Eltern nach, orientiert sich eher an älteren Kindern und an anerkannten Erwachsenen. „Vom Standpunkt der interindividuellen Beziehungen aus ist die Nachahmung immer nur ein Vehikel, niemals aber eine Antriebskraft; letztere ist entweder zu suchen im Zwang, in der Autorität und im einseitigen Respekt oder auch in der intellektuellen und moralischen Reziprozität sowie im gegenseitigen Respekt, was Quelle der Nachahmung unter Gleichaltrigen ist" (PIAGET 1969, S. 98).

Die Psychologie arbeitet immer subtiler die Vielheit von Aspekten heraus und zeigt auch die Risiken und Grenzen des Nachahmungslernens auf, denn das Kind kopiert nur, was es versteht, bisweilen nur die äußere Seite oder jene Aspekte, die als nicht wünschenswert gelten (schlechtes Beispiel!). Eingeklagt werden auch Forderungen an das Modell, die einen Erwachsenen überfordern können. Er soll „echt" sein; Handeln und Reden, Reden und Mimik dürfen sich nicht gegenseitig entwerten (vgl. BATESON u. a. 1969, S. 16 ff.: Doublebind-Hypothese), zudem verinnerlicht das Kind nicht nur einzelne Haltungen und Handlungsmuster, sondern auch die aufeinander bezogenen Rollen, abstrahiert die Rollenstruktur einer Familie, Schulklasse und verfestigt seine Position. Intelligentes Handeln besteht gerade auch in der aktiven Definition der Situation, in der Auswahl und im flexiblen Umgang mit Möglichkeiten des Handelns. Nachahmung kommt unter die Kontrolle der Intelligenz, die nahegelegtes Modellverhalten zu eigenem Sinnstreben und kreativen Einfällen in Beziehung setzt und situativ auf Verträglichkeit und Adäquatheit hin prüft. In Erziehung und Unterricht wird schon Gebildetes wieder gebildet, eine intelligente Aneignung der Kultur impliziert ein Zusammenspiel von Nachahmung und Neuschöpfung, so daß die heteronomen Beziehungen, Modelle und auferlegten Regelmäßigkeiten, die dem Kind früh einverseelt worden sind, in der Zusammenarbeit und im Diskurs auf ihre Vernünftigkeit und Maßgeblichkeit hin überprüft werden können.

ARIÈS, PH.: Geschichte der Kindheit, München 1975. BANDURA, A.: Sozial-kognitive Lerntheorie, Stuttgart 1979. BATESON, G. u. a.: Schizophrenie und Familie, Frankfurt/M. 1969. BLUMENBERG, H.: „Nachahmung der Natur". Zur Vorgeschichte der Idee des schöpferischen Menschen. In: BLUMENBERG, H.: Wirklichkeiten, in denen wir leben, Stuttgart 1981, S. 55 ff. BUCK, G.: Über die Identifizierung von Beispielen - Bemerkungen zur „Theorie der Praxis". In: MARQUARD, O./STIERLE, K. (Hg.): Identität, München 1979, S. 61 ff. CAZDEN, C. B.: Child Language and Education, New York 1972. FLITNER, W.: Der Kampf gegen die Stoffülle: Exemplarisches Lernen, Verdichtung und Auswahl. In: LENZEN, D. (Hg.): Die Struktur der Erziehung und des Unterrichts. Strukturalismus in der Erziehungswissenschaft? Frankfurt/M. 1976, S. 82 ff. GAMM, H.-J.: Erziehung und Bildung. In: WEBER, E. (Hg.): Der Erziehungs- und Bildungsbegriff im 20. Jahrhundert, Bad Heilbrunn 1976, S. 141 ff. GIEL, K.: Operationelles Denken und sprachliches Verstehen. In: Z. f. P., 6. Beiheft, 1968, S. 111 ff. GIEL, K.: Friedrich Fröbel. In: SCHEUERL, H. (Hg.): Klassiker der Pädagogik I, München 1979, S. 249 ff. KLUGE, F.: Etymologisches Wörterbuch der deutschen Sprache, Berlin 1963. LECLAIR, A.: Nachahmung. In: LOOS, J. (Hg.): Enzyklopädisches Handbuch der Erziehungskunde, Wien/Leipzig 1911, S. 93 ff. LOMPSCHER, J. u. a.: Psychologie des Lernens in der Unterstufe, Berlin (DDR) ^{3}1975. LUHMANN, N.: Zweckbegriff und Systemrationalität, Frankfurt/M. 1973. LUNZER, E. A. (Hg.): Gesetze des Verhaltens, Stuttgart 1971. MCDOUGALL, W.: An Introduction to Social Psychology, London 1908. MEAD, G. H.: Geist, Identität und Gesellschaft aus der Sicht des Sozialbehaviorismus, Frankfurt/M. 1968. MILLER, N./DOLLARD, J.: Social Learning and Imitation, New Haven 1941. MOWRER, O.: Learning Theory and Behavior, New York 1960. NEISSER, U.: Kognitive Psychologie, Stuttgart 1974. NEUHAUS, E.: Reform des Primarbereichs, Düsseldorf ^{2}1977. PESTALOZZI, J. H.: Wie Gertrud ihre Kinder lehrt, hg. v. A. Reble, Bad Heilbrunn 1961. PIAGET, J.: Nachahmung, Spiel und Traum, Stuttgart 1969. PIAGET, J.: Piaget über Piaget. Sein

Werk aus seiner Sicht, hg. v. R. Fatke, München 1981. SALZMANN, CH. G.: Ameisenbüchlein, hg. v. Th. Dietrich, Bad Heilbrunn ²1964. SCHÖNE, J.: Gründliche und ausführliche Anweisung zur Anwendung der Taktschreibmethode, Langensalza 1844. WAGENSCHEIN, M.: Zum Begriff des exemplarischen Lernens. In: LENZEN, D. (Hg.): Die Struktur der Erziehung und des Unterrichts. Strukturalismus in der Erziehungswissenschaft? Frankfurt/M. 1976, S. 55 ff. ZUMKLEY-MÜNKEL, C.: Imitationslernen. Theorien und empirische Befunde, Düsseldorf 1976.

Hubert Wudtke

Primarschulwesen (England)

Organisation und Aufbau. Das englische Schulwesen ist, so die vielzitierte Wendung, „a central system locally administered". Mehr als in anderen Ländern sind deswegen die stets ganztägig geführten Schulen Produkte ihrer Umgebung und, da es keine Lehrpläne gibt, Produkte der Schulleiter und Lehrer, die für ihre Schulen verantwortlich sind. Für die Administration ist zunächst die lokale Erziehungsbehörde (Local Education Authority, LEA) zuständig, in England und Wales gibt es 104 LEA's. Nationale Richtlinien sind in einem Erziehungsgesetz (vgl. DENT 1968) niedergelegt, das seit 1944, vielfach ergänzt und geändert, doch in seiner Substanz nicht tangiert, das Rückgrat des englischen Erziehungswesens bildet. Die gegenseitige Ergänzung zentraler und lokaler Verwaltung hat eine bis weit ins 19. Jahrhundert zurückreichende Tradition (vgl. CURTIS 1961). Das Erziehungsgesetz schreibt drei Ausbildungsphasen vor: primary, secondary and further (berufsbezogene weitere Ausbildung) education. Infant und Junior Schools werden als aufeinanderfolgende Stufen definiert, aber weder über ihr Verhältnis zueinander noch über ihre Dauer werden Aussagen gemacht. Der Beginn der Schulpflicht liegt traditionell bei fünf Jahren. Den LEA's wird auferlegt, Nursery Schools für die Zeit vor dem schulpflichtigen Alter einzurichten, Angaben über das Ausmaß fehlen. Weil wegen mangelnder Mittel nur wenige staatliche Nursery Schools eingerichtet werden, ist es üblich, Infant (zwei Jahre) und Junior Schools (vier Jahre) als zusammenhängende Stufen der „primary education" (5-11) zu sehen. Die LEA's kommen ihrer Verpflichtung, Schulen für die schulpflichtigen Kinder einzurichten, aus Kostengründen meist in der Form nach, daß sie Infant und Junior Schools zusammenlegen. Die Trennung zwischen beiden – Spielschule und Lernschule – ist jedoch deutlicher als ihre Verbindung, die, wie schon der Titel eines der Hadow-Reports (vgl. BOARD OF EDUCATION 1933) zeigt, eher zwischen Nursery- und Infant Schools gegeben wäre.

Abbildung 1

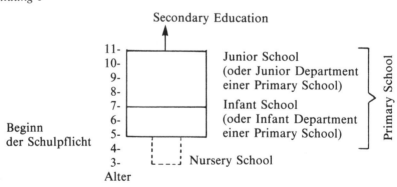

Entwicklung und Auftrag. Die heutige Infant School ist Ergebnis einer Entwicklung vor und nach dem Zweiten Weltkrieg, die das Kind und seine Bedürfnisse zum zentralen Thema hat. Verbindliche Dokumente hierzu sind die Hadow-Reports (vgl. BOARD OF EDUCATION 1926, 1931, 1933), der Plowden-Report (vgl. DEPARTMENT OF EDUCATION AND SCIENCE 1967) und der Bericht der Schulinspektoren (Her Majesty's Inspectors of Schools, HMI's) über die Primarschulen von 1978 (vgl. DEPARTMENT OF EDUCATION AND SCIENCE 1979). Während Hadow und Plowden kindzentrierte Methoden fordern und ihren Erfolg in der Praxis darstellen, sind aus dem Bericht von 1978 eher die Warnung vor dem allzu bereitwilligen Eingehen auf das Kind und die Aufforderung, schulische Formen des Lehrens und Lernens wieder stärker zu betonen, herauszulesen. Dies gilt allerdings eher der Junior School, die Infant School als die Schule des kleinen Kindes spielt in diesem Zusammenhang keine so wichtige Rolle. Mit gebotener Vorsicht läßt sich jedoch hieraus interpretieren, daß die Reformbewegung, wie auch ihr gesamtgesellschaftlicher Zusammenhang zeigt, zu Ende ist. In den 60er Jahren waren die Kindorientierung und der daraus resultierende Einfluß auf die Junior School so selbstverständlich, daß im Plowden-Report die Verlängerung der Infant School vorgeschlagen wurde – eine Maßnahme, die auch durch die Verlängerung der Schulpflicht um ein Jahr auf elf Jahre (1972) nahegelegt wurde.

In dem Jahrzehnt nach dem Plowden-Report richten 67 LEA's Middle Schools (8–12 oder 9–13) ein, teilweise ohne das alte System aufzugeben. So entstehen drei- bzw. vierjährige First Schools, die die Rolle der Infant Schools übernehmen. Ob das Ziel, die Abruptheit der Wechsel zwischen den Schulstufen zu mildern, überall erreicht wird, ist fraglich, und ebenso unsicher erscheint die Zukunft der Middle Schools insgesamt.

Je später die Schule einsetzt, desto mehr wird sie schulische, lehrgangsorientierte Formen des Lernens und Lehrens betonen. Die englische Primarschule, weil sie früh einsetzt, kann zunächst auf solche Formen verzichten, die Infant School konnte deswegen zur typisch kindzentrierten Schule werden. Daß es keine Lehrpläne gibt, fügt sich in diesen Rahmen; das Erziehungsgesetz formuliert lediglich, daß die Kinder „gemäß ihrem Alter, ihrer Fähigkeit und ihrer Eignung (age, ability, and aptitude) [...] und in Übereinstimmung mit den Wünschen ihrer Eltern erzogen werden" (DENT 1968, S. 33; Übersetzung: H. S.) sollten: Zuerst ist es das Kind selbst, das den Maßstab setzt, dann aber sind es auch die schulischen Leistungsmaßstäbe. In der Schule spiegelt sich diese Reihenfolge so wider, daß erst zum Ende des Schulpflichtalters, das heißt im 17. Lebensjahr, externe Prüfungen durchgeführt werden. Deutliche Differenzierung und formelle Lehr- und Lernprozesse bestimmen den Unterricht lange vorher, der Kernsatz des Plowden-Reports: „At the heart of the educational process lies the child" (DEPARTMENT OF EDUCATION AND SCIENCE 1967, § 9), gilt schon für die meisten Junior Schools nur mit starken Einschränkungen.

Schulgröße, Differenzierung, Schulorganisation. Drei Viertel aller englischen Primarschulen haben weniger als dreihundert Kinder. Selbständige Infant Schools sind in der Regel etwas größer als Infant Departments von Primary Schools, in jedem Fall aber wird die Leiterin (Headmistress/Head of the Infant Department) alle Kinder kennen. Ihre vielfältigen Aufgaben als Repräsentantin der Schule, Koordinatorin von Curriculum und Stundenplan und als übergeordnete Instanz in allen Fragen der Autorität machen sie zur Bezugsperson für die Lehrerinnen und die Kinder. Der Grund für ihre Wahl durch die LEA – alle Head-Stellen werden öffentlich ausgeschrieben – sind unterrichtsbezogene professionelle Kompetenz und Führungsqualitäten. Sie ist verantwortlich dafür, wie ihre „philosophy of her school" umgesetzt wird; die Durchsetzung von Reformen ist ohne sie nicht denkbar. – Im Unterricht wird sie in der Regel keine eigene Gruppe überneh-

men, aber so viel unterrichten, daß sie sich ein Bild von allen Gruppen und dem Leistungsfortschritt einzelner Kinder machen kann.
Frontalunterricht taucht nicht öfter auf als unbedingt notwendig – in vielen Infant Schools nur zu Beginn und Ende des Schultages. Gruppen unterschiedlicher Größe kommen unversehens und doch zwangsläufig dadurch zustande, daß das Gebäude und seine Ausstattung sinnvoll genutzt werden. Da die Kinder verschieden sind, muß man, um bei allen das gleiche zu erreichen – daß sie sich in der Schule wohl fühlen und lernen –, offenbar ganz Verschiedenes anbieten. Der Erfolg hängt davon ab, daß solches Anbieten nicht beliebig geschieht und daß bei aller Bereitschaft, auf das Kind einzugehen, Lernziele für alle gesetzt werden. Die mit der Kindzentrierung gegebene Bereitschaft, zu individualisieren, bewirkt sehr unterschiedliche Leistungsfortschritte der Kinder, über die die Lehrerin auch dank der niedrigen Gruppenfrequenzen genau orientiert ist; so kann sie Methoden und Medien angemessen einsetzen. Solche Differenzierungen werden in der Infant School am deutlichsten beim Lese-/Schreiblehrgang. In keiner Schule fehlen Leselernprogramme (reading schemes) in Form von Leseheften mit Texten verschiedener Schwierigkeitsgrade. Die Selbstverständlichkeit der Vermittlung der Kulturtechniken steht außer allem Zweifel; das Fehlen eines kodifizierten, am Alter der Kinder ausgerichteten Kanons von Lerninhalten begünstigt jedoch die Differenzierung. Die Tatsache, daß es keinen Lehrplan gibt, ruft normierende Wirkungen anderer Art hervor – zu nennen wäre hier das für jedes Kind in Testverfahren ermittelte „reading age".
Der wohlfundierten Theorie der Kindzentrierung widerspricht häufig die Praxis der Infant School. Die fast immer professionell gut begründete und prinzipiell unangefochtene Autorität der Lehrerinnen macht deutlich, daß Kindzentrierung, informelle Instruktion und offene Schule während eines Teils der Schulzeit möglich sind, weil bestimmte schulische Grundvoraussetzungen als Konstituenten des Unterrichts gegeben sind. Großer Wert wird auf gesittetes Benehmen der Kinder gelegt, am deutlichsten wird dies am Anfang und am Schluß des Schultages, in der morgendlichen Schulversammlung und bei der Schlußgeschichte, wo Stille, Rücksicht auf den anderen und Konzentration das Bild bestimmen.
Trotz der Offenheit der Schule, der freien Zugänglichkeit von Medien und der zwanglosen Gruppenbildung, die einen Teil des Schultages bestimmt, hat jedes Kind seinen festen Platz – ebenso wie die Lehrerinnen, bei denen die Kinder sich helfen lassen können, die aber umgekehrt auch die Kinder im Auge haben und sie auf die Aufgaben hinweisen, die sie zu erfüllen haben. Wie die Studie von ASHTON u. a. (vgl. 1975) zeigt, werden die Extreme des informell-progressiven wie des lehrerdominant-traditionellen Unterrichts von den Lehrern in gleicher Weise abgelehnt. Was das Kind können *soll*, ist weniger wichtig geworden; was es *kann*, versucht man deutlicher zu sehen und zu nutzen. Der Einfluß Piagets schlägt sich im Plowden-Report deutlich nieder: „Wenn das Kind nicht bereit (ready) ist, einen bestimmten Schritt vorwärts zu tun, ist es Zeitverschwendung, zu versuchen, es durch Lehren dahin zu bringen, diesen Schritt zu tun" (DEPARTMENT OF EDUCATION AND SCIENCE 1967, § 75; Übersetzung: H. S.).

Curriculum. Wenn auch seit der Mitte der 20er Jahre den Schulen im Bereich des Curriculums keine Vorschriften mehr gemacht werden, so bedeutet das nicht, daß Traditionen schnell aufgegeben werden: Die Elementary School der Jahre vor 1940 erwies sich als sehr zählebig. Das liegt auch daran, daß die

Kulturtechniken und ihre Vermittlung überhaupt nicht aus dem Curriculum wegzudenken sind. Der Wechsel liegt denn auch eher im Bereich der Unterrichtsbedingungen und -methoden als bei den Inhalten, die allerdings eine zeitgemäße Ausweitung und Anpassung erfahren. Das Curriculum der Elementary School besteht ursprünglich aus dem, was zu wissen und zu können dem künftigen Arbeiter nicht schaden kann, nämlich einigen Kenntnissen in Religion, etlichen Fertigkeiten im Bereich der „three r's" (reading, 'riting, 'rithmetic; arithmetic firmiert heute meist als „mathematics"), des weiteren einem Grundwissen in Geschichte, Geographie, Naturstudien (Nature Study: Biologie, Physik; heute häufig „science"), schließlich einigen Fertigkeiten in Kunst, Musik, Werken (für die Jungen), Nadelarbeit (für die Mädchen) und Sport. Die Furcht, daß von einem wenn auch ungeschriebenen, so doch in allen Schulen festzustellenden Grundcurriculum (core curriculum) abgewichen würde, weil verbindliche allgemeingültige Vorschriften fehlen, ist durchaus unbegründet. Lehrgangsorientiertes Lernen, vor allem im Bereich der „three r's", ist allenthalben üblich; das unverbindliche Beschäftigen, das lediglich oberflächliche und interessenabhängige Zurkenntnisnehmen etwa in den sachkundlichen Fächern ist – zumal bei offener Organisation des Unterrichts – zwar möglich, aber in diesem Zusammenhang ist zu berücksichtigen, daß traditionelle, stark strukturierte Arbeitsgänge und Methoden auch viel Desinteresse und Langeweile hervorgebracht haben. Das Moment der Gleichheit, wie es in den von möglichst allen Kindern zu erreichenden Standards repräsentiert war, wurde von den Reformern vor und nach dem Zweiten Weltkrieg als zu eng und undemokratisch erkannt; ihnen ging es in bester liberaler Tradition mehr um die Gleichheit der Chancen als um die tatsächliche Gleichheit. Die Mehrheit der englischen Primarschullehrer steht in dieser Tradition und unterliegt oft genug einer Selbsttäuschung, indem sie von einer weitgehenden, dem Kinde zugestandenen Freiheit auszugehen behauptet und diese doch de facto sehr stark einschränkt.

Die Starre und Begrenztheit des Elementarschulcurriculums zeigt sich in der Stunden- und Wochenplanung, die in den Schulen üblich war. Razzell führt einen solchen Wochenplan aus den mittvierziger Jahren an, in dem den Fächern, Pausen und anderen Aktivitäten folgende Zeitspannen zugewiesen wurden: Englisch, aufgeteilt in Spelling (Buchstabieren, Rechtschreibung), Grammar, Recitation, Speech Training (Redeschulung), Reading, Composition (Aufsatz) und Dictation: 530 Minuten, Arithmetic: 300 Minuten, Physical Training and Games (Leibesübungen und Spiele): 160 Minuten, Play Breaks (Spielpausen): 125 Minuten, Art and Craft (Kunst und Werken/Nadelarbeit): 120 Minuten, Registration and Assemblies (Anwesenheitskontrollen und Schulandachten): 100 Minuten, Religion: 100 Minuten, History: 60 Minuten, Geography: 60 Minuten, Nature Study: 50 Minuten, Singing: 45 Minuten (vgl. RAZZELL 1968, S.25). – Der Schulalltag lief stets in gleicher Form ab: Der Anwesenheitskontrolle folgte die Assembly um neun oder wenig später, mit ihr möglicherweise in thematischem Zusammenhang stand die anschließend stattfindende religiöse Unterweisung. Arithmetic, beginnend mit Kopfrechnen, kam danach an die Reihe, es folgte Englisch, zuerst schriftliches, dann mündliches. Diese Arbeit wurde nach der Mittagspause fortgesetzt, auch sachkundliche Fächer lagen nachmittags. Unterrichtet wurde ausschließlich frontal, stets arbeiteten die Kinder nach Vorbild und Instruktion bei festgelegten Büchern, Übungen und Themen etwa für Aufsätze und Zeichnungen. Freiere Formen des Unterrichts setzten sich, beginnend in der Infant School, von den 30er Jahren an im Sport- und Kunstunterricht durch. Nur wenige Lehrer jedoch trauten den Kindern die Freiheit der Themenwahl und des Gestaltens, die im musisch-ästhetischen Bereich nach dem Krieg selbstverständlich wurde, auch im Bereich des Englisch- und Rechenunterrichts zu.

Die Freiheit im Bereich des Curriculums, die im Zuge der Reformbewegung entdeckt und genutzt wird, läßt sich auch am Wandel der Bezeichnungen für die verschiedenen, mehr oder weniger an einzelnen Fächern orientierten Formen kindlicher Aktivität ablesen. So werden bisweilen „Physical and Natural Sciences" von „Human Science" unterschieden, „Environmental Studies" bezeichnet einen projektorientierten gesamtunterrichtlichen Ansatz, der die Umgebung der Schule für Themenstellungen nutzt, History und Geography können als „Social Studies" zusammengefaßt werden, „Expressive and Creative Arts" vereinigt Music, Drama, Dance und Movement. Fächerintegrierende, projektorientierte Unternehmungen können die recht unscharfen Bezeichnungen „Humanities" oder „General Studies" führen. – An der absoluten Vorherrschaft der „three r's" ist trotz dieser Wandlungen nicht zu zweifeln, und bis heute hat sich die Gewohnheit gehalten, diesen Bereich des Curriculums in den Morgen- und Vormittagsstunden abzudecken. – Die aktuelle Tendenz ist auf Straffung des Curriculums und Betonung eines grundlegenden Kanons von Kenntnissen (common curriculum) gerichtet, ohne daß dabei die Berechtigung eines fächerintegrierenden Ansatzes aus dem Blick gerät. So taucht auch im jüngsten Bericht der HMI's über die Primarschulen ein Bereich „Social Studies" auf, der Religious Education, Assemblies, History and Geography zusammenfaßt (vgl. DEPARTMENT OF EDUCATION AND SCIENCE 1979, S. 70 ff.), ansonsten wird von den traditionellen Fächern ausgegangen, die jedoch „nicht notwendigerweise voneinander getrennt in einem Stundenplan" (DEPARTMENT OF EDUCATION AND SCIENCE 1979, S. 114; Übersetzung: H. S.) auftauchen müssen. Gut deutlich wird die Kritik der HMI's in ihrer Feststellung, daß die Kenntnisse in den „three r's" zwar angemessen seien, aber insgesamt „eine weit verbreitete Tendenz bestehe, die Fähigkeiten aller Kinder, besonders der begabteren, zu unterschätzen" (DEPARTMENT OF EDUCATION AND SCIENCE 1979, S. 82; Übersetzung: H. S.). Die Arbeit in den Schulen wird durch solche Art von Kritik, die Ausdruck einer allgemeinen Tendenz ist, sicherlich beeinflußt. Daß dieser Einfluß besteht, läßt die Angst vieler Lehrer vor doktrinären Richtlinien ebenso wie die Angst mancher Eltern von einer aus mißverstandener Freiheit der Lehrer resultierenden Indoktrination unbegründet erscheinen.

Für die Infant School von heute gilt die „philosophy", daß Kinder am besten lernen, wenn sie mit Sachen umgehen und spielen können. Die Nachgiebigkeit gegenüber den Kindern findet hier ihre Grenzen an wenigen miteinander in Beziehung stehenden Punkten: dort, wo mehr Spiel-, Lern- und Anschauungsmaterial, vor allem auch von den Kindern mitgebrachtes und angefertigtes, nicht in die Klasse und Schule hineinpaßt, und dort, wo die Unordnung und der Lärm zu groß werden. Spielhaus und Kinderladen, Kocheinrichtungen und Kinderwagen, Kuschelecke, Bücherbord und Kasperbude, Kostüme und Sandkiste, Handstein, Gefäße und Malfarben, Werkzeuge und Bausteine, Leim und Papier, Garnrollen und Band, Wellpappe und Wollreste, Glockenspiel und Goldhamster sollen ihre Plätze haben und sich den Kindern so präsentieren, daß die Freude am Spiel und am Lernen nicht verlorengeht.

Schultag in der Infant School. Der Tag beginnt mit der Assembly. Choral und

Gebet kommen in den staatlichen Schulen häufig nicht mehr vor, statt der Bibel und religiös-christlicher Inhalte sind es allgemeinere ethisch-moralische und soziale Probleme, die Themen für die Assembly abgeben. Die meisten Lehrer sind in Übereinstimmung mit den Eltern der Ansicht, daß das Curriculum ohne einen festen Ort für die Berücksichtigung derartiger Inhalte nicht vollständig sei. Die „einende Kraft", die der Plowden-Report der Assembly zuspricht, kommt bei vielen Kindern mit Les Preludes, der Moldau oder dem Bolero und einem Appell zur Hilfe für alte Mitbürger möglicherweise besser zum Tragen als mit Kirchenliedvers und Bibelzitat; das Verhältnis von Toleranz und Widerstand, die Gefahren der Indoktrination und unkritischen Konformität lassen sich vielfach vielleicht besser in anderen als gerade in religiös-christlichen Zusammenhängen den Kindern nahebringen. Wichtiger als die Vermittlung christlicher Botschaft ist in den Schulen die Tatsache, daß hier zu Beginn des Tages alle zusammen sind, die zur Schule gehören, und daß es dabei ordentlich und aufmerksam zugeht. Einmal am Tag sieht das Kind alle anderen, die das gleiche zu tun haben, nämlich zu lernen. Der rituelle Charakter dieses Akts kommt (ebenso wie bei der Geschichte, die den Kindern am Schluß des Schultages vorgelesen wird) um so deutlicher heraus, da Stundenplan und Glocke inzwischen an Bedeutung verloren haben oder ganz abgeschafft worden sind. Oft werden Gruppen von Kindern oder Klassen an der Gestaltung der Assembly beteiligt, sie führen etwas auf oder berichten über ihre Arbeit, und häufig geht es in der Assembly wenigstens in einer Beziehung so zu wie in manchem Gottesdienst: die Abkündigungen sind das wichtigste – Klasse 2b hat kein Schwimmen, und das Netball Team trifft sich gleich anschließend vor dem Lehrerzimmer.

Nach der Assembly folgt eine lange Phase freien Spiels, während deren der Lehrerin vor allem die Kinder zum Problem werden, die nichts mit sich anzufangen wissen und deswegen stören. Häufig ziehen diese Kinder die Aufmerksamkeit so sehr auf sich, daß andere Kinder, die Zuwendung brauchen könnten, zu kurz kommen: die Unstetigen, die von Gruppe zu Gruppe und Beschäftigung zu Beschäftigung wechseln; die unauffälligen Introvertierten, die ähnlich wie die Störenfriede nichts mit sich anzufangen wissen, aber deren Rolle nicht übernehmen mögen; die Trägen, die sich dadurch, daß sie nicht weiterkommen, nicht gestört fühlen; die Mitläufer, die ihre Qualitäten zu sehr schonen, und die Tonangeber, die die anderen nicht zur Entfaltung kommen lassen. Später am Vormittag können Arbeitsperioden eintreten, in denen den Kindern bestimmte Aktivitäten nahegelegt werden (Sport und häufig auch Musik werden wegen der Räume sowieso stundenplanmäßig organisiert), Lesen, Schreiben und Malen kommen zu ihrem Recht, und des Abzählens, Ordnens, Messens, Vergleichens und Wägens ist kein Ende. Im zweiten Jahr ist ein wenigstens zeitweise frontaler Unterricht täglich während dieser Phase bei drei Vierteln aller Infant Schools üblich, sofern sie mit altershomogenen Gruppen arbeiten. Bei Vertikalgruppierung (family grouping) ist eine gleichzeitige, nicht notwendigerweise frontal geführte Beschäftigung aller Kinder mit den „three r's" nur in der Hälfte der Schulen festzustellen, was nicht heißt, daß die Kinder sich nicht zu anderen Zeiten, beispielsweise während der freien Beschäftigungszeit, intensiv mit entsprechenden Themen auseinandersetzen (vgl. DEPARTMENT OF EDUCATION AND SCIENCE 1975, S. 200). Nach einer weiteren freien Spiel- und Beschäftigungszeit zu Beginn des Nachmittags schließen sich häufig Bastelarbeiten und Gruppenspiele an, ehe eine besinnliche Phase, meist das Vorlesen oder Erzählen und Besprechen einer Geschichte, den Schultag beendet.

Typisch für die meisten Klassen der Infant School ist eine nicht in Unruhe umschlagende Geschäftigkeit während des größten Teils der Unterrichtszeit. Viel hängt ab von der Fähigkeit der Lehrerinnen, Spiel-, Beschäftigungs- und Arbeitsmittel auszuwählen. Kriterium ist hier zunächst ihre Brauchbarkeit und Beliebtheit bei den Kindern. Ihre Verwendbarkeit in einem Lehrgang wird erst später wichtig, zum Beispiel im Lese- und Rechenlehrgang des zweiten Schuljahres; dann zeigt sich - auch in der Art, wie die Kinder zum Arbeiten angehalten werden -, daß das „readiness"-Konzept, das Abwarten, bis ein Kind von sich aus zu einem bestimmten Lernprozeß bereit ist, nicht verabsolutiert, sondern stets abgestimmt ist auf Forderungen, die die schulische und die nichtschulische Umwelt an die Kinder in einem bestimmten Alter stellen. Von Klasse zu Klasse und von Schule zu Schule sind erhebliche Unterschiede festzustellen, die auf die Freiheit der Lehrerinnen, nach den ihnen gemäßen Methoden zu unterrichten und sich auf die ihnen anvertrauten Kinder einzustellen, schließen lassen.

Übergang zur Junior School. Beginn und Ende der Infant School bieten, wie weiter oben schon angedeutet, Probleme. Häufig erstreckt sich die Kooperation mit der Junior School, sofern sie überhaupt gegeben ist, ausschließlich auf den Übergang aus der einen in die andere Stufe und bleibt im Bereich des Informellen, auch was die Kontakte der Lehrer anbelangt. Fast alle Kinder kennen die Junior School schon vor ihrer Umschulung, häufig finden auch Arbeitsmittel, Dekorationen, Pflanzen und Tiere den Weg hinüber. Eine formelle, etwa mit Fragen der Kontinuierung und Abstimmung des Curriculums befaßte Kooperation der Lehrer der beiden Schulstufen findet nur in einem Drittel der Fälle statt, obwohl sehr viel mehr Schulen beide Abteilungen unter einem Dach oder auf einem Grundstück vereinigen (vgl. DEPARTMENT OF EDUCATION AND SCIENCE 1979, S. 38). Ein reguläres Sitzenbleiben gibt es nicht; daß die Junior School auch die leistungsschwachen Kinder aufnimmt, ist selbstverständlich. Die Verlängerung des Infant-School-Besuchs um ein Jahr ist möglich, bleibt aber auf wenige und gut begründete Fälle beschränkt.

Junior School. Auch in der Junior School wird noch vornehmlich mit Sachen umgegangen, nur sind es hier häufiger als in der Infant School die Schulsachen. Dadurch, daß die Kinder lesen können, sind sie in der Lage, sich Informationen mit steigender Sicherheit und Selbständigkeit - beides wird gründlich trainiert - zu erschließen. Das Spiel tritt zurück, das selbstbestimmte Tun bleibt. Es wird im ganzen ernsthafter gearbeitet, und mit dem Spielzeug bleibt auch ein Teil der informellen Lernprozesse in der Infant School zurück. An differenzierteren Materialien, die spielerisches Lernen auch weiterhin ermöglichen könnten, mangelt es häufig ebenso wie an den speziellen Kenntnissen der Lehrer, die nötig wären, um die Beschäftigung mit solchem Material anzuleiten. Die Junior School trägt häufig Züge einer Buchschule, und das ist so unsinnig nicht, bereitet sie doch auf die Secondary School vor. Zu dieser Vorbereitung gehört auch, daß Leistungen viel häufiger als in der Infant School vergleichend beurteilt werden, gleichviel ob formal oder informell gearbeitet wird; die bei Verwendung informeller Methoden häufiger angesetzte Individualisierung und Einzelarbeit kann eine vergleichende Leistungsbeurteilung sogar begünstigen. Auf der Seite der Schüler zeigt sich, daß es einem großen Anteil, und zwar den begabten, gleichgültig ist, wie die Schule organisiert ist, solange sie nur mit guten Materialien und methodisch kompetent angeleitet lernen können. Die offene Organisationsform intendiert ein Training der Wahlfähigkeit der Schüler. Was in der Infant School begonnen worden ist, wird fortgesetzt: Dem Schüler wird nahegelegt, selbst zu entscheiden, wie er seine Zeit in der Schule sinnvoll anwendet, der Lehrer behält sich vor, mitzuentscheiden über das, was sinnvoll ist. Einigen Schülern fällt es schwer, die richtigen Entscheidungen zu treffen, was unter offenen Unterrichtsbedingungen leichter aufzufangen ist, zumal eine Isolierung eher zu vermeiden ist und Situationen, in denen sich auch diese Kinder in der Schule noch wohl fühlen können, einfacher herbeizuführen sind als unter formalen Bedingungen. Kennzeichnend für viele Junior Schools ist eine hohe Flexibilität: Frontalunterricht in Gruppen verschiedener Größe wechselt mit Kleingruppen- und Einzelarbeit, je nach Begrenzung des Raumes und der Zugänglichkeit von Medien (für beides lassen sich sehr flexible, an bestimmten Zielen orientierte jeweils neu festzulegende Regeln denken) haben die Schüler mehr oder weniger Möglichkeiten, sich Informationen zu verschaffen, allein oder in Gruppen zu arbeiten, einen oder mehrere Lehrer um Hilfe und Anleitung zu bitten. Der Wettbewerb findet in vielen Schulen auch über die Lerngruppen hinaus seinen erkennbaren Niederschlag, sei es in Punktsystemen, durch die mehrere „houses" (Großgruppen, die mehrere Klassen zusammenfassen) um gute Leistungen und gutes Benehmen konkurrieren, sei es im schulöffentlichen Lob durch den Headmaster in der Assembly.

Wie schon in der Infant School werden die Kinder ermuntert, viele verschiedene Materialien in die Schule mitzubringen. Sammlungen von Holz- und Steinarten, Stoffen, Fellen, Insekten, Knochen, Blättern und Gräsern entstehen, auf einem „Interest Table" wechseln von Kindern und Lehrern vorbereitete Ausstellungen von alten und neuen Spiel- und Werkzeugen, Geräten, Instrumenten, Gefäßen, Büchern, Bildern und Landkarten. Schülerarbeiten finden sich überall, viele Klassen und Schulen wirken fast überladen damit. Kompliziertere Hilfsmittel werden für das Messen und Wägen benutzt, verschiedene Arten von Waagen und Hebeln, Stoppuhren, Meßzylinder, Winkelmesser und Kompaß stehen zur Verfügung; die Kinder bauen geometrische Körper, benutzen Millimeterpapier, stellen physikalische Versuche an. Je nach Offenheit der Klassen und Gruppen gegeneinander steht all das, was erarbeitet worden ist und benutzt werden kann, allen Schülern zur Verfügung; Zeiten hierfür und für schwerpunktmäßiges Weiterverfolgen bestimmter Interessen können von Lehrern und Kindern abgesprochen werden. In vielen Schulen gibt es einen bestimmten Tag in der Woche für diese Art der Arbeit (integrated day, free day), an dem der sonst durchgeführte Stundenplan außer Kraft tritt. Daß hierdurch ein hohes Maß an Integration zustande käme, wird sich in vielen Fällen nicht behaupten lassen – mit einem gut abgesprochenen Stundenplan, der für Kooperation Raum läßt, wird dieses Ziel ebensogut, vielleicht besser zu erreichen sein. Ähnliche Mißverständnisse und Inkonsequenzen können sich dort ergeben, wo man Streaming zwar ablehnt, aber Ability Groups regelmäßig zusammenarbeiten läßt; wo man vorgibt, nicht fachgebunden zu arbeiten, im Gruppenunterricht die Kinder jedoch in einem Rotations- oder Aufgabensystem mit bestimmten Arbeitsmitteln beschäftigt; wo man die Gleichheit der Kinder betont („alle können sich frei entfalten"), aber durch Individualisierung und vergleichende Bewertung die Ungleichheit hervorhebt.

Übergang zur Secondary School. Der Übergang zur Secondary School ist scharf einschneidend, und die Junior

School kann nicht so tun, als ob dieser Übergang nicht existierte und es keine Auslese gäbe. Die Junior School wird sich zumindest am Ende ihres vierten Jahres, des sechsten Schulbesuchsjahres, im Interesse der Kinder auf den Schulwechsel einstellen müssen. Die Secondary Schools, für mehr als vier Fünftel der Kinder Comprehensive Schools (Gesamtschulen), sind vier- bis fünfmal so groß wie die Junior Schools, sie sind organisierter, unpersönlicher, ordentlicher und nüchterner, sie arbeiten mit Fachlehrersystem und starrem Stundenplan, offene Unterrichtsbedingungen sind so gut wie gar nicht anzutreffen. Vom oberen Ende der Schule, die er verlassen hat, findet sich der Schüler ans untere Ende einer ihm unbekannten, neuen Schule versetzt. Sein Zugehörigkeitsgefühl ist gering, daran kann auch die Schuluniform, die er jetzt trägt, zunächst nur wenig ändern. Informationen über die Schule waren mehr an die Eltern gerichtet, Maßnahmen zur Erleichterung des Übergangs sind in vielen Fällen nicht getroffen worden. Mit informellen Methoden aufgewachsene Kinder kommen in Umstellungsschwierigkeiten, da sie es nicht gewohnt sind, sich über längere Zeit im Sinne des Frontalunterrichts ruhig zu verhalten und sich der Lehrerdominanz zu fügen, weniger Fragen zu stellen und nur nach Anweisung aktiv zu werden. Schulfrömmigkeit der Kinder und unangefochtene Autorität der Lehrer als komplementäre Faktoren bewirken jedoch, daß eine Anpassung in kürzester Zeit erfolgt. Dabei spielen nicht zuletzt die Auslese- und Zuordnungsprozesse eine Rolle, denen die Kinder ausgesetzt sind und auf die im letzten Primarschuljahr auch vorbereitet worden ist: Tests und Vergleichsarbeiten sind geschrieben worden, auf ihre Ergebnisse können sich die Sekundarschulen bei der Anwendung ihrer Differenzierungsmodelle stützen. Der Ruf der Schulen, ihre Tradition etwa als ehemalige Grammar Schools – auch wenn sie inzwischen zu Comprehensives geworden sind –, oder ihr Status als kirchliche Schulen bewirken, daß von einem nichtselektiven Schulwesen bei Beginn des siebten oder achten Pflichtschuljahres keineswegs die Rede sein kann (vgl. BENN/SIMON 1972), auch die normierende Konkurrenz der Privatschulen ist in diesem Zusammenhang zu veranschlagen.

Von der Mitte der 70er Jahre an gibt es starke Tendenzen, der Auslese wieder mehr Gewicht zu geben. Wenn diese auch nicht unterschätzt werden dürfen, so ist doch insgesamt festzustellen, daß die Entwicklung nicht zurückgedreht werden kann: Dem Trend zu geringerer Bewertung von Leistung und Auslese hat die Konzentration auf den kindlichen Lernprozeß korrespondiert. Die für Lehrer wie Schüler bedrückende Überbewertung optimaler Zuordnung zu weiterführenden Bildungswegen schwand in dem Maße, wie die Selektion nach Schularten geringer eingeschätzt wurde und schließlich zur Einschränkung institutioneller Differenzierung im Sekundarschulbereich führte; beide Entwicklungen ergänzten sich.

ASHTON, P. u. a.: The Aims of Primary Education. A Study of Teachers' Opinions. Schools Council Research Studies, London 1975. BENN, C./SIMON, B.: Half Way There. Report on the British Comprehensive School Reform, Harmondsworth ²1972. BOARD OF EDUCATION (Hg.): The Education of the Adolescent (Hadow-Report), London 1926. BOARD OF EDUCATION (Hg.): The Primary School (Hadow-Report), London 1931. BOARD OF EDUCATION (Hg.): Infant and Nursery Schools (Hadow-Report), London 1933. CURTIS, S. J.: History of Education in Great Britain, London 1961. DENT, H. C.: The Education Act (1944), London ¹²1968. DEPARTMENT OF EDUCATION AND SCIENCE (Hg.): Children and their Primary Schools (Plowden-Report). A Report of the Central Advisory Council for Education (England) 2 Bde., London 1967. DE-

Primarschulwesen (England)

PARTMENT OF EDUCATION AND SCIENCE (Hg.): A Language for Life (Bullock-Report), London 1975. DEPARTMENT OF EDUCATION AND SCIENCE (Hg.): Primary Education in England. A Survey by HM Inspectors of Schools, London ³1979. RAZZELL, A.: Juniors. A Postscript to Plowden, Harmondsworth 1968. SIENKNECHT, H.: Primarschulen in England. DIIPF: Studien und Dokumentationen zur vergleichenden Bildungsforschung, Bd. 17, Weinheim/Basel 1981.

Helmut Sienknecht

Schülerbeurteilung

Gegenstandsbestimmung. Schülerbeurteilung ist eine der zentralen Tätigkeiten des Lehrers. Sie erstreckt sich nicht nur auf den Bereich des Lehrens, sondern auch auf den des Erziehens. Sie ist konstitutives Moment des pädagogischen Handelns, weil sie als Rückmeldung über den Erfolg oder Mißerfolg zielgerichteter Lehr-Lern-Prozesse deren Steuerung überhaupt erst ermöglicht und zugleich Grundlage für schulische Entscheidungen bildet.

Schülerbeurteilung umfaßt mehr als jene Aspekte, die unter die Begriffe *Zensur* und *Zeugnis* subsumiert sind. Zensur und Zeugnis als zentrales Endprodukt des komplexen mehrschichtigen Problemfeldes Schülerbeurteilung erhalten ihre besondere Bedeutung als Verwaltungsakte, die mit erheblichen Konsequenzen im schulischen Berechtigungswesen verknüpft sind. Ausgehend von einer Analyse und Kritik der Zensierung, hat sich die Schülerbeurteilung zu einem wesentlichen Bestandteil der als eigenständige Disziplin etablierten pädagogischen Diagnostik entwickelt (vgl. INGENKAMP 1985, KLAUER 1978). Der Sachverhalt Schülerbeurteilung wird nahezu deckungsgleich auch unter dem Stichwort *Lehrerurteil* abgehandelt, wobei die Perspektive bei letzterem primär auf den Urteilenden gerichtet ist. Es geht in beiden Fällen um die Wahrnehmung, Erfassung und Bewertung des Schülerverhaltens. Sie umfaßt die Lernausgangslage, die ökopsychologische Situation des Schülers einschließlich ihrer lebensgeschichtlichen Dimension, die Kontrolle des Entwicklungs- und Lernprozesses sowie der Lernergebnisse.

Für die nach der Wahrnehmung und Erfassung erfolgende Bewertung des Verhaltens stehen grundsätzlich drei verschiedene Maßstäbe zur Verfügung: Der *normgruppenorientierte* Maßstab, der auf dem sozialen Vergleich basiert, bewertet einen Schüler im Vergleich zu seiner Bezugsgruppe (in der Schulpraxis ist das seine Schulklasse). Die Bewertung ist damit abhängig davon, wie sich die anderen Schüler verhalten. Die Orientierung an diesem Maßstab (Klassendurchschnitt) ist seit der Erläuterung der Notenstufen durch die KMK von 1968 für die Zensierung untersagt.

Im KMK-Beschluß, der von allen Bundesländern übernommen wurde, ist die „Anforderung des Unterrichts" (KMK 1969, S. 1) als Maßstab für die Bewertung verpflichtend festgelegt. Hierbei handelt es sich um den *kriteriums-* oder *lehrzielorientierten* Maßstab. Unabhängig von sozialen Vergleichsprozessen wird beurteilt, ob und inwieweit ein Schüler das Lehrziel erreicht hat.

Der dritte Maßstab ist der *subjektbezogene* (intraindividueller Bezugsrahmen). Lernergebnisse eines Schülers werden danach bewertet, ob sie Fortschritte in bezug auf die Lernausgangslage darstellen.

Aufgaben und Funktionen. Schülerbeurteilung muß vor dem Hintergrund der Funktionen gesehen werden, die die Grundschule zu erfüllen hat. Vereinfachend systematisiert, hat die Grundschule eine Doppelfunktion: Einerseits leistet sie die Vorbereitung und Auslese (Selektion) für ein nichtintegriertes weiterführendes Schulsystem (gesellschaftliche Funktion), andererseits soll sie die optimale pädagogische Förderung jedes einzelnen Schülers gemäß seiner spezifischen Lernausgangslage gewährleisten (pädagogische Funktion im engeren Sinne). Im Rahmen dieser Doppelfunktion läßt sich die Schülerbeurteilung, KLEBER (vgl. 1978, 1979) folgend, aus mindestens vier Perspektiven betrachten, die Überschneidungen aufweisen und die zum Teil konkurrierenden Ansprüche an die Schülerbeurteilung verdeutlichen. Es sind die Perspektiven der Gesellschaft, des Beurteilers (Lehrers), des Beurteilten (Schülers) und der El-

tern.
Gesellschaftliche Perspektive: Beurteilung wird eingesetzt,
- um Unterricht ökonomisch gestalten zu können (zum Beispiel in leistungshomogenen Klassen),
- um die Qualifikation der Schüler für die späteren gesellschaftlichen Erfordernisse zu steuern,
- um die geeigneten Schüler für gesellschaftliche Aufgaben auszuwählen (Selektion der Schüler),
- um Schülern entwicklungsfördernde Rückmeldung zu geben,
- um verwaltungsbürokratische Kontrolle auszuüben (Zensuren und Zeugnisse),
- um Rechtfertigung über die vom Lehrer geleistete Arbeit zu erhalten.

Beurteilerperspektive: Aus der Sicht der Lehrer dient Schülerbeurteilung dazu,
- mehr oder weniger bewußt einen Referenzrahmen auszubilden, eine berufstypische implizite Persönlichkeitstheorie, die es dem Lehrer erleichtert, die komplexen Informationen aus dem interaktionalen Handlungsfeld zu systematisieren und zu ökonomisieren;
- den Lehr-Lern-Prozeß zu steuern und zu kontrollieren sowie gezielte Beratungen vorzunehmen;
- Zeugnisse und Gutachten für externe Anfragen zu erstellen.

Perspektive der Beurteilten: Für die Schüler bedeuten die Beurteilungen
- Rückmeldungen über Anerkennung oder Ablehnung ihres Verhaltens beziehungsweise ihrer Person (und damit ihre Sozialisierung im Sinne des Schulsystems),
- Rückmeldungen über erbrachte Lernleistungen, die wiederum für die sachorientierte Motivierung der Schüler von zentraler Bedeutung sind,
- Berechtigungen beziehungsweise Selektion für die weitere Schullaufbahn.

Perspektive der Eltern: Aus der Sicht der Eltern dient Schülerbeurteilung dazu,
- den Eltern Bericht zu geben über das schulische Verhalten ihrer Kinder, damit sie helfend eingreifen können,
- die Bewertung ihrer Kinder durch den Lehrer kennenzulernen und mit ihren eigenen Bewertungen zu vergleichen.

Kritik. Allein die Vielfalt und partielle Widersprüchlichkeit der Funktionen macht deutlich, welche hohen Anforderungen an die Schülerbeurteilung zu stellen sind. Angesichts dieser Sachlage ist es nicht verwunderlich, daß mit Hilfe empirischer Forschung die verschiedensten Mängel der sechsstufigen Zensierung als Ergebnis gängiger Beurteilungspraxis aufgedeckt worden sind (vgl. INGENKAMP 1971, ZIEGENSPECK 1978, 1979):
- Zensuren haben meßtechnisch gesehen nur Rang-(Ordinal-)Skalenniveau, sie bilden lediglich Rangunterschiede zwischen den Schülern einer Klasse ab (eine Durchschnitts-/Mittelwertsberechnung ist damit nicht zulässig).
- Zensuren unterliegen zahlreichen subjektiven Einflüssen beim Lehrer (wie sie als sogenannte Beurteilungsfehler bei jeder Personenbeurteilung auftreten).
- Identische Leistungen werden von mehreren Lehrern verschieden benotet und vom selben Lehrer zu verschiedenen Zeitpunkten different zensiert.
- Zensuren unterscheiden sich schulfachspezifisch, „Leistungsfächer" werden strenger zensiert.
- Zensuren umfassen verschiedene Aspekte eines Unterrichtsfaches, deren Zusammenfassung und Gewichtung selten geklärt sind.
- Zensuren werden schularten- und klassenspezifisch vergeben und sind über den Rahmen einer Klasse hinaus nicht vergleichbar.
- Es gibt regionale und landesspezifische Zensierungsunterschiede.
- Mädchen werden in fast allen Fä-

chern besser benotet.
- Kinder aus der unteren Sozialschicht werden regelhaft schlechter zensiert.
- Die prognostische Gültigkeit der Zensuren in der Grundschule ist zu gering, um begründete individuelle Selektionsentscheidungen treffen zu können.

Es ist als gesichert anzusehen, daß bereits die Vergleichbarkeit der Noten als notwendige Voraussetzung für Zuverlässigkeit und Gültigkeit derart eingeschränkt ist, daß es kaum sinnvoll sein kann, mit Hilfe üblicher Zensuren Berechtigungen und Selektionen zu begründen.

Alternativen (Reform). Die Kenntnis der Unangemessenheit der Zensierung für nahezu alle Funktionen der Schülerbeurteilung hat zu einigen Alternativen geführt. Wird im Sinne der gesellschaftlichen Funktion die Vergleichbarkeit in den Vordergrund gestellt, so werden im Leistungsbereich Schultests favorisiert, die die Objektivität erhöhen. Standardisierte Schulleistungstests setzen allerdings einen standardisierten Unterricht voraus, damit Unterschiede der Unterrichtsgüte nicht zu Lasten der Schüler gehen. Die wenigen für die Grundschule geeigneten Schulleistungstests sind fast ausschließlich am vergleichsorientierten Maßstab (repräsentative Stichprobe) konstruiert.

Besser geeignet sind informelle lehrzielorientierte Tests, wegen ihres spezifischen Bezugs auf den Unterricht und die Ziele des jeweiligen Lehrers oder der kooperierenden Lehrergruppe. Wenn für Schüler wichtige Entscheidungen zu fällen sind, helfen Tests, das Lehrerurteil kritisch zu hinterfragen und zu präzisieren.

Für Prognosen im Grundschulalter sind wegen deren grundsätzlicher Problematik Tests nicht wesentlich besser geeignet als das Lehrerurteil. In dieser Situation hilft allein eine Befreiung der Grundschule von der Selektionsfunktion. Erste Schritte dazu sind in der Mehrheit der Bundesländer vollzogen. Das Ziffernzeugnis ist für das erste Schuljahr, in manchen Fällen auch für das zweite und nach Elternwunsch sogar für die gesamte Grundschulzeit durch einen verbalen Bericht ersetzt worden und gleichzeitig die Klassenwiederholung auf zwei Zeitpunkte und nur auf besonders begründete Fälle beschränkt worden. Hier können die pädagogischen Funktionen der Schülerbeurteilung wieder Vorrang haben. Für die Grundschule ist dies besonders wichtig, weil die Kinder in der Auseinandersetzung mit dem ersten außerfamiliären Bewertungssystem, die Grundlagen für ihre Lernbereitschaften und Lernfähigkeiten für den gesamten Bildungsprozeß entwickeln und erweitern. Sie bedürfen dazu klarer differenzierter Stellungnahmen des Lehrers zu ihrem Verhalten. Je konkreter und verhaltensnäher diese Beurteilungen sind, desto entwicklungsfördernder sind sie einzuschätzen. Sie sollten in dem Bewußtsein abgegeben werden, daß es eindeutig wahre Beurteilungen nicht gibt.

Beurteilungen sind nur insoweit sinnvoll, wie sie helfen, pädagogische Entscheidungen zu erleichtern. Testergebnisse geben in der Regel keine Information, welche pädagogischen Maßnahmen dem Schüler zu helfen vermögen, weil sie meist stabile, gerade als kaum veränderbar gedachte Konstrukte erfassen sollen und eher zu Selektionszwecken entwickelt werden.

Insbesondere für die aktuelle Steuerung des Lehr-/Lernprozesses bieten Tests keine Alternative, hier ist das Lehrerurteil unverzichtbar. Als hilfreich für die notwendige Verbesserung des Lehrerurteils ist einerseits „eine explizit reflektierende Auseinandersetzung mit der Genese von Lehrerurteilen allgemein und dem eigenen Urteil sowie eine Erhöhung der kognitiven Strukturiertheit im Sinne einer psychologischen Kompetenz" (KLEBER 1979, S. 614) anzusehen. Andererseits sind praktikable Verfahren zu entwickeln, die der Lehrer im Rahmen seiner Lehr- und Erziehungstätigkeit einzusetzen und schülerorientiert zu interpretieren vermag. Erste Ansätze in dieser Richtung sind beispielsweise vom AMT FÜR SCHULE HAMBURG (vgl. 1981) oder von JANOWSKI (vgl. 1981) vorgelegt worden. Bei diesen Beurteilungshilfen wird versucht, mit Hilfe konkretisierter Einschätzskalen die Vorteile der Beobachtungsverfahren (starker Verhaltensbezug, Schärfung der Beobachtungsfähigkeit, relativ hohe Objektivität) mit denen der globalen Einschätz- oder Ratingskalen (Erfassung komplexer Merkmale, intuitive Gewichtung und Verschmelzung von Einzelbeobachtungen auf dem Hintergrund der jeweiligen Gesamtsituation) zu kombinieren. Mit diesen Verfahren wird der Blick des Lehrers – unter weitgehendem Verzicht auf eine Ursachenzuschreibung in die Person des Schülers – auf die Einfluß- und Veränderungsmöglichkeiten des Lehrers gelenkt. Die generell anzustrebende Einheit von Diagnose und Förderung wird dadurch ermöglicht, daß die gezielten Fördermaßnahmen in der Regel gleichzeitig die Situation darstellen, in denen das erwünschte Verhalten am ehesten zu erwarten ist. Sofern hier nicht neue stereotype Etikettierungen von Schülern entstehen, besteht Anlaß zur Hoffnung, daß zumindest die eigentlichen pädagogischen Funktionen der Schülerbeurteilung besser als bisher erfüllt werden können.

AMT FÜR SCHULE HAMBURG: Arbeitshilfe Schülerbeurteilung im Unterricht der Klassen 1 bis 4, Hamburg 1981. INGENKAMP, K. (Hg.): Die Fragwürdigkeit der Zensurengebung, Weinheim/Basel 1971. INGENKAMP, K.: Erfassung und Rückmeldung des Lernerfolgs. In: Enzyklopädie Erziehungswissenschaft, Bd. 4, Stuttgart 1985, S. 173 ff. JANOWSKI, A.: Beurteilungshilfen für Lehrer, Braunschweig 1981. KLAUER, K.-J. (Hg.): Handbuch der Pädagogischen Diagnostik, 4 Bde., Düsseldorf 1978. KLEBER, E.W.: Probleme des Lehrerurteils. In: KLAUER, K.-J. (Hg.): Handbuch der Pädagogischen Diagnostik, Bd. 3, Düsseldorf 1978, S. 589 ff. KLEBER, E.W.: Funktionsbestimmung der Schülerbeurteilung. In: BOLSCHO, D./SCHWARZER, CH. (Hg.): Beurteilen in der Grundschule, München 1979, S. 19 ff. KMK: Erläuterung der Notenstufen. Beschluß vom 3.10.1968. Erläuterungen der Notenstufen bei Schulzeugnissen und Einzelergebnissen in staatlichen Prüfungszeugnissen, Neuwied 1969. ZIEGENSPECK, J.: Zensur und Zeugnis. In: KLAUER, K.-J. (Hg.): Handbuch der Pädagogischen Diagnostik, Bd. 3, Düsseldorf 1978, S. 621 ff. ZIEGENSPECK, J.: Zensur und Zeugnis – ein Mängelbericht. In: BOLSCHO, D./SCHWARZER, CH. (Hg.): Beurteilen in der Grundschule, München 1979, S. 36 ff.

Wulf Rauer

Schulfähigkeit

Schulreife. Der Begriff „Schulfähigkeit" steht in Konkurrenz zum traditionellen Begriff „Schulreife", der bis in die 70er Jahre eindeutig dominiert hat und auch heute noch in der pädagogischen Praxis überwiegend benutzt wird. Mit dem Wechsel der Begriffe soll signalisiert werden, daß die vielfältige Kritik, die am Konzept der Schulreife geübt worden ist, bei der Entwicklung des neuen Konzepts Schulfähigkeit konstruktiv verarbeitet worden ist. Wieweit dieser Anspruch erfüllt ist, ist zur Zeit noch umstritten, und die Bezeichnung Schulreife taucht – allerdings inhaltlich modifiziert – auch in der neuesten wissenschaftlichen Literatur wieder auf (vgl. NICKEL 1981).

Historisch betrachtet, wurde bereits mit der Einführung der allgemeinen Schulpflicht ab einem festgelegten Lebensalter berücksichtigt, ob der Entwicklungsstand eines schulpflichtigen Kindes den jeweils vorgegebenen Anforderungen

der Institution Schule entsprach. Erst mit der Arbeit von KERN (vgl. 1951) wurde Schulreife aber als das entscheidende Kriterium bei der Einschulung systematisch berücksichtigt.
Kern baute auf theoretischen Ansätzen auf, in deren Zentrum der Begriff „Reifung" stand. Nach diesen Theorien wird der körperliche und der psychische Entwicklungsstand eines Kindes nahezu ausschließlich durch endogen gesteuerte Reifungsprozesse bestimmt. Kern nahm an, daß das von ihm systematisch erhobene zahlreiche Scheitern von Kindern in der Grundschule („Sitzenbleibeelend") darauf zurückzuführen sei, daß die Betroffenen zu früh, das heißt noch nicht schulreif in die Schule aufgenommen worden waren. Aufgrund dieser Annahme zog Kern die folgende Konsequenz: Das Sitzenbleiben ist dadurch zu beheben, daß man nichtschulreife Kinder aus der Institution fernhält, sie vom Schulbesuch ein Jahr zurückstellt. Damit brauchten die Schule und ihre Einschulungsmodalitäten nicht geändert zu werden, weil die Ursache des Schulversagens allein bei den Kindern gesucht wurde.
Das entscheidende Kriterium, an dem der Reifestand eines Kindes abzulesen sei, war für Kern die *Gliederungsfähigkeit (visuelle Differenzierungsfähigkeit)*. Diese soll besonders erfahrungsresistent sein und sich synchron mit anderen psychischen Merkmalen reifungsbedingt entwickeln. Für dieses Konstrukt entwickelte Kern ein möglichst objektives Diagnoseinstrument, den *Schulreifetest*, dessen Rationale allen 15 heute noch üblichen Schulreifetests zugrunde liegt: Aus der Anzahl der vom Kind gelösten Aufgaben, die die visuelle Gliederungsfähigkeit - häufig mit feinmotorischen Anforderungen verknüpft -, simultanes Auffassen von Mengen, Symbol-, Regel- und Anweisungsverständnis erfassen, wird anhand des Gesamttestwertes festgelegt, ob ein Kind voll, bedingt oder nicht schulreif ist.

Einschulungspraxis. Bezüglich der Entscheidung, ob ein Kind eingeschult wird oder nicht, gibt es keine einheitliche Regelung in den Bundesländern. Seit 1968 werden Kinder am 1.8. schulpflichtig, die bis zum 30.6. desselben Jahres sechs Jahre alt werden. Für Kinder, die zu diesem Zeitpunkt 5;7-5;11 Jahre alt sind, können die Eltern die vorzeitige Einschulung beantragen. Die Altersfestsetzung ist relativ willkürlich, wie sowohl die unterschiedlichen Regelungen in den vergangenen 60 Jahren in Deutschland als auch in anderen Ländern zeigen (vgl. DOLLASE 1981).
Für die Entscheidung pro oder contra Einschulung werden im allgemeinen berücksichtigt:
- der *körperliche Entwicklungsstand* und die aktuelle gesundheitliche Befindlichkeit (Schularzt),
- das *kognitive Leistungsverhalten* (Schulreifetest oder Urteil des Pädagogen bei der Anmeldung),
- das *soziale Verhalten* (Urteil des Pädagogen bei der Testdurchführung und/oder der Anmeldung).

Es ist aber nicht einheitlich festgelegt, zu welchem Zeitpunkt die Untersuchungen stattzufinden haben (die Termine variieren bis zu einem halben Jahr). Für die Schulreifetests liegen Normen in der Regel nur für einen oder maximal zwei Zeitpunkte vor. Ungeklärt ist auch die Gewichtung der verschiedenen diagnostischen Befunde. Entgegen einer zentralen Annahme der Reifungstheorie sind die verschiedenen Merkmale häufig asynchron entwickelt. Für differente Befunde liegt aber keine standardisierte Entscheidungsstrategie vor. In einigen Bundesländern besteht zudem die Möglichkeit, daß betroffene Kinder zunächst eingeschult und dann in den ersten Schulmonaten vom Lehrer gezielt beobachtet werden hinsichtlich ihres kognitiven, motorischen und sozialen Verhaltens. Wenn auch keine Standardisierungen für diese Aufgabe vorliegen, so bietet sie doch die einzige

Möglichkeit, etwas über das Arbeitsverhalten der Kinder in der Gruppe zu erfahren. Und dieses wird für den Schulerfolg für ebenso wichtig gehalten wie die kognitiven Fähigkeiten (vgl. SCHENK-DANZIGER 1969).

Kritik am Schulreifekonzept. Zur Ablösung des traditionellen Schulreifekonzepts, das von Kern ausdrücklich als ein von der Begabung unabhängiger Reifefaktor verstanden wurde, haben folgende Sachverhalte beigetragen:
Entwicklung ist nicht ausschließlich reifungsbedingt. Sie verläuft nicht phasen- oder schubweise. Vorausgegangene Lernerfahrungen können nicht ignoriert werden. Defizite treten bereits lange vor der Schulpflicht auf. Schulreifetestergebnisse hängen eng mit der sozialen Schichtzugehörigkeit zusammen und sind durch kurzzeitiges intensives Training veränderbar (vgl. MANDL 1978). Spätere Einschulungen haben nicht zu geringerem Schulversagen geführt. Zurückgestellte Kinder weisen keine günstigeren Schullaufbahnen auf. Die Rückstellungsquoten in den einzelnen Bundesländern sind sehr unterschiedlich (1977 zwischen 2,3 und 13,9%; vgl. NICKEL 1981, S. 25). Die Rückstellungsquoten werden geringer, seitdem die Grundschulen wegen der geburtenschwachen Jahrgänge um ihre Erhaltung kämpfen. Die Versagerquote in der Grundschule konnte seit Einführung der Schulreifetests nicht wesentlich gesenkt werden, und Schulreife konnte nicht als ein von *Intelligenz* unabhängiger Faktor nachgewiesen werden. Zwischen den Tests zur Messung beider Merkmale bestehen mittlere Korrelationen (.50-.60; vgl. MANDL 1978, S. 29 f.). Die Aufgaben in beiden Testtypen sind sehr ähnlich.
Der eigenschaftsorientierte Ansatz der differentiellen Psychologie, der auch dem Schulreifekonzept zugrunde liegt, nimmt an, daß Menschen über *Eigenschaften* (Konstrukte) verfügen, die relativ unabhängig von situativen Einflüssen das Verhalten steuern und bei allen Menschen – allerdings in differenter Ausprägung – vorhanden sind. Diese Annahme ist durch vielfältige Analysen und empirische Befunde in Frage gestellt worden (vgl. MANDL 1978).
Dem Ansatz der differentiellen Psychologie entsprechend, soll der Schulreifetest primär Unterschiede zwischen den Untersuchten feststellen. Die klassische Testtheorie liefert dazu das notwendige Rüstzeug. Die Kinder werden hinsichtlich des Gesamtwertes in eine Rangfolge gebracht. Jeder individuelle Meßwert erhält seine Bedeutung durch seine relative Stellung in der Meßwertreihe. Er liefert damit weder Aufschlüsse über den Abstand zu einem festen Bezugspunkt „Schulreife" noch Hinweise auf pädagogische Fördermaßnahmen. Die einmalige Administration des Schulreifetests liefert keine Informationen über vorausgegangene Lernmöglichkeiten, noch weniger aber über die *Lernpotenzen* eines Kindes. Entscheidungstheoretisch wurde gezeigt, daß die Fehlerquoten, die man beim Einsatz von Schulreifetests erzielt, nicht geringer als diejenigen sind, die auftreten, wenn alle Schulpflichtigen eingeschult werden. Insbesondere werden durch die Tests zu viele abgewiesen, die eigentlich geeignet sind (vgl. KRAPP/MANDL 1977). Die Prognosemöglichkeiten sind weit überschätzt worden.
Es treten beim Einsatz von selektiven Schulreifetests *Nebenwirkungen* auf: Bei den gescheiterten Kindern bahnen sich im Sinne der „self-fulfilling prophecy" negative Schulkarrieren an. Außerdem werden die traditionellen Ziele der Schule durch die Selektionsstrategie eher zementiert und Neuerungen verhindert.

Schulfähigkeit als Alternative. Das Konzept „Schulfähigkeit" nimmt die Kritik an der Reifungstheorie auf, indem es vorausgegangene Lernerfahrungen sowie die Anregbarkeit der kindlichen Entwicklung durch lern- und instruktionstheoretische Maßnahmen sowie Eigenaktivität berücksichtigt. Die kognitiven Anteile der Schulfähigkeit sind stärker differenziert (so beispielsweise im Mannheimer Schuleingangsdiagnostikum (vgl. JÄGER u. a. 1976). Allerdings sind die motivationalen, emotionalen und sozialen Aspekte des kindlichen Verhaltens weniger berücksichtigt, als es ihrem Beitrag zum Schulerfolg entspricht. Wegen der Vielschichtigkeit und der dynamischen Entwicklung greifen aber auch jene Ansätze zu kurz, die versuchen, Schulfähigkeit als ein *statisches Anforderungsprofil* zu bestimmen, das allein auf Eigenschaften der Kinder basiert. Auch dieses Konzept liefert keine Informationen darüber, welche pädagogischen Maßnahmen für welche diagnostizierten Defizite – bei Aufnahme aller Kinder – geeignet sind. Schulfähigkeit ergibt sich vielmehr aus den „Wechselwirkungen zwischen schulischen Anforderungsschwellen und individuellen Lernvoraussetzungen" (NICKEL 1981, S. 24; vgl. auch WITZLACK 1969), wobei dieser Interaktionsaspekt erweitert wird durch die Berücksichtigung der *ökopsychologischen Sichtweise:* „Da aber sowohl der individuelle Entwicklungsstand der Kinder als auch die schulischen Anforderungen wesentlich von einer Reihe recht verschiedenartiger Umweltfaktoren beeinflußt werden – von individuellen Anregungsbedingungen über soziokulturelle und materielle Gegebenheiten bis zur gesamtgesellschaftlichen Situation –, ist das Konstrukt Schulreife letztlich nur unter dieser ökopsychologischen Perspektive zu verstehen" (NICKEL 1981, S. 24). Mit diesem umfassenden Ansatz wird das Konzept Schulfähigkeit in einen vielversprechenden theoretischen Rahmen gebracht. Er berücksichtigt explizit alle variablen Einflußgrößen, sowohl auf seiten der gesellschaftlich veranstalteten Bildungsprozesse (hier die der Schule) als auch der Kinder. Damit wird deutlich, daß das Schulsystem in seiner gesellschaftlichen Bedingtheit als veränderliche Größe anzusehen ist und Schulversagen keinesfalls allein als individuell zu verantwortendes Problem der betroffenen Kinder zu bestimmen ist.

Sowohl für die Veränderung der Schule als auch für die vorschulische Förderung der Kinder liegen einige erprobte Möglichkeiten vor (zusammenfassend: vgl. NICKEL 1981). Daß diese noch nicht zu einer wesentlichen Verbesserung des „Sitzenbleiberelends" beigetragen haben, liegt einerseits an der mangelhaften Koordinierung und Feinabstimmung der Maßnahmen, andererseits aber auch wohl daran, daß radikalere Reformen unter dem bisherigen verkürzten Blickwinkel noch gar nicht in das Bewußtsein gerückt sind. Entscheidende Anstöße sind allein von einer sensibleren Diagnostik bei den Kindern nicht zu erwarten, weil eine Diagnostik nur in dem Maße sinnvoll differenziert werden kann, wie auch entsprechend differenzierte pädagogische Folgerungen gezogen werden.

DOLLASE, R.: „Schule" für Fünfjährige? Zur Problematik des Schuleintrittsalters. In: TWELLMANN, W. (Hg.): Handbuch Schule und Unterricht, Bd. 2, Düsseldorf 1981, S. 3 ff. JÄGER, R. u. a.: Mannheimer Schuleingangsdiagnostikum, Weinheim/Basel 1976. KERN, A.: Sitzenbleiberelend und Schulreife, Freiburg 1951. KRAPP, A./MANDL, H.: Einschulungsdiagnostik, Weinheim/Basel 1977. MANDL, H.: Zehn Kritikpunkte zur traditionellen Schuleingangsdiagnose. In: MANDL, H./KRAPP, A. (Hg.): Schuleingangsdiagnose, Göttingen 1978, S. 29 ff. NICKEL, H.: Schulreife und Schulversagen: Ein ökopsychologischer Erklärungsansatz und seine praktischen Konsequenzen. In: Psych. in E. u. U. 28 (1981), S. 19 ff. SCHENK-DANZIGER, L.: Schuleintrittsalter, Schulfähigkeit und Lesereife, Stuttgart 1969. WITZLACK, G.: Zur Diagnostik und Entwicklung der Schulfähigkeit, Berlin (DDR) ²1969.

Wulf Rauer

Spiel – Kinderspiel

Bild und Spiegelung. Dem Betrachter präsentiert sich in den Spielen, dem Spielzeug und den Spielstätten der Kinder eine vielschichtige Landschaft. Die Forschung arbeitet an vollständigen Kartographien mit unterschiedlichen Legenden. Sie versucht, die Geschicklichkeits-, Fiktions-, Rollen- und Regelspiele in durchgreifenden Lesarten zu ordnen, um in dem Ordnungsprinzip Erklärungen (Funktionen, Tendenzen, Ursachen) durchzuspielen. Das Spielen spiegelt die „absichtslose Selbstausbildung" (GROOS 1899), ist „Vorübung" auf die „unvorhersehbare [...] Zukunft" (SUTTON-SMITH 1978), ist eine Assimilation der Wirklichkeit an das Ich, in dem das Kind „die üblichen Machtbeziehungen umkehrt" (SUTTON-SMITH 1978, S. 64). In diesem Sinne wird Spielen in Negation von Zwang und Anpassung zur frei gewählten Tätigkeit. Geht man zum Spieler auf Distanz, dann wird das Allgemeine allen Spiels im „Hin und Her der Bewegung" identifiziert, das seine konkrete Form über den Spielraum und den endlichen Set der Regelmäßigkeiten und Regeln (Struktur) erhält. Piaget legt eine „Strukturanalyse unabhängig von Interpretationen" (PIAGET 1969, S. 139) vor; er will so die Steigerung des Spiels vom *Übungsspiel* (motorische, individuelle Regel) über das *Symbolspiel* (motorische Regeln, Rituale und individuelle Schemata) zum *Regelspiel* (Kodifizierung der motorischen Regelhaftigkeiten; Kodifizierung der Symbole zu Zeichen, Rollen; Ausarbeitung konstituierender Regeln) nachzeichnen. Entwickelte kreative Spiele sind dann immer zugleich motorisch, symbolisch und sozial; eine inhaltliche oder funktionale Analyse zeigt, daß eine Absonderung kaum gelingen will. Komplexe Spiele sind multifunktional und betten vielfältige Themen ein.

Vor aller Theorie wird das Spielen intuitiv von Arbeit und Besorgung abgesondert. Nötigt hier das Leben zum zweckrationalen Handeln, so negiert Spielen den Zwang, es hat seinen Zweck darin, *keinem Zweck zu folgen*. Wird Spiel aber in dieser Absonderung kodifiziert, dann können wir die Negation negieren, und Spiel wird zum professionellen Können und die Arbeit im Garten zum Differenzerlebnis vom Zwang im Spiel als Beruf.

Das ganze Weltgeschehen erscheint in der Spielwelt, die als Bühne, Arena ausgegrenzt wird (vgl. FINK 1960). Im Kinderzimmer werden Spielentwürfe zur Ablenkung von der Welt der Erwachsenen (vgl. FREINET 1980, S. 79–98) im Spielzeug vergegenständlicht: in Puppenküchen, Spielgeld und Gewehren. Der Spieler kann auch selbstgenügsam nur seinen Leib als Zeug und Raum auslegen. Das Kleinkind spielt mit seinen Händen, seiner Sprache, der Körper ist bald Baum, dann unten Pferd und oben Reiter, dann ist das Kind im Spiel das eigene Selbst und der erlittene andere, wenn es sich vervielfacht im Alleinspiel als Spielregisseur, Arzt und Patient (vgl. PELLER 1973).

Die phänomenologische Lesart reizt dieses Vorwissen aus, sondert aber das Spielen vom Spieler, von Motiven und sozialen Bezügen ab, skelettiert so das Spielen zum „Urphänomen". Vom spielenden Kind wandert das innere Auge zum Spiel des „Lichts auf bewegtem Wasser" (Scheuerl), vom „Spiel der Mücken" zum dramatischen Spiel auf der Bühne. „Spiel ist ein reines Bewegungsphänomen, dessen in scheinhafter Ebene schwebende Freiheit und innere Unendlichkeit, Ambivalenz und Geschlossenheit in zeitenthobener Gegenwärtigkeit nur der Kontemplation zugänglich ist" (SCHEUERL 1979, S. 136). Das Geschehen da draußen wird zum Spielen erst durch den Betrachter, der inwendig mitspielt, in der Anschauung wird die Bewegung entzeitlicht und zur schönen Gestalt, die der Betrachter nun als Muster in die Phänomene hineinsieht. Diese Distanz- und

Einheitsformel ist keineswegs eine synthetische Leistung des „natürlichen" Zuschauers. Gadamer zeigt am Beispiel des Naturschauspiels, daß uns diese Sehweise in Bildungsprozessen einverseelt worden ist. „Erst eine tiefere Analyse dieser ästhetischen Erfahrung des Schönfindens der Natur belehrt uns, daß es in gewissem Sinn ein falscher Schein ist und daß wir in Wahrheit die Natur nicht mit anderen Augen ansehen können denn als künstlerisch erfahrene und erzogene Menschen" (GADAMER 1977, S. 40).
Diese Rahmung steigert die Neugierde, wenn man „Spiel" und „Kind" kombiniert, deren kultivierte Bilder sich wechselseitig Prägnanz verleihen, „schließlich ist das Spielen vor allen Dingen eine Funktion des jugendlichen Individuums" (BUYTENDIJK 1937, S. 16). Das Spiel spielt mit und in dem Kinde, reißt es in seinen Geschehensablauf hinein, läßt es zugleich tun, was es selbst ohnehin tun wollte, und führt es aus dem Spiel heraus in die Sphäre des Sich-selber-Zusehens. Scheuerls Formel wirft eine interessante Hinsicht auf: Tätigkeit, Geschehen und Kontemplation wirken beim geglückten Spiel so ineinander, daß man Aktor, Objekt und zugleich sein eigener Beobachter ist. Im Spielen steigert sich das Kind, steigert zwanglos seine schöpferische Natürlichkeit zur natürlichen Kultürlichkeit, denn über die Nachahmung und das projektive Erleben wird die ganze Mitwelt zunächst als Eigenwelt im Alleinspiel (play) durchgespielt, ehe sich das Vorschulkind mit anderen Kindern austauscht, um die verinnerlichten Entwürfe auszuhandeln, zu koordinieren und nach Verabredung von Thema und Rollen auszuführen (vgl. LAUNER 1970). In diesem Sinne ist Spiel das „Erste und Letzte" (Scheuerl), ist allanwesend; leuchtet im *sensomotorischen Übungsspiel* (Piaget) des sprachlosen Kleinkindes auf, das seinen Leib in die Verfaßtheit bringt, komplexe Modelle des Handelns zu kopieren und zu generieren, um sich an seinem Können zu erfreuen (Funktionslust). Es leuchtet heller auf in der Fülle der *Symbol-* und *Allein-Rollenspiele* (Piaget, Hansen), die das Vorschulkind im Horizont seines Weltbildes entwirft, um sich die Welt da draußen und seine Innenwelt verfügbar, durchspielbar und verwandelbar als andere Wirklichkeiten zu verwirklichen. Ein Können, das das Leben hindurch erhalten bleibt, aber beim Erwachsenen in der Innenwelt der Phantasie und Wachträume eingeschlossen wird, denn äußerlich vorgetragen, muß es sich den ästhetischen Erwartungen des Publikums stellen.

Endlich findet das Spielen seinen Höhepunkt im *Allein-Konstruktionsspiel* und im sozialen *Rollen-, Regelspiel,* wenn die leiblichen Schemata (Regelmäßigkeiten) zu Pflicht- und Kürfiguren in verschiedenen Spielkontexten geordnet und kodifiziert werden. Die Projektionen, Symbole werden zu Zeichen (ästhetische Codes) ausgeformt in gemeinsamen Rollenspielen, mit denen die Kommunikation mit einem Publikum gesucht wird. Die Spiele geraten unter die Kontrolle der Intelligenz, wobei das Vergnügen sowohl im Planen, streitenden Aushandeln der Rollen und Regeln, endlich in der Durchführung der genauen Kopie wie in der Variation der Inszenierung potenziert wird. Spielräume werden ausgegrenzt, die endlichen konstituierenden Regeln erlauben unendlich viele Partien. Aber zuletzt können auch die Spielpläne, Regelwerke, ästhetisch sinnhaften Codes negiert, umspielt werden. Die schöne Kunst negiert die Schönheit, gestattet das Häßliche, parodiert, karikiert die Norm, beschimpft das Publikum, was wiederum das Publikum zu erwarten lernt. Spiel, Wirklichkeit, Aktion können sich wechselseitig negieren, verlieren ihre Lesbarkeit (vgl. ERIKSON 1978, FUHRMANN 1971).

Das „Bild" vom Spielen und die Spielwirklichkeiten. Was gereicht dem Erwachsenen so zur Freude wie das spielende Kind, das, während es spielt, mit sich spielen läßt? In der Ernsthaftigkeit seiner frühesten Entdeckungen und Riten und dem beiherlaufenden Lächeln präsentiert sich das Kleinkind als Handelnder, Beobachter und Selbstgenießer.

„So entdeckt L. die Möglichkeit, die am Dach ihrer Wiege aufgehängten Objekte hin und her zu pendeln. Anfänglich zwischen 0;3 (6) [= 3 Monate, 6 Tage; H.W.] und 0;3 (16) betrachtet sie das Phänomen ohne Lächeln oder nur mit leichtem Lächeln, aber mit einer Mimik, die aufmerksames Interesse zeigt, als ob sie das Phänomen studierte. In der Folge aber von ungefähr 0;4 an widmet sie sich dieser Tätigkeit, die bis etwa 0;8 und selbst noch länger andauerte, nun mit einem Ausdruck, der überschäumende Freude und Stolz über die eigene Leistungsfähigkeit anzeigt [...], d.h., das Phänomen wird nur noch benutzt aus der Freude am Handeln, und gerade darin besteht das Spiel" (Piaget 1969, S. 123).

Vom Spielen wandert die Betrachtung zum Spieler. Heckhausen (vgl. 1973) kritisiert zwar die phänomenologische Leseart als bloße „Merkmalsummierung", beschreibt aber den spielenden Spieler im psychologischen Referenzsystem in analoger Sprache, wenn er vom „zweckfreien Handeln" spricht, dem Kind als Organismus eine „Basismotivation" zurechnet und das Agieren in der Gestalt eines „Aktivierungszirkels" so auslegt, daß sich das Kind im Spielen selber stimulieren und binden kann um ein mittleres Maß von Spannung und Erregung, so daß das Spielen ewig fortdauern kann.

Als Hier-und-Jetzt-Ereignis erscheint dem Erwachsenen das Spiel als Quelle der Heiterkeit oder als eine besondere Form des geselligen Tuns, in das er sich bisweilen hineinziehen läßt. Wenn die Kinder gar so spielen, wie er als Publikum es erwartet, dann ist ihm das Spiel die ihn entlastende sinnhafte Selberbeschäftigung der Kinder. Folgt man aber den Alltagsbeobachtungen, Verbotsschildern und Empirischen Studien (vgl. Grüneisen/Hoff 1977, S. 175ff.), dann ist dem Erwachsenen das Kinderspiel mit seinem ungewissen Ausgang häufig schlicht ein Ärgernis. Die Kinder mißhandeln Spielpartner, teilen nicht miteinander. Die Ruhe ist dahin, wenn sich die agonalen, expressiven und motorischen Spielzüge steigern zu einem nicht endenden Klang- und Bewegungsteppich. Hinzu kommen die Szenarien, in denen die Kinder Spiele aushandeln, was nicht selten mißlingt. Dazu eine Beobachtung des Verfassers:

Hinterhof: Mädchen 4 J. (M), Junge 5 J. (J), Oma (O)

M: Komm, wir spielen Schule!
J: O ja, ich bin der Lehrer! Hier ist mein Zeigerstock!
M: Das ist kein guter Stock!
J: Doch
M: Nein, der ist doof!
J: Der ist gut!
M: Der ist doof, du Arschloch!
J: (haut zu)
M: (schreit)
O: Ruhe da unten!
M: Der hat mich gehauen!
O: Dann schlag zurück, aber sei ruhig.

In Sekunden bricht der Spielplan, dessen Aushandelung der Junge durch Ergreifen der attraktiven Lehrerrolle zu seinen Gunsten verhindert, zusammen. Der „Zeigerstock" wandelt sich zu dem, was er auch sein kann. Beide erhalten eine Lektion in „Geschlechtsrollen" und „Altersrollen", üben sich in eskalierende Streitgespräche ein, und das Mädchen erfährt durch seine Großmutter keine Solidarität, sondern eine paradoxe Verschreibung.

Man sieht, der Erwachsene ist involviert, denn das Spiel der Kinder stößt mit seinen Rändern an die Besorgungen der Erwachsenen, durchmischt ihre Alltagsgeschäfte. Dank pädagogischer Kodierung mobilisieren die Erwachsenen mitunter Einsicht, fügen sich ins Unvermeidbare, denn die Pädagogen verweisen sie auf ihr eigenes, vergangenes Kinderspiel. Kinderspiel erscheint uns geradezu als Symbol (Erinnerungsscherbe) für unser eigenes, vergangenes und lebendiges Anderssein. Schaut man nun ohne pädagogische Zensur zurück, dann verweilen die Erinnerungen selten bei jenen Kostbarkeiten, die Pädagogen auflesen und notieren: dem Drachensteigen im Herbstszenarium, dem Puppenwaschtag, dem Knabenkreisel-Spiel oder dem Kasperdrama. Es drängen sich die Episoden verbotener, heimlicher Spiele auf; Allein-, Paar- und Haufenspiele mit Einschüben von Sexualität, Nachäffen, Barbareien und Regelverstößen. Spiegelt sich nicht in den Doktorspielen, Schimpfkanonaden, kleinen Diebstählen, Rangeleien und Kletterpartien das Bemächtigen der Dinge, des Körpers, des Raumes, das Austesten der Autoritäten und das Genießen riskanter Gefühlslagen? In diesen anomischen Spielen gibt es keine Schein-Realität, hier wird die Probe aufs Exempel gemacht; sind sie nicht wichtiger Teil der Spielgeschichte der Kinder? Rousseau rief den jungen Lehrern zu: „Nie wird es euch gelingen, einen Weisen zu schaffen, wenn ihr nicht zunächst einen Gassenjungen geschaffen habt!" (ROUSSEAU 1963, S. 264).

Da „Spielen" gelernt werden und sich entwickeln muß, sind die unperfekten Spielreihen so häufig wie die perfekten. Wie spielt man, wenn man noch nicht spielen kann, aber will, andere einen nicht lassen und einem böse mitspielen? Soll der Pädagoge nun augenzwinkernd zusehen, soll er Sonderräume für Zufälle und Geheimnisse schaffen (Abenteuerspielplätze) oder gar als Kumpan der Kinder die Dreistigkeit befördern oder die Phantasie der Kinder – etwa durch Kinderbücher – stimulieren? LEONTJEW (vgl. 1973, S. 375–397) übersieht in seiner Psychologie des Kinderspiels, daß die Kinder beides, die Spielwirklichkeit *und* die Wirklichkeit, erst konstruieren müssen. Er interpretiert die Entstehung des Rollenspiels aus der Differenz von *Kennen*, aber *Noch-nicht-Können*. In seinen braven Beispielen tauchen nur Spiele in Spielräumen auf, die Pädagogen bewachen. Die Kinder kopieren die Tätigkeiten der tüchtigen Arbeitererwachsenen, deren Zusammenleben frei ist von Sexualität, Gewalt und Streit. Hier erkunden Kinder nicht die Grenzen von „erlaubt/nicht erlaubt". Er übersieht auch, daß zur Umwelt der Kinder auch die Spiele der Kinder selbst gehören; diese sind so real wie das zivilisierte Ritual des Mittagessens. Die Spiele können sie zur Autonomie, zur wechselseitigen Auswicklung und Bindung an Regeln (vgl. PIAGET 1954) führen, aber auch tiefer hineinreißen und binden an Rituale der Gewalt und Verachtung anderer: „War er dann auf unserer Höhe, versperrten wir ihm den Weg, schlugen ihn, beschimpften ihn, traten gegen sein Fahrrad, lachten ihn aus wegen seines Äußeren, fesselten ihn an den Laternenpfahl, fuchtelten ihm mit dem Messer vor der Nase herum, zogen ihm Schuhbänder heraus, ließen ihm die Luft aus dem Fahrradreifen. Seltsamerweise benutzte er selten einen anderen Weg, und wenn wir mal davon Wind bekamen, empfingen wir ihn an der Rückseite der Häuserzeile. Die Tränen, die Rotschopf weinte, taten uns nicht weh" (Beispiel einer Studentin, aus der Erinnerung für das Seminar „Kinderspiel" notiert). Das Etikett „Spiel", das hier der Erzähler verwendet, spiegelt nicht mehr die „schöne Gestalt"; oder läßt sich auch dieses Beispiel vom Betrachterstandpunkt aus als „schwebende Freiheit und innere Unendlichkeit, Ambivalenz und Geschlossenheit in zeitenthobener Gegenwärtigkeit" interpretieren? „Spiel" deutet das Handeln um, gibt Kindern das Recht auf Erkundungen, ermöglicht Nachsicht

bei Verfehlungen, aber das Spielen wird ihnen – je älter sie werden – als intendiert und wählbar zugerechnet, muß sich rechtfertigen lassen (Spielethos – Ethos des Spiels).
Jenseits der sensomotorischen Phase sind Spiele besondere soziale, sinnhafte Rituale und Interaktionsweisen. Das Spielen wandelt und steigert sich mit dem Handelnkönnen in Ernstsituationen. Die Redeweise vom „Spiel der Mükken" oder „Spiel der Wellen" führt den Pädagogen in eine unfruchtbare Richtung. Dies Bild bleibt an kulturell erzeugten figurativen Ähnlichkeitsabstraktionen hängen, untersucht man die Prozesse, dann gibt es keine Verhaltenshomologien. Zu allem, was das Kinderspiel, menschliches Spielen gerade interessant macht, gibt es in der nichthumanen Welt kein Gegenstück – keine Symbole, Zeichen – nur Gesten –, keine sozialen Regelwerke – nur Regelmäßigkeiten –, keine Kommunität zwischen Spieler und Publikum.

Das Kinderspiel und der Pädagoge. Die Pädagogik tut sich schwer mit dem Kinderspiel, sie feiert es und zeigt zugleich, daß es das Ordinäre, Alltägliche im Leben der Kinder ist. Sie will das Spiel schützen, will Spielräume sichern, greift aber überall in das Spielen ein.
Die Pädagogik spielt zugleich mit dem Spielkonzept; Spiel ist Alltagsbegriff, Begriff der Objektsprache und der Metatheorie, man spielt mit dieser Unschärfe. Auf metatheoretischer Ebene läßt sich im „Spiel" sogar die pädagogische Inszenierung günstig darstellen (vgl. GIEL 1975, S. 77 ff.), analog können Ehe und Krieg als Spiele interpretiert werden. Das Problem der Pädagogik aber beginnt dann, wenn sie vom Betrachten zum Handeln übergeht, wenn das Kinderspiel nicht mehr das ist, was Kinder selber inszenieren und tradieren. Indem die Erwachsenen die Kinder von der Straße holen und im Haus, im Kindergarten und in der Schule festset- zen und überwachen, werden sie nun zu Mit- und Gegenspielern der Kinder. Schlagartig steigt die Wertschätzung des Spiels; das ehemals Unnütze erhält pädagogischen Rang. Schon im Spiel entbirgt das Kind die verborgene Weltordnung, die unschuldige, gerichtete Natur spielt mit sich selber, aber faktisch mischen sich überall die Erwachsenen ein. Offenbar kommt es zu dem Perfektionsbild vom spielenden Kind nur vor der asymmetrischen Hintergrundbeziehung von „Erwachsenen und Kind" und „Kind und gut ausgewähltem Spielzeug", in dem der Erwachsene seine Absichten verbirgt. Das köstlichste Beispiel hat Fröbel mit den ersten Ballspielen gegeben; an der einen Seite des gefesselten Balles greift und jauchzt das Kind, an der anderen Seite zieht die Mutter am Faden, interpunktiert die Ereignisse und begleitet sie mit kosenden Sprachspielen (vgl. BLOCHMANN 1963, S. 27 ff.). Das Dilemma nimmt seinen Weg. Trotz ihrer Interpretationstradition und entwickelten Spielpraxen wird den Pädagogen jenseits des Freispiels ihr Tun zum Rätsel. Flitner schreibt, „es sei in der Sache selber noch fast alles zu leisten: das Spiel als eine theoretisch fundierte, praktische Kunst weiter zu entwickeln" (FLITNER 1972, S. 126).
Die Institutionalisierung des Erwachsenen-Kinderspiels führt zur Expansion der Spieleproduktion. Das Spiel wird von ehemals zugeschriebenen Wertbindungen abgekoppelt, wird zum Mittel der Beschäftigung, der Zerstreuung, des Lernens, der Diagnose und Therapie (vgl. AXLINE o. J.). Das Spielen wird dem „Spielkind" jetzt zur Pflicht gemacht. „Geh spielen, spielt schön, seid fröhlich!" Im alltäglichen Zeitbudget von Familie, Kindergarten und Schule muß das Unerwartbare des geglückten Spiels nun auf Abruf gelingen, die Aura des Spiels wird anknipsbar. Spielen und Lernen gehen immer intimere Beziehungen ein. Das Spielen und Bespieltwerden (Massenmedien) werden zum

Hauptteil der Primärerfahrungen der Kinder, das Leben mag dann nachkommen oder ganz wegbleiben.
Spielenkönnen mit Kindern erfordert Flexibilität, Takt, Empathie, Sensibilität für Situationen. Die Anforderungen an das Wissen um Spiele für alle Situationen und an das technische Können der Spielleiter werden permanent gesteigert (vgl. DAUBLEBSKY 1975, HIELSCHER 1981). Aus der Praxis kommen auch bange Töne: Spielen wir jeden Tag schlecht, müssen wir wieder spielen, ist Spielen ein „sinnvolles Tun oder pädagogischer Trick'" (vgl. BÜTTNER 1981)?
Läßt man den tradierten normativen Anspruch fallen, dann stellt sich Spiel als das dar, was es ist, das moderne Medium zur Kompensation, aber auch zur Steigerung von Leistung in einer Industrie- und Freizeitkultur. Man ist von Zeit zu Zeit fragmentarisch „ganz Mensch". Spiel mag bisweilen noch das Erleben zur Höchstform steigern, in der Regel ist es das Ordinäre, Alltägliche und dient beliebigen Funktionen. Ist es das Extraordinäre, dann ist es das Professionelle, Monetäre, Gigantische der Berufsspieler, ihrer Trainer und Manager, das im großen Schulspiel, in den Bundesjugendwettspielen schon auf den Weg gebracht wird.

AXLINE, V.: Dibs. Die wunderbare Entfaltung eines menschlichen Wesens, Bern/München o.J. BLOCHMANN, E. (Hg.): Fröbels Theorie des Spiels I, Weinheim ³1963. BÜTTNER, CH. (Hg.): Spielerfahrung mit Schülern – Sinnvolles Lernen oder pädagogischer Trick? München 1981. BUYTENDIJK, F.J.J.: Wesen und Sinn des Spiels, Berlin 1937. DAUBLEBSKY, B.: Spielen in der Schule, Stuttgart ³1975. ERIKSON, E.H.: Kinderspiel und politische Phantasie. Stufen in der Ritualisierung der Realität, Frankfurt/M. 1978. FINK, E.: Das Spiel als Weltsymbol, Stuttgart 1960. FLITNER, A.: Spielen – Lernen. Praxis und Deutung des Kinderspiels, München 1972. FREINET, C.: Pädagogische Texte. Mit Beispielen aus der praktischen Arbeit nach Freinet, Reinbek 1980. FUHRMANN, M.: Terror und Spiel. Probleme der Mythenrezeption. Poetik und Hermeneutik IV, München 1971. GADAMER, H.-G.: Die Aktualität des Schönen, Stuttgart 1977. GIEL, K.: Vorbemerkungen zu einer Theorie des Elementarunterrichts. In: GIEL, K. u.a.: Stücke zu einem mehrperspektivischen Unterricht. Aufsätze zur Konzeption 2, Stuttgart 1975, S. 8 ff. GROOS, K.: Die Spiele der Menschen, Jena 1899. GRÜNEISEN, V./HOFF, E.-H.: Familienerziehung und Lebenssituation, Weinheim/Basel 1977. HECKHAUSEN, H.: Entwurf einer Psychologie des Spiels. In: FLITNER, A. (Hg.): Das Kinderspiel, München 1973, S. 133 ff. HIELSCHER, H.: Spielen macht Schule, Heidelberg 1981. KAMMHÖFER, H.-D.: Spiel. In: Enzyklopädie Erziehungswissenschaft, Bd. 6, Stuttgart 1984, S. 397 ff. LAUNER, J.: Persönlichkeitsentwicklung im Vorschulalter bei Spiel und Arbeit, Berlin (DDR) 1970. LEONTJEW, A.N.: Probleme der Entwicklung des Psychischen, Frankfurt/M. 1973. PELLER, L.: Modelle des Kinderspiels. In: FLITNER, A. (Hg.): Das Kinderspiel, München 1973, S. 62 ff. PIAGET, J.: Das moralische Urteil beim Kinde, Zürich 1954. PIAGET, J.: Nachahmung, Spiel und Traum, Stuttgart 1969. RETTER, H.: Spielzeug. Handbuch zur Geschichte und Pädagogik der Spielmittel, Weinheim/Basel 1979. RITTELMEYER, CH.: Spiel. In: Enzyklopädie Erziehungswissenschaft, Bd. 1, Stuttgart 1983, S. 541 ff. ROUSSEAU, J.-J.: Emile oder über die Erziehung, Stuttgart 1963. RÜSSEL, A.: Das Kinderspiel, München 1953. SCHEUERL, H. (Hg.): Theorien des Spiels, Weinheim/Basel ¹⁰1975. SCHEUERL, H.: Das Spiel, Weinheim/Basel 1979. SCHEUERL, H.: Spiel. In: Enzyklopädie Erziehungswissenschaft, Bd. 4, Stuttgart 1985, S. 610 ff. SUTTON-SMITH, B.: Die Dialektik des Spiels: eine Theorie des Spielens, der Spiele und des Sports, Schorndorf 1978.

Hubert Wudtke

Verhaltensstörung

Begriff. Der Terminus „Verhaltensstörung" stammt ursprünglich aus der Psychiatrie und klinischen Psychologie und wird seit dem 1. Weltkongreß für Psychiatrie (1950) als Oberbegriff über so unterschiedliche Phänomene wie Verwahrlosung, Schwererziehbarkeit, Psychopathie, Neurose und Entwicklungshemmung akzeptiert. Zunehmend wird auch von pädagogischen Autoren anstelle des Begriffs „Erziehungsschwierigkeit" immer häufiger der Begriff „Verhaltensstörung" verwendet.

„Unter einer Verhaltensstörung versteht man eine Regelübertretung, die vom Handelnden selbst oder von jemandem, der sich ihm gegenüber in einer Machtposition befindet, als störend und unangemessen beurteilt wird" (HAVERS 1978, S. 24). Spezifisch unter kindlichen Verhaltensstörungen versteht man dasjenige Verhalten, das „einen ungünstigen Einfluß auf die Entwicklung und Anpassungsfähigkeit des Kindes selbst hat und es mit anderen Personen in Konflikt bringt" (KIRK 1971, S. 418). Die traditionellen Erklärungsansätze von Psychologie und Psychiatrie, die dem medizinischen Krankheitsbegriff entstammen, tendieren dazu, Abweichungen ausschließlich vom Individuum her zu verstehen. Die Vertreter der sozialwissenschaftlichen Forschung hingegen orientieren sich zunächst an den von der Gesellschaft absolut gesetzten Verhaltensnormen, die vom Individuum nicht befolgt werden. Sie sehen in den sogenannten Verhaltensstörungen eher Handlungen, die für die abweichende Person problemlösendes Verhalten innerhalb einer individuellen Konfliktlage bedeuten, im Grunde jedoch von strukturellen gesellschaftlichen Problemen und Widersprüchen determiniert sind (zu beiden Erklärungsmodellen vgl. HARTMANN/HERRIGER 1983).

Geschichte. Bemühungen, verhaltensgestörten und sozial auffälligen Kindern zu helfen, haben schon sehr früh eingesetzt. Seit dem 16. Jahrhundert gibt es Besserungsanstalten. Im 17. Jahrhundert führten die Einflüsse des Pietismus zur Gründung von Rettungsanstalten. In ganz besonderem Maße setzten sich im 19. Jahrhundert Sozialreformer und Sozialpädagogen wie J. H. Wichern und G. Don Bosco ein. Während jedoch im Mittelalter Verhaltensauffälligkeiten von Kindern als eindeutige Verstöße und als alleinige Schuld der Kinder selbst angesehen wurden, sind sich die Lehrbuchautoren des 19. Jahrhunderts darüber einig, daß die mit dem Funktionsverlust der Familie einhergehende nachlassende Erziehungsleistung in den unteren Schichten der Bevölkerung die eigentliche Ursache zunehmender Verhaltensprobleme von Kindern ist. Grundsätzlich begegnete man diesen Problemen mit normalpädagogischen Mitteln. Im Laufe der gesellschaftlichen Entwicklung läßt sich ein Wandel in der Anschauung und Definition von Verhaltensauffälligkeiten feststellen. Entsprechend folgt auch eine Differenzierung in der Art der zu ergreifenden pädagogischen Maßnahmen. Eine qualitativ deutliche Änderung ist die erstmalige Absonderung von schwierigen Kindern aus der Normalschule, die in den 20er Jahren dieses Jahrhunderts ihren Ausdruck fand in einer gesonderten Unterrichtung der betroffenen Schüler in „Erziehungsklassen" (vgl. FUCHS 1930). Diese Entwicklung setzte sich nach dem Zweiten Weltkrieg in einer eigenständigen Sonderschulform fort. Dieser Wandel der Schulpädagogik hing eng zusammen mit der Entwicklung in den sogenannten Nachbarwissenschaften der Pädagogik. Tiefenpsychologie und ihre Erweiterung zur „Jugendkunde" sowie die Entwicklung der Psychopathologie innerhalb der Kinderpsychiatrie gewannen eine zunehmende Bedeutung für die allgemeine und die schulische Pädagogik. Das Kind mit seinen spezifischen Entwicklungsbedürfnissen und seinen Erlebnisweisen sowie seinen körperlichen und psychischen Entwicklungshemmungen wurde zunehmend Gegenstand psychiatrischer, psychologischer und pädagogischer Forschung (vgl. MÜLLER 1970). Es entwickelte sich die „Lehre von den Kinderfehlern", die pädagogische Pathologie. Hier wurden erstmalig Erziehungsschwierigkeiten von Kindern nach psychogenetischen Gesichtspunkten untersucht (vgl. STRÜMPELL 1890).

Klassifikation. Der Psychologe Graefe teilt die kindlichen Verhaltensstörungen ein in „*Funktionsstörungen innerhalb der Körpersphäre* (Einnässen, Einkoten, Verstopfung, Eßstörungen, allgemeine motorische Unruhe, Tics, Sprechstörungen wie Stottern und Stammeln, motorische Ungeschicklichkeit, Haltungsfehler und -schwächen, Kopfschmerzen, Schlafstörungen und Sinnesschwächen), *abnorme Gewohnheiten innerhalb der Körpersphäre* (Daumenlutschen, Nägelknabbern, Haarausreißen, Zähneknirschen und exzessive Masturbation), *Störungen der Ichgefühle und Grundstimmung* (allgemeine Ängstlichkeit, Ängstlichkeit in bestimmten Situationen, Kränkelei, Depression, Selbstmordversuche, Euphorien und Lachzustände), *soziale Störungen* (Trotz, Ungehorsam, übertriebene Eifersucht, emotionale Bindungsschwäche, Sprachstörungen wie Mutismus, Einzelgängertum, Schulschwänzen, Übergefügigkeit, Streitsucht, Quälereien von Menschen und Tieren, Hang zum Zerstören und Beschädigen, Brandstiftung, Furcht vor bestimmten Menschen, Tieren oder Dingen, masochistische Regungen, vorzeitiger Geschlechtsverkehr, Exhibitionismus, Clownerien, Prahlerei, Lügen, Naschhaftigkeit, Diebereien und Betrügereien), *Störungen im Tätigkeits- und Leistungsbereich* (Spielstörungen oder Interessenmangel, Auffassungsstörungen, Konzentrationsstörungen, Träumerei, Initiativlosigkeit, Arbeitsunlust, Faulheit, Überfleiß, Unreinlichkeit, Unpünktlichkeit, Unordentlichkeit und Pedanterie)" (GRAEFE 1956, S. 1 ff.; Hervorhebung: H. K.).

Die *Häufigkeit* verhaltensgestörter Schüler im Grundschulalter schwankt, prozentual gesehen, zwischen 17 und 40% (vgl. v. HARNACK 1958, KLUGE 1975, SANDER 1973, THALMANN 1971).

Geschlechtsspezifische Unterschiede. Vor allem Verhaltensstörungen aggressiver Art tauchen bei Jungen häufiger auf als bei Mädchen. Als wichtigste Ursache betrachtet man heute die Einflüsse der Sozialisation in der Familie (Imitationslernen von aggressiven Vätern oder Brüdern, Ermutigung oder Tolerieren physischer Aggressionen bei Jungen, dagegen Unterdrückung dieser Verhaltensweisen bei Mädchen durch Verbot und strengere Strafen). Umgekehrt sind die Verhältnisse bei den Verhaltensstörungen gehemmter Art. Dabei lassen sich in den ersten beiden Schuljahren kaum geschlechtsspezifische Unterschiede feststellen, was das Verhalten von Abhängigkeit, Passivität und Überempfindlichkeit betrifft. Während diese Verhaltensweisen bei Mädchen etwa gleichbleiben, kommen sie bei Jungen in zunehmendem Alter immer seltener vor. Den Grund für diese unterschiedliche Entwicklung sehen die meisten Autoren darin, daß Verhaltensweisen wie Weinen, Träumen und Äußerungen übermäßiger Empfindlichkeit bei Jungen zunehmend als unmännlich verurteilt werden, je älter sie werden. Mädchen lernen eher, daß sie Weinen und Empfindlichkeit erfolgreich als Druckmittel gegen Erwachsene einsetzen können. Das Risiko, dafür abgelehnt oder bestraft zu werden, ist für sie weniger groß als bei einer Selbstbehauptung durch Aggressionen. Insgesamt sind es mehr Jungen, die als verhaltensgestört bezeichnet werden (vgl. BEILIN/WERNER 1957, OTTO 1970). Entscheidend zu diesem Ergebnis trägt sicher bei, daß Verhaltensstörungen gehemmter Art viel seltener dazu führen, ein Kind als verhaltensgestört zu bezeichnen, als Aggressivität.

Zur Entwicklung kindlicher Verhaltensstörungen. *Altersstufen,* in denen Verhaltensstörungen gehäuft auftreten, sogenannte „kritische Phasen", durchlebt das Kind um das fünfte und um das zehnte Lebensjahr. Die Zeit des Übergangs von der „privaten Welt" der Familie in die „öffentliche Welt" des Kindergartens oder der Schule ist als eine Periode besonderer Spannungen zu interpretieren. Sowohl in deutschen als auch in englischen und amerikanischen Untersuchungen stellt sich die Zeit der Übergangsauslese für die höhere Schule als zweite besonders kritische Phase heraus (vgl. SANDER 1973, SHEPHERD u. a. 1973, THALMANN 1971). Situative Faktoren, wie Prüfungsdruck, Verlassen der vertrauten Schule, Übertritt in eine fremde Schule mit fremden Lehrern, fremden Mitschülern, tragen eindeutig zu einer Steigerung von Verhaltensstörungen bei. Deutlich zeigt sich, daß in der Zeit bis zum 12. Lebensjahr Verhaltensstörungen mit größerer Häufigkeit auftreten, als dies nach dem 12. Lebensjahr der Fall ist (vgl. HARBAUER 1968). Die Kindergarten- und Grundschulzeit zählt also keineswegs zur problemlosen Periode im Leben eines Kindes, auch wenn Eltern und Lehrer die Phase der Pubertät subjektiv als schwieriger erleben. Tatsächlich nehmen jedoch Anzahl und Häufigkeit der Verhaltensstörungen deutlich ab.

Bei der *Entstehung* kindlicher Verhaltensstörungen handelt es sich grundsätzlich immer um ein komplexes Interaktionsgefüge von verschiedenen Komponenten, deren Auswirkungen auf jede einzelne Störung im nachhinein nur schwer bestimmt werden kann. Die Ergebnisse der Erbforschung sprechen dafür, daß es eine genetische Komponente der Persönlichkeitsmerkmale Angstbereitschaft, Soziabilität, Impulsivität und Hyperaktivität gibt (vgl. ZERBIN-RÜDIN 1974). Die Höhe der Intelligenz scheint eher mit schulischen als mit außerschulischen Verhaltensstörungen in Zusammenhang zu stehen, und zwar eher im Sinne einer Wechselwirkung, nicht so sehr in einem Ursache-Wirkung-Verhältnis in nur einer Richtung. Zu den wichtigsten Ursachen gehören nach Meinung einiger Kinderpsychiater die frühkindlichen Hirnschäden (minimal zerebrale Dysfunktion), die durch Krankheiten und Komplikationen bei der Geburt (etwa Sauerstoffmangel des Kindes) entstehen können (vgl. GÖLLNITZ 1954, LEMPP 1964).

Das pädagogische Denken der letzten 35 Jahre wurde stark geprägt von der psychologischen Erkenntnis, daß es sich auf die Entwicklung eines Säuglings oder Kleinkindes nachteilig auswirkt, wenn das Kind keine Gelegenheit erhält, eine Bindung zu einer oder einigen wenigen Pflegepersonen aufzubauen. Dauer und Häufigkeit von Trennungen haben einen starken Einfluß auf die psychische Gesundheit des Kindes. Dabei scheinen kurze Trennungen, die sich wiederholen (so beispielsweise bei Berufstätigkeit der Mütter), nur dann negative Auswirkungen zu haben, wenn das Kind in dieser Zeit vernachlässigt, also nicht ausreichend beaufsichtigt ist (vgl. BOWLBY 1975, MAHLER 1983, SPITZ 1974).

Nicht nur unterbrochene Bindungen, sondern auch unbefriedigende Beziehungen zwischen Eltern und Kind wirken krankheitserzeugend. Deutliche Zusammenhänge wurden nachgewiesen zwischen kindlichen Verhaltensstörungen und gestörten Familienverhältnissen oder unvollständigen Familien (längere Abwesenheit eines Elternteils, chronische Krankheit eines Elternteils, eheliche Disharmonie und ausgeprägte Krisensituation wie Ehescheidung, Verwaisung). Elternkonflikt und kindliche Ver-

haltensstörung bedingen einander (vgl. RICHTER 1963). Faktoren, die eine erziehliche Belastungssituation zusätzlich beeinflussen können, sind eine ungünstige wirtschaftliche Lage, beengte Wohnverhältnisse, Kinderreichtum und ungünstige Wohnumgebung.
Die *Eltern von Problemkindern* sind in der Regel belastete Eltern, deren Verhalten sich nicht nur durch gelegentliche, situationsbedingte Erziehungsfehler auszeichnet, sondern durch eine relativ fixierte Praxis falscher oder fehlender Erziehung. Fehlerziehungsformen, die Verhaltensstörungen bei Kindern begünstigen, sind sowohl die sehr dirigistische Erziehung als auch die eher vernachlässigende Erziehung (vgl. TAUSCH/TAUSCH 1971). Auch Erziehungshärte in Form von Drohungen, abwertender Kritik, Warnung vor harten Strafen, Beschämung und ähnlichem wirkt sich negativ aus und kann beim Kind zu allgemeiner Ängstlichkeit und Unsicherheit oder zu Trotz- und Abwendungshaltungen führen. Überbehütung, ein Zuviel an Hilfe und Wunscherfüllung kann andererseits sehr dynamische Kinder geradezu drängen, eigene Wünsche zu übersteigern und die Ansprüche der Umgebung unbeachtet zu lassen oder sie völlig zurückzudrängen. Leistungen stehen ausschließlich im Dienste der Selbstdarstellung. Weniger dynamische Kinder werden initiativschwach und unselbständig. Wenn das Kind sehr divergierenden Erziehungseinflüssen ausgesetzt ist, wenn also die Eltern zwischen Härte und Gewährenlassen schwanken, reagiert es oft mit Verwirrung, Desorientierung, Unsicherheit und Angst.
Deutliche Einflüsse auf die psychische Entwicklung des Kindes haben die *Stellung in der Geschwisterreihe* und die Geschwisterrivalität. Das älteste Kind ist oft aggressiver, empfindlicher, motorisch unruhiger als später geborene. Das jüngste Kind ist seltener in der Problemkindergruppe vertreten als ältere oder mittlere Kinder. Geschwisterrivalität ist, verbunden mit der oft unangemessenen Reaktion der Eltern, häufig Ursache von Verhaltensstörungen (vgl. THALMANN 1971). Bei Einzelkindern findet man häufiger Ängstlichkeit, phobische Reaktionen, während Konzentrationsstörungen und antisoziales Verhalten fast gänzlich fehlen.
Ein stark verhaltensauffälliges Kind wird sowohl zu Hause als auch in der Schule Anlaß für Probleme geben. Eine Übereinstimmung von 80-91% fand sich bei den Symptomen Psychomotorik, Stereotypien, Daumenlutschen, Sprachstörungen, Kontaktfähigkeit, Konzentrationsfähigkeit und Schulschwänzen (vgl. THALMANN 1971). Trotzdem kann ein Einzelkind seinen Eltern völlig angepaßt und unauffällig erscheinen, während in der Klassengemeinschaft ernste Probleme sozialer Anpassung auftreten. Eltern können an ihrem Kind Überforderungserscheinungen wahrnehmen, die ein ausschließlich an der Leistung orientierter Lehrer nicht erkennt. Eltern und Lehrer gehen oft von verschiedenen Normen für normales Verhalten aus.
Grundsätzlich sind Verhaltensstörungen häufig gekoppelt mit *Störungen im schulischen Leistungsbereich*. Hauptsächlich betroffen sind die Kulturtechniken Lesen, Rechtschreiben und Rechnen, aber auch Erfahrungswissen und Sprachvermögen. Die Leistung eines Schülers beeinflußt in der Regel stark das Bild, das sich der Lehrer von ihm macht. Ein guter Schüler wird vom Lehrer häufig auch allgemein positiv, ein schlechter Schüler eher allgemein negativ gesehen. Angesichts dieses ausgeprägt negativen Stereotyps des schlechten Schülers konstatieren und erwarten viele Lehrer Unaufmerksamkeit, mangelndes Interesse an der Schule, Langsamkeit, Unordentlichkeit, sogar ausgesprochen moralische Minderwertigkeit wie Unehrlichkeit, Lügen, Stehlen, verfrühtes sexuelles Interesse (vgl. HÖHN 1967,

THALMANN 1971). Verhaltensgestörte Schüler haben in ihrer Klasse wenig soziales Prestige und bekommen in der Regel von ihren Mitschülern wenig Integrationsmöglichkeiten geboten. Meist werden sie von diesen getadelt, abgelehnt, verächtlich gemacht, aggressiv behandelt und beim Lehrer angeschwärzt. Nur am Einzelfall läßt sich feststellen, ob Verhaltensstörung abweisende Reaktionen von Mitschülern provoziert oder ob Verhaltensstörung ihrerseits als Reaktion auf die Ablehnung der Mitschüler zu verstehen ist. Möglicherweise offenbart sich hier ein Circulus vitiosus, der, wenn er nicht durchbrochen wird, diesen Kindern keine befriedigende Sozialisation ermöglicht.

Maßnahmen. Die hohe Zahl von verhaltensgestörten Kindern macht deutlich, daß bisher vorhandene Fachkräfte und Institutionen keineswegs ausreichen. Hinzu kommt, daß vor allem bei Eltern der soziokulturell deprivierten Schicht ein massives Informationsdefizit in Erziehungs- und Bildungsfragen vorliegt, trotz zunehmender staatlicher Präventivmaßnahmen in der Elternbildung (vgl. BUNDESMINISTERIUM FÜR JUGEND, FAMILIE UND GESUNDHEIT 1975). Noch immer ist es so, daß Eltern der Ober- und Mittelschicht häufiger den Rat einer Institution aufsuchen als Eltern der Unterschicht; verhaltensgestörte Kinder der Arbeiterschicht werden meist einem praktischen Arzt vorgestellt, Kinder der Ober- und Mittelschicht dagegen in der Regel einer Erziehungsberatungsstelle, einem Psychiater oder einem Psychotherapeuten.

Nach den Empfehlungen der Ständigen Konferenz der Kultusminister der Länder in der Bundesrepublik Deutschland (vgl. KMK 1972) soll den Schülern, deren Verhalten von Lehrern als auffällig angesehen wird, mit einem Katalog von Maßnahmen geholfen werden. Zunächst hat der Klassenlehrer die Aufgabe, den Ursachen und Störungen im psychischen und sozialen Bereich nachzugehen und abzuhelfen. In der pädagogischen Praxis sind an diesem Punkt viele Lehrer überfordert. Intensiver als bisher müßten bereits Pädagogikstudenten mit der Tatsache von verhaltensgestörten Schülern, den möglichen Ursachen und praktikablen schulischen Präventivmaßnahmen vertraut gemacht werden. Dringend erforderlich ist die ständige Weiterbildung der Lehrer vor Ort, also in der Schule, in Form von Fallbesprechungen mit psychologisch geschulten Beratern. Bewährt hat sich das psychoanalytische Fallseminar in Gestalt der Balintgruppe, in welcher Lehrer wirksame Hilfe in aktuellen Konfliktsituationen finden können. Nach Empfehlung der KMK sollen akute Problemfälle unter Einbeziehung der Eltern und Lehrer von schulpsychologischen Diensten mit Hilfe von Einzelberatung betreut oder an die Erziehungsberatungsstelle außerhalb der Schule verwiesen werden. Häufen sich jedoch trotz aller Hilfsangebote die auffälligen und störenden Verhaltensweisen eines Schülers, wird von der KMK als weitere schulische Maßnahme Versetzung in eine Parallelklasse derselben Schule oder die Versetzung in die entsprechende Klasse einer anderen Schule angeraten. Als äußerste Maßnahme gilt schließlich die Versetzung eines Schülers in eine „Schule für Verhaltensgestörte". Die Lösung eines Schülers aus einem bestimmten Klassenverband kann eine durchaus sinnvolle Maßnahme sein. Die Zusammensetzung einer Klasse gilt ja als echter Risikofaktor im Hinblick auf den Modelleinfluß, den Schüler gegenseitig haben können (vgl. HAVERS 1978). Umschulung hat sich jedoch wie Sitzenbleiben als äußerst problematische pädagogische Maßnahme erwiesen (vgl. KERN 1974). Mit der Einrichtung von „Schulen für Verhaltensgestörte" erfolgte eine institutionelle Separierung vom Normalschulwesen mit allen Nachteilen, die Aussonderungs-

Verhaltensstörung

maßnahmen beinhalten können, wie Stigmatisierungsprozesse, verminderte Sozialchancen, ... (vgl. HOMFELDT 1974). Zu Recht sprachen sich daher verschiedene pädagogische Gutachter in ihrem Gutachten für den Deutschen Bildungsrat 1974 für ein System abgestufter, sonderpädagogischer Maßnahmen von unterschiedlicher Intensität und Reichweite im Rahmen der Normalschulen aus (vgl. BITTNER u. a. 1974). All diese Vorschläge blieben jedoch bis heute weitgehend ohne Wirkung. Ausgliederung von verhaltensgestörten Schülern findet nach wie vor statt.

BEILIN, H./WERNER, E.: Sex Differences among Teachers in the Use of the Criteria of Adjustment. In: J. of E. Psych. 48 (1957), S. 426 ff. BELSCHNER, W. u. a.: Verhaltenstherapie in Erziehung und Unterricht, Stuttgart 1973. BITTNER, G./THALMANN, H.-C.: Über die Verbreitung psychischer Störungen bei Kindern im Grundschulalter. In: Z. f. P. 16 (1970), S. 83 ff. BITTNER, G. u. a.: Schule und Unterricht bei verhaltensgestörten Kindern. In: DEUTSCHER BILDUNGSRAT (Hg.): Sonderpädagogik 4. Gutachten und Studien der Bildungskommission, Bd. 35, Stuttgart 1974, S. 13 ff. BOWLBY, J.: Bindung, München 1975. BOWLBY, J.: Trennung, München 1976. BUNDESMINISTER FÜR JUGEND, FAMILIE UND GESUNDHEIT (Hg.): Bericht über die Lage der Familie in der Bundesrepublik Deutschland. Zweiter Familienbericht, Bundestagsdrucksache 7/3502, Bad Godesberg 1975. DÜHRSSEN, A.: Psychogene Erkrankungen bei Kindern und Jugendlichen, Göttingen 1976. FLISSIKOWSKI, R.: Vom Prügelstock zur Erziehungsklasse für „schwierige" Kinder, München 1980. FUCHS, A.: Erziehungsklassen für schwererziehbare Kinder der Volksschulen, Halle 1930. GÖLLNITZ, G.: Die Bedeutung der frühkindlichen Hirnschädigung für die Kinderpsychiatrie, Leipzig 1954. GRAEFE, O.: Zur Klassifizierung kindlicher Verhaltensstörungen. In: Psych. Rsch. 7 (1956), S. 1 ff. HARBAUER, H.: Anfälligkeiten des Kindes im Schulalter bis zur Pubertät. In: STUTTE, H./HARBAUER, H.: Concilium paedopsychiatricum, Basel 1968, S. 120 ff. HARBAUER, H. u. a.: Lehrbuch der speziellen Kinder- und Jugendpsychiatrie, Berlin/Heidelberg/New York 1971. HARNACK, G. A. v.: Nervöse Verhaltensstörungen beim Schulkind, Stuttgart 1958. HARTMANN, K./HERRIGER, N.: Verwahrlosung. In: Enzyklopädie Erziehungswissenschaft, Bd. 8, Stuttgart 1983, S. 631 ff. HAVERS, N.: Erziehungsschwierigkeiten in der Schule, Weinheim/Basel 1978. HÖHN, E.: Der schlechte Schüler, München 1967. HOMFELDT, H. G.: Stigma und Schule, Düsseldorf 1974. HUBER, F.: Pädopathologie der Verhaltensauffälligkeit, Diss., Heidelberg 1982. KERN, H. J.: Verhaltensmodifikation in der Schule, Stuttgart/Berlin/Köln/Mainz 1974. KIRK, S. A.: Verhaltensstörungen bei Kindern. In: KIRK, S. A.: Lehrbuch der Sondererziehung, Berlin 1971, S. 418 ff. KLUGE, K. J.: Sie prügeln sich und leisten wenig, Neuburgweier 1975. KLUGE, K. J./BENZEL, W.: Schulen für Verhaltensauffällige, Berlin 1974. KMK: Empfehlungen zur Ordnung des Sonderschulwesens, Neuwied 1972. KNOCHE, W.: Jungen, Mädchen, Lehrer und Schulen im Zensurenvergleich, Weinheim 1969. LEMPP, R.: Frühkindliche Hirnschädigung und Neurose, Bern/Stuttgart 1964. LEMPP, R.: Eine Pathologie der psychischen Entwicklung, Bern/Stuttgart 1967. MAHLER, M. S.: Symbiose und Individuation, Stuttgart 1983. MÜLLER, R. G. E.: Verhaltensstörungen bei Schulkindern, München/Basel 1970. OTTO, K.: Disziplin bei Mädchen und Jungen, Berlin 1970. RICHTER, H.-E.: Eltern, Kind und Neurose, Stuttgart 1963. SANDER, A.: Die statistische Erfassung von Behinderten in der Bundesrepublik Deutschland. In: MUTH, J. (Hg.): Behindertenstatistik, Früherkennung, Frühförderung. Deutscher Bildungsrat: Gutachten und Studien der Bildungskommission, Bd. 25, Stuttgart 1973, S. 13 ff. SHEPHERD, M. u. a.: Auffälliges Verhalten bei Kindern. Verbreitung und Verlauf, Göttingen 1973. SPITZ, R. A.: Vom Säugling zum Kleinkind, Stuttgart 1974. STRÜMPELL, L.: Die Pädagogische Pathologie oder die Lehre von den Fehlern der Kinder, Leipzig 1890. TAUSCH, R./TAUSCH, A.-M.: Erziehungspsychologie, Göttingen 1971. THALMANN, H.-C.: Verhaltensstörungen bei Kindern im Grundschulalter, Stuttgart 1971. ZERBIN-RÜDIN, E.: Vererbung und Umwelt bei der Entstehung psychischer Störungen, Darmstadt 1974.

Hildburg Kagerer

Abkürzungsverzeichnis der zitierten Zeitschriften

a) deutschsprachige Zeitschriften

a. pol. u. zeitgesch.	– aus politik und zeitgeschichte
Ästh. u. Komm.	– Ästhetik und Kommunikation
Bayer. S.	– Bayerische Schule
betr. e.	– betrifft: erziehung
Bl. f. Dt. Phil.	– Blätter für Deutsche Philosophie
B. u. E.	– Bildung und Erziehung
D. Bürg. im Staat	– Der Bürger im Staat
D. Dt. S.	– Die Deutsche Schule
D. Dtu.	– Der Deutschunterricht
Dem. E.	– Demokratische Erziehung
D. Ganztagss.	– Die Ganztagsschule
D. Grunds.	– Die Grundschule
Disk. Dt.	– Diskussion Deutsch
D. öffentl. Verw.	– Die öffentliche Verwaltung
D. Reals.	– Die Realschule
D. Swarte.	– Die Schulwarte
Ev. Theol.	– Evangelische Theologie
For. Jughilfe.	– Forum Jugendhilfe
Gess.	– Gesamtschule
Hauswirtsch. u. W.	– Hauswirtschaft und Wissenschaft
Heilp. Fo.	– Heilpädagogische Forschung
Hörgeschädigtenp.	– Hörgeschädigtenpädagogik
Info. z. e.- u. bhist. Fo.	– Informationen zur erziehungs- und bildungshistorischen Forschung
Int. Read. Assoc./D-Beitr.	– International Reading Association/D-Beiträge
J. f. Math.-Did.	– Journal für Mathematik-Didaktik
Köln. Z. f. Soziol. u. Sozialpsych.	– Kölner Zeitschrift für Soziologie und Sozialpsychologie
Kunst u. U.	– Kunst und Unterricht
Ling. Ber.	– Linguistische Berichte
Ling. u. Did.	– Linguistik und Didaktik
Mat. z. pol. B.	– Materialien zur politischen Bildung
Mitt. u. Nachr. (DIPF)	– Mitteilungen und Nachrichten (Deutsches Institut für Internationale Pädagogische Forschung)
n. hefte f. phil.	– neue hefte für philosophie
N. Rsch.	– Neue Rundschau
N. Samml.	– Neue Sammlung
Osnabr. Beitr. z. Sprachth.	– Osnabrücker Beiträge zur Sprachtheorie
Prax. d. Kipsych. u. Kipsychiat.	– Praxis der Kinderpsychologie und Kinderpsychiatrie
P. Rsch.	– Pädagogische Rundschau
Psych. Beitr.	– Psychologische Beiträge

Psych. in E. u. U.	– Psychologie in Erziehung und Unterricht
Psych. Rsch.	– Psychologische Rundschau
P. Welt	– Pädagogische Welt
R. d. Jug. u. d. Bwes.	– Recht der Jugend und des Bildungswesens
Sachu. u. Math. in d. Primarst.	– Sachunterricht und Mathematik in der Primarstufe
Soz. Welt	– Soziale Welt
spiel. u. lern.	– spielen und lernen
S. u. Psych.	– Schule und Psychologie
Theol. Pract.	– Theologia Practica
Vjs. f. Behindp.	– Vierteljahresschrift für Behindertenpädagogik
Vjs. f. Heilp. u. ihre Nachbargeb.	– Vierteljahresschrift für Heilpädagogik und ihre Nachbargebiete
Vjs. f. w. P.	– Vierteljahresschrift für wissenschaftliche Pädagogik
Westerm. P. Beitr.	– Westermanns Pädagogische Beiträge
Wirk. Wo.	– Wirkendes Wort
Zentrbl. f. Did. d. Math.	– Zentralblatt für Didaktik der Mathematik
Z. f. Entwpsych. u. P. Psych.	– Zeitschrift für Entwicklungspsychologie und Pädagogische Psychologie
Z. f. germanist. ling.	– Zeitschrift für germanistische linguistik
Z. f. Indivpsych.	– Zeitschrift für Individualpsychologie
Z. f. Kath. B.	– Zeitschrift für Katholische Bildung
Z. f. P.	– Zeitschrift für Pädagogik
Z. f. Soziol.	– Zeitschrift für Soziologie

b) englischsprachige Zeitschriften

Am. J. of Orthopsychiat.	– American Journal of Orthopsychiatry
Am. Psychologist	– American Psychologist
Ch. Dev.	– Child Development
eur. j. of soc. psych.	– european journal of social psychology
Harv. E. Rev.	– Harvard Educational Review
J. of E.	– Journal of Education
J. of. E. Psych.	– Journal of Educational Psychology
J. of Read. Specialist	– Journal of Reading Specialist
J. of Res. in Read.	– Journal of Research in Reading
Monogr. of the Society f. Res. in Ch. Dev.	– Monographs of the Society for Research in Child Development
Psych. Rep.	– Psychological Reports
Read. Res. Quart.	– Reading Research Quarterly
The J. of E. Psych.	– The Journal of Educational Psychology
The J. of Psych.	– The Journal of Psychology
Th. into Prac.	– Theory into Practice
Young Ch.	– Young Children

c) französischsprachige Zeitschriften

Arch. de psych.	– Archives de psychologie

Register

Namenregister

Das Namenregister enthält alle in diesem Band genannten Namen von Personen und Institutionen, wie Berufsvereinigungen, Fachverbände, nationale und internationale Kooperationen, Kommissionen und weitere Zusammenschlüsse im Bildungsbereich. Es ist grundsätzlich jede Seite aufgenommen worden, wo der Name **genannt** wird.

Bei einem Namen, dem kursive Seitenzahlen folgen, handelt es sich um den Namen eines Autors dieses Bandes. Die kursiven Seitenzahlen verweisen auf seinen Beitrag.

Ein → findet sich hinter der Abkürzung von Institutionennamen. Er verweist auf den vollständigen Namen der Institution, unter dem sich die Seitenangaben befinden.

Sachregister

Das Sachregister enthält Verweise auf die Titel der Lexikonbeiträge und auf alle Textstellen sowohl des Handbuch- als auch des Lexikonteils, die Auskünfte über das betreffende Stichwort enthalten.

Auf lexikalische Artikel, die ein Stichwort gesondert behandeln, wird durch Fettdruck des Stichwortes und kursiv gesetzte Seitenangaben besonders hingewiesen.

Institutionen, wie Berufsvereinigungen, Fachverbände, nationale und internationale Kooperationen, Kommissionen und weitere Zusammenschlüsse im Bildungsbereich enthält das Namenregister.

Ein ↗ verweist auf verwandte Begriffe, die in einem inhaltlichen Zusammenhang mit dem bereits genannten Terminus stehen.

Ein → bedeutet, daß die gesuchte Information nicht unter diesem, sondern unter einem anderen Stichwort gegeben wird.

Namenregister

Abelson, W.D. 247, 254
Abel-Struth, S. *382-388*
Abrahams, F.F. 235, 254, 264, 277
Adl-Amini, B. 136, 187
Adler, A. 288, 353
Adorno, G. 171
Adorno, Th.W. 74, 140f., 171f., 188
Adrion, D. 391
Aebli, H. 80, 88, 120
Aktionsgemeinschaft Deutscher Montessori-Vereine e.V. 435
Albee, E. 263
Alberti, L.B. 274, 277
Allport, G.W. 350, 353
Alt, M. 383, 387
Ambros, J. 412, 418
AMI → Association Montessori Internationale
Ammon, U. 388, 391
Amt für Schule (Hamburg) 455
Anderson, L.W. 240, 245, 256
Anderson, R.B. 248, 254
Andresen, H. 193, 196, 198, 201ff., 223, 367f., 423f.
Apel, H.J. 127, 136
Arbeiterwohlfahrt (Bundesverband) 300
Arbeitsgemeinschaft für Jugendhilfe 300
Arbeitsgruppe für Unterrichtsforschung (Göttingen) 405, 409
Arbeitsgruppe Schülertagesstätte 290, 294, 297, 300
Arbeitskreis Grundschule e.V. 319, 323, 368
Arendt, D. 358, 362
Ariès, Ph. 274, 277, 348, 353, 437, 440
Aristoteles 155, 222
Ashton, P. 444, 450
Association Montessori Internationale (AMI) 425, 435
Auernheimer, R. 321, 323
Augst, G. 197, 223f., 419, 424
Augustinus 38, 49, 392
Auwärter, M. 122, 277f., 300
Avineri, S. 159, 171
Axline, V. 85, 120, 266, 277, 361f., 463f.

Baacke, D. 352f., 360, 362
Bach, H. 257
Badinter, E. 271, 277
Baer, J. 193, 223
Bahrdt, H.P. 319f., 323

Bahro, R. 238, 254
Baldermann, I. 401
Balhorn, H. 193, 198, 223, 366, 368, 388, 391, 424
Bandel, J.v. 274, 277
Bandura, A. 438ff.
Bannmüller, E. 47, 49, 376f.
Barkey, P. 347, 353
Bartels, K. 351, 353
Barth, H. 123
Barthes, R. 39, 49
Bartnitzky, H. 350, 353, 382
Basedow, J.B. 145ff., 158, 163f., 166, 171, 374
Basse, O. 401
Bastian, J. 74, 110, 120
Bateson, G. 92, 120, 273, 277, 358, 362, 440
Bauer, A. 232f., 254
Bauer, K.W. 370, 373
Bauer, S. 192, 223
Bauersfeld, H. 84, 120, 382
Baumann, R. 242, 254
Baumgärtner, A.C. 424
Bäumler, A. 419
Bausinger, H. 407, 409
Beck, G. 402, 407ff.
Beckedorff, G.Ph.L. 127, 136
Becker, B. 347, 353
Becker, C.H. 128f., 136f.
Becker, E. 131, 136
Becker, H. 132, 136, 312, 323
Becker, R.Z. 153, 171f.
Beckmann, H.-K. 130, 136
Begemann, E. 232, 254
Beicht, W. 236, 254
Beilin, H. 466, 470
Beinlich, A. 354f., 357f., 362, 420, 424
Beller, E.K. 239f., 243f., 254
Belschner, W. 470
Belser, H. 232, 254
Benjamin, W. 355, 362
Benn, C. 450
Benner, D. 158, 171, 182, 187, 350, 353
Benzel, W. 470
Bereiter, C. 243f.
Berg, Ch. 304, 306f., 323
Berg, J. van den 333, 336
Berg, V., Ch. 307
Berger, P. 266, 277
Bergius, R. 90, 120
Bergk, M. 192, 201, 223, 388, 390f.
Bernsdorf, W. 324

475

Bernstein, B. 77, 79, 98, 121, 237, 251, 265, 270, 272, 277
Bertelsmann-Stiftung 358
Berthold, S. 391
Beuys, B. 274, 277
Biermann, R. 254, 257
Bierwisch, M. 28, 49, 82, 121, 193, 195, 206, 223, 389, 391
Binder, A. 362
Bitschin, K. 274, 277
Bittermann, A. 207, 223
Bittner, G. 470
Blandow, I. 300
Blankertz, H. 52, 74, 184, 187, 219, 223
Blasche, S. 154f., 157ff., 171
Blass, J.L. 39, 49
Bleidick, U. 207, 213, 223
BLK → Bund-Länder-Kommision für Bildungsplanung und Forschungsförderung
Blöcher, E. 202, 223
Blochmann, E. 463f.
Blonskji, P.P. 42
Bloom, B.S. 84, 113, 121f., 237
Blumenberg, H. 35, 49, 437, 440
Blumenthal, A. 188
Board of Education (Hadow- Report) 443, 451
Boehm, U. 323
Boehncke, H. 224
Boettcher, W. 422, 424
Böhm, F. 249f., 254
Bollmann, H. 74
Bollnow, O.F. 42f., 49f., 351f.
Bolscho, D. 455
Bornscheuer, L. 42, 49
Börsenverein des Deutschen Buchhandels e.V. 172
Bosch, B. 189f., 195f., 209, 221ff.
Bosshart, E. 278
Bourdieu, P. 23, 49
Bowlby, J. 467, 470
Brackert, H. 226
Brandl, G. 283, 285, 287
Braun, G. 383, 387
Braun, M. 242, 246, 254
Braun, W. 422
Braunmühl, E.v. 349, 353
Breuer, H. 205, 223
Breuninger, H. 368
British and Foreign Schools Society 307
Bronfenbrenner, U. 238ff., 244, 246, 253f., 267, 269f., 277, 320f., 323, 335f.
Brophy, J.E. 79, 121
Brown, B. 240, 254ff.
Brück, H. 350, 353

Brückl, H. 221, 413, 417f.
Bruder, K.-J. 300
Brügelmann, H. 24, 49, 193, 199f., 205, 223
Brüggemann, Th. 362, 366, 396, 401
Brumlik, M. 265, *327-332*
Bruner, J.S. 90, 123, 190, 223, 269, 277, 405, 409
Brunner, O. 172, 304, 323
Brusten, M. 233f., 254
Bubenheimer, U. 401
Buchenau, A. 50
Bücher, K. 46, 49
Buck, G. 436, 440
Bugenhagen, J. 394
Bühl, W.L. 50
Bühler, H. 98, 121, 358
Bundesministerium für Bildung und Wissenschaft 300
Bundesministerium für Jugend, Familie und Gesundheit 263, 276f., 469f.
Bund-Länder-Kommission für Bildungsplanung und Forschungsförderung (BLK) 255, 290
Bünner, G. 47, 49
Bürger, Ch. 362
Burgess, E.W. 264, 277
Burk, K. 121, 351, 353
Buschbeck, B. 401
Busemann, A. 177
Buth, M. 340, 344f.
Büttner, Ch. 464
Buytendijk, F.J.J. 460, 464

Caldwell, B.M. 255
Campe, J.H. 189, 209, 215ff., 223, 274, 355f., 360, 362, 396, 401
Campenhausen, A.v. 314, 323
Carpenter, T. 382
Carroll, L. 237, 354, 357f., 360, 362
Castrup, K.H. 193, 203, 223
Cazden, C.B. 439f.
Chateau, J. 43, 49
Cherubim, D. 193, 223
Chodowiecki, D.Ch. 147, 171
Chomsky, C. 193, 203, 223
Chomsky, N. 97ff., 103, 121, 230, 236, 338f., 345
Christiani, R. 382
Churchill, W. 309, 323
Cicero 42, 49
Cicirelli, B. 240, 254
Claessens, D. 262, 266, 273, 277
Claußen, B. 281, 287
Claussen, C. 402, 407ff.

Clemen, C. 401
Cohn, R.C. 352f.
Cohrs, F. 394, 401
Coleman, J.S. 231, 254
Comenius, J.A. 331f., 383, 395, 401
Comte, A. 150
Condillac, E.B.de 33
Conze, W. 323f.
Cook, T.D. 254ff.
Cook-Gumperz, J. 236, 254
Cooper, D. 262, 277
Coopersmith, S. 247, 254
Coulmas, F. 190, 194, 196, 223
Curtis, S.J. 442, 450
Curtius, E.R. 27, 49

Dahme, H.J. 50
Dahrendorf, M. 354, 356, 362, 422, 424
Dahrendorf, R. 313, 323
Daiber, J. 413, 418
Damon, W. 254
Darlington, R.B. 240ff., 245, 256
Dassau, P. 403, 409
Dathe, G. 223
Datta, L. 240f., 247, 254
Daublebsky, B. 464
Decroly, O. 82, 121, 180, 187
Defoe, D. 215
Dehn, M. 14, *189-226*, 223, 366ff., 418f., 424
Dehn, W. 354, 362
Deiters, H. 318, 323
Delekat, F. 331f.
De Mause, L. 270, 277
Denis-Prinzhorn, M. 114, 121, 345
Dent, H.C. 442f., 450
Department of Education and Science (England) 309, 312f., 317, 322f., 443f., 446, 448, 450f.
Derbolav, J. 122, 124
Derrida, J. 27ff., 36, 49
Derschau, D.v. 234, 254, 333, 335f.
Descartes, R. 327
Destutt de Tracy, A.L.C. 33
Deutsche Forschungsgemeinschaft (DFG) 226
Deutscher Bildungsrat 74, 121ff., 181, 184, 187, 229, 253f., 257, 288, 313ff., 319, 323, 377, 402f., 405, 409, 470
Deutscher Börsenverein 358
Deutscher Juristentag 167, 172
Deutscher Lehrerverein 177
Deutscher Städtetag 312, 323
Deutscher Volkshochschul-Verband (DVV) 278

Deutsches Institut für wissenschaftliche Pädagogik 49
Deutsches Jugendinstitut 245, 254
Dewey, J. 185, 187, 407
DFG → Deutsche Forschungsgemeinschaft
Di Chio, V.A. 398, 401
Diem, L. 376f.
Diener, K. 193, 201, 223
Diesterweg, F.A.W. 128, 136, 306, 397
Dietlein, H. 412, 418
Dietrich, Th. 278, 441
Dietz, B. 336
Dietze, L. 313, 323
Differenzierte Grundschule München am Heinrich-Braun-Weg 250, 254
Dilthey, W. 37, 49
Doderer, K. 224, 354, 356, 362
Doehlemann, M. 347, 353
Doisé, W. 113, 121
Doktor, W. 270, 277
Dollard, J. 439f.
Dollase, R. 246, 254, 256, 456, 458
Domin, H. 24, 49
Don Bosco, G. 465
Donzelot, J. 274, 277, 291f., 300
Dörner, D. 200, 223
Dornseiff, F. 34f., 49
Dörpfeld, F.W. 307, 323
Dostal, K. 416, 418
Downing, J. 193, 196f., 201, 222f., 226, 366, 368
Drecoll, F. 224
Dreikurs, R. 284, 288
Dühnfort, E. 410, 416, 418
Dührssen, A. 470
Dumke, D. 249, 254
Dummer, L. 207, 213, 224
Duncker, K. 200, 224
Durkheim, E. 144, 171
DVV → Deutscher Volkshochschul-Verband
Dyer, J.L. 244, 247, 256

Ebni, H. *373-377*
Eco, U. 361f.
Edelstein, W. 91, 121f., 125, 236, 254
Eggers, Th. 401
Eggersdorfer, F. 277
Ehlich, K. 98, 121, 194, 223
Ehling, B. 194, 207f., 224
Ehmer, H.K. 369, 372f.
Ehni, H. *373-377*, 377
Ehrhardt-Plaschke, A. 300
Eichler, W. 82, 84, 121, 193, 197, 203, 224ff., 388, 390f., 412, 418

477

Eigler, G. 299f., 333, 335f.
Eigler, H. 231, 254
Einsiedler, W. 406, 409
Eisenberg, P. 194, 224
Elkonin, D.B. 213, 224
Ellscheid, G. 144, 171
Ellwein, Th. 314, 323
Elsner, H. 432, 435
Ende, M. 354
Engelmann, S. 243f.
Engelsing, R. 194, 207f., 212, 218, 224
Englert, L. 137
Enzensberger, Ch. 358, 362
Enzensberger, H.M. 358, 362
Erikson, E.H. 85, 91f., 121, 266, 277, 460, 464
Esser, W.G. 401
Eucker, J. 372f.
Ewers, H.-H. 356, 362, 399, 401
Ewert, O.M. 242, 246, 254
Exner, H. 276f.

Fähmel, I. 433, 435
Fahrner 413, 418
Falk, A. 383
Faßheber, M. 242, 254
Fatke, R. 322f., 441
Felbiger, J.I.v. 149, 166, 171
Fend, H. 352f.
Ferdinand, W. 192, 224, 335f.
Ferreiro, E. 366, 368
Fertig, L. 147, 171
Fiedler, U. 13ff., *75-125*, 99f., 111, 114, 119, 121, 328, 332, *338-346*
Fink, E. 459, 464
Finke, F. 363
Fischer, A. 22, 42, 49
Fischer, D. 193, 199, 223, 281, 288, 398, 401
Fischer, R. 433, 435
Fisher, H.A.L. 308
Flavell, J.H. 200, 224, 341, 344f.
Flissikowski, R. 470
Flitner, A. 332, 408f., 463f.
Flitner, W. 22, 49, 181, 183, 187, 351, 353, 406ff., 439, 441
Floer, J. 382
Fodor, J.A. 121, 345
Forschungsgruppe „Pädagogik des naturwissenschaftlich/technischen Unterrichts" an der Universität Essen 406, 409
Forster, W.E. 309
Fraas, H.J. 401
Francke, A.H. 274, 277, 396f., 401
Frangk, F. 211f.
Frank, A. 361

Frankenberg, G. 145, 165, 171
Franzmann, B. 359f., 363
Freese, H.-L. 336
Freinet, C. 73f., 79, 121, 180, 193, 224, 423, 459, 464
Freire, P. 26, 49
Freud, S. 230, 353
Freudenthal, H. 340, 345, 380, 382
Fricke, A. 378
Friedrich, D. 122
Friedrich II. 219
Friedrich Wilhelm I. 145
Frisch, H.v. 304, 323
Fritzsch, Th. 171
Fritzsche, J. 424
Fröbel, F. 24, 42, 271, 291, 329ff., 374, 383, 397, 438, 440, 463f.
Frohn, H. 281, 288
Frost, J. 252, 254
Frostig, M. 205, 224
Fuchs, A. 465, 470
Fuchs, P. 387
Fuchßberger, O. 212
Fuhrmann, M. 460, 464
Fuhrmann, P. 79, 88, 121, 234, 254, 335f.
Fürntratt, E. 281, 288
Furth, H.G. 99, 121

Gabler, H. 373, 377
Gadamer, H.-G. 460, 464
Gagné, R.M. 90, 113, 121
Gahagan, D. 251, 254
Gahagan, G. 251, 254
Galle, R. 277
Galperin, P.J. 123, 213, 224f.
Gamm, H.-J. 437, 440
Gansberg, F. 421
Garbe, B. 196, 224
Garz, D. 121, 338, 345
Gaudig, H. 66, 74, 421
Gaulhofer, K. 375
Gedike, F. 221
Geffken, J. 401
Geiger, K.F. 355, 362
Geiss, M. 192, 224
Geißler, E. 336f.
Geissler, G. 129, 136
Geist, G.W. 300
Georgiades, Th. 46, 49
Gerster, H.D. 382
Gesell, A. 94, 121
Gesellschaft für Musikpädagogik 386
Gessinger, J. 194, 218, 224
Geulen, D. 91, 121

Geuß, H. 193, 224
Gibson, E.J. 193, 197ff., 202f., 205, 224, 411, 418
Giel, K. 13f., *21-50*, 49, 55, 74, 83, 121, 179, 181, 185, 187, 353, 402ff., 407, 409, 438, 440, 463f.
Gierke, A.v. 300
Giese, G. 303, 323
Giese, H.W. 194, 201, 208f., 224
Giesecke, M. 194, 210, 224
Ginsburg, H.P. 382
Gintis, H. 143, 171
Gläß, B. 194, 208, 224
Glinz, H. 421, 424
Glöckel, H. 413, 416, 418
Glockseeschule Hannover 249
Gmelin, O. 361f.
Gobbin-Claussen, Ch. 426f., 435
Göbelbecker, L.F. 209, 224
Gödel, K. 343
Goethe, J.W.v. 149f., 171, 329
Goldmann, L. 341, 344f.
Goldschmidt, D. 313, 323f.
Golinkoff-Michnik, R. 365, 368
Göllnitz, G. 467, 470
Good, T.L. 79, 121
Goodman, K.S. 193f., 199, 224, 366, 368, 423
Goody, J. 190f., 194, 207, 224
Gordon, I.J. 254f.
Gordon, J. 240, 243
Gordon, Th. 352f.
Göring, H. 146, 155, 171
Goslin, D.A. 122, 345
Goßler, G.v. 375
Gössmann, W. 423f.
Goth, J. 354, 359, 362
Gottschaldt, K. 120
Götze, C. 370, 373
Grabbe, B. 14, *279-288*, 281f., 288
Graefe, O. 466, 470
Grassi, E. 332
Graumann, C.F. 121, 277, 337
Gray, S.W. 244, 255
Griesel, H. 340, 344f.
Grize, J.-B. 114, 121, 340, 345
Groeben, U. 385ff.
Groethuysen, B. 49
Grömminger, A. 192, 224
Groos, K. 459, 464
Gruber, K.H. 310, 313, 323
Grünberg, W. *392-402*
Grundschullehrplan 175-188
Grüneisen, V. 236, 255, 461, 464
Grünewald, H. 202, 224, 416, 418
Grupe, O. 373f., 377

Grüßbeutel, J. 212
Guchmann, M.M. 211f., 224
Gudjons, H. 352f.
Gukenbiehl, H.L. 129, 136
Gümbel, R. 209, 224
Gundlach, W. 384, 387f.
Günnewig, H. 207, 223
Günnigmann, M. 425, 435
Günther, H. 194, 224, 226
Günther, K.-B. 224, 226, 411, 418
Günther, K.H. 305, 323f.
Günther, U. 387f.
Gutezeit, G. 199, 224

Haarmann, D. 121, 187, 328, 332, 351, 353, 382
Haase, H. 378
Habermas, J. 50, 87, 95f., 99, 121, 141, 154, 164f., 167, 171, 236, 254, 277, 324, 338ff., 345
Hagedorn, G. 376f.
Hahn, E. 377
Hakes, D.T. 225
Halbfas, H. 350, 353, 362, 397, 401
Halbwachs, M. 38, 41, 44, 49
Halle, M. 195
Haller, H.-D. 137
Halliday, M.A.K. 77, 121, 411, 418
Hamaïde, A. 82, 121, 180, 187
Hamburger Lehrervereinigung 370
Hammelsbek, O. 397
Handel, G. 77, 122, 263, 265f., 273, 277f.
Haney, W. 247
Hanke, B. 233, 255
Hannig, Ch. 192, 225
Hannig, J. 192, 225
Hänsel, D. 253, 255
Hansen, W. 121, 177, 460
Harbauer, H. 467, 470
Hardenberg, K.A.v. 306
Hareven, T. 264, 277
Hargasser, F. 275, 277
Harnack, G.A.v. 466, 470
Harnisch, W. 128, 136
Hartlaub, G.F. 23, 49, 370, 373
Härtling, P. 354, 356, 360
Hartmann, B. 333, 337
Hartmann, K. 304, 323, 465, 470
Hartung, F. 303, 305, 323
Hartwig, H. 373
Hassemer, W. 172
Haupt, W. 409
Hausmann, G. 63, 65, 74
Haußer, K. 255

Havers, N. 465, 469f.
Hayek, F.A.v. 26, 49
Hebel, J.P. 63f.
Heckel, H. 312, 317, 323
Heckhausen, H. 57, 74, 79, 84, 92, 101, 121f., 277, 337, 464
Hederer, J. 290, 300
Hegel, G.W.F. 122, 139, 150, 157, 159, 162, 167, 171f.
Heiland, H. 330, 332
Heim, D. 281, 288
Heindrichs, W. 193, 225
Heinen, A. 262, 272, 275, 277
Heinsius, Th. 262, 271, 277
Heinsohn, G. 295f., 300
Helmers, H. 419, 421f., 424
Helmreich, E.Ch. 399, 401
Hemmer, K.P. 13f., *175-188*, *289-300*, 318f., 323, 350, 353, 402, 404, 407ff.
Hencley, St.P. 311, 323
Hengst, H. 328, 332, 370, 373
Henrich, D. 86, 122
Hentig, H.v. 55, 74, 132, 136, 183, 187, 285, 288, 311, 323, 352f., 369, 373
Herbart, J.F. 39, 130, 136, 158, 179
Herbert, M. 203, 205ff., 225, 318, 323, *402-410*
Herriger, N. 465, 470
Herrlitz, H.-G. 194, 218, 225
Herrmann, U. 171, 226
Hess, F. 256
Hess, R.D. 77, 122, 236, 255, 263, 265f., 273, 277f., 333, 337
Hessischer Kultusminister 249, 255
Hetzer, H. 177
Heydorn, H.-J. 318, 323
Heyns, B. 231, 255
Hiebsch, H. 122, 224
Hielscher, H. 464
Hildebrand, Ch. 300
Hildebrand, R. 362, 419, 421, 424
Hiller, G.G. 185, 187, 328, 332, 351ff.
Hiller-Ketterer, I. 187f., 352f., 401
Hobbes, Th. 172
Hochheimer, W. 90, 122
Hofer, A. 49, 121, 124, 193, 205, 223ff., 366, 368, 391, 418f.
Hofer, M. 234, 255
Hofer-Sieber, M. 225
Hofer-Sieber, U. 205
Hoff, E.-H. 236, 255, 461, 464
Hoffmann, H. 332, 360
Hoffmann-Nowotny, H.J. 318, 323
Hofmann, W. 373
Hoggart, R. 355f., 362

Höhn, E. 85, 88, 122, 234, 237, 255, 350, 353, 422, 468, 470
Holland, S. 240, 255
Holländer, A. 242, 246, 255
Holtstiege, H. *425-435*, 431ff., 435
Homfeldt, H.G. 470
Honegger-Kaufmann, A. 416, 418
Hopf, D. 83, 122, 237, 253, 255, 322f., 334, 337
Horkheimer, M. 140, 172
Hornsby, J.R. 83, 123
Horowitz, F.D. 240, 255
House, E.R. 248, 255
Hubbell, V.R. 240, 255
Huber, F. 470
Humboldt, W.v. 27, 46f., 49
Humburg, J. 224
Huppertz, N. 281, 288
Hurrelmann, B. 354, 362
Hurrelmann, K. 233f., 254, 257, 273, 277f., 318, 323f.
Husarek, B. 336f.
Husén, T. 228f., 231, 255
Husserl, E. 29, 38, 49

Iben, G. 255
Ibsen, H. 263
Ickelsamer, V. 189, 209ff., 224f.
Illich, I.D. 171, 191, 225
Ingenkamp, F.D. 237, 255
Ingenkamp, K. 257, 452f., 455
Inhelder, B. 38, 50, 94, 99, 112ff., 122, 124, 341, 343f., 346
Institut für Sozialforschung (Frankfurt) 141
International Association for the Evaluation of Academic Achievement (IEA) 231
International Society of Music Education, Research Commission 383, 387
Iser, W. 24, 49

Jackson, B. 356, 362
Jacobson, R. 194, 197, 225
Jacotot, J.J. 221
Jäger, R. 458
Jahn, F.L. 375
James, M.C. 307, 309, 324
Janiszewski, A. 435
Janowski, A. 455
Januschek, F. 190, 197, 201, 222, 225, 423f.
Jean-Charles 361f.
Jean Paul 265
Jehmlich, S. 196, 222, 225
Jeismann, K.-E. 145, 172

Jencks, Ch. 231, 255, 335, 337
Jensen, A.R. 240, 255
Jerusalem, F.W. 305, 324
Jester, R.E. 240, 255
Jeziorsky, W. 84, 122
Jolles, A. 23, 49
Jonas, F. 172
Jordan, R. 211, 214
Jung, U. 193, 197, 199, 202, 204, 206, 225

Kafka, F. 263
Kagan, J. 81, 85, 87, 122, 237, 255
Kagerer, H. 92, 122, *465-470*
Kähling, I. 250, 255
Kainz, F. 194, 203, 225
Kaiser, M. 423f.
Kalb, G. 193, 225
Kamii, C. 99, 122
Kammhöfer, H.-D. 464
Kämpf-Jansen, H. 372f.
Kant, I. 39, 49, 79, 152, 156f., 172
Kappe, D. 318f., 324
Karaschewski, H. 378
Karl I. 393
Karnes, M.B. 243, 255
Karsen, F. 318
Karst, Th. 354, 362
Kasch, W.F. 401
Kästel, I. 347, 353
Katz, D. 271, 277
Katz, J.J. 121, 345
Katz, R. 271, 277
Katzenberger, L.F. 409
Kaufmann, A. 172
Kaufmann, H.-B. 398, 401
Keck, R. 281, 288
Kehr, K. 128, 136
Kehrbach, K. 401
Kellaghan, Th. 240, 255
Keller, M. 121f., 125, 401, 464
Kellmer-Pringle, M. 323f.
Kemmler, L. 49, 84, 122, 232ff., 255, 335, 337, 422
Kerbs, D. 369, 373
Kern, A. 221, 412f., 418, 456ff.
Kern, E. 412f., 418
Kern, H.J. 469f.
Kerr, A. 354
Kerschensteiner, G. 221
Kersting, Ch. 12
Kesberg, E. 290, 300
Kesselring, Th. 122
Kettenich, U. 391
Killy, W. 358, 363

Kilpatrick, W.H. 185, 187
Kirk, S.A. 465, 470
Kirsch, A. 376f.
Kittel, E. 128, 136
Kittel, H. 136, 397
Klafki, W. 52, 74, 182f., 188, 250, 255, 351, 353
Klauer, K.-J. 257, 452, 455
Klaus, R.A. 244, 255
Kleber, E.W. 452, 454f.
Klein, G. 234, 255
Klemm, K. 253, 255, 324
Klewitz, E. 405, 410
Klewitz, M. 303, 324
Klöden, K.F.v. 153, 172
Kloepfer, M. 312, 324
Kloss, H. 311f., 324
Kluge, F. 436, 440
Kluge, K.J. 466, 470
Klüter, M. 335f.
Kluwe, R.H. 193, 200, 224, 226
KMK → Ständige Konferenz der Kultusminister der Länder in der Bundesrepublik Deutschland
Knieper, B.M.C. 295f., 300
Knoche, W. 470
Kochan, B. 121, 362f., 373
Kochan, D.C. 121, 418, 422
Kogan, M. 317, 324
Kogan, N. 85, 122
Kohlberg, L. 99ff., 121f., 236, 264, 277, 338ff., 345
Kohrt, M. 196, 225
Kokemohr, R. 13f., *138-172*
Koller, E. 378
Kolroß, J. 211
König, J. 42f., 49
König, R. 311, 318f., 324
Konrad, R. 47, 49
Konstantin, I. 393
Korn, J. 255
Kosellek, R. 305, 324
Kramp, W. 181, 188
Kranich, E. 410, 416, 418
Krapp, A. 87, 122, 457f.
Krappmann, L. 79, 122, 245, 255, 267, 277
Krebs, R. 407, 410
Kreft, J. 122, 354, 356, 363, 423f.
Kreitmair, K. 49
Kretschmer, J. 376f.
Kretzschmar, J. 383
Kreuzer, M. 250, 255
Kroh, O. 81, 90, 92f., 122, 177, 266, 278
Krumm, V. 299f., 333, 335ff.
Kubli, F. 122

481

Kuczynski, J. 270, 275, 278
Kuhlmann, F. 413, 418
Kuhn, Th.S. 25, 41, 49
Kühnel, J. 129, 136, 377
Kuhrt, W. 336
Kultusminister des Landes Nordrhein-Westfalen 254
Kümmel, F. 42, 50, 353
Künzli, R. 187
Kupfmüller, K. 223
Küsel, G. 232, 254

Laaser, A. 145, 172
Laband, P. 323f.
Labov, W. 98, 122
Lämmel, A. 414, 418
Lämmert, E. 363
Landmann, M. 50
Lange, H. 302, 307, 324
Langeveld, M.J. 44, 50, 81, 87, 122, 185, 188
Lassahn, R. 431, 435
Latscha, F. 232, 256
Launer, J. 460, 464
Lauter, J. 382
Lauterbach, R. 408, 410
Lavater, J.K. 35
La Vopa, A.J. 127, 136
Lazar, I. 240ff., 245, 256
Leclair, A. 436, 440
Legrün, A. 412, 418
Lejtes, N. 81, 87, 122, 335, 337
Lemmer, Ch. 284, 288
Lempp, R. 467, 470
Lenzen, D. 137, 143, 172, 440f.
Lenzen, K.D. 373, 470
Leontjew, A.A. 79, 122, 193, 197, 225, 462, 464
Lepenies, W. 149f., 172
Le Play, F. 262, 278
Lepsius, M.R. 256
Leroi-Gourhan, A. 28, 30, 50
Leschinsky, A. 28, 50, 145, 172, 194, 218f., 225, 275, 278, 303ff., 324
Levenstein, P. 243, 256
Levin, H. 197ff., 202f., 205, 224, 411, 418
Lévi-Strauss, C. 28, 46, 50
Lewin, H.M. 256, 314, 324
Lichtenstein, E. 156, 172
Lichtenstein-Rother, I. 406, 408ff., 435
Lieber, H.J. 50
Liedel, M. 412, 418
Lilienthal, O. 437
Lindgren, A. 360
Lindner, R. 412, 4174

Liné, K.v. 39
Lipps, H. 87, 122
Lipsitt, L.P. 124
Lissauer, E. 355
Litt, Th. 23, 50, 122
Loch, W. 44, 50, 262, 278
Locke, H.J. 264, 274, 277
Locke, J. 172
Lockowandt, O. 416, 418
Lompscher, J. 81, 88f., 122f., 439f.
Loos, J. 418, 440
Lorenz, J.H. 382
Lorenzen, P. 277
Lorenzer, A. 390, 401
Löscher, W. 47, 50
Loser, F. 332
Löwe, H. 78, 122, 232, 256, 333, 337
Luhmann, N. 26, 44, 50, 78, 80, 86f., 122, 124, 133, 136, 142, 144, 158, 172, 188, 228, 256, 411, 418, 437, 440
Lukesch, H. 255
Lundgreen, P. 127, 137
Lunzer, E.A. 193, 225, 438, 440
Lupri, E. 278
Lüschen, G. 278
Lüscher, K. 271, 274, 278
Luther, M. 211, 394f., 397, 401, 420

Maccoby, E. 277
Macholdt, T. 288
MacPherson, C.B. 151, 172
Madaus, G.F. 231, 256
Madison, A. 231, 256
Mahler, M.S. 467, 470
Maier, Ch. 281, 288
Maier, H. 382
Maier, K.E. 362f.
Malisch, C. 221
Mandl, H. 84, 87, 122, 233, 256, 335, 337, 457f.
Mansell, Ph. 195, 226
Marquard, O. 440
Marquardt, B. 408, 410
Marquardt, K. 286, 288
Marsden, D. 356, 362
Martens, K. 201, 224, 278
Marx, K. 41f., 50
Maso, J. 412, 418
Matalon, B. 112, 119, 122
Maximilian I. 211
Max-Planck-Institut für Bildungsforschung 122f., 172, 253, 255f., 322ff., 337, 345
McDougall, W. 438ff.
McLaughlin, T.F. 248, 256

Mead, G.H. 71, 74, 104, 123, 230, 438, 440
Mead, M. 348, 353
Mehlhorn, G. 81, 123
Mehlhorn, H.-G. 81, 123
Meichßner, J. 212
Meiers, K. 199, 203, 205ff., 225, 392, 424
Meinhold, G. 196, 198, 225
Meis, R. 416, 418
Meister Eckhart 172
Melanchthon, Ph. 394f., 401
Menne, F. 262, 266, 277
Menze, C. 350, 353
Menzel, W. 82, 123, 192, 203, 225, 411f., 416, 418, 422, 424
Merkel, J. 358, 363
Merkelbach, V. 192, 225
Merklin, H. 49
Mertens, W. 234, 257
Metz, J.B. 400
Meumann, E. 334, 336f.
Meyer-Ingwersen, J. 388, 391
Meyers, H. 370, 373
Michel, K.M. 172
Miller, A. 262ff., 278
Miller, C.B. 240, 244f., 247, 256
Miller, G. 88, 98, 123
Miller, M. 82, 123
Miller, N. 439f.
Millhofer, P. 277
Mischel, T. 122, 345
Mittelstrass, J. 171
Mitterauer, M. 262, 277f.
Mitzkat, H. 405, 410
Moldenhauer, E. 172
Mollenhauer, K. 81, 123, 134, 137, 185, 188, 265, 275, 278, 295, 299f., 327f., 332, 349, 352f.
Monska, D. 299f.
Montada, L. 90, 123
Montessori, M. 47, 82, 123, 179, 187, 203, 225, 244f., 351, 411, 418, 425f., 428, 430ff.
Montessori-Vereinigung 435
Morgenstern, Ch. 357
Morin, E. 286, 288
Morris, J.F. 226
Mörsberger, H. 300
Moser, T. 272, 278
Moss, H. 81, 87, 122, 237, 255
Mowrer, O. 439f.
Muchow, H.H. 320, 324
Muchow, M. 324
Müller, G. 382
Müller, J. 210ff., 225
Müller, L. 421
Müller, P. 320, 324

Müller, R. 193, 204f., 207, 225, 388, 391
Müller, R.G.E. 466, 470
Müller, U. 224
Müller, W. 82, 123
Mundt, J.W. 236, 256
Mussen, P. 122, 124
Mussen, T. 124, 346
Muth, J. 470
Myschker, N. 249, 256

Naegele, I. 223, 368
Narr, W.-D. 310, 324
National Society for the Education of the Poor (England) 307
Naumann, C.L. 391
Nave, K.-H. 177, 188
Neff, G. 300
Negt, O. 249, 256
Neisser, U. 194f., 198, 200, 207, 222, 225, 439f.
Nerius, D. 196, 225
Neuhaus, E. 319, 324, 438, 440
Neuhaus-Siemon, E. 121, 123, 223, 225f., 373, 410, 413, 418f.
Neuhaus-Simon, E. 414f.
Neuland, E. 230, 256
Neumann, D. 13, *126-137*, 130, 133, 137
Neumann, J. 50
Neuner, G. 188
Nevermann, K. 303, 311ff., 323f.
Nickel, H. 205, 225, 232, 256, 455, 457f.
Niedersächsischer Kultusminister 314, 324, 336f.
Niehues, N. 142f., 172
Niemeyer, W. 205, 207, 225, 232, 234, 256
Nipkow, K.E. 402
Nohl, H. 46, 50, 188, 300, 350f., 353
Nolte, E. 384, 387
Nöstlinger, Ch. 354, 360

Obuchowa, L.F. 84, 123
Odenbach, K. 378
OECD → Organization for Economic Cooperation and Development
Oelbers, J. *126-137*
Oelkers, J. 13, *126-137*, 130f., 133, 136f.
Oerter, R. 337
Oevermann, U. 88, 96, 98ff., 115, 120, 123, 229f., 233, 235ff., 251, 256, 263, 278, 291, 300, 338f., 345
Oliver, P. 197, 223
Olver, R. 83, 123
Opie, J. 361, 363

Opie, P. 361, 363
Organization for Economic Co-operation and Development (OECD) 228, 231, 256
Ortling, P. 432, 435
Osche, G. 286, 288
Oser, F. 99, 123, 338, 345
Oswald, P. 426, 435
Otto, B. 79, 86, 123, 180, 271, 275, 278, 332f., 337, 421
Otto, G. 370, 373
Otto, K. 466, 470
Owen, R. 308, 324

Pädagogische Hochschule Rheinland, Abteilung Köln 257
Paden, L.Y. 240, 255
Pakulla, R. 334, 337
Pallat, L. 300
Palmer, F.H. 240, 245, 256
Pantina, N.S. 202, 225
Passeron, J.-C. 23, 49
Paul, H. 222
Peller, L. 459, 463
Perret-Clermont, A.-N. 113, 123
Perschel, W. 303, 314, 324
Pestalozzi, J.H. 21f., 24, 31ff., 40, 42, 47, 50, 80, 123, 163, 274f., 278, 331ff., 337, 370, 374, 383, 412, 436f., 440
Peters, D. 409
Petersen, P. 187, 350, 352f.
Petrat, G. 150, 172
Peukert, H. 123, 140, 158, 171f., 342, 345
Pfeil, E. 262, 278
Philipp, M. 196, 225
Piaget, J. 25, 38, 46, 50, 70, 74ff., 81, 83, 85, 93ff., 109, 111ff., 119ff., 180, 230, 236, 244, 267, 278, 321, 324, 328, 338ff., 354, 362, 366, 378, 381, 438ff., 444, 459ff., 464
Platon 330, 332
Plock, H. 336f.
Pöggeler, F. 277
Popp, W. *346-353*, 350, 352f.
Portmann, R. 352f.
Post, J. 300
Postman, N. 28, 50, 194, 208, 225, 328, 330, 332
Potthoff, W. 307, 324
Preising, W. 377
Preuss, H. 306, 311, 324
Preuss, O. 232, 256
Preuß-Lausitz, U. 250, 256
Prior, H. 14, *301-324*
Pross, H. 278, 337

Rabenstein, R. 418
Radatz, H. 193, 225, *377-382*
Radbruch, G. 314
Rammstedt, O. 50
Ramseger, J. 182, 187, 350, 353
Rauer, W. 14, *227-257*, 243, 256, *452-455*, *455-458*
Rauh, H. 236, 256
Rauschenberger, H. 13f., *51-74*, 55, 74, 185, 188
Razzell, A. 445, 451
Read, Ch. 193, 196f., 203, 225
Reble, A. 171, 440
Redl, F. 352f.
Reichen, J. 203, 225
Reichwein, A. 351, 353
Reif, H. 150, 172
Rein, W. 337
Reinartz, A. 255, 257
Reiser, H. 250, 256
Resewitz, F.G. 219
Retter, H. 124, 242, 256, 464
Reu, J.M. 402
Reuter, L.-R. 313, 324
Ricciuti, H.N. 255
Richarts, H. 362
Richter, D. 358, 363
Richter, H.-E. 92, 124, 266, 278, 350, 353, 468, 470
Richter, I. 311ff., 323f.
Richter, K. 128, 137
Ricoeur, P. 26f., 44, 50
Riedel, M. 172
Riedel, U. 155
Riehl, W.H. 262, 275, 278
Riehme, J. 196, 225, 392
Rigol, R. 192, 225
Ringelnatz, J. 357
Rittelmeyer, Ch. 464
Ritz-Fröhlich, G. 422, 424
Röbe, E. 207, 225
Roberts, G.B. 193, 225
Robinsohn, S.B. 52, 74, 404, 410
Rochow, F.E.v. 145, 156, 172, 218f., 306
Roeder, P.M. 28, 50, 145, 159, 172, 194, 218f., 225, 251, 256, 275, 278, 303ff., 323f.
Roessler, W. 305, 324
Rohde, W. 197, 201, 222, 225
Rohr, J.B.v. 152, 172
Rohwer, W. 90, 124
Rolff, H.-G. 254f., 281, 288
Rolle, I. 290, 300
Rönne, L.v. 383, 387
Rosenbaum, W. 160, 172
Rost, D. 124

Rost, F. 12
Roth, H. 74, 81, 121ff., 129, 131, 137, 280, 288, 403
Röthig, P. 47, 49
Rothstein, H. 375
Rotzler, W. 372f.
Rousseau, J.-J. 152, 155, 274, 374, 396, 462, 464
Royl, W. 225
Rubinowicz, D. 361
Ruddell, R.B. 193
Rudolph, H. 323
Rühmkorf, P. 357f., 361, 363
Rumpf, H. 318, 324, 327f., 332, 352f.
Rüppell, H. 243, 256
Ruppik, B. 373
Rüssel, A. 464
Rutschky, K. 270, 275, 278
Rutter, M. 81, 124, 322, 324, 352f.

Saller, M. 402
Salzmann, Ch.G. 270f., 274, 278, 374, 438, 441
Sander, A. 251, 255f., 466f., 470
Sandfuchs, U. 129, 137, 311, 324
Sartre, J.-P. 265, 361, 363
Sauder, G. 270, 277
Sauer, K. 134, 137
Sauer, M. 300
Sauter, F.Ch. 242, 256
Schaal, H. 352f.
Schaefer, E.S. 243, 256f.
Schäfer, K.-H. 349, 352f.
Schaffer, R. 347f., 353
Schaller, K. 124, 332, 349, 352f.
Scharnhorst, J. 196, 225
Scharrelmann, H. 421
Scheerer, E. 194, 198, 226, 228
Scheerer-Neumann, G. 193, 199, 201, 205, 226, 365, 367f.
Scheid, P. 435
Schelling, F.W. 329f.
Schelsky, H. 232, 257
Schenda, R. 194, 207f., 218f., 226
Schenk-Danziger, L. 457f.
Scherler, K. 376f.
Scheuerl, H. 69, 74, 332, 440, 459f., 464
Schiersmann, Ch. 276, 278, 321, 324
Schiller, F.v. 369, 373, 375
Schiller, H. 127, 137
Schilling, F. 202, 226, 411, 419
Schipper, K.P. 204f., 207, 225, 388, 391
Schipper, W. 382
Schlee, J. 193, 204, 226

Schlegel, W. 355, 363
Schleicher, K. 281, 288
Schleiermacher, F.D.E. 307, 397
Schlevoigt, G. 193, 224
Schliemann, F. 127, 137
Schmalohr, E. 192, 222, 226, 242, 257
Schmalt, H.D. 85, 124
Schmidt, E.A.F. 246, 257
Schmidt, H. 402
Schmidt, H.D. 86, 91, 93, 124
Schmidt, R. 288
Schmidt, S. 381
Schmutzler, K.H.-J. 433, 435
Schneewind, K.A. 233, 255, 257
Schneider, R. 300
Scholem, G. 28, 50
Scholze, O. 188
Schöne, J. 412f., 419, 436, 441
Schönebaum, H. 332
Schorch, G. 125, 418f.
Schorr, K.-E. 78, 86f., 122, 124, 133, 136, 188, 228, 256
Schramm, T. 402
Schreier, H. 406f., 410
Schreiner, G. 352f.
Schreinert, K. 332
Schröer, H. 402
Schründer-Lenzen, A. 12
Schulz, H. 272, 278
Schulz, W. 321, 324
Schulz-Benesch, G. 425, 430, 435
Schulze, Th. 320, 324
Schümer, G. 251, 256
Schwab, M. 249f., 254, 257
Schwager, K.H. 52, 74
Schwartz, E. 124, 187, 209, 223, 225f., 234f., 257, 402, 407, 409f.
Schwarzer, Ch. 234, 257, 455
Schwarzer, R. 237, 251, 257
Schwedes, H. 405, 410
Schweinhart, L.J. 240ff., 257
Schwemmer, O. 154f., 157ff., 171
Searle, J.R. 124, 342, 346
Seidemann, W. 421
Seipp, P. 317, 323
Seitz, R. 47, 50, 373
Seitz, V. 240, 257
Selle, G. 372f.
Selman, R.L. 341, 346
Seltzsam, K. 221
Selvini Palazzoli, M. 92, 124, 264, 266, 278
Senft, W. 382
Sennlaub, G. 282, 288, 423f.
Service, E.R. 143f., 151, 164, 172
Seyfert, R. 128, 137

Seyffahrt, L.W. 137
Shepherd, M. 467, 470
Shipman, V., L. 337
Shipman, V.C. 236, 255, 333
Shorter, E. 273, 278
Shuy, R.W. 122
Siebenmorgen, E. 292, 300
Sieder, R. 262, 277f.
Siegert, R. 153, 172
Sienknecht, H. *442-451*
Siewerth, G. 280, 288
Siller, R. 403, 408, 410
Simmel, G. 43f., 50, 78, 124, 278
Simon, B. 450
Simon, H. 291, 300
Simon, W. 205, 207, 226
Sinclair, A. 193, 222, 225f.
Sinclair de Zwaart, H. 98, 113, 124
Sirch, K. 193, 226
Skeels, H. 87, 98, 124
Skinner, B.F. 98, 121, 345
Skowronek, H. 255
Smedslund, J. 124, 341, 346
Soeffner, H.-G. 123, 345
Sommerkorn, I.N. 235, 254, 264, 277
Sontheimer, K. 318, 324
Soostmeyer, M. 402, 406, 410
Speck, J. 49, 353
Speichert, H. 337
Spener, Ph.J. 396
Spieß, A. 375
Spiker, C.C. 124
Spinner, K. 423f.
Spitta, G. 193, 226, 368, 388, 392
Spitz, R.A. 467, 470
Spranger, E. 23, 50, 128f., 137, 139ff., 145, 155, 159f., 171f., 178, 183, 188
Spreckelsen, K. 405, 410
Staatliche Pressestelle Hamburg 263, 278
Stallings, J. 247, 257
Stallmann, M. 398
Ständige Konferenz der Kultusminister der Länder in der Bundesrepublik Deutschland (KMK) 367, 378, 402, 410, 413, 452, 455, 469f.
Stanford, G. 352f.
Statistisches Bundesamt 325
Staudte, A. 47, 50, *369-373*, 373
Stebbins, L.B. 248, 257
Steffensky, F. *392-402*
Stegmüller, W. 153, 172
Stein, L.v. 142, 158ff., 172, 306
Steinborn, P. 359f., 363
Steiner, G. 102, 123f., 345
Steinert, H. 277

Steinhagen, K. 237, 257
Steinkamp, G. 233ff., 257
Stelljes, H. 382
Stenzel, J. 47, 50
Stephani, H. 412
Stern, W. 124, 177
Stevens, K.N. 195
Stief, W.H. 233, 236, 257
Stiehl, A.W.F. 128, 137, 383
Stierle, K. 440
Stock, E. 196, 198, 225
Stock, H. 129f., 137, 398
Strauss, L. 154, 172
Strecker, D. 401
Streicher, M. 375
Strümpell, L. 466, 470
Stubenrauch, H. 350, 353
Stückrath, J. 226
Stutte, H. 470
Suffenplan, W. 431, 435
Sütterlin, L. 413f., 419
Sutton-Smith, B. 374, 377, 459, 464
Syamken, G. 372f.

Tammelo, I. 153, 172
Tausch, A.-M. 79, 124, 350, 353, 468, 470
Tausch, R. 79, 124, 353, 450, 468, 470
Teberosky, A. 366, 368
Technische Universität Braunschweig 137
Teigeler, U. 300
Tenbruck, F.H. 25, 35, 50
Tenniel, J. 362
Tenorth, H.E. 136
Tent, L. 232, 257
Thalmann, H.-C. 466ff.
Theodosius I. 393
Thiel, H. 276, 278
Thiel, Th. 288, 435
Thiele, G. 127f., 137
Thiemann, F. 408, 410
Thiersch, H. 137
Thimme, W. 49
Thomae, H. 81, 87, 120, 124
Thomsen, D. 308, 310, 324
Tiedemann, R. 171
Tillmann, H.G. 195, 226
Tillmann, K.-J. 324
Tolman, E.C. 195
Tönnies, F. 318
Topsch, W. 226, 232, 257
Trapp, E.Ch. 221
Travers, R.M.W. 254f.
Treffers, A. 382
Treiber, B. 237, 257

486

Trickett, P.K. 239, 257
Trubetzkoy, N.S. 226
Trudewind, C. 336f.
Tschirch, F. 212, 226
Tucholsky, K. 54
Turnbull, C. 348, 353
Tütken, H. 137
Twellmann, W. 288, 337, 458
Tymister, H.J. 14, *279-288*, 282f., 285, 287f.
Tyrell, H. 262, 278, 336f.

Uexküll, Th. v. 47, 50
Ulich, D. 234, 257, 318, 323f.
Ullrich, E. 373
Ullrich, H. 373
UNESCO → United Nations Educational, Scientific and Cultural Organization
United Nations Educational, Scientific and Cultural Organization (UNESCO) 207
U.S. Department of Health, Education and Welfare, Office of Education 254f.

Valentine, J. 228, 239, 254, 256f.
Valtin, R. 14, 193, 196f., 201, 222f., 225f., *227-257*, 229, 232, 257, 364ff.
Van der Eyken, W. 317, 324
Veblen, T. 267, 278
Venus, D. 384, 388
Verband Deutscher Kinderhorte 300
Verband deutscher Schulmusikerzieher 386
Vieluf, V. 193, 223
Villaume, P. 223
Vogel, H. 229, 257
Voigt, R. 143, 172
Vorländer, K. 49
Voss, P. 127, 137

Wachs, H. 121
Wagenschein, M. 328f., 332, 406, 438, 440
Wagner, H. 300
Wagner, K.R. 419, 424
Wahl, K. 272, 278
Wallrabenstein, W. 278, 424
Walter, G. 388
Walter, H. 320, 324, 337
Walter Eucken Institut 49
Warburg, A. 372f.
Warwel, K. 193, 199, 214, 226
Wattenberg, W.W. 352f.
Watzke, O. 392
Watzlawick, P. 92, 106, 109, 124, 265, 278, 342, 346, 350, 353

Weber, E. 440
Weber, I. 236, 257
Wegenast, K. 402
Wehle, G. 33
Weidlich, H. 435
Weigl, E. 77, 82, 84, 124, 191, 193ff., 199, 201ff., 209, 213, 226, 411, 419
Weikart, D.P. 240ff., 244ff., 249, 257
Weil, S. 329
Weinert, F.E. 85, 88, 90, 122, 124, 192f., 200, 224, 226, 237, 257, 416, 419
Weingardt, E. 87, 124
Weinrich, H. 48, 50
Weir, R. 363
Weisberg, H.I. 247
Weischedel, W. 172
Weiß, W.W. 233, 257
Wende, E. 128f., 137
Weniger, E. 78, 124, 140, 172, 188
Wermus, H. 99, 124, 338ff., 344, 346
Werner, E. 466, 470
Weuffen, M. 205, 223
Wheare, K.C. 314, 324
White, J.P. 135, 137
White, S. 90f., 124
Wichern, J.H. 465
Wieczerkowski, W. 90, 92, 122, 125, 256
Wienecke, F. 172
Wimmel, W. 26f., 50
Winkel, R. 350
Winkelmann, W. 242, 246, 255, 257
Winnefeld, F. 351, 353
Winter, H. 379, 382
Wittmann, B. 335ff.
Wittmann, E. 125, 340, 346, 381
Wittmann, H. 231, 257
Wittmann, J. 83, 125, 338
Witzlack, G. 121, 253f., 257, 337, 458
Wode, H. 193, 226
Woellner, J.L. 396
Wöhler, K. 188
Wolff, Ch. 155, 305, 307
Wolffaut, G. 177
Wright, W. 437
Wudtke, H. 13f., *75-125*, 177, 188, 243, 256, *261-278*, 265, 268, 270, 278, *333-337*, 338, 344f., *354-363*, *410-419*, 419, 424, *436-441*, *459-451*
Wulf, Ch. 332
Wurzbacher, G. 319
Wygotski, L.S. 77, 87, 107, 125, 190, 194, 201, 203f., 226, 411, 419, 423

Youniss, J. 93, 125

Zander, S. 362
Zerbin-Rüdin, E. 467, 470
Zezschwitz, G.v. 397, 402
Ziegenspeck, J. 453, 455
Ziehe, Th. 350, 353
Zieroff, F. 410, 419

Zigler, E. 228, 239, 243, 254, 256f.
Ziller, T. 158, 172
Zimmer, J. 321, 324
Zinnecker, J. 288
Zumkley-Münkel, C. 439, 441
Zur Oeveste, H. 90, 92, 125

Sachregister

Abeze-/Lesebuch 215, 220
Abschreiben 201
Abstraktion, reflektierende (Piaget) 99, 340, 345
Akademie, pädagogische 128f.
Akkommodation (Piaget) 108f., 111, 339f.
Aktivitätszyklus 430
Alphabetisierung 26, 218
Alphabetismus, funktionaler 207
Ambivalenz 109
Analphabet 207
Analphabetismus 208
Analyse (durch Synthese) 195
Analysieren 67
Anfangsunterricht 411, 416
Anschauung 32f., 53, *327-332* ↗ **Nachahmung**
Anschauungskraft 33
Anstaltserziehung 294
Anthropologie → Elementarunterricht (anthropologische Sicht)
Aptitude-Treatment-Interaction 237
Äquilibration (Piaget) 95
Äquilibrationsaxiom 108
Arbeiterfamilie 291
Arbeit, freie (Kind) 431, 433
Armenkinderfürsorge 291
Artikulationsform, unterrichtliche 185
Askese 42
assembly 446f.
Assimilation (Piaget) 108f., 111, 339f., 356
Aufbauen – Zergliedern 67f.
Aufmerksamkeit 329
Aufsatz 423
Aufsicht → Dienstaufsicht → Fachaufsicht → Schulaufsicht
Ausbildung → Lehrerausbildung → Seminarausbildung
Ausgangsschrift, lateininsche 413, 416
Ausgangsschrift, vereinfachte 416
Auslese, schulische 231, 454
Autonomie 93, 107f.
Autonomie (Entwicklung) 105, 109, 111
Autonomie, personale 91, 96, 101f., 104ff., 109, 111, 119

Befassungshinweis 56
Begabung, musikalische 386
Begabungsforschung 237
Beichtunterricht 393, 395
Betreuung → Hausaufgabenbetreuung

Betschule 302
Beurteilung → **Schülerbeurteilung**
Bewegung → **Lernbereich: Bewegung – Spiel – Sport**
Bewegungserziehung 373f.
Beziehung, personale 55
Bezug, pädagogischer 350f.
Bezug, personaler 351
Bibelunterricht 397
Bildnerhochschule 129
Bildung 156f., 159, 163 ↗ elementary education
Bildung, schulische – Recht 169
Bildungspolitik 229f.
Bildungsprozeß, dramatischer 63
Bildungsprozesse, schulische (Verrechtlichung) 142
Bildungssystem 161f.
Bildung, volkstümliche 23
board school 309
Buchstabiermethode 209f., 214, 220

Chancengleichheit 228f., 234
chief-education officer 317
committee system 314
common curriculum 446
community school 317
compensatory education 228
comprehensive school 450
Curriculum → common curriculum → Grundcurriculum → Minimalcurriculum
Curriculumbewegung 181f.

Darstellen, informierendes 57
Darstellung 51-74, 54ff., 59ff.
Darstellung, interpretierende 62
Darstellungsform 55
Darstellungsform, unterrichtliche 185
Decalage 339f., 342
Defizithypothese 230
Denken, gruppierendes 343
Denken, organisches 330
Denken (Reversibilität) 102
Denkentwicklung (Formalisierung) 340
Deutschunterricht 422f. ↗ Schriftspracherwerb – Elementarunterricht
Deutschunterricht (Primarstufe) 419
Deutung 60

Dezentrierung 341
Didaktik → Grundschuldidaktik → Hördidaktik → Implikationszusammenhang, didaktischer → Material, didaktisches → Musikdidaktik → Prinzip, didaktisches
Didaktik (Elementarunterricht) 25
Dienstaufsicht 315
Differenzhypothese 229
Differenzierungsfähigkeit, visuelle 455
Diktatschreiben 202f.
Diskurs 100, 107, 111, 113 ↗ Autogenese – Diskurs
Diskursfähigkeit 96, 110
Diskursfähigkeit, K. 95
Disponibilität 41
district school system 302
Dominanzstruktur, intraktionale 349
Druckschrift 416f.
Dysgraphiker 202
Dyskalkulie 381
Dyslexiker 202

Early Intervention Project 244
education committee 312
Egozentrismus 91, 102, 104ff., 108, 119, 341f.
Eignungsurteil 232 ↗ **Schulfähigkeit**
Eingangsstufe, zweijährige 249
Einschulung 456
Elementarbereich (Erprobungsprogramm) 245
Elementarisierungsbestreben 61
Elementarmethode 31
Elementarschulbuch 394f.
Elementarschule 302
Elementarschule, kommunale (Schweiz) 302
Elementarunterricht 22, 24f., 34f., 191 ↗ Montessori-Pädagogik
Elementarunterricht – Schriftspracherwerb 189-226
Elementarunterricht (anthropologische Sicht) 21-50
Elementarunterricht (Didaktik) 25
elementary education 302, 309
elementary school 444
Eltern 268f., 272f., 276
Elternarbeit 286
Elternfortbildung 287
Elternhaus – Schule 279-287, 281, 284, 286 ↗ Erziehungsfamilie
Eltern-Kind-Beziehung 291
Eltern-Kind-Interaktion 236, 264
Eltern-Kind-Kommunikation 356
Elternmitarbeit 286
Empfindungen, ABC der 35

Entdecken 66f.
Entwicklung ↗ Primarschüler (Entwicklung)
Entwicklung, kognitive 200
Entwicklung, musikalische 385, 392
Entwicklungshemmung 465
Entwicklungslogik 97, 99
Entwicklungsmodell, tiefenpsychologisches 91
Entwicklung, soziale 101, 103
Entwicklungsprozeß, sensomotorischer 107
Entwicklungsstand, sachstruktureller 57
Entwicklungsstufe 92
Entwicklungstheorie 90, 94
Erfolgschancen (Gleichheit) 229
Erkenntnisfähigkeit 338f.
Erkenntnisgenese 97
Erkenntnisgenese, strukturelle 97
Erkenntnistätigkeit (Ebenen) 88
Erprobungsprogramm (Elementarbereich) 245
Erstleseschrift 416
Erstschrift 412, 416
Erstsprache 411
Erstunterricht 388
Erwachsenenkatechumenat 392
Erzählkultur 354f., 361
Erzieher 295, 297
Erziehung → Anstaltserziehung → Bewegungserziehung → elementary education → Familienerziehung → Kunsterziehung → Leibeserziehung → Musikerziehung → Nationalerziehung → Rechtschreiberziehung → Selbsterziehung
Erziehung – Unterricht 163
Erziehung, ästhetische → **Lernbereich: ästhetische Erziehung**
Erziehung, kommunikative 270
Erziehung, kompensatorische 227-257, 228, 231, 235, 238, 252
Erziehung, kosmische 426
Erziehung, leibliche 374, 376
Erziehung, literarische 366
Erziehung, musikalische 383
Erziehung, musische 370
Erziehung, religiöse 393, 396
Erziehungsfamilie 261-278 ↗ Elternhaus – Schule
Erziehungsmaxime (geschlechtsspezifische Zuordnung) 274
Erziehungsschwierigkeit 465

Fachaufsicht 314
Fachunterricht 183
Familie 262ff., 267, 270, 273f., 276f. ↗ Arbei-

490

terfamilie ↗ Erziehungsfamilie ↗ Interaktion, familiale ↗ Kleinfamilie
Familie, bürgerliche 271, 291
Familienbildung 276
Familienerziehung 274, 296, 393
Fehleranalyse 193, 367, 382, 392
Fernsehen 360
Fibel 394 ↗ Lesebuch
Fibelanalyse 192
Firmunterricht 393
first school 443
Follow-Through-Programm 247f.
Follow-Through-Projekt 247
Fördernote 250
Förderung, häusliche 285
Förderung, kompensatorische 241
Förderungsprogramm 240, 243
Förderunterricht 368
Fortbildung → Elternfortbildung → Lehrerfortbildung
Freiheit, pädagogische 168ff.
Freiheit, personale 156f.
Fremdbestimmung – Selbstbestimmung 93
Früherziehung, institutionalisierte 246
Fürsorge → Armenkinderfürsorge

Ganzheitsmethode 222, 413
Ganztagsbetreuung 292, 294, 297
Gedächtnis 37
Gedächtnisschatz 39
Gehörbildung 384
Gemeinde 311, 318f.
Gemeindeschule 306 ↗ Kirchengemeindeschule
Gemeinschaft 318
Genese, soziale 105
Geometrie 380
Gesamtunterricht 23, 181
Gesangsunterricht 383
Gesprächsführung 68
Gewaltverhältnis, besonderes 142
Gleichaltrige (Interaktion) 96
Gleichaltrigentheorem 100
Gleichaltrigen-These 106
Gleichaltriger 93f., 104ff., 109f.
Gleichaltriger (Kommunikation) 84
Gleichaltrige (Zusammenspiel) 93
Gliederungsfähigkeit 456
Grammatikunterricht 422
Grundcurriculum (core curriculum) 445
Grundqualifikation, sprachliche 410
Grundschuldidaktik 179
Grundschule 22ff., 77ff., 81, 83, 178ff., 210, 431

Grundschule, vierjährige 177
Grundschullehrer 96, 127
Grundschulobjekt Marburger 250
Grundschulpädagogik 183
Grundschulreform 24 ↗ Erprobungsprogramm (Elementarbereich)
Grundschulunterricht 87, 179ff., 183
Gruppenstruktur 345
Gymnasiallehrer 127
Gymnastik 373

Handeln → Rollenhandeln
Handlungsbegriff (Piaget) 101
Handlungsfähigkeit, autonome 104
Hausaufgaben *333-336*
Hausaufgabenbetreuung 299
Hausvater 274
headmistress 443
Head-Start-Programm 239, 241, 247
Heim 295
Heimatkunde 178, 402, 407
Heimatkundeunterricht 23
Herkunft, soziale – Schulerfolg 234
Heteronomie 93, 101, 104, 107f.
Hinweis (Darstellungsform) 55
Hochschule → Bildnerhochschule
Hochschule, pädagogische 129
Hördidaktik 383
Hörfähigkeit, kindliche 386
Hörschulung 384
Hort 290ff., 294ff. ↗ Schule – Hort
Horterzieher 297
Hort (familienergänzende Funktionen) 292
Hortkind 297f.
Hortpädagogik 290, 300
Hortplatz 294

Identität 86, 266
Imitationslernen 439
Implikationszusammenhang, didaktische 170
Implikationszusammenhang, didaktischer 168
industrial school 308
infant school 308, 442ff., 446f.
Information ↗ Unterricht (Darstellung – Inszenierung)
Information (Unterweisung) 57f.
Inszenieren 62, 65f., 68f., 72f. ↗ Unterricht (Darstellung – Inszenierung)
Inszenierung (des Lehres) 64
Inszenierungsform 66f., 69 ↗ Zergliedern – Aufbauen
Inszenierungsform, unterrichtliche 184

491

Inszenierung, unterrichtliche 80, 185
Intelligenzentwicklung (egozentrische Phase) 102
Intelligenzentwicklung (formal-operationale Phase) 344
Intelligenzentwicklung (konkret-operationale Phase) 112
Intelligenzentwicklung (Phaseneinleitung) 102
Intelligenzentwicklung (Phasenverschiebung) 339
Intelligenzentwicklung (präoperationale Phase) 112
Intelligenzentwicklung (sensomotorische Phase) 107f.
Intelligenzentwicklung (soziozentrische Phase) 102
Intelligenz, operative *338-346* ↗ Primarschüler
Interaktion 346 ↗ Aptitude-Treatment-Interaktion
Interaktion, familiale 272
Interaktion, pädagogische 141, *346-353*, 347f., 350
Interaktionsmuster 270
Interaktionsprozeß, rechtbildender 144
Interaktion, unterrichtlicher 141
Interaktion, unterrichtliche (Verrechtlichung) 138-172
Interpretation 59f. ↗ Darstellung, interpretierende

junior school 443, 448ff.

Katechismusunterricht 396f.
Kenntnisvermittlung 57
Kind 392 ↗ Eltern-Kind-Beziehung ↗ Eltern-Kind-Interaktion ↗ Hortkind ↗ **Spiel – Kinderspiel** ↗ Unterschichtskind ↗ Verhaltensstörung, kindliche
Kindergartenplatz 294
Kinderhaus 431
Kinderhort 289-300, 290
Kinderkultur 354, 356
Kinderliteratur – Erzählkultur *354-363*
Kinderschutzgesetz 291
Kindertagesstätte 299
Kindgemäßheit 406
Kindheit 86
Kirchengemeindeschule 302
Klassenlehrer 79
Kleinfamilie 262, 271, 273, 275
Kommunalreform (Preußen) 306

Kommune 303, 310, 318 ↗ Primarschule – Kommune
Kommune – Primarschule 302
Kommunikation (Gleichaltrige) 84
Kommunikationsprozeß 273
Kommunikationsstruktur, innerfamiliale 269
Kompensation 228
Kompetenz 97f., 344
Kompetenz-Performanz-Paradigma 102
Kompetenztheorie 339
Kulturtechnik 191
Kunst, bildende 369
Kunsterziehung 369
Kunsterziehungsbewegung 370
Kunstunterricht 369

Latenz, strukturelle 113
Lautanalyse 210
Lautsprache 411
Lautsprache – Schriftsprache 411
LEA → Local Education Authority
Legasthenie 204, *364-366* ↗ Lese-/Rechtschreibschwäche
Legasthenieforschung 363
Legasthenieforschung (ätiologischer Ansatz) 364
Legasthenieforschung (defizitorientierter Ansatz) 364
Legasthenieforschung (individuum-orientierter Ansatz) 366
Legasthenieforschung (prozeßorientierter Ansatz) 365
Lehren, fehlerorientiertes 82
Lehrer → Grundschullehrer → Gymnasiallehrer → Klassenlehrer → Volksschullehrer
Lehrer – Zögling 220
Lehrerausbildung 251 ↗ Primarstufenlehrerausbildung ↗ Primarstufenlehrer (Ausbildungskonzepte) ↗ Volksschullehrerausbildung
Lehrerfortbildung 287
Lehrerseminar ↗ Schullehrerseminar
Lehrerurteil 452, 454
Lehrplan 168f., 182, 184, 314 ↗ Grundschullehrplan
Lehrplanreform 176f., 185, 187
Lehrplanrevision 181, 184
Lehrsprache, universaler 426
Lehrsprache 61
Lehrverfahren – Lernprozeß 206
Lehrverfahren, ganzheitliches 221
Leibeserziehung 376
Leibesübung 372

492

Leistungsbeurteilung 170
Leistungsschwäche → Teilleistungsschwäche, mathematische
Leitbegriff, struktureller 379 ↗ **Lernbereich: Mathematik**
Lernbegriff 97
Lernbegriff (Kohlberg) 100
Lernbereich 181, 183
Lernbereich: Ästhetische Erziehung *369-373* ↗ Sinnesschulung
Lernbereich: Bewegung – Spiel – Sport *373-377* ↗ **Spiel – Kinderspiel**
Lernbereich: Mathematik *377-382*
Lernbereich: Musik *382-388* ↗ Sinnesschulung
Lernbereich: Rechtschreiben *388-392* ↗ Schriftsprachenerwerb – Elementarunterricht
Lernbereich: Religion *392-402*
Lernbereich: Schreiben *410-419* ↗ Schriftsprachenerwerb – Elementarunterricht
Lernbereich: Sprache *419-424* ↗ Schriftsprachenerwerb – Elementarunterricht
Lernbereichsgliederung 181
Lernbereitschaft 282
Lernen 90f., 95, 107 ↗ Imitationslernen ↗ Lesenlernen ↗ Regellernen ↗ Schreibenlernen ↗ Vorbild-Lernen
Lernen, dialogisches 348
Lernen, induktives 330
Lernen, sprachliches 419, 423 ↗ Sprachlernen
Lernen, wissenschaftsorientierendes 25
Lernen, zielerreichendes 237
Lernorganisation 184
Lernprozeß – Lehrverhalten 206
Lernschwierigkeit 204
Lernvoraussetzung 204f., 220, 222
Lesebuch 215, 220 ↗ Fibel
Lesefehler 366
Lesen 24, 194 ↗ Vorlesung
Lesenlernen 190f., 194, 197, 199, 201, 206, 210, 215, 217, 221
Lesenlernen, frühes 220
Lese-/Rechtschreibschwäche 204, 364 ↗ Legasthenie
Leseschule 302
Lesestörung 364f.
Lesestufe 358
Leseunterricht 192
Lesewort (Strukturierung) 202
Literalität 207
Literarisierung 207
Literaturunterricht 420
Local Education Anthority (LEA) 312

Local Education Authority (LEA) 309, 312, 317
Local Education Authority (LEA) 312f., 315
Local School Board 309
Logikargument (Piaget) 102, 339, 342

Material, didaktisches 431
Mathematik → Schulmathematik
Mathematik, Neue 378
Mathematikunterricht 179, 378 ↗ **Lernbereich: Mathematik**
Max-Planck-Institut für Bildungsforschung 337
Medium 360
Mengenlehre 378
Metaoperation 200
Methode, genetische 413
Methode, sokratische 40
middle school 443
Minimalcurriculum 135
Mittelschichtschüler 233
Modellversuch Differenzierte Grundschule 250
monitorial system 307
Montessori-Pädagogik *425-435* ↗ Elementarunterricht
Montessori-Vereinigung 432
Moralentwicklung 100, 105
Moralentwicklung, postkonventionelle 105
Musikdidaktik 384f.
Musikerziehung 384
Musik-Hören 384
Musik-Lernen 382
Musikpädagogik 387
Musikunterricht → **Lernbereich: Musik**
Mutter-Kind-Dyade 347
Mutter-Kind-Interaktion 348

Nachahmung *436-441* ↗ **Anschauung**
Nationalerziehung 22
Nationalpädagogik 22
Nationalsprache 23
Naturrecht 156, 166
Neugierde 31
Neurose 465
Normalschrift, deutsche 413
Normenspielraum 283
Notwehrprinzip 349
nursery school 442

Öffnung, thematische 180
Ontogenese 95

Ontogenese – Diskurs 95
Ontogenese, kognitive 94, 96, 99, 339, 341, 344
Ontogenese, moralische 103
Orthographie 422

Pädagogensprache 61
Pädagogik → Bezug, pädagogischer → Hortpädagogik → Interaktion, pädagogische → **Montessori-Pädagogik** → Musikpädagogik → Nationalpädagogik → Paradoxie, pädagogische → Situation, pädagogische
Pädagogik, ökologische 321
Paradoxie, pädagogische 349
Partizipation 313
Pathologie, pädagogische 466
Patrimonialobrigkeit (Preußen) 305
peer group → Gleichaltriger
Performanz 97f., 103, 344 ↗ Kompetenz – Performanz – Paradigma
Persönlichkeitsgenese 236
Persönlichkeitstheorie, implizite 234
Phase, konkret-operationalen 112
Planung (Unterricht) 61
Präsentation 54
Praxis → Theorie – Praxis
Preußen 304
Primarschule – Kommune 301-324, 302
Primarschule, englische 443
Primarschule (Großbritannien) 311ff.
Primarschüler 75-125, 76
Primarschüler (Entwicklung) 94f.
Primarschulwesen (England) *442-451*
Primarstufenlehrerausbildung 135
Primarstufenlehrer (Ausbildungskonzepte) 126-137
Primarunterricht 79f.
primary education 442
Prinzip, didaktisches 67
Problemlösungsprozeß 113f., 120
Problemprozeß 113
Professionalisierung (Lehrer) 127, 163
Programm, kompensatorisches 245 ↗ Follow-Through-Programm
Projektunterricht 71
Psychopathie 465

Qualifikation → Grundqualifikation, sprachliche

Rechenunterricht 377f.

Recht – schulische Bildung 169
Recht, positives 142ff., 165ff.
Rechtsbewußtsein 154, 156f., 162
Rechtschreibschwäche ↗ Lese-/Rechtschreibschwäche
Rechtschreibschwierigkeit 390
Rechtschreibung 366
Rechtschreibunterricht ↗ **Lernbereich: Rechtschreiben**
Rechtschreibwortschatz 390
Rechtserziehung 144
Regellernen 194, 367 ↗ Regelspiel
Regelspiel 93
Reifung 177
Religionsunterricht → **Lernbereich: Religion**
Religionsunterricht, kirchlicher 394
Religionsunterricht, überkonfessioneller 396
Reversibilität (Denken) 102
Reversibilität (Piaget) 99, 342f.
Reversibilitätsbegriff 341
Reziprozität 344
Reziprozitätsbegriff, sozialer 341
Rhythmik 46
Riffaterre 207
Rollenhandeln 267
Rollenspiel 70f.

Sachunterricht → **Lernbereich: Sachunterricht**
Sachunterricht, mehrperspektivischer 405f.
Säuglingstaufe 392
Schichteneinteilung 236
school board 309, 312
school-district 311
Schreiben 194, 214, 410 ↗ Diktatschreiben ↗ **Lernbereich: Schreiben** ↗ **Lernbereich Schreiben**
Schreibenlernen 190f., 201f., 206, 411
Schreiben, spontanes 411 ↗ Spontanschreibung
Schreiben, vorschulisches 411
Schreibschrift, erste 416
Schreibunterricht 192, 412f. ↗ **Lernbereich: Schreiben**
Schrift → Ausgangsschrift → Druckschrift → Erstleseschrift → Erstschrift → Normalschrift, deutsche → Schreibschrift, erste
Schrift – Sprache 27f.
Schrifterwerb 423
Schriftkultur 26f., 29, 208 ↗ **Erzählkultur – Kinderliteratur** ↗ **Lernbereich: Religion**
Schriftsprache (Erwerb) 82
Schriftsprachenerwerb – Elementarunterricht ↗ **Lernbereich: Rechtschreiben** ↗ Lernbe-

reich: Schreiben ↗ **Lernbereich: Sprache**
Schriftspracherwerb 84, 190f., 193f., 410
Schriftspracherwerb – Elementarunterricht 189-226
Schulaufsicht 315
Schulaufsicht, geistliche 392
Schulaufsicht (Großbritanien) 317
Schulbesuch 309
Schulbuch ↗ Elementarschulbuch
Schule 80f., 83, 86, 164, 167f., 170f., 322
  ↗ Auslese, schulische ↗ Betschule
  ↗ board school ↗ community school
  ↗ comprehensive school ↗ Einschulung
  ↗ Elementarschule ↗ elementary school
  ↗ Elternhaus – Schule ↗ Gemeindeschule ↗ Grundschule ↗ industrial school ↗ infant school ↗ junior school
  ↗ Leseschule ↗ middle school ↗ nursery school ↗ Primarschule ↗ secundary school ↗ Volksschule
Schule – Elternhaus 279-288, 281, 286, 298f.
Schule, kommunale (Großbritanien) 307
Schule, niedere 302
Schüler → Mittelschüler → Primarschüler
Schülerbeurteilung 234, *452-455*, 455
  ↗ **Schulfähigkeit**
Schulerfolg 232
Schulerfolg – soziale Herkunft 234
Schüler, guter 89
Schülermerkmal – Unterrichtsmethode 237
Schüler, schlechter 468
Schüler, schwächerer 89
Schülertagesstätte 290, 294, 297
Schule (Verstaatlichung) 303
Schulfach 41
Schulfähigkeit *455-457* ↗ Eignungsurteil
  ↗ **Schülerbeurteilung**
Schulgeldfreiheit 309
Schullehrerseminar 128
Schulmathematik 379
Schulorganisation 177
Schulpädagogik → Grundschulpädagogik
Schulpflicht 218, 309, 456
Schulpflicht, allgemeine 145
Schulpolitik (Preußen) 304
Schulreform 176 ↗ Erprobungsprogramm (Elementarbereich) ↗ Grundschulreform
Schulreife 455f.
Schulreifetest 456f.
Schulreifeuntersuchung 231
Schulsystem → district school system
Schulung → Hörschulung
Schulunterricht 52, 62 ↗ Grundschulunterricht
Schulverfassungslehre 139f.

Schulversuch 250
Schulwesen (Kommunalisierung) 313
Schwererziehbarkeit 465
secondary school 449
Selbstbestimmung – Fremdbestimmung 93
Selbsterziehung 428
Selbsttätigkeit 430
Selbstverwaltung 306
Selbstverwaltung der Schule, kommunale (Bundesrepublik Deutschland) 312
Selbstverwaltung der Schule, kommunale (Schweiz) 311
Selektion, soziale 335
Selektivität, soziale 231f.
selfgovernment 311
Seminarausbildung 128
Singen 383
Sinnesschulung 47f. ↗ **Lernbereich: Ästhetische Erziehung** ↗ **Lernbereich: Musik**
Sinnlichkeit 327
Situation, pädagogische 351
Sitzenbleiben 232, 456
Sozialisation 403
Sozialisation, ökologische 320
Sozialisationsforschung, ökologische 320
Sozialisationsforschung, schichtenspezifische 235
Soziolinguistik 237
Spiel 438 ↗ Gleichaltrige (Zusammenspiel)
  ↗ **Lernbereich: Bewegung – Spiel – Sport**
  ↗ Regelspiel ↗ Rollenspiel
Spiel, egozentrisches 104
Spielen 69, 459
Spielgaben 330
Spiel – Kinderspiel *459-464*
Spielregel, konventionelle 70
Spielregeln 69
Spontanschreibung 203 ↗ Schreiben, spontanes
Sport → **Lernbereich: Bewegung – Spiel – Sport**
Sportunterricht 373, 376
Sprachbarrieren 238
Sprachbetrachtung 422
Sprache → Erstsprache → Lautsprache
  → Lehrsprache → **Lernbereich: Sprache**
  → Nationalsprache → Pädagogensprache
  → Schriftsprache → Standardsprache
Sprache – Schrift 27
Spracherwerb 98 ↗ Schriftspracherwerb
Sprachgebrauch, mündlicher 420, 422
Sprachlernen 190
Sprachprogramm, strukturiertes 244
Sprachreflexion 423
Sprachunterricht 421

495

Sprachunterricht, kompensatorischer 251
Staatsschule, zentralistische 303
Standardsprache 420
Statistisches Bundesamt 310
Stufenkonzept 90
Stufenlehrer → Primarstufenlehrerausbildung
Stufentheorie 90, 94 ↗ Intelligenzentwicklung
Synthetisieren 67

Tagesbetreuung 295
Taktschreibmethode 412
Taufunterricht 392
Teilleistungsschwäche, mathematische 381
Test 454
Themenartikulation 184f.
Themenreduktion 180
Themenselektion 179
Themensteuerungstechnik 179
Theorie, kritische 140f.
Theorie-Praxis 131
Trotzperiode 92
Turnen 373, 375

Übung 42f., 45
Umschulung 469
Universitätsreform, preußische 127
Unterricht 52ff., 62, 87 ↗ Anfangsunterricht ↗ Artikulationsform, unterrichtliche ↗ Beichtunterricht ↗ Bibelunterricht ↗ Darstellungsform, unterrichtliche ↗ Deutschunterricht ↗ Elementarunterricht ↗ Erstunterricht ↗ Fachunterricht ↗ Firmunterricht ↗ Förderunterricht ↗ Gesamtunterricht ↗ Gesangsunterricht ↗ Grammatikunterricht ↗ Heimatkundeunterricht ↗ Inszenierung, unterrichtliche ↗ Interaktion, unterrichtliche ↗ Interaktion, unterrichtliche (Verrechtlichung) ↗ Kunstunterricht ↗ Lehrplan ↗ **Lernbereich: Ästhetische Erziehung** ↗ **Lernbereich: Bewegung – Spiel – Sport** ↗ **Lernbereich: Mathematik** ↗ **Lernbereich: Musik** ↗ **Lernbereich: Rechtschreiben** ↗ **Lernbereich: Religion** ↗ **Lernbereich: Sachunterricht** ↗ **Lernbereich: Schreiben** ↗ **Lernbereich: Sprache** ↗ Leseunterricht ↗ Literaturunterricht ↗ Mathematikunterricht ↗ Musikunterricht ↗ Primarunterricht ↗ Projektunterricht ↗ Rechenunterricht ↗ Rechtschreibunterricht ↗ Religionsunterricht ↗ Sachunterricht ↗ Schreibunterricht ↗ Schulunterricht ↗ Sportunterricht ↗ Sprachunterricht ↗ Taufunterricht ↗ Zeichenunterricht
Unterricht – Erziehung 163
Unterricht, anschaulichen 328
Unterricht (Darstellung – Inszenierung) 51-74
Unterricht, individualisierender 84
Unterricht, lehrerorientierter 83
Unterricht, lernzielorientierter 84
Unterricht (Planung) 61
Unterrichtsfach 41 ↗ Fachunterricht
Unterrichtsstil 62
Unterrichtsthema 182 ↗ Öffnung, thematische ↗ Themenartikulation ↗ Themenreduktion ↗ Themenselektion
Unterricht, themenzentrierter 84
Unterricht, wissenschaftsorientierter 25, 402, 405
Unterschichtkind 233

Veränderungsreihe, psychophysische 94
Verfachlichung 180
Verfahren, ganzheitliches 221
Verhalten, moralisches 100
Verhaltensauffälligkeit 465
Verhaltensstörung *465-470*
Verhaltensstörungen, kindliche 465
Verlesung 366
Verrechtlichung 145, 165, 167
Verrechtlichungsbegriff 142
Verrechtlichung (schulische Bildungsprozesse) 142
Verstaatlichung (Schule) 303
Verwahrlosung 465
Verwöhnung 285
Volksschule 302
Volksschullehrer 127
Volksschullehrerausbildung 127f.
Vorbild-Lernen 438
Vorschulmaßnahme, kompensatorische 241
Vorschulprojekt 245
Vorschulprojekt, kompensatorisches 242

Wahrnehmungsprozeß 194
Wahrnehmungsschema 195
Wende, anthropologische 402
Werthaltung, schichtspezifische 234
Wissenschaftlichkeit 129
Wissenschaftsorientierung 25, 183, 403, 406
Wortblindheit 364
Worterkennen 365

Wortschatzkonzept 390

Zeichentheorie 30
Zeichenunterricht 369

Zensierung 453
Zensur 452
Zeugnis 452
Zögling → Lehrer – Zögling
Zugangschancen (Gleichheit)

Autorenverzeichnis

Die mit (H) gekennzeichneten Beiträge sind Artikel des Handbuchteils.

Abel-Struth, Sigrid; Prof. Dr.; Universität Frankfurt: *Lernbereich: Musik.*
Brumlik, Micha; Prof. Dr.; Universität Heidelberg: *Anschauung.*
Dehn, Mechthild; Prof. Dr.; Universität Hamburg: *Schriftspracherwerb und Elementarunterricht* (H); *Lernbereich: Sprache.*
Ehni, Horst; Prof. Dr.; Universität Hamburg: *Lernbereich: Bewegung – Spiel – Sport.*
Eichler, Wolfgang; Prof. Dr.; Universität Göttingen: *Lernbereich: Rechtschreiben.*
Fiedler, Ulrich; Prof. Dr.; Universität Hamburg: *Die Konstruktion des Primarschülers* (mit Wudtke) (H); *Intelligenz, operative.*
Giel, Klaus; Prof. Dr.; Universität Ulm: *Der Elementarunterricht in anthropologischer Sicht* (H).
Grabbe, Beate; Dr.; Institut für Praxis und Theorie der Schule (IPTS), Pinneberg: *Elternhaus und Schule* (mit Tymister) (H).
Grünberg, Wolfgang; Prof. Dr.; Universität Hamburg: *Lernbereich: Religion* (mit Steffensky).
Hemmer, Klaus Peter; Prof. Dr.; Universität Hamburg: *Der Grundschullehrplan* (H), *Der Kinderhort* (H).
Herbert, Michael; Dr.; Reutlingen: *Lernbereich: Sachunterricht.*
Holtstiege, Hildegard; Prof. Dr.; Universität Münster: *Montessori-Pädagogik.*
Kagerer, Hildburg; Lehrerin, Kinder- und Jugendpsychotherapeutin; Berlin: *Verhaltensstörung.*
Kokemohr, Rainer; Prof. Dr.; Universität Hamburg: *Zur Verrechtlichung unterrichtlicher Interaktion* (H).
Neumann, Dieter; Dipl.-Päd.; Hochschule Lüneburg: *Ausbildungskonzepte für den Primarstufenlehrer* (mit Oelkers) (H).
Oelkers, Jürgen; Prof. Dr.; Hochschule Lüneburg: *Ausbildungskonzepte für den Primarstufenlehrer* (mit Neumann) (H).
Popp, Walter; Prof.; Pädagogische Hochschule Reutlingen: *Interaktion, pädagogische.*
Prior, Harm; Prof. Dr.; Universität Hamburg: *Primarschule und Kommune* (H).
Radatz, Hendrik; Prof. Dr.; Universität Göttingen: *Lernbereich: Mathematik.*
Rauer, Wulf; Prof. Dr.; Universität Hamburg: *Kompensatorische Erziehung* (mit Valtin) (H); *Schülerbeurteilung, Schulfähigkeit.*
Rauschenberger, Hans; Prof. Dr.; Gesamthochschule Kassel: *Unterricht als Darstellung und Inszenierung* (H).
Sienknecht, Helmut; Prof. Dr.; Universität Hamburg: *Primarschulwesen (England).*
Staudte, Adelheid; Prof. Dr.; Universität Frankfurt: *Lernbereich: Ästhetische Erziehung.*
Steffensky, Fulbert; Prof. Dr.; Universität Hamburg: *Lernbereich: Religion* (mit Grünberg).
Tymister, Hans Josef; Prof. Dr.; Universität Hamburg: *Elternhaus und Schule* (mit Grabbe) (H).
Valtin, Renate; Prof. Dr.; Freie Universität Berlin: *Kompensatorische Erziehung* (mit Rauer) (H); *Legasthenie.*
Wudtke, Hubert; Prof.; Universität Hamburg: *Die Konstruktion des Primarschülers* (mit Fiedler) (H), *Die Erziehungsfamilie* (H); *Hausaufgaben, Kinderliteratur – Erzählkultur, Lernbereich: Schreiben, Nachahmung, Spiel – Kinderspiel.*

Anton Makarenko
Gesammelte Werke

Aus dem Russischen übersetzt und kommentiert von Leonard Froese, Götz Hillig, Siegfried Weitz und Irene Wiehl unter Mitwirkung von V. v. Hlynowsky, H. Köttker und Chr. Rogger (Makarenko-Referat der Forschungsstelle für Vergleichende Erziehungswissenschaft, Philipps-Universität Marburg).
Zusammen 1673 Seiten einschließlich Faksimiledruck, Register, Anhang, Kommentar, Leinen mit Schutzumschlag.
Zweisprachige Marburger Ausgabe.
Band 3: Ein pädagogisches Poem, Teil 1, 595 Seiten, ISBN 3-12-939660-8
Band 4: Ein pädagogisches Poem, Teil 2, 524 Seiten, ISBN 3-12-939670-5
Band 5: Ein pädagogisches Poem, Teil 3, 654 Seiten, ISBN 3-12-939680-2

Als 1976 die ersten Bände des Gesamtwerks von Anton Makarenko in einer russisch-deutschsprachigen Ausgabe vorgelegt wurden, schrieb Hajo Matthiesen in der „Zeit": „Jetzt erscheinen in einem beispielhaften wissenschaftlichen Editionsvorhaben alle Werke Makarenkos neu auf deutsch in einer bisher nicht erreichten Vollständigkeit und Authentizität. Dies ist die umfangreichste Ausgabe, die je veröffentlicht wurde. Die Texte sollen in möglichst authentischer Form vorgestellt werden und sind deshalb in der Werksausgabe im Faksimiledruck wiedergegeben. Außerdem wurden zahlreiche Manuskripte aufgenommen, die nicht einmal in der siebenbändigen Ausgabe der sowjetischen Akademie der Pädagogischen Wissenschaften enthalten sind. Das war bisher die klassische Makarenko-Edition, die auch in die Sprachen aller russischen Satellitenstaaten übersetzt wurde. Allein das Marburger Makarenko-Referat hat nachgewiesen: „Quellen- und textkritischen Ansprüchen vermag die Akademie-Ausgabe nicht gerecht zu werden." Denn außer der Unvollständigkeit gibt es viele Abweichungen gegenüber früheren Publikationen, da die Texte mehrfach redaktionell überarbeitet wurden – die Marburger nennen „Gründe politischer Opportunität" für dieses wissenschaftlich unhaltbare Vorgehen. So fehlen in der Akademie-Ausgabe zum Beispiel kritische Bemerkungen über das alte Rußland und die Sowjetunion wie diese: „In ihrem Leben wirkten sich nicht nur die Flüche der jahrhundertelangen Gewaltherrschaft des Adels aus, sondern auch die Flüche der sprichwörtlichen Rückständigkeit des russischen Bauern, seiner völligen Unwissenheit und seiner aus der Not geborenen beispielhaften Hartherzigkeit."
Das „Pädagogische Poem" beendet die Edition der Gesamtausgabe, von dem der französische Schriftsteller Louis Aragon urteilt: „Von nun an kann keine Geschichte der Weltliteratur das ‚Pädagogische Poem' mit Schweigen übergehen, denn dieses Buch ist ohne Beispiel, es ist ein Buch neuen Typs."

Klett-Cotta